알기쉬운

디지털 放送技術 2판

이용희 역

Digital Television Fundamentals

Design and Installation of Video and Audio Systems

2nd EDITION

Michael Robin
Michel Poulin

McGraw Hill
도서출판 한산

Digital Television Fundamentals, 2nd Edition.

1 2 3 4 5 6 7 8 9 10 HS 20 09 08

Original : Digital Television Fundamentals, 2nd Edition.
By Michael Robin, Michel Poulin.
ISBN 978.0.07.135581.0

This book is exclusively distributed in Hansan Publishing Co.

When ordering this title, please use ISBN 978-89-89215-39-4

Printed in Korea

책장을 열면서

이글은「Michael Robin」,「Michel Poulin」이라는 사람이 “Digital Television Fundamentals” (Video and Installation of Video and Audio System)이라는 명의로 출간한 책을 제가 번역하여 출간하고자합니다.

이글의 공동 저자「Michael Robin, Michel Poulin」이라는 사람은 캐나다 방송 학회(CBC)기술 연구소의 기술자로서 세계최초로 모든 신호를 디지털로 처리하는 올 디지털 스튜디오 센터(All Digital Studio Center)개발에 참여한 사람으로서, 캐나다 방송을 디지털화함에 있어서「디지털 제작 시스템」및「송출 시스템」을 개발 하였고, 캐나다 몬트리올에 있는「방송 협회 기술센터」를 디지털 설비로 전환함에 있어서 아날로그 기술에서 디지털 기술로의 전환 한 경험을 비롯하여, 텔레비전 제작시스템의 공사와 설비설계, SMPTE규격 제정 작업의 참가, 다양한 SMPTE 회의에서의 보고, 제작 현지 기술자 훈련, 방송국이나 기기제작사의 조언 등을 통하여 얻어진 집필자의 경험을 반영하여 쓰고 있습니다.

또한 이글을 쓴 공동 필자는 방송 기술을 좀 더 이해하기 쉽게 하기 위하여 연구자나 개발자와 같이 전문적인 내용을 깊이 들어가지는 아니하지만 방송기술자 라면 이러한 정도의 내용은 기본적으로 알고 있으면 좋겠다고 생각이 되는 레벨로 설명을 하고 있다고 할 수 있는데, 특히 방송 제작현장에서 직접 방송프로그램 제작에서 일하고 있는 방송 현업 기술자나 대학에서 방송기술을 배우고자 하는 학생에게도 이해하기 쉽게 하기위하여 가능하면 수식을 사용하지 아니하고 알기 쉽게 기술되어져 있습니다.

우리가 통상적으로 방송기술의 세부적인 영역이라고 하면 영상 신호의 발생, 프로세스, 기록, 송출 등의 각 분야로 나눌 수 있는데, 이러한 학문에 대한 아날로그 텔레비전 기술의 전반에 있어서는 어느 정도 파악하고 있지만 디지털 기술에 대해서 아직은 잘 알지 못한다는 것이 현실 입니다.

따라서 이 책에서는 방송이나 영상, 음성의 프로덕션 분야에서 종사하고 있는 기술자나 방송기술에 입문하고자 하는 학생을 대상으로 하고자 하는데, 여기에서는 우선 방송 기술에 입문하고자 하는 사람을 위하여 영상, 음성 양방향에 대하여 아날로그 텔레비전의 원리를 설명하고 난 다음에, 현재 시행을 하고 있는 디지털 영상, 음성 디지털 기술 원리에 대하여 설명을 하고, 더 나아가서는 국제적인 디지털 규격이나 그 실제 시스템의 운용에 대하여 상세하게 설명을 하고자 합니다.

제가 이런 책을 보았을 때 너무 내용이 좋고 방송기술자의 집필에 의하여 초점이 방송현장에 직접 맞추어져 있어 보는 사람에게 피부에 와 닿는 내용들로 가득 차 있다는 느낌을 받았는데, 평소「방송과 기술」이라는 잡지에 방송 기술정보를 제공해온 경험을 바탕으로 알기 쉬운 디지털 방송 기술 책을 출간하였으면 하는 바람을 가지고 번역에 들어갔습니다만, 이 원서가 1996년 처음 출간되어 2000년에 개정신판을 출간하였지만 내용이 현재의 방송환경과 맞지 아니하는 경우도 있고, 또 현재 고화질 텔레비전 방송의 제작이 활성화되고 있는 것에 견주어 보면 HDTV고화질 방송에 대한 내용도 조금은 부족한 면도 있어서 이러한 부분을 보강하여 출간하고자 합니다.

그리고 원서를 번역함에 있어서는 가능하면 이해하기 쉽게 번역하여 공부하는 사람들의 이해도를 높이기 위해 노력을 하였지만, 이글의 내용이 디지털방송기술에 대한 새로운 부분을 많이 다루고 있어 이해하기 어려운 부분도 솔직히 있어 번역상의 오류가 있을 것으로 예상이 되는데, 이러한 부분에 대한 독자 여러분의 이해를 바라고, 혹시 잘못 된 부분을 출판사로 알려 주시면 최대한 반영하여 다음 개정판 출판에는 좀 더 완성도 높은 책이 출간 될 것을 믿어 의심치 않습니다.

이제 대단원의 원고 정리를 마치면서 창가에 스쳐간 노란 개나리꽃의 서정과 유리창 흘러내리는 수채화의 서사시, 그리고 차가운 바람에 휘날리는 눈보라속의 겨울 서정을 그리면서 지난 3년간의 열정을 담아 출판 하고자합니다.

아무쪼록 책이 방송 기술을 공부하는 학생은 물론 방송 제작 현장의 현업 방송인들에게 많은 도움이 되길 바라며, 마지막으로 이 책을 출간하기까지 협조를 해주신 문화방송 선후배여러분과 도서출판 한산관계자 여러분 그리고 일본에서 출간한 책 내용의 일부 사용을 허락해주신「兼六館出版株式會社」관계자에게 감사의 마음을 전하면서 마칠까 합니다.

2008년 11월

번역 저자 이 용 희 올림

목 차

제1장

텔레비전의 기초

현재 방송을 하고 있는 텔레비전방식은 1930년대에 개발 되었다고 할 수 있는데, 그 당시에는 여러 가지 통신 기술이 급속하게 발전 되던 시대로서 영상과 음성의 전송에 있어서도 예외는 아니라고 할 수 있다. 또한 우리가 흔히 이야기하고 있는 표준 텔레비전 규격이라는 것은 그러한 것을 배경으로 하여 짧은 기간 내에 개발된 기술의 성과라고 할 수 있는데, 그러한 규격은 그 당시 기술의 한계나 인간의 시각 특성 또는 당시의 기기가격과 성능은 물론 기기성능의 균형을 고려한 결과를 반영 하였다고 해도 과언은 아니다. 그러나 우리가 통상적으로 발전 된 기술이라고 할지라도 세계 여러 나라에서 많은 종류의 수상기가 기존에 존재하고 있다는 것을 고려한다면 현재의 규격과 새로운 기술도 이러한 여러 방식의 수상기와 어느 정도의 호환성을 가지지 아니하면 되지 아니하다고 할 수 있다.

1.1 역사적 배경

이미지의 기술적인 스캐닝 방법이 불만족하다는 결과가 나온 후에 1930년도의 중반 무렵부터는 이미지 전자적인 스캐닝 방법이 개발 되었다고 할 수 있는데, 그 당시만 해도 해상도가 높은 텔레비전 방송은 영국, 독일, 프랑스 정도의 국가에서 거의 같은 시기에 개발 되었다고 할 수 있다.

그 당시의 화면의 주사선수는 고 해상도라고 하지만 약 400라인 정도로 지금 사용하고 있는 SD급수준 이하로서, 현재 사용화하고 있는HDTV고화질 텔레비전에 비교하면 대단히 낮다고 할 수 있는데, 그 당시 개발된 텔레비전의 해상도를 더 자세히 알아보면 프랑스, 독일 등에서는 441라인으로 만들었고, 영국에서는 405라인으로 하는 텔레비전 기본 방식으로 개발되었다고 할 수 있으며, 화상의 아스펙트비(Aspect Rate)에서는 4:3으로서, 현재도 아날로그 에서는 이러한 아스펙트비(Aspect Rate)는 표준 텔레비전 방식으로 사용되고 있다고 할 수 있다.

1941년에는 각종 텔레비전 방식이 개발되어 300라인 또는 400라인의 포맷을 시험한 후에 미국에서는 525라인을 사용하는 현재의 NTSC(National Television Committee) (흑백)의 규격을 채용하였는데, 이러한 규격은 지금에 있어서도 약간의 수정을 거쳐서 사용되고 있다고 할 수 있다.

세계 2차 대전 이후에도 영국에서는 405라인을 사용하는 방식으로 방송을 하고, 프랑스에서는 441라인을 사용하는 방송을 계속하였다고 할 수 있는데, 그런 경과를 거친 뒤 1948년도 이르러서는 프랑스에 있어서는 819라인 방식으로 변경을 하였다고 할 수 있고, 유럽의 그 밖의 국가에서는 625란인 방식으로 변경 하였다고 할 수 있다.

이러한 스캐닝 방식의 역사를 되돌아보면 이러한 주된 스캐닝 방송방식 외에 유럽에서는 적어도 3개 이상의 스캐닝 방식과 2개의PAL(Phase-Alternating Line) 방식과 그리고 SECAM(Sequential Colors With Memory)이 라는 컬러텔레비전 방식이 있었다고 할 수 있는데, 그러한 것 외에 그 밖의 모두 7개의 호환성이 되지 아니하는 송신 규격이 존재하여 방송을 하는 것으로 되어있었다고 할 수 있다.

이러한 상황은 1980년대의 초에 프랑스가 819라인을 사용하는 방송을 폐지하고, 영국이 405라인을 사용하는 방송을 폐지함에 따라서 어느 정도 통합할 수 있는 방송 송출 환경이 개선되었다고 할 수 있다. 그러나 아직도 현재 유럽에서는 한 개의 스캐닝 방식(625/50)과 2개의 아날로그 텔레비전 전송 방식 (PAL/SECAM)이 존재하고 있고, 4개의 호환성이 없는 아날로그 방송이 방송되고 있다고 할 수 있어 이러한 방송환경에 있어서 호환성 있는 통합기술의 개발이 앞으로의 과제라고도 할 수 있다.

1.2 눈으로부터 뇌까지의 메커니즘

1.2.1 가시광의 특성

광은 통상 주파수보다도 파장에 따라서 분석 되어 진다고 할 수 있는데, 우리가 통상 적으로 이야기하고 있는 가시 광이라는 것은 380nm로부터 760nm까지로(1nm=10^{-7}cm) 으로서 비교적 좁은 범위의 파장에 한한다고 규정되어있다고 할 수 있다.

또한 우리가 사물을 보고 판단하는 눈은 여러 가지의 파장을 색상으로 지각 한다고 할 수 있는데, 이러한 3원색에 대응하는 파장은 아래와 같다고 할 수 있다.

- 적색 : 700nm
- 녹색 : 546.1nm
- 청색 : 435.8nm

1.2.2 광을 보는 방법

이미지를 특정한 막 위에 초점을 맞추어져서 생기는 망막은 로드스 (Rods)와 콘스(Cones)이라는 2개 타입의 수용체(Receptor)를 가지고 있다고 할 수 있는데, 각막에는 1.1억으로부터 1.3억 개의 로드스(Rods)이라는 것을 가지고 있고, 600만으로부터 700만개의 콘스(Cones)라는 것을 가지고 있다고 할 수 있다.

- 로드스(Rods)라는 것은 각막의 주변부에 많이 모여 있기 때문에 콘스(Cones)보다는 광에 대한 감도가 높고 어두워서, 색이 없는 야간시 이미지에서 주로 사용한다고 할 수 있고, 해상도는 그리 높지 아니하다고 할 수 있다.
- 콘스(Cones)이라는 것은 각막의 중심부에 모여 있고, 로드스(Rods)보다는 강한 광에 반응을 하여 주간시의 시각을 확보하는데 주로사용 한다고 할 수 있고, 따라서 이러한 특성 때문에 콘스(Cones)는 색의 이미지 특성이 강하여 색각을 구분하는 데 주로 사용한다고 할 수 있다.
  또한 강한 광의 경우의 콘스(Cones)라는 것은 높은 해상도를 가지고 있으나, 색각에 있어서는 약간 감쇠한다고 할 수 있어, 광의 강도가 약하다면 시각은 망막의 주변에 로드스(Rods)가 많은 장소로 시프트(Shift)하게 되어있다고 할 수 있다.

망막에서 수집한 정보는 80만개의 시신경을 거쳐서 뇌에 전달하게 되어있는데, 이렇게 전달된 각 시신경은 이러한 별개의 뇌신경 세포에 연결되게 되어있고, 거의 모든 경우 뇌세포 한 개에는 수백 개 로드스(Rods) 세포와 수십 개의 콘스(Cones)의 세포가 연결되어있다고 할 수 있다. 그러나 중심 층에서는 각 콘스(Cones)의 세포는 그룹으로 되어있는 형태로 되어있어서, 다른 로드스(Rods)나 콘스(Cones)의 공통으로 뇌세포에 연결되어있는 동시에 어느 한 개의 뇌세포이라도 직접 연결 되게 되어 있다고 할 수 있기 때문에 사람이 보는 시야의 중심 부분까지 높은 해상도로 물체를 보는 것이 가능하다고 할 수 있지만, 그러나 해상도에 있어서는 어두운 곳에서 물체를 볼 경우에는 해상도가 좀 떨어지게 되어있다고 할 수 있다.

이렇게 로드스(Rods)와 콘스(Cones)에 의하여 얻어진 정보는 동시에 뇌에 전달되어 물체에 대한 인식의 처리가 시행 된다고 할 수 있는데, 그림1.1에서는 중심부 층으로부터 외곽으로, 또는 눈으로부터 뇌까지의 시각 정보가 전달되는 메커니즘을 간단하게 설명한 블록 다이어그램(Block Diagram)이라고 할 수 있다.

이러한 눈으로부터 뇌의 전달 메커니즘에 의하여 다음의 2개의 결과가 얻어진다고 할 수 있다.

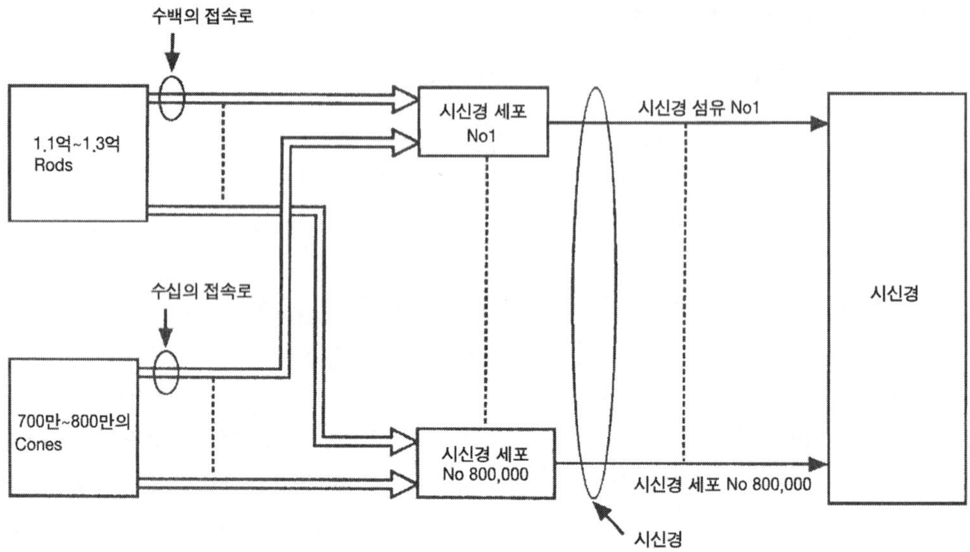

그림 1.1 중심부영역의 눈으로부터 뇌로의 전달 메커니즘을 단순화한 블록 다이어그램

- 가장 높은 시 해상력은 이미지 중앙에서 얻어 진다고 할 수 있다.
- 야간시(Night Vision)는 색이 없다고 할 수 있다.

1.2.3 시 해상력 (Visual Acuity)

시 해상력이라고 하는 것은 대상으로 하는 물체가 변별이 가능한 최소의 세밀한 부분에 대한 시야각도로 측정이 되어진다고 할 수 있는데, 그림 1.2에서는 시 해상력의 기본적인 원리에 대하여 표시를 하고 있는 것이다.

텔레비전 시스템 디자인에서는 눈의 시 해상력의 각도로 1분 정도 이라는 것을 기준으로 하고 있는데, 이러한 표현방법은 텔레비전과 같은 화상 미디어에서 화면의 세밀한 부분까지 재생을 할 수 있는 해상도를 표시하는 척도 단위로 사용하고 있다고 할 수 있다.

따라서 우리가 말하고 있는 텔레비전의 기본 해상도는 보통 화면의 수직 방향의 상호적으로 나열되어있는 분해 가능한 흑과 백의 수평 라인과 텔레비전 스크린의 높이에 대한 총수 등으로 표시 한다고 할 수 있다.

우리가 통상적으로 이야기 하고 있는 해상도의 단위는 LPH(Line Per Picture Height : 화면 높이에 상당하는 주사선 라인 수) 라고 할 수 있는데, 이것은 눈의 로드스(Rods)와 콘스(Cones)에 의한 구조와 사물에 대한 휘도의 레벨과 콘트라스트에 의하여 좌우 된다고 할 수 있다.

또한 우리나라를 비롯하여 미국 일본 등에서 통상적으로 사용하고 있는 525라인과 유럽 등에서 많이 사용하고 있는 625라인의 규격은 보통 가정의 텔레비전과 평균 시청 거리 (화면 높이의 6배)와 시 해상력(1분각)을 유지하기위해 가능하면 송출 대역을 적게 한다는 것을 고려하여 개발 되었다고 할 수 있는데, 따라서 화면 높이와 시청 거리를 고려하여 해상도 높게 볼 수 있는 화소수와의 관계는 아래와 같은 식에 의하여 표시 할 수 있다.

$$Nv = \frac{1}{\alpha n}$$

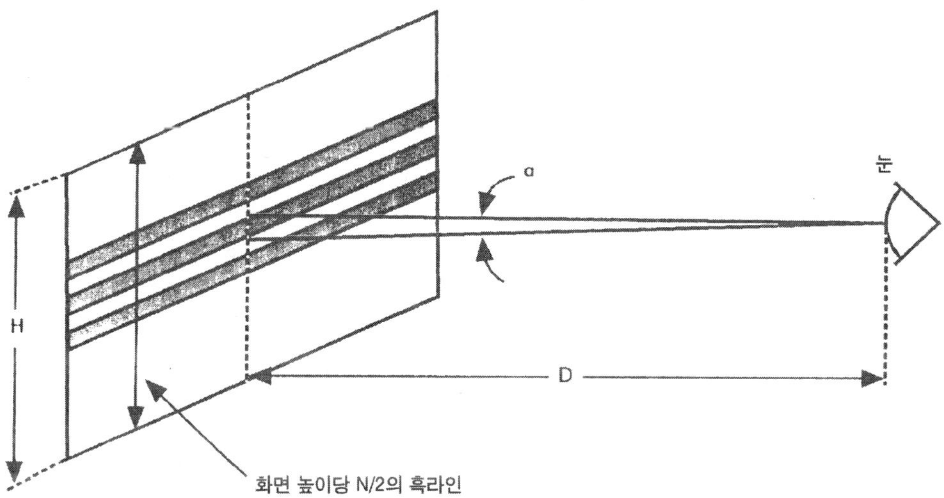

그림 1.2 시각 해상도의 고려사항

여기에서

Nv=수직 방향의 해상이 가능한 화소 수
α=눈에 있어서 최소 시각해상가능한 각도(라디안 표시)
n=D/H(시거리/화면높이)
α을 1분=2.91×10^{-4}라디안이라고 하고, n=6이라고 하면

$$N_v = \frac{1}{(6 \times 2.91 \times 10^{-4})} \approx 572\text{라인}$$

이라고 할 수 있다.

이러한 정도의 수가 표준 텔레비전 시스템으로서 우리나라를 비롯하여 북미, 일본 등에서 채용을 하고 있는 525라인 시스템과 기타 유럽을 비롯한 세계 많은 나라에서 많이 채용을 하고 있는 625/50시스템의 라인수의 기원을 이루고 있는 수라고 할 수 있는데, 실제의 해상도에 있어서는 1.4항에서 설명을 하는 것과 같이 우리나라에서 사용을 하고 있는 NTSC방식은 525라인보다는 적다고 할 수 있고, 유럽 등에서 많이 사용하고 있는 PAL방식은 625라인보다는 적다고 할 수 있다. 현재 시행을 하고 있는 HDTV의 규격으로 우리나라를 비롯하여 가장 많이 사용을 하고 있는 1125라인과 유럽을 비롯하여 약간의 나라에서 규격으로 채용하고 있는 1250라인의 규격에 있어서도 실제 규격의 라인 수 보다는 적어 눈이 화상의 세밀한 부분까지 볼 수 있으려면 화면 높이의 3배정도가 되는 가까운 시청거리와 커다란 스크린사이즈를 필요로 하는 것이 현실이라고 할 수 있다. 따라서 컬러화상의 경우에는 시 해상력은 색상에 따라서 변화한다고 할 수 있는데, 청색이나 적색에 대한 시 해상력은 같은 밝기의 백색과 비교해서 약 75% 정도라고 할 수 있고, 녹에 대한 시 해상력은 같은 밝기의 백색과 비교하여 약 90%정도라고 할 수 있다.

1.2.4 시각의 잔상

시각의 잔상(Persistence of Vision)이라고 하는 것은 대상의 이미지가 시야로부터 멀어져 갔을 경우라도 그 이미지를 가지고 있어서, 어떠한 형태로 기억하고 있는 것을 의미한다고 할 수 있다.

표 1.1 통상의 화상 소스의 플리커 주파수와 플리커 검지한계

화상 소스(Source)	플리커 주파수(Hz)	매초 화상수	플리커 검지한계(cd/m²)
영화	48	24	68.5
50Hz텔레비전	50	25	99.4
60Hz텔레비전	60(공칭)	30(공칭)	616.7

눈에 들어온 광이 눈을 감았을 때에는 그 광의 인상이이 거의 0.1초 정도는 가지고 있게 되어있는데, 이러한 것을 바탕으로 하였을 경우에는 1초 동안에는 약10매의 화상을 동영상 감각으로 전한다 하여도 기억하는 것이 가능한 적당한 레이트(Rate)라고 할 수 있다.

그러나 영화나 텔레비전에서는 플리커(Flicker)가 발생하는 것을 어렵게 하기 위하여 1초에 할당되어있는 10매보다도 보다 높은 레이트의 화상을 표시하게하고 있다고 할 수 있는데, 크리티컬 플리커 주파수(Critical Flicker Frequency)이라는 것은 영화뿐만 아니라 텔레비전에서도 플리커가 없는 것같이 보이게 하기위하여, 화상디스플레이의 중단이라고 할 수 있는 셔터의 개폐를 최소 레이트(사이클/초)로 조정을 하는 것이 가능하다고 할 수 있다.

플리커가 보이는 방법은 조건에 따라서 커다랗게 변화 한다고 할 수 있는데, 플리커가 발생하게 하는 한계점에서 영향을 주는 요소로는 플리커 영역의 휘도, 영역의 색도, 영역에 대한 시야의 각, 플리커 영역의 절대적인 사이즈, 주변의 휘도, 플리커 영역에 있어서 플리커의 시간적 위치적 변화, 관찰자의 순응, 보는 사람의 훈련(트래닝)에 따라서 변화한다고 할 수 있다.

또한 일정의 관시조건 즉 이미시의 변화나 또는 주변의 조건이 변화하지 아니하는 경우에 있어서 검지가 가능한 최저의 플리커 주파수 – 크리티컬 플리커 주파수는 휘도의 대수로 변화한다고 할 수 있는데(Ferry-Porter의 법칙), 경험적인 데이터에 의하면 플리커 주파수가 12.6사이클/초가 증가 한다면 플리커를 검지할 때에 스레숄드 레벨(Threshold Level)은 10배 증가한다고 할 수 있다.

영화의 경우에는 기본적으로 매초 24장으로 사진이 촬영되고, 촬영 할 때와 같은 속도로 영사가 되어서 이미지 동영상의 착각이 이루어져 동영상의 재생이 가능한 것으로서, 움직이는 사진체의 다음 이미지는 그 직전의 이미지(Image)로부터 우리가 흔히 이야기하는 30프레임의 비디오 영상과는 조금은 다르게 움직임이 시각 상으로 나타난다고 할 수 있는데, 영사를 하였을 때에는 기계적인 셔터(Shutter)를 사용하여 각 프레임(Frame)은 2회를 기준으로 표시하게 되어 있어, 플리커 레이트(Flicker Rate)로 표시 하게 하면 48사이클/초가 된다고 할 수 있다.

텔레비전의 경우에는 영상 소재가 스크린 상에 스캐닝에 의하여 움직여서, 영상의 기본 소사인 화소가 연속하여 표시(디스플레이)를 하게 하여 시각의 잔상에 의하여 동시에 표시 되는 것과 같은 느낌에 의한 시각적인 착상에 의해 텔레비전 시청이 가능한 것이라고 할 수 있는데, 따라서 화면은 스캐닝에 따라서 위에서부터 나열되어있는 수평 라인으로 분할되어신 형태로 하고 있나고 할 수 있나.

예를 늘면 우리나라의 아날로그 표준 텔레비선인 525라인의 방식은 물론유럽등지에서 주로 사용을 하고 있는 625라인에서도 수평 라인으로 분할되어 있기 때문에 비월주사(Interlaced Scanning) 스캐닝 방식에서 각 이미지는 간격이 배로 되어있는 2개의 조합의 라인 군(필드)으로 분해를 시키고, 재생 시에는 이를 합성하는 형태로 하고 있다.

그러한 2개의 조합의 라인은 전 라인수의 반 정도(262.5 또는 312.5)가 되어있어 상호적으로 상대측의 라인과 라인사이 중간에 연속하여 끼워져 있는 형태로 하고 있는데, 이러한 각각의 조합을 우리는 통상적으로 필드(Field)라고 부르고 있고, 2개의 연속하는 필드에 의하여 우리는 한 개의 프레임이 형성 된다 이야기 하고 있다.

다음은 필드의 주파수에 대하여 자세하게 이야기를 하면 우리나라에서 사용을 하고 있는 525형식에서는 60Hz를 사용하고 있고, 유럽에서 주로 사용을 하고 있는 625형식은 50Hz를 사용하고 있다고 할 수 있는데, 프레임 주파수는 거의 30Hz또는 25Hz를 사용한다고 할 수 있다. 또한 이러한 텔레비전의 플리커(Flicker) 주파수는 필드(Field) 주파수와 같다고 할 수 있는데, 2개의 필드의 근접한 라인은 같지가 아니하기 때문에 인터라인 플리커(Interline Flicker)가 발생하게 되어있다. 이러한 인터라인 플리커는 광의 변화가 시야의 작은 부분에 국한되어 있는 경우에는 눈에서 비교적 플리커를 감지하는 것이 어렵기 때문에 통상적으로 허용 되어있다고 할 수 있다.

표 1.1에서는 통상의 각 화상원에 대하여 플리커 주파수와 플리커를 검지하기 쉬운 레벨을 표시하고 있는데, 영화에 있어서 지나치게 낮은 플리커 치를 나타내는 것은, 왜 영화가 어두운 방에서 영사가 되어지지 아니하면 되지 아니하는 가를 설명하고 있다고 할 수 있고, 525/60스캐닝 규격에서의 플리커 치는 625/50 스캐닝 규격치 보다도 꾀 높기 때문에 밝은 방에서 영상을 감상하여도 기분 좋게 화상을 보는 것도 가능하다는 것을 나타내고 있다고 할 수 있다.

1.2.5 광 스펙트럼의 시각(Spectral Visibility)

광의 감각을 기본적으로 결정하는 물리량은 그의 파장이라고 할 수 있는데, 물리량으로 볼 때는 파장이라고 하지만 주관적으로 이야기 할 때에는 색이라고도 할 수 있다. 따라서 보통의 백색광은 시각범위 전체, 또는 어떤 경우에는 그것보다도 넓은 범위에 연속한 파장을 포함하고 있다고 할 수 있는데, 가시범위의 단일 파장 방사는 눈으로 봐서는 한 가지 색상으로 보인다고 할 수 있다. 또한 밝은 관시조건 -주간시(Photoscopic Vision)에 있어서 모든 파장에서 동등의 에너지 량을 가진 광의 상태이라고 한다면 눈에서 가장 밝게 감지를 하는 벡터 부분은 파장이 약 560㎚부분이라고 할 수 있는데, 이러한 최대 파장으로부터 시각은 스펙트럼 양측을 향하여 하강하여 간다고 할 수 있고, 어두운 관시조건 -야간시(Scotopic Vision)에 있어서 가장 밝게 감지하고 있는 파장은 500㎚로 시프트(Shift)하여서, 적의 영역에서 시각은 급격하게 저하 한다고 할 수 있다. 그림 1.3에서는 밝은 부분의 경우와 어두운 부분의 경우에 시각과 파장의 관계를 표시하고 있다.

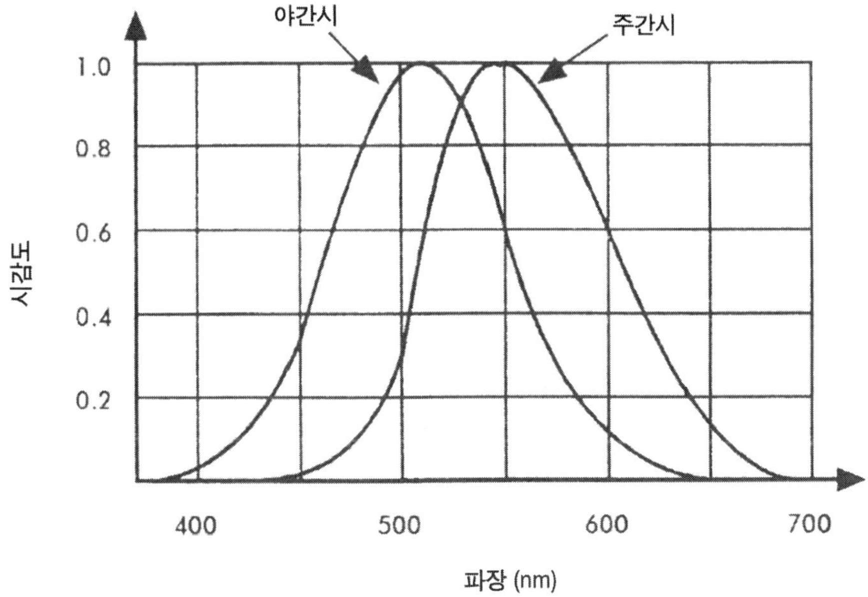

그림 1.3 인간 망막의 시감도- 파장 곡선

1.3 스캐닝의 규격

스캐닝의 규격은 텔레비전 화상에서 그의 휘도 정보와 색도의 정보를 어떻게 제시 할까를 결정하는 것이라고 할 수 있는데, 규격에 있어서는 프레임 당 주사선수 즉 초에 할당되어있는 프레임 수를 규정하고 있다고 할 수 있다.

눈에 대하여 필요한 기본적인 정보 송출에 있어서 기술적인 필요성과 경제성을 고려하면 어떤 적당한 타협조건이 구해진다고 할 수 있는데, 그러한 조건에서 제일로 하지 아니하면 되지 아니하는 고려로는 어떠한 전자 시스템 일지라도 어느 시각의 시점에 있어서는 한 개의 형식에 의한 정보만이 송신 될 수밖에 없는 제한된 조건의 규제를 받는 것이 사실이라고 할 수 있다.

그 때문에 화상은 작은 화소에 분해되어져서 순번에 의하여 연속하여 송신되고, 수신기에서는 이들 데이터를 재차 화상에 순번에 의하여 재차 조합하여 디스플레이를 시키는데, 그러한 시스템에 의하여 화상으로 조합되어 있는 각 화소는 눈에 있어서는 동시에 움직임에 의하여 영상이 제시되어 진 것과 같이 보이게 되어있다고 할 수 있다.

1.3.1 스캐닝 프로세스

현재의 표준 텔레비전의 규격은 1930년대의 촬상(Image Pick Up)과 디스플레이(Display) 기술을 반영한 것이라고 한 것이라고 할 수 있는데, 왜냐하면 카메라는 촬상관을 사용하고, 피사체의 이미지는 그의 감광막에 결상시키는 방법을 사용하고 있기 때문이라고 할 수 있다.

이러한 감광막으로 사용하여 씬(Scene) 각 점의 광량에 비례하는 전하가 발생하여, 그 막의 용량에 축적되는 것으로 하고 있는데, 전자빔이 이 전하의 화상을 전자류로 변환을 하기위하여 사용하고 있다고 할 수 있다.

이러한 빔의 막이 원형에 포커스(Focus)를 맞추어서 연속적으로 전하의 이미지상을 스캐닝 하여 수직방향으로 나열된 많은 수평라인을 사용하여 2개의 연속하는 필드 형태를 만든다고 할 수 있다.

이러한 각 필드는 전 스캐닝 라인 수에 반이 되는 라인수를 가지고 있는데, 이러한 2개의 필드(필드1 또는 필드2)는 수직방향으로 라인이 서로 인터레이스(Interlace : 상호교차에 맞추어 주사를 함.) 하는 것과 같이 라인간격의 반분의 위치가 시프트하고 있어 2개의 필드를 사용하여 한 개의 프레임을 만드는 형태로 하고 있다.

이러한 이미지는 좌로부터 우로 스캐닝 되어있어 스캔 라인이 화상의 가장 위로부터 스타트하여 연속하는 라인이 화면 최하부에 도달 할 때 까지 반복되어진다고 할 수 있는데, 한 번의 필드 스캐닝을 마친 빔은 다시 화면의 상부에 되돌아와서 같은 프로세스에 의하여 반복 된다고 할 수 있다.

이러한 연속적인 전자 빔의 편향은 2개의 직교(수직과 수평)하는 편향 코일 한 개의 구조에 의하여 수평 수직 편향 주파수로 반복되는 톱니파 파장전류를 흘려서 생성하는 전계에 의하여 시행이 되어진다고 할 수 있는데, 이러한 프로세서를 리니어 인터레이스 스캐닝(Liner Interlaced Scanning)이라고 부르고 있다.

수평성분의 반복되는 주기는 수직성분의 그것에 계수n을 가한 것으로서, 결과론적으로 수직기간전체에서 n개의 라인이 형성 되어진다고 할 수 있는데, 이러한 시스템에서 파생하는 귀선기간(Retrace Period)은 영상 신호의 송출에 사용을 하지 아니하고, 수평 수직 동기신호와 같은 보조정보 송출에 사용된다고 할 수 있다.

디스플레이 기기에서는 수상관(CRT)이 원래의 화상을 재생을 하는 장비로서, CRT의 전자빔을 촬상관의 수평, 수직 편향과 동기를 한 수평, 수직 편향을 시행하여 CRT에 형광체를 도포한 스크린에 포커스를 맞추게 되어있다고 할 수 있는데, CRT의 빔전류는 이상적으로는 촬상관의 빔 전류와 비례하고 있다고 할 수 있고, 편향 코일에 흐르는 편향 전류는 촬상관의 편향 전류와 동기가 되어 있다고 할 수 있다.

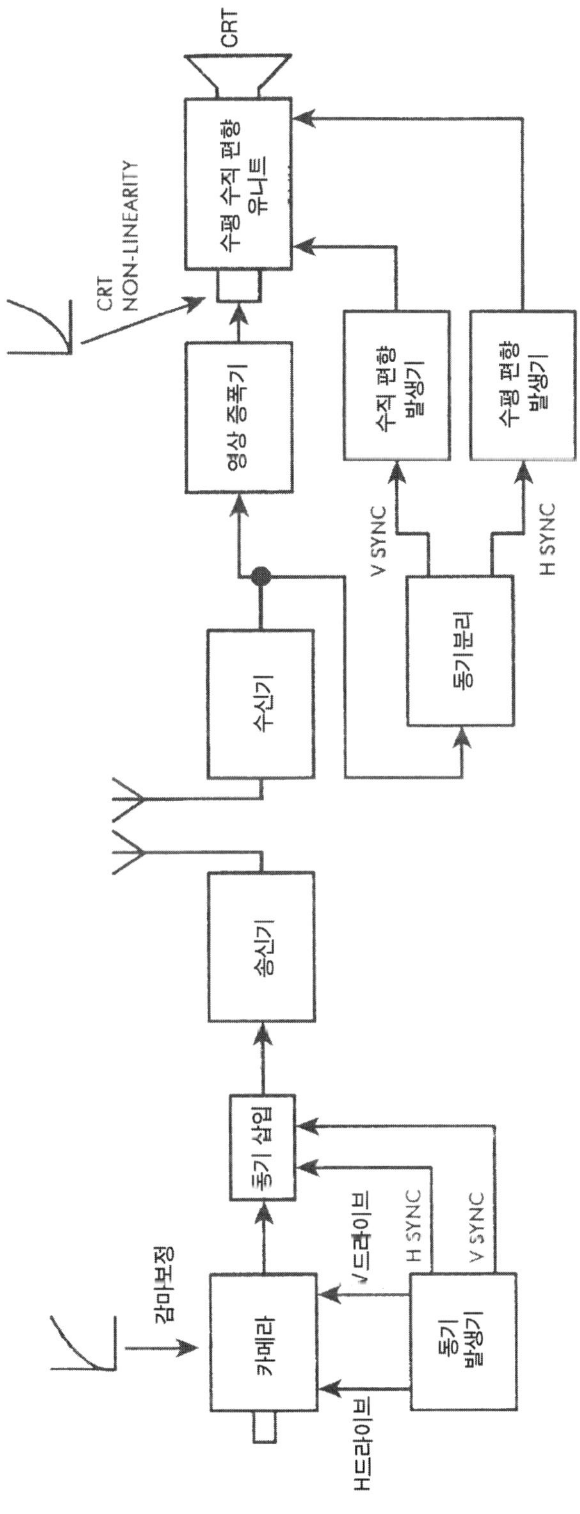

그림 1.4 신호원으로부터 CRT디스플레이까지의 흑백 텔레비전을 단순화한 블록 다이어그램

실제에 있어서 CRT전자빔 대 빔 제어 전압의 특성은 직선은 아니라고 할 수 있는데, 이러한 상태를 보정하기 위해서는 카메라의 영상 증폭기의 특성과 CRT와는 반대의 특성을 가진 감마 보정이라고 부르는 비직선성이 도입되어 결과적으로 보면 본래 화상 신호와 CRT로 재생한 화상의 휘도가 직선의 관계가 되도록 하고 있다고 할 수 있고, 이러한 문제에 대해서는 제 2장에서 보다 자세히 설명을 하기로 한다.

그림 1.4에서는 흑백텔레비전 시스템의 신호원으로부터 CRT디스플레이(Display)까지의 단순화한 블록 다이어그램(Block Diagram)을 표시하고 있다고 할 수 있다.

1.3.2 프레임에 상당하는 라인 수

기존의 아날로그 NTSC(National Television System Committee)와 SDTV(Standard Definition Television)급의 4:3화각을 기본으로 하고 있는 텔레비전 파라미터에서는 디스플레이 화면의 높이 6배의 시거리로 통상 눈의 해상도와 거의 맞는 수직 해상도의 치가 얻어질 수 있도록 선택 되어져 있다고 할 수 있는데, 이러한 프레임 당 라인의 수는 비월주사 시스템을 형성하고 있기 때문에 기수라 할 수 있고(비월주사 시스템을 하기 위하여), 현재 가장 많이 사용하고 있는 표준 텔레비전에 규정 되어진 치로는 미국을 비롯한 우리나라에서 사용하고 있는 525라인/프레임 방식과 유럽을 비롯한 중국 등 여러 나라에서 사용하고 있는 625 라인/프레임방식이라고 할 수 있다.

1.3.3 매초 할당된 화상 수

1초당 할당된 화소 수는 가정 내 환경에 있어서 텔레비전 화상을 보기위하여 적당한 휘도레벨이었을 경우에 플리커를 방지하기 위하여 충분한 속도로 연속되는 화상이 되게 선택 되어져 있다고 할 수 있는데, 프레임이라는 것은 연속하는 전 라인 수의 반(262.5와 312.5)이라 할 수 있는 라인수를 가지고 있는 필드로 구성이 되어있고, 이러한 필드 2개가 모여서 한 개의 프레임이 성립 된다고 할 수 있다.

이러한 2개의 필드라인은 비월주사 형식으로 되어져 있어, 프레임은 2개의 필드에 전 라인수(525 또는 625)로 성립 되어져 있다고 할 수 있는데, 역사적으로 보면 필드 주파수는 전력의 라인주파수와 동등의 선택되어져 있어 우리나라를 비롯하여 미국, 캐나다, 멕시코 등에서는 60Hz로 되어져 있고, 이들 나라를 제외한 대부분의 나라에서는 50Hz로 선택되어져 있다고 할 수 있다.

표 1.2 표준스캐닝(주사) 규격의 중요한 파라미터

파라미터	525/60규격	625/50규격
라인수/프레임	525	625
라인수/필드	262.5	312.5
프레임수/초	29.97	25
필드수/초(fv)(Hz)	$2f_H$/525=59.94	$2f_H$/625=50
수평 편향 주파수 (f_H)	3×5×5×7(fv/2) =15,734.25	5×5×5×5(fv/2) =15,625
필드 블랭킹 기간(라인수)	20	25
필드 블랭킹 기간(라인수)	40	50
유효 라인수/프레임	485	575
수직 해상도(Nv)(LPH)	485×0.7=339	575×0.7=402
전 1라인기간,(㎲)	63.556	64
수평 블랭킹 기간(㎲)	10.7±0.1	12±0.3
유효라인기간,(㎲)	52.856	52
동등의 H/V 해상도의 수평 화소수	339×(4/3)=452	402×(4/3)=536
라인 1개 조합에 상당하는 사이클 기간(T),㎲	52.85/226=0.2338	52/268=0.194
동등의H/V해상도에 필요한 대역(MHz)	1/T=4.28	1/T=5.15
수평해상도 Factor 라인수/MHz	339/4.28=79.2	402/5.15=78
수평해상도 (N_H), LPH	333(@4.2MHz대역)	390(@5MHz대역)
H/V해상도비	0.98	0.97

이렇게 전력 라인에 동기 되어진 디스플레이장치는 수변의 자계(Magnetic)나 험(Hum)의 성분이 대단히 많은 경우를 제외하고는 그러한 것에 의하여 스캐닝 왜(Distortions)가 생기는 경우를 감소시키는 것이 가능하다고 할 수 있는데, 이러한 왜의 감소는 수상기와 송신기가 같은 전력의 라인으로 동작시키고 있을 경우에 실현이 가능하다고 할 수 있다.

그러나 언제나 이러한 상태가 얻어 진다고는 장담할 수 없다고 할 수 있어 근래에 있어서는 그러하지 아니하는 경우가 있다고 할 수 있는데, 결과론적으로 보면 필드 레이트를 전력 주파수와 일치 시키는 것은 이전부터 많은 나라에서 폐지시켜 왔다고 할 수 있어, 현재의 수직편향 주파수는 공칭으로서는 전력 주파수와 동일하다고 하지만 사실은 고안정의 크리스털 제어 고주파 발진기로부터 카운트 다운하여 얻어 진다고 할 수 있다.

1.3.4 표준 텔레비전의 스캐닝의 규격

지금 현재 세계에서는 2개의 표준 텔레비전 스캐닝 규격이 있다고 할 수 있는데, 그 규격은 525/60을 규격으로 하고 있는 NTSC 방식과 625/50을 기본규격으로 하고 있는 PAL방식이라고 할 수 있다. 이러한 규격은 1930년대의 기술을 기본으로 하여 영상제작에 드는 비용과 영상 품질 효과 사이에 선택의 결과라고 할 수 있고, 표 1.2에서는 그러한 규격의 주된 특성을 표시하고 있다.

1.4 해상도의 고려

역사적으로 해상도(Resolution)는 한계해상도(Limiting Resolution)를 이야기하는 것으로서, 이미지의 개체라고 할 수 있는 화소가 시각적으로는 더 이상 분리가 불가능한 포인트를 의미하는 것으로 되어있었다고 할 수 있는데, 이러한 것에서는 각기 다른 각종 측정 방법과 각기 다른 해상도에 대한 규정이 있다고 할 수 있다.

- 1밀리미터(Millimeter)에 있는 라인수와 같이 수직축이나 수평축의 제한된 공간에 있는 어느 단위의수를 말하고 있는데, 예를 들면 라인 수 또는 페어 라인 수 등과 같은 것을 들 수가 있다
- 화면 높이 대 라인 수(LPH)와 같이 전 화면에 대한 어떤 단위의수를 말하고 있는데, 예를 들면 라인수, 페어 라인 수 등을 들 수가 있다.

텔레비전에서는 해상도는 LPH(Lines Per Picture Height)로 규정되어있다고 할 수 있는데, 지금 널리 사용하고 있는 표준 텔레비전의 시스템에서는 거의 동등의 수평 해상도와 수직해상도를 얻을 수 있게 설계되어져 있다고 할 수 있다. 또한 이러한 수평 해상도와 수직 해상도를 이루고 있는 화소의 단위를 픽셀이라고 하고 있는데, 이러한 픽셀을 통상 "스퀘어 픽셀"(Square Pixels:정방형 화소)이라고 한다.

1.4.1 수직해상도(Vertical Resolution)

수직해상도는 시스템의 대역과는 무관계로서 수평라인수를 해상하는 능력을 표시하는 것이라고 할 수 있는데, 이러한 치는 텔레비전 화면에서 분리하여 충분히 인식이 가능 한 흑과 백으로 되어있는 수평 라인의 총수로 표시 되어 있다고 할 수 있고, 수직해상도는 기본적으로 화면당의 스캐닝 수와 카메라 촬상관과 텔레비전 수상관의 스포트 사이즈(Spot Size) 등 그러한 형태에 대한 종합결과로 결정 된다고 할 수 있다.

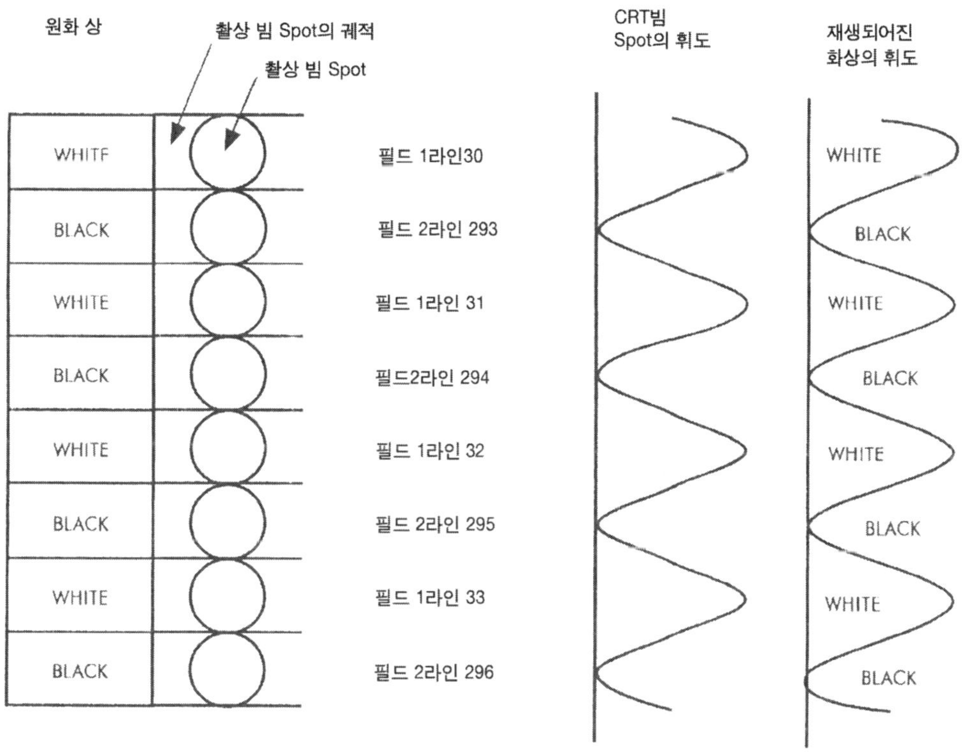

그림 1.5 라스터 라인이 피사체의 디테일에 맞추어진 경우에는 수직 해상도는 유효라인수와 같다.

이상적으로는(촬상 기기와 디스플레이 기기의 영향을 무시한다면)수직해상도는 프레임당 실효라인 수와 같다고 할 수 있는데, 이러한 것은 스캐닝 라인이 그림 1.5에서 표시하는 것과 같이 피사체의 흑백 변화에 대한 세부적인 사항과 라인이 중심이 맞는 경우에 일어난다고 할 수 있다. 그러나 스캐닝 라인이 통상적인 피사체의 세부적인 사항과 어떻게 고정된 관계가 되어있는 것은 특별히 정해져 있지 아니하다고 할 수 없다.

또한 스캐닝 스포트가 그림 1.6에서 표시하는 것과 같이 피사체 세부의 변화를 일으키는 관계가 이루어 질 경우의 수직 해상도는 완전히 잃어버렸나고 할 수 있는데, 따라서 수된 데이터에 의하년 주사선수는 그림 1.7에 표시하는 것과 같이 해상에 모는 화소수를 상회하시 아니하면 되지 아니한다고 할 수 있고, 이것은 다음과 같은 식에 의하여 표시할 수가 있다고 할 수 있다.

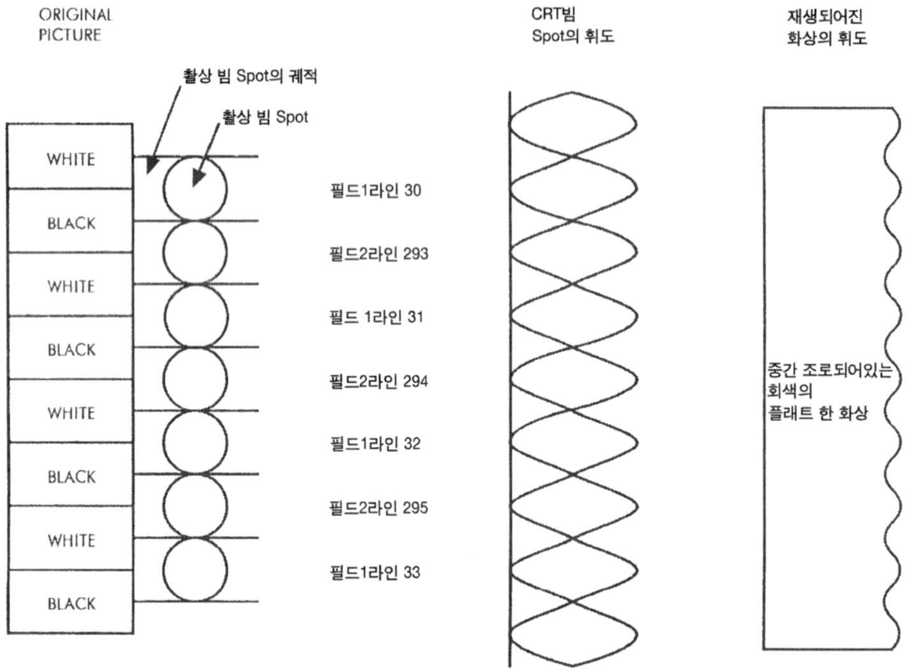

그림 1.6 스캐닝 스포트(Spot)가 피사체의 디테일을 잃어버린 경우의 수직 해상도 손실

$$N_V = kN_{AL}$$

여기에서 N_V = 해상되어진 실효 수직 화소(셀)수

N_{AL}=실효라인 수(총 라인수로부터 빔(Beam)이 돌아오는 귀선기간의 라인수를 제외한 것)

k=주관적인 측정 데이터로부터 얻어지는 정수. 이러한 정수를 켈 팩터(Kell Factor)라고 부르고 있고, 통상적으로 보면 0.7이라고 할 수 있다.

우리나라와 미국 등 많은 나라에서 사용을 하고 있는 525/60스캐닝 시스템에 있어서는 한 개의 프레임 당 총 라인 수는 525라인이라고 할 수 있는데, 그 중에서 40라인은 블랭킹 기간에 해당한다고 할 수 있어, 우리가 영상을 전송하는데 실제로 사용하고 있는 유효라인은 485라인이라고 할 수 있다.

따라서 켈 팩터를 0.7로 하여 525/60스캐닝 시스템의 실효 수직 해상도는 N_V=0.7×485는 약 339LPH 또는 339픽셀 이라고 할 수 있다.

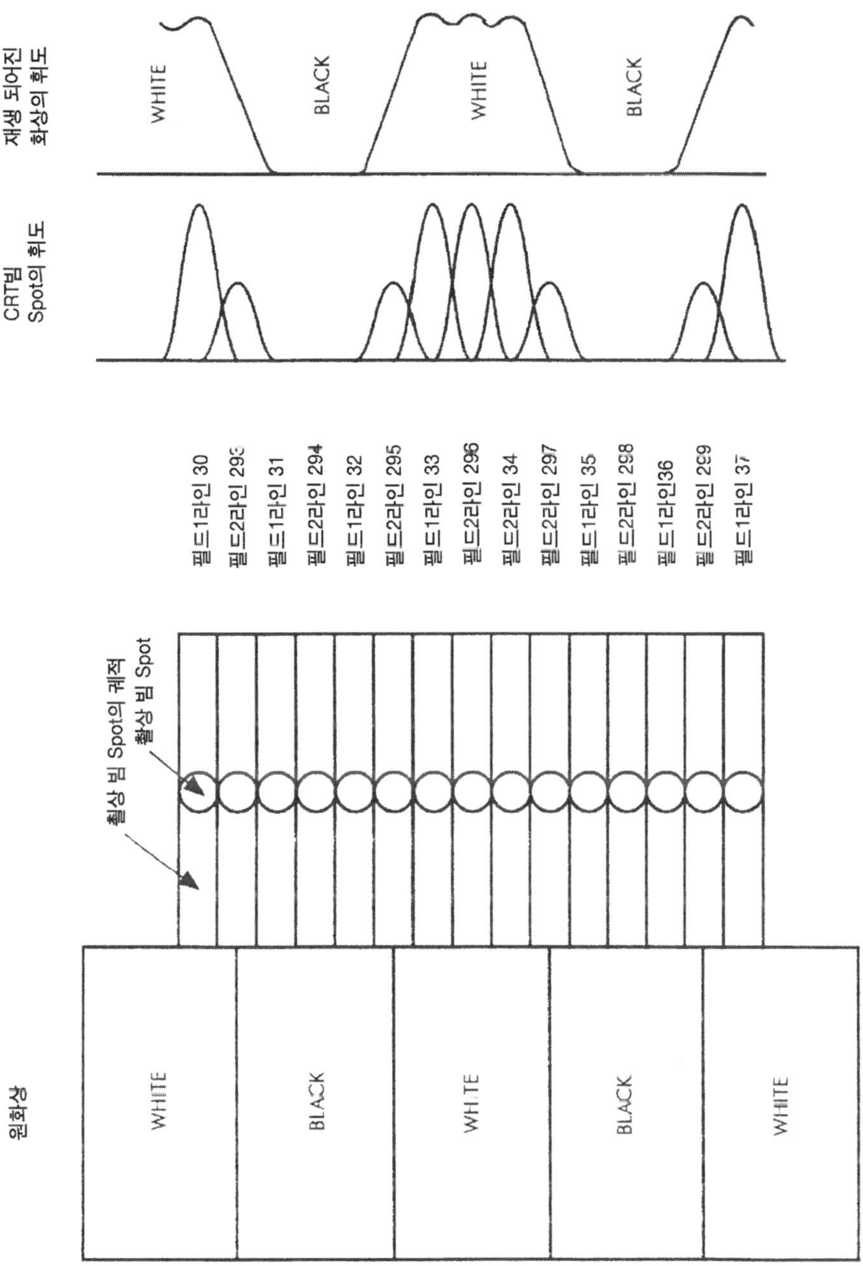

그림 1.7 스캐닝 스포트(Scanning Spot)의 형태와 크기가 수직 해상도에 끼치는 영향

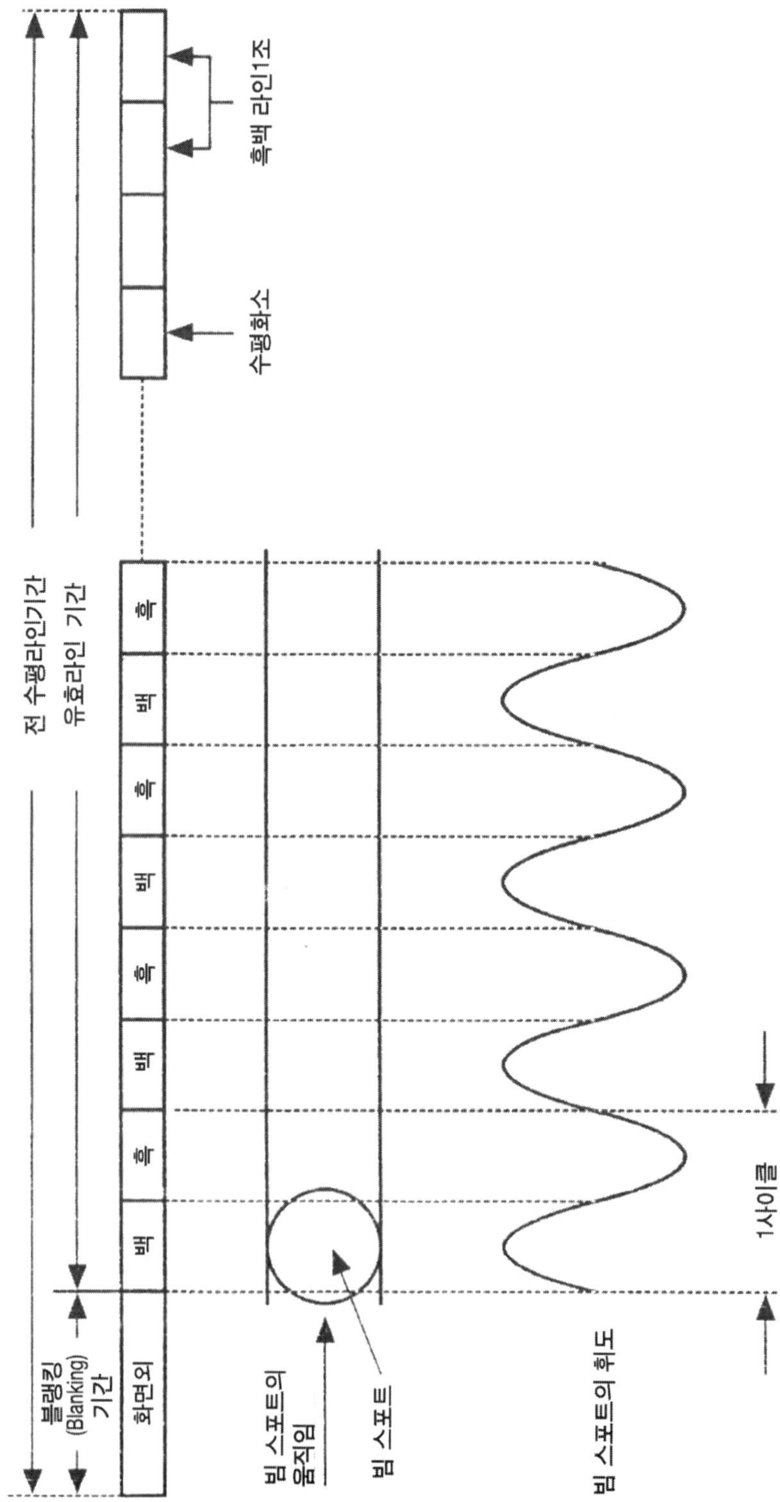

그림 1.8 수평해상도의 고려사항

또한 유럽에서 주로 사용을 하고 있는 625/50스캐닝 시스템에서는 1프레임당 라인 수는 625라인으로서 그중에서 50라인은 블랭킹 기간이므로 실제로 영상 전송에 사용하고 있는 575라인이라고 할 수 있는데, 이러한 방식에다 켈 팩터를 0.7로하면 625/50스캐닝 시스템의 실효수직 해상도는 N_V=0.7×575 이라고 할 때 약 402LPH 또는 402 픽셀 이라고 할 수 있다.

1.4.2 수평 해상도(Horizontal Resolution)

수평해상도는 시스템의 대역에 직접 관계가 있고, 화면에 수직선을 해상하는 능력을 규정하고 있다고 할 수 있는데, 이러한 치는 텔레비전 화면의 전 수평폭의 3/4폭의 부분에서 충분히 분리하여 인식이 가능하여 상호적으로 흑백으로 되어있는 수직 라인의 총수로 표시가 되어진다.(이러한 것은 화면의 Aspect Ratio가 3/4인 것을 전제로 하고 있음.)

또한 이러한 수평 해상도는 기본적으로는 시스템 전송 특성의 고역 주파수에서 진폭과 위상 특성, 카메라의 촬상관 및 수상관의 스포트 사이즈 등의 그러한 모든 형태를 기반으로 하는 종합적인 결과물로 결정 된다고 할 수 있는데, 표준 텔레비전과 같이 아스펙트 레이트가 3/4인 경우에는 수평과 수직의 해상도를 유지하기 위해서는 (4/3)N_V의 수평 화소가 해상 되어질 필요가 있다고 할 수 있어, 625/50시스템에 있어서는 이 때문에 339×(4/3)=452개의 수평화소가 필요하게 되어있다고 할 수 있다.

이러한 스캐닝 스포트는 어떠한 유한에 사이즈를 가지고 있으므로, 연속한 흑백 픽셀(라인1조)을 스캐닝 한 빔의 출력은 사인파가 되어 정 반분의 파형이 백의 화소를 표시하고, 부의 반분 파형이 흑의 화소를 표시하는 것으로 하고 있는데, (그림 1.8참조) 452개의 수평 픽셀을 가지고 있는 화상을 스캔을 하고 있는 빔은 한 개 라인의 유효라인 기간에서는 전기 신호로 하여 226의 사이클의 신호를 발생한다고 할 수 있다.

또한 525/60스캐닝 시스템에서는 전 수평 라인의 기간은 63.5㎲이고, 수평 블랭킹 기간은 10.7㎲으로서, 그 결과 유효라인기간은 52.85㎲이 된다고 할 수 있다.

따라서 1사이클의 기간 $T=\dfrac{52.85\mu s}{226}\approx 0.2338\mu s$이고,

이러한 452 수평 픽셀 스캐닝 결과의 기본 주파수는

$$F=\frac{1}{T}=\frac{1}{0.2338\mu s}\approx 4.28\text{MHz}$$이다.

이러한 것이 수평 방향과 수직방향으로 같은 해상도를 유지하기 위해서는 필요한 대역이라고 할 수 있는데, 이러한 4.28MHz대역에 대한 수평 해상도 팩터(Horizontal Resolution Factor)는 $\frac{339}{4.28}$MHz=79.2 Lines/MHz이라고 할 수 있다.

그리고 525/60스캐닝 방식 (CCIR-M) 채용하고 있는 나라에서는 영상 신호가 전송 가능한 최대 베이스 밴드의 대역은 4.2MHz이라고 할 수 있는데, 그 결과 송신되어진 수평 해상도는 N_H=4.2MHz×79.2 Lines/MHz=333 Lines 이라고 할 수 있다.

그 때문에 수평/수직 해상도는 333/339=0.982가 된다고 할 수 있고, 아날로그적인 방법론으로는 그러한 것에 준하는 스퀘어 픽셀로 표시하고 있다고 할 수 있다.

유럽에서 많이 사용하고 있는 PAL방식의 625/50시스템과 같은 방식은 수평, 수직의 해상도를 얻기 위해서 영상 대역은 5.15MHz가 필요하다고 되어있는데, 결과론적으로 보면 수평 해상도 팩터는 78 Lines/MHz가 된다고 할 수 있다.

625/50방식을 채용하고 있는 나라에서는 송출 형식에 따라서 여러 가지로 다른 송신 최대 영상대역을 규정하고 있기 때문에 표1.3에서 표시를 하고 있는 것과 같이 각각 다른 송신수평 해상도를 가지고 있다고 할 수 있다. 또 표1.2에서표시하고 있는 것은 525/60의 규격과 625/50규격에 대하여 관련하는 주된 파라미터를 표시하고 있다고 할 수 있다.

1.5 컴포지트 영상 신호(The Composite Video Signal)

화상을 만족하도록 재생을 하기 위해서는 여러 개의 정보를 복합하여 한 개의 파형 신호에 실어서 보내는 것이 필요하다고 할 수 있는데, 이러한 복합 신호를 컴포지트 신호라고 하고, 이러한 파형은 다음과 같은 것으로 구성 되어있다고 할 수 있다.

- 영상 정보
- 동기 정보

1.5.1 영상 정보

카메라로부터 출력되는 영상신호는 표준 레벨까지 증폭 시켜 진다고 할 수 있는데, 영상 정보에서는 다음과 같은 정보를 전송한다.

- 블랭킹 레벨(Blanking Level)
- 흑(Black)의 기준레벨
- 촬영한 씬(Scene)의 평균 밝기의 레벨
- 화상의 디테일 (Detail : 세밀한 윤곽레벨의 변화)
- 색상의 치(제2장 참조)

영상 신호는 단일 극성으로서 어떤 직류 레벨(통상적으로 0V)에서는 흑(Black)을 표시하고, 또 다른 하나의 레벨(통상 700㎷)에서는 백(White)을 표시하고 있다고 할 수 있는데, 이렇게 1부터 700㎷까지의 레벨은 다양한 농도의 색 진하기(Chroma Level)는 물론, 색의 밝기 정보(Luminance)를 표시하고 있다고 할 수 있고, 그 밖에 색의 종류를 표기하는 색상에 대한 위상정보(Hue)도 가지고 있다고 할 수 있다.

1.5.2 동기정보

동기의 정보는 아래와 같은 것을 포함하고 있다.

- 수평 스캐닝 동기신호
- 수직 스캐닝 동기신호
- 색 정보 디코더 동기신호(제2장 참조)

수평과 수직의 동기 정보는 수신기의 수평, 수직 편향 회로를 트리거 시키기 위하여 사용한다고 할 수 있는데, 이러한 정보는 그러한 목적을 시행하기 위하여 적합하게 규정되어진 진폭(Specific Amplitude), 기간(Duration), 형태(Shape)를 가지고 있는 펄스로 구성 되어있다고 할 수 있고, 이러한 동기펄스는 단일극성으로 0V의 기준레벨과 -300㎷의 부의 피크 레벨을 가지고 있다고 할 수 있다.

표 1.3 각종의 625/50송신규격에 의한 수평해상도

송신규격	대역(MHz)	N_H(LPH)	N_H/N_V
CCIR N	4.2	327	0.81
CCIR B,G	5	390	0.97
CCIR I	5.5	429	1,067
CCIRE K,L	6	468	1.16

1.5.3 복합 영상 신호의 생성

공칭 700㎷$_{P-P}$(Peak to Peak)진폭의 영상 신호 파형과 공칭 300 ㎷$_{P-P}$(Peak to Peak)의 동기신호의 파형을 합해지면 1V(Peak to Peak)진폭의 복합 영상 신호 파형이 된다고 할 수 있는데, 이 중에서 동기 펄스는 복합영상 신호가운데 유효한 영상 정보를 가지고 있지 아니한 부분에 위치한다고 할 수 있고, 이 부분은 블랭크로 되어있어(강제적으로 흑 레벨 이하로 하는 것.) 정확하게 조정되어 있는 디스플레이 장치라면 비월주사를 함에 있어서 주사선이 되돌아오는 것을 보이지 아니하게 하고 있다고 할 수 있다.

1.5.4 인터페이스의 특성(Interface Characteristics : 기기와 기기사이의 접속점의 특징)

영상 기기의 상호 접속에 있어서는 불평등의 동축 케이블을 사용하고 있다고 할 수 있는데, 따라서 신호원 임피던스, 종단 임피던스(Termination), 동축 케이블의 특성 임피던스는 75Ω으로 하고 있다고 할 수 있다.

휘도신호와 동기신호를 플러스한 p-p치는 동기선단(Sync Tip)으로부터 백(White) 레벨까지를 측정하면 총 1V가 된다고 할 수 있는데, 이러한 표준 영상의 레벨은 2개의 표준 텔레비전 시스템 모두 공통이라고 할 수 있다. 또한 이러한 합성 신호인 컴포지트 컬러텔레비전 레벨에 대해서는 제2장에서 다시 설명하기로 하기로 하는데, 영상신호레벨의 전체p-p치와 같다고 할지라도 각각의 신호레벨은 운용하고 있는 시스템에 따라서 표1.4, 그림1.9, 그림1.10 등에서 표시하는 것같이 조금은 다르다고 할 수 있다.

- 625/50스캐닝 규격의 신호 레벨에 있어서는 미리볼트(㎷)로 표시하고 있다고 할 수 있고, 525/60스캐닝 규격 중에 특히 미국에서사용하고 있는 복합 신호의 레벨은 IRE단위(Institute of Radio Engineers : 현재는 Institute of Electrical and Electronic Engineers : IEEE라고 알려져 있음.)로 표현하고 있다고 할 수 있는데, 1V진폭의 표준복합영상 신호는140 IRE단위의 진폭을 가지고 있다고 할 수 있어, 그 중에서 100 IRE의 단위는 휘도의 100레벨을 나타내고 있다고 할 수 있고, 40 IRE의 레벨은 동기 레벨을 나타내고 있다고 할 수 있다.
- 백(White) 피크 레벨은 625/50규격에서는 700㎷를 기본으로 하고 있고, 525/60규격에서는 714.3㎷(100 IRE)을 기본으로 하고 있다.

- 블랭킹 레벨은 625/50규격에서는 흑 레벨(Black Level)은 0V를 기본으로 하고 있고, 525/60규격 특히 북미 지역에서의 흑 레벨(Black Level)은 백 레벨(White Level) 피크레벨(Pick Level)의 공칭 7.5%(53.5㎷또는 7.5 IRE)로 하고 있다고 할 수 있는데, 이러한 백색(White)과 흑색(Black)의 신호 성분 중에서 흑레벨 (블랭킹 레벨)이하에서의 영상 신호 성분은 존재하지 아니하는 것으로 되어있다고 할 수 있다.
- 625/50규격의 시스템에서 동기신호의 레벨은 300㎷이라고 할 수 있으나, 525/60규격의 시스템에서 동기신호의 레벨은 285.7㎷(40 IRE)로 하고 있다고 할 수 있다.

아날로그의 분배기기는 통상 $2V_{p-p}$까지 영상 레벨을 받는 것이 가능한 헤드룸(Head-Room : 여유레벨)을 가지고 있다고 할 수 있지만, 이러한 헤드룸(Head Room)은 아날로그 비디오테이프 레코더나 마이크로웨이브 전송 장치의 회로, 텔레비전 송신기에서는 많이 사용을 하지 아니한다고 할 수 있다.

따라서 영상 기기를 조정하는 비디오 근무자는 기기의 과부하를 방지하기 위하여 타임베이스 코렉터(Time Base Corrector)나 프레임 싱크로나이저(Frame Synchronizer)장비를 이용하여 통상의 신호레벨 상하의 제한 범위 내에 들어가도록 조정을 하고 있다고 할 수 있다.

그리하여 방송사에서 많이 사용하고 있는 측정기로서, 파형 모니터(Waveform Monitor : WFM)라고 하는 특수한 영상의 오실로스코프가 이러한 목적에 사용되어지는데, 아날로그의 입출력을 가진 디지털 프로세스 기기에서는 내장되어 있는 아날로그/디지털 컨버터의 제한되어있는 오버헤드(Over-Head : 여유도)를 유지하기 위하여 특별히 주의를 할 필요가 있다.

표 1.4 흑백의 복합 영상 신호 레벨

파라미터	525/60규격	625/50규격
백레벨(White Level)	100IRE(714.3㎷)	700㎷
흑(Set Up Level)	7.5IRE(53.5㎷)	0㎷
블랭킹 레벨(Blanking Level)	0 IRE(0㎷)	0㎷
동기레벨(Sync Level)	-40IRE(-285.7㎷)	-300㎷

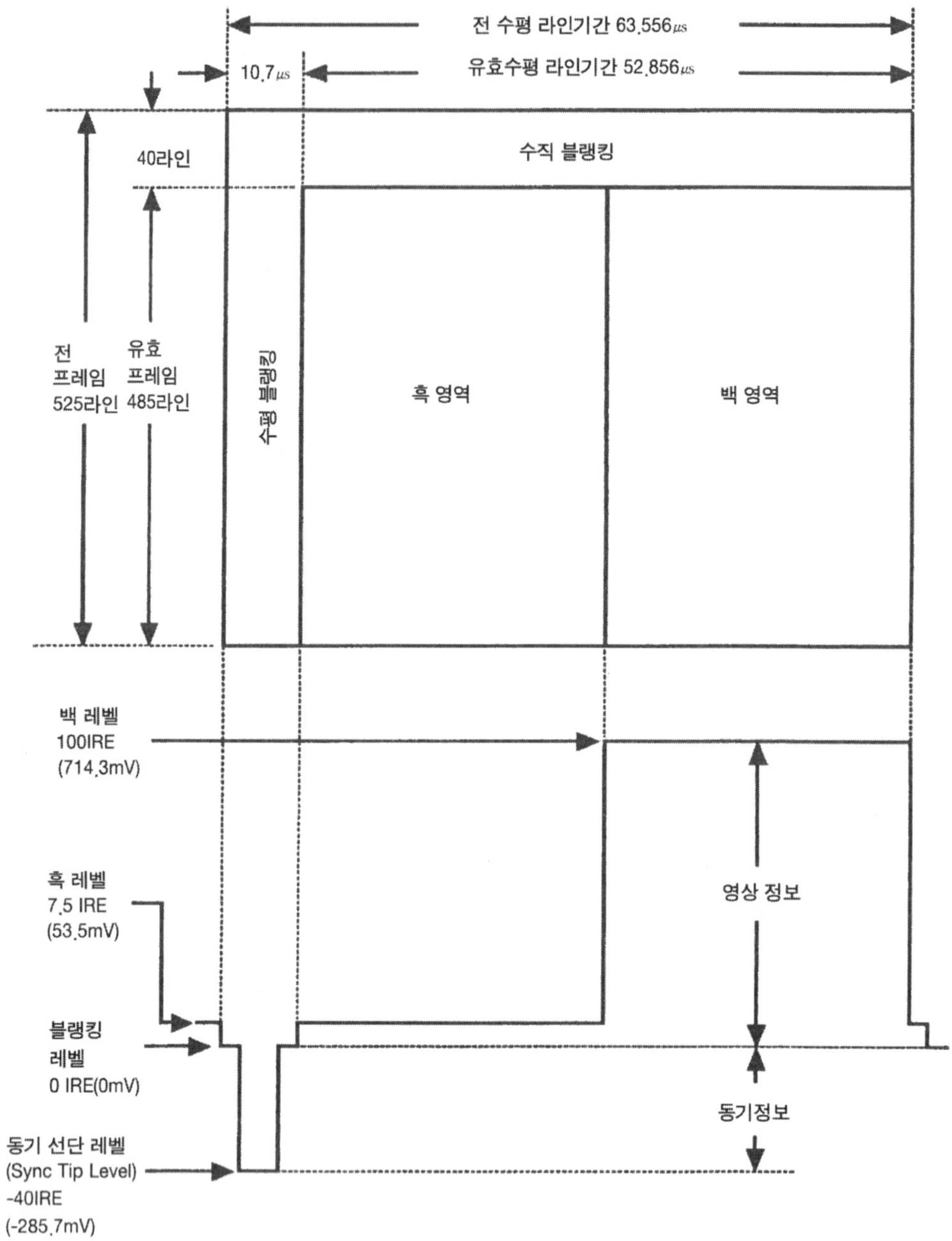

그림 1.9 525/60규격에 있어서 화상에 대한 복합 영상 신호의 진폭과 타이밍 치

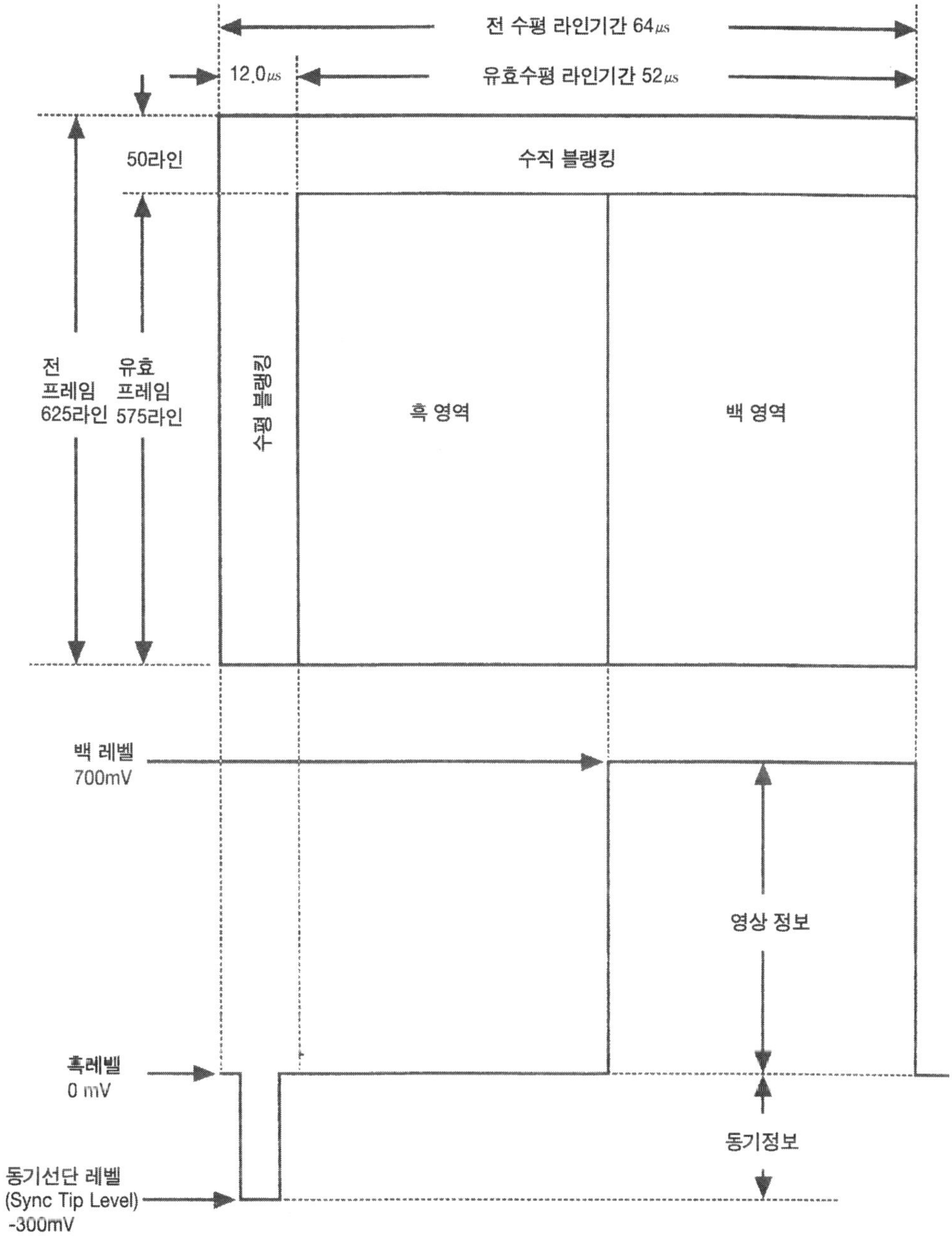

그림 1.10 625/50규격에 있어서 회시에 대한 복합 영상 신호의 진폭과 타이밍 치

역주 여기에서 타임 베이스 코렉터(Time Base Corrector)이라는 것은 컬러 시스템에서 동기펄스가 불안해지면 지터(Jitter), 화면의 수직 변동, 스키우(Skew), 스켈로핑(Scalloping), 색상과 포화도의 불 균일 등의 결함이 생길수가 있는데, 이것을 지연회로와 적절한 디지털 신호처리 과정에 의하여 개선하는 장비를 총칭하는 것으로 이러한 장비는 비디오 스위칭, 원거리 신호간의 복잡한 동기, 위성 수신 등을 위해서는 필수적으로 수반 되어야 한다고 할 수 있다.

특히 VTR 재생 시의 테이프 주행 및 헤드 주행 과정에서 빚어지는 여러 가지 오차, 테이프 자체의 결함, 기타 제반 기계적, 전기적 문제들로 인해서 발생하는 불안정 요소 등을 제거하여 안정된 동기를 유지하도록 하는 기능을 가지고 있고, 그 밖에 드롭 아웃트(Drop Out)의 보정, 빌로시티 에러(Velocity Error)의 보정, 영상 레벨 및 위상의 조정 기능도 포함 되어있는 것이 보통이라고 할 수 있다.

다음은 프레임싱크로나이저(Frame Synchronizer)에 대하여 이야기를 하면 비동기 합성 영상 신호를 기준 동기의 위상으로 변환 시키는 동기 변환 장치로서 비동기 영상 신호를 디지털 메모리장치에 저장 시킨 후 이것을 다시 기준 동기를 토대로 읽어내어 동기를 일치 시킨다고 할 수 있는데, 이러한 장비가 출현하기 전에는 원격 중계현장에서 도달한 영상 신호의 스튜디오를 동기 시키는 방법이 이용되어 중계회선이 불안한 경우 종종 전체 영상이 불안해지는 모순을 초래한다고 할 수 있고, 이러한 문제는 기기발전에 힘입어 해결 되었다고 할 수 있으나 디지털 신호를 추축으로 하고 있는 현재에 있어서는 디지털/아날로그, 아날로그/디지털 변환 과정에서 생기는 영상의 지연과 화질 열화라는 문제는 해결해야 할 과제의 하나라고 할 수 있다.

1.5.5 블랭킹 기간(Blanking Interval)과 그의 구조

수평/수직 블랭킹 기간은 스캐닝 주사선이 되돌아오는 기간으로써, 그 부분에 동기 정보가 들어 있다고 할 수 있다.

1.5.5.1 수평 블랭킹 기간

수직 블랭킹 기간 외에 각 수평라인은 유효라인기간(Active Line Period)과 수평 블랭킹 기간 (Horizontal Blanking Interval)으로 분리하여 나눌 수가 있는데, 블랭킹 기간에는 부방향의 수평 동기펄스가 있고, 색에 대한 정보를 전송하기 위한 컬러동기 버스트가 있다고 할 수 있다.

또한 수평 블랭킹 기간의 남은 부분은 동기신호를 적정하게 표시하기 위하여 블랭킹 레벨이 확보 되었다고 할 수 있는데, 대표적인 2개의 표준 텔레비전 규격에 있어서 수평 블랭킹 기간의 상세를 표1.5와 그림 1.11, 그림 1.12에서 표시를 하고 있다.

표 1.5 라인(수평) 동기신호의 상세도(그림 1.11또는 그림 1.12참조)

심볼	파라미터	525/60규격	625/50규격
H	공칭 라인기간,㎲	63.556	64
A	라인 블랭킹 폭	10.7(계산치)	12.05±0.25
B	수평 동기 기준점으로부터 수평 블랭킹 후연, ㎲	9.2+0.2/-0.1	10.5(계산치)
C	수평 블랭킹 前緣으로부터 수평 기준점 (Front Porch), ㎲	1.5±0.1	1.5±0.3
D	수평 동기 펄스폭, ㎲	4.7±0.1	4.7±0.1
E	수평 동기 펄스 後緣으로부터 블랭킹 後緣 (Back Porch), ㎲	4.5(계산치)	5.8(계산치)
F	수평 블랭킹 펄스 상승기간, ns	140±20	300±100
G	수평동기펄스 상승기간, ns	140±20	200±100

1.5.5.2 수직 블랭킹 기간

세계적으로 2개의 표준 텔레비전 규격에서는 거의 모두 비월주사(Interlaced) 방식을 사용하고 있다고 할 수 있는데, 이러한 각 텔레비전의 프레임은 2개의 필드로 나누어져 있다고 할 수 있고, 이러한 각 필드는 전 스캐닝 라인수의 반을 차지하고 있다고 할 수 있다.

또한 비월주사형식을 사용하기 때문에 이러한 각 필드는 한 개 라인을 건너서 라인을 구성하고 있어, 다음의 필드에서는 전 필드에서 스캐닝을 하지 아니하는 라인으로 구성을 하고 있다고 할 수 있는데, 이러한 각 필드는 유효화면 영역(Active Picture Area)과 수직 블랭킹 기간 (Vertical Blanking Interval)으로 분리되어있다고 할 수 있고, 수직 블랭킹 기간은 보조의 등화펄스(Equalizing Pulse)와 블랭킹 레벨 부분이 둘러싸여져있는 형태의 수직 동기에 대한 정보로 구성 되어져 있다고 할 수 있다.

이러한 기술에 의하여 수상기의 수직편향 회로를 정확하게 트리거를 하는데에 있어서 필요한 확실한 수직 동기의 정보를 추출하는 것이 가능하다고 할 수 있는데, 수직 동기 신호에는 다음과 같은 특징이 있다.

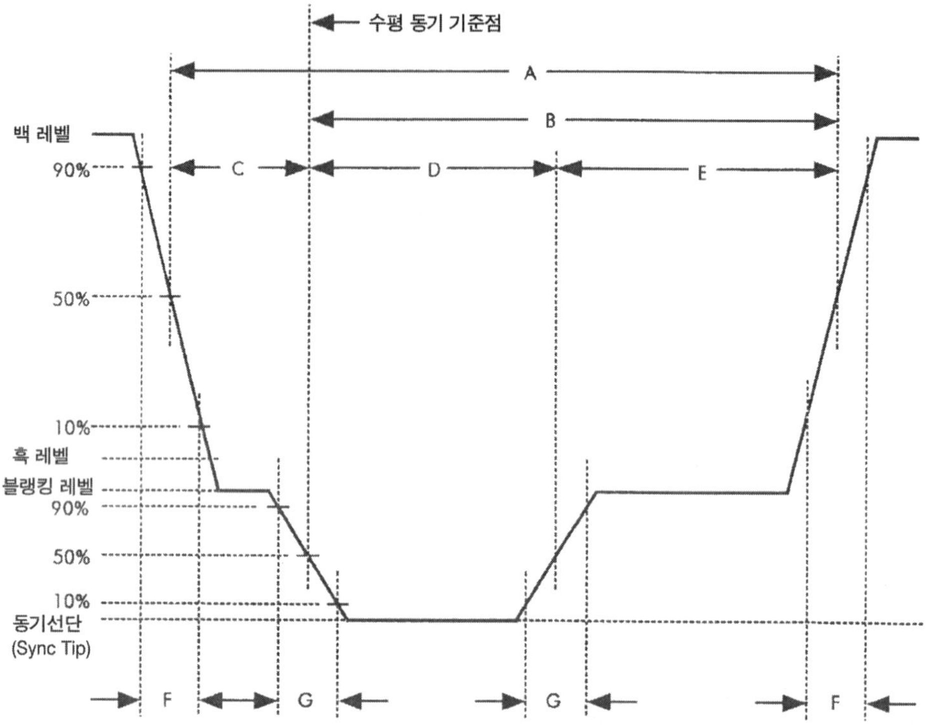

그림 1.11 525/60방식 규격에 있어서 수평 블랭킹 기간의 상세

- 526/60규격 : 3조의 3개 라인 세그먼트(Segment : 부분)로부터 되는 9라인의 블록으로 구성 되어있다고 할 수 있는데, 최초의 부분은 6개의 전치 등화 펄스라고 할 수 있고, 2번째의 부분은 6개의 서레이션(Serration : 집어넣는)을 가지고 있는 수직 동기 펄스라고 할 수 있으며, 3번째의 부분은 6개의 후치 등화 펄스로 구성 되어있다고 할 수 있다.
- 625/50규격 : 3개의 조직으로 되어있는 2.5라인의 부분으로부터 시작 된다고 할 수 있는데, 이는 7.5라인의 블록으로 구성 되어있어서, 최초의 부분은 5개의 전치 등화 펄스로 구성되어 있고, 2번째의 부분은 5개의 서레이션(Serration : 집어넣는)을 가지고 있는 수직 동기 펄스라고 할 수 있으며, 마지막으로 3번째의 부분은 5개의 전후치 등화 펄스로 되어있다고 할 수 있다.

수직 동기 신호에 사용되지 아니하는 수직 블랭킹 기간에 남은부분은 특수한 수직 기간 신호를 전송하는 데에 사용하는 것이 가능하다고 할 수 있는데, 이러한 신호가 어느 정해진 라인으로 전송 되어질 경우의 그 신호는 수평블랭킹 기간에 해당하는 부분을 제외하고, 액티브 기간에 해당하는 부분(사용이 가능한 부분)에 의하여 제한이 되어진다고 할 수 있다.

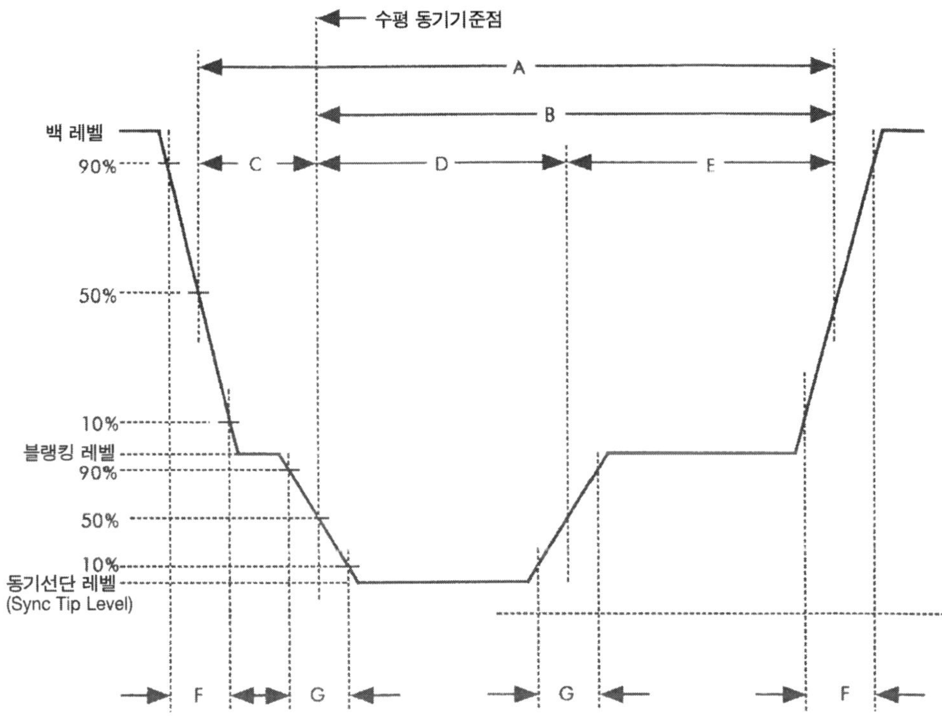

그림 1.12 625/50방식 규격의 수평 블랭킹 기간의 상세

그러한 신호가 전송되지 아니 하는 라인은 블랭킹 레벨로 보호 되어있다고 할 수 있는데, 여기에서 이야기 하고 있는 컬러버스트 신호에 대해서는 이만 줄이고, 제 2장에서 다시 설명을 하기로 한다.

표 1.16 수직동기신호의 상세(그림 1.13, 1.14참조)

파라미터	525/60규격	625/50규격
필드기간, ms	16.6833	20
프레임기간, ms	33.3667	40
수직 프레임 前緣으로부터 최초의 등화펄스 前緣, μs	1.5	규정이 없음.
수직(필드) 블랭킹 기간, Lines	20+1.5μs	25
전치 등화펄스 시퀀스기간, Lines	3	2.5
전치등화펄스폭, μs	2.3±0.1	2.35±0.1
수직동기펄스 시퀀스 기간 , Lines	3	2.5
수직 셀렉션 (잘라입력) 펄스폭, μs	4.7±0.1	4.7±0.2
후치등화펄스 시퀀스 기간, Lines	3	2.5
후치 등화펄스폭, μs	2.3±0.1	2.35±0.1

또한 표1.6과 그림 1.13, 그림 1.14에서는 2개의 표준 텔레비전 규격에 대하여 수직 동기 신호 파형의 상세를 표시를 하고 있다고 할 수 있고, 그림 1.15와 1.16에서는 2개의 표준 텔레비전 규격에 대하여 수직 블랭킹 기간의 세부사항을 표시를 하고 있다고 할 수 있다.

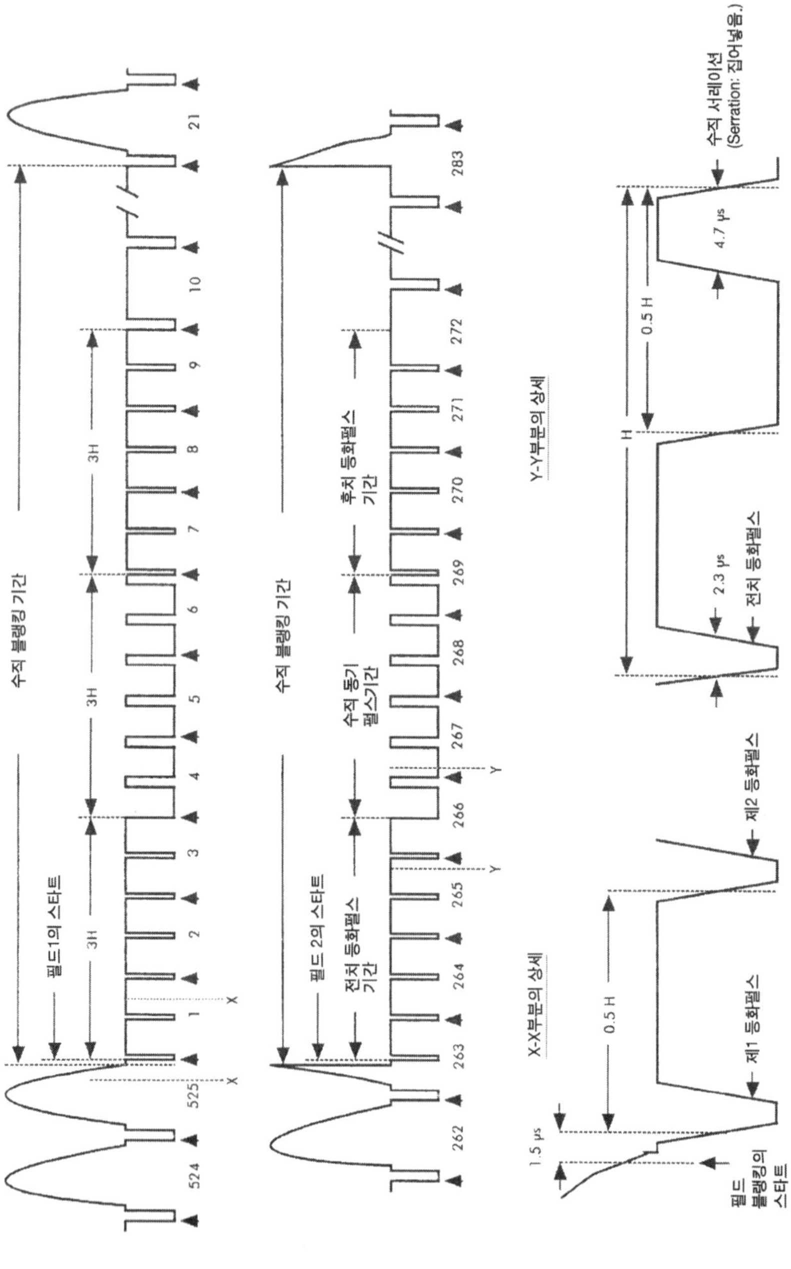

그림 1.13 525/60방식 규격에 있어서 수직기간 동기파형의 상세

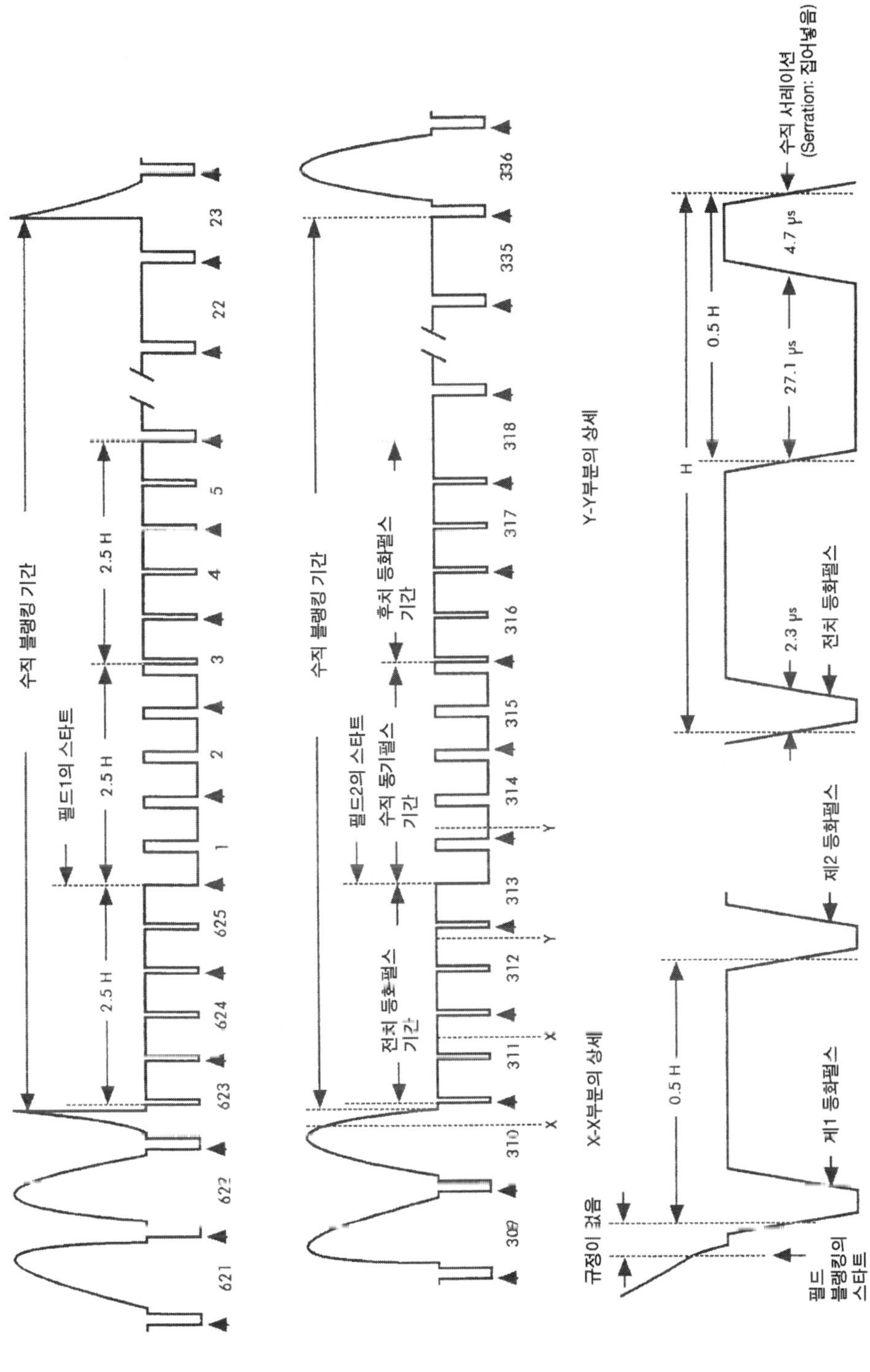

그림 1.14 625/50방식 규격에 있어서 수직기간 동기파형 상세

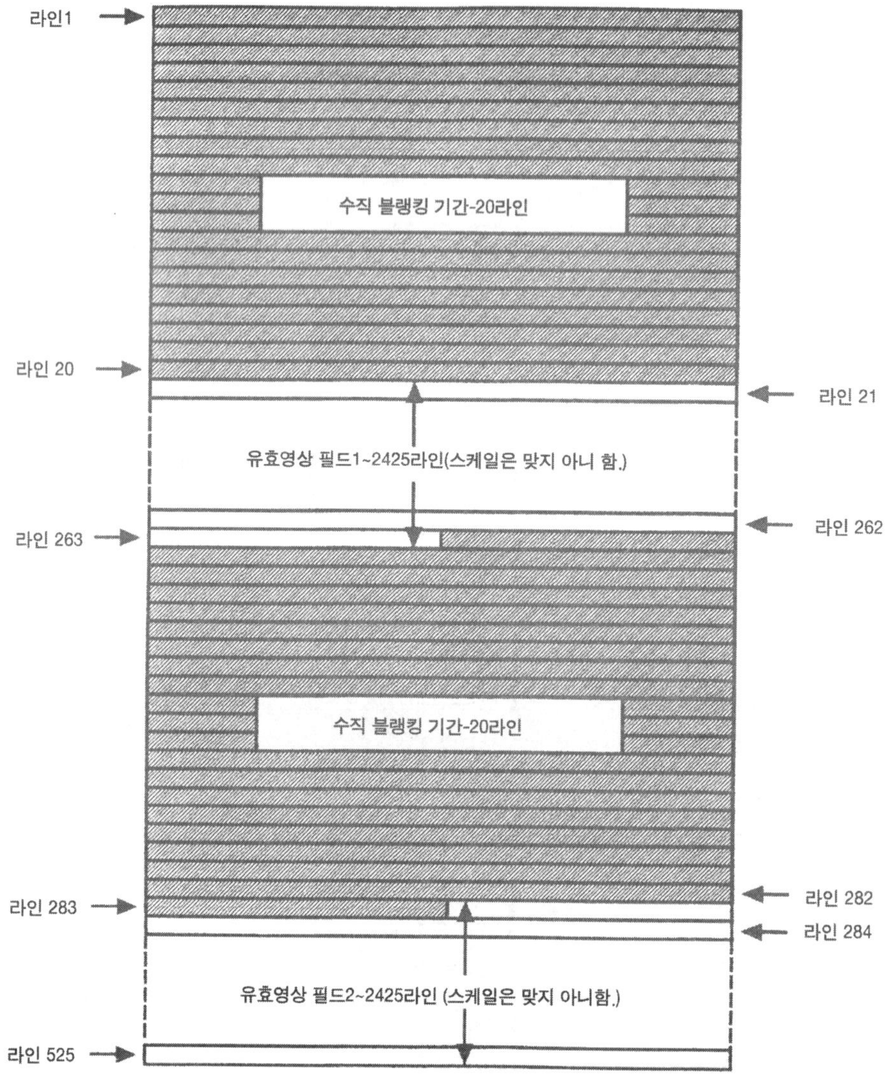

그림 1.15 525/60방식 규격의 수직 블랭킹 기간의 상세

1.6 영상 신호의 스펙트럼(The Spectrum of Video Signal)

영상 신호의 주파수 성분은 넓은 대역에 분포하고 있으나, 그러한 스펙트럼(Spectrum : 주파수 가로축으로 연속한 각 진폭의 성분)은 연속이 아니라고 할 수 있는데, 스펙트럼의 성분으로는 525/60규격 정지화상의 경우를 표시하고 있는 그림 1.17에서와 같이 중간에 스페이스가 있는 형태로 존재하고 있다고 할 수 있다.

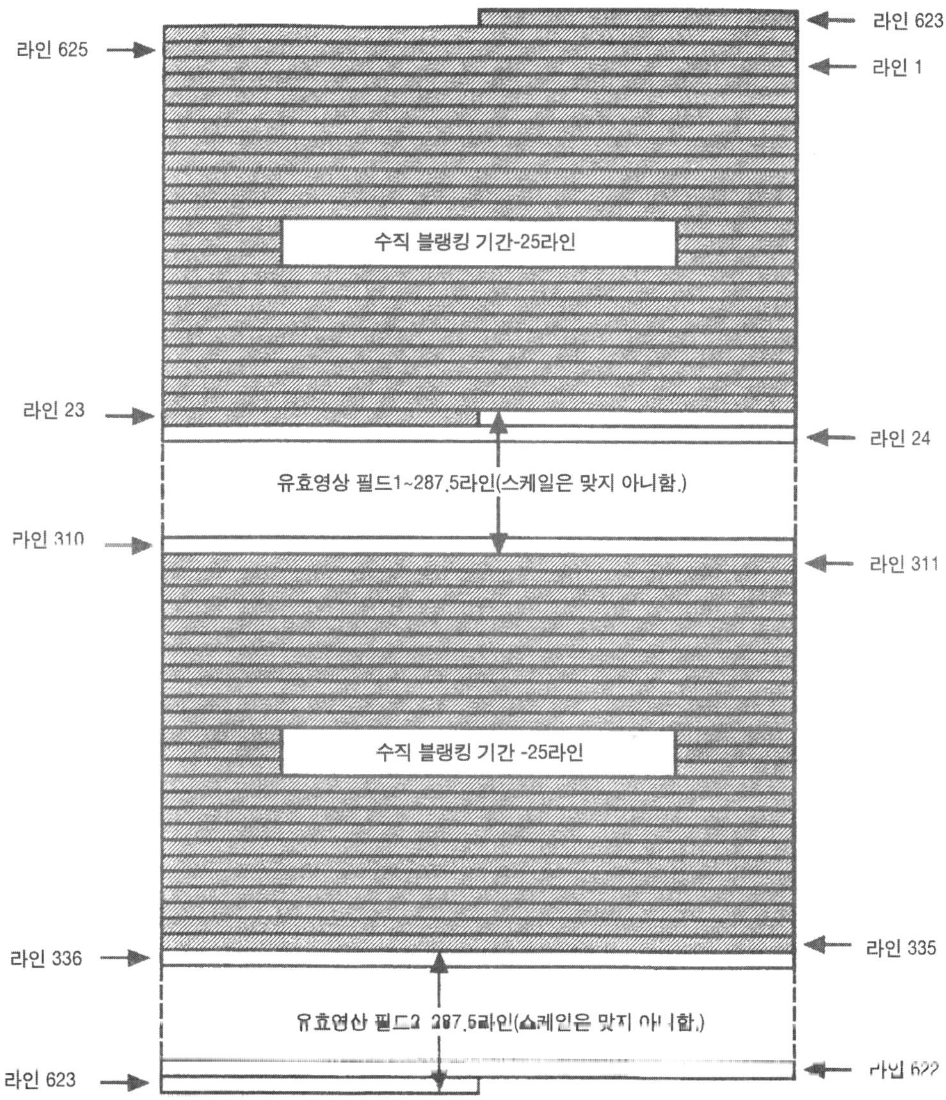

그림1.16 625/50방식 규격의 수직 블랭킹 기간의 상세

또 여기에서는 수평 블랭킹 주파수 f_H의 강한 성분과 그의 각 고주파 성분이 존재 하고 있다고 할 수 있는데, 그 외에 수직 주파수 f_V성분과 각 고주파의 강한 성분도 함께 존재 하고 있다고 할 수 있다.

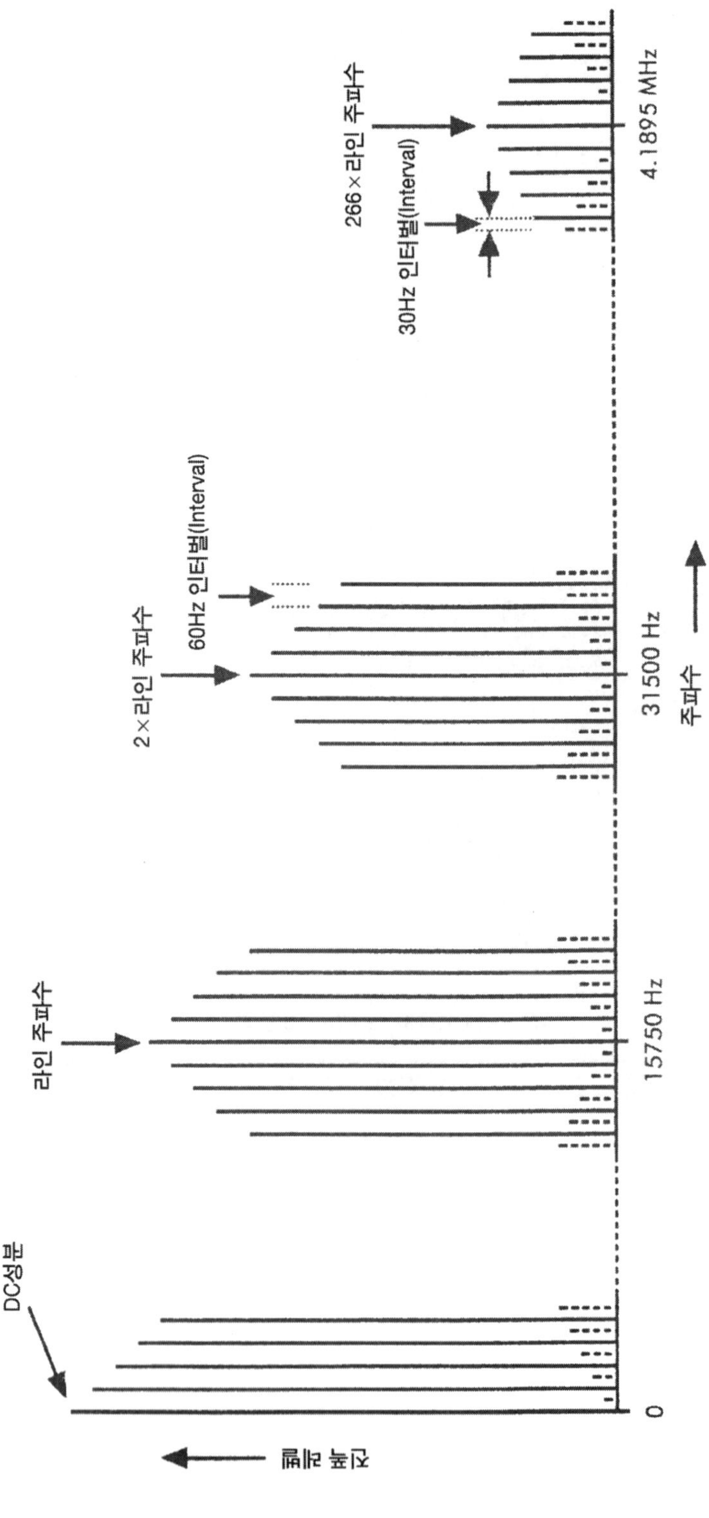

그림 1.17 525/60 시스템에 있어서 모노크롬(Monochrome)정지화 영상의 스펙트럼

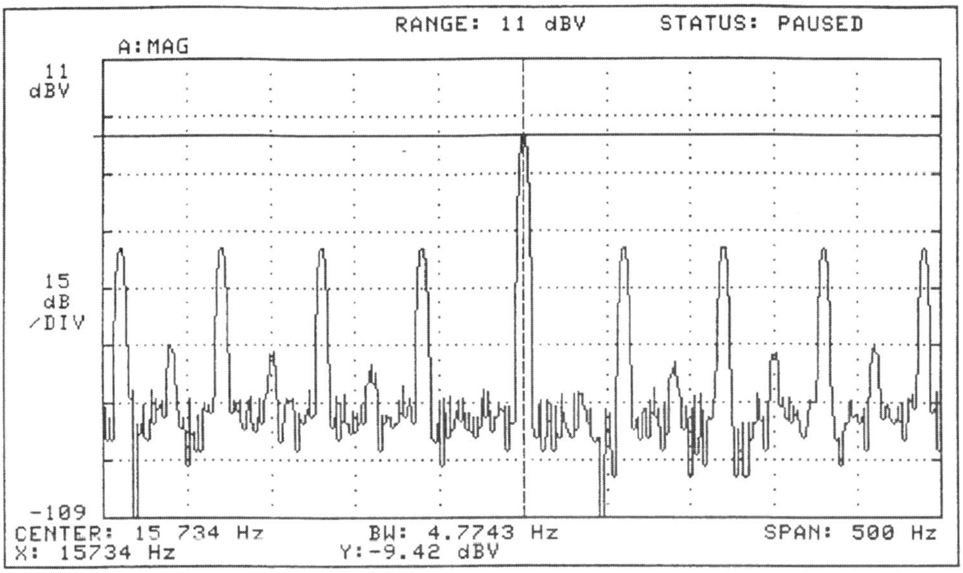

그림 1.18 525/60방식 영상의 스펙트럼 아날라이저 화면의 상세.
중심 주파수는 15734Hz, 50Hz/1수평 눈금판, 59.94Hz와 29.97Hz의 간격의 사이드 밴드 성분에 주목.

625/50규격이라 할지라도 같은 모양의 스펙트럼이지만 f_H=15,625Hz가되고, f_v=50Hz가 되는 것과 같이 각각 다른 점이 있다고 할 수 있다고 할 수 있는데, 혹시 프레임 사이에서 화상 디테일의 변화가 생긴다면 지금까지 고주파성분에다 프레임 주파수(30/25Hz)의 성분이 더해진다고 할 수 있고, 그 때문에 수평 스캐닝 주파수 성분과 그의 고주파 성분에 있어서는 프레임 주파수와 필드주파수 또는 그 고주파의 사이드 밴드를 가지고 있다고 할 수 있다.

그리고 최후로는 화상의 평균휘도를 표현하는 강한 제로 주파수 성분 즉 DC성분이 있다고 할 수 있는데, 만약 화상의 움직임이 있는 경우에는 말할 것도 없이 그러한 DC 성분이 더해져서 스펙트럼은 더욱 복잡하게 되어 진다고 할 수 있고, 이론적으로는 높은 방향으로 무한하게 변하는 것으로 되어있지만 실제 시스템 송신 규격에서는 규정되어진 최고 영상 변조 주파수에 따라서 제한되고 있다고 할 수 있다. 그림 1.18에서는 525/60의 NTSC 컬러텔레비전 규격의 수평 스캐닝 주파수라고 할 수 있는데, f_H=15,734.25Hz의 주변 스펙트럼 아날라이저(Spectrum Analyzer)의 상세한 디스플레이 화면을 표시하고 있다고 할 수 있다. 여기에서는 필드주파수 59.94Hz와 프레임 주파수 29.97Hz는 물론, 이러한 고주파 간격에서 존재하고 있는 사이드 밴드(Side Band:측파대) 성분에 주목할 필요가 있다고 할 수 있다.

1.7 송신 규격과 그의 제약

송신 규격에 있어서는 텔레비전 송신기로부터 방사 되어지는 신호의 특성을 규정하고 있다.

1.7.1 영상 반송파의 변조(Video Carrier Modulation)

영상 송신기는 진폭 변조(Amplitude Modulation)를 시행하고 있다고 할 수 있는데, 세계 여러 나라 중에서 프랑스를 제외한 대부분의 나라에서는 부 변조를 사용하고 있다고 할 수 있다. 이런 부변조 방식이라 하는 것은 송신하는 화상의 휘도가 증가하면 변조파의 엔베롭(Envelope)의 진폭은 감소한다고 할 수 있으나, 그러나 정 변조 시스템에서는 송신하는 화상의 휘도가 증가하면 변조파의 엔베롭(Envelope)의 진폭은 증가한다고 할 수 있다.

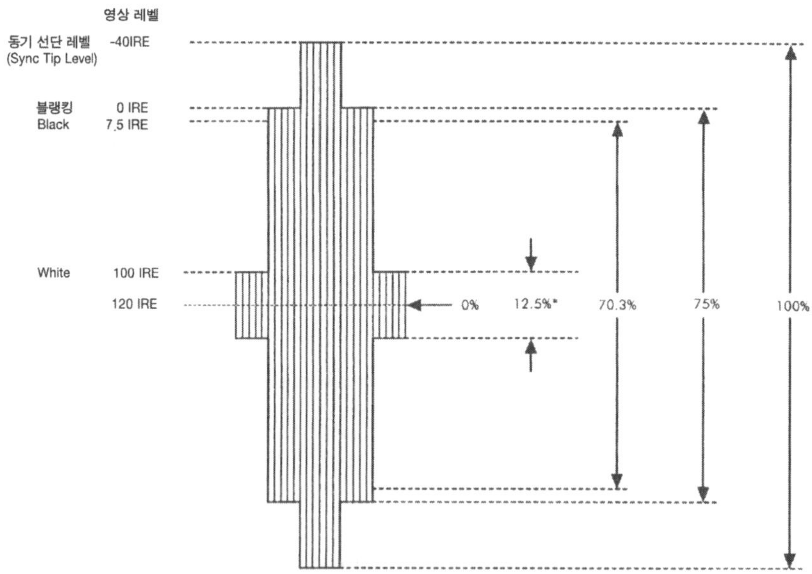

그림 1.19 부변조 시스템에 있어서 반송파의 퍼센트로 표시한 주요한 영상레벨

영상의 변조 엔베롭(Envelope)은 3가지의 기준 레벨이 있다고 할 수 있는데, 이러한 것에는 다음과 같은 것이 있다.

- 백(White) 피크(Pick) 레벨.
- 블랭킹(Blacking) 레벨.
- 동기 레벨

미국과 같이 흑 레벨이 블랭킹레벨과 다른 경우에는4번째의 기준레벨로서 흑 레벨(Black Level)이 가해진다고 할 수 있는데, 그림 1.19에서는 북미에서 방송을 하기위하여 NTSC방식의 부 진폭 변조 시스템의 각 기준레벨을 표시하고 있다고 할 수 있고, 이와 같이 각 나라에서는 약간 다른 규격을 가지고 있는 경우도 있다고 할 수 있다.

1.7.2 음성 반송파의 변조(Audio Carrier Modulation)

모든 국가에서 영상에 따른 음성은 텔레비전 채널의 고역 단에 있는 별개의 독립 반송파를 변조하여 송신하고 있다고 할 수 있는데, 프랑스(스탠더드 L)를 제외한 모든 국가에서는 음성 주파수 변조가 사용되고 있다고 할 수 있고, 이러한 주파수 변조의 사용에 의하여 음성을 수신할 적에 인터캐리어(Intercarrier) 방식이 가능하다는 장점이 있다고 할 수 있다.

방송파의 주파수 편이의 p-p치는 북미에서는 ±25kHz(CCIR-M)이지만, 다른 대부분의 국가 규격(CCIR B, G, I, K)에서는 ±50kHz라고 할 수 있는데, 이러한 치는 FM음악 방송에서 사용을 하고 있는 치 ±75kHz보다는 작다고 할 수 있고, 방송에서 출연자의 대담이나 음악방송 등에서는 높은 음성 주파수 성분이 비교적 낮으므로 송식기에서 변조 전에 높은 주파수 성분의 진폭을 프리엠파시즈(Pre-Emphasize)로 변조하고, 수신기에서는 이를 다시 복조하고 난 뒤 디엠파시즈(De-Emphasize)처리 하여 음질을 개선하는 것이 가능하게 하고 있다고 할 수 있다. 또한 북미 (CCIR-M)에서는 이러한 프리엠파시즈(Pre-Emphasize)의 시정수는 75㎲으로 사용하고 있다고 할 수 있고, 그 밖의 대부분의 국가(CCIR B, G, I, K)에서 시정수로는 50㎲로 하고 있다고 할 수 있다.

역주 여기에서 프리엠피시즈(Prc Emphasizc)이라는 용어가 등장하고 있는데, 원문에 충실하기 위하여 원문용어를 사용하지만 조금은 낮 설은 용어라고 할 수 있다. 이는 우리가 흔히 이야기하고 있는 프리엠파시스(Pre-Emphasis)와 같은 용어로 신호 대 잡음비, 주파수 특성, 왜곡 특성을 개선하기 위하여 전송 주피수의 이떤 부분을 송신측에서 사진에 깅조하는 것으로 주파수 변조에 있이서 잡음은 변조 주파수가 높아질수록 커지므로, 이것을 낮게 감소시키기 위하여 변조 신호의 고역을 미리 일정한 시정수로 강조해 두고 수신측에서는 역으로 동일한 시정수로 고역을 약하게 하는 방법을 취한다고 할 수 있다.

이러한 방법에 의하여 종합적인 진폭 주파수 특성을 평탄하게 유지하면서 전송 계통의 잡음 성분을 디엠파시스(De-Emphasis)로 분리하여 감소시킬 수 있다.

1.7.3 채널의 대역폭과 구성

어떠한 영상의 대역을 배당하였을 경우에 예를 들면 525/60방식에서 4.2MHz로 한다고 하면, 반송파 통상의 진폭 변조에서는 반송파 상하의 같은 정보를 가진 사이드 밴드를 생성하게 되어있다고 할 수 있는데, 그 결과 상위의 영상 베이스 밴드 대역에 2배의 송신 대역폭을 가지도록 하고 있다고 할 수 있다. 따라서 525/60방식 규격에서는 8.4MHz의 송신 대역폭이 영상을 송신하기 위하여 이론적으로는 필요하다고할 수 있고, 625/50방식의 규격에서는 적어도 영상의 송신을 위하여 10MHz의 대역폭이 필요하게 되어있는데, 이런 대역폭도 실제로는 모자라는 것이 음성의 반송파와 그 사이드 밴드에 필요한 스펙트럼을 추가하지 아니하면 되지 아니하기 때문이라고 할 수 있다.

그리하여 스펙트럼의 절약과 그 주파수 배당을 위하여 각 나라에서는 전송을 할 수 있는 가장 적은 텔레비전 송신 채널 대역폭을 규정하였다고 할 수 있는데, 525/60방식 규격국에서 규정되어진 채널 대역폭은 6MHz이고, 625/50방식을 사용하는 규격국가에서는 7~8MHz의 대역폭을 설정하였다고 할 수 있으나 이렇게 감소해진 대역폭에 필요한 영상의 베이스 밴드의 대역을 전송하기 위하여 사용하는 방법으로는 상측파대는 전부 송출을 하지만, 대신에 하측파대의 대역을 억압 감쇄시키어서 송출하는 방법을 사용하지 아니하면 되지 아니한다고 할 수 있다.

즉 하측파대의 높은 주파수에 대응을 하는 부분은 송신기 필터를 사용하여 잘라내는 방법을 사용하고 있는데, 이러한 방법을 우리는 흔히 잔유측파대 송신방식(Vestigial Lower Sideband Transmission)이라고 부르고 있는 것으로써, 이러한 방식에서는 다양한 송신규격에서 각각 다른 잔유측파대의 대역이 규정되어져 있다고 할 수 있다.

그림 1.20에서는 북미에서 사용을 하고 있는 CCIR-M 규격에 의한 채널 구조의 상세를 표시하고 있는데, 이러한 것의 채널 대역폭은 모두 6MHz이라고 할 수 있다.

이러한 전파 스펙트럼의 상세 구조에 대하여 설명하면 영상 반송파는 채널의 낮은 대역단으로부터 1.25MHz주파수대에 위치하고 있고, 영상은 4.2MHz 상측의 모든 측파대와 하측의 0.75MHz에 제한되어진 잔유측파대로 구성 되어있다고 할 수 있는데, 영상의 반송파로부터 4.5MHz상에 주파수 변조되어진 음성 반송파가 같은 채널의 대역에 송출 되어진다고 할 수 있다.

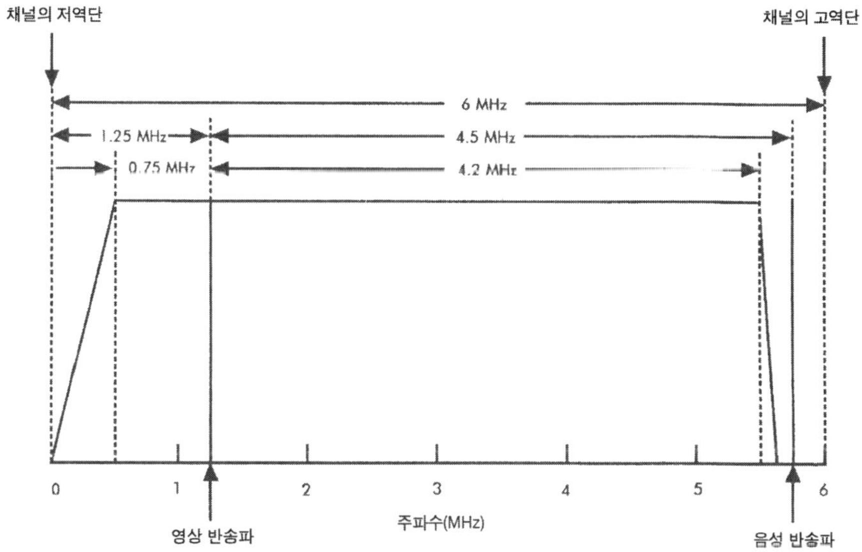

그림 1.20 CCIR M규격의 잔류측파대 특성과 그 채널 점유대역

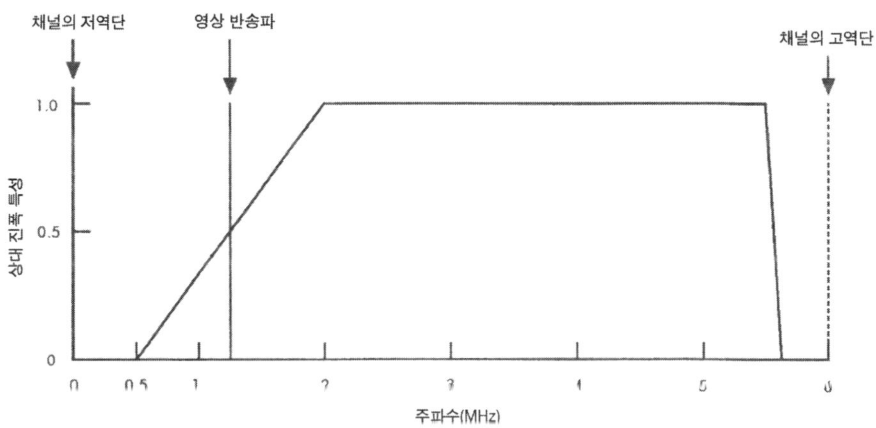

그림 1.21 CCIR M규격의 잔류 측파대 특성을 보정하는 수신기의 선택 특성

이러한 잔유측파대 송신에 의하여 수상기에서 검파되어진 0.75MHz 이하 주파수의 영상신호는 0.75로부터 4.2MHz까지 영상신호에 비교하면 2배의 진폭이 길어진다고 할 수 있는데, 수상기에서는 이러한 진폭을 그림 1.21에서 표시를 하는 것과 같이 선택도 특성에 의하여 보정을 하고 있다. 그림 1.22에서는 세계 여러 나라에서 사용하고 있는 다양한 송신 규격에 의한 채널 구조를 표시하고 있는데, 이 그림에서 보는 바와 같이 채널대역, 잔유측파대 대역, 또는 영상 반송파와 음성 반송파의 간격이 시스템에 따라서 변화하고 있다는 것에 주목하여주십시오.

시스템의 규격 B, G, K는 저역 잔류측파대대역이0.75MHz로서 그의 중요한 스펙트럼의 성분은 완전히 채널 대역 내에 전송이 되어지지만 시스템 규격 I, L 에서는 저역 잔류측파 대역이 1.25MHz로서 중요한 스펙트럼의 성분이 채널 대역의 하측 주변에도 퍼져 있다고 할 수 있다. 또한 625/50시스템의 다양한 송신 규격에 의하여 영상과 음성의 반송파 간격이 다르게 되어있는데, 시스템의 규격 B, G는 5.5MHz의 간격으로 되어 있으나 시스템 규격 I는 6MHz의 규정으로 되어있고, 시스템 규격 K, L에서는 6.5MHz의 간격으로 규정하고 있다.

그림 1.22에서는 송신시스템에서 컬러 서브캐리어와 그 사이드 밴드에 대하여 상세를 표시하고 있다.

1.7.4 송신에 있어서 제한(Transmission Constraints)

영상과 음성의 정보 송출에 있어서는 각 신호를 왜가 없이 처리하는 것이 필요하다고 할 수 있는데, 이러한 것에 대해서는 제 2장에서 보다 상세히 설명을 하기로 한다. 또 우리가 영상을 다루면서 오해를 하고 있거나 무시를 하고 있는 것의 하나는 영상 송신기의 변조도에 대한 문제라고 할 수 있다.

그림 1.19에서 표시를 하는 것과 같이 북미에서는 100 IRE라고 할 수 있는 백 피크 레벨에서는 영상 반송파의 12.5%변조도를 사용하고 있다고 할 수 있는데, 이러한 영상 반송파는 영상 신호의 레벨이 120 IRE에서는 완전히 0%가 된다고 할 수 있기 때문에 영상 신호에 있어서 안전한 마아진(Margin)으로는 20% 정도이라고 할 수 있다.

또한 컬러의 송신에서는 정의 피크레벨은 131IRE까지 상승할 가능성이 있어 새로운 문제의 발생 소지가 있는데, 그러한 것에 대해서는 제2장에서 설명하기로 한다.

영상 송신기의 과변조(Over Modulation)는 영상 신호의 충실도에 명확하게 영향을 준다고 할 수 있는데, 그러한 과변조에서는 음성의 수신에 있어서도 영상만큼 명백하지는 아니하지만, 지금 현 단계에 있어서는 완전히 이해가 되지 아니하지만 조금은 영향을 준다고 할 수 있다.

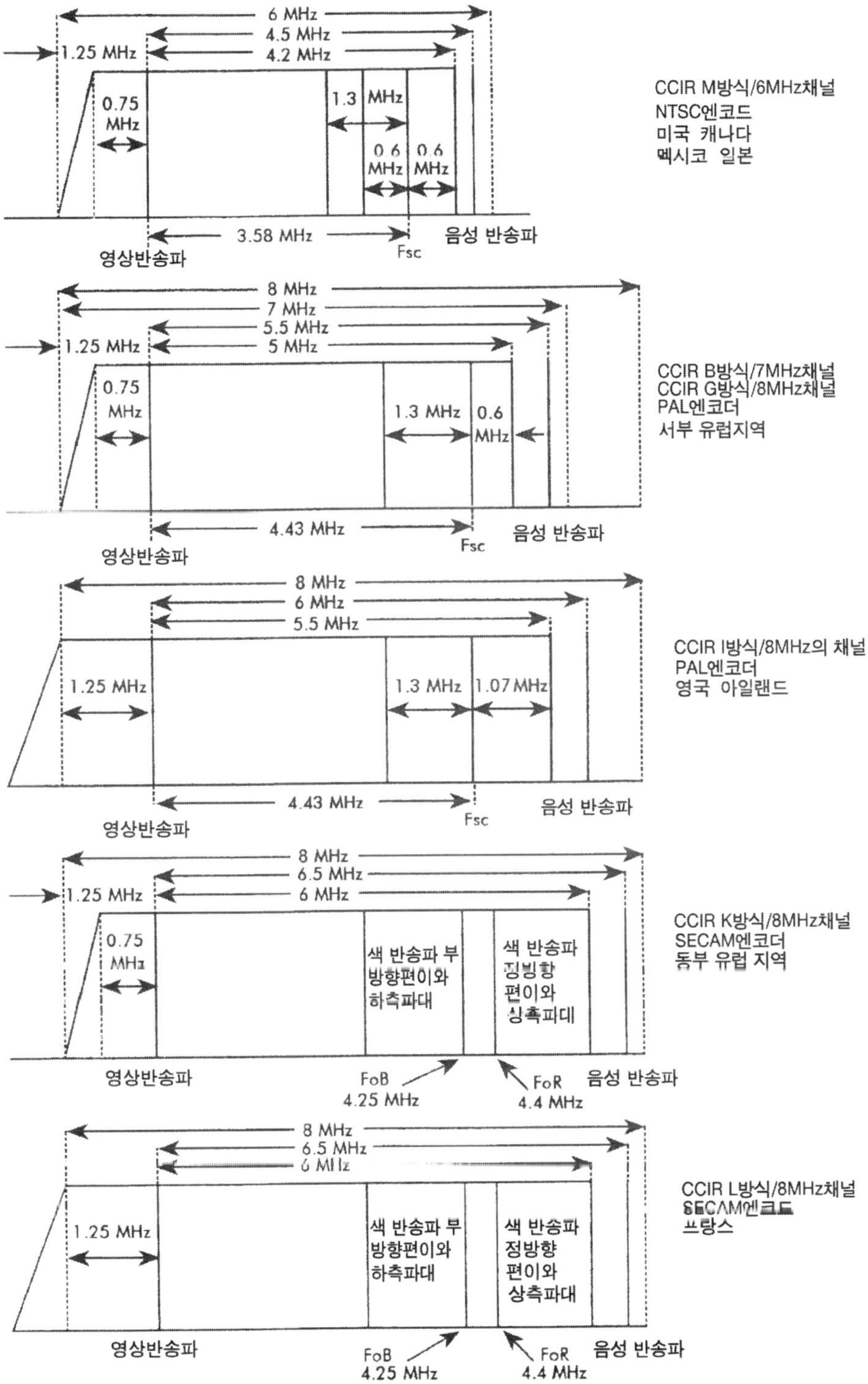

그림 1.22 각 CCIR텔레비전 시스템에 있어서 채널의 송신 대역 특성

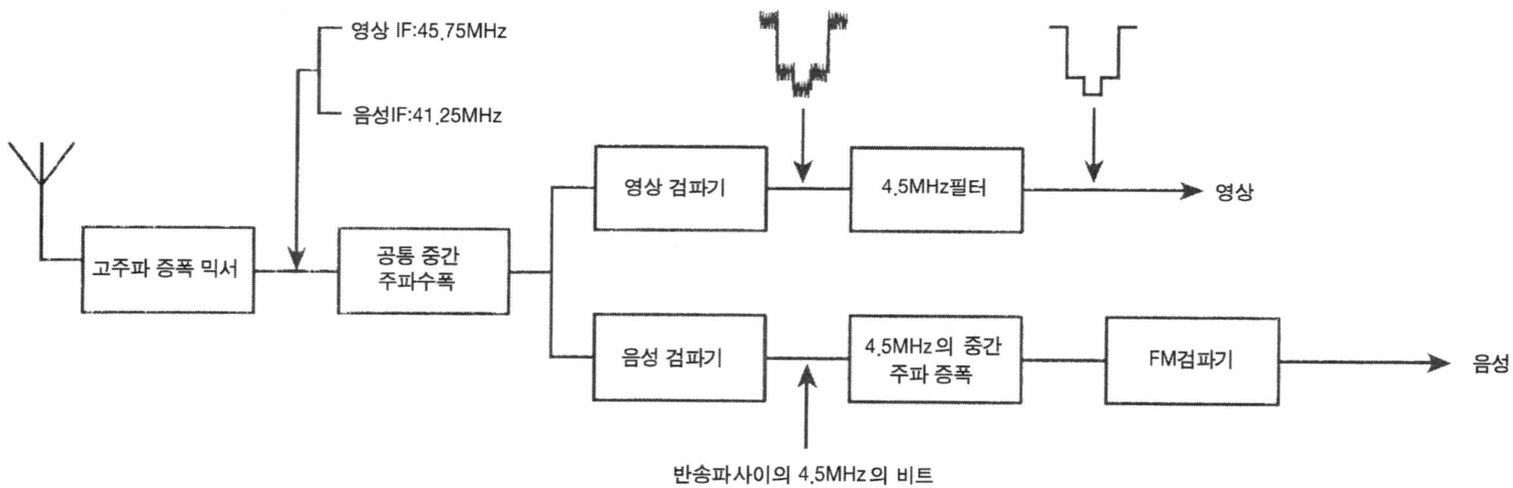

그림 1.23 CCIR M방식에 있어서 인터캐리어 수상기의 간단한 블록 다이어그램

이것은 텔레비전의 송신기가 음성, 영상반송파의 프로세스와 복조로 특수한 방법을 사용하고 있다는 데에 기인하고 있다고 할 수 있는데, 통상 영상과 음성의 정보는 2개의 별도의 반송파로 전송하기 때문에 원래 정보의 수신에 있어서도 2개의 반송파 수신부가 있다는 것은 자연스러운 것이라고 할 수 있고, 텔레비전 수신기에서는 그림 1.23에서 표시를 하고 있는 것과 같이 특수한 방법이 사용되어 송출이 되어진다고 할 수 있다.

영상 반송파에서는 진폭 변조를 사용하고, 음성 반송파에서는 주파수 변조를 사용하므로 인터캐리어 음성 수신법이라고 불리 우는 방법이 가능하다고 할 수 있지만, 이러한 방법에서는 영상과 음성의 반송파는 단일의 튜너로 수신되어 주파수 변조되어 증폭이 되어진다고 할 수 있다. 또한 북미에서 표준으로 하고 있는 변환되어진 중간 주파수로는 영상신호는 45.75MHz이고, 음성에 있어서는 41.25MHz라고 할 수 있는데, 이러한 중간 주파수의 증폭기는 변환되어진 반송파와 그의 사이드 밴드를 전송하여 적합한 대역 특성과 잔류측파대 특성의 보정특성을 가지는 것이 필요하다고 할 수 있다.

이렇게 2개의 검파기가 원래의 신호로 복조하는데 사용되어진다고 할 수 있는데, 따라서 영상 검파기에서는 오리지널 영상 정보를 복조하는 동시에 영상과 음성의 반송파 사이에 상호 방해에 의한 4.5MHz의 스프리어스(Spurious) 신호를 발생한다고 할 수 있다. 이러한 스프리어스 (Spurious)신호는 복조 되어진 영상 신호에 중첩되어져 있으나 영상 신호에 따라서는 진폭변조 되어져 있는 것과 동시에 음성 신호에 의하여 주파수 변조 되어 진다고 할 수 있는데, 이러한 4.5MHz의 신호는 영상 회로에서는 후 프로세서 전에 노치필터(Notch Filter)에 의하여 제거되어진다고 할 수 있다.

음성 검파기는 대역 통과형 필터로서 스프리어스 4.5MHz의 신호로부터 영상의 성분을 제거하여 그 후에 신호를 주파수 변조를 시켜진 반송파로 하여 취급을 한다고 할 수 있는데, 이러한 반송파는 중심 주파수가 4.5MHz의 중간 주파 증폭기에 의하여 증폭시켜 진폭변화는 리미터(Limiter:진폭제한기)에 의하여 제거되어진다고 할 수 있고, 일정한 진폭으로 되어있는 FM의 신호는 표준의 FM 검파기를 사용하여 음성 신호로 복조 되어진다고 할 수 있다.

이러한 수신 방법은 음성 신호의 주파수 변조를 사용하고 있는 전체 시스템에서 양호하게 동작이 된다고 할 수 있지만, 문제가 있는 것은 영상 송신기가 과변조 되어져 영상 캐리어의 클리핑이 생기는 경우도 있다고 할 수 있는데, 이렇게 극단적인 상태에서는 스프리어스 4.5MHz 음성의 반송파는 주기적으로 영상의 수평, 수직 레이트(Rate)에 따라서는 캔슬(Cancel)되어서, 우리가 흔히 소위 말하는 버즈(Buzz)효과음을 발생하게 되어있다고 할 수 있다.

따라서 이러한 음성 수신의 문제는 송신기에 보내지는 영상 신호 레벨을 주의 깊게 모니터하여 조정을 하여 과변조를 막는 것에 의하여 없애는 것이 가능하다고 할 수 있다.

제2장 아날로그 영상의 기초

컬러텔레비전은 휘도(Brightness), 색도(Hue), 포화도(Saturation) 라고 알려져 있는 시각의 형상을 나타내는 광의 특성에 기초하고 있다고 할 수 있다.

- 휘도는 어두운 곳부터 밝은 곳까지 스케일(Scale)로 측정이 가능하고, 그 색의 밝기를 표시하는 특성으로 규정되어있다.
- 색상은 적색, 황색, 청색을 비롯하여 각종의 색의 명칭으로 표현하는 것이 가능하고, 그러한 색의 종류를 표시하는 특성으로 규정되어져 있다고 할 수 있다.
- 포화도는 색상이 아닌 백색을 중심으로 하여 거기에서부터 어느 정도 떨어져 있는 가를 표시 하고 있는 형식으로 하고 있는 것으로서, 그 색의 진하기를 표시하는 치로 규정되어져 있다고 할 수 있는데, 파레컬러(Pale Color) 색 경우와 같이 엷은(투명한) 색상의 경우에는 포화도기 낮다고 할 수 있고, 강하고 생동감 있는 색의 경우에는 포화도가 높다고 할 수 있다.

실제상의 어떠한 색이라 할지라도 3개의 색상을 적당하게 맞추어서 비슷한 색상을 만드는 것은 가능하다고 할 수 있는데, 텔레비전에서는 적색, 녹색, 청색을 가지고 다양한 색상을 표현하는 것이 가능하다고 할 수 있다. 특히 실제로 적색, 청색, 녹색을 적당한 혼합에 의하여 백색을 만드는 것이 가능하다고 할 수 있는데, 그리하여 실제상의 텔레비전에서 적색, 녹색, 청색의 3원색 선택에 있어서는 효율이 높은 밝은 형광체를 만들기 쉽다는 것이 중요한 요소이라고 할 수 있다.

우리가 흔히 접할 수 있는 컬러텔레비전 디스플레이 장지에 대하여 알아보면, 가장 간단한 형태의 컬러텔레비전 시스템에서는 우선 색 필터를 통과한 녹색, 청색, 적색의 이미지를 받을 수 있는 3개의 광센서가 있는데, 이러한 3개의 광센서는 3개의 색 이미지를 수평 수직으로 스캔하여 녹색, 적색, 청색의 전기신호를 발생한다고 할 수 있다.

다음에 이러한 신호는 어떠한 방법에 의하여 수상기에 전송이 되어서 녹색, 청색, 적색의 형광체를 가진 3개의 CRT에 전자 빔을 형성하게 하고 있는데, 이러한 3개의 CRT는 프로세스를 역으로 하여 발생한 3개의 색 이미지를 잘 조합하여 원래의 컬러 화상을 재생하는 것이다.

또한 우리가 가정에서 사용 하는 컬러텔레비전 같이 40인치와 같이 대형 텔레비전의 화상 재생에 있어서는 3개의 전자총과 전자빔에 대응하기위하여 배열되어진 녹색, 청색, 적색의 3개의 형광체 돗트(Dot) 또는 스트라이프(Stripe)조합을 가지고 있고, 트라이컬러(Tricolor) CRT가 사용되어진다고 할 수 있는데, 이러한 CRT를 사용하여 3원색의 컬러 이미지가 화면에 재생되어진다고 할 수 있고, 각 3원색 형광체 돗트(Dot)/스트라이프(Stripe)는 대단히 작기 때문에 CRT의 화면을 보면 화면에 가득 찬 풀 컬러 이미지(Full Color Image)로 보인다고 할 수 있다.

2.1.1 컬러리메트리 (Colorimetry: 측색)

측색의 원리는 그라스맨 법칙(Grassman,s Laws) 등을 기초하고 있다고 할 수 있는데, 이러한 법칙은 다음과 같은 특징이 있다고 할 수 있다.

- 눈은 색에 대하여 3종류의 차나 변화만을 구별하는 것이 가능하다.
- 2개의 광을 혼합할 적에 그 중에 한 개의 광은 변화를 하지 아니하고, 나머지 한 개의 광을 서서히 변화를 시키면 혼합한 색은 혼합되기 전의 색과 비교하여 서서히 변화를 한다고 할 수 있다.
- 같은 색의 광원은 그 스펙트럼의 배치가 다르다고 할지라도 광의 혼합에 있어서는 같은 시각 효과를 준다고 할 수 있다.
- 어떤 색의 휘도는 그것을 구성하는 3원색의 각각의 휘도를 합한 것이라고 할 수 있다.

역주 극단적으로 높은 포화도를 가진 색상은 흔하지 아니한 별개의 색이라고 할 수 있는데, 어떤 색상은 3개의 독립된 색의 혼합에 의하여 같은 색이 된다는 것은 이미 확인 되었다고 할 수 있다. 이러한 같은 색이라고 하는 것은 대상으로 하는 색과 같게 보이는 색을 다른 색의 혼합에 의하여 만드는 것으로서, 시야의 한쪽은 대상으로 하는 색으로 하고, 다른 한쪽은 3색을 혼합한 색을 표시하여 같게 보이도록 하기 위하여 그 3원색의 량을 조정하는 것에 의하여 얻어 진다고 할 수 있다. 이때에 3개의 독립한 색이라는 것은 3개의 색중에 다른 2개 색의 혼합에 의해서는 같은 색이 되는 것이 불가능하다는 것을 의미하고 있다고 할 수 있다.

따라서 이러한 혼합 되는 개체의 색을 우리는 통상적으로 R, G, B의 3개의 원색을 의미한다고 해도 큰 문제는 없다고 할 수 있다.

즉 사용하려는 원색보다 포화도가 높은 색은 그냥 그대로의 색으로는 같은 색이 될 수가 없다는 것이다.

따라서 그라스맨 법칙(Grassman,s Laws)에서는 이러한 것을 가법혼색의 법칙이라고 불리 우고 있는데, 이러한 식으로서는 아래와 같이 성립 되어진다고 할 수 있다.

C1=R1+G1+B1
C2=R2+G2+B2

이라고 한다면

(C1+C2)=(R1+R2)+(G1+G2)+(B1+B2)

즉 C1,C2는 2개의 다른 광을 의미하고, R1, R2, G1, G2, B1, B2는 각각번호별로 광 C에 포함되어있는 RGB 3원색의 치를 나타내고 있다.

이것은 광이 3원색의 가산 치로 분해하는 것이 가능하고, 각각 리니어 하게 가산이 가능하다고 할 수 있는 것이라 할 수 있는데, 스펙트럼이 다르다 할지라도 그러한 것이 같은 색 감각을 준다고 하면 같은 가산치가 적용이 가능하다고 할 수 있기 때문에 1800년대에 젊은 학자는 눈에 녹, 적, 청의 3원색에 대응하는 색 변별세포가 있어서 이를 잘 변경을 시킬 수가 있다면 3원색의 변별마저 할 수 있게 할 수 있다는 전제하에서 출발하였다고 할 수 있다.

현대의 측색학에 있어서 색은 3색도좌표 시스템(Tristimulus Chromaticity Coordinate System)이라고 알고 있지만, 이러한 것에 대한 표현은 3차원의 좌표시스템 (Three-Dimensional Cordinate System)으로 표현되어진다고 할 수 있다. (때로는 색공간(Color Space)이라고 불리 우고 있다.)

이러한 3개의 색도 좌표를 X, Y, Z로 표시하면, 모든 색은 이 3차원 시스템 중에 거의 어느 위치에 점하고 있다고 할 수 있는데, 이러한 시스템의 단위 평면 (Unit Plane : X+Y+Z=1)은 다양한 색의 대해서 색도좌표를 모두 포함 되고 있다고 할 수 있다.

또한 이러한 모든 색을 포함한 영역도를 C, I, E의 xy의 색도도라고 부르고 있는데,(그림 2.1 참조) 이러한 색도 좌표라고 하는 것은 조명광의 스펙트럼의 특성, 인간의 눈의 리스폰스(Response), 관찰하고 있는 색의 반대 스펙트럼의 특성, 또는 방사 스펙트럼의 특성에 따라서 결정된다고 할 수 있고, 이러한 색의 X, Y, Z의 치는 아래와 같은 식에 의하여 정의 되어진다고 할 수 있다.

$$X = K \sum_{\lambda=300}^{700} \bar{x}(\lambda) C(\lambda) L(\lambda) \Delta(\lambda)$$

$$Y = K \sum_{\lambda=300}^{700} \bar{y}(\lambda) C(\lambda) L(\lambda) \Delta(\lambda)$$

$$Z = K \sum_{\lambda=300}^{700} \bar{z}(\lambda) C(\lambda) L(\lambda) \Delta(\lambda)$$

여기에서 K는 기준화 계수로 아래와 같은 식으로 될 수 있다.

$$K = \frac{1}{\sum_{\lambda=300}^{700} L(\lambda) \bar{y}(\lambda) \Delta(\lambda)}$$

여기에서

L(λ) : 조명광의 스펙트럼의 특성
Δ(λ) : 파장의 증가, ㎚
C(λ) : 대상으로 하는 색의 반사/방사 스펙트럼의 특성
$\bar{x}$(λ), $\bar{y}$(λ), $\bar{z}$(λ) : CIE에서 1930년 측정한 표준 관찰자 특성
λ : 광의 파장

실제상의 3차원 좌표 시스템은 그의 X0Y평면에 투사하여 변경시키는 xy좌표 시스템이라고 부르고 있다. 그리하여 투사 방정식은

$$x = \frac{X}{(X+Y+Z)} \text{ 또는 } y = \frac{Y}{(X+Y+Z)}$$

라고 할 수 있다.

그림 2.1에서는 그 결과의 2차원의 xy의 색도도와 그 가운데 SMPTE/EBU의 형광체에서 만들어져 있는 삼각형을 표시하고 있는데, 색은 2개의 좌표치 x와 y로 표현되고 있다고 할 수 있다.

그라스만 법칙에서 표시를 하고 있는 것과 같이 모든 보고 있는 색은 3개의 광원으로부터 형태를 만들어지는 3각형의 내측 또는 그 주변에 위치하고 있다고 할 수 있다. 따라서 컬러텔레비전에서는 CRT의 적색, 녹색 청색의 3개의 형광체로부터 광원을 사용하고 있다고 할 수 있고, 이러한 각각 형광체의 좌표(xy)는 xy색도도 상에 표시 되어있다고 할 수 있다.

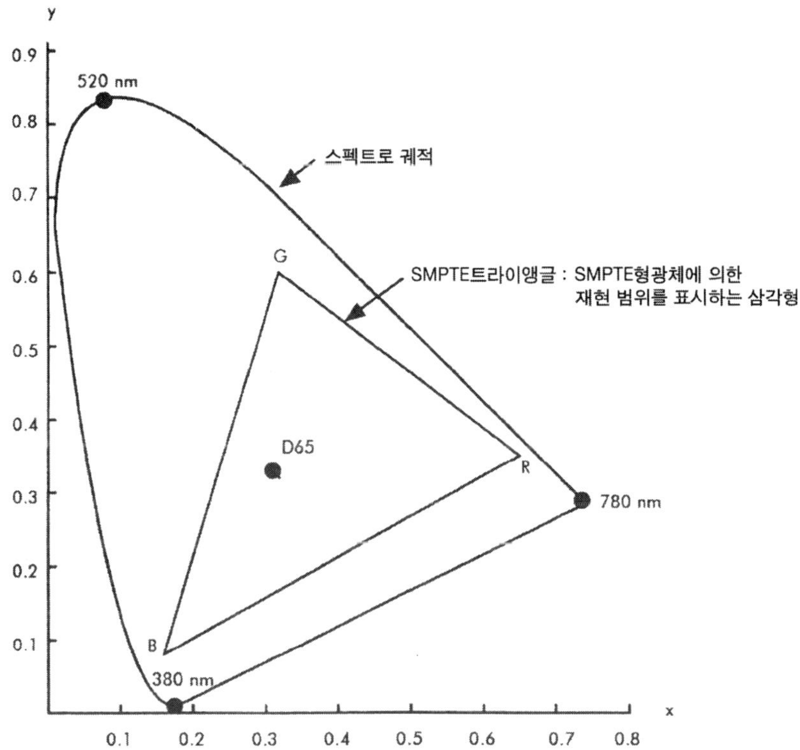

그림 2.1 SMPTE표준 형광체와 D6500기준 백색의 위치를 표시한 CIE X-Y색도도

이러한 것이 만들어지기 이전에는 북미에서 사용을 하고 있는 SMPTE형광체와 유럽에서 사용을 하고 있는 EBU 형광체라는 2대의 각각 다른 형광체에 대한 표준도가 존재하였다고 할 수 있는데, 최근에 들어와서는 SMPET와 EBU형광체는 같은 치로 표준화 되어졌다고 할 수 있고, 이러한 유니버설 규격의 형광체 좌표는 아래와 같이 되어있다고 할 수 있다.

녹 : x=0.310 y=0.595
청 : x=0.155 y=0.070
적 : x=0.630 y=0.340

또한 시스템의 기준 백색 (System Reference White)도 중요하다고 할 수 있는데, 이러한 백색은 D6500이라고 부르고 있지만 아래와 같은 x, y의 좌표치를 사용하여 기준으로 하고 있다고 할 수 있다.

x=0.3127 y=0.3290

2.1.2 변환 특성(Transfer Characteristics)

CRT의 변환 특성은 그 고유의 특질에 따라서 비직선 이라고 할 수 있으나, 시스템의 종합 특성에 의하여 직선성을 주기 위해서는 CRT의 비직선성 (감마특성)을 보정할 필요가 있어서, 통상적으로 감마 보정이라고 부르는 특성을 시스템에 어디엔가는 도입할 필요가 있다고 할 수 있다. 그리하여 역사적으로 보면 이러한 보정은 카메라 내부에서 시행되어 녹색(Green), 푸른색(Blue), 붉은색(Red)의 각 신호는 CRT에 매칭이 되게 하기위하여 직선성을 보정 시켜져 있다고 할 수 있는데, 따라서 이러한 낮은 레벨을 끌어올리기 위한 보정을 위하여 카메라의 출력신호에는 보정회로를 가지고 있지 아니하지만 비교적 간단한 컬러 모니터나 수상기를 사용하여 모니터를 보정하여 시청하는 것이 가능하다고 할 수 있고, 이러한 보정에 의하여 별로 수신환경이 좋지 아니한 수신 환경에서는 S/N비를 개선하는 것도 가능하다고 할 수 있다.

따라서 이러한 통일 되어진 보정 결과를 얻기 위해서는 보정의 기준이 되고 있는 CRT의 표준 광전 변환 특성을 정의 하여 두는 것이 필요하다고 할 수 있는데, 이러한 사항에 대해서는 다양한 조직과 단체에서 각각 다른 표준 광전 변환 특성과 그의 보정 방법을 규정하고 있다고 할 수 있고, 북미에 있어서 표준 광전 변환 특성과 그러한 카메라의 기준 보정 특성에서는 ANSI/SMPTE170M-1994에서 아래와 같이 규정 되어져 있다.

2.1.2.1 모니터 표준 광전 변환 특성

$$L_T = \left[\frac{(V_r + 0.099)}{1.099} \right]^{\gamma} \qquad 0.0812 \le V_r \le 1$$

$$L_T = \frac{V_r}{4.5} \qquad 0 \le V_r \le 0.0812$$

여기에서 V_r이라고 하는 것은 시스템의 기준백색에 맞춘 디스플레이를 구동하는 영상 신호의 레벨이라고 할 수 있고, 여기에서 L_T라고 하는 것은 이러한 디스플레이의 광 출력이라고 할 수 있다.

디스플레이의 감마(τ)는 2.2로 하고 있다.

2.1.2.2 기준 카메라의 광전 변환 특성

$$V_c = 1.099 \times L_c^{(1/\gamma)} - 0.099 \qquad 0.018 \le L_c \le 1$$
$$V_c = 4.500 \times L_c \qquad 0 \le L_c \le 0.018$$

여기에서 Vc라고 하는 것은 시스템의 기준 백색에 맞추어서 디스플레이의 감마를 2.2로 할 경우에 기준 카메라의 영상 출력이고, Lc는 그 기준 카메라의 광 입력이라고 할 수 있다.

그림 2.2는 대표적인 CRT의 비직선 변환 특성과 그의 보정 특성을 표시하고 있다.

2.1.3 기본적인 구성 요소(Basic Ingredients)

모든 컬러텔레비전의 시스템에서는 녹색Green), 청색(Blue), 적색(Red)의 3원색에 의한 가산 혼합의 원리를 사용하고 있다.

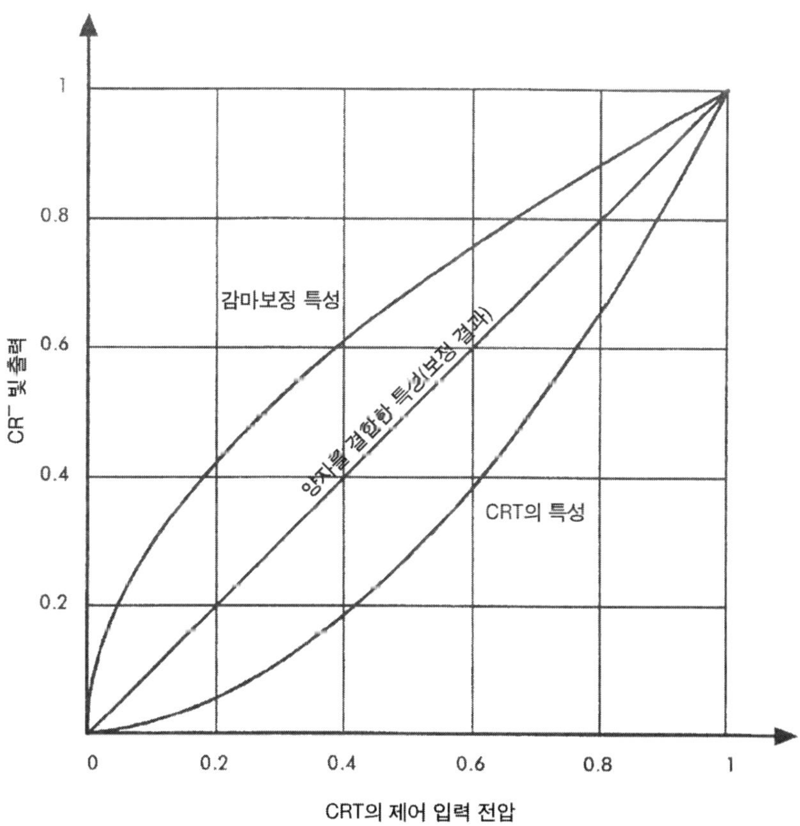

그림 2.2 CRT의 비직선 특성과 그의 보정

2.1.3.1 휘도 정보(Brightness Information)

흑백텔레비전과 호환성(Monochrome Compatibility)을 가지게 하기 위하여 텔레비전의 휘도 성분 정보를 가지고 있는 광대역의 신호를 생성을 하여서, 전송을 하지 아니하면 되지 아니한다고 할 수 있는데, 이러한 신호를 휘도 신호라고 부르고 있고, 이러한 휘도 신호의 수학적인 방정식은 아래와 같은 식으로 되어있다.

$$E'_Y=0.587E'_G+0.114E'_B+0.299E'_R$$

여기에서

E'_Y : 휘도(Luminance) 정보가 감마 보정된 전압.
E'_G : 녹색(Green) 원색 합성 정보에 감마 보정된 신호의 전압.
E'_B : 청색(Blue) 원색 합성 정보에 감마 보정된 신호의 전압.
E'_R : 적색(Red)원색 합성 정보에 감마 보정된 신호의 전압.

라고 할 수 있다.

텔레비전 스튜디오에서는 휘도신호의 대역은 규격으로부터 특별히 제한이 되어 있지 아니하지만, 사용하고 있는 기기의 대역 특성 신호로 인하여 제한되어진다고 할 수 있는데, 카메라로 생성되어진 휘도 신호의 대역은 8MHz이상으로서 수평 해상도로는 600LPH를 넘고 있다고 할 수 있다.

대표적인 아날로그 컴포지트 VTR의 대역은 NTSC방식으로 4.2MHz이고, PAL방식으로는 5MHz이라고 할 수 있는데, 이러한 아날로그 컴포넌트 VTR의 휘도 신호 대역은 이러한 사양보다 거의 나쁘다고 할 수 있다. 따라서 송신되어진 휘도신호의 대역은 방식사양 보다 NTSC에서는 4.2MHz로, 625/50의 PAL방식에서는 5MHz 또는 5.5MHz로 감소하게 하고 있다고 할 수 있다.

2.1.3.2 색도 정보(Chrominance Information)

색도 정보는 3원색 중에서 2개의 원색 정보로부터 휘도 정분을 제외하고, 2개의 색신호로 전송되어진다고 할 수 있는데, 이러한 신호가 블루(Blue) 색차 신호 또는 레드(Red) 색차 신호라고 부르고 있고, 이러한 색차 신호의 방정식은 다음과 같이 표현이 가능하다고 할 수 있다.

$$E'_B-E'_Y=-0.587E'_G+0.886E'_B-0.299E'_R$$

또는

$$E'_B-E'_Y=0.587E'_G-0.114E'_B+0.701E'_R$$

여기에서 $E'_B-E'_Y$ 신호는 수상기의 색차신호를 적당하게 조합하는 것에 의하여 재생하는 것이 가능하다고 할 수 있는데, 이러한 색차 신호(Color Difference Signal)는 계수를 가해서 적당한 진폭으로 규격화 되어진다고 할 수 있다. 또한 이러한 진폭의 범위를 결정하는 스켈링(Scaling)은 각 컬러 방식 규격에 따라서 다르다고 할 수 있는데, NTSC와 PAL컴퍼지트 컬러 시스템에서는 송신기의 오버로드를 방지하기 위하여 같은 스켈링의 계수를 사용하고 있고, 컴포넌트 컬러 아날로그와 디지털 규격에 있어서는 각각 다른 스켈링 계수를 사용하고 있다고 할 수 있다.

NTSC와 PAL시스템의 스켈링되어진 색차 신호는 $E'_{R-Y}=0.493(E'_B-E'_Y)$

여기에서 E'_{R-Y}는 PAL방식에 있어서는 E'_U라고 부르고 있고, SMPTE170M에서는 이러한 스켈링의 계수는 0.492로 정정 되어져 있다고 할 수 있다.

$$E'_{R-Y}=0.877(E'_R-E'_Y)$$

여기에서 E'_{R-Y}는 PAL에서는 E'_V라고 불리 우고 있다.

그리고 색차 신호의 해상도는 눈의 통상시에 해상력을 반영하고 있다고 할 수 있는데, 아날로그 컴포지트 또는 컴포넌트 시스템에서 색차 신호의 대역은 시스템에 따라서 조금씩은 다르지만 1.5MHz를 넘는 것은 없다고 할 수 있고, 수상기나 모니터에서는 색도 대역이 0.5MHz 또는 수평해상도가 40라인을 넘는 것은 드물다고 할 수 있다.

또한 아날로그 컴포지트 컬러 시스템 사이에서 다른 주된 특징이라 하면 색차 신호에 관련하고 있는 컬러 서브캐리어를 변조하는 방법이라고 할 수 있다.

2.1.4 컬러바 신호 (Color Bar Signal)

컬러바 신호는 널리 사용하고 있지만 조금은 잘못 이해하고 있는 부분도 있는 것도 있다고 할 수 있는데, 여기에서는 컬러바 신호나 그의 파형을 인용하는 것에 의하여 이러한 기본적인 신호에 대하여 설명하는 것이 바람직하다고 생각이 된다.

우리 방송 제작 현장에서는 다양한 디자인의 컬러바 신호가 실제로 많이 사용하고 있다고 할 수 있으나, 이러한 것은 거의 전부가 공통의 파형을 가지고 있다고 할 수 있는데, 기본적으로 컬러바 신호의 형식은 화상 영역에서 흑/백 바(Bar), 포화한 3원색의 바(Bar), 보색관계의 바(Bar) 등을 수직 바(Bar)의 형태로 하여 순번에 의하여 가로 방향으로 나열한 것이라고 할 수 있다.

그 때문에 수평 유효라인은 8개의 같은 폭의 길이로 나누어져서 있다고 할 수 있는데, 좌로부터 보면 최초의 바는 휘도 성분의 바로 기준 레벨이 백(White)바라고 할 수 있고, 그와는 반대로 가장 우측에 있는 바는 흑의 레벨을 표시하는 흑색바(Black Bar)라고 할 수 있다. 또한 이러한 백색 바와 흑색 바 사이에는 6개의 포화된 3원색과 그와 보색관계가 되는 색상의 바가 있는데, 이러한 6개의 바의 순번은 좌로부터 황(Yellow),청록(Cyan), 녹(Green),적자(Magenta),적(Red), 청 (Blue)라고 할 수 있고, 이러한 순번은 각 색 바의 휘도치가 낮은 순서에 의하여 선택 되어져 있다고 할 수 있다.

컬러바 발생기는 G,B,R 3원색의 E'_G, E'_B, E'_R의 3개의 바 출력을 사용하고 있다고 할 수 있고, 이러한 바의 출력은 상부가 플래트(Flat)한 펄스의 시퀀스(Sequence)로 되어있다고 할 수 있다. 또 라스터(Raster)가 결정된 장소에 G,B,R의 각 펄스 형태로 각각 다른 배열로 되어있는 상태라고 할 수 있고, 각각 독립의 각 펄스를 사용하여 3개의 포화 3원색(G,B,R)과 포화 보색 계통으로 옐로우(Yellow), 시안(Cyan), 마젠타(Magenta)바(Bar)가 생성 되어진다고 할 수 있다.

이러한 신호는 그것이 오리지널 형식의 색신호 일지라도, E'_Y, E'_{B-Y}, E'_{R-Y}의 형식으로 매트릭스 되어진 형식으로 사용되거나, 또는 아날로그 컴포지트(NTSC, PAL, SECAM) 신호로 엔코드 되어져서 사용되어 지기도 하는데, 어떤 경우에는 디지털 신호 (컴포넌트, 컴포지트)로 변환되어진 형식으로 사용이 되어 진다고 할 수 있다.

컬러바(Color Bar)에는 몇 개의 다른 형식의 컬러바 신호의 형식이 존재하고 있다고 할 수 있는데, 이러한 것의 대부분은 전문단체에 의하여 텔레비전 프로그램 제작 현장에서 근무자의 필요성을 반영하여 각각의 애플리케이션(Application) 사양에 의하여 제작된 것으로서, 이러한 종류의 컬러바(Color Bar)의 예로는 진폭 변조 송신기에 적합한 특수 컬러바 등을 들 수 있다고 할 수 있다.

그 외에는 관련되어있는 아날로그 컴포지트 컬러 규격의 표준 신호가 되는 것이 있다고 할 수 있는데, 컬러바와 함께 컬러 모니터 조정을 위하여 목적의 보조 신호나 특성 측정용의 신호가 부가 되어있는 컬러바도 있다고 할 수 있다.

또한 이 장에서는 포화 컬러바의 2개의 그룹에 대하여 설명을 하기로 하는데, 이러한 컬러바는 지금까지 설명하였던 것과 같이 지금 전 세계적으로 가장 많이 채용하고 있는 2가지의 표준 텔레비전 스캐닝 방식(525/60, 625/50)의 흑과 백의 신호레벨에 관계하는 특수성을 반영한 것이라고 할 수 있고, 이러한 컬러바의 각 그룹을 레벨 측면으로 보면 한편으로는 풀 레벨(Full Level) 컬러바(100%)가 있는 반면, 또 다른 한편으로는 그와는 좀 다르게 레벨을 떨어트린 75%의 컬러바를 사용하는 2가지 종류가 있다고 할 수 있다.

이러한 다양한 펄스의 레벨은 관련하는 영상 레벨의 백 피크 레벨의 퍼센트로 표시하고 있는데, 그림 2.3에서는 4개의 타입의 컬러바 상세도라 할 수 있고, 이러한 각 컬러바의 타입에서는 간격사이에 글자로 정렬되어있는 4개의 숫자로 표현을 할 수가 있게 되어있다고 할 수 있다.

- 최초의 문자는 백색바(White Bar)의 부분으로 3원색 신호의 레벨, 즉 E'_G, E'_B,E'_R의 최대치를 표시하고 있다.
- 2 번째의 숫자는 흑색바(Black Bar)의 부분으로서 3원색 신호의 레벨, 즉 E'_G,E'_B,E'_R의 최소치를 표시하고 있다.
- 3번째의 숫자는 색상이 있는 바의 일부분으로서 3원색 신호의 레벨, 즉 E'_G, E'_B,E'_R의 최대치를 표시하고 있다.
- 4번째의 숫자는 색상이 있는 바의 부분으로서, 3원색 신호의 레벨, 즉 E'_G, E'_B,E'_R의 최소치를 표시하고 있다.

그림 2.3a는 최대 레벨이 100% 최소 레벨이 0%인 풀 포화 컬러바를 나타내고 있는데, 이런 타입의 컬러바는 100/0/100/0 이라고 불리 우고 있다,

그림 2.3b에서는 최대레벨이 75%,최소 레벨이 0%인 풀 포화 컬러바를 나타내고 있는데, 이는 우리가 통상적으로 75/0/75/0이라고 불리 우고 있는 것으로서, 이러한 2개 타입의 컬러바는 625/50규격의 방식을 사용하고 있는 나라에서 사용하고 있는 대표적인 컬러바라고 할 수 있고, 이러한 것은 PAL 엔코더의 입력신호나 또는 PAL데이터로부터 출력신호를 대표하고 있다고 할 수 있다.

그림 2.3c는 최대 레벨이 100%이고 최소레벨이 7.5%인 풀 포화 컬러바를 나타내고 있다고 할 수 있는데, 이러한 타입의 컬러바는 통상적으로 100/7.5/100/7.5라고 불리 우고 있는 것이라고 할 수 있다.

그림 2.3d는 최대레벨이 75%이고 최소레벨이 7.5%인 풀 포화 컬러바를 나타내고 있다고 할 수 있는데, 우리가 통상 적으로 75/7.5/75/7.5이라고 불리 우고 있는 것으로서, 이러한 2개 타입의 컬러바는 일본을 제외한 대부분의 525/60방식을 사용하는 나라에서 컬러바로 사용하는 대표적인 컬러바라고 할 수 있다.

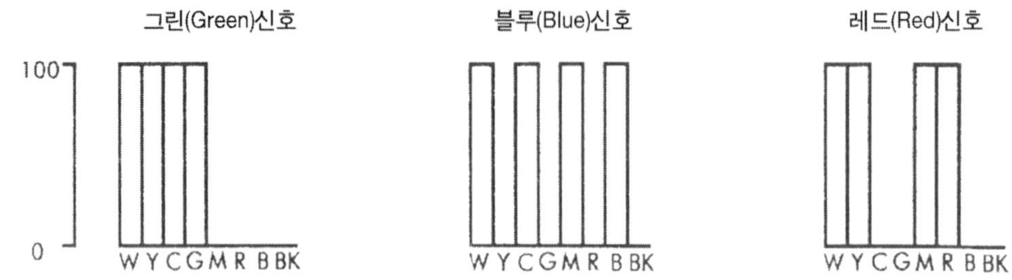

a 100/0/100/0 컬러바

b 75/0/75/0컬러바

c 100/7.5/100/7.5컬러바

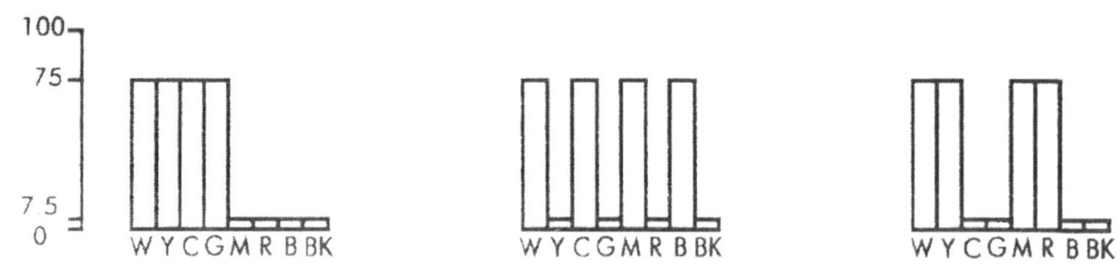

d 75/7.5/75/7.5컬러바

그림 2.3 4개의 타입의 컬러바 각 성분의 상대진폭

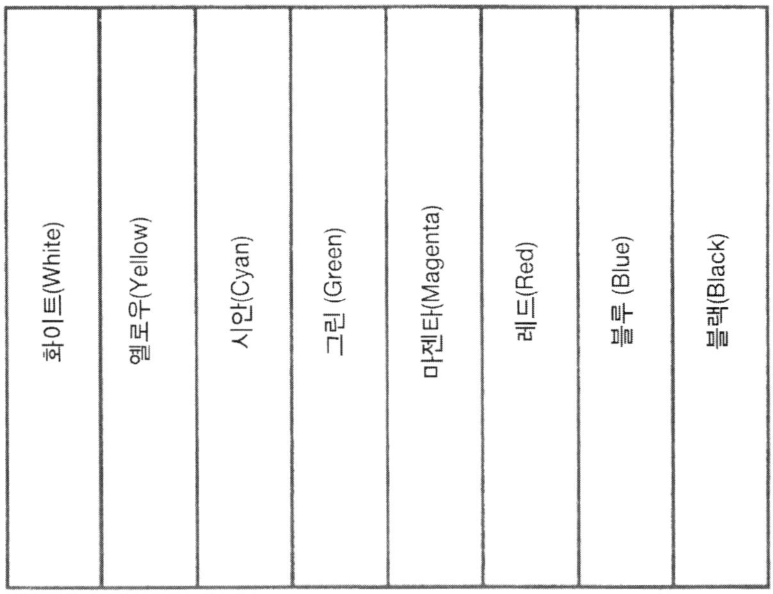

그림 2.4 텔레비전 화면에서 8개의 Bar의 위치

이러한 것은 오리지널 1953-NTSC규격에 의한 엔코더의 입력 신호를 대표하고 있는 것으로서, 1953년대에서는 3원색의 입력신호(E'_G, E'_B, E'_R)는 백레벨의 7.5%를 흑레벨 (7.5IRE Setup)로 가지게 하고 있고, 백레벨은 714.3㎷(100IRE)을 가지게 하고 있다고 할 수 있는데, 지금까지도 이러한 규격을 표준으로 아날로그 NTSC 방식의 방송 표준으로 삼고 있다.

현재 NTSC엔코더에서는 셋업이 없는 E'_G, E'_B, E'_R입력 신호를 사용하고 있고, 대부분의 백레벨은 700㎷로서, 그러한 NTSC의 규격신호를 생성하기 위하여 레벨의 조정을 엔코더 내부에서 시행 하고 있다고 할 수 있는데, 이러한 방법에 의하여 카메라 회로 설계에 있어서 출력 아날로그 컴포지트의 규격이 다르더라도 같은 표준적인 설계를 하는 것이 가능하도록 하고 있다. 그러나 NTSC디코더의 출력 신호는 그림 2.3c또는 그림 2.3d에서 표시하는 형태로 하고 있고, 그림 2.4에서는 8개의 컬러바의 TV화면상의 나열되어있는 위치를 표시하고 있다고 할 수 있다.

그리고 그림 2.5에서는 100/0/100/0컬러바에 있어서 E'_G, E'_B, E'_R입력 신호로부터 휘도 성분 파형 E'_Y의 생성을 그래픽으로 표시한 것으로서, 이 신호는 단극성(Unipolar)으로서 이 장전에서 설명한 것과 같이 휘도의 높이 순서에 의하여 나열되어있다고 할 수 있는데, 여기에서 진폭치는 풀 진폭치(700㎷)의 퍼센트로 표시를 하고 있는 것으로서, 그림에서 보는바와 같이 이 신호는 동기신호를 포함하고 있지 아니한다고 할 수 있다.

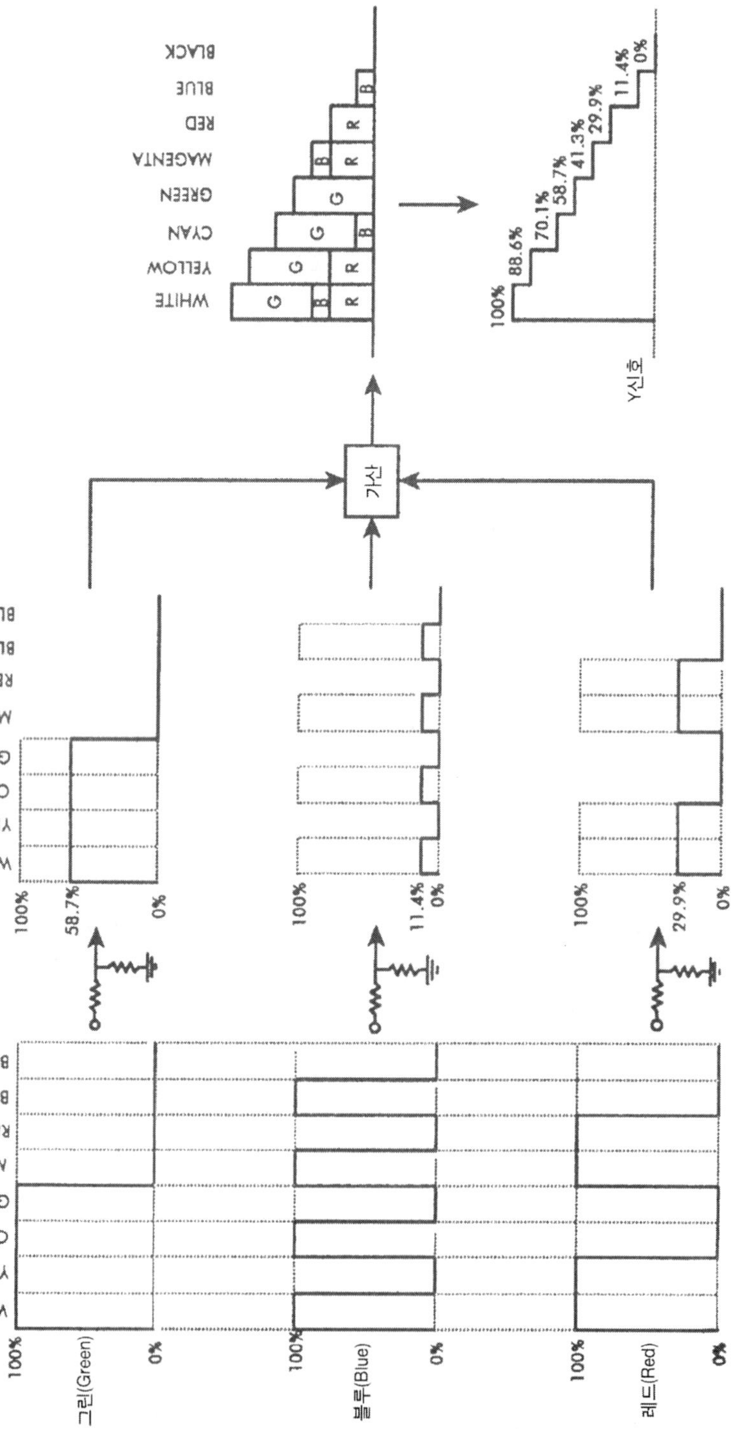

그림 2.5 100/0/100/0컬러바 신호에 있어서 기본 3원색 GBR 신호로부터 Y신호를 형성하는 과정도

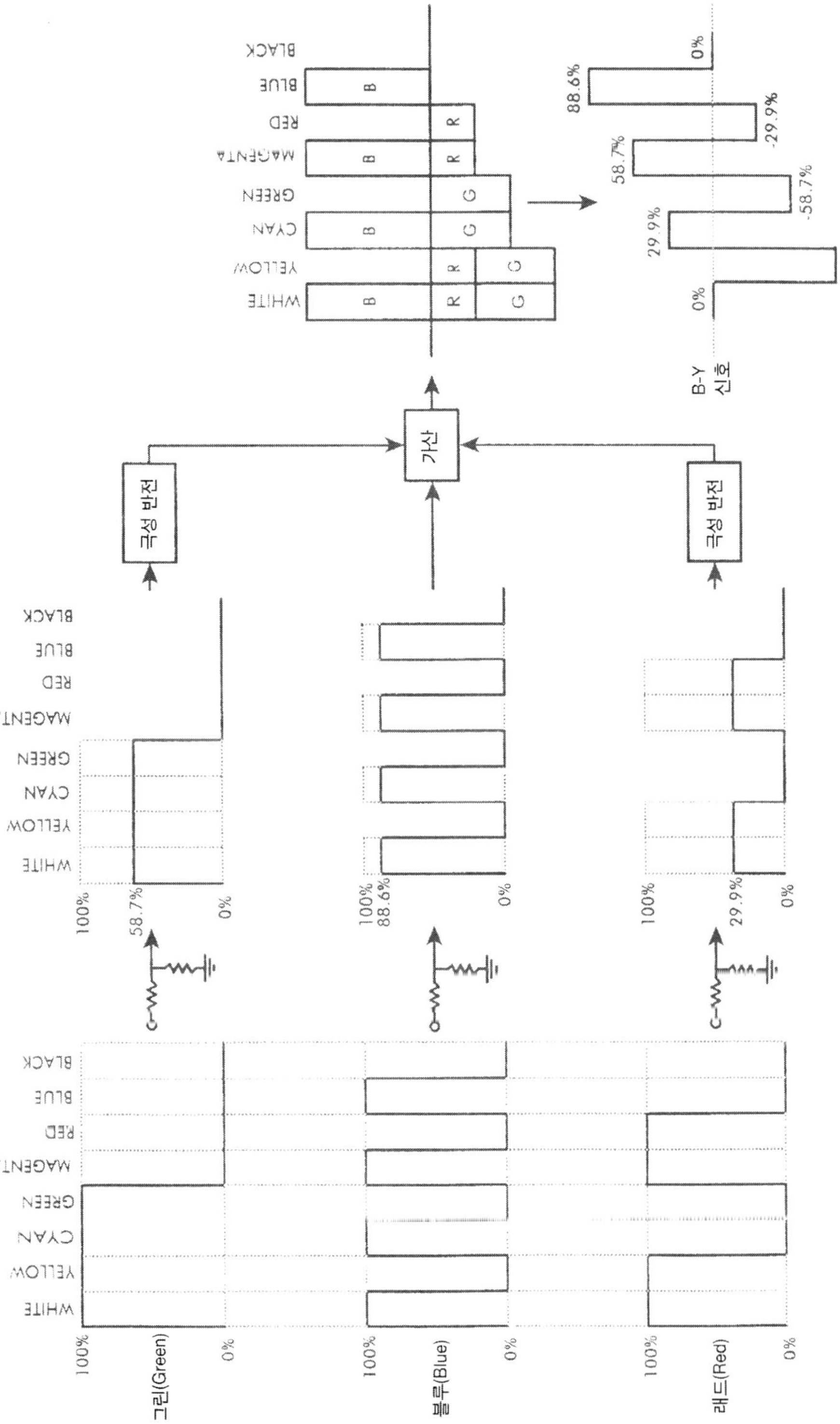

그림 2.6 100/0/100/0컬러바 신호에 있어서 기본 3원색 GBR신호로부터 B-Y신호를 형성하는 과정도

그림 2.6은 100/0/100/0의 컬러바에 있어서 E'_G,E'_B,E'_R입력 신호로부터 규격화 되어져 있지 아니한 풀 색차 성분 파형 E'_R-E'_Y의 생성을 그래픽으로 표시한 것이라 할 수 있는데, 레벨을 규격화 시켜진 색차신호 E'_{B-Y}는 같은 형태의 파형이라고 할 수 있으나, 그 p-p진폭 치는 낮다고 할 수 있다. 이러한 신호는 양극성(Bipolar)으로서 기준 제로 치에 대하여 정방향, 부방향 등으로 최대의 진폭 치를 가지고 있다고 할 수 있는데, 이러한 진폭치는 플 진폭치(700㎷)의 퍼센트로 표시 되어진다고 할 수 있고, B-Y신호에서는 350㎷에 대한 퍼센트로 표시한다고 할 수 있다.

그림 2.7에서는 100/0/100/0컬러바에 있어서 E'_G,E'_B,E'_R입력 신호로부터 기준화 되어져 있지 아니한 레드 색차 성분 파형 E'_R-E'_Y에서 생성된 그래픽으로 표시한 것이라고 할 수 있는데, 레벨을 기준화 시키어진 색차신호 E'_{R-Y}는 같은 형식의 파형이라고 할 수 있으나 그 p-p의 진폭치는 가장 낮다고 할 수 있다. 또한 이러한 신호는 +/-를 포함하여 양극성(Bipolar)으로 기준 제로치에 대하여 정방향, 부방향 등으로 최대의 진폭치(700㎷)를 가지고 있다고 할 수 있는데, 이러한 진폭치는 풀 진폭치에 퍼센트로 표시를 하고 있으나, R-Y신호에서는 350㎷에 대한 퍼센트로 표시 되어지고 있다고 할 수 있다.

그림 2.8은 100/0/100/0컬러바 신호에 그래픽으로 표시한 벡터로 표시한 것이라고 할 수 있는데, 이러한 벡터의 표시는 E'_{B-Y} (기준화 되어진 블루 색차신호) 신호를 오실로스코프 수평축에 가하고, E'_{R-Y}(기준화 되어진 레드 색차신호) 신호를 수직축에 가해서 얻어진다고 할 수 있다.

그리고 100/0/75 또는 100/7.5/75/7.5 컬러바라고 불리 우는 75%컬러바의 서브셋(Sub Set)이라는 것은 복수의 그룹에 의하여 사용되어진다고 할 수 있는데, 이러한 컬러바는 대게 표준 75%의 컬러바(셋업이 있는 것과 없는 것)와 휘도바 (White Bar)가 100%가 있다는 것을 제외하고는 같은 것이라고 할 수 있다. 따라서 이러한 컬러바는 통상의 텔레비전 송신기 테스트용으로 사용이 되고 있고, 어떤 경우에는 구형의 아날로그 컴포지트 VTR의 테스트용으로도 사용되고 있다고 할 수 있다.

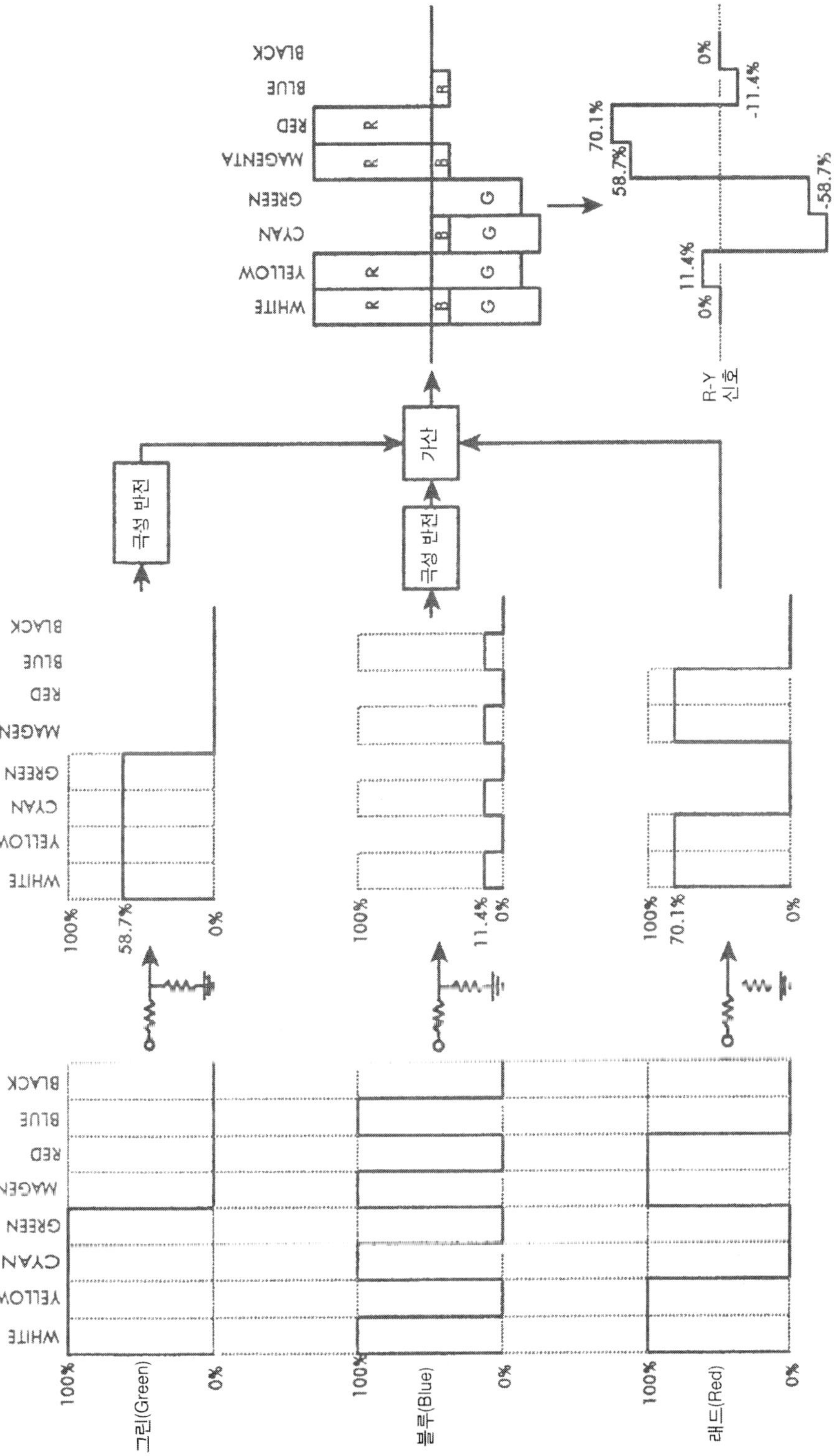

그림 2.7 100/0/100/0 컬러바 신호에 있어서, 기본 3원색 GBR의 신호로부터 R-Y의 색차 신호를 형성하는 과정도

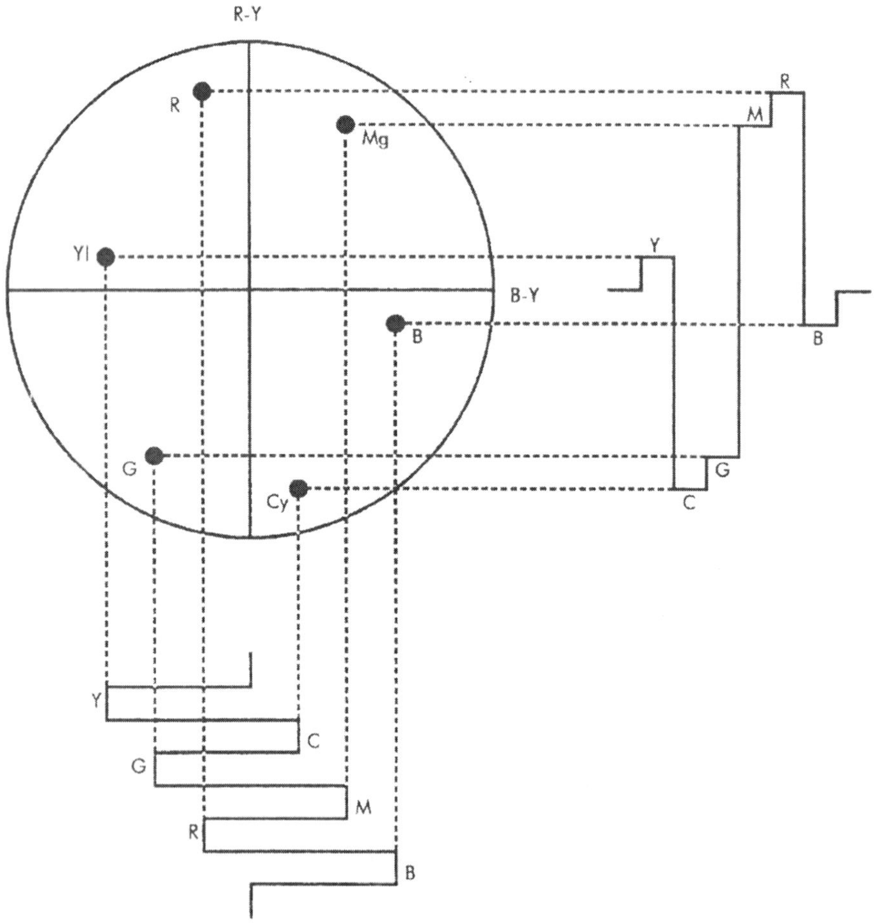

그림 2.8 100/0/100/0 컬러바의 색차 신호로부터 벡터파형을 형성하는 과정도

2.2 컴포지트 영상 (Composite Video)

컴포지트 영상이라고 하는 것은 휘도, 색도, 동기정보를 주파수 다중, 시간축 다중, 진폭범위 다중 등을 이용하여 한 개의 라인으로 다중 시키어서 전송시키는 신호를 총칭하여 말하고 있다.

2.2.1 공통의 특성

현재 모든 컬러텔레비전 시스템(NTSC, PAL, SECAM)의 개발에 있어서 주된 고려의 하나로는 그때에 사용되었던 텔레비전의 규격과 호환성이라고 할 수 있는데, 이러한 호환성은 몇 가지의 의미가 포함 되어있다고 할 수 있다.

- 흑과 백의 호환성 : 흑백의 수상기가 컬러 정보로부터 방해를 받지 아니하고 컬러텔레비전의 휘도 성분을 정확하게 재현이 가능할 것.
- 역호환성 : 컬러수상기는 흑백텔레비전의 방송을 위하여 컬러 방해를 받지 아니하고 정확하게 색을 재현하는 것이 가능할 것.
- 스캐닝 호환성 : 컬러텔레비전 규격의 스캐닝 시스템은 사용하는 당시의 흑백텔레비전 서비스와 같을 것.
- 채널 호환성 : 컬러텔레비전의 시스템에서는 그 당시 흑백 채널에 적합하고, 영상과 음성의 반송파 간격은 같을 것.

2.2.1.2 주파수 다중(Frequency Division Multiplex)

현재 텔레비전 방송에 있어서는 카메라의 G, B, R의 신호와 통상적으로 사용하고 있는 아날로그 컴포지트 신호 (NTSC, PAL, SECAM)를 생성하기 위하여 프로세스를 시행 한다고 할 수 있는데, 이러한 모든 시스템이 주된 구성요소로 하여 광대역의 휘도(Y)신호와 2개의 협대역의 색차신호(B-Y,R-Y)를 사용하고 있다고 할 수 있다.

이러한 색 신호(Chrominance Signal)는 할당되어져 있는 부 반송파(Subcarrier)를 적당한 규격에 맞추어져 있는 형태로 변조를 시행하고 있다고 할 수 있고, 이런 서브캐리어 주파수는 그 자신의 돗트가 보이지 아니하게 비교적 높은 주파수로 형성 되게 하고 있다고 할 수 있다.

그러한 개략치는 525/50형식에서는 3.58MHz이고, 625/50시스템에서는 4.43MHz이라고 할 수 있는데, 이러한 색신호와 휘도신호는 주파수 다중 되어져서 한 개의 컴포지트 신호로 되어있다고 할 수 있고, 그의 종합 대역에 대해서는 시스템에서 결정하여 방송 규격에 맞게 하여 사용하고 있다고 할 수 있다.

그림 2.9에서는 일반적인 엔코더를 단순화한 계통도를 표시하고 있는데, 이런 매트릭스는 3원색의 신호로부터 리니어(Liner)하게 증폭, 가산, 감산 한 프로세스(Processer)가 시행 된 휘도 신호와 색차 신호를 생성한다고 할 수 있고, 휘도신호의 경로에 삽입이 되어진 지연은 필터링에 의한 대역의 제한에 의하여 발생한 색신호와의 지연을 매칭을 시키는 것에 의하여 가산기(Adder)의 입력점에서 휘도 신호와 변조 색차 신호의 타이밍을 맞추기 위한 것이라고 할 수 있으며, 이렇게 대역 제한된 각 색차 신호는 다시 변조기에 보내어 진다고 할 수 있다.

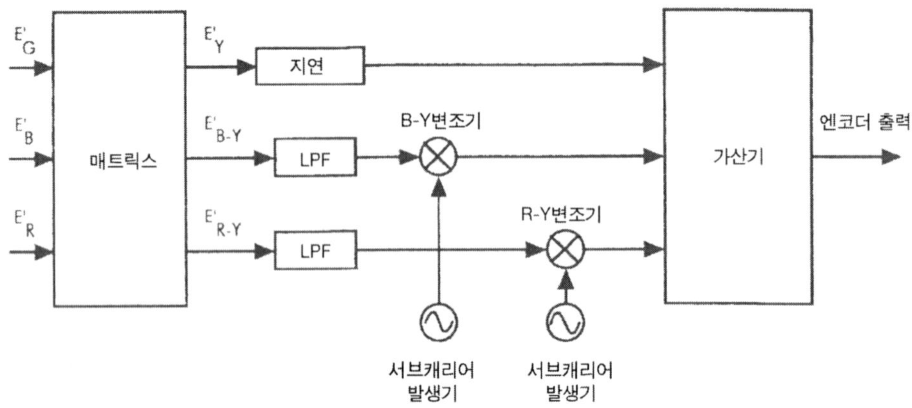

그림 2.9 일반적인 엔코더의 간단한 계통도

이렇게 변조되어진 2개의 고주파 신호는 휘도신호에 가산되어져 컴포지트 컬러 신호가 된다고 할 수 있고, 이러한 기본적인 엔코더의 계통은 일부러 단순화 시킨 것으로, 이러한 형태에 의하여 3개의 컬러시스템에서 공통으로 적용이 가능한 것으로 하고 있다고 할 수 있다.

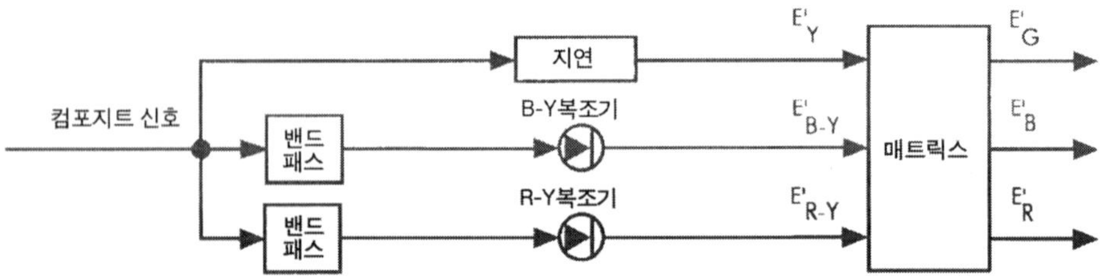

그림 2.10 일반적인 디코더의 간단한 계통도

그림 2.10에서는 일반적인 데이터를 단순화한 계통도라고 할 수 있는데, 컬러텔레비전의 신호를 G, B, R의 3원색 성분에 디코드를 시행하기 위하여서는 역 프로세스가 필요하다고 할 수 있다. 또한 최초의 컴포지트의 신호는 필터로 휘도 성분과 색도 성분을 분리시킨다 할 수 있는데, 이렇게 분리된 색도 성분은 계속하여 각 시스템에서 정하여진 방법에 의하여 2개의 색차 신호를 생성하기 위하여 디코드 되어 진다고 할 수 있고, 휘도신호는 협대역의 색신호와 같은 타이밍이 되도록 지연시킨다고 할 수 있으며, 이렇게 생성된 3개의 신호는 액티브 매트릭스에 보내어지어서, 증폭, 가산, 감산의 프로세스에 의하여 G, B, R원색신호가 매트릭스의 출력으로 나오게 되어있다고 할 수 있다. 이러한 기본적인 데이터 계통은 먼저 설명한 다른 시스템의 계통과 같이 3개의 컬러 시스템에서 공통으로 적용이 가능하도록 단순화 되어져 있다고 할 수 있다.

2.2.2 NTSC시스템

NTSC(National Television System Committee)컬러 텔레비전의 시스템은 색 정보를 휘도 정보에 다중 하여 전송하는 싱글(Single) 채널 텔레비전신호 전송 방법에서 제안 되었다고 할 수 있는데, 휘도, 색도, 동기의 정보는 기존에 방송하고 있는 흑백텔레비전과의 호환성을 유지하기 위하여 6MHz대역폭의 RF(Radio Frequency)채널에 송신 되어진다고 할 수 있다.

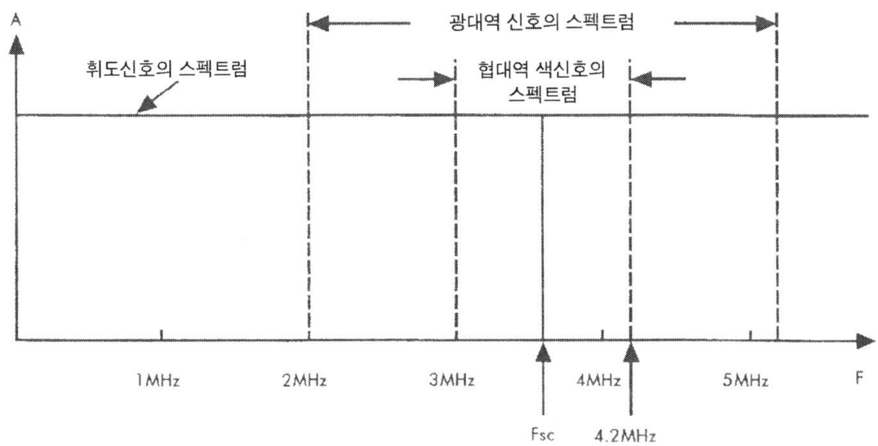

그림 2.11 NTSC컴포지트 신호의 대역

또한 색 정보의 전송에 대해서는 제 1장에서 자세히 설명한 흑백텔레비전의 스펙트럼의 특성을 기본으로 하여 이용하고 있다고 할 수 있는데, 본질적으로 보면 색도 정보는 흑백텔레비전 스펙트럼의 "구멍(공간)"이라고 할 수 있는 비어있는 부분의 스펙트럼사이에 전송 되어진다고 할 수 있고, 기본적으로는 광대역(4.2MHz)의 휘도신호와 2개의 협대역 색 신호를 사용하고 있다고 할 수 있다. 이러한 시스템에서 SMPTE170M에서 규정되어있는 현재의 중요한 특성을 표 2.1에서 표시하고 있는데, 엔코더는 광대역 (≧4.2MHz)의 휘도(흑백)신호와 2개의 같은 대역의 협대역 색차신호를 프로세스 한다고 할 수 있고, 이러한 색차신호는 B-Y, R-Y신호에서는 물론, 초기의 1953-NTSC시스템에서 규정되어진 I, Q의 신호형식이라고 할지라도 양호하다고 할 수 있으며, 각 색차 신호의 대역은 600kHz~1.3MHz이라고 할 수 있다. 넓은 대역을 사용하는 1.3MHz의 대역은 기본적으로는 대역 제한이 없는 스튜디오 환경에 적합 하다고 할 수 있지만, 송출에 있어서는 송신/수신의 제약 가운데, 수신기에 있어서의 색도대역은 600kHz를 사용하고 있어 그것 이상의 색도 대역은 잘라서 버리는 것으로 하고 있다고 할 수 있다.

그림 2.11에서는 색도 대역 대 송신대역의 관계를 표시하고 있다. 레벨을 기준화 시켜진 각 색차 신호는 컬러 서브캐리어(색차 신호용 부반송파)를 변조한다고 할 수 있는데. 이러한 2개의 서브캐리어는 같은 주파수를 사용하고 있으나 위상은 각각 다르게 사용하고 있다고 할 수 있고, 이러한 2 개의 서브캐리어의 위상차는 90도로 설정 되어있다고 할 수 있다.

표 2.1 NTSC신호의 특성에 대한 요약

1	수상기의 3원색의 색도 치로 하는 치	x / y G(그린) 0.310 0.596 B(블루) 0.155 0.070 R(레드) 0.630 0.340
2	같은 레벨의 3원색 신호에 있어서 색도 치.	표준광 D_{65}: x=0.3127, y=0.3290
3	수상기에서 Gamma치로 하는 치	2.2
4	휘도신호	$E'Y=0.587E'_G+0.114E'_B+0.299E'_R$
5	2개의 색신호	$E'_{B-Y}=0.492(E'_B-E'_Y)$ 또는 $E'_{R-Y}=0.877(E'_R-E'_Y)$ 또는 $E'_Q=E'_{B-Y}\ \cos33^\circ+E'_{R-Y}\ \sin33^\circ$ 또는 $E'_I=-E'_{B-Y}\ \sin33^\circ+E'_{R-Y}\cos33^\circ$
6	NTSC컴포지트 신호의 방정식 (7.5%의 셋업이 있는 경우)	$E_M=0.925E'_Y+7.5+0.925E'_{B-Y}\ \sin(2\pi f_{sc}t)+0.925\ E'_{R-Y}\ \cos\ (2\pi f_{sc}t)$ 또는 $E_M=\ 0.925E'_Y+7.5+0.925E'_Q\ (2\pi f_{sc}t+33^\circ)+0.925\ E_I\ \cos\ (2\pi f_{sc}t+33^\circ)$
7	컬러 서브캐리어의 변조 방식	90도 위상이 다른 서브캐리어의 반송파 억압 진폭 변조.
8	컬러 서브캐리어 주파수(Hz)	표준치 또는 허용치 $f_{sc}=3579545\pm10$ 수평주파수 f_H와의 관계 : $f_{sc}=(455/2)f_H$
9	색 신호의 사이드 밴드의 대역. (kHz)	$f_{sc}=\pm620$또는 f_{sc} +620/-1300
10	컬러 서브캐리어의 진폭	$G=\sqrt{E'_{B-Y}{}^2+E'_{R-Y}{}^2}$ OR $G=\sqrt{(E'_I{}^2+E'_Q{}^2)}$
11	서브캐리어의 동기	수평 블랭킹의 후연의 버스트 신호에 의하여 시행.

그 때문에 2개의 서브캐리어를 변조하여 사용하고 있는 원래의 신호는 위상검파에 의하여 크로스토크 방해를 받지 아니하고 복조하는 것이 가능하다고 할 수 있고, 이러한 2개의 서브캐리어는 한 대의 공통의 수정 제어 발진기로부터 얻어 진다고 할 수 있는데, 여기에서 사용되어진 변조 방식은 반송파 억압 진폭 변조 (Suppressed-Carrier Amplitude Modulation) 이라고 하고 있고, 이러한 변조 시스템은 반송파 억압 직교진폭 변조(Suppressed-Carrier Quadrature Amplitude Modulation)이라고 한다.

또한 서브캐리어가 억압되어지기 때문에 변조기의 출력에는 사이드 밴드 신호가 얻어진다고 할 수 있는데, 이 때문에 화면의 색이 없는 부분에서는 색신호가 완전히 없어진다고 할 수 있다.

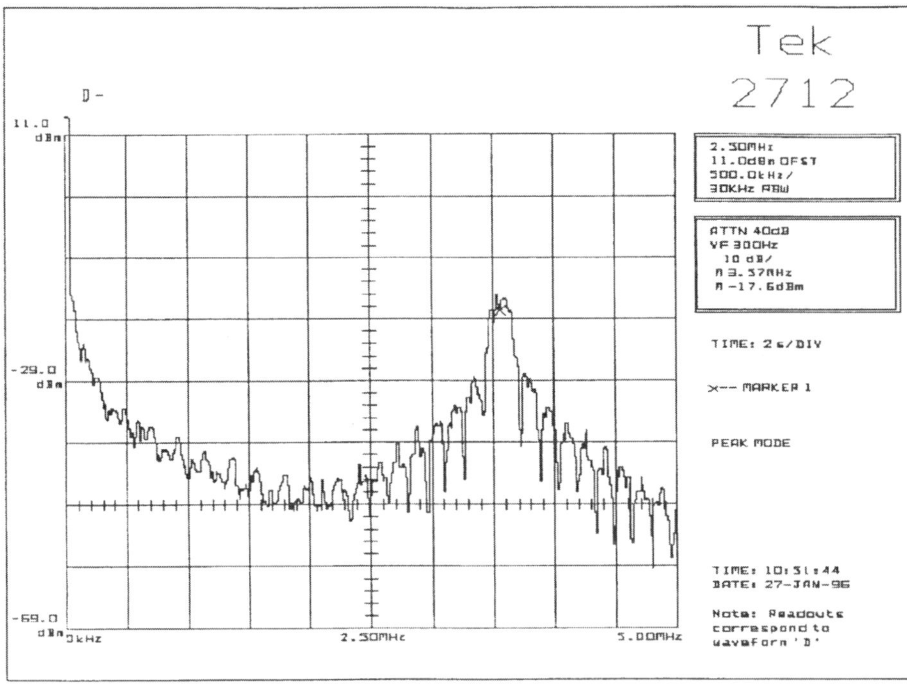

그림 2.12 NTSC 100/75/100/75컬러바 신호의 스펙트럼을 나타내고 있는데, 억압 되어진 3.58MHz컬러 서브캐리어 주변 에너지의 피크에 주목 하십시오. 수평축: 500kHz /Division

이러한 컬러 서브캐리어의 주파수는 수평 스캐닝 주파수의 1/2의 기수배로 선택되어져 있어, 그 결과 휘도 신호의 스펙트럼과 색신호의스펙트럼이 인터리브(Interleave) 되어 있다고 할 수 있는데, 우리가 사용하고 있는 NTSC방식에서 사용하고 있는 인터리빙(Interleaving)의 타입은 하프라인오프셋트(Half-Line Offset : 서브캐리어 주파수가 라인주파수의 배수와 1/2라인 주파수 분이 벗어나서(Offset) 있는 것으로부터 온다고 함.)라고 부르고 있다.

따라서 서브캐리어의 주파수는 아래의 식으로 성립 된다고 할 수 있다.

$$f_{sc} = \frac{455}{2} f_H = 3,579,545 \pm 10\text{Hz}$$

역주 위와 같은 식은 맞는다고 할 수 있으나, 왜 3,579,545Hz인가를 확실하게 설명을 하는 글은 많이 찾아 볼 수가 없는데, 그 이유에 대하여 이야기하고자한다. 실제 컬러 서브캐리어 주파수의 다른 하나의 조건으로는 컬러 서브캐리어의 음성 반송파와 서로 비트 방해를 주는 것을 막기 위 하여는 역시 1/2라인의 수평주파수의 기수배 오프세트가 필요하기 때문에 음성 반송파 4.5MHz가 수평 주파수의 우수배 (286배)가 되기 위하여 우선 수평주파수가 변경 되어져 있다고 할 수 있다. 거기에다 색신호의 필요대역과 4.2MHz의 최고 대역을 고려하여 3.6MHz의 부근에서 수평 주파수의 455/2배가 선택 되어져 있다고 할 수 있는데, 따라서 이를 기반으로 하여 수직 주파수는 수평 주파수의 시프트(Shift)한 결과로서, 서브캐리어주파수도 실제로 그 만큼 시프트 되어져 있다고 할 수 있다.

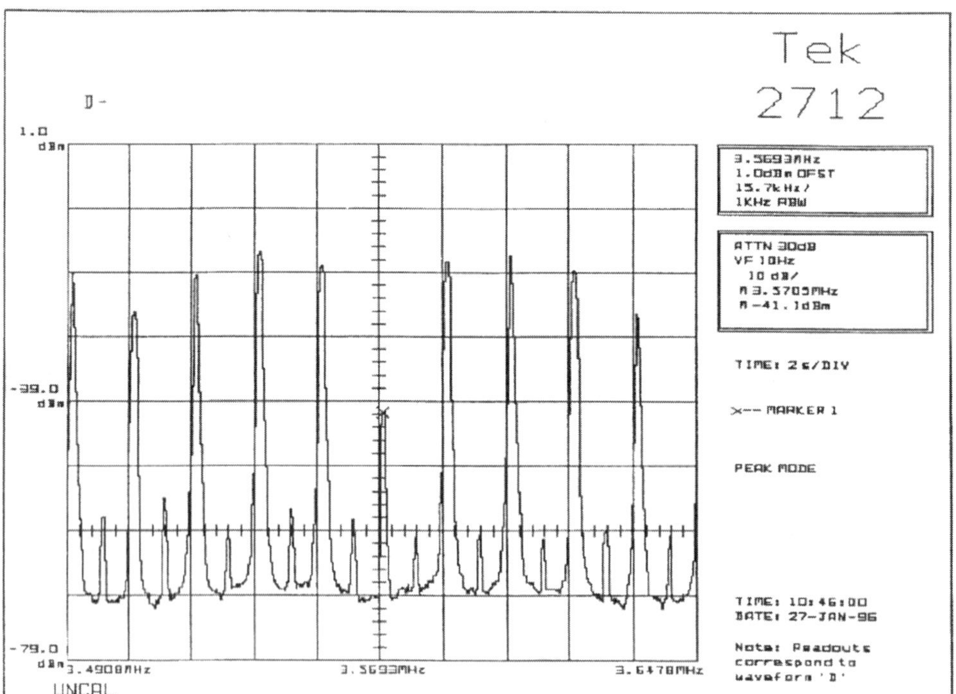

그림 2.13 NTSC 100/7.5/100/7.5 컬러바 신호의 억압 되어진 컬러 서브캐리어 주변의 상세한 스펙트럼으로서, 색신호의 사이드 밴드 성분이 fH/2의 간격으로 수평 주파수의 고주파 성분과 인터리브(Interleave)되어 있다는 것에 주목 하십시오. 수평축: 15.7kHz/눈금판(수평주파수/눈금판)

이러한 주파수의 선택에 의하여 수평 스캐닝 주파수(15,734,265Hz)와 수직 스캐닝 주파수(59.94Hz)이라는 것은 흑백(Black/White)의 15,750Hz/60Hz으로부터 약간(1/1.001)변경 되어져 있다고 할 수 있는데, 그러나 이렇게 변경되어진 주파수는 수상기의 스캐닝 회로에 동기 범위 내에 있다고 할 수 있다.

그림 2.12에서는 NTSC신호의 스펙트럼의 일예를 나타내고 있는데, 3.58MHz 근접의 억압 되어진 서브캐리어 주변의 에너지 피크 치에 주목 해 보십시오. 그림 2.13에서는 억압 되어진 컬러 서브캐리어 주파수 근접의 보다 상세한 스펙트럼 이라고 할 수 있는데, 색도에 있어서 사이드 밴드 성분이 F_H간격으로 존재하고 있다는 것에 주목 해 보십시오.

낮은 레벨의 휘도 스펙트로(Spectre)성분이 $f_H/2$의 간격으로서, 색도의 스펙트로와 인터리브(Interleave) 되어져 있다고 할 수 있는데, 이렇게 억압 되어진 서브캐리어의 진폭은 그 주변의 커다란 사이드 밴드 성분과 비교하여 20dB낮게 되어있다고 할 수 있다. 또한 통상적으로 서브 캐리어는 보이지 아니하면 되지 아니한다고 할 수 있는데, 그러한 이유는 저 레벨이지만 존재하는 것은 서브캐리어의 주변 주파수와 위상의 기준으로 송출 되어지는 서브캐리어의 버스트 신호 때문이라고 할 수 있다.

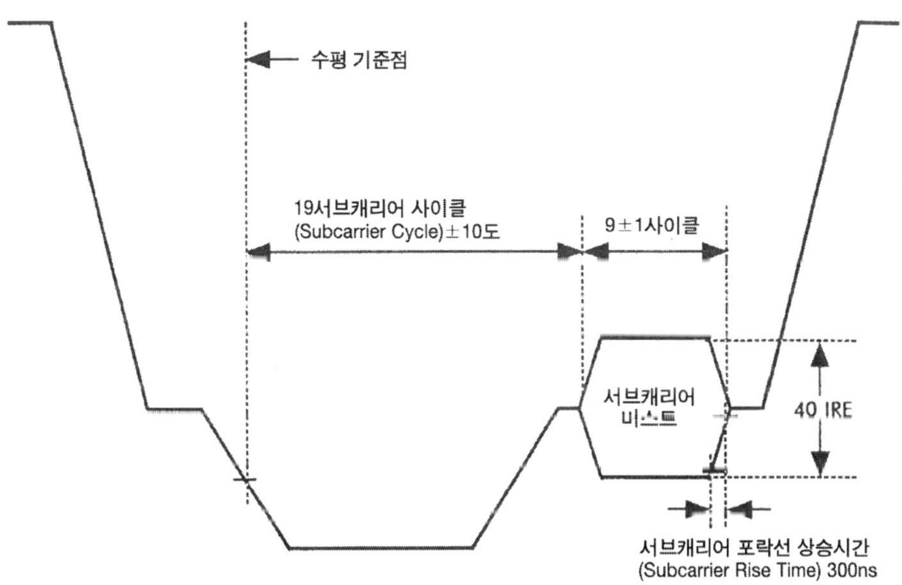

그림 2.14 NTSC수평 블랭킹 기간과 컬러 버스트의 상세

9사이클의 주파수는 위상기준 서브캐리어 버스트(Burst : 수평 블랭킹 기간에 백퍼치(Back Porch) 후연)기간에 송출 되어진다고 할 수 있는데, 그림 2.14에서는 서브캐리어 신호가 있는 수평 블랭킹 기간의 상세를 표시하고 있다고 할 수 있다. 버스트 신호의 목적은 수상기(모니터)의 로컬(내부발진)의 서브캐리어의 수정 제어 발진기를 신호에 동기 시키는 것 이라고 할 수 있는데, 이러한 발진기에서는 재생되어진 서브캐리어를 색차 신호에 재생하기위하여 B-Y, R-Y 동기 복조기(Synchronous Demodulator)에 공급을 하는 것으로 하고 있다고 할 수 있고, 버스트 신호의 위상은 시스템의 기준 위상이라고 할 수 있는 $(E'_B\text{-}E'_Y)$과 비교하여 180도의 위상차가 있다고 할 수 있다.

그림 2.15에서는 B-Y/R-Y 색차 신호를 사용한 NTSC엔코더의 간단한 개략의 계통도라고 할 수 있는데, 그린(Green), 블루(Blue), 레드(Read)의 신호는 매트릭스에 보내어 지고, 그러한 신호에 의해 결정한 비율에 의해서 대수적으로 만들어서 휘도신호 Y와 2개의 색차 신호가 생성 되어 진다고 할 수 있다.

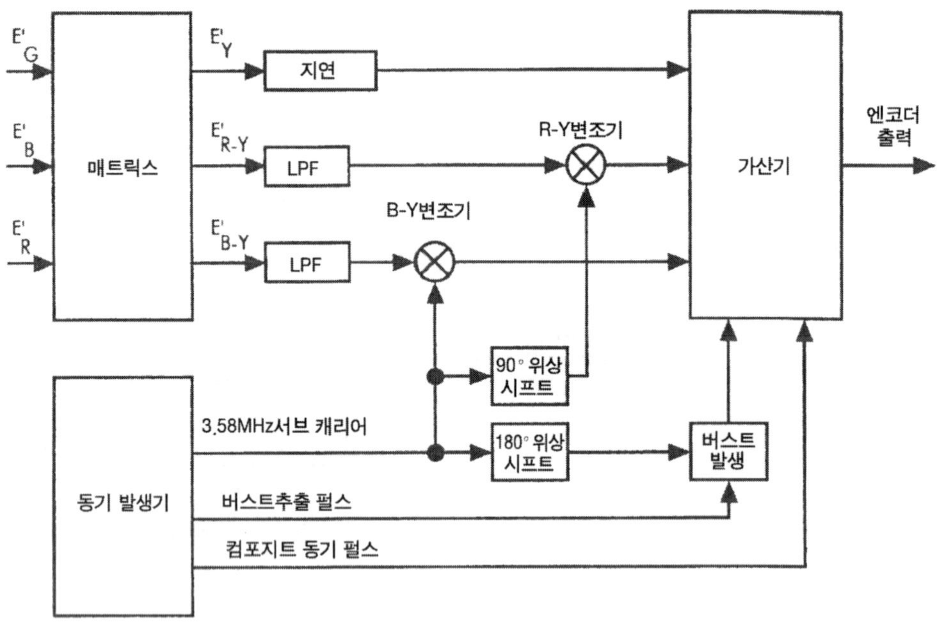

그림 2.15 B-Y/R-Y신호를 사용한 NTSC엔코더를 단순화한 계통도

이러한 각 색차신호는 대역이 제한 되게 하여 각각의 평균 변조기(Balanced Modulator)에 보내어 진다고 할 수 있는데, 3.58MHz의 서브 캐리어가 B-Y변조기에 공급이 되어서, 이것을 다시 90도 위상의 시프트 네트워크를 통하여 R-Y 변조기에도 공급 되어 진다고 할 수 있다.

Y신호는 색차 신호의 로패스(Low Pass) 필터에 의한 지연을 맞추기 위하여 색차 신호가 지연한 만큼의 량을 지연시킨다고 할 수 있는데, 이러한 복합 신호를 만들기 위해서는 가산기(Adder)에서는 휘도, 색도사이드 밴드, 복합동기 등의 신호를 180도 위상을 시프트시켜서 게이트(Gate) 되어진 서브캐리어 버스트를 결합하여 최종적으로 한 개의 컴포지트 컬러 신호로 만들어서 전송하는 것이라고 할 수 있다.

그림 2.16에서는 E'_{B-Y}(기준)서브캐리어와 E'_{R-Y}서브캐리어(+90도)를 위상 영역으로 표시한 것으로, 제3의 서브캐리어는 버스트동기(+180도)를 표시하고 있다고 할 수 있다.

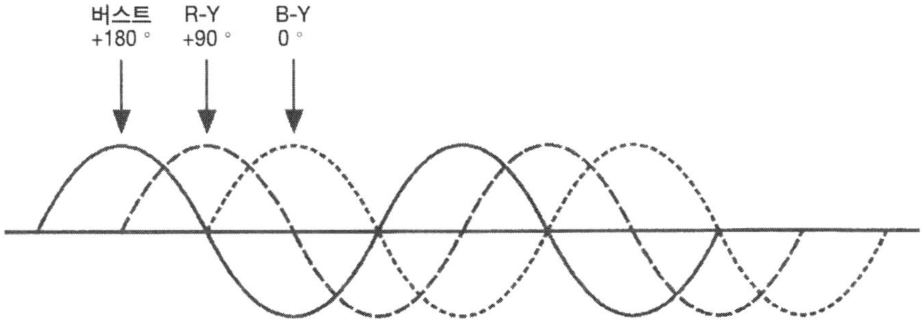

그림 2.16 2개의 같은 주파수의 서브캐리어 R-Y, B-Y의 위상관계의 표시. 세 번째의 서브캐리어는 동기용 버스트의 위상을 표시하고 있다.

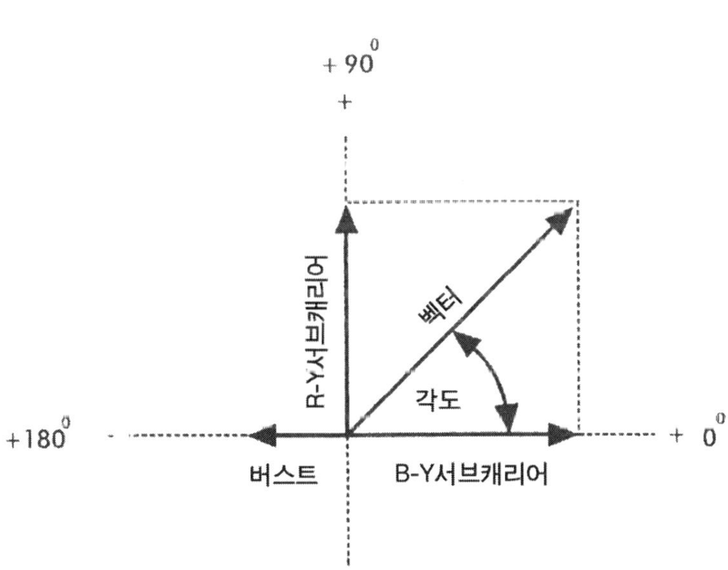

그림 2.17 2개의 서브캐리어에 있는 순간의 진폭은 한 개의 벡터에 합성이 되어서 그 진폭은 색 포화도를 표시하고 그 위상은 색상을 표시하고 있다.

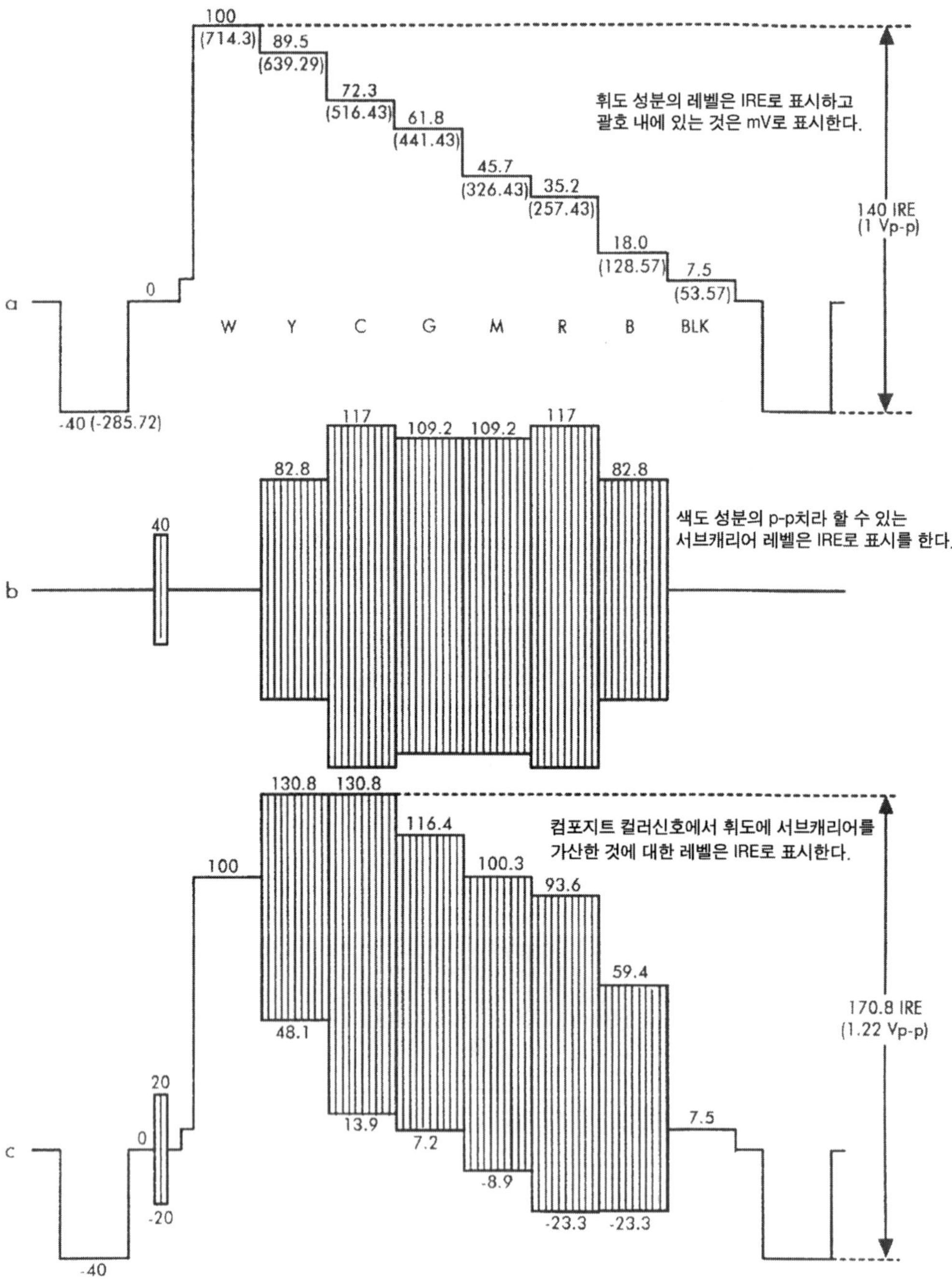

그림 2.18 NTSC 100/7.5/100/7.5 컬러바 신호의 파형

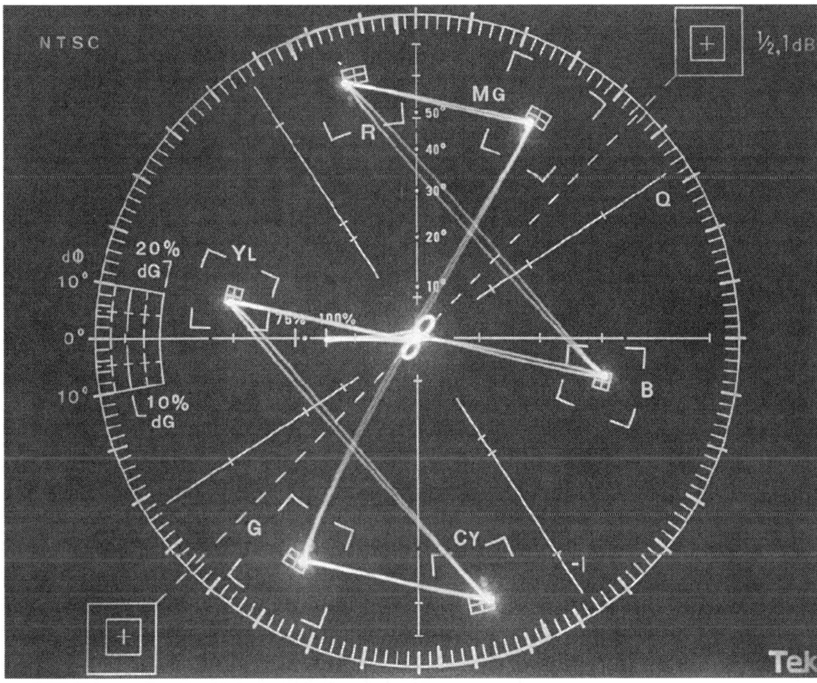

그림 2.19 NTSC 100/7.5/100/7.5 컬러바 신호에 대한 벡터스코프의 표시

그림 2.17에서는 색도 서브캐리어의 변조 프로세스의 스펙트럼을 표시하고 있는데, 영향을 준 색이 한 개의 단위로 E'_{B-Y},와 E'_{R-Y}이라고 하면 그것은 위상에 직교하고 있는 2개의 진폭 변조 되어진 서브캐리어로 나타나게 되어있고, 이러한 2개 서브캐리어의 순간적인 치는 B-Y서브캐리어 기준 위상에 대한 위상각과 진폭을 가진 1개의 벡터로서 나타나게 하고 있다. 또한 이러한 벡터의 진폭길이는 그 피사체에 대한 색의 포화도(Chroma)를 표시하고 있다고 할 수 있는데, ㄱ에 대한 위상각은 색상(Hue)을 통하여 표시하고 있다고 할 수 있다.

그림 2.18에서는 100/7.5/100/7.5(100%)컬러바 신호의 파형을 휘도의 성분과 색도의 성분을 합한 결과로서 표시한 것 이라할 수 있는데, 이 그림에서는 정방향의 신호의 피크치는 130.8 IRE가 되어 텔레비전 송신기의 오버 로드레벨을 넘어 있다는 것에 주목할 필요가 있다.

그림 2.19에서는 100%의 컬러바를 벡터스코프로 표시한 것을 나타내고 있고, 그림 2.20에서는 75/7.5/75/7.5(75%) 컬러바 신호의 파형을 휘도 성분과 색도 성분을 가산한 결과로서 표시한 것이라고 할 수 있다.

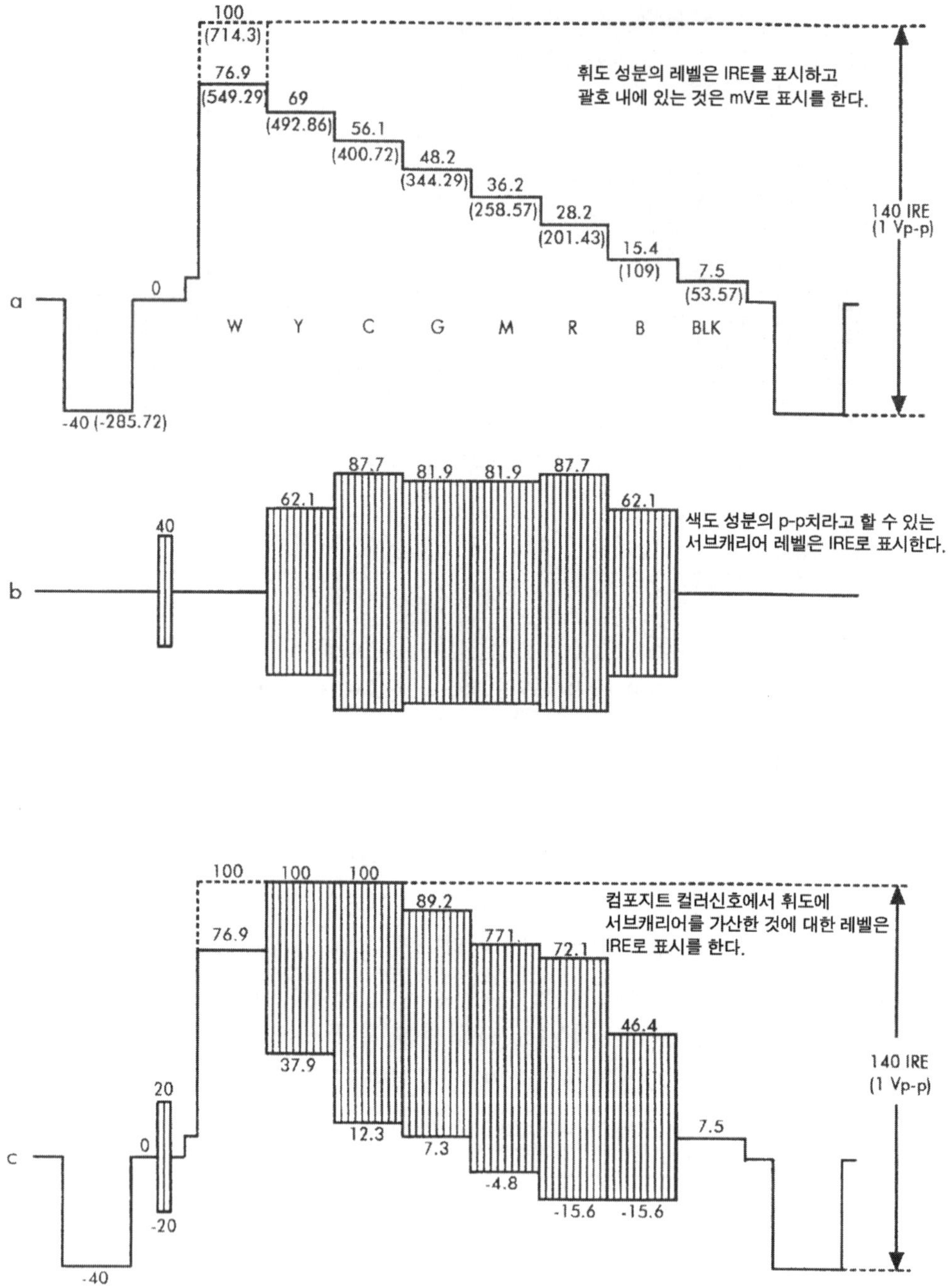

그림 2.20 NTSC 75/7.5/75/7.5컬러바 신호의 파형

표 2.2 또는 2.3에서는 컬러바 신호의 6가지색의 휘도와 색도의 치와 위상각의 치를 표시하고 있는데, 75/7.5/75/7.5컬러바 신호는 송신기 테스트에 사용되

어진다. 스튜디오 기기는 100%와 75% 양방향의 컬러바를 받아들일 수 있는 시스템으로 되어있는데, 100 IRE진폭치의 그린(Green), 블루(Blue), 레드(Read)의 3원색의 신호가 100%컬러바 등과 같은 컴포지트 컬러 신호레벨 (130.8IRE)이 발생 한다는 것에 주의 할 필요가 있다고 할 수 있다.

표 2.2 NTSC 100/7.5/100/7.5 컬러바 신호의 파형 특성

컬러(Color)	휘도 레벨 IRE/mV	색도레벨 IRE/mV	위상. 도(°) 표시
White	100/714.3	0/0	…
Yellow	89.5/639.29	82.8/591.44	167.1
Cyan	72.3/516.43	117/835.73	283.5
Green	61.8/441.43	109.2/780.01	240.7
Magenta	45.7/326.43	109.2/780.01	60.7
Red	35,2/251.43	117/835.73	103.5
Blue	18/128.57	82.8/591.44	347.1
Black	7.5/53.57	0/0	…
버스트(Burst)	0/0	40/285.72	180

*휘도 또는 색도의 p-p진폭치는 , IRE단위와 mV의 단위로 표시하고 있고, 색도 신호의 위상은 기준이 되는 B-Y의 대한 도(°)로 표시를 하고 있다고 할 수 있다.

표 2.3 NTSC 75/7.5/75/7.5 컬러바 신호의 파형 특성

컬러(Color)	휘도 레벨 IRE/mV	색도레벨 IRE/mV	위상. 도(°) 표시
White	100/714.3	0/0	…
Gray	76.9/549.27	0/0	…
Yellow	69/492.86	62.1/443.58	167.1
Cyan	56.1/400.72	87.7/626.44	283.5
Green	48.2/344.29	81.9/585.01	240.7
Magenta	36.2/258.57	81.9/585.01	60.7
Red	28.2/201.43	87.7/626.44	103.5
Blue	15.4/110	62.1/443.58	347.1
Black	7.5/53.57	0/0	…
버스트(Burst)	0/0	40/285.72	180

*휘도와 색도의 P-P진폭치는, IRE단위와 mV의 단위로 표시하고 있고, 색도 신호의 위상은 기준이 되는 B-Y의 대한 도(°)로 표시를 하고 있는데, "화이트" 바(White Bar)는 NTSC 100/7.5/100/7.5의 컬러바(Color Bar) 파형을 표시하고 있다.

자연계에는 보통 높은 포화도의 황색이나 씨안 색이 존재를 인정 하고 있지 아니하므로 송신기가 통상적인 오퍼레이션의 조건으로 오버로드 될 가능성은 대단히 낮다고 할 수 있으나, 3원색의 신호를 자유적으로 생성이 가능한 문자 발생기나 그래픽 시스템과 같이 인공적으로 신호를 발생하는 시스템에서는 제한 범위를 초과하는 진폭의 컴포지트 컬러신호를 만들게 하는 3원색의 신호를 용이하게 발생할 수가 있어 송신기가 오버로드 하는 문제가 생기게 되어있다고 할 수 있다.

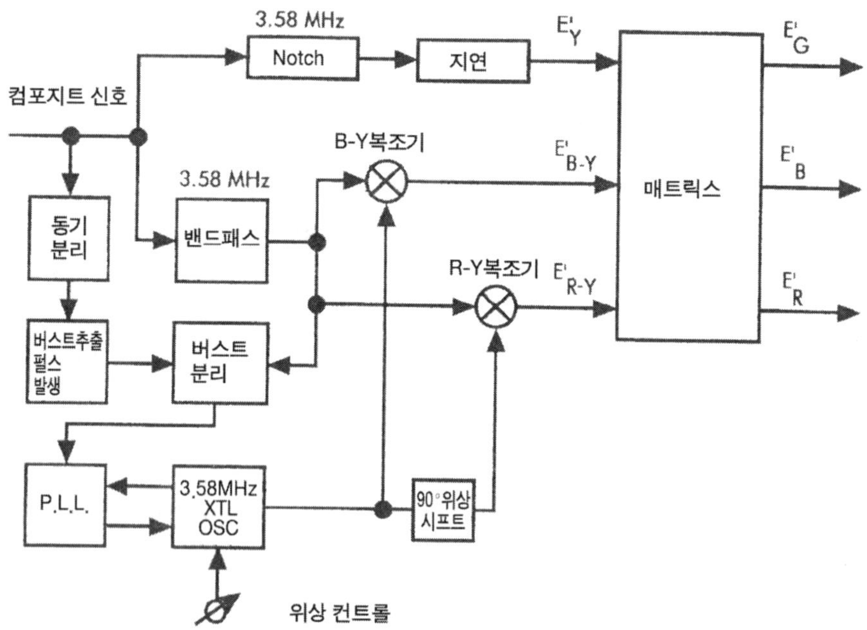

그림 2.21 B-Y/R-Y 신호를 사용한 NTSC디코더의 단순화한 계통도

그림 2.21에서는 NTSC의 B-Y/R-Y의 디코더를 간단하게 그린 계통도라고 할 수 있는데, 이 계통도에서 보면 색도의 사이드 밴드는 밴드 패스필터에 의하여 분리되어서 2개의 동기 복조 회로와 버스트 분리 회로에 보내어 진다고 할 수 있고, 이러한 버스트 분리 회로에서는 버스트를 수평 동기회로로부터 생성하여 키 펄스(Key Burst)로 게이트(Gate) 한다고 할 수 있다. 그렇게 게이트 된 버스트 신호와 로컬의 수정 제어 서브캐리어 발진기 출력을 페이스로직 루프 (Phase Logic Loop)를 사용하여 위상을 비교하여서 발진기를 제어하는 것에 의하여 주파수와 위상을 동기 시킨다고 할 수 있는데, 서브캐리어 발생기의 출력은 B-Y 복조 회로에 보내어져서 90도 위상 시프트 네트워크를 통하여 R-Y복조회로에 보내어 지게 되어있다고 할 수 있다.

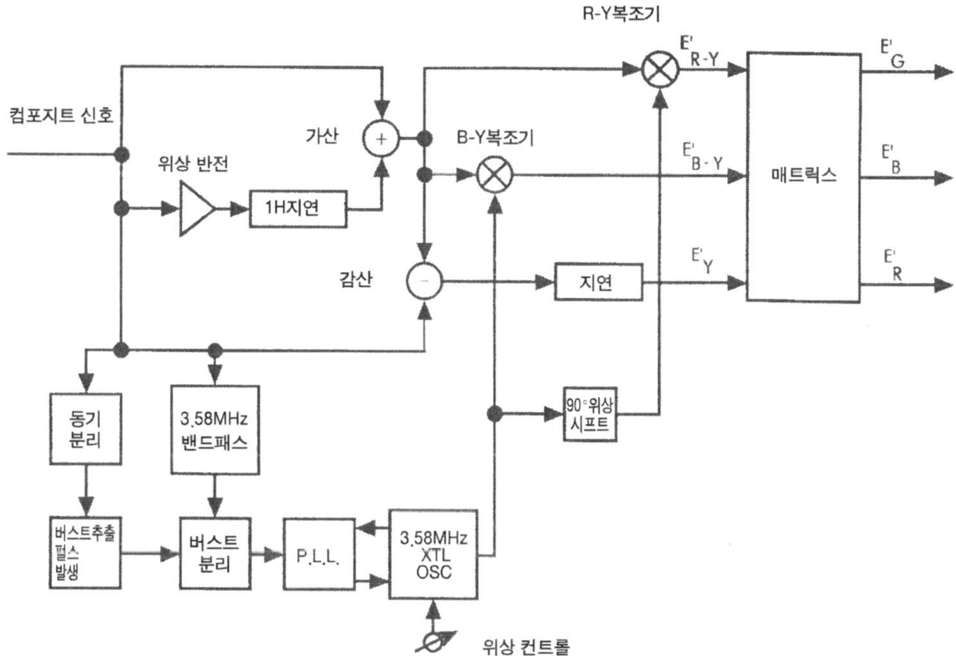

그림 2.22 Comb 필터를 사용한 NTSC디코더 을 단순화한 계통도

진폭기의 위상(Hue) 컨트롤은 로컬 서브캐리어의 컬러버스트에 대한 위상을 매뉴얼로 제어를 하여 정확하게 위상 관계를 얻게 하는 것으로서, 복조 되어진 색차 신호와 지연되어진 휘도 신호는 매트릭스 회로에 보내지어진 3원색의 신호를 재생 한다고 할 수 있는데, 컬러 서브캐리어의 돗트 방해를 감소시키기 위해서는 3.58MHz의 노치 필터(Notch Filter)를 사용한다고 할 수 있고, 이렇게 단순한 디코더는 높은 주파수의 휘도신호는 색신호와 다르게 위색을 발생하는 크로스 컬러 방해(Cross Color Effect)를 받기가 쉽게 되어있다고 할 수 있다. 그림 2.22는 콤 필터(Comb Filter)를 사용한 디코터를 간단한 계통도를 나타내고 있는데, 이러한 디코더는 NTSC 1개의 라인과 다음의 라인과의 서브캐리어의 위상이 180도 다르다는 것을 이용하고 있다고 할 수 있다. 또한 컴포지트 컬러신호는 가산기에 직접 보내지는 동시에 극성을 반전시키어서 신호를 1H (1H=63.556㎲)지연라인(Delay Line)을 통하여 가산기(Adder)에 보내어 진다고 할 수 있는데, 이렇게 보내어진 신호를 가산기에서는 상하 라인의 극성이 같은 휘도 신호는 제거 시키고 반전시키어서, 극성이 같아진 서브캐리어의 성분 즉 색신호의 성분을 이용하여 빗살의 형태로 파형을 만들어서 그러한 형태의 스펙트럼만이 통과하게 하는 것으로 하고 있다고 할 수 있다.

그 후에는 동기 검파기가 통상의 디코더와 같이 동작을 하고, 동시에 빗살형의 콤 필터의 분리되어진 색신호(Combed Chrominance)는 원래의 컴포지트 컬러 신호사이에 연산기(Subtracter)에 보내지어서 그 출력은 빗살 형태로 필터링 되어진 휘도 신호라는 것이 나타나게 되어있다고 할 수 있다.

이렇게 단순 하지 아니한 형태의 디코더는 라인 사이에서 강한 상관성을 가지고 화면상에서 양호하게 동작을 하여서 라인간의 가산 평균으로 처리하는 것에 의하여 색신호의 수직 해상도가 반 정도로 떨어지게 된다는 결점도 있으나 한편으로는 크로스컬러의 현상을 억압 한다는 장점도 있다고 할 수 있다. 그러나 빗살형의 디코더는 컬러의 정보가 급하게 라인과 라인사이에 변화하는 화면의 부분에 있어서는 잘 동작이 되지 아니한다는 결점을 가지고 있으므로, 이러한 결점을 개선하기 위하여 개량한 어뎁티브(Adaptive : 조건에 따라서 처리를 변경하는 적응 형) 콤 필터 디코더(Comfilter Decoder)는 수직 방향의 샤프한 색도 정보의 변화를 검지할 때에 자동 적으로 밴드패스/ 노치필터 동작으로 절환하여 이러한 조건이 없어지면 원래의 콤 필터로 복귀가 되게 하고 있는데, 이러한 신호처리는 NTSC시스템의 단점의 하나라고 할 수 있는 휘도레벨에 따라서 서브캐리어의 위상이 다이나믹하게 변화하는 디퍼렌셜 페이스(Differential Phase : D_P)이라고 불리 우는 비직선 왜에 대한 영향을 받기 쉽게 한다는 단점이 된다고 할 수 있다.

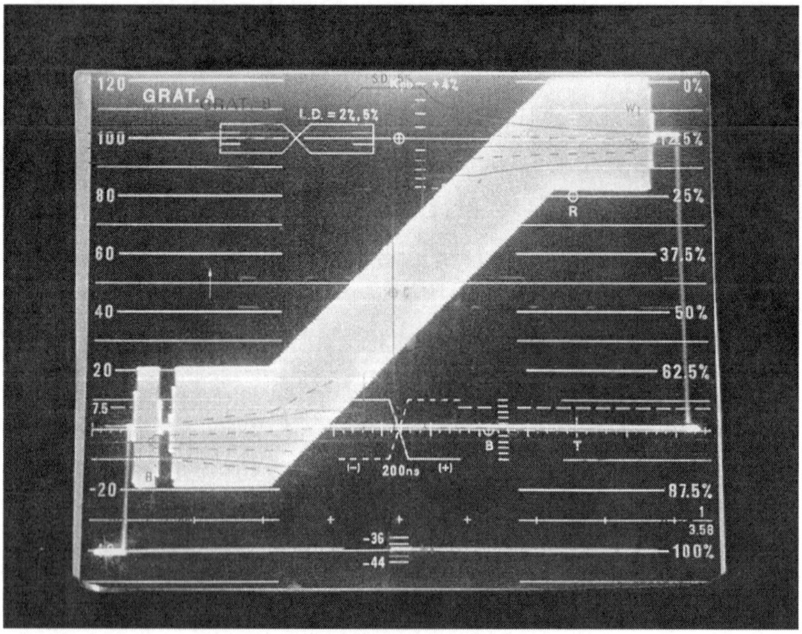

그림 2.23 왜가 없을 경우 NTSC변조 램프(Ramp)신호의 오실로스코프 파형

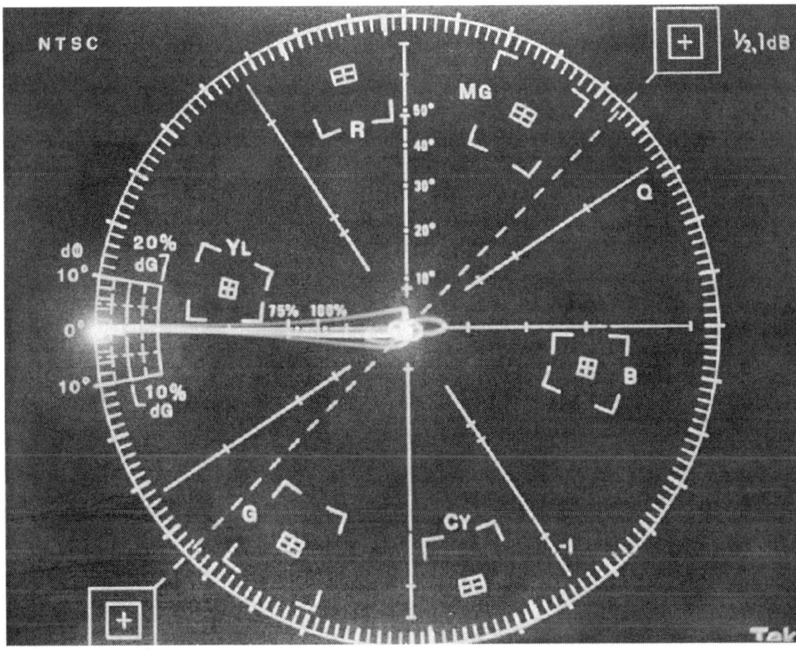

그림 2.24 왜가 없을 경우에 변조 램프(Ramp)신호의 일정 진폭과 일정 위상의 서브캐리어 성분에 대한 벡터스코프상의 그림 형태.
램프(Ramp)에 중첩 하고 있는 서브캐리어의 위상은 버스트 위상과 일치하고 있고, 벡터스코프의 이득은 벡터의 진폭이 외측의 원주에 일치하게 올려져 있다.

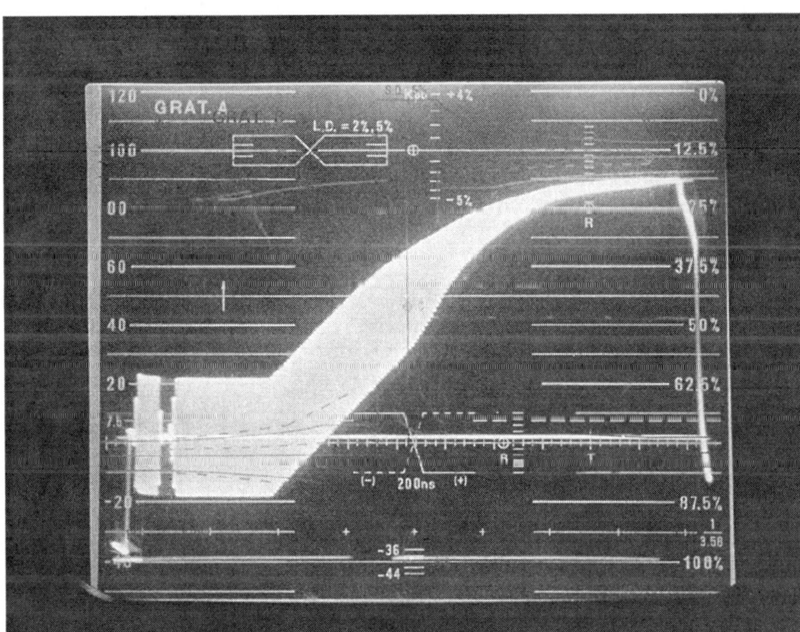

그림 2.25 왜가 있을 경우에 NTSC변조 램프(Ramp)신호의 오실로스코프 파형

그림 2.23에서는 변조 램프파형(Modulated Ramp Waveform)이라고 불리 우는 흑 레벨로부터 백 레벨로 향하여 일정의 경사각으로 상승하고 있는 람프(Ramp)신호에 일정의 위상과 레벨을 가진 서브캐리어가 중첩하여 있는 파형을 표시하고 있고, 그림 2.24에서는 이러한 일정 위상의 서브캐리어의 벡터스코프를 표시하고 있다.

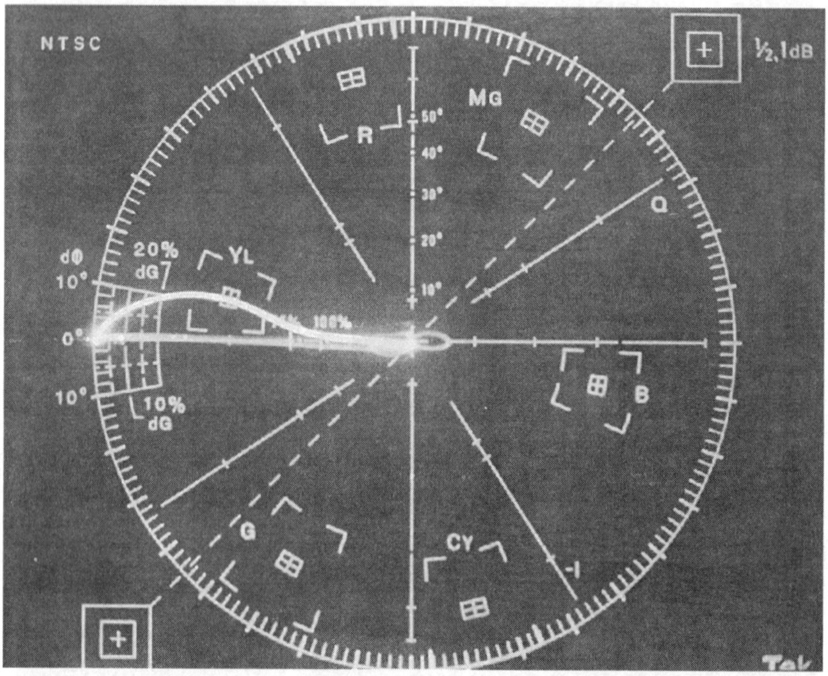

그림 2.26 왜가 있을 경우에 변조 램프(Ramp)신호의 벡터스코프 상의 파형으로서, 서브캐리어의 위상은 버스트 위상으로부터 변화하고 있다. 이러한 위상의 변화를 Differential Phase(D_P)이라고 한다.

그림 2.25에서는 비 직선 증폭기에 따라서 많이 왜를 받은 같은 램프(Ramp)의 파형을 표시하고 있고, 그림 2.26에서는 그러한 것에 의하여 위상의 왜를 받은 서브 캐리어의 벡터를 표시하고 있다고 할 수 있는데, 이런 경우에는 서브캐리어의 위상이 신호의 비직선 왜에 따라서 받은 변화(Differential Phase)에 주의할 필요가 있다고 할 수 있다.

2.2.3 PAL시스템

PAL(Phase-Alternating By Line)컬러 텔레비전 시스템에서는 유럽에서 많이 사용하고 있는 625/50 흑백텔레비전과 호환성이 있는 컬러텔레비전 시스템으로서 개발되어 졌다고 할 수 있는데, 그러한 송신 RF채널에 대한 대역은 7MHz~8MHz로서 베이스 밴드의 영상 대역은 5MHz, 5.5MHz, 6MHz의 정도라고 할 수 있다. 이 시스템에서 선택 되어진 컬러서브캐리어는 유럽권의 PAL시스템의 공통으로 사용 되어 진다고 할 수 있는데, 사용하는 송신 시스템에 따라서 유럽의 PAL시스템과 B-PAL, D-PAL, H-PAL, I-PAL로 나누어진다고 할 수 있다. 이렇게 각각 다른 형식을 가진 PAL시스템의 주된 분류의 포인트는 전송 되어진 휘도 대역과 색신호 사이드 밴드의 고역 방향 대역이라고 할 수 있는데, 스튜디오 레벨에서는 그러한 것은 보통 공통의 PAL시스템이라고 말하고 있다.

전 장의 그림 1.22에서는 다양한 ITU-R 텔레비전 채널의 상세와 PAL송신에 있어서 주파수의 영역에 있어서 제한을 표시하고 있다고 할 수 있는데, 이렇게 호환성이 있는 PAL형식 말고도, PAL형식 중에는2개가 호환성이 없는 형식도 있다고 할 수 있다. 그중에서 하나는 M-PAL이라고 하는 것으로서 이 방식은 주로 브라질에서 사용 하고 있는 방식이라고 할 수 있는데, 이는 우리가 흔히 PAL방식에 있어서 525/60형식이라고 불리 우는 방식을 말하고 있다고 할 수 있고, 또 하나는 N-PAL이라고 불리 우는 것으로서 그에 대한 특징으로는 PAL에 있어서 협 대역을 사용하는 625/50형식으로서 주로 아르헨티나에서 사용되고 있다고 할 수 있다. 이러한 PAL형식은 6MHz채널을 사용하여 전송이 가능하도록 변경 되어져 있다고 할 수 있는데, 이러한 방식을 사용하는 국가의 현재 스튜디오 제작 설비의 기본형식으로는 브라질에서는 NTSC시스템을 사용하고 있고, 아르헨티나에서는 유럽에서 사용을 하고 있는 PAL시스템을 사용하고 있어 온에어(On Air) 전에서 로컬규격인 PAL규격으로 변경에 의하여 방송을 하고 있다고 할 수 있다. 이러한 PAL 시스템은 약간의 부분을 제외하고는 NTSC시스템과 거의 같다고 할 수 있는데, 우리나라에서 사용하고 있는 NTSC시스템과 PAL컬러시스템과의 주된 차이점은 R-Y의 서브캐리어의 위상이 각 필드의 라인과 다음 라인사이에서 반전 되어져 있다는 것으로서, 이렇게 작은 부분의 변경이라 할지라도 이에 영향을 미치는 것은 실제로 광범위 하다고 할 수 있다. PAL컬러텔레비전 시스템을 개발한 주된 동기는 당시 약간의 스튜디오 또는 송신기의 결점이라고 할 수 있는 디퍼렌셜얼 페이스(Differential Phase)에 의한 색상에 대한 왜를 해결하기 위함이라고 할 수 있는데, 1960년대에서는 이러한 결점은 유럽의 방송 기술자로 봐서는 기기를 가지고서는 결점을 극복하는 것이 불가능하다고 생각되어 위상 변화에 대하여 그러한 것을 허용이 가능한 시스템 개발에 들어갔다고 할 수 있다.

그러나 후에 많은 기술자들의 노력에 의하여 기기의 대폭 개량진보에 의하여 초기의 NTSC에서 생기는 거의 대부분의 문제는 해결되었다고 할 수 있기 때문에, 이러한 새로운 시스템을 개발 할 가치가 있었는가에 대한 논란은 있었다고 할 수 있다.

B-PAL, D-PAL, G-PAL, H-PAL, I-PAL신호의 기본적인 특징을 그림 2.4에서 표시를 하고 있다.

표 2.4 PAL신호 특성에 대한 요약

1 수상기의 3원색의 색도 치로 하는 치	x / y G(그린) 0.29 0.60 B(블루) 0.15 0.06 R(레드) 0.64 0.33
2 같은 레벨의 3원색 신호에 있어서 색도 치.	표준광 D_{65}: x=0.3127, y=0.3290
3 수상기에서 Gamma치로 하는 치	2.8
4 휘도신호	$E'_Y=0.587E'_G+0.114E'_B+0.299E'_R$
5 2개의 색신호	$E'_U=0.493(E'_B-E'_Y)$또는$E'_V=0.877(E'_R-E'_Y)$
6 PAL 컴포지트 신호의 방정식	$E_M=E'_Y+E'_U\ \sin(2\pi f_{sc}t)\pm E'_V\ \cos\ (2\pi f_{sc}t)$
7 컬러 서브캐리어의 변조 방식	90도 위상이 다른 서브캐리어의 반송파 억압 진폭 변조.
8 컬러 서브캐리어 주파수(Hz)	표준치 또는 허용치 : f_{sc}=4,433,618.75Hz±5(CCIR B,D,G,H) ± 1(CCIRI) 수평주파수 f_H와의 관계 : $f_{sc}=(1135/4+1/625)f_H$
9 색 신호의 사이드 밴드의 대역. (kHz)	f_{sc}=+570/-1300(CCIR,B,D,G,H) f_{sc} +1066/-1300(CCIRI)
10 컬러 서브캐리어의 진폭	$G=\sqrt{E'_U{}^2+E'_V{}^2}$
11 서브캐리어의 동기	수평 블랭킹의 後緣의 버스트 신호에 의하여 시행.

PAL엔코더는 광대역(≧5-MHz)의 휘도신호(흑백신호)와 협대역 또는 그와 동등의 대역을 가진 2개의 색차 신호로 프로세스를 하는데, 이러한 2개의 색차 신호는 E'_U 또는 E'_V라고 불리어지고 있는 것으로서, 우리나라에서 사용하고 있는 NTSC와 비교한다면 E'_{B-Y},E'_{R-Y}와 같다고 할 수 있다. 또한 여기에서 사용하고 있는 E'_V의 극성은 라인마다 반전 되어진다고 할 수 있는데, 이러한 것은 표 2.4에서 복합 컬러신호 E_M의 식의 제 3항에서는 표시하고 있다고 할 수 있다.

E'_V신호의 라인마다 반전에 의하여 그 색신호의 스펙트로(Spectre)성분은 E'_U 스펙트로 성분으로부터 $f_H/2$(7.8125kHz)의 간격으로 떨어져 있다고 할 수 있는데, 이 때문에 NTSC와 같은 휘도신호와 색신호 사이의 하프라인 오프세트에서는 E'_V의 스펙트로의 성분과 휘도 스펙트로 성분과의 크로스 토크(Cross Talk)를 유발하게 되어있다고 할 수 있고, 이러한 문제를 피하기 위하여 PAL방식에 있어서는 1/4라인 오프세트 (Quarter-Line Offset)와 프레임 오프세트(Frame Offset)를 사용하고 있다고 할 수 있다.

따라서 서브캐리어 주파수는

$$f_{sc} = (284\text{-}1/4)f_H + f_V = 15{,}625 \times 283.75 + 25 = 4{,}433{,}618.75\text{Hz}$$

로서 여기에서

$$f_H = 15{,}625\text{Hz}이고,\ f_V = 25\text{Hz}$$

이라고 할 수 있다.

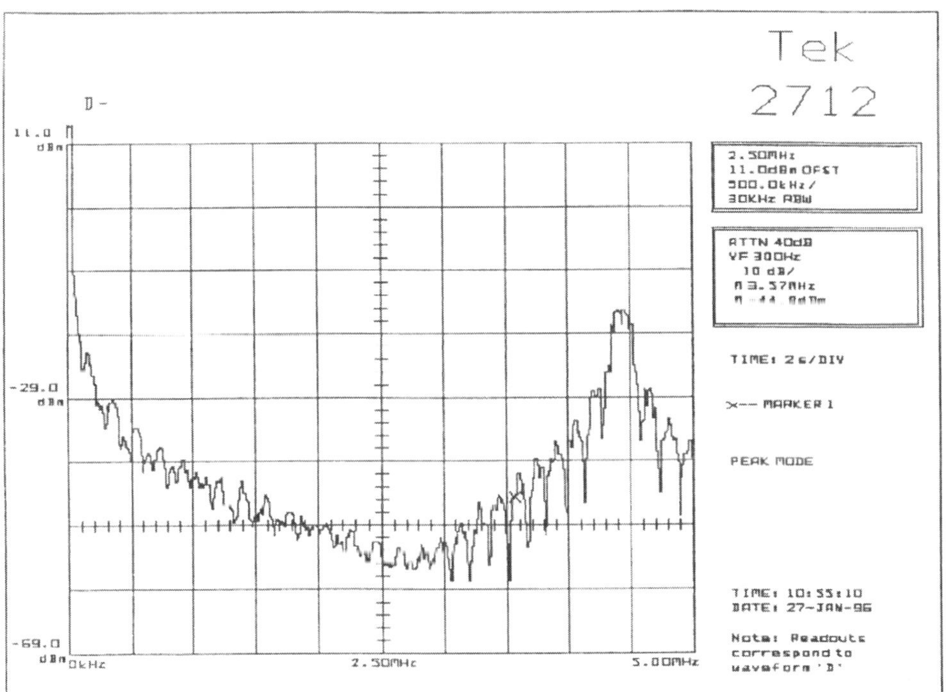

그림 2.27 PAL 100/7.5/100/7.5컬러바 신호의 스펙트럼, 억압 되어진 4.43MHz컬러 서브캐리어 주변의 에너지의 피크에 주목, 수평축: 500kHz/Division

역주 PAL의 1/4라인 오프셋(Offset)은 이해 하기는 쉽다고 할지라도 프레임 오프셋이 왜 필요한가에 대한 의문은 통상적으로 보면 이해하기 어렵다고 생각이 된다. PAL의 1필드라고 하는 것은 312.5라인 이므로 비월주사방식(Interlace)으로 상하에 인접해 있는, 다음 필드의 라인하고는 312.5라인만큼 시간이 벗어나 있다고 할 수 있다. 이러한 것을 서브캐리어 그룹으로 본다면 한 개 라인에서는 0.25사이클 씩 벗어나 있기 때문에 312.5×0.25=78.125사이클이 틀어져 있다고 할 수 있다. 즉 프레임으로 보면 상하의 라인에서는 상호적으로 0.125사이클만이 벗어나 있지 아니하다고 할 수 있는데, 이러한 것은 NTSC와 같이 한 개의 프레임에서 돗트가 캔슬(Cancel) 시키지는 아니하기 때문으로 서브캐리어 주파수를 25Hz올리면 1프레임에 약 1사이클이 플러스 되게 되어 있다고 할 수 있다. 따라서 한 개의 필드에서는 그의 반 정도의 해당하는 0.5사이클이 플러스 되어서 상하 라인사이에 오프세트는 0.625사이클이 되어, 결과적으로 0.5사이클에 근접하여 파일 사이에 돗트의 캔슬 상태가 양호하게 되는 것이라고 할 수 있는데, 따라서 한 개의 프레임에서 한 개의 사이클 분이므로, 이러한 25Hz의 플러스라고 할지라도 PAL의 8필드 시퀀스(Sequence)와는 같다고 할 수 있다.

색신호의 고역 방향의 사이드 밴드 대역은 표 2.4의 9항에 있는 송신 채널 특성에 따라서 변한다고 할 수 있다.

그림 2.27에서는 PAL신호의 스펙트럼에 대하여 표시하고 있다고 할 수 있는데, 이 그림에서 4.43MHz의 억압 되어진 서브캐리어 주변의 에너지 피크 포인트에 주목하여 보기를 바라고, 그림 2.28에서는 컬러 서브캐리어 근접의 상세한 스펙트럼(Spectrum)을 표시하고 있다.

그림에서는 10사이클의 기준 서브캐리어가 수평 블랭킹 기간의 백퍼치(Back Porch)로 보내지어진다고 할 수 있고, 그림 2.29에서는 수평 블랭킹 기간의 버스트를 포함하여 상세한 파형을 나타내고 있다고 할 수 있는데, 버스트의 위상은 U벡터를 기준으로 하여 V성분의 변화에 맞추어서 변화하고 있기 때문에 라인마다 +135도와 -135도 변화하고 있다고 할 수 있다. 이러한 버스트는 수직 블랭킹 기간의 9개 라인은 송출 되지 아니한다고 할 수 있는데, 왜냐하면 버스트의 수직 블랭킹 타이밍은 버스트 블랭킹의 뒤에 최초의 버스트의 위상이 꼭 +135도가 되게 하는 브러쉬 블랭킹(Bruch Blank) 이라고 불리 우는 특수한 시퀀스에 따라서 형성 되어있기 때문이다.(그림 3.24참조)

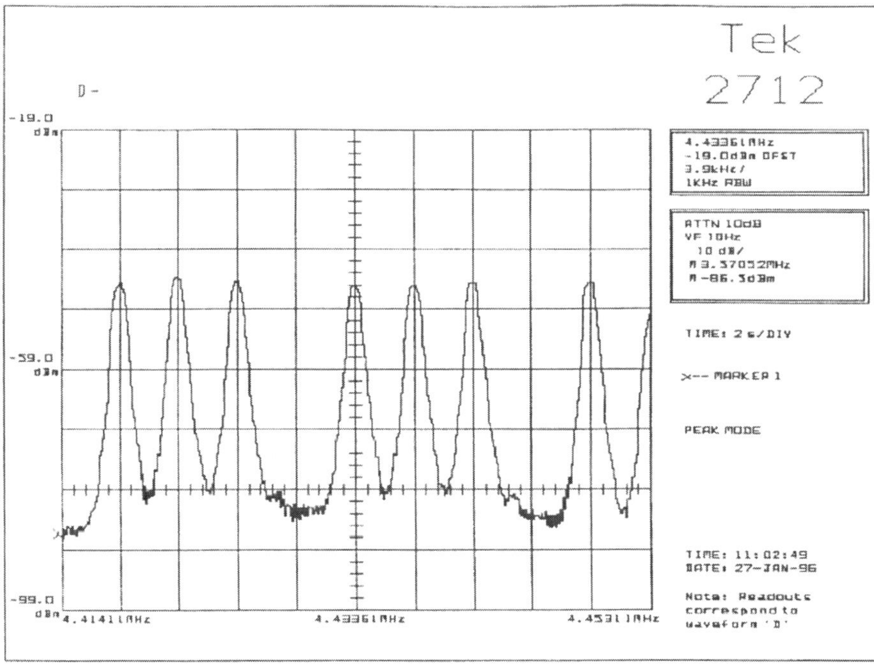

그림 2.28 4.43MHz 근접의 스펙트럼의 상세. 이러한 화상은 합성 신호로부터 얻어져 있어 스펙트럼의 상세를 표시하기 위하여 서브캐리어는 억압 되어 있지 아니한다. 이러한 스펙 트럼의 특징은 3개의 피크 페어로서 휘도성분(Y)이 중앙의 피크로서 위상이 스위치하지 아니하고 고정 위상의 서브캐리어(U)가 그의 좌측에 $1/4f_H$의 간격으로 있어서 위상이 라인마다 반전하고 있는 서브캐리어(V)가 그의 좌측에 $1/4f_H$의 간격으로 존재한다. 3개의 피크 1조의 중앙에 V성분(즉 좌로부터 3번째 피크)과 그러한 것과 우측에 연결되어있는 1조의 U성분(즉 좌로부터 4번째의 피크)와의 간격은 $1/2f_H$이라고 할 수 있다.
스펙트럼 아날라이저의 수평축은 $1/4f_H$=3.9kHz/Division이다.

역주 블러쉬 블랭킹(Bruch Blank) 이라고 하는 것은 이 상에서는 이것 이상 설명을 하지 아니하겠지만 약간 보충하여 설녕을 하면 미안더 게이드(Meander Gate)라 불리 우는 것으로서 4개의 필드를 주기로 하는 버스트 블랭킹의 타이밍이 변한다고 할 수 있다.

제1필드 : 라인 311부터 라인319까지 9개 라인이 블랭크

제2필드 : 라인 623부터 라인6까지 9개 라인이 블랭크

제3필드 : 라인 310부터 라인318까지 9개 라인이 블랭크

제4필드 : 라인 622부터 라인5까지 9개 라인이 블랭크

제5필드서부터 제8필드는 이러한 주기로 반복하여 반복되어진다고 할 수 있다.

이러한 처리에 의하여 블랭크 즉 다음라인의 버스트 위상은 꼭 +135도가 되게 되어있는데, 이렇게 하면 각 필드에서 버스트의 스타트 위상과 스톱의 위상이 같게 되어있다.

또한 PLL에서는 ±135도의 버스트 변화를 평균화하여 록크(Lock)하여 사용을 하고 있으나, 버스트 블랭킹 후에는 위상이 후리 런 (Free Run)방향으로 움직이고 있으므로 최초의 버스트 위상의 영향을 받기 쉽게 하는데, 이렇게 하지 아니하면 수상기에 따라서 화면의 상단에 필드마다 색상의 변화가 생겨 색상의 플리커(Flicker)를 발생할 경우가 생긴다고 할 수 있다.

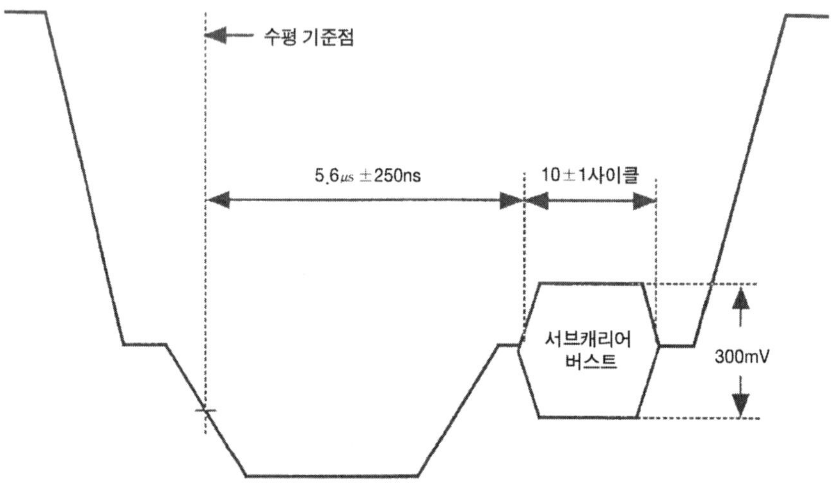

그림 2.29 PAL수평 블랭킹 기간과 컬러 버스트의 상세

버스트의 역할은 수상기의 U, V 동기 검파 회로에 서브캐리어 신호를 보내서, V축의스위칭을 하는 로컬 오실레터에 전송한 신호에 동기를 시키는 것이라고 할 수 있는데, 이러한 서브캐리어 오실레터는 재생한 서브캐리어 색차신호를 복원하는 U, V동기검파 회로에 보내어 지고, 재생되어진 서브캐리어의 위상은 U벡터를 기준으로 하여 +180도 라고 할 수 있다.

그림 2.30에서는 단순화한 PAL엔코더를 계통도라고 할 수 있는데, 여기에서 감마 보정된 E'_R, E'_B, E'_R의 3원색 신호는 매트릭스에 따라서 휘도신호 E'_Y와 2개의 색차신호 E'_{B-Y}, E'_{R-Y}로 변환 되어 진다고 할 수 있다.

또한 각 색차 신호는 1.2MHz대역으로 제한되어진 후에 각각의 평균 변조기(Balanced Modulator)에 보내진다고 할 수 있는데, 4.43MHz의 서브캐리어가 U변조기에 보내지기도 하고, 또 이 신호를 다시 ±90도의 위상 시프트 스위칭 네트워크를 통하게 하여 V변조기에 입력되어진다고도 할 수 있으며, 이러한 신호는 ±135도의 위상 시프트 스위칭을 하여 버스트 게이트 되어진 서브캐리어 버스트 신호도 발생 되어진다 할 수 있다.

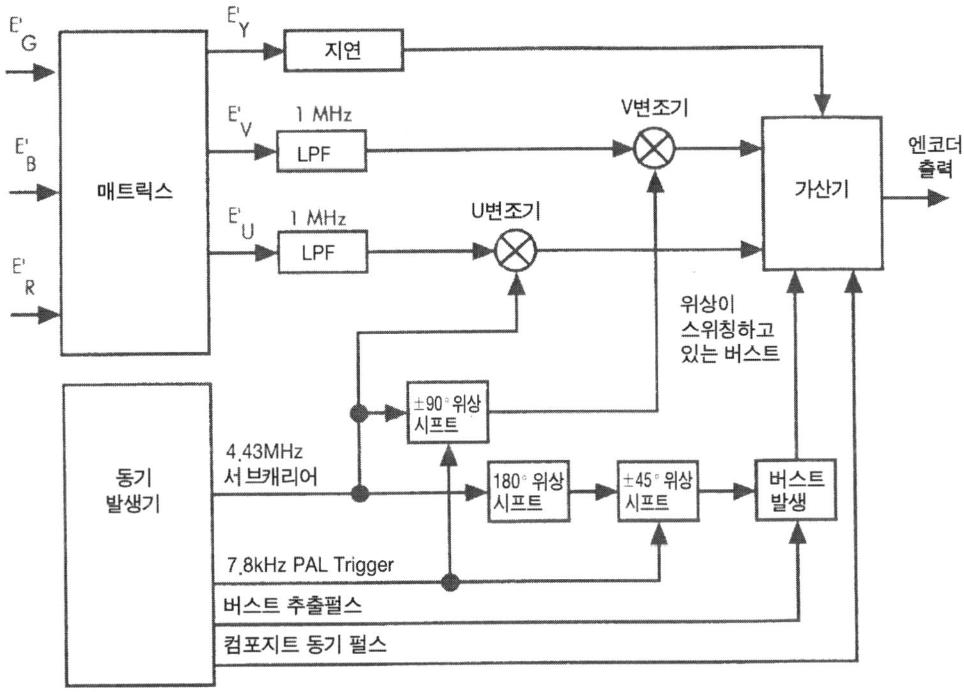

그림 2.30 PAL엔코더의 간단한 계통도

이러한 V와 버스트 서브캐리어의 위상의 스위칭은 $f_H/2$=7812.5Hz(PAL트리거 신호)의 주파수로 시행이 되어 진다고 할 수 있는데, E'_Y의 휘도신호는 색차신호의 로 패스 필터로 발생한 지연과 맞추기 위하여 그만큼 지연시킨다고 할 수 있다. 그리하여 이러한 가산기에 의하여 휘도, 색도 사이드 밴드, 복합 동기, 버스트를 결합한 복합체의 컬러 신호를 생성한다고 할 수 있다.

그림 2.31에서는 이런 휘도신호와 색도 성분의 가산에 의한 100/0/100/0(75%) 컬러바 신호의 파형을 나타내고 있다.

그림 2.32는 이러한 휘도 성분과 색도 성분의 가산에 의한 75/0/75/0(75%) 컬러바 신호의 파형을 나타내고 있고, 돗트로 표시한 라인은 100/0/75/0 컬러바의 경우에 휘도 바를 표시하고 있다.

표 2.5와 그림 2.6에서는 컬러바 신호의 휘도와 색도의 치와 6가지의 색에 대하여 위상을 스위칭을 하는 양방향의 라인에 대하여 표시를 하고 있다.

그림 2.33에서는 100%컬러바의 +V성분에 대하여 벡터스코프로 표시한 것이고, 그림 2.34에서는 100%컬러바의 -V성분에 대하여 벡터스코프로 표시를 한 것을 보여주고 있으며, 그림 2.35는 +V와 -V의 벡터 표시량를 비교하여 알기 쉽게 표시한 벡터스코프 표시라고 할 수 있다.

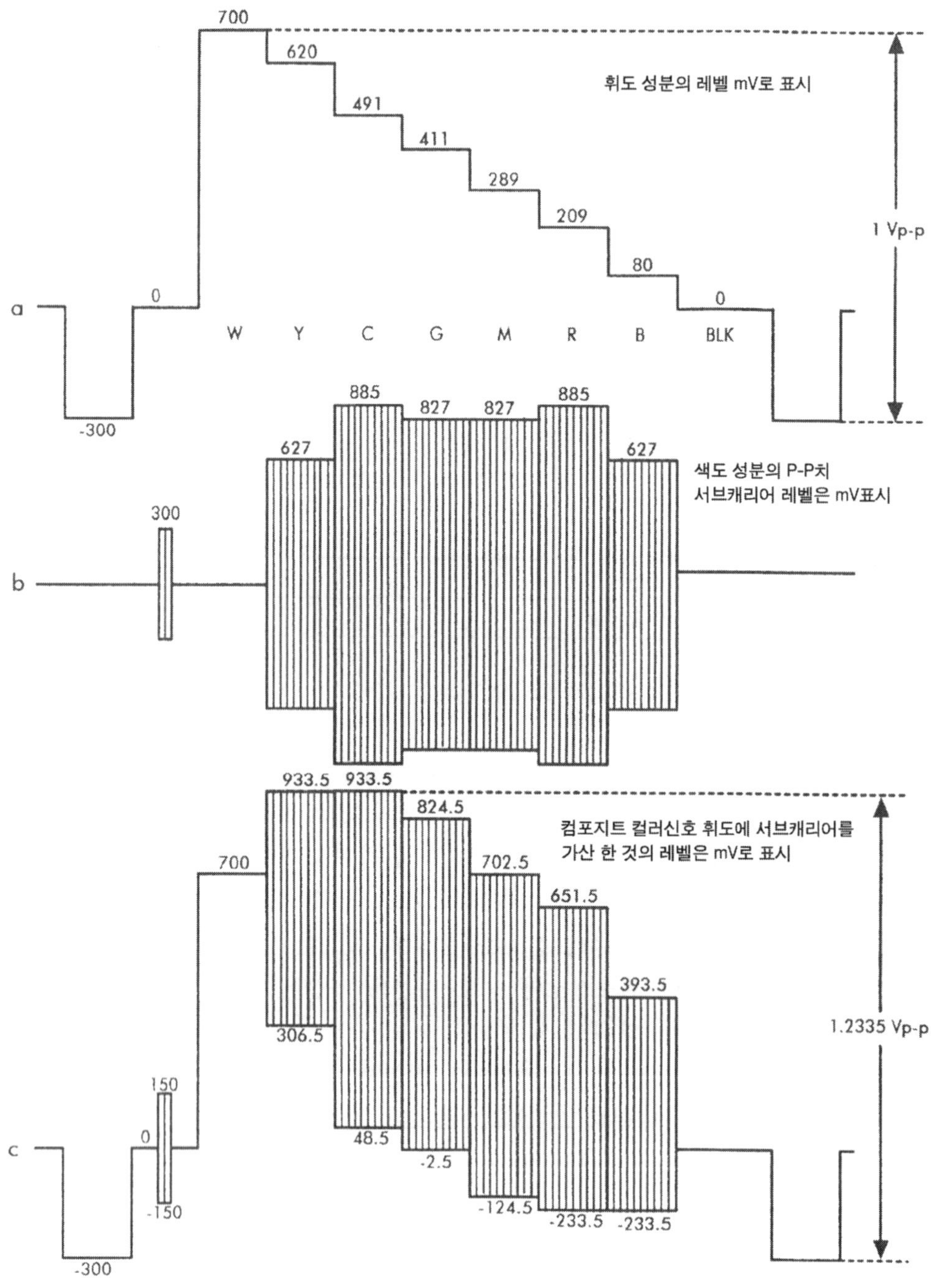

그림 2.31 PAL 100/0/100/0컬러바 신호의 파형

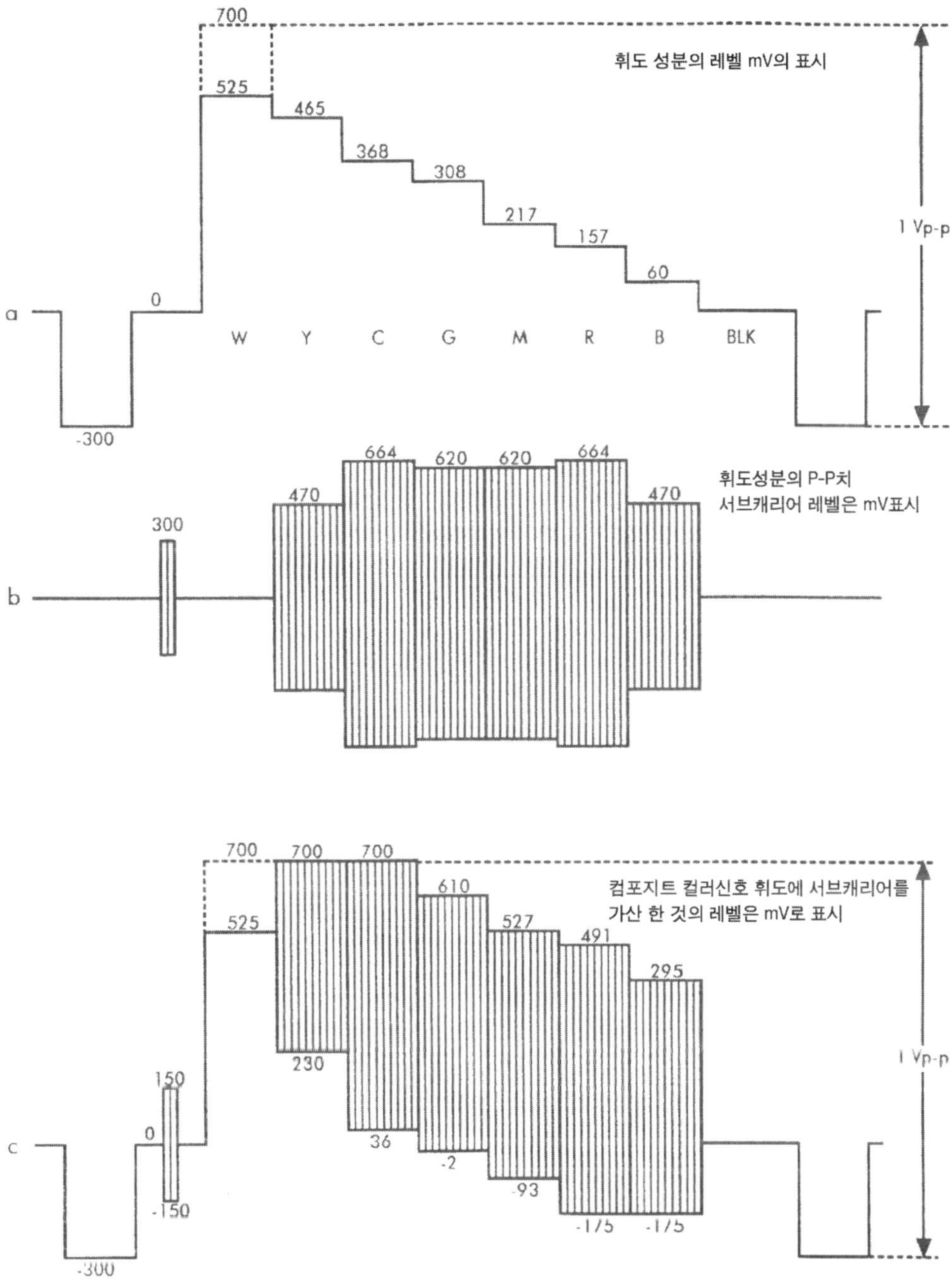

그림 2.32 PAL 75/0/75/0 컬러바 신호의 파형

표 2.5 PAL 100/0/100 컬러바 신호의 파형 특성

컬러(Color)	휘도 레벨 mV	색도레벨 mV	라인 n의 위상도 표시	라인 n+1의 위상도 표시
White	700	0	…	…
Yellow	620	627	167	193
Cyan	491	885	283.5	76.5
Green	411	827	240.5	119.5
Magenta	289	827	60.5	299.3
Red	209	885	103.5	256.5
Blue	80	627	347	13
Black	0	0	…	…
버스트(Burst)	0	300	135	225

휘도 또는 색도의 p-p진폭치는 mV의 단위로 표시를 하고 있고, 상호라인 색신호의 위상은 기준이 되는 B-Y에 대한 도로 표시를 하고 있다고 할 수 있다.

표 2.6 PAL 100/0/75 컬러바 신호의 파형 특성

컬러(Color)	휘도 레벨 mV	색도레벨 mV	라인 n의 위상도 표시	라인 n+1의 위상도 표시
White	700	0	…	…
Yellow	465	470	167	193
Cyan	368	664	283.5	76.5
Green	308	620	240.5	119.5
Magenta	217	620	60.5	299.3
Red	157	664	103.5	256.5
Blue	60	470	347	13
Black	0	0	…	…
버스트(Burst)	0	300	135	225

휘도 또는 색도의 p-p진폭치는 mV의 단위로 표시를 하고 있고, 상호라인 색신호의 위상은 기준이 되는 B-Y에 대한 도로 표시를 하고 있다고 할 수 있다.

100% PAL 컬러바에 대하여 송출 상의 제한은 각각 나라의 방식에 따라서 약간 다르다고 할 수 있는데, ITU-R의 I송신 규격에서는 백 레벨을 영상 반송파 진폭의 20%로 설정하는 것에 의하여 100%컬러바 신호의 송출을 허락하고 있다고 할 수 있다.

그림 2.36에서는 PAL디코더를 단순화한 계통도를 표시하고 있는데, 색도의 사이드 밴드 신호는 대역필터로 분리되어서 색도복조회로(Chrominance Demodulator)와 버스트 분리회로 (Burst Separator)에 보내어 진다고 할 수 있고, 이러한 버스트 분리회로에서는 수평동기로부터 만들어진 버스트 키(Burst Key) 신호를 사용하여 버스트 신호를 게이트 하면, 그의 출력은 로컬 수정 제어 오실레터를 페이스 록 루프(Phase Lock Loop) 회로를 통하게 하여 록(Lock) 시킨다고 할 수 있다.

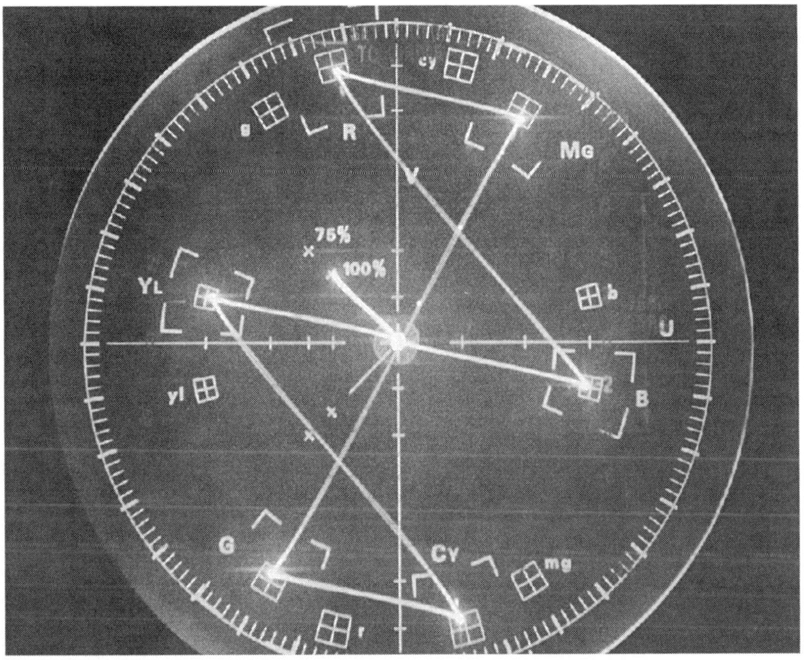

그림 2.33 PAL 100/0/100/0컬러바 신호의 +V성분 신호에 대한 벡터스코프의 표시. 이것은 버스트가 +135°가 인 것을 제외하고는 NTSC벡터의 표시와 같다고 할 수 있다.

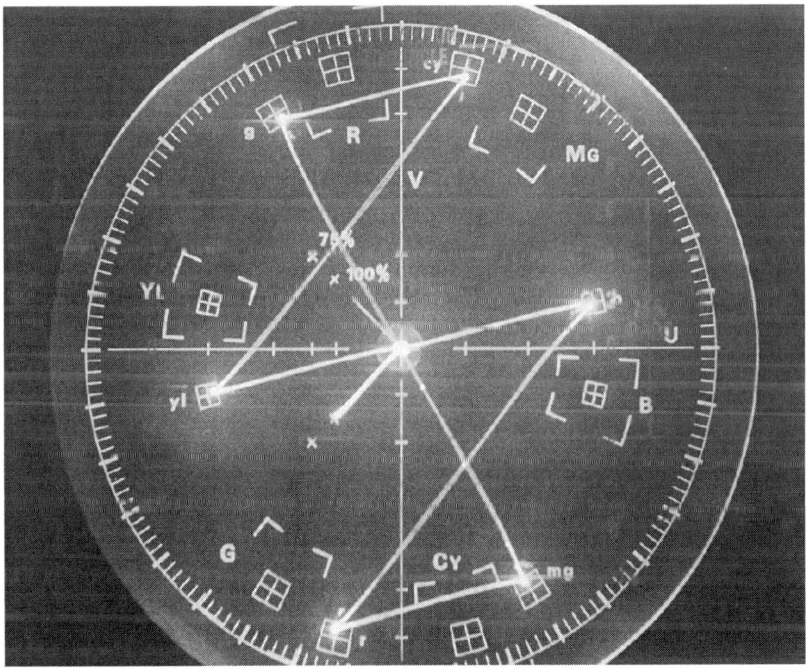

그림 2.34 PAL 100/0/100/0컬러바 신호의 -V성분의 신호에 대한 벡터스코프의 표시.

그리고 버스트의 위상은 U를 기준으로 벡터에 대하여 라인마다 ±135도 변화하고 있으나 PLL 회로의 커다란 시정수에 따라서 전압의 변화가 적분되어서 재생되어진 서브캐리어의 위상은 U기준 벡터 표시 량에 대해서 +180도가 된다고 할 수 있다.

또한 대역 필터로 분리 되어진 색신호(U,+V)(U,-V)는 1H(64㎲)지연라인과 가산회로(Adder)와 감산회로(Subtracter)에 입력되어진다고 할 수 있는데, 이러한 가산회로의 출력은 U사이드 밴드의 신호가 된다고 할 수 있고, 감산 회로의 출력은 ±V사이드밴드가 상호적으로 출력되어지며, 이러한 2개의 신호는 2개의 동기 검파 회로에 각각 보내어 진다고 할 수 있다. U동기 검파 회로에 보내어진 서브캐리어의 위상은 일정하다고 할 수 있는데, V동기검파 회로에 보내어진 서브캐리어의 위상은 라인마다(7.8125kHz의 레이트)로 U동기검파 회로의 위상과 비교하여 ±90도 상호 변화 한다고 할 수 있고, 복조되어진 색차신호와 지연되어진 휘도신호는 매트릭스를 사용하여 원래의 E'_G,E'_B,E'_R의 원색신호로 변환 되어진다고 할 수 있다.

휘도신호로 노치필터(Notch Filter)는 서브캐리어의 돗트를 보이지 아니하게 하기 위하여 사용되어진다고 할 수 있고, 디코더를 사용하여 라인사이에 평균화 처리에 의하여 PAL의 색도 수직 해상도는 휘도 신호의 반 정도가 된다고 할 수 있으며, PAL디코더에서는 빗살형(꼬챙이형)의 형식은 존재하고 있으나 이 책에서 설명을 하지 아니 하기로 한다.

또한 NTSC컬러 텔레비전시스템의 주된 결점의 하나는 비직선 왜에 대한 민감한 반응으로 휘도 레벨에 따라서 색상이 변화하는 미분 위상 왜라고 할 수 있는 디퍼렌셜 페이스(Differential Phase : D_P) 왜를 일으키기가 쉽다는 것으로서, 그리하여 PAL프로세스에서는 이러한 색상의 변화를 일으키는 디퍼렌셜 페이스를 디포렌셜 게인 (Differential Gain : D_G)으로 변화시켜 보다 눈에 감지가 어려운 색상의 색 포화도의 변화에 응하게 하고 있다고 할 수 있다.

그림 2.37에서는 변조 램프 파형(Modulated Ramp Waveform)이라고 불리우는 것으로 흑 레벨로부터 백 레벨로 향하여 일정의 경사를 가지고 상승하여 가고 있는 램프(Ramp)신호의 일정 위상과 레벨을 가진 서브캐리어가 중첩하여 있는 파형을 표시하고 있다고 할 수 있다

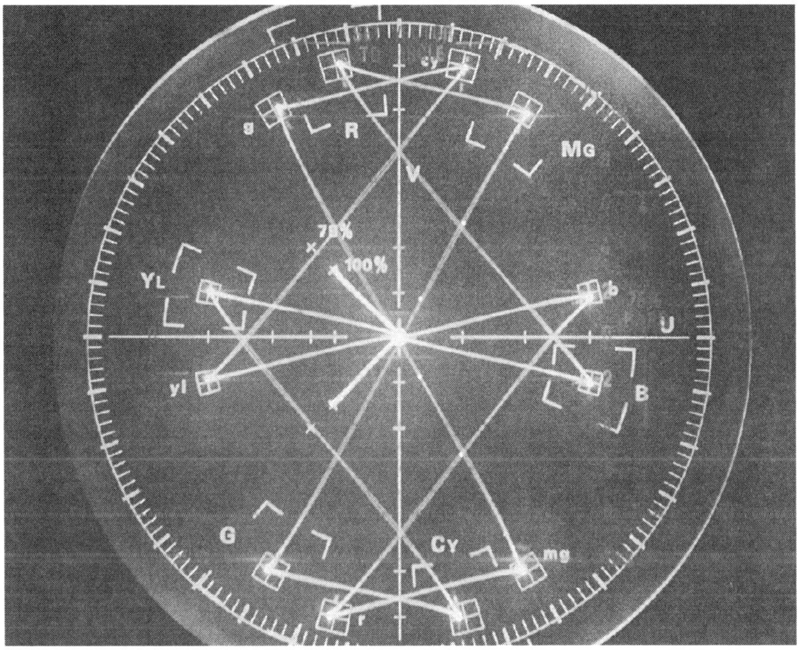

그림 2.35 PAL 100/0/100/0컬러바 신호의 연속하는 2개의 라인으로부터 +V성분과 -V성분을 중첩하여 벡터스코프에 표시를 한다.

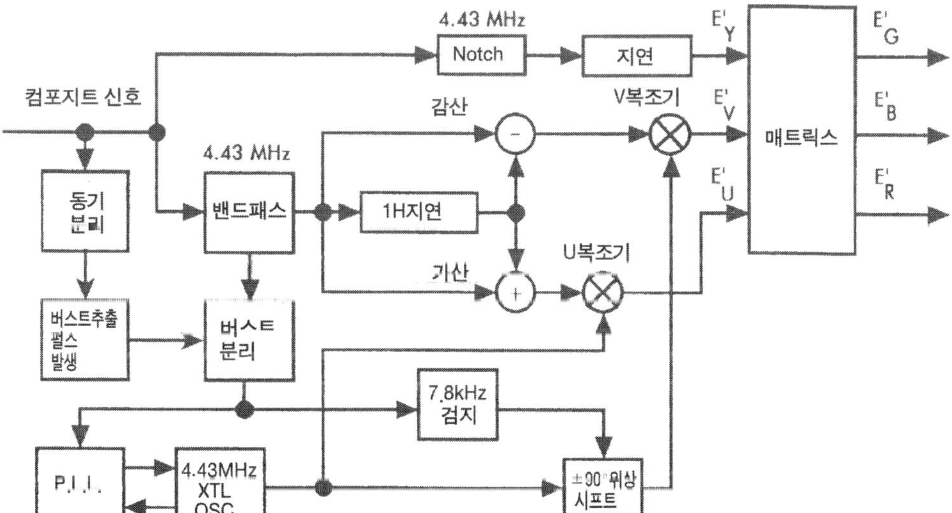

그림 2.36 PAL디코더의 단순화한 계통도

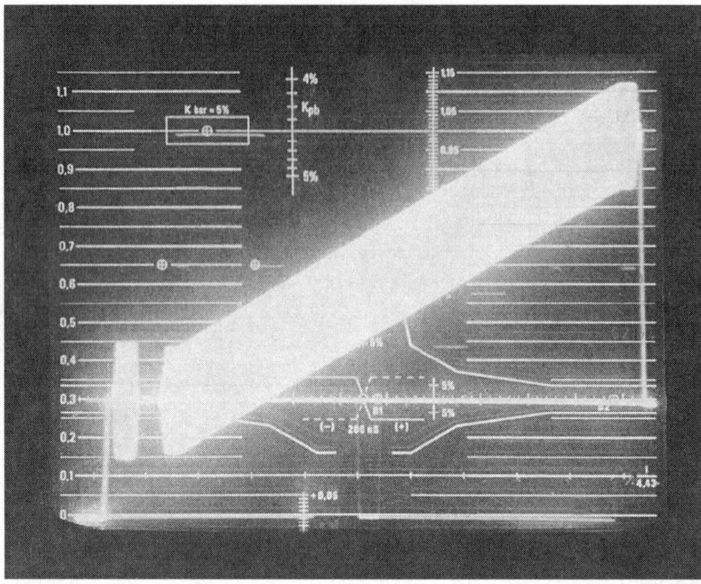

그림 2.37 왜가 없을 경우에 PAL변조 램프(Ramp)신호의 오실로스코프의 파형

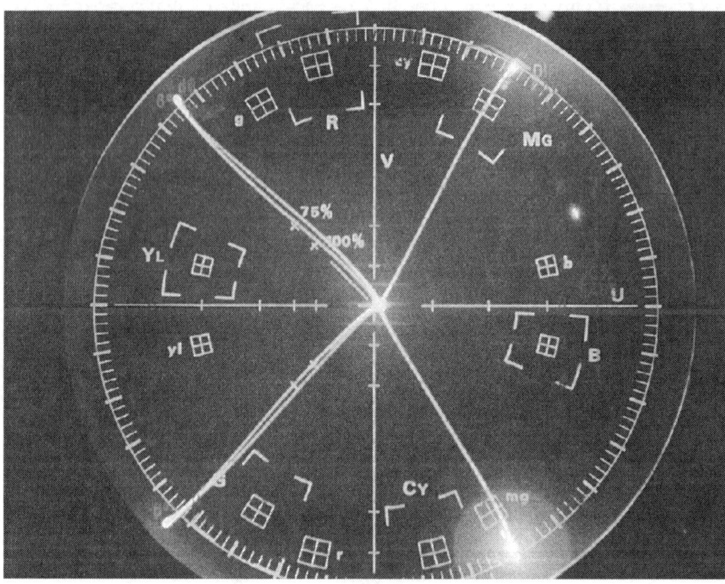

그림 2.38 왜가 없을 경우에 변조 Ramp신호의 일정 진폭과 일정 위상에서의 서브캐리어 성분에 대한 벡터스코프 상의 도형.

벡터스코프의 이득은 벡터의 진폭이 외측의 원주에 일치하기까지 올려져 있다고 할 수 있는데, 이러한 경우에는 NTSC경우와는 다르게 Ramp신호에 실려 있는 서브캐리어 신호는 관련하는 버스트와 다른 위상을 하고 있다고 할 수 있다. 그 때문에 벡터스코프 상의 도형은 2조의 벡터가 된다고 할 수 있다. 이러한 2개의 버스트의 벡터는 좌측에 표시되어져 있고, 2개의 Ramp신호에 중첩한 서브캐리어의 벡터는 우측에 표시 되어져 있다. 이러한 2개 셋트의 버스트/Ramp의 벡터는 계속하여 2개의 라인으로 전송 되어지는 컬러 정보에 대응하고 있다.

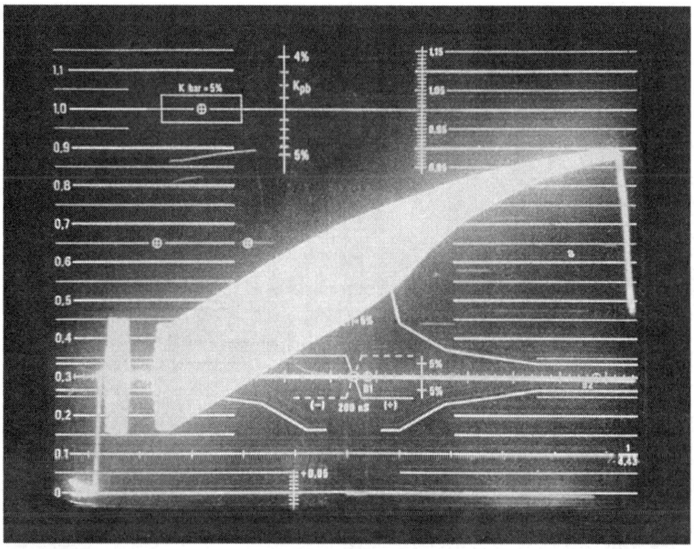

그림 2.39 왜가 있는 경우에 PAL변조 램프(Ramp)신호의 오실로스코프 파형

그림 2.38에서는 일정 위상의 서브캐리어 벡터스코프를 표시하고 있는데, 이러한 벡터스코프의 이득은 벡터의 진폭을 외측의 눈금판에 접할 때 까지 상승시켜져 있다고 할 수 있는 것으로서, 벡터표시의 좌측에 2개의 버스트(±135도)와 우측의 +V와 -V의 벡터량에 주목할 필요가 있다고 할 수 있다. 그림 2.39에서는 비직선 증폭기에 따라서 많은 왜를 받은 같은 람프의 파형을 표시하고 있고, 그림 2.40에서는 그러한 왜에 의하여 위상왜를 받은 +V와 -V의 서브캐리어의 벡터를 표시하고 있는데, 신호의 비직선 왜에 따라서 받아진 2개의 벡터에 서브캐리어의 위상의 변화가 같은 상태로 변화하는 것에 주목하길 바란다. 그림 2.41은 PAL디코더와 같이 +V벡터와 반전한 -V벡터를 가산한 결과라고 할 수 있는데, 이렇게 가산한 결과의 벡터는 일정한 위상이 되고 있으나 가산 전에 위상 변화에 응하여 진폭이 변화(Differential Gain : D_G)하고 있다고 할 수 있다.

2.2.4 SECAM 시스템

SECAM(Sequential Colors With Memory이라는 프랑스 문자에서 따옴)방식은 현재 주로 송신 시스템에서 사용하고 있는 것으로 이러한 방식은 세계 많은 나라에서 거의 채택하지 아니하였다고 할 수 있고, 지면상 제한에 의하여 상세한 설명은 하지 못하는 것을 아쉽게 생각한다. 세계 여러 나라 중에서 SECAM방식을 채택하고 있는 많은 국가 국가의 제작 스튜디오에서는 제작신호 형식으로는 아날로그 컴포넌트 형식의 PAL방식을 프로그램 제작형식으로 사용되고 있고, 그렇게 제작 되어진 프로그램은 신호가 송신이 되기 바로 전에 SECAM방식으로 변환되어 진다고 할 수 있다.

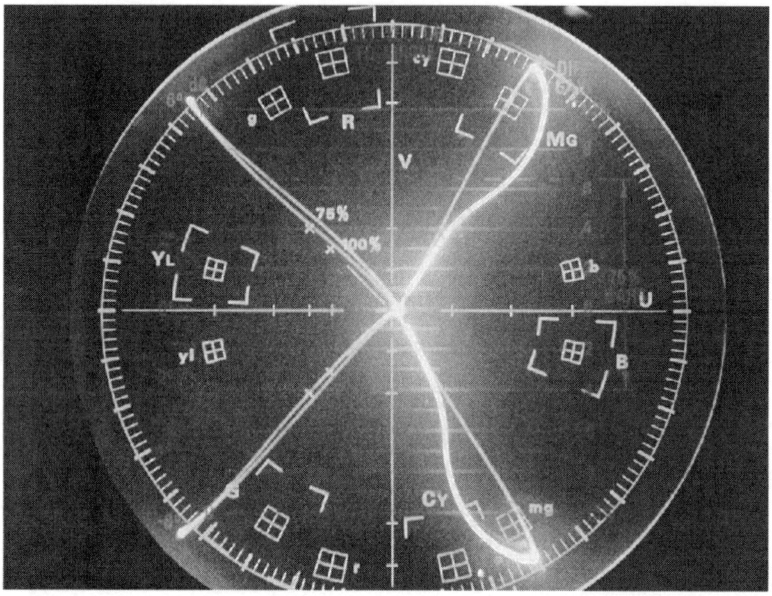

그림 2.40 왜를 받은 변조 램프신호의 +V와 -V에 대응하는 버스트에 대한 위상 변화를 표시한 벡터스코프에 대한 표시 위상 변화에서는 양방향의 벡터 모두에게 유사한 Bow-Shape형을 하고 있다.

그림 2.41 왜를 받은 변조 람프(Ramp)신호로서, PAL디코더와 같은 프로세스에 의해 반전한 -V벡터에 +V벡터를 가산한 결과의 PAL벡터스코프 표시. 가산한 벡터는 일정의 위상을 가지고 있지만 무의의 위상으로부터 어떠한 위상이 변화하는 것에 의하여 진폭 변화(Differential Gain)를 받고 있다. Differential Phase는 이렇게 하여 Differential Gain을 변환시킨다.

우리나라에서 사용하고 있는 NTSC방식과 NTSC방식에 많이 닮아있는 PAL 방식컬러 시스템과 다르게, SECAM시스템은 흑백텔레비전 채널로 컬러 정보를 동시에 송출하는 데에 있어서는 완전히 별개의 접근 방식을 채택하고 있다고 할 수 있다. 명칭에서 표시하고 있는 것과 같이 SECAM방식은 NTSC나 PAL의 2개의 색 정보를 동시에 송출하는 시스템인 것의 반면, SECAM방식은 라인에 순차적으로 색 정보를 송출한다고 할 수 있다. 또한 NTSC나 PAL이 휘도와 색도의 정보를 주파수 다중을 사용하여 동시에 송출하는 것에 반하여 SECAM방식에서는 휘도 정보는 각 라인에 연속하여 송출하고, 2개의 색차 신호는 순번에 의해 한 개의 색차정보를 한 개의 라인을 사용하여 라인 상호간에 순차적으로 상호 연속송출 하는 형식으로 하고 있다. 그 결과 색도 정보의 수직 해상도는 휘도의 반 정도가 된다고 할 수 있다.

또한 PAL방식과 NTSC방식에 있어서는 서브캐리어를 2개의 색차신호로 직교 변조를 하는 반면, SECAM시스템은 2개의 색차 신호로 2개의 다른 주파수의 서브캐리어를 주파수 변조 한다고 할 수 있고, 여기에서 레드(Red) 색차 서브캐리어 주파수(foR)는 4.4MHz이고, 블루(Blue) 서브캐리어 주파수(foB)는 4.25MHz이라고 할 수 있다.

SECAM신호의 주된 특성을 표 2.7에서 같이 표시를 하고 있다고 할 수 있고, 이러한 형식에 대한 정리는 다음과 같이 할 수 있는데, SECAM엔코더는 광대역 (>5MHz)휘도 (흑백신호)와 2개의 협대역 (등대역 1.5MHz)의 색차 신호를 프로세스 한다고 할 수 있고, 그 색차 신호는 아래와 같은 식으로 표시가 가능하다고 할 수 있다.

$$D'_B = 1.5(E'_B - E'_Y) \text{ 또는 } D'_R = -1.9(E'_R - E'_Y)$$

여기에서 D'_R의 역 부호는 $(E'_R-E'_Y)$의 부 치로 서브캐리어의 주파수 편이가 정 방향으로 상승 한다는 것을 표시하고 있고, 이러한 주파수 편이에 있어서는 보통의 것으로서 SECAM의 색도변조 신호도 송출 전에 프리엠파시스(Preemphasis)가 가해진다고 할 수 있는데, SECAM방식에서는 아래와 같이 2개의 별난 프리엠파시스를 사용하고 있다고 할 수 있다.

표 2.7 SECAM신호의 특성에 대한 요약

1. 수신기의 3원색의 색도 치로 하는 치	x / y 그린(Green) 0.29 0.60 블루(Blue) 0.15 0.06 레드(Red) 0.64 0.33
2. 같은 레벨의 3원색 신호에 있어서 색도 치	표준광 D_{65}: x=0.312, y=0.3290
3. 수상기에서 감마 치로 하는 치	2.8
4. 휘도 신호	$E'_Y=0.587E'_G+0.114E'_B+0.299E'_R$
5. 2개의 색신호	$D'_B=1.505(E'_B-E'_Y)$ 또는 $D'_R=-1.902(E'_R-E'_Y)$
6. 색차신호의 저역 프리엠파시스	$D'_{B*}=A_{BF}(f)D'_B$또는 $D'_{R*}=A_{BF}(f)D'_R$ 여기에서 $A_{BF}(f)=[1+j(f/f1)]/[1+j(f/3f_1)]$ f=신호 주파수, kHz f1=85kHz
7. SECAM컴포넌트 신호의 방정식	$E_M=E'_Y+G\ \cos\ 2\pi(f_{OB}+\Delta f_{OB}f_0D_{B*}dt$ 또는 $E_M=E'_Y+G\ \cos\ 2\pi(f_{OB}+\Delta f_{OR}f_0D_{B*}dt$ 마다 상호적으로 적용
8. 컬러 서브캐리어 변조 방식	주파수 변조
9. 컬러 서브캐리어 주파수, Hz	표준치: $f_{OB}=4{,}250{,}000\pm2000$ 또는 $f_{OR}=4{,}406{,}250\pm2000$ 수평 주파수 f_H와 관계: $F_{OB}=272f_H$ 또는 $f_{OR}=282f_H$
10. 최대 주파수 편이, Hz	$\Delta f_{OR}=+350/-506$ 또는 $\Delta f_{OR}=+506/-350$
11. 컬러 서브캐리어 진폭	$G=M_0[1+j16F)/(1+j1.26F)]$여기에서 $F=(f/f_0)-(f_0/f), f_0=4286kHz$ 또는 p-p진폭치, $2M_0$은 휘도 진폭 피크치의 23%
12. 서브캐리어의 스위칭의 동기	수평 블랭킹 후연기간에 편이 되지 아니하는 기준 컬러 서브 캐리어에 의해 동기가 됨.

- 서브캐리어를 변조하기 전에 색차신호에 표 2.7의 6항에서 표시하는 것과 같이 프리엠파시스를 가한다고 할 수 있는데, 이러한 것에 의하여 색도의 S/N이 개선된다.
- 변조 되어진 서브캐리어에 표 2.7의 11항과 그림 2.42에 표시하는 것과 같이 감쇠특성을 주는 프리엠파시스를 가하게 하고 있는데, 이러한 타입의 프리엠파시스는 그 특이한 형태로부터 유래하여 벨 커브(Bell Curve)라고 불리 우고 있고, 서브캐리어 돗트를 보이지 아니하게 하기 위해서는 효과가 있다고 할 수 있다.

변조를 시행하지 아니 할 때에 서브캐리어 주파수는 수평 동기주파수(f_H = 15.625Hz)의 우수배로 하는 것은 NTSC나 PAL방식 모두 휘도와 색도의 주파수 영역에서 스펙트럼의 인터리빙(Interleaving)을 하지 아니하기 때문이라고 할 수 있다.

그러는 상태는 서브캐리어가 주파수 변조되어있는 것에 의해 점점 복잡한 것으로 되어가고 있다고 할 수 있는데, 이러한 2개의 서브캐리어와 그러한 사이드 밴드 사이에는 3MHz부터 6MHz사이에 베이스 밴드의 스펙트럼을 점령하고 있다고 할 수 있다.

그림 1.22에서는 ITU-R시스템 K 또는 L(SECAM시스템) 서브캐리어 스펙트럼이 어떠한 형태로 되어있는가를 나타내고 있다고 할 수 있다.

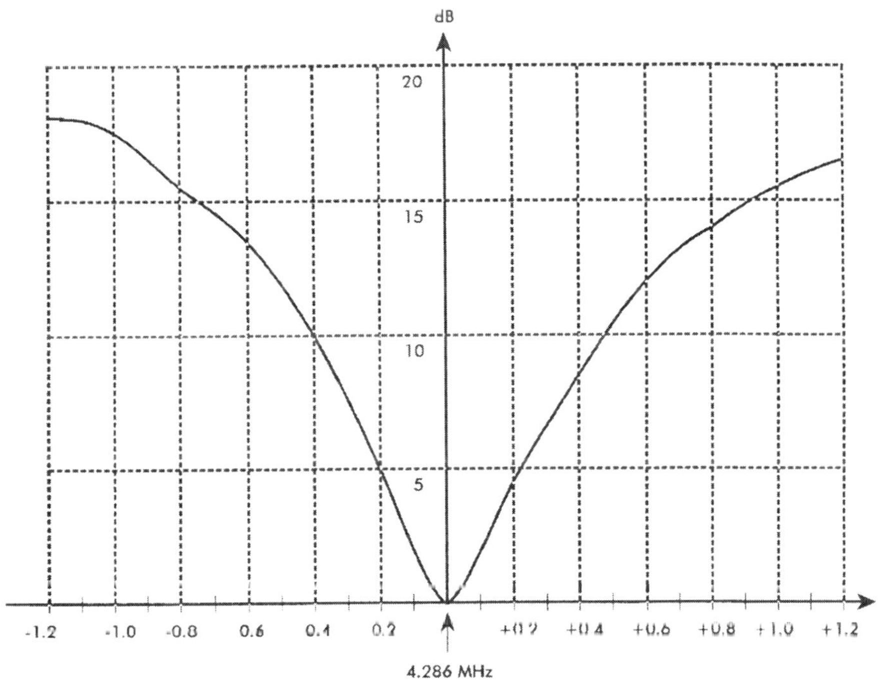

그림 2.42 엔코더의 Bell곡선. 디코더의 벨 곡선은 이러한 것과 꼭 반대로 되고 있다.

이렇게 하는 목적은 서브캐리어가 보이는 것을 막기 위해 감쇠를 시키기 위한 것으로서, 흑백의 호환성을 향상 시키는 것을 목적으로 하여 변조 되어 지지 아니한 서브캐리어 주파수 위상을 복잡한 시퀀스로 하여 12개 필드에 걸쳐서 변화하게 하고 있다고 할 수 있는데, 따라서 색신호가 보이는 것을 감쇠시키기 위하여 SECAM디코더의 휘도 채널에서는 변조가 되지 아니하였을 경우 2개의 서브캐리어 주파수 (f_{OB},와 f_{OR})에 높은 감쇄가 많이 있는 로패스 필터(Lowpass Filter)가 들어 있다고 할 수 있다.

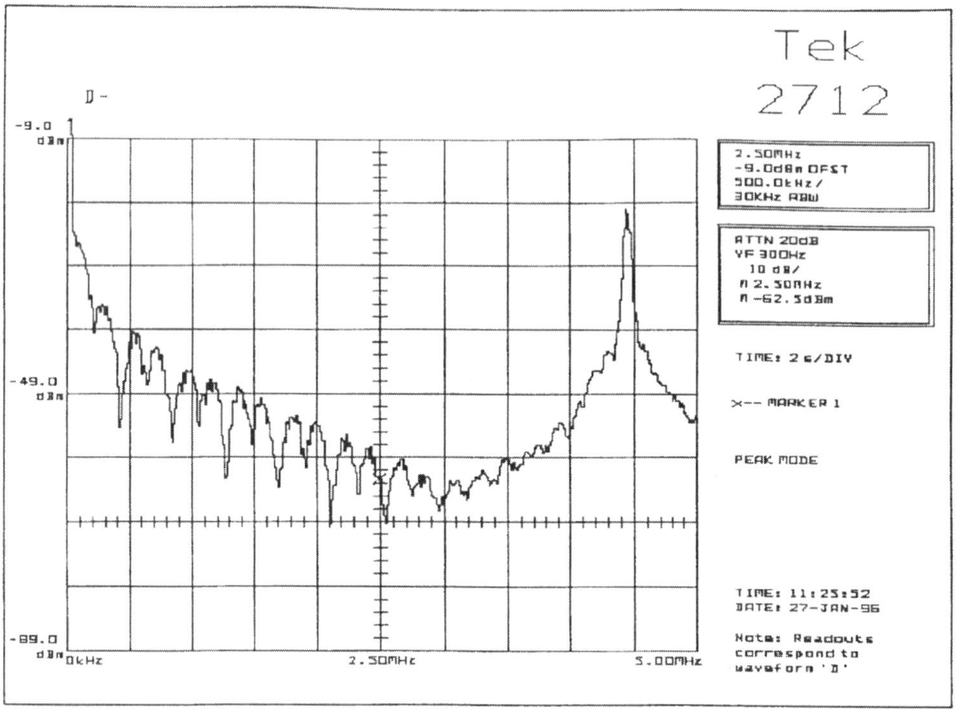

그림 2.43 Blue(B-Y) 변조의 신호로 (R-Y)의 4.406MHz의 무변조 캐리어가 있는 SECAM 신호의 스펙트럼. 수평축 눈금판: 500kHz/Division

그림 2.43은 B-Y정보의 신호로서 R-Y정보가 아닌 경우의 SECAM신호의 스펙트럼을 표시하고 있는데, 4.4MHz의 편이 되어있지 아니한 레드서브캐리어(Red Subcarrier)에 주의하여 주십시오.

그림 2.44에서는 역으로 R-Y정보의 신호로서 B-Y의 정보가 없는 경우에 SECAM 방식의 스펙트럼 이라고 할 수 있는데, 4.25MHz편이 되어있지 아니한 풀 서브캐리어에 주의해 주십시요. 그림 2.45에서는 3.5MHz 까지 휘도 스위프 (Sweep)신호와 편이 되어지지 아니한 양 서브캐리의 스펙트럼을 표시하고 있는데, 이러한 스위프(Sweep) 신호는 3.2MHz 이상은 감쇠가 이루어져, 이러한 엔코더에서는 그 주파수 이상의 휘도신호는 통과하지 아니한다는 것을 표시하고 있다고 할 수 있다.

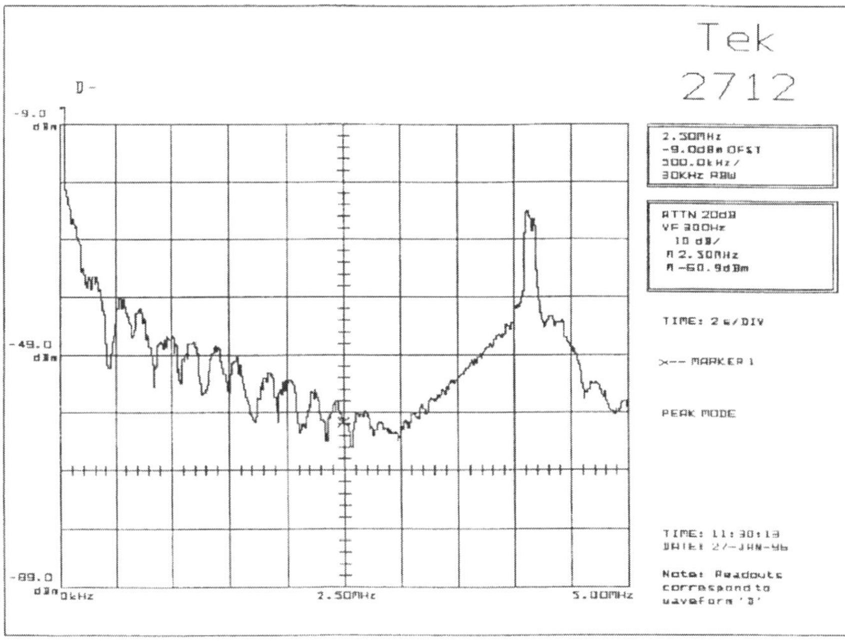

그림 2.44 Red(R-Y)변조의 신호로 (B-Y)의 4.25MHz의 무변조 캐리어가 있는 SECAM신호의 스펙트럼. 수평축 눈금판 : 500kHz/ Division

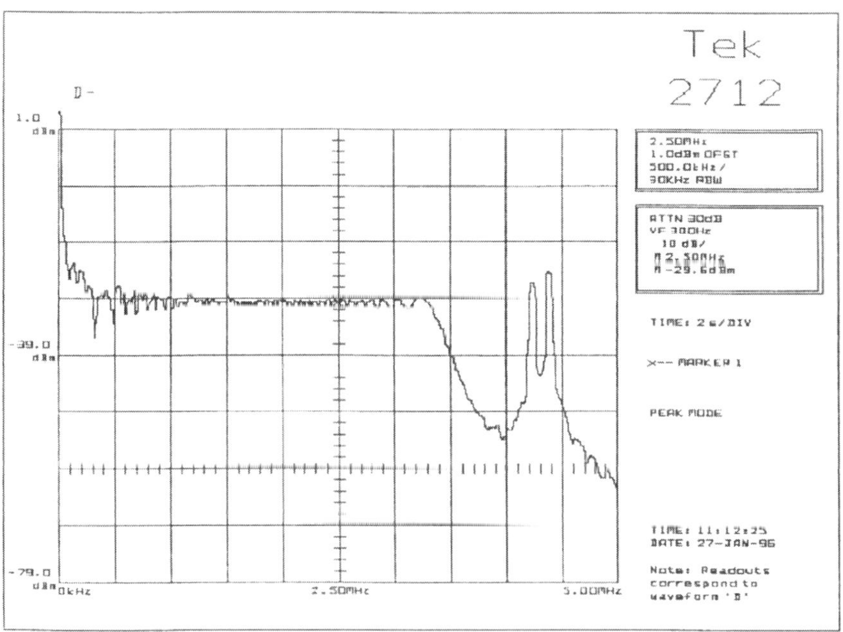

그림 2.45 휘도 채널에 3.5MHz의 스위프를 입력하여 4.25MHz(Blue)와 4.406MHz(Red)의 무변조의 색도서브캐리어를 가진 SECAM신호의 스펙트럼. 엔코더 내부의 휘도채널의 3.2MHz의 Cut Off에 주의 하십시오. 수평축:500kHz/Division

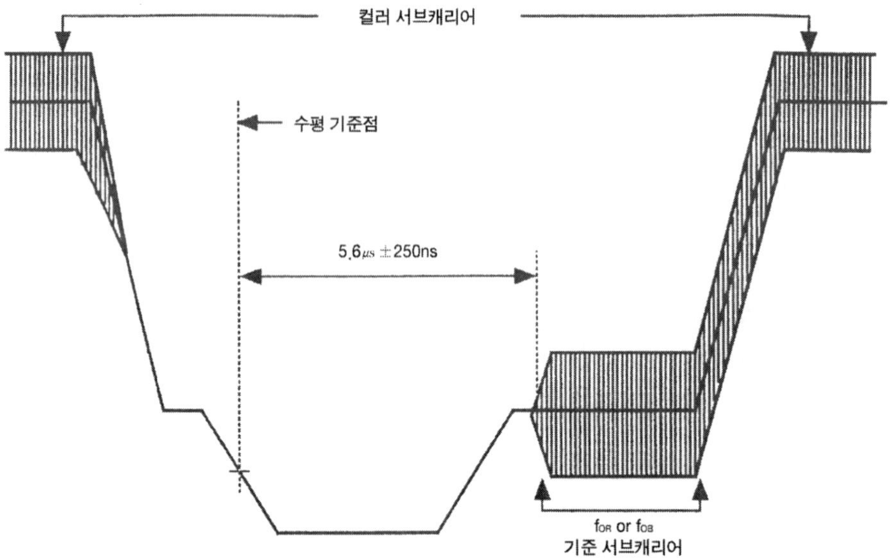

그림 2.46 컬러서브캐리어를 포함하여 SECAM신호의 수평 블랭킹 기간의 상세

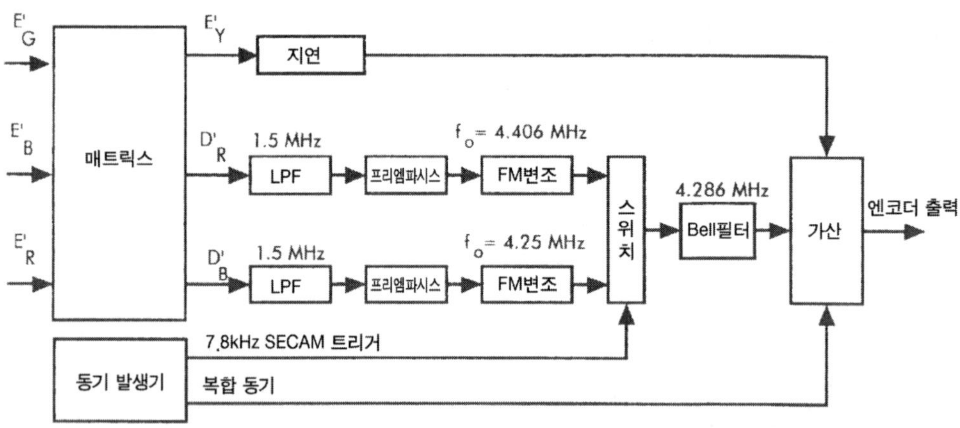

그림 2.47 단순화한 SECAM 엔코더의 계통도

계속하여 2개의 라인 색도 서브캐리어가 상호 전송이 되어지므로 어떠한 라인에서 어떠한 서브캐리어가 보내지는가를 수신측에서는 알 필요가 있다고 할 수 있는데, 그 목적 때문에 무변조의 서브캐리어가 수평 블랭킹 기간에 백 포치(Back Porch)로 보내지게 되어있다고 할 수 있다. 또한 버스트 신호를 보내는 NTSC나 PAL방식과는 다르게 SECAM방식에서는 서브캐리어는 라인기간을 통하여 전송이 되어져서, 수평 동기펄스 기간과 수직 블랭킹기간사이의 신호는 블랭크(Blank)가 되어진다고 할 수 있는데, 따라서 색도 정보가 없는 경우의 진폭은 라인기간에서는 일정하다고 할 수 있다.

그림 2.46에서는 SECAM 방식의 수평 블랭킹 기간의 상세도를 나타내고 있고, 그림 2.47에서는 SECAM 엔코더를 간단한 계통도를 나타내고 있는데, 감마를 보정한 그린(Green), 레드(Red), 블루(Blue) 신호는 매트릭스에 보내져서 휘도신호 Y와 2개의 색차 신호로 변환 되어진다고 할 수 있고, 이러한 각 색차 신호는 1.5MHz대의 대역이 제한되어서 프리엠파시스 되어져 주파수 변조기에 보내어 진다고 할 수 있다. 변조기의 출력은 주파수 7.8125kHz의 ID신호 트리거에 의하여 제어되어서 스위치에 의하여 라인마다 상호 절환 되어서 벨 필터(Bell Filter)에 보내진다고 할 수 있는데, Y신호는 색도 신호의 지연량과 맞추기 위하여 같은 량만큼 지연 시킨다고 할 수 있고, 가산회로를 사용하여서 휘도신호와 주파수 변조된 색도 서브캐리어와 그 사이드 밴드 또는 복합 동기신호를 가산하여 컴포지트 컬러 신호로 만든다고 할 수 있다.

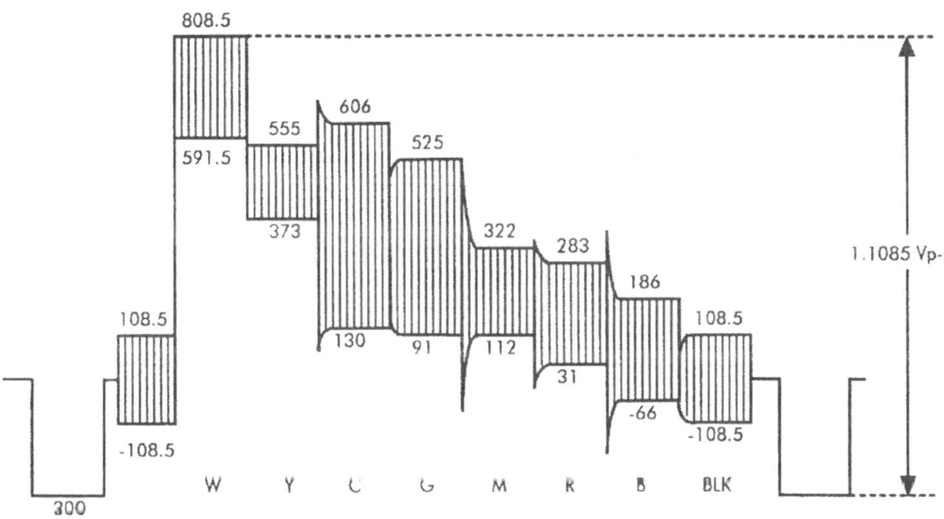

그림 2.48 SECAM 100/0/75/0컬러바의 Red라인 신호 파형

그림 2.48에서는 100/0/75/0의 컬러바에 레드(Red)가 전송되어진 라인(Red Line)의 파형을 표시하고 있고, 그림 2.49에서는 블루 라인(Blue Line)의 파형을 표시하고 있는데, 여기에서 수시은 가가이 바(Bar)에 대하여 신호의 최고치와 최소치를 표시하고 있다고 할 수 있고, 여기에서 설명을 하고 있는 SECAM방식은 NTSC와 PAL방식과 달리 흑백 신호에도 서브캐리어 신호가 실려 있다고 할 수 있다.

역주 흑백에서 레드라인과 블루라인(Blue Line)의 서브캐리어 진폭이 다른 것은 벨 필터(Bell Filter)의 영향이라고 할 수 있고, 이글에서는 새로이 버즈(Buzz)이라는 용어가 등장하는 데, 이는 텔레비전의 수신단에서 생기는 음향과 영상의 상호 작용으로 재생된 음향에서 잡음이 발생하는 것으로서, 이러한 증상이 나타나는 것은 영상과 음향의 캐리어의 진폭이 적절히 조절이 되지 아니하는 풀 루미넌스(Full Luminance) 변조에 의하여 버즈 잡음(Buzz Noise)이 발생한다고 할 수 있다.

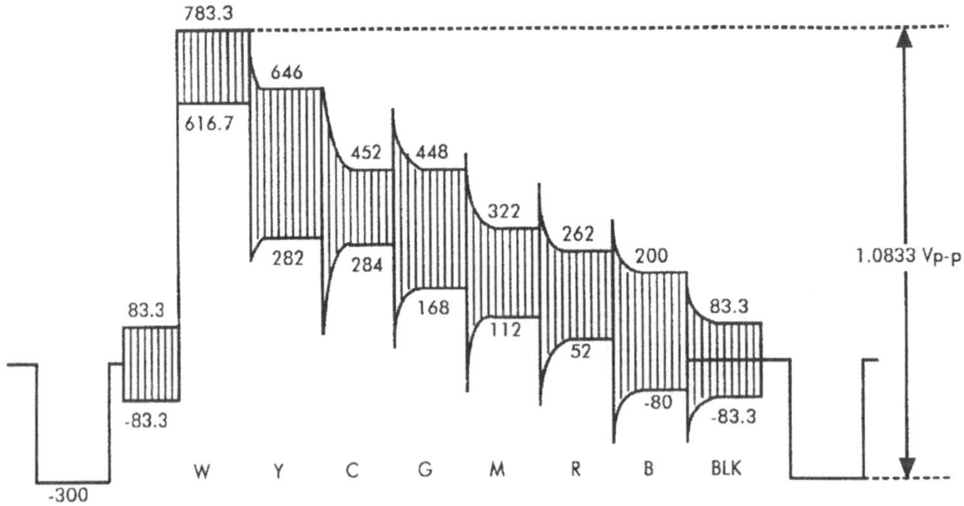

그림 2.49 SECAM 100/0/75/0컬러바의 Blue라인 신호파형

각 바(Bar) 사이의 트랜지션(Transition)에 있어서 신호의 오버슈트(Over Shoot)는 신호의 프리엠파시스(Pre-Emphasis)에 의한 것이라고 할 수 있는데, 표 2.8에서는 SECAM방식의 100/0/75/0컬러바 파형의 특성을 레드 라인(Red Line) 및 블루 라인(Blue Line)에 대하여 휘도의 진폭치와 색도의 p-p진폭치 또는 주파수를 표시한 것이라고 할 수 있다.

또한 100% SEAM 컬러바 송출에 관한 제한 조건을 알아본다면 영상송신에 있어서 정극성의 변조와 음성신호의 진폭 변조 때문에 인터캐리어 음성 수신이 불가능하여 NTSC나 PAL방식과 같이 버즈(Buzz) 음이 발생 하지 아니하므로 보다 안전한 송출이 가능하다고 할 수 있으나, 영상 송신에서 부 변조를 사용하고, 음성 변조에 있어서 주파수 변조를 사용하고 있는 국가에서는 이러한 버즈(Buzz)음에 대한 장해가 일어 날수가 있다고 할 수 있다.

표 2.8 SECAM방식의 100/0/75/0 컬러바 신호의 파형 특성

색	휘도레벨 (mV)	레드 (Red Line)		블루라인(Blue Line)	
		크로마 레벨(mV)	주파수 (MHz)	크로마 레벨(mV)	주파수 (MHz)
White(화이트)	700	217	4.406	166.6	4.250
옐로우(Yellow)	464	182	4.360	364	4.020
시안(Cyan)	368	476	4.686	168	4.327
그린(Green)	308	434	4.640	280	4.097
마젠타(Magenta)	217	210	4.172	210	4.402
레드(Red)	157	252	4.126	210	4.172
블루(Blue)	60	252	4.452	280	4.480
블랙(Black)	0	217	4.406	166.6	4.250

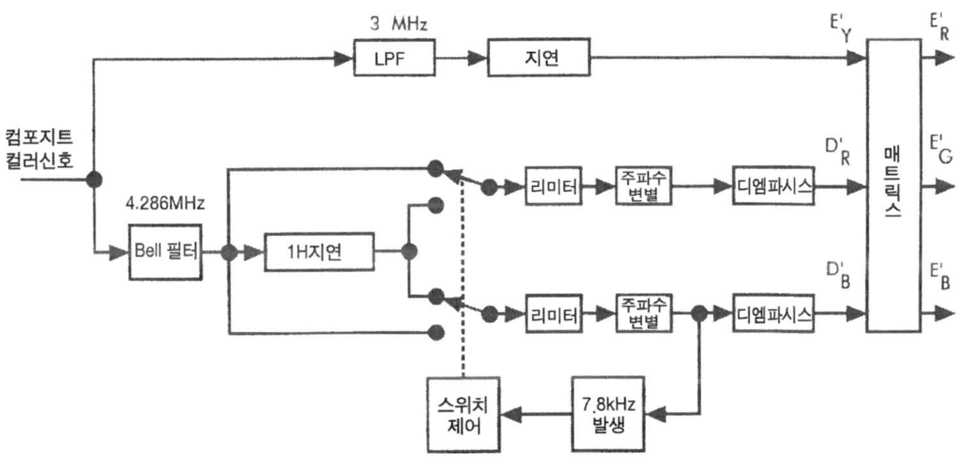

그림 2.50 단순화한 SECAM디코더의 계통도

그림 2.50에서는 SECAM의 디코더를 단순화한 간난한 계통도라고 할 수 있는데, 휘도 신호는 컴포지트 신호를 4.25MHz와 4.4MHz로 큰 감쇄량을 가진 로 패스 필터(Low Pass Filter)를 통하는 것에 의하여 서브캐리어를 감쇄 시키어서 얻어 진다고 할 수 있고, 색도의 서브캐리어와 그 사이드 밴드는 컴포지트 신호를 밴드패스 필터와 벨 필터의 역 특성을 가진 필터를 통하여 얻어 진다고 할 수 있는데, 따라서 그의 출력은 라인의 시퀀스를 절환하는 2×2의 스위치를 사용하여 직접 또는 약 1H(64㎲)지연선을 통하여 공급 되어진다고 할 수 있고, 이러한 스위칭회로는 수평 블랭킹 기간의 백 퍼치(Back Porch)에 있는 변조 되어지지 아니한 기준 서브캐리어 샘플을 게이트로 하여 복조함으로서 얻어지는 7.8125kHz의 펄스에 의하여 제어 되어진다고 할 수 있다.

이러한 스위칭회로는 라인 시퀀셜(Line-Sequential)의 주파수 변조 서브캐리어를 대응하는 색도 복조회로에 정확하게(대응하는 서브캐리어가 존재하지 아니하는 라인에서는 1H지연한 서브캐리어를)공급 되어지고 난 뒤, 다시 서브캐리어 진폭 리미터를 통하여 대응하는 주파수변별회로(Frequency Discriminator)에 공급 되어진다고 할 수 있는데, 이렇게 복조되어진 색차 신호는 디엠파시스 회로를 통하여 타이밍이 맞게 하기위하여 지연된 휘도 신호와 함께 매트릭스에 가해서 원래의 원색 신호가 생성 된다고 할 수 있다.

SECAM 컬러텔레비전의 시스템은 아날로그 액티브 소자의 고유의 비직선 왜의 영향을 비교적 받지 아니한다고 할 수 있기 때문에 휘도 대역의 사용에 있어서 협 대역사용이 허용된 경우의 중계회선이나 송신에서는 이상적 이라고 할 수 있으나 이러한 방식의 스튜디오 시스템의 채용에 있어서는 통상 신호사이에 스위칭밖에 이용이 불가능하다고 할 수 있는데, 그러한 이유는 주파수 변조 되어진 서브캐리어가 컴포지트 신호 형식으로는 믹싱에 적합 하다고 할 수 없기 때문으로서, 따라서 SECAM신호의 고도한 프로그램 제작을 위해는 컴포지트 신호 그대로 프로세스 가능한 NTSC나 PAL과는 다르게 컴포넌트 신호로 복조하여 시행할 필요가 있다고 할 수 있다. 또한 안정 된 서브캐리어 주파수의 정수배 샘플링 주파수에 의한 디지털 컴포지트 규격의 출현은 SECAM의 신호를 프로그램 제작의 규격의 관점으로 볼 때에, 그 주파수가 변화하는 서브캐리어가 문제가 대두되기 때문에, 이러한 문제점이 있어서 프로그램 제작 규격에 있어서 SECAM방식의 채용을 감소시키는 계기가 되었다고 할 수 있다.

2.2.5 화질 관련의 파리미터와 그의 측정

컴포지트 아날로그 영상 신호의 분배나 프로세스에서는 통상에 이하와 같은 항목에서 이상적 특성으로부터 벗어나 있다고 할 수 있다.

- 직선왜
- 비직선왜
- 노이즈(Noise)

그 결과 영상 신호의 파형이 영향을 받아서 화질이 열화 한다고 할 수 있는데, 이러한 열화는 영상 모니터를 이용하여 화질을 관찰 하는 방법에 의하여 주관적으로 판단하는 것이 가능하다고 할 수 있고, 그 밖에도 다양한 방법으로 국제적으로 많은 객관적인 화질의 그레이드(Grade)를 판단하는 방법을 개발하고 있다고 할 수 있다.

또한 이러한 객관적인 기기의 성능 측정에 있어서는 표준화 되어진 시험 파형이 사용 되어진다고 할 수 있는데, 이러한 파형은 열화의 각각 타입의 측정에 적합한 주파수 영역의 성분을 포함한 파형으로 구성 되어져 있다고 할 수 있다.

2.2.5.1 직선왜(Linear Distortions)

한 개의 영상 채널은 이상적으로는 완전한 로패스 필터(Lowpass Filter)와 닮아서 있다고 할 수 있지만 실제로 그러한 것은 존재하지 아니한다고 할 수 있다. 따라서 실제 로 패스 필터(Lowpass Filter)를 사용하여서 이상적인 필터의 주요한 요구 성능을 만족하는 것으로는 아래와 같은 특성을 가지고 있다고 할 수 있다.

- 주파수대 진폭의 특성은 그 지정되어진 최고 주파수까지 플래트(Flat) 하게 진행 된다고 할 수 있으나 그 최고 주파수를 넘었다면 주파수특성은 스므스(Smooth) 하게 하강한다.
- 그룹딜레이는 지정되어진 최고의 주파수 까지 일정하다고 할 수 있으나, 만약 그 최고 주파수를 넘었다고 하면 그룹 딜레이는 서서히 증가한다.

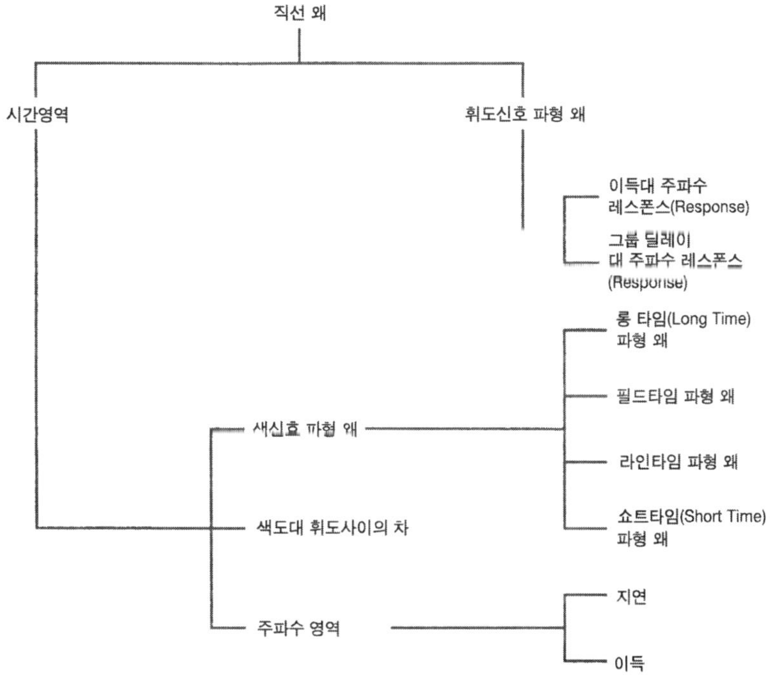

그림 2.51 직선왜의 분류

이러한 모든 시스템은 중요한 휘도와 색도의 정보를 전송 하는 데에 있어서 특정의 대역폭을 필요로 하고 있다고 할 수 있는데, 필요한 최저 주파수는 반복되는 프레임 주파수(25또는 30Hz)이라고 할 수 있다.

천천히 변화하는 휘도치를 정확하게 재생하기 위해서는 영상 신호의 DC성분의 전송이 필요하게 되어있는데, DC전압의 증가나 분배에 따른 곤란한 사항을 피하기 위하여 전송 기기의 최저 주파수는 25Hz 또는 30Hz로 제한되어져 있다고 할 수 있고, 이러한 DC의 성분은 그러한 것이 필요한 경우에는 클램프(Clamp) 회로를 사용하여 재생 시킨다고 할 수 있다.

현대의 스튜디오 기기(영상 분배기, 제작 스위처, 루팅 스위처 등)에서 최고 주파수 한도는 시스템 규격의 최고 영상 주파수를 꾀 상회 하고 있다고 할 수 있는데, 이렇게 마진(Margin)을 확보 하게 하는 가장 큰 이유는, 큰 스튜디오에서와 같이 통상의 영상 신호가 많은 기기를 통하여 가지 아니하면 되지 아니하는 제작 조건 하에서는 적절한 특성을 보증하기위한 필요충분의 조건이라고 할 수 있기 때문이라고 할 수 있다.

통상 한 개의 패스 (Pass)의 주파수 특성은 8MHz정도까지 넓게 하고 있고, 그의 상측은 스므스(Smooth)한 롤 오프(Roll Off) 특성으로 하고 있는데, 방송 제작기기 중에 대표적인 녹화 장비인 VTR의 대역은 5MHz 또는 그 아래로 제한 되어있다고 할 수 있다.

또 비 직선 왜가 아니라는 조건에서 스튜디오 기기의 직선 왜의 평가에 있어서는 아래와 같이 시행하는 것이 가능하다고 할 수 있다.

- 주파수 영역 : 진폭대 주파수 특성 또는 그룹 딜레이 대 주파수 특성 측정에 의하여 산출.
- 시간 영역 : 피 측정 기기의 출력파형과 입력 파형의 비교 측정에 의하여 산출.

그림 2.51에서는 직선 왜의 분류를 표시하고 있다고 할 수 있는데, 이러한 통상의 몇 개 표준 신호가 영상 기기의 성능을 측정하는 데에 사용 하고 있다고 할 수 있다.

이러한 각 시험신호는 측정되어진 주파수 영역에 적합한 특정의 주파수 스펙트럼을 가지고 있다고 할 수 있는데, 표 2.9에서는 중요한 직선 왜와 그 시험 방법에 대한 고려를 설명 정리한 것이라 할 수 있다.

이러한 주파수 특성의 측정에 있어서는 통상적으로 가장 많이 멀티 버스트파형을 사용하여 시행을 하고 있는데, 이러한 멀티버스트 신호(Multi Burst)는 우리가 흔히 말하는 샘플링화 되어진 스위프(Sweep) 신호로서, 기준 휘도 바를 비롯하여 고정 주파수의 6개의 버스트파로 구성 되어있다고 할 수 있고, 이러한 멀티 버스트는 각 버스트 주파수 사이의 리스폰스(Response)에 대해서는 잘 알 수가 없으나 간단한 주파수 특성의 측정에 적합 하게 하고 있다고 할 수 있다.

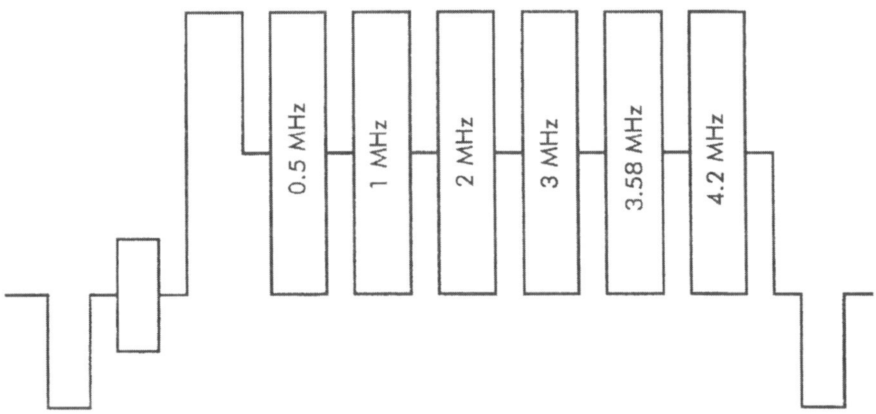

그림 2.52 525/60멀티버스트 시험 신호

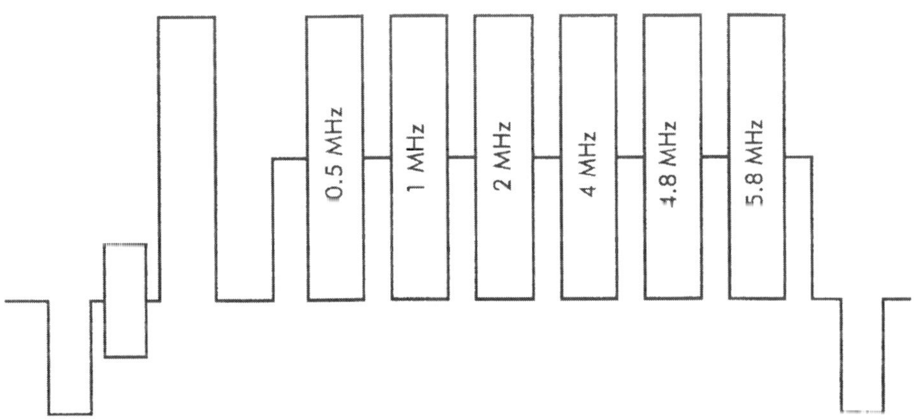

그림 2.53 625/50 멀티버스트 시험 신호

그림 2.52와 그림 2.53에서는 대표적인 멀티 버스트 파형 중에서 525와 625 규격의 시스템에 많이 사용을 하고 있는 대표적인 멀티버스트 파형을 표시를 하고 있는데, 이러한 시스템의 본격적인 측정에서는 V스위프 신호가 사용이 되고 있다고 할 수 있다.

필드 타임왜(Field-Time Distortion)라고 하는 것은 필드 타임 단형파를 사용하여 측정을 하는 것으로, 이러한 파라미터는 20Hz로부터 20kHz 까지 주파수 영역에 있어서 주파수대 이득 또는 위상 특성에 의한 왜의 측정이라고 할 수 있다.

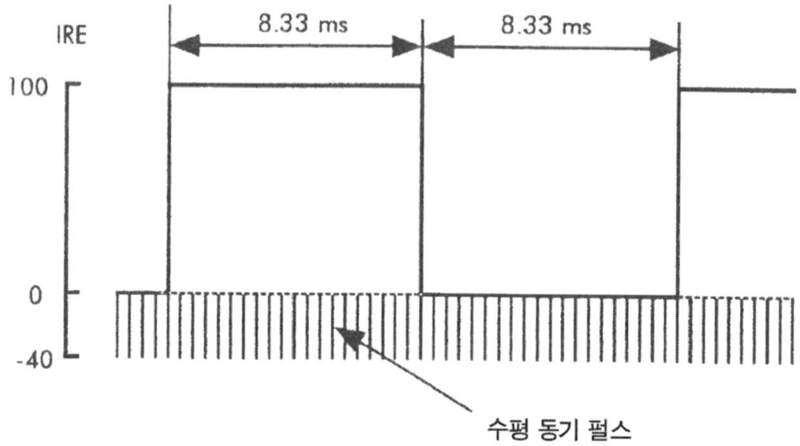

그림 2.54 525/60시스템의 필드 타임 단형파

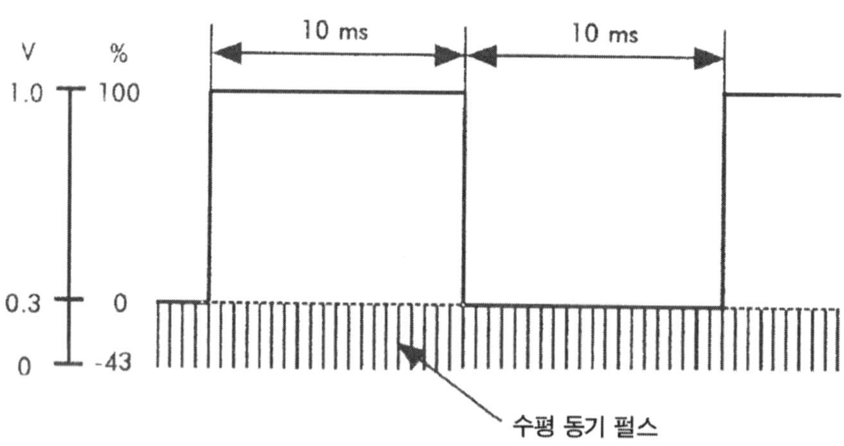

그림 2.55 625/50시스템의 필드 타임 단형파

그림 2.54 또는 그림 2.55에서는 대표적인 필드타임 단형파를 525와 625 규격의 시스템에 대하여 표시를 하고 있다.

라인타임 왜(Line-Time Distortion)라고 하는 것은 라인 타임 단형파를 사용하여 측정 되어지는데, 이러한 파라미터는 5kHz로부터 500kHz의 주파수 영역에 있어서 주파수대 이득 또는 위상 특성에 의한 왜의 측정이라고 할 수 있다.

그림 2.56과 그림 2.57에서는 대표적인 라인타임 단형파(바 파형이라고 불리우고 있다.)의 525, 625시스템에 대하여 표시를 하고 있는데, 단형파의 상승 기간(하락기간)은 과대한 링깅(Ringing)이 발생하는 것을 막기 위하여 그의 주파수 스펙트럼에 대응하는 영상 규격의 최고주파수(4.2또는 5MHz) 범위 내에 들어오게 선택되어져 있다고 할 수 있다.

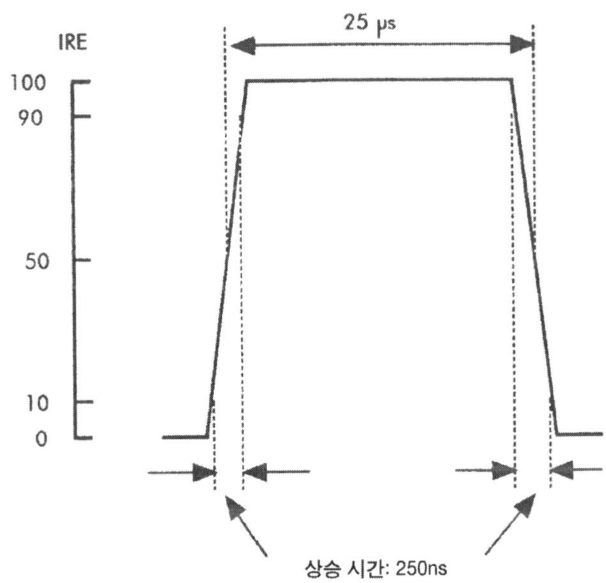

그림 2.56 525/60시스템의 대표적인 라인 타임 단형파 (Bar)

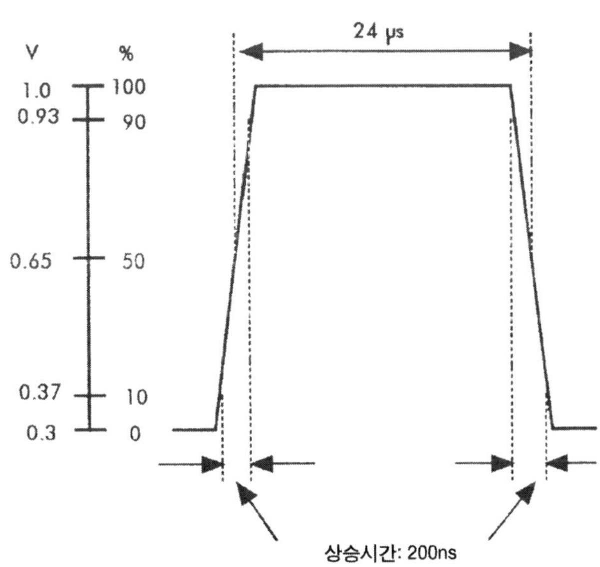

그림 2.57 625/50시스템의 대표적인 라인타임 단형파 (Bar)

쇼트타임왜(Short-Time Distortion)는 통상 K 팩터 (K-Rating)는 단위로 표현되어진다고 할 수 있는데, 이러한 K 팩터는 화질의 주관적인 평가로부터 온다고 할 수 있고, 이러한 시험 신호 측정에는 사인자승 펄스(Sine-Squared Pulse)가 사용된다고 할 수 있다.

표 2.9 중요한 치수 왜와 시험신호의 개요

파라미터	정의	시험 신호	시험 방법
이득 대 주파수 리스폰스(Response)	500kHz로부터 최대 주파수까지 대역에 있어서 이득의 변화.	멀티 버스트 또는 스위프(Multiburst or Sweep)	500kHz를 기준으로 하여 선택한 주파수에 있어서 신호 레벨을 dB로 측정 가능.
롱 타임 왜 (Long-Time Distortion)	급격한 신호레벨 변화에 기인한 신호레벨의 오버슈트(Over-Shoot)	평균적인 화상 레벨 가운데 결정 되어진 레벨 변화를 일으킬 수가 있는 시험 신호이라면 어떠한 것이라도 좋다.	Over-Shoot의 피크레벨을 휘도 신호 피크 레벨에 대한 %로서 측정을 한다.
필드 타임 왜 (Field-Time Distortion)	필드 타임 단형파의 형의 변화.	필드 레이트의 단형파	왜를 가지고 있는 단형파 바의 중앙치에 대한 단형파 톱 기울기의 p-p치를 측정한다. 즉 바의 前緣으로부터 250μs와 바의 後緣으로부터 250μs를 제외한 것을 측정한다.
라인 타임 왜 (Line-Time Distortion)	라인타임 단형파의 형의 변화	라인 레이트의 단형파	왜를 가지고 있는 단형파 바의 중앙치에 대한 단형파의 톱 기울기 p-p치를 측정한다. 즉 바의 후연으로부터 1μs와 바의 전연으로부터 1μs를 제외한 것을 측정.
K 팩터(K-Factor)	수치화 되어진 주관적인 열화의 평균치.	2T 사인 자승파 펄스	오시로스코프의 특수한 스케일을 사용하여 파형과 눈금판으로부터 K 평균치(K-Rating)를 %로 읽어낸다.
색도 휘도간의 이득차	색도 진폭 대 휘도 진폭치 비의 기준으로부터 차	변조 사인 자승 펄스	휘도 성분에 대한 색도 성분의 진폭을 휘도에 대한 %로 측정을 한다.
색도 휘도간의 지연차	색도 대 휘도 타이밍의 차	변조 사인 자승 펄스	휘도 성분에 대한 색도 성분의 지연을 ns로 측정을 한다.

또 이러한 사인자승 펄스의 중요 파라미터는 그의 반치폭(Helf-Amplitude Duration : HAD)이라 할 수 있는데, HAD는 나이키스트 인터벌(Nyquist Interval : 나이키스트 간격) T로 표시 되어진다고 할 수 있다.

이러한 T와 상한 영상 주파수 f_{max}와의 관계는 $T = \dfrac{1}{2f_{max}}$이라는 식에서 얻어 진다고 할 수 있다.

NTSC시스템은 f_{max}와 표준 4MHz로 나이키스트 인터벌 T=125ns가 된다고 할 수 있고, PAL시스템에서는 f_{max}는 표준 5MHz로서 T = 100ns가 된다.

따라서 사인자승 펄스의 스펙트럼은 fmax=$\frac{1}{HAD}$의 대역이 된다.

대표적인 측정 사인자승 펄스의 HAD는 2T의 것이 사용되고 있는데, 이러한 2T펄스 스펙트럼은 위에에 있는 식으로부터 구하면 우리나라에서 사용하고 있는 NTSC방식에서는 4MHz에서 250ns이고, 주로 유럽에서 사용하고 있는 PAL 방식에서는 5MHz 대역에 200ns로 제한이 되어있어 그러한 것보다 높은 주파수대의 성분은 거의 없다고 할 수 있다.

쇼트타임의 왜의 결과 왜를 받은 2T의 펄스는 오실로스코프의 특별한 K팩터 눈금판을 사용하여 디스플레이 되어서 K 팩터는 베이스 라인의 정상적인 형태로부터 변위의 크기로서 측정하여 스케일 눈금판이 선에 어느 정도의 파형에 근접하고 있는가를 구하게 되어있다.

그림 2.58과 그림 2.59에서는 대표적인 2T사인자승 펄스의 각 방식(525,625) 시스템에 사용되고 있는 파형을 표시하고 있다.

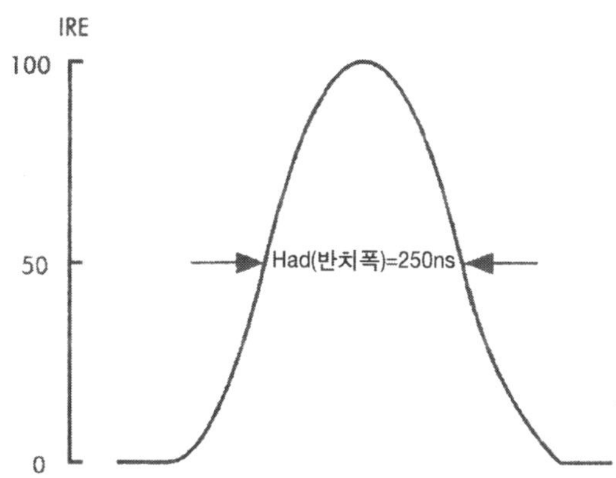

그림 2.58 525/60시스템의 2T사인 자승 펄스

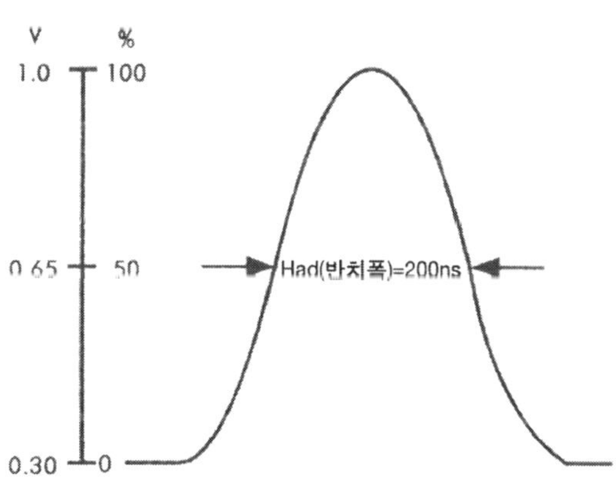

그림 2.59 625/50시스템의 2T사인 자승 펄스

역주 K 팩터는 일본에서는 K=1이라고 하는 단위 명칭을 사용하는 경우도 있는데, 이 책에서는 K팩터의 측정치는 K-rating이라고 해서 %치로 구하고 있다고 할 수 있다. 또한 테트로닉스(Tektronix)사에서는 특히 K_2T펄스의 진폭을 기준 100%로 하여 %의 치로 표시하고 있는데, 이러한 치는 Kp라고 불리우는 경우도 있다고 할 수 있다.

그림 2.60에서는 2T펄스의 스펙트럼을 표시하고 있다.

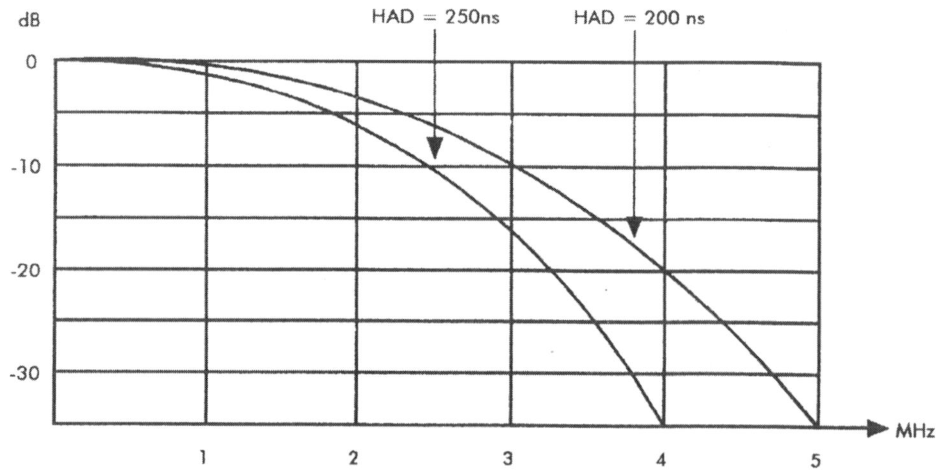

그림 2.60 사인 자승 펄스의 스펙트럼

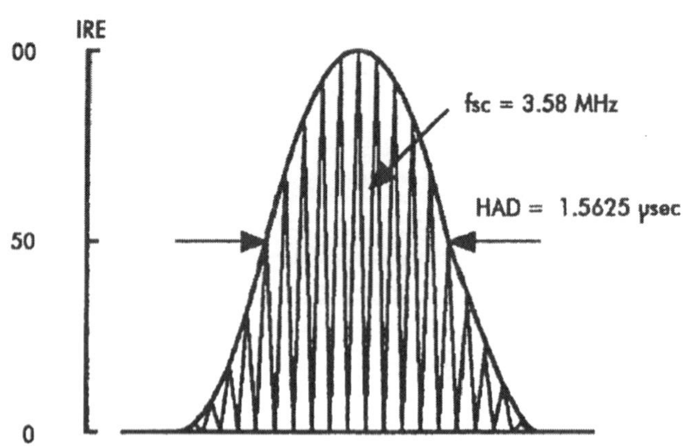

그림 2.61 NTSC시스템의 12.5T 변조 사인 자승 펄스

색도 휘도간지연차(Chrominance to Luminance Delay)와 이득차(Chrominance to Luminance Gain)는 변조 사인자승 펄스에 의하여 측정 되어지고 있다고 할 수 있는데, 이러한 신호는 사인자승 펄스와 사인 자승 펄스에 진폭 변조 되어진 컬러 서브캐리어를 리니어(Liner)하게 가산한 것이라고 할 수 있다.

또 525/60규격 시스템에서는 이러한 펄스의 HAD는 12.5T(1.5625㎲)로서 선택이 되어져 있고, 625/50규격의 시스템에서는 HAD는 20T(2㎲)로 선택이 되어져 있다고 할 수 있는데, 이상적인 특성으로부터 벗어난 기기에서는 진폭, HAD, 펄스의 베이스라인의 형태가 영향을 받는다고 할 수 있고, 특별한 노모그래프(Nomograph : 계산도표)이 준비되어 있어 색도 휘도 간 이득차(dB), 진폭비 (%), 색도 휘도간의 지연차(ns) 등을 그러한 것을 사용하여 구해지고 있다고 할 수 있다.

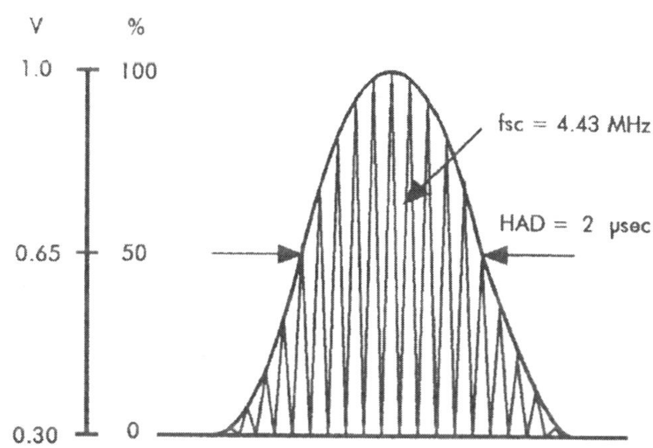

그림 2.62 PAL시스템의 20T변조 사인 자승 펄스

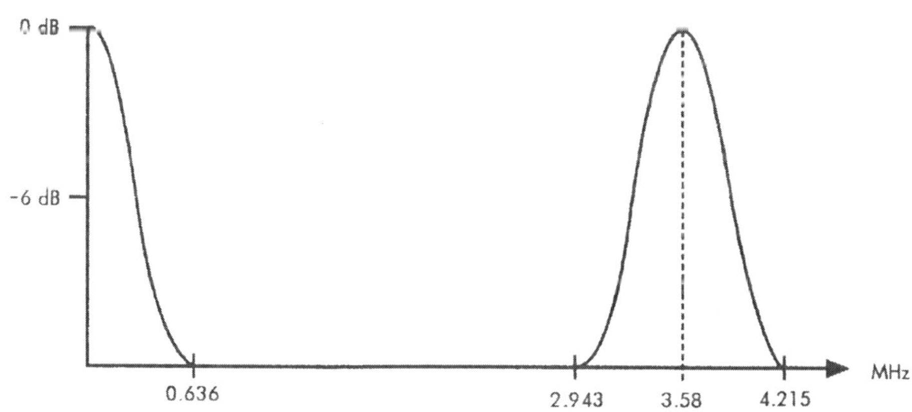

그림 2.63 NTSC시스템의 12.5T변조 사인 자승 펄스의 스펙트럼

그림 2.61과 그림 2.62에서는 525, 625시스템에서 사용을 하고 있는 변조사인 자승펄스의 파형을 표시하고 있고, 그림 2.63과 그림 2.64에서는 변조 사인 자승 펄스의 주파수 스펙트럼을 525, 625시스템용에 대하여 표시를 하고 있는데, 2T사인자승 펄스, 라인타임 단형파, 또는 12.5T 변조사인 자승 펄스는 보통은 잘 맞추어진 한 개의 복합 라인 시험 신호로 되어있다고 할 수 있고, 표 2.10에서는 직선 왜의 원인과 그러한 것에 의하여 화면의 현상에 대하여 정리한 것이라고 할 수 있다.

그림 2.64 PAL시스템의 20T변조 사인 자승 펄스의 스펙트럼

현재 사용하고 있는 스튜디오 품질 기기에서는 대상으로 하는 최고 주파수까지 스무스(Smooth)하게 리플이 없는 주파수 특성과 양호한 그룹지연의 특성 등이 보장 되어있다고 할 수 있는데, 지금까지 설명한 것을 가지고 종합하여 결론으로 말하자면, 싱글 펄스에 있어서 많은 직선 왜는 별로 문제는 되지 아니한다고 할 수 있다. 표 2.11에서는 현재 사용되고 있는 스튜디오기기의 직선 왜에 관한 싱크로패스의 특성을 정리한 것이다.

2.2.5.2 비직선왜(Nonlinear Distortion)

영상의 채널은 이상적으로는 직선적인 전송 특성을 가지지 아니하면 되지 아니한다고 할 수 있지만, 여기에서 말하고 있는 직선적인 전송 특성이라고 하는 것은 어떤 기기의 출력신호의 스펙트럼의 성분이 그 신호가 그 기기사양에 동작 레벨을 넘지 아니하면 신호레벨의 여하와 상관없이 기기의 입력신호에 어느 정도 같다는 것을 의미하고 있다고 할 수 있다. 앞의 내용을 다시 정리하여 이야기한다면 기기가 각 스펙트럼 성분의 고주파 왜 내지 스펙트럼 성분 그룹 사이에서는 상호 변조 왜가 발생하지 아니한다는 것을 의미한다고 할 수 있는 것으로서, 그러나 실제로는 그러하지 아니하기 때문에 아날로그 기기에서의 전송 특성은 완전하게 리니어(Liner) 하지는 아니하다고 할 수 있다. 따라서 이러한 기기의 특성에 의하여 발생한 왜는 다음과 같은 것에 영향을 준다고 할 수 있다.

표 2.10 직선 왜의 원인과 화면 열화

원인	시험 신호의 왜	화질 열화 내용
500kHz이상의 주파수 특성의 불량	색도/휘도비의불량	휘도 해상도의 불량과 색 포화도의 불량
H.F그룹의 딜레이(Delay)	휘도에 대한 색도의 지연차	이미지 경계의 색상의 변이 (Color Fringing)
Sharp Cut Off에 의한 대역의 좁음.	K Factor치가 나쁨	반사 상태의 신호의 변형에 의한 가장자리 변이
20Hz로부터 2kHz대역의 Response 특성의 불량	필드 타임 파형의 왜	수직 Smear
5kHz로부터 500kHz대역의 Response 특성의 불량	랜덤 파형 왜	수평 Smear

표 2.11 스튜디오 기기의 싱글 펄스의 직선 왜 대표적인 특성

파라미터	광대역기기	아날로그 VTR(NTSC)
주파수 특성	±0.1dB 0.5로부터 8MHz	±0.2dB 0.5로부터 4.2MHz
필드 타임 왜	〈 1%	〈 1%
랜덤 타임 왜	〈 1%	〈 1%
K FACTOR	〈 1%	≤2%
색도/휘도 이득 차	1%	1%
색도/휘도 지연차	≤10ns	≤20ns

- 평균 영상이 레벨(APL).
- 휘도 신호의 순간치.
- 색 신호의 진폭.

기기내부의 신호 프로세스와 휘도, 색도를 취급하는 방법에 따라서 비직선성의 특성은 휘도나 색신호를 개별적으로 또는 휘도 색도 상호 변조의 형태로 영향을 준다고 할 수 있는데, 이러한 스튜디오 타입의 기기 비직선 왜에 있어서는 다음과 같은 항목에 대하여 평가를 한다고 할 수 있다.

- 휘도 신호의 진폭 왜.
- 색 신호의 진폭과 위상 왜.

비직선 왜는 그림 2.65에서 표시하는 것과 같이 분류 되어 진다고 할 수 있는데, 지금까지 이야기한 것과 같이 어떠한 시스템이라 할지라도 적어도 1.2_{p-p}까지 진폭의 컴포지트 신호까지는 리니어하게 동작을 하지 아니하면 되지 아니한다고 할 수 있다. 또 우리가 프로그램을 제작하는 스튜디오 환경에서는 복잡한 분배 루트를 구성을 하고 있기 때문에 많은 장비사이에 이득의 오 조정에 의한 신호레벨의 변화에 대한 적당한 헤드 룸(Head Room : 구상치 레벨)을 가지는 것이 필요하다고 할 수 있는데, 이러한 것은 스튜디오 시스템에 있어서 개개의 기기의 직선성에서는 대단히 엄격하게 요구를 한다고 할 수 있고, 이러한 것은 복잡한 신호 분배 루트에 있어서 신호가 많은 기기를 통과하는 경우에 비직선 왜가 더해지는 성질이 있으므로 중요한 요소라고 할 수 있다.

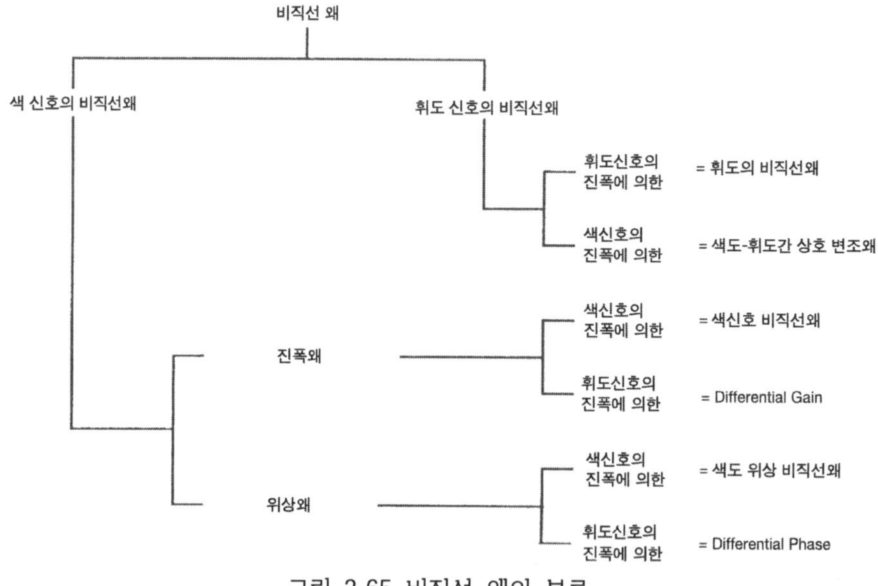

그림 2.65 비직선 왜의 분류

현재 제작 스튜디오에서 사용을 하고 있는 분배기나 스위처 그리고 루팅 스위처 등은 아날로그 프로그램 제작 기기에서는 비직선 왜는 대단히 적다고 할 수 있지만 경우에 따라서는 현재 있는 측정기와 측정법을 가지고는 측정이 불가능한 경우의 정도도 있다고 할 수 있다. 또한 현재 사용하고 있는 시스템에 있어서 시스템의 비직선 왜를 일으키는 주된 원인은 변조와 복조의 프로세스를 내장하고 있기 때문으로서, 비교적 높은 비직선 왜를 가지고 있는 장비로는 아날로그 비디오테이프 레코더(VTR) 라고 할 수 있는데, 이러한 장비는 복잡한 편집을 필요로 하고 있는 포스트 프로덕션에서 멀티 제너레이션(Generation:차세대)기록을 하기 위한 조건에서는 더 악화 되고 있다고 할 수 있다.

영상 기기의 비직선 왜를 측정하기 위해서는 몇 개의 표준 시험 신호가 널리 사용되고 있는데, 그러한 신호는 신호의 진폭이나 스펙트럼 성분에 있어서 실제의 영상 신호를 시뮬레이션 한 것이라고 할 수 있다. .

휘도 계단파 신호(Luminance Staircase)는 휘도의 비직선 왜를 측정하는 데에 사용 한 다고할 수 있는데, 이러한 신호는 거의 같은 레벨의 스텝으로 하여 5단에서부터 10단까지의 계단파로 구성 되어있다고 할 수 있다.

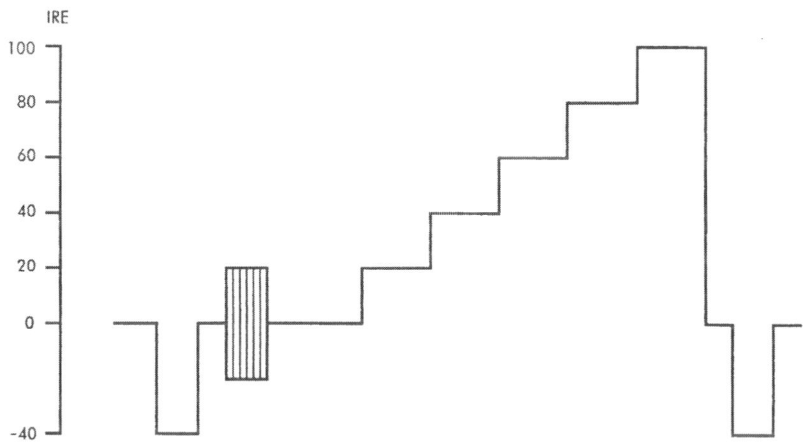

그림 2.66 525/60시스템의 5계단파

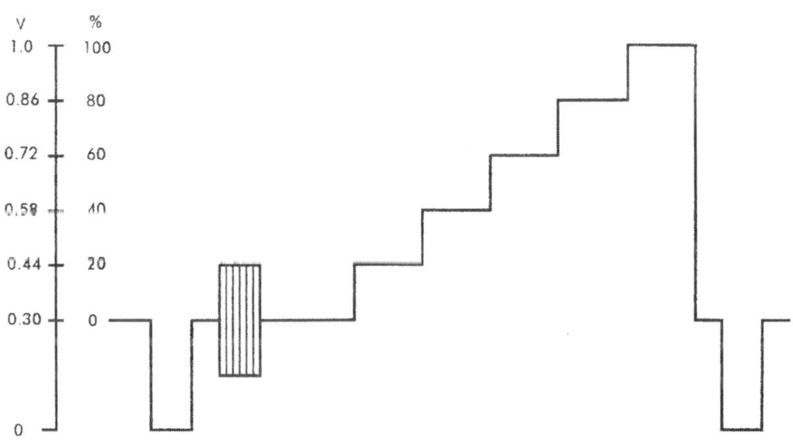

그림 2.67 625/50시스템의 5계단파

그림 2.66과 그림 2.67에서는 525/625시스템용의 대표적인 5계단파를 표시하고 있는데, 변조 계단파(Modulated Staircase)신호는 디퍼렌셜 게인(Differentil Gain : D_G : 미분이득) 디퍼렌셜 페이스(Differential Phase : D_P : 미분 위상)를 측정하는 데에 사용을 하고 있다고 할 수 있다.

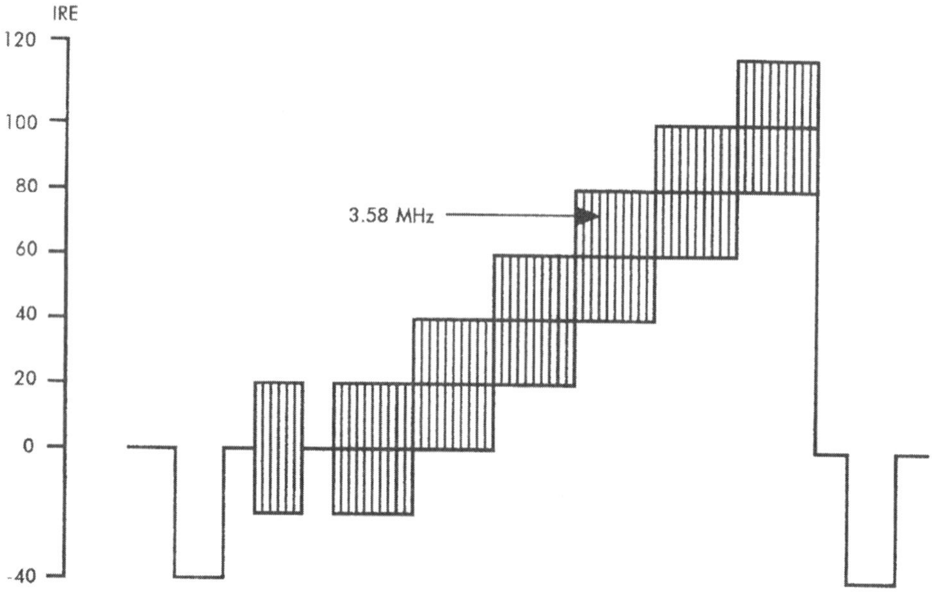

그림 2.68 NTSC시스템의 변조5 계단파

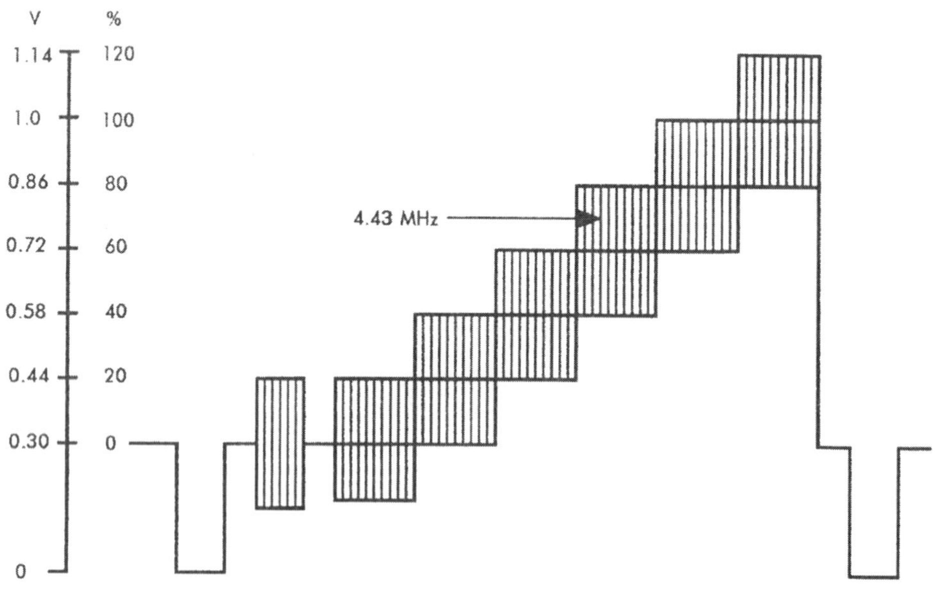

그림 2.69 PAL시스템의 변조5계단파

이러한 신호는 5단 정도에서 10단 정도까지 거의 일정한 위상과 진폭의 서브 캐리어 신호를 잘 중첩하여 한 것이라고 할 수 있는데, 일정한 경사로 레벨이 올라가는 휘도 램프(Luminance Ramp) 신호가 계단파 대신에 사용하는 경우도 있다고 할 수 있다.

따라서 계단의 피크 진폭 레벨과 중첩 서브 캐리어의 레벨은 측정 목적에 따라 변하고 있다고 할 수 있는데, 레벨을 떨어트린 신호는 송신기의 테스트에 사용한다.

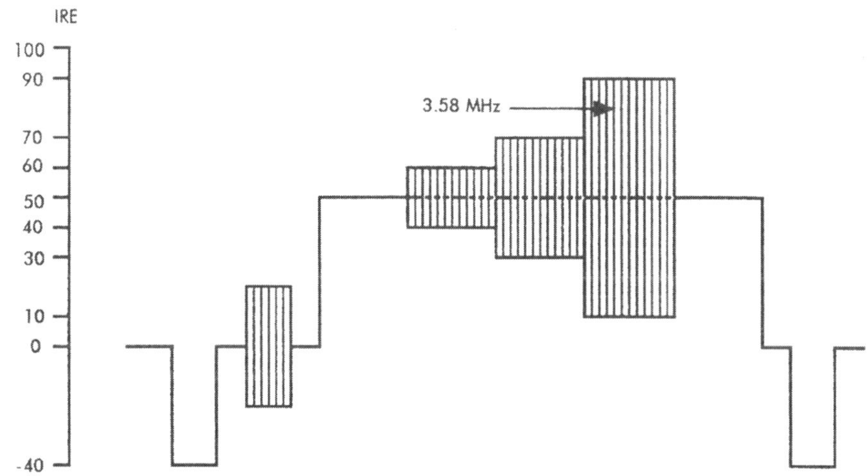

그림 2.70 NTSC시스템의 변조 페데스탈(Pedestal) 신호

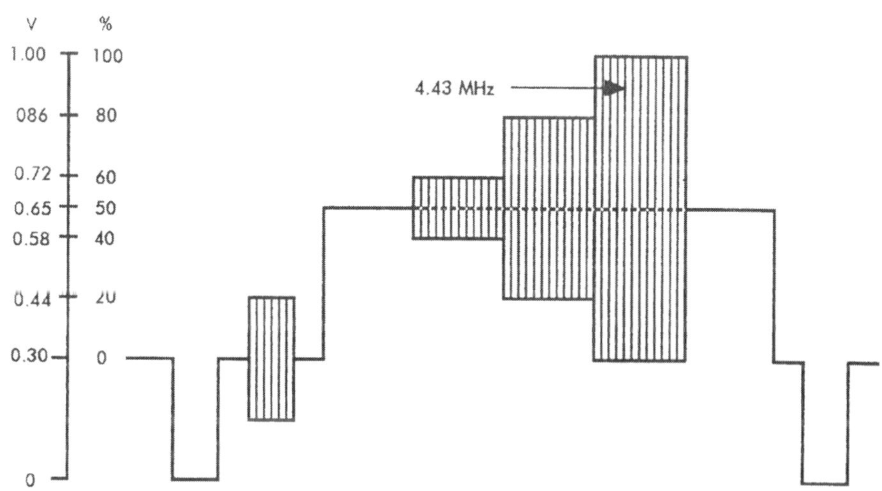

그림 2.71 PAL시스템의 변조 페데스탈(Pedestal) 신호

그림 2.68과 그림 2.69에서는 525/625시스템의 변조 계단파 시험 신호에 대하여 표시를 하고 있다고 할 수 있는데, 시스템의 비직선성은 각 스텝의 서브 캐리어의 진폭과 위상을 변화 시키어서 D_G와 D_P의 치를 악화 시킨다고 할 수 있다.

변조 페데스탈(Modulated Pedestal) 신호는 색도에 있어서 진폭대 위상에 대한 왜 측정과 동시에 색신호로부터 휘도신호의 상호변조를 측정하는 데에 사용하고 있다고 할 수 있는데, 이러한 신호는 휘도 페데스탈에 3개의 진폭 레벨을 사용하여 일정위상의 서브캐리어를 중첩한 것이라고 할 수 있다.

그림 2.70또는 그림 2.71에서는 525/625시스템에서 대표적인 변조 페데스탈 파형을 표시하고 있다고 할 수 있는데, 시스템의 비직선성은 색도의 각 스텝의 진폭과 위상을 변화 시키어서 동시에 일정하다고 할 수 있는 휘도 페데스탈 신호의 진폭을 변화 시킨다고 할 수 있고, 각각 타입의 비직선성에 대한 양적인 평가는 다음과 같이 이루어진다고 할 수 있다.

- 피측정 기기의 타입 측정에 적합한 시험 신호를 입력한다.
- 피 측정 기기의 출력에 접속한 측정기는 왜를 받은 시험 신호를 휘도 성분과 색도 성분으로 분리를 하여서 지정 되어진 휘도, 색도 레벨로 한 경우에 있어서 기준 신호와의 진폭과 위상차를 측정한다.

표 2.12에서는 각 비직선왜에 대한 파라미터에 대한 정의와 그 측정법에 대하여 간단하게 설명을 한 것으로서, 스튜디오 타입의 기기에서 통상 적으로 측정 되어진 비직선 왜는 아래와 같은 3종류로 되어있다고 할 수 있다.

- 휘도의 비직선성
- 디퍼렌셜 게인 (Differentil Gain : D_G : 미분이득)
- 디퍼렌셜 페이스(Differential Phase : D_P : 미분 위상)

그 외의 타입에 있어서 비직선왜는 휘도 스펙트럼과 색도 스펙트럼 사이에서 상호 간섭에 의하여 일어나기 쉬운 고출력 텔레비전의 송신기에서 통상 보기 쉬운 것이라고 할 수 있는데, NTSC 컴포지트의 신호가 비직선 왜를 받았을 경우에 화면상의 영향을 표 2.13에서 정리하여 표시를 하고 있다고 할 수 있다.

표 2.12 비직선 왜와 그의 시험 방법에 대한 개요

파라미터	정의	시험신호	측정방법
휘도 비직선성	블랭킹 레벨(Blanking Level)로부터 화이트 레벨(White Level)까지 계단 상태로 되어있는 작은 단위의 스텝 진폭 입출력 사이의 비례도 변화로서 이때 평균 계단 레벨은 일정 하다.	휘도 계단파 (Luminance Staircase)	최대의 스텝 진폭을 기준으로 하여 최대 최소의 진폭차를 % 로 측정 한다
색도 이득 비 직선성	색도 서브캐리어의 진폭이 측정 되어진 최소치로부터 최대치로 변화하는 사이에 서브캐리어 입출력 사이 비례도의 변화	변조 페데스탈 (Modulated Pedestal)	스텝2를 기준으로 하여 스텝 3과1 서브캐리어 진폭 변화를 %로 측정한다.
색도 위상의 비직선성	색도 서브캐리어의 진폭이 규정 되어진 최소치로부터 최대치까지 변화하였을 때 서브캐리어의 위상 변화로서, 이때 휘도의 평균 영상 레벨은 일정하다.	변조 페데스탈 (Modulated Pedestal)	스텝 1을 기준으로 하여 스텝 3또는 2의 최대 위상 변화를 측정을 한다. (각 스텝 사이의 최대 위상차를 측정함.)
색 신호의 휘도신호에 대한 상호 변조 왜	측정 되어진 진폭 색신호의 중첩에 의하여 발생하는 휘도 신호 진폭의 변화	변조 페데스탈 (Modulated Pedestal)	변조 페데스탈의 휘도 레벨을 기준의 색신호 레벨에 따라서 일어나는 최대 휘도 레벨의 변화를 %로 측정 한다.
디퍼렌셜 게인(Differentil Gain: D_G:미분이득)	블랙 레벨로부터 화이트 레벨까지 변화하는 휘도 신호에 포함되어있는 일정의 작은 진폭 레벨인 컬러 서브캐리어가 휘도 레벨 변화에 의한 진폭 변화로서, 이때 영상의 평균레벨은 일정하다.	변조 Ramp 또는 변조 계단파 신호 (Modulated Ramp or Staircase)	버스트 진폭 또는 페데스탈 레벨의 변조 진폭을 기준으로 하여 컬러 서브캐리어 진폭의 최대/최소의 변화를 %로 측정을 함.(최대치와 최소치를 별개의 %로 표시할 수도 있음.)
디퍼렌셜 페이스(Differential Phase: D_P:미분 위상)	블랭킹 레벨로부터 화이트 레벨까지 변화하는 휘도에 포함되어있는 일정 위상의 작은 진폭 레벨인 컬러서브캐리어가 휘도 레벨 변화에 의하여 변하는 위상의 변화를 말하는 것으로서, 이때 영상의 평균레벨은 일정하다.	변조 Ramp 또는 변조 계단파 신호 (Modulated Ramp or Staircase)	버스트 위상을 기준으로 하여 컬러서브캐리어 위상의 최대 변화도를 측정함.(앞서가는 치와 지연되는 치를 별개로 표시하는 것도 가능.)

가장 눈에 띄기 쉬운 비직선 왜라고 할 수 있는 디퍼렌셜 페이스(Differential Phase : D_P :미분 위상)의 허용치는 NTSC에서는 약 10도 정도 되고, PAL, SECAM 방식에 있어서는 약 40도 정도라고 할 수 있는데, 디퍼렌셜 게인 (Differentil Gain : DG : 미분이득)의 허용치는 NTSC와 PAL에서는 약 25%정도가 되고, SECAM방식에 있어서는 약 55%정도라고 할 수 있다.

역주 이러한 D_G/D_P의 허용치는 수상기를 포한 한 토털의 치라고 말한다고 할 수 있는데, 따라서 스튜디오 내에서는 좀 신중을 쓰지 아니하면 되지 아니하는 치라고 할 수 있다.

표 2.14에서는 비직선 왜에 대하여 현재 스튜디오품질의 기기의 1개 패스에 할당 되어져 있는 성능을 표시하고 있다.

2.2.5.3 노이즈 (Noise)

노이즈는 필요한 신호에 중첩 되어진 불필요한 부가 신호(Unwanted Parasitic Signal)라고 정의 할 수가 있는데, 그림 2.72에서는 노이즈의 종류를 표시하고 있다. 노이즈는 그 발생 원인에 따라서 랜덤 노이즈(Random Noise)와 코히런트 노이즈(Coherent Noise)의 2종류의 노이즈로 분류되어 질 수 있다고 할 수 있는데, 여기에서 이야기를 하고 있는 랜덤 노이즈는 회로소자에 의하여 발생을 하는 열잡음(Thermal Noise)과 쇼트키노이즈(Schottky Noise)가 복합한 노이즈라고 할 수 있다.

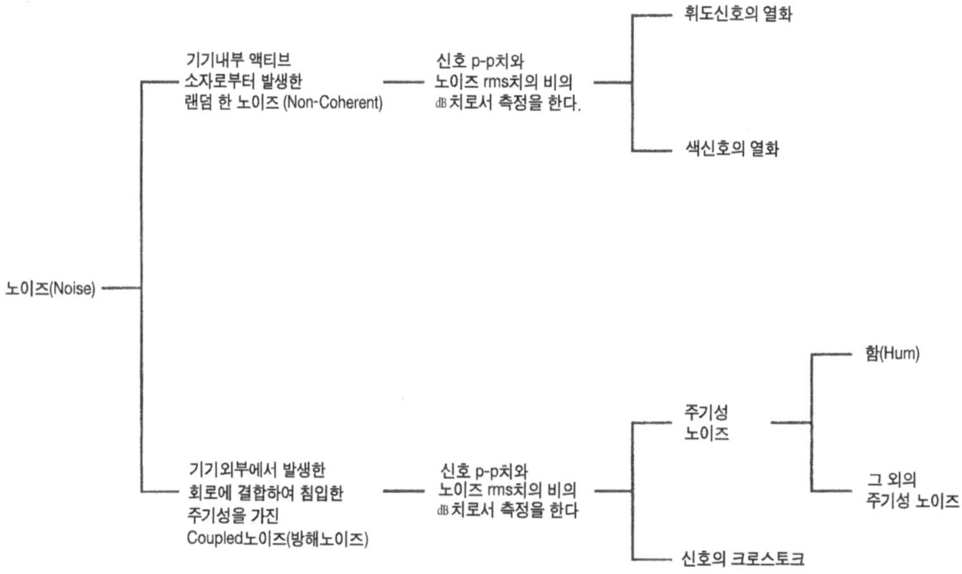

그림 2.72 노이즈(Nose) 분류

역주 쇼트키 노이즈(Schottky Noise)이라는 것은 많이 들어본 노이즈라고 할 수 있는데, 통상적으로 우리는 이 노이즈를 쇼트노이즈(Shot Noise) 또는 산탄 잡음이라고 부르고 있다. 이 잡음은 전류 중에서 전자가 랜덤하게 흐르기 때문에 발생하는 노이즈라고 할 수 있다.

이러한 노이즈는 화면에 낱알 모양으로 퍼져있는 구조로부터 오는 것으로서, 결론적으로 이야기 하면 이러한 형태의 노이즈는 완전 없애는 것은 불가능하다고 할 수 있다. 따라서 이러한 노이즈를 일으키는 회로에 있어서는 이미 결정되어 있는 신호 대 잡음비(Signal-to-Noise Ratio, SNR)를 개선하는 것이 불가능하다고 할 수 있다.

그림 2.73에서는 실제로 일어나는 랜덤 노이즈의 각각의 스펙트럼의 타입을 표시하고 있는데, 이렇게 플래트(Flat)한 주파수 특성 증폭 소자 주파수에 대하여 그의 전력 밀도가 일정한 화이트 노이즈를 발생 한다고 할 수 있고, 이러한 노이즈의 형태로서는 저역에 비하여 높은 고역 특성을 엠파시스 하고 있다고 할 수 있는 형식의 것으로서, 카메라의 촬상센서에 계속하여 입력이 되어지는 프리앰프와 같은 장비 소자에서는 3각 노이즈형태로 발생한다고 할 수 있으며, 그 전력의 밀도는 주파수의 자승에 비례한다고 할 수 있다.

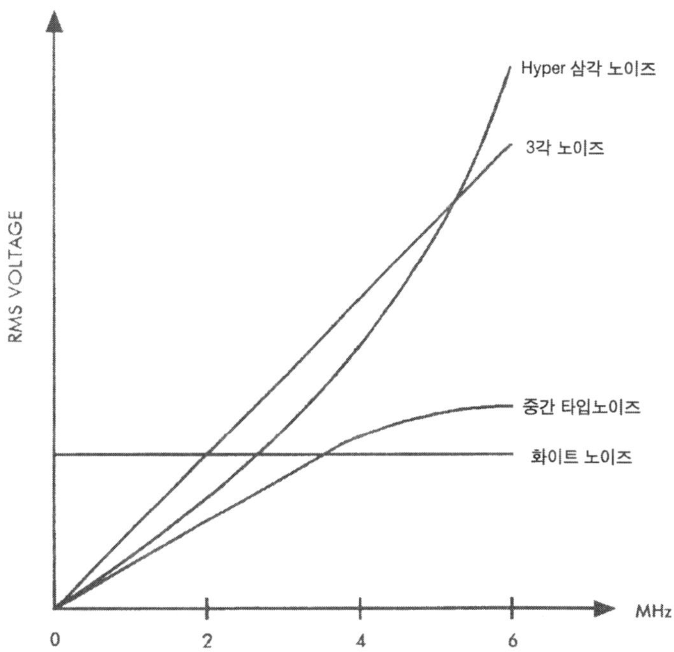

그림 2.73 노이즈의 다양한 타입

또한 노이즈 스펙트럼은 시스템을 구성하는 각각의 장비의 특성에 의하여 변화를 한다고 할 수 있는데, 결론적으로 이야기를 하면 화이트 노이즈나 3각 노이즈는 순수한 형태로 나타나는 것은 드물다고 할 수 있고, 등화 증폭기(Equalizing Amplifier)는 3각 노이즈를 초월하여 하이파이 3각 노이즈 (Hypertriangular Noise) 특성을 가지고 있어 그의 특성은 저역에서는 기의 3각 노이즈와 비슷하고, 고역에서는 파라볼라 형태에 근접 하여 있다고 할 수 있다. 우리가 흔히 사용을 하고 있는 아날로그 VTR의 경우에는 3각 노이즈(Intermediate Triangular Noise)의 노이즈 특성을 가지고 있다고 할 수 있는데, 그 전력스펙트럼은 엠파시스와 디엠파시스의 결과로서 주파수가 상승함에 따라서 3각 노이즈가 보다 저하 한다고 할 수 있다.

표 2.13 비직선 왜에 의한 화질 열화

왜	화질 열화
휘도 비직선 왜	화상의 휘도치 왜
색도/휘도 상호 변조 왜	색도에 기인한 화상의 휘도 변화
색도 이득 비직선 왜	색의 농도 왜
디퍼렌셜 게인(Differential Gain : DG : 미분이득)	휘도 레벨 변화에 기인한 색의 농도의 변화
디퍼렌셜 페이스(Differential Phase : DP : 미분 위상)	휘도 레벨 변화에 기인한 색상의 변화

표 2.14 스튜디오 품질기기의 대표적인 비직선 왜 특성

파라미터	분배 증폭기	루팅스위처	프로덕션 스위처	1인치 VTR
휘도 비직선왜	≦0.2%	≦0.5%	≦0.1%	≦0.2%
색도/휘도 상호 변조왜	측정 한계이하	측정 한계이하	측정 한계이하	측정 한계이하
색도 이득 비직선왜	측정 한계이하	측정 한계이하	측정 한계이하	측정 한계이하
디퍼렌셜 게인	≦0.2%	≦0.5%	≦1%	4%
색도 위상 비직선왜	측정 한계이하	측정 한계이하	측정 한계이하	측정 한계이하
디퍼렌셜 페이스	≦0.1°	≦0.5°	≦1°	≦2°

또 화면 휘도 성분의 랜덤 노이즈는 흑백의 작은 점이 집합한 패턴으로서 나타난다고 할 수 있는데, 이러한 패턴은 화이트 노이즈의 경우에는 바람직한 패턴이라고 할 수 있지만 3각의 노이즈의 경우에는 너무 좁고 세밀한 패턴이라고 할 수 있다. 따라서 세밀한 휘도 디테일에 대해서는 눈의 감도가 낮게 나타나므로 휘도 신호에 중첩 되어있는 삼각 노이즈는 거의 허용이 된다고 할 수 있다.

화면의 색도 성분의 랜덤 노이즈에 대한 영향은 조금은 다르다고 할 수 있는데, 휘도 성분에 대하여 별로 영향을 받지 아니하는 노이즈성분이라 할지라도 색신호에 대하여는 많은 영향을 주므로 본질적으로 색에 대한 정보는 NTSC PAL시스템에서는 억압 컬러 서브캐리어의 진폭과 위상으로 전송이 되어서 3.58MHz~4.43MHz를 중심으로하는 양측파대의 성분이 된다고 할 수 있다. 그리하여 컬러 서브캐리어의 주변에 화이트 또는 3각 노이즈의 성분은 수상기나 모니터로 복조 되어서 비교적 낮은 주파수 (〈 500kHz)로 변화하는 신호로 되어서 화면에서는 거친 색상의 점으로서 나타난다고 할 수 있다.

SECAM시스템에서는 색도 서브캐리어가 주파수 변조가 되어져 있기 때문에 노이즈에 대해서는 비교적 영향을 주지 아니한다고 할 수 있고, 표 2.15에서는 스튜디오 시스템에 있어서 노이즈의 타입과 그의 측정 방법에 대하여 간단하게 설명을 한 것이다.

표 2.15 주된 노이즈 타입과 시험 방법의 개요

파라미터	정의	시험신호	측정방법
연속 랜덤 노이즈	휘도 신호의 기준치(714mV 또는 700mV)와 10kHz로부터 그 영상 규격의 대역에 상한(4.2, 5, 5.5MHz)까지 주파수 범위의 노이즈 진폭에 자승 평균치(Root Mean Square: RMS)와의 비를 dB로 표시한 것을 말함.	플래트 필드 (Flat Field)	피 측정 기기의 입력에 시험 신호를 입력하고, 기기출력에서 전용의 RMS치를 읽어내는 측정기로서 SNR을 dB로 측정한다. 또한 대역 필터 통과 후 출력을 오실로스코프를 사용하여 1라인의 표시를 하여서 노이즈 진폭을 측정한다. 따라서 이러할 때에는 p-p치로부터 RMS치로의 변환이 필요하다.
함(ham)	휘도 신호의 기준치와 10kHz 까지 대역 제한 후의 노이즈 p-p와의 비를 dB로 표시한다.	플래트 필드 (Flat Field)	피 측정 기기의 입력에 시험 신호를 입력시키고, 기기출력에서 전용의 p-p치를 읽어내는 측정기를 사용하여 SNR치를 dB로 측정한다. 또한 대역 필터 통과 후에 출력을 오실로스코프로 1필드의 표시를 하여서 함의 p-p진폭치를 측정한다.
그 외에 주기성 노이즈	휘도 신호의 기준치(714.3mV와 700mV)와 1kHz로부터 규격의 대역 상한(4.2, 5, 5.5MHz)까지 노이즈와 p-p치와의 비를 dB로 표시한다.	플래트 필드 (Flat Field)	피 측정 기기의 입력에 시험 신호를 입력시키고, 대역 필터와 오실로스코프를 사용하여 규정 대역의 방해 신호를 분리 또는 식별하여 그 p-p의 진폭치를 측정한다.
크로스토크 노이즈	휘도 신호의 기준치(714.3mV와 700mV)와 1kHz로부터 규격의 대역 상한(4.2, 5, 5.5MHz)까지 노이즈와 p-p치와의 비를 dB로 표시한다.	스위프 신호와 플래트 필드 (Flat Field)신호	방해를 주는 측의 채널에 스위프를 입력하고, 방해를 받는 채널에는 플래트 필드를 입력한다. 각 이득을 정상규격으로 하여 방해를 받는 측의 방해 신호의 p=p치를 측정한다.

표 2.16 각각 다른 타입의 노이즈의 화면에 대한 영향

노이즈의 타입	화질 열화
랜덤 노이즈	색에 대해서나 흑백에 있어서 점의 형태로 나타난다.
함 노이스	천천히 움식이는 수평방향의 섬은 바(Bar) 형태.
그 외의 주기성 노이즈	정지하거나 또는 천천히 움직이는 수직 또는 경사진 패턴이 휘도 또는 색 채널에 혼합 되어진다.
크로스토크 노이즈	방해신호에 정지형태 또는 천천히 움직이는 형태의 엷은 형태의 노이즈 신호를 포함하는 화상

노이즈 측정을 위하여 시험 신호는 블랙레벨(0 IRE)의 플래트 필드(Flat Field) 신호라고 할 수 있고, 휘도에 있어서 랜덤 SNR은 아래와 같은 식으로 정의 할 수 있다.

$$SNR(dB) = 20\log_{10} (\text{영상 전압 p-p치/노이즈전압 rms치})$$

위의 식에서 영상 신호의 p-p진폭치는 525/60시스템에서는 714㎷이라고 할 수 있고, 625/50시스템에서는 700㎷이라고 할 수 있다. 이러한 노이즈는 10kHz로부터 시작하여 대상으로 하고 있는 시스템 영상 대역의 고역한계라 할 수 있는 4.2MHz, 5MHz, 5.5MHz, 6MHz까지의 주파수 대역으로 측정을 한다고 할 수 있다. 또 이러한 저역한계의 측정에서는 함노이즈(Hum Noise)가 랜덤 노이즈(Random Noise)로 측정이 되지 아니한다는 것을 보증하고 있는데, 따라서 고역한계 이라는 것은 관련이 없는 고역 노이즈를 피 측정 신호로부터 제거 하고 있다고 할 수 있다.

이러한 측정 방법에 있어서는 사용하는 국가에 따라 각각 다른 형식을 취하는 경우도 있는데, 어떤 나라의 주무관청에서는 시각특성을 좋게 하기 위하여 가까이 근접 해 있는 웨이팅 필터(Weighting Filter)를 사용하는 경우도 있다고 할 수 있다. 또 이는 전용의 영상 노이즈 측정기를 사용을 하면 위에와 같은 식에 의하여 측정치를 얻는 것이 가능하다고 할 수 있지만, 오실로스코프를 사용하여 휘도 SNR을 측정할 경우에는 오실로스코프의 관면에 표시되어진 노이즈의 p-p치로부터 실효율(RMS)을 구하는 것에 대한 측정치의 변환이 필요하다고 할 수 있다.

이러한 SNR의 측정법을 사용하여서 주의 깊게 측정 되어진 노이즈의 p-p치로부터 RMS치로의 변환 계수는 다양한 조직으로 14㏈로부터 18㏈의 치가 채용되어져 있다고 할 수 있는데, 이글을 쓴 저자는 15㏈의 변환 계수를 사용하고 있다고 할 수 있고, 그러한 것을 사용한다면 SNR은 다음과 같은 식에 의하여 계산이 가능하다고 할 수 있다.

$$\text{SNR(dB)} = 20\log_{10}\,(\text{영상 신호 전압 p-p치}/\text{노이즈 전압 p-p치}) + 15$$

색신호의 SNR의 측정은 국제적으로 표준화 되어진 것은 아니라고 할 수 있는데, 몇 개의 기기제작사에서는 독자의 시장을 이용하여 실효적으로 표준화 되어져있는 디훽토(Defacto)한 측정법을 개발하였다고 할 수 있다.

여기에서는 색신호의 수종류 진폭과 위상의 셋트을 가지고 있어 풀 필드(Full Field)의 신호가 시험 신호로 사용을 하고 있다고 할 수 있고, 여기에서 풀 필드 신호라고 하는 것은 한 개의 필드가 화면 전체를 점하는 신호를 풀 필드 신호(Full Field Signal)라고 하고 있다고 할 수 있다. 피 측정 기기출력의 색 노이즈가 있는 신호로부터 밴드패스 필터를 사용하여 색도의 정보가 분리 되어지고, 이렇게 분리된 색도 정보를 복조 시키어진 진폭과 위상의 랜덤 한 변화는 기준 신호와 비교를 시켜서 이를 진폭 노이즈와 위상 노이즈라고 하여 측정이 되어 진다고 할 수 있다.

코히런트(Coherent) 노이즈라는 것은 통상 기기외부에서 발생을 하여 입력신호에 혼합 되어서 오는 함 노이즈(Hum Noise), 고주파 노이즈(Higher Frequency Periodic Noise), 또는 다른 신호로부터의 크로스 토그 노이즈(Cross Talk Noise)등을 말하고 있다고 할 수 있는데, 이러한 타입의 노이즈는 랜덤 노이즈와 같이 통계적인 수치를 가지고 있는 것은 아니라고 할 수 있고, 코히런트(Coherent) 노이즈라는 것은 보통 한 개 또는 복수의 스프리어스(Spurious Signal)로 부터 시작 되어 주기적인 성질을 가진 노이즈라고 할 수 있다.

표 2.17 스튜디오 품질 기기의 싱글 패스에서 노이즈의 대표적인 특성

노이즈의 타입	분배 증폭기	루팅 스위처	프로덕셔 스위처	1인치 VTR
랜덤 노이즈	≥70dB	≥65dB	≥65dB	≥48dB
함 노이즈	≥60dB	≥60dB	≥60dB	≥60dB
그 외의 주기싱 노이즈	측정 한계이하	측정 한계이하	측정 한계이하	≥60dB
크로스 토크 노이즈	≥60dB	≥60dB	≥60dB	관계없음.

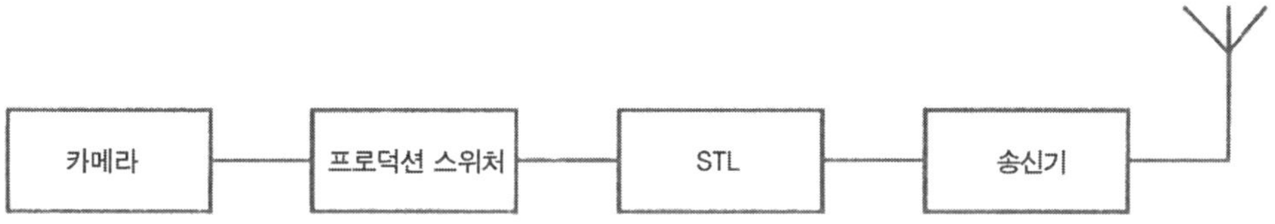

그림 2.74 신호전송을 단순화한 계통도

따라서 코히런트(Coherent) 노이즈는 랜덤 노이즈와는 다르게 기술적으로 주위 깊게 처리를 한다면 방지 한 수 있다. 그러한 것에 이한 화상에 대한 열화는 피크 투 피크(Peak-To-Peak) 노이즈라하여 측정 되이진다고 할 수 있고, 신호 대 코히런트(Coherent) 노이즈 비는 아래와 같은 식으로 정의 할 수가 있다.

SNR(dB) = $20\log_{10}$ (영상 신호 전압 p-p치/Coherent 노이즈선압 p-p치)

함 노이즈(Ham Noise)의 측정에 있어서는 10kHz의 로 패스 필터를 사용하여 시행을 한다고 할 수 있는데, 고주파 노이즈의 측정은 10kHz의 바이패스(Bypass Filter) 필터를 사용한다고 할 수 있다.

크로스토크라는 것은 근접해 있는 회로로부터 불필요한 영상 신호에 의하여 간섭을 받는 것이라고 정의 할 수 있다. 이러한 것에 대한 측정은 크로스 토크의 원인이라고 할 수 있는 회로에 영상 신호를 입력하여 크로스 토크를 받고 있는 라인출력에서 간섭(Feed Back)을 측정한 것이라고 할 수 있다. 표 2.16에서는 노이즈 타입에 의한 화면에 대한 영향을 정리하여 표시한 것이고, 표 2.17에서는 스튜디오 타입 기기 노이즈에 대하여 대표적인 특성을 표시한 것이다.

2.2.6 영상 신호의 분배

영상 분배 시스템에 있어서 신호의 열화는 영상 전송 및 제작 경로에 설치되어 있는 각각의 기기에서 발생되는 열화가 가산되기 때문이라고 할 수 있다. 그 결과 시스템의 오버 올(Over All) 특성이라는 것은 개개의 기기 특성과 시스템 오퍼레이션 선상에서의 몇 대의 기기가 연결되어있는 가에 따라서 결정되어 진다고 할 수 있다.

NTSC 컬러텔레비전 시스템은 VTR기기가 출현하기 전에 이미 개발 되어있었다고 할 수 있는데, 그 시대에는 거의 대부분의 텔레비전 프로그램이 생방송으로서 신호의 분배 루트도 간단하여 카메라(Camera), 스위처(Switcher), STL(Studio to Transmitter Link) 등이 방송 기기의 대표 격이라고 할 수 있고. 신호의 열화에 있어서는 현재기준으로 본다면 크지만 신호 분배 루트 상으로 본다면 각 계통 기기는 한번 통과한 것이 대부분이기 때문에 대부분이 싱글 패스(Single Pass) 특성에 의하여 결정된 것이라고 할 수 있다. 대표적인 간단한 신호 전송 경로(Distribution Patch)에 대하여는 그림 2.75에서와 같이 표시를 하고 있다고 할 수 있다.

VTR의 출현에 의하여 텔레비전 프로그램의 제작 방법은 혁명적으로 변화 하였다고 할 수 있는데, 텔레비전 프로그램은 우선 녹화되어서 편집 되어지고, 편집된 내용을 재차 VTR테이프에 기록을 하는 것이 가능하게 된 것으로서, 그러한 제작 시스템의 변화에 의하여 신호의 경로는 여러 가지 기기나 프로세스를 많이 통과하는 복잡한 분배 형식이 되어서 생기는 현상이라고 할 수 있다. 그 중에서 가장 영향이 큰 것은 VTR에 의하여 반복하여 편집하고 녹화를 시행 하는 것이라고 할 수 있는데, 그림 2.75에서는 2세대의 VTR의 기록을 포함하여 큰 프로그램 제작 센터(Large Teleproduction Center)의 신호 경로를 표시하고 있다고 할 수 있다.

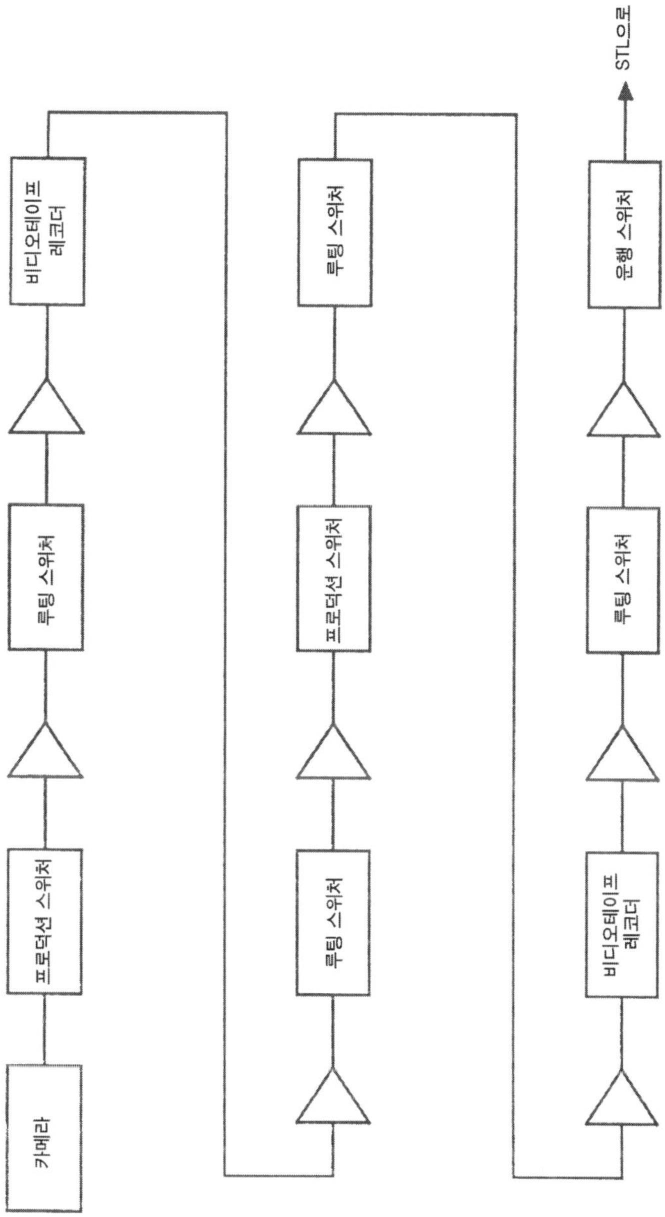

그림 2.75 큰 프로그램 제작 센터에서 복잡한 신호전송의 경우에 계통도

우리가 통상적으로 큰 스튜디오에서는 보통 몇 대의 등화 증폭기가 길은 동축 케이블에 의한 고역손실을 보상하기 위하여 사용되어 있다는 것에 대해 주목을 할 필요가 있다고 생각이 된다.

프로그램 제작 영상 시스템에 대하여 알아보면 프로그램 제작신호 형식인 각 스튜디오의 카메라의 출력 신호는 프로덕션 스위처로 보내어지고, 스위처에서는 다른 영상 신호와 믹스 등의 여러 가지 이펙트 처리가 되어서 프로그램제작이 된다고 할 수 있으며, 이렇게 제작된 프로그램신호는 루팅 스위처(Routing Switcher)를 통하여 VTR에 보내어 지어 편집 과정을 거쳐서 편집된 테이프는 다시 재생이 되어 루팅스위처 또는 온에어 스위처(On Air Switcher)를 거쳐서 대부분은 STL(Studio Transmitter Link : 방송국의 연주소에서 송신소까지 프로그램 전송 라인)에 보내진다고 할 수 있으나, 소규모 제작 시스템에서는 이러한 루팅 스의처를 거치지 아니하고 직접 VTR로 입력되는 경우도 종종 있다고 할 수 있다.

이러한 대표적인 최종 신호 경로의 예로서는

- 4회의 루팅 스위처의 패스(Four Routing Switcher Passes)
- 2회의 프로덕션 스위처의 패스(Two Production Switcher Passes)
- 8회의 등화 증폭기의 패스(Eight Equalizing Distribution Amplifier Passes)
- 최저 2회의 VTR 녹화/재생(Two Video Tape Recording Generations)
- 1회의 온에어 스위처 패스를 통과하는 경로(One On-Air Switcher Pass)등으로 되어있다고 할 수 있는데, 이러한 예에 의하여 큰 프로그램 제작 센터에서의 영상과 음성의 프로그램 품질을 향상시키기 위한 고품질의 신호의 분배와 제작, 기록 기기의 중요성을 알 수가 있다.

신호 분배 패스의 오버 올 특성은 CCIR에서 개발 되어진 국제적인 영상 신호 네트워크에 의한 계산식을 사용하여 어느 정도의 확률로 예측 하는 것이 가능하다고 할 수 있는데, 오버 올의 왜 Dt는 개개의 기기가 가지고 있는 같은 타입의 왜(D_1,D_2,D_3,D_4.......Dn)로부터 $Dt=(D_1^h+D_2^h+D_3^h+D_4^h+\cdots+D_n^h)^{1/h}$라는 식이 얻어 진다고 할 수 있다.

여기에서 h=2색도의 휘도에 대한 편차(Chrominance to Luminance Inequality), 노이즈, 랜덤 직선 왜에 대한 치.

h=1.5 디퍼렌셜 게인 (Differentil Gain: D_G : 미분이득),디퍼렌셜 페이스(Differential Phase : D_P : 미분 위상)에 대한 치라고 할 수 있음.

저자는 이러한 방정식을 큰 프로그램 제작 센터의 영상 분배 패스에 대하여 최악의 경우의 예측치를 얻는데 사용하고 있고, 이를 기반으로 설계하여 양호한 결과를 얻은 경우가 종종 있었다고 한다.

2.2.7 영상 신호의 기록

컴포지트 컬러 영상 신호의 기록에서는 1950년대에 최초로 영상과 음성을 기록하는 VTR이 출현하여 오늘 날 까지 끊임없이 발전 하여 왔다고 할 수 있는데, 이러한 기록 장치에서 항상 주된 문제는 영상 신호의 대역이 넓은 것이라고 할 수 있다. 이 장에서는 이러한 기록장치의 기술 개발 및 원리에 대하여 설명을 하기로 한다.

우선 SNR에 대하여 고려할 때, 리니어한 특성을 얻기 위하여 고주파 바이어스를 사용한 음성 기록에 대한 표준 기술은 영상기록에서는 사용할 수가 없다고 할 수 있는데, 그러한 주된 이유는 테이프 레코더의 재생 헤드 특성에는 6dB/옥타브 특성에 있지만, NTSC영상 신호는 주파수 범위가 30Hz로부터 4.2MHz까지 퍼져 있어 17옥타브의 범위에 있기 때문으로서 따라서 이러한 것은 헤드로부터 재생되어진 신호의 진폭 범위는 100dB(17Octave×6dB/Octave)을 넘기 때문에, 실제로는 사용이 가능한 범위는 아니라고 할 수 있다.

그리하여 이러한 옥타브의 수를 감소시키는 문제는 영상 신호에서 고주파 캐리어를 변조 시키는 것에 의하여 해결되었다고 할 수 있는데, DC로부터 5MHz 대역의 영상 신호를 사용하여 8MHz의 반송파를 변조한 경우 기록 가능한 대역은 양측 파대로 한다면 약 3MHz로부터 13MHz정도라고 할 수 있다. 따라서 이러한 정도의 주파수 범위라면 겨우 2옥타브를 넘는 다고 할 수 있고, 실제의 변조에서는 테이프 기록으로 고유의 진폭 변화가 큰 것에 대하여 인성이 강한 주파수 변조가 사용되어진다고 할 수 있다. 그림 2.76과 그림 2.77에서는 NTSC와 PAL방식에 대한 주파수 변조 프로세스의 표준적인 특징을 표시하고 있다고 할 수 있다.

여기에서 볼 수 있는 바와 같이 양 시스템 모누 수파수 변소기는 농기 선난이 클램프(Clamp)되어 있다고 할 수 있는데, 토털 수파수 편이에 있어서는 NTSC방식에서는 2.94MHz이고, PAL방식에서는 2.14MHz라고 할 수 있다. 또한 이러한 커다란 사이드 밴드는 컬러 서브캐리어 주파수로 발생 한다고 할 수 있는데, 저역 서브캐리어 사이드밴드는 흑 레벨 주파수로부터 서브캐리어 주파수를 뺀 주파수라고 할 수 있다.

이러한 주파수는 NTSC방식에서는 4.32MHz이고, PAL방식에서는 2.73MHz이라고 할 수 있는데, 제 2차 컬러 사이드 밴드 주파수의 에너지는 낮아서 그의 손실에 의한 왜는 인정하지 아니하는 정도라고 할 수 있으나, 제2차 사이드 밴드에서는 없어지는 경우는 없다고 할 수 있다.

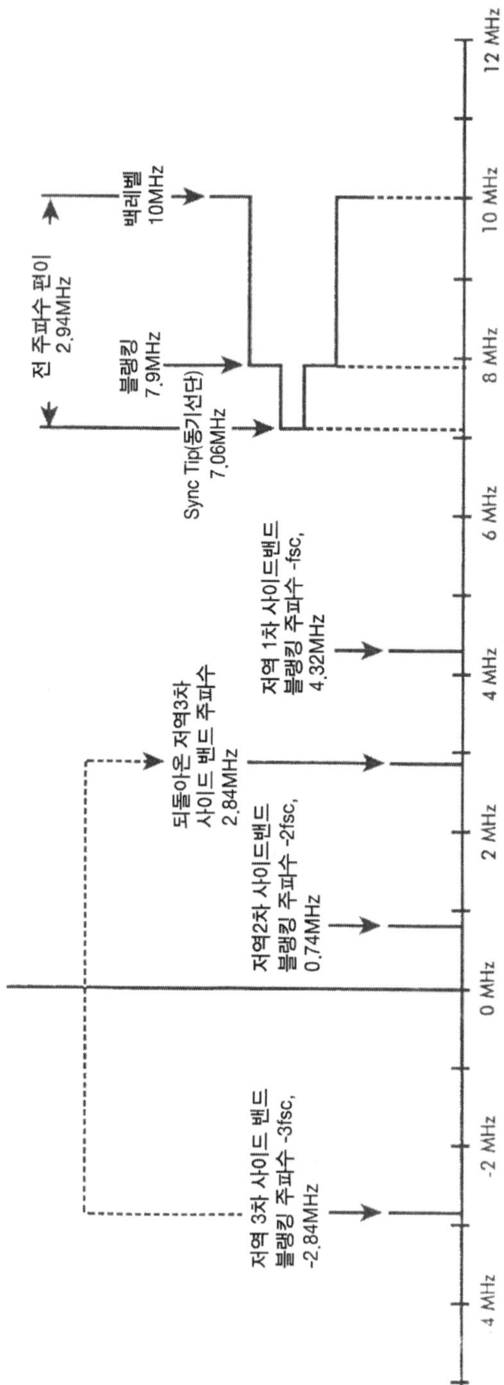

그림 2.76 NTSC아나로그 컴포지트 VTR의 주파수 변조 스펙트럼도

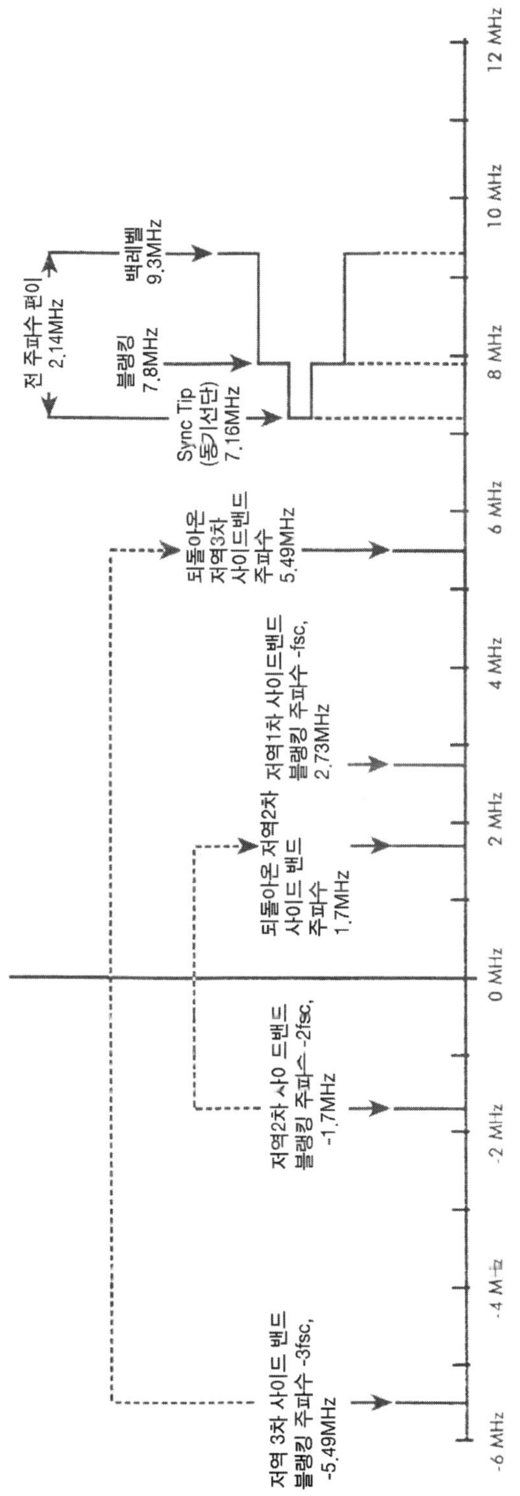

그림 2.77 PAL아나로그 컴포지트 VTR의 주파수 변조 스펙트럼

NTSC에서는 이러한 사이드 밴드를 저대역 내로 취급하는 것이 가능하다고 할 수 있는데, 그러나 PAL방식에서 사이드 밴드 주파수는 -1.7MHz로 하고 있으므로, 이러한 역 부호는 주파수의 관계로는 의미가 없다고 할 수 있고, 사이드 밴드는 되돌아가서(Fold Back) +1.7MHz의 주파수로 나타난다고 할 수 있으며, 복조 후 이러한 사이드 밴드는 스프리어스 신호가 되어 모아레(Moire)라고 하는 화면의 열화 현상으로 나타나게 되어있다고 할 수 있다.

이러한 모아레 문제는 NTSC보다는 PAL방식에서 보다 심각하게 나타난다고 할 수 있는데, 우리가 사용을 하고 있는 NTSC신호대 모아레의 비는 40㏈이상이라고 할 수 있으나 PAL에서는 40㏈이하라고 할 수 있고, 이러한 문제는 모두 기록이 가능한 영상 대역을 좁게 하는 결과가 되어 차세대의 기록 재생에 있어서 특성 열화의 원인이 되고 있다고 할 수 있다.

VTR기록에 있어서 2번째로 커다란 문제는 시간축(Time Base)의 안정도라고 할 수 있는데, 우리가 스튜디오에서 사용하고 있는 카메라와 같은 텔레비전의 신호원은 마스터 동기 신호에 동기가 되어있어서 대단히 안정된 신호라고 할 수 있다.

이러한 스튜디오 영상 장비의 신호원은 주조의 동기신호에 동기 되어 텔레비전 스튜디오의 모든 기기가 동기 시켜져 있는 것이 보증하고 있는데, 주파수가 모두 동기 되어있는 동시에 각 신호원은 타이밍이 맞추어져 있어야 하는 것이 필수라고 할 수 있다.

따라서 2개의 동기 된 NTSC신호는 아래와 같이 표시하는 조건을 동시에 만족을 하였을 경우에 상호적으로 타이밍이 맞추어져 있다고 할 수 있다.

- 4필드 시퀀스(Sequence)로 관련하는 필드의 개시점이 1라인 이내에 상호 지연차에 의하여 일치하고 있을 것.
- 수평 동기 펄스의 상호 지연차가 ±35ns를 초과하지 아니할 것.
- 컬러 서브캐리어 버스트의 위상차가 1°를 넘지 아니할 것.
- 서브캐리어와 수평동기의 위상 (SCH)의 상호차가 10°를 넘지 아니할 것.

이러한 SCH의 사양은 수평 동기펄스 前緣의 중앙 점과 서브캐리어 버스트가 블랭킹 레벨과 크로스 하는 제로 크로스 점과의 사이의 위상 관계를 규정하고 있는데, 이러한 위상 관계는 VTR의 편집에 있어서 편집점이 시프트 되는 것을 막기 위하여 특히 중요하다고 할 수 있다.

VTR출력에 있어서 영상 신호는 피할 수 없는 헤드 테이프 간의 속도 불안정 크기에 기인하고 있어, 동기가 불안정 되어있어 위에서 이야기한 것과 같이 요구했던 항목을 만족을 하지 못하는 경우가 있다고 할 수 있는데, 그리하여 우리가 방송 제작에 사용을 하고 있는 프로페셔널 VTR의 경우에는 동기 불안정 크기를 줄이기 위하여 타임 베이스 콜렉터(Time Base Corrector)를 사용하고, 스튜디오의 마스터 동기에 젠록(Gen Lock) 시키어서 상기의 항목을 만족시키고 있다고 할 수 있다.

2.3 컴포넌트 영상

컴포넌트 영상 시스템에 있어서 컬러화상은 토털 여러 개의 영상 정보 성분 중에시 하나씩 신호를 보내는 것으로 하고 있는데, 이렇게 보내어진 신호는 여러 개의 영상 신호를 조합하여 최종적으로 하나의 신호로 표현이 되어진다고 할 수 있다. 따라서 컴포넌트 영상 설비에서 각각의 다른 컴포넌트 신호는 각각 별개로 프로세스 하여 진다고 할 수 있는데, 이상적인 시스템이라면 방송 때문에 컴포지트 신호로 변환 하는 것은 송신 전에 1회만 한하여 엔코더를 통하여 시행 한다고 할 수 있다.

우리가 프로그램을 제작함에 있어서 스튜디오에서 컴포넌트 신호라는 것은 다음과 같은 2개의 신호 형식이 있다고 할 수 있다.

- G, B, R신호 : 이 신호 형식에서는 같은 대역을 가진 3개의 G, B, R신호를 발생하여 분배를 하고, 이를 프로세스를 하는 형식으로서, 이러한 신호는 카메라로 부터 용이하게 얻어 진다고 할 수 있다.
- Y, B-Y, R-Y신호 : 이러한 신호의 형식에서는 기본의 G, B,R의 신호로부터 매트릭스에 의하여 Y, B-Y, R-Y신호를 만들어서 신호를 발생하여 분배 및 프로세스를 시행하는 형식으로서, 통상 적으로 Y신호는 B-Y, R-Y의 색치 신호보다도 넓은 대역을 가지고 있다고 할 수 있고, 카메라에 따라서는 이러한 신호를 지접 언는 경우도 있다.

아날로그 컴포넌트 신호를 표준화 하려고 하는 노력은 별로 활발하게 진행되어 지지 아니한다고 할 수 있고, 현재에있어서도 몇 가지의 형식이 사실상에 표준으로 난립해 있어서 기기 상호간의 접속이 곤란한 경우도 종종 발생하고 있다고 할 수 있는데, 이러한 컴포넌트 신호는 어떠한 형태라 할지라도 각 컬러텔레비전 시스템의 기본적인 요소라는 것은 틀림이 없다고 할 수 있다.

파형		NTSC관련	셋업이 붙어있는 NTSC관련	SMPTE253M
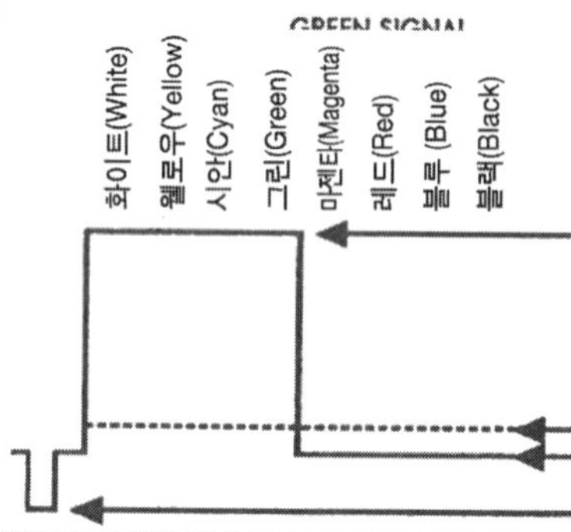	피크레벨	714.3 mV	714.3 mV	700 mV
	셋업레벨	0 mV	53.57 mV	0 mV
	블랭킹 레벨	0 mV	0 mV	0 mV
	동기레벨	-285.7 mV	-285.7 mV	-300 mV
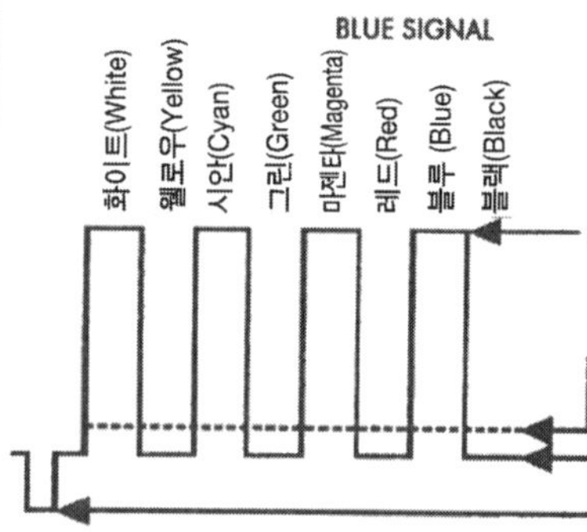	피크레벨	714.3 mV	714.3 mV	700 mV
	셋업레벨	0 mV	53.57 mV	0 mV
	블랭킹 레벨	0 mV	0 mV	0 mV
	동기레벨	-285.7 mV	-285.7 mV	-300 mV
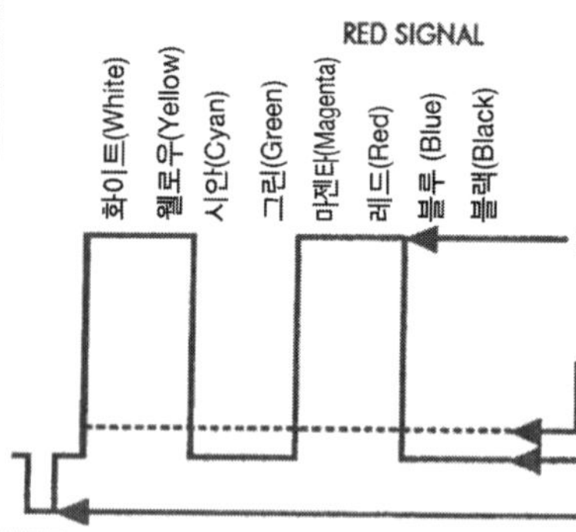	피크레벨	714.3 mV	714.3 mV	700 mV
	셋업레벨	0 mV	53.57mV	0 mV
	블랭킹 레벨	0 mV	0 mV	0 mV
	동기레벨	-285.7 mV	-285.7 mV	-300mV

그림 2.78 아날로그 컴포지트 GBR신호의 레벨 특성. 100%컬러바

또 실제의 컬러 카메라가 그린(Green), 블루(Blue), 레드(Red) 등의 기본 3원색에 대응하여 3개의 신호로 분리하는 기능을 가지고 있기 때문에 실제로 GBR 신호의 출력은 없다고 할지라도 카메라 내부에서는 어느 정도의 단계까지는 존재하고 있다고 할 수 있는데, 이러한 GBR신호 시스템에서는 등대역의 3개의 신호로부터 성립이 되어 진다고 할 수 있다.

또한 이러한 시스템 형식은 고해상도의 최고 해상도를 필요할 때에 사용하는 시스템 이라고 할 수 있는데, 예를 들면 정지화의 작성 등에 사용되어 진다고 할 수 있고, 이러한 시스템을 사용하는 시스템에 대한 예로서는 영상 신호를 가공하는 페인팅 시스템(Painting System)과 컴퓨터에 의한 디자인 시스템(Computer-Aided Design) 등이 있다고 할 수 있다.

이러한 색차 신호를 사용한 시스템에서는 약간의 대역은 감소시키는 것이 가능하다고 할 수 있는데, 이는 인간의 눈은 화상의 섬세한 부분에 있어서는 휘도 신호가 차지하는 비중이 높아서 높은 해상도를 요구하지만, 색의 정보 영역에 있어서는 그리 높은 해상도를 요구하지 아니하기 때문이라 할 수 있다. 이러한 시스템에 대한 실제 예를 들어보면 GBR신호 컴포넌트 시스템에서는 모든 대역에서 휘도 신호인 Y(흑백신호)를 만든다고 할 수 있지만, 컴포넌트 색차신호를 이용한 메트릭스회로에서는 2개의 색차신호 B-Y와 R-Y신호를 만들고 있으므로 이러한 색차신호 대역에서는 Y와 같은 넓은 대역은 필요하지 아니하다고 할 수 있는데, 따라서 조금은 차이가 있을 수 있지만 색차신호 대역은 Y대역의 반 정도 또는 1/4대역 정도만 되면 충분하다고 할 수 있다.

2.3.1 GBR신호

GBR 컴포넌트신호는 기본적으로는 원색의 하나를 표현 하고 있는 3개의 원색 영상이라고 할 수 있는데, GBR을 신호원으로 사용하고 있는 대표적인 장치는 카메라, 텔레시네, 컴포지트 신호 복합기, 문자 발생기 그래픽 시스템 등에 많이 사용된다고 할 수 있다.

2.3.1.1 신호의 특성

그림 2.78에서는 실제로 사용을 하고 있는 GBR신호의 구성(100%컬러바)과 그의 특성을 표시하고 있는데, 신호의 진폭은 100%컬러바가 대표적인 치라고 할 수 있다. 이러한 신호의 표시는 동기를 부가한 형태로 표시하고 있으나 신호의 구성에 따라서는 그린(Green) 만이 동기가 있는 (Sync on Green)형식이 많이 사용하고 있다고 할 수 있는데, GBR신호에는 동기가 아예 없고 동기는 별도의 케이블로 보내어서 신호를 구성하는 경우도 있다고 할 수 있다. 그림 2.78 아날로그 컴포넌트 G,B,R신호의 레벨특성 100%컬러바에서 첫 번째 란에서는 "NTSC-Related" GBR신호의 특성을 표시하고 있는데, 이러한 형식은 통상적으로 카메라 출력으로부터 얻어진 신호라고 할 수 있고, 셋업(Set Up)은 통상적으로 NTSC 엔코더에서 부가 되어진다고 할 수 있다.

따라서 이러한 신호는 셋업을 가지고 있지 아니하기 때문에 714.3㎷의 피크 진폭치를 가지고 있다고 할 수 있는데, 만약 동기를 가지고 있다면 -285.7㎷라고 할 수 있다.

그리고 2번째 란에서는 통상적으로 NTSC디코더의 출력에서 나타나는 "NTSC-Related" GBR신호의 특성을 표시하고 있다고 할 수 있는데, 이러한 신호는 셋업을 제외하고는 첫 번 째 란과 같다고 할 수 있다.

3번째 란 에서는 SMPTE/EBU신호의 특성을 표시하고 있는데, 셋업이 없다는 것과 700㎷의 피크진폭과, -300㎷의 동기 진폭에 주의를 할 필요가 있는 것으로서 같은 신호의 셋트 시그널(Set Signal)은 PAL디코더의 출력에도 나타난다고 할 수 있다.

역주 새로운 SMPTE 253M에서는 레벨은 같지만 동기 신호는 그린(Green) 신호에 부가하는 형태로 변경되어있다고 할 수 있다.

이러한 규격은 같다고 할 수 있지만 엄밀하게 이야기를 하면 호환성이 없다고 할 수 있는데, 이러한 호환성이 없는 기기가 접속이 되었을 경우 극단적인 경우에는 백의 그린 피크레벨이나 휘도 레벨에서 에러가 생길수가 있다는 것이다. 그러하기 때문에 컴포넌트 기기에 신호를 입력할 경우에는 그 기기에 맞게 하기위하여 입력 GBR 신호를 규격 표준화 하는 것이 중요하다고 할 수 있다.

2.3.1.2 성능 관련의 파라미터와 그의 측정

컴포넌트 GBR신호는 시스템 분배 루트의 직선왜, 비직선왜 노이즈의 영향에 민감하다고 할 수 있는데, 이러한 경우의 컴포넌트 신호는 3개 흑백 영상 신호와 같이 동작을 하고 있다고 할 수 있다. 또한 직선왜에 대하여 구체적으로 말하면 진폭대 주파수 특성 또는 군 지연 대 주파수 특성으로 나타난다고 할 수 있는데, 아날로그 컴포넌트 신호 특유의 2가지의 부가항목은 다음과 같다고 할 수 있다.

- 채널 사이의 이득 차 : 그린(Green) 채널의 진폭에 대하여 블루(Blue), 레드(Red) 채널의 진폭이 정확하게 맞아 있지 아니하다는 것으로서, 이러한 이유 때문에 정확한 색의 재현과 색온도가 잘 맞지 아니한다고 할 수 있다.
- 채널간의 지연차 : 그린 채널에 대하여 블루(Blue), 레드(Red) 채널의 지연이 잘 맞지 아니한다는 것으로, 이러한 것에 의하여 매트릭스에서 얻어지는 Y신호의 상승 특성이 나빠지게 되어있는데, 채널간의 지연차를 측정하기 위하여 보우타이(Bowtie)신호라고 불리 우는 특수한 시험 신호가 개발 되어져 있다.

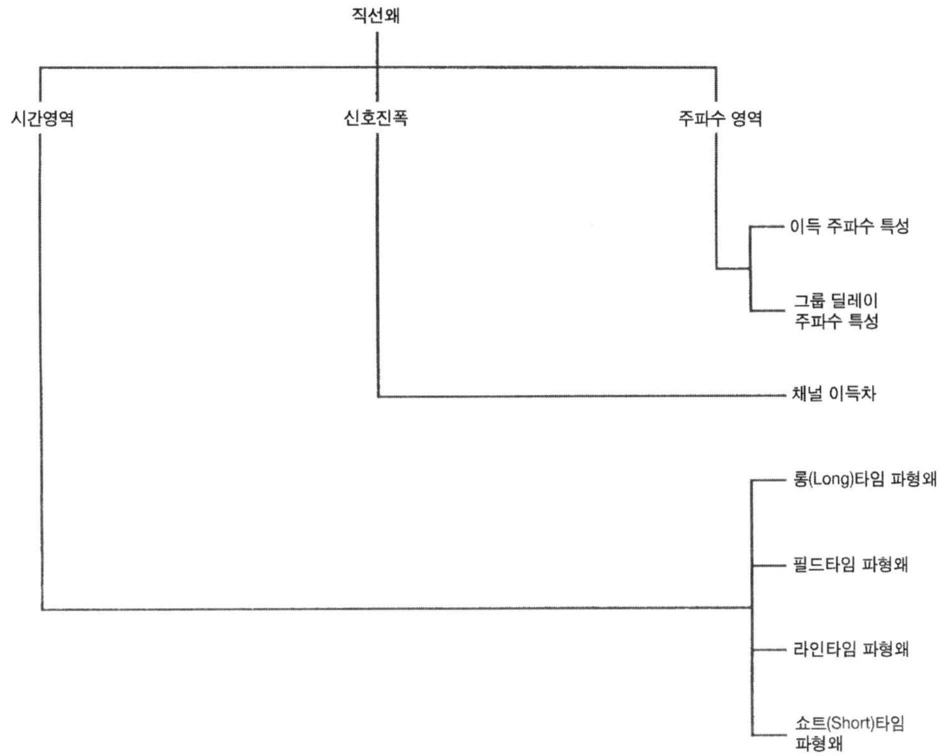

그림 2.79 아날로그 GBR의 신호를 열화시킨 직선왜의 분류

그림 2.79에서는 컴포넌트 GBR신호의 영향을 주는 직선왜의 분류를 표시하고 있다.

각 컴포넌트 신호의 비직선 왜의 측정에서는 컴포넌트 영상 신호의 휘도 비직선 왜의 측정과 같은 방법으로 시행이 되어진다고 할 수 있는데, 이러한 것에서는 컬러 서브캐리어가 없기 때문에 컴포지트 신호에서와 같이 전형적으로 발생하는 그 외의 비직선 왜는 존재하지 아니한다고 할 수 있다.

랜덤 노이즈는 아날로그 컴포넌트 GBR기기에 있어서 가장 일반적인 타입의 노이즈라고 할 수 있고, 노이즈의 측정 대역은 5.5MHz이라고 할 수 있는데, 주기성 노이즈나 크로스 토크와 같은 그 외의 타입의 노이즈는 컴포지트 신호에서 사용되어진 측정법과 같은 방법으로 측정 되어진다고 할 수 있다.

컴포넌트 신호에 의한 크로스 토크는 복잡한 현상이라고 할 수 있는데, 이렇게 3개의 컴포넌트 신호사이에 크로스 토크가 있다면 다른 시스템의 컴포넌트 신호군 으로부터의 크로스 토크도 있다고 가정 할 수 있다. 그림 2.80에서는 아날로그 컴포넌트 신호의 영향을 주는 노이즈의 분류를 표시하고 있고, 표 2.18에서는 대표적인 시험 신호와 그러한 것이 관련하는 시험 항목을 표시하고 있다.

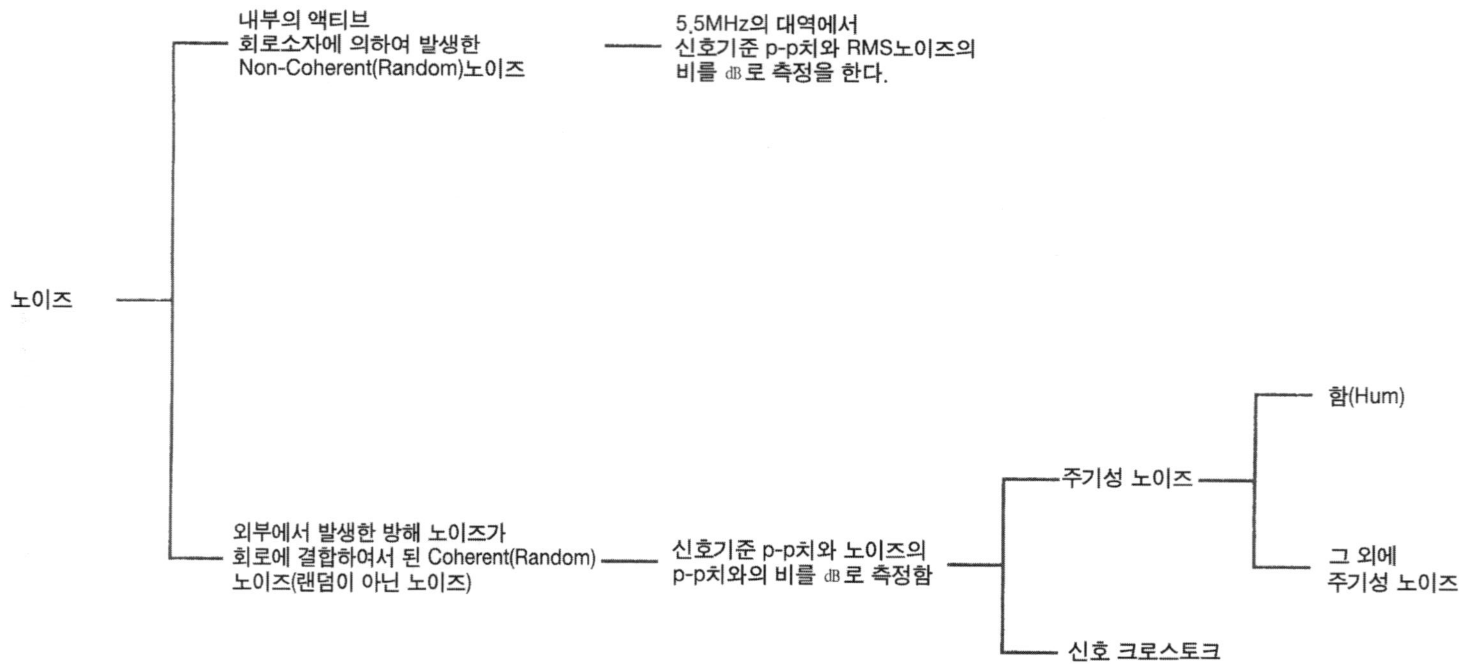

그림 2.80 아날로그 GBR 의 신호를 열화시킨 노이즈의 분류

표 2.18 G,B,R시험신호

시험신호	시험내용
컬러바(Color Bar)	채널이득, 엔코드의 정도
멀티버스트(버스트주파수 0.5, 1, 2, 3, 4, 5MHz)	주파수 특성
필드 단형파	필드타임 왜
2T펄스 바 (bar)t=100ns	라인타임 왜, K Factor
보우타이(Bowtie)신호	상대시간차
계층파	전송 비직선성
플래트 필드(Flat Field)	S/N비

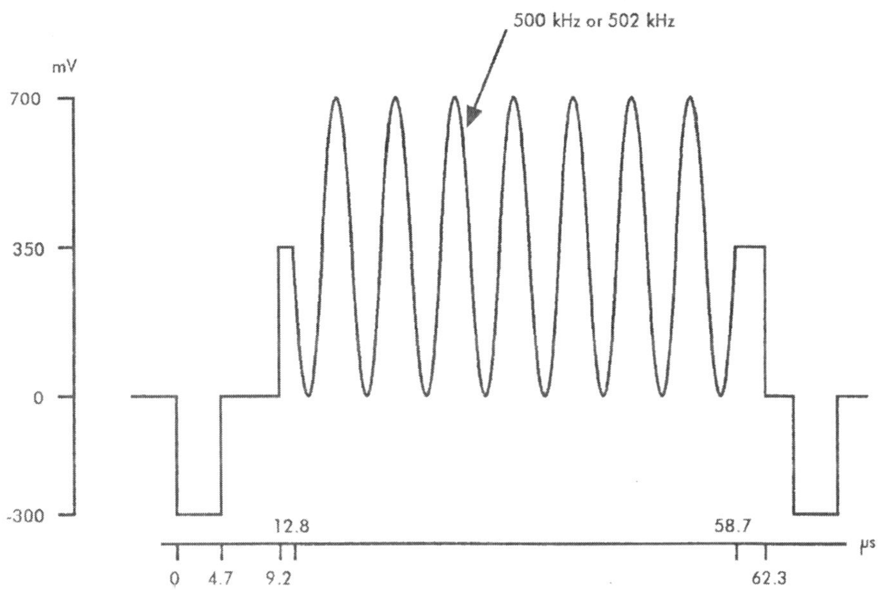

그림 2.81 Bowtie시험 신호

GBR 신호에 대하여 3개의 같은 시험 신호를 셋트로 하여 컴포지트 신호와 거의 같은 시험 신호가 사용되고 있으나 아래와 같은 아주 미세한 일부분이 다르다고 할 수 있디.

- 신호의 진폭은 영상 700㎷/동기 300㎷로 규격화 되어있어 셋업은 없다고 할 수 있고, GBR 3개의 신호에는 모두 동기신호가 부여 되어있다고 할 수 있으나, 최근의 규정에서는 그린신호에만 동기가 있는 것으로 하는 것도 있다.

- 신호의 기준대역은 4.2MHz는 아니고, 5MHz로 하고 있는데, 그 때문에 멀티 버스트 신호의 버스트 주파수는 0.5, 1, 2, 3, 5MHz가 된다고 할 수 있고, 측정기에 따라서는 연속한 라인 스위프 신호의 주파수 범위는 0.5로부터 6MHz로 되어있다고 할 수 있다. 또한 T=100ns를 기준으로 2T 펄스의 HAD폭 (Half Amplitude Duration)=200ns정도로 하고 있다고 할 수 있다.

기준의 그린 신호에 대하여 블루 레드 신호의 상호 지연차의 측정은 테트로닉스사에서 개발한 보우다이 신호를 사용하여 시행을 하고 있는데, 보우다이 신호의 플래트 한 50% 레벨 신호에 같은 레벨의 정현파가 패킷 상에 중첩한 2개의 신호 셋트 형태로 되어 있다고 할 수 있고, 그 2개의 정현파 신호 주파수는 조금은 다르다고 할 수 있다.

기준이 되는 그린 채널의 신호는 500kHz의 정현파가 중첩 되어있어 블루 또는 레드 채널이 된다고 할 수 있는데, 또 하나의 신호에 중첩되어진 정현파 패킷의 주파수는 502kHz로 선택되어져 있다고 할 수 있다. 그림 2.81에서는 정현파를 중첩한 신호의 파형으로서 500kHz의 정현파 중앙점에 위상은 약 502kHz정현파 중앙점의 위상과 일치 하게 하고 있다고 할 수 있다.

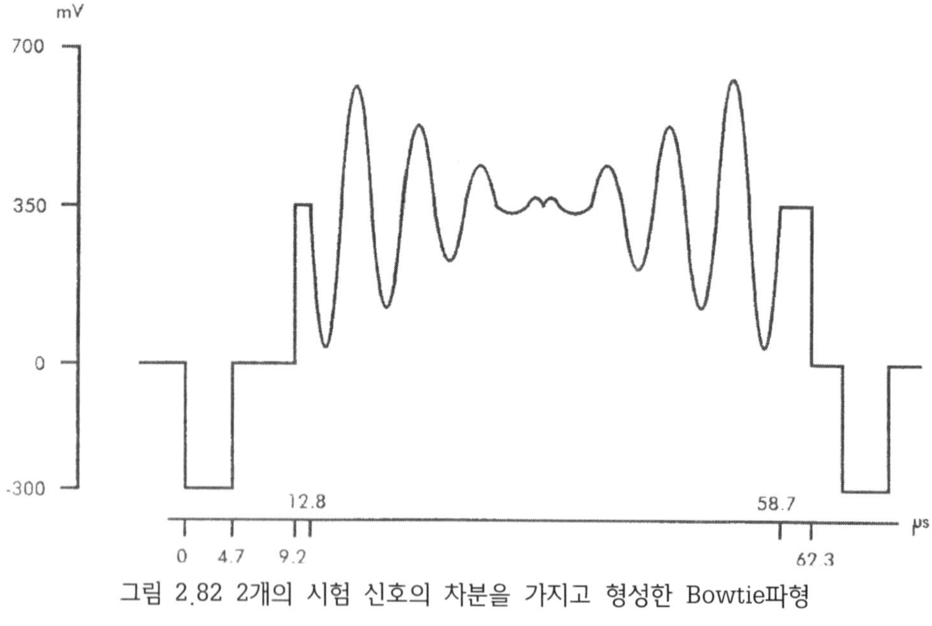

그림 2.82 2개의 시험 신호의 차분을 가지고 형성한 Bowtie파형

측정에서는 피 측정기기의 그린채널의 출력으로부터 블루 또는 레드채널의 출력을 오실로스코프로 감산을 하는 형태로 하여 측정을 하고 있는데, 이러한 2개의 출력이 완전하게 지연이 맞는다면 신호감산의 결과는 그림 2.82에 표시를 하고 있는 것과 같이 정현파의 중앙점에서 상쇄가 되어 보우타이와 같은 형태가 되어 진다고 할 수 있다. 또한 블루 또는 레드 신호가 그린신호와 비교하여서 지연되어 있다고 하면 그분의 정현파가 상쇄되어지는 포인트는 우측으로 이동을 한다고 할 수 있고, 반대로 블루 또는 레드 신호가 그린신호와 비교하여 더 빠르게 간다면 그 분의 정현파가 상쇄되는 포인트는 좌측으로 이동하게 되어있는데, 측정을 위하여 20ns마커(Marker)가 디스플레이 화면에 삽입되어진 기기 라면지연차의 측정에 의하여 많은 도움을 주고 있다고 할 수 있다.

2.3.1.3 신호의 분배 전송

GBR아날로그 컴포넌트 3신호 전송 시스템은 아날로그 시스템에서는 최고의 화질을 얻는 것이 가능하여 이상적인 시스템이라고 할 수 있어 모든 텔레비전 프로그램 제작은 아날로그 GBR 컴포넌트 포맷으로 제작을 시행 하고 있는데, 컴포넌트 신호의 엔코드는 송신을 하기 전단에서 1회만 시행 하여 송출을 하는 것이 바람직하다고 할 수 있다. 그러면 왜 이러한 GBR 컴포넌트의 신호를 이용한 제작 시스템이 널리 사용되지 아니하는가에 대한 이유는 3개의 광대역 신호를 기록이 가능한 VTR이 아직은 제작 되어 지지 아니하였기 때문이라고 할 수 있는데, 그러한 이유 때문에 아날로그 GBR신호의 분배는 문자 발생기와 엔코더 사이와 같이 매우 짧은 거리의 전송에 한하여 현재는 시행을 하고 있다고 할 수 있다. 또 이러한 컴포넌트 시스템에서는 아날로그 컴포넌트 전송에 있어서 특수함에 의해 채널간의 지연차와 이득차가 무시 가능한 정도가 되지 아니하면 되지 아니한다고 할 수 있는데, 이렇게 생기는 채널간의 지연차는 휘도 해상도를 열화 시키고, 채널간의 이득차는 매트릭스에 의한 휘도 신호 레벨의 오차와 색의 오류는 물론, 배경에 있어서 색조의 변화를 일으킨다고 할 수 있다.

2.3.1.4 신호의 모니터링

컴포넌트 영상 신호파형의 연속한 모니터링은 GBR의 신호가 피크레벨을 오버 되지 아니한다는 것을 보기 위하여 특수한 3채널의 파형 모니터를 필요로 하고 있는데, 통상적으로 엔코드 되어진 컴포지트 신호가 규정치 내에 있다는 것을 확인을 하기 위하여 GBR신호를 컴포지트 신호형식으로 가상 엔코드하여 통상의 파형 모니터로 보는 것이 관행적으로 많이 시행이 되고 있다고 할 수 있고, 이러한 GBR신호의 적정한 모니터링을 하지 아니하면 규격외의 엔코드 신호가 발생하게 되어있다고 할 수 있다.

2.3.2. Y, B-Y, R-Y 신호

Y, B-Y, R-Y신호 성분은 그린, 블루, 레드의 3원색 신호에 맞추어져 있다고 할 수 있는데, Y, B-Y, R-Y신호의 발생원으로서는 카메라, 아날로그 컴포넌트 카세트 VTR, 컴포지트 영상 디코더 등이 있다고 할 수 있다.

2.3.2.1 신호의 특성

휘도 신호는 아래와 같은 식으로 표현을 할 수가 있다.

$$E'_Y = 0.587E'_G + 0.114E'_B + 0.229E'_R$$

이러한 식은 모든 컴포지트 방식 (NTSC, PAL, SECAM)과 컴포넌트 방식에 모두 공통으로 사용된다고 할 수 있는데, 색차신호는 NTSC, PAL, SECAM 방식 등에서 각각 진폭의 p-p치나 대역폭이 다르다고 할 수 있다. 그리하여 이러한 NTSC와 PAL에서는 색차신호의 진폭은 엔코드 되어진 신호로서 100% 컬러바의 시안(Cyan)과 옐로우 바(Yellow Bar)의 진폭이 130.8IRE(+935㎷)을 넘지 아니하게 스캐닝 되어져 있다고 할 수 있다.

이러한 최대 진폭일지라도 송신기에서는 많은 오버로드(Overload)가 발생된다고 할 수 있는데, NTSC시스템을 개발한 개발자들은 자연계에서 100%의 진폭이 되는 시안이나 옐로우 포화색은 통상 적으로 존재하지 아니 하기 때문에 실제로 송신기에서의 오버로드는 일어나지 아니한다고 생각을 하였다. 그러나 문자 발생기나 그 외에 디지털 신호 발생기의 개발에 의하여 인공적으로 컴포넌트 신호가 생성이 되어져서 그러한 것이 컴포지트 신호로 엔코드 되었을 경우에는 용이하게 송신기를 오버로드 시키는 경우가 종 종 발생하게 되어있다고 할 수 있다. 그림 2.83에서는 실제로 사용되어지고 있는 컴포넌트 신호의 구성을 표시하고 있다고 할 수 있는데, 이러한 신호의 진폭은 100%컬러바에 대한 대표치라고 할 수 있고, 통상적으로는 Y 신호에 동기가 부가 되어져 있다고 할 수 있다.

첫 번째 란에서는 NTSC디코더의 출력으로 통상적으로 얻어 진다고 할 수 있는데, 여기에서 NTSC에 관련한 Y, R-Y, B-Y신호의 특성치를 표시하고 있다고 할 수 있다.

여기에서 휘도 신호는 714.3㎷의 피크치 진폭을 가지고 있고, 53.57㎷의 셋업,-285.7㎷의 동기 진폭을 가지고 있다고 할 수 있는데, 여기에서 색차신호는 정극성과 부극성을 가진 양극성(Bipolar)으로서 동일하지 아니하는 p-p의 진폭치를 가지고 있다고 할 수 있다.

따라서 B-Y신호는 627.08㎷, R-Y신호는 877㎷이라고 할 수 있는데, 이러한 특수한 진폭치는 NTSC색차 신호의 아래와 같은 방정식으로부터 나온다고 할 수 있다.

$$E'_{B\text{-}Y} = 0.492(E'_B\text{-}E'_Y)$$(이전은 0.493이 사용되어졌다.)

$$E'_{R\text{-}Y} = 0.877\ (E'_B\text{-}E'_Y)$$

WAVEFORM	NTSC	EBU N10	BETACAM	M II
Y신호 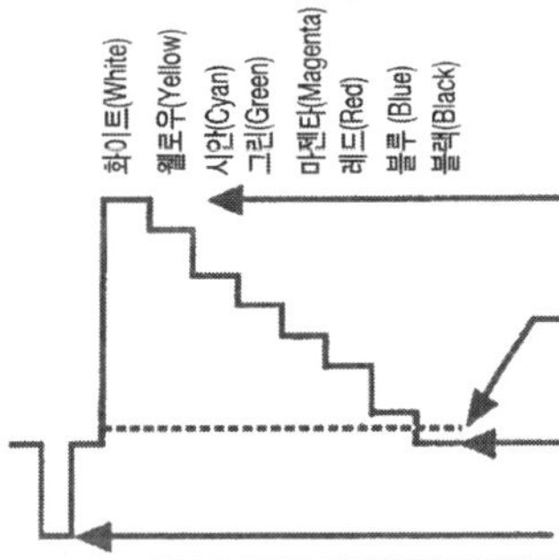				
PEAK WHITE	714.3 mV	700 mV	714.3 mV	700 mV
셋업레벨	53.57 mV	0 mV	53.57 mV	52.5 mV
블랭킹 레벨	0 mV	0 mV	0 mV	0 mV
동기레벨	-285.7 mV	-300 mV	-285.7 mV	-300 mV
B-Y신호 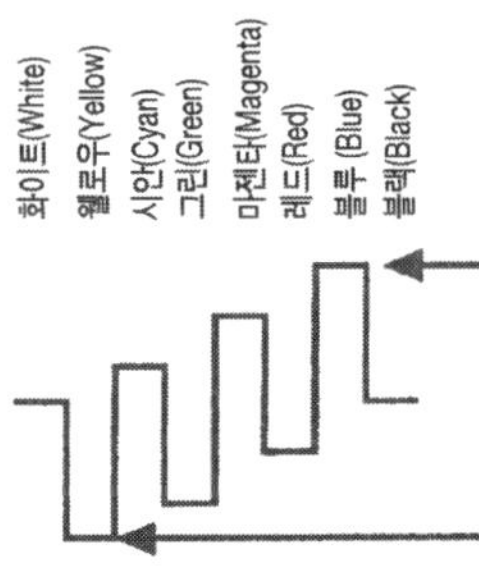				
POSITIVE PEAK	+313.54 mV	+350 mV	+466.65 mV	+324 mV
	0 mV	0 mV	0 mV	0 mV
NEGATIVE PEAK	-313.54 mV	-350 mV	-466.65 mV	-324 mV
R-Y신호 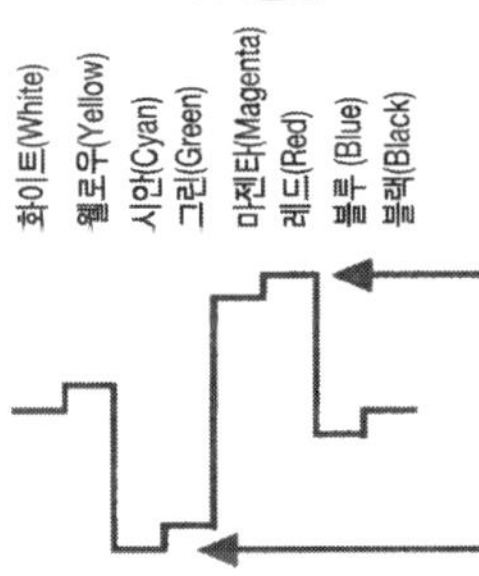				
POSITIVE PEAK	+438.5 mV	+350 mV	+466.65 mV	+324 mV
	0 mV	0 mV	0 mV	0 mV
NEGATIVE PEAK	-438.5 mV	-350 mV	-466.65 mV	-324 mV

그림 2.83 아날로그 컴포넌트 Y, B-Y, R-Y신호의 특성 -100%컬러바

그림 2.83에서 2번째 란 에서는 EBU-N10규격에 의한 컴포넌트 신호에 대한 특성치라고 할 수 있으나, SMPTE에서는 이와 같은 규격은 없다고 할 수 있고, 따라서 EBU-N10은 SMPTE 존재하는 사실상의 규격 (Defacto Standard)이라고 할 수 있다.

그리고 휘도 신호는 700㎷의 p-p의 진폭으로 셋업이 없고, 동기 진폭은 -300㎷이라고 할 수 있는데, 색차 신호는 양극성으로 상하의 대칭으로 되어있으며 같은 700㎷p-p의 진폭을 가지고 있다고 할 수 있다. NTSC나 PAL이 색차신호와 구별하기 위 하여는 이러한 색차 신호는 P_B, P_R이라고 불리 우고 있는데, 이러한 신호에 대한 등 진폭치는 아래와 같은 스캐닝 계수가 변경되어진 색차 신호 식으로 얻어 진다고 할 수 있다.

$$P_B = 0.564(E'_B - E'_Y)$$
$$P_R = 0.713(E'_B - E'_Y)$$

그림 2.83에서 3번째 란에서는 북미에서 판매가 되고 있는 소니 베타캄 SPVCR 출력에서 얻을 수 있는 컴포넌트 영상신호의 특성치를 100%의 컬러바를 재생하였을 때 치로 표시하고 있는데, 휘도신호의 p-p치는 714.3mv이고 셋업은 53.57mV이며, 동기신호는 -285.7mV이라고 할 수 있다. 또한 이러한 2개의 색차신호는 양극성에 상하 대칭으로 933.3mVp-p와 같은치를 가지고 있다고 할 수 있는데, 75%컬러바에서 휘도신호는 535.72mVp-p가 되고, 2개의 색차신호의 p-p치는 700mV가 된다고 할 수 있다.

베타캄(Betacam)의 색차 신호의 식은 다음과 같다고 할 수 있다.

$$\text{Betacam(B-Y)} = 0.75(E'_B - E'_Y)$$
$$\text{Betacam(R-Y)} = 0.95(E'_R - E'_Y)$$

625/50을 사용하는 국가에서 판매되고 있는 소니 베타캄 SPVCR은 그림2번째 란에 있는 EBU-N10규격에 따르고 있다고 할 수 있는데, 일본에서 판매되고 있는 소니베타캄 SPVCR은 그림3번째 란에 있는 규격과 같으나 휘도 신호의 셋업을 가지고 있지 아니하다고 할 수 있다. 그림 2.83의 4번째의 란은 MⅡVCR의 출력 컴포넌트 신호로 100% 컬러바를 재생한 경우의 치를 표시하고 있는데, 휘도 신호의 P-P치는 700㎷이고, 셋업은 52.5㎷이며, 동기는 -300㎷이라고 할 수 있는데, 색차 신호의 양극성, 상하 대칭이므로 2개 모두 648㎷의 p-p치를 가지고 있다고 할 수 있다.

MIIVCR색차 신호 식은 다음과 같이 표시할 수 있다.

$$MII(B\text{-}Y) = 0.522(E'_B\text{-}E'_Y)$$
$$MII(R\text{-}Y) = 0.66(E'_R\text{-}E'_Y)$$

따라서 625/50국가의 MIIVCR 컴포넌트 신호는 EBU-N10규격에 만족을 하고 있다고 할 수 있다.

이상과 같은 4개의 규격으로 색차 신호의 스켈링(Scaling)계수는 각각 다르다고 할 수 있는데, 엄밀하게 말하면 이러한 규격사이에서는 호환성이 없다는 것이다. 이렇게 다른 타입의 기기 접속에서는 시장에서 판매되고 있는 특정한 신호 방식 변경 장치인 트랜스코더(Transcoder : 상호변환기)가 필요하다고 할 수 있는데, 이렇게 다른 타입의 컴포넌트 기기를 포함하는 시스템에서는 EBU-N10의 컴포넌트 신호를 기본으로 하여 각각 다른 타입의 신호를 접속하여 EBU의 신호와 트랜스 코더를 사용하여 신호를 변경하여 접속을 하는 것이 바람직한 방법이라고 할 수 있다.

또한 이렇게 형식이 다른 컴포넌트 시스템에서는 진폭치가 다르다는 것에 더해서 여러 가지 컴포넌트 신호사이에는 다른 대역폭을 가지고 있다고 할 수 있는데, 이러한 대역폭은 기록 기기나 송신기기에 밀접히 관련하고 있다고 할 수 있으나, 우리가 통상적으로 운용하는 스튜디오 전송 기기에서는 Y신호와 색차 신호 모두 같은 대역을 가지게 하고 있다.

2.3.2.2 화질 관련의 파라미터 측정

컴포넌트 Y, B-Y, R-Y의 신호는 전송이나 기록에 있어서 직선왜, 비직선왜, 노이즈 등의 영향에 민감하다고 할 수 있는데, 직선 왜는 이득 주파수 특성이나 그룹 딜레이 주파수 특성 등으로 나타난다고 할 수 있고, 그러한 증상과는 별개의 형식으로 컴포넌트 신호는 특유의 아래와 같은 2가지의 문제를 유발하고 있다고 할 수 있다.

- 채널간의 이득 차 : Y신호 진폭에 대하여 B-Y, R-Y신호에 대하여 대응하는 진폭치의 오차에 의하여 색 재현 특성이 떨어진다고 할 수 있다.
- Y신호에 대한 B-Y, R-Y신호의 상대적인 지연에 의하여 화상에 있어서 레지스트레이션 (Registration : 여기에서는 GBR 3원색의 화상이 정확하게 같은 위치에 중첩되어있는 것을 말하고 있음.)이 잘 맞지 아니하는 증상이 발생 한다.

따라서 이러한 지연을 측정하기 위하여 "보우타이 신호(Bowtie Signal)"라고 불리 우는 특수 시험 신호가 채널간의 지연차 측정을 하기 위하여 개발 되어져 있다고 할 수 있다.

여기에서 휘도 신호이라는 것은 흑백의 신호와 완전히 같다고 할 수 있고, 시험 신호의 측정 방법에 있어서도 흑백신호 또는 GBR 컴포넌트 신호의 경우와 같다고 할 수 있는데, 표준 대역은 5MHz로 T=100ns이라고 할 수 있고, 이러한 아날로그 컴포넌트 VTR에서 휘도 신호는 2개의 색차 신호와 비교하여 넓은 주파수 특성을 가지고 있다고 할 수 있다.

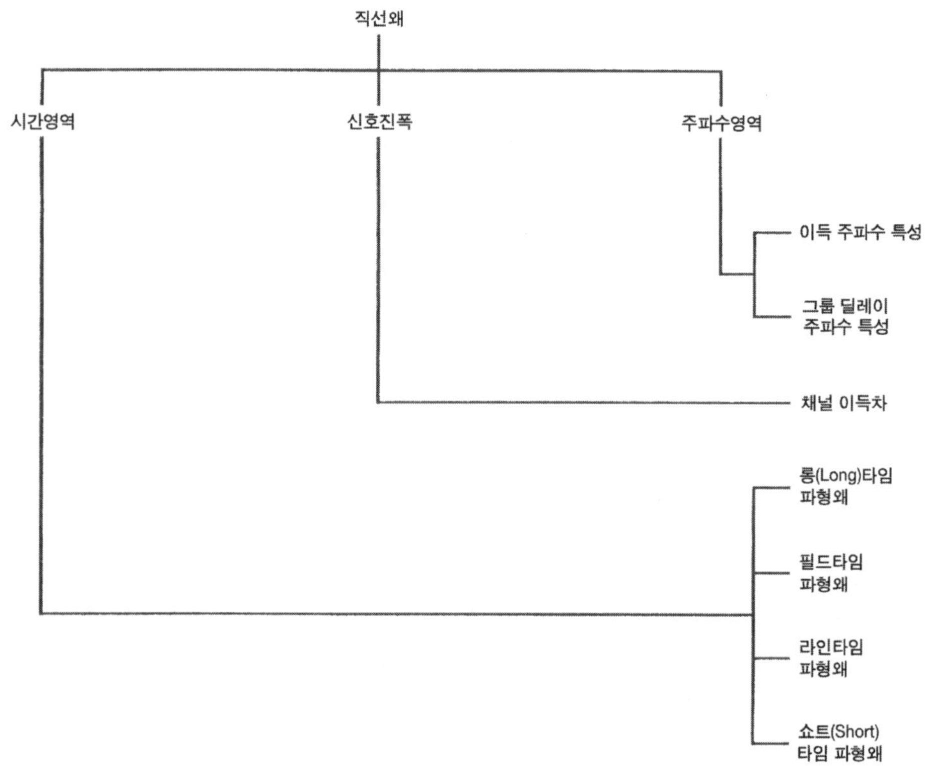

그림 2.84 Y, B-Y, R-Y신호를 열화 시키는 직선 왜의 분류

또 스튜디오 전송 기기에서는 통상 적으로 5MHz보다 더 넓은 대역을 가지고 있다고 할 수 있는데, 휘도 신호의 시험 신호로는 멀티 버스트(버스트 주파수는 0.5, 1, 2, 3, 4,5MHz), 반치폭(HAD)200ns의 펄스(Pulse), (Bar)신호라고 할 수 있고, 라인 타임 스위프 신호(Line Time Sweep Signal)도 시험 신호 발생기에 따라서 얻는 것이 가능하다고 할 수 있다.

아날로그 색차 시험 신호는 양극성으로 피 측정기기에 맞추어서 대역이 제한 되어있다고 할 수 있는데, 이러한 아날로그 컴포넌트 VTR의 색차 채널의 신호 대역은 1.25MHz의 대역을 초과 하지 아니한다고 할 수 있고, 대역에 있어서는 방송 장비를 만드는 회사에 따라서 각각 조금은 다르다고 할 수 있다.

또 색차 채널을 위하여 시험 신호는 멀티 버스트(0.5, 1, 1.5, 2, 2.5MHz)와 펄스, 바 신호가 있는데, 이러한 각 타입의 기기용으로는 통상 적으로 4T(400 ns HAD), 5T(500ns HAD),8T(800ns HAD)의 사인자승 펄스가 시험 신호 발생기로부터 얻어진다고 할 수 있고, 약간의 시험 신호 발생기에서는 스튜디오 색차신호 전송 시스템 시험을 하기 위하여 넓은 대역의 시험 신호와 라인 스위프 신호를 출력하고 있다고 할 수 있다.

이러한 채널간의 시언차는 GBR신호와 같은 방법을 사용하여 보우 타이 신호 (Bowtie Signal)에 의하여 측정을 한다고 할 수 있는데, 그림 2.84에서는 Y, B-Y, R-Y신호의 아날로그 컴포넌트의 신호를 열화 시키는 직선 왜의 분류를 표시하고 있다고 할 수 있다.

이 그림에서와 같이 3개의 컴포넌트 성분의 비직선왜는 컴포지트 신호의 측정에서 휘도신호의 비직선 왜와 같은 방법으로 측정을 하고 있다고 할 수 있는데, 시험 신호 발생기는 3개의 같은 계단파 신호를 동시에 출력 한다고 할 수 있고, 이는 각 신호에 대응하는 채널의 비직선성을 측정하는 방법으로 혹시 종전에 사용하던 NTSC 또는 PAL방식의 컴포지트 신호로 엔코드를 한다면 규격 외의 신호가 될 수도 있기 때문에 이러한 신호는 엔코더에 입력을 시켜서는 되지 아니한다고 할 수 있으며, 이러한 종류의 약간의 컴포넌트 아날로그 시험신호 발생기는 규격내의 비직선 시험 신호를 가지고 있지만 이러한 신호는 엔코드 되어진다고 하여도 규격 외의 신호라고는 하지 아니한다고 할 수 있다.

랜덤 노이즈는 아날로그 컴포넌트 Y, B-Y, R-Y신호로 가장 일반적인 타입의 노이즈로서, 노이즈의 측정 대역은 휘도 채널은 5.5MHz이고, 색차 채널은 2.75MHz 이라고 할 수 있는데, 등대역의 스튜디오 전송 기기에서는 측정 대역은 3채널 모두 5.5MHz이라고 할 수 있다. 또 주기성 노이즈는 컴포지트 신호와 같은 방법으로 측정 한다고 할 수 있는데, 컴포넌트 기기에서 생기는 크로스 토크는 복잡한 현상이 생긴다고 할 수 있고, 따라서 이러한 것은 한 개조의 컴포넌트 3개 신호사이에 생기는 크로스토크 또는 다른 조직의 컴포넌트 3신호사이에 생기는 크로스 토크가 포함 되어있다고 할 수 있다.

그림 2.85에서는 아날로그 컴포넌트 Y, B-Y, R-Y신호를 열화 시키는 노이즈의 분류를 표시하고 있고, 표 2.19에서는 대표적인 영상의 시험 신호와 그러한 것에 의한 측정의 타입을 표시한 것이다.

표 2.19 Y, B-Y, R-Y테스트 신호

테스트 신호	테스트 내용
컬러바(Color Bar)	채널 이득, 엔코드의 정도
멀티버스트 또는 스위프	Y채널 : 0.5~5MHz B-Y/R-Y채널 : 0.5~2.5MHz
필드 주파수 단형파	필드 타임 왜
펄스, 바 (T=100ns)	랜덤 왜와 K Factor Y채널 : 2T펄스, 바(Bar) B-Y/R-Y채널 : 3T, 4T,5T, 8T펄스 바를 필요에 의하여 선택함.
보우타이(Bowtie)신호	상대지연차
계단파	전송 비직선성
플래트 필드 (Flat Field)	S/N비

2.3.2.3 측정 내(Legal)의 신호와 적정한(Valid) 신호의 정의

그림 2.78과 그림 2.83에서는 통상의 G,B,R 또는 Y, B-Y,R-Y 콤포넌트 아날로그 신호형식의 진폭 범위를 표시하고 있는데, 한 개 조직의 컴포넌트 아날로그 신호 셋트는 그것을 구성하고 있는 각 컴포넌트의 신호가 규정 되어진 진폭 범위 내에 있는 경우 규정내(Legal)의 신호라고 규정하고 있다.

그러나 규정내(Legal)의 Y, R-Y, B-Y의 컴포넌트 신호 한 개의 조직이 G,B,R신호의 한 개의 조직으로 변환 하였을 경우에 규정외(Illegal)의 신호가 되는 경우도 있다고 할 수 있는데, NTSC 또는 PAL신호로 엔코드 되었을 경우에도 규정외 컴포지트 신호(Legal Composite Signal)가 되는 경우도 있다고 할 수 있다. 그러나 규정 내 한개의 컴포넌트 신호 셋트가 별개 포맷으로 변환 하였을 경우에 그 결과가 역시 규정 내 신호라고 한다면 그 원래의 셋트는 적정한(Valid) 신호라고 생각이 된다.

따라서 텔레비전 카메라에서 생성된 신호는 카메라가 우선 최초의 자연색으로부터 BGR의 신호를 생성하기 때문에 이러한 신호는 꼭 적정한 신호(Valid)가 된다고 할 수 있으나, 이러한 신호는 규정 내(Legal)의 Y, B-Y, R-Y신호나, NTSC, PAL방식으로 변환 시켜야한다고 할 수 있는데, 우리가 방송 현장에서 많이 사용하고 있는 페인트 박스(Paint Box)나 문자 발생기(Character Generator)와 같이 약간의 컴포지트 아날로그 기기는 원래의 GBR발생 신호는 규정내(Legal)에 있다고 할지라도 엔코드 출력에는 부적정한(Nonvalid) 신호를 발생할 가능성이 있다고 할 수 있고, 시험 신호 발생기 측면에 있어서도 대부분이 규정내(Legal)라고 할 수가 있지만 간헐적으로는 부정한(Nonvalid) 신호를 발생할 가능성도 존재하고 있다고 할 수 있다.

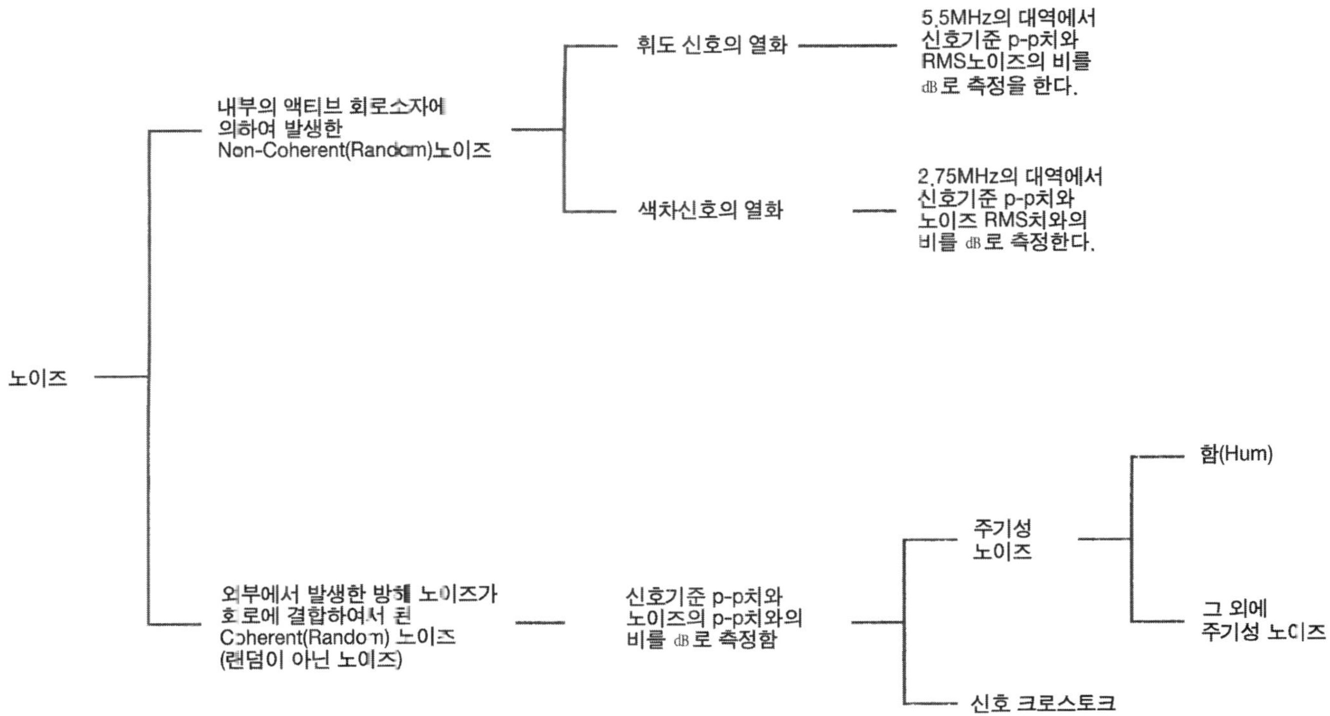

그림 2.85 아날로그y, B-Y, R-Y신호를 열화 시키는 노이즈의 분류

2.3.2.4 신호의 분배 전송

모든 신호를 Y, B-Y, R-Y 컴포넌트 신호로 분배 및 전송을 하고 있는 커다란 제작 센터를 설계, 설비 한다는 것은 기술적으로는 가능하다고 할지라도 제작센터를 만드는데 비용이 많이 들어 실용적이지 아니하기 때문에 이러한 것이 문제점으로 대두 되곤 하였다고 할 수 있다.

그 때문에 Y, B-Y, R-Y 컴포넌트 아날로그 신호를 분배 전송 하는 것은 실제적으로 카메라, VTR, 스위처 등과 같은 중요 방송 장비를 제외한 그 밖에 보조 기기 등에 근접하여 배치되어져 있는 작은 스튜디오나 편집실에 한하여 이루어진다고 할 수 있는데, 이러한 것에 의하여 채널간의 이득차나 지연차는 많이 억제되는 것이 가능하다고 할 수 있다.

2.3.2.5 신호의 감시

영상 신호의 연속 감시에서는 Y, B-Y, R-Y 신호의 모든 레벨이 통상적으로 규정내에 있다는 것을 확인을 하기 위 하여는 특수한 3채널용의 파형 모니터가 필요하다고 할 수 있는데, Y채널의 모니터는 이미 확립 되어있는 컴포지트 아날로그 신호의 모니터링과 같다고 할 수 있고, 색차 신호의 모니터링은 그러한 p-p치를 표시하는 것은 가능하다고 할 수 있으나 그러한 것이 컴포지트로 변환된 후에 적정(Validity)의 크기를 표시 하는 것은 아니라고 할 수 있다.

변환 후에 컴포지트의 신호가 적정이라고 하는 것을 확인을 하기 위 하여는 그 아날로그 컴포넌트의 신호를 컴포지트의 신호로 엔코드하여 통상의 파형 모니터로 체크하는 것도 널리 시행 되고 있다고 할 수 있고, 몇 개의 측정기 회사에서는 사용자의 신호를 NTSC로 변환 하는 것에 대하여 적정한가 아니면 어떠한가를 판단하는 것이 가능하게 하기 위하여, 특수한 디스플레이를 가지고 있는 3채널 파형 모니터를 개발하였다고 할 수 있는데, 정확한 모니터링을 하지 아니하면 규격외(Illegal)의 엔코드 신호를 발생하는 경우가 있으므로 주의할 필요가 있다.

2.3.3 컴포넌트 영상 신호의 기록

낮은 테이프 속도로 동작하고 있는 협대역 스몰 포맷 VTR기기 (Small Format Video Recording Equipment)에서는 광대역의 컴포지트 신호의 기록에 있어서는 곤란 하다고 할 수 있는데, 영상 신호를 기록하는 방법에 있어서 VTR기록 형식면을 역사적으로 보면 이러한 것에 대한 방법으로서 색차 신호와 휘도신호를 별개로 기록하는 방법이 최근에는 학문적으로 근접 하고 있다고 할 수 있다.

이러한 것에 의하여 높은 주파수의 에너지를 사용하여 높은 컬러 서브캐리어와 그 사이드 밴드의 의한 모아래 현상을 없애기 위하여 높은 주파수의 FM반송파 신호의 필요성이 없게 되어있다고 할 수 있다.

이러한 사항이 연차적으로 시행되어온 경과와 함께 개발 되어온 3가지의 기록방식 개념에 대하여 설명을 하기로 한다.

2.3.3.1 컬러 언더(Color Under) 기록의 개념

소형 기록 장치의 개발 도상 기에 등장한 VTR의 주 기종은 소니 3/4인치 테이프를 사용하고 있는 유매틱(U-Matic)타입을 생각 할 수가 있는데, 이러한 타입의 녹화기에서 채용하고 있는 표준 컴포지트 NTSC신호방식은 휘도신호, 변조 서브캐리어, 그 사이드 밴드로 분리되어 진다고 할 수 있다. 또한 휘도 신호의 고역은 2.5MHz까지 제한 되어있어 반송파를 1.6MHz의 편이로 FM변조를 시행 한다고 할 수 있고, 컬러 서브 캐리어는 헤테로다인(Heterodyne)에 의하여 3.58MHz로부터 688kHz로 다운 콘버터(Down Converter) 시켜서 테이프에 직접 기록하게 하고 있다고 할 수 있다.

그 때에 휘도신호의 FM변조는 바이어스 신호로 하여 동작을 하는 것이라고 할 수 있는데, 이러한 타입의 색도 프로세스방식을 컬러 언더 (Color Under)방식이라고 불리 우고, 300kHz정도의 대역에서 색신호를 기록하는 것이 가능하다고 할 수 있다.

재생에 있어서는 프로세스가 반전되어 다운 컨버터(Down Converter) 되어진 컬러 서브 캐리어는 헤테로다인(Heterodyne) 처리에 의하여 안정한 3.58MHz의 크리스털 발진기를 비교기준으로 하여 3.58MHz로 업 콘버터(Up Converter) 되어 진다고 할 수 있는데, 이러한 형식은 화질 열화가 심하였지만 그 정도의 화질열화 정도는 1970년대의 가정용 텔레비전 수상기에서는 매칭이 가능하였다고 할 수 있다. 그러나 그러한 포맷의 VTR은 처초 가정용으로 개발 되었던 것으로서 이러한 방식의 것이 어떠한 형식(가정용, 방송용)의 용도로 사용되더라도 큰 카세트 사이즈를 가지고 있음에도 불구하고 기록 재생 시간이 별로 길지 아니하다는 점과 하드웨어 크기 크고 중량이 무겁다는 단점 때문에 소비자에게서는 좋은 반응을 보이지는 아니하였다고 할 수 있다.

또한 이러한 포맷은 과거에는 방송사 프로그램 제작과 뉴스 송출용으로는 많은 활약을 하였다고 할 수 있었지만, 방송사의 방송 제작 환경에서는 그러한 것을 계속 사용하는 것에서는 문제가 많이 발생 하였는데, 그 문제의 주된 요소는 재생출력이 "의사 NTSC" 신호로 색신호는 꾀 안정되어있었지만, 휘도 신호에 있어서는 비교적 커다란 치터(Jitter)에 의하여 동기의 불안정한 면이 있다고 할 수 있다.

그리하여 그 불안정한 타임 베이스를 안정화 하지 아니하면 그냥 그 신호 그대로 방송이 불가능한 것은 물론이거니와 다른 영상 신호와 믹스 등의 처리도 불가능하여 영상의 가공이 불가능하다고 할 수 있다.

각 종의 유매틱(U-Matic) VTR을 방송 제작 현장에 사용하기 위해서는 몇 가지 형태의 타임베이스 콜렉터를 개발하지 아니하면 되지 아니하였다고 할 수 있는데, 그리하여 높은 FM반송파를 사용하여 새로운 테이프 주사 규격을 가지고 있는 가진 소니 유매틱 SP하이밴드 VCR이 개발 되어졌다고 할 수 있고, 이러한 개발에 의하여 휘도 신호에 대한 대역특성이 광대역(3MHz)으로 되어서 SNR비와 모아래(Moire)가 개선되었다고 할 수 있으며, 그러한 녹화기의 문제점을 개선하여 방송 제작 환경에 적응하기 위한 노력의 결과로 가정용으로는 전혀 다른 새로운 1/2인치 테이프를 사용하는 소니 베타맥스와 제이브이시 VHF포맷(JVC VHF Format)이 개발 되어, 화질에 있어서는 소니 유매틱(U-Matic)과 거의 동등하다고 할 수 있다. 그러한 기술 발전에 힘입어 보다 높은 FM반송파를 사용하여 유매틱(U-Matic)SP와 동등의 화질 제원을 얻는 소니 베타맥스 ED(Betamax ED)와 SVHS포맷이 개발 되게 되었고, 더 나가서는 같은 컬러 언더 방식을 사용한 8mm카세트 레코더가 시장에 출현 하게 되었다고 할 수 있으며, 근래에는 HDTV용 Betacam 등이 개발되어 제작현장에 많이 사용되고 있어 기록에 있어서 영상 품질을 급속하게 향상 시키고 있다고 할 수 있다.

2.3.3.2 색도 주파수 영역 다중 (Chrominance Frequency Domain Multiplex : CFDM)

방식의 개념

이러한 RCA회사와 파나소닉에 의하여 M포맷으로 하여 개발 되어진 기록 방식은 VHS사이즈의 1/2인치 테이프를 사용하여 휘도와 색도 I, Q와 별개의 2개의 파라렐 트랙(Parallel Track)을 사용하는 방식이라고 할 수 있는데, 휘도신호는 3.6MHz로 대역이 제한 되어있어 중심 주파수 5.1MHz의 FM반송파를 주파수 편이 1.6MHz$_{p-p}$로 변조를 한다고 할 수 있고, I신호는 중심 주파수 5.5MHz의 반송파를 주파수 편이 1MHz$_{P-P}$로 주파수 변조를 한다고 할 수 있으며, 부가 되어진 컬러 동기펄스에서는 반송파 주파수는 4.86MHz정도가 되고, Q신호는 중심 주파수 1MHz의 FM반송파를 주파수 편이 500kHz$_{P-P}$로 변조를 한다고 할 수 있다.

I와 Q의 변조 출력은 가산 되어진 남은 색도 트랙용의 기록 헤드에 보내어 지어서, 이러한 것은 2개의 색신호의 주파수 영역 다중화가 되어 진다고 할 수 있는데, I/Q의 크로스토크(Cross Talk)를 감쇠시키기 위하여, I의 FM신호는 저역의 Q-FM신호에 비하여 12dB진폭을 높게 하고 있고, 그 결과 I신호는 Q신호의 기록 바이어스(Bias)로서 동작을 하여, Q신호는 리니어하게 기록 되어 진다고 할 수 있다.

2.3.3.3 색도 시간축 다중(Chrominance Time Domain Multiplex : CTDM)방식의 개념

소니 베타캄(Betacam) 포맷은 2개의 파라렐 트랙(Parallel Track)을 사용하여 한 개는 휘도 신호기록에 사용을 하고, 나머지 한 개는 시간 축 다중을 한 색차 신호 베타맥스(Betamax) 사이즈의 1/2인치 카세트테이프에 기록을 하는 것으로 하고 있다. 여기에서 휘도 신호는 약 3.5MHz(SP포맷에 있어서는 4MHz)으로 대역이 제한 되어있어서 중심 주파수는 5.4MHz의 반송파(SP포맷에 있어서는 6.7MHz)를 주파수 편이 하는 $2MHz_{P-P}$로 변조 한다고 할 수 있다.

또 B-Y, R-Y의 색차 신호는 1.5MHz(-3㏈)로 대역이 제한 되어있어서 디지털 신호로 변환되어 메모리 되어진 샘플링 주파수의 2배로 불러낸다고 할 수 있는데, 이러한 프로세스는 대역을 2배로 하고 있으나 시간이 1/2가 되므로 2개의 색차 신호를 각 유효라인시간에 시간적으로 연속하여 삽입 하는 것이 가능하다고 할 수 있고, 이렇게 2개의 시간 축으로 압축되어진 신호는 시간 축으로 다중 되어서 중심 주파수는 4.2MHz(SP포맷에 있어서는 5.3MHz)의 FM반송파를 $1.4MHz_{P-P}$주파수 편이로 변조를 한다고 할 수 있으며, 이러한 것과 호환성이 없는 MII의 포맷의 경우에는 VHS사이즈의 카세트를 사용하여 소니 베타캄 포맷(Betacam Format)과 거의 같은 신호 프로세스로 기록을 한다고 할 수 있다.

CTDM방식의 VCR은 콤펙트(Compact)한 포터블 카메라에 접속이 가능한 유니트(Piggyback Unit)로 되어있고, 풀 사이즈(Full Size) 스튜디오 VCR로도 사용이 가능하다고 할 수 있는데, 이러한 스튜디오 타입의 VCR은 타임 베이스 콜렉터(Time Base Corrector)를 내장하고 있다고 할 수 있고, 컴포넌트 아날로그 신호와 컴포지트 아날로그 신호의 양 방향의 입출력을 가지고 있다고 할 수 있으며, 이러한 컴포넌트의 입출력은 2.3.2.1항에서 서술한 신호의 형식으로 하고 있다고 할 수 있다.

그 때문에 이러한 VCR은 편집실과 같이 컴포넌트 아날로그 시스템이라고 할지라도 기존에 사용하고 있는 구형의 컴포지트 VTR의 시스템 변경에 의하여 종전에 사용하던 컴포지트 아날로그 시스템이라도 사용하는 것이 가능하게 하고 있는데, 따라서 이러한 CTDM기록 포맷은 그의 사이즈, 다기능, 화질, 코스트 등으로부터 방송국에서 볼 때에는 매우 바람직한 기록 포맷이라고 할 수 있다.

표 2.20에서는 포맷의 휘도, 색도 주파수 특성의 측정 결과를 표시하고 있고, 그림 2.86에서는 각종 컴포넌트 VTR의 변조 스펙트럼 특성을 표시하고 있으며, 각 포맷의 휘도신호의 주파수 특성의 한계를 각 부분별로 나누어서 참고로 사용이 가능하다고 할 수 있다.

표 2.20 아날로그 컴포넌트 VTR의 주파수 특성

포맷	Y채널, 4MHz에 있어서 dB	B-Y/R-Y채널
Betacam SP	-0.8	1.5MHz에 있어서 -1dB
Betacam	-7	1.5MHz에 있어서 -2dB
SVHS	-10	300kHz에 있어서 -3dB

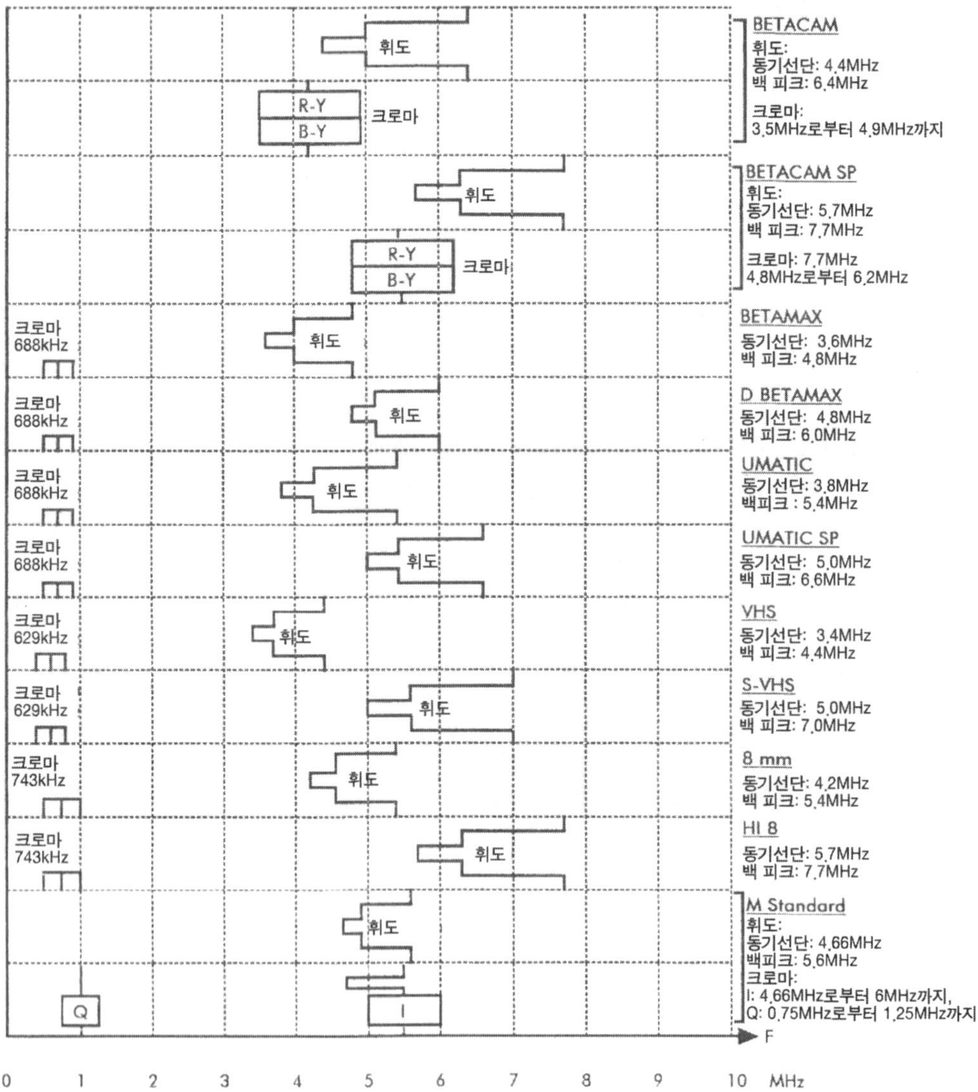

그림 2.86 각 컴포넌트 VTR의 변조 스펙트럼 특성

제3장 디지털 영상(Digital Video)의 기초

3.1 전체의 개요

디지털 영상에 대하여 정의를 한다면 연속하여 되어있는 아날로그의 영상 파형을 디지털 숫자의 스트림(Stream)으로서 표현 하는 수단이라고 할 수 있는데, 이러한 디지털 기기를 사용하면 아래와 같은 다양한 장점이 있다고 할 수 있다.

- 디지털화 한 영상의 신호는 아날로그/디지털 (Analog-to-Digital : A/D변환)로 변환하기나 아니면 이와는 빈대로 디지털/아날로그 변환 (Digital-to-Analog : D/A변환) 변환 처리에 따르는 고유의 왜를 제외하고는 직선왜, 비직선왜, 노이즈(Noise)와 같이 전송에 있어서 일어날 수 있는 아날로그 신호 열화 등에는 영향을 받지 아니한다고 할 수 있기 때문에, 이렇게 디지털 형식의 신호변환에 의한 디지털 신호 프로세스(Process)와 전송을 함에 있어서도 어느 정도 디지털형식이 뛰어 난지는 충분히 실감하는 것이 가능하다고 할 수 있다.
- 디지털 영상기기는 아날로그 영상 기술에서는 실현이 불가능하거나 곤란한 많은 문제점에 대하여 불가능했던 처리를 효과적, 경제적으로 실현하는 것이 가능하다고 할 수 있다.
- 디지털화 되어진 영상과 데이터의 신호는 압축처리를 하여 원래 신호의 필수적인 정보 부분을 유지하면서도 정보량을 줄여서 전송 및 저장 하는 것에 의하여, 디지털 전송과 저장의 효율성을 높이는 것이 가능하다고 할 수 있다.

3.1.1 디지털의 역사적인 배경

1970년대에는 디지털 영상 기술에 의하여 텔레비전 스튜디오 제작 기술에 커다란 변혁을 이룬 연대라고 할 수 있는데, 이러한 초기의 디지털 기술은 우리가 소위 이야기하는 디지털 블랙박스 (Digital Black Box)형태로 운영하고 있었다고 할 수 있다.

그러나 이러한 디지털 블랙박스 (Digital Black Box)형태의 기기는 종래의 아날로그기기같이 아날로그신호 형태로 입출력을 가지고 있지만 그 내부의 신호처리에서는 디지털 기술에 의하여 아날로그로는 불가능하였던 신호처리를 하는 기기라고 할 수 있다. 또한 이러한 디지털 처리를 하는 초기에 디지털 블랙박스(Digital Black-Box)에 대하여 알아보면 컬러 색상을 보정하기 위한 타임베이스 컬렉터(Time Base Corrector), 프레임 싱크로나이져(Frame Synchronizer), 방식변경 장치인 스탠더드 컨버터(Standard Converter) 등이 있다고 할 수 있다.

디지털 초기에는 이렇게 제한적으로 장비가 사용되고 있었지만 1980년대에 이르러서는 CCIR권고를 기초한 디지털 비디오테이프 레코더(Video Tape Recode)가 등장하게 되어 본격적인 디지털 장비 출현의 기폭제가 되었다고 할 수 있다. 그 후에 출현한 디지털 블랙박스 (Digital Black Box)장비로는 디지털 영상 효과 장치 (Digital Video Effect), 그래픽 시스템(Graphic System), 정지화 파일 저장 장치 (Still Store) 등의 다양한 기기가 개발 되었다고 할 수 있으나 이러한 기기는 호환성이 없는 규격을 가지고 있어서 상호적으로 연관해서 호환성 있게 사용하지는 못하였다고 할 수 있다.

그리하여 이러한 디지털 블랙박스 (Digital Black Box) 기기 사이를 디지털 신호로 접속 하는 것은 불가능하였다고 할 수 있는데, 이러한 디지털 블랙박스 (Digital Black Box)의 대부분은 별개의 아날로그 기기의 형태로 사용이 되거나, 디지털 시스템 상의 기기라도 아날로그의 입출력을 사용하여 접속하여 사용을 한 것이 거의 대부분을 차지하고 있는 것이 그 당시에 현실이라고 할 수 있다. 이러한 시스템을 사용하는 사용자는 디지털 블랙박스 (Digital Black Box) 시스템에서 요구하고 있는 욕구 사항을 만족시켜서 다른 디지털 기기와 접속이 가능하다면 좋겠지만 그러한 기기의 디지털 호환성에 대하여 특이한 지식이 없는 것은 물론 커다란 흥미를 가지고 있지 아니한 것이 그 당시의 현실이라고 할 수 있다.

호환성이 있는 디지털 기기군은 편집실과 같이 디지털 집합 군(Digital Island)라는 집중실에 모아 시스템을 구성하여 편집에 활용을 하였는데, 여기에서 사용하고 있는 대부분의 장비는 파라렐 디지털 (Parallel Digital)신호에 의하여 접속하였다고 할 수 있다.

1990년대에 들어와서는 SMPTE(Society of Motion Picture and Television Engineers)에 따라서 본격적으로 디지털의 규격화가 진행된 시대라고 할 수 있는데, 이때에 개발 되어 규격화 되어진 중요한 것으로는 디지털 컴포지트 (Digital Composite) 영상 규격($4f_{sc}$)이라는 시리얼 디지털 인터페이스(Serial Digital Interface) 규격이 있다고 할 수 있다.

이러한 시스템을 가진 장비는 규격화 되어진 시리얼 디지털 입출력을 가지고 많은 종류의 영상 기기, 전송기기, 기록기기의 시장이 등장하여 그러한 디지털 입출력 방송 환경에 의하여 최초로 시리얼 디지털 접속에 의한 모든 신호를 디지털로 처리가 가능한 올 디지털 (All Digital) 제작 센터의 건립이 가능하게 되었다고 할 수 있다.

3.1.2 대표적인 디지털 블랙박스 기기

그림 3.1에서는 대표적인 디지털 블랙박스 기기를 이용하였을 경우에 가상할 수 있는 계통을 간단하게 표시하고 있는 계통도인데, 이 그림에서는 텔레비전 제작 기기의 어느 기기라도 이러한 형식의 구성이 가능하다고 할 수 있고, 여기에서 입력되는 신호는 보통의 아날로그 신호를 말하고 있다고 할 수 있다. 이러한 신호는 거짓신호의 발생을 막기 위하여 에일리어스(Alias : 위신호) 방지용 로 패스 필터(Low Pass Filter : Anti-Aliasing LPF)에 의하여 대역을 제한하여 아날로그/디지털 변환 컨버터(A/D Converter)를 사용하여 디지털 신호로 변환을 하는데, 이러한 블록 다이어그램(Block Diagram)을 우리는 보통 코더(Coder)라고 부르고 있다고 할 수 있다.

신호 형식의 변경에 있어서 A/D변환의 경우에는 아래와 같은 3단계의 스텝(Step)이 있다고 할 수 있다.

그림 3.1 디지털 블랙박스 계통도

- 아날로그 신호를 일정한 시간 간격에 의하여 샘플링(Sampling)한다.
- 샘플링(sampling)되어진 치를 양자화(Quantizing)시킨다.
- 양자화 되어진 치를 코딩(Coding)시킨다.

디지털 화 되어진 영상 신호는 각자 프로그램 제작에 필요한 기능을 담당하고 있는 각 장비의 디지털 프로세서(Processer)로 보내어 지게 되어있는데, 이때 타임 베이스 콜렉터(Time Base Corrector)에서 프로세스 기능은 디지털 영역의 타임 베이스(Time Base)를 보정하는 기능을 담당하고 있다고 할 수 있고, 비디오 레코더 (Video Recorder)에서는 프로세서와 비디오 신호를 디지털 포맷에 맞추어서 기록하고 재생하는 기능을 맡고 있다 할 수 있다.

이렇게 프로세서 되어진 디지털의 신호는 디지털/아날로그 컨버터(D/A Converter)에 보내지어 변환이 되고, 이렇게 디지털/아날로그 컨버터(D/A Converter) 된 출력은 보간 로 패스 필터(Reconstruction Low Pass Filter)로 보내어지어, 거기에서 높은 스펙트럼 성분을 제거하고 필요한 아날로그의 영상 신호만을 통과시켜서 사용하게 되는데, 이러한 계통도는 우리가 통상적으로 사용하는 보통의 디코더(Decoder)라고 불리 우는 것으로서 기기의 출력을 아날로그 신호로 되돌리게 하고 있다고 할 수 있다.

이러한 형식으로 사용하고 있는 디지털 블랙박스는 통상의 텔레비전 시스템에도 도입하여 사용하는 것이 가능한 것으로 텔레비전 프로그램을 제작하고, 영상 기기를 다루는 엔지니어는 방송 제작 시스템의 신호 흐름이 디지털로 처리 되고 있다는 것을 굳이 알 필요는 없는 시스템 이라고 할 수 있다.

3.1.3 신호의 샘플링(Sampling)

입력의 아날로그 신호는 T의 간격으로 폭이 좁은 펄스에 의하여 주기적으로 샘플링(Sampling)이 되어진다고 할 수 있는데, 이때 샘플링 주파수(Sampling Frequency) f_s(Hz) 와 T(초) 와의 관계는 아래와 같은 식으로 나타 낼 수 있다.

$$f_s = \frac{1}{T}$$

여기에서 샘플링이라고 하는 것은 연속하여 있는 아날로그신호의 진폭 치를 샘플링 펄스(Sampling Pulse) 순간 마다 고정 시켜서, 이를 다시 출력시키는 것이라고 할 수 있는데, 따라서 샘플링이라는 것은 입력 아날로그 신호를 f_o라고 하는 주파수 정현파라고 한다면 샘플링 주파수 f_s의 반송파 f_o 신호를 사용하여 진폭 변조(Amplitude Modulation : AM변조)하는 것과 같다고 할 수 있다.

역주 이것은 문장만으로는 대단히 이해하는 것이 대단히 어렵다고 생각이 되는데, 파형도를 그려 보면 그 상이한 관계가 있다는 것을 알 수 있다고 생각이 된다. AM변조 회로도, 샘플링 회로도, 모두 간략하게 이야기를 하면 입력신호와 반송파와의 연산회로라는 공통점이 있지만, 다른 점은 샘플링 회로에서 사용되는 신호는 반송파와 같이 파형이 AM변조의 사인파가 아니라 디지털 펄스 파라는 것이 라고 할 수 있다.

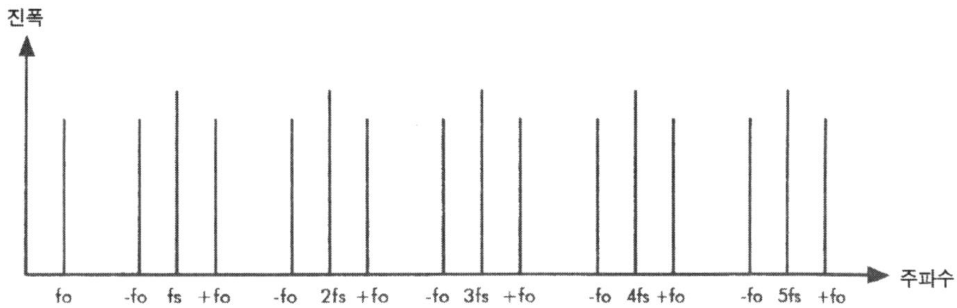

그림 3.2 샘플 되어진 신호의 스펙트럼

따라서 진폭 변조에서는 반송파의 상하 측파대가 발생을 하게 되어있고, 샘플링 펄스 파형은 고주파가 많은 구형파 이므로 샘플링 결과 출력의 스펙트럼은 샘플링 주파수 이외에 그의 고주파 성분의 측파대가 그림 3.2에 표시하는 것과 같이 나타난다고 할 수 있다.

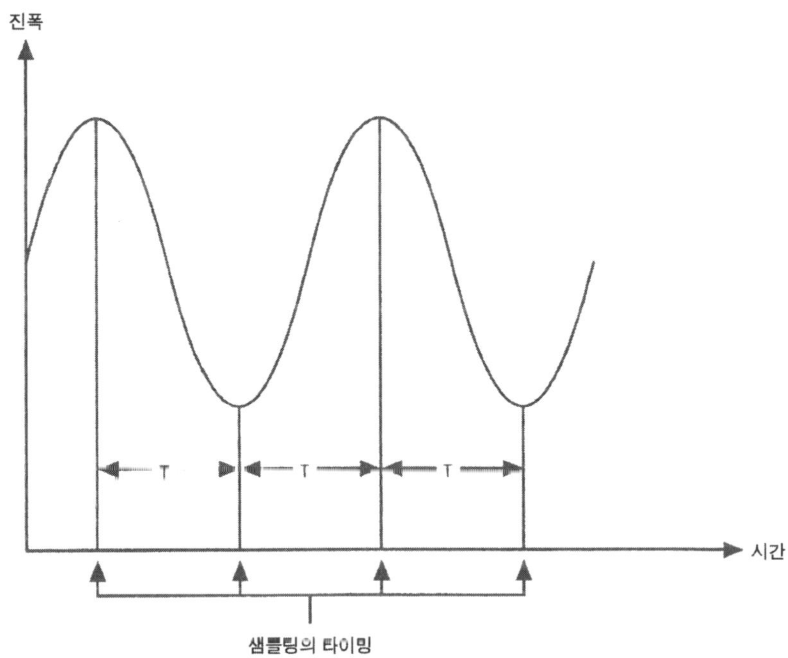

그림 3.3 사인파를 그의 2배 주파수로 샘플로 한 예

샘플링에 있어서 중요한 원리로는 나이키스트(Nyquist Theorem) 원리라는 것이 있는데, 이 원리에 의하면 대역폭 f_b의 입력 신호의 경우에 샘플링 주파수는 샘플링 되어진 신호 주파수의 2배 이상 으로서, 즉 $2f_b$보다도 높게 되지 아니하면 되지 아니한다고 할 수 있다.

여기 그림 3.3에서 나타내고 있는 것은 사인파형을 나타내고 있다고 할 수 있는데, 한 개의 사이클 사이에 2회의 샘플링을 시키고 있는 샘플링의 프로세스를 나타내고 있다고 할 수 있다.

그림 3.4에서는 아날로그 신호를 디지털 화 하기 위하여 샘플링 레이트(Sampling Rate)를 낮게 하는 경우의 예를 표시하고 있는데, 여기에서 나타내고 있는 점선은 부적당한 샘플링 주파수에 따라서 발생한 에일리어스(Alias)신호를 나타내고 있다고 할 수 있다.

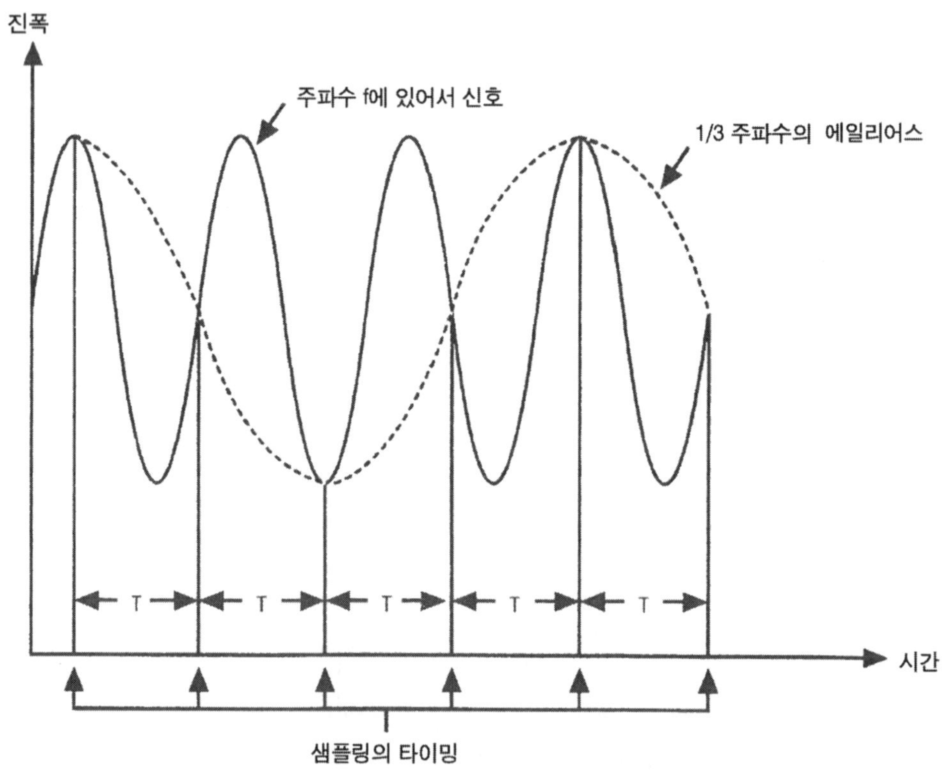

그림 3.4 사인파를 그의 1.33배 주파수로 샘플로 하기 위하여 에일리어스(Alias : 위신호)가 발생한 예

그림 3.5에서는 입력 베이스 밴드 신호의 대역이 f_b로서 샘플링 주파수가 $2f_b$의 경우에 이상적인 주파수 스펙트럼을 표시하고 있다고 할 수 있는데, 여기에서 상측파대 또는 하 측파대는 f_b와 같다고 할 수 있고, 이러한 이상적인 스펙트럼에서는 베이스 밴드(Base Band)와 하측파대 사이에는 약간의 간섭 방해도 없다고 할 수 있다.

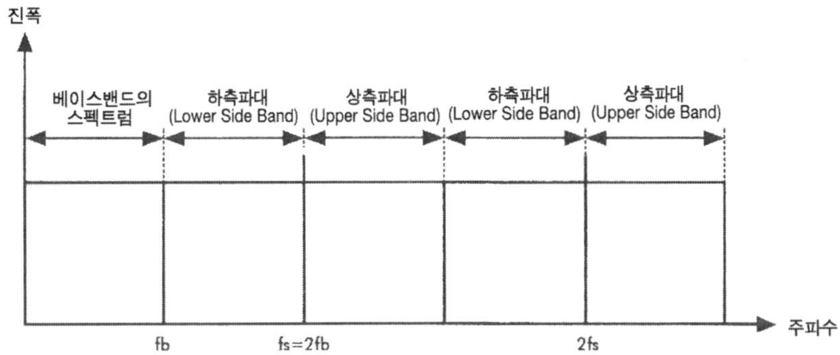

그림 3.5 베이스 밴드 신호를 샘플 할 때에 이상적인 스펙트럼

그림 3.6에서는 베이스 밴드(Base Band)의 스펙트럼(Spectrum)이 $f_b/2$를 초과한 경우에 샘플링 결과의 주파수 스펙트럼(Frequence Spectrum)을 표시하고 있는데, 하측 파대는 베이스 밴드와 오버랩 되어있어 그 결과 에일리어스(Alias)가 발생하고 있다고 할 수 있다.

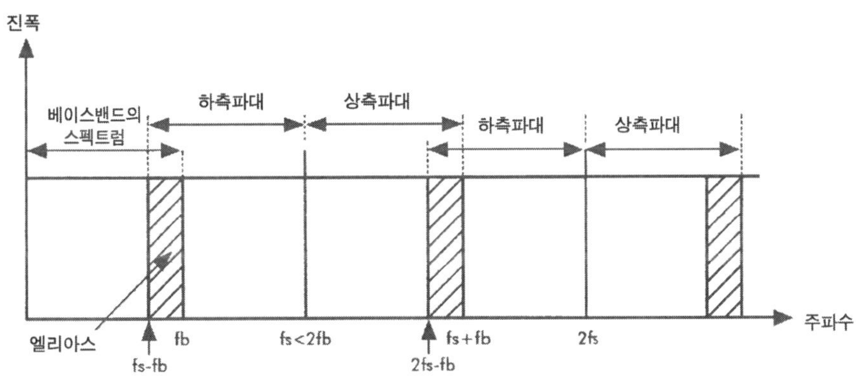

그림 3.6 낮은 샘플링 주파수에 의한 에일리어스(위신호 : 되돌아온 방해신호)

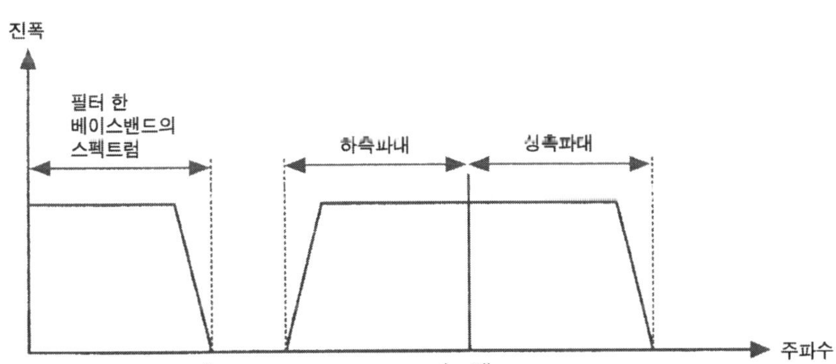

그림 3.7 필터 한 베이스밴드 신호를 샘플 할 때의 스펙트럼

실제의 시스템에서는 에일리어스(Alias)방지 필터가 베이스 밴드 대역을 제한하기 위하여 사용되고 있는데, 이러한 데에 사용하고 있는 로 패스 필터는 상측대의 주파수 특성이 슬로프(Slope) 형태를 가지고 감쇠를 하고 있으므로, 통상 적으로 샘플링 주파수는 $2f_b$ 보다는 꾀 크게 선택되어져 있다고 할 수 있고, 그림 3.7에서는 필터 되어진 베이스 밴드의 신호의 경우 샘플링 출력의 스펙트럼을 표시하고 있다.

영상신호의 샘플링 레이트는 기술이 발전함에 따라서 변화를 계속하고 있지만 아날로그 컴포지트 영상 신호의 경우의 샘플링 주파수는 색의 비트 왜를 억제하기 위하여 컬러 서브캐리어 주파수의 정수배를 선택하고 있다고 할 수 있는데, 초기의 디지털 기기에서는 샘플링 주파수로 $3f_{sc}$로 선택 되어져서 통상의 우리나라에서 사용을 하고 있는 NTSC에서는 10.7MHz의 주파수를 사용하고 있고, 유럽에서 사용을 하고 있는 PAL방식에서는 13.3MHz를 사용하고 있다고 할 수 있다. 그러나 이러한 샘플링 주파수도 현재는 통상의 기기 샘플링 주파수는 $4f_{sc}$로 선택이 되어 있어 NTSC의 경우에는 14.3MHz의 샘플링 주파수를 사용하고 있고, 그밖에 PAL방식에서는 17.7MHz의 샘플링 주파수를 사용하고 있다고 할 수 있다.

이렇게 높게 사용하는 샘플링 주파수에 의하여 아날로그/디지털 컨버터(A/D Converter)를 사용하였을 경우의 에일리어스(Alias)방지용 필터와 디지털/아날로그 컨버터(D/A Converter)를 하였을 경우의 클럭(Clock)의 성분을 제거하는 재생 보간 필터(Reconstruction Filter)에 대한 특성 요구가 적게 되어있어 전송되어진 신호에 대한 주파수 특성이 보다 좋은 특성을 가지게 되었다고 할 수 있는데, 이는 기술의 진보에 의하여 초기에는 문제로 대두 되었던 높은 샘플링 주파수에 의한 아날로그/디지털(A/D Converter) 변환용 컨버터에 대한 설계가 종전보다는 용이하게 되어졌기 때문이라고 할 수 있다.

SECAM방식의 컬러 서브 캐리어 주파수 변조에서는 이러한 컴포지트 SECAM 컬러 신호의 샘플링은 비현실적인 것이라고 할 수 있는데, 그 때문에 SECAM신호는 컴포넌트 신호로 디코딩 되어서 별도의 샘플링이 되어 진다고 할 수 있고, 아날로그 컴포넌트의 영상 신호는 양자화 오차에 의한 비트의 발생을 억제하기 위하여 나중에 수평 주파수 f_H의 정수배로 샘플 되어져 있다고 할 수 있다.

역주 에일리어스(Alias)이라는 것은 아날로그 신호를 디지털로 바꿀 경우 표본화율이 너무 느릴 때 나타나는 불필요한 신호로서 통상 표본화 율이 변환할 신호의 최고 주파수의 반보다 적을 때 나타난다. 이것을 방지하기 위하여 아날로그/디지털 변환(A/D변환)시에 아날로그회로에 저역 필터를 삽입하여 표본 주파수 f_s의 1/2 이상이 되는 주파수를 컷트(Cut) 하는 방법을 쓴다고 할 수 있다.

3.1.4 샘플링치의 양자화(Quantifying The Sampled Value)

양자화 이라는 것은 연속하여 변화하고 있는 모든 아날로그의 진폭치를 아래와 같은 공식에 의하여 한계가 있는 Q개의 불연속한 레벨치의 하나로 변환 하는 것이라고 할 수 있는데, 이러한 식은 Q=2^n이라고 표시할 수 있다고 할 수 있다.

여기에서 n이라고 하는 것은 샘플당 배정되어있는 비트수(통상 적으로는 8비트와 10비트를 사용)를 나타내고 있다고 할 수 있는데, 만약에 8비트를 사용하고 있다면 Q의 수는 2^8=256으로서 얻어진 샘플에 연속하는 아날로그의 진폭 레벨을 레벨의 진행방향으로 잘라서 0~255의 수치가운데 어떠한 것에 배당을 하여서 설정을 하게 되어있다고 할 수 있고, 이러한 양자화조작의 결과에 의해서 유한의 수치를 각 샘플링의 치에 할당하여 놓음으로서 얻어진 디지털 신호는 원래의 신호의 근접치가 된다고 할 수 있다. 그림 3.8에서는 이러한 관계를 나타내고 있는 것이라고 할 수 있는데, 이러한 것은 어느 특별한 레벨 범위 내에서 모든 샘플링의 진폭치가 Q개의 레벨 치 가운네 한 개의 같은 치에 배당을 하고 있는 것을 나타내고 있는 것으로, 거의 대부분의 스튜디오용 영상 기기는 모든 양자화 레벨의 각 스텝은 균등한 진폭 레벨을 유지하고 있어 이러한 양자화 프로세스를 직선 양자화(Uniform Quantization)라고 부르고 있다고 할 수 있다. 이렇게 아날로그 신호를 제한된 치로 구간별로 나누어 자른 양자화치(Quantified Value)는 어느 정도의 오차를 수반 한다고 할 수 있는데, 이러한 것을 우리는 양자화 오차(Quantifying Error) 라고 부르고 있고, 그러한 오차의 크기는 Q를 양자화 스텝으로 하여 ±(1/2)Q를 초과하지는 아니한다고 할 수 있다.

역주 여기에서 말하는 Q치는 전에 설명을 하고 있는 Q와는 다르다고 할 수 있는데, 여기에서 말하고 있는 Q는 전체의 아날로그의 진폭치를 상위 레벨 Q로 할당한 치라고 할 수 있다. 1p-p의 아날로그의 진폭을 8비트로 양자화 한다고 가성을 하면 여기에서 말하고 있는 양자화 스텝Q치는 Q=($\frac{1}{256}$)p-p= 3.9mVp-P 이라는 식이 성립 된다고 할 수 있다.

양자화 스텝(Quantifying Step)의 수는 샘플링에 할당되는 비트수에 의하여 결정된다고 할 수 있는데, 따라서 결과적으로 보면 양자화 오차의 크기 정도도 이러한 것에 의하여 결정 된다고 할 수 있다. 또한 디지털 초기의 기술에서는 각기기의 등급에 의하여 7비트라든가 8비트를 선택 하여서 사용하여서 128부터 256까지의 양자화 스텝을 가지게 하고 있는데, 기술 발전이 진전된 현재에서는 어느 정도의 예외는 있지만 스튜디오에서 일정 정도의 품질을 요구 하는 방송용 영상 기기는 10비트/샘플로 하고 있어, 1024의 양자화 스텝을 가지고 있다고 할 수 있다.

3.1.5 다이나믹과 헤드룸에 대한 고려(The Dynamic and Head-Room Concept)

제 2장에서 설명한 것과 같이 아날로그 영상 신호의 p-p 진폭치는 명확하게 규정 되어있다고 할 수 있는데, 통상 진폭의 기준은 100%의 컬러바 신호를 이용하여 최대 p-p 진폭치는 우리나라에서 사용하고 있는 NTSC방식에서는 1.22V를 기준으로 하여 사용을 하고 있고, 유럽에서 주로 사용을 하고 있는 PAL 방식에서는 1.2335V를 기준으로 하여 사용하고 있다고 할 수 있다.(그림 2.18 또는 그림 2.31을 참조하기 바람.)

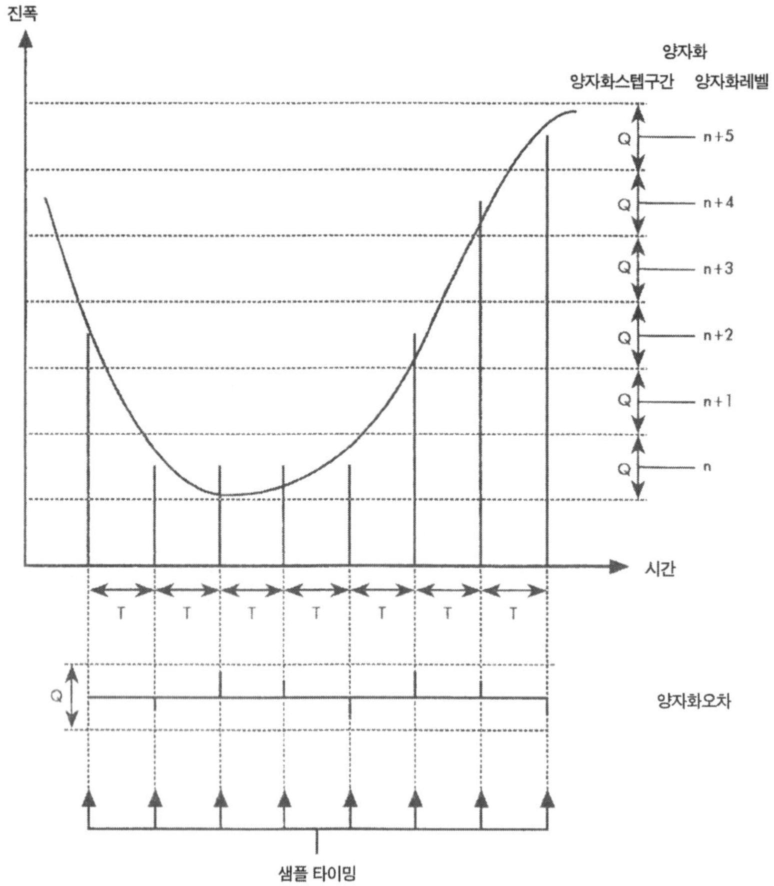

그림 3.8 양자화 프로세스

아날로그/디지털 컨버터(A/D Converter)에서는 이러한 신호가 클리핑이 되지 아니하고 무난하게 컨버팅이 되는 것이 중요하다고 할 수 있는데, 이러한 요구와 고려사항에 대해서는 컴포넌트 아날로그에 대해서도 같이 적용 되어진다고 할 수 있다.

따라서 이러한 경우에도 아날로그/디지털 컨버터(A/D Converter)의 오버 로드를 방지하기 위하여 어느 범위의 헤드 룸이 필요하게 되어있는데, 이러한 헤드 룸은 현재의 디지털 컴포넌트의 텔레비전의 규격으로 규정 되어있어 3.2항에서 설명을 하기로 한다.

3.1.6 양자화 오차

양자화 오차는 디지털 시스템 특유의 화질 열화에 기인하고 있다고 할 수 있는데, 영상 신호의 레벨은 시간적으로 영향을 받지 아니하고 변화를 계속하고 있다고 할 수 있다.

또한 그러한 양자화의 치는 Q를 양자화의 스텝으로서 최대로 $\pm\frac{1}{2}$Q의 양자화 오차를 가지고 있다고 할 수 있는데, 한 개의 샘플에 8비트 또는 그 이상의 경우 양자화 오차는 양자화 프로세스로 인하여 원 신호에 가산 되어진 불필요한 신호(Unwanted Signal) 또는 모두 노이즈(Noise) 라고 생각을 해도 과언이 아니라고 할 수 있다. 따라서 한 개의 샘플에 할당되어있는 8비트 이하에서는 양자화 오차가 대부분의 파형 왜를 생기게 하여 일그러진 파형 즉 위 윤곽(Contour Effect)을 발생하게 되어있다고 할 수 있다.

역주 양자화 오차라는 것은 보통의 화면의 전체에 꽤 많은 레벨의 변화가 있기 때문에 오차에 있어서도 다양하다고 할 수 있는데, 화면상으로는 랜덤 노이즈(Random Noise)와 비슷한 방해가 일어나고 있다고 할 수 있다. 그러나 화면의 전체가 평탄한 변화가 아닌 경우에는 같은 량의 레벨 부분이 많게 되어있어 양자화 스텝의 변화점, 양자화 오차 최대점, 평탄한 변화 중에 어느 레벨에 이르러서는 모여서 화면에 중첩하여 있는 것 같이 보여, 마치 안개가 낀 것과 같이 희미하게 윤곽이 있는 것 같이 보여 지게 되어있다고 할 수 있다. 이렇게 보는 방법은 양자화 오차가 크면 클수록 그림의 하늘 부분 등과같이 보통의 이미지화면 부분이라도 눈에 보이게 되어있는데, 이러한 것을 위윤곽 이라고 부르고 있고, 8비트의 디지털 처리를 한다면 보이지 않는 것 같이 보이지만 이는 스텝이 잘 게 잘라져 있기 때문에 보기 어려운 것뿐이라고 할 수 있다.

직선 양자화에서 양자화 오차가 화면의 균일하게 분산되어있는 것으로 하려면 양자화 오차의 RMS의치는 Q를 1양자화의 스텝 치로서 Q/$\sqrt{2}$와 같게 하고, 디지털/아날로그 컨버터의 최대 출력 p-p는 양자화 레벨수×1양자화 스텝의 치로 나타 낼 수 있는데, 2^nQ 공식의 치와 같다고 할 수 있다.

그러나 실제의 정확한 치는 (2n-1)Q이라고 할 수 있는데, 이상적으로 블랙박스(Black Box)신호 S(p-p)와 양자화 노이즈의 RMS의 치(Q_{RMS})와의 비는 다음과 같은 식이 산출 된다고 할 수 있다.

$$\frac{S}{Q_{RMS}}(\text{dB}) = 20\log_{10}\left(\frac{2^n Q \times \sqrt{12}}{Q}\right) \approx 6.02n + 10.8$$

위에 있는 식은 아날로그의 신호가 전 양자화 범위를 점유하고 있다는 것을 가정하고 있는데, 예를 들면 8비트의 디지털 시스템 에서는 이론적으로는 아래와 같은 식이 산출 될 수가 있다.

$$\frac{S}{Q_{RMS}}(\text{dB}) = 58.96\text{dB}$$

역주 여기에서 이야기를 하고 있는 RMS(Root Mean Square)이라는 것은 교류전압의 레벨을 지시하는 값의 하나라고 할 수 있는데, 우리가 사용하는 교류는 시시각각 전압의 높이가 달라져서 그 흐름의 방향까지 변한다고 할 수 있다. 이렇게 시시각각 변화하는 전압은 기준(0)에서 플러스, 마이너스 방향으로 각각 최대 141.4V변한다고 할 수 있는데, 현재 우리가 사용하는 전압 100V는 이 최대 전압의 31의 수치를 말하며, 이 100V를 실효값이라고 할 수 있다. 이렇게 RMS를 사용하는 이유는 교류의 전기를 에너지로 하여 일을 시킬 경우 직류와 같은 량의 일을 하는 것이 RMS이기 때문이라고 할 수 있는데, 양자화 오차의 RMS의 치가 왜 $Q/\sqrt{2}$가 되는 가에 대해서는 이곳에서는 설명을 하지 아니하지만 자세하게 알고 싶다면 제 6장의 디지털 오디오의 6.2.4항을 참조하여 주길 바란다.

이러한 S/Q_{RMX}의 치를 변화시키는 팩터(Factor)는 아래와 같은 것들이 있다고 할 수 있다.

- S/N을 측정할 때에 스펙트럼의 대역 제한을 f_{max}(4.2MHz 또는 5MHz)로 하기위한 영향으로서, 여기에서는 대역을 f_{max}로 제한하기 위하여 S/Q_{RMX}의 치는 $10\log_{10}(f_s/f_{max})$만이 개선되어진다고 할 수 있다.

- 유효한 영상신호(100IRE)에 대한 양자화 범위의 영향 통상의 S/Q_{RMX}의 치는 영상의 진폭 p-p치 (714mV또는 700mV)을 기준으로 하고 있는데, 컴포지트의 100% 컬러바의 신호는 1.22V (NTSC방식) 또는 1.2335V(PAL방식)의 p-p진폭치를 가지고 있다고 할 수 있고, 이러한 모두의 진폭치를 양자화 하면 신호의 휘도 부분(714mV 또는 700mV)은 양자화 범위의 일부분을 차지하는 것과 다름이 없다고 할 수 있다. 또한 그러한 비율는 0.714/1.22 ≈ 0.58(NTSC),0.7/1.2335 ≈ 0.57(PAL)이 되어 양자화 스텝의 수는 적게 되어 있으므로 S/Q_{RMX}의 치는 그만큼 나쁘게 되어있는데, 혹시 양자화의 범위가 최대의 영상 레벨보다 위의 헤드 룸을 차지하고 있다면 S/Q_{RMX}의 치는 결국 악화 되게 되어있다.

이러한 팩터(Factor)를 위하여 수정 되어진 S/Q_{RMX}의 치는 아래와 같다고 할 수 있다.

$$\frac{S}{Q_{RMS}}(\text{dB}) = 6.02n + 10.8 + 10\log_{10}\left(\frac{f_s}{2f_{\max}}\right) - 20\log_{10}\left[\frac{V_q}{(V_W - V_B)}\right]$$

여기에서 n=샘플 당 비트수

f_s = 샘플링 주파수

$f_{\max}$ = 최대 영상 대역(4.2MHz 또는 5MHz)

V_q = 양자화범위 전체를 차지하는 신호 전압

V_W = 백 신호의 레벨 V

V_B = 블랭킹 레벨 V

V_W V_B - 0.714V(NTSC)또는 0.7V(PAL)

여기에서 헤드 룸을 무시한다면4.2MHz의 NTSC 블랙박스에 대하여 S/Q_{RMX}의 계산치는 샘플링 주파수 14.3MHz 로하고, 8비트로 양자화 하였을 경우에 아래와 같다고 할 수 있다.

$$\frac{S}{Q_{RMS}}(\text{dB}) = 6.02n + 10.8 + 10\log_{10}\left(\frac{14.3}{8.4}\right) - 20\log_{10}\left(\frac{1.22}{0.714}\right)$$

$$= 48.16 + 10.8 + 2.31 - 4.65 = 56.62\text{dB}$$

4.2MHz의 대역 제한에 의한 S/Q_{RMX}의 비에 대한 개선(+2.31dB)은 양자화 스텝수의 저하에 의한 S/Q_{RMX}비의 악화 (-4.65dB)로 서로 상쇄 되어 결과는 마이너스로 되고 있는데, 혹시 이러한 헤드 룸(Head Room)을 고려한다 하여도 S/Q_{RMX}의 비는 결국 약 1dB악화 된다고 할 수 있고, 이러한 것에 대한 고려에 대해서는 3.2 항에서 다시 설명하기로 한다.

3.1.7 디지털/아날로그의 변환(D/A변환)

그림 3.9에서 표시하는 것과 같이 디지털/아날로그 변환(D/A변환)회로의 출력 파형은 그림 3.8과 같이 디지털화 되어진 신호 펄스의 예와 같은 진폭을 가지고 있다고 할 수 있는데,

일정한 $T=1/f_s$ 폭을 가진 구형파의 일예라고 할 수 있다. 또한 이러한 $T=1/f_s$의 폭을 가진 구형파의 스펙트럼은 아래와 같은 sine관수에 의하여 이루어진다고 할 수 있다.

$$A(dB) = 20\log_{10}\left(\frac{\sin x}{x}\right)$$

여기에서 $x = \pi f_v/f_s$

f_v = 디지털화 되어진 비디오 신호의 주파수를 말하고 있고, $f_s = 1/T$샘플링 주파수를 말하고 있다.

그림 3.10에서는 $T = 1/f_s$의 폭을 가진 구형파 펄스의 스펙트럼을 표시하고 있고, 그림 3.11에서는 D/A(아날로그/디지털)변환 회로의 출력에 있어서 신호의 스펙트럼을 표시하고 있다.

이러한 영향은 고역의 영상주파수에 있어서 손실로서 이러한 감쇠는 A/D(아날로그 디지털 변환)의 에일리어스(Alias) 방지 필터(Filter)와 D/A의 보간 필터에 의한 손실을 축적하여 나중에 가산 되는 것이라고 할 수 있는데, 이러한 고역 손실은 통상의 D/A보간 필터를 한 후에 등화 되어진다고 할 수 있다.

그림 3.12에서는 2개의 샘플링 주파수에 있어서 $(\sin x)/x$의 특성에 의한 로 패스 필터(Low Pass Filter)의 효과에 의한 고역손실에 대한 특성 곡선을 표시하고 있다.

역주 이러한 샘플링 펄스의 폭에 의한 고역 저하는 아파쳐 효과(Aperture Effect) 라고 부르고 있는데, 더 자세한 설명은 제 6장에서 설명을 다시 하고자 한다.

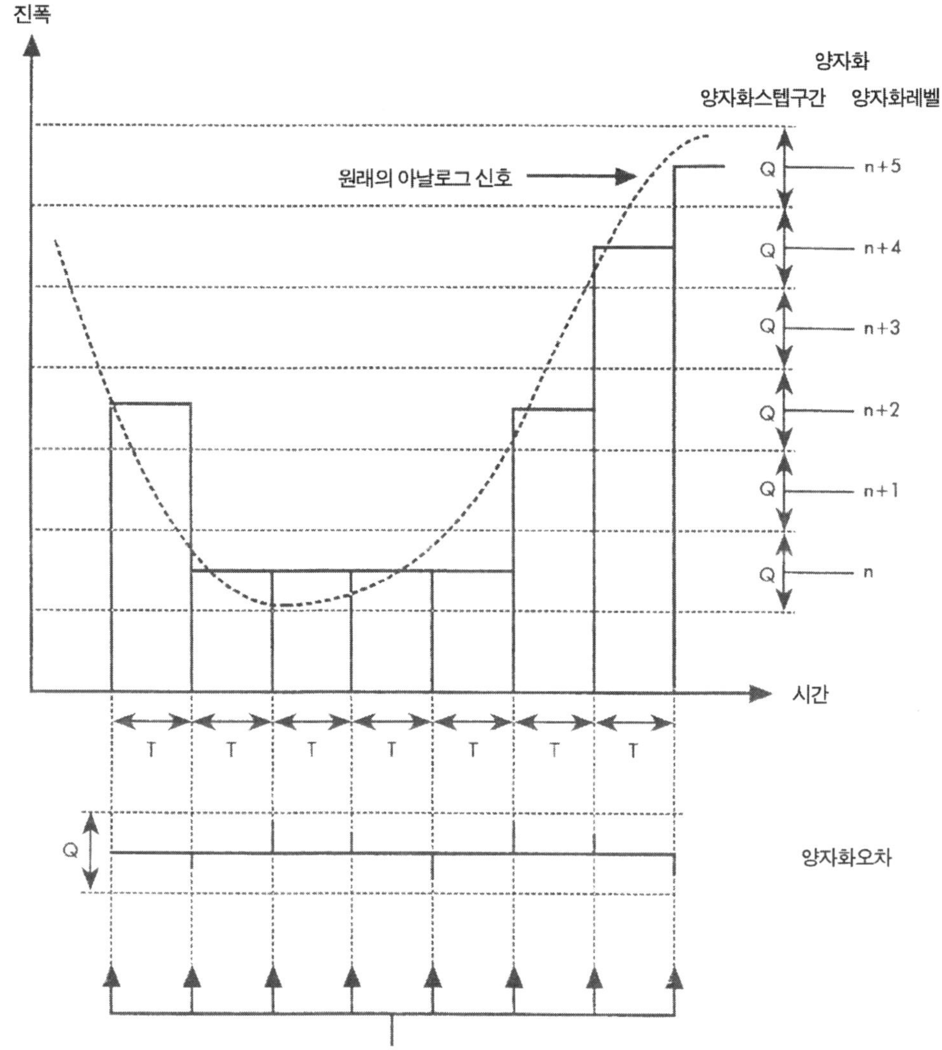

그림 3.9 D/A변환회로의 출력파형, 원래의 아날로그신호를 점선으로 표시하고 있다.

3.2 컴포지트 디지털의 규격

장기간 디지털 기술 발전에 의한 새로운 기능이나 제품 또는 전자 부품의 개발에 의하여 각각 목적에 맞추어서 많은 디지털 샘프링 박스가 출현 하고 있지만, 이러한 것은 서로간의 호환성이 없는(Incompatible) 샘플링 레이트를 가지고 있고, 비트수, 양자화 범위를 가지고 있어서 많은 문제점을 가지고 있다고 할 수 있다.

따라서 이러한 기기는 아날로그 컴포지트 스튜디오 시스템에서는 기존의 아날로그 컴포지트 신호 형식에 의하여 접속이 되어서 각각의 제작 목적에 맞추어서 기능을 가진 제품으로서 개발 되었다고 할 수 있으나, 이러한 아날로그 신호 형식에서 벗어나 모든 신호를 디지털로 처리하는 풀 디지털 스튜디오 시스템(Full Digital System)을 목표로 하는 근래 방송 환경은 디지털 영상 기기의 규격화를 필요로 하고 있다고 할 수 있다고 할 수 있다.

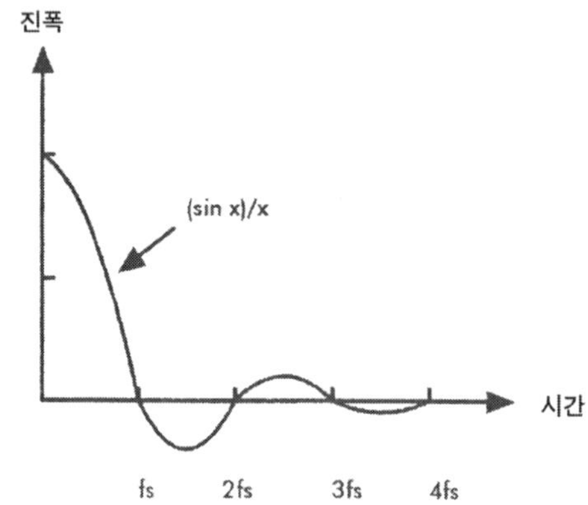

그림 3.10 T=1/f_s의 진폭 단형파의 스펙트럼

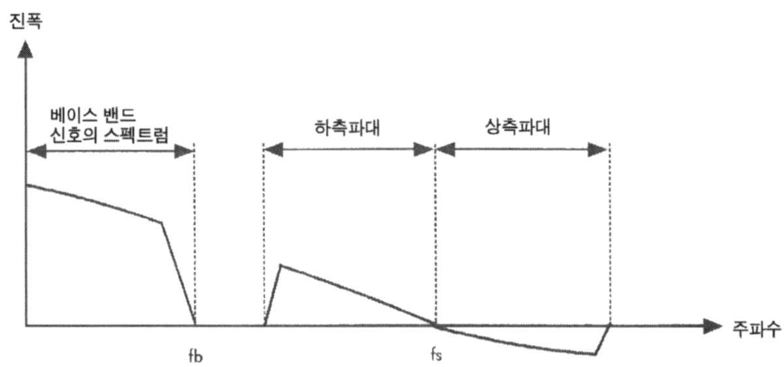

그림 3.11 D/A변환회로 출력신호의 스펙트럼

따라서 이러한 컴포지트 디지털에 대한 영상 규격은 현대 디지털 시대에 모든 신호를 디지털 영상 스튜디오로 가는 전초라고 할 수 있는데, 그러한 욕구와 디지털 환경의 변화를 만족하기 위하여 아래와 같은 2개의 컴포지트 디지털 규격이 개발 되었다고 할 수 있다.

- $4f_{sc}$ NTSC 규격.
- $4f_{sc}$ PAL규격

이러한 규격에서는 아날로그 컴포지트의 영상신호는 컬러 서브캐리어 주파수의 4배의 레이트(Rate)로 샘플링이 되어진다고 할 수 있는데, 샘플링에 할당하는 비트수는 디지털 신호가 가진 화질과 테이프 기록에 있어서의 경제성을 결정하는 중요한 사양의 하나라고 할 수 있다.

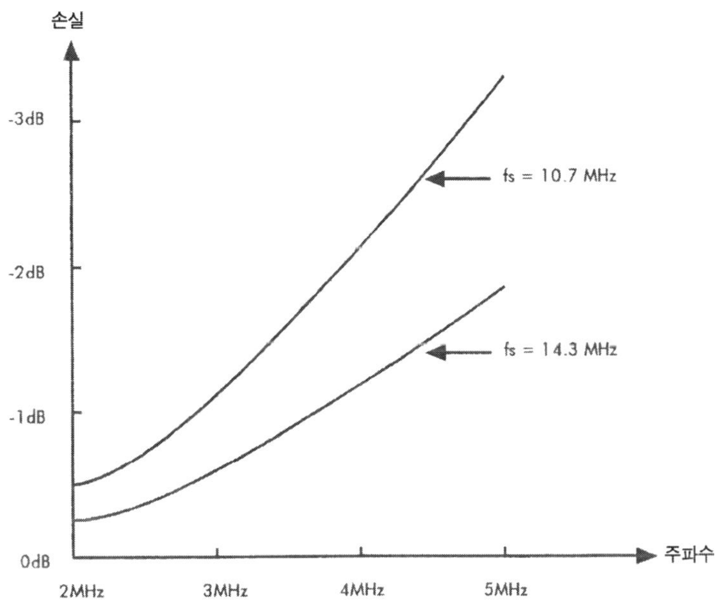

그림 3.12 2개의 대표적인 샘플링 주파수의 대한 고역 손실

그러하기 때문에 규격에서는 샘플링에 할당하는 비트 레이트로 8비트와 10비트 중에서 선택을 가능하게 하고 있다고 할 수 있는데, 북미에서는 디지털화 초기에 있어서는 $4f_{sc}$ 컴포지트의 디지털 VTR에 매력을 가지고 있었다고 할 수 있다.

왜냐하면 구형태의 VTR로 유용되고 있던 아날로그 컴포지트 VTR을 아날로그 입출력을 가진 디지털 VTR로 변경하여 간다는 욕구 때문이라고 할 수 있다.

그 후 몇 개의 VTR세조입체가 D-2와 D-3의 형식이라고 하는 디지털 컴포지트 VTR기기를 개발하였고, 거기에 더해서 소형으로부터 대형까지 넓은 범위의 스튜디오 품질을 가진 호환성 있는 D-2 또는 D-3 형식으로 하는 $4f_{sc}$디지털 VTR이 마케팅이 이루어지었다고 할 수 있는데, 그런 반면 유럽에서는 $4f_{sc}$의 컴포지트 디지털 VTR의 관심은 이러한 형태의 VTR이 SECM신호를 기록하는 것이 불가능하기 때문에 그리 관심이 높지는 않았다고 할 수 있고, 포맷형식에 있어서는 컴포지트 VTR과 가격적으로 경쟁력이 있는 컴포넌트 디지털 VTR이 개발됨으로 인해 이러한 컴포넌트 VTR을 채용하자는 욕구가 무척 높았다고 할 수 있다.

그럼 이 섹션에서는 2가지형식의 컴포지트 디지털 규격에 대하여 설명하기로 한다.

3.2.1 $4f_{sc}$ NTSC 컴포지트 디지털 규격

$4f_{sc}$ 컴포지트 디지털 신호의 특성과 그 파라렐 인터페이스는 SMPTE244M로서 규격 되어 있다고 할 수 있는데, 이 섹션에서는 이러한 규격이 규정되어 있는 것에 대하여 설명을 하고자한다. 또한 표 3.1 에서는 $4f_{sc}$ NTSC컴포지트 디지털 신호의 코딩 파라미터의 기본개요로서 발표하고 있는 것을 요약하여 정리한 것으로서, 이러한 것을 기준으로 지금 부터 디지털 신호의 개요에 대하여 설명하고자 한다.

표 3.1 $4f_{sc}$ NTSC컴포지트 디지털 신호의 코딩 파라미터의 기본개요

입력신호	NTSC
전 한 개의 라인당 샘플의 수	910
액티브 디지털 라인당 샘플수	768
샘플링 주파수	$4f_{sc}$=14.31818MHz
샘플링 구조	직교격자
샘플 타이밍	+33°,+123°,+213°,+303°
코딩	직교 양자화
양자화 정도(Resolution)	8또는 10비트 양자화 정도

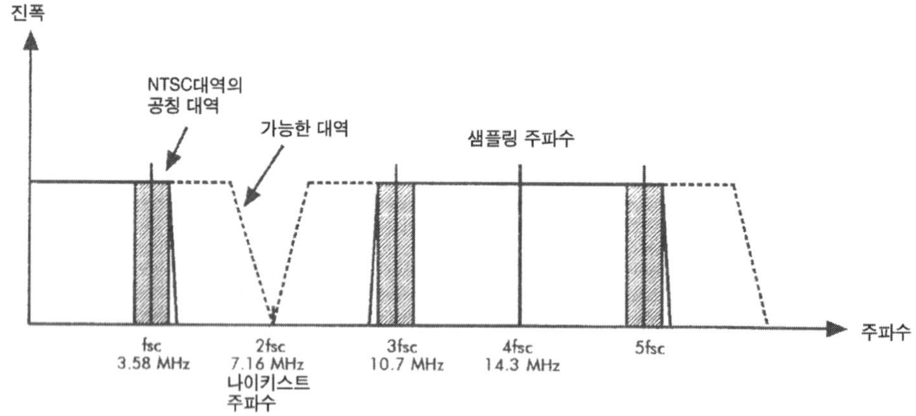

그림 3.13 $4f_{sc}$에서 샘플한 NTSC신호의 스펙트럼

3.2.1.1 전체의 사양

샘플링 주파수는 서브 캐리어의 4배로 한다는 것은 전에 설명을 한 것으로서 즉 이는 $4f_{sc}$라고 표시할 수가 있다고 할 수 있는데, 이러한 것에 대한 샘플링 주파수는 14.3181…MHz (공칭 14.3MHz) 이라고 할 수 있다.

또한 여기에서 샘플링 클럭(Sampling Clock)은 아날로그 신호의 버스트로부터 생성 된다고 할 수 있는데, 그림 3.13에서는 $4f_{sc}$ NTSC 샘플링의 스펙트럼을 표시하고 있다고 할 수 있고, 여기에서 NTSC의 베이스 밴드의 주파수는 4.2MHz로부터 샘플링 주파수 반 정도의 나이키스트 주파수 까지 꽤 간격(Gap)이 있다고 할 수 있다. 이러한 규격에서는 에일리어스(Alias) 방지 필터와 보간 필터의 특성에 대해서는 규정을 하고 있지는 아니하였지만 방송 기기를 만드는 제작사에서는 이러한 기능에 의하여 회로도가 복잡해져서, 생산 원가에 미치는 가격 상승의 원인이 되기도 하였다고 할 수 있는데, 광대역으로 날카롭게 필터링(Sharp Cut Off)을 할지라도, 리플이 적은 필터를 사용하여 넓은 주파수 특성의 성능을 얻으면서, 그리 높지 않은 가격으로서 완만한 특성의 롤 오프의 특성을 가지게 하는 것도 4.2MHz의 로 패스 필터를 사용하여 가능하게 하고 있다고 할 수 있다.

그 결과 개개의 $4f_{sc}$기기에서는 각각 다른 아날로그의 대역을 가지고 있다고 할 수 있는데, 규격에 있어서는 유한한 샘플링 펄스의 폭에 의하여 발생하는 어떠한 (Sinx)/x의 고역 저하 특성의 등화 보정에 있어서도 디지털 신호가 아날로그 신호로 변환되어지는 과정에서 시행이 된다는 것을 규정하고 있다고 할 수 있다.

여기에서 중요한 것은 디지털로 발생 되어진 신호가 직접 디지털 $4f_{sc}$기기에 입력 되어질 때에는 그 신호는 샘플링 주파수의 반 정도 라는 것으로서, 이는 고역 특성 저하가 없는 7.16MHz의 아날로그의 신호 대역을 가지고 있기 때문이라고 할 수 있는데, 따라서 이러한 것에 대하여 특별히 주의를 하지 아니하면 영상 신호에 영향을 줄 수 있는 많은 량의 오버슈트(Over Shoot)나 링깅(Ringing)이 아날로그로 변환되어진 컴포지트 신호에 나타 날수가 있다는 것으로서, 디지털의 데이터로 블랭킹, 동기 신호를 집어넣는 경우에는 그의 파형 데이터가 아날로그 동기 파형의 그것과 일치 하게 하지 아니하면 되지 아니한다고 할 수 있다.

3.2.1.2 샘플링의 구조(Sampling Structure)

이러한 SMPTE구격은 기준으로 하는 아날로그의 신호를 현재 보통으로 사용을 하고 있는 B-Y/R-Y의 엔코더가 필요 없이 I/Q의 엔코딩을 사용하여 오리지널 NTSC의 규격신호로 하는 것을 말하는 것으로서, 그림 3.14에서는 어떠한 색신호의 벡터라 할지라도 I/Q신호 또는 R-Y/B-Y의 벡터로 표시가 가능하다는 것을 표시하고 있는 것이다. 또 오리지널 NTSC 규격 의도는 I신호(1.2MHz)와 Q신호(0.5MHz)의 각각 다른 주파수대를 설정하여 배당시켜서 오리지널 색 근접의 색 정보에 보다 좋은 해상도를 가지고 전송이 가능하게 하는 것이라고 할 수 있는데, 대표적인 NTSC의 I/Q신호에 의한 엔코더를 그림 3.15에서는 표시하고 있다고 할 수 있다.

여기에서 감마(Gamma)를 보정한 E'_G, E'_B, E'_R의 원색의 신호는 매트릭스를 사용하여 E'_Y, E'_I, E'_Q의 신호로 변환되어 진다고 할 수 있는데, E'_I신호는 1.2MHz로 대역이 제한 되어있고, E'_Q신호의 경우에는 0.5MHz로 대역이 엄격하게 제한되어 있다고 할 수 있다. 또한 E'_Y와 E'_I신호는 늦추어진 협대역의 E'_Q에 맞추어서 지연을 시킨다고 할 수 있는데, 이러한 2개의 색 성분은 각각의 반송파 억압 진폭 변조기에 보내어 지게 되어 있고, 2개의 변조기에 보내어진 서브 캐리어는 위상이 90°정도 차이가 나게 하고 있으며, 이러한 것을 전제하여 33도의 위상 시프트는 색도 벡터를 기준으로 하는 B-Y위상에 대하여 그림 3.14에 표시하는 것과 같이 위상을 회전 시킨다고 할 수 있다.

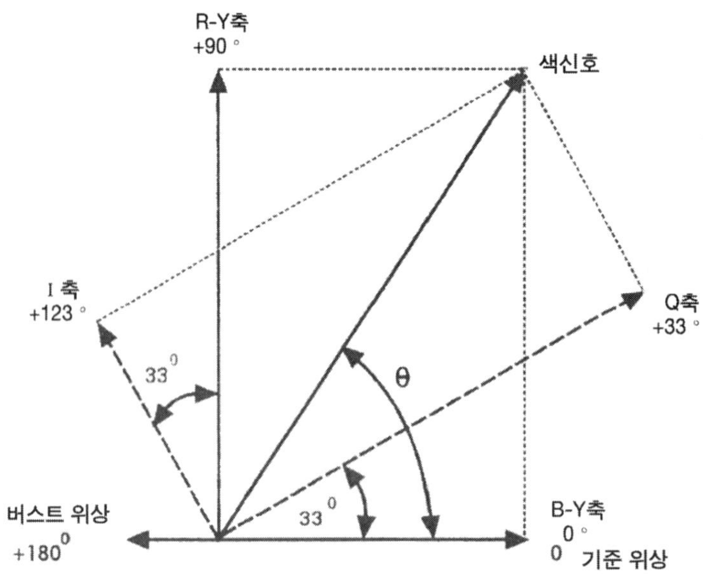

그림 3.14 B-Y/R-Y축과 I/Q축과의 투사되어진 색도 벡터의 관계를 표시하는 위상도

이렇게 I/Q엔코더 되어진 NTSC의 신호는 IQ축에 따라서 어떤 경우에는 같은 대역으로 엔코드가 되기도 하고, 어떤 경우에는 각각 다른 대역으로 디코드가 가능하다고 할 수 있는데, B-Y/R-Y축은 경우에 따라서는 어느 경우에는 같은 광대역으로 디코드가 가능하게 하고, 어떤 경우에는 협대역까지 디코드가 가능하게 하고 있다고 할 수 있다. 그러나 I/Q신호의 디코드에 의하여 모니터와 수상기는 회로가 복잡해지는 것은 물론이거니와 거기에다 화질개선이 그리 많이 개선이 되지 아니하기 때문에 적은 량의 제품만이 제조 되었다고 할 수 있다.

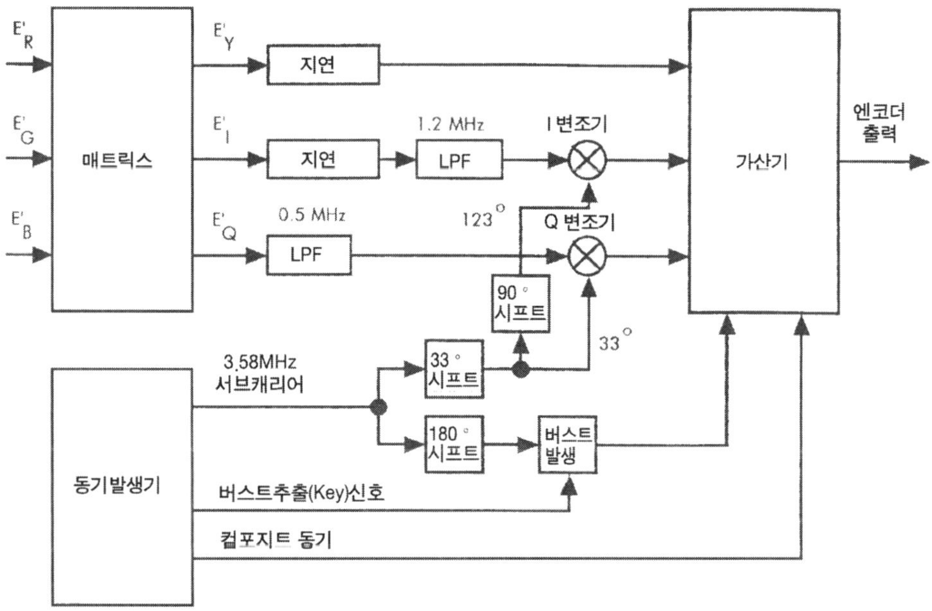

그림 3.15 I/Q변조를 사용한 NTSC엔코더를 단순화한 계통도

그림 3.16하부에 표시하는 것과 같이 NTSC의 $4f_{sc}$ 규격에서는 샘플링의 타이밍을 IQ서브 케리어 성분의 진폭의 정 피크점(Pick Point) 또는 부 피크점에 맞추는 것을 원칙으로 하고 있는데, 이 그림에서 나타내는 것과 같이 그림의 상부에는 지금까지의 샘플링의 타이밍이 B-Y/R-Y정보의 $4f_{sc}$의 표현에 대하여도 거의 적당하다는 것을 표시하고 있고 있다고 할 수 있다. 샘플링의 주파수를 f_s =14.318MHz(통칭하여 14.32MHz)이라고 하고, 수평 동기 주파수 f_H= 15,734.25Hz 이라고 한다면 한 개의 라인 기간의 전체의 샘플링의 수는 f_S/f_H=910이라는 숫자가 나오게 되어있다고 할 수 있는데, 우리가 흔히 말하는 디지털 액티브(유효) 라인에서 샘플링 수는 통상 적으로 768이라고 규정되어있다고 할 수 있고, 여기에서 남아있는 142의 샘플링이라고 하는 것은 디지털 수평 블랭킹에 해당하는 기간이라고 할 수 있다. 그림 3.17에서는 표준 NTSC신호에 대하여 샘플링 번호를 표시하고 있는 것이라고 할 수 있는데, 아날로그 수평 동기의 기준점이라고 할 수 있는 동기 전 가장자리 진폭 중앙점은 샘플링번호 784와 785의 중간이 된다고 할 수 있고, 910 샘플의 최초의 샘플은 액티브 라인의 최초의 샘플로 하고 있으며, 디지털의 기준점으로 샘플 번호 제로 라고 부르고 있다고 할 수 있다. 라인에 해당되어있는 910개의 샘플은 샘플 0(제로)부터 909까지의 번호를 달아서 표시하고 있는데, 따라서 샘플 0부터 767까지 디지털 액티브 라인의 데이터가 되는 것이다.

표 3.2 컴포지트 아날로그 NTSC100/75/100/7.5컬러바의 중요한 레벨점과 그 8비트 양자화와 10비트 양자화의 16진수치

	8비트 양자화 정도	10비트 양자화정도
금지레벨	FF	3FC, 3FD, 3FE, 3FF
최고 양자화레벨	FE	3FB
피크 크로마 레벨	F3	3CC
백 레벨	C8	320
흑 레벨	46	11A
블랭킹 레벨	3C	0F0
동기 선단 레벨	04	016
최저 양자화레벨	01	004
금지레벨	00	000, 001, 002, 003

3.2.1.3 양자화 범위와 그 실제의 적용

표 3.2에서는 아날로그 컴포지트 신호의 100/7.5/100/7.5 컬러바 신호에 있어서 중요한 레벨의 점과 그 점의 4f_{sc} NTSC규격에 의한 8비트와 10비트의 양자화에서 16진수로 데이터를 표시하고 있는 것을 나타내고 있고, 그림 3.18에서는 100/7.5/100/7.5 컬러바 신호의 아날로그 NTSC신호의 레벨과 그를 10비트 디지털로 양자화 시키었을 경우에 샘플치를 나타내고 있다고 할 수 있다.

이러한 규격에서는 10비트로 하였을 경우에는 1024(2^{10})의 디지털 레벨이므로 10진수를 사용하여 0으로부터 1023까지 나타낼 수 있고, 16진수를 사용하였을 경우에는 000으로부터 3FF까지 표현 하는 것이 가능하다고 할 수 있는데, 디지털 레벨에서 000, 001, 002, 003, 또는 3FC, 3FD, 3FE, 3FF는 동기 데이터용으로 보호되어있어 디지털 데이터 스트림에서는 사용하는 것을 금지하고 있다. 그리하여 이 때문에 영상 신호를 표현이 가능한 디지털 레벨은 1016이 되어 10진수로 하였을 경우에 4부터 1019까지 가능하고, 16진수로 하였을 경우에는 004로부터 3FB까지 가능하게 된다는 것이다. 또한 동기 선단의 레벨은 10진수로부터 16이 할당 되어있고, 16진수에서는 010이 할당 되어있다고 할 수 있는데, 옐로우(Yellow)나 시안(Cyan)에 대한 최고의 신호 레벨은 10진수로 하였을 경우에는 972이고, 16진수로 하였을 경우에는 3CC가 된다고 할 수 있다.

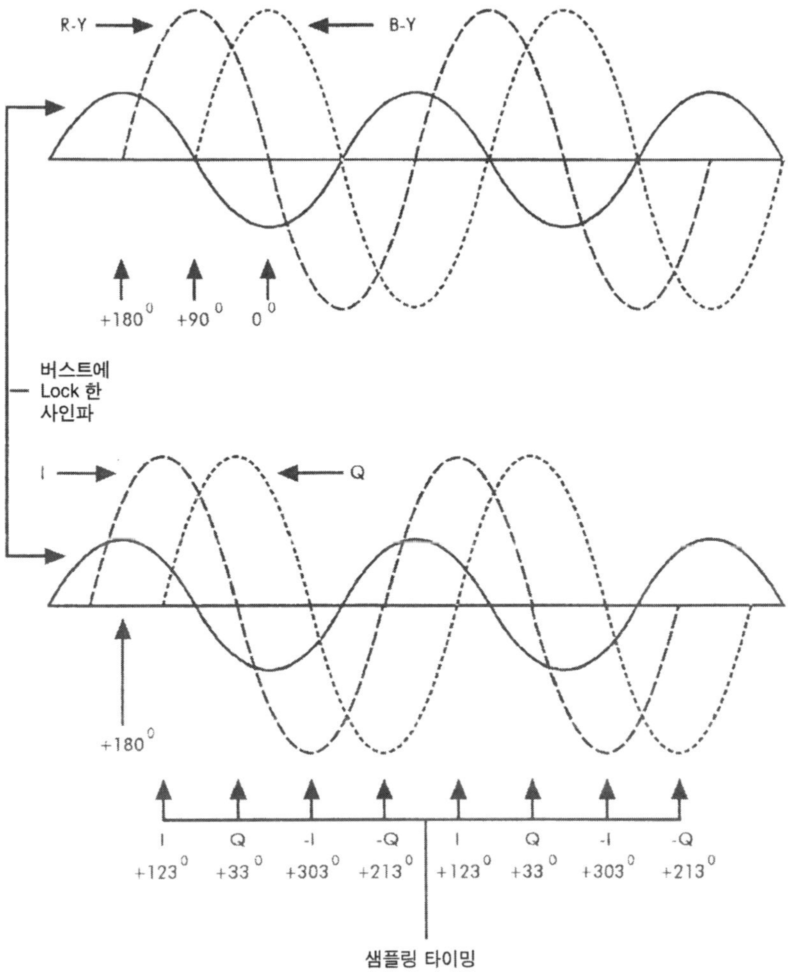

그림 3.16 NTSC컴포지트, 아날로그 신호이 $4f_{sc}$ 샘플링의 타이밍

이러한 규격에서는 상하의 헤드 룸은 작다고 할 수 있는데, 동기 방향에 있어서 헤드룸은 10진수에 있어서는 4에서부터 16까지 나타낼 수 있고, 16진수에서는 004로부터 010까지 나타낼 수 있으며, 상부의 헤드룸에 있어서는 10진수로는 972로부터 1019까지 나타낼 수 있고, 16진수로 나타낼 경우에는 3CC로부터 3FB까지 나타낼 수 있다는 것이다. 따라서 이러한 것에 대한 토털 헤드룸은 약 1dB로 이것은 아날로그 입력 신호 조정의 잘못 등에 의한 오류 축적에 의하여 증가하게 되어있는데, 어떤 경우에는 1dB정도밖에 허용하지 아니한다고 할 수 있고, 이러한 헤드룸은 같은 레벨로서 S/Q_{RMS}비를 악화시키는 요인이 되고 있다고 할 수 있다. 결론적으로 이야기를 하면 이론적인 S/Q_{RMS}비는 3.1.6항에서 서술한 것에 의하여 아래와 같은 계산식이 성립 된다고 할 수 있다.

$$\frac{S}{Q_{RMS}}(\text{dB}) = 6.02n + 10.8 + 10\log_{10}\left(\frac{f_s}{2f_{max}}\right) - 20\log_{10}\left[\frac{V_q}{(V_W - V_B)}\right]$$

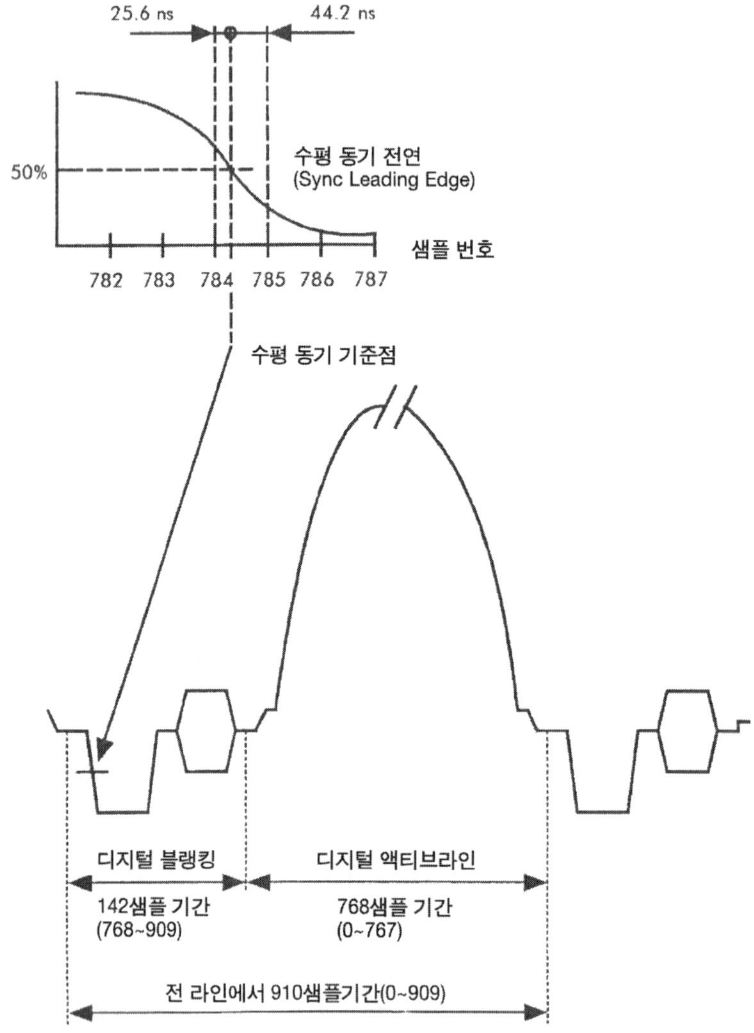

그림 3.17 $4f_{sc}$샘플링 할 때에 샘플링 번호와 수평 동기와의 관계

여기에서 n=샘플링에 할당된 10비트를 나타내고 있고, f_s=14.32MHz를 나타내고 있으며, f_{max} = 4.2MHz를 나타내고 있다고 할 수 있다. 또한 V_q=1.3042V를 나타내고 있고, V_w-V_b=0.7143V를 입력 한다고 하면, S/Q_{RMS}비의 계산치는

$$\frac{S}{Q_{RMS}}(\text{dB}) \approx 68.10\text{dB}$$가 된다고 할수 있다.

이러한 8비트 시스템에서는 양자화 레벨을 표시하기위하여 256의 레벨 중에서 254의 레벨 (01부터 EF)이 사용된다고 할 수 있는데, 여기에서 말하는 레벨 00과 FF는 동기용 데이터의 사용으로로는 금지 되어있기 때문에 사용하는 것이 불가능하다고 할 수 있다.

따라서 이러한 경우에는 8비트 시스템에 대해서는 헤드룸을 포함하여 $\frac{S}{Q_{RMS}}$ 비는 아래와 같다고 할 수 있다.

$$\frac{S}{Q_{RMS}}(\text{dB}) \approx 56.06\text{dB}$$

역주 여기에서는 처음으로 16진수에 관한 이야기가 나왔다. 이 책에서는 이러한 사항에 대한 것을 이미 알고 있는 것으로 상정을 하고 설명을 하고 있는데, 처음으로 이러한 말을 접하는 독자를 위하여 간단하게 2진수(Binary), 10진수(Decimal), 16진수(Hexadecimal)에 대한 관계를 설명하고 자한다. 여기에서는 되도록 간단하게 소개를 하고자 하니 보다 자세한 내용을 알고자 하는 분은 다른 자료를 참고하십시오.

10진수	16진수	2진수	10진수	16진수	2진수
0	0h	0	9	9h	1001
1	1h	1	10	Ah	1010
2	2h	10	11	Bh	1011
3	3h	11	12	Ch	1100
4	4h	100	13	Dh	1101
5	5h	101	14	Eh	1110
6	6h	110	15	Fh	1111
7	7h	111	16	10h	10000
8	8h	1000	17	11h	10001

*h:16진수인 것을 표시하고 있다.

2진수와 10진수의 관계는 2진수의 각행은 밑의 행으로부터 $2^0, 2^1, 2^2, 2^3, 2^4$. · · ·을 표시 하고 있어 1은 있는 반면 0은 없어 그의 총 가산치가 10진수가 되고 있다.

예를 들면 2진수의 0110은 10진수 에서는

$(2^3 \times 0)+(2^2 \times 1)+(2^1 \times 1)+(2^0 \times 0)=(8 \times 0)+(4 \times 1)+(2 \times 1)+(1 \times 0)=6$이 된다고 할 수 있다. 그리고 16진수의 0h-Fh는 4비트의 2진수의 0000-1111에 대응하고 있는데, 16진수로부터 10진수의 변환은 다음과 같이 시행을 하고 있다고 할 수 있다.

3h=3이고 Ch=12이므로 3CCh=(28×3)+(24×12)+(20×12)=(256×3)+(16×12)+(1×12)=768+192+12=972가 된다고 할 수 있다.

3.2.1.4 디지털 라스터(Raster)의 구조

디지털 액티브 필드(Active Field)기간은 아날로그 액티브 필드 기간보다도 넓게 되어있다고 할 수 있기 때문에, 따라서 디지털 액티브 필드 기간은 아날로그 영상 보다는 보다 전에서 시작하여 아날로그 영상의 경우보다는 뒤쪽에서 끝난다고 할 수 있다.

NTSC 4필드 시퀀스에서는 디지털 수직 블랭킹기간은 필드 I 과 III는 라인525의 샘플 768로부터 라인9의 샘플의 767까지 라고 할 수 있고, 필드 II와 IV에서는 라인 263의 샘플 313으로부터 라인 272의 샘플 767까지를 말하고 있다고 할 수 있으며, 그림 3.19에서는 아날로그 NTSC 컴포지트 영상 신호의 수직 블랭킹과 디지털 $4f_{sc}$ 수직 블랭킹의 관계를 표시하고 있다고 할 수 있다.

전에도 이야기를 하였지만 디지털 액티브 라인의 기간은 아날로그 액티브 라인보다도 넓게 되어있다고 할 수 있는데, 그리하여 디지털 액티브 라인은 아날로그 영상의 그것보다도 전에 시작을 하여 아날로그보다는 후에 끝나는 것으로 하고 있다. 그 때문에 아날로그 영상의 블랭킹 에지(Blanking Edge)는 디지털 액티브 라인 내에 포함하고 있다고 할 수 있는데, 이러한 것에 의하여 상승기간이 짧은 디지털 블랭킹과 디지털/아날로그 컨버터 뒤에 필터에 의한 대역의 제한에 의하여서 오버 슈트(Over Shoot)나 링깅(Ringing)이 이루어지는 것을 효과적으로 방지를 하고 있다고 할 수 있다. 디지털 수평 블랭킹 기간은 수직 블랭킹 기간 외의 모든 라인으로 라인 샘플 768로부터 909로 하고 있는데, 그림 3.20에서는 수평 블랭킹 기간에 있어서 중요한 포인트이라고 할 수 있는 샘플 어드레스를 표시하고 있다.

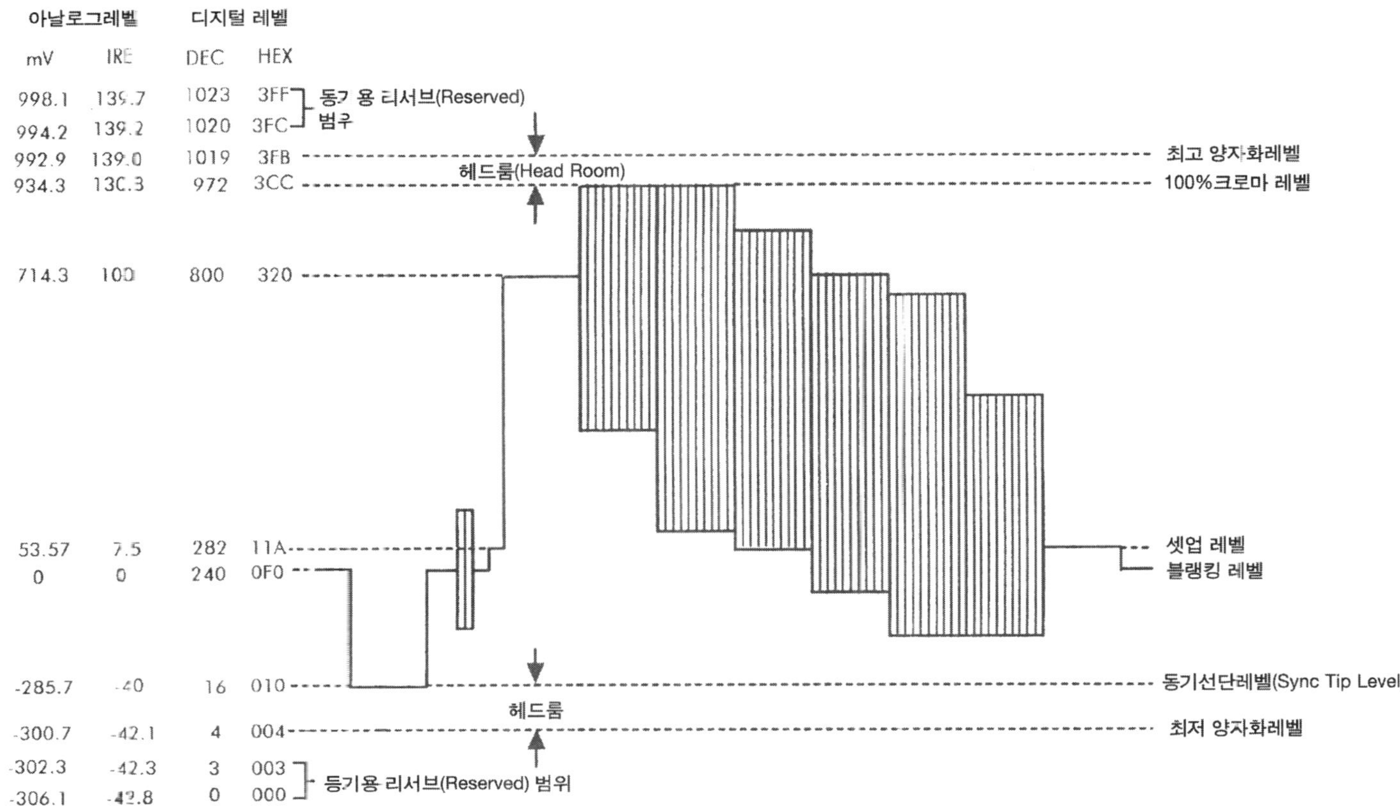

그림 3.18 100%컬러바의 아날로그 NTSC레벨과 10비트 디지털 샘플치와의 관계.
디지털 지의 000, 001, 002, 003, 또는 3FC, 3FD, 3EF는 금지되어져 있어 데이터치로서 사용하여서는 되지 아니한다.

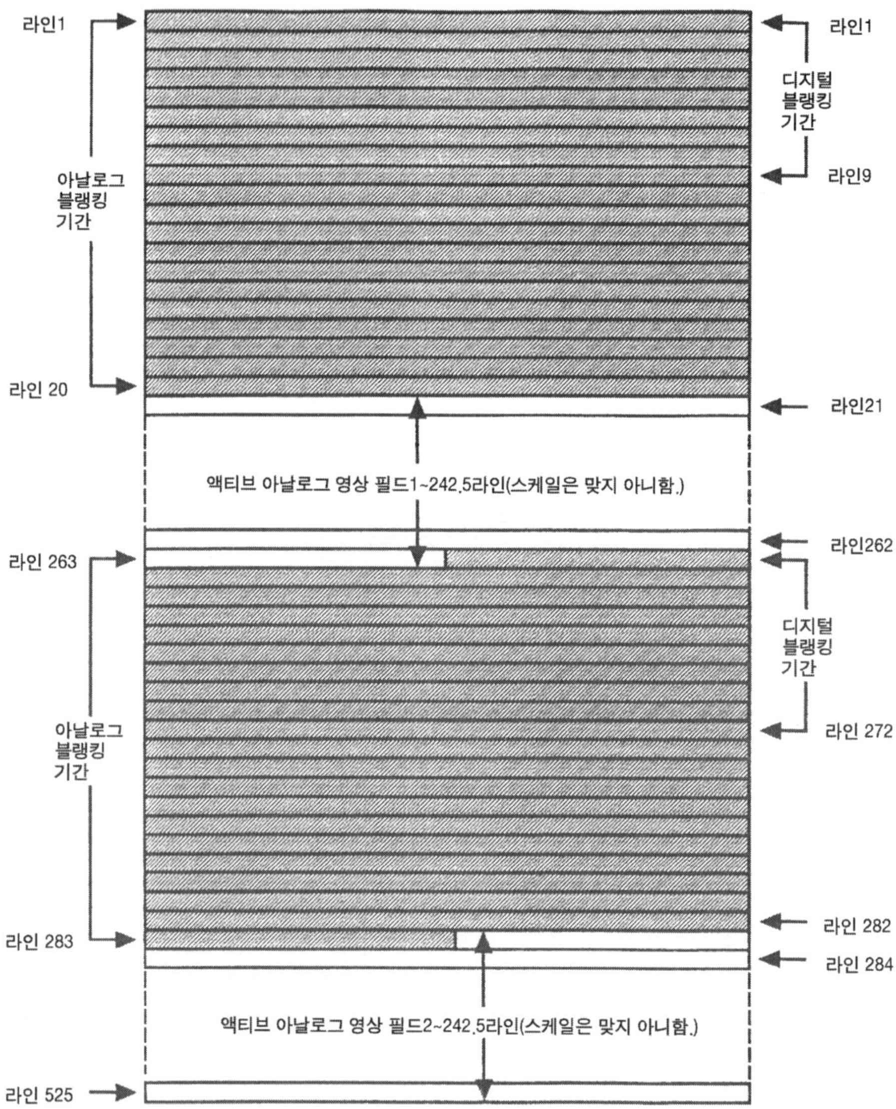

그림 3.19 아날로그 NTSC 컴포지트 영상 신호의 수직 블랭킹과 디지털 $4f_{sc}$ 수직 블랭킹과의 관계

규격에 있어서는 디지털 영역에 있어서 수평 동기 前緣 중앙 점과 서브캐리어와의 위상(SC/H)을 제로로 설정하고 있는데, 이러한 사양은 편집실에서 VTR의 인서트 편집을 하는 편집점을 명확하게 하기 위한 것으로, 아날로그 NTSC에서 제로 SCH의 신호는 수평 동기 기준점과 버스트에 록(Lock)한 사인파(버스트와 동위상의 연속한 사인파)의 제로 크로스 점과의 위상을 일치하는 것에 의하여 정의 되어져 있다고 할 수 있다.

NTSC의 서브 캐리어 주파수와 수평 동기 주파수의 관계에 의하여 이러한 제로 크로스의 방향은 라인 마다 반전 되게 되어 있는데, 4개의 필드 중에서 필드 I 은 라인10의 SCH에 의한 제로 크로스가 정 방향으로 상승 되어 있는 것에 의하여 정의 되어져 있다고 할 수 있고, 필드 III의 라인 10에서 제로 크로스의 방향은 부의 방향이라고 할 수 있다.

4필드 시퀀스에서서는 필드 I 과 필드 II로 구성되어있는 프레임을 컬러 프레임 A라고 부르고 있고, 필드 III와 필드IV로 구성되어있는 프레임은 컬러 프레임 B라고 부르고 있는데, 라인10의 SCH의 위상기준 제로 크로스가 재차 정 방향으로 되는 것은 연속하는 4필드의 뒤로 하고 있다고 할 수 있다.

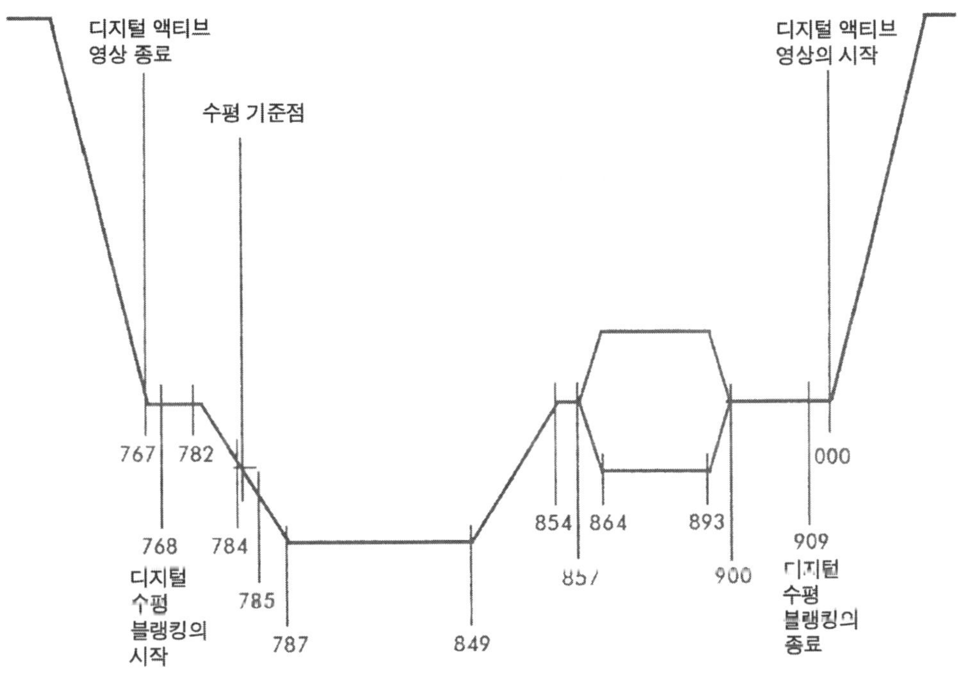

그림 3.20 중요한 샘플의 위치를 표시한 $4f_s$ NTSC디지털 신호의 수평 블랭킹 기간도

이러한 것에 대한 상세한 규성은 편집실 VTR과 그것과 편집 대상이 되는 모는 신호원이 만족을 하게 일치하시 아니하면 되지 아니한다고 할 수 있는데, 그림 3.21에서는 수직블랭킹 기간의 구조와 NTSC의 4필드 시퀀스와 서브 캐리어의 제로 방향의 관계를 표시하고 있고, 그림 3.21에서는 컬러프레임 A에서 필드 I 과 라인10의 상세도와 $4f_{sc}$ NTSC 샘플링 타이밍과의 관계를 표시하고 있다.

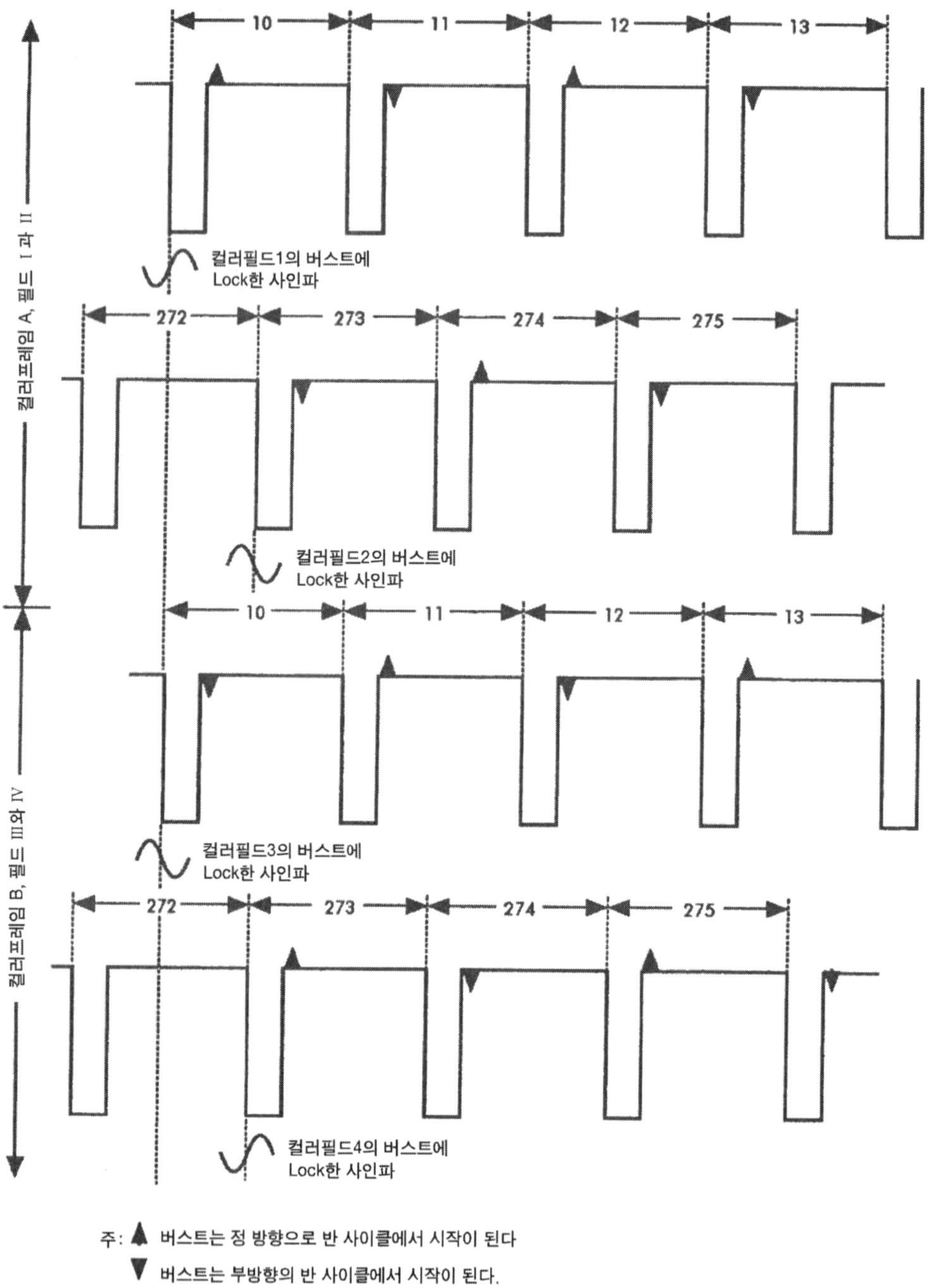

그림 3.21 NTSC 4필드 시퀀스와 서브캐리어의 제로 크로스 방향을 표시하는 수직 블랭킹 구조의 상세

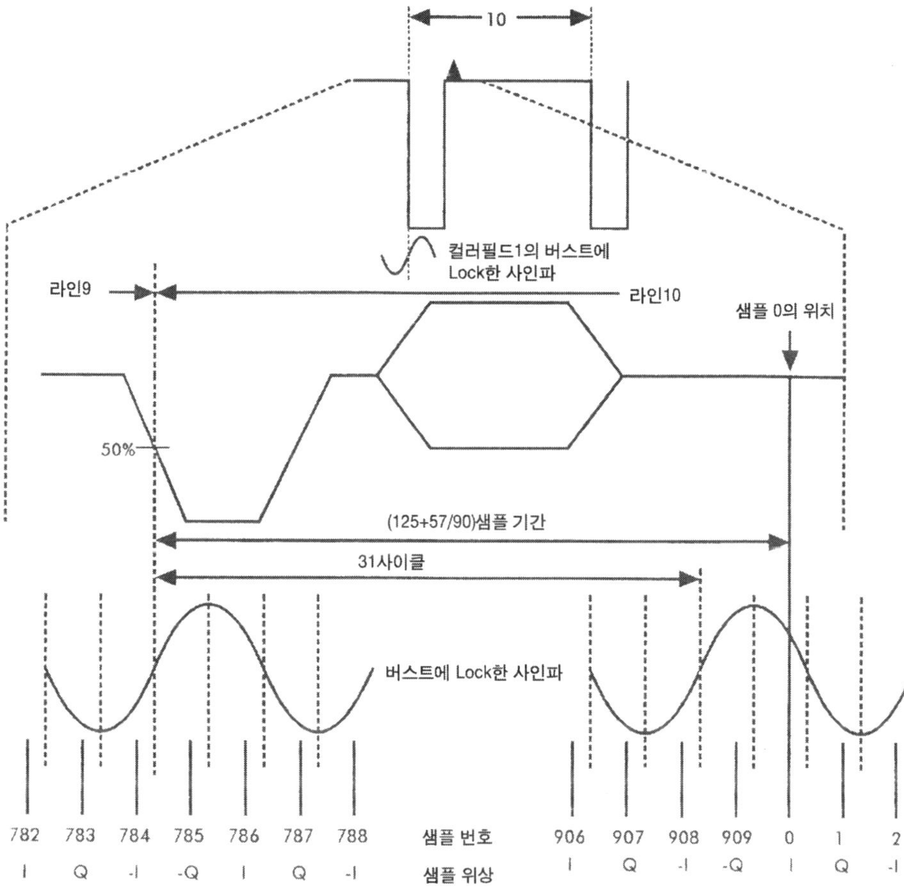

그림 3.22 컬러프레임 A, 필드1 라인 10에서의 샘플 0의 샘플 위상 구하는법

3.2.2 4f$_{sc}$ PAL의 규격

아날로그 NTSC신호와 PAL신호는 많은 공통의 점을 많이 가지고 있는 것으로 되어있으나, 4f$_{sc}$ 디지털 표현에 있어서는 양자가 전혀 다르다고 할 수 있는데, 이 섹션에서는 표 3.3에서 요약한 PAL디지털 신호의 특성에 대하여 간단하게 설명을 하기로 한다.

3.2.2.1 전체의 개요

샘플링 주파수는 컬러 서브캐리어의 4배의 주파수로 17.734475MHz(공칭 17.73MHz)라고 할 수 있는데, 여기에서 사용을 하고 있는 샘플링 클럭 (Clock)은 아날로그 신호의 컬러 버스트로부터 생성이 된다고 할 수 있다.

표 3.3 $4f_{sc}$ PAL컴포지트 디지털 신호의 코딩 특성의 개요

입력신호	PAL
전 1라인당 샘플수	1135*
액티브 디지털 라인당 샘플 수	948
샘플링 주파수	$4f_{sc}$=17.734475MHz
샘플 타이밍	+45°, +135°, +225°, +315°
코딩	직선 양자화
양자화 정도	8또는 10비트 양자화

*라인 313또는 625라인을 제외하고 시행을 하는데, 이러한 라인은 1137샘플을 가지고 있다.

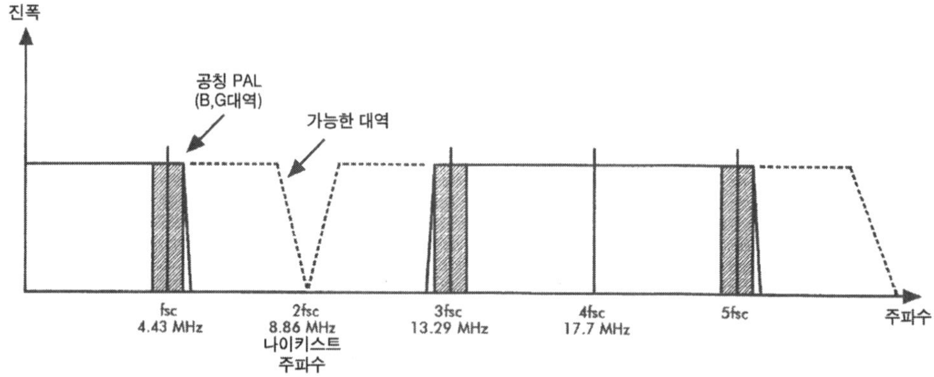

그림 3.23 $4f_{sc}$에서 샘플한 PAL신호의 스펙트럼

그림 3.23에서는 $4f_{sc}$ PAL신호의 샘플링 스펙트럼을 표시하고 있다고 할 수 있는데, 여기의 PAL B.G방식의 공칭 최대 베이스 밴드라고 할 수 있는 5MHz와 나이키스트 주파수라고 할 수 있는 8.86MHz사이에 어느 정도 많은 량의 차이(Gap)가 있다고 할 수 있고, 규격에 있어서는 신호가 되돌아옴으로서 생기는 에일리어스(Alias)를 방지하는 필터와 신호를 디지털/아날로그 변환에 따른 보간 필터의 특성에 대해서는 따로 규정을 하고 있지는 아니하지만 그의 설계는 높은 샘플링 주파수 때문에 용이하다고 할 수 있다. 따라서 각 $4f_{sc}$의 형태기기는 각 각 다른 아날로그의 대역 특성을 가지고 있다고 할 수 있다고 할 수 있는데, (Sin)/x의 보정은 디지털 신호가 아날로그 신호로 변환하는 과정에서 시행하는 것으로 하고 있다고 할 수 있다. $4f_{sc}$의 NTSC 기기와 같이 디지털에서 발생하는 신호가 직접 디지털 $4f_{sc}$기기에 일력 되어져 있을 경우에는 보간 필터에 의한 대역의 제한을 하기 때문에 많이 오버슈트(Overshoot)나 링깅(Ringing)이라는 것이 아날로그로 변환되어진 컴포지트 신호에 나타날 위험이 있는데, 이러한 문제를 해결하기 위해서는 블랭킹 에지나 동기신호의 상승 부분이나 하강부분에서는 그의 파형 데이터가 아날로그 파형과 일치 하게 하지 아니하면 되지 아니한다고 할 수 있다.

3.2.2.2 샘플링의 구조

그림 3.24에서는 PAL의 수직 블랭킹 기간의 구조를 표시하고 있는 것으로, 컬러 버스트의 위상은 R-Y를 기준으로, +135°와 +225°의 2개의 치로 라인마다 변경하여 절환 하고 있다고 할 수 있는데, 그리하여 PAL의 서브캐리어는 아래와 같은 식에 의하여 25Hz의 오프세트(Off Set)를 포함하고 있다고 할 수 있다.

$$f_{sc} = 285.75f_H + 25Hz = 4,433,618.75Hz$$

1프레임(2개 필드)에 할당하는 샘플링 캐리어의 사이클 수는

$$\frac{f_{sc}}{25} = 77,344.75 \text{ 사이클/프레임}$$

정수의 서브캐리어 사이클을 가진 최소의 프레임 수는 4(4×177,344.75=709,379) 프레임 또는 8개의 필드로 로 구성 되어있다고 할 수 있는데, 이러한 것은 VTR 편집기의 설계에 경우에는 고려를 하여야 하는 중요한 사항이라고 할 수 있다.

이와 같이 아날로그 신호는 버스트 축에 따라서 서브 캐리어의 4배의 주파수까지 샘플링이 되어 진다고 할 수 있는데, 샘플링 클럭의 위상기준은 0°(+U축)이라고 할 수 있다. 그림 3.25에서는 $4f_{sc}$의 PAL규격에 있어서 샘플링 타이밍을 표시하고 있고, 샘플링 주파수는 아래와 같은 식으로 성립되어 진다고 할 수 있다.

$$f_s = 4f_{sc} = 17,734,475.00Hz$$

으로서 디지털화한 연속하는 2개의 수평동기 펄스 사이의 샘플링의 기간 수는

$$\frac{f_s}{f_H} = \frac{17,734,475.00}{15,625.00} = 1135.0064$$

프레임 할당되는 전 샘플 수는

$$\text{샘플/프레임} = \text{샘플/라인} \times \text{라인/프레임} = 1,135.0064 \times 625 = 709,375$$

이라는 공식이 성립된다고 할 수 있다.

디지털 신호를 프로세스를 하기 위하여 텔레비전 라인을 정수로 샘플을 하지 아니하면 되지 아니한다고 할 수 있는데, 그 정수로서 1135샘플/라인이 선택되어있어 그 결과로 709,375샘플/프레임 이라는 결과를 얻어 지게 되어있다고 할 수 있다.

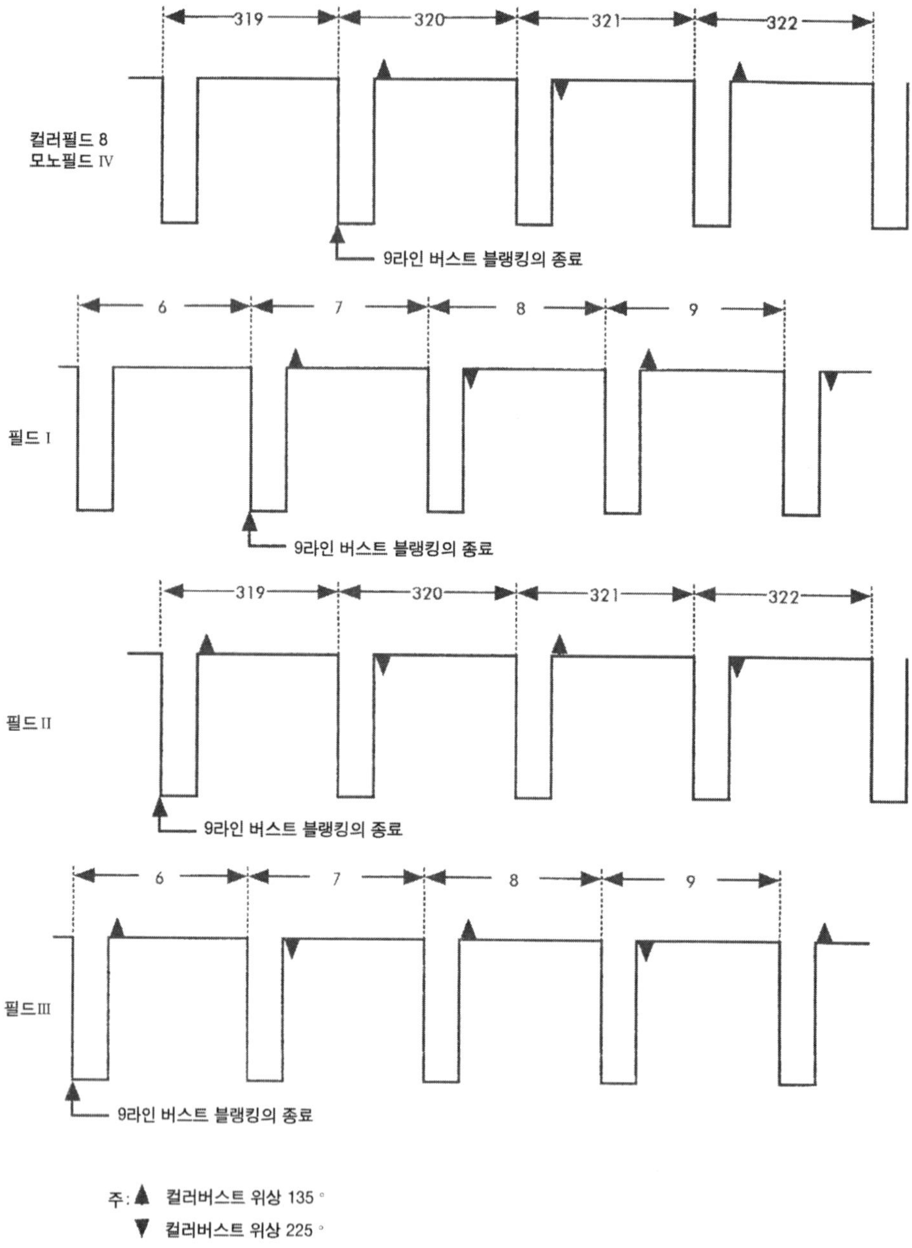

그림 3.24 PAL수직 블랭킹 기간의 구조 상세

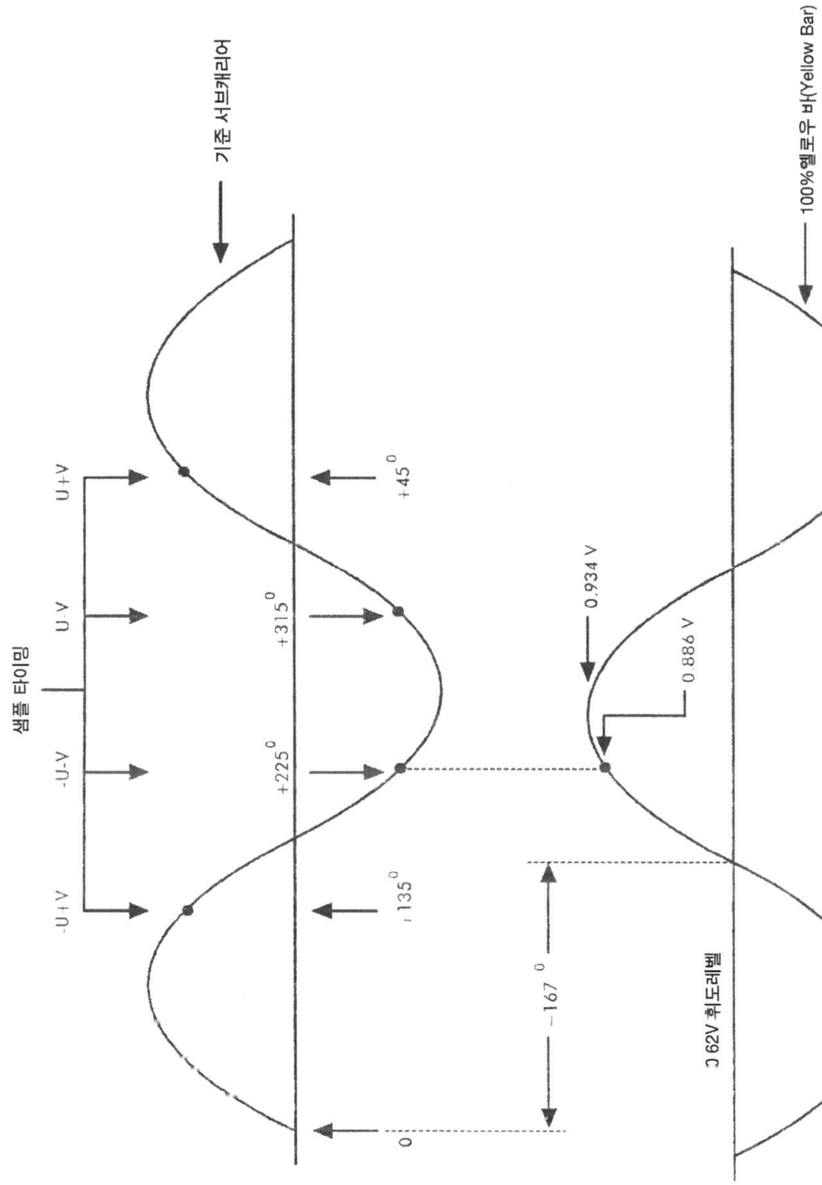

그림 3.25 PAL컴포지트 아날로그신호의 4fsc 샘플 타이밍

또한 프레임에 할당 되어있는 정확한 샘플 수(709,375)로 하기 위하여 라인 313과 라인 625에 각각 2개의 샘플이 가해져서 있다고 할 수 있는데, (참고로 라인 313과 625는 수직 블랭킹 기간 내임.)각 액티브 라인에 할당되어있는 1135의 샘플 가운데 945의 샘플이 디지털 액티브 라인으로 구성 되어 있다고 할 수 있고, 그리고 남은 187개의 샘플이 디지털 수평 블랭킹 기간을 구성 한다고 할 수 있다. 그림 3.26에서는 대표적인 라인(Typical Line)에 대하여 샘플 번호를 표시하고 있다.

역주 여기에서 「대표적인 라인(Typical Line)」 이라고 하는 것은 의미가 있다고 할 수 있는데, PAL방식의 샘플링에서는 서브캐리어의 1/4 오프세트와 25Hz의 오프 세트가 있으므로 수평 동기 기준점과 샘플번호의 위치라는 것은 라인에 따라서는 조금은 벗어나 있다고 할 수 있다.

이러한 관계는 상위의 0.0064×625=4라는 관계로 1프레임에 따라서 한번 돌아가면서 수정이 되고 있으나, 필드에서는 2샘플의 추가가 시행되는 시점에서 벗어남이 수정되어진다고 할 수 있는데, 그림 3.26에서 나타내고 있는 위치관계는 이러한 벗어남이 없는 곳에 라인을 대표적인 라인으로 하여 표시를 하고 있다.

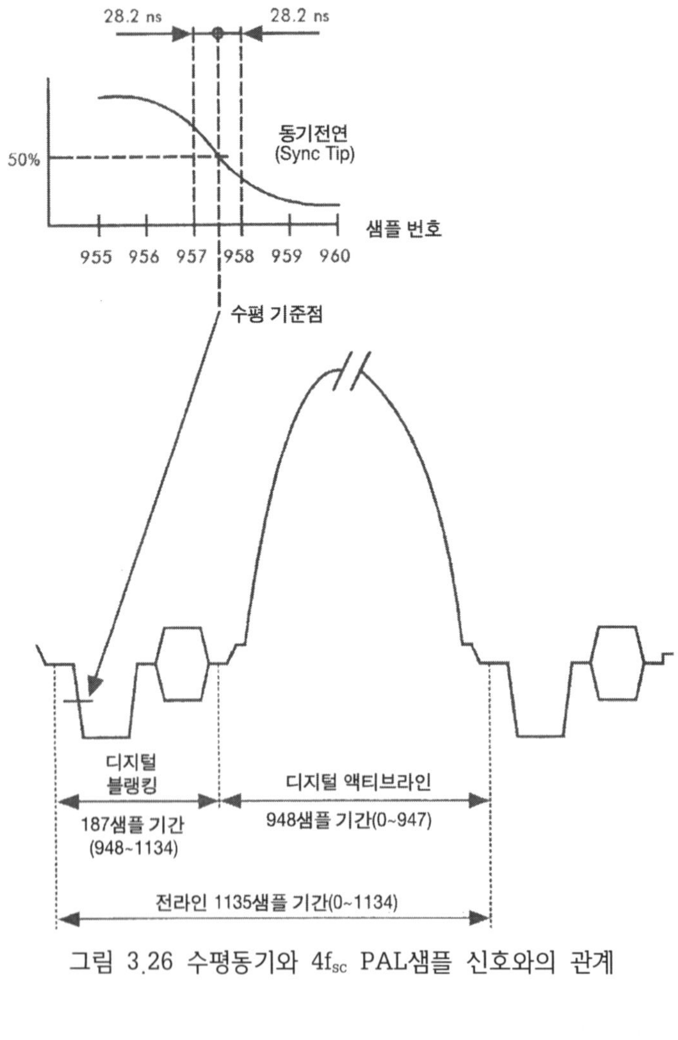

그림 3.26 수평동기와 $4f_{sc}$ PAL샘플 신호와의 관계

액티브 픽쳐(Active Picture) 라인 848샘플에 있어서 최초의 샘플 번호를 기준 점으로 하여 샘플 0으로 하고 있는데, 라인당 할당되어있는 1135샘플이라는 것은 샘플 번호 0으로부터 샘플 번호 1134번호까지 번호를 달게 되어있다고 할 수 있고, 이 중에서 샘플 0으로부터 샘플 947까지는 디지털 액티브 라인의 데이터라고 할 수 있다.

또한 수평 블랭킹 기간의 샘플은 모두 라인에 포함 되어있는 것으로 생각할 수 있는데, 그 때문에 아날로그 1라인전체는 샘플 948로부터 1134까지의 블랭킹 기간과 샘플 0으로부터 다음의 샘플 947까지 액티브 기간과 합하여 모두 합계 1135개의 샘플로 구성 되어져 있다고 할 수 있다.

표 3.4 컴포지트 아날로그 PAL의 100/0/100/0컬러바 신호의 주요레벨과 그러한 것에 대응하는 $4f_{sc}$ PAL디지털 신호의 8비트와 10비트의 경우에 16진수치

	8비트 양자화	10비트 양자화
금지 레벨	FF	3FC, 3FD, 3FE, 3FF
최고 양자화레벨	FE	3FB
피크 크로마 레벨	〉〉FE*	〉〉FB*
백 레벨	D3	34C
블랭킹 레벨	3C	100
동기선단 레벨	04	016
최저 양자화레벨	01	004
금지레벨	00	000,001, 002, 003

*아날로그 컴포지트 PAL의 100/0/100/0컬러바의 옐로우 바(Yellow Bar)에 대응하는 디지털 치로서, 이러한 신호의 진폭치는 규격의 양자화 범위를 넘는다고 할 수 있으나, 규격에 의한 샘플링 타이밍에 따라서는 이러한 진폭치는 D/A프로세스를 사용하여 재생하는 것이 가능하다고 할 수 있다.

3.2.2.3 양자화 범위

표 3.4에서는 100/0/100컬러바의 아날로그 PAL신호의 중요한 레벨값과 그것에 대응하는 $4f_{sc}$ 디지털 신호의 8비트와 16비트의 16진수를 표시하고 있다고 할 수 있고, 그림 3.27에서는 100/0/100컬러바의 아날로그 PAL 신호의 레벨과 10비트 양자화의 샘플치의 관계를 표시하고 있다고 할 수 있다.

규격에서는 1024 디지털 레벨 (2^{10})이 있어 10진수에서는 0부터 1023까지 표현이 가능하고, 16진수에서는 0000부터 3FF까지의 표현이 가능하다고 할 수 있는데, 그중에서 디지털 레벨 000, 001, 002, 003 또는 3FC, 3FD, 3FE, 3FF는 동기용에 할당 되어있다고 할 수 있다. 또한 디지털 데이터 용으로는 사용하지 아니하기 때문에 영상 데이터에서는 1016의 레벨이 사용가능하다고 할 수 있는데, 10진수에서는 4부터 1019까지 사용이 가능하고, 16진수에서는 004로부터 3FB까지 사용이 가능하다고 할 수 있다.

이러한 신호는 $4f_{sc}$신호와는 달라서 헤드룸의 하 방향이 없고, 동기 선단은 최저의 양자화 레벨(004)로 되어있다고 할 수 있는데, 최고 양자화 데이터의 1019 또는 3FD에 대응하는 최고의 아날로그 레벨은 908.3㎷라고 할 수 있고, 이것은 100/0/100/0 형태의 컬러바에서 옐로우(Yellow) 또는 시안(Cyan)색의 정의 서브캐리어 최고 레벨로서 933.5㎷보다는 꽤 낮다고 할 수 있으며, 그 때문에 신호의 톱에서는 헤드 룸은 부의치가 된다고 할 수 있다.

그림 3.25에서는 샘플링의 타이밍이 옐로우(Yellow)인 경우에는 최고 진폭보다 전에 있는 것을 표시하고 있는데, 여기에서 최고 진폭의 옐로우(Yellow)진폭 샘플 치는 0.886V로서, 허가 되어있는 양자화 최고 레벨의 908.3㎷보다 꽤 낮다는 것을 알 수 있다.

따라서 디지털/아날로그 변환 컨버터 에서는 그 때문에 오리지널 신호를 재생하는 것이 가능한 것으로서, 이러한 문제 접근에 의하여 적은 양이지만 신호의 왜가없이 약 0.5㏈의 S/Q_{RMS}의 비를 개선하는 것이 가능하다고 할 수 있는데, 결론적으로 이야기하면 이론적인 S/Q_{RMS}비에서는 3.1.5항의 식에 의하여 다음과 같이 성립 된다고 할 수 있다.

$$\frac{S}{Q_{RMS}}(\mathrm{dB}) = 6.02n + 10.8 + 10\log_{10}\left(\frac{f_s}{2f_{\max}}\right) - 20\log_{10}\left[\frac{V_q}{(V_W - V_B)}\right]$$

여기에서 n = 샘플링에 할당된 10비트를 나타내고 있고, f_s = 17.72MHz를 나타내고 있으며, f_{max} = 5MHz를 나타내고 있다고 할 수 있는데, V_q = 1.2131V를 입력하고, $V_w - V_b$ = 0.7V를 입력을 한다고 하면 S/Q_{RMS}비의 계산치는

$$\frac{S}{Q_{RMS}}(\mathrm{dB}) \approx 68.71\mathrm{dB}$$가 된다고 할 수 있다.

3.2.2.4 디지털 라스터(Raster)의 구조

디지털 액티브 필드의 기간은 아날로그 액티브 필드 기간보다도 넓게 되어있기 때문에, 이미 설명을 한 것과 같이 디지털 액티브 필드 기간은 아날로그의 영상보다 전에서 시작하여 아날로그 신호보다 뒤에 끝난다고 할 수 있다.

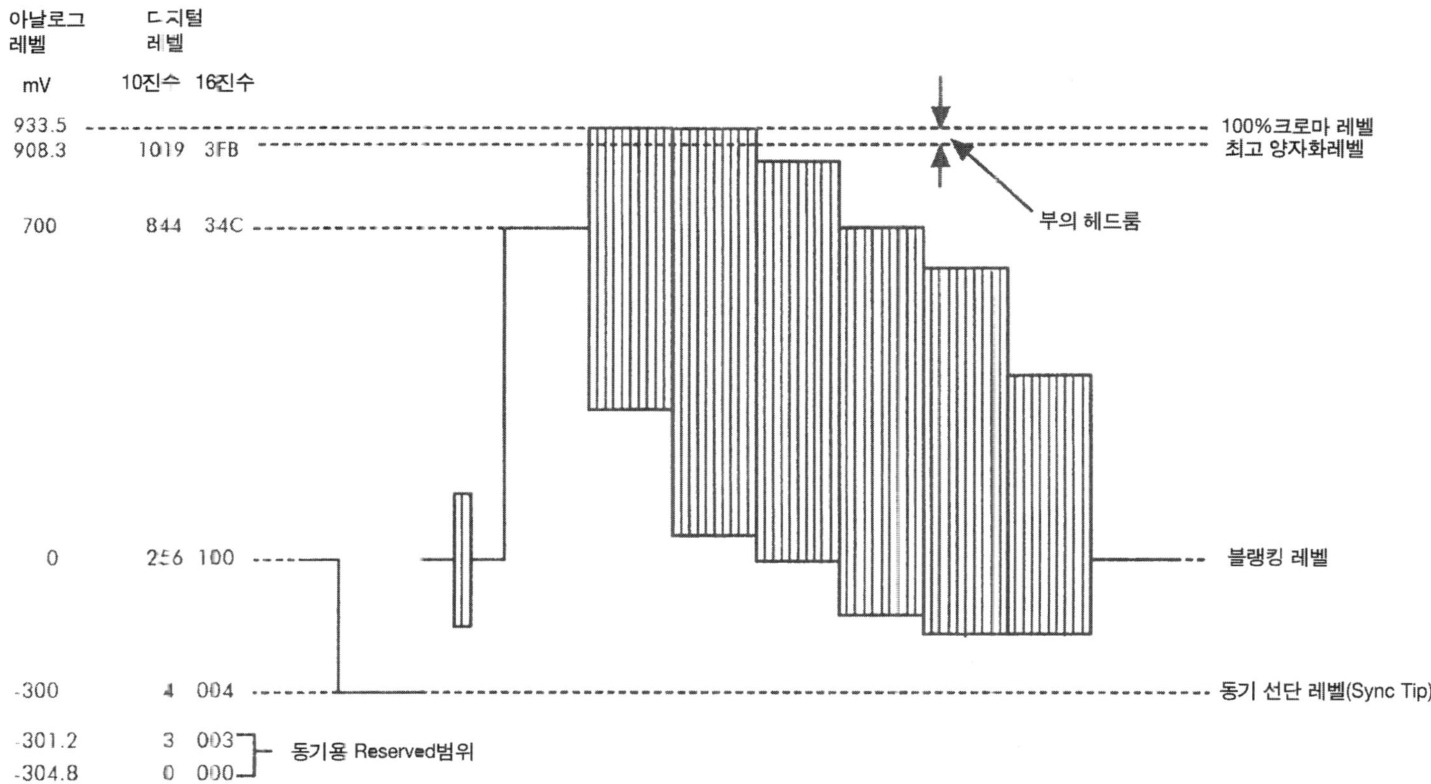

그림 3.27 100%컬러바의 아날로그 PAL레벨과 10비트 디지털 샘플치와의 관계.
디지털 치의 000,001,002,003, 또는 3FD,3FE는 금지되어져 있어 데이터치로서 사용하여서는 되지 아니한다.

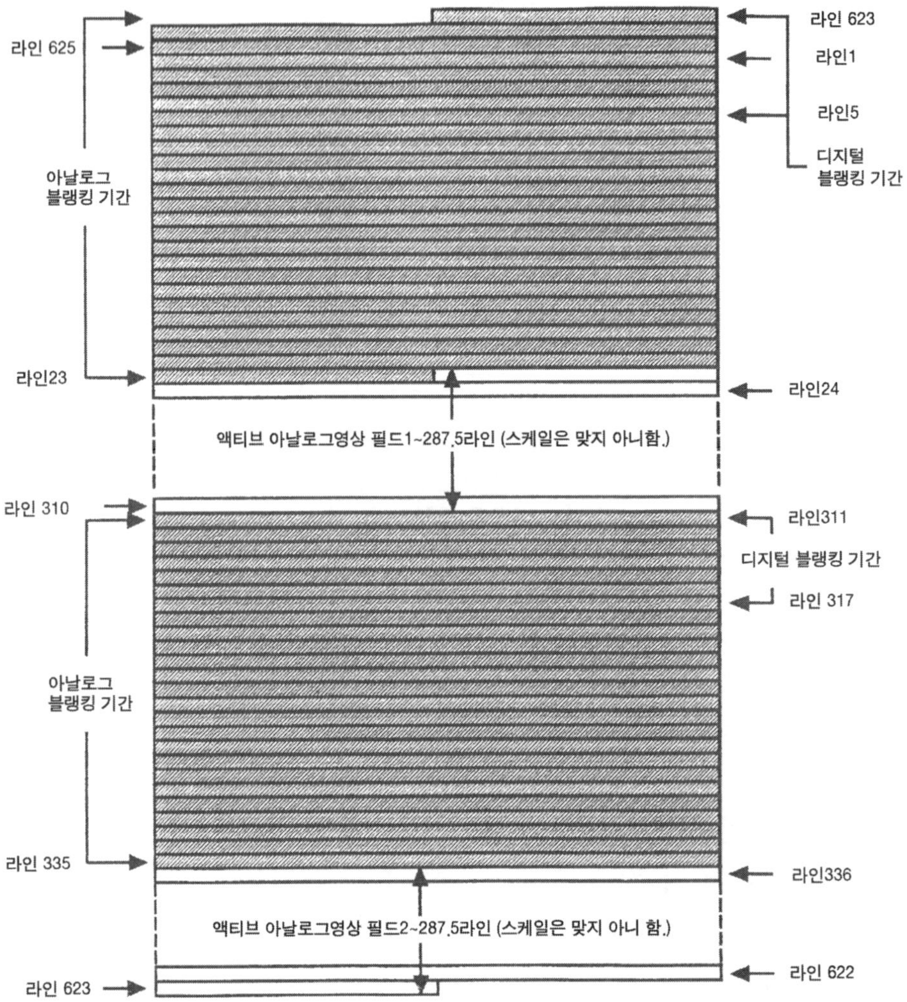

그림 3.28 아날로그 PAL 컴포지트 영상 신호의 수직 블랭킹과 디지털 4f$_{sc}$ PAL수직 블랭킹 과의 관계

또 PAL의 4 필드 시퀀스의 디지털 수직 블랭킹은 필드Ⅰ과 필드Ⅲ에서는 라인 623의 샘플 382로부터 라인 5의 샘플 947까지 라고 할 수 있고, 필드Ⅱ와 필드Ⅳ에서는 라인 310의 샘플 948로부터 라인 317의 샘플 947까지라고 할 수 있으며, 그림 3.28에서는 아날로그 PAL 컴포지트 영상신호의 수직 블랭킹과 디지털 4f$_{sc}$ PAL수직 블랭킹의 관계를 표시하고 있다고 할 수 있다.

디지털 액티브 기간에 있어서도 아날로그 액티브 라인보다도 넓게 되어있다고 할 수 있는데, 디지털액티브 라인은 아날로그 영상 신호보다 전에서 시작하여 아날로그 영상 신호보다 후에 끝나기 때문에 아날로그 영상신호의 블랭킹의 에지(Edge) 신호는 디지털 액티브 라인 내에 포함 되어 있다고 할 수 있다.

또 이러한 것에 의하여 상승기간의 짧은 디지털 블랭킹과 디지털/아날로그 컨버터 후에 있는 필터에 의한 대역 제한에 의하여 오버슈트나 링깅(Ringing)이 일어나는 것을 효과적으로 방지하고 있다고 할 수 있다고 할 수 있는데, 디지털 수평 블랭킹 기간은 수직 블랭킹 기간 이외에 모든 라인의 샘플 948로부터 1134로 하고 있다고 할 수 있고, 그림 3.29에서는 수평 블랭킹 기간에 있어서 중요한 포인트의 샘플 어드레스를 표시하고 있다고 할 수 있다.

3.2.3 화질에 관련하는 파라미터와 그 시험 방법

아날로그의 입출력을 가진 4fsc의 디지털 블랙박스는 제2장에서 상세하게 설명을 한 것과 같이 영상 신호의 특성을 열화 대상으로 하고 있다고 할 수 있는데, 시험방법이나 기기에 있어서는 아날로그 기기에서와 같다고 할 수 있는 것으로 개요에 대해서는 제 2장을 참조하여 주기를 바란다. 또한 디지털 블랙박스는 입출력에서 이득 1이라고 할 수 있는데, 이러한 것은 디지털/아날로그 컨버터의 내부 발생하는 기준 컬러바(Color Bar)를 넣어서 블랙박스의 출력이득을 조정을 한 다음에 다시 그 입력에 기준의 아날로그 컬러바를 넣어서 입력이득을 조정하는 것에 의하여 설정이 가능하다고 할 수 있다.

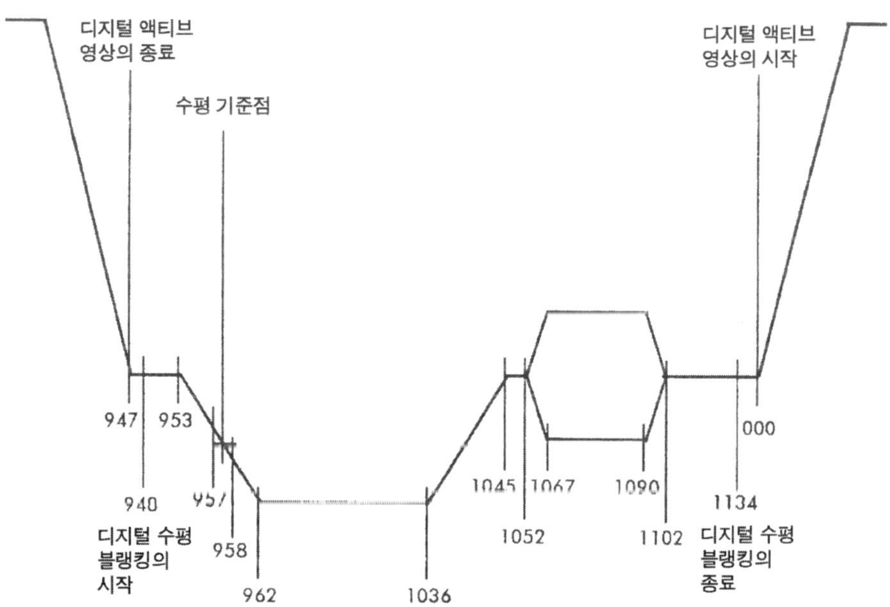

그림 3.29 대표적인 라인에 있어서 주요한 샘플의 위치를 표시한 $4f_{sc}$ PAL디지털 신호의 수평 블랭킹 기간도, 샘플의 위치는 라인에 따라서 변화한다.

그러나 휘도 비직선성, Differential Phase(D_P), Differential Gain(D_G), 또는 노이즈 측정에 대한 있어서는 전혀 다르다고 할 수 있는데, 그러면 그러한 것에 대하여는 이 단원에서 상세히 설명을 하고자 한다.

우리가 사용하고 있는 특정의 일정 레벨 시험 신호는 양자화 오차 때문에 정확하게 디지털로 표현 하는 것이 불가능하여 측정에 대한 오차를 발생하게 되어있는데, 이러한 양자화에 대한 오차 때문에 측정에 대한 오차 중에 8비트 측정에서는 대단히 크다고 할 수 있으나, 10비트의 기기에서는 그렇게 많지는 않아 경우에 따라서는 무시를 하여도 되는 정도의 오차를 가지고 있다고 할 수 있다.

아날로그 기기의 휘도에 대한 비직선 특성이나 Differential Phase(D_P), Differential Gain(D_G) 등의 비직선 왜의 측정에 있어서는 통상 적으로 서브캐리어를 다중하기도 하고 또는 다중을 하지 아니하는 계단파가 사용되기도 하는데, $4f_{sc}$의 디지털 블랙박스와 같이 같은 종류의 테스트에서는 서브캐리어를 다중 또는 비다중의 램프파(Ramp Signal : 경사파)가 사용되고 있다고 할 수 있다.

또한 측정의 정도를 높게 하기 위해서 $4f_{sc}$의 디지털블랭크박스의 휘도 비직선성 측정에 있어서는 계단파를 사용하지 아니하고, 휘도 램프파 테스트 신호(Luminance Ramp Test Signal)가 사용되어 지고 있다고 할 수 있다.

그림 3.30에서는 525/60시스템의 휘도 램프파 시험 신호를 표시하고 있는데, 여기에서는 표시를 하고 있지 아니하지만 같은 신호가 625/50시스템도 사용하고 있다고 할 수 있고, 이 신호는 계단 파와는 달라서 이런 타입의 신호는 연속하여 모든 양자화의 레벨을 통과 하므로 피 측정 기기의 화질에 대하여 보다 자세한 재현 특성이 얻어 진다고 할 수 있다.

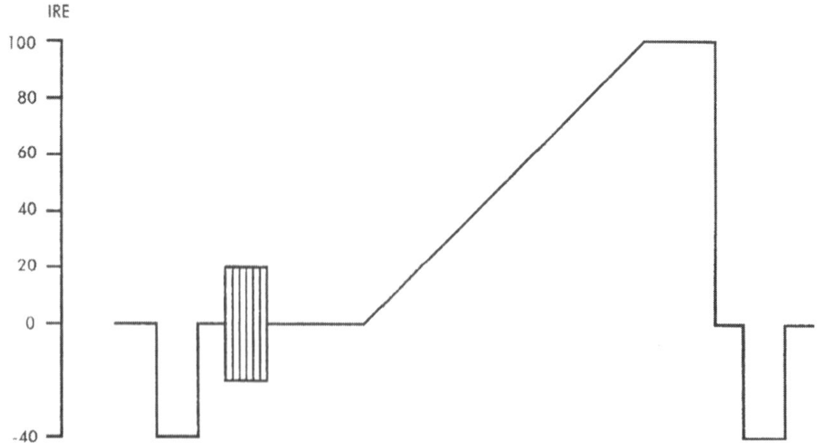

그림 3.30 525/60시스템의 휘도 램프(Ramp)신호

또한 측정의 방법에 있어서도 아날로그 기기에서 사용하였던 방법과는 전혀 다르다고 할 수 있는데, 그림 3.31에서는 필자가 사용한 비 직선성 측정의 계통도를 나타내고 있다고 할 수 있다.

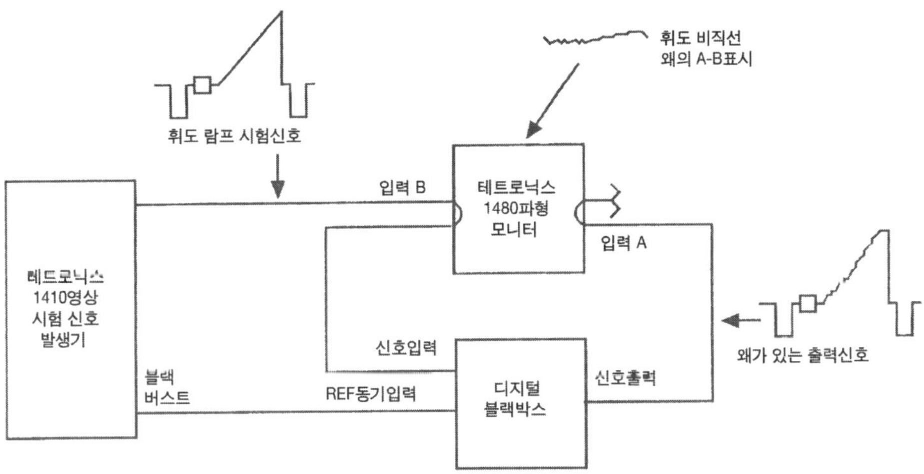

그림 3.31 $4f_{sc}$컴포지트 디지털 기기의 휘도 비직선왜의 측정 계통도

이러한 측정에서는 피 측정 기기출력으로부터 기기로의 입력을 연산하는 방법을 사용하여 1MHz의 대역에서 연산의 결과를 비 직선의 왜로서 측정을 하는 것으로서, 이러한 시험 램프파의 신호는 테트로닉스 1480파형 모니터의 입력 B를 루프하여 파 측정 기기의 입력에 집어넣어서 측정을 하고 있다고 할 수 있다.

또한 이러한 측정에 있어서 기기입력은 75Ω을 사용하여 종단하는 것이 원칙이고, 이러한 파형 측정 기기에서는 디지털/아날로그 컨버터의 동기용의 기준 컬러 버스트 신호를 집어넣게 되어있다고 할 수 있는데, 이러한 기기의 출력은 같은 파형 모니터의 입력 A채널에 넣어서 앞에 이야기한 것과 같이 75Ω을 사용하여 종단 더미(Dummy)를 한다고 할 수 있다.

파형 모니터의 입력 B채널을 선택한 뒤에 1라인으로 표시하게 하고 파형 모니터의 종축(Horizontal)의 게인(Gain)의 조정을 1배로 하여, 램프 신호가 100 IRE(PAL의 경우에는 700㎷)가 되게 표시하도록 미세 조정을 하고, A-B모드로 하여 종축의 이득 절환을 최대 (1눈금 2%)로 하여 로 패스 필터(Low Pass Filter)특성으로 하여 기기 입출력을 연산하여 그의 차이를 표시하게 한다고 할 수 있다. 또한 수평 타이밍 컨트롤과 피 측정기기의 입력 조정을 미세하게 조정하여 파형을 가능하면 수평선에 근접하도록 하는데, 휘도 비직선 왜는 이러한 수평선으로부터 벗어난 p-p치를 램프 신호레벨 진폭의 %로 하여 측정을 한다고 할 수 있다.

역주 이러한 측정 방법은 차분법이라 하여 유명한 방법의 일종이라고 할 수 있으나, 이러한 측정 방법이 가능한 것은 피 측정기기에 있어서 지연 량이 측정에 영향을 받지 아니하는 범위 안에서 만 사용이 제한 되어있다고 할 수 있다. 그러나 디지털 기기에 많은 지연이 있다면 파형 모니터 A모드와 B모드에서는 지연량의 영향이 나타나게 되어있는데, 2개의 입력에 대한 차분법은 하이 게인(Hight Gain)에 의하여 측정이 가능하여 1MHz까지의 대역 제한이 되어 있다고 할 수 있지만, 원리적으로는 파형 모니터 자신에게도 입력되어진 2개의 입력 노이즈가 가산되어져서, 파형 모니터자신의 직선성에도 영향을 주고 있으므로, 피 측정 기기의 직선성이 좋은 경우에는 노이즈는 물론 그 외의 영향도 나타난다고 할 수 있다.

그리하여 일본의 ARIB에서 장려하고 있는 측정법으로는 이러한 직선성의 측정에서는 측정기의 A-B모드 변환 방식만이 아니고, 아날로그 기기와 같이 계단파의 스텝의 변화를 측정하여 구하는 방식으로도 하고 있으나, 양자화 오차를 분산하기 위하여는 별도의 발진기로 부터의 수10㎷ 레벨의 5MHz에 근접하는 높은 주파수의 넌록크(Non Lock) 사인파를 오실로스코프의 A-B모드 기능 등을 이용하여 시험 계단파 신호에 혼합을 하여 피 측정기기에 입력하여 측정용 오실로스코프에서는 대역 제한으로 혼합한 사인파를 제거하여 측정 하는 방법이 제시 되고 있다고 할 수 있다.

또한 이러한 사인파의 혼합에 의하여 실험 신호의 페데스탈(Pedestal)을 완화하는(Dither)효과가 있어 결과적으로 보면 양자화 오차를 분산시켜 아날로그와 같은 측정법이 이루어 진다고 할 수 있는데, 따라서 평균화(Averaging)화가 가능한 자동 측정 (VM700 등)에서는 평균화로 인하여 생기는 넌록크(Non Lock)의 사인파 성분은 제거 된다고 할 수 있으므로 대역 제한이 불가능한 파라미터 (S/N, D_G, D_P, 펄스 특성 등) 측정에 있어서도 위의 사인파 디서(Dither)측정법이 사용가능하다고 할 수 있다.

$4f_{sc}$디지털 블랙박스의 Differential Phase, Differential Gain(D_P. D_G)의 측정에 있어서는 아날로그 기기측정의 서브캐리어가 가지고 있던 변조 계단파 대신에 변조 램프 신호를 사용하는 것을 제외한다면 아날로그와 같다고 할 수 있다. 그림 3.32에서는 NTSC용의 변조 램프 시험 신호의 파형을 표시하고 있는 것으로서, 여기에서는 표시를 하고 있지 아니하지만 동등한 신호가 PAL신호이라고 할지라도 사용 되어진다고 할 수 있다.

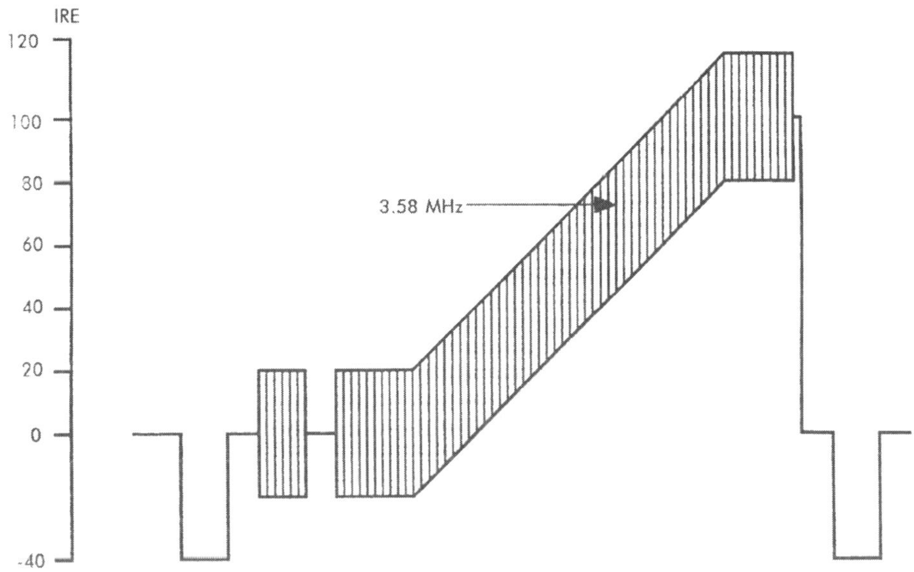

그림 3.32 NTSC시스템용의 변조 램프(Ramp) 신호

역주 D_P.D_G의 측정에 있어서는 양자화 오차의 영향이 크다고 할 수 있는데, 이러한 D_P/D_G 측정에 있어서는 양자화 오차에 따라서 D_P/D_G의 측정치가 변하는 것을 가정할 수 있다. 즉 영상의 세밀하게 변화하는 휘도 레벨 변화에 의하여 색도의 이득/위상이 양자화 스텝이 따라 변화함으로서 본래의 커다란 휘도 레벨 변화에 의한 영향이 기존의 D_P/D_G에 더해져서 나타난다고 할 수 있는데, 이러한 것도 휘도레벨 변화에 의한 색도레벨의 D_G/D_P 변화라고 할 수 있다. 그러나 화면에서는 그 양자화 오차에 의한 색도 변화의 방향은 화면 전체에 분산 되어서 휘도에 의한 색 변화라기보다는 색의 노이즈로 나타나므로 우리가 소위 이야기하는 D_G/D_P와는 다르게 측정치 레벨에 나타나지 아니하는 경우도 있다고 할 수 있는데, 그러한 경우에는 위에서 측전하는 측정법의 평가는 변화 한다고 할 수 있다. 특히 8비트의 경우에는 본래의 D_G나 D_P보다노 양자화 오차의 영향이 커다란 경우도 있을 수가 있어, 이러한 영향을 피하기 위해서는 역시 넌록크(Non Lock) 고역 사인파의 디서(Dithcr)를 중첩 히는 것이 효과 적이라고 할 수 있는데, 이러한 측정에서는 3.58MHz의 BPF (Band Pass Filter)이라는 필터를 넣으면 디서(Dither)는 아날로그와 같은 측정법이라도 제거가 된다고 할 수 있다. 그리하여 이러한 경우의 양자화 오차의 영향은 없어져서 본래의 커다란 휘도 변화에 대한 D_P/D_G의 신호가 측정 되어진다고 할 수 있다.

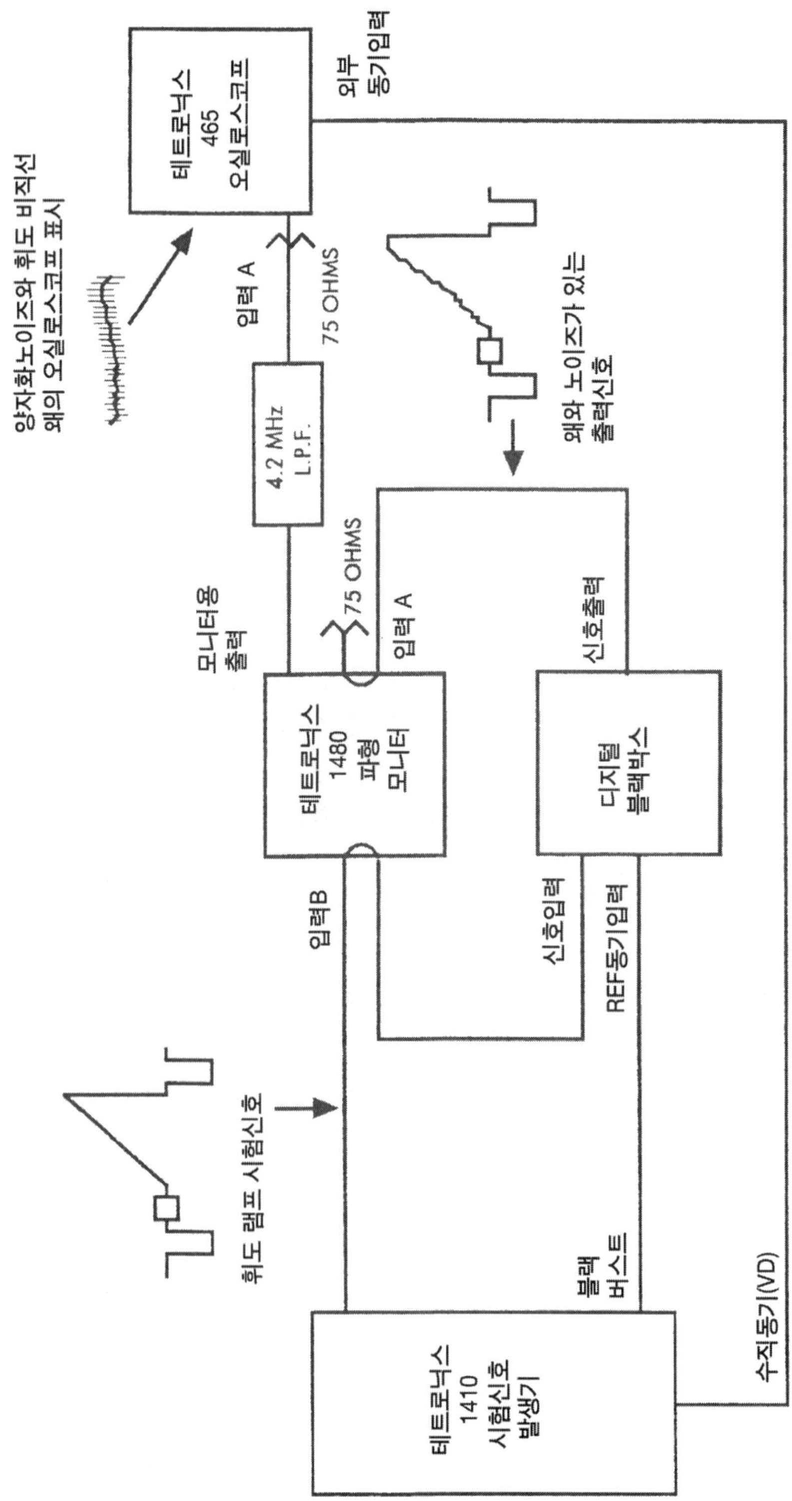

그림 3.33 4fsc컴포지트 디지털 기기의 양자화 노이즈 측정의 계통도

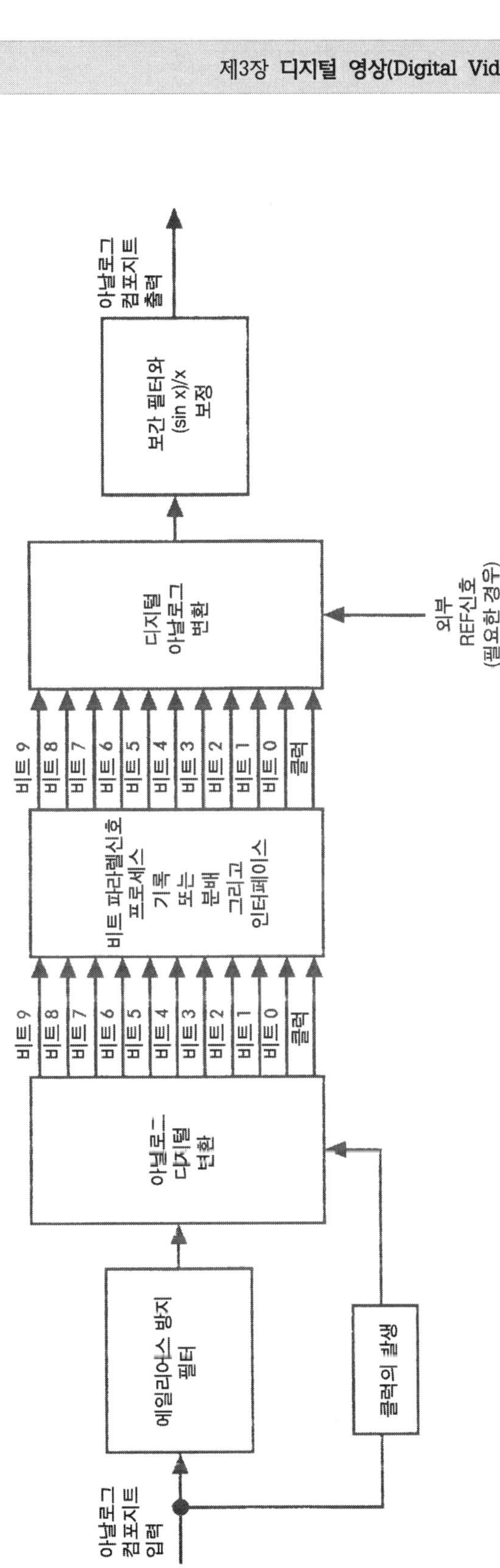

그림 3.34 4fsc디지털 블랙박스의 계통도

S/Q_{RMS}의 비 측정에 있어서는 비직선의 왜 측정과 같다고 할 수 있으나 대역이 NTSC에서는 15kHz로부터 4.2MHz까지이고, PAL의 경우에는15kHz부터 5MHz까지 라고 할 수 있는데, 이러한 측정에 있어서는 측정의정도를 향상시키기 위하여 오실로스코프가 사용되고 있다고 할 수 있다. 그림 3.33에서는 필자가 사용한 측정의 계통도를 표시하고 있는데, 여기에서 사용을 하고 있는 것은 테트로닉스 1480 파형 모니터에 입력단자를 A모드와 B모드를 계산하여 사용 하고 있고, 그의 모니터 출력을 적당한 필터(4.2MHz 또는 5MHz)를 통하게 하여 대역 제한을 하게하여 하이게인(≧5㎷/㎝감도)으로 광대역(≧20MHz))의 지연 트리거 귀환기능을 가지고 있는 오실로스코프에 입력을 하는 계통으로 하고 있다고 할 수 있다.

이러한 오실로스코프는 시험신호 발생기로부터 수직 동기 신호에 동기를 시켜서 지연 귀환에 의하여 1액티브 라인을 풀 스크린에 표시하게 되어있는데, 시간 축의 설정에 있어서는 5㎲/㎝으로 하고 있고, 이러한 모드로 동작 시키는 것에 의하여 측정 대역의 저역 한계를 15kHz로 셋팅 하는 것이 가능하며, 측정에 있어서 험(Hum)이나 저역 노이즈(Low Frequency Noise)를 없애는 것이 가능하다고 할 수 있다. 또한 이러한 디지털 블랙박스의 이득이나 수평의 타이밍은 가능하면 수평라인 가득 표시가 가능하게 조정을 한다고 할 수 있는데, S/Q_{RMS}의 비는 ㏈로 표시하는 것으로서 아래와 같은 식이 성립 된다고 할 수 있다.

$$S/Q_{RMS}(\text{dB}) = 20\log_{10}\left[\frac{(V_W - V_B)}{p-p\ noise}\right] + 15$$

라는 식이 성립 된다고 할 수 있는데, 여기에서 S/Q_{RMS}이라는 것은 신호대 양자화 노이즈 RMS 의치를 나타내고 있다고 할 수 있고, Vw는 백 레벨의 V를 나타내고 있으며, V_B는 흑 레벨의 V를 나타낸다고 할 수 있다. 또한 Vw-Vb = 0.714V(NTSC의 경우) 0.7V(PAL의 경우)를 나타내고 있다고 할 수 있는데, p-p Noise라는 것은 오실로스코프의 표시로부터 평가한 의사(Quasi-)p-p의 노이즈라고 할 수 있고, 테트로닉스의 VM700과 같이 영상 신호 자동 측정기를 사용할 경우에는 휘도 램프의 신호를 일정 수평 라인으로 표준화하여 디지털 블랙박스의 출력으로부터 그림 3.3의 계통과 같이 입력 모드의 A/B기능을 사용하지 아니하고도 직접 S/Q_{RMS}의 비를 측정하는 기능을 가지고 있다고 할 수 있다.

역주 여기에서 설명하고 있는 파형 모니터의 A-B기능을 사용하여 측정을 할 경우의 측정법은 위에서 설명한 바와 같이 디지털 블랙박스의 지연에 영향으로 A-B의 신호가 불완전 하다는 것과, A-B의 계통에 부과되어지는 왜나 노이즈의 영향을 배제하지 못한다는 문제가 있다고 할 수 있고, 또한 노이즈의 p-p의 측정치를 RMS의 치로 변환하기 위하여는 「+15㏈」가 적당한가 아니면 어떠한가를 여러 가지 의론이 있다고 할 수 있다.

특히 10비트 기기의 S/QRMS 비 측정에 있어서는 문제가 있다고 할 수 있는데, 이러한 것을 해결하는 하나의 방법으로 램프 신호 대신에 길이가 20~25IRE 정도로 되어있는 작은 쉘로우 램프 (Shallow-Ramp) 신호를 사용하는 방법이 있다고 할 수 있다.

이러한 쉘로우 램프(Shallow Ramp) 신호의 성분은 노이즈 측정기의 라인 틸트(Line Tilt : 기울기)를 캔슬(Cancel) 시키는 기능으로, 노이즈 성분으로부터 분리하는 것이 가능하다고 할 수 있는데, 자동 측정기를 조합하여 측정하는 방법에서는 자동적으로 쉘로우 램프(Shallow Ramp)의 성분을 캔슬(Cancel)하는 것이 가능하게 하고 있다고 할 수 있다.

지금까지의 측정법에 대한 고려에서는 아날로그의 입출력을 가진 $4f_{sc}$콤퍼지트 디지털 기기에 있어서 신호는 기기 내부에 있어서도 G,B,R을 디코드 하지 아니하고, 원래 신호 그대로 프로세스를 한 것이라고 할 수 있는데, 그림 3.34에서는 그와 같은 $4f_{sc}$ 디지털 블랙박스에 대한 간단한 계통도를 표시하고 있다고 할 수 있다.

아날로그 컴포지트 NTSC 또는 PAL의 입출력을 가진 디지털 기기에 따라서는 그 내부 신호는 컴포넌트로 디코드 되어있어 실제의 프로세스는 컴포넌트 디지털 신호로 하여 시행 되는 경우가 많이 있다고 할 수 있는데, 이러한 경우에는 변조 NTSC 변조 램프 신호 같은 시험 신호에서는 디코드 한 경우에 부의 치를 가지고 있어 규격이 맞지 아니하는 (Illegal)G,B,R 신호가 되어 그것이 다시 NTSC의 형식으로 엔코드로 다시 되돌아온다면 커다란 비직선의 왜가 발생한다고 할 수 있다.

그리하여 이러한 시험신호는 네트워크의 전송 시험용으로 개발되어 아날로그 컴포넌트로 디코드 되지 아니하다는 것을 상정 하지 아니하면 되지 아니한다고 할 수 있는데, 이러한 것에 대한 대표적인 예는 NTSC 변조 램프 신호라고 할 수 있다.

또한 이러한 신호는 휘도 램프 신호의 버스트와 동위상(B-Y신호를 기준으로 하여 +180°)의 서브캐리어가 중첩 되어져 있고, G, B, R 아날로그 컴포넌트 신호에 디코드 되었을 경우 블루(Blue) 신호는 액티브 라인의 대부분이 부의치가 된다고 할 수 있으며, 이와 같은 조건에서 측정한 경우에 어떤 피 측정기기를 사용하여 NTSC신호로 재 엔코드 시킨 출력으로 측정 되어진 치는 D_P가 20°가 되고, D_G가 20% 정도 되는 것으로 하고 있다.

이러한 것은 NTSC의 +180°서브캐리어 변조 램프 신호가 디코드 되었을 경우에 규격외의 신호가 된다는 것을 알 수 있을 때 까지는 대단히 나쁜 비직선의 왜이라고 생각을 할 수 있는데, 이러한 신호는 D_G/D_P와 같이 색도/휘도간의 상호 변조 왜곡(Chrominance/Luminance Intermodulation Effects)에 커다란 영향을 받는 다고 할 수 있고, 주로 신호의 기본성분에 디코더가 시행이 되지 아니하는 전송 네트워크의 측정에서만이 사용하는 신호라고 할 수 있으며, 이렇게 디코드 엔코드를 포함한 기기는 카메라 출력 신호에서는 양호하게 동작이 된다고 할 수 있다.

역주 비직선 왜에서는 없지만 디코드, 엔코드를 내부에서 시행하는 기기 경우 내부에서 필드 또는 프레임 단위의 지연이 있는 기기에서는 Y/C의 분리가 불완전하기 때문에 Y신호 성분 중에 크로마 대역의 범위가 있는 일부의 성분이 저역 변환 되어서 크로마 신호에 혼합되고, 그것이 재차 엔코드 되어서 고역 변환 될 수 있다는 것이 NTSC의 장점이라고 할 수 있다.

이런 경우에는 라인 필드 프레임 마다 서브캐리어의 위상 반전의 영향으로 원래의 Y신호에 대하여 역극성으로 가산 시키는 경우가 있다고 할 수 있는데, 그런 경우 출력 Y신호의 중고역 주파수 특성에 영향이 있어 화질상으로 보면 해상도의 열화가 일어난다고 할 수 있다.

따라서 지연이 이루어 진다고하여도 원래와 같은 극성으로 가산이 된다고 하면 Y 신호의 주파수 특성은 완전히 원래의 신호로 복원 된다고 할 수 있는데, 이러한 주파수 특성에 의한 열화는 멀티 버스트 신호를 사용하여 정확하게 측정이 불가능하지만, 필드 프레임 주파수의 스위프 신호로는 확실하게 관측이 가능하다고 할 수 있다.

3.2.4 비트 파라렐(Bit Parallel) $4f_{sc}$디지털 신호의 전송

$4f_{sc}$디지털 신호 기기의 비트 파라렐 접속에서는 단거리 포인트와 포인트 사이의 간단한 신호 전송에 적합하다고 할 수 있는데, 이러한 접속 방법은 고가격의 멀티 코어 케이블이나 사이즈가 커다란 멀티 콘넥터가 필요하기 때문에 복잡한 신호 전송을 필요로 하는 커다란 스튜디오 센터에는 적합 하지 아니한 것으로 되어있다고 할 수 있다.

또한 이러한 문제와 더불어 멀티 코어 케이블은 중대한 문제가 있다고 할 수 있는데, 주된 문제로는 데이터 전송 시간의 제어가 복잡 하다는 것으로서, 이러한 이유로는 실제로 멀티 코어 케이블의 각 코어에 의한 펄스 전반의 전송속도(Propagation Speed)가 완전히 같지 아니하고 조금씩 다르기 때문이라고 할 수 있다. 따라서 그러하기 때문에 클럭 또는 각 데이터 사이에는 과대한 지연차를 발생하는 것이 현실이라고 할 수 있고, 거기에다 더해서 코어사이에 크로스 토크나 적정하지 않은 터미네이션(Termination)이 완전한 데이터의 전송을 방해하는 방향으로 움직이고 있다고 할 수 있다. 그림 3.34의 계통도에서는 $4f_{sc}$ 비트 파라렐 디지털 블랙박스를 표시하고 있다고 할 수 있는데, 이 계통도에서는 스튜디오의 비트 파라렐 디지털 전송로의 관한 계통을 표현하고 있다고 할 수 있다.

이러한 $4f_{sc}$파라렐 디지털 신호는 실드를 가지고 있는 12페어의 통상 타입의 멀티 코어 케이블을 사용하여 전송등화 또는 수신 등화를 하지 아니하고도 50m이하의 거리는 전송이 가능하다고 할 수 있는데, 50m을 초과하는 케이블 거리에서는 비트 시리얼(Bit Serial)에 의한 신호 접속 방법이 추천하는 전송 방법의 하나라고 할 수 있다.

영상 신호의 디지털 워드 각 비트는 병렬의 10페어 (8비트의 경우에는 8페어)의 형식으로 전송이 되어지고 있다고 할 수 있는데, 11번째의 페어 (8비트의 경우에는 9번째)는 $4f_{oc}$의 클럭(NTSC에서는 14.31818MHz, PAL에서는 17.73447MHz)을 전송 한다고 할 수 있다. (12번째의 페어는 접지 라인이라고 할 수 있다.) 이러한 인터페이스는 한 개의 전송부와 한 개의 수신부로 구성 되어있는 포인트와 포인트 사이에 구간을 접속하는 것으로 하고 있다 할 수 있고, 그림 3.35에서는 비트 파라렐 디지털 신호이 전송에 있어서 11페어 라인 중에서 대표적인 한 개의 페어라인의 평균 인터페이스 회로의 계통도를 표시하고 있다고 할 수 있으며, 그림 3.36에서는 비트 파라렐 디지털 접속에 있어서 인터페이스 콘넥터로서 표준의 D 서브 25핀 콘넥터(DB25)의 핀 할당을 표시하고 있다고 할 수 있다.

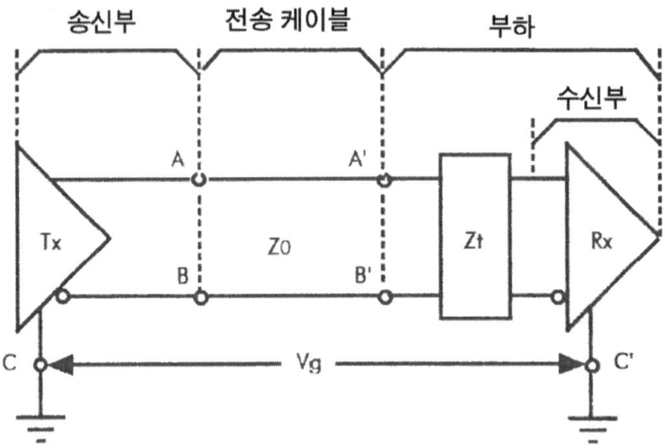

AA' = 데이터라인
BB' = 리턴라인
Zt = 케이블 더미네이션
A,B = 송신부 인터페이스점
A',B = 부하측 인터페이스점
C = 송신부 접지
C' = 부하측접지
Vg = 접지간 전위차
Z0 = 케이블 특성 임피던스

그림 3.35 비트 파라렐 디지털 평형형 인터페이스

3.2.4.1 신호의 측정

- 라인드라이버(Driver)는 양단의 표준 ECL, 부품이 사용이 가능하도록 하기 위하여 ECL 양립성(Compatible)을 추구하지 아니하면 되지 아니한다고 할 수 있는데, 여기에서 표준 ECL이라고 하는 것은 ECL 로직(Logic)의 10,000 시리즈를 의미한다고 할 수 있다.
- 그림 3.35에 있어서 데이터의 비트가 바이너리1 (Binary 1)이라고 할 경우에 바이너리1의 송신부의 데이터 터미널은 리턴 터미널에 대하여 정(+)으로 하고 있다고 할 수 있다.
「그와는 다르게 바이너리0(또는 L, Low)일 경우에는 데이터 터미널이 리턴 터미널에 대하여 부(-)이라고 할 수 있다.」
- 데이터 페어라인은 데이터 0으로부터 데이터 9까지 번호를 달아 놓게 되어 있는데, 여기에서 데이터 9라는 것은 MSB(Most-Significant Bit: 최상위 비트) 라고 할 수 있다.

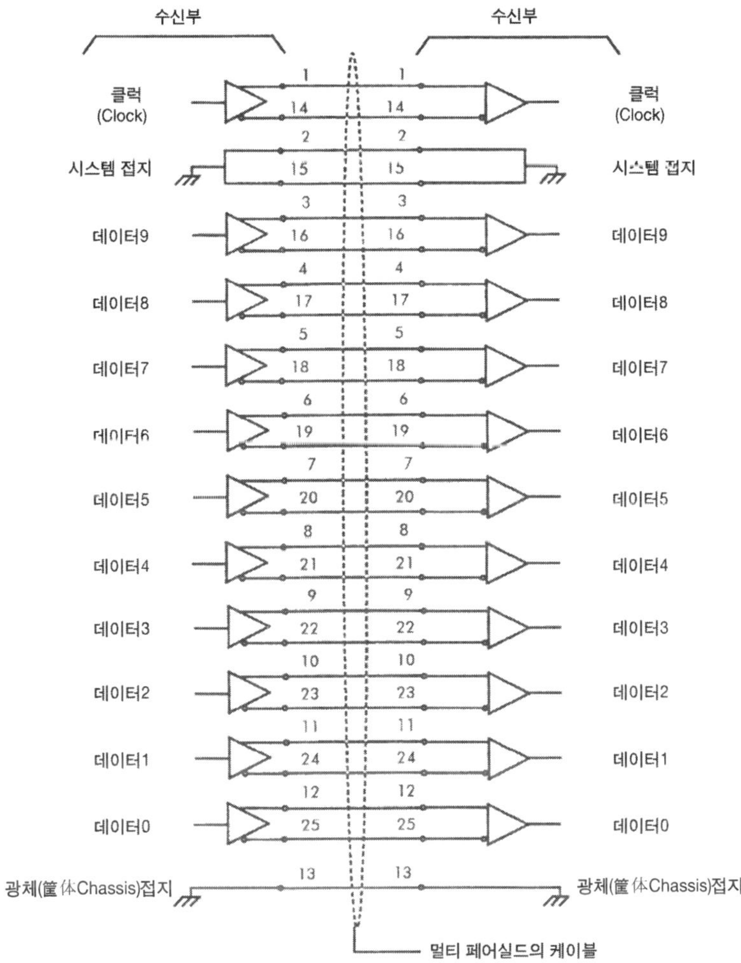

그림 3.36 비트 파라렐 송신부로부터 수신부의 접속과 콘넥터핀의 할당.

3.2.4.2 인터페이스 전기특성

표 3.5에서 표시하고 있는 것은 $4f_{sc}$ 컴포지트 디지털 파라렐 인터페이스의 전기적 특성의 요약을 표시하고 있다고 할 수 있고, 그림 3.37에서는 송신부 출력에 있어서 클럭 대 데이터의 타이밍 관계를 표시하고 있다고 할 수 있다.

3.3 컴포넌트 디지털 규격

아날로그 컴포넌트 시스템에서 영상 정보에 있어서는 어느 정도 제한된 범위 내에서 있는 G, B, R 또는 Y, B-Y, R-Y이라는 신호는 넓은 대역의 진폭으로 전송이 되어진다고 할 수 있는데, 아날로그 컴포넌트 시스템의 특징에 의하면 출력에 있어서 신호 열화는 3개의 컴포넌트 신호가 통과한 각 스테이지에서 일어나는 모든 열화의 가산이라고 할 수 있고, 이 때문에 영상의 열화가 허용이 가능한 범위 내에서 가능한 억제하기 위해서는 컴포넌트 신호가 통과가 가능한 스테이지 수의 제한이 불가피하게 되어있다고 할 수 있다.

표 3.5 $4f_{sc}$비트 파라렐 인터페이스의 전기적인 특성

개요	영상데이터는NRZ의 형식으로 10페어(8비트에서는 8페어)의 페어(Pair) 선을 가지고 전송이 되어진다고 할 수 있다. 11번째의 페어(9번째)는 $4f_{sc}$의 동기 클럭 을 전송하는 것으로 하고 있다.
송신부 특성	● 평형 출력 ● 신호원 임피던스 : 최대 110Ω ● 드라이버출력 Common Mode 전압: 접지 터미널에 대하여 -1.3V±15%$_{P-P}$ ● 신호진폭 : 110Ω양단에서 0.8로부터 2.0V_{P-P} ● 상승 기간특성 : 5ns이하에서 상승시간과 하강시간의 차는 2ns의 이하로 함. 즉 출력단에서 직접 접속한 110Ω저항의 양단에서 진폭의 20%로부터 80%사이에서 측정을 한다. ● 클럭 지터(Clock Jitter) : 적어도 1필드의 기간을 평균으로 한 상승 지터의 위치로부터 5ns 이하 클럭 의 정방향으로 상승 타이밍은 데이터의 변화 점 사이에 중간 위치로 한다.
수신부 특성	● 입력 임피던스 : 110±10Ω ● 입력 감도 : ≧185MV에서 정상으로 동작 할 것 ● 최대 입력 : 2VP-P ● Common Mode 방해특성 : 0.5V_{P-P}의 진폭에 Common Mode 노이즈가 있어도 정상으로 동작할 것 ● 허용 클럭/데이터사이의 지연차 : ≦5ns

아날로그 신호에 영향을 주는 주된 3가지의 열화 원인이라고 할 수 있는 것은 비직선 왜와 직선왜 그리고 불안전한 타이밍을 포함하고 있는 넓은 의미의 노이즈라고 할 수 있는데, 이러한 노이즈는 기술적인 개선에 따라서는 왜를 적게 할 수는 있지만은 완전하게 없앨 수는 없다고 할 수 있다. 우리가 통상의 프로그램을 제작하는 스튜디오 환경에 있어서 컴포지트 신호대신에 컴포넌트 신호를 사용하는 것은 컴포지트 신호에 발생하는 약간의 열화를 적게 하는 것이 가능하기 때문이라고 할 수 있는데, 그러나 그러한 장점이 있는 반면 한편으로는 프로그램 제작 원가의 증대, 시스템의 복잡화, 사용가능한 제작 기기의 한정이라는 단점에 대한 불편함을 감수 하지 아니하면 되지 아니한다.

따라서 디지털 시스템에서는 신호의 기록, 프로세스, 전송에 있어서는 디지털 신호로 보내는 형식으로 하고, 아날로그 컴포지트 신호로의 변환에 있어서는 송신기 계통에 보내기 직전에 1회만을 시행하여 보내어 진다면 이러한 열화는 한 번의 아날로그/디지털변환 또는 디지털/아날로그신호의 변환 프로세스를 할 경우만이 발생하게 되어있다고 할 수 있는데, 특히 디지털 컴포지트 $4f_{sc}$시스템에서는 아날로그 컴포넌트 시스템이랑 상생성이 좋아서 혼합 형식의 시스템 구성이 양호하다고 할 수 있어 대단히 매력적인 시스템일지도 모른다는 것도 그 이유의 하나이라고 할 수 있다.

그러나 현재에 있어서는 컴포넌트 디지털 스튜디오 기기의 가격이 디지털 컴포지트 기기의 가격과 거의 동등한 가격으로 시스템 형성이 가능하게 되어 있다고 할 수 있고, 아날로그 형식과는 다르게 시리얼 디지털 인터페이스 신호의 형식으로 전송 하는 시스템에서는 디지털 컴포넌트신호를 한 개의 전송라인을 통하여 전송하는 것도 가능하며, 이러한 장점에 힘입어서 제작 센터내의 디지털 신호의 전송에 있어서 컴포넌트 디지딜 신호의 진송, 중계회로, 위성에 의한 전송, 디지털 방송 등의 각 분야에서 디지털 컴포넌트 신호를 이용하여 그러한 신호를 압축하여 저 비트 레이트 전송을 현재 채용해 가는 경향이 있어 방송시스템의 디지털화에서 모든 스튜디오 신호 형식을 컴포넌트 디지털 스튜디오 센터로 채용하게 하는 주된 동기가 되어가고 있다고 할 수 있다.

그리하여 북미와 유럽에 의한 표준화의 노력에 의하여 CCIR의 권고 601에 의하여 스튜디오용 디지털 텔레비전의 엔코딩 파라미터에 의하여 컴포넌트 디지털의 규격화가 진행 되었다고 할 수 있는데, 이 권고에 의하면 525/60방식과 625/50방식사이에 호환성이 있는 컴포넌트 디지털로의 동의가 이루어지었다고 할 수 있고, 이러한 경향이 이후 계속 방송 기기 제작 업체의 컴포넌트 디지털 기기 개발의 원동력이 된 것이라고 할 수 있다.

또한 이러한 디지털 방송 기기의 개발에 있어서 조기의 권고로는 샘플낭 8비트로 하였으나, 현재 스튜디오 기기에서는 샘플낭 10비트가 거의 세계직으로 사용을 하고 있다고 해도 과언이 아니라고 할 수 있는데, 이렇게 권고되어진 디지털 코딩은 휘도신호와 2개의 색차신호 또는 그린(Green), 블루(Blue), 레드(Red)신호를 베이스로 한 것이라 할 수 있다. 이러한 2가지의 컴포넌트 형식에 대하여는 제 2장에서 설명하기로 한다.

3.3.1 샘플링 레이트(Sampling Rate)

525, 625방식에 공통의 기준 주파수로 사용하고 있는 3.375MHz를 베이스로 하고 있는 수 종류의 샘플링 레이트가 포함 되어있다고 할 수 있는데, 이러한 것에는 다음과 같은 것이 있다.

- 4:1:1의 샘플링 : 휘도 신호는 13.5MHz(4×3.375MHz)로 샘플링을 시키고, 2개의 색차신호도 3.375MHz로 샘플링 시키는 형식이라고 할 수 있는데, 이러한 샘플링은 간신히 로 앤드Low-End) 기기에 사용되어지는 것으로서, 색차 신호의 대역이 1.5MHz이상을 필요로 하지 아니하는 경우에 적합 하다고 할 수 있다.
- 4:2:2의 샘플링 : 휘도신호는 13.5MHz (4×3.375MHz)로 샘플링이 되어지는 형식이라고 할 수 있는데, 이러한 형식에서 2개의 색차 신호는 6.75MHz(2×3.375MHz)로 샘플링 되어진다고 할 수 있고, 디지털 방송제작 현장에서 가장 일반적으로 사용이 되어지고 있는 샘플링형식 이라고 할 수 있다.

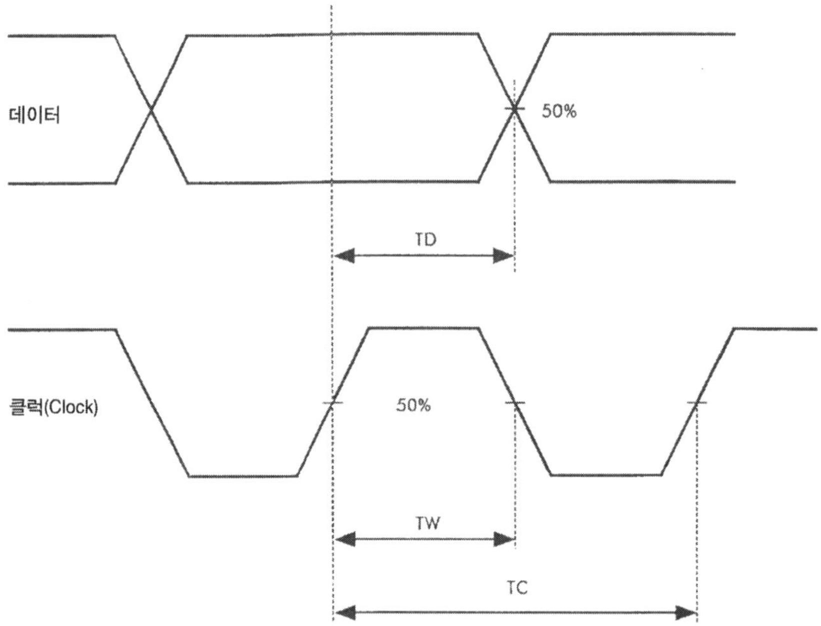

	NTSC	PAL
TW	34.92 ± 5ns	28 ± 5ns
TC	69.84 ns	56.39 ns
TD	34.92 ± 5 ns	28 ± 5 ns

그림 3.37 송신 출력에서의 클럭 (Clock)과 데이터의 타이밍관계

- 4:4:4샘플링: 휘도 신호 또는 색차 신호는 공통으로 13.5MHz(4×3.375MHz)로 샘플링을 시행하고 있는 형식으로, G, B, R 등의 컴포넌트 대역신호에 있어서도 이러한 형식에 의하여 샘플링 되어진다고 할 수 있는데, 이러한 샘플링 레이트는 소수의 하이앤드(Hight-End) 디지털 프로세스 기기에 사용되어진다고 할 수 있다.

다음에서 제시하고 있는 표 3.6(526/60시스템)과 표 3.7(625/50시스템)에서는 4:2:2계통의 엔코딩의 파라미터의 개요를 표시하고 있는데, 이 장에서는 이러한 것에 대하여 설명하고자 한다. 여기에서 말하고 있는 샘플링 레이트의 규격 4:2:2는 여러분이 잘 알고 있는 바와 같이 통상 적으로 D1규격이라고 부르고 있는 것으로서 이러한 규격은 엄격하게 말하면 디지털 VTR의 규격으로 탄생 하였다고 할 수 있나.

표 3.6 525/60시스템의 4:2:2 엔코딩 파라미터의 개요

스캐닝 규격	525/60
코딩하는 신호	$E'_Y=0.587E'_G+0.11E'_B+0.299E'_R$ $E_{CB}=0.564(E'_B-E'_Y)$ $E'_{CR}=0.713(E'_R-E'_Y)$
토털 라인당의 샘플 수	Y:858, C_B:429, C_R:429, 토털(Total):1716
디지털 액티브 라인당 샘플 수	Y:720, C_B:360, C_R:360, 토털(Total):1440
샘플링 구조	정 방향 격자. 라인, 필드, 프레임 순으로 반복으로 회전 각 라인에서 C_B, C_R의 샘플은 기수 번째의 Y샘플과 같은 위치로 한다.
샘플링 주파수	Y:858×f_H=13.5MHz C_B와 C_R: 429×f_H=6.75MHz
코딩	직선 양자화 PCM
양자화 정도(비트수)	휘도, 각 색차 신호에 대해서는 샘플 당 8또는 10비트

표 3.7 625/60시스템의 4:2:2 엔코딩 파라미터의 개

스캐닝 규격	625/60
코딩하는 신호	E'_Y=0.587E'_G+0.11E'_B+0.299E'_R E_{CB}=0.564(E'_B-E'_Y) E'_{CR}=0.713(E'_R-E'_Y)
토털 라인당의 샘플 수	Y:864, C_B:432, C_R:432, 토털(Total):1728
디지털 액티브 라인당 샘플 수	Y:720, C_B:360, C_R:360, 토털(Total):1440
샘플링 구조	정 방향 격자. 라인, 필드, 프레임 순으로 반복으로 회전. 각 라인에서 C_B, C_R의 샘플은 기수 번째의 Y샘플과 같은 위치로 한다.
샘플링 주파수	Y:858×f_H=13.5MHz C_B와 C_R: 432×f_H=6.75MHz
코딩	직선 양자화 PCM
양자화 정도(비트수)	휘도, 각 색차 신호에 대해서는 샘플 당 8또는 10비트

역주 이러한 형식의 호칭에 있어서는 ITU-R.601규격이라고 부르는 경우도 있는데, 이는 4:4:4의 규격을 포함 하고 있는 것으로서, 조금은 광의 적이라고 할 수 있고, 보다 협의 적인 자세한 호칭의 방법으로는 ITU-R 601-4:2:2라고 부르는 것이 정확한 호칭이라고 할 수 있다.

3.3.2 코딩 신호

코딩 되어진 신호는 휘도와 2개의 색차 신호로 구성되어 있다고 할 수 있는데, 휘도신호를 의미하는 E'_Y와 2개의 색차신호 E'_{Cb}와 E'_{Cr}에 대해서는 제 2장의 표 3.6과 표 3.7에서 표시하고 있다고 할 수 있고, 이러한 2개 색차 신호에 대한 E'_{Cb}과 E'_{Cr}에 대한 표기는 ITU-R-601에 근거하고 있다고 할 수 있으며, 이러한 것은 표기에서도 조금씩 달라서 북미에서는 같은 것을 P_b, P_r이라고 표기하기도 한다.

3.3.3 샘플링 주파수

휘도 신호의 샘플링 주파수라 할 수 있는 13.5MHz는 525/60시스템과 625/50시스템의 공통의 샘플링 주파수로서, 양방향 수평 라인기간의 정수배 샘플 기간을 가지기 위하여 선택 되어져 있다고 할 수 있는데, 이러한 주파수는 입력의 동기 신호로부터 페이스 록 루프(Phase Lock Loop) 발진기로서, 525/60시스템에서는 858×f_H로 얻어지고, 625/50시스템에서는 864×f_H로 얻어 진다고 할 수 있다.

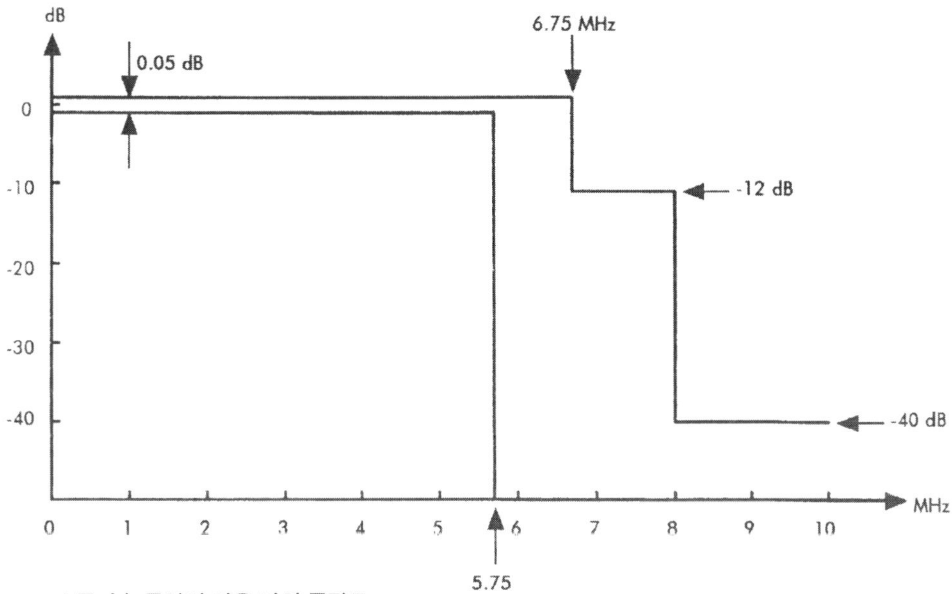

a) 주파수 특성의 허용 범위 규정도

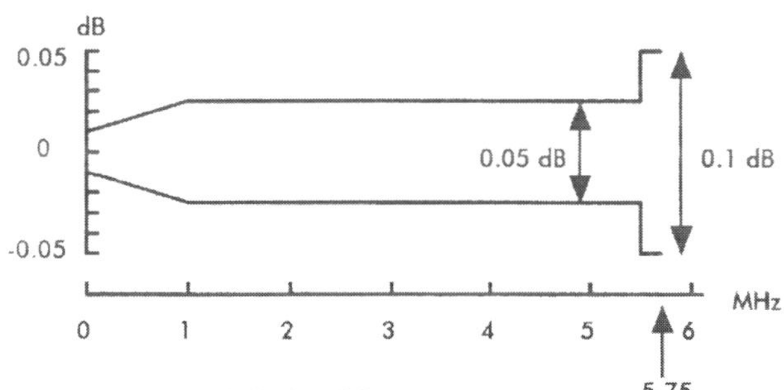

b) 통과 대역의 리플허용도

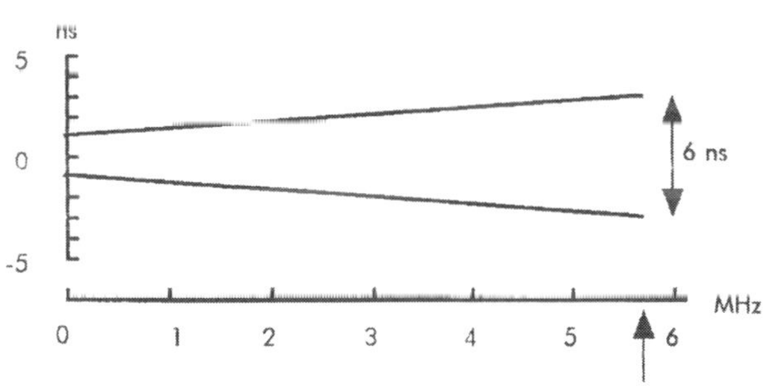

c) 통과 대역의 그룹딜레이의 허용도

그림 3.38 Y로패스 필터의 사양

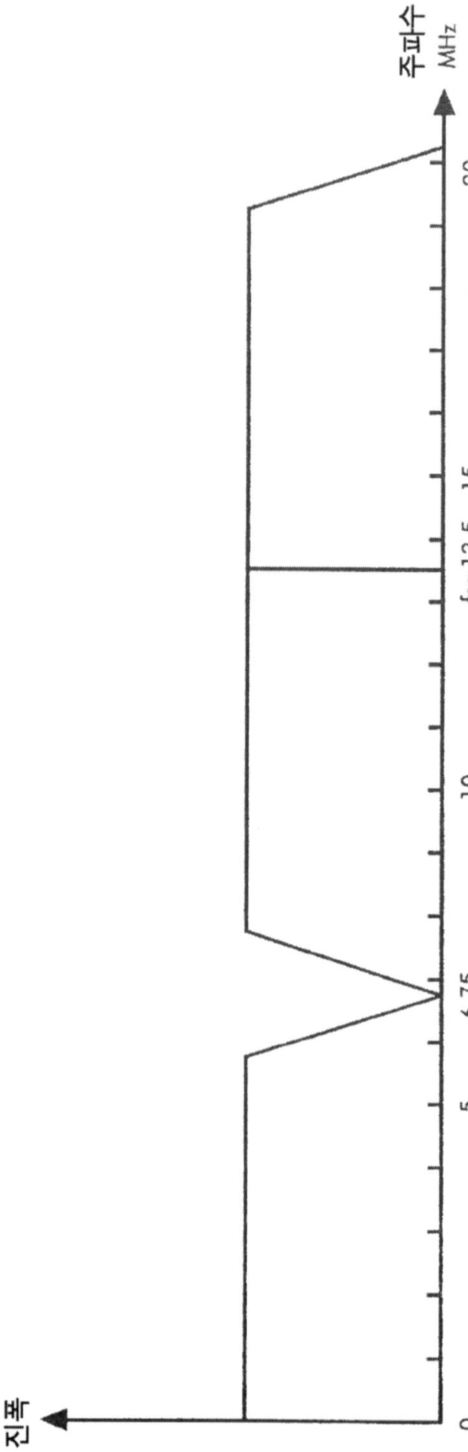

그림 3.39 13.5MHz에서 샘플한 휘도신호의 스펙트럼

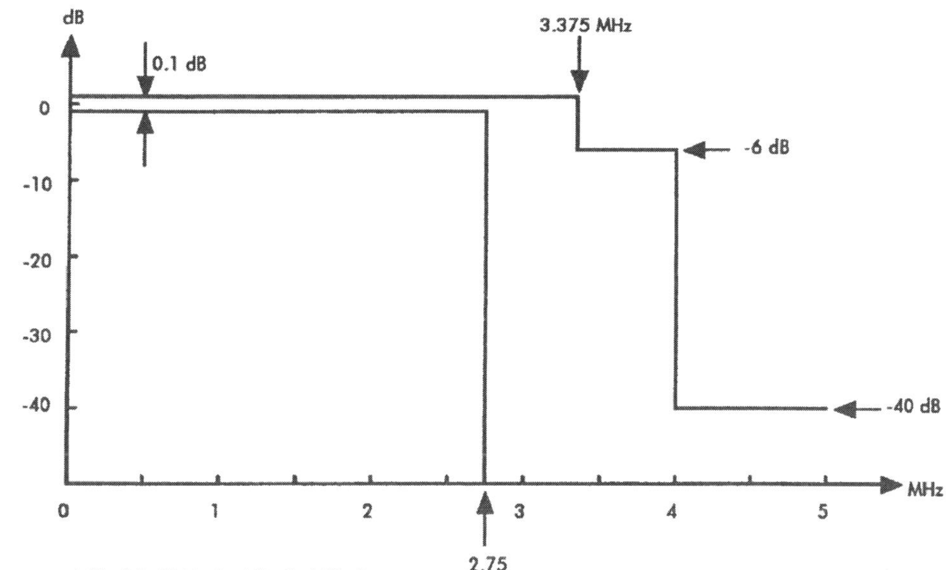

a) 주파수 특성의 허용범위 규정도

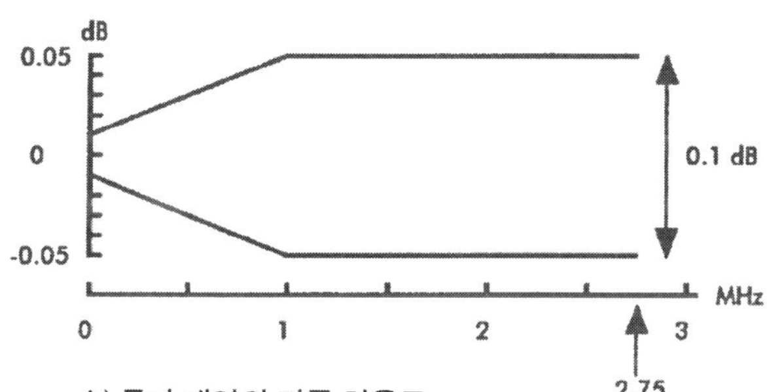

b) 통과 대역의 리플 허용도

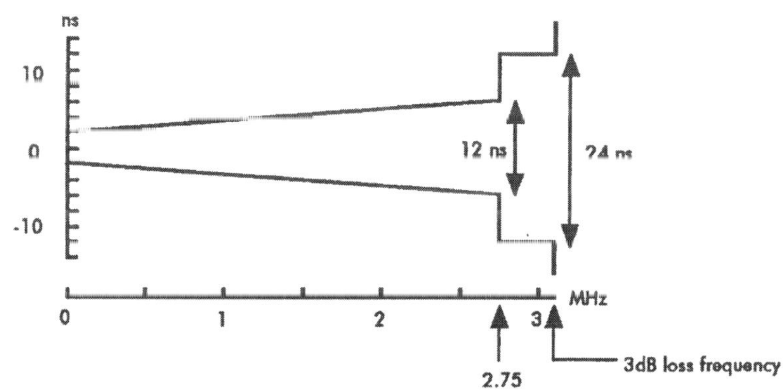

c) 통과 대역의 그룹 딜레이의 허용도, 3㏈ 손실의 주파수

그림 3.40 색차 로패스 필터(Low Pass Filter)의 사양

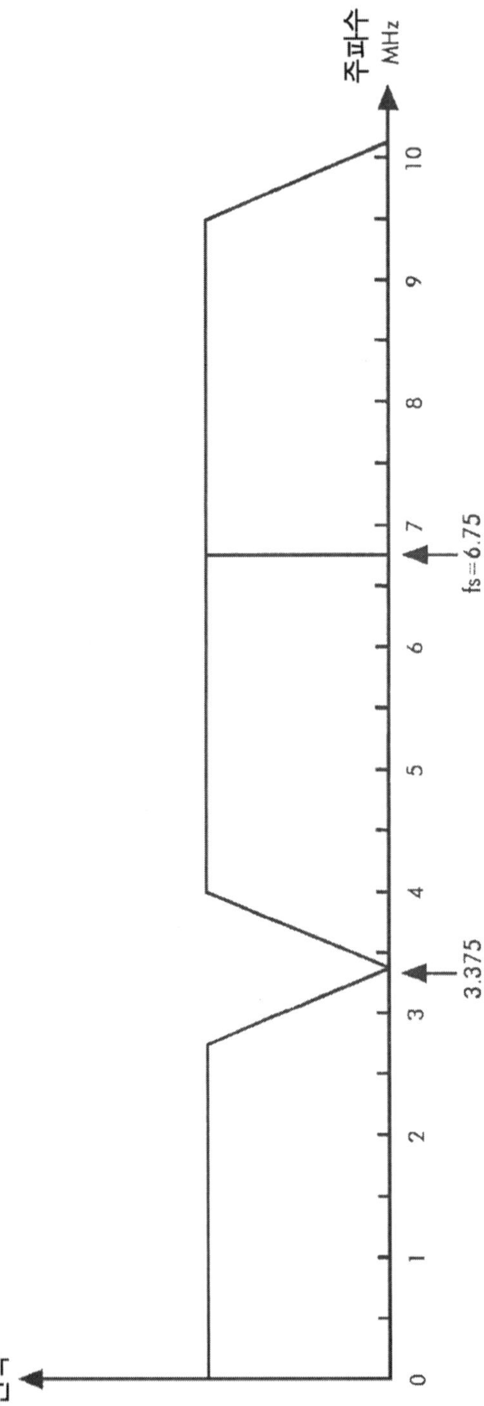

그림 3.41 6.75MHz에서 샘플한 색차신호의 스펙트럼

또한 휘도 신호의 아날로그/디지털 컨버터의 에일리어스(Alias) 방지 저역 필터와 디지털/아날로그 컨버터의 보간 필터의 이득 주파수 특성, 그리고 그룹 딜레이 주파수 특성의 규격에 대해서는 그림 3.38에 표시하고 있는데, 휘도의 주파수 특성은 양 방향의 시스템에 적당한 5.75MHz 까지 플래트(Flat)하게 하고 있다고 할 수 있다.

에일리어스(Alias) 방지 필터를 통과한 영상신호를 13.5MHz로 샘플링한 후의 스펙트럼을 그림 3.39에서 표시를 하고 있는데, 베이스 밴드 휘도 신호의 최대 주파수(5.75MHz)와 나이키스트 주파수 (6.75MHz)사이는 대단히 협대역이기 때문에 많은 대역이 없어, 좁은 협대역의 간격을 이용한다고 할 수 있고, 이러한 협대역을 규격으로 규정하고 있는 것이 에일리어스(Alias) 방지 필터와 보간 필터 특성 설계에 있어서 어려운 이유 중의 하나라고 할 수 있다. 색차 신호의 샘플링 주파수는 휘도 샘플링 주파수를 2로 나누어서 구해진다고 할 수 있는데, 규정되어진 색차 신호의 아날로그/디지털 컨버터 에일리어스(Alias) 방지 저역 필터와 디지털/아날로그 컨버터 보간 필터의 이득 주파수 특성과의 그룹 딜레이 주파수 특성을 그림 3.40에서는 표시하고 있다고 할 수 있고, 여기에서 색차 신호의 주파수 특성은 2.75MHz까지는 플래트(Flat) 하게 되어있다고 할 수 있다.

에일리어스(Alias) 방지용 필터를 통과한 색차신호를 6.75MHz의 샘플링 주파수를 사용하여 샘플을 시행한 후에 나타나는 스펙트럼을 그림 3.41에서는 표시하고 있는데, 여기에서 보는 그림과 같이 베이스 밴드 색차 신호의 최대 주파수(2.75MHz)와 나이키스트 주파수(3.375MHz) 사이는 대단히 협대역이라 공간이 없는 아주 좁은 간격의 틈만이 존재한다고 할 수 있고, 이러한 협대역이 전에도 이야기한 것과 같이 규격으로 상정하고 있는 에일리어스(Alias)방지 필터와 보간 필터를 설계하는 데에 있어서 어렵다는 이유 중의 하나라고 할 수 있다. 따라서 회로 설계에 있어서는 이러한 점을 고려한 샘플링주파수와 로패스 필터에 의하여 결정이 된다고 할 수 있는데, 휘도 신호와 색차 신호의 대역에 있어서는 기기 한개 단 (싱크로패스)으로서는 적당한 특성이 얻어진다고 할 수 있지만, 방송 시스템을 구성하는 데에 있어서는 대부분이 많은 수량의 컴포넌트 디지털 블랙박스가 아날로그의 입출력을 사용하여 시리즈로 접속하는 것과 같은 형태의 멀티 패스시스템을 구성하기 때문에 직선 왜가 어느 정도 많아 열화를 생기게 하여 진폭 주파수 특성이나 그룹딜레이 주파수 특성을 악화 시키는 하나의 원인이 되고 있다고 할 수 있다.

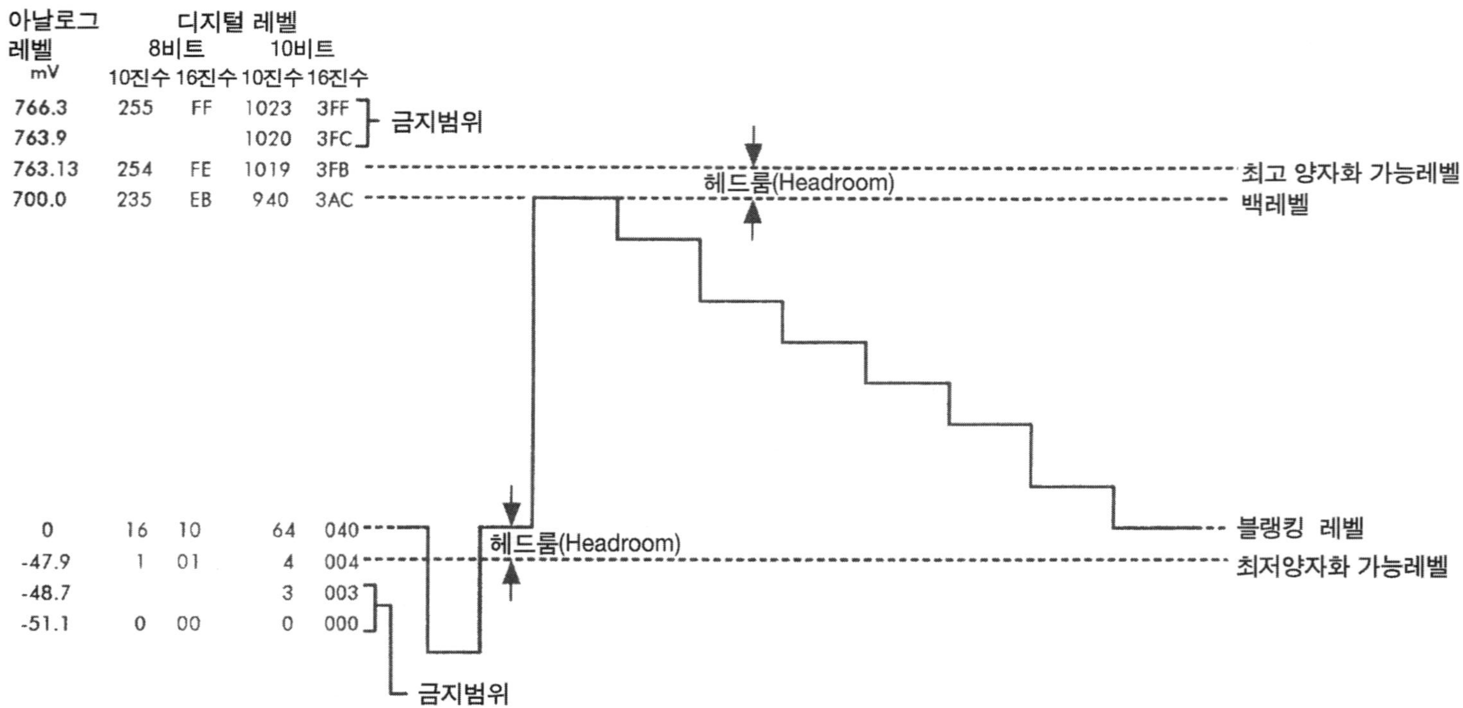

그림 3.42 100%컬러바의 Y컴포넌트 아날로그 신호레벨과 8비트, 10비트 디지털 샘플링 치와의 관계.
디지털 레벨 중에서 8비트에서 00와 FF, 10비트에서 000,002,003 또는 3FC, 3FD, 3FF는 데이터로서 사용하여서는 되지 아니한다.

3.3.4 양자화 범위와 그의 실제 적용

표 3.8에서는 아날로그 컴포넌트 신호의 100/0/100/0 컬러바 신호에 있어서 E'_Y의 주된 레벨 점과 그 점에 대하여 컴포넌트 디지털 Y신호의 8비트, 10비트 양자화를 시행함에 있어서 16진수의 디지털 데이터 치를 표시하고 있고, 그림 3.42에서는 100/0/100/0 컬러바 신호의 Y컴포넌트 신호 레벨과 8비트 10비트로 양자화 하였을 경우의 샘플링 치와의 관계를 표시하고 있다.

표 3.8 100/0/100/0컬러바의 E′Y의 중요한 컴포넌트 아날로그 레벨과 그러한 것에 대응하는 Y디지털 신호의 8비트, 10비트 양자화의 16진수치 (그림 3.42참조)

	8비트 양자화	10비트 양자화
금지레벨	FF	3FC, 3FD, 3FE, 3FF
최고 양자화레벨	FE	3FB
백레벨	EB	3AC
블랭킹 레벨	10	040
최저 양자화레벨	01	004
금지레벨	00	000, 001, 002, 003

10비트 규격에 있어서는 1024(2^{10})의 디지털 레벨이 있어, 10진수에 있어서는 0으로부터 1023까지, 16진수 경우에는 000으로부터 3FF까지 레벨을 표시하는 것이 가능하다고 할 수 있는데, 이중에서 디지털 레벨의 000, 001, 002, 003 또는 3FC, 3FD, 3FE, 3FF는 동기 데이터로서 보호되어있어 디지털 데이터 스트림 에서는 사용이 금지 되어 있다고 할 수 있다. 이 때문에 휘도 신호를 사용하여 표현이 가능한 디지털 레벨은 1016이 되어, 10진수에서는 4부터 1019까지 표시 할 수가 있고, 16진수이 경우에는 004로부터 3FB까지 표시할 수 가 있으며, 블랭킹 레벨에서는 10진수 에서는 64가 규정되어 있고, 16진수의 경우에는 040이 규정 되어있다고 할 수 있다.

또한 백 레벨에 있어서는 10진수의 경우에는 940로 규정 되어있고, 16진수의 경우에는 3AC로 규정되어 나타낼 수 있게 되어있다고 할 수 있는데, 규격에 대하여 알아보면 하부의 헤드룸(Head Room)에 있어서는 10진수로는 4부터 64까지 표시 할 수 있고, 톱 헤드룸(Top Headroom)에서는 10진수 에서는 940으로부터 1019까지라고 할 수 있으며, 16진수의 경우에는 3AC로부터 3FB까지 표시 할 수 있다고 할 수 있다. 또한 휘도신호의 동기부분은 영상 데이터로서 샘플화 되지 아니하게 주의할 필요가 있다.

헤드 룸은 이러한 범위 내에서 아날로그 입력 신호레벨의 조정 잘못이나 측정치의 오차를 허락하고 있는데, 어떠한 경우에는 작은 범위의 명령만이 허락한다고 할 수 있다.

이러한 헤드 룸에 대하여 결과론적으로 이야기하면 이론적인 S/Q_{RMS}비는 3.1.6항에서 서술한 바와 같이 다음과 같은 식에 의하여 계산 되어진다고 할 수 있다.

$$\frac{S}{Q_{RMS}}(\mathrm{dB}) = 6.02n + 10.8 + 10\log_{10}\left(\frac{f_s}{2f_{max}}\right) - 20\log_{10}\left[\frac{V_q}{(V_W - V_B)}\right]$$

여기에서 n = 샘플링에 할당된 10비트를 말하고 있고, f_s = 13.5MHz를 나타내고 있으며, f_{max} = 5.75MHz를 나타내고 있다고 할 수 있다. 또한 V_q = 0.8174V를 나타내고, V_w-V_b = 0.7V를 을 나타내고 있으며, 8비트 시스템에서는 헤드룸(Headroom)을 포함하여 S/Q_{RMS}의 비는 아래와 같다고 할수 있다.

$$\frac{S}{Q_{RMS}}(\mathrm{dB}) = 58.3\mathrm{dB}$$

표 3.9 100/0/100/0컬러바의 E'_{CB}와E'_{CR}의 중요한 컴포넌트 아날로그 레벨과 그러한 것에 대응하는 C_B, C_R디지털 신호의 8비트, 10비트 양자화의 16진수치 (그림 3.43과 그림 3.44참조)

	8비트 양자화	10비트 양자화
금지레벨	FF	3FC, 3FD, 3FE, 3FF
최고 양자화레벨	FE	3FB
최대 정방향 레벨	F0	3C0
블랭킹 레벨	80	200
최대 부방향 레벨	10	040
최저 양자화레벨	01	004
금지레벨	00	000,001,002,003

표 3.9에서는 아날로그 컴포넌트의 색차신호, E'_{CB}와 E'_{CR}의 100/0/100/0컬러바 신호의 주된 점의 레벨과 그것에 대한 디지털 C_B신호, C_R신호의 10비트, 8비트 양 자화의 16진수 치를 표시하고 있는데, 여기에서 주의를 하여야 할 것은 색차 신호는 양극성으로서 단극성의 신호 입력을 필요로 하는 아날로그 디지털 컨버터에 맞추기 위해서는 0.350V의 시프트가 필요하다고 할 수 있다.

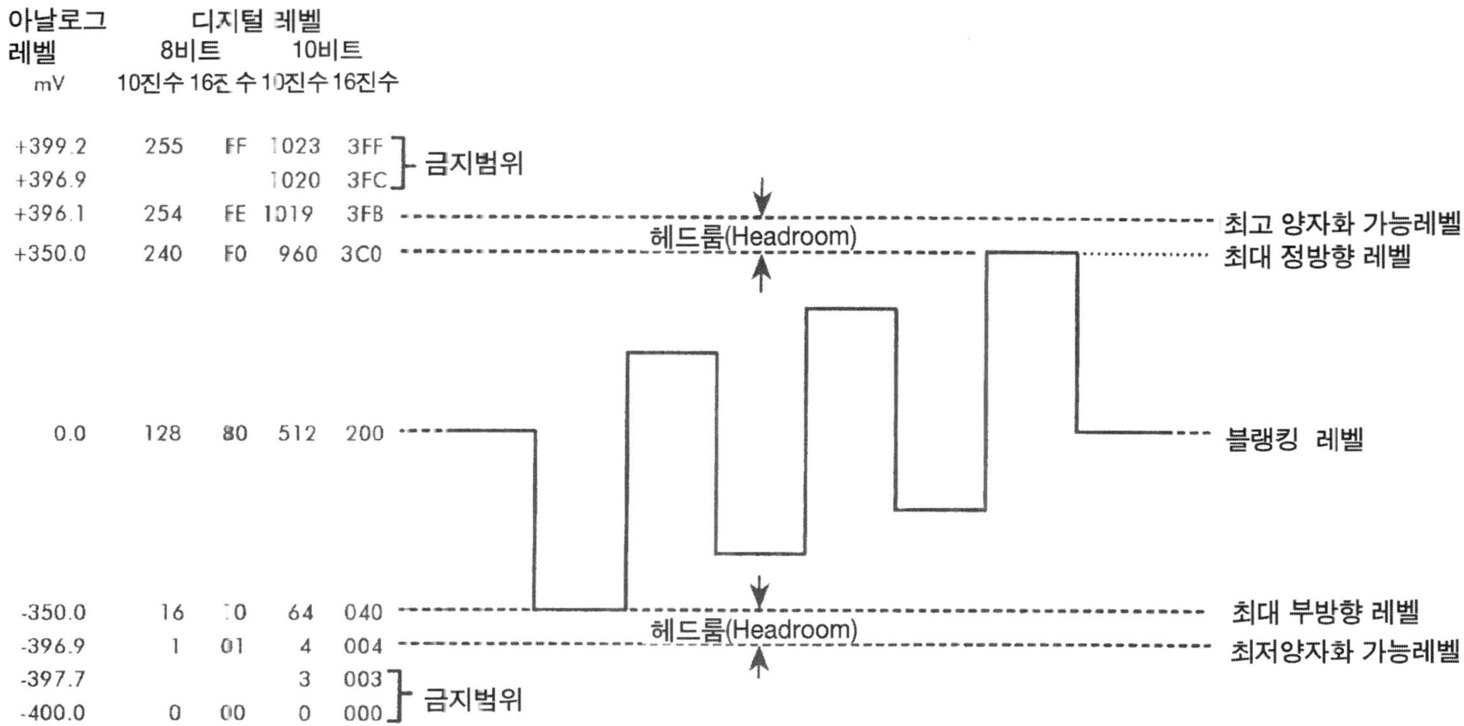

그림 3.43 C_B 아날로그레벨과 대응하는 8비트, 10비트 샘플링치와의 관계 디지털 레벨 중에서 8비트의 00과 FF, 10비트에서 000,001,002,003 또는 3FC,3FD,3FE,3FF는 데이터로서는 사용하여서는 되지 아니한다.

아날로그 레벨	디지털 레벨				
	8비트		10비트		
mV	10진수	16진수	10진수	16진수	
+399.2	255	FF	1023	3FF	금지범위
+396.9			1020	3FC	금지범위
+396.1	254	FE	1019	3FB	
+350.0	240	F0	960	3C0	
0.0	128	80	512	200	
-350.0	16	10	64	040	
-396.9	1	01	4	004	
-397.7			3	003	금지범위
-400.0	0	00	0	000	금지범위

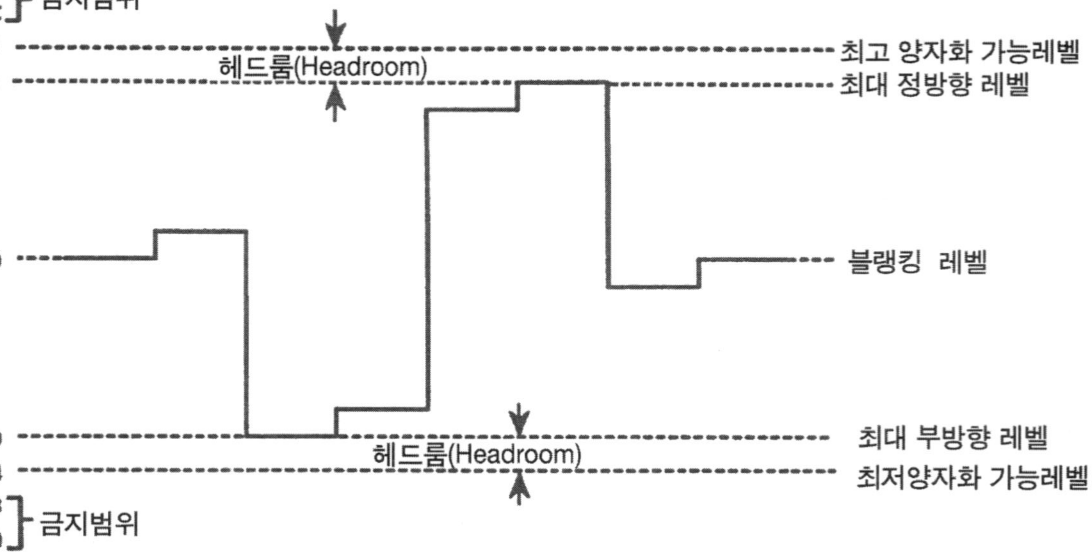

그림 3.44 C_R 아날로그레벨과 대응하는 8비트, 10비트 샘플링치와의 관계 디지털 레벨중에서 8비트의 00과 FF, 10비트에서 000,001,002,003 또는 3FC,3FD,3FE,3FF는 데이터로서는 사용하여서는 되지 아니한다.

그림 3.43에서는 100/0/100/0 컬러바 신호의 C_B 컴포넌트 신호의 레벨과 그것에 대응하는 10비트, 8비트 샘플치를 표시한 것이라 할 수 있고, 그림 3.44에서는 100/0/100/0 컬러바 신호에 있어서 레벨과 그것에 대응하는 10비트 8비트의 샘플 치를 표시한 것이다.

이러한 10비트의 스트림에서는 C_B, C_R신호를 표시하지 아니하고, 10진수에서는 4로부터 1019까지로 1016개의 디지털 레벨이 있으며, 16진수의 경우에는 004로부터 3FB까지의 표현이 가능하다고 할 수 있다. 그리고 블랭킹 레벨에 있어서는 10진수로 512와 16진수로 200이 할당 되어있다고 할 수 있는데, 아날로그 신호의 최대 레벨의 치는 10진수로 960이고 16진수를 사용하였을 경우에는 3C0에 할당 되었다고 할 수 있다. 아날로그신호의 최대 부 레벨의 치는 10진수로는 64이고, 16진수를 사용하였을 경우에는 040이라고 할 수 있는데, 규격에서 준비 되어져 있는 부 방향의 헤드룸(Headroom)에 있어서는 10진수의 레벨 4로부터 64까지 준비되어 있다고 할 수 있고, 16진수로서는 004로부터 040까지라고 할 수 있다. 또한 정 방향의 헤드룸에 대하여 이야기하면 10진수에서 960으로부터 1019까지라고 할 수 있고, 16진수를 사용하여서는 3C O로부터 3FB 까지라고 할 수 있는데, 아날로그신호에 대한 레벨 측정에 대한 벗어남과 조정에 대한 오차를 커버하는 것이 라고 할 수 있는데, 이러한 것은 적은 량이라고 할 수 있다.

전에 설명한 S/Q_{RMS}비의 식에서

n = 샘플에 할당되어있는 비트수.
f_s = 6.75MHz
f_{max} = 2.75MHz
V_q = 0.7992V
V_w-V_b = 0.7V

을 입력하면 S/Q_{RMS}비의 계산치는

$$\frac{S}{Q_{RMS}}(\text{dB}) \approx 70.74\,\text{dB}$$

라고 할 수 있다.

그리고 8비트 시스템에서는 헤드룸(Headroom)을 포함하여 S/Q_{RMS}비는 아래와 같다고 할 수 있다.

$$\frac{S}{Q_{RMS}}(\text{dB}) \approx 58.7\,\text{dB}$$

3.3.5 샘플링의 구조

아날로그 영상 신호를 수평 동기 주파수의 정수배로 샘플링을 한 결과 각 샘플의 점은 수평 방향으로 나열함과 동시에 라인사이의 수직방향으로도 상호의 위치가 맞추어져 있기 때문에 상하에 있어서도 일직선으로 나열 하는 것이 가능하게 되어있다고 할 수 있고, 필드 사이에 있어서도 상호적으로 같은 위치에 있게 되어있다고 할 수 있는데, 이러한 것을 우리는 직교격자(Orthogonal Sampling) 샘플링 이라고 한다.

그림 3.45에서는 4:2:2형식의 직교 격자 샘플링 구조의 상세도를 표시하고 있는데, 휘도 신호의 샘플링주파수는 2개의 색차 신호 샘플링 주파수의 2배로 선택되어진 결과 샘플링 점에 있어서도 휘도 샘플링 점은 색차 샘플링 점의 2배가 되어 있다고 할 수 있고, 표 3.6에서 표시하고 있는 것과 같이 C_B와 C_R의 샘플링 점은 각 라인의 기수 번째의 Y샘플 점과 같은 위치(Coesite)에 있다고 할 수 있다.

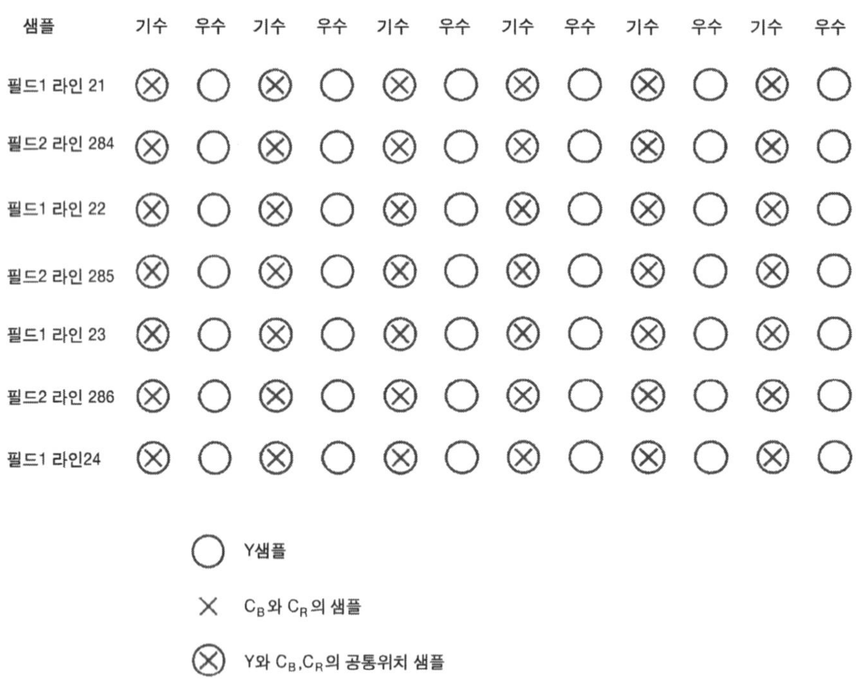

그림 3.45 525/60방식의 라인과 필드로 반복되는 4:2:2 직교격자 샘플링 구조의 상세. 동일한 위치의 Y/C_B/C_R샘플링과 단독의 Y샘플의 위치를 표시한다

전 라인에 할당되어있는 휘도 신호의 샘플 토털 수는 f_S/f_H와 같다고 할 수 있는데, 여기에서 f_S=13.5MHz이고, f_H는 수평동기주파수 라고 할 수 있다.

525와 625의 2개의 규격에서는 약간 다른 수평 주파수 때문에, 525/60시스템에서는 라인에 할당된 휘도의 샘플수는 858으로서, 0부터 857까지 번호를 달아서 표시를 하고, 625/50 시스템 에서는 샘플수가 864로, 0부터 863까지 번호를 달아서 표시를 하고 있다고 할 수 있다.

각 색차 신호의 샘플링 주파수 f_S=6.75MHz이므로 한 개 라인 당 할당되어있는 색차신호의 샘플링 수는 525/60시스템에서는 429(0~428), 625/50 시스템에서는 432(0~431)이라고 할 수 있는데, 액티브 라인에서는 525/625양 시스템 모두 한 개 라인에 할당 되어있는 휘도의 샘플 수는 720(0~719)이라고 할 수 있고, 색차 샘플의 수는 C_B,C_R모두 360(0~359)라고 할 수 있다.

또한 수평 블랭킹 기간의 길이는 525/60시스템에서는 138클럭 기간으로서 샘플링 번호로 이야기를 하면 720부터 857까지라고 할 수 있고, 625/50시스템에서는 144클럭 기간으로서 샘플링 번호로 이야기하면 720부터 863까지 라고 할 수 있다.

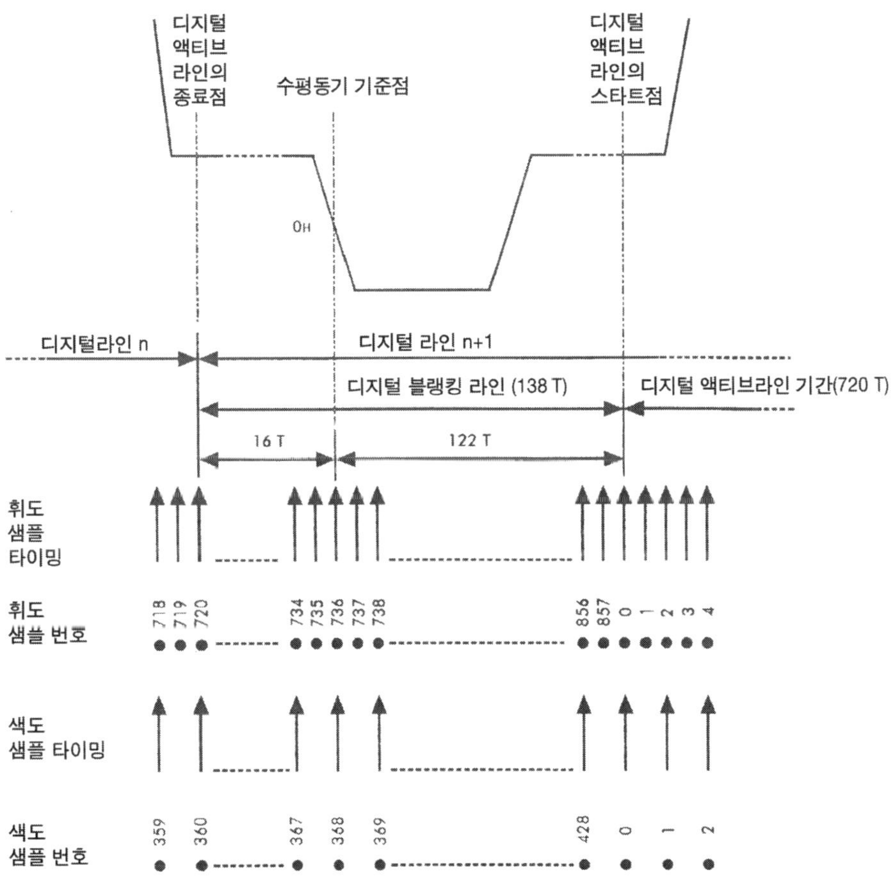

그림 3.46 4:2:2 525/60컴포넌트 디지털 규격에 있어서 영상 샘플과 수평동기와의 관계

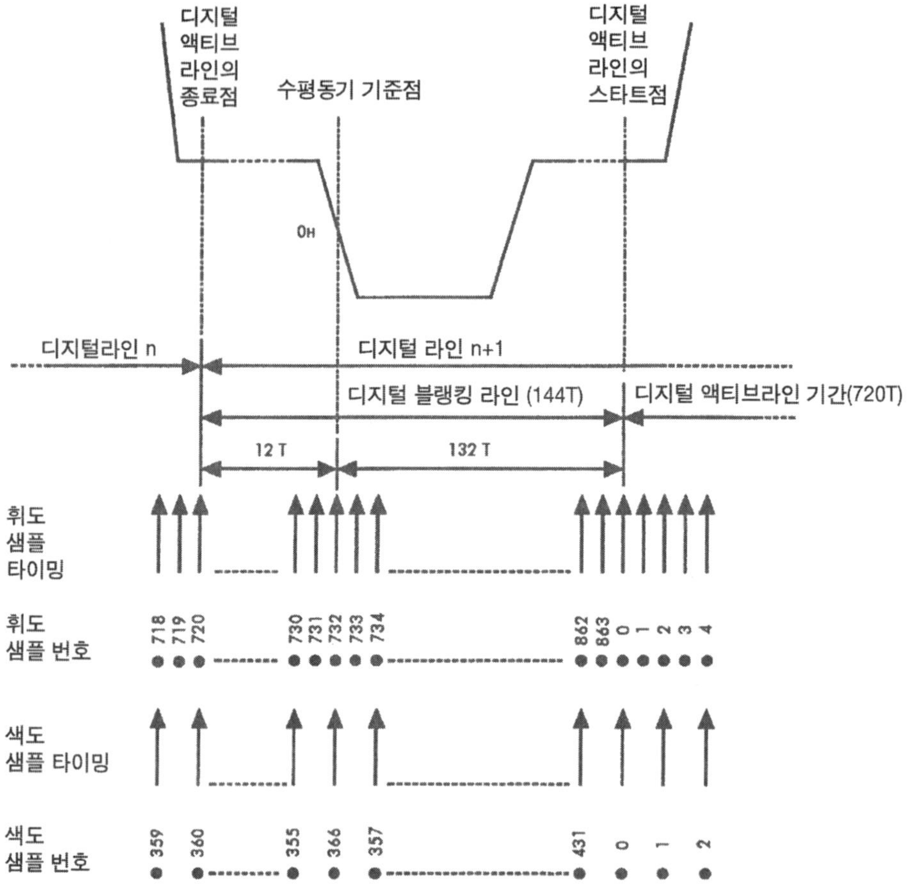

그림 3.47 4:2:2 625/60컴포넌트 디지털 규격에 있어서 영상 샘플과 수평동기와의 관계

그림 3.46과 그림 3.47에서는 2개의 스캔 방식에 있어서 영상의 샘플과 수평동기신호와의 관계를 표시하고 있고, 그림 3.48에서는 4:2:2디지털 신호의 필드와 525/60아날로그 신호의 필드와의 관계를 표시하고 있다고 할 수 있다.

디지털 필드에서는 액티브 라인의 정의는 하프라인의 디지털 프로세서를 시행 하지 아니하는 것으로 결정되어있기 때문에 디지털 필드1은 262개의 라인을 가지고 있고, 디지털 필드2는 263개의 라인을 가지고 있으며, 양 필드의 디지털 블랭킹의 폭은 9개 라인이라고 할 수 있다.

그림 3.49에서는 4:2:2의 디지털 규격과 625/50아날로그 시스템과의 관계를 표시하고 있는데, 디지털 필드내의 액티브 라인의 정의는 하프 라인의 디지털 프로세스를 시행 하지 아니하도록 하고 있기 때문에 액티브 라인수는 디지털 양 필드에서 288라인 이라고 할 수 있고, 필드1의 전 디지털 블랭킹 기간은 24라인이라 할 수 있으며, 필드2전의 디지털 블랭킹 기간은 25라인이라고 할 수 있다.

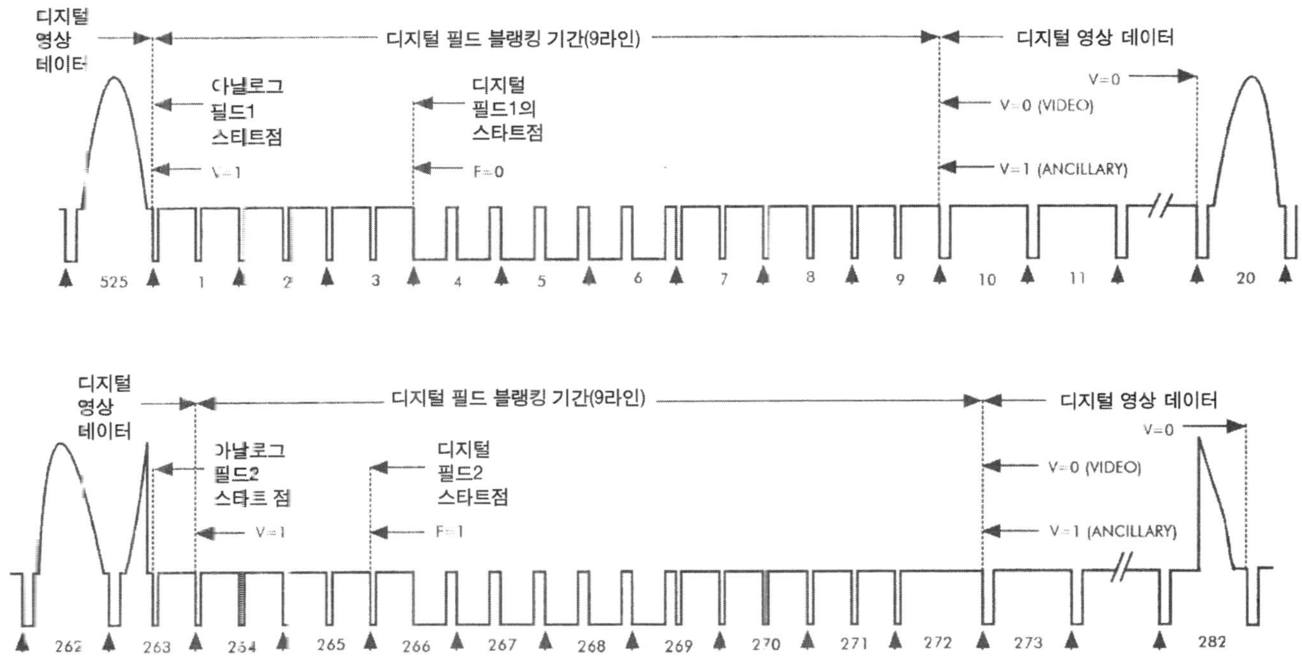

주 : 디지털 필드1은 262라인
디지털 필드2는 263라인 구성

그림 3.48 525/60방식의 4:2:2디지털 필드와 아날로그 필드와의 관계

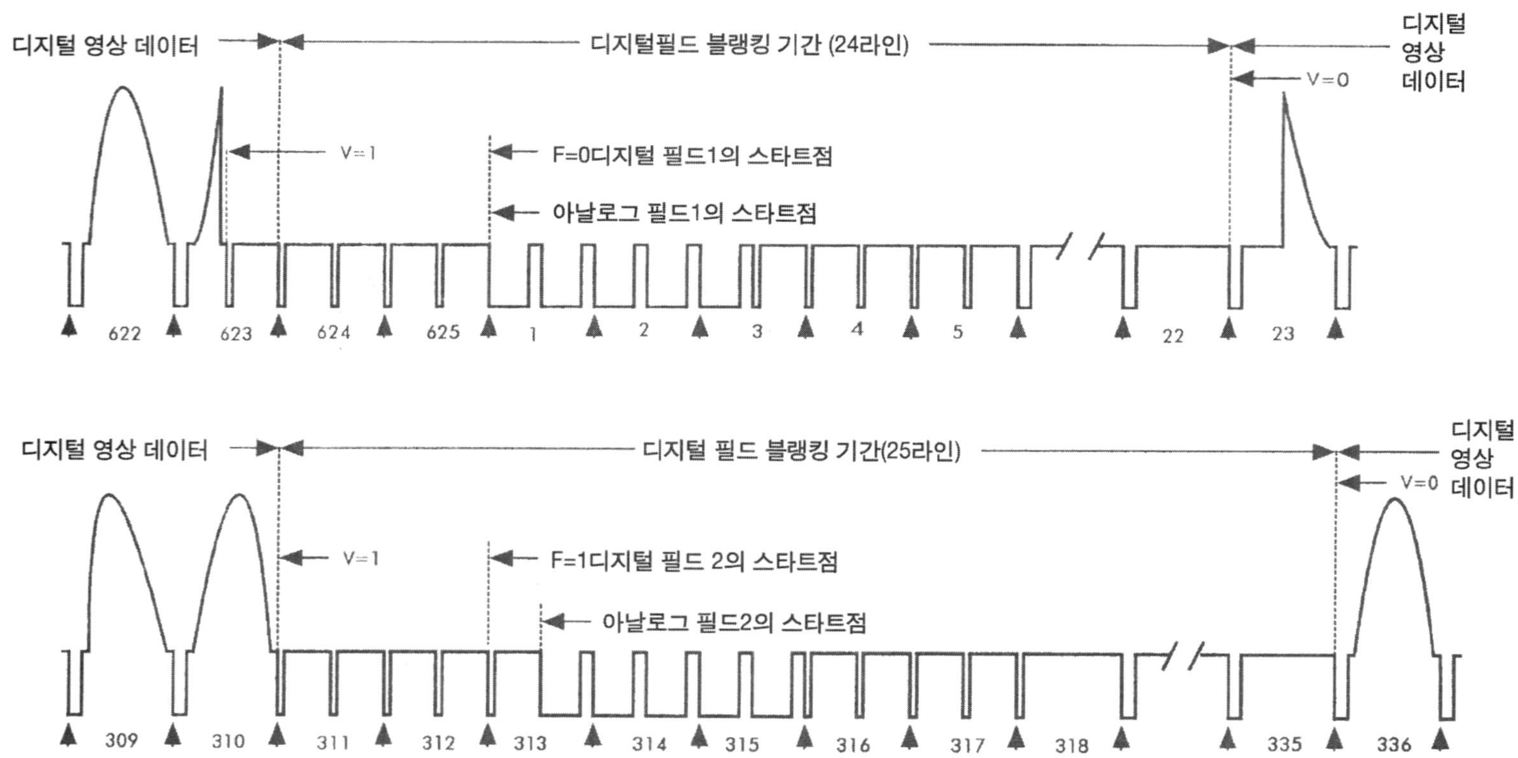

주 : 디지털 필드 1, 2 모두 288개의 액티브 라인을 가지고 있다고 할 수 있는데,
디지털 액티브 필드 1전의 디지털 블랭킹은 24라인이라고 할 수 있고, 디지털 액티브 필드 2의 전 디지털 블랭킹은 25라인이라고 할 수 있다.

그림 3.49 625/50방식에 있어서 4:2:2디지털 필드와 아날로그 필드와의 관계

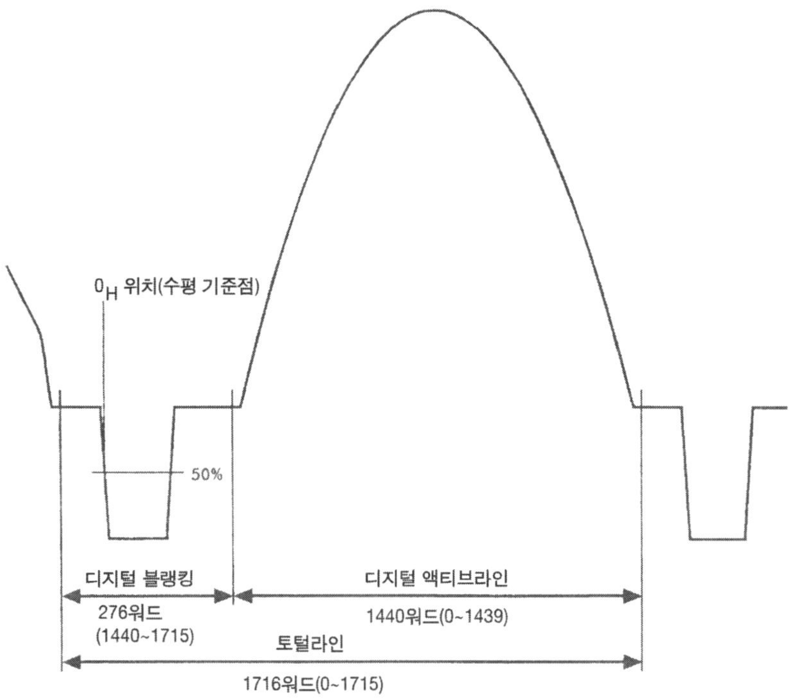

그림 3.50 525/60방식의 액티브라인기간과 수평 블랭킹 기간의 데이터 워드의 위치를 표시하는 것을 단순화한 라인파형

3.3.6 데이터 시분할 다중(Time-Division Multiplexing)

디지털 처리에 있어서 휘도신호는 색차신호와는 별개의 처리를 하는 것 이라면 시분할 다중처리 하는 것도 고려할 수 있는데, 디지털 전송 규격에서는 휘도신호와 2개의 색차를 포함한 모두 3신호는 시분할 다중으로 전송 되어진다고 할 수 있다.

한 개 라인에 할당되어있는 다중 되어진 전 샘플수는 (라인당 할당되어있는 워드수), 526/60시스템에서는 1716으로서 0부터 1715까지 번호를 달아서 표시하게 되어있고, 625/50시스템에서는 1728으로서 0부터 1727까지 번호를 달아서 표시하게 되어있는데, 디지털 액티브 라인에서는 525, 625시스템 모두 Y는 720샘플, C_B는 360샘플, C_R도 360샘플로서 모두 합하여 1440샘플이 되어서 0으로부터 1439까지 번호를 달아서 표시를 하게 되어있다고 할 수 있다. 그 결과 디지털 블랭킹 기간에 남은 워드는 525/60시스템 에서는 1440부터 1715까지의 276의 워드를 가지고 있고, 625/50시스템에서는 1440으로부터 1727까지 288개의 워드를 가지고 있다고 할 수 있는데, 그림 3.50과 그림 3.51에서는 2개의 시스템에 있어서 액티브 라인과 수평 블랭킹 기간 내의데이터 워드의 분포를 표시하고 있다고 할 수 있다.

그림 3.52에서는 시분할 다중 한 27M 워드/초 비트 파라렐 출력을 가졌을 경우에 4:2:2엔코더를 단순화한 계통도로서, 13.5M워드/초(샘플 간격74ns)데이터 레이트의 Y 샘플링 디지털 데이터와 6.75M 워드/초 (샘플 간격148ns) 데이터 레이트의 C_B와 C_R의 샘플링 디지털 데이터는 디지털 데이터 결합기 (Digital Data Combiner)에 보내지어 거기에서 디지털 데이터를 27M 워드/초 데이터 레이트 (샘플 간격37ns)로 순차적으로 취득하게 되어있는데, 이 그림에서 샘플의 번호는 0이 아니고 1부터 시작을 하는 것으로 되어있으나 이것은 C_B와 C_R의 샘플링 기수번호 (1,3,5…)의 Y샘플링과 같은 위치에 있다는 것을 표시하기 위함이라고 할 수 있다.

여기에서 이야기하고 있는 영상 데이터 워드는 27MW/s데이터 레이트로 시분활 다중하여 전송을 하는 것을 원칙으로 하고 있지만 그 송출 순서는 C_B, Y, C_R, Y,C_B,Y…으로서 최초의 3워드(C_B, Y, C_R)는 동일 위치의 휘도, 색도의 샘플이고, 다음의 Y워드의 경우에는 독립한 휘도의 데이터라고 할 수 있는데, 각 액티브 라인의 최초 영상 데이터는 통상 적으로 C_B데이터라고 할 수 있다.

그림 3.53에서는 525/60 방식에 있어서 수평 블랭킹 기간에 있어서 4:2:2의 디지털 데이터의 다중화 위치를 표시하고 있는 것으로서, 3.3.7항에서 설명을 하고 있는 액티브 라인의 마지막을 표시하고 있는 EAV(End of Active Video)와 액티브 라인의 시작을 표시하는 SAV(Start of Active Video)의 2개 타이밍 레퍼런스 신호(Timing Reference Signal : TRS)위치를 표시하고 있다.

그림 3.54에서는 625/50방식의 수평 블랭킹 기간에 있어서 4:2:2 디지털 데이터의 다중화 위치를 표시하고 있는데, 위에서와 같이 EAV와 SAV의 위치도 표시하고 있다.

3.3.7 타이밍 레퍼런스 신호(Timing Reference Signal : TRS)

컴포넌트 디지털 규격에서는 아날로그의 동기 펄스 부분을 샘플 하지 아니하는 것으로 하고 있는데, 그 대신에 타이밍 레퍼런스(Reference) 신호가 각 라인의 디지털 액티브 라인 데이터의 직후와 직전에 삽입이 되어진다고 할 수 있다.

수평 블랭킹 기간의 8워드 기간의 타이밍 관련 신호의 전송을 하기 위하여 리서브(Reserve : 예약) 되어 있다고 할 수 있는데, 다중 데이터 가운데 관련되는 신호의 위치를 525/60방식에 있어서는 그림 3.53에 표시를 하고 있고, 625/50방식에 있어서는 그림 3.54에서 표시를 하고 있다.

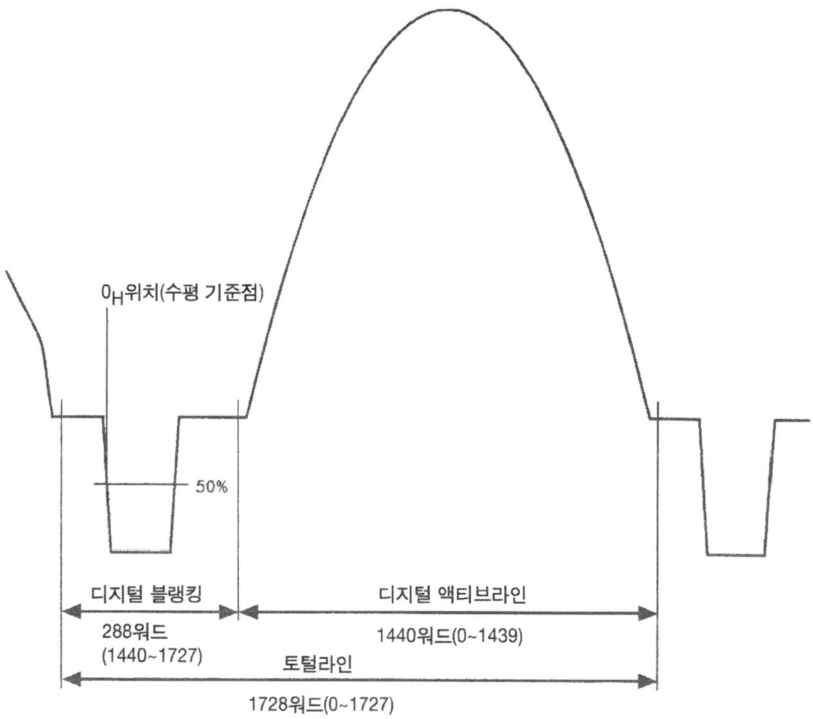

그림 3.51 625/60방식의 액티브라인기간과 수평 블랭킹 기간의 데이터 워드의 위치를 표시하는 것을 단순화한 라인파형

그림 3.53에 표시하는 것과 같이 525/60방식에 있어서는 1440으로부터 1443까지의 4워드는 EAV(End of Active Video)타이밍 관련 신호로 표시를 하고, 1712부터 1715까지의 4워드는 SAV(Start of Active Video) 타이밍 관련 신호로로 표시하게 되어있다.

그림 3.54에서 표시하는 것과 같이 625/50 방식에 있어서는 1440으로부터 1443까지의 4워드는 EAV 타이밍 레퍼런스신호로 사용을 하고 있고, 1724로부터 1727까지의 4워드는 SAV 타이밍 관련 신호로 사용하고 있는 것으로서 이러한 EAV와 SAV신호는 워드 블랭킹 기간 내에 있어서도 같은 포맷으로 존재하고 있다고 할 수 있다.

또한 각 타이밍 관련 신호는 4개의 워드로 구성 되어있다고 할 수 있는데. 이러한 4개 워드의 시퀀스(Sequence)는 10비트의 16진수의 표현으로서 다음과 같이 표현 한다고 할 수 있다.

3FF 000 000 XYZ

초기의 3개 워드는 고정 프리앰블(Preamble : 동기헤더) 라고 할 수 있고, 16진수의 3FF와 000는 타이밍 동기 워드용으로 예약(Reserved)이 되어있어서 EAV 또는 SAV의 동기 정보에 있다는 것을 명확하게 표시를 하고 있는데, 여기에서 XYZ는 각종의 동기 관련 정보를 나타내게 하는 가변 워드(Word)라고 할 수 있다.

이러한 워드가 전송하는 정보에는 다음과 같은 것이 있다고 할 수 있다.

- 필드 ID(Field Identification)
- 수직 블랭킹 정보
- 수평 블랭킹 정보 (동시에 이러한 동기 워드가 EAV인가 아니면 SAV인가를 표시하고 있다.) 그림 3.55(525/60)와 그림 3.56(625/50)에서는 텔레비전 프레임에서 본 타이밍 관련되는 신호의 공간적인 위치와 그의 ID의 표현을 표시하고 있다.

표 3.10(525/60방식)과 표3.11(625/50방식)에서는 EAV와 SAV의 4워드 시퀀스에서 각 워드의 2진수치를 표시하고 있는데, 시퀀스 최초의 워드 2진수의 치는 16진수 치의 3FF와 같다고 할 수 있고, 2번째와 3번째의 워드에 2진수치도 16진수 치의 000과 같은 것이라 고 할 수 있다. 또한 4번째의 워드에서는 비트 0과 비트 1은 "0"고정으로 되어있고, 비트 9는 "1"로 고정되어 있다고 할 수 있는데, 나머지 비트 6,7,8은 가변 비트로서 각각 F, V, H로 나타나게 되어 있어 아래와 같은 정보를 표시하게 되어있다.

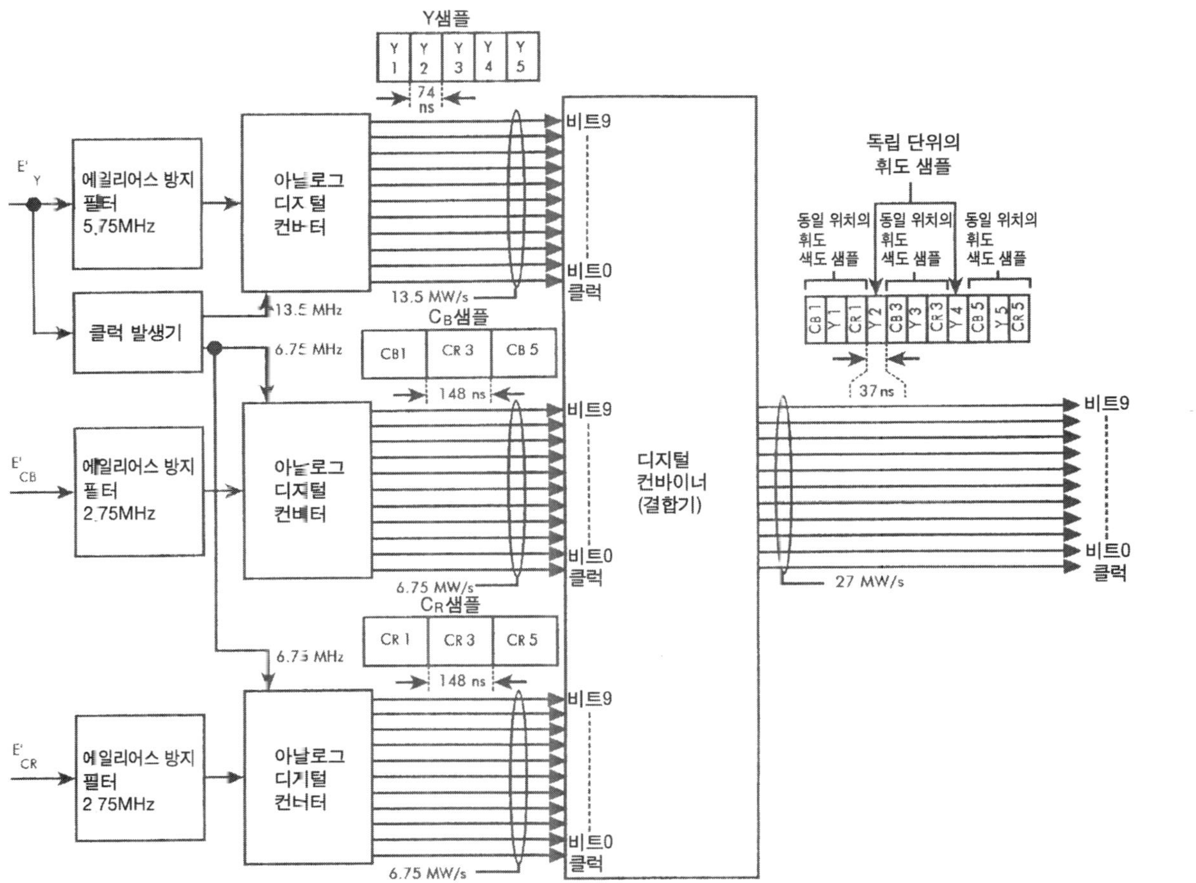

그림 3.52 시분할 다중 27MW/s 비트 파라렐 출력을 가진 4:2:2 엔코더를 개략한 계통도

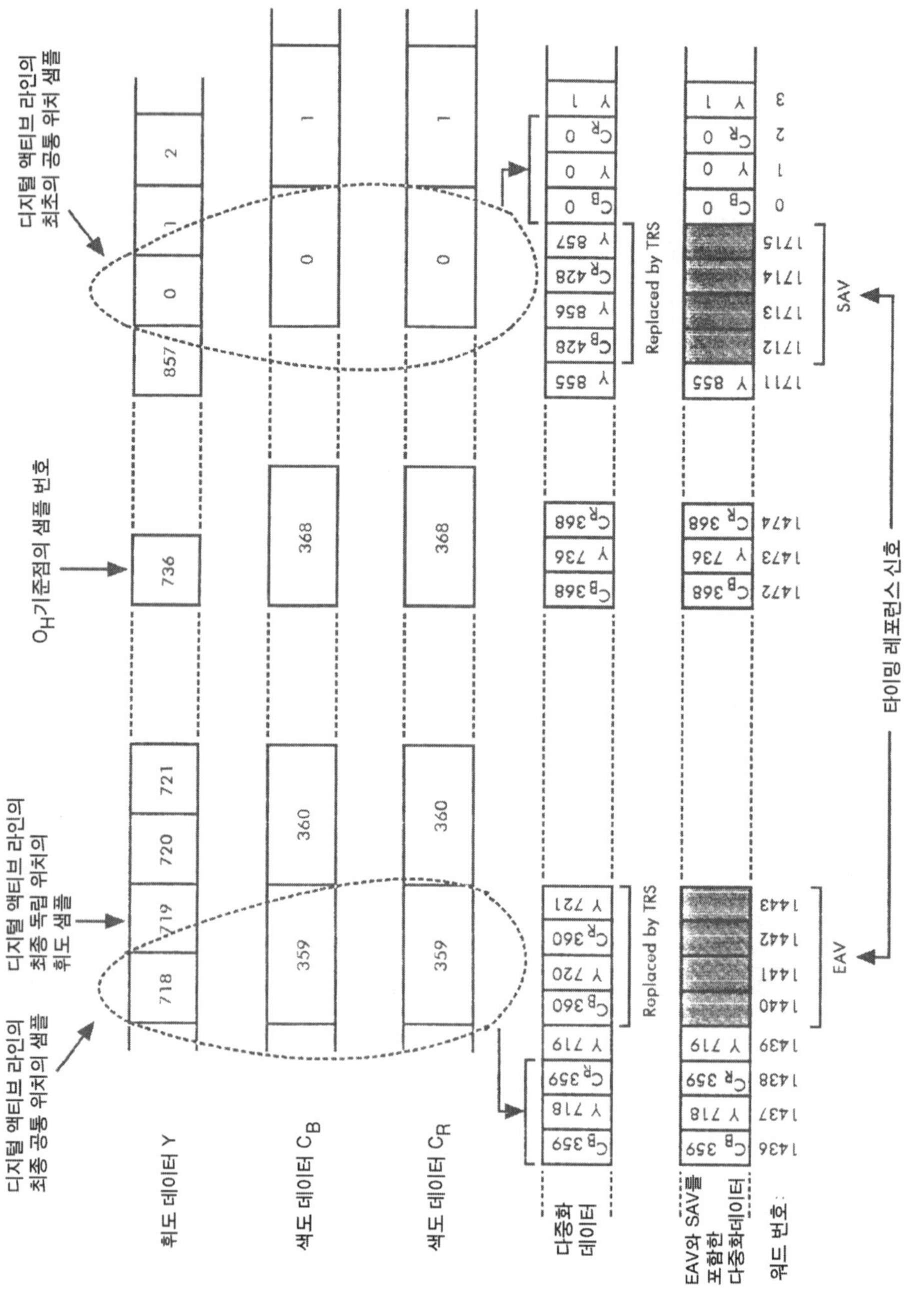

그림 3.53 525/60방식의 수평 블랭킹 기간에 있어서 4:2:2디지털 데이터 다중화 구조와 타이밍 레퍼런스 신호, EAV,SAV의 위치 상세

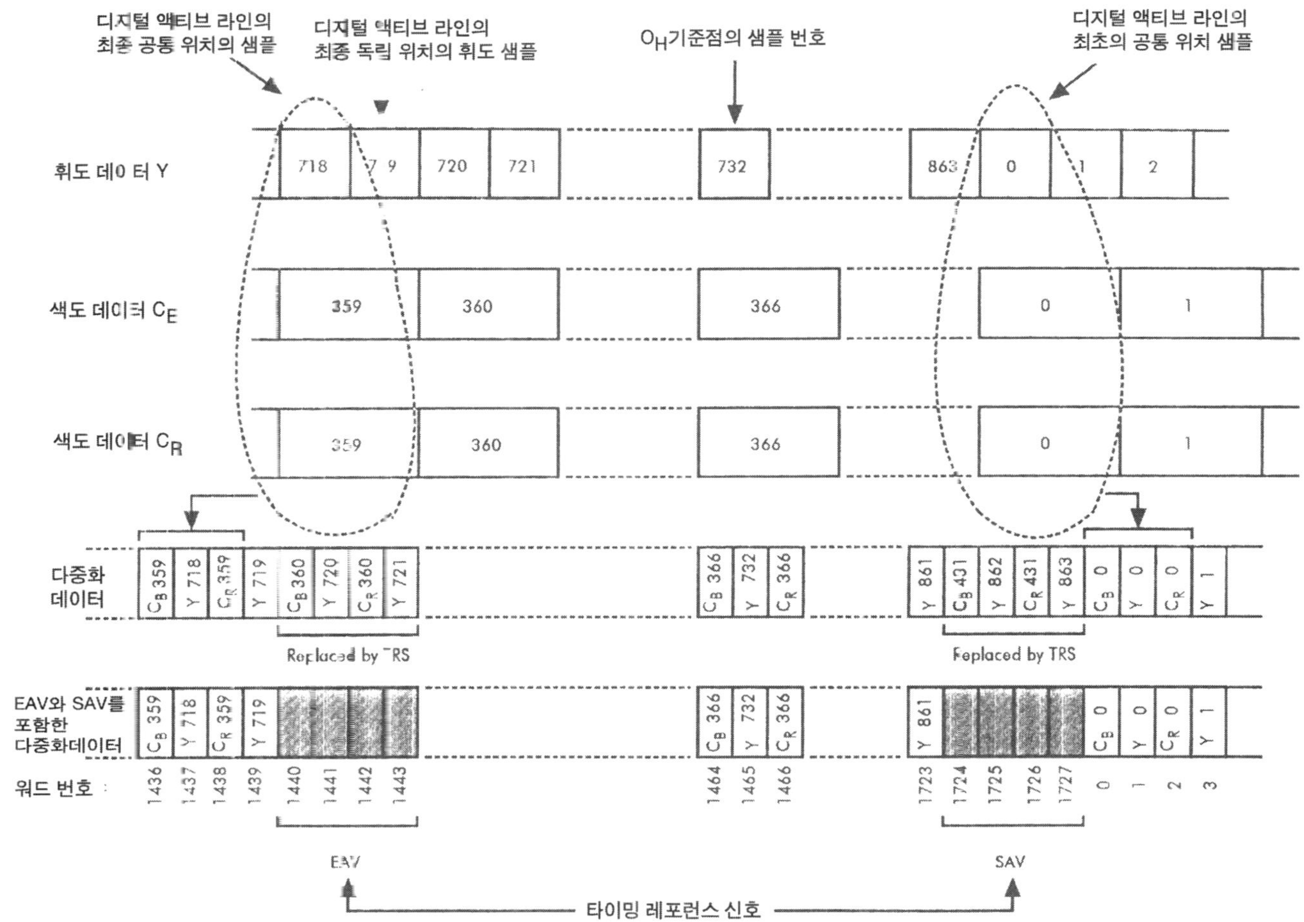

그림 3 54 625/60방식의 수평 블랭킹 기간에 있어서 4:2:2디지털 데이터 다중화 구조와 타이밍 레퍼런스 신호 EAV SAV의 위치 상세

- F : 필드 정보 ID
  F = 0 필드1의 기간
  F = 1 필드 2의 기간
- V : 수직 블랭킹 정보 ID
  V = 0 액티브 영상의 기간
  V = 1 수직 블랭킹 기간
- H : 수평 블랭킹 정보 ID
  H = 0 SAV 타이밍 관련 (수평 블랭킹의 종료)
  H = 1 EAV 타이밍 관련 (수평 블랭킹의 시작)

제4워드의 비트 2, 3, 4, 5는 F, V, H비트에 따라서 변하는 P0, P1, P2, P3 라고 불리 우는 비트의 군으로서 이러한 것은 오류정정 비트라고 할 수 있는데, 그러한 능력은 F, V, H비트의 1비트의 에러 정정과 2비트의 에러 검지가 가능하다는 것이다. 표 3.12(525/60)과 표 3.13(625/50)에서는 데이터가 변화하면서 변화하는 라인의 위치와 타이밍에서 규정되어있는 F, V, H의 각 비트치와 그러한 비트 치에 의하여 결정 되어진다고 할 수 있는 P0, P1, P2, P3 비트 치를 표시하고 있다고 할 수 있다.

그림 3.53과 그림 3.54에서는 EAV가 시작되고, SAV가 끝나는 기간은 디지털 수평 블랭킹 기간 이라고 할 수 있는데, 이러한 것은 전 데이터 길이가 525/60 방식에서는 268개의 월드보다 작고, 625/50방식에서는 280월드보다 작어 보조 데이터 블록은 각 라인 수평 블랭킹 기간에서 전송 하는 것이 가능하게 하고 있다고 할 수 있다.

표 3.10 525/60방식의 4:2:2 타이밍 관련 신호

비트	워드 1440 또는 1712	워드 1441 또는 1713	워드 1442 또는 1714	워드 1443 또는 1715
9	1	0	0	1
8	1	0	0	F
7	1	0	0	V
6	1	0	0	H
5	1	0	0	P3
4	1	0	0	P2
3	1	0	0	P1
2	1	0	0	P0
1	1	0	0	0
0	1	0	0	0

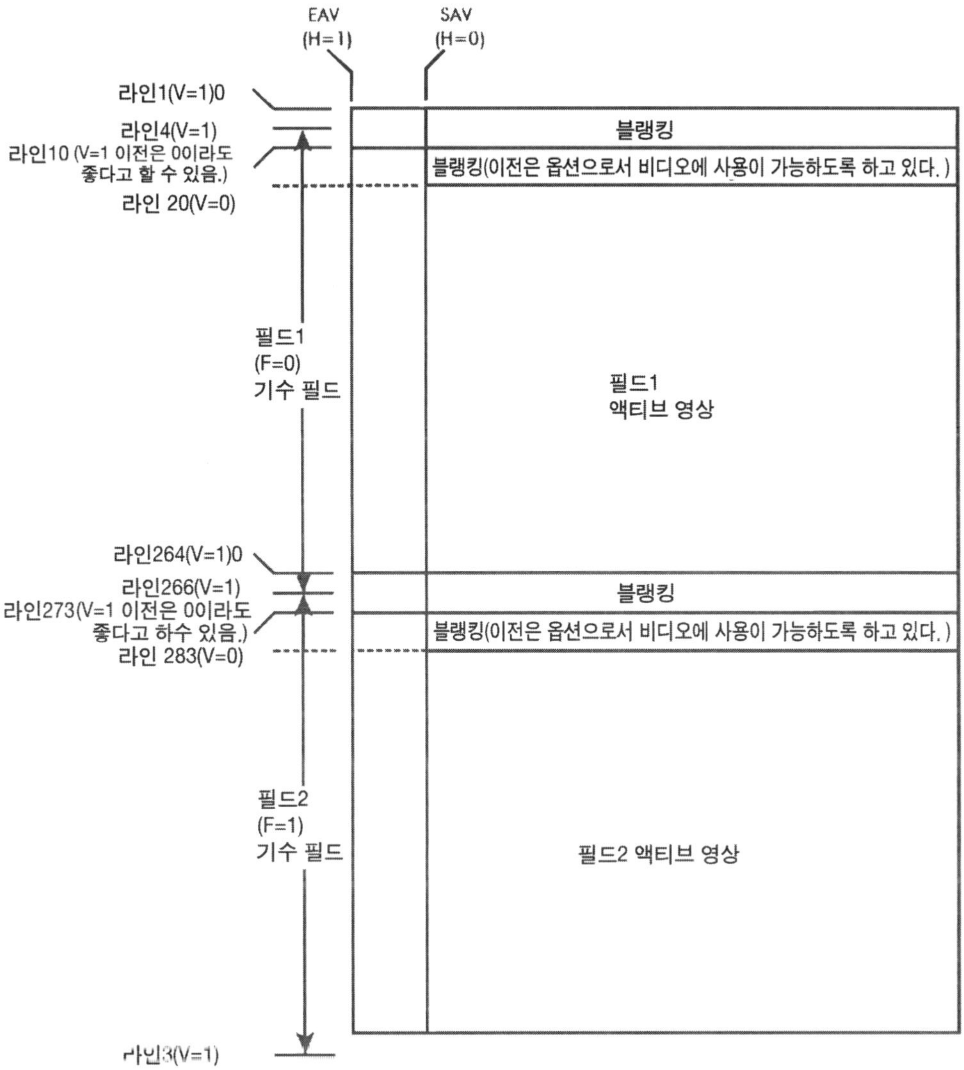

그림 3.55 525/60방식의 디지털 타이밍 레퍼런스 신호의 위치

수직 블랭킹 기간의 각 라인은 프리앰블 (Preamble : 헤더)을 포함하여 1440 월드까지의 커다란 보조데이터 블록을 SAV월드의 종료로부터 EAV월드 시작할 때까지 기간에 전송 하는 것이 가능하나고 할 수 있는데, 그리하여 수직 블랭킹 기간에서는 8비트 월드의 신호로 전송이 가능하게 하는 형식으로 하고 있다고 할 수 있고, 수평 블랭킹 기간에서는 10비트의 월드로 전송이 가능하게 하고 있다고 할 수 있다.

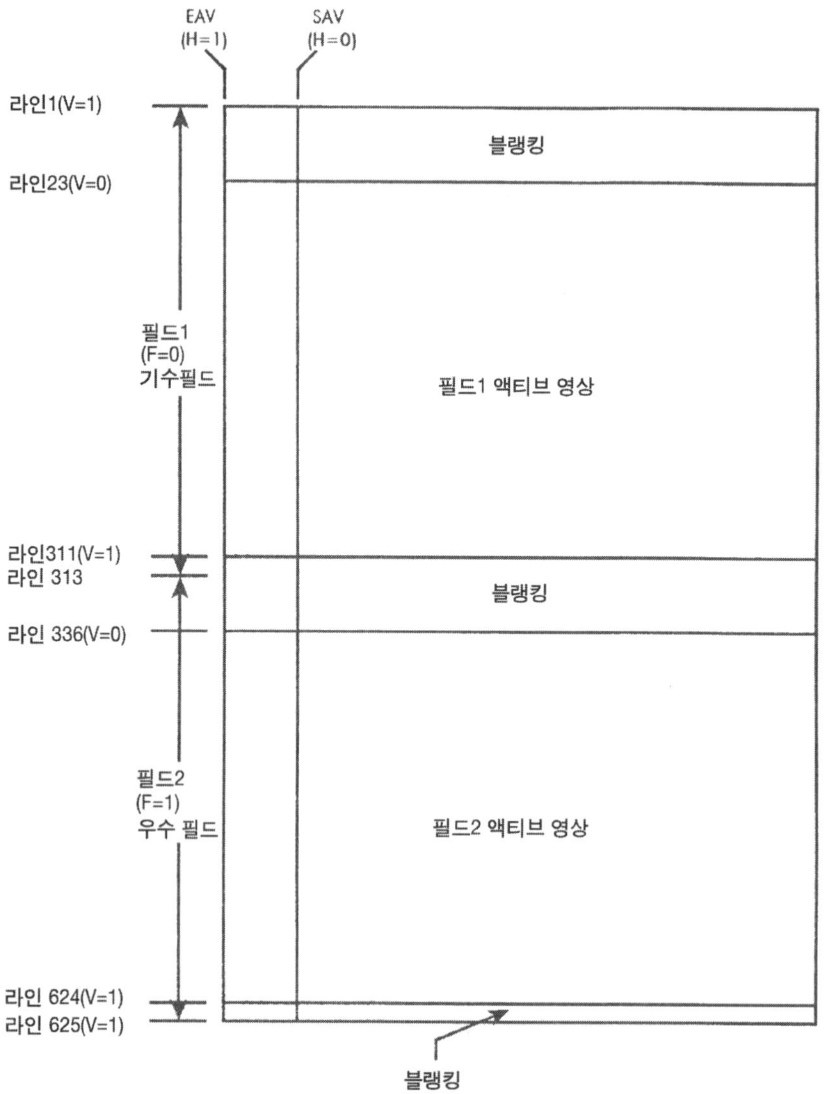

그림 3.56 625/50 방식에 있어서 디지털 타이밍 레퍼런스 신호의 위치

525/60 방식과 625/50방식에 따라서 데이터 전송에 있어서는 각각 다른 제약요건이 있다고 할 수 있는데, 525/60방식에 있어서는 보조 데이터(Ancillary Data)는 라인 1부터 19까지와 라인 264로부터 282까지의 액티브 라인부분으로서, 거기에 액티브 영상 데이터 라인이 없는 경우에는 다른 신호를 집어넣는 것도 가능하다고 할 수 있다. 또한 이러한 영상 데이터는 보조데이터에 우선하여 라인 10부터 19까지와 라인 273으로부터 282까지는 옵션(Option)으로 전송하는 것이 좋은 형태로 되어있다고 할 수 있는데, 625/50방식에 있어서는 라인20과 333은 기기의 자기체크를 하기위하여 사용하는 공간으로 정해져 있다고 할 수 있다.

표 3.11 625/50방식의 4:2:2 타이밍 관련 신호

비트	워드 1440 또는 1724	워드 1441 또는 1725	워드 1442 또는 1726	워드 1443 또는 1727
9	1	0	0	1
8	1	0	0	F
7	1	0	0	V
6	1	0	0	H
5	1	0	0	P3
4	1	0	0	P2
3	1	0	0	P1
2	1	0	0	P0
1	1	0	0	0
0	1	0	0	0

표 3.12 525/60방식의 4:2:2 TRS(SAV와 EAV)신호의 특정라인, 타이밍에 있어서, 4번째의 워드 (XYZ)의 정정용 비트 (P0, P1, P2, P3)을 포함한 10비트의 16진수치와 2진수치.

라인	타이밍	16진수	9	F	V	H	P3	P2	P1	P0	1	0
20~263	필드1 액티브 영상 SAV	200	1	0	0	0	0	0	0	0	0	0
20~263	필드1 액티브 영상 EAV	274	1	0	0	1	1	1	0	1	0	0
4~19 264~265	필드1 필드 블랭킹 SAV	2AC	1	0	1	0	1	0	1	1	0	0
4~19 264~265	필드1 필드 블랭킹 EAV	2D8	1	0	1	1	0	1	1	0	0	0
283~525	필드2 액티브 영상 SAV	31C	1	1	0	0	0	1	1	1	0	0
283~525	필드2 액티브 영상 EAV	368	1	1	0	1	1	0	1	0	0	0
1~3 266~282	필드2 필드 블랭킹 SAV	3B0	1	1	1	0	1	1	0	0	0	0
1~3 266~282	필드2 필드 블랭킹 EAV	3C4	1	1	1	1	0	0	0	1	0	0

표 3.13 625/50방식의 4:2:2 TRS(SAV와 EAV)신호의 특정라인, 타이밍에 있어서, 4번째의 워드 (XYZ)의 정정용 비트 (P0, P1, P2, P3)을 포함한 10비트의 16진수치와 2진수치.

라인	타이밍	16진수	9	F	V	H	P3	P2	P1	P0	1	0
23~310	필드1 액티브 영상 SAV	200	1	0	0	0	0	0	0	0	0	0
23~310	필드1 액티브 영상 EAV	274	1	0	0	1	1	1	0	1	0	0
1~22 311~312	필드1 필드 블랭킹 SAV	2AC	1	0	1	0	1	0	1	1	0	0
1~22 311~312	필드1 필드 블랭킹 EAV	2D8	1	0	1	1	0	1	1	0	0	0
336~623	필드2 액티브 영상 SAV	31C	1	1	0	0	0	1	1	1	0	0
336~623	필드2 액티브 영상 EAV	368	1	1	0	1	1	0	1	0	0	0
624~625 313~335	필드2 필드 블랭킹 SAV	3B0	1	1	1	0	1	1	0	0	0	0
624~625 313~335	필드2 필드 블랭킹 EAV	3C4	1	1	1	1	0	0	0	1	0	0

역주 최근에 있어서 규격에서는 DVITC를 제외한 이러한 수직기간 내 옵션(option) 액티브 영상 데이터는 인정하지 아니하는 추세로 가고 있다고 할 수 있는데, 블랭킹의 신호 절환에 의한 데이터의 오류를 방지하기 위하여 스위칭 라인(525/60방식에 있어서는 라인10과 273라인, 그리고 625/50방식에 있어서는 라인6과 319)과 그 다음에 읽어내는 한 개 라인의 보조데이터 스페이스에서는 보조데이터는 집어넣지 아니하는 것으로 하고 있다고 할 수 있다.

보조데이터가 전송이 되지 아나하는 부분의 수평, 수직 블랭킹 기간에서 데이터 월드는 아래와 같은 치가 되지 아니하면 되지 아니한다.

- Y샘플에 할당하는 월드는 16진수를 사용할 때 040치가 된다.
- C_B, C_R샘플에 할당 되는 월드는 16진수를 사용하여 200의 치로 한다.

3.3.8 보조데이터 (Ancillary Data)

보조 데이터에서는 2가지의 종류(Category)가 있다고 할 수 있는데, 보조데이터는 수평 보조 데이터(HANC)와 수직 보조 데이터(VANC)로 나눌 수 가 있다.

비트 시리얼 데이터 가운데에는 보조데이터(Ancillary Data)를 전송이 불가능한 $4f_{sc}$ 컴포지트의 디지털 규격과는 다르게, 4:2:2의 컴포넌트 비트 파라렐 보조데이터(Ancillary Data)에서는 영상 데이터나 타이밍 기준신호가 없는 경우에는 어느 곳이라도 신호를 삽입하는 것이 가능하다고 할 수 있는데, 비트 시리얼 데이터에 있어서 $4f_{sc}$컴포지트 또는 4:2:2컴포넌트 포맷을 사용하는 보조신호 시분할 다중 전송에 대하여는 제 7장에서 설명하기로 한다.

3.3.8.1 수평 보조 데이터 (Horizontal Ancillary Data: HANC)

수평 보조 데이터HANC (한크 라고 읽음.)라고 불리 우는 것은 10비트의 데이터가 수평 블랭킹 기간에 삽입되는 것이 가능하다고 할 수 있는데, 이러한 각 데이터의 블록은 아래와 같은 3개 월드의 보조 데이터(Ancillary Data) 헤더를 전에 배치한다고 할 수 있다.

000 3FF 3FF

8비트의 기기를 위하여 인터페이스 규격으로 리서브 데이터(Reserve Data : 금지데이터) 범위의 데이터(000, 001, 002, 003, 3FC, 3FD, 3FE, 3FF)는 모두 000이나 3FF와 같다고 볼 수가 있다.

역주 10비트의 데이터가 전송이 가능하면서도 8비트 기기를 고려하고 있는 것은 모순이라고 할 수 있으나 실제적으로 고려하는 것은 배려차원이라고 할 수 있는데, 실제로 많은 HANC의 보조 데이터의 규격은 10비트의 LSB로부터 2비트의 00으로 하기로 하고 있다고 할 수 있다. 그러나 최근에는 이러한 리서브(Reserve : 예약) 범위를 넘어서 10비트 전부를 사용하는 규격도 나오고 있다고 할 수 있는데, 비트 0~9가운데 오류를 체크하기 위하여 비트 8을 패리티 비드(Parity Bit : 등가비트)로 하여 미리 시정된 리서브 범위를 피하기 위하여 비트9와 비트8의 반전 비트로 하는 것에 의하여 10비트의 보조 데이터라고 할지라도 실질적으로는 8비트의 데이터가 되게 하고 있다고 할 수 있다.

3.3.8.2 수직 보조 데이터(Vertical Ancillary Data : VANC)

수직 보조 데이터에서는 우리가 흔히 VANC(밴크라고 부름)라고 부르는 것으로서, 525/60방식에서는 라인 1로부터 13까지, 라인15부터 19까지, 라인 264로부터 276까지, 라인278부터 282까지 액티브 라인에 상당하는 부분에 신호를 삽입하는 것이 가능하다고 할 수 있는데, 수직 보조 데이터 라인 중에 라인14와 라인277은 디지털 수직 타임코드 (Digital Vertical Time Code : VITC)-용과 비디오 인덱스(Video Index)-용으로 사용하기 위하여 다른 용도로는 사용하지 못하게 금지 하고 있다고 할 수 있다.

이러한 VANC의 데이터는 8비트 포맷으로서, 데이터의 각 블록은 아래와 같은 3월드의 보조 데이터(Ancillary Data)헤더를 전에 배치한다고 할 수 있다.

000 3FF 3FF

10비트 기기와 8비트 기기의 양쪽기기의 전부 사용을 가능하게 하기위하여 인터페이스 규격으로 리서브 데이터(Reserve Data : 금지데이터) 범위의 데이터는 모두 000이나 3FF의 등가로 한다고 할 수 있다.

역주 여기에서도 보조데이터는 8비트 데이터에 한정 하면서도 10비트의 헤더를 지정하여 정하기도 하여 여러 가지 종류의 기기와의 정합 등을 고려하고 있는데, 디지털 기기를 설계할 경우에는 사용규격상의 지원 범위를 고려하여 설계를 하는 것이 원칙이라고 할 수 있다. 따라서 VANC의 데이터는 수직기간의 일부의 데이터를 기록 재생이 가능한 8비트 디지털 VTR을 배려하여, 액티브 라인의 상당 기간을 8비트로 하고 있다고 할 수 있는데, 이 부분을 사용하는 보조 데이터는 리서브 범위(금지범위)를 피하기 위하여 8비트 중에서 비트6과 비트7을 패리티 비트(Parity Bit : 등가비트)와 그의 반전 비트로 하고 있으므로 실질적으로 데이터로서는 6비트의 데이터가 된다고 할 수 있다.

3.3.9 비트 파라렐 4:2:2 디지털 신호의 전송

4:2:2디지털 신호의 비트 파라렐 인터페이스 기기와의 접속은 단 거리로서, 단순하게 포인트와 포인트 사이의 전송에 적합 하다고 할 수 있는데, 이러한 인터페이스는 복잡한 신호 분배를 필요로 하는 커다란 스튜디오에서는 사용하고 있는 멀티 코어 케이블의 원가가 높고, 멀티 콘넥터의 사이즈가 커지므로 부적당하다고 할 수 있다, 따라서 이러한 문제를 개선하기 위한 바람직한 개선 방향으로는 큰 스튜디오에서는 파라렐 시리얼 인터페이스가 적합 하다고 할 수 있는데, 디지털로 변경을 하고 있는 현재에 스튜디오 환경에 있어서는 실제로 설치와 운용이 편리한 시리얼 인터페이스로의 변경이 진행되고 있다고 할 수 있다.

표 3.14 4:2:2 비트 파라렐 인터페이스의 전기적인 특성

개요	비디오, 데이터, 타이밍관련 또는 보조신호는 시간축 다중 되어진 10페어(8비트에서는 8페어)의 라인으로 NRZ형식으로 전송이 되어진다고 할 수 있고, 11번째(9번째)의 페어는 동기용으로 27MHz 클럭을 전송한다.
송신부 특성	● 평균 출력 ● 신호원 임피던스 : 최대 110Ω ● Driver 출력 Common Mode전압 : 접지 단자에 대하여 -1.3V±15% ● 신호진폭 : 110Ω양단에 있어서 0.8~2.0V_{P-P} ● 상승 시간/ 하강 시간 : 〈 5ns로서 상호간의 차는 2ns이하이고, 출력 단자에 직접 접속한 110Ω의 저항 양단에 있어서 진폭의 20%로부터 80%까지 사이를 측정한 치로 한다. ● 클럭신호 Jitter : 〈 3ns 다만 작더라도 1필드 기간 평균한 상승 기간의 Edge의 위치를 기준으로 한다. ● 크로마 신호의 정 방향으로 Transition은 데이터 Transition의 중간에서 일어나는 것으로 한다.
수신부 특성	● 입력 임피던스 : 110±10Ω ● 입력 감도 : ≧185mV로서 정확하게 동작할 것. ● 최대 입력 신호 : 2V_{P-P} ● Common Mode억압 : ±0.5V의 진폭의 Common Mode노이즈에 있어서도 안정하게 동작할 것. ● 허용 클럭 / 데이터 사이의 지연 : 〈 11ns

그럼 비트 파라렐 신호에 의한 분배에 대하여 이 섹션에서는 간단하게 설명을 하고자 한다.

4:2:2의 비트 파라렐 신호는 실드 한 트위스티드(Twisted) 평형 12페어 라인을 통하여 전송 되어진다고 할 수 있는데, 이러한 케이블은 특수한 구조이 케이블이라고는 할 수는 없고, 영상 디지털 데이터 워드의 각 비트는 그중에 10페어 (8비트/샘플인 경우에는 8개 페어)를 사용하여 병렬로 전송 되어진다고 할 수 있는데, 여기에서 11번째(8비트에서는 9번째) 페어는 27MHz의 클럭을 전송 한다고 할 수 있다.

그림 3.35에서는 11페어 중에서 1페어에 대하여 디지털 전송 평형 인터페이스 회로를 표시하고 있다고 할 수 있고, 그림 3.36에서는 인터페이스 콘넥터(Connector: 표준 DB25타입) 비트 파라렐 데이터 전송용의 핀의 할당을 표시하고 있다고 할 수 있다.

3.3.9.1 신호의 측정

- 라인 드라이버(Line Driver)와 리시버(Receiver)는 양단에 "표준 ECL"이 사용이 가능하게 하기위하여 ECL의 양립성(Compatible)으로 하지 아니하면 되지 아니한다고 할 수 있는데, 여기서 말 하고 있는 "표준 ECL"이라고 하는 것은 ECL 록(Lock)의 1,000시리즈를 의미한다고 할 수 있다.
- 그림 3.35에 있어서 비트1(HIGH, H, ON)으로 하였을 경우 송신부의 데이터단자는 리턴 단자보다도 정 전위(+)로 한다.
- 각 데이터의 페어라인은 데이터 0으로부터 데이터9까지 명칭을 붙이게 되어있는데, 여기에서 데이터 9라인의 경우에는 MSB라인을 통하여 전송이 된다고 할 수 있다.

3.3.9.2 인터페이스 전기 특성

4:2:2의 인터페이스 전기 특성을 표 3.14에서 표시하고 있고, 그림 3.57에서는 송신 출력에 있어서 클럭과 데이터 사이에 타이밍관계를 표시하고 있다.

3.3.10 컴포넌트 디지털과 그 외의 샘플링 포맷

CCIR권고의 601 (현재는 ITU-R BT601)에서는 4:2:2 이외에 몇 종류가 컴포넌트 디지털 포맷으로 규정되어있다고 할 수 있는데, 여기에서는 그중에서 몇 가지를 간단하게 설명하고자 한다.

3.3.10.1 4/3 아스펙트 레이티오 패밀리(4:3 Aspect Ratio Family)

그림 3.58에서는 525/60방식의 4:1:1포맷의 직교각자 샘플링구조의 상세를 표시하고 있는데, 휘도의 샘플링주파수가 색도에 비하여 4배가 크게 선택 되어있기 때문에 휘도의 샘플링수는 (액티브 라인으로 720샘플)은 2개의 색도 샘플(액티브라인 당 각 180샘플)의 4배가 되고 있다고 할 수 있다.

그림 3.59에서는 525/60방식의 4:4:4포맷의 직교격자 샘플링 구조의 상세를 표시하고 있는데, 이러한 포맷에서는 등대역의 휘도는 물론, 색차 신호의 샘플링에도 사용을 하는 동시에 G, B, R신호의 샘플링에도 사용되고 있다고 할 수 있고, 이러한 포맷은 3개의 아날로그 컴포넌트 신호의 샘플링 주파수가 같기 때문에 액티브 라인 당 배정되어있는 샘플도 같다고 할 수 있다.

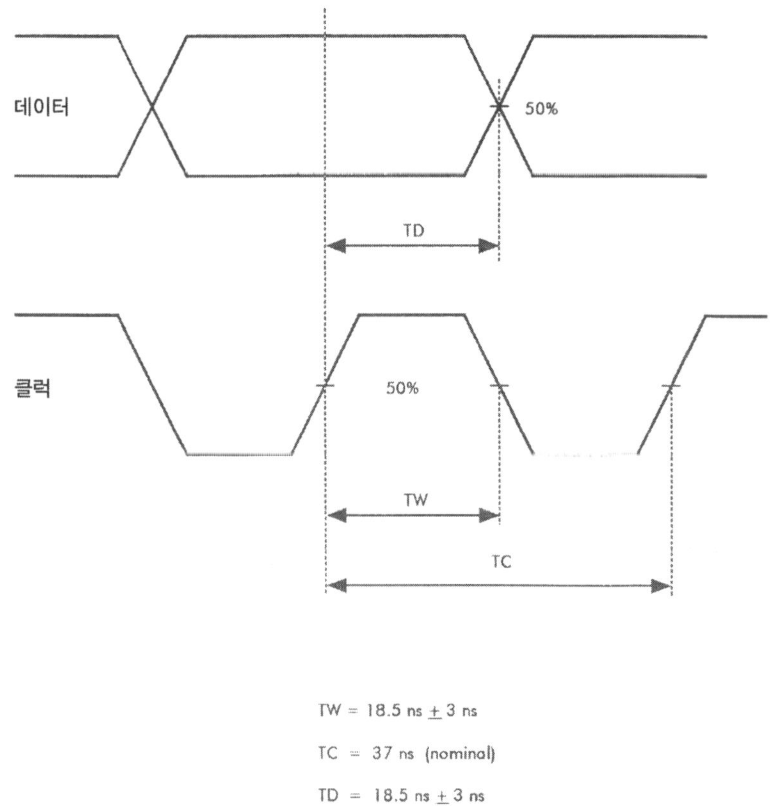

그림 3.57 송신부 출력에 있어서 4:2:2클럭과 데이터와의 관계

또한 4:2:2의 샘플링구조는 프로그램 제작 스튜디오에서는 양호한 크로마키 기능을 위하여는 최적의 조건이라 할 수 있기 때문에 오늘날까지 장시간에 걸쳐서 호평을 받았다고 할 수 있다. 그러나 현재에도 일부 하이앤드 포스트 프로덕션의 복잡한 프로세스에서는 4:4:4의 포맷을 종종 사용하고 있는 경우도 있지만 대부분이 텔레비전 프로덕션에서는 변함없이 4:2:2포맷의 기기가 사용되고 있다고 할 수 있다.

또한 화상 프로세스 기술은 연차적으로 개선되어져서 지금에 와서는 4:1:1의 샘플링에 있어서도 허용이 가능할 정도로 양호한 크로마키가 가능하게 되었다고 할 수 있는데, 뉴스나 간단한 프로그램을 제작할 때 사용하는 포스트 프로덕션과 같이 모든 프로세스가 디지털입출력 인터페이스로 접속이 되어져있어 아날로그 신호를 디지털 신호로 컨버터하고(A/D Converter), 반대로 디지털 신호를 아날로그 신호로 컨버터(D/A Converter)를 하여도 화질 열화가 거의 없기 때문에, 크로마키이나 기타 특수효과를 반복하여 시행하지 아니하는 경우에는 4:1:1포맷 기기라도 양호한 화질을 얻는 것이 가능하다고 할 수 있다.

3.3.10.2 16/9 아스펙트 레이쇼 패밀리(16:9 Aspect Ratio Family)

현재 HDTV에서 주로 시행을 하고 있는 16:9 화각비(Aspect Ratio)의 고해상도 텔레비전 (High Definition Television : HDTV)의 프로그램 제작, 전송 ,송출 규격 등의 채용을 하고 있는데, 이러한 방송 상황에 대처하기 위하여 기존의 525/ 60의 표준 텔레비전 프로그램소재를 16:9의 화각비(Aspect Ratio)로 제작하는 경향도 있다고 할 수 있다.

이러한 제작 환경에 맞추어서 2가지의 접근 방식이 있다고 할 수 있는데, 그를 소개 하고자 한다.

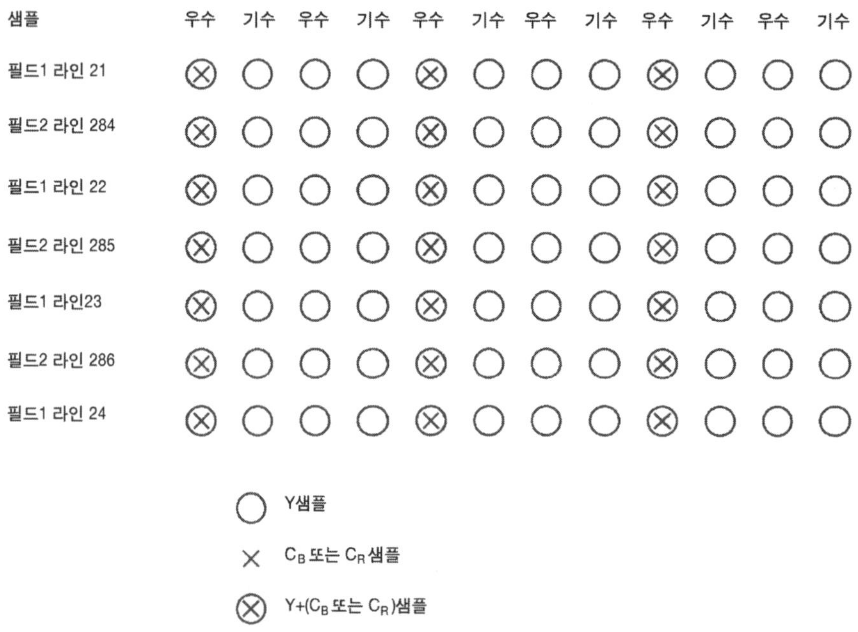

그림 3.58 525/60방식에 있어서 라인 필드에서 반복되는 같은 위치의 Y, C_B, C_R샘플과 독립한 Y샘플과의 4:1:1직교격자 샘플링 구조의 상세

첫 번째로 4:2:2포맷을 5.333:2.665:2.665포맷으로 변경하는 방법은 16:9 화각비(Aspect Ratio)에 있어서도 4/3 화각비(Aspect Ratio)의 4:2:2의 포맷으로도 같은 수평 해상도를 향상시키는 것을 목적으로 하고 있다고 할 수 있다. 이 때문에 4:2:2의 샘플링 주파수를 화각비(Aspect Ratio)의 증대에 비례하여 높게 하지 아니 하면 되지 아니한다고 할 수 있는데, 그 때문에 휘도 Y신호는 18MHz (3.375MHz의 5.333배)로 샘플링을 하여서 한 개 액티브 라인에 할당된 960샘플을 얻을 필요가 있다고 할 수 있고, 색차신호에 있어서는 9MHz(3.75MHz의 2.665배)로 샘프링을 하여 액티브 라인당 480샘플이 되게 하고 있다고 할 수 있다.

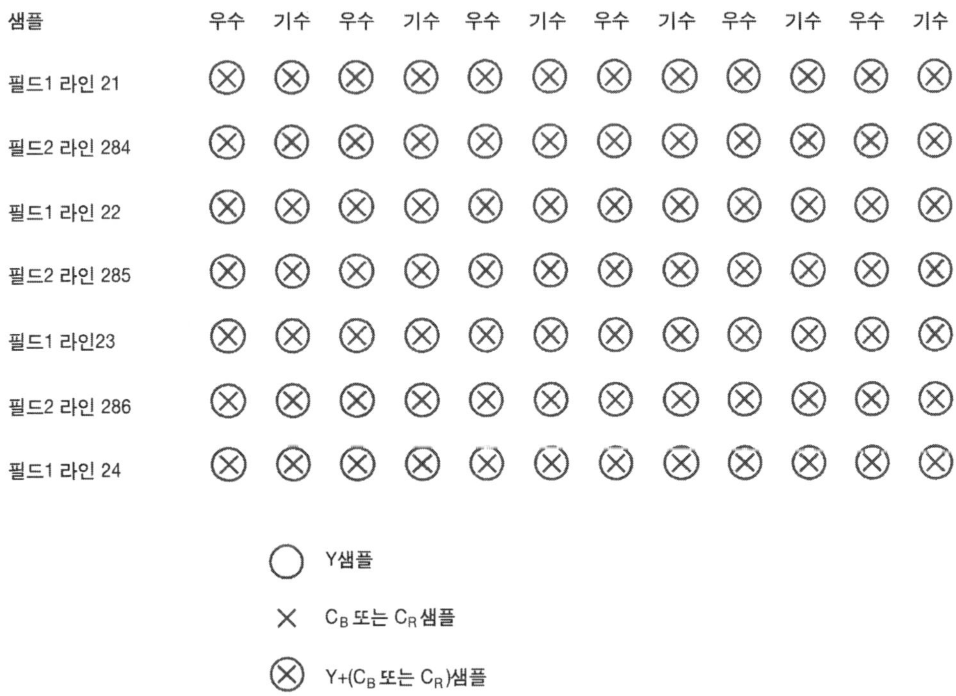

그림 3.59 525/60방식에 있어서 라인 필드에서 반복되는 같은 위치의 Y, C_B, C_R샘플과 독립한 Y샘플과의 4:4:4직교격자 샘플링 구조의 상세.

현재(1996년)에는 몇 종류의 루팅 스위처(Routing Switcher), 분배기, VTR을 제외하고는 이 규격에 의한 기기는 이미 개발되어 상용화가 되었다고 할 수 있는데, 이경우의 비트 파라렐 시분할 다중데이터 레이트는 36M 워드/초가 된다고 할 수 있다.

두 번째로 4:2:2포맷에 의한 16/9 화각비(Aspect Ratio)의 접근에 대해서 알아보면 4:2:2포맷에 있어서는 샘플링 레이트로서 4/3의 샘플링이 규격을 가지고 있다고 할 수 있는데, 그러하기 때문에 한 개의 액티브 라인당 할당되어있는 샘플의 수는 4/3의 화각비(Aspect Ratio)를 가지고 있는 것과 같아서, 폭이 넓혀신 부분에서의 수평해상도는 저하한다고 할 수 있기 때문에 카메라와 영상 모니터에서는 이러한 화각비(Aspect Ratio)에 대응하기위하여 재설계를 하지 아니하면 되지 아니한다고 할 수 있다.

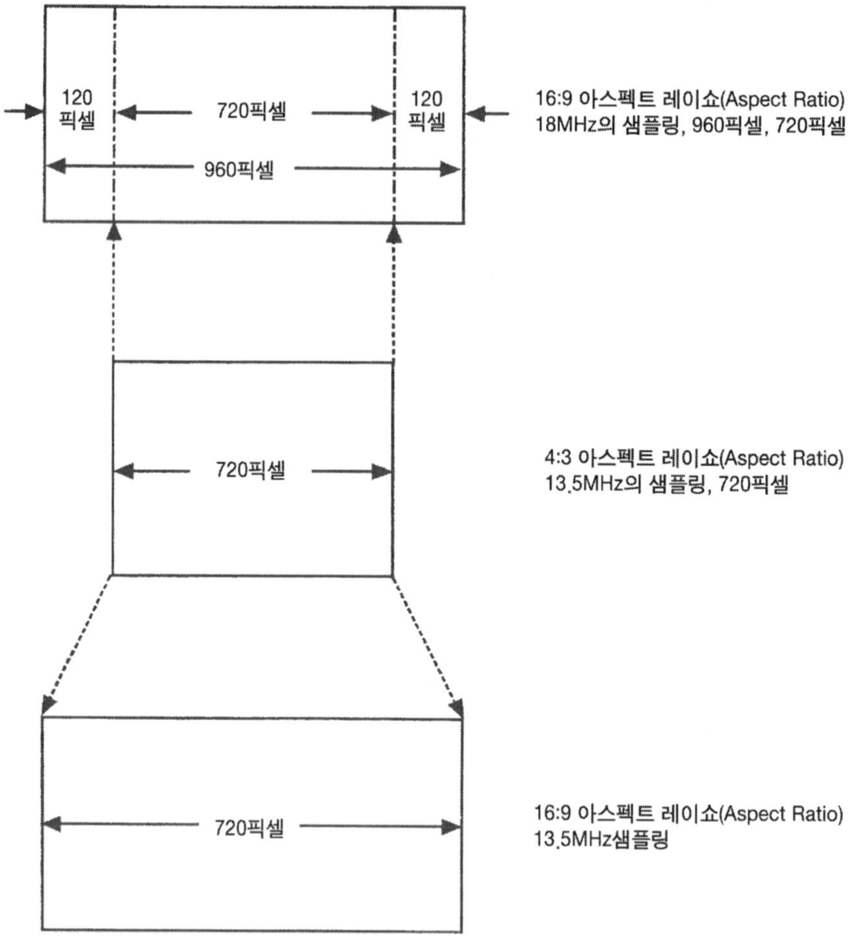

그림 3.60 16:9 아스펙트 레이쇼(Aspect Ratio)와 4:2:2 4/3 포맷과 액티브 라인당 샘플 수에 의한 그래픽에 의한 비교

또한 4/3아스펙트용(Aspect)의 영상 효과기기 (와이퍼, DVE 등)는 16/9의 4:2:2의 신호를 처리하면 폭이 넓어진 만큼 묘한 형의 효과가 나타난다고 할 수 있는데, 이러한 형태의 변형에 있어서는 문자의 경우와도 같다고 할 수 있다. 그밖에 4:2:2의 포맷 전송 기기나 기록기기는 이 16:9 화각비(Aspact Ratio) 신호를 문제없이 처리하는 것이 가능하다 할 수 있는데, 비트 파라렐 데이터 레이트는 27M워드/초라고 할 수 있다.

3.3.10.3 4:2:0 샘플링 구조

각종 MPEG비트 레이트 압축 포맷(MPEG-2@ML)등의 특수한 아프리게이션에서는 4:2:0포맷이라고 불리 우는 특수한 샘플링 구조를 사용하고 있는데, 이러한 샘플링 포맷에 대한 고려는 색차신호의 샘플수를 휘도 신호의 반으로 하는 것에 의하여 수평해상도를 휘도신호에 1/2로 감소하게 하여 매칭 하는 것과 같이, 색차신호의 수직해상도를 1/2감소하게 하는 (수직 샘플링을 낮추는 것에 의하여 맞춤)것에 의하여 색차 정보 신호를 적게 하는 것이라고 할 수 있다.

그림 3.61에서는 525/60방식에 있어서의 4:2:2의 샘플링 데이터로부터 휘도 샘플과 같은 위치에 C_B/C_R샘플로부터 수직으로 서브 샘플링(Subsampling)을 시행하고 있는 4:2:0의 샘플링 구조의 상세를 표시하고 있는데, 이러한 서브 샘플 데이터에서는 2개의 필드로부터 4개 라인의 각 색차 샘플 데이터로부터 보간(Intcrpolation) 처리에 의하여 얻어 진다고 할 수 있고, 이렇게 보간처리에 의하여 산출되어진 2개의 색차 데이터 샘플은 휘도의 샘플과 수직방향으로 나열되어있어 그 위치는 2개가 이웃에 나란히 위치하는 비월주사 스캐닝(Interlace Scanning) 라인의 하나라고 할 수 있다.

이러한 데이터의 보간식은 다음과 같다고 할 수 있다.

$$E = \frac{1A+3B+3C+1D}{8}$$

여기에서 A, B, C, D는 2개의 필드로부터 상하의 4개 라인의 샘플의 데이터치를 말하고 있고, E=산출 결과에 대한 보간 샘플수를 말하고 있다.

역주 여기에서 말하고 있는 4:2:0이라는 것은 아날로그 텔레비전의 장에서 SECAM방식의 색차신호의 라인 시퀀셜 전송 프로세스와는 전혀 다르다고 할 수 있는데, MPEG으로 하기위해 라인을 반감 시키는 방법이라고 할 수 있고, 보간은 필드 지연되어진 전 필드1라인으로부터 데이터와 현재의 필드2의 라인으로부터 데이터를 사용하여 상의 수직 보간의 계산에 있어서는 C_B, C_R의 양 데이터에 대하여 같은 방법에 의하여 시행 하고 있다고 할 수 있다. 그림에서 (A), (B), (C), (D)로부터 연산한 색차 보간 데이터 위치는 꼭 4라인의 중앙에 (E)에 ×마크를 한 장소라고 할 수 있다.

다음의 ×마크를 한 데이터는 (C), (D) 와 그 아래의 2라인의 색차 샘플을 연산 한 것이라고 할 수 있는데, 보간에서 얻어진 같은 위치의 C_B의 색차 데이터와 C_R의 색차 데이터는 압축을 하기위하여 8×8 블록의 각 샘플 데이터로서 휘도 샘플과는 별개로 압축 처리를 하고 있으므로, Y와 C_B, C_R의 화소위치는 일치하지 아니하더라도 상관이 없다고 할 수 있다. 또한 휘도 샘플의 위치와 보간에 의한 색차 샘플의 위치와의 차는 디코더에 의해 압축데이터가 신장 되어져 원래의 디지털 영상 데이터로 되돌아 왔을 때에 재차 역 보간 처리로 대응하는 것에 의하여 휘도 데이터 위치에 상당하는색차 데이터를 구하고 있다고 할 수 있다.

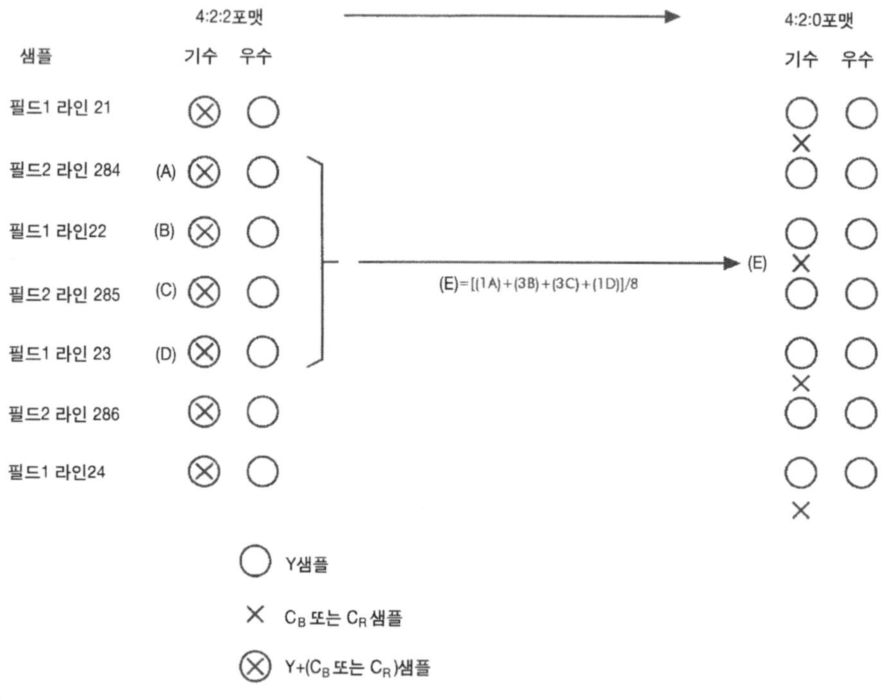

그림 3.61 525/60방식에 있어서 수직간 처리에 의한 4:2:0 샘플링 구조의 상세. 4:2:2 샘플링 구조의 라인 필드 사이의 Y와 같은 위치에 있는 C_B, C_R샘플의 4라인 수직 보간 처리에 의하여 생성이 된다.

3.3.11 화질 관련의 파라미터와 그의 측정

컴포넌트 아날로그 입출력의 4:2:2컴포넌트 디지털 블랙박스의 화질 열화는 제2장에서 설명을 하고 있는 컴포넌트 아날로그 열화의 분류와 같은 특성을 가지고 있다고 할 수 있는데, 측정 기기와 측정 방법에 있어서는 컴포넌트 아날로그 기기의 경우와 같다고 할 수 있고, 이러한 화질 관련 파라미터의 측정 개요에 대해서는 2장을 참조하기 바란다.

그림 3.62에서는 4:2:2 디지털 블랙박스를 단순화한 계통도라고 할 수 있는데, 4:1:1이나 4:4:4의 디지털 블랙박스도 그림 3.62의 계통도와 거의 같은 것으로 되어있으나, 대역 제한 필터와 샘플링 주파수가 다르다고 할 수 있다.

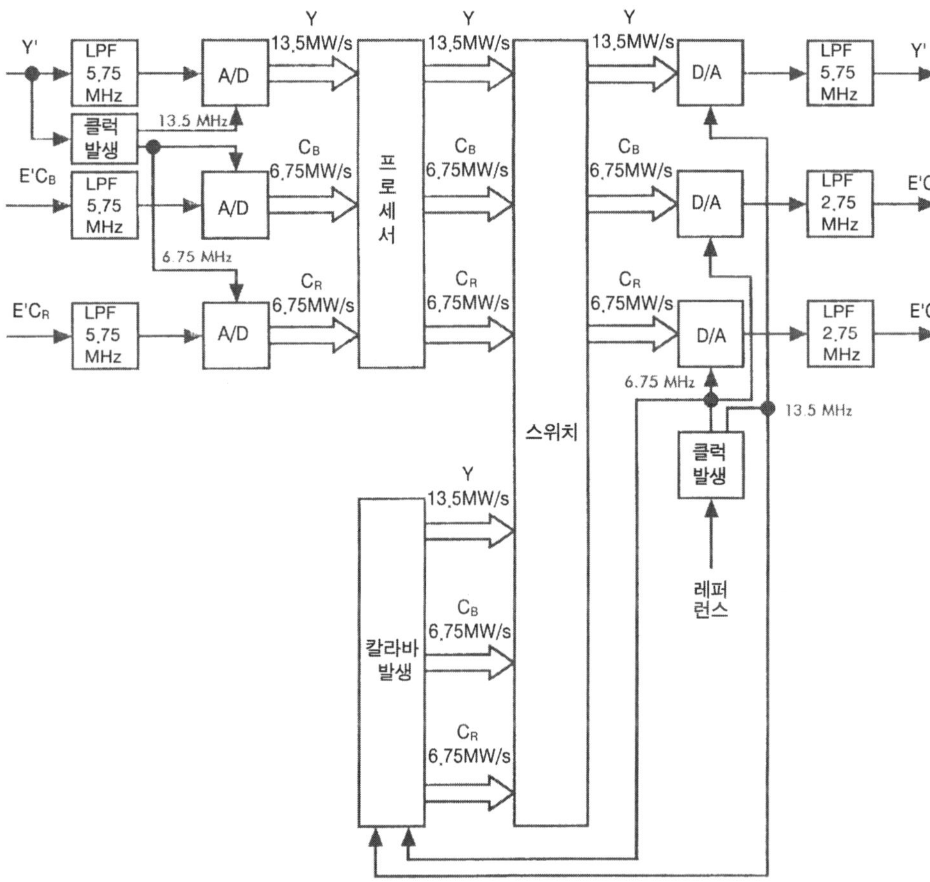

그림 3.62 4:2:2디지털 블랙박스의 단순화한 계통도

이러한 블랙박스는 입출력 이득은 1이라고 할 수 있는데, 이러한 것에 대한 확인은 내부 발생 기준 컬러바의 출력을 3개의 내장 디지털/아날로그 컨버터에 입력하여 그 아날로그 출력레벨을 체크하면 알 수가 있다고 할 수 있고, 필요하다면 디지털 아날로그 컨버터의 게인(Gain)을 조정하는 것에 의하여 확인 교정도 가능하다고 할 수 있다.

또한 외부의 아날로그 기준 컬러바를 기기에 입력하여 아날로그 출력이 입력과 같다는 것을 확인하기위하여 필요하다면 아날로그/디지털 컨버터 전에 이득을 조정하는 것에 의하여 확인하고 교정을 하는 것이 가능하다고 할 수 있다.

그리고 직선 왜를 측정하기 위하여 시험 신호, 특히 주파수 특성은 Y 또는 C_B, C_R채널의 대역 특성에 따라서 제한되어진다고 할 수 있다고 할 수 있는데, 주파수 특성에 있어서는 컴포넌트 디지털 블랙박스의 수평 해상도에 직접 영향을 주는 것으로 되어있기 때문에 샘플링 주파수와 액티브라인의 샘플수와 수평해상도의 관계에 있어서는 서로 오산을 일으키는 경우도 많이 있다고 할 수 있다.

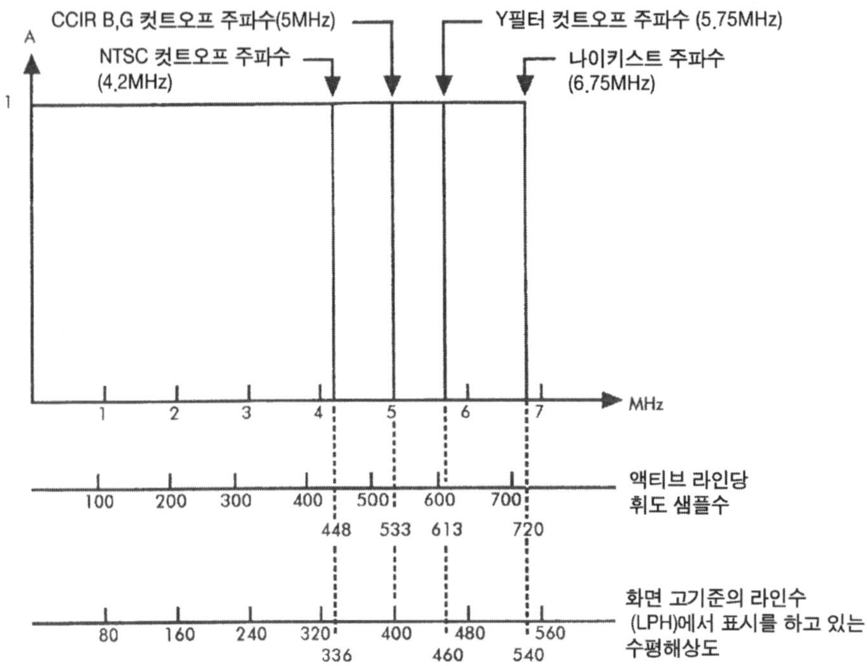

그림 3.63 이상적인 휘도 대역과 그 결과의 액티브 라인당 샘플수와 수평해상도와의 관계

제1장에서 설명을 하고 있는 것과 같이 텔레비전의 해상도는 화상이 높은 곳의 라인수(Line Per Picture Height : LPH)로 표현이 가능하다고 할 수 있는데, 수직해상도를 잘 변형시키면 식별이 가능한 수직 화소 수(픽셀 수)는 1프레임에 상당하는 액티브 라인수에 Kell Factor(여러 가지 의론이 있으나 0.7로 하여 놓고.)를 곱한 것으로 하고 있다. 즉 525/60방식의 수직 해상도에 대하여 이야기를 하면 485 × 0.7 = 339LPH(또는 수직 픽셀)가 된다는 것이고, 625/50방식의 수직 해상도에 대하여 이야기를 하면 575 × 0.7 = 402LPH(또는 수직 픽셀)이라고 할 수 있으며, 수직해상도와 수평 해상도가 같은 경우에 화면 당에 배당되어있는 픽셀 수는 수직픽셀 수에 아스펙트 레이트(Aspect Rate)를(4/3)을 곱한 것으로 하고 있다. 따라서 526/60방식에 있어서는 이치는 339 × (4/3)이 되어 452수평픽셀/화면폭이 된다고 할 수 있고, 625/50방식에 있어서는 402 × (4/3)=536수평픽셀/화면폭이 된다고 할 수 있다.

이러한 수평해상도 또는 화면폭에 상당하는 픽셀수는 전송 대역폭에 의존한다고 할 수 있는데, 전송 규격에서는 우리나라에서 채용을 하고 있는 525/60방식에 있어서는 전송 대역폭은 4.2MHz로 되어있고, 유럽의 많은 나라에서 채용을 하고 있는 625/50방식(CCIR B,G)에 있어서는 5MHz로 대역폭을 제한하고 있어, 이러한 대역폭 제한에 의하여 양 스캐닝 방식 모두 약간의 수평 해상도가 부족하다고 할 수 있다. 그림 3.63에서는 휘도신호의 대표적인 4종류의 대역제한 필터의 이상적인 특성과 1액티브라인에 상당하는 샘플수와 LPH에 의한 수평 해상도의 관계를 표시하고 있는데, 그림에서 표시한 데이터의 치는 525/60과 625/50양방향에 대하여 그 대역 MHz에 해당하는 수평해상도 80라인이라고 하는 가정적인 수치를 사용한 계산이라고 할 수 있다.

만약 에일리어스(Alias) 방지 필터나 디지털/아날로그 컨버터 보간 필터를 무시한다면 4:2:2컴포넌트 디지털 블랭크 박스는 13.5MHz의 나이키스트 주파수라고 할 수 있는 6.75MHz대의 대역을 가진 영상의 신호를 생성하는 것이 가능하여 유효라인당 720샘플 즉 540LPH의 수평해상도가 된다고 할 수 있다.

실제의 에일리어스(Alias)와 비트 현상을 방지하기 위해서는 커트 오프 주파수 5.75MHz의 전치, 후치의 필터가 사용된다고 할 수 있는데, 5.75MHz대역의 이상적인 필터에서는 유효라인 당 613픽셀이고, 수평해상도 460LPH가 된 다고 할 수 있다.

이를 비교를 하기위하여 표시를 하면 이상적인 5MHz의 필터(CCIR B,G)에서는 533의 수평 픽셀과 400LPH로 해상도를 나타낼 수가 있다고 할 수 있는데, 같은 4.2MHz의 이상적인 NTSC필터에서는 448개의 수평픽셀과 336의 LPH로 표현이 가능하다는 것으로서, 실제로 로패스 필터(Low Pass Filter)에서는 유효라인에 배당되어있는 샘플수와 수평 해상도는 감소하는 것으로 되어있다고 할 수 있다. 그림 3.15에서는 이상적인 필터에 의한 설계치를 표시하고 있다.

컴포넌트 디지털 블랙박스의 시험을 위하여 몇 개의 아날로그 컴포넌트의 시험 신호가 개발 되어있다고 할 수 있는데, 그 중에서 재미있는 것은 리미트 램프(Limit Ramp)라는 시험 신호라는 측정신호 패턴으로서, 그림 3.64에서는 휘도성분의 리미트 램프신호를 나타내고 있다고 할 수 있고, 그림 3.65에서는 색차 리미트 램프시험 신호의 파형을 표시하고 있다고 할 수 있다.

표 3.15 이상적인 로패스 필터의 수평해상도와 1액티브 라인당 픽셀수와의 계산치

대역(MHz)	4.2	5	5.75	6.75
수평해상도(LPH)	336	400	460	540
액티브 라인당 픽셀수	448	533	613	720

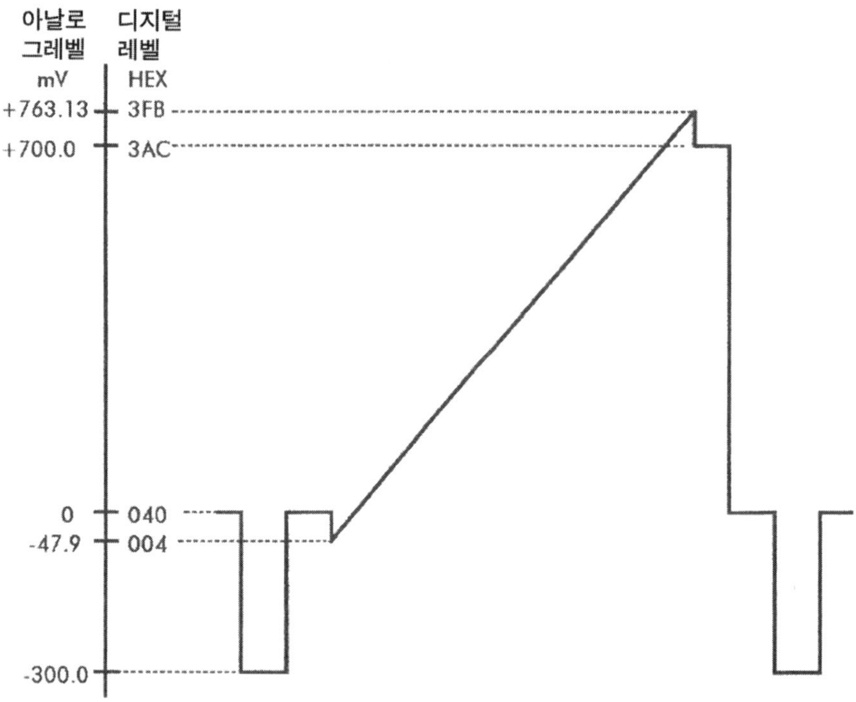

그림 3.64 휘도 리미트 램프(Limit Ramp)신호

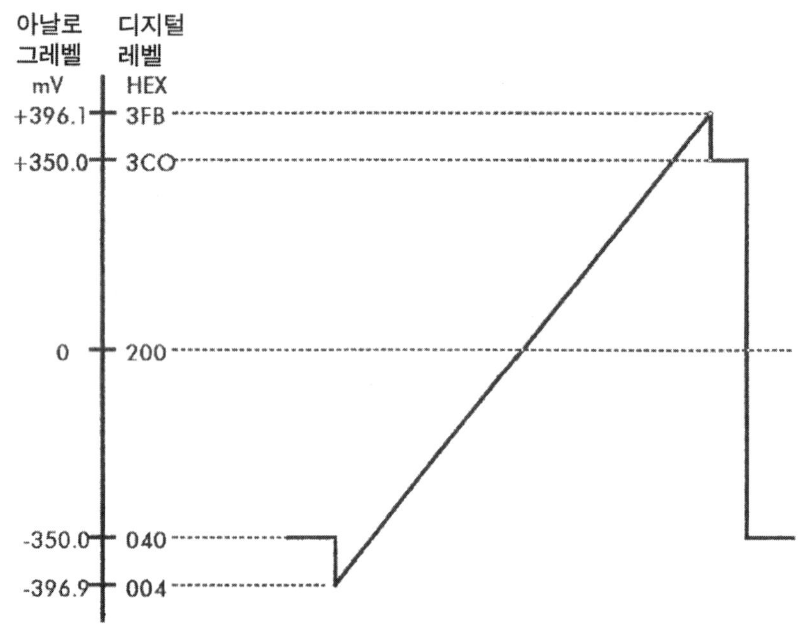

그림 3.65 색도 리미트 램프(Limit Ramp)신호

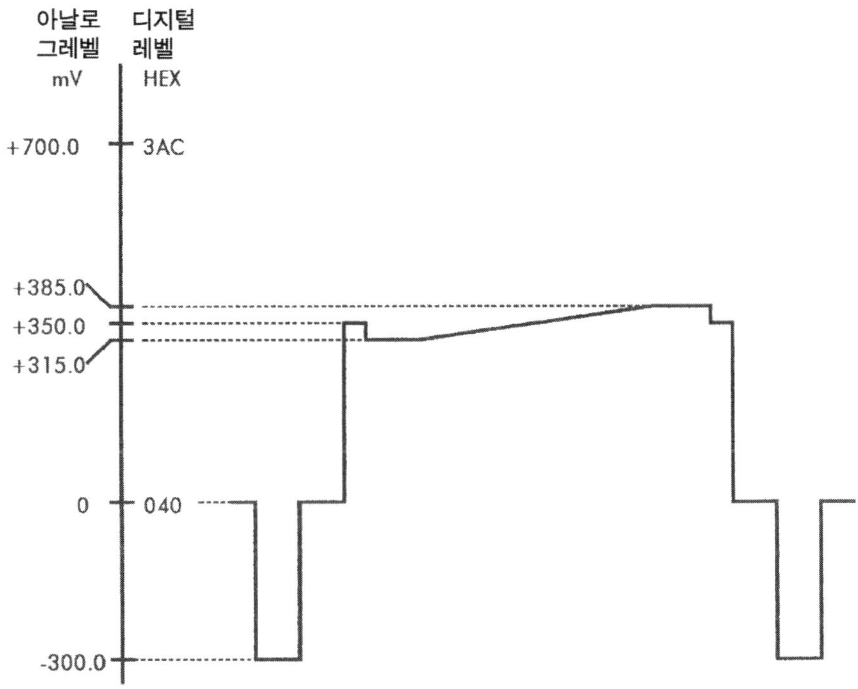

그림 3.66 휘도 쉘로우 램프(Shallow Ramp) 시험신호

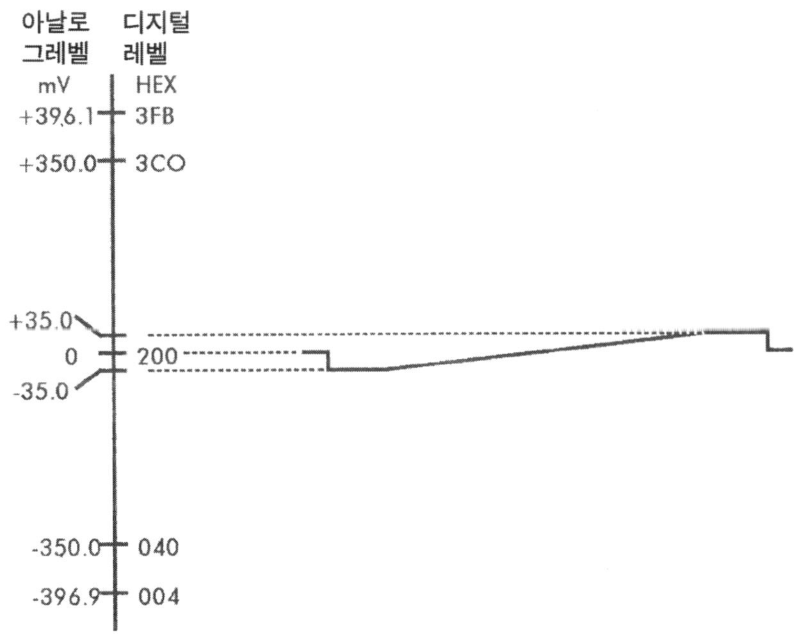

그림 3.67 색도 쉘로우 램프(Shallow Ramp) 시험신호

이러한 신호는 피크와 피크 사이에 진폭이 1016디지털 레벨으로 표시를 할 수가 있고, 16진수에서는 004로부터 3FB로 대응하는 것이 가능한 레벨로 되어 있다고 할 수 있다.

이러한 신호는 디지털 블랙박스의 양자화 범위를 결정하는 것과 동시에 규격에 맞추어져 이는가를 확인하기위하여 사용되어 지기도 하는데, 그러한 사용용도에 더해서 영상 교환에 의한 직선성을 측정하는데 있어서도 사용이 가능하다고 할 수 있다.

또 한 가지의 특징이라고 할 수 있는 컴포넌트 아날로그 시험신호는 쉘로우 램프 (Shallow Ramp)신호라고 할 수 있는데, 이러한 신호는 블랙박스의 S/Q_{RAM} 측정하기 위하여 사용하고 있다고 할 수 있다. 그림 3.66에서 표시를 하고 있는 것은 휘도 성분의 쉘로우 램프 신호의 파형을 표시하고 있다고 할 수 있는데, 이 램프 신호의 p-p진폭치는 700㎷로 350㎷의 기준 페데스탈 레벨에 중첩되어져 있다고 할 수 있고, 이러한 페데스탈 레벨은 0으로부터 700㎷까지 변화하는 것이 가능하여 양자화 범위 모든 것에 대하여 그의 직진성이나 S/Q_{RMS}를 상세하게 조사하는 것이 가능하다는 것이다.

색차 신호의 쉘로우 램프 신호를 그림 3.67에서는 표시를 하고 있는데, 이러한 신호는 p-p70㎷의 램프 신호로서 기준레벨 0㎷의 페데스탈에 중첩 하고 있다고 할 수 있고, 이러한 페데스탈 레벨은 -350㎷로부터 +350㎷까지 변형이 가능하여 양자화 범위 모두에 대하여 그의 직진성이나 S/Q_{RMS}을 상세하게 조사하는 것이 가능하다고 할 수 있다.

제4장 청각의 기초

음이란 공기와 같이 탄성이 있는 모체(Elastic Medium) 가운데에서 압력 분자의 변위나 분자의 속도에 의한 진동 변화이라고 정의 할 수 있는데, 따라서 음이라는 것은 그러한 진동에 의하여 귀에 음성 신호가 들어가서 망막을 진동 시키는 것에 의하여 생성 하는 감각이라고 할 수 있고, 이러한 음에는 바람직한 음(음악이나 스피치)과 그리고 바람직하지 않은 음(잡음) 등이 있다고 할 수 있다.

우리가 귀로 들을 수가 있는 진동은 대게 20Hz로부터 20kHz까지의 범위라고 하고 있으나, 이러한 주파수 범위 내에서 양극한계의 주파수를 들을 수 있는 사람은 거의 없다고 할 수 있다.

4.1 음압 레벨(Sound Pressure Level)

음압이라는 것은 평방 세티미터(㎠ : Square Centimeter)에 받는 음의 압력을 다인(Dyne)이라고 하는 단위(D/㎠)로 표시하거나 또는 마이크로바(Microbar), 평방미터당 뉴우톤(Newtons)(N/㎡)이라는 단위로 표시가 되어 진다고 할 수 있는데, 그러한 측정 단위에 대해서는 다음과 같이 표시할 수 있다.

$$1\text{d/cm}^2 = 1\ \text{Microbar} = 0.1\ \text{N/m}^2$$

음 압 레벨 (Sound Pressure Level : SPL)측정에 있어서 기준 레벨은 0.0002d/㎠으로서, 이러한 치는 30세 이상의 평균적인 인간이 1kHz의 음을 듣는 것이 가능한 최저의 레벨 (Threshold Level)이라고 할 수 있다.

이러한 음의 SPL이라는 것은 이러한 기준 음압으로부터 어느 정도인가를 표시하는 형식의 데시벨 치로 표시를 하는 것이 가능하다고 할 수 있는데, 아래와 같은 식에 의하여 구하여 진다고 할 수 있다.

$$\text{SPL(dB)} = 20\ \log_{10}\left(\frac{P}{P_{REF}}\right)$$

여기에서 SPL(dB) = 데시벨치

P = 측정 되어진 음압, d/㎠

P_{REF} = 0.002d/㎠

그림 4.1에서는 실제의 현장에 있어서 음압의 레벨을 표시한 것이라고 할 수 있는데, 음압의 레벨의 표시는 d/㎠치 또는 최저 청음 기준 음압으로부터 데시벨 치로 표현 한 것이라고 할 수 있다.

방송용 스튜디오 환경에 있어서는 3가지의 대표적인 SPL이 이 있다고 할 수 있는데, 그러한 것에는 다음과 같다고 할 수 있다.

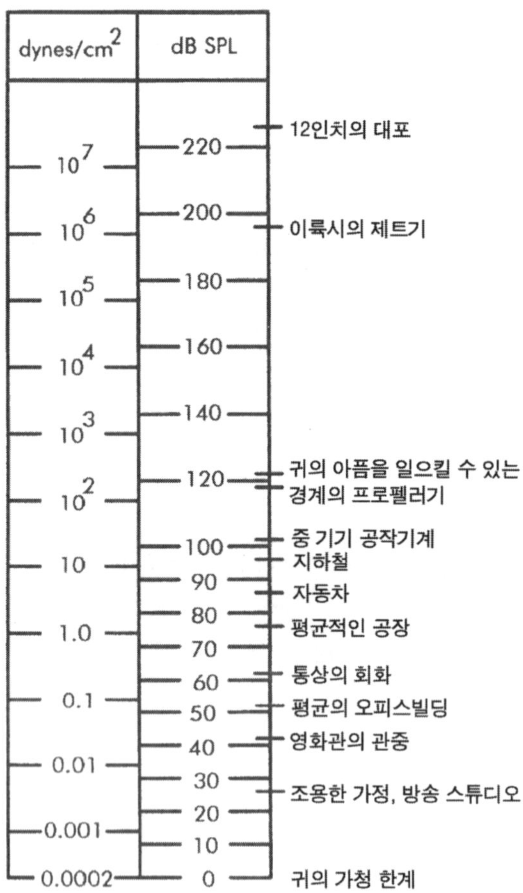

그림 4.1 실제의 장에서 음압 레벨에

1. 120dB SPL : 이러한 치는 심포니 오케스트라의 대표적인 피크 SPL이라고 할 수 있다.

2. 74㏈ SPL : 이러한 치는 대표적인 토크프로그램의 평균 SPL로서 마이크로폰 메이커에서 기준 레벨로 사용하고 있다고 할 수 있다.
3. 30㏈ SPL : 이치는 대표적인 환경 잡음에 있어서 SPL이라고 할 수 있다.

4.2 라우드네스(Loudness)와 라우드네스 레벨(Loudness Level)

음에 있어서 라우드네스(Loudness)이라는 것은 음을 주관적인 표현으로하는 용어이라고 할 수 있는데, 이러한 것에 대한 표현은 음의 감각에 대한 속성으로서 음을 소프트(Soft)로부터 라우드(Loud)까지 어떠한 감각 상의 스케일에 의하여 그 강하기의 정도를 표시하는가에 달려 있다고 할 수 있다. 이러한 라우드네스의 단위는 "Sone"이라는 단위로 표시를 하고 있는데, 이러한 것에 대한 정도는 라우드네스의 음압과 그 주파수로 결성되어 진다고 할 수 있다.

또한 일정한 음의 라우드네스 "Sone"를 단위로 한 계산치와 폰(Phone)으로 표시한 라우드네스 레벨의 관계는 다음과 같은 식으로 표시가 가능하다고 할 수 있다.

$$n_s = 2^{(L-40)/10}$$

이식에서 n_s이라고 하는 것은 음에 있어서 라우드네스를 나타내고 있고, L은 폰(Phon)을 단위로 하는 라우드네스의 레벨이라고 할 수 있다.

또한 "Sone"는 이러한 것에 의하여 40폰의 라우드네스 레벨을 가진 음의 라우드네스로 정의 되어진다고 할 수 있는데, 라우드네스의 2배의 변화는 라우드네스 레벨의 10폰(Phon)의 변화가 된다고 할 수 있다.

폰(Phon)으로 표시한 음의 라우드네스의 레벨은 1000Hz의 기준 음에서는 0.0002d/㎠의 음압을 기준 레벨로 하여 ㏈로 실현한 미디언 SPL(Median SPL: 1000kHz에 있어서 SPL의 중앙치)과 수학적으로는 같다고 할 수 있는데, 폰으로 표시한 음의 라우드네스 레벨의 계산치와 "Sone"로 표시한 라우드네스의 관계는 다음과 같이 표시하는 것이 가능하다고 할 수 있다.

$$L = 40+10\ \log_2 n_s$$

여기에서 L은 폰으로 표시한 라우드네스 레벨이고, n_s는 "Sone"로 표시한 라우드네스 이라고 할 수 있다.

인간은 귀와 뇌의 상호 영향에 의하여 1000Hz 이외의 주파수에 있어서 귀는 1000Hz일 경우와 같은 라우드네스의 감각을 유지하기 위하여서는 각각 다른 SPL을 필요로 하고 있다고 할 수 있다. 그림 4.2에서는 ISO규격 226에 의한 순음의 경우와 같은 라우드네스를 전하고 있다고 할 수 있는데, 표준의 같은 라우드네스 곡선(Equal Loudness Contour)을 표시하고 있는 이 곡선은 정도에 따라서 다양한 SPL에 의하여 귀의 주파수 특성에 있어서 역곡선으로 되는 것도 가능하게 하고 있다고 할 수 있다.

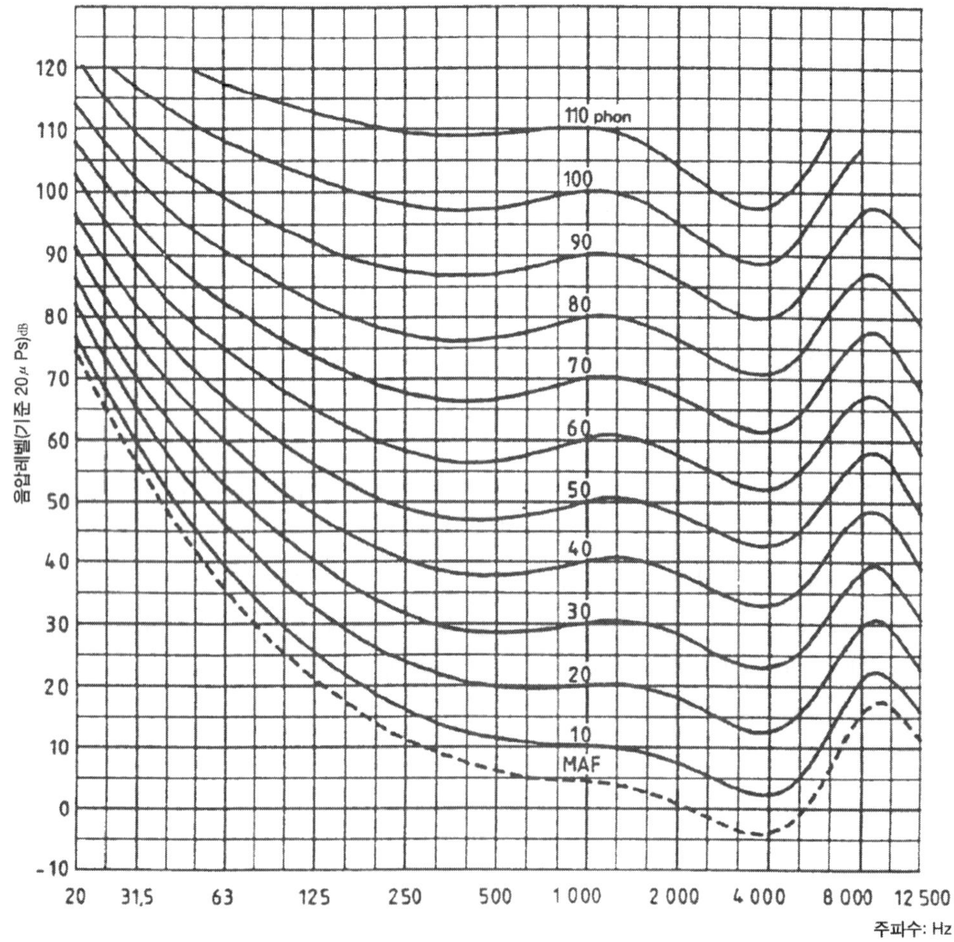

그림 4.2 표준의 라우드네스 〈Normal Equal-Loudness〉곡선 (Iso226:1987)

여기에서 음압 (SPL)이 약 40dB이라고 할 수 있는 약 1000Hz톤에서의 라우드네스 레벨은 40폰(Phon)라고 할 수 있는데, 63Hz로 같은 라우드네스를 얻기 위해서 음압 SPL은 약 20dB상승 되지 아니하면 되지 아니한다고 할 수 있다.

또한 이러한 것은 귀의 감도가 1000Hz이하의 주파수에서는 많이 나빠진다는 것을 표시하고 있다고 할 수 있는데, 같은 라우드네스의 곡선은 각각 다른 SPL 에서는 별개의 형태가 된다고 할 수 있고, 음의 레벨이 상승하면 귀의 주파수 특성이 개선되어진다고 할 수 있으며, SPL이 110㏈이라고 한다면 특성은 ±10㏈이내로서 평탄하게(Flat) 된다고 할 수 있다.

4.3 귀의 다이나믹 레인지 (Dynamic Range)

귀의 다이나믹 레인지라는 것은 우리의 귀가 소리를 인식할 수 있는 최고레벨과 최저레벨의 폭을 나타내는 것이라고 할 수 있는데, 최고 레벨이라는 것은 우리의 귀가 음을 받아 들일 수 있는 최고의 정점에서 귀가 아프다고 느끼는 레벨을 말하고 있다고 할 수 있고, 귀의 최저 레벨은 귀에서 음성을 제대로 인식하는 것이 가능한 가장 낮은 레벨을 말한다고 할 수 있다. 따라서 다이나믹 레인지는 우리가 음을 인식할 수 있는 최고레벨과 최저레벨의 범위로 결정되어진다고 할 수 있는데, 그 대표적인 치는 120㏈라고 할 수 있지만 그 치는 개인적으로 사람마다 약간 차이가 있다고 할 수 있다.

SPL이 약 90㏈의 음압에 상시적으로 있다면 이러한 경우에는 난청을 일으킬 위험이 있다고 할 수 있고, 120㏈ 또는 그 이상의 SPL 경우에는 귀가 아프다고 느낄 수 있어서 장시간 계속 될 경우에는 영구적으로 청각을 잃어버리는 경우가 생길수가 있는데, 너무 적은 경우에는 음을 인식하는 것이 불가능하다고 할 수 있어 0㏈이하의 음은 통상적으로 들리지 아니하여 음을 인식하지 못한다고 할 수 있다.

또 통상적으로 우리의 신체는 30세 이상이 되면 청각은 보통 들리는 최저 레벨과 높은 주파수의 유의 식별이 저하하기 시작한다고 할 수 있고, 이러한 들리는 최저 레벨은 마스킹 효과를 가진 주변의 잡음 레벨에 따라서 변한다고 할 수 있는데, 이러한 노이즈 마스킹은 희망하는 음(Wanted Sound)을 듣는 것이 가능한 최저 레벨(Threshold Level)이라고 할 수 있지만, 바람직하지 아니한 음(Unwanted Sound)이 있는 경우에는 잡음의 존재에 따라서 상승하는 프로세스로 정의 되어 진다고 할 수 있다.

4.4 귀의 스펙트럼 분해 능력

인간의 시청 메커니즘은 크리티컬밴드(Critical Band)라 불리 우는 데, 특성이 초과하는 많은 밴드패스 필터가 배열되어져 있는 것과 같은 다양한 분해 특성을 가지고 있다고 할 수 있고, 이러한 크리티컬 밴드의 존재는 사운드 마스킹 현상에 따라서 설명되어진다고 할 수 있다.

사운드 마스킹은 어떠한 음이 들리는 한계레벨이 다른 마스킹음의 존재에 의하여 상승한다는 것을 정의 한다고 할 수 있는데, 어떤 주파수에서 높은 레벨의 음이 존재하고 있다고 하면 그러한 것도 같은 크리티컬 밴드 대역에 속한다고 할 수 있고, 다른 낮은 레벨의 음은 들리지 아니하게 되어있다고 할 수 있다. 따라서 이러한 음향의 심리 특성은 디지털 음성의 대역 압축 기술에 의하여 응용되어지고 있다고 할 수 있다.

제5장

아날로그 오디오의 기초

5.1 전기적인 신호 레벨의 측정 단위

오디오 신호의 진폭은 연속적인 변화라고 할 수 있고, 이러한 오디오의 진폭은 극단적으로 넓은 오디오의 전압 범위 때문에 통상 적으로 오디오 레벨은 특정의 전력치나 전압치를 기준으로 한 데시벨로 표시를 한다고 할 수 있으며, 현재의 오디오 레벨의 측정은 다음과 같은 3가지 종류의 측정 단위가 사용되고 있다.

5.1.1 dBm단위

dBm이라고 하는 단위는 1mW의 기준치에 대하여 사인파의 Root-Mean-Square(RMS)의 실효 전력치를 데시벨이라는 단위로 표현 하는 것이라고 할 수 있는데, 600Ω의 부하를 사용하여 1mW의 전력을 발생하는 전압(V_{REF})은 0.77459V RMS(통상 0.775V로 되어있음.) 이라고 할 수 있다. 따라서 혹시 부하의 치가 다르다고 하면 이러한 전압치도 다르다고 할 수 있는데, 1mV의 전력을 0dBm이라고 정의 하고 있다고 할 수 있고, 그밖에 다른 오디오 전력 레벨은 아래와 같은 식에 의하여 기준의 0 dBm에 대한 치의표시 dBm으로서 표시를 하는 것이 가능하다고 할 수 있다.

$$N(dB) = 10\ \log_{10}\left(\frac{P}{P_{REF}}\right)$$

여기에서 N(dB) = 데시벨치

P = 측정한 전력 레벨

P_{REF} = 1mW의 기준 전압 레벨

이식에서 전압 또는 전류로 측정한 경우에 다음과 같은 식으로 나타낼 수가 있다.

$$N(dB) = 20\log_{10}\left(\frac{V}{V_{REF}}\right)$$

$$N(dB) = 20\log_{10}\left(\frac{I}{I_{REF}}\right)$$

위의 식에서는 전압이나 전류는 기준 전압(전류)과 같은 임피던스 (600Ω)으로 측정한 것으로 하고 있다.

5.1.2 dBu

오디오 신호레벨을 표현하는 방법의 또 다른 하나는 dB_U이라는 것이 있다고 할 수 있는데, dBU이라는 것은 거의 제로와 같은 신호원의 임피던스와 거의 무한대에 가까운 부하 임피던스를 상정하고 있다고 할 수 있다. 이러한 이상적인 오픈 부하의 경우 신호원은 부하를 향하여 측정이 가능한 정도의 전력을 송출하지 아니하게 부하가 오픈되어 있으므로 신호원 전압은 부하에 영향을 주지 아니한다고 할 수 있다.

이러한 기준 신호에 대한 레벨은 0.775V RMS이라고 할 수 있는데, 실제의 경우에는 dB_U라는 표현이 사용하기 위 하여는 신호원 임피던스는 50Ω이나 그 이하이고, 부하임피던스는 10KΩ이나 그 이상이 필요하다고 할 수 있다.

역주 이러한 dBU와 같은 것으로 입력 임피던스와는 무관계로 0.775V RMS를 기준으로 하는 단위로 dBs라고 불리 우는 경우도 있다.

5.1.3 dBV

오디오 신호 레벨을 표현하는 또 하나의 방법으로는 dBV이라는 것이 있는데, 이러한 것은 오픈 부하의 관점으로 본 것으로 기준 전압 레벨은 1V라고 할 수 있고, 이러한 dBV단위는 마이크로폰 메이커에 의하여 사용이 되고 있다.

5.2 대표적인 신호레벨과 임피던스

스튜디오 프로그램을 제작하기 위한 운용자가 사용가능한 스튜디오용의 음성기기에는 폭 넓은 다양성이 있다고 할 수 있는데, 통상적으로 신호레벨에서는 2가지의 주된 부류가 있다고 할 수 있다.

즉 이러한 2가지의 부류에는 마이크로폰과 같은 로 레벨(Low Level) 기기와 그밖에 음향 기기의 거의 대부분을 차지하고 있다고 할 수 있는 하이레벨 (Hight Level) 기기가 있다고 할 수 있다.

5.2.1 마이크로폰 신호레벨과 임피던스

마이크로폰 감도의 표현에 있어서는 74㏈ 음압 레벨(SPL)의 측정에 있어서는 오픈 부하의 ㎶가 사용되거나 또는 dBV라는 것이 사용되고 있는데, 프로페셔널 품질(Professional Quality)의 마이크로폰의 임피던스는 150Ω으로 표준화 되어져 있다고 할 수 있으나 그 외의 치는 실제상으로는 좀 다르다고 할 수 있다.

이러한 신호원 임피던스 150Ω의 대표적이라고 할 수 있는 무빙코일마이크로폰은 74㏈ SPL의 음압에 대하여 오픈 부하를 사용하여 100㎶(-80dBV)의 전압을 발생한다고 할 수 있는데, 따라서 그 부하의 원인이라고 할 수 있는 마이크로폰 입력 임피던스에서는 마이크로폰의 댐핑(Damping)의 제동을 가하지 아니하기 위함과, S/N비를 악화시키지 아니하기 위하여 1500Ω이거나 그 이상의 치로 하고 있다고 할 수 있다.

그림 5.1에서는 대표적인 마이크로폰 프리앰프의 입력 회로를 표시하고 있다고 할 수 있는데, 이러한 마이크로폰의 신호원은 접지에 대하여 평형으로 되어있어 실드 되어진 평형 케이블을 사용하여 프리앰프에 접속 되어진다고 할 수 있다.

마이크로폰 프리앰프의 입력 임피던스는 무한대는 아니므로 마이크로폰은 이러한 부하에 대하여 적은 전력을 소비한다고 할 수 있는데, 이러한 상태는 무빙 코일 마이크오픈이나 리본 마이크로폰에서는 보통의 상태라고 할 수 있다.

표 5.1에서는 대표적인 무빙 코일 마이크로폰의 신호레벨을 대표적인 3개의 선압 레벨에 대하여 표시한 것이라고 할 수 있는데, 여기 2, 3, 4항목에서는 그 전압을 나타내고 있을 때에 오픈 부하의 신호레벨을 각각 ㎶,dBV, dB_U로 표시하고 있다고 할 수 있고, 5번째 항목의 수치는 마이크로폰 1500Ω으로 부하 접속 되어졌을 경우에 각각 전압에 대한 신호레벨을 ㎶ RMS로 표시하고 있다고 할 수 있다. 또 부하 임피던스가 1500Ω이외라고 하면 5번째 항목의 수치는 다르다고 할 수 있는데, 정전 타입의 마이크로폰 (콘덴서 마이크로폰)은 내부에 프리앰프를 내장하고 있어 보다 높은 출력 신호 레벨을 가지고 있다고 할 수 있다.

그리하여 오디오 콘솔에서는 이러한 상태에 대응을 하기 위하여 입력부의 가변 어테뉴에이터(Attenuators)를 가지고 있다고 할 수 있는데, 이러한 모든 케이스로 마이크로폰 프리앰프의 입력 임피던스는 1500Ω이상이 되게 하고 있다고 할 수 있다.

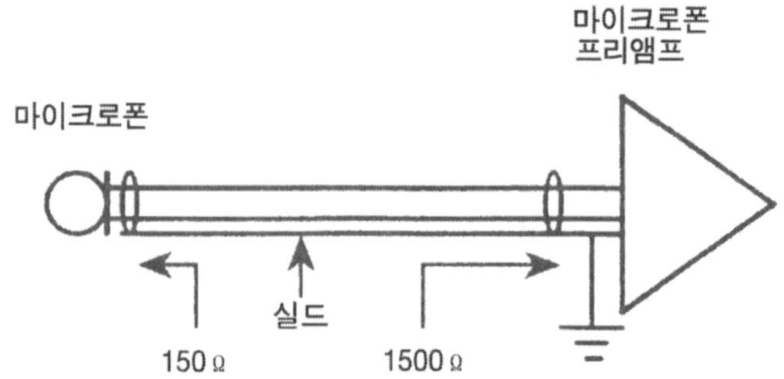

그림 5.1 대표적인 마이크로폰 입력 회로의 계통도

표 5.1 마이크로폰의 신호레벨 오픈 부하의 조건

Open-Load Conditions				
SPL,(dB)	μV	dBV	dBU	1.5KΩ부하,μV
120	20,000.00	-34	-31.8	18,000.00
74	100.00	-80	-77.8	90.9
34	1.00	-120	-117.8	0.909

5.2.2 라인신호 레벨과 임피던스

마이크로폰에서 발생한 오디오 신호 레벨은 라인신호레벨까지 증폭되어져 스튜디오 내, 실내 공간, 공중회선, 위성 회선 등에 전송 되어 진다고 할 수 있다.

5.2.2.1 전력 매칭 방식

1930년대의 북미에서는 스튜디오 센터 내나 공중회선, 음성 송신기의 음성 전송 라인의 임피던스는 600Ω으로 표준화 되었다고 할 수 있는데, 따라서 방송 스튜디오 내의 각종 기기사이에 접속이나 각종 회선 사업자의 접속에 있어서도 이러한 매칭에 대한 고려를 하였다고 할 수 있다. 그림 5.2에서는 대표적인 이러한 시스템의 계통을 표시하고 있는 것으로 이러한 계통에서는 다음과 같은 특징이 있다고 할 수 있다.

- 오디오 신호원〈중계회선, 오디오 레코더, 오디오 분배기, 오디오 믹서기(Audio Mixing Unit)〉 등의 출력 임피던스는 600Ω의 평형 타입으로 접지되어져 있지 아니하다고 할 수 있다.

• 수신부〈중계회선, 오디오 레코더, 오디오 분배기, 오디오 믹서기(Audio Mixing Unit)〉 등의 입력 임피던스는 600Ω의 평형 타입으로 접속 되어져 있지 아니 하다고 할 수 있다.

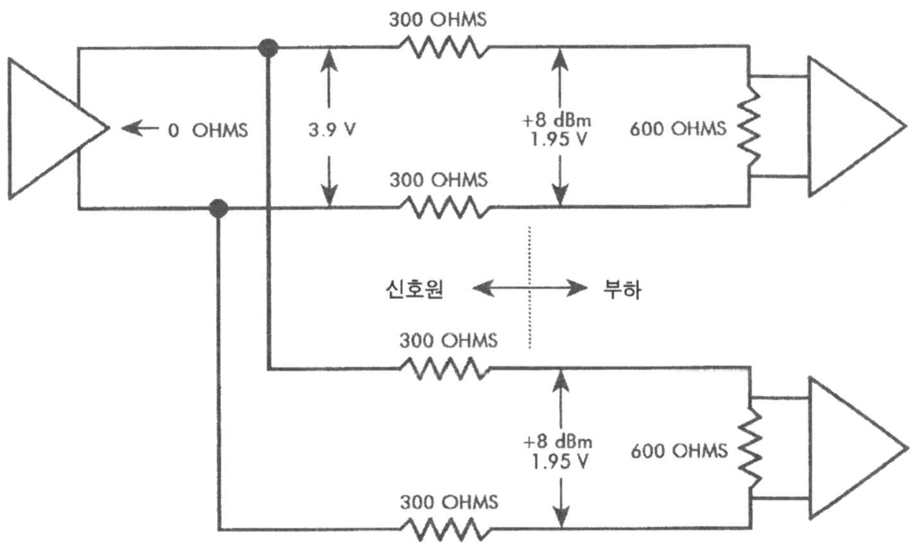

그림 5.2 전력 매칭 회로의 대표적인 계통도

오디오 신호의 레벨은 dBm이라는 것으로 표시 되어진다고 할 수 있는데, 북미에서는 표준 동작 레벨(Standard Operating Level : SOL)로는 +8dBm/600Ω (1.95V RMS)이 선택 되어져 있다고 할 수 있고, 일부 녹음 스튜디오나 몇 개의 사업단체에서는 스튜디오 내에서 +4dBm SOL이 채용이 되었다고 할 수 있다.

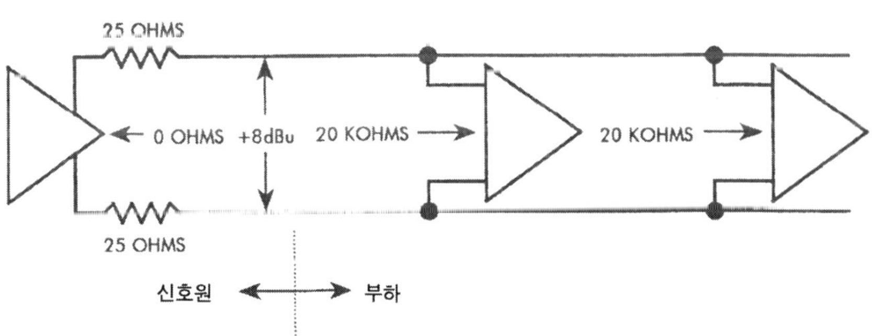

그림 5.3 전압 매칭 회로의 대표적인 계통도

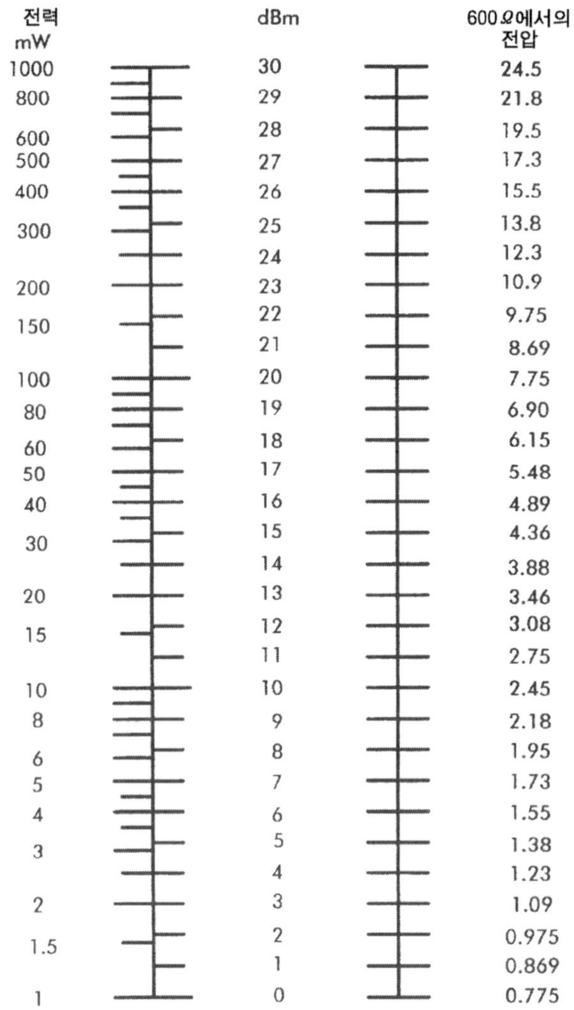

그림 5.4 dBm과 mW에서 표시를 하는 전력 600Ω에서 전압치와의 관계

이러한 SOL은 표준 오디오 신호레벨 미터(Volume Unit, VU Meter)로 측정을 한 프로그램의 피크레벨, 또는 최대의 레벨로 하는 일정의 레벨(Steady-State Maximum Level)을 표시하게 하고 있다고 할 수 있다. 그림 5.4에서는 오디오 신호의 dBm레벨과 그의 600Ω양단의 전압 레벨과 전력 레벨과의 관계를 표시하고 있는데, 많은 구 타입의 시스템에서는 이러한 방식으로 운용을 하고 있다고 할 수 있다.

5.2.2.2 전압 매칭 방식

최근의 스튜디오에서는 전압 매칭 방식을 채용하고 있다고 할 수 있는데, 그림 5.3에서는 전압 매칭 방식의 대표적인 계통을 표시하고 있다고 할 수 있고, 이러한 방식에시 신호의 레벨은 dB_U로 표현되어, 북미에 있어서 SOL 표준 동작의 레벨은 +4또는 +8dB_U 이라고 할 수 있다. 이러한 것의 특징은 부하의 양단에서 소비되어진 전력이 미소한 것이 되어 신호원의 전력소비가 꾀 적게 되어 진다는 것과, 실드 평형 케이블의 용량성에서는 부하의 영향에서 신호원 임피던스가 600Ω이 아니라 50Ω이하로 되는 것에 의하여 적은 영향을 끼치어서 시스템의 주파수 특성이나 과도 특성이 개선되어지는 효과가 있다고 할 수 있다.

그리고 회선 업자와의 임피던스는 지금 새로이 시행을 하고 있는 전력 매칭 방식에 의하여 시행을 하고 있다고 할 수 있는데, 신호레벨의 감시는 통상적으로 피크 프로그램 미터(Peak Program Meter)에 의하여 시행을 하고 있다고 할 수 있다.

5.3 신호 레벨의 모니터링

오디오 신호 레벨은 스튜디오에서는 급격한 변화를 일으키거나 또는 의도와 다르게 오디오 레벨이 피크레벨을 오버하여 왜가 시스템의 각종 기기에 일어나지 않게 하기 위하여 엄격하게 모니터링을 시행 하고 있다고 할 수 있고, 이러한 음향의 모니터를 하는 데에 사용하는 오디오 신호레벨미터는 2가지의 기본적인 타입이 있다고 할 수 있는데, 이러한 것을 감시 하는 주 된 임무를 수행하는 측정 장비로는 우리가 세작 현장에서 가장 많이 사용하고 있는 VU미터(Volume Unit Meter)와 PPM(Peak Program Meter)타입이 있다고 할 수 있다.

5.3.1 VU 미터(VU Meter)

VU미터(Meter)라고 하는 것은 본래 오디오 프로그램의 컨트롤이나 모니터용으로 개발 되었다고 할 수 있는데, 이러한 VU미터(Meter)의 사양은 1930년대의 오디오 제작 현장의 고려사항을 반영하고 있다고 할 수 있다.

또한 기본적으로 미터(Meter)라고 하는 것은 무빙 코일 RMS타입의 오디오 신호 측정기라고 할 수 있는데, 이러한 것에는 2종류의 스케일 눈금판이 있다고 할 수 있다.

- VU스케일로 최대눈금판의 약 71%에 해당하는 0눈금판(기준이 되는 것과의 각도의 차이)을 가지고 있다고 할 수 있는데, 이러한 눈금판은 최소로 -20 으로부터 최대로 3까지 측정하는 것이 가능하다고 할 수 있다.
- 퍼센트 스케일이라는 것은 100%의 단위가 0VU의 위치에 있다고 할 수 있다.

이러한 VU 미터의 감도는 35Hz로부터 10kHz의 사이에 연속한 일정의 SOL (+4또는 +8dBm)레벨의 사인파가 0VU의 기준 레벨이 되게 하고 있는데, 이러한 기준레벨 진폭 사인파가 급속하게 변화를 요구하였을 경우에 미터(Meter)의 지시가 0.3초 상승하는 시간에 기준치를 표시하도록 조정한다고 할 수 있다.

또한 이러한 상승시간의 특징은 인간의 귀의 반응(Response) 특성을 가장 근접하는 것으로 선택이 되어져 있다고 할 수 있는데, 이렇게 VU미터가 0.3초로 빨리 상승하는 것은 마스킹 효과를 가지고 있기 때문으로서, 기본적으로 이러한 측정기에서는 복잡한 파형으로 빨리 상승하는 등의 입력 신호 조건을 가지고 있는 경우에서는 정확한 오디오신호 레벨을 표시하는 것은 불가능하다고 할 수 있다.

실제로 대화나 음악 프로그램에 있어서 순간적인 피크레벨은 VU미터를 읽는 것에 의하여, 10VU 또는 그 이상의 레벨을 가지고 있다고 할 수 있는데, 이러한 VU미터를 사용하여 오디오 신호의 급격한 상승에 의한 신호 클립(Clip)을 방지하기 위해서라도, 꾀 큰 헤드룸(Headroom)의 오디오 녹음 시스템이나 신호 전송 시스템에 있어서는 필요하다고 할 수 있다. 따라서 최근의 방송 스튜디오나 레코딩 스튜디오에 있어서는 이러한 VU미터의 사용은 대단히 많이 사용되어 가고 있다고 할 수 있다.

5.3.2 PPM(Peak Program Meter)

PPM이라는 것은 오디오 신호의 과도특성을 적정하게 표시 가능하게 피크치를 읽어서 측정하는 측정기라고 할 수 있는데, 현재의 설계에 있어서는 10 ms (미리초) 상승시간과 2.85s(초)의 하강 시간을 가지고 있는 것이 가장 많다고 할 수 있다.

이러한 특성은 오디오 신호레벨 모니터링에 있어서 샘플 앤드 홀드(Sample and Hold)를 고려하여 적용한 것이라고 말할 수 있는데, 이러한 것에 의하여 사용자는 프로그램에 내용에 있는 오디오일지라도 정확하게 오디오 레벨을 모니터 하는 것이 가능하여, 증폭기나 레코더에서 큰 측정기의 필요성이 감소하게 하는 것이 가능하다고 할 수 있다.

이러한 미터(Meter)의 입력 임피던스는 라인의 부하로 되어 있어서 6000Ω이상이라고 할 수 있지만 측정치를 표시하는 디스플레이나 스케일 눈금판에 있어서는 아직 국제적인 규격화가 시행이 되지 아니하고 있다고 할 수 있다.

5.4 음질에 관련하는 파라미터와 그의 측정

오디오 시스템의 각각 기기나 각 종류의 기기로 구성을 하는 토털 시스템의 성능은 그 품질에 관련하는 파라미터 측정치로 표현 되어 진다고 할 수 있는데, 그림 5.5에서 표시를 하고 있는 것과 같이 오디오의 품질에 관련하는 파라미터는 직선왜, 비직선왜, 노이즈 등의 3가지의 주된 특성으로 분류 되어진다고 할 수 있다.

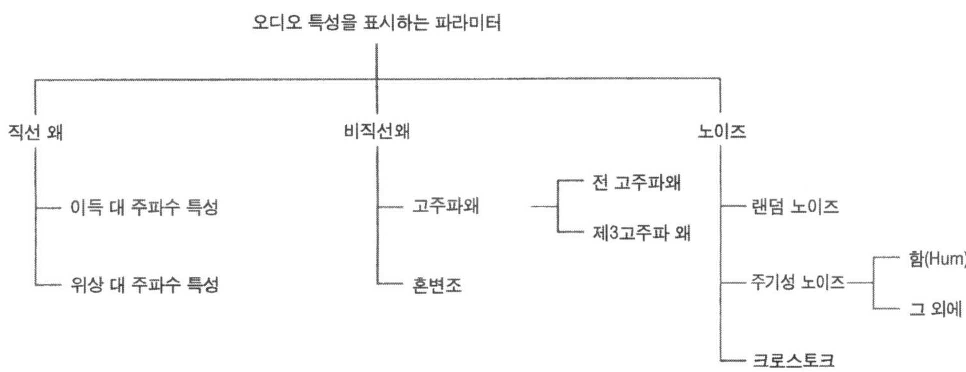

그림 5.5 오디오 특성을 표시하는 파라미터의 분류

기기가 설치되었을 경우에 최초는 그 기기의 제작사 사양이나 사용자의 사양에 합지하는 가를 알아 보기위하여 성능 테스트를 실시하지만, 우리가 일상 적으로 사용하는 통상에 있어서는 기기의 동작이 양호 한가 아니면 어떠한가를 확인 하는 것은 물론이거니와 정기적인 보수를 시행하기도 하고, 고장이 생겼을 경우에는 이를 수리 후 이상 여부를 파악 하기위하여 테스트를 시행 한다고 할 수 있으며, 이러한 성능의 측정은 주파수 가변이 가능한 고품질의 저 왜 오디오 시험 신호 발생기와 정확한 오디오 아날라이저(Analyzer)를 사용 하여 시행을 한다고 할 수 있다.

위상 대 주파수 특성의 측정에 있어서는 이를 측정하기 위하여 위상계가 필요하다고 할 수 있는데, 오실로스코프가 피 측정의 파형을 표시를 하기 위하여 사용되어진다고 할 수 있다. 또한 시험기기는 정확하게 측정이 가능하여 어느 정도의 신뢰성이 있어야 한다고 할 수 있는데, 이러한 성능의 측정에 있어서는 기타 레벨이나 인터페이스가 피 측정기와 매칭 되어져 있는 것이 아니라면 되지 아니한다고 할 수 있다.

5.4.1 직선왜(Liner Distortion)

신호 진폭과는 무관계한 오디오 신호 파형의 변화는 직선 왜라고 불리 우고 있는데, 여기에서 신호의 진폭은 기기의 클리핑 레벨을 초과하지 아니하도록 하고 있다고 할 수 있다.

또 여기에서 실제로 문제가 되고 있는 직선 왜에는 2개의 주된 타입이 있다고 할 수 있는데, 이러한 것에는 진폭대 주파수 특성과 위상대 주파수 특성이 있다고 할 수 있다.

5.4.1.1 진폭대 주파수 특성 테스트

진폭대 주파수 특성은 지정되어진 주파수 범위 내에서 측정되어진 오디오신호 진폭 치에 대한 측정으로 1kHz의 진폭치를 기준으로 한 피크 사이의 변화하는 데시벨 치로 표시 되어진다고 할 수 있는데, 오디오 테이프레코더는 통상적으로 기준 주파수는 300Hz설정 되어진다고 할 수 있다.

피 측정 기기의 입력에는 SOL(Standard Operation Level)의 1kHz의 신호를 가한다고 할 수 있는데, 이러한 SOL이라는 것은 하이레벨 입력 단자에서는 +4dBu내지 +8dBu정도이고, 마이크로폰 입력 단자에서는 통상 적으로 -60 또는 -70dBu이라고 할 수 있다.

또 기기의 출력에 있어서는 SOL의 출력(+4dBu내지 +8dBu정도)으로 변조 되어진다고 할 수 있는데, 출력에 접속되어진 오디오 아날라이저는 기준 주파수 0dB를 지시 하도록 교정을 한다고 할 수 있고, 입력 신호의 주파수를 연속적이지 아니한 스텝으로 변환시키어서 기준 주파수에서 0dB로 한 주파수를 사용하여 데시벨로 읽은 것을 기록한다고 할 수 있다.

아날로그테이프 레코더의 주파수 특성은 최대 출력 레벨(MOL : Maximum Operating Level) 보다 -10dB낮은 레벨로 측정 한다고 할 수 있는데, 측정 대역은 20Hz로부터 20kHz이라고 할 수 있고, 이러한 진폭 대 주파수 특성의 테스트는 일상적으로 시행을 하는 테스트(Routine Test)라고 할 수 있다.

5.4.1.2 위상대 주파수 특성 테스트

위상 대 주파수 특성이라는 것은 대역내의 다양한 주파수에 의하여 기기에서 발생 하는 위상 변화라고 정의 할 수 있는데, 이러한 것의 측정에서는 피 측정 기기의 입력에는 가변 주파수의 신호가 접속되어져 있고, 출력에는 교정 되어진 위상계가 접속 되어져 있으며, 이러한 측정에서 피 측정 기기의 입력신호에는 위상계의 관련한 레퍼런스(Reference) 입력신호도 접속 되어진다고 할 수 있다. 이러한 것은 주파수를 변조하면서 필요한 대역에서 위상대 주파수의 프로세스가 가능하다고 할 수 있으나, 이러한 위상 대 주파수 특성의 테스트는 일상적인 테스트는 아니라고 할 수 있다.

5.4.2 비직선 왜

전기신호의 비직선 왜는 대상으로 하는 시스템의 입력신호와 그 출력 신호사이에 직선적인 관계를 잃어버린 것이 원인이라고 할 수 있는데, 실제로 문제로 대두되고 있는 비직선왜는 고주파 왜(Harmonic Distortion)와 혼변조 왜(Intermodulation Distortion)의 2가지 타입이 있다고 할 수 있다.

5.4.2.1 고주파 왜(Harmonic Distortion)

이러한 왜는 대상으로 하는 시스템 주파수 f의 순정현파가 입력되었을 경우에 그 출력에 있어서 주파수 f의 정현파와 함께 주파수가 입력 f의 정수배(2f,3f,4f…nf)가 되는 고주파 신호의 단위를 발생한 경우에 이러한 것을 고주파 왜라고 하고 있는데, 이러한 신호 왜의 왜 율은 신호의 전 실효치(RMS)전압과 고주파 전부의 토털 실효치 전압과의 비라고 할 수 있고, 이러한 오디오 증폭기의 성능은 특정의 출력 레벨에 있어서 선 고조파 왜(Total Harmonic Distortion : THD)의 퍼센트로 표시 되어진다고 할 수 있다.

또한 스튜디오 품질의 기기에서는 THD를 측정하는 레벨은 기준 동작 레벨(SOL)보다 10㏈높은 레벨 (+18 또는 +14㏈)이라고 할 수 있는데, 이러한 THD의 퍼센테이지는 왜율을 100%로 한 치라고 할 수 있고, 이러한 것을 수식으로 나타내면 다음과 같이 표시하는 것이 가능하다고 할 수 있다.

$$\mathrm{THD} = \frac{\sqrt{E_2^2 + E_3^2 + \cdots E_n^2}}{\sqrt{E_1^2 + E_2^2 + \cdots E_n^2}} \times 100$$

여기에서 THD = 토털 고주파 왜의 퍼센 테이지
E_1 = 기본파의 진폭전압
E_2 = 제2고주파의 진폭 전압
E_n = 제 n고주파의 진폭 전압

증폭기의 THD를 측정하는 것은 피 측정기기의 왜가 있는 출력으로부터 오디오 아날라이저를 사용하여 기본 성분을 제거하고 남은 고주파의 성분과 노이즈를 포함한 전 에너지를 측정하는 것이라고 할 수 있으나, 이러한 측정 대역은 20kHz 까지 제한 되어있고, 측정 결과에서는 노이즈의 영향이 있으므로 이러한 방법을 전 고주파와 노이즈(THD+N)측정 법이라고 부르고 있다고 할 수 있다.

또한 이러한 테스트는 몇 가지의 주파수를 사용하여 시행을 하고 있으나 통상 적으로는 50Hz, 100Hz, 1kHz, 5kHz, 7.5kHz, 10kHz 등을 사용하고 있다고 할 수 있고, 10kHz이상의 주파수에서 THD 측정은 기기에 발생하는 고주파가 오디오 대역 외가 되기 때문에 별로 의미가 없다고 할 수 있는데, 이러한 THD의 측정은 일상보수적인 측정이라고 할 수 있다.

아날로그 오디오 테이프 레코더의 고주파 왜의 성능은 333Hz의 고주파를 사용하는 순 정현파의 제3고주파 퍼센트로 표시되어 진다고 할 수 있는데, 테이프 레코더의 제3고주파 왜를 측정하는 데에 있어서는 오디오 아날라이저를 사용하여 주파수 999Hz의 대역 필터를 사용하여 제3 고주파를 추출한다고 할 수 있고, 이렇게 필터 되어진 999Hz의 신호 진폭을 측정을 한다면 제3 고주파 왜(Third Harmonic Distortion : THD)는 아래와 같은 식으로 계산이 되어 진다고 할 수 있다.

$$\text{THD} = \left(\frac{E_3}{E_1}\right) \times 100$$

여기에서 THD = 제3 고주파 왜
E_1 = 기본파의 진폭 전압
E_3 = 제3 고주파의 진폭 전압

여기 측정에서는 SOL(Standard Operating Level)레벨과 MOL(Maximum Output Level)레벨로 시행을 한다고 할 수 있는데, 보다 높은 주파수로 측정을 한 것은 기록기기의 프리엠파시스(Pre-emphasis)를 위해서는 적당하지는 아니하다고 할 수 있고, 이러한 THD의 측정은 일상적인 보수라고 할 수 있다.

5.4.2.2 혼변조왜(Intermodulation Distortion)

혼변조 왜(Intermodulation Distortion : IMD)왜 라는 것은 입력에 f1, f2 이라는 2개의 주파수 신호를 가하였을 경우, 그 출력에도 입력의 2개의 주파수 성분을 더해저서 2개의 입력 주파수 정수배의 주파수 가산과 감산에 의하여 동등의 주파수 성분이 나타나게 하는 것에 의하여 생성된다고 할 수 있는데, 이러한 SMPTE혼변조 왜 측정에 있어서는 시험 신호로서는 2개의 주파수 f1 = 60Hz, f2 = 7kHz를 지정하여 그의 진폭비를 4:1로 하고 있다고 할 수 있다. 그리하여 여기에서 혼변조 왜(IMD)는 7kHz의 캐리어가 60Hz의 신호로 증폭기의 비 직선성에 의하여 변조 되어지는 것에 의하여 일어난다고 할 수 있는데, 그 때문에 7kHz의 캐리어의 상하에 60Hz와 그 고주파에 의한 사이드 밴드가 발생 한다고 할 수 있다.

표 5.2 다이나믹 마이크로폰의 오픈 부하에 있어서의 SNR특성

마이크로폰		
SPL,dB	출력전압, μV	SNR,dB
120	20,000.00	99.21
74	100.00	53.19
61	22.40	40.19
34	1.00	13.19

또한 이러한 혼변조의 왜를 측정하는 데에 있어서는 오디오 아날라이저를 사용하여 7kHz의 캐리어를 진폭 검파 하여 60Hz와 그 고주파 변조 성분을 복조해서 시행을 하고 있는데, 이러한 혼변조의 왜는 다음과 같은 식에 의하여 얻어 진다고 할 수 있다.

$$\text{IMD} = \left(\frac{\text{복조한신호레벨}}{E_{f2}}\right) \times 100$$

여기에서 IMD = 복조 변조

E_{f2} = 7kHz성분의 진폭 레벨

5.4.3 노이즈

오디오 신호는 노이즈에 따라서 악화되어 진다고 할 수 있는데, 노이즈를 정의하는 적절한 언어의 표현은 사용하는 신호에 다중 되어진 바라지 아니하는 신호라고 할 수 있고, 이러한 노이즈 레벨은 통상 적으로 기준치에 대하여 dB치로 표시한다고 할 수 있으며, 우리가 통상적으로 신호 대 잡음비(Signal to Noise Ratio)라고 불리 우고 있다고 할 수 있다.

이러한 노이즈에 있어서 스튜디오 기기의 SNR측정에 대한 기준치로는 MOL 또는 기준레벨 (SOL)보다 10dB높은 치라고 할 수 있는데, 아날로그 오디오 테이프 레코더에서는 기준치는 제3 고주파 레벨이 1% 부터 3%사이(기기의 등급에 따라 약간차이 있음)의 테이프가 세추레이션(Saturation)이 되는 레벨이라고 할 수 있고, 오디오 테이프 레코더의 대표적인 MOL은 SOL보다 6dB높은 레벨이라고 할 수 있다.

5.4.3.1 랜덤 노이즈(Random Noise)

랜덤 노이즈의 주된 잡음원은 전자 회로의 열에 의하여 생기는 열잡음 이라고 할 수 있는데, 이러한 잡음은 임피던스 Z에 저항 성분 R을 가하면 열잡음 전압의 자승 평균치(Mean Square Value)는 아래와 같은 식으로 산출이 가능하다고 할 수 있다.

$$E_n^2 = 4kTBR$$

여기에서 E_n = RMS의 노이즈 치

K = 볼즈맨(Boltzmann' s)의 정수 (1.38×10-23Joules/Kelvin)

T = Kelvin으로 표시한 절대온도〈t℃=(t+273.15)K〉

B = 대역(Hz)

여기에서 T는 통상적으로 1.39T=400의 치를 선택하여, 이러한 것은 거의 17℃에 근접하여있다고 할 수 있는데, 그리하여 위에 있는 식을 변형하여

$$E_n^2 = 1.6 \times 10^{-20}\ BR$$

(17℃에 있어서)가 된다고 할 수 있다.

따라서 시스템의 출력 SNR은 신호원의 저항 성분에 의하여 발생하는 노이즈에 의하여 결정되어 진다고 할 수 있는데, 예를 들면 마이크로폰과 그의 관련이 되어있는 초반 증폭에서 발생하는 노이즈라고 할 수 있다.

대역 B = 20kHz로하고, 마이크로폰의 저항 성분 R=150Ω으로 하고 있다면, E_n = 0.219㎶라고 할 수 있는데, 이것은 마이크로폰 입력 회로의 이론적인 열잡음(Thermal Noise) 이라고 할 수 있다.

표 5.2에서는 4종류의 SPL에 있어서 오픈 부하 상태에서 마이크로폰 프리앰프의 이론적인 SNR을 표시하고 있다. 마이크로폰 프리앰프는 그 자체에 랜덤 노이즈가 있어 시스템의 SNR에 있어서 많은 영향을 주는 것으로 되어 있는데, 그러한 상태에서 가상도를 사용하여 노이즈가 없는 증폭기의 입력 노이즈 발생기가 연결 되어 있다는 것에 의하여 표시하는 것이 가능하다고 할 수 있다.

또한 이러한 가상의 노이즈를 우리는 흔히 증폭기의 등가 입력 노이즈(Equivalent Input Noise)라고 하고 있는데, 이러한 등가 입력 노이즈(Equivalent Input Noisc) 레벨과 오디오 신호원의 이론적인 열잡음 레벨과의 차를 우리는 통상적으로 증폭기의 노이즈 팩터(Noise Factor)라고 하고 있다고 할 수 있다. SNR의 측정은 어느 방법을 사용한다고 할지라도 복잡한 수순을 밟지 아니하면 되지 아니한다고 할 수 있는데, 무엇보다도 측정에 대한 정확한 규칙을 엄정하게 지키는 것이 중요하다고 할 수 있고, 다음과 같은 테스트의 수순은 오디오믹서의 SNR측정에 적합한 방법이라고 할 수 있다.

- 1kHz의 오디오 신호를 규정 되어진 레벨 (예를 들면 약 -70dBU)로 마이크로폰 입력에 접속을 한다.
- 측정 하고자하는 경로 이외의 모든 입력을 오픈한다.
- 측정 경로에 있는 컴프레서(Compressor)나 이퀼라이저(Equalizero)기능을 전부 오프 시킨다.
- 믹서 출력에 오디오 아날라이서(Analyzer)를 접속한다.
- 채널 입력 레벨의 설정, 채널 게인(Channel Gain), 마스터 게인(Master Gain)을 오디오 아날라이저의 기준 레벨 (SOL로 +4또는 +8dBu)이 되도록 조정을 한다.
- 입력신호를 빼 내고, 그 대신에 저 노이즈의 150Ω의 저항을 사용하여 터미네이션(Termination)을 시행한다.
- 출력 노이즈를 오디오 아날라이저를 사용하여 20kHz의 대역으로 dBu단위로 측정을 한다.
- SNR은 dBu로 표시한 MOL치와 측정한 노이즈치인 dBu와의 차로 결정하는데, 이러한 SNR의 측정은 일상 적인 보수 측정이라고 할 수 있다.

5.4.3.2 주기성 노이즈(Periodic Noise)

이러한 타입의 노이즈는 기계외부에서 발생하여 어떠한 경로를 통하여 신호에 중첩 되어진 것이라고 할 수 있는데, 따라서 이러한 주기성 노이즈는 랜덤 노이즈와는 다르게 기술적인 처리가 잘 되어진다면 제거도 가능하다고 할 수 있다. 또 이러한 주기성 노이즈의 주된 타입은 우리가 통상적으로 함(Hum)이라고 불리 우는 60Hz잡음과, 그 고주파성분으로서 교류전원 라인이라는 것이 그러한 노이즈의 시발점이라고 할 수 있다.

5.4.3.3 크로스토크(Cross Talk)

크로스 토크는 어떤 회로에 근접하여 가까이 있는 회로로부터 상호 임피던스(Mutual Impedance)를 통하여 서로 불필요한 신호(Unwanted Signal)를 주고받음으로서 영향을 주어 나타나는 노이즈라고 정의할 수 있는데, 이러한 것의 예로서는 오디오 믹서에 있어서 나타나는 입력 채널간의 크로스 토크 같은 것에 의한 노이즈를 들을 수가 있다.

또한 이러한 크로스 토크의 정의는 대단히 복잡 하다고 할 수 있는데, 우선 어떤 신호를 크로스토크 원인 측의 경로 입력에 가하고 난 뒤, 그 입력을 특성 임피던스로 종단한 경로에서 크로스토크에 의해 생기는 불필요한 신호를 측정하는 것이라고 할 수 있고, 이러한 측정에서는 원인 측과 측정 측의 2개의 경로는 표준 상태에서 조정이 되어있지 아니하면 되지 아니한다고 할 수 있다.

이러한 노이즈의 측정은 측정하고자하는 경로의 출력에 접속한 오디오 아날라이저를 사용하여 크로스토크의 원인 측 입력에 가해지는 신호의 주파수를 측정 대역 내에서 스텝단위나 아니면 연속적으로 변화시키면서 크로스 토크의 레벨을 측정 한다고 할 수 있는데, 이러한 신호 대 크로스토크(Signal to Crosstalk Ratio)의 비는 MOL을 기준 레벨로 하여 dB로 측정을 한다고 할 수 있다.

이러한 측정의 대표적인 예는 스테레오 시스템에 있어서 레프트(Left) 채널로부터 라이트(Right) 채널로의 크로스 토크라고 할 수 있는데, 이러한 크로스토크의 측정은 일상적으로 시행을 하지는 아니한다.

5.5 다이나믹 레인지(Dynamic Range)

다이나믹 레인지는 시스템에서 허용이 가능한 최소 신호레벨(Minimum Acceptable Signal Level)과 오버로드 레벨의 차를 dB로 표시한 것이라고 할 수 있다.

역주 이러한 다이나믹 레인지의 정의는 기기 등에서 잘 사용하고 있는 노이즈 아날라이저를 최소레벨로 한 다이나믹 레인지하고는 다르다고 할 수 있는데, 이러한 것에 주의하여 주십시요.

5.5.1 오버로드레벨(Over Road Level)과 헤드룸(Head Room)

오버로드 레벨은 최대 오퍼레이션 레벨 같은 것이 최대출력 일 때 레벨(MOL)이라고 불리 우고 있지만 통상 허용 가능한 전고주파 왜 치에 의하여 정의 되어진다고 할 수 있는데, 허용가능 한 THD에 대해서는 국제적으로 인정하는 치는 아니지만 오디오 콘솔이나 오디오 분배기에 대해서는 통상 1%치가 사용되고 있다고 할 수 있다.

또한 아날로그 오디오 기기는 최대출력 레벨 MOL이 기준레벨 SOL보다 높은 레벨이 되게 조정을 하는데, 우리가 통상 적으로 dB로 표시하고 있는 MOL과 SOL의 차이를 헤드룸(Head Room)이라고 부르고 있다.

오디오 믹서나 분배기의 MOL은 사양에서는 통상 적으로 SOL보다 10dB이상 높은 치에 설정 되어 진다고 할 수 있는데, VU미터(Meter)가 출력레벨의 모니터에 사용되어진 경우에는 높은 치의 헤드 룸이 필요하다고 할 수 있다.

오디오 믹서의 사양에서는 최대 입력 레벨(Maximum Input Level: MIL)이 상정 되어져 있다고 할 수 있는데, 오디오 믹서의MIL이라는 것은 마이크로폰 앰프에 의한 THD가 1%가 되는 치라고 할 수 있다. 또한 오디오 믹서에 있어서 입력 헤드룸이라는 것은 MIL의 레벨과 측정 되어진 입력 레벨(예를 들면 -60dBu)과의 차라고 할 수 있는데, 오디오 믹서의 입력 헤드룸의 사양은 20dB로부터 35dB사이라고 할 수 있다.

아날로그 오디오 테이프 레코더의 MOL이라는 것은 3차 고주파 왜가 1%로부터 3%사이가 되는 출력 레벨로서, 그 왜의 치는 기기의 등급에 따라서 각각 다르다고 할 수 있는데, 우리가 사용하는 오디오기기의 헤드룸은 통상 적으로 6dB라고 할 수 있다.

5.5.2 허용 가능한 최소 신호레벨 (Minimum Acceptable Signal Level)

시스템에서 허용가능 한 최소 신호레벨은, 최소신호 레벨에서 허용가능 한 SNR과 밀접한 관계를 가지고 있다고 할 수 있는데, 이러한 것은 명확하게 오퍼레이션 상에서 결정하여야 할 사항이라고 할 수 있고, 이상적으로는 가장 낮은 허용신호레벨에 있어서 SNR은 40dB보다 낮지는 아니하다고 할 수 있다.

표 5.2에서는 몇 개의 전압 레벨(SPL)에 있어서 표준적인 다이나믹 마이크로폰(Dynamic Microphone)의 오픈 부하에서 이론적인 SNR을 표시하고 있다고 할 수 있는데, 이러한 표에서 40dB의 SNR은 스튜디오의 주변 노이즈 (Ambient Noise)가 0dB SPL이라고 이라고 한다면 61dB의 음압레벨에서 얻어진다는 것을 알 수가 있고, 주변의 노이즈가 높다면 이러한 최소 허용신호 레벨도 상승 한다는 것을 알 수가 있다.

역주 여기에서 헤드룸(Headroom)이라는 것은 동작레벨 이상으로 과부하 왜곡 발생 직전에 사용가능한 다이나믹 레인지를 말하고 있다.

5.5.3 스튜디오에 있어서 다이나믹 레인지의 한계

그림 5.6에서는 스튜디오의 4개의 기본 요소라고 할 수 있는 마이크로폰, 스튜디오, 오디오 믹서, 오디오 테이프레코더가 어느 정도 다이나믹 레인지를 감소시키는 가를 표시하고 있는데, 이러한 표시에서는 아래와 같은 다양한 가정을 한 전제로 하고 있다고 할 수 있다.

- 마이크로폰의 임피던스는 150Ω으로 한다.
- 마이크로폰의 감도는 74dB SPL으로 하여 -80dBV로 한다.
- 스튜디오 주변의 노이즈를 30dB SPL로 한다.
- 피크 SPL을 120dB로 한다.
- 스튜디오는 전압 마스킹 방식에 의하여 오퍼레이션을 한다.
- 표준 레벨에서 SOL은 +8dBu라고 할 수 있다.
- 오디오 믹서의 최대출력 MOL/1%THD는 18dBu로 한다.
- 오디오 믹서의 SNR은 MOL을 기준으로 하여 80dB로 한다.
- 오디오 믹서는 120dB의 SPL이 출력으로 MOL으로 되도록 조정을 한다.
- 압축기(Compressor)는 오프로 한다.
- 오디오 테이프 레코더는 최대 출력 MOL/3%THD가 +14dBU이다.
- 오디오 테이프 레코더의 SNR은 MOL에 대하여 60dB라고 할수 있다.
- 저 레벨에서 최소 허용 SNR은 40dB로 한다.

이상과 같은 가정은 방송 기기시장에서 흔히 살수 있는 통상의 기기의 싱글 패스(Single Pass)에서 흔히 얻을 수 있는 치라고 할 수 있으나, 이러한 사양을 얻기 위해서는 기기는 이상적인 동작 조건이어야 하고, 실제로는 결과가 다를 경우도 있을 수도 있는데, 이러한 경우에는 가장 나쁜 방향이라고 할 수 있다.

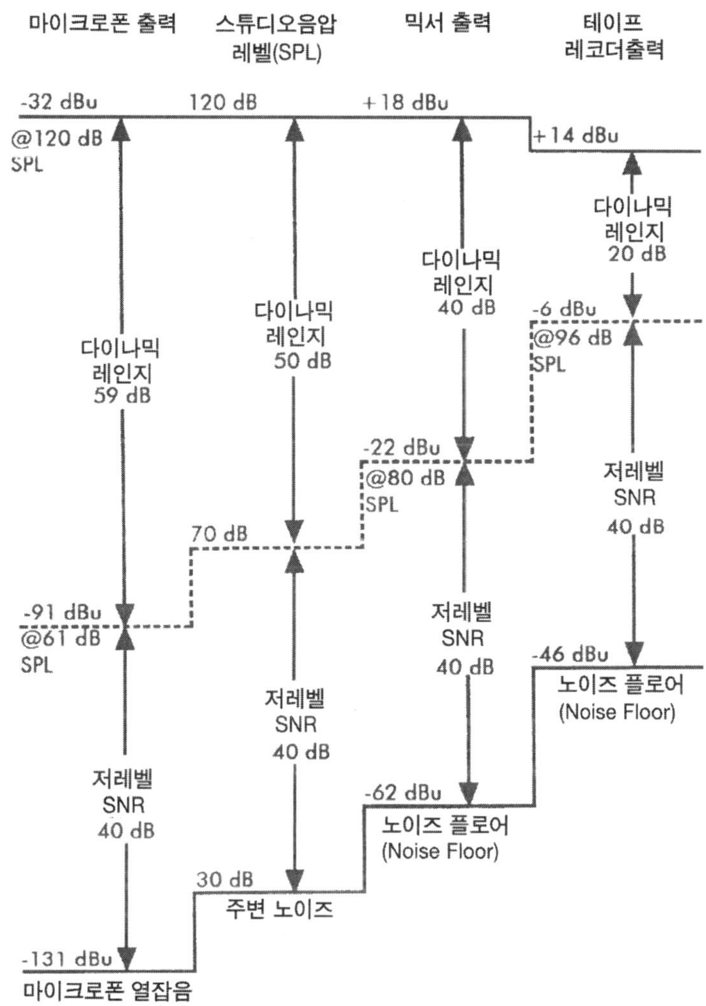

그림 5.6 스튜디오에서 다이나믹 레인지에 영향을 주고 있는 분야

5.5.3.1 마이크로폰의 다이나믹레인지

전압의 피크를 120㏈로 하고, 스튜디오 음향 주변의 노이즈 전압을 0 SPL로 하여, 표준 다이나믹 마이크로폰을 위에서 정의한 것으로 한다면 마이크로폰 출력에 있어서 이론적인 다이나믹 레인지는 59㏈가 된다고 할 수 있는데, 이러한 치는 주로 그 저항분의 열잡음에 의하여 제한되어져 있다고 할 수 있다.

5.5.3.2 스튜디오에서 다이나믹 레인지

그림 4.1에서는 방송 스튜디오의 주변의 노이즈는 30㏈ SPL정도인 것을 표시하고 있는데, 이러한 것에서는 스튜디오의 다이나믹 레인지를 거의 50㏈로 제한하는 것으로 하고 있고, 마이크로폰의 저항 성분으로부터 발생하는 잡음이라 열잡음과는 달라서 스튜디오의 주변 노이즈는 주로 낮은 주파수 노이즈 성분이 주로 차지하고 있다고 할 수 있다.

5.5.3.3 오디오 믹서의 다이나믹 레인지

최고급의 아날로그 오디오 믹서는 최대 출력레벨 MOL을 기준으로 하여 거의 80㏈정도의 SNR치를 가지고 있다고 할 수 있는데, 만약 이러한 믹서가 음압의 피크 120㏈에 대하여 +18㏈u(+8㏈u의 SOL에 대하여 10㏈이상) 1%THD의 최대 출력(MOL)이 되도록 조정을 한다고 하면 80㏈의 SNR으로부터 믹서의 백그라운드 노이즈 레벨은 출력으로 -62㏈u가 된다고 할 수 있고, 이러한 것은 믹서의 다이나믹레인지를 40㏈로 제한하는 것으로 하고 있다고 할 수 있다.

5.5.3.4 아날로그 오디오 테이프 레코더의 다이나믹 레인지

대표적인 아날로그 오디오 테이프 레코더의 MOL은 통상 중저 주파수 (〈 1000HZ)로 표준레벨 (SOL)보다 6㏈ 위라고 할 수 있는데, 특히 오디오 믹서가 출력 레벨 모니터를 VU미터를 사용하여 측정을 하고 있는 경우에는 오디오 테이프 레코더에서는 SOL보다는 10㏈높은 피크를 가진 신호가 가해 질수가 있다는 것이다. 이러한 상태에서는 테이프 손실을 보상하기 위하여 사용되어지고 있는 고주파의 프리엠파시스에 의하여 더욱 악화 되어진다고 할 수 있는데, 그 때문에 오디오 신호의 높은 주파수 스펙트럼의 높은 레벨 성분이 있는 경우 테이프오버 로드를 일으킨다는 것이다.

또한 이러한 고주파 프리엠파시스의 량은 기기의 등급과 테이프 속도에 따라서 변한다고 할 수 있는데, MOL에 대한 SNR은 사용하는 기기와 테이프의 등급에 따라서 변하고 있으나 대게 40으로부터 60㏈사이라고 할 수 있고, 그러한 결과로서 다이나믹 레인지는 오디오 믹서의 그것 자체보다는 거의 20㏈정도 떨어진다고 할 수 있다.

역주 여기에서의 의론은 모든 로 레벨의 SNR은 40㏈이라는 것을 전재로 하여 말하는 것으로서, 오해가 없기를 바란다.

5.5.4 오퍼레이션의 접근

높은 음압 레벨에서의 믹서의 입력, 출력 오디오와 오디오 테이프 레코더의 오버 로드를 피하고, 낮은 전압의 SNR을 개선하기 위해서는 오퍼레이션 하는 사람은 통상적으로 "Riding The Gain" 즉 매뉴얼 입력 레벨의 조정, 채널 이득의 조정, 마스터 페더(Fader)조정 등을 하여 양호한 상태를 확보하게 하고 있다고 할 수 있는데, 그리하여 많은 마이크로폰의 입력을 가진 대형 오디오 믹서에 따라서는 입력 채널마다 컴프레이서(Compressor:압축)하는 장치를 가지고 있어 오퍼레이터의 부담을 줄여 주고 있다고 할 수 있다.

이러한 테이프 레코더의 다이나믹 레인지의 문제를 개선하는 방법은 별로 없다고 할 수 있으나, 그러한 것을 조금이라도 개선할 수 있는 방법은 다음과 같은 것이 있다고 할 수 있다.

- 낮은 신호 레벨에서의 SNR을 개선하는 돌비 타입의 다이나믹 노이즈 리듀스 (Dynamic Noise Reduce)를 사용한다.
- 낮은 레벨에서의 SNR의 열화를 허용한다.
- 높은 레벨에서의 짧은 시간에 있어서 약간의 신호 클릭을 허용한다.
- 고품질의 테이프를 사용한다.

이러한 것을 완전하게 개선을 하기 위해서는 아날로그 테이프 레코더 대신에 디지털 테이프 레코더를 사용하는 방법이 있다고 할 수 있다.

5.5.5 송출상의 제한

최대 다이나미 레인지의 축소는 텔레비전 음성 송신기에서 일어난다고 할 수 있는데, 북미에서 사용하고 있는 음성에 있어서 FM의 규격은 시정수 74㎲의 프리엠파시스의 사양을 규정하고 있다고 할 수 있고, 이러한 것은 10kHz에 있어서 14㏈가 부스트(Boost)가 된다고 할 수 있으며, 수상기에 있어서 디엠파시스에의한 SNR과 주파수 특성이 개선되어진다고 할 수 있다.

이러한 프리엠파시스는 오디오 신호의 높은 주파수로 높은 레벨의 성분이 있다고 하면 송신기에서 과변조를 일으킨다고 할 수 있는데, 이 때문에 다양한 타입의 컴프레서(Compressor : 압축) 및 리미터가 과변조를 방지하고 허용가능한 SNR의 치를 얻기 위하여 도입 되어있다고 할 수 있다.

5.6 목표 특성(Performance Targets)

오디오 제작 센터를 구성하고 있는 개개의 기기에서의 신호 열화는 기기를 거침에 따라서 점점 더해진다고 할 수 있는데, 그 때문에 시스템에 있어서 오버 올(Over All)의 특성은 그 시스템을 구성하는 기기의 특성과 시스템 오퍼레이션 가운데 그러한 시스템이 몇 계단의 단계를 거쳐서 종단 접속되어져 있는가에 따라서 결정 되어진다고 할 수 있고, 이러한 것은 신호가 허용이 불가능할 정도로 열화 하기 전에 허용가능 한 범위의 신호 경로 단수가 설정 되어진다고 할 수 있다.

이러한 열화의 가산측은 특성 내용에 따라서 변한다고 할 수 있는데, ITU-R의 전신인 CCIR 에서는 2500Km가정의 경로에 대하여 시스템 전체의 체인을 구성하는 각각 기기에 의한 열화에 경험적인 가산치를 개발 하였다고 할 수 있다.

이러한 방법을 사용하여 필자는 큰 제작 센터에 있어서 특성의 가산 측을 계산 하는 것에 성공하였는데, 대표적인 오디오왜를 D라 하고, 같은 특성의 왜를 ($D_1, D_2, D_3 \cdots D_n$)을 가진 n개의 서브시스템에 의한 가산되어진 토털 왜 D_t는 아래와 같은 식에 의하여 계산이 가능하다고 할 수 있다.

$$Dt = (D_1^h + D_2^h + \cdots D_n^h)^{1/h}$$

여기에서 h = 2 : 노이즈는 주파수 특성의 경우를 나타내고 있고.
h = 1.5인 경우에는 고주파 왜의 경우를 나타내고 있다.

표 5.3에서는 대표적인 오디오 스튜디오기기의 1개의 계통에 있어서 성능치를 표시하고 있고, 그림 5.7에서는 큰 스튜디오 센터에 있어서 복잡한 오디오 신호의 전송에의 계통도를 표시하고 있다.

표 5.3 대표적인 오디오 스튜디오 기기의 1개의 계통에서 성능 치

	주파수 특성	THD	SNR
분배 증폭기	±0.1dB(20Hz~20kHz)	0.1%*	90dB
루팅스위처(Routing Switcher)	±0.1dB(20Hz~20kHz)	0.2%*	80dB
오디오 믹서(Audio Mixing Unit)	±0.1dB(20Hz~20kHz)	0.3%*	80dB
VTR오디오 트랙	±0.5dB(30Hz~15kHz)	3%**	60dB

* : 전 고주파 왜

** : 제3고주파 왜

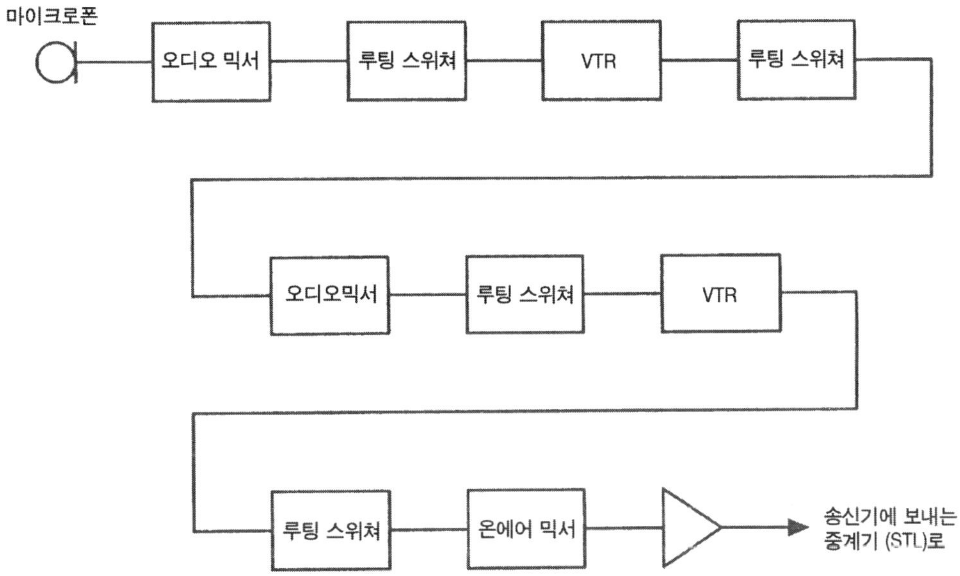

그림 5.7 커다란 스튜디오에서 복잡한 신호 전송 예의 계통도

제6장

디지털 오디오의 기초

주된 디지털 오디오규격의 개발 으로서는 오디오 기술자 협회(Audio Engineering Society)와 유럽 방송연합(European Broadcasting Union : EBU)가 협력하여 AES/EBU 디지털 오디오 규격이 개발 되었다고 할 수 있는데, 이러한 규격에 의하여 신호처리의 디지털화가 진행 되어서 오디오 테이프 레코더나 디지털 오디오 스튜디오기기의 개발이 촉진되어 아날로그 타입의 신호열화는 아날로그/디지털 변환 (A/D)과 디지털/아날로그변환 (D/A)의 직렬 접속부분에서 만이 발생 되어지어서, 전체적으로 열화 측면에서 본다면 신호의 전송 품질에 있어서는 비약적으로 개선되었다고 할 수 있다.

6.1 디지털 오디오의 개념

6.1.1 들어가면서

현재에 있어서도 대표적인 방송설비에 있어서는 아날로그 기술이 기본 시스템으로 하고 있다고 할 수 있으나, 1980년대 초부터 디지털 오디오 기기는 방송국이나 프로덕션 등과 같이 대형 설비에서는 기존에 사용되어오던 아날로그 기기대신에 디지털 기기가 꾸준하게 도입이 되어 그 영역을 넓혀 가고 있다고 할 수 있다. 그 결과 오디오 테이프의 기록에 있어서는 멀티세대에 있어서 신호를 가공함에 있어서 필수적이라고 할 수 있는 기록과 재생의 반복에 의한 열화를 방지하여 품질 특성이 많이 개선되는 것은 물론, 이러한 신호의 기록에서는 컴퓨터를 기본으로 하고 있는 제작 시스템에 적합한 오디오 신호 형식으로 변경이 되어가고 있다고 할 수 있다.

디지털화의 초기에 있어서는 아날로그 입출력을 가진 디지털 기기의 용도로는 아날로그 시스템에 있어서는 기존에 사용하던 아날로그 기기 대신에 그 영역을 디지털 기기로 대체를 한다는 기획에 의하여 설계가 되있다고 할 수 있으나, 방송국이나 프로덕션의 시스템에서는 기록, 프로세스, 전송 등의 모든 영역이 디지털로 시행을 한다는 전 시스템의 디지털을 지향하기 있기 때문에 모든 디지털 오디오 기기의 상호간의 접속이 디지털 오디오신호 형태 그대로 디지털기기 간에 접속하기 위해서는 세계적으로 통일 되어 진 전송 수순(Transmission Protocol)이 필요하기 때문에, 그 방법을 실현하기 위한 수단으로 AES/EBU의 규격이 개발 되었다고 할 수 있다.

6.1.2 디지털 오디오에 대한 고려

디지털 오디오를 입력 신호(마이크)도 아날로그로 사용을 하고, 출력 신호(스피커)도 아날로그 신호로 사용되고 있는 아날로그 신호 환경이 주류를 이루고 있는 현장에서, 디지털 시스템을 도입하기 위 하여는 아날로그 신호를 디지털로 변환하여 사용을 하는 경우도 있겠지만 그와는 반대로 현재에 있어서는 디지털 신호를 아날로그 신호로 변환하여 사용하는 경우가 많이 있다고 할 수 있다. 이러한 디지털 오디오 프로세스는 아날로그/디지털 변환 프로세스에 의하여 열화가 문제가 되지 아니하는 범위 내에서 시행을 하여야 한다고 할 수 있는데, 이러한 디지털화를 시행 하는 과정에서 수반되는 제반 시설을 설비하기 위한 도입비용에 있어서 합리적인 증가는 피할 수 없다고 할 수 있으나, 그러나 디지털 신호 형식의 전송과 기록에 있어서 적합 하다고 판단이 된다면 대단히 매력적인 선택 이라고 할 수 있다.

6.2 A/D 변환의 원리

현재 상황에 있어서 음압을 전압으로 변환시키는 변환기라고 할 수 있는 마이크로폰이나 스피커에 있어서는 아직은 아날로그가 주류를 이루고 있다고 할 수 있기 때문에 디지털 프로세스를 시행하기 위해서는 연속하고 있는 아날로그의 전기신호를 시간적으로 구별하여 숫자 데이터로 변환하지 아니하면 되지 아니한다고 할 수 있다.

이러한 아날로그/디지털변환(A/D Convertor)은 디지털 오디오에 있어서는 어찌할 수 없이 수반될 수밖에 없는 신호 품질 레벨의 열화를 시키는 주된 요소라고 할 수 있고, 또 이러한 변환은 재생되어진 아날로그 신호의 다이나믹 레인지와 고주파 왜에도 영향을 준다고 할 수 있는데, 따라서 이러한 열화요소를 되도록 이면 제거하여 만족이 가능한 A/D변환 특성을 얻기 위한 과정에 대해서는 다음 섹션에서 설명을 하기로 한다.

6.2.1 이상적인 샘플링 (Ideal Sampling)

연속하는 신호를 시간적으로 구별하여 그 치를 얻는 것을 샘플링이라고 하고 있고, 이러한 샘플링은 아날로그 신호의 진폭을 주기적으로 측정을 하는 것에 의하여 시행을 하고 있다고 할 수 있는데, 연속하는 아날로그신호의 파형을 측정하는 정도는 샘플링 간격이 짧을수록 높으므로 샘플링 주파수에 따라서 결정이 된다고 할 수 있다.

이러한 샘플링 주파수의 치는 높은 측정의 정도와 디지털화, 그리고 다량의 데이터를 기록, 전송하는 비용과 시스템의 복잡성 등을 고려하여 적정한 타협점을 선택 하여야 한다고 할 수 있다.

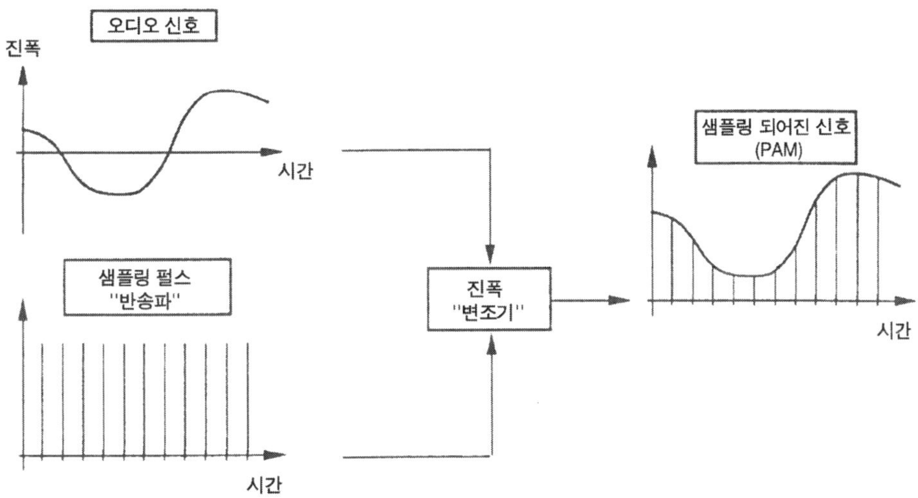

그림 6.1 샘플링 프로세스는 펄스 진폭 변조와 같은 결과가 된다.

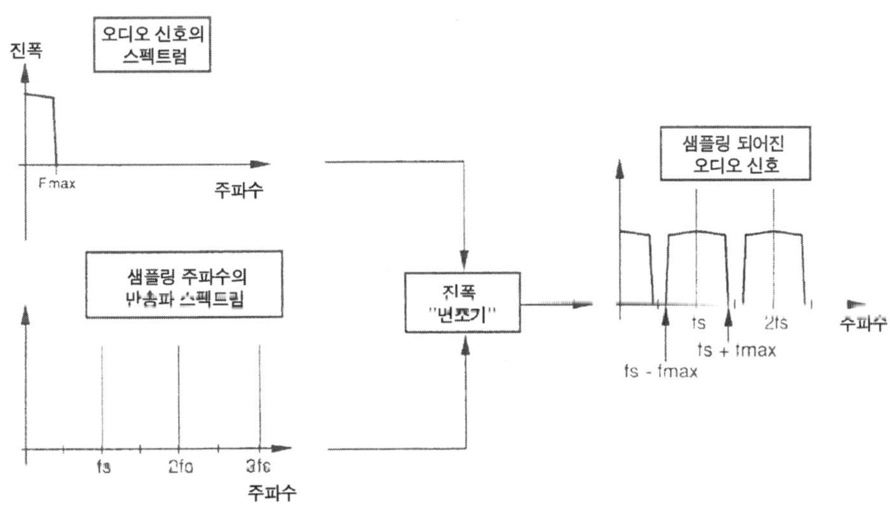

그림 6.2 스펙트럼은 샘플링 수파수의 정수배 주파수 주변에 사이드 밴드를 가지고 있다.

이러한 샘플링 프로세스는 아날로그 신호와 샘플링 주파수로 반복하여 변환시키는 펄스 열사이의 곱셈(Multiply)이라고 할 수 있는데, 이러한 프로세스의 설명을 단순화하기 위해서는 이상적인 샘플링의 경우를 생각하면 된다고 할 수 있고, 그 이상적인 샘플링 펄스에 대한 폭은 거의 제로라고 할 수 있다.

이러한 때에 샘플링 프로세스에서는 펄스 진폭변조(Pulse Amplitude Modulation : PAM)와 같게 된다고 할 수 있는데, 시간 영역 에서는 그림 6.11에서 표시한 것과 같이 되고, 주파수 영역에서는 그림 6.2에서 표시하는 것과 같이 된다고 할 수 있다.

이러한 양방향의 그림에서는 진폭변조 제로의 그림과 거의 같다고 할 수 있으나 다른 점은 시간 영역에서는 캐리어가 정현파가 아니라 펄스열의 형태로 되어있고, 주파수 영역에서는 샘플링주파수 캐리어의 정수배 주파수 성분이 그 사이드밴드와 함께 나타난다고 할 수 있는데, 이러한 것은 "캐리어"가 정현파가 아니라 샘플링 주파수의 펄스열이기 때문이라고 할 수 있고, 이러한 펄스열과 같은 신호는 주파수 영역에서는 샘플링주파수의 정수배의 많은 주파수 성분을 포함하여 표현이 되어진다고 할 수 있다.

진폭 변조 프로세스와 같이 그림 6.3에서는 원래의 아날로그신호가 단순한 로 패스 필터를 사용하여 재생(복원) 가능하다는 것을 표시하고 있다고 할 수 있다.

f_{max}를 아날로그 신호 스펙트럼의 최고 주파수로 하고, f_s를 샘플링 주파수로 한다면, 상하 사이드 밴드의 대역은 각각(f_s + f_{max}) 또는 (f_s - f_{max})주파수로 제한되어져 있다고 할 수 있는데, 그림 6.2로부터는 용이하게 "f_{max} 까지 대역을 가진 아날로그의 신호를 재생하기 위 하여는 2배의 f_{max}샘플/초 이상의 샘플링 레이트를 필요하다"라고 하는 나이키스트 정리를 이해야 할 것으로서, 혹시 샘플링 주파수 f_s가 낮다고 한다면 아래 방향의 사이드 밴드가 오디오 베이스밴드 스펙트럼에 오버랩 (Over Lap) 된다고 할 수 있다.

이러한 현상을 에일리어싱(Aliasing: 위 신호 또는 되돌아오는 방해신호)이라고 부르고 있고, 그림 6.4에서 표시를 하고 있다고 할 수 있다.

6.2.2 나이키스트정리와 에일리어상

나이키스트 정리(Nyquist Theorem)를 위반하면 언더 샘플링(Under Sampling)이 일어난다고 할 수 있는데, 아날로그신호의 최고 주파수의 2배 이하의 샘플링 주파수를 사용하거나, 어떤 경우에는 역으로 아날로그 신호의 최고 주파수가 샘플링 주파수의 반 정도인 $f_s/2$을 넘으면 언더 샘플링이 일어나서 에일리어싱이 발생 한다고 할 수 있다. 따라서 샘플링 주파수 f_s가 부여된 경우에는 에일리어싱을 방지하기 위 하여는 아날로그의 신호를 A/D 변환전에 $f_s/2$이하로 대역을 제한하지 아니하면 되지 아니한다.

이러한 에일리어싱이 발생한다면 D/A컨버터 내부에서 PAM신호로부터 아날로그 신호를 재생할 때에 원래의 아날로그신호의 $f_s/2$이상의 고주파 주파수 성분에서 재생되어진 신호는 아날로그 베이스밴드 신호 가운데로 "되돌아오게" 되어 있는데, 이러한 에일리어싱 주파수 성분은 주관적인 표현에 의하면 원래의 신호에 메탈릭(Metallic : 금속적인)적인 왜를 수반한다고 할 수 있다. 그림 6.4에서는 이렇게 되돌아온 스펙트럼과 재생되어진 아날로그 신호의 왜의 관계를 표시하고 있다.

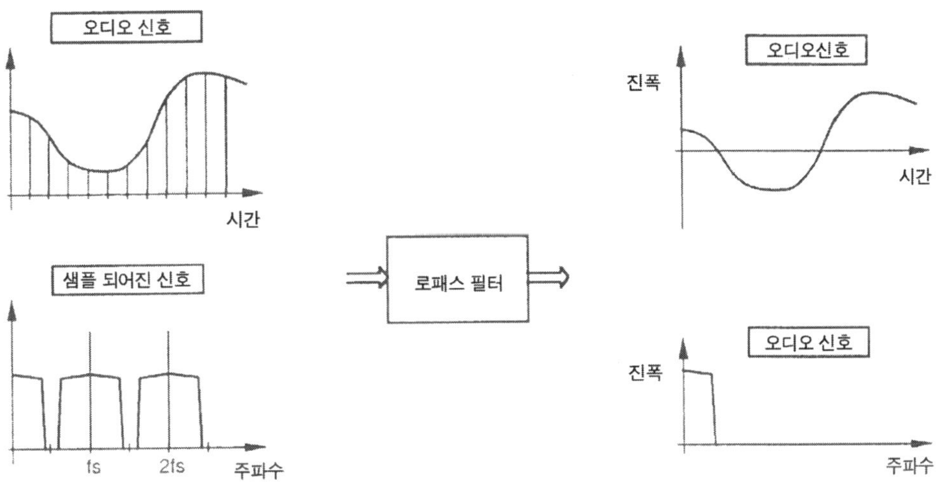

그림 6.3 아날로그 신호의 복원

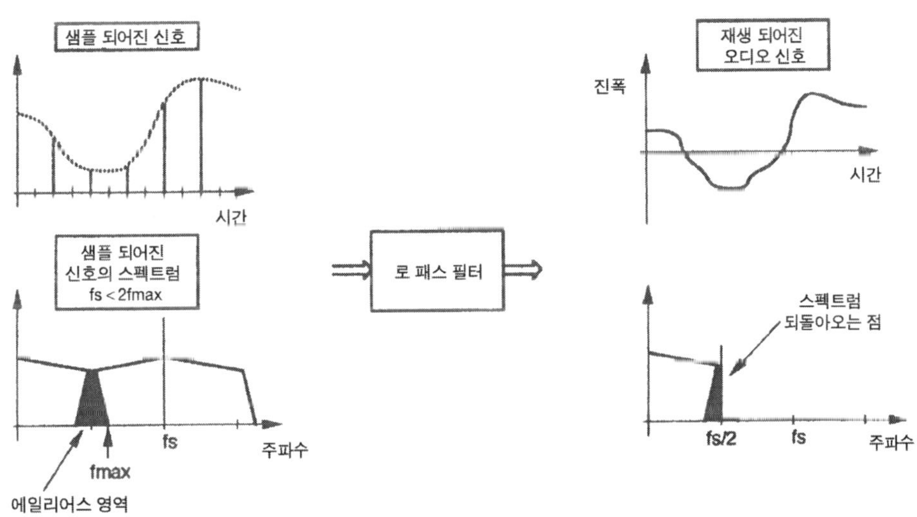

그림 6.4 주파수 영역에서의 에일리어싱(Aliasing Effect) 효과

6.2.3 실제의 샘플링

6.2.1항에서 설명한 이상적인 샘플링에서는 샘플링 펄스의 폭은 거의 제로로 하고 있다. A/D 변환을 하기위하여 시간이 필요하기 때문에 따라서 각 샘플의 진폭치는 다음의 샘플이 올 때까지 정지(Hold) 시키고 있다고 할 수 있다.

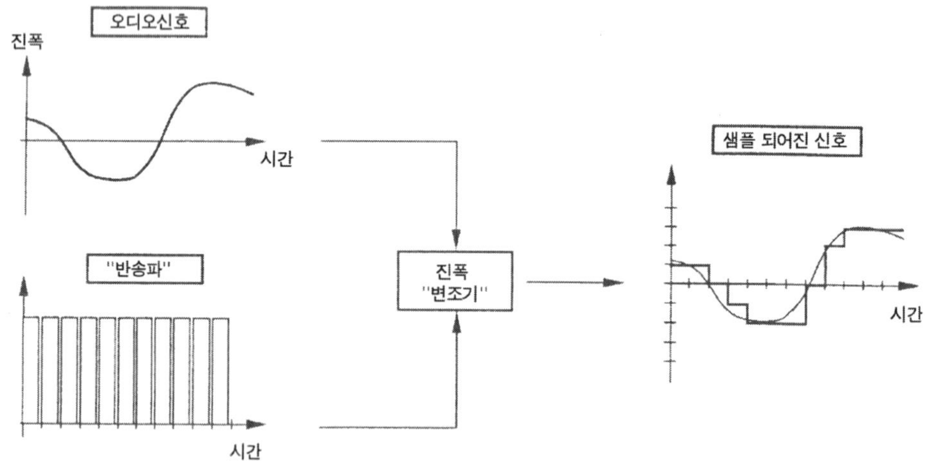

그림 6.5 실제의 샘플 홀드의 시간 영역 표현

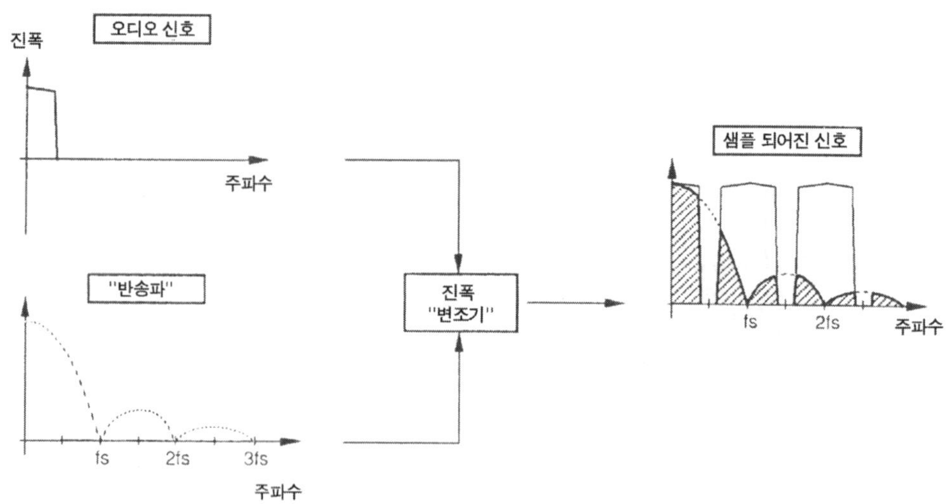

그림 6.6 실제의 샘플 홀드 프로세스의 주파수 영역의 표현

그 때문에 샘플링 파형은 그림 6.5에서 표시를 하는 것과 같이 아날로그 오디오 신호를 계단파 형식으로 표현한 것으로 하고 있는데, 그 진폭은 샘플링 기간 $(1/f_s)$과 같다고 할 수 있다.

또한 이렇게 검증되어진 확증 된 프로세서의 결과를 가지고 주파수특성에서는 샘플링 펄스를 푸리에 변환(Fourier Transform) 한 형태로 하고 있다. 그 때문에 고역 주파수 신호는 감쇠를 한다고 할 수 있고, 이러한 감쇠를 아파쳐(Aperture Error) 에러라고 하고 있다.

이러한 감쇠 엔베롭(Envelop)은 (sin x)/x주파수 특성을 가진 필터와 같다고 할 수 있고, 샘플링 되어진 신호의 스펙트럼은 그림 6.6에서 표시를 하는 것과 같이 샘플링 주파수의 정수배 주파수로 제로(Null)가 되고 있다고 할 수 있다.

6.2.4 양자화(Quantization)

오리지널 아날로그 파형의 각 샘플의 치는 A/D콘버터 가운데 양자화(Quantization) 라고 불리 우는 부분으로 디지털의 2진수 치에 의하여 변환 되어 진다고 할 수 있는데, 리니어한 4비트시스템에 있어서 예를 들면 각 샘플링 진폭치를 엔코드를 하기위하여 16의 2진수치가 사용하게 되어진다고 할 수 있다.

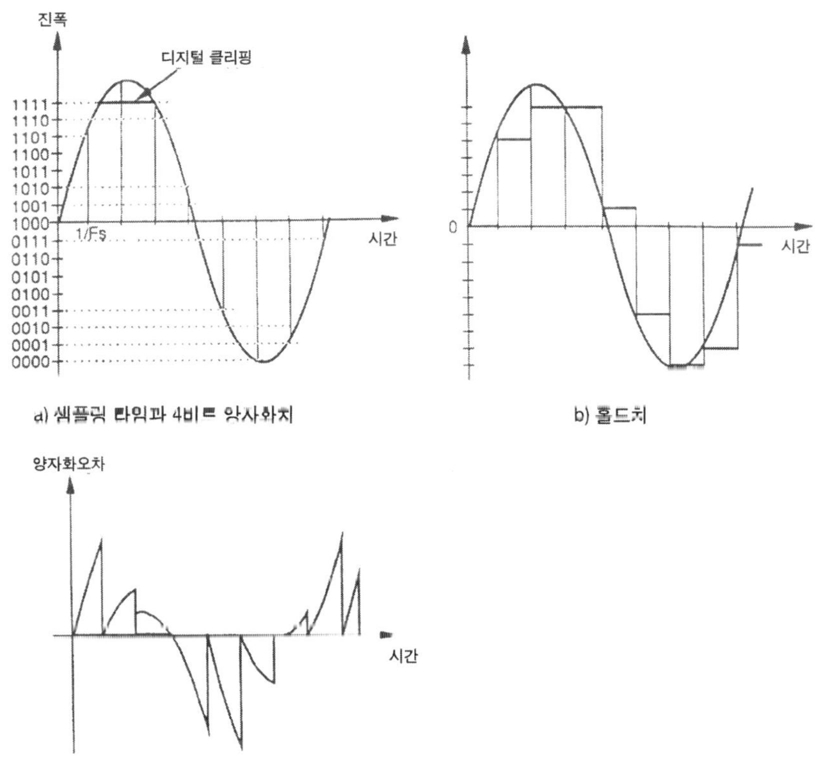

a) 샘플링 타임과 4비트 양자화치

b) 홀드치

c) 양자화 오차

그림 6.7 4비트 A/D시스템에서의 샘플링 프로세스와 양자화오차

그림 6.7a에서 표시한 예에서는 오리지널 정현파의 오디오 신호의 경우에는 각 샘플 타이밍으로 진폭치가 측정 되어진다고 할 수 있다. 그러나 각 샘플의 진폭치를 표시를 하기 위하여는 적은 량의 16의 2진수치 밖에 사용되어 지지 아니하므로 실제의 진폭치는 2개의 2진수치의 중간이 된다고 할 수 있다. 이러한 경우에는 가장 실제치에 가까이 있는 2진수치가 선택 되어진다고 할 수 있는데, 이렇게 선택되어진 2진수 치와 원래 사용하던 치와의 차이를 우리는 양자화오차(Quantizing Error)이라고 부르고 있다.

원래 아날로그파형과 샘플 홀드 되어 양자화 되어진 오디오 신호의 계단 파형의 형식과 양자화 오차는 그림 6.7b, 그림 6.7c에서 표시한 것과 같다고 할 수 있다.

그림 6.7의 양자화 예로부터 아래와 같은 중요한 결론을 얻는 것이 가능 하다고 할 수 있다.

- 2진수의 범위는 오리지널 오디오파형의 정방향의 변이에 대한 것과 부방향의 변이에 대한 것으로 같지 않다고 할 수 있고, 오디오신호와 같이 부의 치가 있는 신호의 2진수 표현은 "2의 보수" (Tows Complement)라고 불리 우는 코딩이 사용되어 진다고 할 수 있다.
  샘플 데이터비트의 가장 상위의 MSB(Most Significant)비트는 그림 6.8에서 표시하는 것과 같이 정, 부의 부호를 나타나게 하고 있다고 할 수 있다. 20비트 시스템에서의 최대 진폭은 16진수로 표시를 한다면 정 방향으로는 7FFFF 라고 표시가 가능하고, 부방향으로는 80000의 치로 제한되어져 있다고 할 수 있다.
- 낮은 레벨의 아날로그 오디오 신호는 대단히 적은 디지털 레벨의 수로 양자화 되어진다고 할 수 있고, 그 때문에 낮은 입력 레벨에서는 양자화 오차에 대한 영향은 대단히 크다고 할 수 있다. 또한 이러한 양자화 오차의 크기는 양자화 스텝의 간격을 좁혀서 디지털 레벨의 수를 증가시키면 감소를 한다고 할 수 있고, 이러한 5비트 시스템에서는 양자화 스텝의 간격은 4비트 시스템에 반이되어 비트가 1 증가하면 그의 반이 된다고 할 수 있다.
  초기의 16비트 오디오 양자화 기기 에서는 양자화 레벨수를 65,535(2^{16}-1)으로 하는 것이 가능하였으나 최근 기술의 발전에 힘입어 고정도의 A/D컨버터에서는 정확한 20비트 양자화 레벨을 얻는 것이 가능하여 양자화 스텝의 간격은 16비트로 처리하였을 때의 양자화 간격의 1/16이 되게 하고 있다.

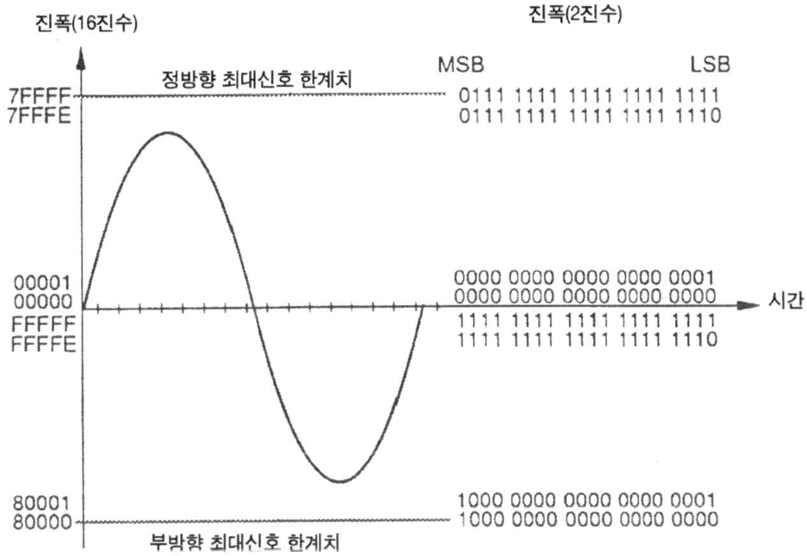

그림 6.8 2의 보조 코딩에서 20비트의 예

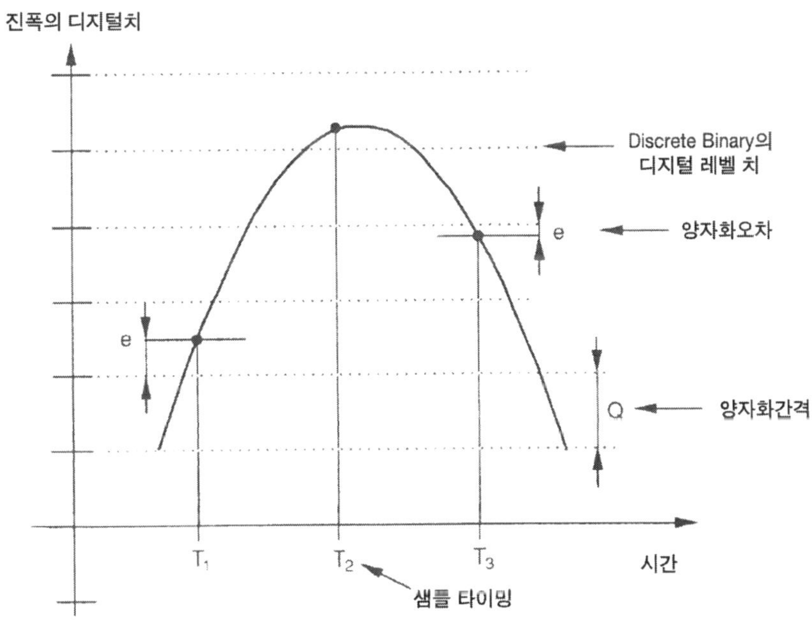

그림 6.9 양자화 간격과 오차

양자화 오차의 크기를 감소시키는 하나의 방법으로는 샘플링 주파수를 올리는 방법이 있는데, 원래 오디오신호의 주파수가 높은 경우에 샘플링 간격을 좁게 하는 것에 의하여 샘플링 데이터를 장시간 홀드 시키기 위하여 발생하는 많은 양자화 오차를 억제하는 것이 가능하다고 할 수 있다.

이러한 방법을 오버 샘플링 이라고 부르고 있고, 이러한 것에 대한 자세한 내용은 다음 장에서 설명을 하기로 한다.

- 아날로그 오디오 신호의 진폭이 양자화 범위를 초과한다면 디지털 클리핑이 일어난다.

이러한 양자화 오차의 최대치는 그림 6.9에 표시를 하고 있는 것과 같이 양자화 기가 가장 가까이 있는 2진수치로 변환을 하기위하여 1양자화 스텝의 반이 된다고 할 수 있다. 그림 6.9에서는 샘플링 타이밍 T1에서 측정 되어진 치는 2개의 양자화 레벨의 중간이 된다고 할 수 있고, 이러한 샘플링 타이밍에 있어서는 양자화 오차는 크게 되어있어 양자화기는 측정치 바로 밑이나 바로위의 양자화 레벨 치를 할당한다고 할 수 있다.

이러한 양자화오차는 신호에 따라서 변화를 하고 있지만 오리지널 신호를 중첩하고 있는 적은 량의 노이즈가 랜덤 한 성분을 부가 한다고 할 수 있고, 특히 샘플링 되어진 치가 2개의 양자화레벨 중간에 있는 경우의 양자화오차에서는 이러한 랜덤한 성분이 강하게 영향을 준다고 할 수 있다. 따라서 이러한 결과로 인하여 오차는 오리지널 신호에 노이즈가 부가 되어있는 것과 같이 되어 원래의 음에 대하여 알갱이 모양의 입상이 되거나 또는 거친 느낌을 받을 수가 있다고 할 수 있는데, 이러한 것을 간단하게 이야기하면 한 개의 샘플에 대하여 오차와 그 다음에 생기는 샘플링에 대한 오차와는 관계가 없이 랜덤 하다고 할 수 있다. 그 결과 양자화오차에 대한 스펙트럼은 모든 주파수에서 거의 같은 에너지가 되어 양자화 오차는 화이트 노이즈가 된다고 할 수 있다.

이러한 양자화 오차에 의한 노이즈의 SNR(Signal to Noise Ratio)은 최대 허용 정현파 레벨 (클립 레벨 이하) 치와 양자화 오차의 RMS(Root Mean Square) 치의 비라고 할 수 있는데, n비트의 A/D컨버터에서는 반 이라고 할수 있는 2^{n-1}의 양자화 스텝이 정현파 양극성에 사용되어진다고 할 수 있고, 따라서 최대 허용 정현파의 RMS의 치 V는 아래와 같은 식으로 표현 할 수가 있다고 할 수 있다.

$$V=\frac{2^{n-1}Q}{\sqrt{2}}$$

여기에서 “Q”이라고 하는 것은 1개의 양자스텝의 간격 치로서 2^{n-1}은 양자화 스텝수 2^n의 반을 표시하고 있다.

넓은 대역의 스펙트럼과 높은 진폭 레벨의 오디오 신호가 발생하는 양자화 오차는 그림 6.10에서 표시를 하고 있는 것과 같이 +Q/2로부터 -Q/2 까지 어떠한 치를 가지고 있다고 하더라도 같이 취급할 가능성이 있다고 할 수 있다.

그 때문에 한 개의 양자화 스텝간격가운데에는 플래트한 에러의 분포를 하고 있다고 할 수 있는데, 양자화 오차의 랜덤한 Q개의 치가 있다고 한다면 그 각 치에서 발생하는 확률은 1/Q과 같다고 할 수 있고, 양자화 오차 노이즈(Quantized Noise)의 RMS 치는 에러 자승 신호 평균치의 평방근 (Square of the Mean of the Sum of the Squared Error)이라고 할 수 있으며, 그 계산식은 다음과 같이 표시할 수 있다.

- 에러 자승의 신호

$$\int_{-Q/2}^{Q/2} e^2\, de \qquad (6.1식)$$

- 신호의 평균

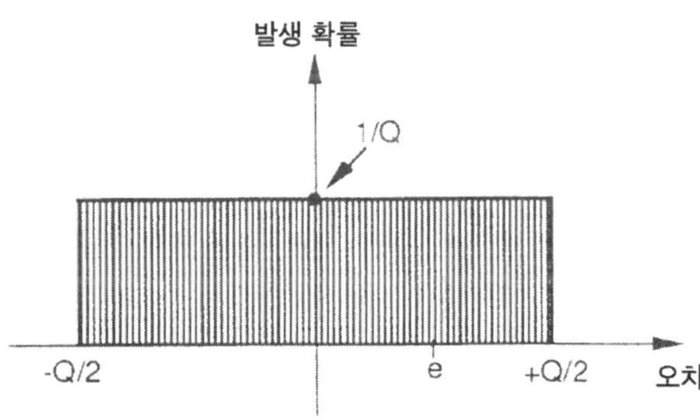

그림 6.10 -Q/2와 +Q/2의 사이에 어떠한 치라도 그의 발생 확률은 같을 것으로 생각이 된다

$$\frac{1}{Q}\int_{-Q/2}^{Q/2} e^2\, de \qquad (6.2식)$$

- 평균의 평방근

$$\text{Noise voltage(RMS)} = \sqrt{\left(\frac{1}{Q}\int_{-Q/2}^{Q/2} e^2\, de\right)} = \frac{Q}{\sqrt{12}} \qquad (6.3식)$$

신호와 양자화 노이즈의 RMS치의 비는 아래와 같은 식으로 나타낼 수가 있다.

$$\mathrm{SNR} = \frac{V}{N} = \frac{2^{n-1}Q}{\sqrt{2}} \frac{\sqrt{12}}{Q} = 2^{n}\sqrt{1.5} \qquad (6.4식)$$

이것을 다시 데시벨로 표시하면 다음과 같은 식으로 나타낼 수가 있다.

$$\mathrm{SNR(dB)} = 6.02n + 1.76$$

예를 들면 16비트의 A/D컨버터에서는 약 98㏈의 SNR이 되게 되어있고, 최근의 20비트 컨버터에서는 122㏈의 SNR이 된다고 할 수 있지만 그러나 이러한 관계는 낮은 레벨의 아날로그 정현파의 일 경우에 충실한 치라고는 할 수 없는데, 낮은 레벨일 경우 양자화 오차에는 신호에 따라서 변화를 하여, 입력 신호의 왜가 발생한다고 할 수 있다.

또 2이상의 다른 주파수의 낮은 레벨의 신호가 동시에 디지털로 변환을 할 경우에는 양자화 오차 때문에 혼변조 왜가 발생한다고 할 수 있다.

6.2.5 코딩(Coding)

양자화 되어진 2진수치는 샘플링 되어진 신호의 타입 또는 전송, 기록에 적합 한 형식으로 엔코드 되어진다고 할 수 있고, 이러한 형식 중에서 가장 많이 사용되는 형식은 펄스코드변조(Pulse Coded Modulation : PCM), 펄스폭 변조(Pulse Witch Modulation : PWM), 적응형 델타변조(Adaptive Delta Modulation : ADM), 부동 소수점(Floating Point), 차분 PCM(Differential PCM : DPCM)방식 등이라고 할 수 있다.

이중에서 마지막 2개 코딩 방법은 오디오 압축 시스템에서 주로 사용하고 있으므로 8.22항 과 8.7.1항에서 설명을 하기로 한다.

역주 8.22 또는 8.7.1항에서는 DPCM이라고 하는 오디오 블록 플로딩 시스템에 대하여 간단하게 설명을 하고 있으나 PWM과 적응형 델타 변조에 대하여는 설명을 하지 아니하였기 때문에 여기에서 간단히 설명을 하기로 한다.

PWM이라고 하는 것은 원래 아날로그신호에 레벨에 의하여 전송을 하는 펄스의 폭을 변화시키는 코딩의 방법으로 엄밀하게 말하면 불연속의 치로 되어있는 양자화는 하지 아니한다고 할 수 있는 것으로서, 스튜디오 오디오 신호의 디지털 전송에 있어서는 보통 사용하지 아니한다는 것이다.

이러한 델타 변조는 샘플링의 정도를 가지고, 한 개전의 샘플링 델타와 비교하여 그 치가 감소하여 있으면 “1”이라고 표시를 하고, 증가하여 있으면 “0”이라고 하는 것과 같이 하여 1비트씩 비트를 계속하여 할당하여 가는 방법으로서 샘플링 주파수가 대단히 높게 하는 것이 필요하다고 할 수 있으나 각 샘플은 아주적은 1비트를 사용하여 표현이 되는 코딩 방법이라고 할 수 있다. 이러한 D/A변환은 “1”의 경우에는 1양자화 스텝의 -Δ “0”의 경우는 +Δ의 전압을 발생 시키어서 원래의 아날로그신호를 Δ스텝에 계단파에 근접하게 시킨다는 것으로서, 이러한 형식을 사용할 경우에는 엔코더와 디코더가 간단하다는 특징이 있다고 할 수 있다.

적응형이라고 하는 것은 이러한 양자화 스텝Δ을 원래의 신호레벨이 높을 경우에는 크게하고, 원래의 신호레벨이 낮을 경우에는 적게 하는 것에 의하여 저 레벨의 SNR을 개선하는 방법으로서, 이러한 양자화 방법의 특성은 특정한 곡신에 의한 비직선 양자화라는 특징이 있다고 할 수 있다.

PCM은 가장 심플하고, 가장 널리 사용되고 있는 오디오 코딩 시스템이라고 할 수 있으나 효율은 가장 낮다고 전해오고 있는 형식이라고 할 수 있는데, 이러한 PCM 방식은 신호의 전 진폭 범위 내에서 일정의 양자화 간격(양자화 스텝)을 사용하는 직선 양자화를 시행 한다고 할 수 있다. 또한 A/D변환의 양자화 정도(Resolution Accuracy)는 아날로그신호의 진폭을 코드화하기 위하여 얻어지는 양자화 간격수 (Quantizing Intervals), 즉 예를 들어 설명을 하면 18 비트로 할 경우에는 2^{18} = 262,144로 결정한다고 할 수 있고, 이러한 모두의 양자화 레벨은 그림 6.8에서 표시를 하는 것과 같이 2진수의 승순에 의하여 코드 워크가 배당되어 있다고 할 수 있다.

6.2.6 디서(Dither)

저 레벨의 신호에 있어서 양자화 왜를 감소시키려면 신호의 화이트 노이즈를 부가하는 디서(Dither)라고 불리 우는 방법이 사용되고 있다고 할 수 있고, 여기에서 부가하는 노이즈의 RMS의 레벨지가 1양사화 간격의 1/3을 넘지 아니하는 것이 중요하다고 할 수 있다.

아날로그 신호의 변환에 있어서는 부가되는 노이즈에 따라서 원래의 신호가 세밀하게 유동하기 때문에 원래와 관계가 없는 신호 즉 노이즈라는 것이 발생하지만 보간을 위한 로패스 필터에 의하여 그 신호는 시간적으로 평균화되어지기 때문에 이러한 부분이 필터 되어져 거의 오리지널 신호의 복원이 가능하여 진다고 할 수 있다.

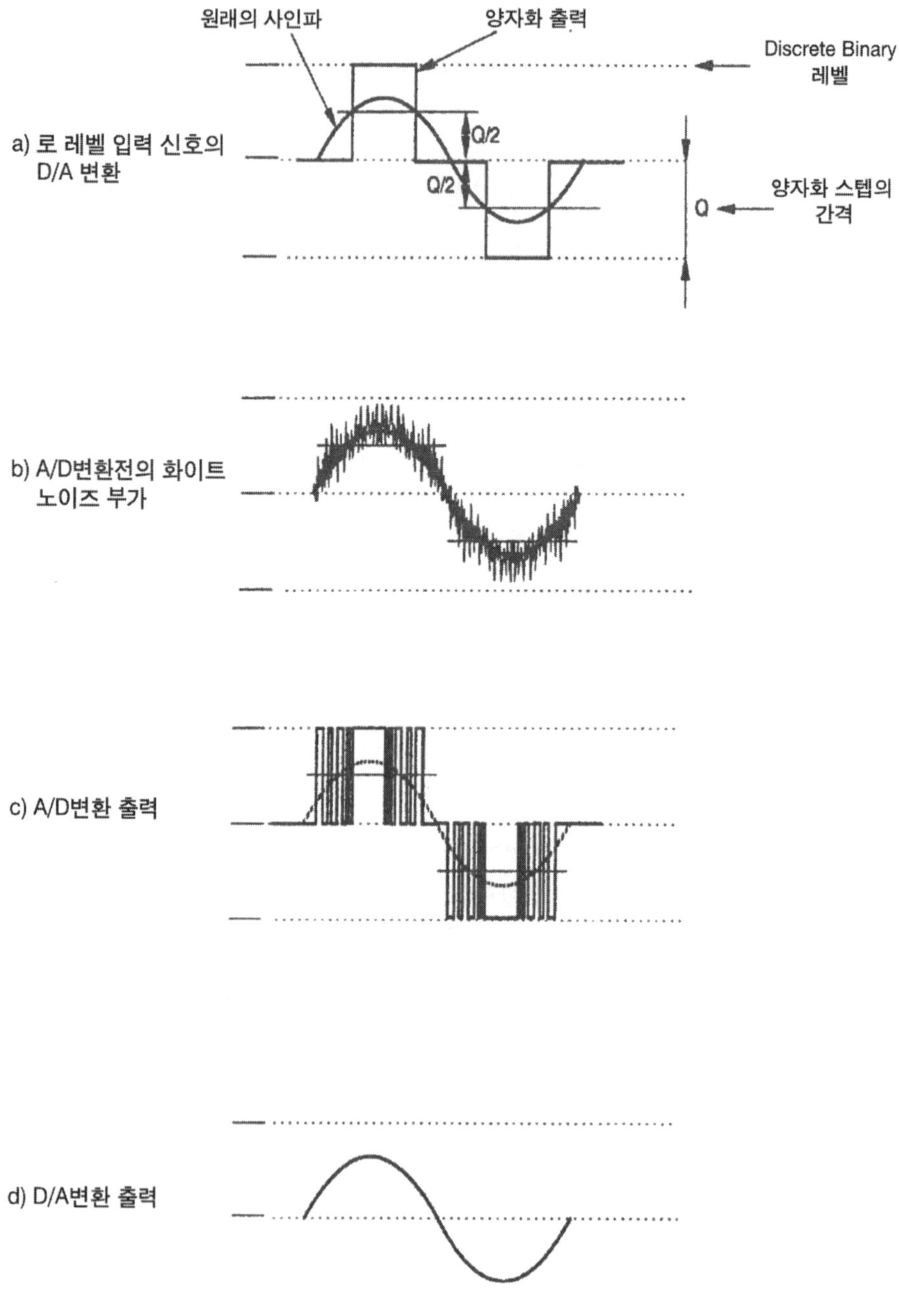

그림 6.11 로레벨 입력 신호의 디서(Dither)의 적용

그림 6.11a에서는 저 레벨의 아날로그 신호의 양자화를 함에 따라서 발생하는 왜를 표시하고 있다고 할 수 있고, 이러한 양자화 왜는 중요한 것으로서 아날로그로 재 변환을 하였을 경우에 왜가 나타난다고 할 수 있다. 또 그림 6.11b에서는 노이즈가 부가 되어져 있다고 할 수 있는데, 아날로그 신호의 진폭이 제로에 근접하여 있을 경우에는 A/D컨버터의 출력도 제로라고 할 수 있다.

이러한 신호가 증가함에 있어서 부가되는 노이즈의 정 피크가 Q/2를 초과 하였을 때, 노이즈의 부 피크레벨은 이런 Q/2보다 떨어진다고 할 수 있다. 그 결과 A/D컨버터의 출력은 그림 6.11c에서 표시하는 것과 같이 2개의 양자화 레벨 사이를 상하의 방향으로 유동성 있게 움직인다고 할 수 있다. 이러한 아날로그 신호의 진폭이 최대 정 진폭이 되는 컨버터의 출력은 일정의 높은 양자화 레벨에 도달하게 되어있는데, 전에 이야기한 것과 같이 같은 결과로 신호가 감소하여 최대의 부의 진폭 전압치에 도달하는 경우도 얻을 수가 있다는 것이다. 그림6.11d에서는 보간 평균 되어진 후의 D/A컨버터의 출력을 표시하고 있는데, 이럴 경우에는 양자화 왜는 거의 없어지고 노이즈 플로어(Noise Floor)는 약 2dB 정도 상승하고 있다고 할 수 있고, 이러한 디서(Dither)프로세스는 날카로운 양자화 레벨의 변화를 스무스(Smooth)하게 변화시키는 것에 의하여 양자화에 대한 오차를 일정하게 분산 시켜서 랜덤 노이즈로 변화 시키고 있다고 할 수 있다.

6.2.7 다이나믹 레인지

그림 6.8에서 표시를 하고 있는 것과 같이 최대의 디지털 코드치가 A/D컨버터에서 클립이 되지 아니하게 취급하는 것이 가능한 최대 오디오 레벨이라고 할 수 있는데, 이러한 최대 레벨의 치를 1dBFS(Full Scale)이라고 부르고, 모든 디지털 레벨은 이러한 것을 기준으로 하여 부의 dB치로 표시하고 있다고 할 수 있다.

이러한 최대 레벨은 컨버터의 디서(Dither) 노이즈로 셋팅이 되어 20비트 A/D 컨버터에서는 거의 -120dBFS정도 된다고 할 수 있는데, 이러한 결과에 의하여 우리가 통상적으로 이야기하는 다이나믹레인지는 120dB가 되는 것이다.

최대 신호레벨(Maximum Signal Level : MSL)이라는 것은 어떤 시스템 또는 기기가 0dBFS의 코드치에 대하여 발생하는 아날로그 RMS의 치를 이야기하고 있다고 할 수 있고, 표준 신호레벨(Standard Operating Level : SOL)이라는 것은 VU미터나 PPM의 미터를 제로로 표기 시키는 것으로, 아날로그에서 기준레벨은 RMS치라 할 수 있다.

SOL이라고 하는 것은 5.2.2항에서 설명하고 있는 것과 같이 통상의 전압 매칭에 있어서는 dB_U으로 표시를 하고 있다고 할 수 있고, 600Ω의 전력 매칭에 있어서는 dBm이라고 표시하고 있다고 할 수 있으며, 헤드룸은 통상적으로 MSL과 SOL의 신호 레벨 비를 데시벨로 표시를 하고 있다고 할 수 있다.

리미터는 클리핑에 의한 고주파 왜가 에일리어싱(Aliasing)을 발생하지 못하게 하기위하여 로 패스 필터 전에 배치되어진다고 할 수 있는데, LPF(Low Pass Filter)를 포함하여 리미터효과는 예상 하지 아니 하는 다이나믹 렌인지를 넘는 초과 입력에 의하여 귀에 자극을 주는 비정상적인 사운드(Harsh Sounding)의 발생을 방지하는 것이라고 할 수 있다.

그리하여 기기를 제작하는 기기제작사에서는 통상적으로 -20dBFS를 SOL(+8dBm 또는 0 VU)로 하여 선택을 하고 있고, 헤드룸은 20dB를 선택하여 사용하고 있는데, 이러한 것에 의하여 오디오 시스템의 다이나믹 레인지를 표준 레벨로부터 20dB위의 피크까지 하고 있다고 할 수 있다. 그러나 약간의 오디오기기는 이러한 형식과는 다른 헤드룸을 가지고 있다고 할 수 있는데, 이러한 경우 디지털 더빙(Digital Dubbing)에 있어서는 문제가 없지만, 오디오 영역의 변환으로 문제를 일으키는 경우가 있다고 할 수 있고, 이런 경우에 토털로 하여 오디오기기 사이에 동작 레벨을 통일하기 위하여 감쇄 패드(Pads)를 삽입하는 것으로 하고 있다고 할 수 있다.

대표적인 디지털 오디오 프로세스 기기의 입출력 인터페이스는 아래와 같은 3개의 개념으로 분리되어 있다고 할 수 있다.

- 디지털 오디오입출력의 신호에 대해서 이야기를 하면 오디오 신호의 수신, 프로세스, 송신 등에서 모두 20dB의 헤드룸을 사용한다면 문제가 없다고 생각이 된다.
- 아날로그 오디오 입출력의 신호에 대해서 이야기하면 아날로그 기기로부터 입출력은 보통 헤드룸은 12dB이상으로 하고 있으나, 디지털 변환되어진 후에 프로세스, 재 아날로그 송신 모두는 입력의 다이나믹 레인지 범위 내에서 시행을 한다면 문제는 없다고 생각이 된다.
- 아날로그 또는 디지털의 입출력에 대하여 이야기를 하면 이러한 타입의 기기에서는 아날로그 출력의 신호가 문제를 일으킬 가능성도 있다고 할 수 있으나, 만약 20dB헤드룸을 가진 디지털 입력이 수신되어 프로세스가 되어진 후에 아날로그 출력으로 변환을 시킨다면 그 출력의 신호는 +28dBm의 피크를 가질 가능성이 있어 후에도 계속하여 보통의 아날로그 기기로서는 과부하가 걸리게 되어있다.

6.2.8 표준 샘플링 주파수

현재 아래와 같은 3종류의 샘플링 주파수가 사용되고 있다.

- 32kHz(전송 업무용 스탠더드 주파수) : 이러한 주파수는 초기에 FM스테레오 방송 기에 전송하는 지상파 디지털 빙송 중계회선용으로 선택이 되었다고 할 수 있다.
- 44.1kHz(가정용 스탠더드 주파수) : 이러한 샘플링 주파수는 NTSC 또는 PAL방식의 U-Matic(유 매틱) VTR에 있어서 PCM 어댑터(Adaptor)를 내장하고 있어 디지털 오디오 신호를 영상 신호파형에 근접해 있는 형태로 하여 기록하고, 재생이 가능한 형태로 하기 위하여 선택 되어졌다고 할 수 있는데, 그 후에 이러한 VTR은 콤팩트디스크(CD)의 마스터로 사용이 되어, 44.1kHz는 사실상의 스탠더드(표준의) 주파수가 되었다고 할 수 있고, 더 나아가 그 후에는 R-DAT의 재생 전용 주파수로 채용이 되었다고 할 수 있다.
- 48kHz(방송 업무용 스탠더드 주파수) : 이러한 주파수는 32kHz와 단순한 관계가 있어 용이하게 상호 교환이 가능하고, 더 나아가 22kHz 까지 아날로그 주파수 대역에 대응이 가능하다고 할 수 있다.

6.2.9 프리엠파시스(Pre-Emphasis)

오디오 신호의 프리엠파시스는 디지털 테이프 레코더 시스템이라 할지라도 재생 시에 사용하는 디엠파시스와 조합하여 사용하는 것이 가능하게 하고 있는데, 이러한 것에 의하여 높은 주파수의 양자화 노이즈 성분이 귀에 들리는 것을 어렵게 하고 있다고 할 수 있다.

프리엠파시스를 온(On)한 경우에는 아날로그 오디오 성분의 고역성분 레벨이 기록시에 증가되지만 양자화에 따르는 노이즈는 변화가 없다고 할 수 있는데, 재생시에는 고역의 오디오 신호는 자동적으로 원래의 레벨로 돌아오는 것은 물론, 동시에 고역 노이즈는 감소한다고 할 수 있다.

이러한 처리는 특히 아날로그 오디오 입력신호에서 3kHz이상의 레벨같이 높은 경우에는 통상적으로 오프(Off)시킨다고 할 수 있다.

이러한 프리엠파시스는 디지털 레코더의 입력이 디지털 신호의 경우에는 시행하지 아니한다고 할 수 있지만 그러나 디지털 입력신호가 AES/EBU의 CD타입(15/50-μs)의 방식을 사용하는 외부 기기로서 프리엠파시스를 시행하는 경우와 재생시에 아날로그로 변환되어진 신호에 대하여는 디엠파시스를 시행 한다고 할 수 있는데, 혹시 디지털 입력신호가 CCITT방식에 있어서 엠파시스가 시행 되는 경우의 아날로그 출력에는 디엠파시스가 시행이 되지 아니한다고 할 수 있다.

디지털 녹음에 있어서 테이프 호환성을 유지하기 위해서는 엠파시스를 시행을 하지 아니하는 것을 장려하고 있다. 그리하여 SMPTE에서는 이러한 것 때문에 추천과 장려 규정(Recommended Practice)을 정하고 있다고 할 수 있고, 이러한 프리엠파시스가 사용되고 있을 경우에는 디지털 오디오 레코더 내에 자동검지회로가 동작을 하게 되어있다고 할 수 있다. 또 프리엠파시스 되어진 오디오테이프와 엠파시스가 되어지지 아니한 오디오 테이프를 편집할 경우에는 편집점에서 주파수 특성이 다르기 때문에 단시간에 걸쳐서 튀는 증상이 나타날 수가 있는데, 이러한 상태를 피하지 아니하면 되지 아니한다.

역주 여기에서 프리엠파시스라는 것에 대하여 정의하자면 신호 대 잡음비, 주파수 특성, 왜곡 특성을 개선하기 위하여 전송 주파수의 어떤 부분을 송신측에서 사전에 강조하는 것으로 주파수 변조에 있어서 잡음은 변조 주파수가 높아질수록 커지므로 이것을 낮게 감소시키기 위하여 변조신호의 고역을 미리 일정한 시정수로 강조해두고, 수신측에서는 역으로 동일한 시정수로 고역을 약하게 하는 방법을 사용한다고 할 수 있다. 이러한 방법에 의하여 종합 적인 진폭 주파수 특성을 평탄하게 유지하면서 전송 계통의 잡음 성분을 디엠파시스로 분리하여 감소시킬 수 있다는 이득이 있다고 할 수 있다.

6.3 D/A변환의 원리

6.3.1 D/A컨버터

디지털 데이터로부터 아날로그 전압으로 변환하는 협의의 D/A컨버터 부분에서는 최초의 2개의 보수 코드가 그것을 표현하는 2진수의 치로 디코드 된다고 할 수 있는데, 그러한 것 에서는 오리지널 오디오 신호 샘플의 진폭을 표현하는 전압치로 변환 되어진다고 할 수 있다.

이러 간단한 D/A컨버터는 기준의 전압원과 정확한 저항을 사용하여 2진수 워드의 MSB로부터 LSB로의 각 비트마다 웨이팅($2^n, 2^{n-1} \cdots 2^1, 2^0$)에 맞추어진 정전류원을 만들어서 그 전류원을 각비트에 "1" 또는 "0"에 의하여 스위칭 하는 것으로 하고 있다고 할 수 있는데, 그림 6.12에서는 그러한 원리를 사용하고 있는 n비트의 D/A컨버터를 표시하고 있다.

이러한 n비트의 컨버터는 n개의 스위치를 제어하고 있다고 할 수 있는데, 이러한 스위치의 On은 디지털 신호워드의 각 비트의 "1"로 표시가 되어지고, Off일 경우에는 "0"로 대응하고 있다고 할 수 있으며, 이러한 스위치 On, Off에 의하여 샘플링 워드에 있어서 각 비트를 웨딩에 비례하게 출력 전압치가 발생하게 하고 있다고 할 수 있다. 그림 6.13A에서는 이러한 D/A출력의 파형을 표시하고 있다.

6.3.2 아파쳐(Aperture) 효과

우선 6.2.3항에서 설명을 한 것과 같이 실제의 샘플링 프로세스는 A/D변환을 하기위하여 시간 축을 얻기 위하여 넓은 샘플링 펄스를 사용하고 있다고 할 수 있는데, 이러한 같은 사정은 D/A변환사이에도 일어난다고 할 수 있으나, 여기에서는 스위칭을 하기 위하여 글리치(Glitch)가 변환 되어진 신호로 존재하고 있다고 할 수 있다. 따라서 이러한 글리치(Glitch)를 피하기 위하여는 가능하면 펄스의 폭을 좁게 하기 위한 별도의 샘플 홀드 회로가 설치되어 있는 리샘플(Resample)이라는 것이 그림 6.13a와 그림 6.13b와 같이 시행되어 진다고 할 수 있다.

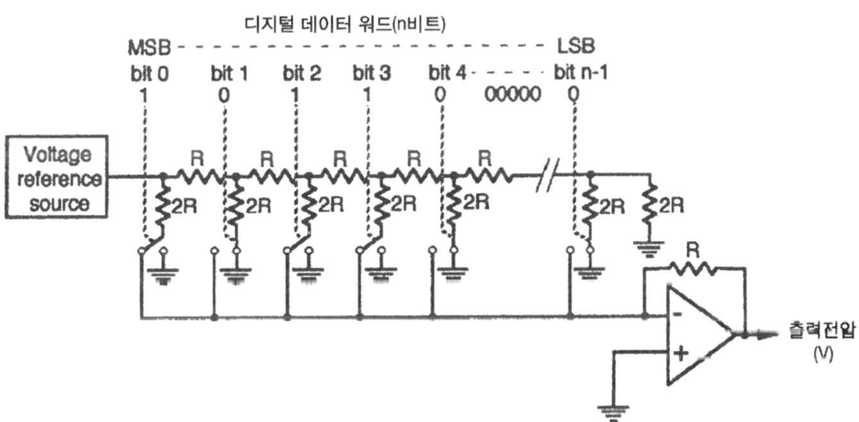

$$V = -V_{Ref}\left(\frac{bit0}{2} + \frac{bit1}{4} + \frac{bit2}{8} + \frac{bit3}{16} + \cdots + \frac{bit\ n\text{-}1}{2^n}\right)$$

위의 예에서는

$$V = -V_{Ref}\left(\frac{1}{2} + \frac{0}{4} + \frac{1}{8} + \frac{1}{16} + \frac{0}{32} \cdots + \frac{0}{2^n}\right) = -V_{Ref}\ (1/2 + 1/8 + 1/16) = -V_{Ref}\ (11/16)$$

그림 6.12 디지털 아날로그 컨버터

샘플 홀드 프로세스(Sample and Hold Process) 사용의 의미에 있어서는 이미 그림 6.6에서와 같이 설명을 할 수가 있는데, 여기 그림 6.6에서 설명한 것과 같이 샘플 되어진 신호의 스펙트럼은 (sin x)/x의 포락선 파형을 가진 캐리어 신호를 진폭 변조한 것이라고 할 수 있다. 또한 이러한 샘플링의 펄스 파형에 폭은 거의 제로일 경우에는 〈(sin x)/x=1〉가 이상적인경우이라고 할 수 있어, 고역 특성의 롤 오프(Roll Off : 유연한 감쇄)는 아니라고 할 수 있는데, 이러한 롤 오프는 샘프링 펄스폭이 증가함에 있어서 고역 감쇄가 크게 나타난다고 할 수 있다. 따라서 이러한 샘플링 펄스의 폭을 아파쳐 타임(Aperture Time)이라고 부르고 있고, 감쇄를 방지하는 아파쳐 효과는 아파쳐 레이쇼(Aperture Ratio)라는 표에 의하여 나타난다고 할 수 있다.

샘플링 펄스 T와 샘플링 기간 T_s와 아파쳐 레이쇼(Aperture Ratio)와의 관계는

$$\text{아파쳐 레이쇼(Aperture Ratio)} = \frac{t}{T_S}$$

가 된다고 할 수 있는데,

100%아파쳐 레이쇼(Aperture Ratio)의 경우에는 샘플링 주파수의 반 정도 주파수를 사용하여 시행을 하였을 경우 고역 감쇄는 그림 6.14B에 표시하고 있는 것과 같이 약 4dB이라고 할 수 있고, 아파쳐 레이쇼(Aperture Ratio)가 12.5%의 감소한다면 고역 대역 감쇄는 약 0.2dB가 된다고 할 수 있다. 그러나 이경우의 사이드 밴드의 성분의 진폭은 증가한다고 할 수 있다(그림 6.14a참조)

역주 여기에서 새로운 용어로 글리치(Glitch) 라는 용어가 등장하는데, 이 글리치라는 것은 텔레비전 화면에 나타나는 저주파 간섭으로 호리존털(Horizontal) 라인이 상하로 움직이면서 화질을 떨어트리는 이상 현상이라고 할 수 있다.

6.3.3 로패스 필터(Low Pass Filter)

로 패스 필터는 우리가 흔히 보간 필터(Reconstruction Filter)라고 하는 것으로 출력에 있어서는 샘플링 프로세스에 가해 진 고주파(f_s/2이상)는 제거 되어진다고 할 수 있는데, 이러한 필터는 안티 이미지필터(Antiimage Filter)라고 불리 우는 것으로서, 기존 샘플링회로출력의 계단파에 포함되어있는 높은 고주파 성분을 제거하고 있다고 할 수 있다.

이러한 로패스 필터를 통한 출력 신호를 그림 6.13c에 표시를 하고 있는데, 아파쳐 효과를 보정하기 위하여 $f_s/2$주파수의 아래에 있는 주파수를 약간 부스트(Boost)를 하지만 이러한 것에 의하여 고역 노이즈도 같이 부스트 되기 때문에 SNR치는 그 만큼 저하 된다고 할 수 있다.

그림 6.15에서는 PCM엔코드 또는 디코드 프로세스에 개요를 표시하고 있다.

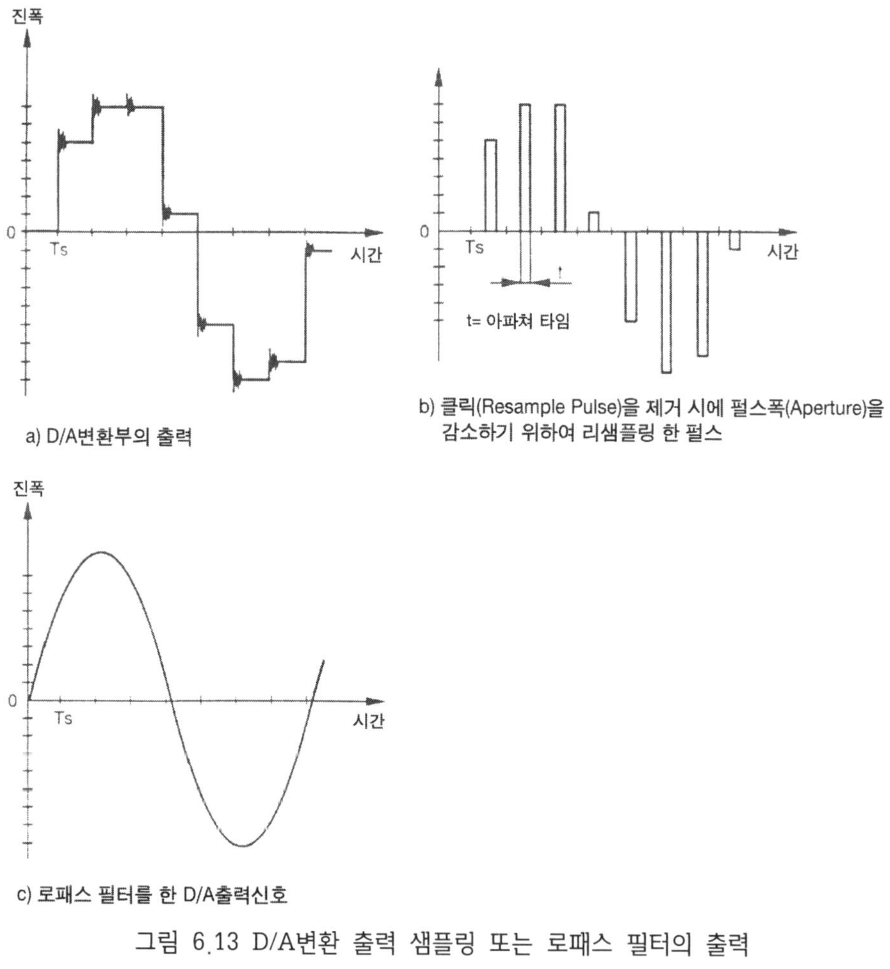

그림 6.13 D/A변환 출력 샘플링 또는 로패스 필터의 출력

6.3.4 오버 샘플링(Over Sampling)

오버 샘플링 이라고 하는 것은 양자화 오차와 에일리어스(Alias)성분을 감소시키어서 A/D 또는 D/A변환에 있어서 성능을 개선하기 위하여 사용되어진다고 할 수 있는데, 그림 6.16에서는 오디오 신호에 있어서 2배 오버 샘플링의 효과를 시간 영역으로 표시한 것이라고 할 수 있다.

아날로그 오디오 신호의 진폭 변화가 큰 경우에는 중간적인 별도의 양자화레벨이 부가되어 양자화 오차의 량이 감소한다고 할 수 있는데, 신호의 변화가 적은 곳에서는 거의 같은 양자화 레벨이 몇 번이라고 부가되기 때문에 오차의 개선 효과는 없다고 할 수 있다. 또한 오버 샘플링의 경우에는 비트수가 많다고 할 수 있는데, 예를 들면 18비트의 정확한 A/D의 변환이 사용되는 것이 보통으로 그 경우에는 16비트와 비교하여 양자화 간격이 1/4가 된다고 할 수 있기 때문에 양자화에 대한 오차도 1/4로 줄어들게 되어있다고 할 수 있다. 따라서 이 때문에 양자화 오차도 1/4정도가 되어서 저 레벨 신호에서 재현성이 개선되어진다고 할 수 있고, 그리하여 청각 상에서 본다면 이러한 개선은 음에 있어서 명료도가 증가하여 클리어하게 되어있어 원음에 보다 근접하는 음이 들리게 되어있다고 할 수 있다.

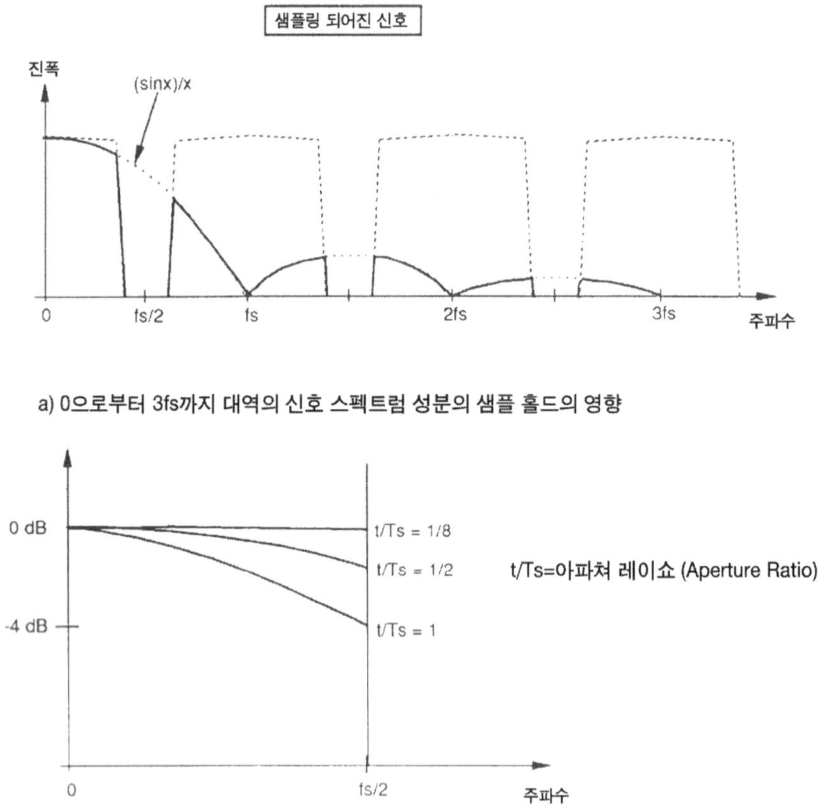

a) 0으로부터 3fs까지 대역의 신호 스펙트럼 성분의 샘플 홀드의 영향

b) 0으로부터 fs까지 대역의 신호 스펙트럼 성분의 샘플 홀드 폭의 영향

그림 6.14 아파쳐 레이쇼(Aperture Ratio)와 높은 주파수의 롤 오프특성

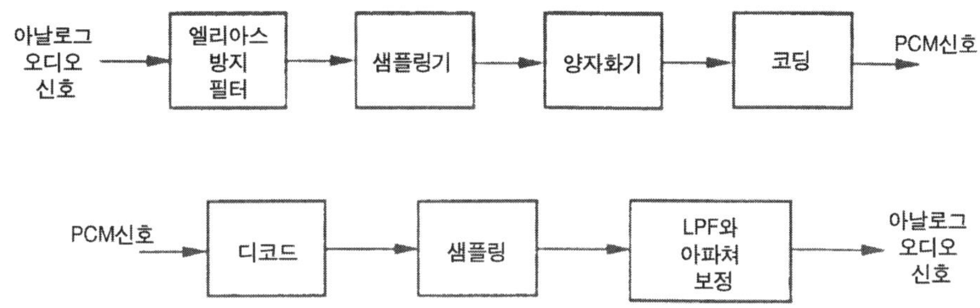

그림 6.15 PCM엔코드와 디코드

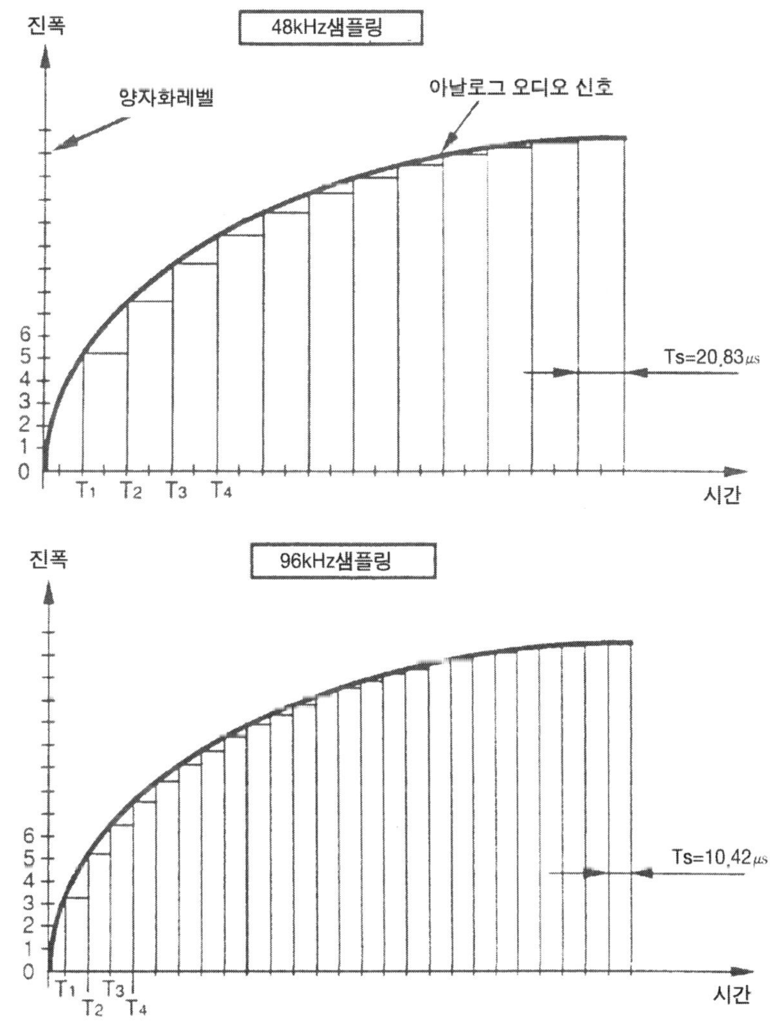

그림 6.16 시간 영역에서의 2배 오버 샘플링의 표시

이러한 2배의 오버 샘플링 시스템에서는 양자화 노이즈에 대한 스펙트럼이 통상의 2배의 대역에 분산하여있어 SNR을 3dB개선 한다고 할 수 있는데, 따라서 정현파신호에 대한 피크

$$\mathrm{SNR(dB)} = 6.02n + 1.76 + 10\log_{10} d$$

가 된다고 할 수 있다.

여기에서 n은 양자화 비트수를 나타내고 있고, d는 오버 샘플링의 요소(요인)를 나타내고 있다고 할 수 있고, 4배의 오버 샘플링에서는 SNR은 약 6dB개선되어 이러한 것은 양자화 비트를 1비트 증가시키는 것과 같다고 할 수 있다.

그림 6.17은 2배의 오버 샘플링 효과를 주파수 영역에서 표시한 것이라고 할 수 있고, 샘플링 되어진 신호의 스펙트럼 이미지는 원래의 샘플링 주파수의 2배 시프트 하고 있다고 할 수 있다.

또한 그 때문에 안티에일리어스 필터(Antialias Filter), 보간 필터는 큰 위상 시프트를 발생하는 샤프한 롤 오프를 가지고 있을 필요가 없다고 할 수 있는데, 이렇게 복원한 아날로그 신호의 에일리어스(Alias) 성분을 포함 하는 것도 완전하게 방지 하는 것이 가능하게 하고 있다고 할 수 있다.

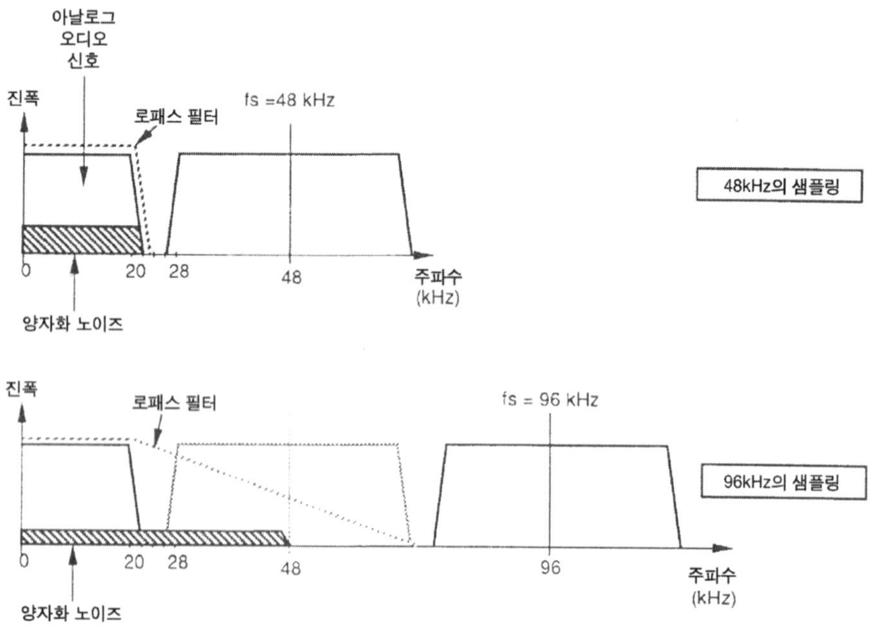

그림 6.17 주파수 영역에서의 2배 오버 샘플링의 표시

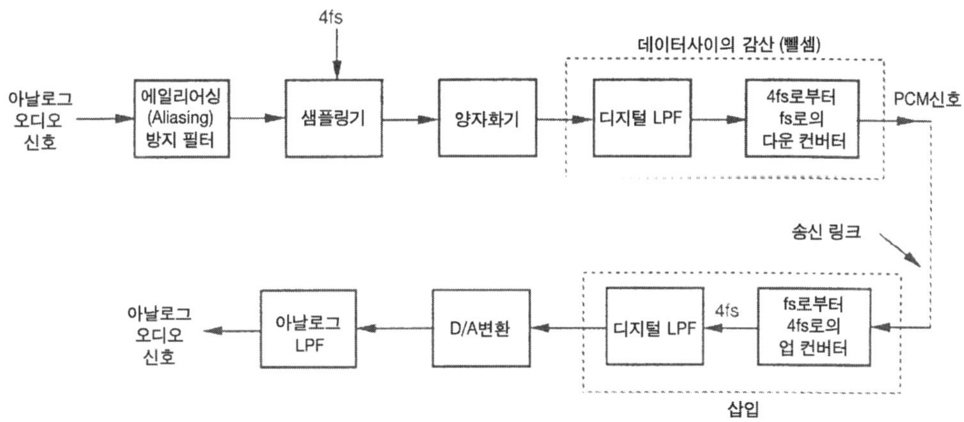

그림 6.18 4배 오버 샘플링 의 A/D와 D/A변환 시스템

그림 6.18에서는 4배의 오버 샘플링에서의 A/D와 D/A시스템의 계통도를 표시하고 있는데, 실제로 오버 샘플링 기술의 운용에 있어서는 A/D또는 D/A컨버터의 설계를 심플하게 하기 위하여 디지털 트랜스버살 필터(Digital Transversal Filter)가 사용되어진다고 할 수 있다. 이러한 디지털 필터는D/A변환 전에 샘플되어진 신호로부터 중요한 주파수 성분을 제거하여 안티에일리어스 필터(Antialias Filter)나 보간 필터가 샤프한 컷 오프 특성을 가질 필요가 없도록 하고 있다. 그 결과 간단한 로 패스 필터를 안티에일리어스 필터(Antialias Filter)나 보간 필터로 사용하는 것이 가능하게 하고 있다고 할 수 있다.

이러한 디지털 필터는 2진수의 데이터를 지연시키어서 가산과 연산을 하는 것에 의하여 동작을 한다고 할 수 있고, 이러한 프로세스는 컴퓨터 프로그램에 의하여 수학적 알고리즘을 이용하여서 메모리 가운데의 데이터를 조작하는 것에 의하여 용이하게 실행 하는 것이 가능하게 하고 있다고 할 수 있다. 또 이러한 디지털 필터의 특성은 통상의 아날로그 필터에서 사용을 하고 있는 저항이나 용량 등의 특성에 의존하고 있으므로 가장 정확하고 신뢰성이 높다고 할 수 있고, 제작이 간단하여 제작에 드는 비용도 낮다고 할 수 있다.

디지털 필터에서 사용을 하고 있는 지연 셀(Delay Cell)의 수가 그 필터의 차수를 결정 한다고 할 수 있는데, 멀티 플라이어(Multiplier)가 많다면 필터의 컷오프의 특성은 개선되어지고, 통과 대역의 리플은 감소한다고 할 수 있으며, 이러한 고차원의 디지털 필터는 위상 왜가 없이 샤프한 컷오프의 특성을 얻는 것이 가능하다고 할 수 있다.

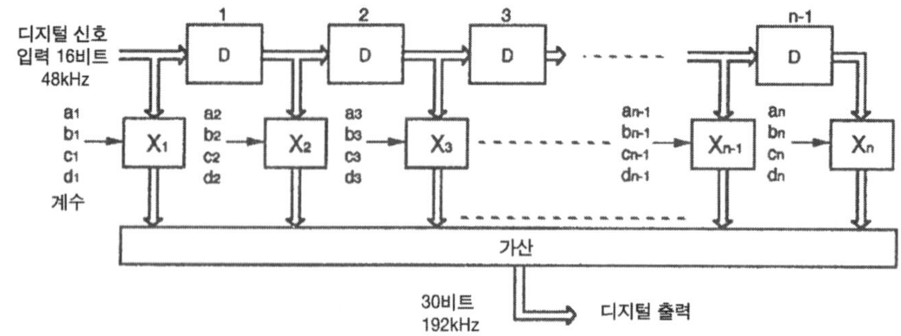

a) 4배 오버 샘플링 변환에 사용하는 n차의 트랜스버셜 필터

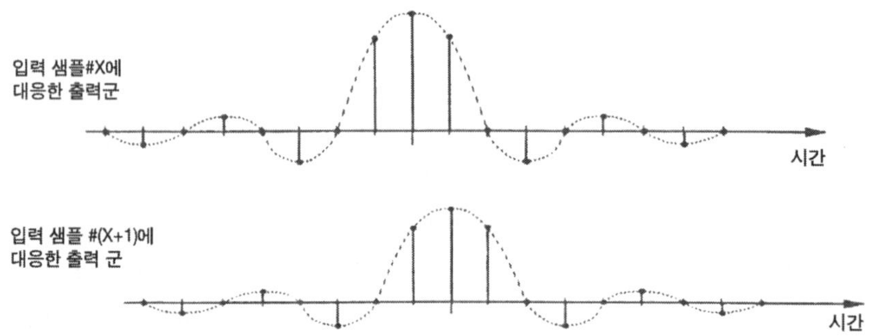

b) 표준 샘플 주파수에서 동작하는 17차 트랜스버셜 필터 출력
(1지연 셀당 1개의 계수)

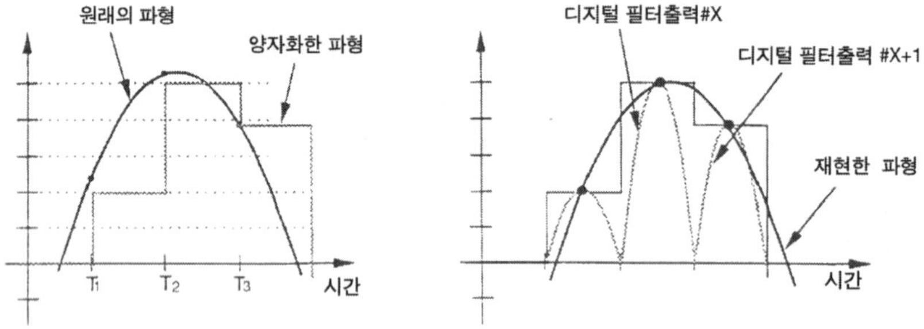

c) 표준 샘플 주파수에 있어서 지연되어 부가되어진 디지털 필터의 리스폰스(Responses)
(1지연셀당 한 개의 계수)

그림 6.19 4배 오버샘플링 변환에 사용하는 트랜스버셜 필터(Transversal Filter)

그림 6.19에서는 디지털 필터의 예로서 4배 오버 샘플링 변환용의 필터를 표시하고 있다고 할 수 있는데, 여기에서 각 셀(D)은 시프트 레지스터와 같이 지연기라고 할 수 있다. 또 이렇게 지연된 각 샘플의 데이터는 멀티플라이어(Multiplier) X_1,X_2…X_n을 사용하고 있는 계수에 의하여 곱셈이 되어 이러한 곱셈 결과가 가산기(Binary Adder)에 가산 되어진다고 할 수 있다.

이러한 디지털 필터가 어떻게 동작하고 있는가를 간단하게 설명을 하면 우선 그림 6.19a에 보는 바와 같이 디지털 필터를 사용하여 지연셀당에 1개의 연산(곱셈) 계수가 사용되고 있다고 할 수 있는데, 이러한 최초의 n개의 계수 (a_1,a_2…a_n)는 이상적인 로패스 필터의 리스폰스 곡선 (Response Curve)〈(sin x)/x〉로부터 구하여 진다고 할 수 있다.

또한 각 16비트의 입력 데이터 워드는 전부 지연 셀에 따라서 클럭 (Clock)마다 시프트를 시켜서 그 시프트 되어진 각 데이터는 14비트 최초 계수(a_1.a_2.a_3…a_n)를 사용하여 곱셈이 되어진다고 할 수 있는데, 그 결과 멀티 플라이어의 출력 데이터는 30비트 길다고 할 수 있고, 이러한 디지털 필터는 입력 샘플이 종속 접속되어진 지연 셀을 통과하여 1샘플링 기간의 간격으로 출력 펄스열을 발생하므로 트랜스버셜 필터(Transversal Filter)라고 부르고 있다.

이러한 펄스의 진폭은 각 샘플의 진폭을 (sin x)/x곡선에 있어서 샘플링 클럭 (Clock)의 간격T(T=1/f_s)마다 대응하는 치를 가지고 각 계수로 곱셈 한 결과라고 할 수 있는데, 그림 6.19b에서는 샘플 x와 (x+1)의 임펄스 리스폰스(Impulse Response)와 디지털 필터의 출력을 표시하고 있다고 할 수 있다. 모든 임펄스 리스폰스의 가산 되어진 것은 원래 파형의 재생과 보간을 하기위하여 아날로그 로패스 필터의 리스폰스에 대응을 하기 위함 이라고 할 수 있는데, 이렇게 하여서 트랜스버셜 필터는 D/A변환 전에 오디오 베이스 밴드보다 높은 모든 주파수 성분을 제거하는 데에 사용을 하고 있다고 할 수 있다.

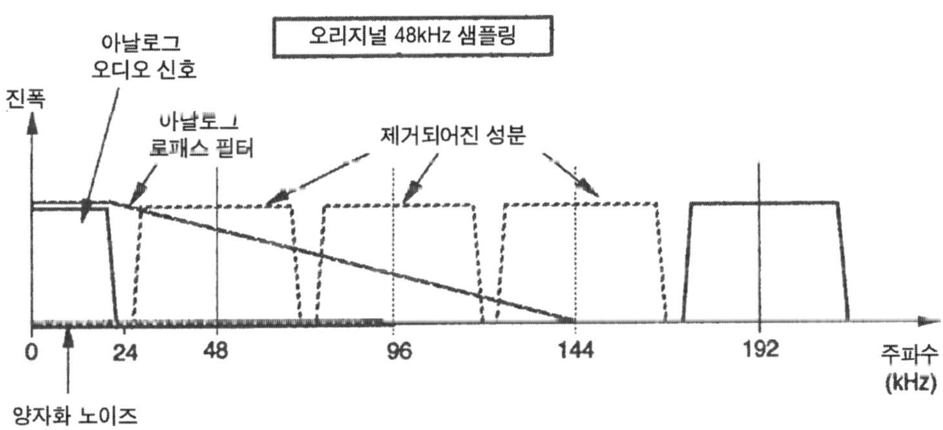

그림 6.20 4배 오버 샘플링 디지털 출력에 있어서 신호의 스펙트럼

역주 이러한 예의 디지털 필터는 주파수 대역이 $f_s/2$가 되는 이상적인 로 패스 필터라고 할 수 있는데, 그 때문에 $(\sin x)/x$의 임펄스 리스폰스(Response) 곡선으로 계수를 구해서 사용하고 있으나, 차수가 무한이 되지 아니하므로 실제의 유한의 차수에서는 링깅(Ringing) 등의 왜가 발생할 수가 있다고 할 수 있다. 또한 실제의 디지털 필터에서는 링깅 등을 피하기 위하여 롤 오프의 특성을 가지고 있는 필터의 특성을 설계하고 있으므로 그 필터의 임펄스 리스폰스를 구하는 것이 필요하다고 할 수 있는데, 이러한 필터에 대한 설계의 개념으로서는 다음과 같다고 할 수 있다.

(1) 설계하고자 하는 필터에 대한 주파수 특성을 결정한다.

(2) 그 필터의 임펄스 리스폰스를 푸리에(Response Fourier)변환 등을 사용하여 구한다.

(3) 그리하여 각 차수의 계수를 구해서 차수를 결정한다.
여기에서 각 차수도 이러한 것을 만드는데 드는 비용과 공간 등에 제한을 받고 있기 때문에, 가능하면 작은 차수와 단순한 계수를 사용하여 그 오차 때문에 발생을 하고 있는 주파수 특성의 오차를 구해 나중에 변형을 시키면서 적당한 치로 산출하여 갈수가 있다

(4) 실제로 트랜스버셜 필터를 설계한다. 등 이라고 할 수 있다.

4배의 오버 샘플링 필터에서는 원래의 샘플 치로 부터 3개의 중간치를 발생하기 위하여 부가 샘플 데이터가 내삽 보간(Interpolation)을 생성 한다고 할 수 있는데, 이러한 중간 샘플은 지연셀의 출력과 같게 유지를 하는 중에 어느 결정된 임펄스 리스폰스(Impulse Response)계수군(b1부터 b_n, c_1부터 c_n, d_1부터 d_n)에 의하여 먼저 설명한 단일 계수군(a_1부터 a_n)의 필터와 같은 방법으로 곱셈에 의하여 얻어 진다고 할 수 있다. 이러한 것에 의하여 얻어지는 토털 디지털 출력주파수 레이트는 4배(192kHz)로 상승 한다고 할 수 있는데, 그 결과로 인하여 샘플링 신호의 스펙트럼은 그림 6.20에 의한 것과 같이 된다고 할 수 있다. 또한 이러한 원래의 신호는 48kHz로 샘플링 되이어서 있으나 48, 96, 144kHz의 주변에 스펙트럼은 4배 오버 샘플링 필터를 사용하여 제거 되어져서 양자화 노이즈의 에너지는 $4f_s/2$=96kHz 대역으로 확산 되어져 있다고 할 수 있는데, 따라서 이러한 것은 4배의 대역이 확장되어진 결과에 의하여 노이즈레벨은 6dB 떨어지게 되어있다고 할 수 있다.

6.3.5 노이즈 쉐이핑 (Noise Shaping)

오버 샘플링 컨버터는 샘플링 신호의 주파수 범위를 확장을 하고 있는데, 그림 6.17에서 표시를 하고 있는 것과 같이 양자화 노이즈의 스펙트럼은 베이스 밴드의 범위를 넘어서 확산 시킨다고 할 수 있다. 또한 이러한 노이즈 쉐이핑 기술은 본래 대역을 플래트(Flat)하게 양자화 노이즈를 처리하여 오디오 베이스밴드 대역의 양자화 노이즈를 감소시키고, 그 대신에 베이스밴드 보다 높은 주파수 대역에서 양자화 노이즈 스펙트럼을 증대 시킨다고 할 수 있는데, 이러한 오버 올(Over All)의 양자화 노이즈의 량은 같다고 할 수 있으나, 그 스펙트럼의 형태는 변하고 있다고 할 수 있고, 이러한 고역에 의한 노이즈는 종단에 설치한 디지털 필터를 사용하여 억압을 시킨다고 할 수 있다.

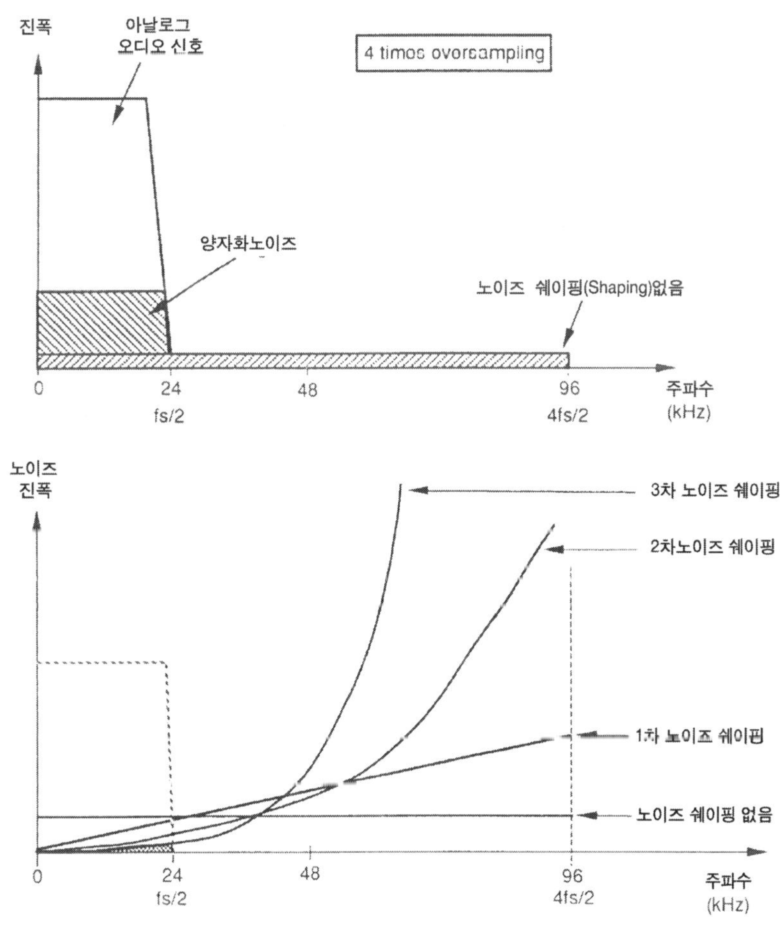

그림 6.21 오버 샘플링 한 양자화신호의 노이즈성분과 노이즈 쉐이핑 효과 (Noise Shaping Effect)

그림 6.21에서는 4배의 오버 샘플링에 있어서 노이즈 쉐이핑의 효과(Noise Shaping Effect)를 표시하고 있는데, 이러한 것에 의하여 청각상의 양자화 노이즈는 대폭 감소한다고 할 수 있고, 특히 2차, 3차의 쉐이핑 필터를 사용한 경우에는 노이즈가 많이 감소한다고 할 수 있다.

그림 6.22a에서는 노이즈 쉐이핑 피드백 루프(Noise Shaping Feedback Loop)를 가진 4배 오버 샘플링 A/D컨버터의 계통도라고 할 수 있는데, 이러한 루프는 외부로부터 입력되어진 아날로그 신호에 대하여 플래트 리스폰스의 전송기능으로 움직이게 하고, 동시에 루프(Loop) 내부에서 A/D 컨버터에 의한 양자화 왜 신호를 적분하는 기능을 가지고 있다고 할 수 있다. 그림 6.22b에서는 입력 아날로그 신호에 의한 A/D 컨버터 출력과 양자화 오차 신호를 표시하고 있다고 할 수 있다.

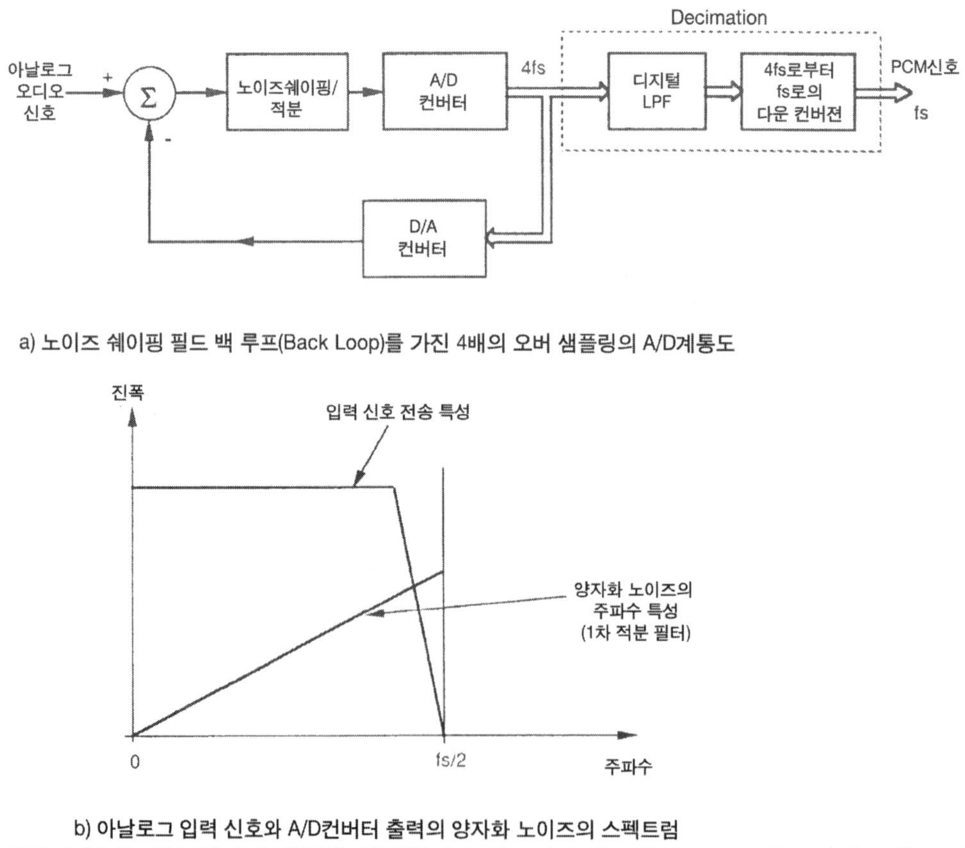

그림 6.22 노이즈 쉐이핑 휘드백 루프(Noise Shaping Feedback Loop)를 가진 4배 오버 샘플링 A/D컨버터

역주 그림 6.22a는 $\Delta\Sigma$변조기라고 불리 우는 구성의 노이즈 쉐이핑을 가진 A/D컨버터를 나타내고 있다고 할 수 있는데, 기본적으로는 이러한 노이즈 쉐이핑은 A/D컨버터의 입출력사이에 차이를 가지고, 다시 양자화 왜성분의 신호를 추출하어, 이 왜 성분에 지연을 가해서 입력 신호로부터의 차를 계산하여, 그러한 것을 A/D컨버터에 다시 입력 하는 것에 의하여 지연이 생기어도 같은 위상의 저 양자화 왜 성분은 감소하게 하는 형식으로 하고 있다. 따라서 그림 6.22에서는 그 변형으로서 개념적으로 설명을 하면 양자화 왜 성분을 가지고 있는 A/D컨버터의 출력은 로컬의 D/A컨버터를 사용하여 아날로그 신호로 되돌려서 입력 아날로그 신호와의 차이를 계산 하는 형태로 하고 있다고 할 수 있다.

이러한 처리는 지연이 생기게 되어있으므로 차분 되어진 신호는 입력 신호와의 시간적인 차이와 양자화 왜 성분이 된다고 할 수 있는데, 이러한 것을 다른 시각으로 보면 입력 신호의 변화 분을 가지고 미분 한 것이라고 할 수 있고, 그 뒤에 적분기로 적분되어진 입력은 원래의 신호로 다시 되돌아온다고 할 수 있다. 또한 양자화 왜성분의 저역에 있어서는 지연이 있더라도 거의 같은 위상의 왜 성분이므로 차분 회로에 의한 연산(뺄셈) 뒤에 적분으로 감소를 하지만 고역의 양자화 왜는 지연 때문에 역으로 가산이 된다고 할 수 있고, 이러한 형태로 하여 입력신호의 A/D컨버터의 베이스 밴드부분과 양자화 왜의 저역부분에 스펙트럼은 그림 6.22B와 같이 된다고 할 수 있다.

6.3.6 실제의 A/D, D/A컨버터의 한계

A/D 또는 D/A변환 프로세스는 양방향 모두 오디오 신호에 대하여 오차를 발생한다고 할 수 있는데, 이러한 오차는 각각 생각을 하면 통상적으로는 작은 것이라고 할 수 있다. 그러나 많은 A/D, D/A 변환을 통과한 경우에는 이러한 오차는 어느 특정 신호 레벨이나 어느 주파수 군에 있어서는 가산되어있어 귀로 느낄 수 있을 정도로 열화가 생긴다고 할 수 있는데, 이러한 오차는 아래와 같이 2가지의 개념으로 나누어서 설명을 할 수가 있다.

- 로패스 필터의 오차(LPF) : 그룹의 딜레이오차는 어떤 주파수 성분이 다른 주파수 그룹의 성분보다 가장 많이 지연되는 것에 의하여 발생을 한다고 할 수 있는데, 이러한 그룹딜레이오차는 복원 아날로그신호에 왜를 발생 시킨다고 할 수 있다. 또한 거기에 더해서 에일리어스(Alias)방지, 보간 로 패스 필터의 대역내의 리플은 가산 되어져서 복원 아날로그신호에 많은 주파수진폭 특성의 오차를 발생 시킨다고 할 수 있는데, 이러한 오차는 6.3.3항 또는 6.3.4항에서 설명하는 것과 같이 고차원의 디지털 필터를 사용하는 것에 의하여 감소시키는 것이 가능하다고 할 수 있다.

- 컨버터 오차 : 컨버터에서 샘플 클럭 주파수가 변화하면 샘플 위치가 정상적인 위치로부터 변화하여 변화한 곳의 위치에 샘플링 치로서는 양자화치의 오차를 발생 한다고 할 수 있는데, A/D, D/A컨버터 양자화 간격이 균일하지 아니하여서 비직선 왜가 발생한 경우에도 같은 양자화치의 오차가 발생한다고 할 수 있다.

아날로그 신호의 노이즈가 중첩한 경우에도 역시 양자화치의 오차가 발생한다고 할 수 있는데, 디지털 신호로 데이터 에지 노이즈가 중첩 되어있을 경우에는 그러한 것이 지터(Jitter)가 되어 아날로그 신호로의 복원 프로세스에 영향을 받는 다고 할 수 있다.

따라서 이러한 것은 오버샘플링 컨버터를 사용하는 것에 의하여 샤프한 에일리어스(Alias)를 방지하고, 보간 필터를 사용할 필요가 없어져서 변환에 있어서 직선성도 개선되어서 디지털 음성에 있어서 품질은 많이 향상 되어진다고 할 수 있고, 오버 샘플링 컨버터는 낮은 주파수 지터의 영향을 받는 것을 어렵게 하기 위하여, 고 안정도의 클럭 재생기를 필요로 하지 아니하지만, 그 대신에 높은 주파수의 지터에는 표준 컨버터보다도 영향을 더 받기 쉽게 되어 있다는 단점이 있다고 할 수 있다.

6.4 바이페이스마크 엔코더(Biphase Mark Encoded)신호

6.4.1 채널 대역(Channel Band With)

디지털 기록이나 디지털 전송 시스템에서 사용되고 있는 채널 코딩은 코드화 되어진 데이터의 포맷을 기록 기기나 전송로의 특성에 매칭을 하기위하여 엔코드를 한다고 할 수 있는데,

이번 장에서는 이러한 코드의 중요한 특성 중에서 NRZ(Non Return to Zero)와 BPM(Biphase Mark)의 엔코드 파형을 비교하면서 설명을 하기로 한다.

또한 채널 코딩에서는 오리지널 데이터를 허가된 채널 대역 가운데 최고의 비트밀도(Bit Density)가 얻어지도록 변화를 시킨다고 할 수 있는데, 따라서 DC 신호를 비롯하여 대단히 낮은 주파수 성분은 전송로에 있어서 트랜스를 통과하지 못하므로 그러한 성분은 감소시키는 것이 가능하다고 할 수 있다.

실질상에 오류가 발생하지 아니하는 에러 후리 데이터(Error Free Data)를 전송하기 위해서는 정보의 전송 레이트는 채널의 전송 용량보다 적지 아니하면 되지 아니한다고 할 수 있는데, 정보가 손실될 가능성에 있어서는 전송시간이 증가하면 데이터 레이트가 감소하지만, 채널의 대역이 증가하면 감소한다고 할 수 있어, 데이터 전송에 있어서 가장 양호한 성능을 얻는 것은 채널 코딩을 하지 아니하고 전송하는 것 이라고 할 수 있다.

이러한 전송 채널의 밴드패스 특성에 있어서는 높은 주파수와 낮은 주파수의 베이스밴드 신호의 왜를 일으킨다는 것인데, 이러한 채널 코딩의 목적은 디지털 신호의 스펙트럼에 쉐이핑을 시행하여 이러한 왜의 발생을 최소로 하는 것이라고 할 수 있다.

또한 디지털 정보를 엔코드 하는 다양한 파형의 쉐이핑(Shaping) 방법이 사용되고 있는데, 각각 대상이 되는 전송 채널에 특성에 대한 우수한 점을 가지고 있는 것도 있지만, 그 반대로 약점도 가지고 있다고 할 수 있다.

이러한 엔코드는 수신한 파형으로부터 안정된 클럭이나 데이터를 추출하기 위해서는 신호의 하이(High)로부터 로(Low) 레벨까지 또는 로레벨(Low Level)로부터 하이레벨(High Level)까지 변화는 디코더의 클럭 동기를 충분한 빈도로 일어나게 하지 아니하면 되지 아니한다고 할 수 있다.

AES(Audio Engineering Society)에서는 EBU(European Broadcasting Union)와 함께, AES/EBU규격, AES3-1992규격, ANSI S4.40-1992규격, IEC-958규격으로 알려져 있는 디지털 오디오의 전송 규격을 개발하였는데, 이러한 전송 미디어는 광대역의 케이블을 사용하여 A/D컨버터에서 발생한 파라렐 데이터 워드를 시리얼 신호로 전송이 가능한 것이라고 할 수 있다. 또한 16비트부터 20비트를 사용하는 파라렐 데이터 워드는 시리얼화 되어져서 LSB(Least Significant Bit)데이터로부터 순번으로 송출되어 진다고 할 수 있는데, 이러한 신호에는 워드 클럭 데이터가 디코드시에 각 샘플링 스타트 위치를 알기 위하여 부가 되어진다고 할 수 있고, 이렇게 시리얼화 되어진 데이터 스트림은 BPM형식으로 엔코드 되어진다고 할 수 있다. 그림 6.23에서는 AES/EBU엔코더의 간단한 계통도와 데이터 시리얼화 되어진 프로세스를 표시하고 있다.

6.4.2 NRZ와 BPM코딩

6.4.2.1 디지털 신호의 코딩 포맷

그림 6.24에서는 데이터 신호가 다른 코딩포맷을 사용하여 엔코드 되어질 때에 타이밍에 대한 다이어그램을 표시하고 있다.

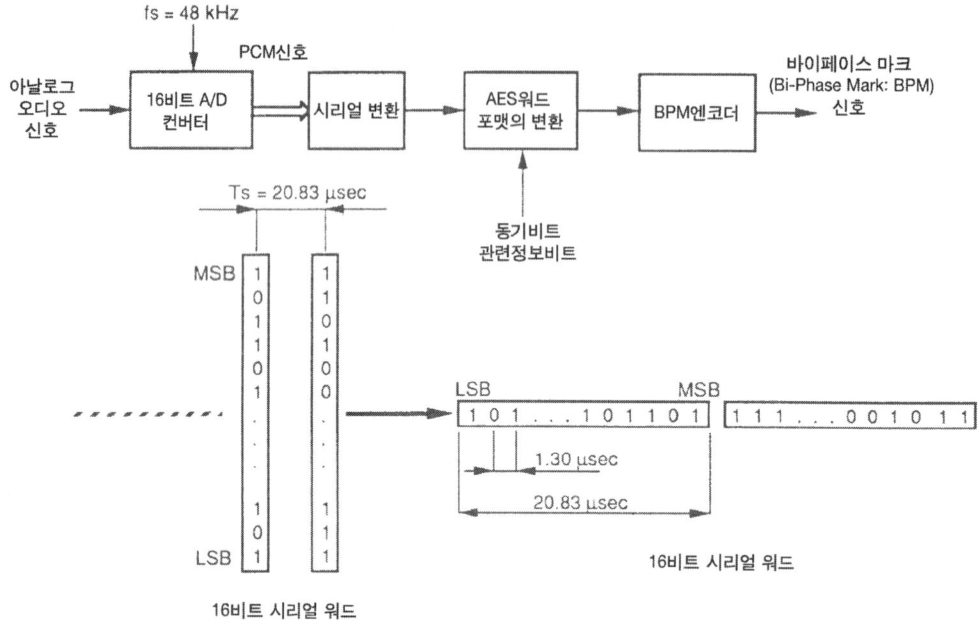

그림 6.23 AES/EBU엔코더와 파라렐 시리얼 변환기를 단순화한 계통도

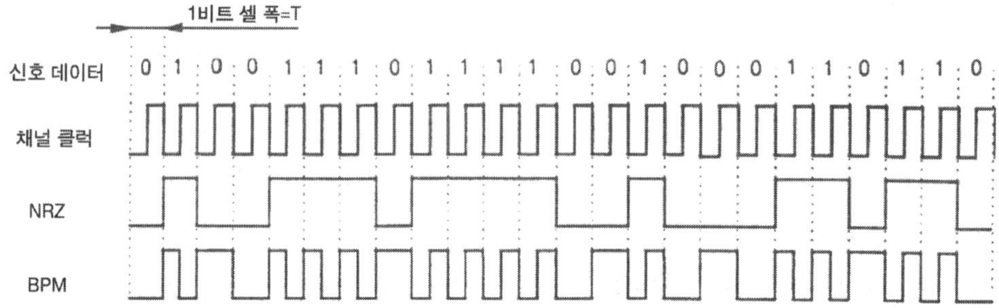

그림 6.24 바이페이스 마크(Biphase Mark) (BPM)엔코드한 파형

이러한 데이터 신호는 파라렐 데이터 워드가 시리얼화 되어진 것이라고 할 수 있는데, 이러한 NRZ와 BPM포맷의 규칙은 아래와 같다고 할 수 있다.

- NRZ : 데이터의 "0"은 상대적으로 부의 레벨로서 전송이 되고, "1"은 정의 레벨로 전송이 되어진다고 할 수 있는데, 그 때문에 레벨의 전이는 데이터 비트가 "1"과 "0"사이에 변화한 경우에 일어난다고 할 수 있고, NRZ코딩에 있어서는 "1"이 계속하여 있을 경우에는 레벨이 일정하여, 각 데이터비트 사이에는 제로레벨로 되돌아오는 것은 불가능하다고 할 수 있다.

- BPM : 각 비트의 개시 점에서는 거의 대부분이 레벨의 전이가 일어나서 비트 “1”의 경우에는 나중에 비트 중앙에서도 또다시 레벨의 전이가 일어난다고 할 수 있기 때문에 BPM포맷의 경우에서는 “0”이나 “1”이라도 각 비트사이에 레벨이 일정하게 연속하지는 아니한다고 할 수 있다. 또한 이렇게 엔코드 되어진 신호는 중요한 특성이 있다고 할 수 있는데, 그의 하나는 데이터 비트의 중앙에서 레벨의 반전이 있는가 아니면 없는가에 따라서 “1”이나 “0”인가가 결정되기 때문에 극성의 자유로운 변형이 가능하다는 것으로서, 이러한 신호의 DC성분은 없다고 할 수 있다.

이러한 코딕의 포맷은 별명으로 맨체스터-1 (Manchester-1 Code)코드라고 불리 우고 있는 것으로서, 테이프 타임코드를 기록할 경우에는 AES/EBU디지털 오디오 신호로 사용되고 있다고 할 수 있다.

6.4.2.2 신호의 스펙트럼

고밀도(Hight-Density) 디지털 전송에 있어서는 적정한 변조 방식을 선택하는 것은 대단히 중요하다고 할 수 있는데, 따라서 전송 채널의 특성에 따라서는 잘 매칭이 되어진 코드 포맷이라고 하는 것은 채널의 대역과 진폭 스펙트럼 특성의 제한으로부터 사용자를 만족시키지 아니하면 되지 아니한다고 할 수 있다.

그림 6.25에서는 NRZ와 BPM코딩 신호의 스펙트럼 특성의 비교를 표시하고 있는데, 여기에서 말하는 NRZ는 그 에너지 대부분이 낮은 주파수에 집중하고 있다고 할 수 있고, BPM의 스펙트럼은 NRZ의 그것보다 레벨이 낮지만 NRZ보다는 넓은 대역을 필요로 하고 있다고 할 수 있다. 또한 BPM코드신호의 진폭성분은 낮은 주파수와 높은 주파수의 범위에서 최소로서 비트 레이트와 같은 주파수내에서는 최대라고 할 수 있지만, 그러한 스펙트럼에서는 DC성분은 제로로 되어있다고 할 수 있다.

6.5 AES/EBU인터페이스 프로토콜(Protocol : 통신수단)의 전체 구조

AES/EBU디지털 오디오 규격은 디지털 기기가 디지털 오디오 신호를 송수신이 가능하게 하기 위한 인터페이스와 그 프로토콜의 규격이라고 할 수 있는데, 이러한 규격에서 오디오 데이터는 그림 6.8에서 표시를 하고 있는 것과 같이 2개의 보수 숫자 코드에 의한 2진수를 사용하는 것으로 하고 있다.

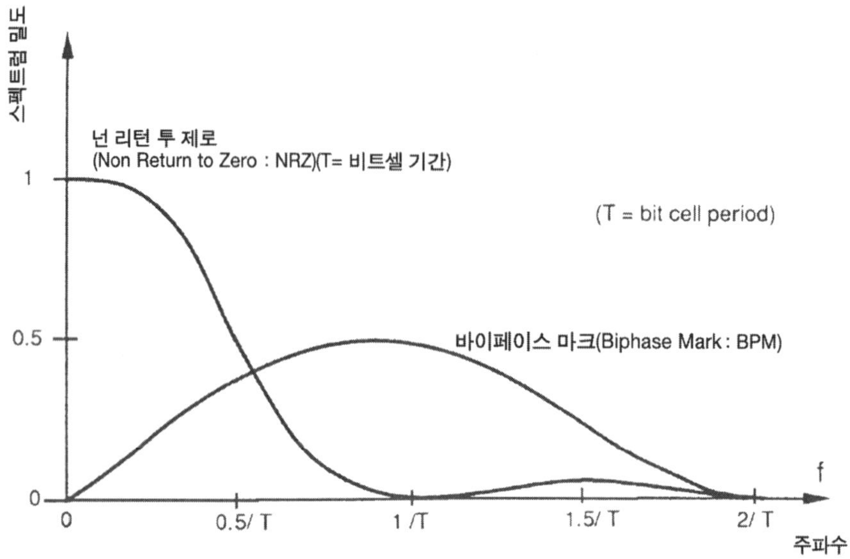

그림 6.25 NRZ와 BPM신호의 스펙트럼 밀도 분포

6.5.1 포맷의 구조

AES/EBU신호 포맷은 그림 6.26에서 표시를 하고 있는 것과 같이 오디오 프레임 (Audio Frame)의 구조를 가지고 있는데, 이러한 오디오 프레임은 서브 프레임 A, 서브 프레임 B라고 불리 우는 2개의 서브 프레임(Sub Frame)을 가지고 있다고 할 수 있다.

이중에서 한 개의 서브프레임은 한 개의 오디오 신호원 또는 오디오 채널로부터 샘플 데이터와 보조데이터 (Auxiliary Data), 프리앰블 데이터(Preamble Data : 동기신호와 데이터 헤더를 포함한 것) 등을 가지고 있다고 할 수 있고, 관련 데이터로서는 데이터 유효표시(Validity : V), 유저(User : U), 채널의 상태(Channel State : C), 패리티(Parity)의 각 비트를 결합한 것이라고 할 수 있는데, 이러한 것은 한 개의 신호에서 2개 채널이 전송하는 것이 가능하여, 통상의 서브 프레임 A/B를 사용하여 스테레오 신호를 전송하는 경우가 많이 있다고 할 수 있다.

역주 여기에서 종래에 사용 하던 보조데이터(Auxiliary Data)와 디지털 비디오 블랭킹기간에 보조 데이터(Ancillary Data)라는 것을 같은 것으로 번역을 하였지만, 원어의 의미는 다소 다르다고 할 수 있는데, 종래의 보조데이터(Auxiliary Data)이라는 것은 예비 데이터이라는 의미가 강한 반면, 디지털 비디오 블랭킹 가간의 보조데이터(Ancillary Data)이라는 것은 부수되어 있는 데이터라고 하는 의미가 강하게 포함되어있다고 할 수 있다.

또한 그 특징에 있어서도 종래의 보조데이터(Ancillary Data)라는 것은 본선 데이터에 관한 정보 등을 전송하여 표시 할 수는 있지만, 비디오 데이터를 전송하는 것은 표시를 할 수가 없다고 할 수 있고, 디지털 비디오 블랭킹 기간의 보조데이터(Auxiliary Data)에서는 본선과 같이 오디오 데이터를 전송하는 데에 사용할 수 있다는 것이 가장 큰 차이점 이라고 할 수 있다.

오디오 프레임은 192프레임을 그룹으로 하여, 한 개의 오디오 블록으로 하고 있고, 데이터 스트림의 프리앰블 데이터(Preamble Data)로 하여 192프레임 마다 삽입시키는 Z 플래그(Flag)가 그 오디오 블록의 스타트를 표시하고 있다고 할 수 있는데, 한 개의 오디오 프레임의 시간 길이 TS는 48kHz샘플링 시스템에서는 20.83㎲(Ts=1/48kHz)이라고 할 수 있고, 한 개의 AES/EBU오디오 블록에 있어서 시간 길이는 다음과 같다고 할 수 있다.

$$20.83\mu s \times 192 = 4000\mu s$$

프리앰블 데이터(Preamble Data)의 4워드는 동기워드라고 불리 우고 있는 것으로 새로운 샘플이 아닌 새로운 오디오 블록의 스타트 위치를 표시하고 있는데, 이러한 프리앰블에는 다음과 같은 3개 타입의 워드가 사용되어지고 있다.

- 동기 워드 Z : 이러한 비트 시퀀스는 새로운 오디오 블록의 최초 프레임 스타트(동시에 서브 프레임 A의 스타트도 있음.)를 표시하고 있다고 할 수 있는데, 이러한 워드가 Z 플래그(Flag)를 발생한다고 할 수 있다.
- 동기 워드 X : 이러한 비트 시퀀스는 상기(동기워드 Z) 이외의 경우에 모든 오디오 프레임의 스타트(동시에 서브프레임 A의 스타트도 있음.)를 표시하고 있다고 할 수 있다.
- 동기 워드 Y : 이러한 비트 시퀀스는 모든 서브 프레임 B의 스타트를 표시하고 있다.

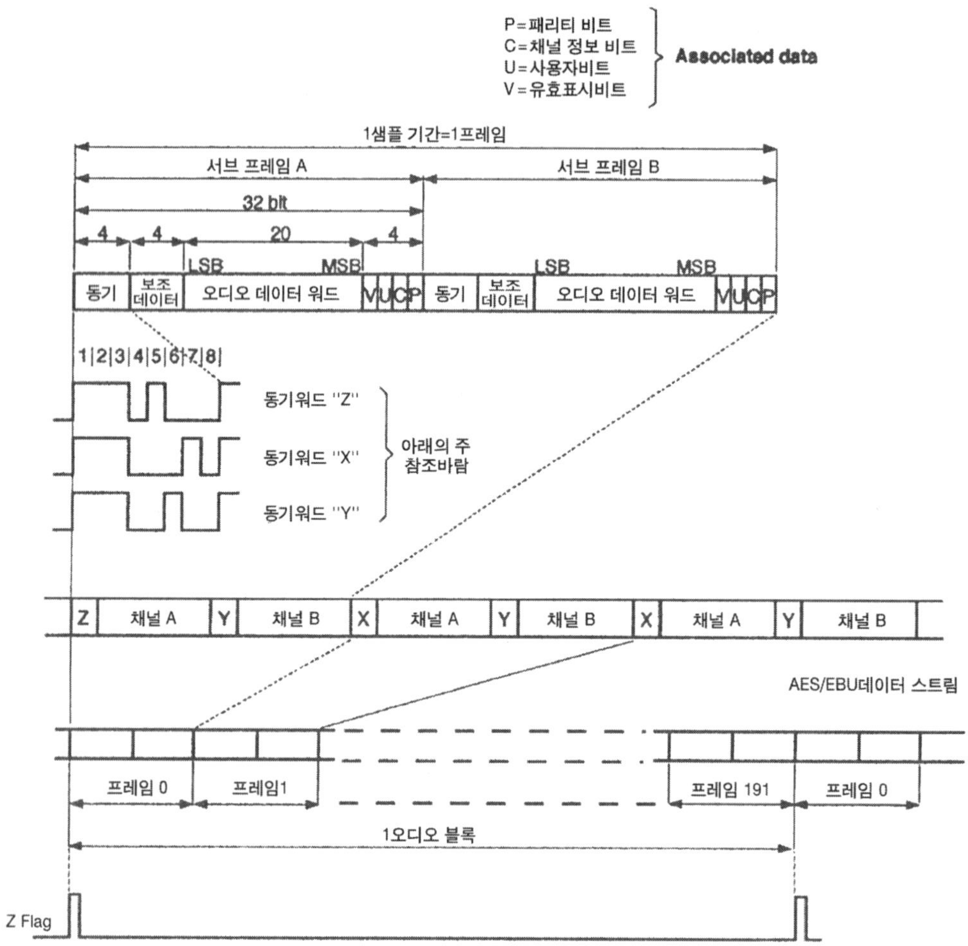

주 : 동기 워드의 Sequence는 그전의 비트의 상태가 하이(Hight)인가 아니면 로(Low)인가에 따라서 최초의 에지의 방향이 정으로 상승이 되는가 아니면 부방향으로 하강하는 가의 양 방향이 있다.

그림 6.26 AES/EBU디지털 오디오 데이터 구조

이러한 동기 워드에서는 데이터 길이는 4비트 분이라고 할 수 있으나 서브 프레임 이외에 비트와는 다르게 BPM 코딩의 법칙에 의하여 시행이 되지는 아니한다고 할 수 있는데, 그러한 통상의 반 비트 셀 길이에 의하여 8비트의 엔코드 포맷에 대하여는 그림 6.26에서 표시를 하고 있다고 할 수 있다, 이러한 특수 포맷의 코드는 데이터 스트림의 DC성분을 최소로 억제하는 동시에 유일한 시리얼 디지털 포맷으로 서브 프레임의 종류와 스타트를 확실하게 검지가 가능하게 하고 있는데, 이러한 포맷에서는 3비트의 셀을 같은 레벨로 연속하는 것에 의하여 2비트 셀만이 연속이 되지 아니하는 BPM 코딩에 대한 법칙을 파괴하고 있다고 할 수 있다.

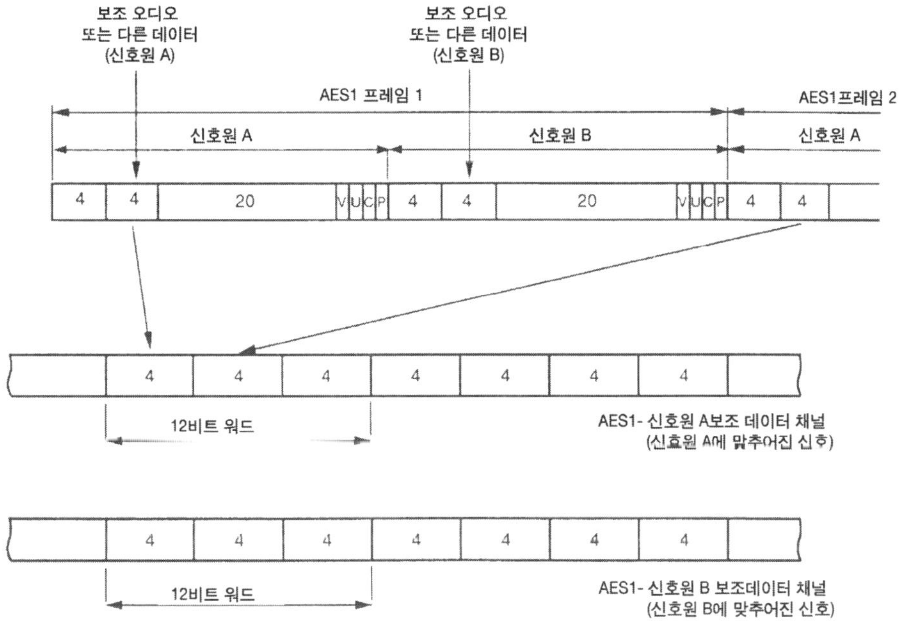

그림 6.27 1샘플 12비트의 맞추어진 채널의 보조데이터를 사용할 때에 포맷

한 개의 오디오 프레임은 32비트를 가진 서브 프레임을 2개를 가지고 있다고 할 수 있는데, 이러한 각 서브 프레임의 오디오 샘플 워드에서는 16비트부터 20비트까지 사용하거나 아니면 보조 데이터 부분을 사용하여 최대 24비트를 샘플 데이터 비트로 하여 할당하는 것이 가능하다고 할 수 있다. 이러한 보조 데이터 비트의 할당은 각 오디오 블록 부분을 정리한 채널 스테터스(Status) 비트열의 2바이트 번째의 비트 0~2로 표시 되어진다고 할 수 있는데, 이러한 보조데이터 부분은 샘플 비트의 확장 이외에 6.27에서 표시를 하고 있는 것과 같이 좁은 대역의 별개의 오디오 신호, 예를 들면 프로그램 제작에 있어서 커뮤니케이션용으로 사용하고 있는 토크 백 시스템(Talk Back System)등과같이 스튜디오와의 연락용 음성신호로 사용하는 것 이 가능하게 하고 있다고 할 수 있고, 이러한 오디오 블록의 길이는 4ms라고 할 수 있으나, 그 중에서 192오디오 프레임이 있어서 보조 데이터 부분에서는 전부 4×192=768비트가 있다고 할 수 있다.

이러한 것을 그림에서 표시하는 것과 같이 12비트로 나누어 자른다면 64오디오 워드가 얻어 진다고 할 수 있는데, 이것은 샘플링 주파수 16kHz의 12비트 음성 데이터와 같다고 할 수 있고, 이러한 각 A/B의 서브 프레임은 각각 별개의 보조음성 채널을 전송하는 것이 가능하게 하다고 할 수 있으며, 각 서브 프레임에서는 아래와 같은 4개의 정보 비트가 있다고 할 수 있다.

- 유효비트(Validity Bit : V) : 이러한 비트는 그 서브 프레임의 오디오 샘플 데이터가 정확하게 A/D변환이 가능한 것이라면 "0"에 세트를 한다고 할 수 있으나 그러하지 아니한 경우에는 "1"로 세트를 하여서 수신기에서는 그 출력을 사용하여 장해가 되는 샘플을 막아내는(Mute)것이 가능하게 하고 있는데, 이러한 기능은 모든 오디오 기기메이커에서 채용하는 것은 한계가 있어, 기기에 따라서는 비트는 샘플의 유효성을 표시를 하지 아니하는 경우도 있다고 할 수 있다.
- 사용자 비트(User Bit : U) : 각 서브 프레임에 1비트씩의 사용자비트(User Bit)는 수신 기기에서는 그림 6.28에서 표시를 하고 있는 것과 같이 8비트(1바이트) ×28열의 메모리 어레이(Memory Array)로 보내어 진다고 할 수 있는데, 이러한 메모리 어레이에서는 같은 오디오 소스부터(같은 타입의 서브프레임으로부터 오디오 블록 스타트)의 합계가 192 사용자비트(User Bit)를 한 개의 오디오 블록분류번호에 들어가게 하고 있다고 할 수 있다. 이러한 사용자 데이터 포맷의 종류는 채널의 상태를 나타내고 있는 채널 스테터스(Status) 데이터의 바이트1, 비트 4~7로 표시 되어진다고 할 수 있는데, AES18-1992년 추천 규격에서는 AES/EBU디지털 오디오 인터페이스의사용자 데이터 채널의 포맷을 새로이 규정하고 있고, 이러한 포맷에서는 데이터 패킷은 인터페이스를 통하여 DVTR과 같이 텔레비전 프레임 레이트에 동기 한 블록으로 하여 진송 되어지는 것으로 하고 있다고 할 수 있다.
- 채널 스테터스 비트(Channel Status Bit : C) : 그림 6.28에서 표시를 하고 있는 것과 같이 유저 비트(User Bit)와 같은 각 서브 프레임의 채널 비트는 메모리 어레이에 보내어 진다고 할 수 있는데, 이러한 어레이에 대한 내용은 그림 6.29와 그림 6.30에서 표시를 하는 것과 같이 오디오 데이터 워드 내용을 표시하는 것이 대단히 중요한 것이라고 할 수 있다.
- 패리티 비트(Parity Bit : P) : 패리티비트라고 하는 것은 우수 패리티를 표시하기 때문에 각 각 동기워드의 최초의 BPM비트의 극성은 각 서브 프레임과 같아서 정 또는 부라고 표현이 되어진다고 할 수 있는데, 우수 패리티에 따라서는 1개의 서브 프레임 가운데64BPM의 셀(데이터 비트 폭의 반 정도)에 있어서 "1"의 전부의 수는 통상적으로 우수라고 할 수 있다.

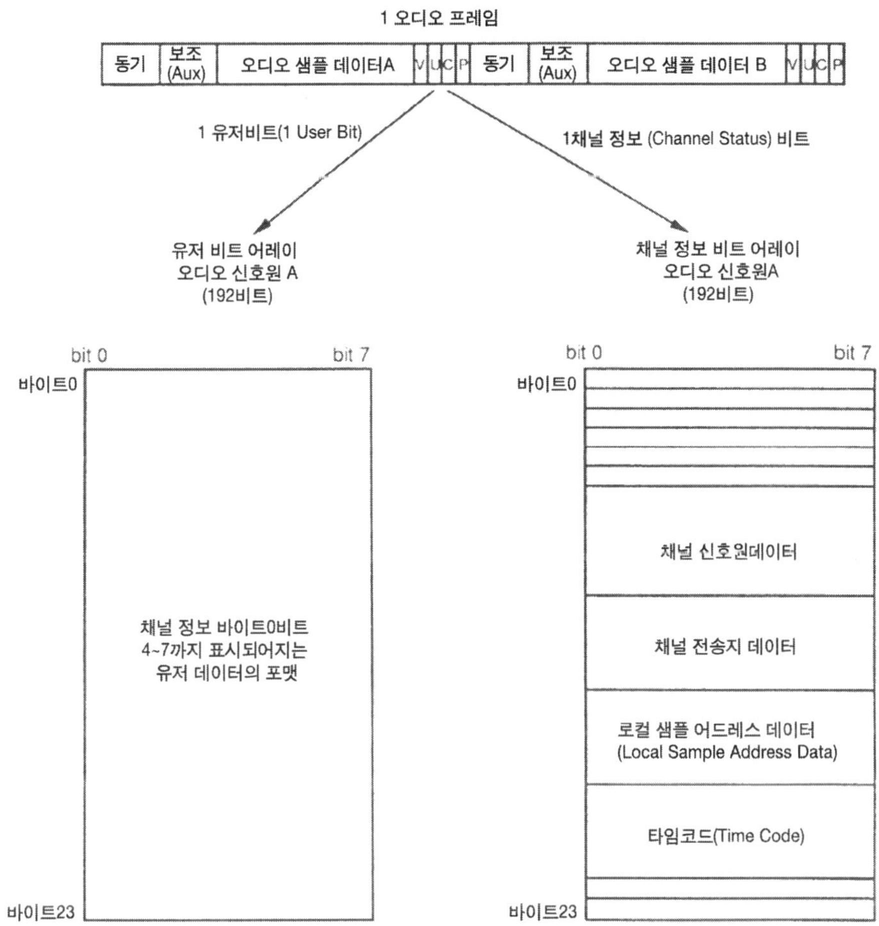

그림 6.28 C- 또는 U-비트 데이터의 메모리 어레이 포맷

또한 이러한 패리티 비트(Parity Bit)에 의하여 기수개의 전송 오류는 검사가 가능하다고 할 수 있는데, 기기에 따라서는 이러한 비트를 무시하기도하고, 그러한 표시를 적정하게 처리를 하지 아니하는 경우도 있다. 그림 6.29와 그림 6.30에서 표시를 하고 있는 것과 같이 채널 스테터스 어레이(Status Array)는 비트 할당의 상세와 AES/EBU데이터 스트림 전송에 있어서 그러한 것에 대한 의미를 표시하고 있다고 할 수 있는데, 여기에서 바이트 0, 비트0은 그러한 데이터가 업무용인가 아니면 가정용인가를 표시하고 있다고 할 수 있다.

가정용인 경우에는 바이트0 비트0은 "0"로 되어있고, 채널 스테터스 어레이(Status Array)는 바이트 0 또는 바이트 1로 한정되어있어 그 내용에 있어서는

- 표준 음성 데이터가 디지털 데이터인가?

- 카피 금지 정보
- A/D변환에 있어서 엠파시스 정보
- 분류상 코드는 어디에 속하는가?(예를 들면 일반, CD, DAT, PCM Adaptor) 등이 있다"고 할 수 있다.

<table>
<tr><td></td><td>비트0</td><td>비트1</td><td>비트2</td><td>비트3</td><td>비트4</td><td>비트5</td><td>비트6</td><td>비트7</td></tr>
<tr><td>바이트0</td><td>a</td><td>b</td><td colspan="3">c</td><td>d</td><td colspan="2">e</td></tr>
<tr><td>바이트1</td><td colspan="4">f</td><td colspan="4">g</td></tr>
<tr><td>바이트2</td><td colspan="3">h</td><td colspan="3">i</td><td colspan="2">j</td></tr>
<tr><td>바이트3-1</td><td colspan="7">k</td><td>n=0</td></tr>
<tr><td>바이트3-2</td><td colspan="4">i</td><td colspan="3">m</td><td></td></tr>
<tr><td>바이트4</td><td colspan="2">o</td><td>p</td><td colspan="4">q</td><td>r</td></tr>
<tr><td>바이트5</td><td colspan="8">s</td></tr>
<tr><td>바이트6</td><td colspan="8" rowspan="4">4바이트 신호원의 영숫자 (7비트 ASXⅡ, 노패리티) 표시용
1바이트로 1문자, 합계 4문자까지</td></tr>
<tr><td>바이트7</td></tr>
<tr><td>바이트8</td></tr>
<tr><td>바이트9</td></tr>
<tr><td>바이트10</td><td colspan="8" rowspan="4">4바이트로 보내는 곳의 영숫자(7비트 ASXⅡ, 노 패리티) 표시용</td></tr>
<tr><td>바이트11</td></tr>
<tr><td>바이트12</td></tr>
<tr><td>바이트13</td></tr>
<tr><td>바이트14</td><td colspan="8" rowspan="4">4바이트 32비트의 2진수를 사용하여 로컬 샘플 어드레스 표시용
현재의 오디오 블록 넘버1 샘플의 어드레스를 표시</td></tr>
<tr><td>바이트15</td></tr>
<tr><td>바이트16</td></tr>
<tr><td>바이트17</td></tr>
<tr><td>바이트18</td><td colspan="8" rowspan="4">4바이트, 32비트의 2진수를 사용하여 24시간 타임 코드 어드레스 표시용
현재의 오디오 블록 넘버1 샘플의 어드레스를 표시</td></tr>
<tr><td>바이트19</td></tr>
<tr><td>바이트20</td></tr>
<tr><td>바이트21</td></tr>
<tr><td>바이트22</td><td colspan="3">3비트는 리서브(Reserved:예약)</td><td colspan="5">바이트0~22의 유효성 표시</td></tr>
<tr><td>바이트23</td><td colspan="8">CRC체크 코드의 표시</td></tr>
</table>

그림 6.29 AES-3 채널 스테터스 비트 어레이 데이터 구조의 1

혹시 채널이 업무용이라면 바이트0, 비트0 = "1"로서 모든 채널 스테터스 어레이(Status Array)는 사용이 가능하다고 할 수 있는데, 이러한 어레이를 사용하여 잘 사용을 한다면 비트 할당은 바이트 0으로부터 바이트 4에 삽입이 되어 아래와 같이 된다고 할 수 있다.

역주 이러한 항의 이후의 문장과 그림은 AES-3-2003을 베이스로 하여 원문의 내용을 수정하고 있다.

a = 채널 스테터스(Status)의 용도
b = 리니어 PCM오디오 인가 그러하지 아니하는 데이터인가?
c = 오디오신호의 프리 엠파시스 모드

d = 동기 록(Lock) 표시
e = 샘플 주파수(32,44.1,48kHz)
f = 채널모드 (더블 후레켄시 모드 : 배속으로 샘플한 데이터를 서프 프레이 A/B로 계속하여 보내는 모드)
g = 사용자 (User)비트 관리 데이터
h = 보조 데이터 비트의 용도.
I = 신호원의 워드 비트의 길이
j = 표준 조정 레벨 표시
k = 채널 번호
l = 채널 번호
m = 멀티채널 모드 번호

바이트0			
비트0	채널 스테터스 블록의 용도	0	소비자용으로서 이후의 이러한 규격의 정의는 무효
		1	프로페셔널용
비트1	기본 모드	0	오디오모드(Audio Mode)
		1	넌 오디오모드(Non Audio Mode)
비트 2,3,4	오디오 엠파시스	000	엠파시스 표시를 하지 않음.
		100	엠파시스 없음.
		110	50/15㎲ 엠파시스
		111	CCITT J.17 엠파시스
비트5	동기블록의 표시	0	동기 상태를 표시 하지 않음. (디폴트표시)
		1	동기가 되어 있지 아니한 샘플링
비트 6,7	샘플링 주파수	00	샘플링 주파수를 표시하지 아니하고 수신부에서는 디폴트로 48kHz의 프레임 레이트로 오토셋트 ON함.
		01	48kHz의 프레임 레이트
		10	44.1kHz의 프레임 레이드
		11	32kHz의 프레임 레이트
샘플링 주파수가 비트 6,7로 표시하는 것이 불가능한 것은 00으로 셋팅을 하고,바이트4로 표시를 한다. 혹시 바이트1에서 더블 플레켄시 모드가 표시되어 있을 경우에는 샘플링 주파수는 비트 6,7으로서 표시한 치의 2 배가된나고 할 수 있나. 샘플링 주파수가 여기에서 표시한 것의 1/1.001일 경우에는 바이트 4로 표시를 한다.			

바이트1			
비트 0,1,2,3	채널 모드	0000	모드표시를 하지 않고 수신부 디폴트2ch모드
		0001	2ch모드
		0010	1채널 모드(모노)
		0011	프라이마리/세컨더리 모드
		0100	스테레오 모드
		0101	사용자 리서브모드(Reserve Mode)
		0110	사용자 리서브모드 (Reserve Mode)
		0111	싱글 채널, 더블 플레켄시 모드
		1000	싱글 채널, 더블 플레켄시모드, 스테레오 레프트 모드
		1001	싱글 채널, 더블 플레켄시모드, 스테레오 라이트 모드
		111	멀티채널 모드, 바이트3로 표시
비트 4,5,6,7	사용자 데이터모드	0000	사용자정보표시를 하지 않음
		0001	192비트의 구조
		0010	AES18용의 리서브 (Reserve)
		0011	사용자 정의
		0100	IEC60958-2포맷
		0101	메터 데이터용의 리서브 (Reserve)

바이트2			
비트 0,1,2	부가데이트 비트 용도	000	부가데이터 정의를 하지 않음.(20비트)
		001	24비트 LSB용
		010	연락용 음성
		011	사용자 정의 리서브 (Reserve)
비트 3,4,5	오디오 데이터 워드 길이	000	워드 길이를 표시하지 않음.
		001	23또는 19비트(비트 0~2의 표시에 의하여 결정)
		010	22또는 18비트 (상동)
		011	21또는 17비트 (상동)
		100	20또는 16비트 (상동)
		101	24또는 20비트 (상동)
비트 6,7	표준 레벨의 표시	00	표준 레벨 표시를 하지 않음
		01	SMPTE RP155, 최고레벨로부터 -20㏈
		10	EBU R68, -18.06㏈
		11	리서브 (Reserve)

바이트3 그중에1			
비트 0,1,2,3,4,5,6	비트7이0일경우에 멀티채널의 번호표시		바이트에 의하여 2진수 플러스 1에 의한 채널 번호 비트0이 LSB
비트7	멀티채널 모드 정의	0	미정의의 멀티채널 모드
		1	정의한 멀티채널 모드
바이트3 그중의 2			
비트 0,1,2,3	비트7이 1일 경우에 멀티채널의 번호표시		4비트의 2진수표시 플러스 1의 채널 번호
비트 4,5,6	비트 7이 1일 경우에 멀티채널 모드	000	멀티채널 모드0
		100	멀티채널 모드 1
		010	멀티채널 모드 2
		110	멀티채널 모드 3
		111	사용자 정의모드
여기에서 멀티채널 모드번호는 채널번호와 그의 할당을 표시하지만 내용은 검토 중에 있다.			

바이트4			
비트 0,1	오디오 동기표시	00	동기신호는 아님
		01	그레이드1 동기 (AES11)
		10	그레이드2 동기 (AES11)
		11	리서브(Reserve)
비트2	리서브(Reserve)	0	
비트 3,4,5,6	샘플링 주파수	0000	비표시, 디폴드
		1000	24kHz
		0100	96kHz
		1100	192kHz
		0010	리서브(Reserve)
		1010	리서브(Reserve)
		0110	리서브(Reserve)
		1110	리서브(Reserve)
		0001	다른것 참조지정용 리서브(Reserve)
		1001	22.05kHz
		0101	88.2kHz
		1101	176.4kHz
		0011	리서브(Reserve)
		1011	리서브(Reserve)
		0111	리서브(Reserve)
		1111	사용자 정의
비트7	스켈링 (Scaling)	0	스켈링 (Scaling)을 하지 아니 함
		1	샘플링 주파수는 지정의 1/1.001
주1: 바이트0, 바이트 6,7에 있어서 샘플링 주파수 비표시를 하였을 경우에 이러한 바이트 4를 사용하는 것이 가능하다고 할 수 있다. 주2: 이러한 표시는 바이트1에 있어서 채널모드 표시라는 것은 독립하여 있다고 할 수 있다.			

바이트 14~17	로컬 샘플 어드레스	현 오디오 블록의 제1 샘플을 표시하는 32비트 2진수에 의한 샘플링 어드레스 =레코딩 인덱스 카운터 LSB화스트

바이트 18~21	타임코드 샘플 어드레스		32비트 24시간 타임코드에 의한 현블록의 제1 샘플의 타임 어드레스

바이트 22	채널 스테터스 바이트 유효표시		
비트 0,1,2,3	리서브(Reserve)	0	리서브(Reserve)
비트4		0	바이트 0~5 유효표시, 무효라면 1
비트5		0	바이트 6~13 유효표시, 무효라면 1
비트6		0	바이트 14~17 유효표시, 무효라면 1
비트7		0	바이트 18~21 유효표시, 무효라면 1

바이트 23	채널 스테터스 바이트 0~22의 CRC코드		8차생성 다항식X(8)+X(3)+X(2)+1

그림 6 30 AES-3 디지털 오디오채널 스테터스 비트어레이이 데이터구조 그의 2

바이트 23은 수신기에 있어서 채널 스테터스(Status) 어레이의 내용에 있어서 유효성을 체크하기 위하여 사용을 하고 있는 사이클릭 리던덴시 체크 코드(Cyclic Redundancy Check Code : CRC)라고 할 수 있는데, D VTR과 같은 방송용기기에 있어서는 모든 채널의 스테터스 어레이의 모든 데이터를 그냥 그대로 전송 하지 아니 하는 것은 주의할 필요가 있다고 할 수 있다.

통상적으로 바이트 0과 바이트 1의 데이터 신호가 기록이 되어서 재생모드에서는 필요에 응하여 업 데이터를 시행 하는 것으로 하고 있는데, 이러한 채널 스테터스 어레이 이 외에 바이트는 디지털 VTR에서는 폐기 되었다고 할 수 있다.

AES이라는 것은 최근의 AES-3인터페이스 사용에 관한 가이드라인으로 하여 AES-2ID-1996이라는 정보 문서를 발행 하였는데, 그 목적으로는 AES-3의 규격을 명확히 하고, 오해에 의한 사양이나 설치상의 문제를 해결 하자는 데에 그 의의가 있다고 할 수 있다.

6.5.2 AES/EBU 데이터 신호의 특성

48kHz의 샘플링 그레이드에서는 토털 데이터 레이트는 32×2×48000=3.072Mbps 이라고 할 수 있는데, 이러한 BPM엔코드 후에는 데이터 스트림 레이트는 2배가 되는 6.144Mbps가 되어 여기에서 나이키스트 주파수는 3.072MHz가 된다고 할 수 있고, 이러한 BPM스펙트럼의 분포는 6.144MHz의 정수배가 됨으로서 눌 포인트(Null Point)가 된다고 할 수 있다.

동기워드에서는 3개의 연속하는 로 레벨의 셀에 3개의 하이레벨 셀이 계속 연결되어있어 AES/EBU 신호 스펙트럼에 3.072/3=1.024MHz의 낮은 기본 주파수 성분을 발생 한다고 할 수 있는데, 이러한 각 오디오 프레임은 64비트를 가지고 있고, 그러한 것이 20.83㎲마다 전송 되어진다고 할 수 있기 때문에, 1데이터 비트의 길이는 325.5ns가 되어서 1 BPM셀의 길이는 약 163ns가 된다고 할 수 있고, 이 때문에 데이터 스트림을 중첩하여 표시하는 아이패턴은 163ns의 간격이 된다고 할 수 있다.

6.6 AES/EBU신호의 전기적인 특성

AES/EBU업무용 포맷의 인터페이스의 특징을 표 6.1에서 표시를 하고 있고, AES/ EBU가정용 포맷의 인터페이스의 특징을 표 6.2에서 표시를 하고 있다. 이러한 가정용 포맷은 디지털 입출력을 가지고 있어 CD나 DAT에 사용이 되고 있다고 할 수 있고, 이러한 형태의 것은 SPDIF(Sony-Philips-Digital Interface)이라고 흔히 알려져 있다.

6.7 디지털 오디오 인터페이스의 설치

6.7.1 디지털 오디오 입력 인터페이스

그림 6.31에서는 아날로그 디지털 양 입력 인디페이스를 가지고 있는 디지털 오디오 테이프 레코더, 또는 디지털 프로세서의 대표적인 입력 압력 인터페이스의 계통도라고 할 수 있는데, 아날로그, 시리얼 디지털 데이터 입력은 셀렉터를 사용하여 절환하는 것이 가능하다고 할 수 있다.

여기에서 아날로그 오디오 입력은 AES규격에 맞게 하기 위하여 48kHz의 샘플링 레이트를 사용하여 16또는 20비트의 디지털 데이터로 변환 되어진다고 할 수 있는데, 이러한 샘플의 코딩은 2개의 보수 직선 펄스코드 변환(PCM)이라고 할 수 있다.

표 6.1 AES/EBU프로페셔널 포맷 인터페이스

포맷	2채널의 직선 양자화 샘플의 시리얼 전송
송신부 특성	평균 출력 콘넥터(Connector) : 숫컷의 핀형, 암컷형의 Shell형의 XLR콘넥터 핀 할당 : 핀1 : 케이블 실드, 신호 접지. 핀2 : 신호(극성은 관계없음.) 핀3 : 신호(극성은 관계없음.) 신호원 임피던스 : 110±20%Ω 평가도 : 〈 -30dB(6MHz까지) 출력신호 진폭 : 2로부터 $7V_{P-P}$, 110Ω부하양단(평형) 상승/하강 시간 : 5부터 30ns 지터(Jitter : 20ns
수신부 특성	평형 입력 콘넥터(Connector): 숫컷의 핀형, 암컷형의 Shell형의 XLR 커넥터 핀 할당 : 핀1 : 케이블 실드, 신호 접지. 핀2 : 신호(극성은 관계없음.) 핀3 : 신호(극성은 관계없음.) 신호원 임피던스 : 110±20%Ω Common모드 Rejection비 : 최대 $7V_{P-P}$,대역 20kHz 까지 최대허용입력 레벨 : $7V_{P-P}$ 케이블 사양 : 실드 한 Twisted Pair 100m부터 최대 250m까지 케이블 등화 : 옵션(Option)

표 6.2 AES/EBU가정용기기의 인터페이스의 특성

포맷	2채널의 직선 양자화 샘플의 시리얼 전송
송신부 특성	불평형 출력 콘넥터(Connector) : RCA Phono Jack 신호원 임피던스 : 75Ω 출력 신호 진폭 : 500m V_{P-P}, 75Ω부하양단(불평형)
수신부 특성	불평형 입력 콘넥터(Connector) : RCA Phono Jack 입력임피던스 : 75Ω

6.7.2 AES/EBU디코더, 디멀티 플랙서(Demultiplex)

BPM디코더라고 하는 것은 BPM변조 되어진 AES/EBU디지털 오디오 입력 신호를 원래의 AES/EBU의 데이터 스트림으로 변환 하는 것이라고 할 수 있는데, 이렇게 2개 채널을 복합하고 있는 AES/EBU오디오 데이터 스트림은 원래의 한 개 채널씩의 파라렐 비트 데이터로 분리 되어진다고 할 수 있다. 또한 관련비트(V, U, C, P)는 각 샘플 프레임으로부터 추출되어져서 제어, 서브프레임, 프레임의 동기, 프레임 블록을 한 개의 그룹으로 하는 192비트 채널 스테터스 데이터(Channel Status Data)나 사용자(User)데이터로 된다고 할 수 있는데, 그림 6.32에서는 AES/EBU시리얼 오디오 데이터의 디코더와 디멀티 플랙서(Demultiplex)를 시행 하는 계통도라고 할 수 있다.

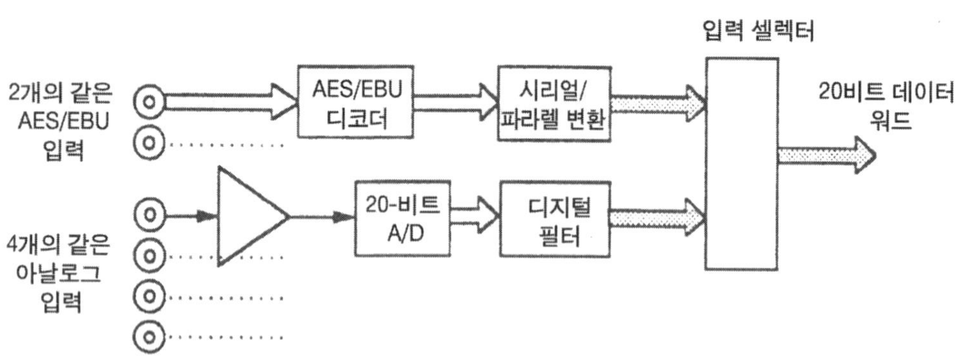

그림 6.31 4채널 디지털 프로세서의 입력 임피던스의 대표적인 하이브릿드 오디오입력 인터페이스

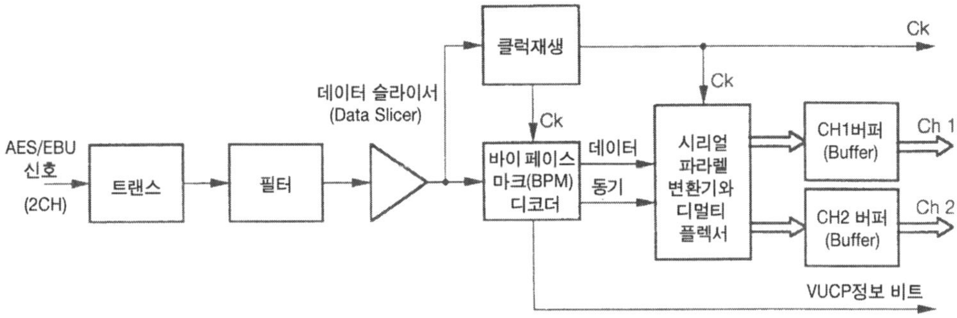

그림 6.32 시리얼 오디오 입력 디코더 또는 디멀티 플렉서(Demultiplexer)

여기에서 데이터 슬라이서(Data Slicer)는 노이즈의 입력 신호에서는 수신 지터(Jitter)를 발생한다고 할 수 있는데, 이렇게 발생하는 지터라고 하는 것은 비트셀 사이의 반전 타이밍이 일정한 간격이 아니기 때문에 생기는 현상이라고 할 수 있다.

따라서 이러한 현상을 방지하기 위하여 데이터를 슬라이스 하기 전에 노이즈를 제거하기 위하여 필터를 삽입 시킨 것이라고 할 수 있다.

6.8 디지털 오디오 신호의 전송

오리지널 AES-1992규격에서 AES/EBU신호의 전송 방식에서는 트위스트 페어 오디오 케이블(Twist Pair Audio Cable)로 시행 하는 것이 결정 되었다고 할 수 있는데, 최근에 들어와서는 새로운 전송 방식이 개발되어서 AES-3id-1996정보문서 또는 ANSI/SMPTE276M-1995규격으로서 제정 되어져 있다고 할 수 있고, 이러한 것과 같은 내용에 대한 규격에 있어서는 AES-3포맷의 데이터를 불평형 동축 케이블을 사용하여 전송 하는 것이 있다고 할 수 있 있다.

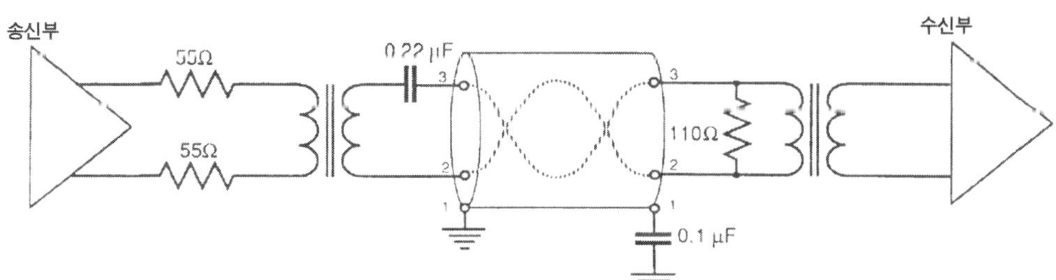

그림 6.33 AES3-1992의 대표적인 인터페이스

6.8.1 110Ω 트위스트 페어 오디오 케이블 전송

이러한 전송 방식에 있어서 특징은 6.6항과 표 6.1에서 이미 설명을 하고 있다고 할 수 있는데, AES-1992에서 이미추진 장려하고 있는 인터페이스로는 표 6.33에서 표시를 하고 있다고 할 수 있다.

6.8.2 75Ω동축 케이블의 전송

이러한 규격에서는 트위스트 페어 케이블로 하는 전송 방식으로는 전송 할 수 있는 거리가 짧고, XLR 콘넥터의 사이즈가 크기 때문에 생기는 전송 상의 높은 비용을 해결하여야하며, 무엇보다 중요한 것은 디지털 오디오 신호 전송에 있어서 클램프가 없는 디지털 영상 분배기와 디지털 영상 루팅 스위처(Routing Switcher)를 사용하여야 한다는 목적을 가지고 개발 되었다고 할 수 있다.
그러나 거의 대부분의 디지털 오디오 기기는 XLR의 콘넥터를 사용하고 있으므로 그런 콘넥터는 BNC콘넥터로의 변환을 생각하지 아니하면 되지 아니한다고 할 수 있고, BPM의 엔코드 되어진 AES/EBU신호의 3차 고주파라고 할 수있는 12MHz를 전송 하기 위해서는 일부 디지털 분배기 제품은 충분한 대역을 가지고 있지 못하다는 것도 하나의 문제이라고 할 수 있는데, 표 6.3에서는
75Ω동축 케이블 전송 방식의 특성을 표시하고 있다.

표 6.3 75Ω AES/EBU 인터페이스의 특성

채널 컨디션	BPM엔코드를 한 AES/EBU신호
송신부 특성	BCM 콘넥터에 의한 불평형 출력 신호원 임피던스 : 75Ω 리턴 로스 〉24㏈(0.1~6MHz) 출력신호 진폭 : 75Ω부하 양단에서 1V±10% DC오프셋트(Offset): 0.01V±50mV 상승/하강 시간 : 30부터 44ns(진폭의 10~90%) 데이터 지터 : ≦20ns_{p-p}
수신부 특성	불평형 입력 입력 임피던스 : 75Ω 리턴 로스 〉25㏈(0.1~6MHz) 최소 입력 레벨 감도 : 100mv 케이블 등화 : 옵션(Option)

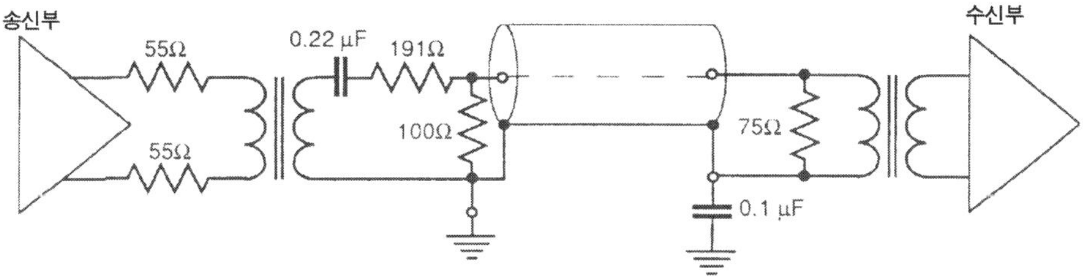

그림 6.34 대표적인 AES-Id-1996인터페이스

AES-3id에서 추천 되어있는 인터페이스를 그림 6.34에서 표시를 하고 있는데, 이러한 정보문서(Information Document)는 케이블 특성, 그의 손실보상 특성, AES3기기사이의 패시브(Passive : 수동적) 컨버터 등에 대해서도 규정을 하고 있다고 할 수 있다. 그림 6.35에서는 14㏈아테네타를 사용한 평형 110Ω의 방식으로부터 불평형 75Ω의 방식 컨버터의 일예를 표시하고 있다고 할 수 있고, 그림 6.36에서는 75Ω의 동축 케이블로부터 110Ω의 평형 케이블에서 교환하는 매칭 네트워크의 일예를 표시하고 있다고 할 수 있다.

6.8.3 실제 케이블의 접속

스튜디오에서는 그라운드 케이블의 문제로부터 피하기 위하여 평형 케이블의 사용이 바람 직 하다고 할 수 있고, 이미 스튜디오에서도 시설 하여 사용을 하고 있는 기존의 아날로그 케이블은 디지털 오디오 신호전송의 사용은 가능하다고 할 수 있는데, 그 전송 가능 거리에 있어서는 케이블 타입에 따라서 약간 다르다고 할 수 있지만 보통 아날로그 케이블의 전송거리는 최대 100m라고 할 수 있으나 최근에 개발 된 고품질 트위스트 페어 케이블(Twist Pair Cable)의 경우에는 250m거리 까지 전송이 가능한 것도 있다고 할 수 있다.

이러한 케이블 실느는 방해를 막기 위하기 위하여 그림 6.33과 그림 6.34에서 표시를 하고 있는 것과 같이 접속하지 아니하면 되지 아니하는데, 접속에 있어서는 한 개의 출력에 한 개의 수신부 신호를 1:1로 대응 한다고 할 수 있다.

6.9 그 외에 인터페이스 포맷(Protocol Format)

거의 대부분의 기기는 AES/EBU의 프로토콜 기기라고 할 수 있고, 그 외에 3가지포맷의 널리 사용되고 있다고 할 수 있는데, 그 3가지의 포맷으로는 MADI (Multichannel Audio Digital Interface), SDIF2(Sony Digital Interface Format), SPDIF(Sony Philips Interface Format)가 있다고 할 수 있다.

6.9.1 MADI포맷

MADI포맷이라고 하는 것은 AES10-1991규격과 정보문서 AES-10id-1995에서 규정 되어 있다고 할 수 있는데, 이러한 인터페이스는 AES3-1992에서 만족을 하고 있는 32비트의 신호를 56채널까지 전송하는 것이 가능하다고 할 수 있다.

또 이러한 MADI는 원래 멀티트랙 레코더와 디지털 오디오콘솔, 각종 프로세서를 1:1로 접속하기 위하여 개발 되었다고 할 수 있는데, 이러한 접속 외의 다른 접속방법으로서는 디지털 루팅 시스템이나 스튜디오 사이에 접속이 가능하다고 할 수 있다.

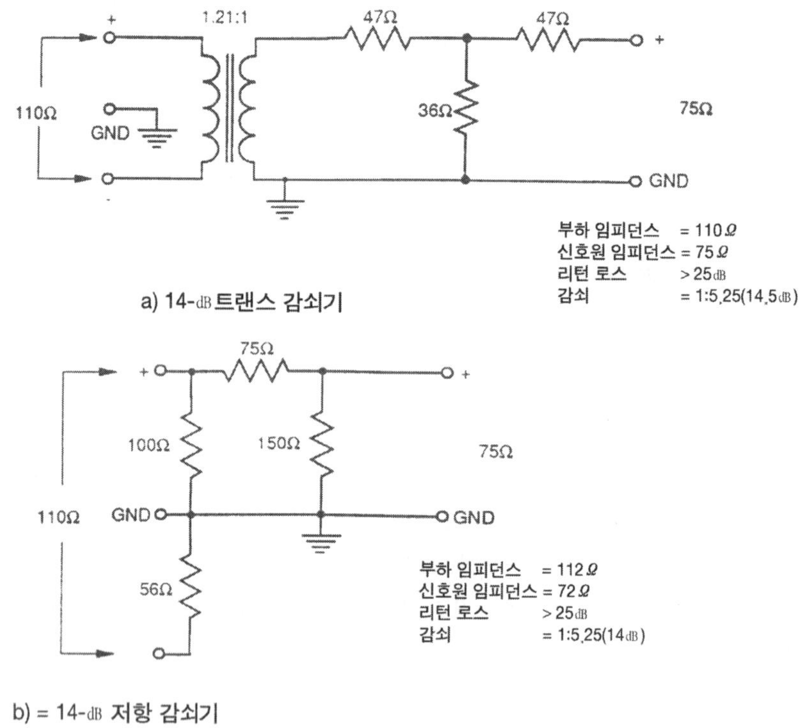

그림 6.35 평형으로부터 불 평형으로 변환하는 매칭 네트워크 (SMPTE276M규격에 의한)

이러한 MADI신호는 최초의 4비트만이 다른 것이기 때문에 용이하게 AES/EBU에 서브 프레임으로 변환이 가능하다고 할 수 있는데, 여기에서는 56서브 프레임이 시리얼로 연결되어 한 개의 MADI 프레임이 되어 4-5변환 포맷으로 엔코드 되어 진다고 할 수 있고, 이러한 엔코드에서는 DC성분을 감소시키기 위하여 시리얼 데이터 스트림 중에서 4비트의 그룹이 룩업테이블(Look Up Table)로 5비트 워드 중에서 DC성분이 적은 워드로 변환 되어 진다고 할 수 있다.

따라서 그 때문에 엔코드 되어진 각 서브 프레임은 32+8=40비트의 길이로 되어 진다고 할 수 있고, 32kHz와 48kHz의 샘플링 주파수가 서포트 되어져서 오디오 레코더의 가변속 동작이 가능하게 하고 있는 것과 같이 하여, 그 주파수의 ±12.5%의 변화가 허용 되어져 있다고 할 수 있다. 또한 이러한 전송 데이터 레이트는 엔코드 되어진 데이터 스트림에 충분한 대역을 제공하기 위하여 125Mbps로 고정 되어져 있다고 할 수 있는데, (56Ch × 40비트 × 48kHz × 1.125 = 121Mbps) 최초의 4비트는 아래와 같은 의미를 가지고 있다고 할 수 있다.

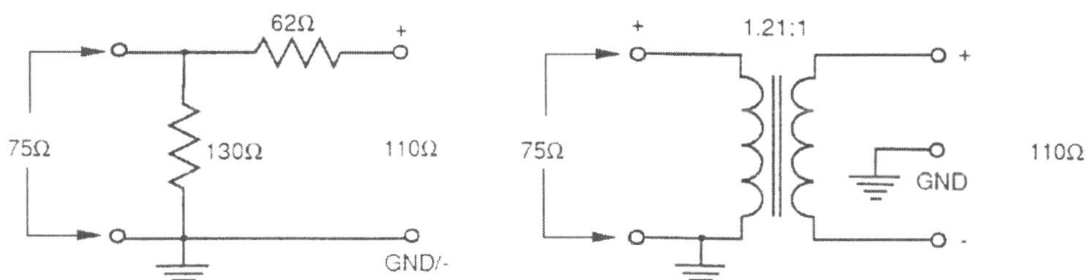

그림 6.36 불 평형으로 부터 평형으로 변환하는 매칭 네트워크(SMPTE 276M 규격에 의한)

- 비트1 = MADI채널0. MADI 프래임의 스타트 위치 표시를 함으로서, 프레임 동기로서 움직인다.
- 비트2 = MADI채널 액티브 표시. 전송 되어져 있는 서브 프레임의 유효성을 표시한다.
- 비트3 = 스테레오의 좌우를 표시. 음악 프로그램의 스테레오 모드에서 좌 채널인가? 우 채널인가를 표시한다.
- 비트4 = MADI동기. 192AES프레임으로 구성되어있는 AES프레임의 스타트 위치를 표시를 하고, C비트와 U비트 등 적정한 데이터를 읽어내는 것이 가능하게 한다

엔코드 되어진 데이터 스트림의 각 MADI프레임에 동기 코드가 부가 되어져서 기기사이에 동기를 시키고 있다고 할 수 있는데, 전송에 있어서는 비동기신호로 송신부, 수신부 모두 FIFO버퍼 (Buffer)를 가지고 있어서 그러한 것에 의하여 외부의 기준 샘플링의 클럭과 동기를 시키는 것을 전제로 하고 있다.

또한 이러한 전송 미디어는 광대역의 동축 케이블(50m이하) 이거나 아니면 광케이블 링크(50m이상)이라도 좋다고 할 수 있는데, 따라서 AES-10id-1995문서에서는 광케이블 인터페이스에 관한 가이드라인을 규정하고 있다고 할 수 있다.

6.9.2 SDIF2포맷

이러한 포맷은 소니 회사에 의하여 프로페셔널 적인 디지털 기록, 마스터 링크를 위하여 개발 되어졌다고 할 수 있는데, 이러한 포맷은 44.1kHz또는 48kHz의 샘플링 주파수를 사용하여 한 개의 채널의 전송에 사용 되어지는 것으로서, 오디오 워드의 길이는 32비트라고 할 수 있다.

그리고 최초의 20비트는 오디오 샘플의 데이터라고 할 수 있고, 계속하여 다음 9비트는 제어 워드에 사용이 되고, 남은 3비트는 32비트 워드에 대한 동기 정보라고 할 수 있는데, 여기에서 제어워드에 사용되는 정보는 프리엠파시스 정보, 음성정보, 데이터정보, 카피보호정보, 256오디오 워드마다 SDIF오디오 블록의 동기 정보, 또는 사용자 데이터라고 할 수 있다.

전송 라인은 75Ω의 동축 케이블을 사용하여 신호는 TTL(Transistor-Transistor Logic)레벨로서 1.54Mbps의 데이터 레이트로 전송이 되어진다고 할 수 있는데, 이러한 시스템에서는 포인트-포인트 사이에 1:1접속 시스템으로 구성 되어 있다고 할 수 있고, 스테레오 좌 채널, 우 채널, 워드 클럭을 전송하기 위해서는 3라인의 동축 케이블이 필요하다고 할 수 있다.

6.9.3 SPDIF포맷

이러한 포맷은 AES/EBU(AES3-1992)포맷 프로토콜의 가정용 모드에 대하여 소니/필립스의 제작사 명을 붙여서 포맷으로 사용하고 있는 것이라고 할 수 있는데, 그러한 인터페이스의 특성의 상세는 6.6항과 표 6.2에서 표시를 하고 있다. 또한 이러한 포맷은 세미프로페셔널 가정용기기사이에 디지털 오디오 데이터의 전송용으로 개발 되었다고 할 수 있는데, AES-3프로페셔널 모드 기기와 AES-3가정용 모드 기기사이에서는 포맷의 컨버터(레벨의 변환과 데이터의 변환)가 필요하다.

6.10 오디오의 동기

클럭으로 샘플링 되어있는 복수의 신호원으로부터 디지털 오디오 신호를 믹서, 인서트, 절환 등을 시행하기 위해서는 샘플 클럭이 기준 클럭에 대하여 주파수, 위상 등이 모두 동기 되어 있는 것이 필요하다고 할 수 있는데, 한 개의 스튜디오에서 같은 형식의 기기가 2대시상이 있다고 할지라도 그 샘플의 타이밍은 드리프트(Drift) 되어있어 같다고는 할 수 없기 때문에 영상 기기와 같은 오디오 기기사이에 있어서도 2대 이상의 기기를 동기 시키는 시스템에 있어서는, 중앙에 있는 동기 발생기로부터의 기준이 되는 샘플링 레이트 신호가 필요하게 되어있다고 할 수 있다.

또한 그러한 시스템에서는 간편하게 동기를 맞추기 위하여 동기 신호 발생기 대신에 어느 쪽에 있는 기기를 정해서 그 기기출력을 기준으로 하는 것도 가능하다고 할 수 있는데, 이러한 경우에는 스튜디오 센터의 외부로부터 동기 오디오 신호원에 대한 기준 동기를 공급하는 것이 불가능하기 때문에 샘플 클럭의 상호 드리프트(Drift)를 방지하는 것이 불가능하다고 할 수 있다. 따라서 그러한 경우는 상호 드리프트에 의하여 생기는 클릭 노이즈(Click Noise)나 팝 노이즈(Pops Noise) 발생을 없애는 방법이 필요하다고 할 수 있는데, 이러한 동기에 대한 복잡한 정도 차이로는 디지털 오디오 신호원이 어느 정도의 기준 동기를 필요로 하고 있는가? 또는 디지털 오디오 신호와 영상 사이에 동기의 필요성에 따라서 변화 한다고 할 수 있다.

6.10.1 디지털 오디오 신호 사이에 동기

각각 다른 디지털 오디오 신호원의 동기는 다음에서 이야기하는 2개의 스텝에 의하여 시행을 한다고 할 수 있다.

- 샘플 클럭의 주파수를 동기 시킨다.
- 디지털 오디오 신호의 프레임 타이밍의 일치, 즉 위상을 동기 시킨다.

AES11-1991추진하고 장려하는 규격에서는 스튜디오에 있어서 디지털 오디오 기기의 주파수와 위상의 동기에 대하여 규정을 하고 있다고 할 수 있는데, 큰 스튜디오 제작 센터에서 필요하다고 할 수 있는 대단히 안정된 주파수 동기신호를 발생하는 특별한 기준 신호 발생기가 사용되어진다고 할 수 있다.

이러한 경우에 모든 스튜디오 센터에 기기는 마스터 기준 동기 발생기에 의하여 젠록(Genlock)되어있다고 할 수 있으나, 작은 스튜디오의 경우는 기준이 되는 한개 기기의 출력을 지정하고, 이 신호를 디지털 분배기를 사용하여 분배하여 다른 모든 기기에 공급하는 형식으로 하여 동기 시켜서 사용하는 경우도 많이 있다고 할 수 있다.

그림 6.37에서는 디지털 오디오샘플과 디지털 오디오 기본신호(Digital Audio Reference Signal : DARS)의 동기 맞춤을 표시하고 있는데, 이러한 AES-11규격에서는 디지털 오디오 샘플은 기준신호 사이에서 비교하여서 송출부에서 주파수가 맞으면 동시의 프레임 위상에서는 ±5%의 허용차로 하고 있다고 할 수 있고, 수신부에서는 프레임 위상으로 기준 신호와의 사이에 ±25%의 허용차를 규정하고 있다고 할 수 있는데, 이러한 타이밍의 기준점은 오디오 프레임의 X 또는 Z동기 워드의 최초 상승하는 에지(Edge)부분 이라고 할 수 있다.

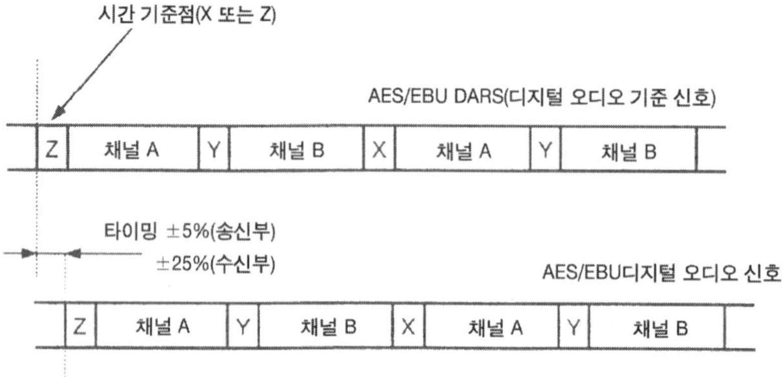

주 : 타이밍은 샘플링 기간의 퍼센트로 표시하고 있다.

그림 6.37 DARS에 대한 AES/EBU디지털 오디오 신호의 동기 타이밍

이렇게 2개의 디지털 오디오 신호가 각각 다른 샘플링 레이트를 가지고 있지만 상호 동기를 하는 것이 불가능한 경우 샘플 레이트 컨버터(Sample Rate Converter) 또는 싱크로 나이저(Synchronizer)가 사용되어 진다고 할 수 있는데, 동기 샘플 레이트 변환에서는 2개의 샘플 레이트가 상호적으로 젠록(Genlock)이 되어있어 그 레이트 비가 정수비가 된 경우에 시행이 된다고 할 수 있고, 상호적으로 젠록(Genlock)이 되지 아니하는 비동기 변환에서는 원래의 신호와 변환 후의 신호 사이에 시간적인 관계가 없기 때문에 대단히 복잡하게 되어 신호를 처리하는 데에 드는 비용도 많이 든다고 할 수 있다. 그림 6.38에서는 제작 스튜디오 가운데 모든 디지털 오디오 기기를 공통의 기준 신호로 동기 시켜서 시행을 하는 계통도를 표시하고 있다고 할 수 있다.

6.10.2 디지털 오디오와 영상 신호와의 동기

텔레비전 스튜디오에서는 디지털 오디오 기준 신호는 영상과 오디오 신호 사이에 관계를 일정하게 확보하기 위하여 영상 신호에 젠록(Genlock)을 할 필요가 있다고 할 수 있는데, 이러한 동기에 의하여 영상과 오디오의 스위칭에 의하여 클릭 노이즈가 생기지 아니하는 절환이 가능하다고 할 수 있다.

625/50시스템 에서는 영상의 프레임과 오디오 샘플링수와는 정수 관계를 유지 한다고 할 수 있기(48kHz샘플링 레이트에서는 1프레임에 대하여 1920오디오 샘플) 때문에 오디오와 영상의 위상 관계를 용이하게 유지하는 것이 가능하다고 할 수 있는데, 이러한 것에 대해서는 EBU의 추천규격 R-83-1996에서는 규정을 하고 있다고 할 수 있고, 그림 6.39에서는 그 영상과 디지털 오디오 프

레임과의 관계를 표시하고 있다고 할 수 있다.

AES-3오디오라는 것은 625라인 기준 동기 신호로부터 48kHz의 기준 신호를 생성 하는 것으로서 젠록(Genlock)이 가능하다고 할 수 있는데, 그림 6.40에서는 625 또는 525라인 영상 주파수와 48kHz오디오 샘플링 주파수와의 관계를 표시하고 있다고 할 수 있다,

표 6.4에서는 프레임 당 오디오 샘프링 수의 관계를 각 영상 프레임 레이트의 대표적인 3개의 오디오 샘플링 주파수에 대하여 표시를 하고 있다고 할 수 있다.

525/60시스템에서는 영상 프레임 당 오디오 샘플의 수는 정수가 되지 아니하고 분수(8008/5:5프레임에서 8008샘플)가 된다고 할 수 있는데, 이러한 것은 다음과 같은 식으로 산출이 가능하다고 할 수 있다.

$$\frac{33,366.67\mu s}{20.8333\mu s} = 1601.6\text{샘플}$$

여기에서 33,366.67㎲는 1 영상 프레임의 시간이라고 할 수 있고, 20.833㎲는 1오디오 프레임 시간 이라고 할 수 있는데, 5프레임에서는 정수의 오디오 샘플(1601.6×5=8008)이 얻어 진다고 할 수 있다.

디지털 오디오와 영상 프레임의 5프레임 위상 시퀀스를 그림 6.41에서 표시를 하고 있다고 할 수 있는데, 각 영상 프레임의 오디오 샘플 수는 아래와 같다고 할 수 있다.

- 프레임 0 : 1602
- 프레임 1 : 1601(필드1 : 801 필드2:800)
- 프레임 2 : 1602
- 프레임 3 : 1601(필드1 : 801 필드2:800)
- 프레임 4 : 1602

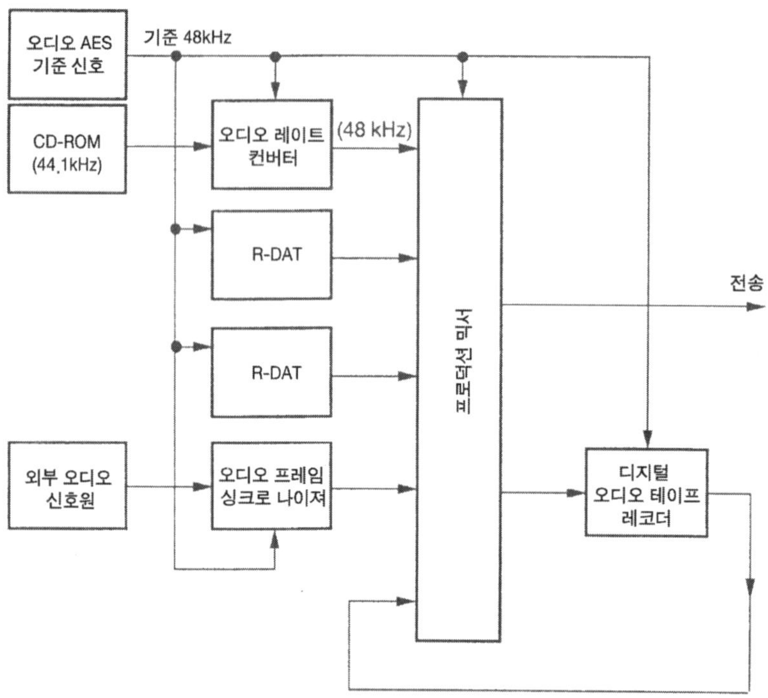

그림 6.38 스튜디오에 있어서 디지털 오디오신호의 동기

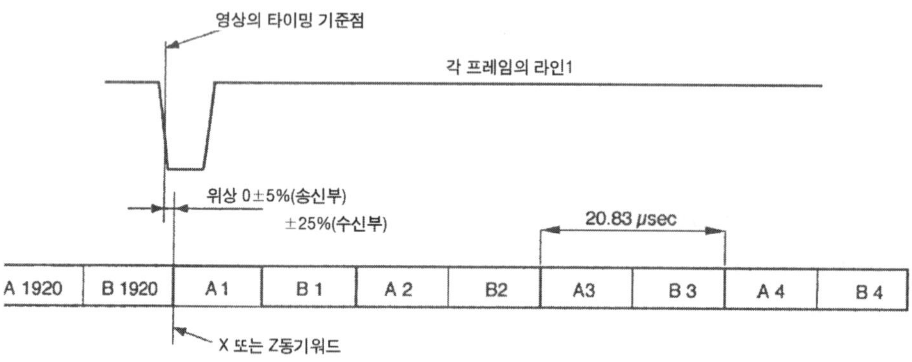

주 : 타이밍은 샘플링 기간의 퍼센트로 표시 되어져 있다.

그림 6.39 625라인 시스템에 있어서 디지털 오디오 신호와 영상과의 동기

디지털 오디오와 영상의 동기 기준 점과의 타이밍관계는 아래와 같이 계산이 되어진다고 할 수 있다.

- 최초의 영상 프레임의 위상(라인1의 수평 동기신호)과 가장 가까이 있는 Z 또는 X오디오 프레임 시퀀스는 일치하게 한다.

- 2번째의 영상 프레임의 위상 (라인1의 수평 동기신호)과 가장 근접하여있는 Z또는 X오디오 동기 시퀀스는

$$20.833\mu s \times 1602 = 33375.00\mu s$$
$$1 \text{ 영상 프레임} = 1/29.97 = 33366.67\mu s$$
$$\text{위상} = 33{,}375.00 - 33{,}366.67 = 8.33\mu s$$

- 3번째의 영상 프레임의 위상 (라인1의 수평 동기 신호)과 가장 근접하여있는 Z 또는 X의 오디오 동기 시퀀스는

$$(20.833\mu s \times 1601)+8.33-33366.67=-4.18\mu s$$

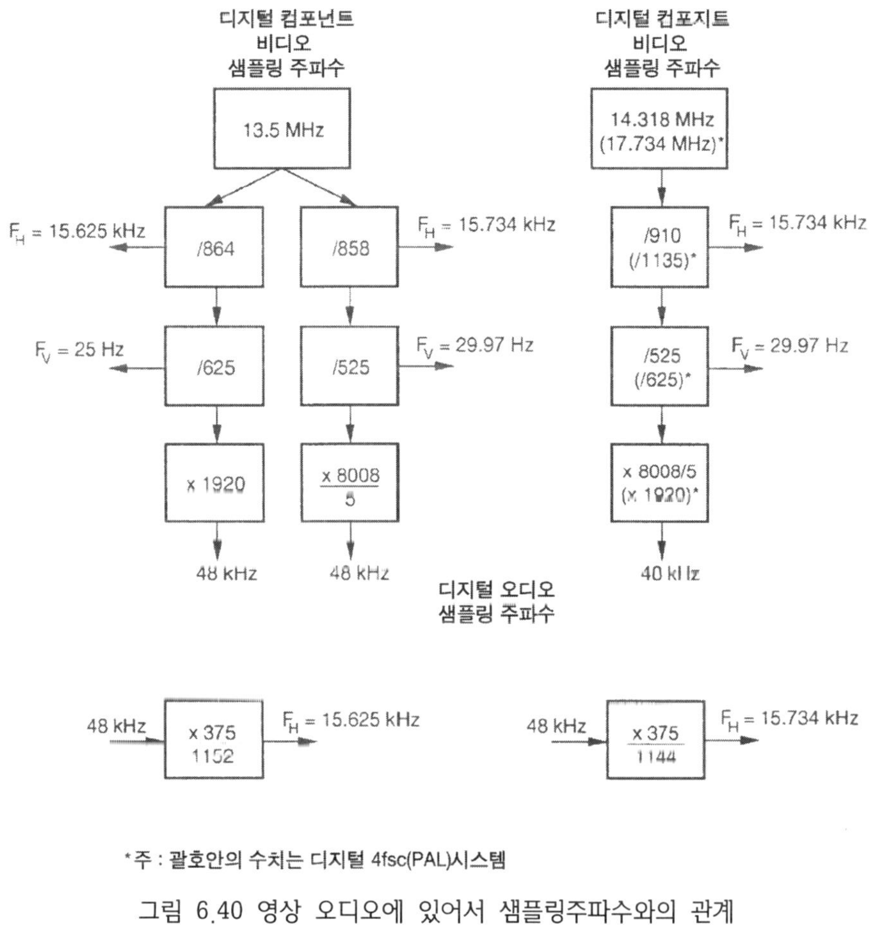

그림 6.40 영상 오디오에 있어서 샘플링주파수와의 관계

표 6.4 샘플링 주파수와 비디오 프레임에 할당 된 오디오 샘플링 수

샘플링 주파수 (kHz)	29.97-fps비디오	25-fps비디오	30fps 비디오
48	8008/5	1920/1	1600
44.1	147147/100	1764/1	1470
32	16016/15	1280/1	3200/3

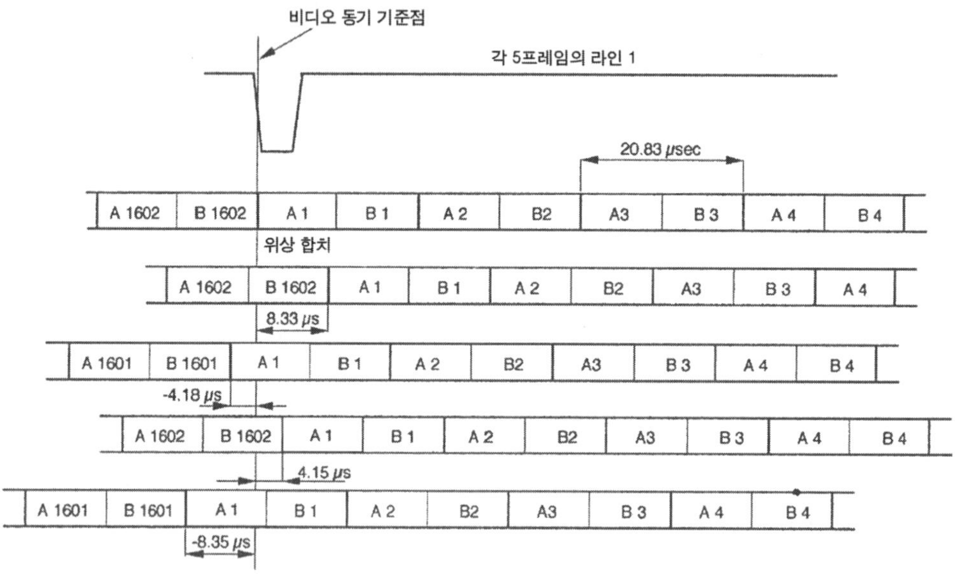

그림 6.41 525라인 시스템에 있어서 비디오 디지털 오디오의 5프레임 시퀀스 위상 관계

혹시 스위처에 의하여 절환 되는 2개의 오디오신호가 주파수 동기가 되어 있으나 이러한 5개 프레임 시퀀스 위상이 같지가 아니할 경우에는 스위칭 점에 따라서는 한 개의 오디오 샘플이 삽입이 되기도 하고 오디오가 스위칭이 되면서 드리프트(Drift)가 생기기도 한다.

이러한 것의 일예로서는 그림 6.42에서 표시를 하고 있는 것과 같이 신호원 A에서 신호원 B로 스위칭을 하였다고 가정을 하였을 경우에 스위칭의 출력이 그림과 같이 3개의 연속한 프레임으로 각 1602개의 샘플이 발생한다고 할 수 있는데, 그 때문에 이러한 예에서는 한 개의 오디오 샘플링이 부가 되었다고 할 수 있다.

이러한 오디오 샘플 레이트에 주파수의 변화는 스위칭의 회수에 따라서 증대를 하여, 수신부의 버퍼(Buffer)에 의하여 부하가 많이 걸렸을 때나 아니면 비어있을 경우에는 클릭 잡음이 생기거나 뮤트(Mute)가 발생하게 하고 있다고 할 수 있는데, 그리하여 DVTR편집 전에는 내부에서 입력신호를 재정비하여 5프레임 시퀀스로 동기를 시키는 것에 의하여 테이프 녹화나 재생 출력에서는 5프레임 시퀀스는 유지 되어진다고 할 수 있다.

그러나 현재의 텔레비전 기기는 텔레비전의 오디오 신호를 5프레임 시퀀스에 대하여 고려를 하지 아니하고, 프로세스를 하여 신호를 출력하고 있다고 할 수 있는데, 그러한 시스템 상에서 디지털 오디오와 영상 사이의 위상 관계에서는 전원 투입 후에 약간 변화한다고 할 수 있다.

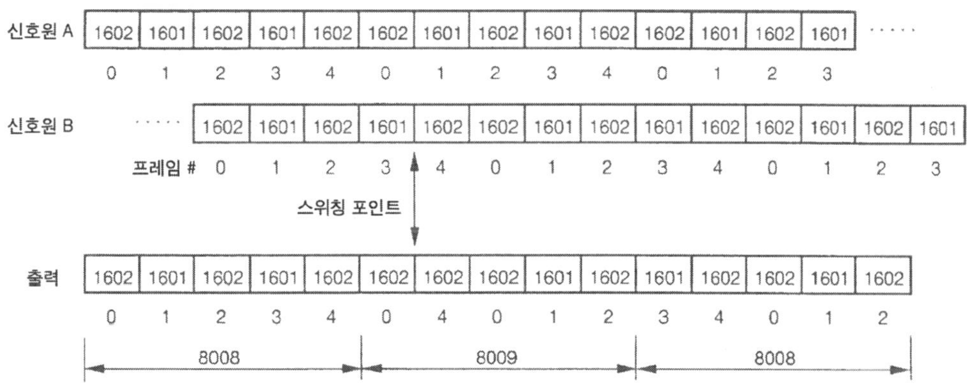

그림 6.42 2개의 동기한 오디오 신호원을 스위칭한 결과의 5프레임 디지털 오디오 시퀀스의 일예

따라서 디지털 오디오 싱크로나이저와 같은 프로세스 기기에서는 이러한 스위칭 포인트에 있어서 오디오 샘플의 삽입이나 드리프트(Drift)에 대한 보정이 가능하다고 할 수 있고, 또 송신부나 수신부에 있어서도 적은 샘플링 주파수의 차가 있을 경우에는 그러한 것을 보정하는 것이 가능 하다고 할 수 있는데, 싱크로나이저에서는 오디오 신호의 중간의 무음 타이밍이나 포즈를 검출하여 그 부분에서의 샘플의 드리프트(Drift)가 생기게 하기도 하고, 삽입을 시행하기도 한다고 할 수 있다.

AES3오디오에서는 48kHz의 기준 신호를 525라인 영상 기준 신호로부터 발생하는 것에 의하여 영상에 젠록(Genlock)시키는 것이 가능하게 하고 있는데, 네트로닉스 SPG422와 같은 동기신호 발생기에서는 그림 6.43에서 표시를 하고 있는 것과 같이 아날로그/디지털 영상에 록이 되어진 디지털 오디오 신호를 출력하고 있다고 할 수 있고, 이렇게 동기 발생기에 젠록(Genlock)되어진 모든 기기는 타이밍이 맞추어진 영상과 오디오 신호를 발생 한다고 할 수 있다.

그러나 오디오 신호와 영상 신호를 다중 할 경우에는 디지털 오디오 지연 유니트를 삽입 시키어야 한다고 할 수 있는데, 그러한 이유는 영상의 스위처나 영상 특수효과 기기에서 1~2프레임의 지연이 발생하기 때문이라고 할 수 있고, 따라서 세밀한 지연 량을 맞추기 위하여는 디지털 오디오 믹서에서도 그러한 출력을 이용하여 영상 신호와 음성신호의 정확한 타이밍을 맞추기 위하여 출력 지연 기능을 가지고 있는 경우도 있다고 할 수 있다.

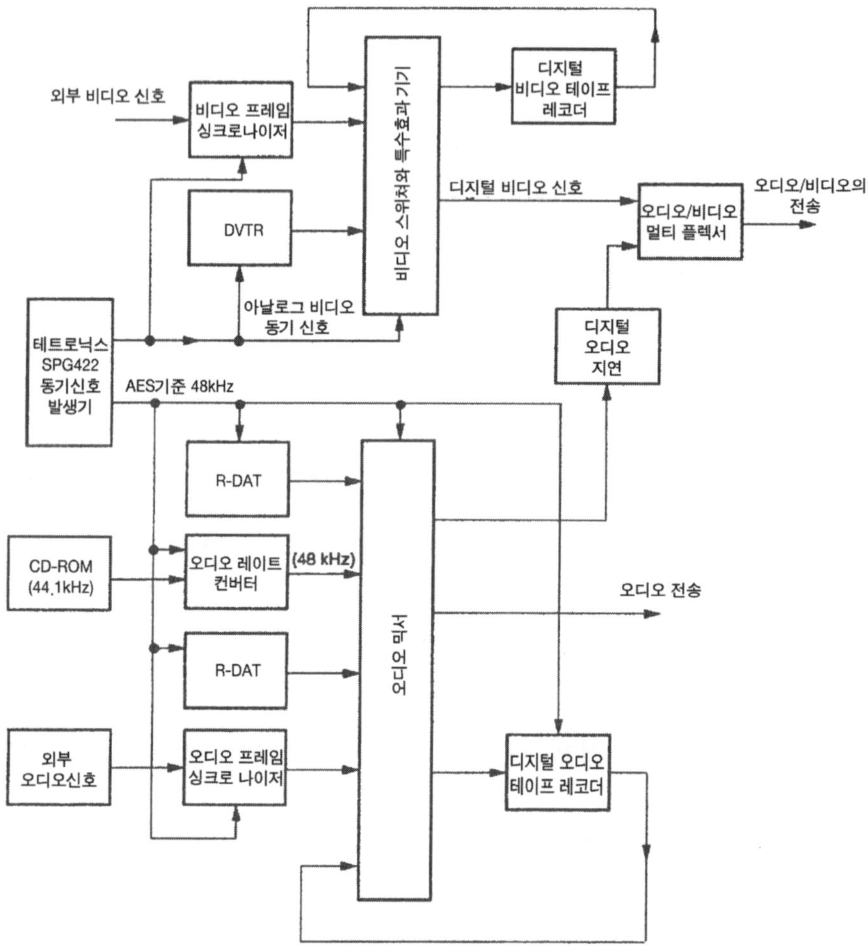

그림 6.43 스튜디오에 있어서 비디오 신호와 디지털 오디오 신호의 동기 계통

6.11 디지털 오디오의 기록

디지털 오디오 테이프의 포맷은 본래 개발은 가정용 레코더로 개발이 되어져서 회전 헤드를 사용한다 하여 R-DAT(Rotary-DAT) 이라는 명칭으로 널리 알려져 있다고 할 수 있다.

그러나 DAT가 고 품질의 디지털 카피가 가능함에 따라 그러한 가정용 판매시장에 있어서 보급은 중단 되었다고 할 수 있고, 대신 이러한 포맷의 시장은 방송 장비를 비롯한 프로페셔널 적인 방송장비시장으로 흡수 되어 많이 사용 되고 있다고 할 수 있는데, 왜냐하면 이러한 DAT기기는 오디오 품질이 높고, 이러한 포맷이 방송국이나 프로덕션에서 널리 사용되고 있기 때문이라고 할 수 있다.

표 6.5 R-DAT의 특성

전체 특성	오디오 채널수 : 2 기록시간 2H : (32kHz모드 2를 사용하여 4h) 소게 헤드가 없고, 기록헤드는 재생헤드와 겸용. Azimuth기록 : 트랙 간에 크로스토크 저감을 위하여 서치(Search)시간 : 200배속 장래를 위하여 2개의 장수방향 트랙을 가지고 있음. 카세트사이즈 : 73×54×10.5mm
전기적 특성	주파수 특성 : 10Hz로부터 22kHz까지 플래트(Flat)함. (샘플링 주파수 48kHz) 다이나믹레인지 : 96dB 샘플링 주파수 : 32kHz : 장시간 Play용. 44.1kHz시판 테이프 재생용. 48kHz고품질 기록 재새용 양자화 16비트 직선 양자화 - 48kHz 또는 44kHz샘플링 레이트 12비트 비직선 양자화 - 32kHz샘플링 레이트 (모드2) 왜율 : 〈 0.005%
기구 특성	30mm의 경회전 헤드, 90도의 테이프를 감는 각도 회전수 : 2000회전/ 분(32kHz모드 2에서는 1000회전/분) 테이프 속도 : 8.15mm/s(32kHz모드 2에서는 4.075mm/s) 트랙피치(Track Pitch) : 3.81mm 테이프 두께 : 13마이크로미터

아날로그 입력 신호는 디지털화 되어진 8~10변조 방식으로 채널 엔코드 되어서 3.81㎜폭의 메탈 테이프에 기록이 되어진다고 할 수 있는데, 재생에 있어서는 기록과는 정 반대의 프로세스를 거쳐서 재생되어진다고 할 수 있다.

또한 이러한 R-DAT의 기록 포맷은 4개의 모드가 있는데, 그 중에서 가장 많이 사용되는 표준 모드로는 48kHz의 샘플링 모드와 44.1kHz의 샘플링 레이트의 2개의 재생 전용 모드(노말 트랙모드와 와이드 트랙 모드)라고 할 수 있고, 장시간용으로서는 32kHz의 모드가 사용되고 있다고 할 수 있다.

표 6.5에서는 R-DAT포맷의 전기, 기계적인 특성을 간단하게 정리하여 요약한 것이라고 할 수 있다.

◆ 양자화노이즈에 대한 메모

디지털기기의 S/N에 있어서는 양자화노이즈에 대한 것이 지배적이라고 할 수 있는데, 이러한 것은 아래와 같이 표시가 되어진다고 할 수 있다.

영상의 S/N = 6.02n + 10.79(dB)
음성의 S/N = 6.02n + 1.76(dB)

여기에서 n은 샘플의 비트수를 말하고 있다고 할 수 있다.

왜 영상과 음성의 식이 다른가하는가에 대한 의문이 생길수가 있다고 할 수 있는데, 왜냐하면 그러한 이유는 영상과 음성에 있어서 S/N의 정의가 다르기 때문이라고 할 수 있는 것으로서, 즉 영상에 있어서는 S/N의 표시는 Sp-p/Nrms로 표시를 하고 있으나 음성에 있어서는 Srms/Nrms이라고 표시를 하고 있다고 할 수 있다.

또한 Nrms에 있어서는 영상과 음성은 모두 같다고 할 수 있는데, Nrms=Q/$\sqrt{12}$으로서 즉 Q는 1양자화스텝이므로 Q=Sp-p/256(8bit) 또는 Q=Sp-p/1024(10비트)이라고 할 수 있다.

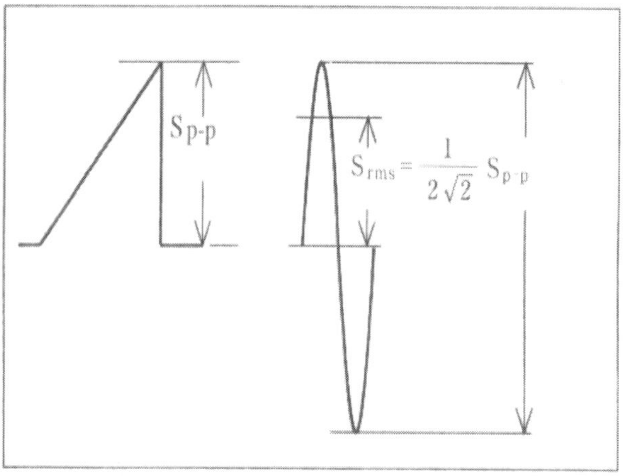

Sp-p와 Srms와의 관계는 아래의 그림과같다고 할 수 있는데, 따라서 음성에 있어서 Srms는 전 진폭 Sp-p의 1/2$\sqrt{2}$가 된다고 할 수 있고, 여기에서 영상은 전 진폭과 같다고 할 수 있으며, 이러한 1/2$\sqrt{2}$을 데시벨로 고친다면 -9.03dB가 되어 10.79-9.03=1.76과의 양자의 차가 된다고 할 수 있다.

즉 위에 있는 식은 양자화범위에 대한 것으로서 실용적으로는 다양한 보정 계수가 적용되어진다고 할 수 있는데, 컴포넌트의 영상 (Y) S/N = 6.02n +10.79 + 0.7(대역보정) - 1.35(헤드룸 보정) = 6.02n + 7.87(dB) (525/60)이라고 할 수 있고, 컴포지트의 영상 (Y) S/N = 6.02n +10.79 + 2.31(대역보정) - 5.23(헤드룸 보정) = 6.02n + 7.87(dB) (525/60)이라고 할 수 있으며, 음성 S/N = 6.02n + 1.76 - 20(헤드룸 보정) = 6.02n - 18.24(dB)이라고 할 수 있다.

제7장 시리얼 데이터 신호의 전송과 데이터 다중

기술의 진보에 의하여 텔레비전의 신호를 시리얼 디지털 신호 형식으로 전송하는 방법은 전송 원가(Cost) 측면에서 봐도 효과적이라고 할 수 있는데, 이러한 시리얼 디지털 전송에 의하여 스튜디오 센터 내에서는 디지털 영상 데이터, 동기 정보, 복수 채널의 AES/EBU음성을 대표하는 보조 데이터 등의 모든 데이터신호를 한 개의 동축 케이블에 의하여 전송하는 것이 가능하게 되었다고 할 수 있고, 또한 많은 디지털 시스템에 있어서는 스튜디오 내에서 개설한 케이블 모두가 시리얼 디지털 신호로 전송 하여 사용하는 것도 가능하게 하고 있다고 할 수 있다. 그림 7.1에서는 시리얼 디지털 영상 신호의 전송에 있어서 계통도를 표시하고 있다.

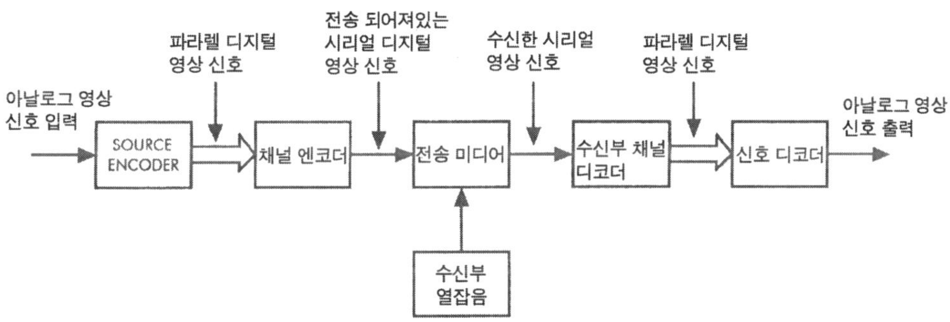

그림 7.1 시리얼 디지털 영상 전송의 모델

신호원 엔코더(Source Encoder)는 우리가 보통 흔히 이야기하는 아날로그/디지털 컨버터(A/D Converter)라고 할 수 있는데, 송신부의 채널 엔코더(Channel Encoder : 전송 신호 형식을 변환하는 엔코더)라는 것은 A/D컨버터 출력에 파라렐 디지털 신호를 선택한 미디어를 말하는 것으로서, 즉 여기에서는 동축 케이블에 전송 적합한 시리얼 디지털 신호 형식으로 변환을 한 것을 말하고 있다고 할 수 있다.

이러한 신호는 케이블에 의하여 감쇠를 당하고, 수신부의 입력 단에서 발생한 열잡음에 의하여 열화 된다고 할 수 있는데, 이러한 수신부의 채널 디코더는 수신한 시리얼 신호를 원래의 신호원 데이터 형식으로 변환을 하여서 파라렐 디지털 신호를 출력한다고 할 수 있다.

또한 신호 열잡음이 크거나 수신부의 감쇄가 큰 경우에는 채널 디코더는 그러한 것에 영향을 받아서 비트 오류가 발생하기도 하고, 어떤 경우에는 전혀 수신이 되지 아니하는 경우도 생길수가 있는데, 이러한 시그널 디코더는 통상의 디지털/아날로그 컨버터(D/A Converter)를 사용하여 원래의 아날로그 신호를 재생한다고 할 수 있다.

시리얼 신호의 비트 레이트는 아래와 같은 식으로 얻어 진다.

시리얼 데이터 레이트=파라렐 비트 레이트(M Words/s)×워드당 배정된 비트수

4:2:2 컴포넌트 시리얼 디지털 데이터 레이트는

시리얼 데이터 레이트 = 27(Mwords/s) × 10비트/워드 = 270Mbps

$4f_{sc}$컴포지트 디지털 시리얼 레이트는 NTSC에서는 공칭 143Mbps이고,

PAL에서는 공칭 177Mbps이다.

그림 7.2에서는 몇 개의 텔레비전 시리얼 디지털 신호의 스펙트럼을 표시하고 있는데, 이러한 스펙트럼은 넌리턴투 제로(Nonreturn-to-Zero : NRZ)코딩 신호에 대한 대표적인 스펙트럼으로서 샘플링 주파수와 그 정수배의 주파수로 레벨이 제로가 되는 둥근 교차점이 있다고 할 수 있다.

이러한 것에 의하면 시리얼 디지털 신호의 전송에 있어서는 아주 넓은 대역이 필요하다는 것이 분명하다고 할 수 있지만 그러나 스튜디오 환경 내의 적당한 하드웨어 기술을 사용한다면 이러한 대역폭을 만족하는 것도 가능하다고 할 수 있는데, 따라서 시리얼 디지털 신호의 지상 회선 전송이나 방송기기, 위성회선 전송에 있어서는 현재의 표준적인 통신 채널 용량에 매칭이 되게 하기 위하여는 비트 레이트 압축이 필요하다고 할 수 있다.

7.1 샤논의 정리 (Shanon's Theorem)

샤논의 정리 (Shanon'S Theorem)이라고 하면 노이즈가 있는 통신채널의 용량은 초당 비트수(bps)를 단위로 하여 아래와 같은 식으로 구할 수 가 있다.

$$C(bps) = B \log_2 \left[1+\left(\frac{S}{N}\right)\right]$$

여기에서 B = 채널 대역폭(Hz)

S = 수신전력(W)

N = 부속하는 노이즈 전력(W)

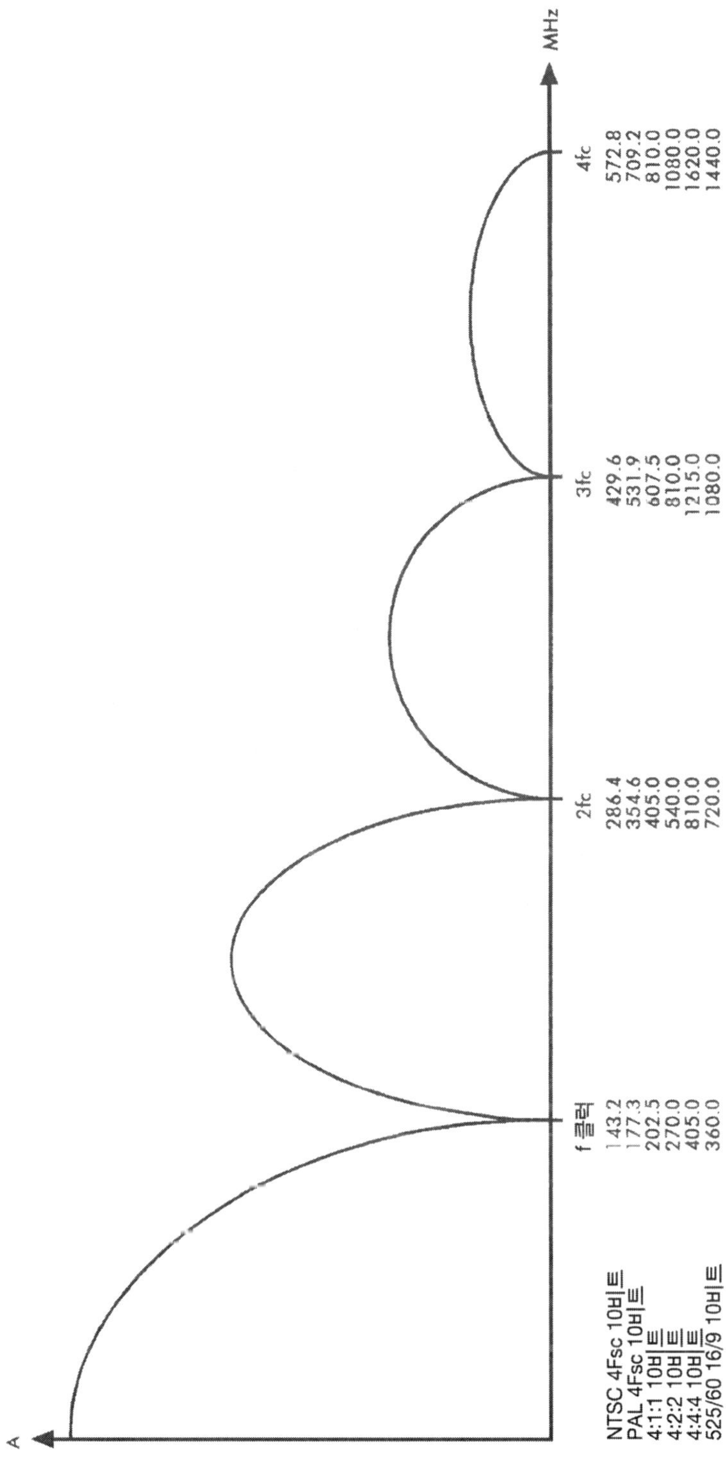

그림 7.2 각 시리얼 디지털 포맷의 스펙트럼

스튜디오 환경에서는 노이즈의 원인은 사실상 수신부의 초단의 증폭 장치 열 잡음 이라고 할 수 있는데, 그 외에 다른 잡음은 무시할 정도라고 할 수 있다. 또한 수신부의 입력에서의 신호 잡음비 (SNR)는 접속하여 있는 동축 케이블에 대한 감쇄와 수신부의 등가 입력 잡음에 의하여 결정 되어진다고 할 수 있는 데, 이 때문에 수신부를 연결하는 동축 케이블의 길이에 의하여 신호 감쇄에 대한 제한이 생기게 되어 있다고 할 수 있다.

실내온도 T에 부여받은 열잡음 전력은 대역폭에 비례하여 아래와 같은 식으로 구할 수 가 있다고 할 수 있다.

$$\mathrm{N} = kTB$$

여기에서 k는 Boltzmann,s 상수 이고 T는 캘빈(Kevin) 단위로 하는 노이즈 온도라고 할 수 있다.

그리하여 채널의 용량은 아래와 같은 식으로 구할 수가 있다.

$$C(\mathrm{bps}) = B \log_2\left[1+\left(\frac{S}{kTB}\right)\right]$$

샤논(Shanon,s)의 정리는 이론적으로는 어느 전송 채널에서 위에 표시하는 것과 같이 채널 용량 보다 낮은 전송 레이트의 정보는 낮은 오류로 전송하는 것이 가능하다는 것으로서, 이러한 샤론법칙에서는 특정의 전송 채널의 오류가 없는 전송을 가능하게 하는 수단에 대해서는 정의하고 있지 아니하나, 간단하게 그것을 가능하게 하는 수단이 있다는 것을 서술하고 있다고 할 수 있다.

7.2 채널 코딩(Channel Coding)

채널코딩이라고 하는 것은 데이터 스트림의 "1"과 "0"을 전송 경로에서는 어떻게 표현을 하고 있는가에 대한 실행 방법이라고 할 수 있는데, 많은 채널의 코딩 규칙이 있어 각각의 시리얼 디지털 신호를 목적에 맞게 하기위하여 스펙트럼 분포나 DC 성분, 클럭 재생 등 약간의 특성을 최적화 하고 있다고 할 수 있다.

이러한 채널 코드 중에서도 가장 쉽게 일반적으로 사용하는 것은 NRZ이라고 할 수 있는데, 이러한 NRZ는 논리 "1"을 어떤 DC레벨로 정의하고 있고, 논리 "0"을 그것보다는 낮게 되어있는 DC레벨로 정의 하는 것이 특징이라고 할 수 있고, 시리얼 디지털 신호의 클럭은 데이터 신호로부터 자기 재생을 한다고 할 수 있다.

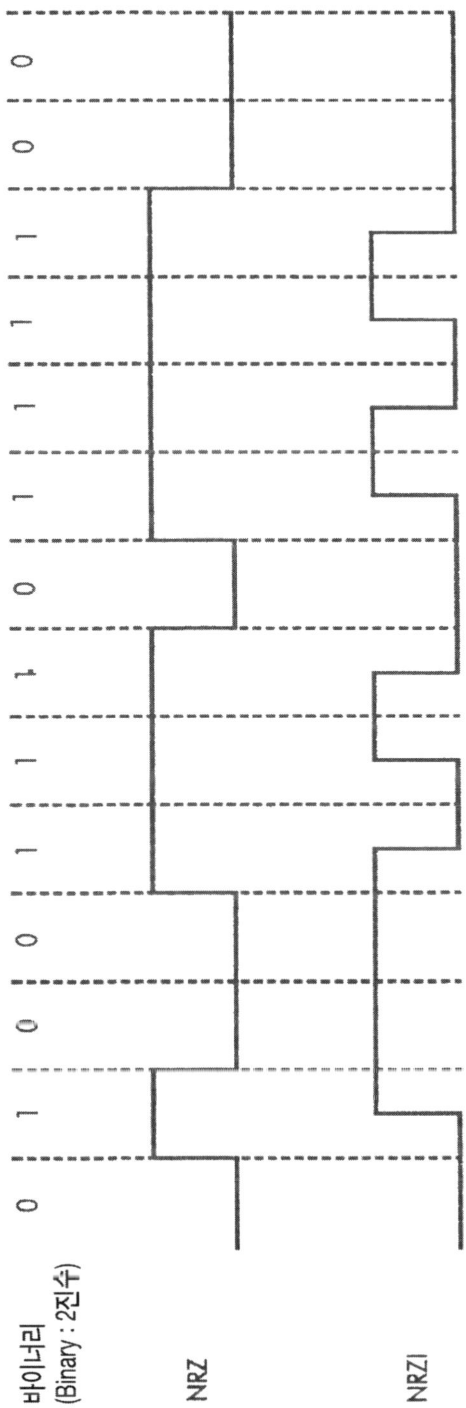

그림 7.3 NRZ와 NRZI채널 디코딩 특성

또한 수신부에서는 클럭 재생기를 내장하고 있어, 페이스 록 루프(Phase Lock Loop : PLL)와 전압 제어 발진기(VCO)의 조합에 의하여 클럭을 재생한다고 할 수 있는데, PLL이라는 것은 위상 기준 타이밍을 디지털 신호의 "0"으로부터 "1", "1"로부터 "0"의 변환점으로 부터 얻는다고 할 수 있고, 이러한 데이터에는 "1" 이나 "0"이 연속하여 길게 나열되어있는 경우도 있다고 할 수 있다.

이렇게 같은 데이터가 길게 펼쳐져 있는 경우에는 수신 레벨의 변화점이 없고 그 사이에 PLL은 위상 기준이 얻어지지 아니한다고 할 수 있는데, 이러한 기간의 수신부에 있어서 데이터의 검출의 정확한가의 척도는 클럭과 VCO의 안정도에 달려있다고 할 수 있고, 그러한 상태의 NRZ 코드는 제로주파수(DC)성분을 가지고 있어 이러한 DC성분은 데이터 스트림 내용에 따라서 변화 한다고 할 수 있다.

이렇게 낮은 주파수 성분이 크기 때문에 NRZ의 신호는 AC결합을 가지고 있는 수신기에는 적합 하지 아니하다고 할 수 있는데, 이러한 이유로 인하여 시리얼 디지털 영상 신호의 전송에 있어서는 NRZ의 코드는 그의 기본적인 형식으로는 사용하지 아니한다고 할 수 있다. 시리얼디지털 영상 신호의 전송에 있어서는 NRZ로부터 파생한 NRZ Inverted (NRZI)코드가 사용된다고 할 수 있는데, 그림 7.3은 NRZ를 코드화 한 신호를 표시하고 있다고 할 수 있다.

여기에서 말하는 NRZI코드라고 하는 것은 논리 "0"은 신호레벨이 변화하지 아니한 것("0" 또는"1")을 표현하고 있고, 논리 "1"은 신호가 반전되어지는 것("1"부터 "0", 또는 "0"부터 "1")을 표현 한다고 할 수 있는데, NRZ코드신호로 "1"이 길게 연속하여 나열 되어있는 경우에 변환되어진 NRZ코드에서는 클럭주파수의 1/2 주파수 단형파가 된다고 할 수 있다.

그림에 있는 것과 같이 부여된 2진수 시퀀스에서는 NRZI의 코드신호는 NRZ 코드 신호에 비교하여 단위 시간당 변화점이 많아서 클럭 재생기의 PLL동작이 개선되어져 있다고 할 수 있는데, 혹시 시스템이 데이터 스트림 가운데 "0"이 연속하는 최대수를 제한이 가능하다면 수신부의 클럭 재생기는 양호하게 동작을 한다고 할 수 있다. 또한 규격에 있어서는 이러한 제한 요구에 맞추기 위하여 모든 제로의 워드는 동기목적의 신호에 예약(Reserve) 되어 있다고 할 수 있고, NRZI코드는 NRZ코드보다 우수하다고 할 수 있는데, 이러한 형식의 신호는 역시 DC성분이나 큰 저주파 성분을 가지고 있다고 할 수 있다.

거기에다 수신부에 있어서는 클럭 재생을 개선하기 위 하여는 스크램블(Scrambling)이 걸려 있다고 할 수 있는데, 이러한 스크램블(Scrambling)은 "0"이나 "1"과 같이 길은 열의 형식이나, 클럭 재생을 곤란하게 한다고 할 수 있는 반복되는 데이터 패턴을 어떤 약속에 따라서 "1"과 "0"의 랜덤 한 열로 변환을 한다고 할 수 있다.

따라서 이러한 것에 의하여 DC성분이 거의 없게 되어있어 양호한 클럭 재생을 위하여 충분한 데이터 변화점이 얻어 진다고 할 수 있다.

그림 7.4에서는 스크램블의 계통도를 표시하고 있는데, 그 후의 NRZ로부터 NRZI로의 변환 회로가 계속하여 표시되어있다는 것을 표시하고 있다.

이러한 스크램블은 의사 랜덤 바이너리 시퀀스(Pseudo-Random Binary Sequence : PRBS)를 생성하고, 이러한 의사 랜덤 비트 패턴이 데이터 열을 랜덤화 하기위하여 전송 데이터에 가해진다고 할 수 있는데, 스크램블은 9단 시프트 레지스터 (그림에서는 D라고 표시 되어있고, 클럭으로 동작을 하고 있는 9섹션의 마스터슬레이브의 D 플립플로(Flip Flow) 회로)로 구성하여 피드 백 루프(Feed Back Loop) 구조를 가지고 있다고 할 수 있다. 이러한 피드 백 신호(Feed Back Signal)는 그림에서 ○ 가운데 +의 기호로 되어있는 형으로 표시되어있는 Exclusive Or(XOR : 배타적 논리화)가산기로 결합 되어있다고 할 수 있는데, 이러한 XOR은 다음과 같은 논리 테이블(Table)로 동작하고 있다.

0 (입력A) + 0(입력B) = 0(출력)
1 (입력A) + 0(입력B) = 1(출력)
0 (입력A) + 1(입력B) = 1(출력)
1 (입력A) + (입력B) = 1(출력)

이러한 스크램블 동작은 피드 백(Feed Back) 접속을 표시하는 특성 다항식(Characteristic Poly -Nominal)이라고 알려져 있는 간략 표기법을 사용하여 표기를 하고 있는데, 그림 7.4에서 표시를 하고 있는 9단의 레지스터 접속동작특성에 대응하는 다항식은 아래와 같이 표기 할 수 있다.

$$G1(X) = X^9 + X^4 + 1$$

이러한 스크램블은 1개의 길이에 주자(Run)를 발생한 가능성이 있는데, 이러한 NRZ를 사용하여 1개의 열은 후속을 하는 것으로서, 1단의 미스터슬레이브(Master Slave) D 플립플로(Flip Flow)회로에 XOR게이트의 피드 백(Feed Back)을 가진 NRZ-NRZI컨버터에 의하여 연속한 변화 점에서 변화를 시킨다고 할 수 있다.

그림 7.5에서는 디 스크램블 계통도를 표시한 것을 나타내고 있는데, 논리적인 구성은 스크램블에서 사용을 하고 있는 것과 같다고 할 수 있으나, 피드백 (Feed Back) 대신에 "피드포워드(Feed Forward)"가 사용 되고 있다는 것이 다른 점이라고 할 수 있고, 신호의 송출에서 가산 되어진 랜덤 시퀀스와 같은 것이 디코더로 감산되어서 재생되어진 데이터는 원래의 데이터와 같은 것으로 재생된다고 할 수 있다.

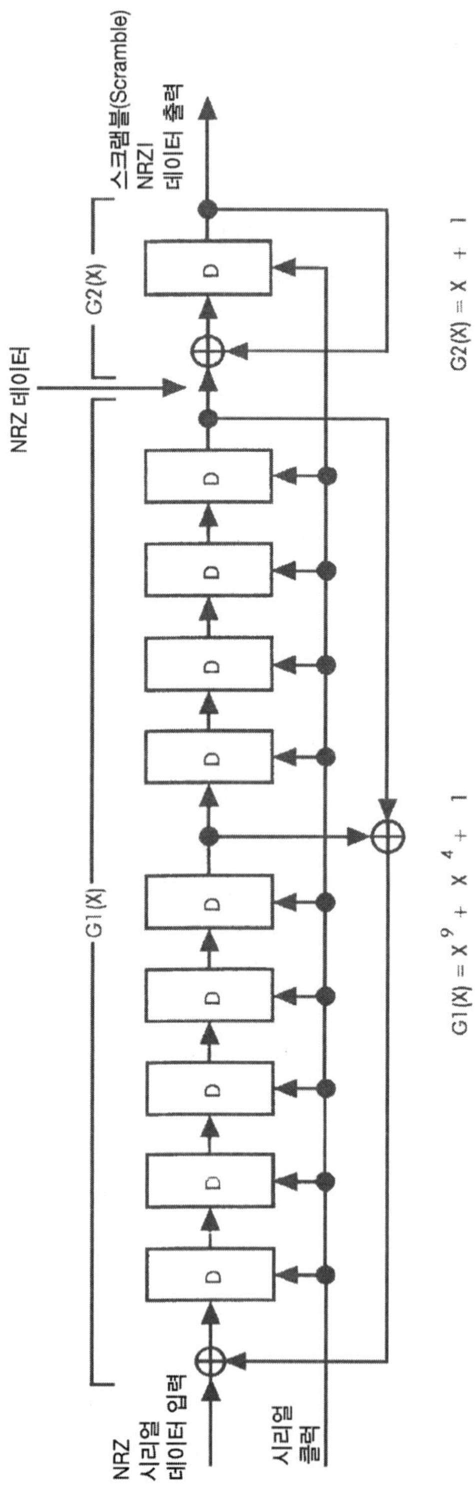

그림 7.4 스크램블러 (Scrambler)의 계통도

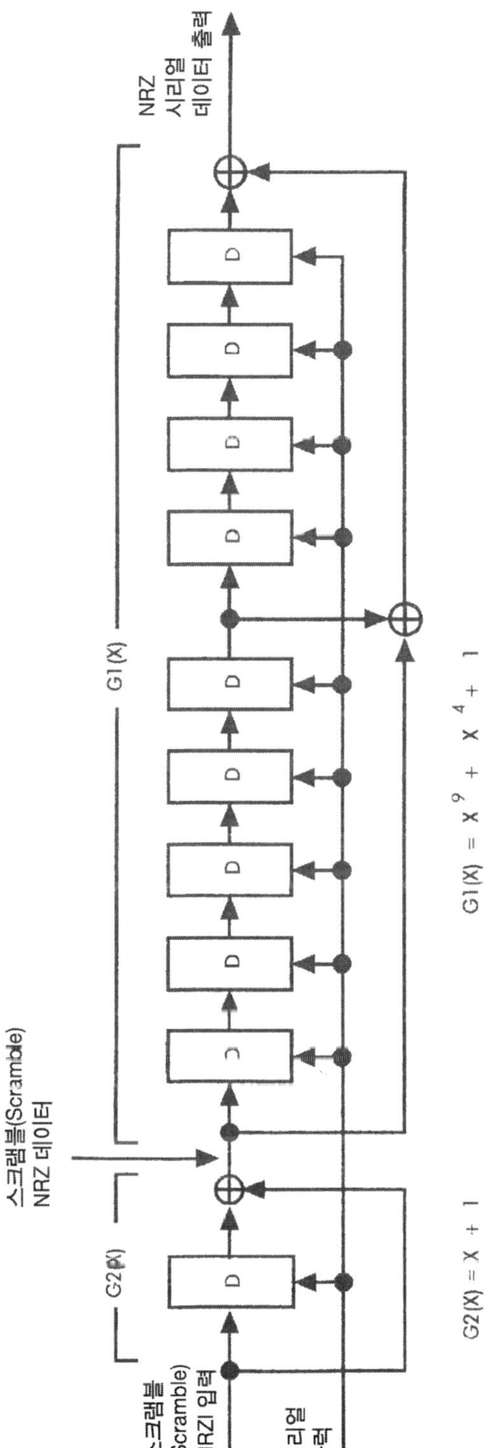

그림 7.5 디스크램블러(Descrambler)의 계통도

역주 송신부의 스크램블과 수신부의 스크램블이라는 것은 동기가 되어있을 필요가 있다고 할 수 있다.

그 때문에 보통은 송수신에 공통으로 사용하고 있는 타이밍으로 올 "1"(All "1")이나 올 "0"(All "0")에 셋팅이 되어있다고 할 수 있으나, 우리가 흔히 시리얼 규격에서 사용을 하고 있는 스크램블이라는 것은 자기 동기형 이라고 불리 우는 것으로서, 수신부의 스크램블은 입력되어진 스크램블 신호에 의하여 자동으로 동기가 되게 하고 있다고 할 수 있다. 따라서 디스크램블 초기 상태의 데이터가 추출된 후에는 입력되어져온 데이터로 내용이 변경 되어 자기 동기로 걸리게 되어있어서 스크램블 되어진 데이터가 원래로 돌아온다고 할 수 있다.

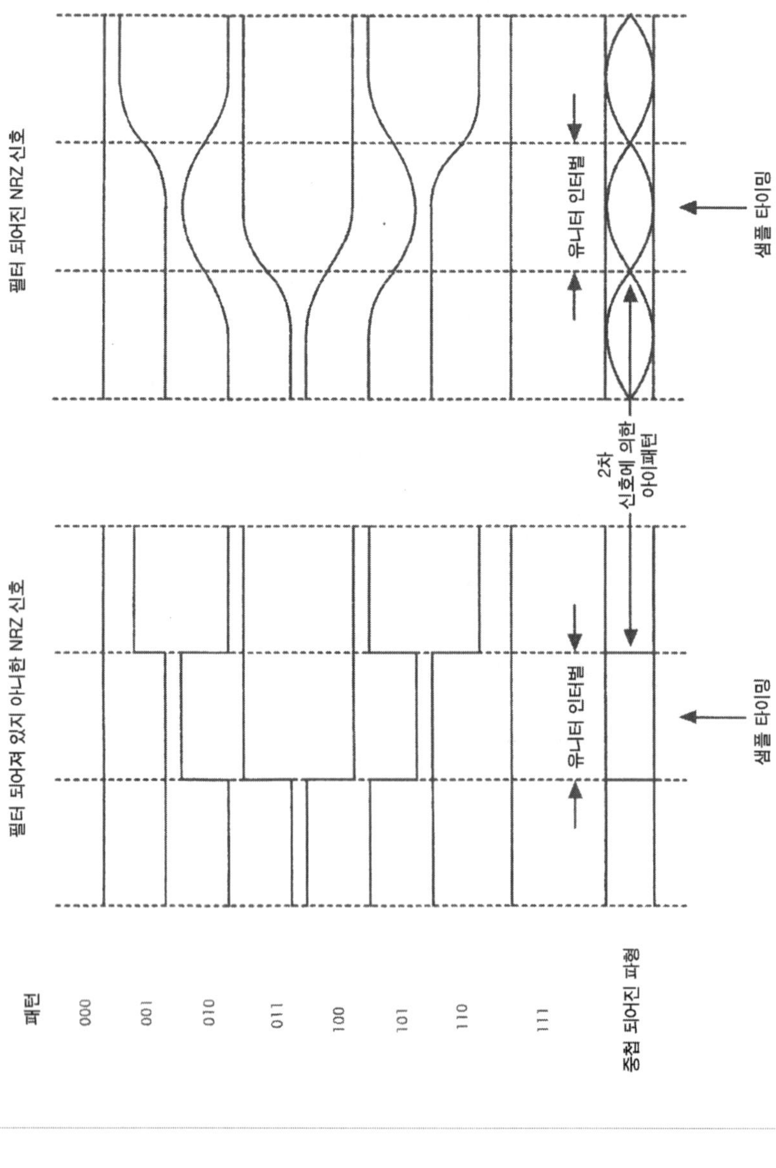

그림 7.6 중첩 되어진 2차 패턴으로부터 아이(Eye) 패턴의 형성

7.3 아이 다이어그램(Eye Diagram)

아이패턴 (또는 아이다이어그램)은 시리얼 디지털 신호의 특성을 표시를 하거나 이러한 신호의 품질을 평가하는데 사용되어진다고 할 수 있는데, 그러한 것의 명칭은 한 개의 디지털 심볼 파형 패턴이 중첩되어 스토레이지(Storage) 오실로스코프의 관면상에서 나타나는 형태로 발전하여 왔다고 할 수 있고, 시스템에 있어서 대역이 무한대라고 하면 “0”으로부터 “1”, “1”로부터 “0”으로의 변화는 순간적으로 “아이(Eye)”는 단형파가 된다고 할 수 있다.

또한 실제의 시스템에서는 유한의 대역을 가지고 있게 되어있어, 그 결과로서의 변화점은 보다 완만한 상승과 하강, 오버슈트(Over Shoot), 언더슈트(Under Shoot), 지터(Jitter)를 가지게 되어있다고 할 수 있는데, 그림 7.6에서는 각종의 바이너리 패턴이 중첩 되어져 있어 아이패턴(Eye Pattern)을 형성하는 상태를 표시하고 있다고 할 수 있다.

7.4 시리얼 디지털 전송 규격

SMPTE규격 259M이라는 규격은 525/60 또는 625/50시스템에 있어서 4:2:2컴포넌트 또는 $4f_{sc}$ 컴포지트 양방향의 디지털 기기의 시리얼 인터페이스를 규정하고 있다고 할 수 있는데, 이러한 규격은 텔레비전 스튜디오에서 동축 케이블을 이용한 전송을 하기 위한 것으로 최대 케이블의 길이는 기기메이커의 지정에 따라 다르나 일반적으로는 클럭 주파수 또는 그의 1/2의 주파수로 25~30dB의 신호 손실까지 라고 할 수 있다.

따라서 Belden8281B 동축 케이블을 사용하여서는 300m까지 전송이 가능하다고 할 수 있는데, 이는 통상적으로 클럭 주파수 135MHz를 사용하여 30dB의 손실이라고 할 수 있다.

7.4.1 인터페이스 특성

인터페이스의 특성을 표 7.1에서 표시를 하고 있다고 할 수 있는데, 특히 여기에서 중요한 것은 시리얼 신호 출력단 (송신부)에서의 파형 파라미터라고 할 수 있고, 이러한 시리얼 신호는 양호한 특성의 파라렐 신호원으로부터 생성 되었다고 할 수 있다. 그림 7.7에서는 아이다이어그램파형과 표 7.1에서 표시를 하는 파라미터의 측정 점을 표시하고 있다.

표 7.1 시리얼 인터페이스의 특성

채널 코딩	전송 특성(그림 7.7참조)	수신부의 특성
스크램블 NRZI	평균가 출력	평균가 입력
입력신호의 극성	신호원 임피던스 : 75Ω	입력 임피던스 : 75Ω 표준
생성 다항식 $G1(X)=X^9+X^4+1$ $G2(X)=X+1$	표준 리턴 로스 : 15dB이상 (5MHz로부터 클럭 주파수까지의 범위에서)	리턴 로스 : 15dB이상 (5MHz로부터 클럭주파수까지의 범위에서)
• 데이터 워드 길이: 10비트 • 송출 순서 : 모든 데이터 워드는 LSB로부터 송출 한다.	• 신호 출력 진폭 : $800mV_{P\text{-}P}\pm10\%$ • DC Off Set : 신호 진폭의 중앙점을 기준으로 하여 0.0V±0.5V • 상승 하강 시간 : 신호진폭의 20%로부터 80%사이에 0.4로부터 1.5ns를 초과하지 아니할 것. • 상승 하강 에지(Edge)의 오버슈트(Over Shoot):신호진폭의 10%보다 적을 것	케이블 보상 (옵션) 신호 클럭주파수에서 30dB

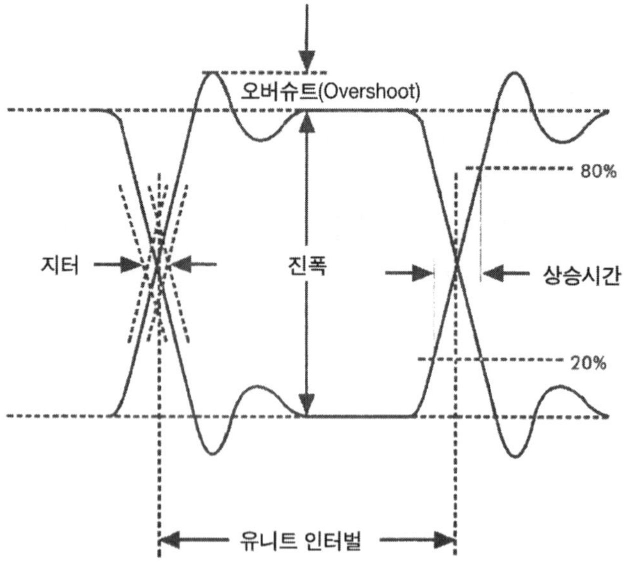

그림 7.7 신호파형(Eye패턴)의 측정 개소

지터(Jitter)의 측정이나 그 데이터 신호의 영향 그리고 측정 방법에 대해서는 많은 논란이 있다고 할 수 있으나, 이러한 지터에 대한 가장 최고 정의라고 하면 지터라고 하는 것은 "펄스 위치의 변조" 이라고 할 수가 있는데, 이상적으로 지터가 있는 펄스의 위치측정은 안정된 지터가 없는 기준의 클럭과 비교를 하여서 앱솔루트지터(Absolute Jitter : 지터의 절대치) 또는 토털 지터로 하여 측정을 한다고 할 수 있다고 할 수 있다. 이렇게 측정 되어진 치에는 펄스의 위치를 변조하는 모든 주파수 성분이 포함 되어 있다고 할 수 있는데, 지터가 없는 기준의 클럭 신호가 얻어지지 아니할 때에 측정하는 방법으로서는 지터를 포함한 신호 자체로부터 측정을 하기 위하여 기준 클럭 을 발생 시키어서 측정하는 방법이 있다고 할 수 있다.

이러한 경우의 측정치는 앱솔루트지터(Absolute Jitter : 지터의 절대치)에 대하여 상대 지터(Relative Jitter)라고 부르고 있는데, 이러한 경우의 기준 클럭을 생성하는 방법(Clock Extraction Method)에 따라서 생성 되어진 클럭은 측정하고자하는 신호의 어느 정도의 지터 성분이 잔유하고 있는가를 척도로 하여 측정하고 있다고 할 수 있다. SMPTE추천규격 RP184에서는 치터의 측정 대역에 따라서 상대 지터에 대하여 다음 2개의 타입을 규정하고 있다고 할 수 있다.

- 타이밍 지터(Timing Jitter) : 10Hz로부터 클럭 레이트의 1/10까지 대역으로 측정한 지터.

역주 이 경우에 기준 클럭은 신호로부터 생성하는 VCO의 페이스 록 루프(Phase Lock Loop : PLL)회로의 대역을 10Hz이하로 하는 것에 의하여 기준 클럭는 신호 내 10Hz이하의 지터는 추적을 하지만 10Hz이상의 지터에서는 추적을 하지 아니 한다고 할 수 있는데, 결과적으로 보면 이는 10Hz이상의 지터 신호를 측정하는 것으로 하고 있다고 할 수 있다. 또한 10Hz이하의 지터에 있어서는 클럭의 표동(Wander)으로서 별도로 취급을 하고 있으므로 이러한 치는 거의 앱솔루트지터(Absolute Jitter : 지터의 절대치)치와 실효적으로 같은 환경을 가지고 있다고 생각 할 수 있는데, 여기에서 표동(Wander)을 별개로 취급하는 이유는 주로 신호의 10Hz이하의 위치 표농(Wander)에 영향을 주지 아니하는 안정된 기준 클럭을 측정기로 생성하는 것이 곤란하기 때문에 그렇게 한다고 이야기하고 있다.

- 얼라인먼트지터(Alignment Jitter) : 1kHz로부터 클럭 레이트의 1/10까지 대역으로 측정한 지터.

역주 이것도 기본 클럭 생성의 PLL대역을 1kHz이하로 제한하게 하여, 기준의 클럭을 재생 한다고 할 수 있는데, 통상의 클럭 재생기가 1kHz이하의 지터에서는 완전하게 추적하는 것이 가능하기 때문에, 이러한 지터의 측정치는 데이터 검출에 영향을 가지고 있어, 추적하는 것이 어렵게 되어가는 치터의 대표적인 치를 표시하는 것이라고 생각이 된다.

SMPTE지터의 측정을 표 7.2에서 표시를 하고 있고, 그림 7.8에서는 타입 치터 측정의 대역 특성을 표시하고 있다고 할 수 있는데, SMPTE추천 규격 RP192는 추천하는 치터의 측정법을 서술하고 있다. 좀 더 상세히 알고자하는 독자는 이러한 문헌을 참고하길 바란다.

표 7.2 시리얼 디지털 신호의 지터(Jitter)규격(그림 7.8참조)

파라미터	규격수치	표시 명
타이밍 Jitter 측정의 저역단 Edge	10Hz	f1
Alignment 측정의 저역단 Edge	1kHz	f3
측정 고역단 Edge	〉1/10 클럭 (Clock) 주파수	f4
타이밍 지터(Jitter)	$0.2UI_{P-P}$***	A1
Alignment 지터	$0.2UI_{P-P}$	A2
테스트 신호	100%컬러바 신호	100/0/100/0
시리얼 클럭 주파수**	≠10	n

* : 파라렐 신호의 클럭은 6ns정도까지 지터를 가지고 있다는 것을 알 수가 있고, 이러한 신호를 그냥 그대로 시리얼 신호로 변환을 하면 더욱 커진 지터를 가지게 되어있다.

** : 이것은 지터 측정용의 오실로스코프의 트리거로 사용을 하고 있는 기준 신호에 관한 것으로 10:1의 분주비의 것도 허용이 가능하지만 그때는 약간의 지터 성분이 마스크 되어져 측정이 되지 아니하는 경우도 있다.

***UI는 유니트 인터벌 표시로서 아래와 같은 치를 가지고 있다.
$4f_{sc}$ NTSC : UI=6.98ns 지터 허용치=1.4ns
$4f_{sc}$ PAL : U1=5.63ns 지터 허용치=1.13ns
4:2:2: U1=3.7ns 지터허용치=0.74ns

7.4.2 $4f_{sc}$컴포지트 시리얼 디지털 전송

$4f_{sc}$시리얼 디지털 데이터 스트림 신호원은 3.2.4항에서 설명을 하고 있는 것과 같이, $4f_{sc}$파라렐 디지털 신호라고 할 수 있는데, 비트 레이트에 대하여 이야기를 하면 NTSC에서는 공칭으로 하고 있는 143Mbps로 하고 있고, PAL방식에서는 177.3Mbps로 하고 있다고 할 수 있으나 구 형식의 파라렐 인터페이스 기기에서는 8비트만이 전송되는 것도 있다고 할 수 있다. 따라서 시리얼화 하기위해서는 그 상태를 검지하여 8비트의 데이터를 10비트로 변환하기위하여 필요한 데이터를 부가하는 것이 필요하다고 할 수 있다.

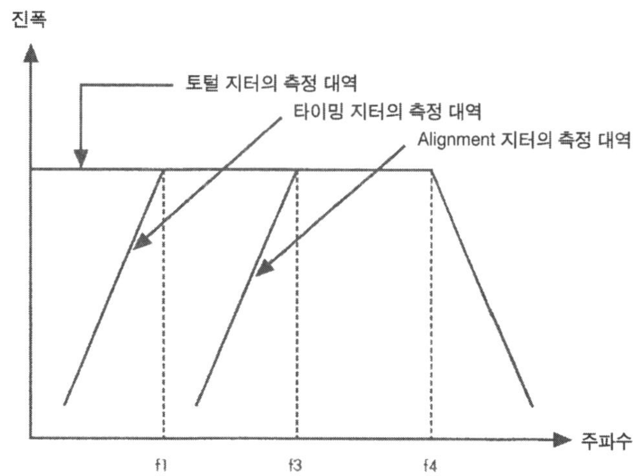

그림 7.8 지터(Jitter)측정의 대역

7.4.2.1 신호 프로세스

비트 파라렐 디지털 입력신호의 프로세스는 비트 시리얼 디지털 영역에서의 타이밍이나 동기 정보를 얻기 위하여 필요하다고 할 수 있는데, 이러한 정보는 TRS-ID (Timing Reference Signal and Line Number Identification : 라인번호 또는 타이밍 기준번호)라고 불리 우고 있다.

또한 이러한 TRS-ID정보는 수평 동기 펄스의 동기신호의 前緣 (가장자리 전)에 연속한 곳에 삽입 되어진다고 할 수 있는데, 이러한 TRS-ID는 2개의 연속한 데이터 블록을 가지고 있다고 할 수 있다.

- TRS데이터블록 : 이러한 블록은 4워드로 구성되어있어 NTSC에서는 워드 어드레스 790, 791, 792, 793으로 PAL에서는 워드 어드레스 967, 968, 969, 970에 삽입 시키고 있는데, 그 데이터 치는 16진수로서 3FF, 000, 000, 000이라고 할 수 있다. 표 7.3에서는 NTSC 또는 PAL에 대한 TRS신호의 2진수와 16진수를 표시하고 있다.
- ID데이터 블록: 이러한 데이터 블록은 1워드로 구성을 하고 있는데, 워드 어드레스는 TRS에 연속으로 NTSC에서는 794에 삽입을 하고, PAL에서는 971에 삽입을 한다고 할 수 있다. 이러한 정보는 영상 라인신호의 현재의 필드번호(NTSC시퀀스에서는 4필드, PAL시퀀스에서는 8필드)를 표시하고 있다고 할 수 있고, 표 7.4에서는 비트 0으로부터 비트2까지의 3비트의 데이터와 NTSC 또는 PAL에 있어서 필드 번호와의 관계를 표시하고 있는데, 여기에서 비트3(Least Significant Bit: LSB)로부터 비트7(Most Significant Bit : MSB)이라는 것은 라인 번호를 표시하고 있다고 할 수 있다.

표 7.3 NTSC와 PAL방식에 대한 $4f_{sc}$타이밍 관련 신호의 2진수 또는 16진수의 치

비트	NTSC로 워드 790 PAL로 967	NTSC로 워드 791 PAL로 968	NTSC로 워드 792 PAL로 969	NTSC로 워드 793 PAL로 970
9	1	0	0	0
8	1	0	0	0
7	1	0	0	0
6	1	0	0	0
5	1	0	0	0
4	1	0	0	0
3	1	0	0	0
2	1	0	0	0
1	1	0	0	0
16진수치	3FF	000	000	000

표 7.4 NTSC에서 워드 794, PAL에서 워드 971의 비트 0로부터 2의 치와 $4f_{sc}$라인과 필드 번호 치와의 관계

워드	NTSC라인	PAL라인	비트2	비트1	비트0
1	1~263	1~313	0	0	0
2	264~525	314~625	0	0	1
3	1~263	1~313	0	1	0
4	264~525	314~625	0	1	1
5	N.A.*	1~313	1	0	0
6	N.A.	314~625	1	0	1
7	N.A.	1~313	1	1	0
8	N.A.	314~625	1	1	1

*N.A.=치가 없음

표 7.5 NTSC워드에서 794, PAL워드에서 971의 비트 3으로부터 비트7의 2진수치와 10진수의 치와 그것에 대응하는 NTSC, PAL의 라인번호와 관계.

10진수	비트7	비트6	비트5	비트4	비트3	NTSC라인	PAL라인
0	0	0	0	0	0	사용하지 않음	사용하지 않음
1	0	0	0	0	1	1또는 264	1또는 314
2	0	0	0	1	0	2또는 265	2또는 315
3	0	0	0	1	1	3또는 266	3또는 316
:	:	:	:	:	:	:	:
29	1	1	1	0	1	29또는 292	29는 342
30	1	1	1	1	0	30또는 293	30또는 343
31	1	1	1	1	1	≥31또는 294	≥31또는 344

여기에서 이야기하고 있는 5비트이라는 것은 32(2^5=32)의 상태를 표시하는 것이 가능하다고 할 수 있는데, 이러한 32의 상태는 각 필드로 최초로부터 30라인을 표시하는데 사용되어진다고 할 수 있다. 또한 표 7.5에서는 비트 3으로부터 7의 2진수 치와 10진수치 그리고 그와 관련하는 NTSC와 PAL의 라인과의 관계를 표시하고 있다.

2진수에서 1111(10진수에서는 31)은 각 필드의 라인 31 또는 그에 연속되는 라인을 표시하고 있다고 할 수 있는데, 비트 8이라고 하는 것은 패리티 비트로서 그치는 비트 0으로부터 7까지의 치로 결정되어 진다고 할 수 있고, 여기에서 만약 비트 0으로부터 7사이에 1개의 우수개가 존재하고 있다고 하면 비트 8은 0이 된다고 할 수 있고, 기수개가 존재하고 있다면 1이 된다고 할 수 있다. 따라서 비트 9는 비트8을 반전한 치라고 할 수 있다.

그림 7.9로부터 그림7.11까지(NTSC관계)와 그림 7.12부터 그림 7.14까지(PAL 관계)는 TRS-ID의 위치를 표시하고 있는데, PAL의 TRS로부터 H동기 에지의 위치관계는 1필드에서 1회 리셋 되어진다고 할 수 있다. 또한 이러한 것은 PAL에서는 라인당의 샘플수가 실제로 정수가 아니라고 할 수 있는데, 따라서 그 때문에 통상 라인은 1135샘플을 가지고 있어 라인 313과 라인 625에서는 2개의 샘플이 부가 되어 지는데, 이는 양 라인에 1137샘플을 가지게 하기 때문으로서, 그리하여 샘플 부가에 의하여 위치관계가 원래로 리셋이 되어 진다고 할 수 있다.

7.4.2.2 시리얼라이저(Serializer)

그림 7.15에서는 $4f_{sc}$의 시리얼라이저(파라렐 시리얼 교환기)의 계통도를 표시하고 있는데, 이러한 시리얼라이저는 전용의 LSI를 사용함이 있어서 아래와 같은 기능을 가지고 있다고 할 수 있다.

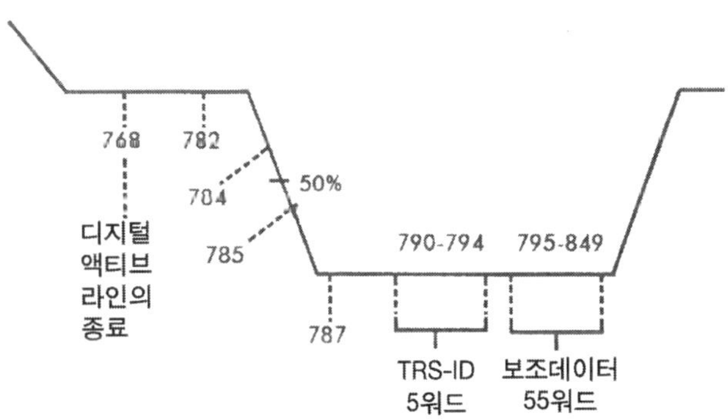

그림 7.9 $4f_{sc}$ NTSC수평 동기기간의 상세와 TRS-ID와의 보조데이터의 위치

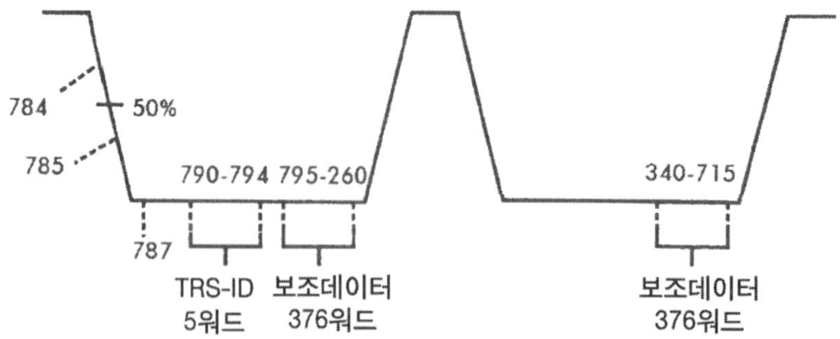

그림 7.10 $4f_{sc}$ NTSC수직동기 펄스 기간의 상세와 TRS-ID와 보조데이터의 위치

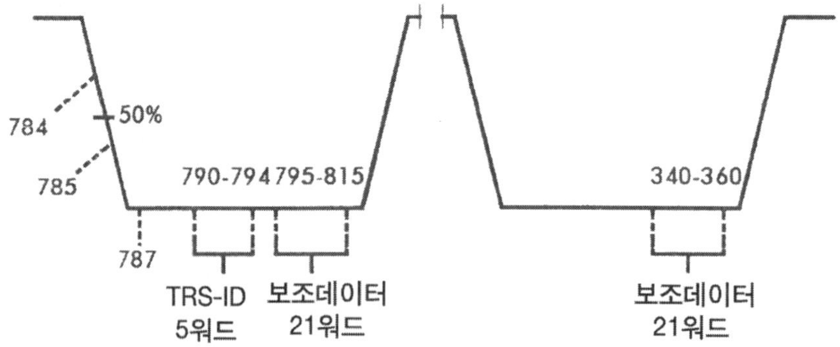

그림 7.11 $4f_{sc}$ NTSC등화 펄스 기간의 상세와 TRS-ID와 보조데이터의 위치

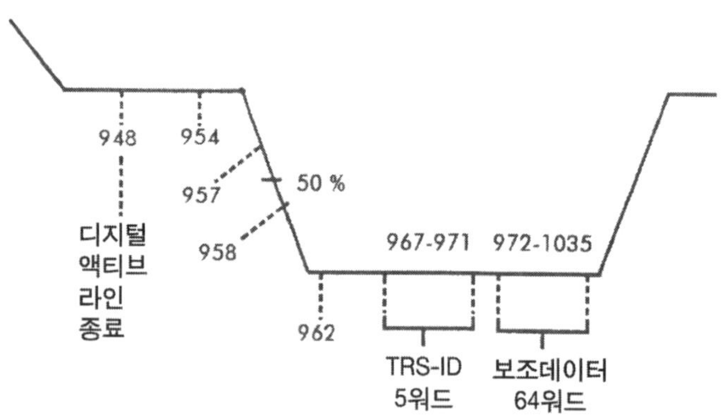

그림 7.12 $4f_{sc}$ PAL수평 동기 기간의 상세와 TRS-ID와 보조데이터의 위치

- TRS와 ID프로세스 : 이러한 기능은 적용 전용 ASIC(Application Specific IC)에 의하여 7.4.2.1항에서 설명을 한 TRS와 라인 ID데이터를 발생하게 하여 삽입 시키고 있다.
- 스크램블 링크 : 7.2항에서 설명을 한 데이터를 랜덤 화하는 프로세스로 스크램블의 NRZ데이터를 생성한다.

- NRZ로부터 NRZI의 변환 : 7.2항에서 설명한 것이다.

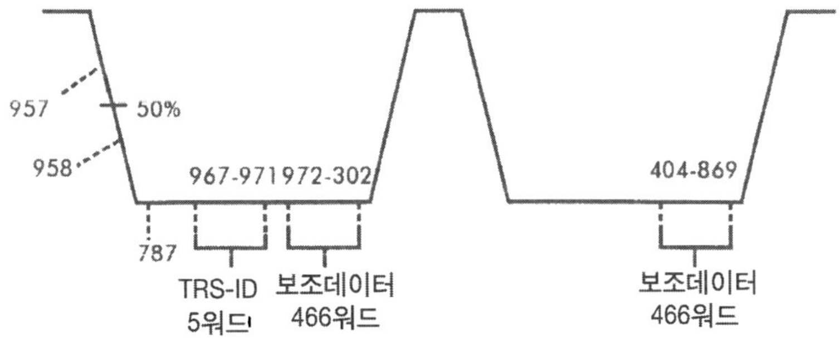

그림 7.13 4f$_{sc}$ PAL수직 동기 기간의 상세와 TRS-ID와 보조데이터의 위치

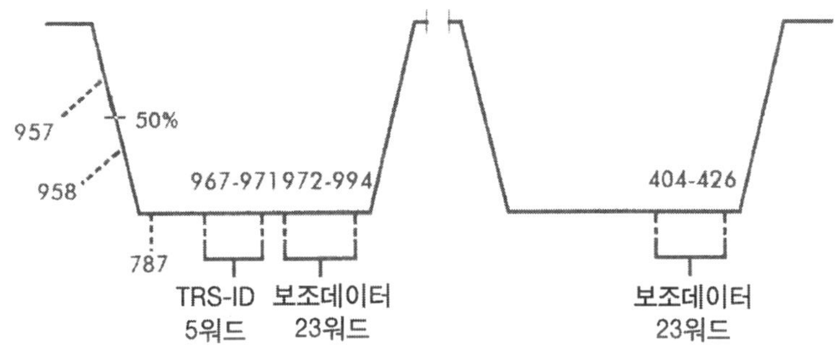

그림 7.14 4f$_{sc}$ PAL등화펄스기간의 상세와 TRS-ID와 보조데이터의 위치

- 시리얼 클럭의 발생 : 시리얼 클럭은 시리얼 클럭 주파수에 의하여 동작하는 VCO(Voltage Controlled Oscillator)로 발생을 하고, 그러한 주파수는 파라렐 클럭 주파수로부터 생성되어 PLL로 제어된다고 할 수 있는데, 이러한 PLL로부터 VCO주파수 제어 전압은 로 패스 필터를 통하여 제어신호로부터 높은 주파수 성분을 제거한다고 할 수 있다.
  이러한 필터는 제어범위나 홀드 범위도 결정되어 있다고 할 수 있는데, 이러한 것에 의하여 시리얼 클럭은 파라렐 클럭의 낮은 주파수의 지터나 드리프트(Drift)를 추적하는 것이 가능한 동시에 온도에 기인하는 VCO자신의 드리프트(Drift, Wander)를 수정하는 것이 가능하다고 할 수 있다.

VCO의 프리런 (Free Run)주파수에서는 외부의 가변 저항기에서 제어가 되어서 선택 되어진 비트 레이트에 프리셋 되어진다고 할 수 있는데, 통상에 이러한 가변 저항기는 온도 검지 장치 (다이오드)와 조합하여 온도에 기인하는 주파수 드리프트(Drift)를 감소시키기 위하여 시행 하는 것으로 하고 있다고 할 수 있다.

또한 기기 제작사에 따라서는 VCO의 프리런 주파수를 입력 파라렐 클럭의 10배에 셋팅 하는 자동 주파수 선택 기능을 가지고 있다고 할 수 있는데, 따라서 이러한 시리얼 클럭은 레지스터, 스크램블, NRZ-NRZI 변환기에 보내어 진다고 할 수 있다.

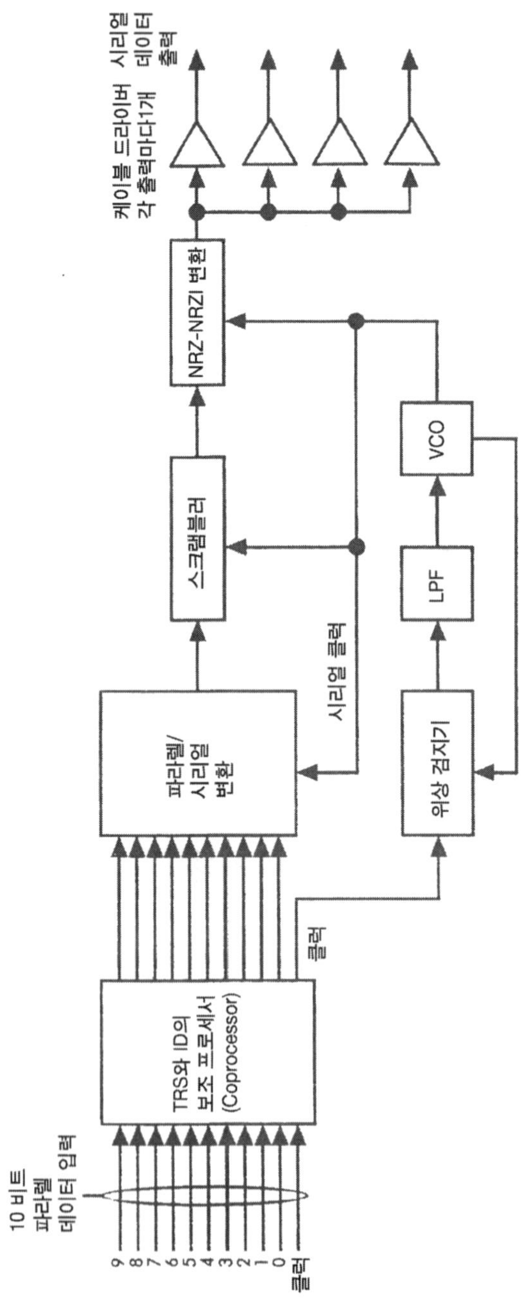

그림 7.15 4fsc 컴포지트 시리얼 라이저계통도

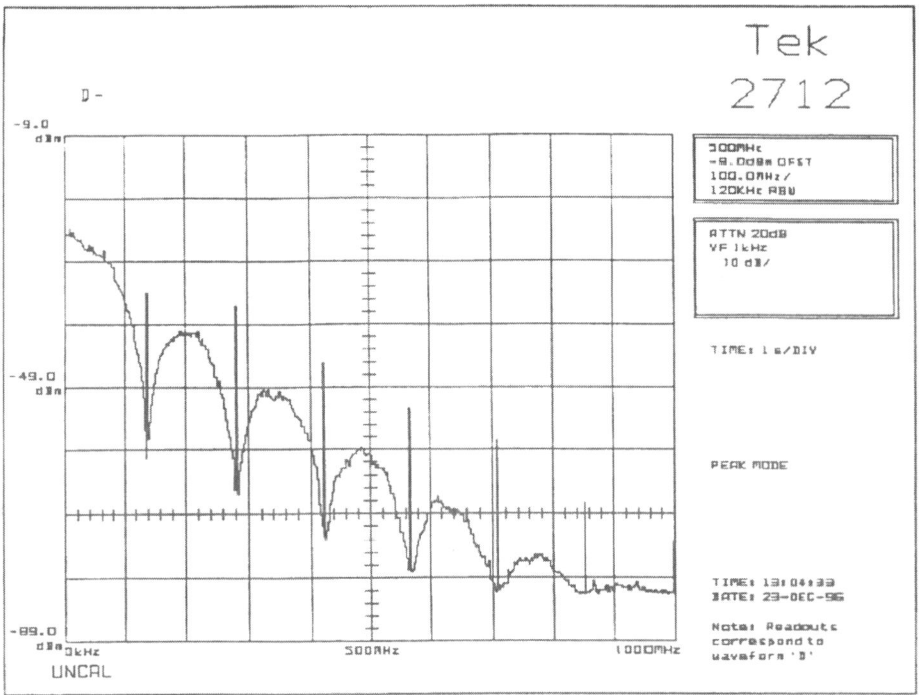

그림 7.16 143Mbps $4f_{sc}$컴포지트 디지털 시리얼 신호의 스펙트럼

- 케이블의 구동 : NRZI변환에 연속하여 각 출력용의 라인 드라이버가 있다고 할 수 있는데, 이러한 것은 베이스 밴드의 영상과는 다르게, 한 개의 라인 드라이버로 복수 출력에 저항 분리가 불가능하다는 것이다.

따라서 기기메이커에 따라서는 시리얼라이저(Serializer), 스크램블, NRZ-NRZI 변환, 클러어 발생을 한 개의 ASIC(예를 들면 SONY SBX1601)에 집약 시키고 있다고 할 수 있는데, 각각 메이커에 따라서는 기능별로 패킷으로 하는 방법을 사용하는지, 아니면 케이블 드라이버는 복수의 드라이버를 결합하여 다기능 IC(예를 들면 SONY CX1389AQ)를 사용하기도하고, 아니면 여러 개의 트랜지스터를 사용하고 있다고 할 수 있다. 그림 7.16에서는 143Mbps의 $4f_{sc}$ NTSC시리얼 신호의 스펙트럼을 표시하고 있다.

7.4.2.3 디시리얼라이저(Deserializer)

그림 7.17에서는 디시리얼라이저(Deserializer)의 계통도를 표시하고 있는데, 이러한 디시리얼라이저(Deserializer)는 전용의 IC에 의하여 다음과 같은 기능을 가지고 있다고 할 수 있다.

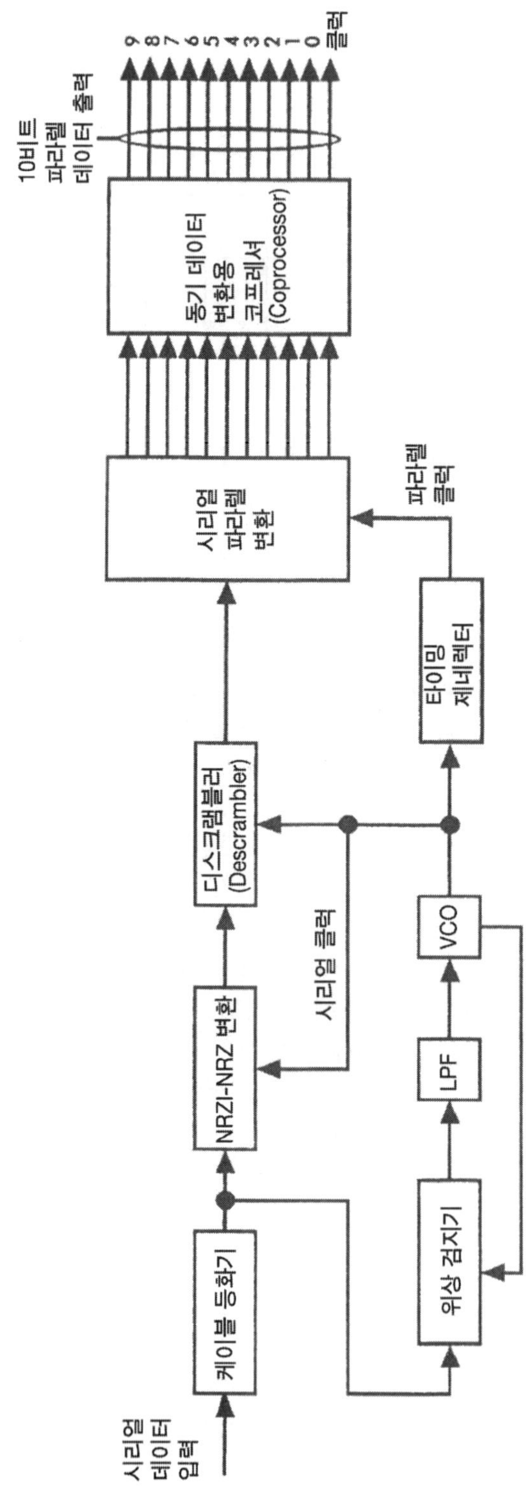

그림 7.15 4fsc 컴포지트 시리얼 라이저계통도

- 케이블 등화 : 동축 케이블 손실 자동 보상 회로에 의하여 동축 케이블에 의한 고역(〉8MHz)과 저역(〈 8MHz)의 손실을 등화보상하고 있는데, 보상 능력은 메이커의 선택에 의해 각각 다르다고 할 수 있고, 회로에 따라서는 고역 손실의 자동 등화 보상 능력은 케이블의 길이에 따라서 0으로부터 300m에 대하여 135MHz로서 30㏈ 상태에서 ±2㏈의 오차범위라고 할 수 있다.
  또한 디시리얼라이저(Deserializer)에 따라서는 케이블 등화 가능을 가지고 있지 아니하고, 짧은 동축 케이블 길이로 신호를 동작 하는 것도 있다고 할 수 있다.
- NRZI-NRZ변환 : 이러한 프로세스는 7.2항에서 설명을 하고 있다.
- 디스크램블링(Descrambling) : 이러한 프로세스도 7.2항에서 설명을 하고 있다.
- 클럭의 재생 : 클럭 재생은 스크램블 되어진 NRZI데이터 스트림이 다수의 진압 변화점을 가지고 있다는 것을 전제로 하고 있는데, 현재의 기술에서는 입력 데이터로부터 수신부의 클럭의 추출 동작을 PLL회로에 의하여 시행을 하고 있다.
  PULL이라는 것은 위상 비교기의 출력에 설치되어진 로패스 필터에 의하여 결정하는 대역폭을 가지고 있다고 할 수 있는데, 이러한 대역은 이상적 노이즈에 영향을 받지 아니하게 하기위하여 대단히 좁게 하는 것이 바람직하다고 할 수 있다.
  그러나 좁은 대역의 PLL은 그 위상 추적범위(Pull-In Or Capture Range)가 비교적 좁아서, VOC의 주파수드리프트(Drift)를 그 추적 범위에서 벗어나지 아니하게 하기 위 하여는 고 안정 된 수정 제어 VCO을 필요로 하고 있다.
  또한 노이즈 인성과 위상 제어 범위라는 것은 PLL회로 설계에서는 서로 상반되는 요구 사항이라고 할 수 있는데, 그리하여 현재의 일반적인 설계에서는 PLL대역을 2kHz정도로 잡고 있다고 할 수 있다.
  이러한 것의 VCO 입력신호 지터에 대해서는 2MHz까지 지터 성분이 추적한다는 것을 의미하고 있는데, 그러한 것은 VCO의 프리런(Free Run) 주파수가 바람직한 주파수로부터 2MHz 까지 드리프트(Drift)되어있어, PLL은 그 가상의 주파수 드리프트(Drift)를 수정하는 것도 가능하다고 할 수 있지만, 물론 현재에 있어서는 이러한 것과는 각각 다른 PLL 대역을 사용하는 기술도 출현 하고 있다고 할 수 있다.

역주 여기에서 오해가 없기를 바라면서 이야길 합니다만 259M신호의 클럭 재생 신호회로에 PLL의 대역이 2MHz로 되어 있어서 2MHz 지터 까지는 추적하는 것이 가능하다고 통상적으로 하고 있는데, 그렇게 이야기하는 것은 그냥 이론상의 논리로 이야기하는 것으로 실제에 있어서 PLL로패스 필터의 특성에 있어서는 롤 오프 특성을 가지고 있기 때문에 2MHz에서 -3㏈ 또는 -6㏈가 표준 이라고 하고 있지만 실제로 2MHz 까지만 가능하고 그 이상은 되지 아니한다는 On, Off의 이야기는 아니라고 할 수 있다.

롤 오프 에서는 위상 특성도 나빠지게 되어있으므로 지터(Jitter)의 추적 특성은 1MHz이하의 지터 주파수로부터는 점점 나빠진다고 할 수 있는데, 이러한 지터는 자체에 가지고 있는 노이즈로부터 발생한 치터라면 그 진폭치에 있어서도 가우즈(Gauss) 분포에 가까이 되어있으므로 진폭이 일정하지 아니하다고 할 수 있다. 따라서 이러한 259M에 있어서 지터의 규격이 0.2UI이라고 하는 것은 통상의 측정 시간으로 적분하여 그 정도 이면 큰 문제가 없다는 것이지, 그 정도 이상에서도 사용하여서는 안 된다는 것은 아니라고 할 수 있고, 지터 주파수가 수백 kHz이하라면 1UI 이상이라도 디지털 클립이펙트 내 범위라면 사용하는 것이 가능하므로 이러한 부분에 있어서는 아날로그적으로 고려 할 필요가 있다고 할 수 있다.

VCO의 프리런 주파수는 외부의 가변 저항기로 제어 되어서 선택 되어진 비트 레이트로 프리셋 되어진다고 할 수 있는데, 통상의 가변저항기는 온도 검지장치(다이오드)와의 조합에 의하여 온도에 기인하는 주파수 드리프트(Drift) 감소시키는 방향으로 하고 있다고 할 수 있고, 기기 메이커에 따라서는 VCO의 프리런 주파수를 입력 비트 레이트에 셋트하는 자동 주파수 선택 기능을 가지고 있다고 할 수 있다. 또한 이렇게 재생되어진 시리얼 클럭은 NRZI-NRZ변환기, 디스크램블러(Descrambler)에 보내어 진다고 할 수 있는데, 일부의 시리얼 클럭은 타이밍 제너레터에도 보내어 져서 시리얼 파라렐 교환에 필요한 파라렐 클럭을 발생 하게 한다고 할 수 있다.

- 동기 데이터의 교환 : 별개의 동기데이터의 코프로세서(Coprocesser)ASIC로서 TRS-ID정보가 추출되어 파라렐 데이터의 포맷에 맞추어진 데이터로 변환시킨다고 할 수 있다.
- 시리얼 신호의 리클럭링 : 이러한 기능은 기계에 따라서는 필요로 하는 기능으로서, 파형이 나빠진 입력으로부터 안정 된 클럭(Clock)을 재생하고, 그러한 기능에 의하여 노이즈가 포함되지 아니한 품질이 좋은 시리얼 신호를 복원하는 기능이라고 할 수 있다.

PLL대역 내에 저역의 지터는 그냥 그대로 리클럭(Reclock) 되어 가지고 시리얼 신호가 나타나지만 PLL대역 외의 높은 주파수의 지터는 없어진다고 할 수 있다.

기기 메이커에 따라서는 케이블 등화, NRZ-NRZI의 변환, 디스크램블링(Descrambling), 시리얼 파라렐의 변환, 클럭의 발생, 리클럭 한 입력 신호의 재생 등을 한 개의 ASIC(예를 들면 소니 SBX1602)에 집약 시키어서 시행을 한다고 할 수 있다. 또한 그 밖의 기타 메이커에서는 기능별 패킷으로 하여 시행하는 방법을 사용하는 메이커도 있다고 할 수 있는데, 여기에서 코프로세스(Coprocessor)이라는 것은 독립한 IC 이라고 할 수 있다.

표 7.6 $4f_{sc}$ NTSC보조 데이터 스페이스

수평 보조데이터 스페이스(HANC)	55워드/유효라인×458유효라인/프레임=26,675워드/프레임 26,675워드/프레임×29.97프레임/초=799,449.75워드/초 799,499.75워드/초×10비트/워드=7.9944975Mbps
수직 데이터 스페이스(VANC)	브로드펄스(Broad Pulse : 수직 동기 펄스)영역: 376워드/브로드펄스×6브로드펄스/필드=2256월드/필드 2256월드/필드×59.94필드/초=135,224.6워드/초 135,224.6워드/초×10비트/워드=1.352246Mbps 등화펄스 영역 : 21워드/등화펄스×6등화펄스/필드=126워드/필드 126워드/필드×59.94필드/초=7552.44워드/초 7552.4워드/초 ×10비트/워드=0.0755246Mbps 수평동기 선단에 해당하는 부뷰의 영역: 55워드/라인×20라인/필드 =1100워드/필드 1100워드/필드×59.94필드/초=65,934워드/초 65,934워드/초×10비트/워드=0.65934Mbps
토털 보조데이터베이스	7.9944975Mbps(HANC)+2.08711Mbps(VANC)=10.0816075Mbps 데이터 포맷화와 금지데이터에서 이러한 치는 10%로부터 20%감소한다.
토털 비트 레이트	910워드/토털라인×525라인/프레임×29.97프레임/초×10비트/워드=143.1816Mbps
영상 데이터 기본 비트레이트	143.1816Mbps-10.0816975Mbps=133Mbps

7.4.2.4 안시라리 데이터(Ancillary Data:보조데이터)

그림 7.9로부터 그림7.11(NTSC), 그림 7.12로부터 그림 7.14(PAL)에서 표시하는 것과 같이 수직 또는 수평 블랭킹 기간에서 보조 데이터를 입력 시키는 곳은 그 장소가 규정 되어있다고 할 수 있다.

표 7.6에서는 $4f_{sc}$ NTSC시리얼 디지털 신호 포맷의 보조데이터의 베이스를 표시하고 있는데, 수평 보조 데이터(HANC)와 수직데이터(VANC)를 포함한 토털 보조데이터의 용량은 거의 10Mbps정도가 된다고 할 수 있고, AES/EBU디지털 오디오 2개 채널 신호의 비트레이트는 3.072Mbps이라고 할 수 있다. 따라서 $4f_{sc}$ NTSC 포맷에서는 2개의 AES/EBU 디지털 오디오 데이터 스트림(4개 채널 오디오)을 전송 한다고 하면 3.072Mbps의 2배로 하여, 토털 6.144Mbps의 보조데이터 스페이스를 가지고 전송하는 것이 가능하다할 수 있는데, 그러한 결과 한 개의 동축 케이블에서는 영상신호와 함께 전송이 가능 한 또 다른 타입의 보조데이터를 전송가능하게 하기 위하여 남아있는 공간(Space)은 약 3.9Mbps가 된다고 할 수 있다.

표 7.7 $4f_{sc}$ PAL보조데이터 스페이스

수평 보조데이터 스페이스(HANC)	64워드/유효라인×575유효라인/프레임=36,800워드/프레임 36,800워드/프레임×25프레임/초=920,000워드/초 920,000워드/초×10비트/워드=9.2Mbps
수직 데이터 스페이스(VANC)	브로드펄스(Broad Pulse : 수직 동기 펄스)영역 : 466워드/브로드펄스×5브로드펄스/필드=2330월드/필드 2330월드/필드×50필드/초=116,500워드/초 116,500워드/초×10비트/워드=1.165Mbps 등화펄스 영역: 23워드/등화펄스×5등화펄스/필드=115워드/필드 115워드/필드×50필드/초=5,750워드/초 5,750워드/초 ×10비트/워드=0.0575Mbps 수평동기 선단에 해당하는 부분의 영역: 64워드/라인×25라인/필드 =1600워드/필드 1600워드/필드×50필드/초=80,000워드/초 80,000워드/초×10비트/워드=0.8Mbps
토털 보조데이터베이스	9.2Mbps(HANC)+2.0225Mbps(VANC)=11.2225Mbps 데이터 포맷화와 금지데이터에서 이러한 치는 10%로부터 20%저하한다.
토털 비트 레이트	1135워드/토털라인×625라인/프레임×25프레임/초×10비트/워드=177.34375Mbps
영상 데이터 기본 비트레이트	177.34375Mbps-11.2225Mbps=166.1Mbps

이것을 역으로 말하면, 이러한 보조데이터의 10Mbps이라는 것은 영상 정보의 전송에 있어서는 꼭 필요한 것은 아니라고 할 수 있는데, 따라서 $4f_{sc}$ NTSC 디지털 신호에 필요한 비트 레이트는 133Mbps가 된다고 할 수 있다. 표 7.7에서는 $4f_{sc}$ PAL시리얼 디지털 신호 포맷의 보조데이터 베이스를 표시하고 있는데, 수평 보조데이터(HANC)와 수직 보조데이터(VANC)를 포함한 토털 보조데이터의 전송량은 약 11.2Mbps라고 할 수 있다.

따라서 2개의 AES/EBU디지털 오디오 데이터스트림(4개채널 오디오)을 포함하여 토털 6.144Mbps의 보조데이터 베이스로서 전송이 가능하며, 기타 타입에서 보조데이터에 남아있는 스페이스는 5Mbps정도라고 할 수 있는데, 이것을 역으로 이야기하면 이러한 보조데이터의 11.2Mbps는 영상 정보의 전송에 있어서는 꼭 필요한 것은 아니라고 할 수 있고, $4f_{sc}$ PAL디지털 신호에 있어서 필요한 비트 레이트는 166.1Mbps가 된다고 할 수 있다.

7.4.3 4:2:2 비트 시리얼 전송

4:2:2시리얼 컴포넌트 영상 데이터 스트림의 신호원은 3.3.9항에서 설명을 하고 있는 것과 같이 4:2:2 파라렐 컴포넌트 데이터 스트림 이라고 할 수 있는데, 이러한 것의 비트 레이트는 270Mbps이라고 할 수 있고, 이러한 구형식의 기기 중에서는 파라렐 8비트 영상 밖에 데이터를 전송 불가능한 것도 있다. 그리하여 시리얼 아날라이저에서는 이러한 상태를 검지하여 10비트의 데이터는 8비트의 데이터로 변환을 하는 것이 필요하다고 할 수 있다.

7.4.3.1 시리얼라이저(Serializer)

그림 7.18에서는 4:2:2 시리얼라이저(Serializer)의 계통도라고 할 수 있는데, 이러한 시리얼라이저는 전용의 LSI를 사용하여 아래와 같은 기능을 가지고 있다고 할 수 있다.

- 파라렐 시리얼의 변환 : 이러한 기능은 입력신호의 10배 클럭 (270Mbps)으로 동작하는 10비트 시프트 레지스터로 실행이 되어진다고 할 수 있는데, 만약 입력이 8비트 워드라고 하면 비트번호"1"과 "0"의 비트에는 강제적으로 데이터로 처리하여 "0"을 부가한다고 할 수 있다.
- 스크램블링(Scrambling) : 7.2항에서 설명을 하고 있는 것에 대하여 이야기를 하면 데이터를 랜덤 변화하게 하는 프로세스를 사용하여 스크램블 NRZ 데이터를 생성하게 한다고 할 수 있다.

- NRZ로부터 NRZI로의 변환 : 7.2항에서 설명을 한 것이다.
- 시리얼 클럭의 발생 : 시리얼 클럭은 주파수에 의하여 동작을 하는 VCO (Voltage-Controlled Oscillator)로 발생 한다고 할 수 있는데, 그 주파수는 파라렐 클럭 주파수로부터 생성이 되어서 PLL로 제어 되어지다고 할 수 있고, 이러한 PLL로부터 VCO주파수 제어 전압은 로 패스필터를 통하여 제어신호로부터 높은 주파수의 성분을 제거한다고 할 수 있다.

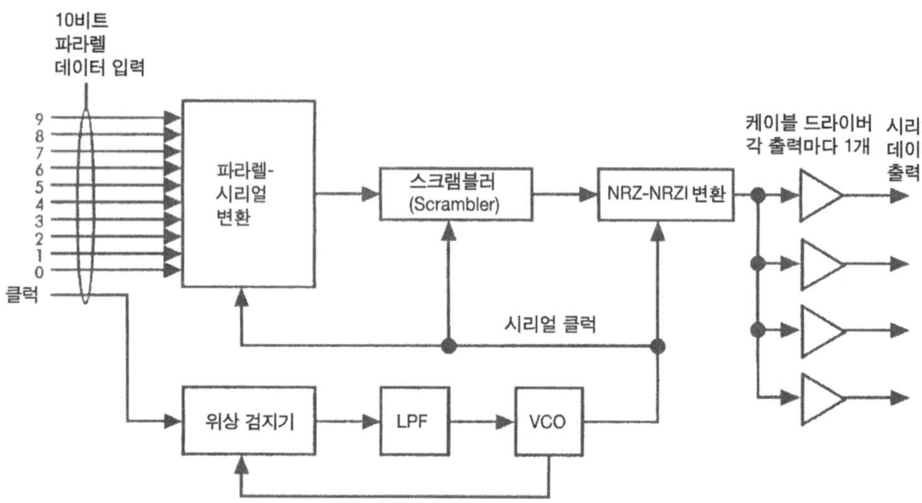

그림 7.18 4:2:2컴포넌트 디지털 시리얼라이저(Serializer)의 계통도

또한 이러한 필터는 제어범위나 홀드 범위도 결정하고 있다고 할 수 있는데, 이러한 것에 의하여 시리얼 클럭은 파라렐 클럭의 낮은 주파수의 지터나 드리프트(Drift) (Wander)를 추적하는 것이 가능한 동시에 온도에 기인하는 VCO의 자신에 대한 드리프트(Drift)의 수정이 가능하다고 할 수 있다. 이러한 VCO에 대한 프리런 주파수는 외부의 가변 저항기로 제어되어 선택되어진 비트레이트에 프리셋 되어진다고 할 수 있는데, 통상의 가변 저항기는 온도검지 장치와 조합을 이루고 있어, 온도에 기인하는 주파수 드리프트(Drift)를 감소하게 하고 있다고 할 수 있다. 또한 기기메이커에 따라서는 VCO의 프리런 주파수를 입력 파라렐 클럭의 10배로 셋팅하는 자동 주파수 선택 기능을 가지고 있는 것도 있는데, 이러한 시리얼 클럭은 레지스터, 스크램블, NRZ-NRZI 변환기에 보내어 진다고 할 수 있고, 이러한 시리얼 클럭발생기가 $4f_{sc}$의 시리얼 클럭발생기와 다른 점은 클럭주파수를 270MHz 사용하고 있다는 것이라고 할 수 있다.

- 케이블 구동 : NRZ변환에 이어서 각 출력용의 라인 드라이버가 있다고 할 수 있는데, 이러한 것은 베이스밴드 영상과는 달라서 한 개의 라인 드라이버를 사용하여 여러 개의 출력의 저항 분리가 불가능하다는 것이다.

소니를 비롯한 일부 기기 제작사에서는 시리얼라이저(Serializer), 스크램블, NRZ-NRNI 변환, 클럭의 발생을 한 개의 ASIC(예를 들면 소니 SBX1601)에 집약 시켜서 사용 되어지고 있으나, 일부 다른 제작사에서는 기능별 패킷을 사용하는 경우도 있다고 할 수 있는데, 케이블 드라이버에서는 복수의 드라이버를 결합한 다기능 IC(예를 들면 소니 CX1389AQ)를 사용하고 있으나, 이는 여러 개의 트랜지스터를 사용한다고 할 수 있다.

그림 7.19에서는 4:2:2 컴포넌트 시리얼 신호의 스펙트럼을 표시하고 있다고 할 수 있다.

7.4.3.2 디시리얼라이저 (Deserializer)

그림 7.20에서는 4:2:2 270Mbps의 디시리얼라이저(Deserializer) 계통도를 표시하고 있다고 할 수 있는데, 이러한 디시리얼라이저(Deserializer)전용 IC에 의하여 아래와 같은 기능을 가지고 있다고 할 수 있다.

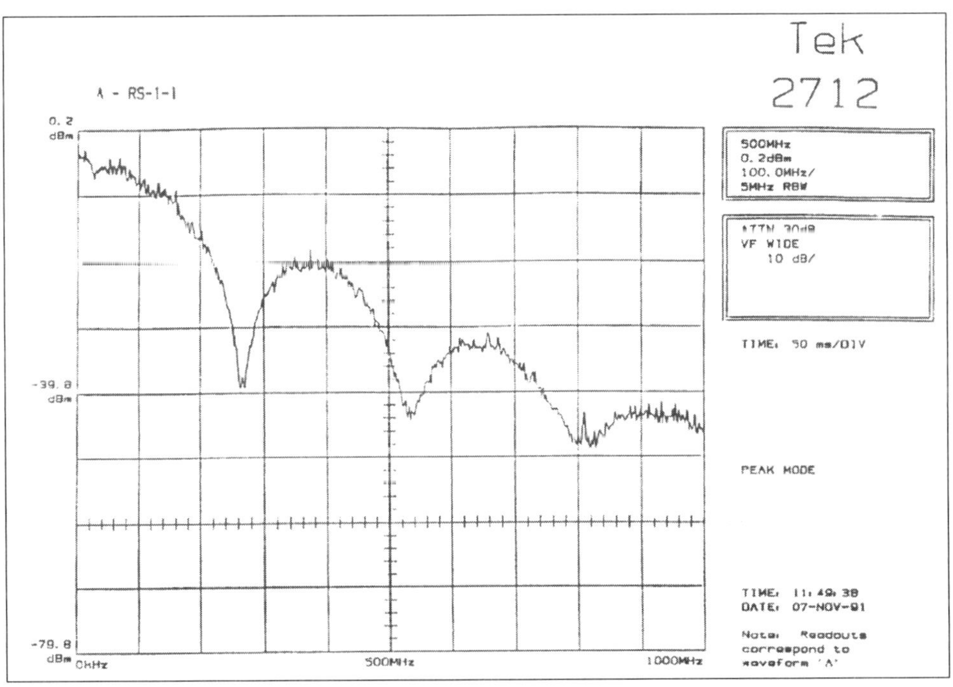

그림 7.19 270Mbps 4:2:2컴포넌트 디지털 시리얼 신호의 스펙트럼

- 케이블 손실 등화: 이러한 회로는 $4f_{sc}$에서 사용되어지고 있는 것과 같다고 할 수 있다.
- NRZI와 NRZ의 변환 : 이러한 프로세스는 7.2항에서 설명을 하고 있다.
- 디스크램블링(Descrambling) : 이러한 프로세스도 7.2항에서 설명을 하고 있다.
- 클럭의 재생 : 270MHz의 클럭 재생은 케이블 등화 한 입력 신호로부터 2MHz의 대역을 가진 PLL회로에 의하여 제어되고 있는 VCO로서 $4f_{sc}$와 같은 방법으로 시행을 하고 있다고 할 수 있는데, PLL의 대역과 VCO의 주파수 안정도에 관한 고려는 전에 $4f_{sc}$의 항에서 설명을 하고 있는 것과 같다고 할 수 있다.

VCO의 안정도의 문제로는 VCO가 보다 높은 주파수 (270MHz)로 동작하고 있어, 주파수 시프트에 의한 제어가 보다 곤란하게 되어있다고 할 수 있는데, 재생되어진 270MHz의 시리얼 클럭은 NRZI-NRZ변환기, 디스크램블링(Descrambling)에 보내지어 사용되고 있다고 할 수 있고, 일부의 클럭은 타이밍 제너레터에도 보내어지어 시리얼 파라렐 교환에 있어 필요한 파라렐 클럭을 발생한다고 할 수 있다.

7.4.3.3 안시라리 데이터(Ancillary Data:보조데이터)

그림 7.21(4:2:2 525/60)로 부터 그림 7.22(4:2:2 625/50)에 표시를 하고 있는 것과 같이 수평 블랭킹 동기에서 수평보조 데이터(HANC)를 삽입시키는 장소가 규정되어져 있다고 할 수 있는데, 1440개의 8비트 워드의 수직 보조 데이터(VANC)가 525/60방식에서는 38라인의 수직 블랭킹 기간(라인1~19, 또는 라인 264~282)에 삽입시키고, 625/50방식에서는 48라인의 수직 블랭킹 기간에 삽입하는 것이 가능하게 하고 있다고 할 수 있다.

표 7.8에서는 4:2:2 525/60방식에 있어서 시리얼 신호의 포맷의 보조데이터 베이스 용량을 표시하고 있는데, 수평보조 데이터(HANC)와 수직 보조데이터(VANC)를 포함하여 허용되어있는 토털 보조데이터 용량은 약 55Mbps정도라고 할 수 있다. 또한 이러한 보조데이터의 포맷팅이나 다양한 제한 조건으로부터 전송용량은 약 20%가 감소한다고 할 수 있는데, 보조데이터를 제외한 기본적인 4:2:2영상 비트 레이트는 약 214.7Mbps라고 할 수 있다.

표 7.9에서는 4:2:2 625/50방식의 시리얼 신호 포맷의 보조데이터 베이스를 표시하고 있는데, 수평보조데이터(HANC)와 수직보조데이터(VANC)를 포함하여 토털 보조데이터의 용량은 약 57.5Mbps정도라고 할 수 있고, 이러한 보조데이터의 포맷팅이나 다양한 제한 조건으로부터 전송 용량의 제한이 약 20%감소한다고 할 수 있으며, 이러한 보조데이터를 제외한 기본적인 4:2:2 영상 비트 레이트는 약 212,4Mbps라고 할 수 있다.

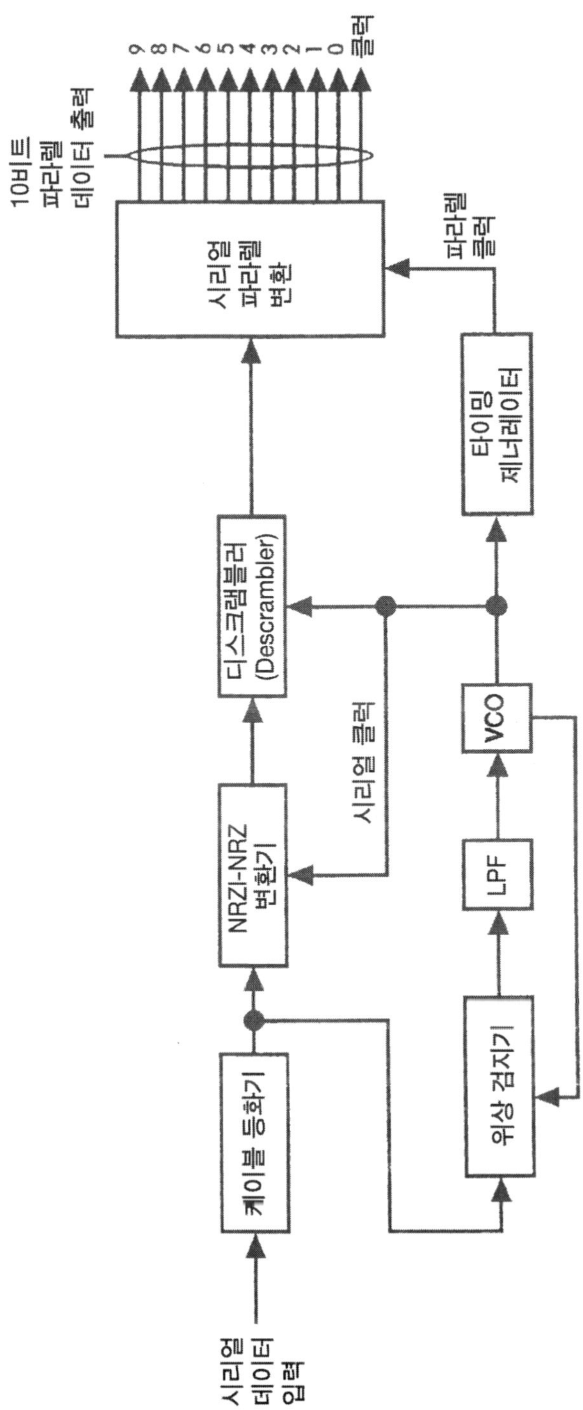

그림 7 20 4:2:2 컴포지트 디지털 시리얼라이저(Serializer)의 계통도

SMPTE272M 규격에서는 8개의 AES/EBU디지털 오디오×2개 채널 신호(합계16채널)의 토털 비트레이트 약 25Mbps를 보조데이터 스페이스에 임베딩(Embedding)하는 방법을 규정하고 있는데, 이러한 전송을 시행 한다 하여도 다른 보조 데이터의 전송을 하기 위한 공간으로 약 30Mbps정도의 꾀 많은 데이터 스페이스가 남아있다고 할 수 있다.

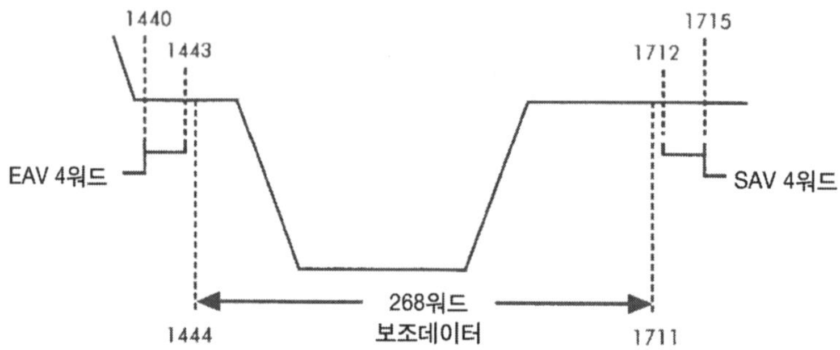

그림 7.21 4:2:2 525/60라인 수평 블랭킹 보조데이터 위치

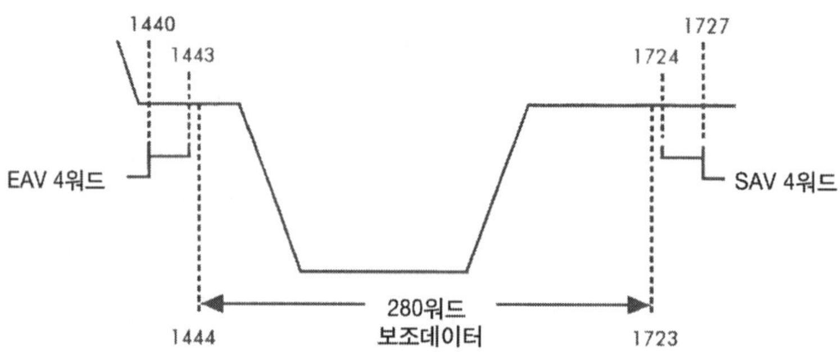

그림 7.22 4:2:2 625/50라인 수평 블랭킹 보조데이터 위치

표 7.8 4:2:2 525/60 보조 데이터 스페이스

수평 보조데이터 스페이스(HANC)	268워드/ 유효라인×525유효라인/프레임=140,700워드/프레임 140,700워드/프레임×29.97프레임/초=4.216779M워드/초 4.216779M워드/초×10비트/워드 =42.16779Mbps
수직 보조데이터 스페이스(VANC)	1440워드/라인×38수직 기간 라인=54,720워드/프레임 54,720워드/프레임×29.97프레임/초=1.639958M워드/초 1.639958M워드/초×8비트/워드=13.1196673Mbps
토털 보조데이더 베이스	42.16779Mbps(HANC)+13.1196672Mbps(VANC)=55.3Mbps 데이터 포맷화와 금지데이터로서 이러한 치는 10%로부터 20%까지 저하한다.
토털 비트레이트	1516워드/토털라인×525라인/프레임×29.97프레임/초×10비트/워드=270Mbps
영상 데이터 기본 비트레이트	270Mbps-55.3Mbps=214.7Mbps

7.5 신호품질 관련 파라미터와 그의 측정

스튜디오의 시리얼 디지털 신호의 전송에 있어서는 통상 적으로 동축 케이블을 사용한다고 할 수 있는데, 이러한 동축케이블은 다양한 면에서 신호파형 왜를 유발하여 신호 품질을 열화 시키고 있다고 할 수 있다. 또한 시리얼 디지털 신호의 전송 기술에 의하여 아날로그 신호 전송에 있어서는 허용하는 것이 불가능한 정도의 파형 왜나 노이즈 상태라고 할지라도 디지털 전송에 있어서는 어느 임계점을 넘지 않으면 열화가 없는 화상 품질로 전송하는 것이 가능하게 하다고 할 수 있다. 그 대신에 화질에 있어서는 아날로그에서와 같이 사전에 조금씩 화질 열화 진행 되지 아니하고 어느 한 수간에 있어서는 급격하게 화면이 열화가 심하게 생겨서 사용하기 힘든 상황으로 돌변 하는 경우가 생기게 되는 단점이 발생 할 수 있다고 할 수 있다.

표 7.9 4:2:2 625/60 보조 데이터 스페이스

수평 보조데이터 스페이스(HANC)	280워드/ 유효라인×625유효라인/프레임=175,000워드/프레임 175,000워드/프레임×25프레임/초=4.375M워드/초 4.375M워드/초×10비트/워드 =43.75Mbps
수직 보조데이터 스페이스(VANC)	1440워드/라인×48수직 기간 라인=69,120워드/프레임 69,120워드/프레임×25프레임/초=1.728M워드/초 1.728M워드/초×8비트/워드=13.824Mbps
토털 보조데이더 베이스	43.75Mbps(HANC)+13.824Mbps(VANC)=57.574Mbps 데이터 포맷화와 금지데이터로서 이러한 치는 10%로부터 20%까지 저하한다.
토털 비트레이트	1728워드/토털라인×625라인/프레임×25프레임/초×10비트/워드=270Mbps
영상 데이터 기본 비트레이트	270Mbps-57.574Mbps=212.426Mbps

따라서 디지털기술에 의한 전송은 신호품질 열화가 서서히 진행되어서 인식이 가능한 아날로그 영상 기술과는 다르게, 디지털 신호의 열화에 있어서 열화는 노이즈로서 돌연 발생 하여 사용하기가 어렵게 되는 극한 상황을 연출 한다는 것이다.

그림 7.23에서는 시리얼 디지털 신호의 송신부, 전송미디어, 수신부의 품질에 관련하는 파라미터를 분석한 것이라고 할 수 있다. 이러한 리스트 업(List Up)한 파라미터는 커다란 디지털 미디어 센터(캐나다 토론토 CBC방송센터)를 설비한 원저자 자신의 경험에 의한 것이라고 할 수 있고, 이러한 품질에 관련한 기술상의 평가는 아래와 같은 3개의 에리어가 있다고 할 수 있다.

- 기기나 그 기술의 평가 : 이 활동은 각각 기기의 특성을 파악하여 그것이 국제적 규격이나 어느 방송사(여기에선CBC방송사)의 규격으로서 합치하고 있는 것인가? 아니면 어떠한가를 기기가 처리를 시행 함에 있어서 어려운 신호를 안정하게 처리하는 것이 가능할 것인가를 평가를 하여서 그 평가 보고서를 제출하는 것을 목적으로 하고 있다.
- 기기설치후의 수신 테스트 : 이러한 활동은 설치되어진 기기가 만족하게 동작하는 것을 보증하기위한 것이라고 할 수 있는데, 이미 설치한 기기의 일반적인 특성에 대해서 테스트를 하여 거의 대부분의 기기가 만족하게 사용이 가능하다고 확인되고 있다고 할 수 있다. 따라서 설치한 기기에 대한 테스트 파라미터에 대한 항목은 점점 감소한다고 할 수 있는데, 이러한 테스트는 장비를 설치 한 후에 사용에 있어서 문제성여부 등의 수취보고서를 제출하는 데에 사용하고 있다고 할 수 있다.
- 보수테스트 : 이러한 테스트는 기기를 설치하여 정상 동작할 때의 상태를 확인하고, 장해가 발생하였을 경우에는 장해처리시의 기기동작을 평가하여 원래의 레벨로 돌아 가 있다는 것을 판단하는 기준이라고 할 수 있다.

표 7.10에서는 위에의 활동 항목에 대하여 어떠한 품질 평가 파라미터를 적용하는가를 표시한 것이라고 할 수 있다.

표 7.10 성능 표시 파라미터와 그의 적용

파라미터	단위	평가테스트	수취테스트	보수테스트
리턴 로스(Return Losses)	dB	Yes	No	No
신호진폭	p-p㎷	Yes	Yes	Yes
상승/하강 시간	ns	Yes	Yes	Yes
오버슈트(Over Shoot)/ 언더슈트(Under Shoot)	%	Yes	Yes	Yes
지터(Jitter)	p-p ps	Yes	Yes	Yes
비트 오류 율	에러/분	Yes	Yes	Yes
케이블 등화능력	m@BER	Yes	No	Yes
Pathological 신호측정	에러/분	Yes	Yes	Yes
크로스토크 체크(Cross Talk Check)	지터 p-p치	Yes	Yes	No
노이즈 감수성 (인성)	dB@BER	Yes	No	No
전자기방사 정도(EMR)	dB㎶/m	Yes	Option	No
전자기방해 감수성(인성)	㎷@BER	Yes	No	No

7.5.1 송신부 관련의 파라미터의 측정

7.5.1.1 출력신호의 특성

송신부 출력신호 특성 측정 방법의 표준에는 정확한 정도, 측정 스피드, 양호한 재현성을 필요로 한다고 할 수 있는데, 파라미터 셋팅에 있어서는 측정과 CRT 스크린의 표시를 프로그램화가 가능한 디지털 오실로스코프를 사용하는 것이 대단히 편리하다고 할 수 있다.

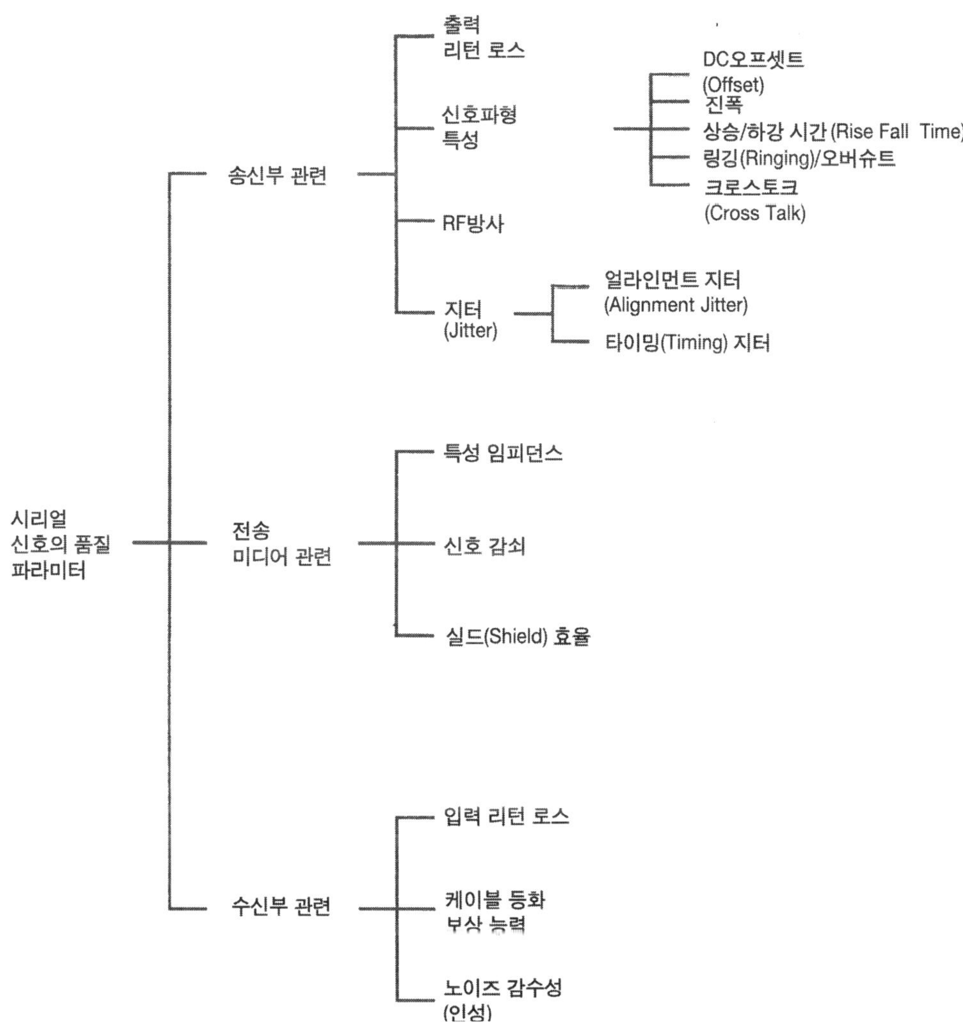

그림 7.23 시리얼 신호의 품질 관련 파라미터의 분석

또한 디지털 오실로스코프에 의한 측정은 아날로그 오실로스코프를 사용한 측정보다도 빠르고, 정확하게 측정할 수 가있는 것은 물론 화면표시를 포함하여 프린터로 출력하는 것도 가능하다고 할 수 있는데, 양호한 270Mbps의 시리얼 신호 파형의 대표적인 프린터 출력을 그림 7.24에서 표시를 하고 있다고 할 수 있다.

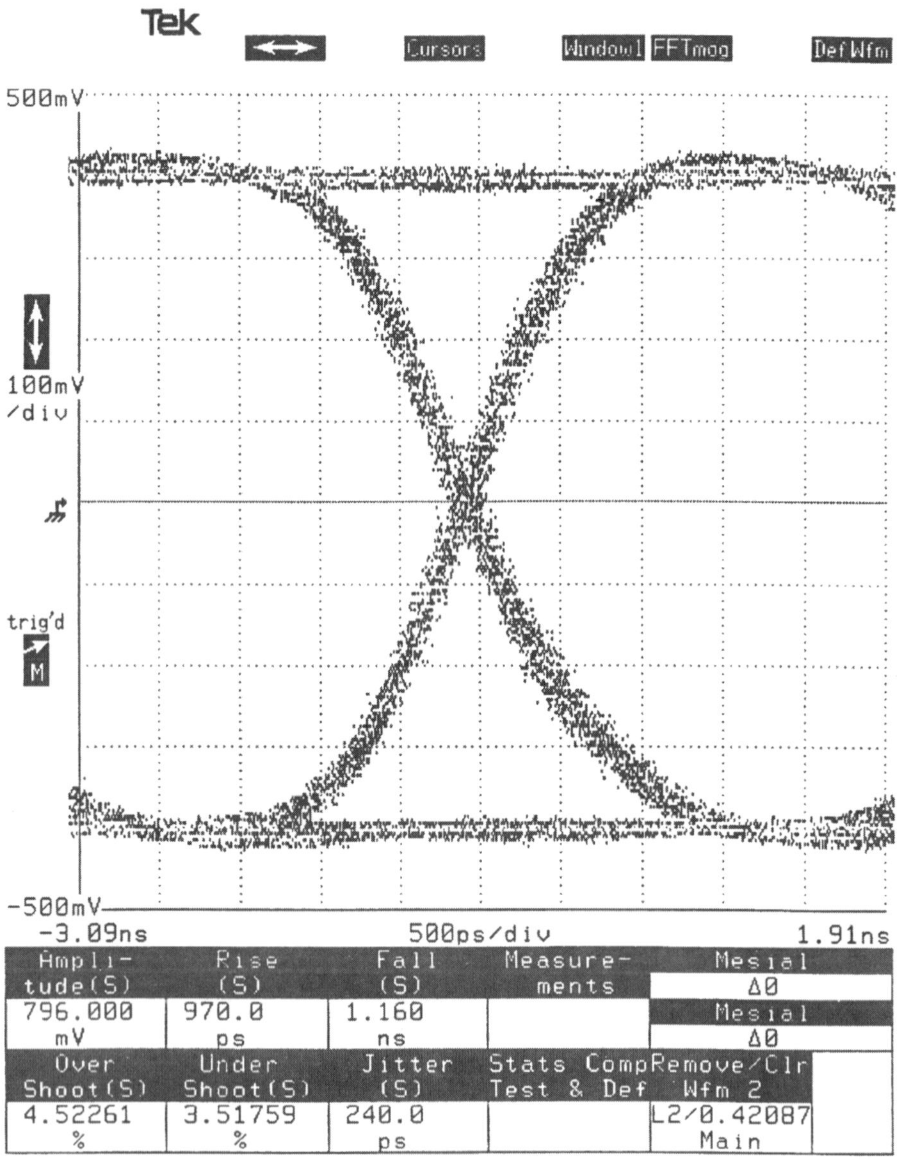

그림 7.24 양호한 270Mbps시리얼 신호 파형의 테트로닉스 (Tektronix11403)에 의한 프린트 출력

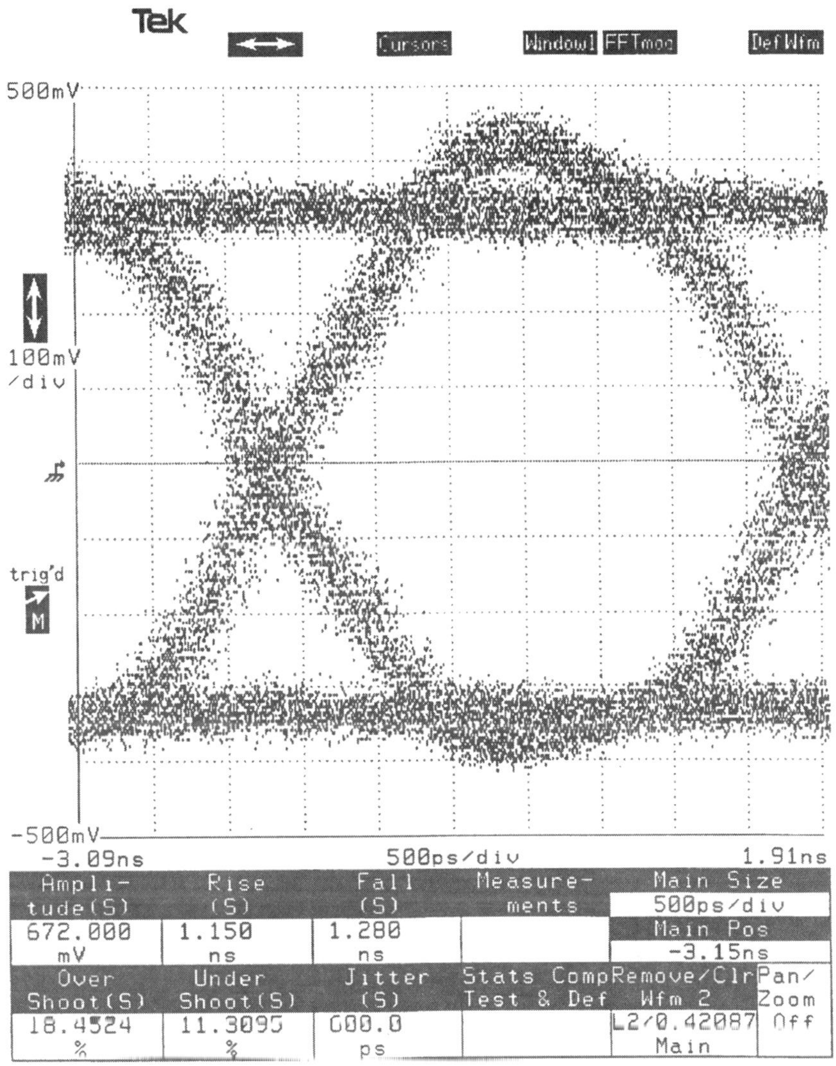

그림 7.25 거대한 오버슈트와 낮은 진폭치를 가진 270Mbps 시리얼 신호 파형의 테트로닉스 (Tektronix11403)에 의한 파형 표시의 프린트 출력

이러한 디스플레이는 시리얼 신호파형과 측정한 6개의 파라미터를 표시하고 있다고 할 수 있는데, 여기에서 측정한 파라미터는 진폭, 상승시간, 하강시간, 오버슈트(Over Shoot), 언더슈트(Under Shoot), 앱솔루트지터(Absolute Jitter)라고 할 수 있고, 이러한 파라미터의 허용범위는 SMPTE259M규격에 규정 되어있다고 할 수 있다. (그림 7.7 또는 표 7.1참조) 그림 7.25에서는 진폭이 적고 큰 오버 슈트(Over Shoot)를 가진 파형을 표시하고 있는데, 이러한 형태의 파형은 짧은 케이블 길이에서 문제를 일으키기가 쉽다고 할 수 있고, 길은 케이블 길이에서는 높은 주파수가 감쇠를 하기 때문에 옛날부터 이러한 파형 왜는 어느 정도 중요한 문제는 아니라고 할 수 있다.

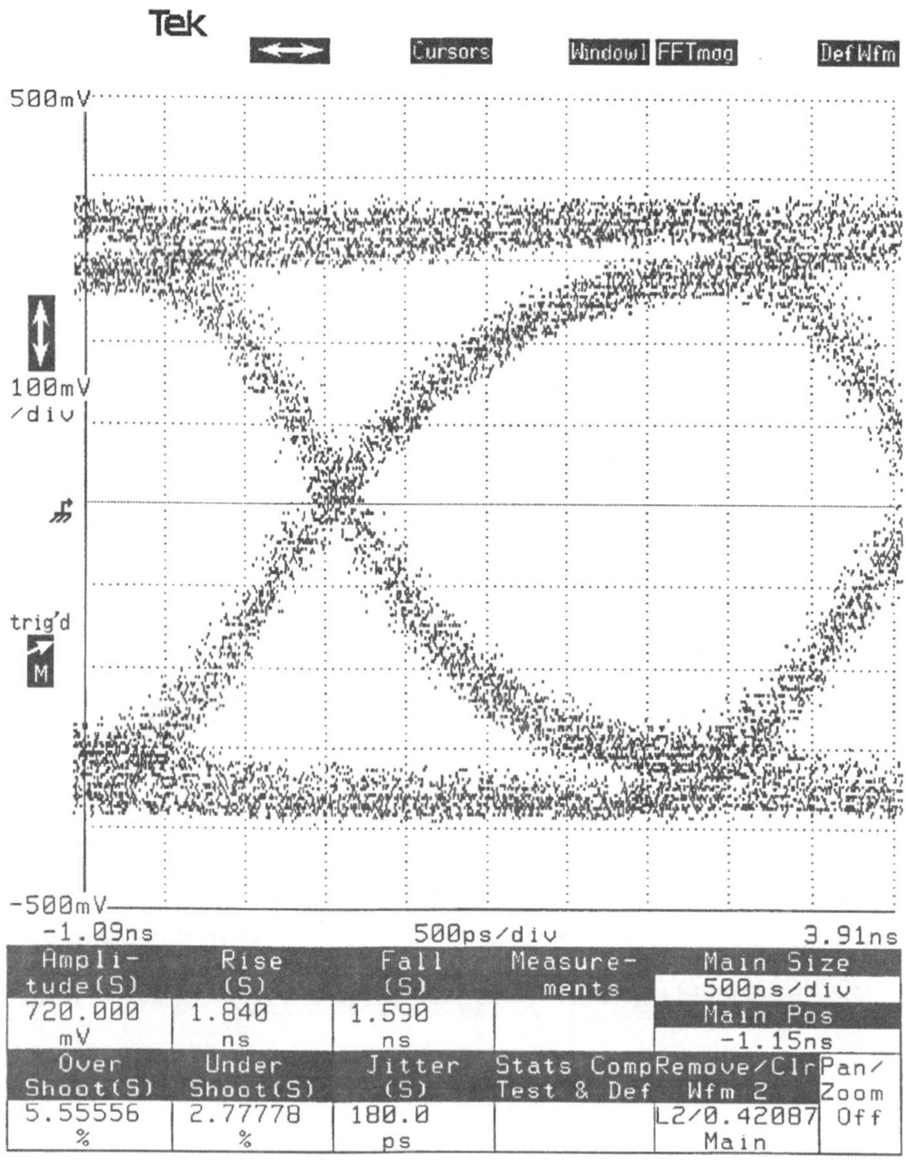

그림 7.26 30m 케이블을 통과한 후의 270Mbps 시리얼 신호파형의 테트로닉스 (Tektronix11403) 에 의한 파형 표시의 프린터 출력

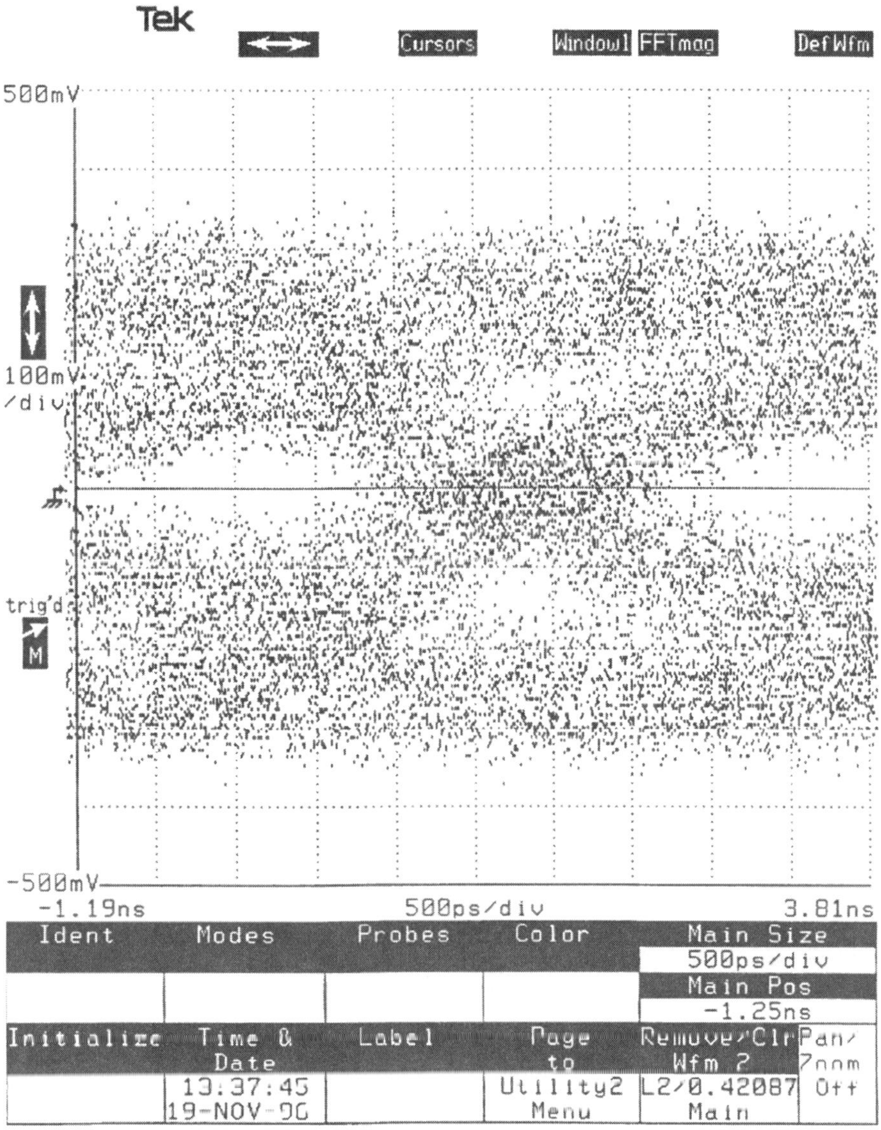

그림 7.27 100m 케이블을 통과한 후의 270Mbps 시리얼 신호파형의 테트로닉스 (Tektronix11403)에 의한 파형 표시의 프린터 출력

그림 7.26에서는 270MHz 시리얼신호 동축 케이블 30m종단에 있어서 파형이라고 할 수 있는데, 진폭이 감쇄하여 상승시간과 하강 시간이 증가하고 있다고 할 수 있고, 이러한 파형은 5C-2V상당의 동축 케이블 길이의 일예라고 할 수 있다.

그림 7.27에서는 같은 신호의 동축 케이블 100m 종단의 파형을 표시하고 있다고 할 수 있는데, 대부분의 기기에서는 이러한 파형이라고 해도 용이하게 리클럭(Reclock)하여 양호한 파형을 재생하는 것이 가능하다고 할 수 있다.

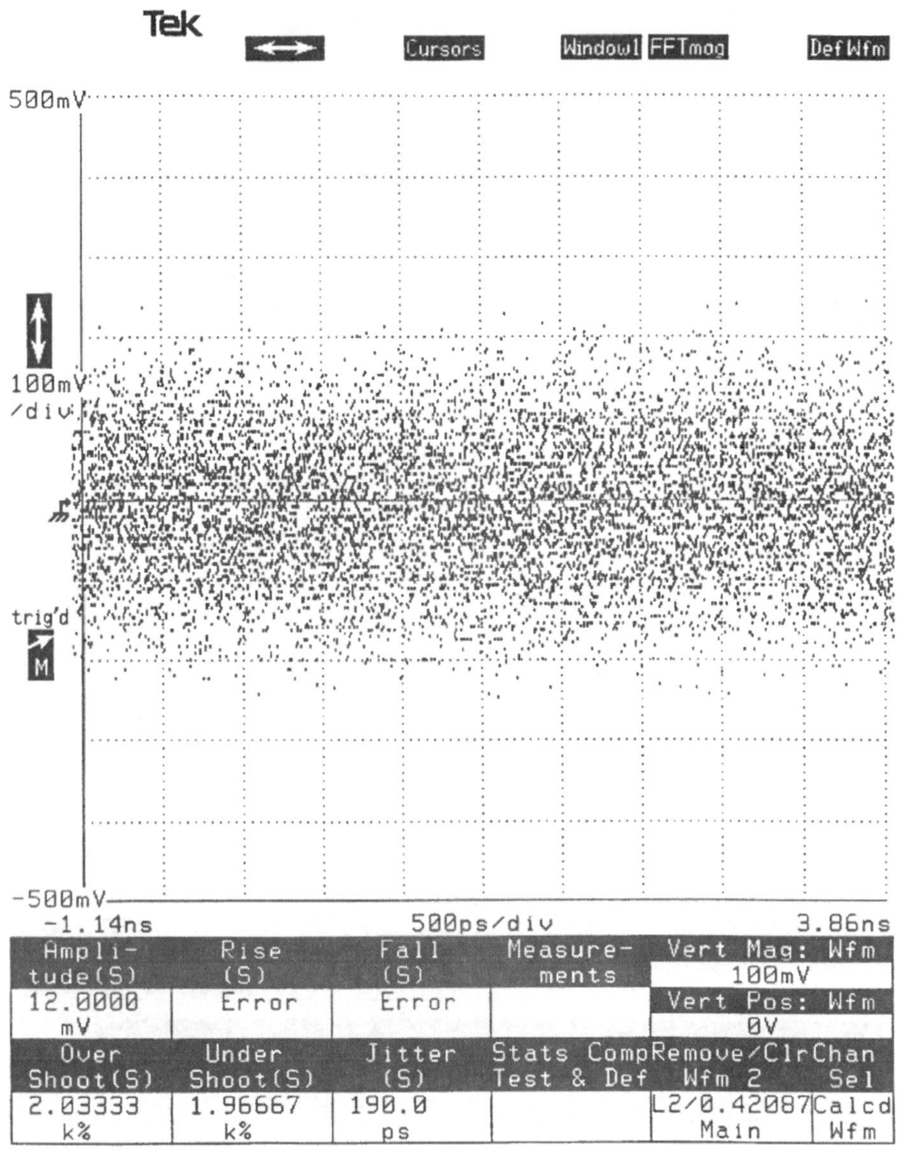

그림 7.28 300m 케이블을 통과한 후의 270Mbps 시리얼 신호파형의 테트로닉스

그림 7.28에서는 같은 신호의 동축 케이블 300m단에서의 파형이라고 할 수 있는데, 기기에 따라서는 이러한 신호 일지라도 리클럭이 되어 파형을 재생하는 것이 가능한 것이 있다고 할 수 있고, 270Mbps의 시리얼 신호의 최대전송 가능한 거리는 200m~300m사이라고 할 수 있으며, 방송시장에 유통되는 대부분의 기기에서는 양호한 전송을 하기 위해서는 동축 케이블 길이는 200m(5C-FB 에서는250m)를 초과하지 아니하는 것이 좋다고 할 수 있다.

그림 7.29에서는 디지털 오실로스코프를 사용하여 6개 선택한 파라미터를 측정한 테스트 계통을 표시하고 있는데, 테트로닉스 TSG-422디지털 컴포넌트 신호 발생기의 출력이 DUT(Device Under Test : 피 측정기기)입력에 가해진다고 할 수 있고, 이러한 오실로스코프는 TSG-422 시리얼 출력의 270Mbps 신호로부터 클럭 재생기에서 발생한 27MHz의 클럭으로 트리거 하며, 이러한 것에 의하여 오실로스코프의 확실한 동기가 얻어 진다고 할 수 있다.

또한 지터 측정의 정도는 오실로스코프의 시간 축에 대한 안정도와 재생기의 클럭 안정도에 의존하고 있다고 할 수 있는데, 이러한 것은 일정의 파라미터이므로 그러한 지터 측정의 영향에 있어서도 일정하게 변화를 하지는 아니한다고 할 수 있고, 오실로스코프는 (광대역 오실로스코프는 통상 50Ω의 입력) 75Ω부터 50Ω의 매칭변환 때문에 전압 손실의 보정, 신호 진폭의 20%로부터 80%까지의 상승/하강의 시간의 측정, 아이패턴의 크로스 점에 있어서 지터의 p-p치의 측정을 실행하기 위하여 프로그램 화 되었다고 할 수 있다.

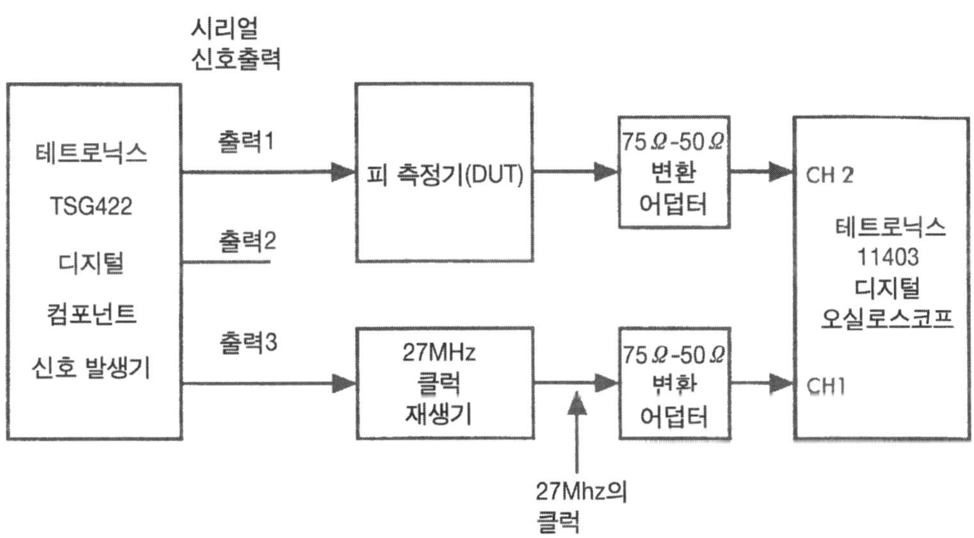

그림 7.29 테트로닉스 (Tektronix11403) 디지털 오실로스코프를 사용하여 선택을 한 6개의 피라미터를 측정하는 테스트 계통도

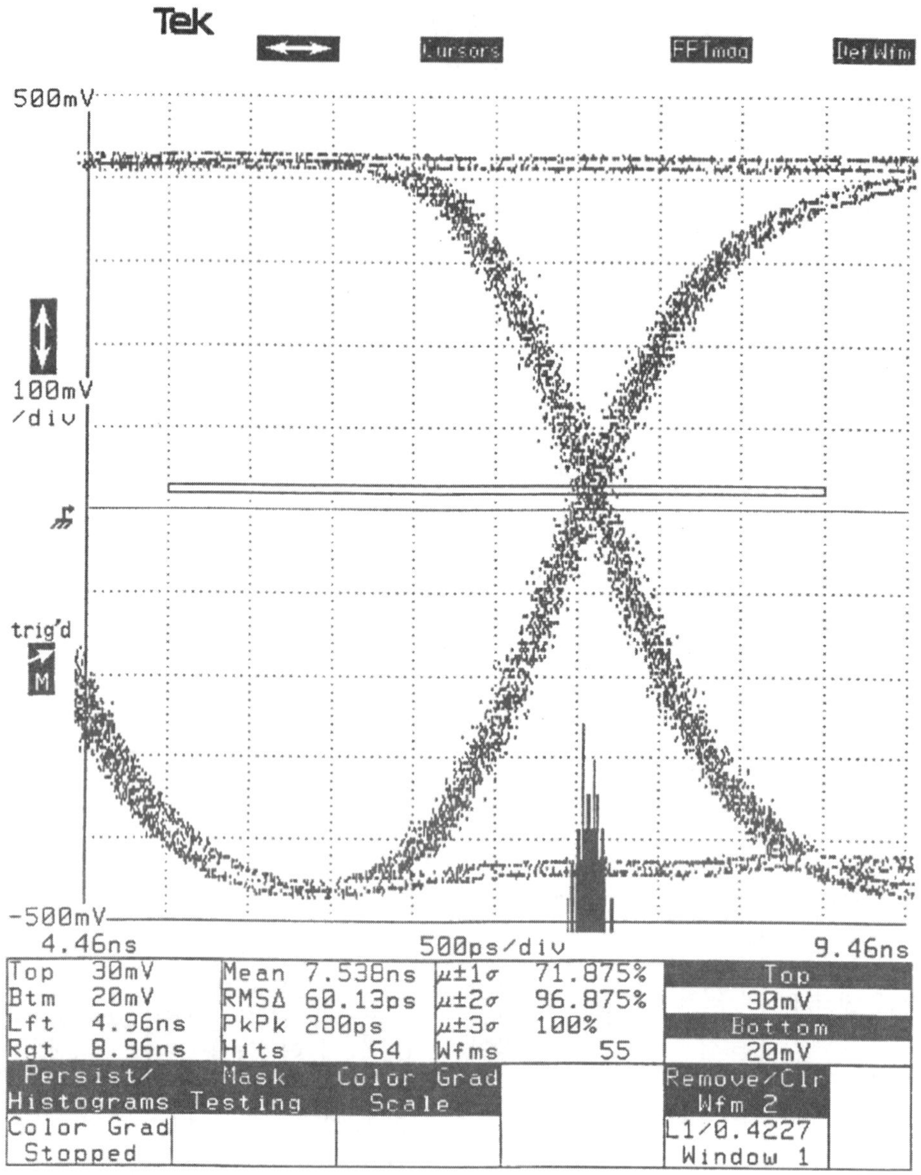

그림 7.30 1000Hz의 지터를 가진 270Mbps시리얼 신호 파형의 테트로닉스 11403디지털 오실로스코프의 수평 히스토그램(Histogram) 모드 표시의 프린터 출력. 오실로스코프는 피측정 파형 자신으로 트리거 되어있어 신호의 지터에 있어서도 영향이 있다고 할수 있고, 측정 되어진 얼라인먼트 측정치는 280ps이라고 할 수 있다.

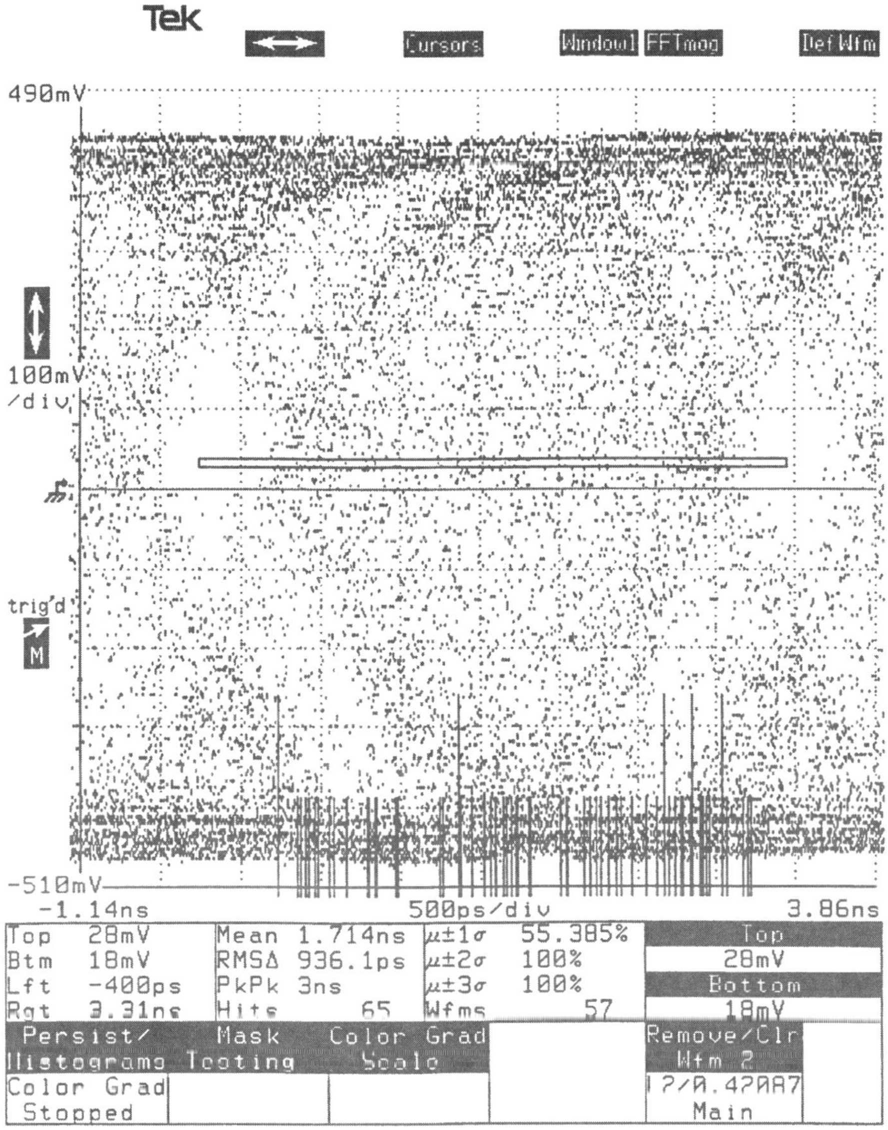

그림 7 31 1000Hz의 지터를 가진 270Mbps시리얼 신호 파형의 테트로닉스 11403 디지털 오실로스코프의 수평 히스토그램(Histogram) 모드 표시의 프린터 출력 파형은 그림 7.30의 것과 같다고 할 수 있으나 오실로스코프는 안정된 기준 27MHz 클럭에서 트리거 되어있다는 것이 다르다고 할 수 있다. 이러한 측정은 타이밍 측정이라고 할 수 있고, 측정 되어진 치는 3ns이라고 할 수 있다.

이러한 아이패턴의 크로스 점은 화면의 중앙에 있어서 데이터 측정 (축적)시간을 1분으로 하고 있는데, 신호가 큰 지터를 가지고 있는 경우에는 오실로스코프의 측정 모드를 변환하여서 수평 히스토그램(Horizontal Histogram)으로 셋팅하면 화면에 후에 표시하는 그림 7.31과 같은 패턴이 얻어진다고 할 수 있다.

SMPTE에서 추천을 하고 있는 RP192에서는 클럭 재생에 있어서는 PLL의 대역 특성을 선택이 가능한 변환 클럭 재생기의 사용을 권고하고 있다고 할 수 있다. 그러나 이러한 권고에 의하여 재생기는 약간의 파형모니터(예를 들면 테트로닉스 WFM601i)를 내장하게 하고 있는데, 테트로닉스 11403A와 같이 광대역 디지털 오실로스코프같이 함께 사용이 가능한 독립한 클럭 재생기는 지금 현재로서 시장에서는 없다고 할 수 있고, 보수용으로서는 WFM601i 파형 모니터와 같은 측정기는 효과적이라고 할 수 있다.

그림 7.30에서는 자기 동기로 동작을 하고 있는 테트로닉스 11403A의 수평 비스토그림 모드에서 얻어지는 프린트 출력이라고 할 수 있는데, 이러한 파형은 주파수 1kHz에서 진폭 3ns의 지터를 가지고 있다고 할 수 있다.

또한 이러한 오실로스코프에 대한 시간 축은 신호의 지터와 동반하여 있어 얼라인먼트 지터(Alignment Jitter: 상대 지터)를 측정하는데 사용하고 있다고 할 수 있는데, 1kHz의 지터는 마스크가 되어져서 측정되어진 지터의 치는 280ps로서 충분히 사양을 만족하고 있는 것이라고 할 수 있다.

그림 7.31은 역시 같은 신호의 프린터 출력이라고 할 수 있으나, 오실로스코프의 트리거가 안정된 클럭에 동기 되어있다는 것이 약간 다르다고 할 수 있는데, 여기에서는 아이(Eye)가 거의 닫혀져 있으므로 측정되어진 타이밍의 지터(Absolute Jitter:앱솔루트지터)치는 약 3ns이라고 할 수 있고, 이러한 것은 명확하게는 허용한도를 초과하고 있다고 할 수 있다.

이러한 예에 의하여 1kHz의 지터는 수신부의 클럭 재생기에 있어서 동기보조 또는 동기 추진 범위 내에서 있다고 할 수 있는데, 신호가 디지털 영역 내에 있는 한 문제는 일으키지 아니한다고 할 수 있으나, 혹시 이러한 신호로부터 재생 클럭을 기준으로 하여 아날로그 컴포지트 NTSC 또는 PAL신호가 직접 생성될 경우에는 그 아날로그 신호는 허용이 불가능할 정도 커다란 컬러 서브캐리어의 지터를 가지고 있다고 할 수 있다.

따라서 이러한 문제를 피하기 위하여는 아날로그 컴포지트의 신호를 생성하는 엔코더는 아날로그 지터를 없애기 위하여 싱크로나이저(Synchronizer)내지는 프레임 스토어(Frame Store)를 사용하여 외부에 안정된 기준신호의 클럭으로 동작을 시킬 필요가 있다고 할 수 있다.

7.5.1.2 출력 리턴로스(Return Loss : 반사손실)

리턴 로스(Return Loss)라고 하는 것은 Hewlett-Packard 8753A와 같은 네트워크 아날라이저(Analyzer)를 사용하여 측정하는 것이 가능하다고 할 수 있는데, 이러한 기기의 측정 주파수 범위는 300kHz로부터 300MHz정도라고 할 수 있다.

그림 7.32에서는 대표적인 리턴 로스(Return Loss)의 아날라이저 화면의 프린터 출력으로서 이러한 경우는 사양(270MHz에서 15㏈이상)을 만족하고 있다고 할 수 있고, 측정된 리턴 로스는 25㏈이상이라고 할 수 있다.

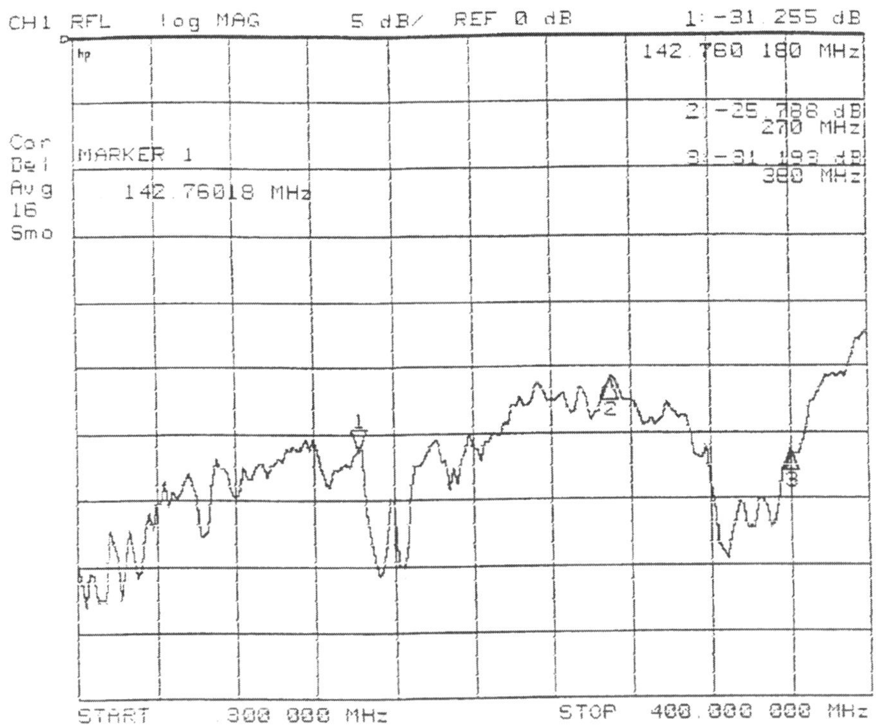

그림 7.32 Hewlett Packard 8253네트워크 아날라이저에 의한 리턴 로스 표시의 프린터 출력. 이러한 경우는 규격을 만족하고 있다.

역주 리턴 로스라고 하는 것은 피 측정기기의 전원이 들어가 있는가? 아니면 어떠한가에 따라서 변한다고 할 수 있는데, 따라서 정확하게 전원이 들어간 상태에서 측정을 하지 아니하면 되지 아니한다고 할 수 있다.

만약 동작이 되어졌다면 출력단자에서는 데이터신호가 출력이 되기 때문에 측정에 영향을 받을 수가 있다고 할 수 있는데, 그 때문에 리턴로스 측정시에는 아날라이저 제너레이터(Generator)의 출력은 레벨이 높았을 경우에가 신호의 영향이 석다고 할 수 있다.

측정 규격에 의하면 출력단의 임피던스 부정합에 의한 리턴로스는 신호의 클럭 주파수까지의 범위로 15㏈이상이라고 규정되어져 있는데, 이러한 네트워크 아날라이저는 필요한 주파수 범위의 트래킹 제너레이터(Tracking Generator)와 고주파 브리지(Hight Frequence Bridge)를 내장하고 있어 주파수 스위프를 하면서 브리지(Bridge)의 부정합에 의한 반사레벨을 측정 표시 한다고 할 수 있다.

여기서 주의하여야할 것은 통상의 높은 주파수 대역을 가지고 있는 아날라이저는 입출력의 임피던스가 50Ω의 것이 거의 대부분이지만, 시리얼 디지털 75Ω의 회로에서는 그냥 그대로의 신호로는 측정하는 것이 불가능하여 임피던스 변환기가 필요하다고 할 수 있고, 교정용의 기준 터미네이티드(Terminated)에 있어서도 광대역의 75Ω기준 터미네이티드(Terminated)가 필요하다고 할 수 있다. 또한 아날라이저는 보통 50Ω은 N형의 콘넥터를 가지고 있으므로 N-BNC변환 콘넥터도 필요하다고 할 수 있고, 따라서 교정시에는 이러한 임피던스의 변환, 콘넥터의 변환 등의 특성을 포함하여 교정하지 아니하면 되지 아니한다고 할 수 있는데, 이러한 것의 주파수 범위는 가능하면 넓어서 850MHz정도까지 볼 수 있는 것이 좋다고 흔히 이야기하고 있다.

7.5.1.3 전자기방사(Electromagnetic Radiation: EMR)

EMR허용 레벨에 대해서는 각 나라에 따라서 각각 규격이 정해져 있다고 할 수 있는데, 시리얼 디지털 영상 신호는 특히 대용량의 루팅스위처에서는 높은 레벨의 EMR을 발생 하는 경우가 있으나 기기의 설계나 설치공사 방법에 있어서 세심하게 주의를 하면 EMR을 허용레벨까지 저하시키는 것이 가능하다고 할 수 있다.

또 아날로그 영상신호 시스템에서는 함(Hum)의 문제를 방지하기위하여 같은 동축 케이블의 실드를 그라운드로부터 띄워서(차단하여) 사용하는 방법을 쓰고 있는데, 동축 케이블의 실드와 BNC콘넥터의 외부 실드(Outer Shell : 콘넥터의 외부 실드 부분)를 기기프레임과 전기적으로 접속하지 아니하고 절연시킨다고 할 수 있다.

따라서 디지털 시스템에 있어서도 이러한 방법을 사용하면 고주파(RF)를 주위로 방출한다는 문제가 발생하는데, 이러한 문제를 피하기위해서는 아래와 같은 몇 개의 룰(Rule : 규칙)이 있다고 할 수 있다.

- BNC 콘넥터의 외측 실드부분은 기기프레임에 연결(Contact)하여 있지 아니하면 되지 아니한다.
- 기기프레임은 기기 랙(Rack)에 의하여 상호간에 전기적으로 양호한 상태에서 접속되어져 있지 아니하면 되지 아니한다.
- 모든 기기의 랙(Rack)은 상호 전기적으로 양호하게 접속 되어져 있는 것은 물론이거니와 신뢰가 가능하게 전기적으로 접속단자에 접속이 되어있지 아니하면 되지 아니한다.

이러한 룰(Rule : 규칙)은 기존에 사용을 하고 있는 아날로그 시스템의 방법하고는 상반되는 것으로서 그러하기 때문에 디지털 영역과 아날로그 영역의 신호 상호 접속에 있어서는 주의를 기울여야 하고, 그라운드 루프(Ground Loop)와 함(Hum)의 문제를 해결하기 위해서는 플로팅(Floating) 한 차동 증폭 입력의 영상 분배기를 아날로그 입력 부분에서 사용하는 것 뿐 이라고 할 수 있는데, 방송기기나 측정 설비를 시스템 구성의 일환으로 설치 할 경우 EMR레벨의 측정은 교정 되어진 안테나(Antenna)와 테트로닉스2712와 같은 스펙트럼 아날라이저(Analyzer)를 사용하여 측정을 한다고 할 수 있다.

7.5.2 전송 관련 파라미터의 측정

7.5.2.1 케이블의 특성 임피던스의 측정

동축 케이블의 주파수 손실 특성은 네트워크 아날라이저를 사용하여 측정을 한다고 할 수 있는데, 예를 들면 100m의 케이블인 경우에는 한쪽을 광대역으로 하고, 정밀급의 75Ω터미네이티드(Terminated)로 종단을 한 뒤에, 리턴로스신호를 300kHz로부터 270MHz범위내에서 측정을 하여 프린터로 출력하는 방법이 있다고 할 수 있다.

7.5.2.2 케이블 신호 손실 특성의 측정

동축 케이블의 주파수 손실 특성은 네트워크 아날라이저를 사용하여 측정을 한다고 할 수 있는데, 그림7.34에서는 테트로닉스(Tektronix)2712 스펙트럼 아날라이저를 사용하여 300m의 동축 케이블로 측정한 주파수대 손실 특성을 측정한 관면의 프린터 출력이라고 할 수 있다. 여기에서 주파수대 손실 특성은 135MHz대에서는 손실이 31㏈가 되고 있다고 할 수 있고, 270MHz에서는 손실이 45㏈이상이라고 할 수 있다.

7.5.2.3 실드 효과의 측정

동축 케이블의 실드 효과는 스펙트럼 아날라이저를 사용하여 측정을 한다고 할 수 있는데, 270Mbps의 시리얼 신호를 측정되어진 케이블 길이로 전송을 하고 정확하게 75Ω 터미네이티드로 종단을 하여 측정을 한다고 할 수 있다. 또한 이렇게 직선으로 펼치어진 케이블로부터 1m떨어진 곳에서 교정을 끝낸 안테나와 테크트로닉스 2712와 같은 스펙트럼 아날라이저를 사용하여 EMR로서 실드 효과를 측정한다고 할 수 있다.

7.5.3 수신 관련 파라미터의 측정

7.5.3.1 입력 리턴로스(Input Return Loss)

그림 7.33에서는 규격에 들어있지 아니한 리턴 특성의 관면 프린터 출력을 표시하고 있는데, 측정 되어진 리턴 로스는 270MHz로 약 9.7dB라고 할 수 있다.

이렇게 낮은 리턴 로스는 케이블 길이가 짧은 경우에는 파형 왜곡이 발생하여, 수신부의 클럭 재생에 영향이 있다고 할 수 있는데, 이와는 반대로 케이블 길이가 길은 경우에는 임피던스 잘못 매칭의 영향으로 신호의 고역이 감쇄하기 때문에 작아지고 있다고 할 수 있다.

그림 7.33 Hewlett Packard 8253네트워크 아날라이저에 의한 리턴 로스 표시의 프린터 출력. 이러한 경우는 규격을 만족하고 있지 않다.

역주 측정은 역시 네트워크 아날라이저를 사용하여 시행하고 있지만 이러한 경우에도 기기의 전원을 넣어서 측정을 하지 아니한다면 정확한 측정은 불가능하다는 것이다.

왜냐하면 입력 임피던스의 회로 설계는 선두에는 반도체 장치의 입력 임피던스가 나열되어있는 상태로서 매칭 되어있기 때문이라고 할 수 있다.

7.5.3.2 케이블 등화 특성

수신부의 케이블 보상 등화 특성은 케이블 길이를 증대하기 위하여 수신부의 연장 케이블을 삽입시키면 케이블 감쇄가 증가함에 따라서 화상이 보이기도 하고, 어떤 경우에는 보이지 아니하기도 하는 데, 그 수신부의 전송 상태를 파악하기 위하여 수신부의 출력에서 컬러 모니터를 연결사용하여 체크를 한다고 할 수 있다. 또한 이러한 측정에 있어서 케이블 연장에 의하여 수신부의 입력의 SNR가 낮게 되어진다면 데이터의 오류가 발생 한다고 할 수 있는데, 동축 케이블 자체에서는 노이즈를 발생하지 아니하나 수신부 입력단에서는 이러한 열잡음이 SNR을 결정하는 중요한 장르이라고 할 수 있다. 이러한 오류는 신호의 케이블에 의한 감쇄로서 입력 레벨이 낮게 되어서 SNR이 20dB가 되던지 그것보다 나쁜 경우에 발생한다고 할 수 있는데, 수신부가 270Mbps인 경우에는 200m로부터 300m까지 범위에서 어느 정도의 케이블 길이에 대응이 가능한가는 자동 등화 회로의 설계에 의하여 결정 된다고 할 수 있다.

디지털 기기능력의 다른 하나는 비트에러 레이트(Bit Error Rate : Er : 비트 에러율)에 따라서 표현이 되어진다고 할 수 있는 것으로서, 이러한 BER은 아래와 같은 식으로 표시할 수가 있다.

$$\text{BER} = \frac{\text{1초당 오류회수}}{\text{비트레이트}}$$

만약 시스템이 270Mbps로 동작이 되고 있다면 1프레임당 1회의 오류가 있는 경우에 525/60방식의 BER은

$$\text{BER} = \frac{30}{270 \times 10^6} = 1.1 \times 10^{-7}$$

625/50방식에 있어서 위의 오류에 있어서 BER은

$$\text{BER} = \frac{25}{270 \times 10^6} = 0.93 \times 10^{-7}$$

오류를 눈에 의하여 검지한다는 것은 정확하게 이야기를 하면 자기 주관적인 검지로 갈 경향이 많다고 할 수 있는데, 그러므로 통상적으로 우리가 오류를 눈으로 검지할 수 있다는 것은 시스템적으로 봐서는 허용이 불가능한 큰 레벨의 오류 이라고 할 수 있다. 표 7.11에서는 일반적인 3개의 비트레이트에 대하여 한 개의 오류가 다양한 시간 간격으로 일어났을 경우 오류율(BER)을 계산한 것 이라고 할 수 있는데, 이러한 BER의 측정은 어떠한 목적에 의하여 설계되어진 오류율 측정기를 가지고 직접 측정 되어진다고 할 수 있고, 적정으로 동작하고 있는 시스템에서는 통상의 BER은 측정이 불가능한 정도라고 할 수 있다.

또한 이러한 것은 시리얼 신호 전송시스템에서는 오류가 없는 에러 후리 (Error Free)상태에서 동작하고 있기 때문이라고 할 수 있고, BER의 직접적인 측정은 다음과 같은 결점이 있다고 할 수 있다.

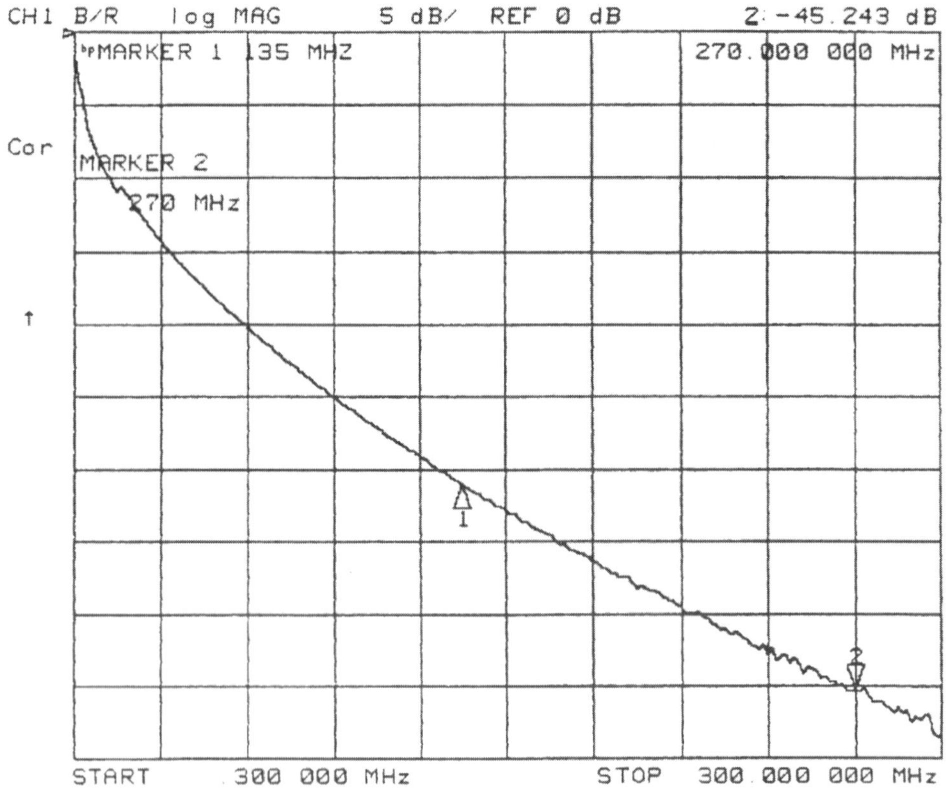

그림 7.34 Hewlett Packard 8253 네트워크 아날라이저에 의한 대표적인 동축 케이블 300m의 사용한 경우에 있어서 감쇠 대 주파수 표시의 프린터 출력

- BER을 측정하기 위해서는 시스템의 동작을 정지 시키지 아니하면 되지 아니 된다고 할 수 있는데, 왜냐하면 대표적인 BER측정 시스템의 하나라고 할 수 있는 측정방법에서 사용하고 있는 시험 시리얼 신호가 시스템 동작을 정지시키지 아니 하면 되지 아니하는 의사 랜덤 시퀀스를 사용하고 있기 때문이라고 할 수 있다.
- 이러한 의사 랜덤 시스템이 EAV, SAV 동기신호를 가지고 있지 아니하는 것 등의 시리얼 영상 신호와는 전혀 다른 형태를 가지고 있으므로 기기에 따라서는 이러한 시험신호의 프로세스가 되지 아니하고, 출력이 불가능한 경우도 있을 수가 있다고 할 수 있다.
- BER의 측정은 시스템의 기본적으로는 노이즈가 자유로운(Free) 상태이기 때문에 우발적인 노이즈에 의하여 버스트에 오류가 발생할 경우에는 무의미 하다고 할 수 있다.

표 7.11 3종류의 비트레이트에 있어서 오류 빈도와 오류율(BER)의 관계

1비트 오류를 일으킬 수 있는 기간	BER@143Mbps	BER@177Mbps	BER@270Mbps
1프레임	2×10^{-7}	2×10^{-7}	1×10^{-7}
1초간	7×10^{-9}	5×10^{-9}	4×10^{-9}
1분간	2×10^{-12}	9×10^{-11}	6×10^{-11}
1시간	8×10^{-14}	2×10^{-12}	4×10^{-14}
1주간	1×10^{-14}	7×10^{-14}	6×10^{-15}
1달간	3×10^{-15}	9×10^{-15}	1×10^{-15}
1년간	2×10^{-16}	2×10^{-16}	1×10^{-16}
10년간	2×10^{-17}	2×10^{-17}	1×10^{-17}
100년간	2×10^{-18}	2×10^{-18}	1×10^{-18}

7.5.4 특수한 시험신호

7.5.4.1 EDH시험신호

텍트로닉스사의 EDH(Error Detection and Handling)로 불리 우는 디지털 텔레비전 시스템을 위하여 오류 검지 시스템을 개발하였다고 할 수 있는데, 이러한 EDH시스템의 내용은 SMPTE에서 추천을 하고 있는 RP165이라고 할 수 있다.

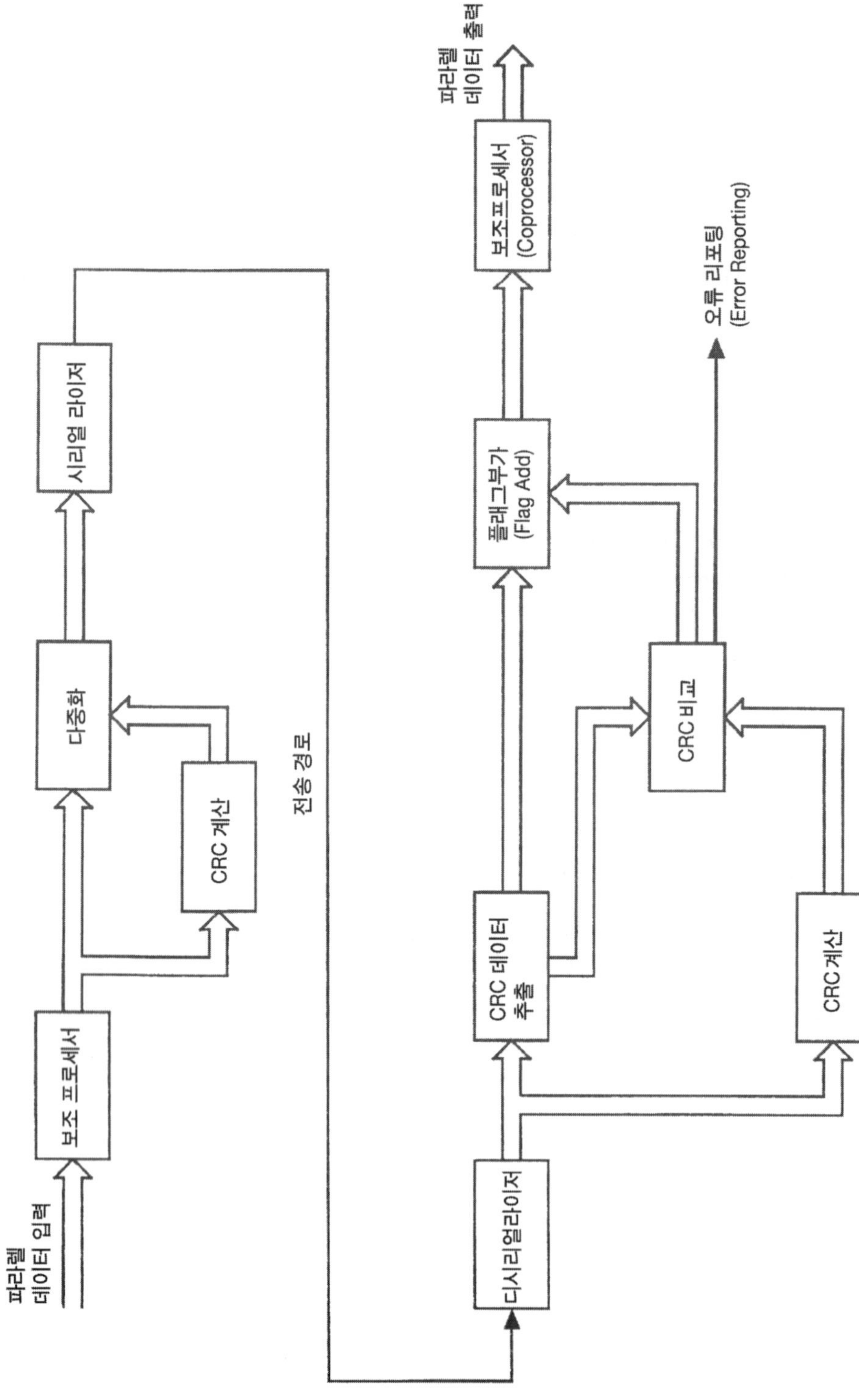

그림 7.35 오류 검지 시스템의 계통

이러한 오류 검지방법은 송신기의 시리얼 변환기를 이용하여 영상의 각 필드마다 CRC(Cyclic Redundancy Code)계산을 하는 것을 기본 베이스로 하고 있는데, 필드 전체의 데이터에 대한 CRC데이터와 유효영상 필드 만에 대한 CRC데이터가 상태를 표시하고 있는 플래그(Flag) 신호와 함께 EDH신호로서 수직 블랭킹 기간의 보조데이터 영역을 사용하여 영상 데이터에 부가하여 송출 되어진다고 할 수 있다. 이러한 CRC는 수신부의 디시리얼라이저(Deserializer)에서 재계산되어서 보내지어진 EDH의 CRC데이터와 비교가 되어진다고 할 수 있는데, 이렇게 비교한 치중에서 양자가 일치하지 아니한다고 하면 데이터 오류가 발생하였다는 것을 알 수가 있는 것이다. 이렇게 검지되어진 오류는 통상의 어느 기간 (예를 들면 1분간)에 있어서 에러가 얼마나 발생하였는가를 나타내는 에러-초(Error-Second)로 표시되어진다고 할 수 있고, 또 그 전후에 에러-초가 발생한 때로부터 경과 된 시간도 표시되어진다고 할 수 있다고 할 수 있는데, 이러한 에러-초이라는 것은 1초 사이에 한 개 이상 오류가 있을 경우에는 1에러-초라는 단위로 표시를 하고, 1초 사이에 오류 회수가 1회 또는 다수일지라도 같은 1에러-초로 표시되어진다고 할 수 있다. 그림 7.35에서는 EDH시험 방법의 계통도를 표시하고 있다.

이러한 EDH방법이라고 하는 것은 시스템의 서비스 중에서 전자적이지 아니한 장해일 지라도 자동적으로 검출이 가능한 시험법으로서 사용이 가능하다고 할 수 있는데, 이러한 EDH의 감시, 측정 기기의 능력에 따라서는 검지되어진 오류는 경고 램프를 점등함으로서 EDH내에 다양한 에러 플래그(Flag)를 이용하여 장해원인까지 표시하는 등의 복잡한 오류 포트까지 표시하는 것이 가능하게 하고 있다고 할 수 있다.

따라서 이러한 에러 플래그(Flag)는 직전의 필드에 상태를 표시하는 데에 사용이 되어진다고 할 수 있는데, 따라서 각 플래그(Flag)는 필드마다 클리어 셋트(Cleared Set)가 되어진다고 할 수 있다.

플래그(Flag)는 다음과 같은 것이 있다.

- EDH-Error Detected Here : 전송 에러가 이 기기에서 검지되었다는 것을 표시한다.
- EDH-Error Detected Already : 전송 에러가 이미 전 방향의 기기에서 검지되었다는 것을 표시한다.
- IDH-Internal Error Detected Here : 전송 에러는 없고, 이 기기내의 하드웨어에 의하여 에러가 검지되었다는 것을 표시한다.

- IDH-Internal Error Detected Already : IDH 플레그(Flag)가 수신되어서 전 방향의 기기로 하드웨어의 고장이 검지되었다는 것을 표시하고 있다.
- Ues-Unknow Error Status : 수신한 시리얼 신호가 EDH시스템에 사용하지 아니하는 기기로부터 보내지어 진 것을 표시하고 있다.

표 7.12 525/59.94시스템에서의 체크워드의 위치

데이터 항목	컴포지트*	컴포넌트
오류 체크 데이터의 위치		
라인9, 필드1/3또는 라인 272, 필드2/4		
보조데이터 헤더, 워드1 컴포넌트		1689(000)
보조데이터 헤더, 워드2 컴포넌트		1690(3FF)
보조데이터 헤더, 워드3 컴포넌트		1691(3FF)
보조 데이터 Flag 컴포지트	795(3FC)†	
데이터 ID(Data ID)	796(1F4)	1692(1F4)
블록 넘버(Block Number)	797(200)	1693(200)
데이터 카운트(Data Counter)	798(110)	1694(110)
유효화면 CRC데이터 워드 0	799	1695
유효화면 CRC데이터 워드 1	800	1696
유효화면 CRC데이터 워드 2	801	1697
플 필드(Full Field) CRC데이터 워드 0	802	1698
플 필드(Full Field) CRC데이터 워드 1	803	1699
플 필드(Full Field) CRC데이터 워드 2	804	1700
보조 데이터 에러 Flag	805	1701
유효화면 에러 Flag	806	1702
풀 필드(Full Field) 에러 Flag	807	1703
Reserved 워드(7워드)	808~814(200)	1704~1710(200)
이러한 보조데이터에 대하여 체크섬(Checksum)	815	1711

*테이블의 수치는 워드번호라 할 수 있고, †의 괄호안의 수치는 16진수에서 샘플치라 할 수 있으며, 풀 필드 라인번호는 가상의 치라고 할 수 있다.

표 7.13 625/50시스템에서의 체크워드의 위치

데이터 항목	컴포지트*	컴포넌트
오류 체크 데이터의 위치		
라인(5#), 필드1/3또는 라인 (318#), 필드2/4		
보조데이터 헤더, 워드1 컴포넌트		Y 850(000)
보조데이터 헤더, 워드2 컴포넌트		Cr425(3FF)
보조데이터 헤더, 워드3 컴포넌트		Y851(3FF)
보조 데이터 Flag 컴포지트	972(3FC)†	
데이터 ID(Data ID)	973(1F4)	Cb426(1F4)
블록 넘버(Block Number)	974(200)	Y852(200)
데이터 카운트(Data Counter)	975(110)	Cr426(110)
유효화면 CRC데이터 워드 0	976	Y853
유효화면 CRC데이터 워드 1	977	Cb427
유효화면 CRC데이터 워드 2	978	Y854
풀 필드(Full Field) CRC데이터 워드 0	979	Cr427
풀 필드(Full Field) CRC데이터 워드 1	980	Y855
풀 필드(Full Field) CRC데이터 워드 2	981	Cb428
보조 데이터 에러 Flag	982	Y856
유효화면 에러 Flag	983	Cr428
풀 필드(Full Field) 에러 Flag	984	Y857
Reserved 워드(7워드)	985~991(200)	Cb429~Cr430(200)
이러한 보조데이터에 대하여 Checksum	992	Y861

*테이블의 수치는 워드번호라 할 수 있고,
†의 괄호안의 수치는 16진수에서 샘플치라 할 수 있으며,
#괄호안의 라인번호는 가정한 라인번호임.

계산한 CRC체크 워드와 에러 정보 플래그(Flag)는 수직 기간의 보조 데이터 스페이스로 SMPTE 추진 규격에 의한 신호원 스위칭에 영향을 주지 아니한다고 할 수 있는데, 스위칭 직전의 라인에 집어넣는다고 할 수 있다. 그 위치를 표 7.12에서는 525/60방식의 경우를 표시하고 있고, 표 7.13에서는 625/50방식의 경우를 표시하고 있다고 할 수 있다.

표 7.14 체크 워드에 포함 되어있는 샘플

데이터 항목	컴포지트	컴포넌트
525/59.94시스템		
최초의 풀 필드(Full Field) 샘플, 라인 12 또는 275	795	1444
최초의 유효화면 샘플, 라인 21 또는 284	0	0
최초의 유효화면 샘플, 라인 262 또는525	767	1439
최초의 풀 필드 샘플, 라인8 또는 271	767	1439
625/50시스템		
최초의 풀 필드(Full Field) 샘플, 라인 (8) 또는 (321)	*972	Cb376
최초의 유효화면 샘플, 라인 24 또는 336	0	Cb0
최초의 유효화면 샘플, 라인 310 또는622	947	y719

*625/50시스템의 풀 필드 라인번호는 가상의 치라고 할 수 있다.

표 7.14의 경우에는 CRC체크워드의 계산에 포함되어있는 스타트 샘플과 앤드 샘플을 유효 화면내의 데이터와 전 필드 데이터의 경우에 대하여 표시를 하고 있는데, 유효화면의 체크 워드의 계산은 각 라인의 액티브 픽쳐 영역의 한정 되어 있다고 할 수 있다.

또한 이러한 액티브 픽쳐는 컴포지트 시스템에서는 풀라인(Full Line)의 신호로 구성되어있는 것으로 규정 되어져 있어, 하프 라인의 부분은 제외되어져 있다고 할 수 있고, 풀 필드의 체크 워드 계산은 모든 라인의 모든 샘플에 대하여 시행을 하고 있지만 이러한 에러 데이터 패킷을 포함하는 라인과 그에 연속하는 2개의 라인은 제외된다고 할 수 있다.

EDH에러 데이터 패킷을 포함하여 라인의 다음 라인은 수직기간 스위칭에 사용되기 때문에 그러한 것에 연속하는 라인은 스위칭 후에 워드 프레밍이나 TRS의 급격한 변화의 영향을 피하기 위하여 계산 대상의 데이터로서 사용하지 아니한다고 할 수 있는데, 이러한 체크 워드의 치는 16비트의 CRC데이터로 CCITT에서 규정되어져 있어, 다음과 같은 식에 의하여 계산 되어진다고 할 수 있다.

$$\text{체크 워드 생성식(16비트)} = X^{16} + X^{12} + X^{5} + 1$$

이라고 할 수 있다.

역주 CRCC(Cyclic Redundancy Check Code)에 대해서는 이 책에서 설명을 하지 아니하였다고 할 수 있는데, 이러한 CRCC이라는 것은 데이터 전송 시에 보내는 측과 받는 측 사이에 전송에 대한 오류가 있었는가? 아니면 어떠한가를 체크하는 데에 사용이 되어진다 할 수 있다.

이러한 오류에 검증에 있어서는 디지털 데이터 통신 등에서는 대단히 많이 사용 되고 있으므로 미안하지만 여기에서 설명을 하고 진행 하고자 한다.

이러한 것에 대한 기본적인 원리는 송출 데이터 열을 결정하고 있는 데이터를 나눗셈을 한 결과의 나머지를 함께 보내져서 수신측에서 수신한 데이터 열을 동일한 데이터로 나눗셈을 한 결과와 환산해서 나머지를 보내져온 결과와 비교하여 같다고 한다면 오류가 없다고 판단을 하고 같지 아니하면 오류가 있다고 판단한다고 할 수 있다.

그러나 실제의 CRC전송에 있어서는 데이터 열의 뒤에 결정되어진 데이터 열로 나눗셈을 하면 나눗셈이 나머지가 없이 떨어지게 되어있다고 할 수 있는데, 이러한 나머지를 가산한 데이터 열을 CRC이라는 것으로 부가하여 수신측에서는 이를 수신하여 최후까지 연산하여 완전하게 떨어지면 오류가 없다고 할 수 있다.

2진수 데이터를 특히 시리얼 전송에 있어서 시계열로 나열하였을 경우에 그의 표현법으로서 2진수를 다항식으로 표현하는 것이 많이 사용되어진다고 할 수 있는데, 예를 들면 1011이라는 2진수의 데이터를 $1x^3+0x^2+1x^1+1=x^3+x+1$이라고 쓸 수가 있다고 할 수 있다.

여기에서 100001이라는 것은 X^5+1이라고 쓸 수가 있는데, 이렇게 쓰면 어떠한 것이 좋은가하면 2진수 데이터에 대한 승산이나 연산이 간단하게 표현 하는 것이 가능하게 되어있어 계산에 있어서도 보통의 수식의 계산이 가능하게 되어있다고 할 수 있지만 이러한 식은 2진수의 계산이라 할 수 있으므로 다시 표현하면 1+1=0, 1-1=0, 0+1=1, 1+0=1이라고도 표현 할 수 있다고 할 수 있다.

여기에서 CRC이라는 것은 위에서 생성된 다항식 $x^{16}+x^{12}+x^5+1$이라고 할 수 있는데, 이는 10001000000100001이라는 수로 영상데이터를 계속하여 나눗셈을 하면 나열 할 수 있다고 할 수 있다.

우리가 통상적으로 나눗셈이라는 것은 어렵다고 생각 하지만 나눗셈을 기본으로 하고 생가을 하면 어떤 수를 몇 회 빼었는가를 계산하여 그에 대한 회수를 알아보면 된다고 할 수 있다. 예를 들면 6÷2=3이라고 하는 것은 6-2-2-2=0에서 2를 3빈 정도 빼면 0이 된다는 것고 같다고 할 수 있는데, 이러한 2진수에서의 나눗셈에서는 비트를 시프트 시키면서 빼면서 가는 것과 같다고 할 수 있다. 나머지만을 알고 싶다면 1비트씩 시프트하면서 뺄셈을 반복적으로 시행한 뒤에 남은 수가 나머지 숫자라고 할 수 있는데, 도중에 뺄셈의 결과가 00001010…이 되는 것과 같이 제로가 처음에 있다면 이제로는 넘어가서 다음에 1이 나오는 곳에서부터 뺄셈을 하면서 가면 된다고 할 수 있다.

그러면 간단한 예를 들어보기로 하는데, 보내는 데이터를 1000100101이라고 하면 생성 다항식으로는 $x^5+x^4+x^2+1$(=110101)이라고 할 수 있는데, 이러한 것은 보내는 데이터의 생성 다항식의 차수라고 할 수 있고, 이러한 5개의 제로를 뒤에 연결을 하면 100010010100000이 된다고 할 수 있으며, 보내는 측에서는 나눗셈하여 나머지를 계산 한다고 할 수 있다.

계산하는 데이터	100010010100000
생성 다항식의 뺄셈	− 110101
	10111010100000
생성 다항식의 뺄셈	− 110101
	1101110100000
생성 다항식의 뺄셈	− 110101
	100100000
생성 다항식의 뺄셈	− 110101
	10001000
생성 다항식의 뺄셈	− 110101
	1011100
생성 다항식의 뺄셈	− 110101
	110110
	− 110101
	00011 (생성 다항식보다도 적은 수)
나머지	

데이터를 보낼 경우에는 1000100101, CRC데이터 00011이라고 하는 데이터를 보낸다면, 이를 수신측에서는 100010010100011이라는 수신 데이터가 수신이 되어 진다고 할 수 있다. 이것을 같은 생성 다항식으로 나눗셈을 하면 다음과 같다고 할 수 있다.

	100010010100011
생성다항식110101에서 뺄셈	−110101
	10111010100011
	−110101
	1101110100011
	−110101
	100100011
	−110101
	10001011
	−110101
	1011111
	−110101
	110101
	−110101
	0

이러한 식에 의하여 오류가 없었다는 것을 알 수가 있다고 할 수 있는데, 이러한 것을 실제 하드웨어에서는 전용의 CRC제너레이터/체카 IC가 있다고 할 수 있다.

표 7.15 보조데이터 워드의 정의

데이터 항목	b9 (MSB)	b8	b7	b6	b5	b4	b3	b2	b1	b0 (LSB)
보조데이터헤더 워드1 컴포넌트	0	0	0	0	0	0	0	0	0	0
보조데이터헤더 워드2 컴포넌트	1	1	1	1	1	1	1	1	1	1
보조데이터헤더 워드3 컴포넌트	1	1	1	1	1	1	1	1	1	1
보조데이터 Flag 컴포시트	1	1	1	1	1	1	1	1	0	0
데이터 ID	0	1	1	1	1	1	0	1	0	0
블록 넘버	1	0	0	0	0	0	0	0	0	0
데이터 카운트	0	1	0	0	0	1	0	0	0	0
유효화면 CRC데이터 워드0CRC〈5:0〉	P의반전 비트	P	c5	c4	c3	c2	c1	c0	0	0
유효화면 CRC데이터 워드0CRC〈11:6〉	P의반전 비트	P	c11	c10	c9	c8	c7	c6	0	0
유효화면 CRC데이터 워드0CRC〈15:12〉	P의반전 비트	P	V	0	c15	c14	c13	c12	0	0
풀필드CRC데이터 워드0 CRC〈5:0〉	P의반전 비트	P	c5	c4	c3	c2	c1	c0	0	0
풀필드 CRC데이터 워드0 CRC〈11:6〉	P의반전 비트	P	c11	c10	c9	c8	c7	c6	0	0
풀필드 CRC데이터 워드0 CRC〈15:12〉	P의반전 비트	P	V	0	c15	c14	c13	c12	0	0
보조데이터에러 Flag	P의반전 비트	P	0	ues	ida	idh	eda	edh	0	0
유효화면 에러 Flag	P의반전 비트	P	0	ues	ida	idh	eda	edh	0	0
풀필드 에러 Flag	P의반전 비트	P	0	ues	ida	idh	eda	edh	0	0
Reserved 워드 (7워드)	1	0	0	0	0	0	0	0	0	0
Checksum	S8의 반전비트	S8	S7	S6	S5	S4	S3	S2	S1	S0

각 보조데이터의 워드 정의를 표 7.15에서 표시를 하고 있는데, 데이터 워드의 LSB로부터 2비트는 8비트기기에서도 취급할 수 있게 제로로 셋팅 한다고 할 수 있고, 유효화상 또는 풀 필드(Full Field) 데이터 워드 2의 비트 7(V)은 계산되어진 CRC데이터가 유효할 적에 1로 셋팅을 한다고 할 수 있다. 각 월드의 비트 8은 b7로부터 b0까지 우수 패리티(Parity) 비트(b8로 부터 b0까지 1의 수가 우수가 되도록 셋팅)로 하고, MSB에서 있는 b9는 b8을 역전한 비트로 하는데, 이러한 에러데이터 패킷의 최후의 워드라고 할 수 있는 체크섬(Checksum)은 시리얼 인터페이스의 보조데이터에 포맷으로 규정 되어있는 것이라고 할 수 있다. 또한 체크섬(Checksum)워드는 통상 9비트로 구성이 되어 있다고 할 수 있는데, 에러 데이터 패킷의 데이터 ID로부터 비축(Reserve) 되어져 있는 월드까지의 각 워드 b8로부터 b0까지의 9비트를 각 행마다 상승하는 것을 무시하고 가산을 하여서 그 결과에 의하여 LSB로부터 9비트까지의 데이터를 체크섬(Checksum)이라고 한다고 할 수 있고, 보조 데이터의 영역에 대해서는 7.6항을 참조하기를 바란다.

대형의 시리얼 디지털 시스템에서는 EDH에러 검지 방법은 대단히 유효하다고 할 수 있는데, 디지털 신호가 루팅스위처나 분배기와 같이 작은 시리얼 영역의 도달하여 있는 경우에는 CRC계산 방법을 채용하는 것은 경제적이지는 아니하다고 할 수 있고, 따라서 그 대신에 심플하고 가격이 싼 에러 검지 칩을 루팅스위처의 모든 입출력에 부가 한다는 것이 가능하여서, 이러한 장치에 의해 취득한 에러 정보는 기기 내 또는 중앙에 장해 진단용 컴퓨터에 보내지어져서 장해 링크나 신호원의 장해 식별을 용이하게 한다고 할 수 있다.

따라서 이러한 CRC계산 방법은 텍트로닉스 601i나 동기종의 시험기기를 사용하여 많은 유니트가 접속 되어져 있는 시리얼 신호의 복잡한 링크로 시스템 서비스 중의 감시나 장해가 생긴 링크의 상태 확인에 많이 사용되어진다고 할 수 있다.

역주 EDH방식기기가 가격이 고가이고, 종류도 적음 에도 불구하고 많이 이용할 수 있었던 것은 위에서 이야기한 것과 같이 간편한 에러 검출 방법, 즉 예를 들면 EAV, SAV 신호 검출 방법에도 있다고 할 수 있으나, 더 중요한 것은 EDH기능을 내장한 기기가 점점 보급 되어가기 때문으로서 최근에 들어와서는 EDH에러 검지 방식으로 어느 정도 통일 되어있다고 할 수 있다.

7.5.4.2 파소로지칼 (Pathological) 시험신호(SDI체크 필드신호)

시리얼 디지털 신호의 기능은 우선 입력 수신부에서 정확하게 데이터를 재생이 가능한가? 아니면 어떠한가에 따라서 결정되어 진다고 할 수 있는데, 이러한 것에 대해서는 수신부의 설계와 시행에 있어서 주의를 하지 아니하면 되지 아니하는 2가지의 문제점이 있다고 할 수 있다.

- 우선 첫 번째의 문제로는 시리얼 신호에는 DC성분 또는 대단히 낮은 주파수의 성분이 존재하고 있다는 것으로서, 이러한 문제는 실제의 동축 케이블 등화회로에 설계에 있어서 대단히 곤란한 문제라고 할 수 있다.
- 2번째의 문제점은 데이터 스트림에 있어서 문제점으로, 장시간에 걸쳐서 "1"이나 "0"의 연속이 발생할 가능성이 있다는 것이라고 할 수 있는데, 이러한 것에 대응을 하기 위 하여는 수신 시리얼 신호가 장시간에 걸쳐서 "0"으로부터 "1" 또는 "1"로부터 "0"으로의 변환점이 없더라도 주파수 드리프트(Drift)를 일으키지 아니하는 대단히 안정된 VCO가 필요하다고 할 수 있다.

파소로지칼(Pathological) 시험신호의 기본적인 아이디어(Idea)는 전송 채널에 고의로 상기(위에서 이야기 하고 있는 것)와 같은 스트레스를 부여하여 그 영향을 평가 하고자 한 것으로서, 이러한 시스템을 지원하기위하여 시리얼 신호의 수신부에 스트레스를 부여하는 2개의 특수한 시험신호가 소니사에 의하여 개발 되었다고 할 수 있다.

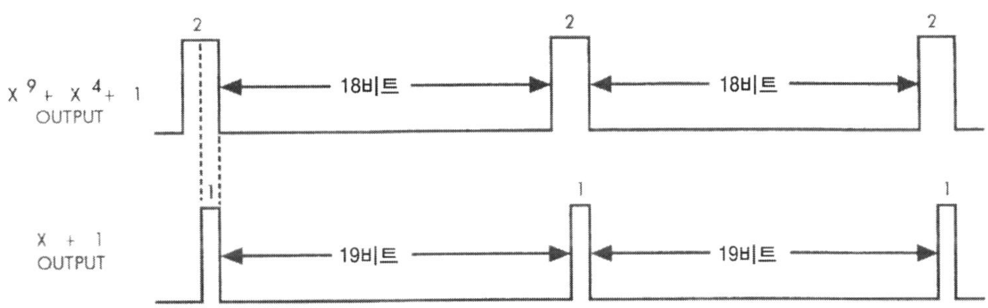

그림 7.36 자동 케이블 등화 기능의 테스트를 하기 위한 파소로지칼(Patyhological)신호의 발생

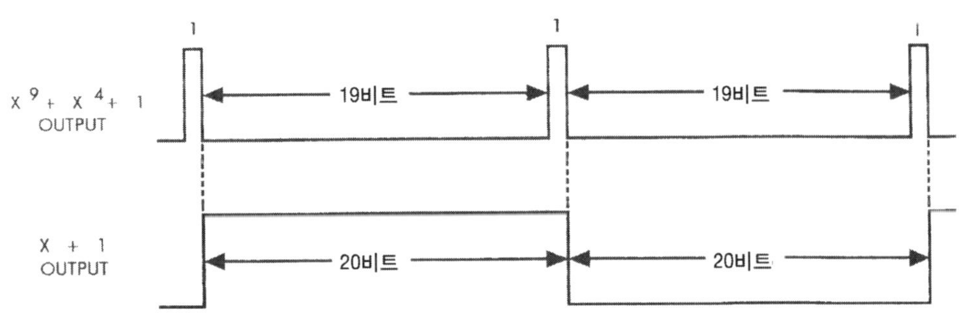

그림 7.37 PLL 록인(Lock-In) 기능 테스트를 위하여 파소로지칼(Patyhological) 신호의 발생

그림 7.36에서는 자동 케이블 등화회로를 테스트 하기위한 신호를 표시하고 있다고 할 수 있는데, 그림의 상부는 그러한 스크램블에 대한 출력으로서 2개의 "1"이 연속하여, 18개의 "0"의 런(Run)이 계속하여 있다고 할 수 있고, 그림의 하부에서는 그러한 신호가 NRZI 변환 회로를 통과한 후에 대한 결과로 한 개의 "1"에 대해서 19개의 "0"의 런(Run)이 계속하여 신호로 표시를 하고 있다고 할 수 있으며, 이러한 신호는 특히 많은 DC성분을 가지고 있다고 할 수 있다.

그림 7.37에서는 PLL의 록크 인(Lock In) 성능을 테스트하는 신호라고 할 수 있는데, 그림의 상부에서는 그러한 스크램블의 출력 신호로 한 개의 "1"에 연속하여 있고, 19개의 "0"이 계속하여 있다고 할 수 있고, 그림의 하부에서는 그러한 신호가 NRZI변환 회로를 통한 결과 20개의 "1"을 연속하여 같은 20개의 "0"이 연속하여 표시하고 있는 것이라고 할 수 있는데, 이러한 신호는 특히 클럭 추출이 어려워서 "1", "0"의 변환점이 최소의 신호라고 할 수 있다.

SMPTE추천규격 RP178이라는 것은 시리얼 디지털 인터페이스 (SDI)체크 필드라고 불리 우는 파소로지칼(Pathological) 시험 신호를 규정하고 있는데, 이러한 SDI체크 필드는 위에서 설명한 2개의 신호에 각각 화면의 반 필드를 계속하여 열로 구성한 것으로서 그림 7.38에서와 같이 표시를 한다고 할 수 있다.

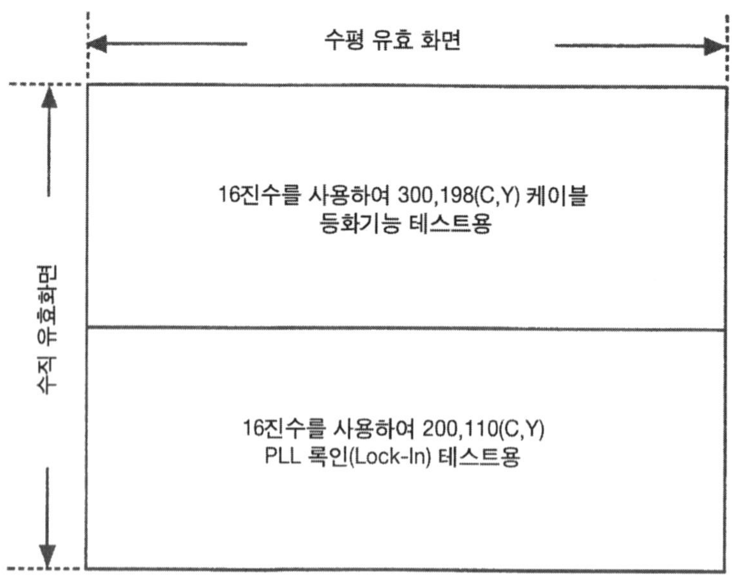

그림 7.38 SDI체크 필드

또한 화면에 있어서 상부에서는 색차신호부분이 16진수로 300의 치를 가지고 있고, 휘도신호로서는 16진수로 하여 198의 치를 가지고 있어 화면으로서는 자주빛의 색 평면을 이룬다고 할 수 있는데, 이러한 것은 DC성분이 많은 신호로서 케이블 등화기의 시험에 주로 사용된다고 할 수 있다.

화면의 하반부에서는 색차신호부분에 16진수로서 200의 치를 가지고 있고, 휘도신호부분에서는 16진수로서 110의 치를 가지고 있어 화면으로서는 회색의 색평면이 된다고 할 수 있는데, 이러한 부분은 변환점이 최소의 신호로서 PLL 시험로 사용된다고 할 수 있다.

이러한 시험 신호는 피측정 기기의 입력에 가해서 그 출력을 컬러 모니터를 사용하여 주의 깊게 관찰을 하여야 한다고 할 수 있는데, 그러한 경우의 상반부분 신호로 비트 오류가 일어난다면 그러한 것은 케이블 등화기의 장해로서 통상적으로 동축 케이블의 길이가 등화기의 등화보상 능력 이상일 경우에 많이 일어난다고 할 수 있어, 케이블 길이를 짧게 한다면 이러한 문제는 없어진다고 할 수 있다.

또한 하반 부분에서 비트 오류가 발생한 경우에는 수신부의 클럭 재생부의 장해로서 통상 적으로 PLL제어의 VCO 프리런 주파수가 규정의 치로부터 드리프트(Drift)되어 있는 경우가 많이 있다고 할 수 있는데, 이러한 장해가 일어나는 경우는 장치 설계가 어려워서 열이 발생하는 것에 의하여 이러한 원인 생기는 경우가 있다고 할 수 있다.

이러한 테스트를 할 경우에는 테스트하기 전의 컬러모니터에 직접 SDI체크필드 신호를 가해서 모니터 자신이 정상 적으로 동작하고 있다는 것을 확인 하는 것이 좋다고 할 수 있다.

7.6 디지털 오디오 신호의 다중

7.4항에서 서술한 것과 같이 디지털 컴포지트 또는 컴포넌트의 영상 신호에서는 보조 데이터를 삽입시키는 것이 가능하다고 할 수 있는데, 그러한 보조데이터에는 디지털 오디오, 타임코드, EDH, 장래의 사용자(User) 데이터, 제어 데이터 등이 있다고 할 수 있다.

또한 이러한 보조데이터는 데이터 패킷의 형태로 포맷이 되어있어 시리얼 디지털 데이터 스트림의 형태로 하여 시간 축으로 다중 되어 진다고 할 수 있는데, 이러한 보조데이터 패킷은 SMPTE125M나 269M의 규격에서 규정되어진 보조데이터스페이스에 삽입되어 진다.

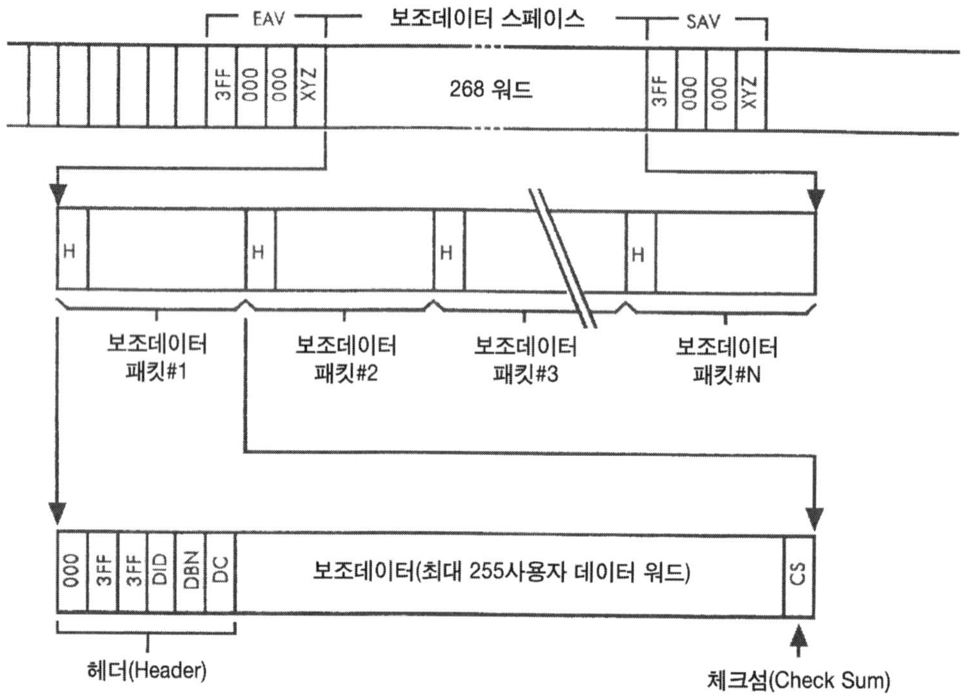

그림 7.39 컴포넌트 디지털 인터페이스의 보조 데이터 패킷의 구조

그림 7.9로부터 그림 7.11(4f_{sc} NTSC)까지 또는 그림 7.12로부터 그림 7.14(4f_{sc} PAL)까지는 디지털 컴포지트 시리얼 인터페이스에 있어서 보조데이터 베이스를 표시하고 있고, 그림 7.21(525/60) 또는 그림 7.22(625/50)에서는 디지털 컴포넌트 시리얼 인터페이스에 있어서 보조 데이터 스페이스를 표시하고 있으며, 그림 7.39에서는 4:2:2 컴포넌트 디지털 인터페이스에 있어서 보조데이터 패킷의 구조를 표시하고 있다고 할 수 있다.

이러한 각 패킷은 최대 262워드에 10비트의 파라렐 워드가 전송 가능하고, 이러한 워드는 아래와 같은 것이 포함 되어있다고 할 수 있다.

- 3워드의 보조데이터 플래그(Ancillary Data Flag : ADF) : 이러한 워드치는 000, 3FF, 3FF로 보조데이터 패킷에서 시작을 표시한다.
- 보조데이터의 내용을 표시하는 데이터 ID(Data Identification : DID)워드 : 이러한 워드는 각 패킷의 유저데이터의 내용을 표시하고 있는데, 보조데이터가 오디오 데이터 인 경우에는 몇 개의 다른 DID가 AES오디오 채널이 전송이 가능한 4그룹을 식별하기 위하여 사용되어진다.

- 데이터 블록 넘버(Data Block Number : DBN)워드 : 이러한 워드는 수신부에서 공통의 DID를 가진 패킷의 데이터블록 번호를 카운트 하는 것으로서 데이터가 완전히 전송 되었다는 것을 확인하는 것이 가능하도록 하고 있는데, 데이터 스트림이 스위칭이 되어져 있을 경우에는 이러한 카운터는 오디오 프로세스 시스템에 플래그(Flag)를 송출하여 적당한 뮤트 프로세스 회로를 이용하여 포포즈(Pops)음 이나 클릭(Clicks)음 등의 여러 종류 노이즈를 억압 하게 하기위하여 동작하는 것이 가능하다고 할 수 있다.
- 데이터 카운트(Data Count : DC) 워드 : 이러한 워드는 각 팻킷의 유저데이터(User Data : 사용자 데이터)의 수를 표시한다.
- 유저 데이터 워드 (User Data Words : UDWS) : 최대 255워드의 전송이 가능하다.
- 체크섬(Check Sum : CS)워드 : 이러한 워드는 수신부에서 패킷이 유효한가 아니면 어떠한가를 판정하는데 사용한다.

보조 데이터 스페이스에서는 어디에 있더라도 스페이스가 허용하는 한 복수의 보조 데이터 패킷을 연속하여 삽입 하는 것이 가능하다고 할 수 있는데, 이러한 보조 데이터 패킷에서는 보조데이터가 있으면 그 패킷의 스타트를 알 수 있게 하기 위하여, HANC의 경우에는 EAV직후에 삽입하고, VANC의 경우에는 SAV직후로부터 삽입 하지 아니하면 되지 아니한다고 할 수 있다. 또한 보조 데이터 스페이스의 최초 3월드에 ADF가 없는 경우에는 보조 데이터 패킷은 삽입이 되어 지지 아니한 것으로 판정되어 진다고 할 수 있는데, 이렇게 SMPTE 규격 272M에서는 이렇게 2개 기본 동작 모드를 규정하고 있다고 할 수 있다.

7.6.1 최소 AES데이터의 다중 모드

최소의 AES데이터 다중 모드는 "레벨A"로서 규정 되어져 있으나 아래와 같이 한정 된 특성을 가지고 있다고 할 수 있다.

- 양자화 비트수 20비트의 오디오 워드.
- 48kHz의 샘플링 주파수.
- 오디오 데이터는 영상의 데이터와 동기 되어져 있다.
- 1오디오 그룹 (4오디오 채널=AES/EBU스트림신호×2)의 신호를 전송한다.
- 수신부의 데이터 백업 사이즈는 (최소)48오디오 샘플로 한다.

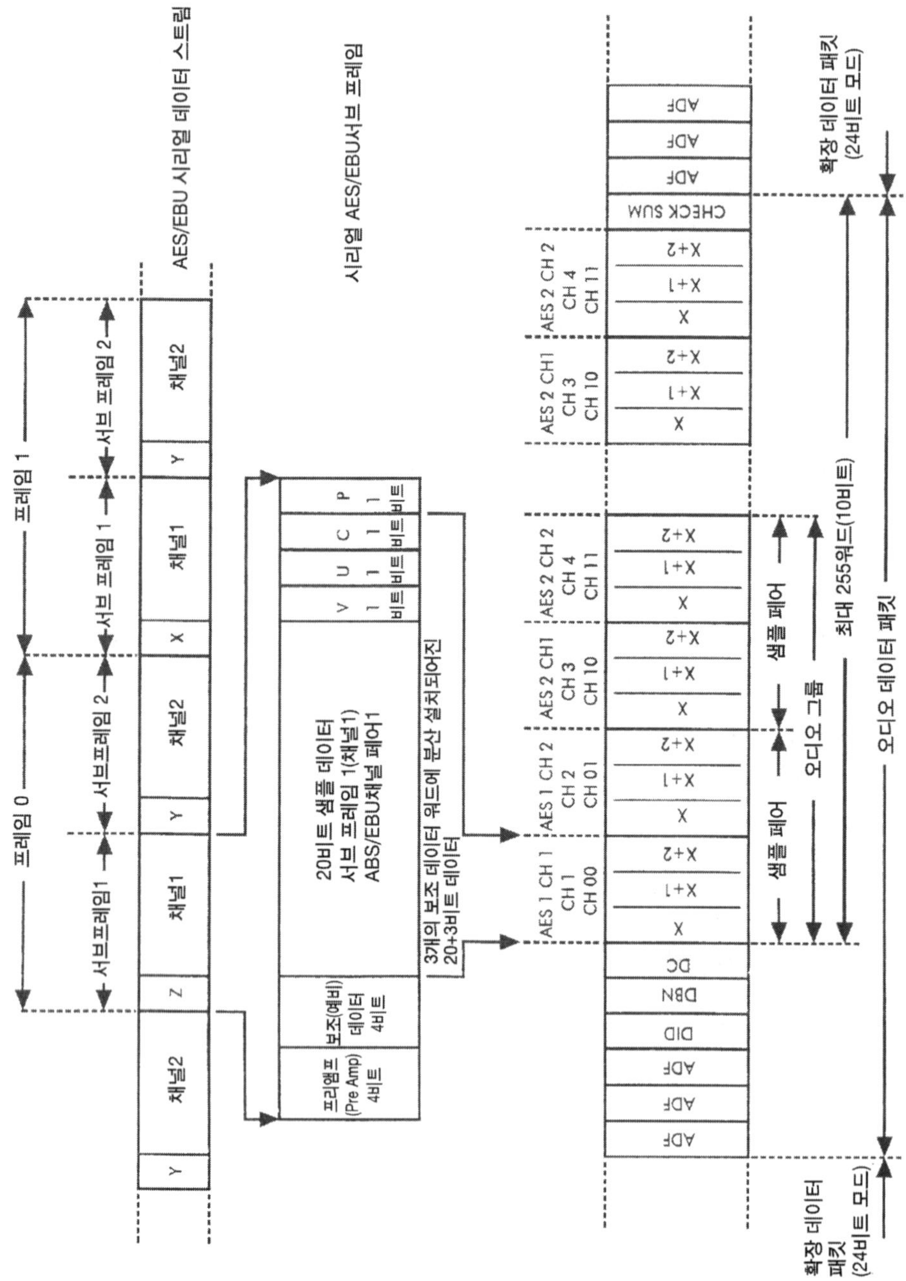

그림 7.40 AES/EBU 시리얼 오디오 데이터 스트림으로부터 오디오 데이터 패킷의 포맷(20비트 오디오 모드)

오디오 데이터 패킷은 AES/EBU 데이터 스트림으로부터 포맷이 되어 진다고 할 수 있는데, 그림 7.40에서는 AES/EBU데이터 스트림을 오디오 데이터 패킷의 형식으로 포맷을 하고 있는 프로세스를 제시하고 있다고 할수 있다.

그 예에서는 오디오 데이터의 20비트와 그와 관련하는 V, U, C비트의 토털 23비트를 어떠한 형태로 하여 AES/EBU데이터로 프레임 0, 서브 프레임1(ch1)로 부터 추출 한 3개의 보조데이터 워드 X, X+1, X+2로 매핑(Mapping : 분할 재배치) 하는가를 표시하고 있다고 할 수 있고, 4개의 프리앰블 비트(Preamble Bit)(AES헤더), 4개의 부가(AUX) 데이터 비트, 또는 패리티비트(Parity Bit)를 배제한다고 할 수 있다.(AUX데이터는 별개의 패킷으로 전송 하는 경우가 있다.)

표 7.16은 3개의 10비트 워드에 대하여 매핑 되어진 오디오 데이터의 구조를 표시하고 있다고 할 수 있는데, 채널 번호는 2비트 (4개 채널까지 표시가 가능하다.)로 표시되어서, 패리티에서는 모든 b9비트를 제외시키고, 26비트로 계산이 되어 진다고 할 수 있다. (우수 패리티)

이러한 3워드는 그림 7.40에서 표시를 하고 있는 것과 같이 보조데이터 헤더의 직후로부터 삽입 되어 진다고 할 수 있는데, 같은 AES/EBU스트림의 ch2 서브프레임의 데이터는 같은 방법으로 하여 그 후에 삽입되어 진다고 할 수 있고, 2번째의 AES/EBU스트림의 프레임 0으로부터 오디오 데이터가 그러한 것에 계속하여 삽입이 되어져서 한 개의 오디오 그룹(4ch)을 구성한다고 할 수 있다.

또한 사용되어진 기호는 프레임이나 채널을 식별하는 다양한 방법을 반영하고 있다고 할 수 있는데, AES/EBU의 규격은 192프레임의 시퀀스 (프레임 0으로부터 프레임 191까지)를 1프레임 불럭으로 규정을 하고 있다고 할 수 있고, 이러한 각 프레임은 2개의 서브 프레임(서브 프레임 1또는 2)으로 구성이 되어 있어, 오디오2개 채널을 전송 하고 있다고 할 수 있다. 또한 이러한 보조 데이터 스트림에 포맷을 변환 시키었을 경우에는 2개의 프레임 (4서브 프레임, 또는 4개 채널)이 한 개의 오디오 그룹을 구성 한다고 할 수 있는데, 이러한 각 그룹은 2개의 AES/EBU스트림으로부터 2개의 샘플 페어로 구성 하는 것으로 하고 있고, 이러한 각 샘플 페어는 다음과 같이 3가지로 표현하는 것이 가능하다고 할 수 있다.

- AES1(CH1/CH2)또는 AES2(CH3/CH4)
- CH1/CH2 또는 CH3/CH4
- CH00/CH01 또는 CH10/CH11

표 7.16 오디오데이터의 보조데이터워드로의 포맷

비트신호	워드X	워드 X+1	워드 X+2
b9	b8의 반전비트	b8의 반전 비트	b8의 반전 비트
b8	오디오5	오디오14	P
b7	오디오4	오디오13	C
b6	오디오3	오디오12	U
b5	오디오2	오디오11	V
b4	오디오1	오디오10	오디오19(MSB)
b3	오디오0(LSB)	오디오9	오디오18
b2	채널1	오디오8	오디오17
b1	채널0	오디오7	오디오16
b0	Z	오디오6	오디오15

7.6.2 풀(Full) AES 다중 전송 모드

수 종류의 오퍼레이션 모드를 가지고 있는 풀(Full) AES/EBU다중 전송 모드는 "레벨 B"로부터 "레벨 J"까지 있어서 모드에 따라서는 아래와 같은 기능이 있다고 할 수 있다.

- 양자화 24비트의 오디오 데이터를 제공 한다
- 샘플링 주파수는 32kHz, 44.1kHz, 48kHz를 제공 한다.
- 오디오 데이터는 영상 데이터와 동기 또는 비동기 된 것을 전송 한다.
- 전송 할 수 있는 량은 한 개 그룹 4개 채널로서 최대 4개 그룹까지 전송하는 것이 가능하다.(합계 16채널)
- 수신부 버퍼 사이즈(Buffer Size)는 64오디오 샘플 이상이라고 할 수 있다.
- 모든 오디오 채널과 영상 데이터 사이에 지연차의 표시가 가능하다.

이러한 추가의 정보를 전송하기 위해서는 2개의 부가 패킷이 규정 되어져 있다고 할 수 있는데, 24비트 데이터 전송 모드에서는 AES 1신호 가운데서 2개의 AES 1 서브 프레임으로부터 각 4비트의 부가 비트가 AES 1신호의 AUX라고 불리 우는 8비트 워드에 모아지게 되어있다고 할 수 있고, 같은 그룹이외에 AES 신호로부터 모든 AUX데이터를 모아서 그림 7.41에서 표시를 하고 있는 것과 같이 확장 데이터 패킷(Extended Data Packet)을 구성한다고 할 수 있다. 또한 이러한 패킷은 오디오 패킷과 같은 헤더 구조를 가지고 있으나 DID는 다른 치가 할당 되어 있다고 할 수 있는데, 이러한 확장 데이터 패킷은 대응하는 오디오 데이터 패킷과 같은 보조 데이터를 베이스로 하여 그러한 오디오 데이터 패킷 직후에 삽입되어 진다고 할 수 있다.

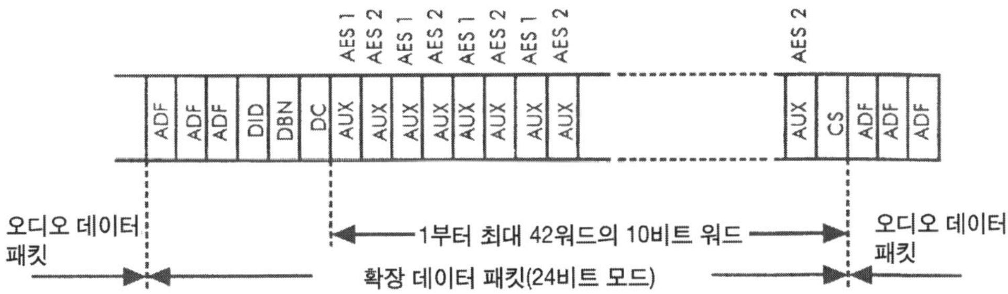

그림 7.41 확장 데이터 패킷의 구조(24비트 오디오 모드)

하나의 오디오 컨트럴 패킷(Audio Control Packet)은 오디오 프레임 번호, 샘플링 주파수, 오디오 채널의 유효성, 각 오디오채널과 영상과의 지연차 등의 정보의 전송을 위하여 규정 되어져 있다고 할 수 있는데, 이러한 패킷은 옵션으로서 최소의 레벨 A에서는 전송 할 필요가 없다고 할 수 있으나, 풀(Full)다중을 실시하는 레벨 B이상에서는 필수적으로 전송을 하지 아니하면 되지 아니한다고 할 수 있다. 또 그림 7.42에서는 이러한 패킷 구조를 표시하고 있는 것으로서, 각 필드에 1회만이 라인11에 계속하여 보조데이터 스페이스의 최초 패킷으로 전송을 한다고 할 수 있다.

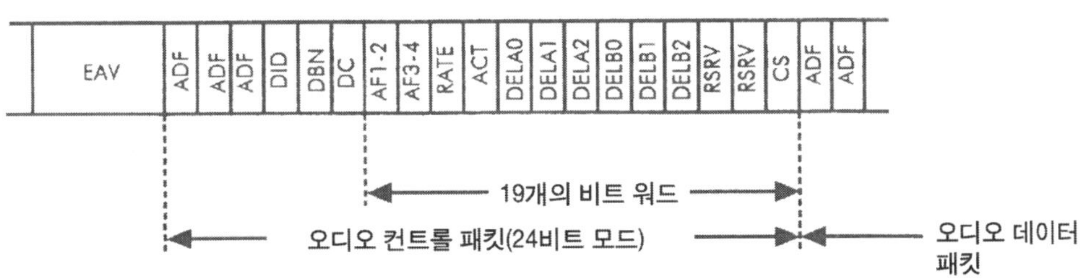

RATE : 각 채널 페어에 대하여 샘플 주파수 표시
ACT : 유효 채널의 표시
DELA0-2 : 영상 데이터에 대한 오디오 채널 페어 A(1,2 채널의 지연차)
DELBO-2 : 영상 데이터에 대한 오디오 채널에 대한 페어 B(3,4채널)의 지연차

주 : DELC, DELD는 각 채널 마다 별개의 지원을 표시할 때에 사용을 한다.

그림 7.42 오디오 컨트롤 패킷의 구조

이러한 오디오 데이터는 수평 블랭킹 기간에 비어있는 대부분의 보조데이터 스페이스에 삽입 되어 진다고 할 수 있는데, 시리얼 데이터 스트림의 스위칭에 있어서는 규정에 의하면 라인 10에서 실행을 하고 있으므로 그러한 것의 규정에 의하여 수평 보조 데이터 스페이스공간에는 오디오 데이터를 삽입 시키지 아니한다고 할 수 있고, 수신부의 디멀티 플렉서(Demultiplexer : 다중 분란 기능)는 일정한 간격으로 보내지고 있는 디지털 오디오 신호를 완전하게 수신을 하여 여유 있는 완전한 출력을 하기 위해서는 64샘플의 버퍼 메모리(Buffer Memory)를 가지고 있지 아니하면 되지 아니한다고 할 수 있다.

그러나 규격 제정 전에 제조 되어 설치되어진 기기 중에는 오디오 데이터를 보조 데이터 스페이스에 어느 곳이라도 삽입을 시키고 있는 것이 있다고 할 수 있는데, 이러한 기기의 문제를 해결하기 위 하여는 새로운 규격의 다중 오디오 수신기에서는 모든 수평 데이터 스페이스 어느 공간이라도 삽입 되어진 오디오 데이터의 프로세스가 가능하게 할 것을 적극적으로 추천 하고 있다고 할 수 있다. 왜냐하면 이렇게 하지 아니하면 각 필드에서 한 개 수평기간 동안 무음 부분이 발생하는 경우가 생기고, 오디오 신호는 많이 열화가 되기 때문이라고 할 수 있다.

디지털 VTR이나 프레임 싱크로라이저 (Frame Synchronizer), 코덱(Codec) 등의 모든 디지털 영상 신호 데이터는 완전하게 기록, 전송이 되지 아니한다고 할 수 있는데, 왜냐하면 수평 또는 수직 블랭킹 기간의 데이터는 비트 레이트를 저하시키기 때문에 프로세싱 전에 제거 되어진 상태에서 프로세스를 하고, 프로세스가 끝난 후에 기기출력에서 새로 부가 되어 지기 때문에 보조 데이터의 정보는 완전하게 기록이 되어 지거나 전송되어 지지 아니하기 때문이라고 할 수 있기 때문이다.

따라서 기기에 따라서는 보조 데이터를 입력부로 추출하여서 그 신호의 형태로 별개로 스토어(Store) 시켜서 기기출력에서 재 삽입을 시키는 기종도 있지만, 우리가 디지털 프로그램 제작 현장에서 많이 사용하고 있는 DVTR의 임베디드(Embedded) 오디오는 그 VTR의 포맷에 맞추어서 별도로 기록 되어져서 재생되어 진다고 할 수 있다.

7.6.3 오디오 멀티플렉서(Audio Multiplexer)

그림 7.43에서는 AES 의 오디오 신호를 영상에 다중 하는 멀티플렉서의 간단한 계통도를 나타내고 있다고 할 수 있는데, AES/EBU1과 AES/EBU2의 2개의 오디오 데이터 스트림의 각 입력은 각각의 디시리얼라이저(Deserializer)에 보내어 진다고 할 수 있다.

또 여기에서는 바이페이스 마크 변조(Bypass Mark Modulation : BPM)되어진 신호를 디코드 하여서, 다시 버퍼 메모리(Buffer Memory)에 보내어 지는데, 이러한 버퍼 (Buffer)를 FIFO(First In First Out)메모리라고 한다.

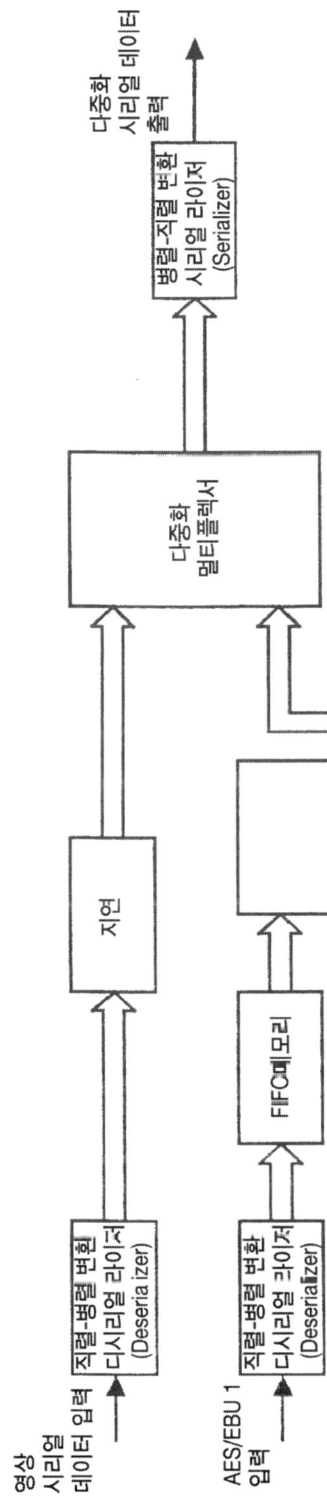

그림 7.43 오디오 멀티 플렉서의 개략화한 계통도

이렇게 생성된 2개의 FIFO로부터의 출력은 포맷터(Formatter)에 보내어 지는데, 여기 32비트의 AES/EBU의 신호는 프리앰블(4비트의 X,Y,Z), 부가 데이터(Auxillary)4비트, 서브 프레임 패리티 비트(Parity Bit : P))가 제거 되어진다고 할 수 있고, 남아있는 23비트 즉 오디오 데이터 20비트, 1유효비트(V), 1유져비트 (U) 1채널 스테터스(Status) 피트(C)는 10비트 보조데이터 워드 X, X+1, X+2로 포맷 되어진다고 할 수 있다.

이러한 멀티프로세서 회로에서는 포맷 되어진 오디오 신호를 지연한 영상 신호의 보조 데이터 스페이스에 다중 시킨다고 할 수 있는데, 이러한 영상의 지연은 오디오 프로세스를 하기위하여 오디오의 지연에 맞추어져 있다고 할 수 있고, 이렇게 다중 되어진 오디오/비디오 신호는 시리얼라이져(Serializer)를 사용하여 재차 시리얼 신호로 변환 시킨다고 할 수 있다.

또한 오디오 신호는 스트림에 비어있는 샘플 위치에 집어넣기 때문에 이러한 다중에 의하여 전체적으로 비트 레이트가 증가하지는 아니한다고 할 수 있는데, 이러한 FIFO 버퍼 (Buffer)의 목적은 오디오 데이터 레이트를 일정하게 확보하는 것이라고 할 수 있다.

그리고 FIFO 버퍼 (Buffer)가 오버 활로우(Overflow)가 된 경우에는 필요에 응하여 특정의 AES/EBU의 데이터가 오버활로우가 생기지 아니할 때까지 제거 되어진다고 할 수 있는데, 버퍼가 언더활로우(Underflow)가 되어진 상태에서는 특정의 AES/EBU데이터가 버퍼가 정상 상태로 될 때까지 복제 되어진다고 할 수 있다.

7.6.4 오디오 디멀티 플렉서(Audio Demultiplexer)

그림 7.44에서는 디멀티플렉서의 간단한 계통도를 나타내고 있다고 할 수 있는데, 다중화 시리얼 입력 신호는 디시리얼라이저(Deserializer)로 파라렐 변환되어져서 영상 지연 회로와 오디오 추출회로에 보내어 진다고 할 수 있다.

또한 이러한 영상 지연은 오디오 프로세서에 의한 지연에 맞추어져 있다고 할 수 있는데, 이렇게 추출되어진 오디오 데이터는 각 AES/EBU 스트림 용의 2개의 FIFO에 보내어 진다고 할 수 있고, 데이터는 보조데이터 기간 내에 FIFO에 보내어진다고 할 수 있으며, 이러한 포맷은 전에 제거되어진 정보, 즉 프리앰블 4비트, 부가 데이터 4비트, 서브 프레임 패리티 1비트를 부가하여 원래의 32비트 AES/EBU의 신호 시퀀스로 재생 한다고 할 수 있다.

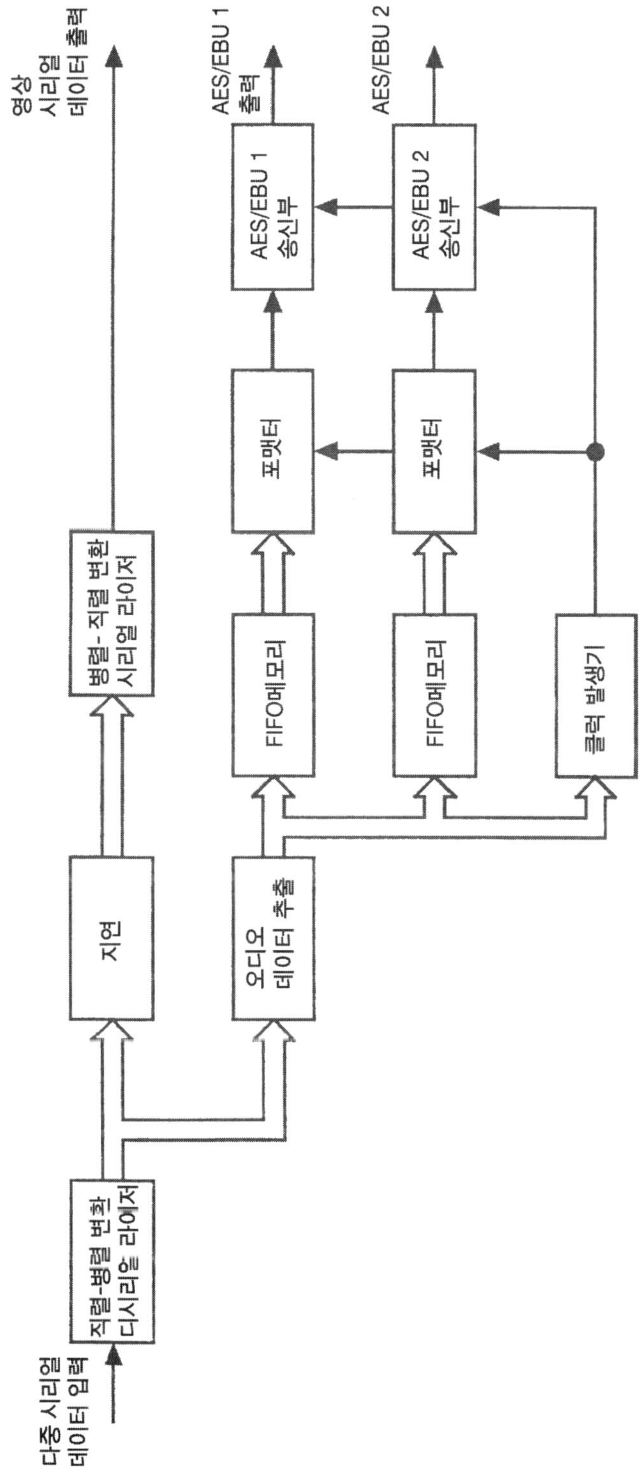

그림 7.44 오디오 멀티 플렉서의 개략화한 계통도

또한 송신부에서는 데이터를 BPM의 채널 코드로 엔코드 되어 진다고 할 수 있고, 지연 되어진 영상의 데이터는 재차 시리얼화 되어 진다고 할 수 있는데, 오디오 버퍼(Buffer)가 오버플로우(OverFlow) 된 경우에는 특정의 오디오 프레임이 오버플로우(OverFlow)가 없어 질 때까지 제거 되어 진다고 할 수 있고, 버퍼(Buffer)가 언더플로우(Underflow)가 된 경우에는 특정의 AES/EBU 프레임이 버퍼가 정상적으로 될 때까지 복제 되어 진다고 할 수 있다.

7.7 디지털 비디오 테이프기록

디지털 비디오테이프에 대한 기록은 시리얼 디지털 비디오기록 방식 중에 하나의 형식이라고 할 수 있는데, 디지털 비디오테이프 레코더는 영상과 음성의 신호를 아날로그 또는 디지털의 포맷으로 받아서 영상을 녹화하고자 하는 레코더 전용의 포맷에 맞추기 위하여 특정한 디지털 시리얼 데이터 스트림으로 변환을 한다고 할 수 있고, 이렇게 기록 되어진 비트 레이트는 다음과 같은 것에 영향을 받는 다고 할 수 있다.

- 아날로그 영상 포맷 : 신호의 형식이 컴포지트(NTSC 또는 PAL)인가? 아니면 컴포넌트 인가?
- 샘플 당 비트수
- 어떠한 비트 레이트 리덕션(Reduction : 감소/압축)을 하고 있는가?
- 오류 정정을 하기위하여 할당 되어있는 비트 레이트의 헤드룸(Head Room)

이 책을 쓴 시점이라고 할 수 있는 1997년 5월에 있어서는 몇 개의 호환성이 없는 DVTR 의 규격이 존재하고 있다고 할 수 있는데, 그러한 것에는 $4f_{sc}$규격이라고 할 수 있는 컴포지트 디지털과 4:2:2를 기반으로 하고 있는 컴포넌트 디지털이라는 두 가지 형식이 기본을 이루고 있다고 할 수 있다.

7.7.1 컴포지트 DVTR그룹

현재 시장에는 호환성이 없는 D2와 D3 명칭으로 우리에게 알려져 있는 2가지 VTR에 대한 포맷의 규격이 있다고 할 수 있는데, 그러한 장비에 대한 기계적인 특성을 표 7.17에서 표시를 하고 있고, 전기적인 특성을 표 7.18에서 표시를 하고 있다고 할 수 있다. 이러한 D2 VTR에 대하여 이야기하면 이러한 포맷의 상품화는 소니와 암펙스 사에 의하여 제품화 되었다고 할 수 있는데, 비디오카세트 형식으로는 3/4인치 비디오카세트를 채용하고 있다고 할 수 있고, 두 회사 모두 D-2 형식의 VTR을 제품화하여 기록 테이프에서는 호환성이 있다고 할 수 있다.

표 7.17 $4f_{sc}$ NTSC컴포지트 디지털 VTR의 기계적 특성

파라미터	Sony/AMPEX D2	Panasonic D3
트랙 폭(㎛)	39.1	20
가이드밴드 폭(㎛)	0	0
토털 감는 각도(도)	188	197
실효 감는 각도(도)	178.2	178.1
트랙 각도(도)	6.1296	4.9192
필드 당 트랙 수	6	6
트랙길이 (㎜)	150.78	117.7
아지머스(Azimuth)각(도)	±15	±20
테이프 텐션(N)	0.7	0.3
테이프 속도(㎝/s)	13.17	8.34
써서 넣는 속도(m/s)	27.39	21.5
드럼 회전속도(rps)	90/1.001	90/1.001
드럼 직경(mm)	96.4	76.0
헤드 수	8~10	10
기록 헤드 수	4	4
RF 채널수	2	2
테이프 두께(㎛)	13	11/14
테이프폭(in, mm)	3/4(19.01)	1/2(12.65)
테이프 항자력, Oe	1500	1500
최대 기록시간(min)	208	245
Shuttle속도	60/100×play	±100×play
가변 재생 속도 범위	-1~+3	-1~+3

또 D-3 VTR에 대하여 이야기를 하면 파나소닉 회사에서 제품화 되었다고 할 수 있는데, 이러한 것의 형식에 있어서는 1/2인치 비디오카세트형식을 사용하고 있어서 비디오카세트 형식이 다르기 때문에 기계 구조적으로 D-2포맷과의 호환성은 되지 않는다고 할 수 있으나 이러한 기계적인 비 호환성을 제외하고 이러한 2개의 규격의 영상 음성에 대한 신호 프로세스는 완전히 같다고 할 수 있다. 또한 표 7.18에서 표시를 하고 있는 것과 같이 전기적인 특성의 치에서도 거의 같다고 할 수 있는데, 이러한 양 포맷은 모두 샘플당 비트수에서는 8비트를 사용하고 있으므로, 그 결과 SNR은 모두 같아 54dB이라고 할 수 있고, 양 포맷의 테이프의 기록 데이터 레이트는 127Mbps으로서 그 중에서 유효화상 비트 레이트는 94Mbps이라고 할 수 있다. 이러한 비트 레이트의 축소는 너무 많아서 기록하기 부담스러운 기본적인 영상 정보 신호를 기록하기 위하여 시행 하고 있다고 할 수 있는데, 따라서 정보량을 줄이기 위하여 동기 선단 부는 기록을 하지 아니하는 경우도 있고, 기록하는 주사선수 중에 있어서도 수직 기간에 일부를 기록하지 아니하여 프레임당 510라인을 감소시키고 있다고 할 수 있다.

표 7.18 4f_{sc} NTSC 컴포지트 디지털 VTR의 전기적 특성

파라미터	Sony/AMPEX D2	Panasonic D3
비디오		
샘플링 레이트	14.32	14.32
샘플 비트수	8	8
대역폭 (MHz)	5.5	5.5
SNR(dB)	54	54
프레임당 기록 라인수	510	510
테이프 데이터 레이트(Mbps)	127	125
영상 비트레이트 (Mbps)	94	94
최소 기록 파장(㎛)	0.854	0.77
오디오		
샘플링 레이트	48	48
샘플 비트수	16~20*	16~20*
대역	20Hz~20kHz	20Hz~20kHz
다이나믹레인지(dB)	90	90
AES채널수	2	2
RF채널 코딩	Miller Square	8~14코드

*20비트 기록모드일 경우에는 V,U,C,P비트는 기록되지 아니함.

2개의 AES/EBU디지털 오디오 신호는 사용자(User)가 선택이 가능한 샘플당 16비트부터 20비트 사이에 기록이 가능하다고 할 수 있는데, 샘플당 20비트 기록의 경우에는 V, U, C, P와 관련 한 비트는 소거 되어진다고 할 수 있다. 그리하여 그 중간의 비트수의 경우에는 사용자(User)는 위의 4비트 중에 어떤 것을 기록 할 것인가를 선택하는 것이 가능하다는 것이다.

또한 이러한 기록기의 입출력 신호는 아날로그 또는 디지털 신호용이 표준으로 준비 되어져 있어, D-2VTR과 D-3VTR은 필요하다면 상호적으로 문제없이 접속이 가능하게 하고, D-2 또는 D-3 VTR은 아날로그 시스템에서는 구 형식의 아날로그 VTR대신에 자체적으로 바꾸어서 사용하는 것이 가능하게 하는 것을 고려하여 개발하였다고 할 수 있는데, 이러한 디지털 컴포지트 VTR은 구 형식의 아날로그 VTR보다는 무엇보다는 우수한 특성을 가지고 있는 것으로 되어 있다고 할 수 있고, 더빙을 반복하는 멀티 제네렉션(Multigeneration)의 특성에서는 아날로그 VTR의 열화보다는 적다고는 할 수 있지만 디지털 컴포넌트 방식보다는 상당히 많은 열화를 일으킨다고 할 수 있다. 또 D-2, D-3 VTR과 접속 가능한 디지털 컴포지트 스위처나 디지털 효과 발생기, 문자 발생기 등은 제품화 되어져 있다고 할 수 있으나, 어느 정도 가격경쟁에서 어느 정도 승산이 있는 디지털 컴포넌트 VTR이나 그 주변 기기에 의하여 기존의 컴포지트 디지털 시스템은 교체 되어가고 있다고 할 수 있다.

7.7.2 컴포넌트 DVTR 그룹

현재 4개의 호환성이 없는 4:2:2컴포넌트 디지털 VTR의 포맷이 존재하고 있다고 할 수 있는데, 그러한 VTR의 기계적 특성을 표 7.19에서 표시를 하고 있고, 전기적인 특성에 대해서는 표 7.20에서 표시를 하고 있다고 할 수 있다.

표 7.19 4:2:2 컴포넌트 디지털 VTR의 기계적 특성

파라미터	SonyD1	Sony Digital Betacam	PanasonicD5	AMPEX DCT 700d
트랙 폭(μm)	32~40	20	20	39.1
가이드밴드 폭(μm)	5~10	1.7	0	0
토털 감는 각도(도)	258	196	197	188
실효 감는 각도(도)	238	173.8	176.9	178.2
트랙 각도(도)	5.4005	4.62652	4.9384	6.12894
필드 당 트랙 수	10	6	12	6
트랙길이 (mm)	170	123.335	116.397	148.06
아지머스(Azimuth)각(도)	0	±15°15′	±20	±15
테이프 텐션(N)	0.7	0.3	0.3	0.7
테이프 속도(cm/s)	28.66	9.67	16.7228	13.17
써서 넣는 속도(m/s)	35.5	22.9	21.5	27.39
드럼 회전속도(rps)	150/1.001	90/1.001	90/1.001	90/1.001
드럼 직경(mm)	75	81.4	76.0	96.4
헤드 수	16	14+4	18	10
기록 헤드 수	4	4	8	4
RF 채널수	4	2	4	2
테이프 두께(μm)	16	13.5	11/14	13
테이프폭(in, mm)	3/4(19.01)	1/2(12.65)	1/2(12.65)	3/4(19.01)
테이프 항자력, Oe	850	1500	1500	1500
최대 기록시간(min)	76	124	123	208
Shuttle속도	±40×play	±50×play	±50×play	±20×play
가변 재생 속도 범위	0.25~0.25	1~+3	1~+2	1~+3

표 7.20 4:2:2 컴포넌트 디지털 VTR의 전기적 특성

파라미터	SonyD1	Sony Digital Betacam	PanasonicD5	AMPEX DCT 700d
비디오				
Y샘플링 레이트(MHz)	13.5	13.5	13.5	13.5
B-Y/R-Y샘플링 레이트(MHz)	6.75	6.75	6.75	6.75
샘플 비트수	8	10	10	8
Y대역폭(MHz)	5.75	5.75	5.75	5.75
B-Y/R-Y대역폭(MHz)	2.75	2.75	2.75	2.75
Y SNR(dB)	56	61	62	55*
프레임당 기록 라인수	500	507/512 †	410	504/512 †
신호압축비	1:1	2.3:1	1:1	2:1
테이프 데이터 레이트(Mbps)	225	127.76	~300	124.7
영상 데이터 레이트(Mbps)	172.0	95#	220	88#
최소 기록 파장(㎛)	0.9	0.692	0.63	0.854
오디오				
샘플링 레이트(MHz)	48	48	48	48
샘플 비트수‡	16~20	16~20	16~20	16~20
대역	20Hz~20kHz	20Hz~20kHz	20Hz~20kHz	20Hz~20kHz
다이나믹레인지(dB)	90	90	90	90
AES채널수	2	2	2	2
RF채널 코딩	랜덤 NRZ	Partial Response	8~14코드	Miller Square

*NTSC입출력에서 측정치

† 초기의 수치는 영상 정보를 가지고 있는 라인수를 표시.

유효화상 에리어는 약 12:1의 비로서 압축되어져 있음.

‡ 20비트 기록 모드일 경우에는 V,U,C,P비트는 기록되어지지 아니함.

- 소니 D-1VTR은 종래의 CCIR601규격을 기본으로 하여 3/4인치 비디오카세트를 사용하여 개발된 것으로서 그 특성은 대표적인 4:2:2의 샘플링 구조로, 샘플링 당 비트수는 8비트 이라고 할 수 있고, 테이프에 기록되어지는 비트 레이트는 225Mbps라고 할 수 있다.
  또한 기록 되어지는 유효 영상 비트 레이트는 172Mbps로서 프레임당 500 라인이 기록 되어진다고 할 수 있는데, 입력 포트는 베타캄(Betacam) 방식의 아날로그 컴포넌트와 디지털 컴포넌트로 처음에는 파라렐 신호의 형식으로 하였고, 후에는 시리얼 신호도 취급 하였다고 할 수 있다. 이러한 10비트 4:2:2 신호 입력에서는 데이터의 LSB로부터 2비트는 소거되어 진다고 할 수 있다.

- 소니 디지털 베타캄(Betacam) VTR은 1/2인치 비디오카세트를 사용하고 있고, 샘플 당 할당 되어있는 비트수는 10비트라고 할 수 있는데, 토털 테이프 기록 데이터 레이트는 127.76Mbps로서 2.3:1의 DCT(Discrete Cosine Transform)에 의한 데이터 압축을 시행 하고 있다고 할 수 있다,
또한 기록 되어져 있는 비디오 비트레이트는 95Mbps로서 프레임 당 512라인이 기록 되어지고 있는데, 그 중에서 507라인이 영상 데이터라고 할 수 있고, 입출력 인터페이스는 시리얼 디지털, 아날로그 컴포지트, 아날로그 컴포넌트(CCIR또는 베타캄)가 준비 되어있다고 할 수 있다. 시리얼 디지털 입력은 디지털 오디오가 임베디드(Embedded : 다중) 되어진 신호를 받아서 내부에서 오디오를 분리하여 처리하는 것이 가능하다고 할 수 있는데, 출력에서 오디오 신호는 디지털 오디오로서 시리얼 디지털 신호에 임베디드(Embedded : 다중)하여 송출이 가능하고, 아날로그 베타캄(Betacam)의 비디오카세트도 재생이 가능하다고 할 수 있다.
- 파나소닉 D-5 VTR은 1/2인치 비디오카세트를 사용하고 있고, 샘플 당 비트수는 10비트이라 할 수 있는데, 테이프 기록에 의한 토털 비트 레이트는 약 300Mbps이라고 할 수 있고, 여기에 기록 되어진 영상의 데이터는 220Mbps으로서 510라인이 기록 되어진다고 할 수 있다.
또한 거기에 더해서 이러한 VTR은 16:9화각(Aspect Ratio)의 와이드로 5.333:2.665:2.665의 샘플링 구조(360Mbps/10비트)의 입력을 받아서 8비트로 기록이 되어진다고 할 수 있는데, 이러한 형태의 VTR 은 와이드 360Mbps포맷의 신호를 기록이 가능한 방송장비시장에 나와 있는 유일의 VTR이라고 할 수 있다.
입력은 디지털 컴포넌트 파라렐 또는 시리얼 형태의 디지털 컴포넌트 형식과, 아날로그 컴포넌트 신호형식의 포트를 가지고 있고, 출력은 디지털 컴포넌트 파라렐 또는 시리얼 형식의 디지털 컴포넌트형식과 디지털 컴포지트 형식, 또는 아날로그 컴포넌트 신호 형식의 포트를 가지고 있다고 할 수 있는데, 이러한 파나소닉 D-5 VTR은 D-3 VTR의 비디오카세트를 재생하는 것이 가능하고, 오디오 신호를 임베디드(Embedded : 다중) 한 시리얼 디지털 신호의 입출력이 가능하다고 할 수 있다.
- 암펙스 DCT-700D-VTR은 3/4인치 비디오카세트를 사용하고, 샘플당 비트수는 8비트라고 할 수 있는데, 4:2:2의 디지털 기기와의 인터페이스에 있어서는 LSB로부터 2비트는 신호의 꼭대기를 둥글게 디지털 처리하여 소거를 한다고 할 수 있다.

테이프에 기록하는 토털 비트 레이트는 124.7Mbps이고, 2:1의 DCT데이터 압축이 사용되어지고 있다고 할 수 있으며, 기록되어지는 영상의 비트 레이트는 88Mbps으로서 토털 512라인이 기록 되어진다고 할 수 있는데, 그 중에서 504라인은 영상의 데이터를 기록하고 있다고 할 수 있다.

입력 포트로서는 디지털 컴포넌트 파라렐과 시리얼 (옵션) 또는 아날로그 컴포넌트 (옵션)가 준비 되어있다고 할 수 있고, 출력 포트로서는 디지털 컴포넌트 파라렐 또는 시리얼 아날로그 컴포넌트가 준비 되어있는데, 이러한 디지털 신호는 영상 신호에 오디오 신호를 중첩 시키는 영상/오디오 임베디드(Embedded : 다중)를 사용하여 영상 신호를 입출력으로 취급하는 것이 가능하다. 모든 포맷에서 비트 레이트의 헤드룸, 즉 테이프 데이터 레이트와 비디오 데이터 레이트와의 차는 오류 정정 및 검지하는 데에 사용되고 있는데, 이러한 모든 포맷은 2개의 AES/EBU데이터 스트림 신호(4채널오디오)신호를 사용자가 선택하여 샘플 당 16비트로부터 20비트까지 기록 및 재생이 가능하다고 할 수 있다. 따라서 20비트를 선택하면 V, C, U, P 비트는 소거되어진다고 할 수 있는데, 보다 적은 비트수에서 사용자는 4비트 가운데 어떤 것을 전송할 것인가의 선택하는 것이 가능하다고 할 수 있다.

7.8 디지털 시스템에 대한 고려

디지털 제작 시스템에 대한 설계에 있어서는 작은 스튜디오나 편집 부스 이라면 몰라도 큰 스튜디오라면 주의깊이 설계할 필요가 있다고 할 수 있는데, 실패를 하지 아니하기 위해서는 몇 가지의 스텝을 밟아가지 아니하면 되지 아니한다. 그러한 것에는

- 오퍼레이션 상의 필요한 것들을 모두 이해하여야 한다.
- 프로젝터에 필요한 기능, 기기 등에 대한 리스트를 작성한다.
- 하드웨어 제작 회사와 협의하여 프로그램 제작에 있어서 필요하고 만족을 시킬 수 있는 베스트 기능을 가지고 있으면서도 가격 면에 있어서도 경쟁력을 가진 기기를 선택하기 위하여 카다로그(Catalog : 장비소개서) 등의 설명서를 모아서 이해를 하여야 하고, 시스템에 사용되는 기기는 EDH 송신 또는 EDH에 의한 장해 검출 능력을 가진 것이 바람직하다고 할 수 있다.
- 조작 기능이나 특성 평가를 하기 위하여 샘플 기기를 도입하여 충분한 성능 및 시스템의 호환성 여부를 검증하는데, 그중에서 선택된 기기가 조작상의 필요한 기능을 만족하고 있는가? 또는 SMPTE시리얼 인터페이스상의 규격을 만족하고 있는가를 평가하는 게 중요하다고 할 수 있다.

또한 이러한 것을 위하여 관련 되는 규격을 이해하는 것과 전용의 시험기기를 입수 하는 것에 의하여 평가 테스트를 실행할 능력을 가지고 있을 필요가 있다고 할 수 있는데, 구입 전에 이러한 기기의 기술 평가를 게을리 하면 가격 면에서나 기능면에서 실패할 확률이 높아진다고 할 수 있다. 또한 틀림없이 고려할 것은 지금 현재 환경으로 무심히 볼 때에는 필요가 없다고 생각이 들지 모르더라도 자동 이퀄라이저(Automatic Equalization : 자동등화)기능과 리클럭킹(Reclocking) 기능을 가진 기기를 선택 하는 경우가 있는데, 이러한 장비를 선택할 경우에는 후일 시스템 변경에 의하여 그러한 특성의 기기를 가지고 시스템을 형성함에 있어서 상당히 긴 장거리의 케이블을 접속 하지 아니하면 되지 아니 할 경우가 생길수도 있어서 이러한 형식의 기기가 대응이 불가능한경우가 생길수도 있으므로 기기를 설치할 경우에는 다음과 같은 기본적인 주의가 필요하다고 할 수 있다.

- 기기를 실치하는 기계실은 장해가 발생하는 주원인 이리할 수 있는 온도 상승을 방지하기 위하여 통풍이 잘 되고, 공기가 냉각되어진 랙(rack)에 수용을 하는데, 디지털 기기는 통상적으로 대단히 콤팩트(Compact)하고, 거기에다 열의 발생이 많다는 것을 염두에 두고 설계를 하는 것이 좋다고 할 수 있다.
- 기기의 접속에 있어서는 신호를 전송하는 데에 있어서는 가능한 한 필요하는 가장 짧은 길이의 케이블을 사용한다.
- 혹시 접속 케이블의 길이가 수신기기 입력단의 등화 가능 길이보다 길게 되어있는 경우는 수신가능 케이블의 중간점에 리클럭킹(Reclocking) 기능을 가지고 있는 분배기를 삽입 시킨다.
- 프로덕션 스위처의 입력은 보통 자동 타이밍의 위상 조정 기능을 가지고 있어 1라인 (64μs)정도의 입력 위상차를 허용이 가능하다고 할 수 있는데, (통상적으로 REF에 대하여 ±0.5라인) 그 때문에 통상에서는 입력 타이밍의 위상차를 잘 맞출 필요가 없다고 할 수 있다. 시리얼 디지털 시스템의 보수에서는 새로 보수하는 법을 생각하여 시행 할 필요가 있는데, 보통은 기기가 규격을 만족하고 있어 보다 안정되고 양호한 상태에서 시스템이 설치 되어있지 않다면 시스템 운용상의 장해에 있어서는 기기부품의 노화에 따라서 신호의 장해로 발생이 된다고 할 수 있다. 또한 기기의 타입에 따라서는 회로가 복잡하고, 고도한 시험 기기가 필요하기 때문에 현장에서는 보수 요원 능력에 따라서는 수리가 불가능한 것도 있다고 할 수 있는데, 이러한 경우에는 보수를 하는 기술자는 고장 난 유니트 기판을 발견하여 교환을 하고, 고장 기판을 제조사 메이커에 수리를 위하여 보낼 필요가 있다고 할 수 있다고 할 수 있다.

초집적회로로 구성되어있는 대부분의 방송 장비는 능력이 있는 기술자라도 직접 수리하는 데에 한계가 있고, 수리에 드는 비용도 많이 소요되므로 기판을 장비에서 제거하여 제조회사에 보내면, 제조회사에서는 고장 난 기판을 폐기 처분하고 새로운 기판으로 교환 하는 경우도 종종 있다고 할 수 있는데, 이러한 타입의 보수에서는 아래와 같은 능력을 가진 기술자가 필요하다고 할 수 있다.

- 기본적으로 아날로그 또는 디지털 기술과 그러한 규격에 대하여 완전 한 지식을 가지고 있을 것.
- 시스템과 시스템 체인에 있는 각 개개의 기기 기능에 대하여 충분한 이해를 하고 있을 것.
- 시스템 구성 기기의 오퍼레이션을 잘 알고 있을 것.

디지털 스튜디오의 오퍼레이션 이라 할지라도 새로운 학문적인 접근이 필요하다고 할 수 있는데, 신호원이 아날로그 컴포지트 또는 컴포넌트의 신호는 특정의 품질 규격을 만족하고 있는 것이라면 품질 면에 있어서는 일단 디지털 신호로 변환이 되었다면 열화가 생기지 아니하였다고 할 수 있다.

또한 잘 설계되어지고 잘 설치되어 졌으며 평상시에 보수가 잘되어있는 시리얼 디지털 시스템은 신호 열화에 있어서는 대단히 강하기 때문에 아날로그 시스템에서 시행을 하고 있는 것과 같이 광범위한 모니터링은 필요가 없다고 할 수 있는데, 이러한 디지털 시스템에서 프로그램 품질은 신호원 기기, 즉 카메라 CCU (Camera Control Unit), 문자 발생기, VTR, 프로덕션 스위처 등에 의하여 좌우된다고 생각 할 수 있다.

이러한 시스템을 운용하는 오퍼레이터는 다음과 같은 것을 주의하지 아니하면 되지 아니한다.

- 시리얼로 전송 되어지고 있는 원래의 아날로그 정보는 필요한 품질을 유지하고 있지 아니하면 되지 아니한다고 할 수 있는데, 이러한 것에 대한 품질을 평가하는 장르로는 출력 컴포지트 아날로그 신호(PAL, NTSC)에서는 송신기의 과변조를 막기 위하여 레벨이 규정 내에 있는 가를 포함 하고 있다고 할 수 있다. 그러하기 위해서는 시리얼 디지털 입력에는 내부의 아날로그 컴포넌트 신호의 디코더 기능을 가지고 있다고 할 수 있는데, 이러한 것을 측정하기 위 하여는 특수한 "RGB다이아몬드 디스플레이"가 가능한 파형 모니터를 사용하는 것이 필요하다고 할 수 있다.

역주 다이아몬드 디스플레이는 라이트닝그(Lightning), 아로 헤드 디스플레이(Arrow Head Display) 등과같이 테트로닉스사에서 개발한 컴포넌트 신호의 감시용으로 개발한 것으로서, 주로 RGB3신호의 레벨이 규정 내에 있는가? 아니면 어떠한가를 일람이 가능한 도형이라고 할 수 있다. 이러한 것은 TEK의 WFM601 시리즈는 위에 있는 기능을 가지고 있는 모니터 라고 할 수 있다.

- 시리얼 디지털 출력 신호가 규격에 맞는가? 아니면 어떠한가?

이러한 체크는 시리얼 디지털 파형 모니터는 극히 짧은(〈 10피트, 약 2m)케이블을 사용하여 송신 출력에 접속을 하지 아니하면 되지 아니한다고 할 수 있는데, 이러한 것은 실제 사용되고 있는 출력에 대하여 측정하는 것이 필요한 것으로서 그러한 것은 복수의 출력에 각각 독립의 장치가 사용되어져 있으므로 한 개의 출력이 양호하다 하더라도 그것은 다른 출력의 특성을 보증을 할 수 있는 것은 아니기 때문이라고 할 수 있고, 파형 모니터에 따라서는 이러한 타입의 출력 모니터링이 가능하게 하기 위하여 큰 리턴 로스가 없이 수동적(Passive)으로 루프 스루(Loop Through)로 입력을 가진 것도 있다고 할 수 있다.

위에서 설명을 하고 있는 아날로그 컴포넌트와 시리얼 디지털 신호의 오퍼레이션 상의 모니터링은 테트로닉스사의 WFM601i와 같은 파형 모니터를 사용하면 용이하게 측정이 가능하다고 할 수 있는데, 신호 발생원으로부터 떨어져 있는 곳에서도 디지털 신호에 포함 되어있는 아날로그 정보는 열화가 되지 아니하고, 시리얼 디지털 신호 파형은 전송 전에 양호한 파형으로 재생이 가능하므로 모니터링의 필요성은 없다고 할 수 있다.

우리가 통상적으로 아날로그신호에서는 모니터링이 필요하다고 하는 1개의 장소는 그 시리얼 디지털 신호로부터 변환되어진 컴포지트(NTSC/PAL) 출력 회선이나 송신기에 보내어져서 모니터가 필요한 부분 그리고 외부로부터 컴포지트 입력이 시리얼 디지털 신호로 변환하여 방송국내에 분배되어지는 회선 중계실과 같은 운행 마스터 룸 이라고 할 수 있다.

따라서 시스템에서는 루팅 스위처의 입출력에 간단한 EDH에 의한 장해 검지 회로를 설치하여 그러한 것을 중앙에 있는 컴퓨터를 이용하여 장해 경보 시스템과 결합한 기능이나 또는 프로덕션 스위처 입력에 EDH의 감시 기능을 모두 설치하여 시리얼 디지털 신호가 장해를 일으키지 아니하다는 것을 확인 하는 것이 가장 바람직하다고 할 수 있다.

역주 체크섬(Checksum)7.5.4.1의 EDH의 항에서 CRCC에 대하여 개념을 설명하였으나, 체크섬(Checksum)에 대하여는 자세하게 설명을 하지 아니하였다고 할 수 있는데, 따라서 여기에서는 간단히 체크섬(Checksum)에 대하여 설명을 하고자 한다.

체크섬(Checksum) 이라고 하는 것은 8비트의 워드와 같이 구역별로 잘라져 있는 워드 열로 오류를 검지하는 데에 사용되어진다고 할 수 있는데, 각 워드의 항에 대한 올림을 무시하고 가산하여 그 결과의 치를 얻는다고 할 수 있다.

또한 이러한 치는 보통 방송장비에서는 2보수를 감시하여 그 결과를 체크섬(Checksum)이라고 하여 보내어 진다고 할 수 있는데, 이와는 다르게 IP 등의 통신 계통에서는 각 워드를 1의 보수로 하여 가산을 하고 결과의 1보수를 체그섬(Checksum)이라고 하여 사용하는 방법도 있다고 할 수 있다.

또한 수신측에서는 이렇게 동등의 가산을 하여 결과를 비교하여 오류의 유무를 체크 한다고 할 수 있는데, 체크섬을 포함한 가산이 0이 되면 오류가 없다고 할 수 있고, 이러한 연산에 있어서는 각 워드의 같은 정도의 비트로 우수패리티를 가지는 것과 등가가 된다고 할 수 있다.

예를 들어보기로 하는데, 간단하게 하기위하여 보내진 데이터는 4비트 워드로 하여 1100 1010 1001 1110 0101 이라고 하기로 하고, 이것을 순차 2진수의 가산법으로 가산을 하면 1100+1010=0110 0110+1001=1111 1111+1110=0001 0001+0101=0100이 라는 식으로 나타낼 수가 있는데, 여기에서 0010이 본래의 체크섬(Checksum) 치라고 할 수 있다.

이는 수신측에서 체크 하는 것이 쉽게 하기위하여 2의 보수로 변환을 하고 있는데, 0010의 2보수는 우선 0과 1을 역전하여 1의 보수라고 할 수 있는 1101로 하고, 거기에다 1을 더한다고 할 수 있다. 그러하면 1101+0001=1110이 되는데, 전에 보내어진 원래의 체크섬(Checksum)과 수신측에서 변환한 2의 보수 체크섬(Checksum)을 사용하여 체크섬 데이터(Checksum Data)로 하고 있다고 할 수 있다.

따라서 수신측에서는 워드의 가산에 의하여 0010이 되어서 여기에 보내어진 체크섬(Checksum)의 치를 가산한다면 0010+1110=10000으로서 항 올림을 무시하면 0000으로서 오류가 없는 것을 표시하고 있다고 할 수 있다.

또는 위에 있는 내용과는 다르게 각 워드 비트정도의 항 올림을 무시하고 가산 한, 즉 b7개체의 가산 … b1의 개체가산의 결과 우수패리티를 체크섬 워드(Checksum World)의 각 비트 정도의 데이터로 한 것도 있다고 할 수 있다.

다음은 우수 패리티에 대하여 설명을 하고자하는데, 이러한 우수 패리티에서는 다음과 같다고 할 수 있다.

	워드1		워드2		워드3		워드4		워드5		우수패리티
b3	1	+	1	+	1	+	1	+	0	+	0
b2	1		0		0		1		1		1
b1	0		1		0		1		0		0
b0	0		0		1		0		1		0

이 때문에 체크섬(Checksum)은 1비트 오류일 때에는 b3-b0의 어느 정도의 비트가 오류인가를 아는 것이 가능하다.

제8장 디지털 신호의 압축과 전송

디지털 영상 신호와 디지털 오디오 신호의 프로세스는 고품질의 영상과 음성 신호를 얻는 것이 가능하여서 기존의 아날로그 시스템에서 탈피하여 새로운 디지털 기술을 시스템 전체에 도입 하는 계기를 제공 하고 있지만, 그 대신에 시스템에 있어서는 대량의 데이터 파일 기록이나 신호 처리를 하지 아니하면 되지 아니하고, 이렇게 가공한 신호를 전송하는 것이 가능하지 아니하면 되지 아니하게 되어 있다고 할 수 있다.

또한 지난 과거 5년 사이에는 올 프로덕션 스튜디오나 올 디지털 스튜디오 센터가 건설 되었다고 할 수 있지만, 이러한 설비는 아직까지는 대단 히 고가의 설비라고 할 수 있는데, 그러한 고가의 시스템을 설비를 할지라도 시청자에게 SD급으로 270Mbps이라는 영상 데이터 레이트와 HD급으로 1.5Gbps이라는 영상의 데이터 레이트를 경제적으로 배신하는 것이 불가능하다는 기술적인 한계 때문에, 이러한 프로그램을 전송하는 디지털 방송 초기에는 아날로그 방송이 전성기라고 할 수 있으나 끊임없는 디지털 전송기술 개발에 의하여 디지털 방송의 정착 단계인 현재에 이르러서는 그 디지털 영역을 점점 넓혀가고 있다고 할 수 있다.

디지털 데이터 압축 기술의 발전에 의하여 디지털 신호의 사용자는 각종의 샘플링 파라미터에 의하여 압축비가 결정되어진다고 할 수 있는데, 따라서 디지털 신호를 사용하는 목적에 따라서 적합한 형태의 디지털 압축 모드가 선택되어진다고 할 수 있다.

이러한 신호처리에 있어서는 새로운 학문적 접근에 의하여 지금까지의 라인 레이트, 필드 브레이트, NTSC, PAL, SECAM 컬러 엔코더, 와이드 밴드 HDTV에 이르기까지 과거에 생각하던 고정 관념을 완전히 탈피하는 새로운 형식으로 바뀌었다고 할 수 있고, 이렇게 각각 다른 비트 레이트는 결과론적으로 보면 각각 다른 전송 원가와 성능에 대한 레벨을 가지고 있기 때문에 그러한 것을 디지털적으로 기록하여 프로세스를 하기도 하고, 광케이블이나 일반적인 케이블을 이용하여 데이터를 회선전송 하기도 하며, VHF/UHF 대역의 지상파 방송이나 케이블 방식과 위성을 통하여 방송을 하는 것이 가능하게 되었다고 할 수 있다.

이러한 기술의 부산물로서는 퍼스널 컴퓨터 타입으로서 컴퓨터에 의하여 화상 생성을 하거나, 프로그램을 제작함에 있어 영상 효과를 위한 기기가 방송기기 시장에 출연하게 되었다고 할 수 있는데, 텔레비전 스튜디오에 있어서도 이러한 새로운 콤팩트(Compact)하고, 효율적인 다기능 기기는 프로그램 제작 기술의 혁명을 이루게 되었다고 할 수 있다.

그럼 이 장에서는 영상이나 오디오 신호에서 잘 사용하고 있는 압축 기술에 대하여 알아보고자 하는데, 이러한 압축 기술 중에서는 여기에서는 취급을 하고 있지 아니하는 많은 압축 기술이 존재한다고 할 수 있다. 그러한 기술은 지금 현재까지도 개발 중에 있는 것도 있다고 할 수 있는데, 현재의 상황에 의하면 그러한 형식의 기술들은 우수한 기술이라고 할 수 있지만 아직은 일반에게 보급 되지 아니한 기술도 있다고 할 수 있다.

8.1 영상 비트 레이트 압축(Bit Rate Reduction : BRR) 에 대한 개요

현재의 NTSC, PAL, SECAM시스템도 인간의 눈 색이 고역 성분에 의하여 감도가 저하 하고 있는 것을 이용하여 색도 정보의 대역을 1.2MHz이하로 감소시키는 것에 의하여 영상 정보의 압축을 시행 하고 있다고 할 수 있는데, 이러한 정보 대역의 제한은 컴포넌트 영상 포맷에 있어서도 같은 방법으로 정보 압축을 시행 하고 있다고 할 수 있고, CCIR-601 (현재 ITU-R601)의 4:2:2 컴포넌트 영상 포맷 규격에서의 휘도신호는 5.75MHz으로 대역을 규정하고 있다고 할 수 있으며, 색도신호에는 2.75MHz로 대역(±0.1dB)을 규정하고 있다고 할 수 있다.

또한 영상과 음성 신호를 디지털 화 한다면 3장에서 먼저 서술한 것과 같이 SD급 디지털 시스템에서는 270Mbps의 비트 레이트로 하고 있다고 할 수 있는데, 이렇게 대단히 높은 비트 레이트는 낮은 가격의 이미지 프로세스 기기를 개발하는 데에 있어서 적합 하지 아니하기 때문에, 결국 압축이 필요하게 되었다고 할 수 있다.

따라서 조금이라도 데이터 량을 줄이기 위하여 화상 정보의 압축 시스템에서는 인간의 시각 심리 특성이나 그러한 것에 대한 한계를 이용하여, 영상 신호에서는 어느 정도 필요하지 않은 데이터 성분을 제외하는 것을 기본으로 하고 있다고 할 수 있다.

8.1.1 영상 신호의 확장성과 엔트로피(Entropy : 정보에 있어서 질서의 정도를 표시하는 관수)

- 데이터의 통계상의 확장성

  거의 대부분의 화상에서는 같은 데이터 치를 대량으로 포함 하고 있다고 할 수 있는데, 데이터 압축을 시행 하지 아니할 경우에는 한 개의 화면에 있어서 다양한 부분에 펼쳐있는 이러한 같은 데이터는 그러한 에어리어를 재현할 때 까지 같은 조작을 반복 시행하는 데이터 스트림상의 공간적인 잉여 정보를 구성하고 있다고 할 수 있다.

이는 같은 한 개의 화상 가운데에서도 넓은 에리어(Area)에서 이와 같이 공간적으로 잉여 데이터가 존재하고 있어서(Spatial Redundancy) 연속한 화상의 시퀀스 사이에도 같은 위치에 같은 데이터가 있는 잠정적인 잉여부분(Temporal Redundancy)이 존재 하고 있는 것이 사실이라고 할 수 있다.

따라서 압축 시스템에서는 이와 같은 같은 반복 되는 데이터를 중복하여 전송을 하는 것이 필요하지 아니하다는 것을 이용하고 있는데, 예를 들면 프로그램 소재의 하늘부분에서는 대량의 같은 정보가 있어서 그 부분을 한번만 엔코드하여 저장하면 디코드단에서는 필요 할 때에는 반복하여 사용이 가능하다고 할 수 있다.

프레임 내에서도 어떤 경우에는 프레임 시퀀스로 같은 화상 정보를 발견하는 프로세스가 있는데, 이를 데이터 디코릴레이션 (Data Decorrelation : 데이터 상관성의 배제)이라고 부르고 있다고 할 수 있고, 이러한 데이터 디코릴레이션 (Data Decorrelation) 조합의 좋은 예로는 한 개의 화소 블록이 대부분의 에너지를 소수의 계수에 집중하는 것으로서, 이를 디스크리트 코사인 트랜스폼 (Discrete Cosine Transform : 어느 시간에 데이터를 구역별로 나누어 이를 다시 주파수 스펙트럼으로 변환한 다음 대역을 부여하여 처리하는 이산 코사인변환)이라 하고 있다.

- 시각 심리상의 확장성

화상을 디지털한 후의 샘플치는 인간의 시각 시스템 (Human Visual System : HVS)에 따라서 완전하게 같아 보이지는 아니한다고 할 수 있지만, 그러나 인간의 시각이 완전하게 샘플치에 정확하게 일치하지 아니한다고 할지라도 그러한 것에 대해 크게 신경을 쓰지 아니한다면 화상에 대한 에러는 화상의 재생에 있어서 지각되어질 정도로 화질을 열화 시키지는 아니한다고 할 수 있다.

그 때문에 샘플에 따라서는 그의 치를 변경하거나 경우에 따라서는 그 치를 버리더라도 그 화상을 보는 사람이 열화를 느끼지 못하도록 하여 허용범위 내에 들어오도록 하고 있는데, 실험에 의하면 이러한 정보의 소거가 화상의 내용에 따라서 어느 정도 범위 내에서 허용되어져 있는 것을 알 수가 있다고 할 수 있다.

- 엔트로피(Entropy)

여기에서 말하고 있는 엔트로피는 샘플로서 2진수치로 변환한 화상데이터에 평균 정보량의 척도라고 할 수 있는데, 발생 빈도가 낮은 정보 (샘플 2진수치)를 말하는 것으로서, 즉 확장성이 적은 정보는 발생 빈도가 높다고 할 수 있다. 이는 확장성이 높은 것에서의 정보 발생보다도 상대적으로 많은 정보량을 가지고 있다고 생각이 되는 것으로서, 따라서 그러한 관점으로부터 본다면 화상의 엔트로피 이라는 것은 그 "화상의 데이터를 압축하는 데 있어서 더 이상 압축하는 것이 곤란한 정도"를 정의하고 있다고 할 수 있다.

또 엔트로피는 화상을 재현 하는 경우에는 데이터를 소거하거나 어떤 경우에는 변경하지 아니하고 유지할 필요가 있다고 할 수 있는데, 왜냐하면 엔트로피는 샘플 2진수 치에 대하여 정보량의 최소 평균량을 표시하고 있다고 할 수 있기 때문으로서, 만약 영상 데이터 압축 방법이 그 화상이 가지고 있는 엔트로피 이하의 비트 레이트로 떨어진 경우에는 어떠한 필요한 정보가 손실 되어진다고 할 수 있다.

8.1.2 인간 시각특성(Human Visual System Characteristics : HVS)

발생 되어져서 전송 되어진 영상 신호는 최종 적으로 통상의 HVS라고 불리우는 인간의 시각 시스템에 의하여 화상으로서 인식이 되어지게 되어있는데, 이는 인간의 눈과 그러한 것이 연결되어있는 뇌의 시각중추 신경계에 있어서는 대단히 정확한 이미지 인식 시스템 이라고 할 수 있다. 또한 그러한 시스템에서는 광의 밝기의 정도에 따라서 대단히 넓은 범위로 동작을 하여 색의 차를 변별하기도 하고, 화상의 콘트라스트를 공간 주파수와 밝기의 관수에 의하여 보조하고 있다고 할 수 있다.

화상의 명암에 흰 비단과 같은 줄무늬 패턴을 가진 경우에는 그 사이클을 보는 화상의 폭과 시거리가 관계한다고 할 수 있다고 할 수 있는데, 이를 다시이야기하면 이미지를 가진 주파수 성분은 보는 사람의 위치에 따라서 변화를 한다고 할 수 있다.

또한 디스플레이 해상도를 정의하는 것은 1.4항에서 설명을 한 것과 같이 관시 조건과 보는 사람의 거리에 대하여, 어느 정도 전제를 두어 결정하지 아니하면 되지 아니한다할 수 있는데, 통상의 디스플레이 해상도는 화면의 높이에 할당되어있는 라인수로 표현한다고 할 수 있다.

따라서 이미지를 가진 주파수 성분에 관한 이러한 다른 파라미터의 상호 관수를 확립하기 위 하여는 이미지 공간 주파수를 "관시자로부터 본 1도의 시각 중에 포함 되어있는 사이클 수"라고 정의 할 수 있는데, 이러한 사이클은 2라인의 수직 바(Bar) 내지, 2라인의 수평 바(Bar)로 구성 되어져 있다고 할 수 있고, 관시조건은 그림 8.1에서와 같이 표시를 하고 있다고 할 수 있다.

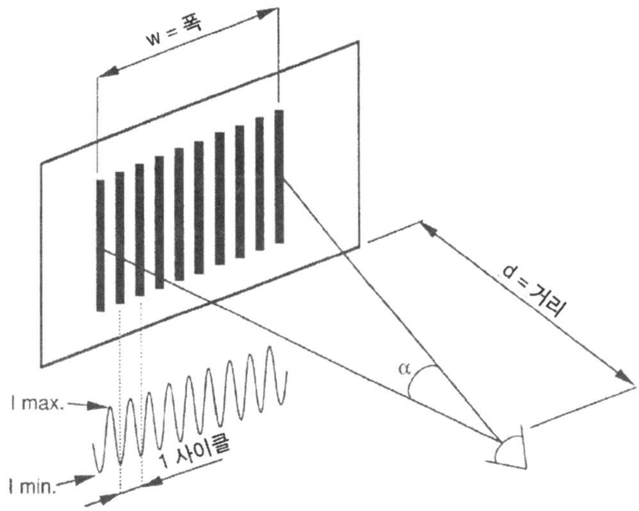

$$\text{콘트라스트(Contrast)} = \frac{1max. - 1min.}{1max. + 1min.}$$

α = 2 arctan (w/2d) = 57.3w/d
시각해상도=사이클수/α = 1도에 상당하는 사이클 수
해상도= 화면 폭당 텔레비전 라인수

그림 8.1 해상도와 시각

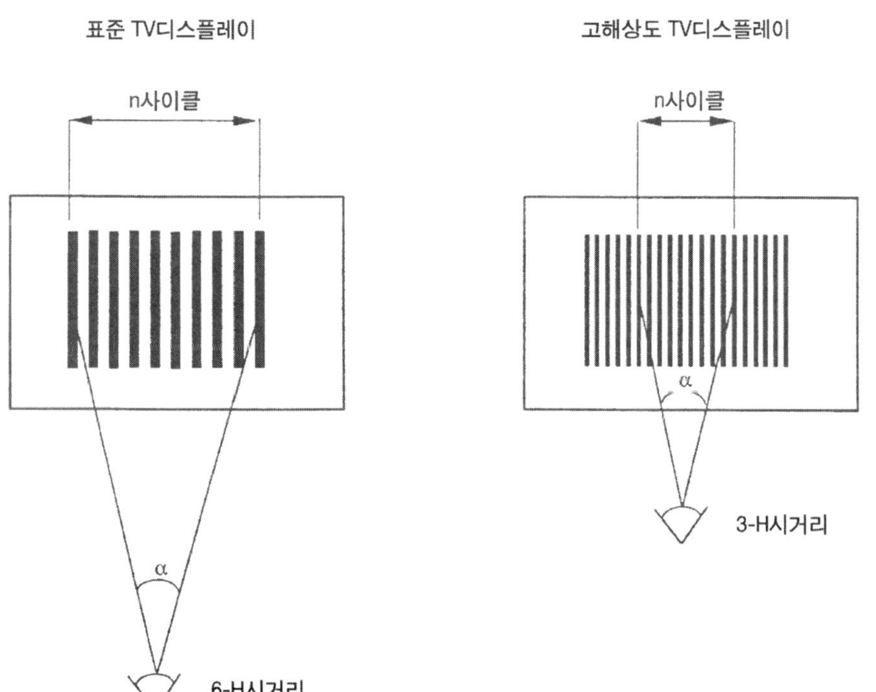

그림 8.2 표준 TV와 고해상도 디스플레이어의 같은 시각의 해상도를 부여하는 시거리

표준 텔레비전(525시스템) 디스플레이에서는 약 6H(H는 화면의 높이)의 시거리로 화면이 가지고 있는 디테일(Detail)을 전부 분별하는 것이 가능하다고 할 수 있지만 같은 크기의 디스플레이를 사용하여 고해상도 텔레비전(HDTV)을 가지고서 디테일(Detail)을 풀(Full)로 분별하기 위해서 시 거리는 3H가 되지 아니하면 되지 아니한다고 할 수 있다.

또한 8.2에서 표시를 하는 것과 같이 1도에 해당하는 사이클 수로 표현하는 눈의 식별 공간 주파수는 이러한 것을 시력(Visual Acuity : 시각 선명도)이라고 부르고 있지만, 디스플레이의 크기를 같은 것으로 한다면 표준 텔레비전에서는 6H시거리를 가지게 한 것과 HDTV디스플레이의 3H시거리를 가지게 한 것은 시각적인 섬세도(해상도)로 본다면 같은 레벨이라고 할 수 있다.

이러한 것을 다시 역으로 말하면 같은 6H의 거리에서 본다고 한다면 HDTV 디스플레이 장치는 눈에서 화상이 가장 선명한 디스플레이를 식별하기 위 하여는 그 사이즈를 크게 하지 아니하면 되지 않는다고 할 수 있는데, 따라서 이러한 조건은 HDTV의 기본 구상의 하나로서 보다 생동감 있는 텔레비전 화상을 추구하기 위한 실험 중에서 나온 이야기에 의하면 “시야에 커다랗게 할당되어진 텔레비전 화상의 화면이 점령하고 있을 때에 비로소 현실감을 얻을 수 있다”는 것에서 출발하였다고 할 수 있고, 따라서 텔레비전을 시청함에 있어서 넓은 시야를 얻기 위해서는 대 화면의 디스플레이를 사용하여 눈이 만족할 수 있는 선명도(해상도)를 얻는 것을 목적으로 하여 HDTV시스템이 개발되었다는 HDTV 개발에 대한 뒷이야기도 있다고 할 수 있다.

또한 시력은 이미지의 디테일을 포착하고, 식별할 수 있는 눈의 능력에 있다는 것이 정의 되어진다고 할 수 있는데, 그러한 시력은 다음과 같은 것에 영향을 준다고 할 수 있다.

- 화상의 밝기
  시력은 100피트 람베르트(Foot Lamberts)(=340 cd/m²)까지는 밝기의 레벨과 함께 비례하여 높게 되어진다.
- 화상의 휘도 색도 정보의 콘트라스트
  이미지 콘트라스트라는 것은 최대와 최소의 광 강도의 레벨 차와 양자 신호 강도를 비교하여 나타낸다고 정의 할 수 있는데, 화상의 디테일(Detail) 부분은 디테일 부분과 배경 사이에 많은 차가 있는 경우에는 그러한 것을 구별할 수는 있다고 할 수 있고, 눈의 휘도 디테일에 대한 감도는 색도 디테일에 대한 감도보다는 꽤 높다고 할 수 있다.

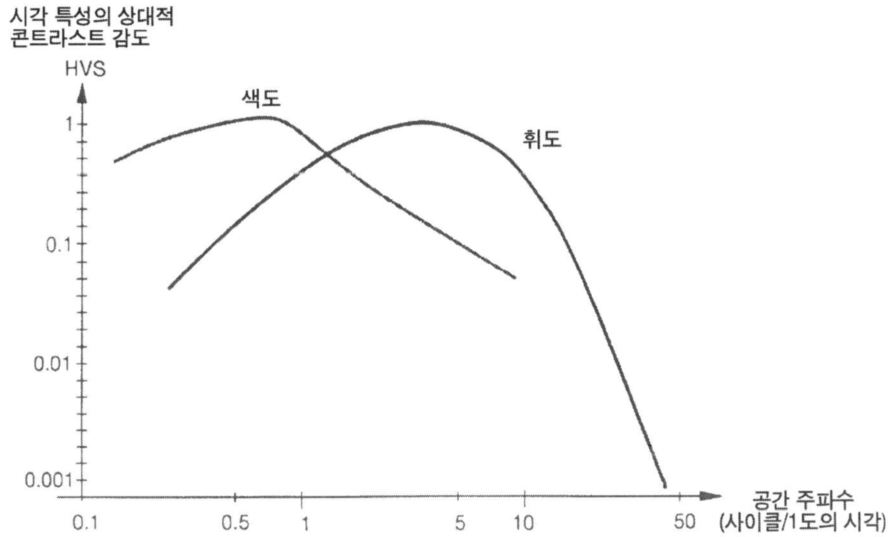

그림 8.3 시각 특성에 있어서 이미지 공간 주파수와 휘도의 콘트라스트 감도와의 상대적 변화 특성

그림 8.3에서는 눈의 콘트라스트에 대한 감도의 변화를 시각 1도에 할당되어 있는 사이클 수로인하여 밖으로 드러낸 공간주파수(Spatial Frequency)의 관계를 표시한 것이라고 할 수 있는데, 휘도에서는 색도보다도 높은 공간 주파수대에서 콘트라스트에 대한 감도는 높다고 할 수 있다. 그림 8.4a에서 표시를 하고 있는 것과 같이 눈의 콘트라스트에 대한 감도는 화상의 시간 주파수(Temporal Frequency)에 따라서 변화 한다고 할 수 있는데, 인간의 시각이 그것 이상으로 플리커를 감지하지 못하는 시간 주파수는 크리티컬 플리커 주파수(Critical Flicker Frequency : CFF)라고 알려져 있다고 할 수 있고, 모든 텔레비전 방식에서는 플리커가 보이지 않게 하기위하여 50Hz 또는 그 이상의 시간 주파수(필드 주파수)를 규정하고 있다고 할 수 있다.

그림 8.4b에서는 크리티컬 플리커 주파수가 화면의 밝기 정도에 거의 비례하고, 50Hz시스템에서는 플리커가 눈에 보인다는 것을 표시하고 있는데, 크리티컬 프리커 주파수는 스크린 사이즈에도 비례하여 증가를 한다고 할 수 있고, 시거리가 길면 저하한다고 할 수 있다. 이러한 현상 때문에 큰 스크린 사이즈를 가진 컴퓨터 디스플레이는 70Hz 또는 그 이상의 프레임 레이트로 하고 있다고 할 수 있다.

- TV수상기에 설치되어진 환경의 밝기 : 수상기 주변의 밝기가 디스플레이의 이미지보다 높거나 혹은 대단히 낮은 경우에는 눈의 시력은 저하된다고 할 수 있다.

기본적인 인간의 시각특성은 이미지의 확장성에 관하여 2가지로 분류할 수 있는데, 그 2가지분류로는 공간 영역의 확장성과 시간 영역의 확장성이라고 할 수 있다.

8.1.2.1 공간적인 확장성에 관련하는 인간의 시각 특성

공간적인 확장성은 근접해있는 화소의 샘플치의 상관성 결과라고 할 수 있는데, 공간적인 확장성에 영향을 주는 파라미터는 다음과 같은 것이 있다고 할 수 있다.

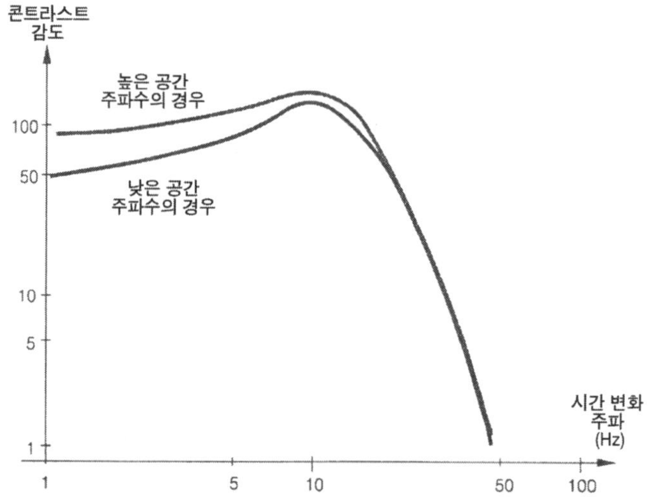

그림 8.4a 화상의 시간 변화 주파수에 대한 시각특성의 콘트라스트의 변화

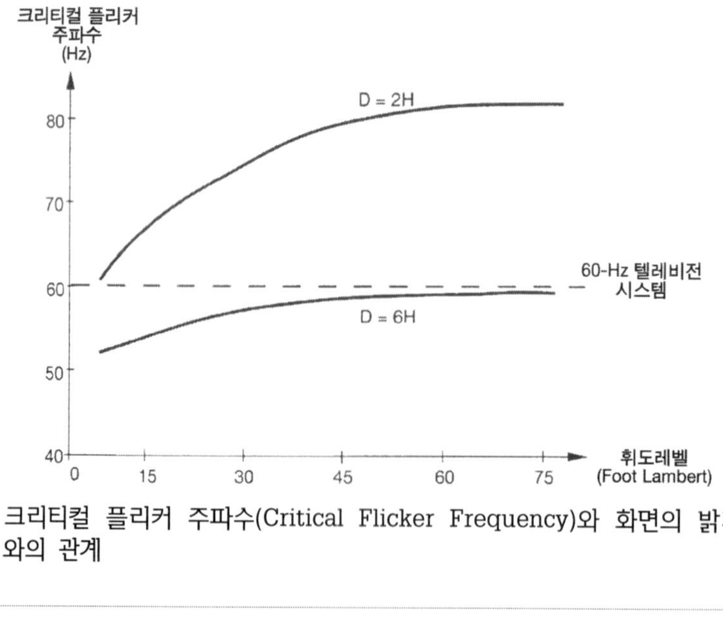

그림 8.4b 크리티컬 플리커 주파수(Critical Flicker Frequency)와 화면의 밝기와 시거리와의 관계

- 공간 주파수 감도(Spatial Frequency Sensitivity) : 높은 주파수는 잘 보이지 않는다.
- 텍쳐 마스킹 (Texture Masking : 표면에 줄무늬 모양에 의한 마스킹): 줄무늬 모양이 있는 면에서 화소 샘플치의 부정확한 것의 정도크기는 아는 것이 그리 쉽지는 아니하다고 할 수 있고, 반대로 모양이 없고 동일한 면에서의 시각은 샘플 치 왜의 대단히 민감하다고 할 수 있다.
- 에지 마스킹(Edge Masking : 경계의 면에 대한 마스킹): 경계면에 대한 샘플 치의 부정확한 정도는 식별하는 데에 있어서 어렵다고 할 수 있다.
- 휘도 마스킹(Luminance Masking) : 배경의 밝기정도에 따라서 휘도차를 분석하는 스레숄트(Thresholds : 경계점)레벨은 증가한다고 할 수 있는데, 이러한 효과를 명도 순응(Light Adaptation)이라고 한다.
- 콘트라스트 마스킹(Contrast Masking) : 밝은 부분의 샘플치의 부정확한 정도나 노이즈는 보는 것에 있어서 어렵다고 할 수 있는데, 이러한 효과는 어떠한 이미지의 디테일에 또 다른 디테일이 존재한다면 보는 것이 어렵게 된다는 현상과 관계한다고 할 수 있다. 특히 디테일의 성질이 비슷한 경우에 있어서 마스킹 효과는 최대가 된다고 할 수 있는데, 이미지를 재현할 때에 샘플치의 부정확 한 정도에 있어서도, 콘트라스트가 시각의 변별 범위보다 떨어져 있다면 보는 것은 더욱 곤란 하다고 할 수 있다.
- 주파수 노이즈 성분 : 인간의 시각에 대한 노이즈에 대한 감도는 그 공간 주파수가 높을 경우에는 감소를 하나 주파수가 낮을 경우에는 최대가 된다고 할 수 있다.

8.1.2.2 시간적인 확장성에 관련하는 인간의 시각 특성

시간적인 확장성은 이미지 시퀀스로서 다른 프레임 사이에 상관성에 의해 발생한다고 할 수 있는데, 시간적인 확장성에 영향을 주는 파라미터는 아래와 같은 것이 있다고 할 수 있다.

- 시간 주파수 감도 : 50Hz이하에서는 플리커가 일어난다고 할 수 있다.
- 휘도 마스킹 : 휘도 레벨이 높아지면 휘도 플리커는 보다 더 증가한다.
- 공간 주파수 성분 : 낮은 공간 주파수는 이미지 플리커에 대한 눈에 대한 감도를 저하 시킨다고 할 수 있다.

8.2 영상 데이터 압축 기술

데이터 압축 시스템이라는 것은 어떠한 하나의 요소로서 우리가 전송에 있어서 제일의 목적으로 하는 애플리케이션(Application)에 필요한 화질이 얻어 지지 아니한다고 할 수 있는데, 따라서 기존의 원본의 화질을 최대한 열화 시키지 아니하고 목적으로 하는 곳까지 전송하기 위해 다양한 비트 레이트의 감소 등을 위한 각종의 프로세스 기술을 조합한 시스템 기술이라야 가능하다고 할 수 있다.

지금까지는 많은 로시(Lossy : 정보의 손실이 있으면 원래로 복원이 불가능) 또는 로스레스(Lossless : 정보의 손실이 없으면 원래의 신호로 복원이 가능) 데이터 압축 기술이 개발 되어 왔다고 할 수 있는데, 그 중에서 영상의 압축에 적합 한 기술은 아주 극소수에 것만이 해당 된다고 할 수 있다.

그림 8.15에서는 JPEG(Joint Photographic Expert Group)규격이나 MPEG(Moving Pictures Expert Group)규격신호의 생성을 위하여 시스템 적으로 채용되어져있는 데이터 압축 기술에 기본적인 개요를 표시한 것이라고 할 수 있는데, 이렇게 널리 사용 되고 있는 방식 외에 카루넨 루베 변환 (Karhunen-Loeve Transform : KLT), 이산 왈쉬 하다마드 변환(Discrete Walsh Hadamard Transform : WHD), 벡터 양자화(Vector Quantization), 웨이브렛트 (Wavelet), 프렉탈(Fractals) 등과 같은 것이 개발 중에 있으나 실용화가 곤란한 형식은 여기에서는 설명을 하지 아니하기로 한다.

왜냐하면 이러한 기술 형식을 별개로 본다면 설상 이러한 방식을 데이터 압축 기술에 사용한다고 하여도 커다란 압축비는 얻을 수가 없고, 사용상의 효율성면에서도 떨어질 수 있기 때문으로서, 이보다는 다른 형식을 사용하여 목적으로 하는 시스템 특징에 맞추어서 몇 가지 기술을 정확하게 조합하여 데이터를 압축 하는 것이 오히려 대단히 능률이 좋은 압축 시스템으로 실용화 시키는 것이 가능하기 때문이라고 할 수 있다.

그러한 것을 염두에 두고 JPEG, MPEG-1, MPEG-2와 같은 몇 개의 압축 시스템이 규격화 되었다고 할 수 있다.

8.2.1 로스레스 데이터 압축(Lossless Data Reduction)

로스레스 압축 방법은 압축되어진 정보를 널리 펼치는 것에 의하여 재차 원래의 정보를 복원하는 것이 가능하다는 것을 가정으로 하여 설정한 시스템 이라고 할 수 있는데, 이러한 시스템을 우리는 가역적(可逆的)인 코딩 시스템 이라고 하고 있다.

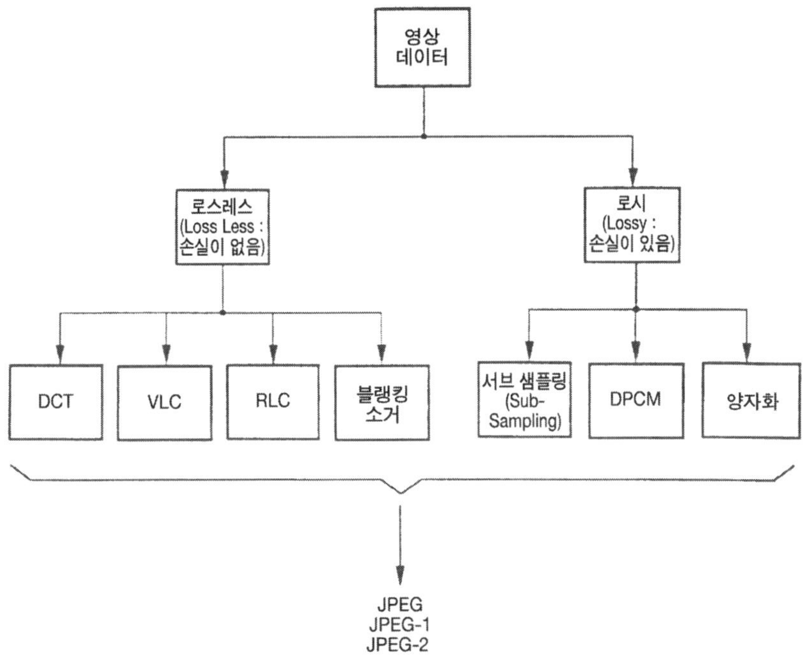

그림 8.5 JPEG, MPEG데이터 신호를 생성하기 위하여 조합이 되어진 로스레스(Lossless) 또는 로시 비트(Lossy Bit) 압축 기술의 개요

또한 통상적으로 보통의 디테일이 있는 텔레비전의 영상에서는 제한되어진 압축비(2:1이하)만이 얻어진다고 할 수 있고, 데이터가 어느 정도 압축이 가능한가는 화상의 내용에 따라서 변화한다고 할 수 있는데, 따라서 그 때문에 화상의 내용에 있어서 응용하고 있는 것은 가변 비트 레이트의「정지화 기록」이나「전송」이라고 할 수 있다.

이러한 시스템에 있어서 최고의 효율은 로스레스 압축 기술 방법 전에 데이터가 많은 용량이 되지 아니하게 축감시킬 수 있는 시스템(Data Deceleration Scheme)이 설치되었을 때에 얻어 진다고 할 수 있는데, 로스레스압축 기술에는 아래와 같은 것이 있다고 할 수 있다.

- 가변장 코딩(Variable Length Coding : VLC)
  이러한 기술은「허프만 코딩(Huffman Coding)」이라고 하기도 하고, 또 다른 명칭으로「엔트로피 코딩(Entropy Coding)」이라고 불리 우기도 하는 것이라고 할 수 있는데, 이러한 기술은 화상 중에 같은 진폭치가 출현하는 정도를 기초로 하여 출현 빈도가 높은 진폭치에는 짧은 코드를 할당하고, 출현 빈도가 낮은 치에는 길은 코드를 할당하는 것에 의하여 전체의 필요한 비트수를 적게 한다고 할 수 있다.

또한 데이터를 펼칠(伸張) 경우에서는 같은 코드를 할당 받는 것에 의하여 원래의 데이터치로 복원 한다고 할 수 있는데, 이러한 것에 사용하는 허프만 엔코딩(Huffman Encoding)과 허프만 디코딩(Huffman Decoding)이라는 것은 하드웨어의 룩업테이블(Look Up Table)을 이용하여 용이하게 실현하는 것이 가능하다고 할 수 있다.

- 런랭스코딩(Run- Length Coding : RLC)

이러한 기술은 같은 데이터치가 반복하여 코딩이 될 경우에 있어서는 그 치가 반복되어 사용이 되는 스타트치와 앤드치를 표시하는 특별한 코드를 사용하는 것에 의하여 변형 시키는 것을 기본으로 하고 있다고 할 수 있는데, 주사선에 따라서는 제로 샘플의 런(Run : 연속)을 표시하기도하는 이외에, 이와는 반대로 제로가 되지 아니하는 치의 신호가 엔코드 되어 지기도 한다고 할 수 있다. 통상 제로가 연속열(String)인 경우에는 DCT나 DPCM시스템과 같이 데이터의 상관성을 제거하는 데커레이션 프로세스(Decorrelation Process)에 의하여 생성되어진다고 할 수 있다.

- 블랭킹 기간의 데이터 제거 (Blanking Area Data Removal)

원래의 비트 스트림으로부터 유효화면 데이터의 신호를 추출하는 것에 의하여 테이터 량을 감소시키는 방법이라고 할 수 있는데, 주사선의 수평 수직 블랭킹 기간은 기록, 전송이 되지 아니하고, 애플리케이션(Application) 부분에서 결정한 짧은 동기의 데이터로 변경이 되어진다고 할 수 있다.

- 포워드 DCT(Forward Discrete Cosine Transform)와 리버스 DCT(Reverse DCT)의 조합

DCT와 역 DCT의 조합에 있어서 혹시 DCT계수 워드 길이가 샘플당 8비트 길이의 입력 영상 데이터에 대하여 13내지 14비트가 된다면 완전하게 가역적(可逆的)인 방법으로 원래의 신호로 복원이 가능하다고 할 수 있다. 그러나 이러한 것이 11비트 이하의 DCT프로세스가 있다면 이러한 DCT프로세스는 로시(Lossy)가 되어 복원이 불가능하다고 할 수 있다.

8.2.2 로시(Lossy)한 데이터의 압축

로시(Lossy)한 데이터의 압축은 화상 신호보다 유용한 압축 엔코더를 하기 때문에 2가지 또는 그 이상의 프로세스 기술을 사용하고 있다고 할 수 있는데, 이러한 로시(Lossy) 데이터 압축은 높은 압축비(2:1로부터 100:1까지)를 실현하는 것이 가능하지만 이는 프레임 내 또는 프레임 사이에 데이터를 둥글게(반올림) 하거나 제거를 시행하기 때문에로서 이러한 데이터를 다시 펼친 경우에 있어서는 데이터의 손실이 발생함으로서 화질의 열화가 수반 되어진다고 할 수 있다.

따라서 이러한 열화는 인간의 시각 특성을 기초로 한 샘플치의 시각 심리적인 확장성을 이용하여 최소화 하는 것이 가능하다고 할 수 있는데, 이러한 압축비는 화상의 내용에 따라서는 변경하는 경우도 있다고 할 수 있어, 동화상의 기록이나 전송을 하기 위하여 일정의 비트 레이트(Constant Bit Rate : CBR) 래플리케이션(Application : 응용)에 있어서도 대응하는 것이 가능하게 하고 있다고 할 수 있다.

이러한 로시(Lossy)시스템에서 달성이 가능한 압축 데이터 레이트에 있어서는 허용 가능한 화질 열화에 따라서 결정이 되어진다고 할 수 있는데, 이러한 로시(Lossy) 한 압축 기술에 있어서는 다음과 같은 것이 있다고 할 수 있다.

- 샘플의 서브 샘플링(Sample Subsampling)
  이러한 방법은 대단히 유용한 데이터 압축 방법 이라고 할 수 있는데, 디지털 영상에 있어서는 화상의 해상도 손실과 에일리어스(Alias) 성분으로 인하여 원래의 회상을 열화 시킨다고 할 수 있다.
  그 때문에 화상의 샘플 서브 샘플링 이라고 하는 것은 휘도 신호에는 적용이 되지 아니한다고 할 수 있는데, 따라서 이러한 서브 샘플링에 있어서 색신호의 서브 샘플링은 4:2:0이나 4:1:1신호의 포맷과 같은 예에서 볼 수 있다고 할 수 있다. 이 중에서 4:1:1샘플링은 기록 포맷에서 사용이 되어지고 있고, 4:2:0포맷은 MPEG프로그램 제작과 전송 시스템 등에서 사용되어진다고 할 수 있다.
- 차동 펄스 코드 변조(Differential Pulse Code Modulation : DPCM)
  이것은 예측 코딩 방법으로 샘플치를 그냥 그대로 보내는 것이 아니고 가장 심플하게 처리하는 방법으로서, 직전 샘플치와 현재 샘플치의 차이를 전송 시키는 방법이라고 할 수 있다. 이러한 차이는 수신측에서 복조한 직전 샘플치에 가산되어서 실제의 샘플치가 재생되어지는 형태로 하고 있는데, 보다 복잡한 DPCM에서는 직전의 샘플 치만이 아니라 주변의 화소와의 상관성이 있는 다음의 샘플치를 이용하여 복수의 샘플치로 예측을 하여 그 예측치와 실제 예측치와의 차를 전송하는 것에 의하여 실제 차의 데이터를 보다 작은 치로 감소시키어서 효율을 높인다고 할 수 있다. 그림 8.6에서는 DPCM의 엔코더와 디코더계통도를 간단하게 구성한 계통도를 나타내고 있다.
  DPCM프로세스는 그림 8.7에서 표시를 하고 있는 것과 같이 오리지널 신호의 엔트로피(Entropy)의 감소를 실현하고 있는데, 거의 대부분의 차동 치는 화상의 일정한 에리어에서 데이터가 거의 같아지는 성질 때문에 제로를 중심으로 근접하여 모여 있다고 할 수 있다.

또한 디테일 성분이 많은 부분에서는 많은 차동치가 생길 가능성이 있으나 그 발생 빈도가 낮고, 시각특성상에 높은 콘트라스트의 디테일 부분에서는 샘플치의 오차를 보기가 어렵기 때문에 그 큰 차동치는 비직선 양자화 특성에서 바라고 있는 재 양자화를 하는 것이 가능하다고 할 수 있는데, 데이터 레이트 압축은 DPCM의 결과 차동데이터치의 비직선 양자화와 가변장 코딩 기술(일명 可変長 코딩기술)을 적용하는 것에 의하여 얻는 것이 가능하다고 할 수 있다. 또한 한 개의 전송 에러가 있으면 역 DPCM의 프로세스 때문에 그 후의 샘플링치는 모든 오차로 나타나게 되어있는데, 이러한 것을 오차 전반(伝搬)이라고 부르고 있고, 이러한 전반을 금지시키기 위해서는 차동치가 아닌 모든 진폭치가 주기적으로 전송이 되어 거기에서 기준치에 돌아오게 하는 형태로 하고 있다. 이러한 방법에 의하여 예측치의 생성이나 비직선 양자화 특성을 화상 내용에 따라서 적응형으로 변화 시킨다고 할 수 있는데, 이러한 어덥티브(Adaptive : 적응할 수 있는) 예측 양자화 시스템은 화질을 개선하지만 동시에 DPCM에 있어서 코딩을 복잡하게 하고 있다고 할 수 있다.

a) DPCM의 엔코더

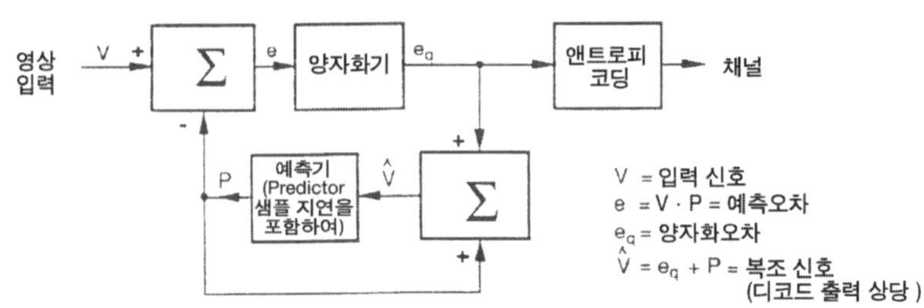

b) DPCM 디코더

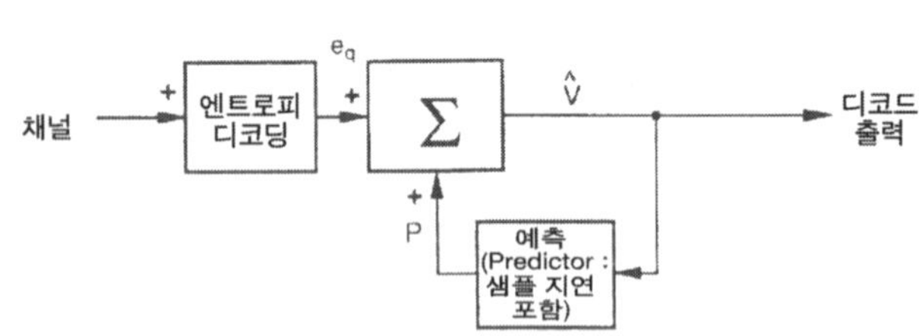

그림 8.6 DPCM엔코더/디코더

- DCT계수의 비직선 양자화와 가변장 화

아래의 섹션에서 설명을 하고 있는 3개의 프로세스 조합은 이러한 것에 의하여 화소의 픽셀 프로세스를 구성하는 데이터를 작은 수의 비트로 표현한 것으로서, 현재 시행이 되고 있는 것 중에서는 가장 효율적인 데이터 압축 방법이라고 할 수 있다.

8.3 DCT코딩의 프로세스와 그의 실제

전에 서술한 것과 같이 영상 데이터 레이트 압축 기술은 DCT코딩과 양자화 프로세스와 가변장 코딩의 복합 기술로서 화질을 어느 정도 레벨로 유지하면서 높은 레벨의 데이터 압축을 시행 하고 있다고 할 수 있는데, 이러한 최량의 조합에 대해서는 다음 섹션에서 계속 설명하기로 한다.

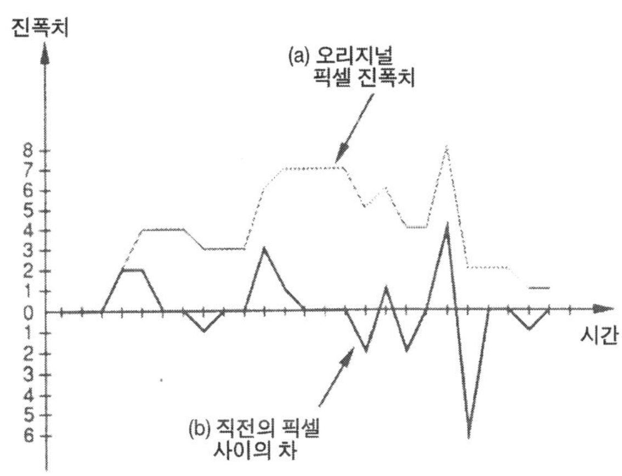

진폭치	발생 빈도	
	(a)	(b)
-6		1
-5		0
-4		0
-3		0
-2		2
-1		2
0	2	12
1	2	1
2	4	2
3	3	1
4	5	1
5	1	0
6	2	0
7	4	0
8	1	0

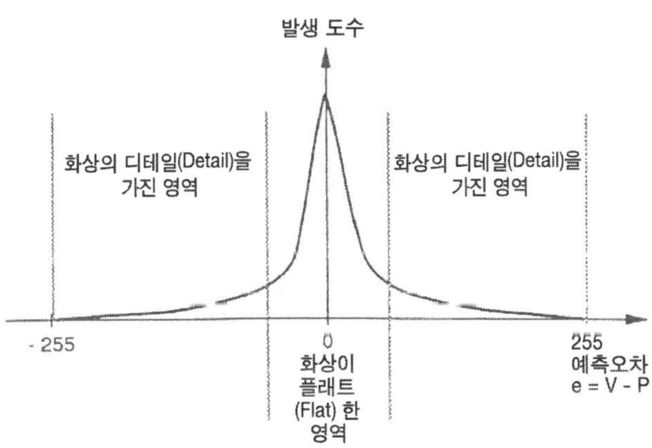

(c) TV프로그램 화상을 장기간 평균화 할 때에 예측 오차의 히스토그램(Histogram)

그림 8.7 DPCM 엔코드와 엔트로피(Entropy) 감소

역주 그러면 지금부터는 후에 등장하고 있는 양자화 프로세스(Quantizing Process)에 대하여 설명을 하면, 아날로그 치로 부터의 양자화가 아니라 이미 직선 양자화로 디지털화 되어진 수치을 재차 비직선 특성을 가진 데이터나 저 비트의 거친 양자화 데이터로 변환하는 프로세스를 말하고 있다고 할 수 있다.

예를 들면 0~3까지의 데이터는 0으로 하고, 3~10가지의 데이터는 6으로 변환을 시키는 것도 양자화라고 부르고 있는데, 이러한 것을 재 양자화라고 부르기도 한다.

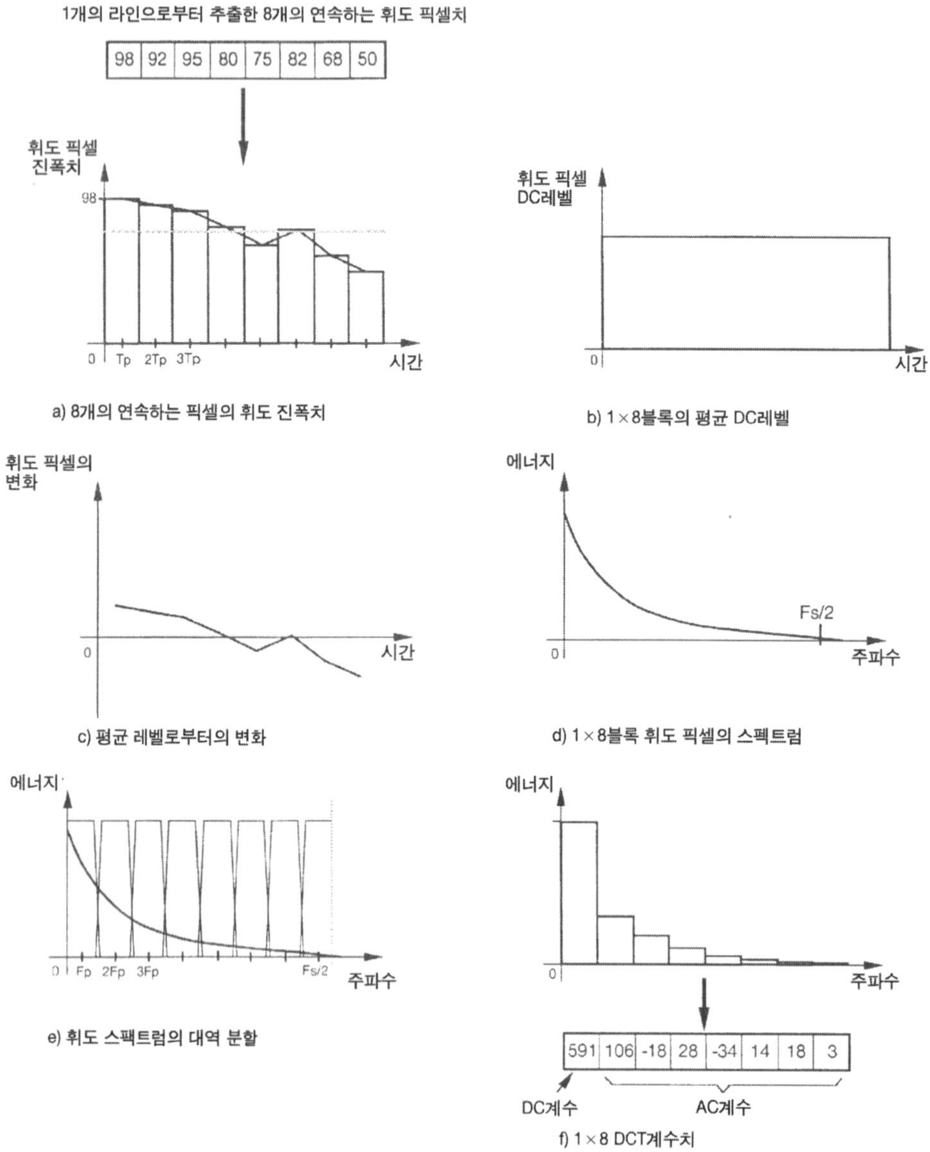

그림 8.8 1차원 DCT 코딩에 있어서 개요(소니 제공)

8.3.1 DCT코딩 프로세스

DCT시스템이라는 것은 픽셀(샘플)데이터를 한 개의 블록으로 모은 것을 프로세스 하여 주파수 영역의 계수 데이터 블록으로 변환 한다고 할 수 있는데, 그림 8.8에서는 4:2:2의 샘플링 디지털 영상으로부터 어느 라인 상의 연속하는 8개 휘도 픽셀 프로세서의 1차원(1개의 축을 따라서)의 DCT코딩을 적용한 예를 간단하게 표시를 하고 있는 것이다.

이러한 픽셀의 평균 DC레벨과 각 픽셀 간의 분산에 대하여 이야기를 하면, 그림 8.8b와 8.8c에서와 같이 표시를 하는 것이 가능하다고 할 수 있는데, 그림 8.8d에서 표시를 하고 있는 스펙트럼은 8개의 픽셀에 따라서 진폭의 변화(또는 분산)를 0Hz로부터 샘플링 주파수 1/2(F_s/2=6.75MHz)까지의 범위로 표시한 것이라고 할 수 있다.

이러한 DCT 코딩이라는 것은 이런 주파수 스펙트럼을 8개의 주파수 밴드로 나누고, 이 나누어진 각 주파수 밴드에 있어서 파형 스펙트럼의 에너지를 표시하는 8개의 계수치로 분해되어진다고 할 수 있다. 그림 8.8e와 8.8f는 휘도 스펙트럼 밴드의 분할과 각 밴드에 있어서 계수치를 표시하고 있다고 할 수 있고, 가장 좌측에 있는 최초의 계수는 파형의 평균 DC레벨을 표시하고 있는 것이라고 할 수 있는데, 좌로부터 우쪽으로 보면 그 외의 계수치는 원래의 파형보다 높은 공간 주파수 성분을 표시하고 있다고 할 수 있고, 이러한 것을 통상적으로 AC계수라고 불리 우고 있다고 할 수 있으며, 화상에 있어서 공간적인 확장성이 높다면 이러한 AC계수에 있어서 다수는 제로에 근접하고 있으나 어떤 경우에는 제로가 되는 경우도 있다고 할 수 있다. 이상은 라인에 따라서 1차원의 픽셀 열에 대한 DCT코딩으로서, 실제에서는 보다 상관성이있는 부분을 제거한 고도한 화상 압축을 하기 위하여 수평, 수식의 2개축에 따라서 8×8의 휘도 픽셀 블록에 대하여 2차원의 DCT코딩의 코딩을 적용하여 8×8의 DCT계수 블록으로 변환을 한다고 할 수 있는데, 이러한 8×8계수 블록에서는 가장 좌상의 계수치가 그 휘도 픽셀 블록의 평균 DC레벨로 표시되는 DC계수가 된다고 할 수 있다.

그림 8.9에서는 실제 화상 데이터로부터 얻은 픽셀치의 8×8블록의 2차원의 DCT블록 코딩의 일예를 표시하고 있는데, JEPG규격에서는 포워드 DCT(Forward DCT : FDCT)프로세스는 아래와 같이 규정 되어있다고 할 수 있다.

$$F(u,v)=\frac{C(u)C(v)}{4}\sum_{j=0}^{7}\sum_{k=0}^{7} f(j,k)\mathrm{Cos}\left(\frac{(2j+1)u\pi}{16}\right)\mathrm{Cos}\left(\frac{(2k+1)v\pi}{16}\right) \quad (8.1식)$$

여기에서 f(j,k)=8×8휘도 픽셀 블록의 오리지널 샘플치
u=표준화한 수평 주파수 (0 〈 u 〈 7)
v=표준화한 수직 주파수 (0 〈 u 〈 7)

$C(u),C(v)=1/\sqrt{2}$ U,V=0일 경우
$C(u),C(v)=1$ u,v=1,2,3…7일 경우

최초의 계수는 표준 주파수 u또는 v와 함께 0이라고 할 수 있다.
그 때문에 계수를 DC계수라고 부르고 있다.

$$F(0,0) = \frac{1}{8} \sum_{j=0}^{7} \sum_{k=0}^{7} f(j,k) \qquad (8.2식)$$

이러한 방정식은 8×8블록의 가운데 모든 픽셀 치를 가산해서 8로 나눈 것이라고 할 수 있는데, 이러한 계산 결과는 블록의 평균 픽셀치의 8배가 된다고 할 수 있다.

DCT프로세스를 Y, C_R ,C_B와 같은 컴포넌트 디지털 신호에 적용을 하는 경우에 있어서, 색신호 C_R, C_B는 8비트 시스템에서는 최대 진폭의 범위가 +128/-128이 되고, Y신호는 최대 진폭의 범위가 0~255가 된다고 할 수 있는데, DCT엔코더의 설계를 간단하게 하기 위하여 Y신호의 치는 원래의 픽셀치로부터 128을 빼어서 레벨 시프트를 시행 하여, 최대 진폭의 범위를 C_R, C_B와 같게 하고 있다고 할 수 있고, 이를 DCT디코딩의 단계에서 같은 치의 128이 재생되어진 Y픽셀치에 더해져서 원래의 데이터로 되돌아온다고 할 수 있다.

뺀 결과로 인하여 Y 픽셀용의 8비트의 A/D컨버터는 -128로부터 127사이에 시프트 되어진 치를 발생 한다고 할 수 있는데, 이러한 DCT블록의 DC계수는 -1024로부터 1016사이에 치수(Y데이터 범위의 8배)를 가지게 되어있고, 이러한 AC계수로서는 u, v는 1부터 7의 치를 가지게 하고 있으나 C(u) 또는 C(v)는 =1이 되어서 포워드 DCT프로세스 식에 의하여 AC계수의 최대치는 ±1020의 범위가 되는 것이다.

이렇게 생성되어진 8×8DCT계수의 블록치는 8×8휘도 블록의 평균 밝기를 표시하는 높은 DC치 (그림의 예에서는 DC=591)와 그림 8.9의 예와 같이 대단히 적은 수평, 수직방향의 고주파 성분치를 하고 있다고 할 수 있다.

그러나 수평 AC계수는 수직 방향의 계수보다도 높은 치를 하고 있다고 할 수 있는데, 이러한 예에서는 수직방향의 픽셀치의 변화에 대하여 수평 방향의 변화가 크다는 것을 쉽게 알 수가 있을 것이다.

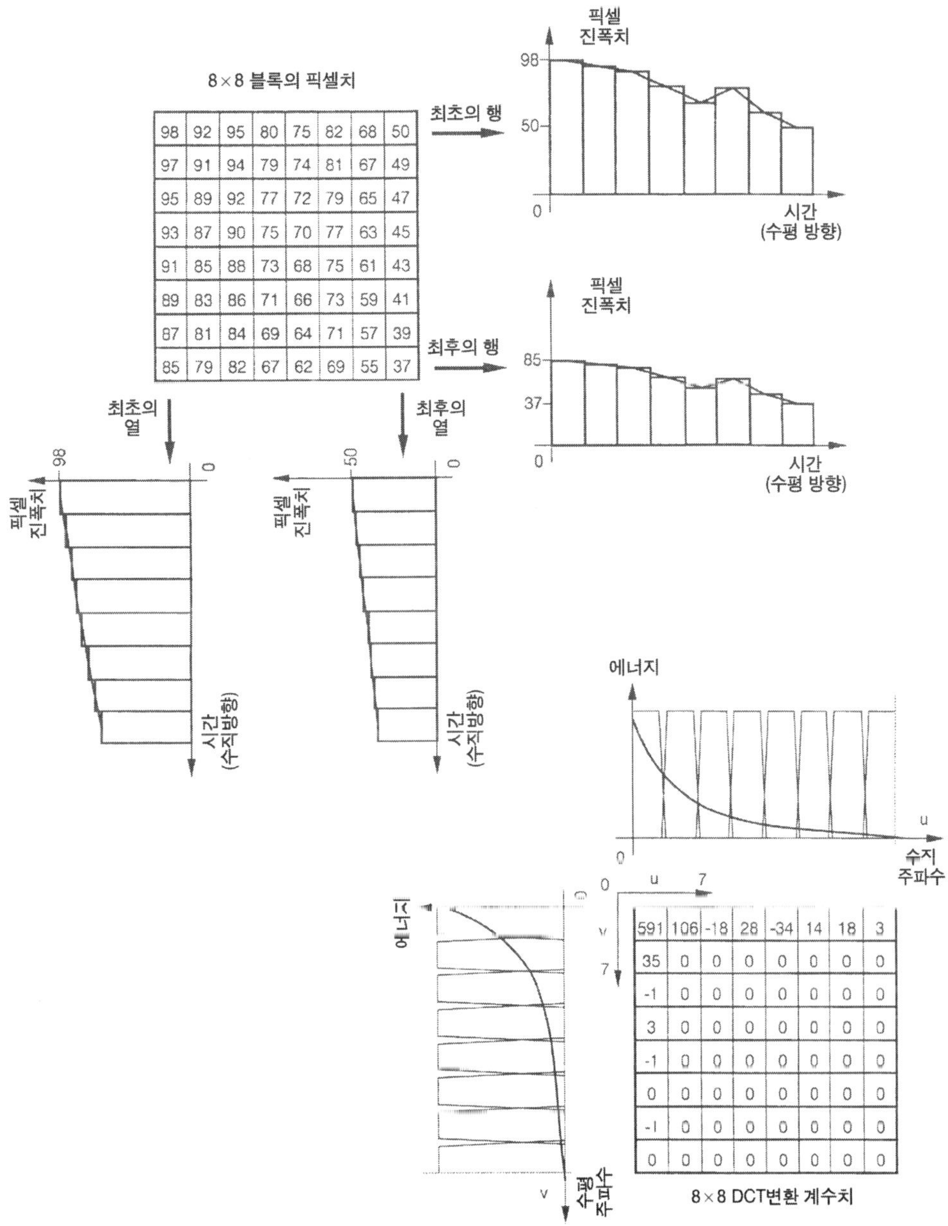

그림 8.9 2차원 DCT블록 코딩의 개요(소니사를 중심으로)

그림 8.10에서는 예1의 휘도 픽셀 블록에 적용한 DCT의 프로세스를 표시하고 있는데. 이러한 픽셀치는 3개의 컴포넌트신호의 엔코드를 하기 때문에 이미 -128로 다운 시프트 되어졌다고 할 수 있다.

그리하여 일반 측으로 봐서는 픽셀 블록 한 개의 방향으로 픽셀사이의 큰 변화에 있어서는 그러한 것이 수평 방향, 수직 방향, 경사 방향이라 할지라도 모두 그거와 같은 방향의 DCT블록계수의 높은 치를 생성한다고 할 수 있는데, 그림의 우하단에 있는 웨이팅(Weighting) 표는 JPEG규격에서 결정되어져 있는 각 AC계수에 대한 시각상의 웨이팅을 가한 것으로서 표의 치에서는 대응하는 계수로 나눈 것이라고 할 수 있고, 그 결과를 가지고 양자화 한 것이 좌하의 블록이라고 할 수 있다.

그림 8.11에서는 DCT프로세스의 2번째의 예로 현실에는 있지 아니하는 흑(샘플치=0) 와 백 (샘플치=255)이 상호 나타나고 있는 픽셀 블록을 처리한 것이라고 할 수 있는데, -128을 가산한 후에 샘플치는 +127과 -128사이를 상호적으로 변화 하는 것으로 하고 있다.

이러한 블록은 가능성이 있는 최대의 픽셀사이에 변화를 표시하고 있다고 할 수 있는데, 결과론적으로 보면 DCT의 계수는 그 상태를 표시한 것이라고 할 수 있고, 많은 주파수에서 계수는 제로로 되어있는 높은 주파수의 계수 치는 매우커서 양자화 이후의 AC계수의 수는 그렇게 많이 감소하지 아니한다고 할 수 있다.

이러한 것에 대한 극단적인 예는 제로가 아닌 AC계수를 모두 제거하고, DC계수 신호를 남기기 위한 처리로 인하여 가능하다고 할 수 있는데, 그 결과 역 DCT 처리에 의하여 일률적인 그래이(Gray)화면이 나타난다고 할 수 있으나, 이것도 혹시 원래의 픽셀 마다 크게 변화하여 8×8블록이 원래의 사이즈로 모니터에 표시되어지고, 통상의 시 거리로부터 관측한 경우에는 시각상의 화면과 같다고 할 수 있으며, DCT 처리를 시행 한 후에 역 DCT처리 전에 수평 또는 수직방향의 높은 주파수의 AC계수 몇 개를 제거하는 것에 의하여 수평 또는 수직 방향의 로패스 필터의 효과가 실현하는 것이 가능하다고 할 수 있다.

그림 8.12 또는 그림 8.13은 예1(그림8.10)과 예2(그림 8.11)에 있어서 원래의 휘도 픽셀과 그러한 것을 처리하는 DCT계수의 3차원 표시라고 할 수 있는데, 여기에서 주의를 하여야 할 것은 위에서 설명한 DCT 프로세스는 Y픽셀의 치는 0~700㎷의 휘도 신호를 A/D변환 시키어서 0~255치로 하고 있다는 것이다.

그러나 CCIR-601규격에 의한 컴포넌트의 신호는 0~700㎷의 흑으로부터 백 레벨에 대응하는 치를 16~235로 하고 있는데, 이러한 것에 의하여 700㎷이상의 헤드룸이나 0㎷이하의 크로마키 등에 사용될 수가 있는 흑색 이하의 흑 신호(Blacker Than Black)등에 대응이 가능하도록 하고 있고, 압축 시스템에 따라서는 이러한 이질성을 무시하고 시행한 결과 프로그램 제작 상에 있어서 상호 호환성이 이루어 지지 아니하기 때문에 에러를 일으키는 것이라고 할 수 있다.

a) 8×8 블록의 휘도 픽셀치
f(j,k)

(0 → j 7, k ↓ 7)

98	92	95	80	75	82	68	50
97	91	94	79	74	81	67	49
95	89	92	77	72	79	65	47
93	87	90	75	70	77	63	45
91	85	88	73	68	75	61	43
89	83	86	71	66	73	59	41
87	81	84	69	64	71	57	39
85	79	82	67	62	69	55	37

→ DCT 프로세스

b) DCT처리한 계수치
F(u,v)

(0 → u 7, v ↓ 7)

591	106	-18	28	-34	14	18	3
35	0	0	0	0	0	0	0
-1	0	0	0	0	0	0	0
3	0	0	0	0	0	0	0
-1	0	0	0	0	0	0	0
0	0	0	0	0	0	0	0
-1	0	0	0	0	0	0	0
0	0	0	0	0	0	0	0

c) 웨이팅
(Weighting : 무게가 있는)
테이블(JPEG의 휘도 샘플용
표준 양자화 테이블)
Q(u,v)

(0 → u 7, v ↓ 7)

16	11	10	16	24	40	51	61
12	12	14	19	26	58	60	55
14	13	16	24	40	57	69	56
14	17	22	29	51	87	80	62
18	22	37	56	68	109	103	77
24	35	55	64	81	104	113	92
49	64	78	87	103	121	120	101
72	92	95	98	112	100	103	99

d) 기준화 (Normalized) 되어져
양자화되어진 DCT계수치
Fq(u,v)

(0 → u 7, v ↓ 7)

40	10	-2	2	-1	0	0	0
3	0	0	0	0	0	0	0
0	0	0	0	0	0	0	0
0	0	0	0	0	0	0	0
0	0	0	0	0	0	0	0
0	0	0	0	0	0	0	0
0	0	0	0	0	0	0	0
0	0	0	0	0	0	0	0

그림 8.10 8×8 DCT블럭의 포맷의 처리 예#1

a) 8×8 블록의 휘도 픽셀치
f(j,k)

127	-128	127	-128	127	-128	127	-128
-128	127	-128	127	-128	127	-128	127
127	-128	127	-128	127	-128	127	-128
-128	127	-128	127	-128	127	-128	127
127	-128	127	-128	127	-128	127	-128
-128	127	-128	127	-128	127	-128	127
127	-128	127	-128	127	-128	127	-128
-128	127	-128	127	-128	127	-128	127

DCT프로세스

b) DCT처리한 계수치
F(u,v)

-5	0	0	0	0	0	0	0
0	33	0	39	0	58	0	166
0	0	0	0	0	0	0	0
0	39	0	46	0	69	0	196
0	0	0	0	0	0	0	0
0	58	0	69	0	103	0	294
0	0	0	0	0	0	0	0
0	166	0	196	0	294	0	837

DCT블록
양자화

c) 웨이팅
(Weighting : 무게가 있는)
테이블(JPEG의 휘도 샘플용
표준 양자화 테이블)
Q(u,v)

16	11	10	16	24	40	51	61
12	12	14	19	26	58	60	55
14	13	16	24	40	57	69	56
14	17	22	29	51	87	80	62
18	22	37	56	68	109	103	77
24	35	55	64	81	104	113	92
49	64	78	87	103	121	120	101
72	92	95	98	112	100	103	99

d) 기준화 (Normalized) 되어져 양
자화되어진 DCT계수치
Fq(u,v)

0	0	0	0	0	0	0	0
0	3	0	2	0	1	0	3
0	0	0	0	0	0	0	0
0	2	0	2	0	1	0	3
0	0	0	0	0	0	0	0
0	2	0	1	0	1	0	3
0	0	0	0	0	0	0	0
0	2	0	2	0	3	0	8

그림 8.11 8×8 DCT블럭의 포맷의 처리 예#2

DCT프로세스에서는 그 자신으로서는 데이터 레이트로 압축을 하지하지 아니하는 완전한 가역성이라고 할 수 있는데, 이러한 역 DCT프로세스(Invert DCT Process : IDCT Process)는 혹시 DCT 계수가 정수식화 등에 의하여 변경되지 아니한다면 정확하게 원래의 픽셀치를 재생한다고 할 수 있다. 그러나 전송상의 디지털 신호가 둥글게 변형되는 둥근오차(반올림한 오차 : 마르메오차)를 무시할 정도로 하기위해서는 계산 처리에서는 13비트로부터 14비트 이상이 필요하다고 할 수 있는데, 이러한 데이터 레이트의 압축을 가능하게 하는 것은 DCT와 양자화와 같은 가변장 코딩(可変長 : VLC)과 같은 효율적인 코딩 기술과의 조합에 의하여 이루어 질수 있고, DCT는 원래의 데이터에 상관성이 있는 부분을 제외하고, 신호의 에너지가 큰 부분을 비교적 소수의 계수 데이터라고 할 수 있는 낮은 주파수 영역으로 변환한 성분으로 축적하여, 남은 높은 주파수 영역의 성분을 전송이나 기록에 있어서 필요도가 적게 하면서 제로가 아닌 작은 수의 계수치로서 생성을 하기위하여 사용되어지고 있다고 할 수 있다.

또한 DCT 블록 사이즈로서 8×8을 선택한 이유는, 큰 블록 사이즈가 에너지를 효율적으로 압축 하는 것이 가능하다는 것과, DCT연산을 리얼 타임으로 시행을 하기 위 하여는 작은 블록사이즈가 유리하다는 것에 대한 양자사이에 타협의 결과라고 할 수 있다. 그림 8.14에서는 DCT 프로세스를 사용한 영상 데이터 압축 엔코더의 간단한 계통도를 표시하고 있다고 할 수 있는데, 압축 전에 원래의 화상은 목적에 맞는 해상도를 선택하는 샘플링 구조로 디지털화 되어진다고 할 수 있다. 그림 8.15에서는 그 샘플링 구조의 열로서 각각 다른 마크로 블록(Macro Block : 16×16의 대 블록) 구조로 연결 되어있다고 할 수 있는데, 휘도 또는 색신호의 데이터는 별개의 Y, C_R, C_B의 각 8×8블록화 되어져 있다고 할 수 있다.

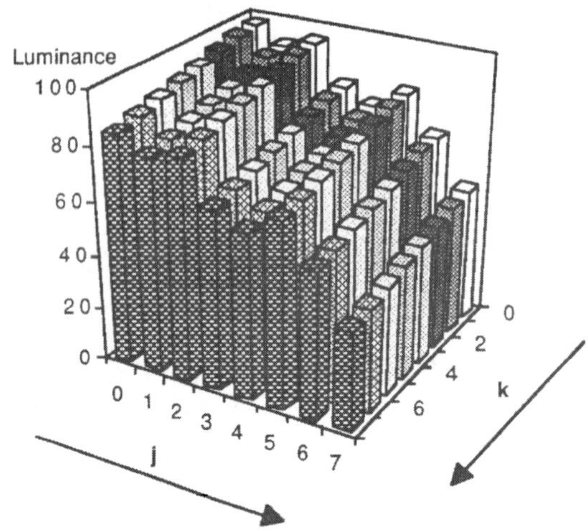

a) 오리지널 휘도 샘플치의 입체 디스플레이 (예 #1)

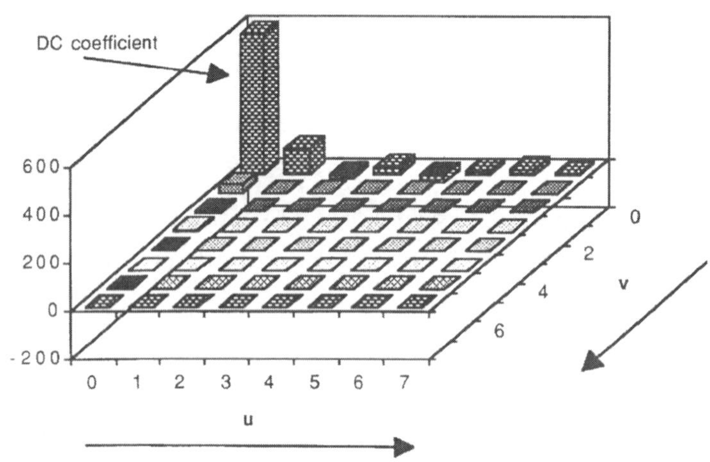

b) DCT계수의 입체 디스플레이 (예 #1)

그림 8.12 오리지널 휘도 샘플치와 DCT계수치의 입체 디스 플레이(예#1)

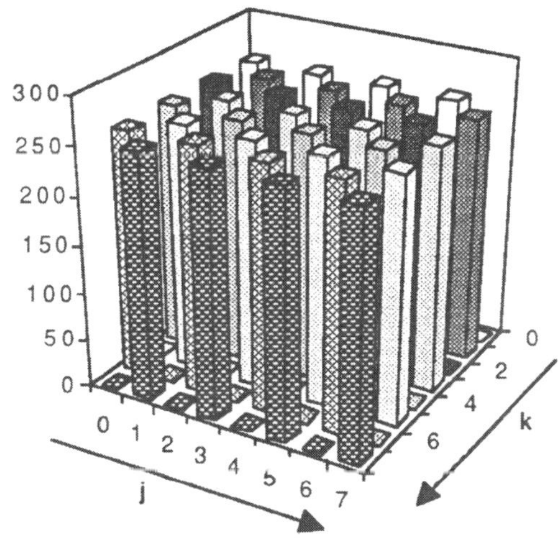

a) 오리지널 휘도 샘플치의 입체 디스플레이 (예#1)

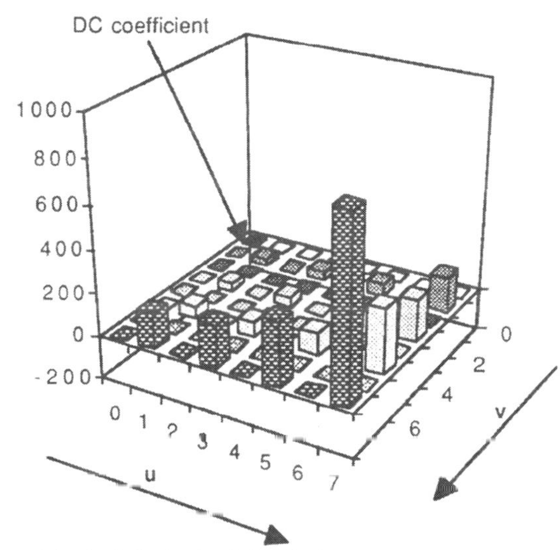

b) DCT계수의 입체 디스플레이 (예#2)

그림 8.13 오리지널 휘도 샘플치와 DCT계수치의 입체 디스 플레이(예#2)

거기에다 한 개의 마크로 블록(Macro Block)이 4개의 8×8휘도 (Y)픽셀치 블록과 그러한 것에 대응하는 색도(C_R, C_B)의 블록으로 구성 되어 진다고 할 수 있는데, 4:2:0 샘플링 구조에서는 마크로 블록이라는 것은 4개의 Y블록과 1개의 C_R, 그리고 1개의 C_B블록으로 구성 되어진다고 할 수 있고, 마크로 블록의 중심에 표시되어져 있는 블록의 번호는 DCT코더에 보내어져서 순서를 표시하고 있다고 할 수 있다.

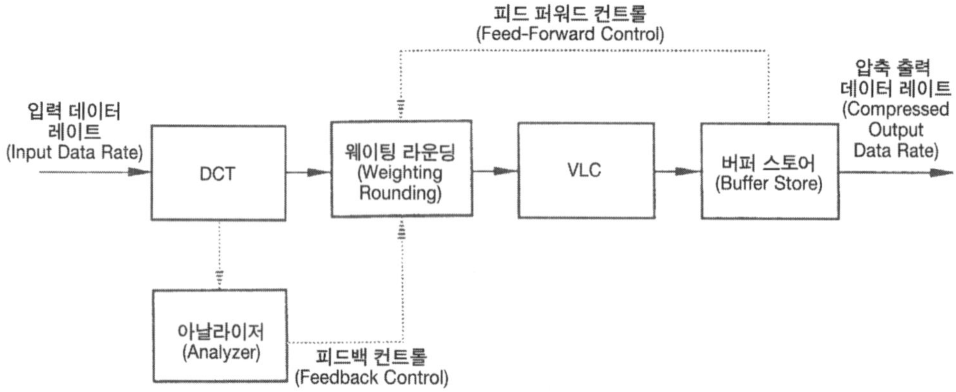

그림 8.14 DCT 방식을 사용하여 단순화한 데이터 압축 프로세서 계통도

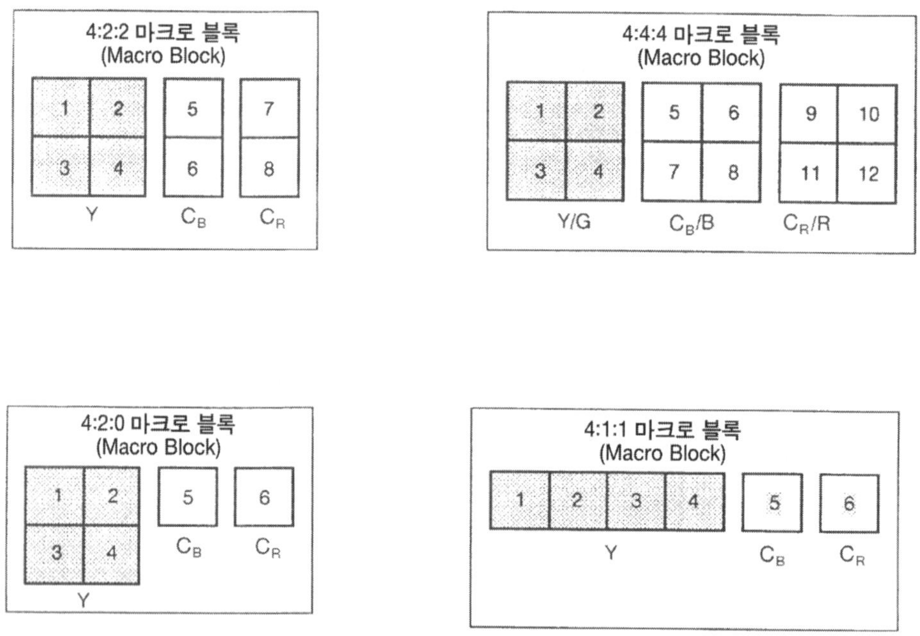

주 : 모든 블록은 8픽셀, 8개의 라인으로 구성 되어져 있는데, 이러한 블록의 번호는 마크로블록의 가운데 블록이 DCT프로세스에 보내는 순번을 표시하고 있다.

그림 8.15 다양한 샘플링 포맷에 대한 마크로 블록(Macro Block)

8.3.2 DCT블록의 양자화 프로세스 (DCT Block Quantization Process)

DCT블록의 양자화 프로세스는 신장되어서 재생되어진 화상 화질에 직접 영향을 주고 있으므로 압축 시스템의 설계에 있어서는 가장 영향이 많고 민감한 영역이라고 할 수 있다.

인간의 시각이 코딩에 의한 왜를 느끼는 감도는 주로 공간 영역에 있어서 주파수 성분과의 부분적인 변화에 의하여 좌우한다고 할 수 있는데, 그 때문에 그림 8.16에서 표시를 하는 것과 같이 조건에 따라서 양자화 특성을 변화시키는 적응 양자화(Adaptive Quantization)가 시각상의 양자화 웨이팅을 사용하여 시행을 하고 있다고 할 수 있고, 이러한 양자화 웨이팅은 주로 주파수 웨이팅, 시각상의 액티비티(Activity) 파라미터, 버퍼(Buffer)의 상태와 파라미터 등의 3개의 팩터(Factor : 요소)에 의하여 결정 되어 진다고 할 수 있다.

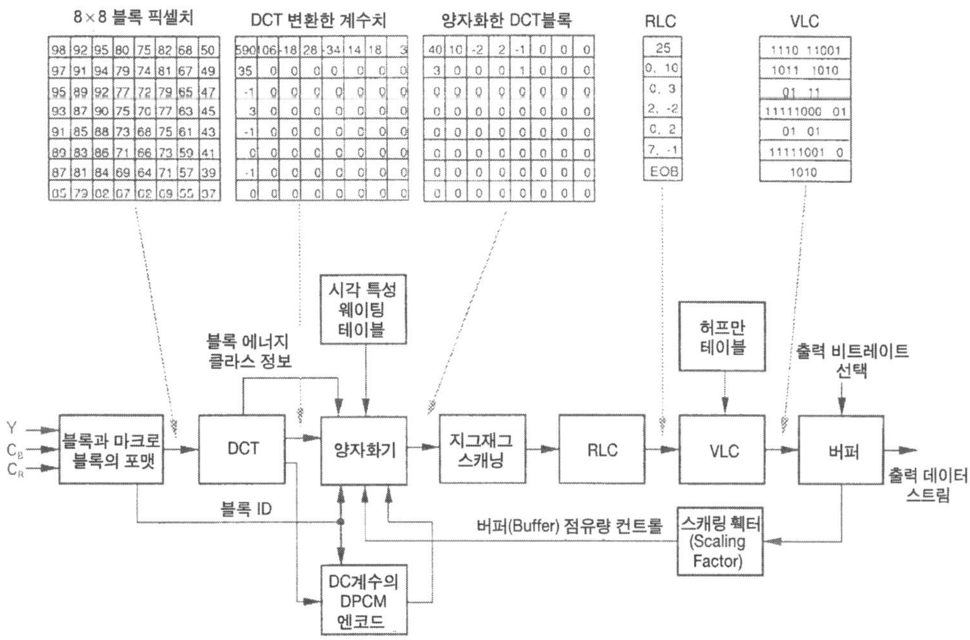

그림 8.16 DCT코딩에 의한 화상 데이터 압축의 기본 프로세스

이러한 양자화기의 기본적인 기능은 각 DCT의 계수를 1보다는 큰 수로 나누어서 제로에 가까이 이거나 제로와 거의 같은 수식으로 하한다고 할 수 있고, 후속하는 프로세스로 효율적인 디코딩을 하기 위 하여는 반올림 치(등근치)로 하던지? 아니면 무시하는 것이 가능하도록 하는 방법을 사용하고 있다고 할 수 있는데, 이러한 방법은 작은 에너지를 가지고 있는 계수는 픽셀과 픽셀 사이에 변화가 적다는 것을 나타내는 것으로서 시각의 심리적 특성으로부터 봐서는 이러한 계수를 소거하여도 재현 화상을 본 느낌으로는 해상도의 영향을 크게 주지 아니하게 한다고 할 수 있기 때문이라고 할 수 있다.

이러한 양자화 프로세스는 데이터의 손실을 발생하는 로시(Lossy)가 있는 조작으로서 어디까지나 화상의 열화를 일으킨다고 할 수 있으나, 그러나 넓은 범위의 텔레비전 프로그램 소재를 대표로하는 다양한 화상을 사용하여 주관 평가를 반복하여 실시한 결과에 기초하여 많은 부분을 최적화하는 설계를 한다면 이러한 열화를 시각 심리적으로 최소로 억제하는 것이 가능하다고 할 수 있다.

그리하여 설계자는 목적으로 하는 래플리케이션이나 필요한 성능, 코딩에 의한 지연, 복잡한 정도, 필요한 비용(Cost)의 목표에 의하여 많은 부분을 고려하여 자기가 의도하고자 하는 목적에 알맞은 옵션을 선택한다고 할 수 있는데, 그림 8.16에서는 양자화 프로세스를 잘 제어하기 위하여 4개의 각각 다른 팩터(Factor : 요소)를 사용하고 있는 양자화 기의 설계에 있어서 일예를 표시하고 있다.

16	11	10	16	24	40	51	61
12	12	14	19	26	58	60	55
14	13	16	24	40	57	69	56
14	17	22	29	51	87	80	62
18	22	37	56	68	109	103	77
24	35	55	64	81	104	113	92
49	64	78	87	103	121	120	101
72	92	95	98	112	100	103	99

웨이팅(Weighting) 테이블
(휘도 샘플용 JPEG 표준
양자화 테이블)

17	18	24	47	99	99	99	99
18	21	26	66	99	99	99	99
24	26	56	99	99	99	99	99
47	66	99	99	99	99	99	99
99	99	99	99	99	99	99	99
99	99	99	99	99	99	99	99
99	99	99	99	99	99	99	99
99	99	99	99	99	99	99	99

웨이팅 (Weighting) 테이블
(색도 샘플용의 JPEG표준
양자화 테이블)

그림 8.17 JPEG 의 휘도 또는 색도 신호용 표준 양자화 데이블

최초의 팩터(Factor : 요소)는 인간의 시각 특성을 고려하고 있는 것으로 그림 8.17에서 표시를 하고 있는 것과 같이 양자화 웨이팅 테이블 Q(u, v)로서 요약 되어진다고 할 수 있는데, 이러한 테이블은 실제로 JPEG의 규격으로 Y와 C_R/ C_B 신호의 DCT블록의 양자화 테이블로서 규정 되어져 있는 것으로서, 원래의 DCT의 계수치를 이 표에 대응하는 장소에 있는 웨이팅의 치로 나눈 것(割算)이라고 할 수 있고, 직류분 DC와 낮은 주파수 성분은 원래의 픽셀 블록에서 가장 시각 상에 예민한 환경을 가진 파라미터라고 할 수 있다. 따라서 실제 압축 시스템에서는 픽셀 블록사이에 양자화오차를 피하기 위하여는 DC계수를 12비트 정도로 양자화하고 있다고 할 수 있다.

이러한 오차가 있다면 압축 신장에서 재현이 되어지는 화상의 블록 왜(Blocking Artifacts)가 발생하여 우리가 흔히 볼 수 있는 "모자이크 효과"와 같은 화질열화증상이 나타나기도 한다고 할 수 있는데, 따라서 이러한 것은 역으로 말하면 높은 주파수의 성분 계수는 시각적으로 큰 양자화 오차가 허용되어지기 때문에 2비트 정도까지 거칠게 양자화가 가능하다고 할 수 있다. 그림 8.10과 그림 8.11에서는 양자화를 하여 가장 가까이 정수치로 근접하게 변환되어진 DCT계수를 표시하고 있는데, 이렇게 양자화 되어진 계수치는 그림 Fq(u, v) 양자화 테이블에 표시하여 있어 아래와 같은 식으로 계산 되어진다고 할 수 있다.

$$\text{Fq(u,v)}=\left[\frac{F(u,v)}{Q(u,v)}\right]\text{을 근접치에 접근하게 변조를 한 것}$$

$$=\left[\frac{F(u,v)+\{Q(u,v)/2\}}{Q(u,v)}\right]\text{의 정수부분}$$

그림 8.17에서 표시를 하고 있는 것과 같이 인간의 시각에서의 색도 정보는 휘도 정보보다 그리 엄격하지 아니하므로 픽셀 블록 ID에 따라서는 휘도신호치와 색도신호치는 별개의 테이블로 양자화 되는 것과 같이 보이게 되어있는데, 양자화 노이즈는 색도 성분에서는 휘도성분의 양자화 노이즈보다도 보는 게 어렵다고 할 수 있으므로, 보다 거칠게 양자화하는 것이 가능하다고 할 수 있다.

이러한 양자화 테이블은 DCT 블록의 계수 위치에 따라서 각각 다른 웨이팅의 치를 양자화기에 보내어 진다고 할 수 있는데, 가늘게 펴져있는 세밀한 디테일이 많은 화상에서는 고주파 DCT계수가 큰 치가되어 양자화 테이블의 각 환산한 치가 작으면 버퍼의 오버 플로어(Over Flow)를 일으킨다고 할 수 있다.

또한 버퍼의 상태 피드백 정보(Feed Back Buffer State Information)또는 버퍼 점유 정보(Buffer Occupancy Information)는 이러한 버퍼가 오버 플로어(Over Flow)가 되지 아니하게 하게 스켈링 팩터(Scaling Factor : 계수의 증감율)를 세어 한다고 할 수 있다. 이러한 스켈링 팩터는 DCT의 AC계수의 신호로 적용이 되어 블록 왜가 있는 모자이크 효과가 나타나지 아니하기 위하여 블록의 평균치를 표시하는 DCT계수를 변화시키지 아니한다고 할 수 있다.

이러한 팩터(Factor)는 2개의 색도 블록과 원래의 화상 샘플링 구소에 의하여 변화하는 수의 휘도 블록으로 구성을 하고 있는 마크로 블록으로 일정하다고 할 수 있는데, 이러한 마크로 블록이 최대 4매까지 휘도 블록으로 구성이 되어 있기 때문에 이 4개중에서 1개의 블록이 높은 에너지를 가지고 있는 경우에도 그 때문에 거친 양자화와 높은 양자화 오차가 다른 블록에도 영향을 주어서 디테일이 서서히 변화하는(Ramp Detail) 계단상의 재현 왜(Staircase Effect)가 생긴다고 할 수 있다.

따라서 이러한 화질의 열화를 최소로 하기 위하여 모든 블록의 최대 AC계수치를 평가하여 블록의 에너지를 몇 단계의 등급으로 나누어서 그러한 것에 의하여 양자화기를 제어한다고 할 수 있다. 이런 데에 필요로 하는 양자화의 방법은 보다 좋은 화질을 얻기 위한 열쇠로서 각 기기제작사의 학문적인 접근(Approach)에 달려 있다고 할 수 있고, 이러한 것에 의하여 압축의 화질에 있어서 좋고 나쁨이 결정 되어진다고 할 수 있다.

비트레이트 압축을 하고 있는 디지털 VTR설계에 있어서는 기록이나 재생 프로세스에 있어서는 정보의 손실에 대하여 오류 보정(Error Correction)이나 화상 보정(Error Concealment)을 유효하게 하기위하여 데이터의 샤프링(Shufling : 혼합 절환)이 필요하다고 할 수 있는데, 이러한 필요성으로부터 양자화 프로세스 전에 DCT의 블록은 프레임 또는 필드 내에서 혼합 절환 되어진다고 할 수 있다.

실제의 텔레비전의 화상은 통상 큰 면적의 일정한 영역과 작은 면적에 높은 디테일을 가진 영역을 포함한다고 할 수 있는데, 이러한 특성 때문에 샤프링(Shufling : 혼합 절환)에 의하여 높은 데이터 상관성을 가진 DCT의 블록이 낮은 상관성을 가진 DCT블록사이에 분산이 되어진다고 할 수 있다. 그러한 결과로 인하여 연속하는 2개 이상의 DCT블록으로부터 생성 되어지는 양자화 비트 레이트는 거의 일정하게 될 수 있는데, 높은 상관성을 가진 DCT 블록을 거칠게 양자화할 필요가 없어지기 때문에, 화상의 양자화 노이즈는 감소한다고 할 수 있다.

8.3.3 지그재그 스캐닝(Zigzag Scanning)

양자화 되어진 DCT블록은 후속하는 엔코딩과 시리얼 전송을 용이하게 하기 위하여 지그재그 패턴의 스캐닝 순으로 송출 한다고 할 수 있는데, 그림 8.18에서는 2차원의 DCT계수 배열 데이터가 어떠한 순번에 의하여 낮은 주파수로부터 높은 주파수 계수의 형태로 계속하여 시리얼 데이터 열로 변환되면서 가는 것을 표시하고 있는 것으로서, 여기에서 EBO이라는 것은「End of Block Data」를 의미하고 있다고 할 수 있다.

지그재그 패턴의 최초는 큰 계수치를 읽어서 높은 주파수 성분의 제로 계수치를 가능하다면 그룹화 하기 위하여 선택 되어져 있다고 할 수 있는데, 제로가 아닌 계수치의 분포는 원래의 화상 내용에 의하여 결정 되어 진다고 할 수 있고, 오리지널 화상이 수직 방향의 큰 픽셀 사이에 변화가 있는 경우에는 수직 주파수 성분의 DCT계수치가 높게 되어있어 그림 8.19에서 표시를 하고 있는 것과 같이 다른 스캐닝 패턴이 보다 적합 하다고 할 수 있다.

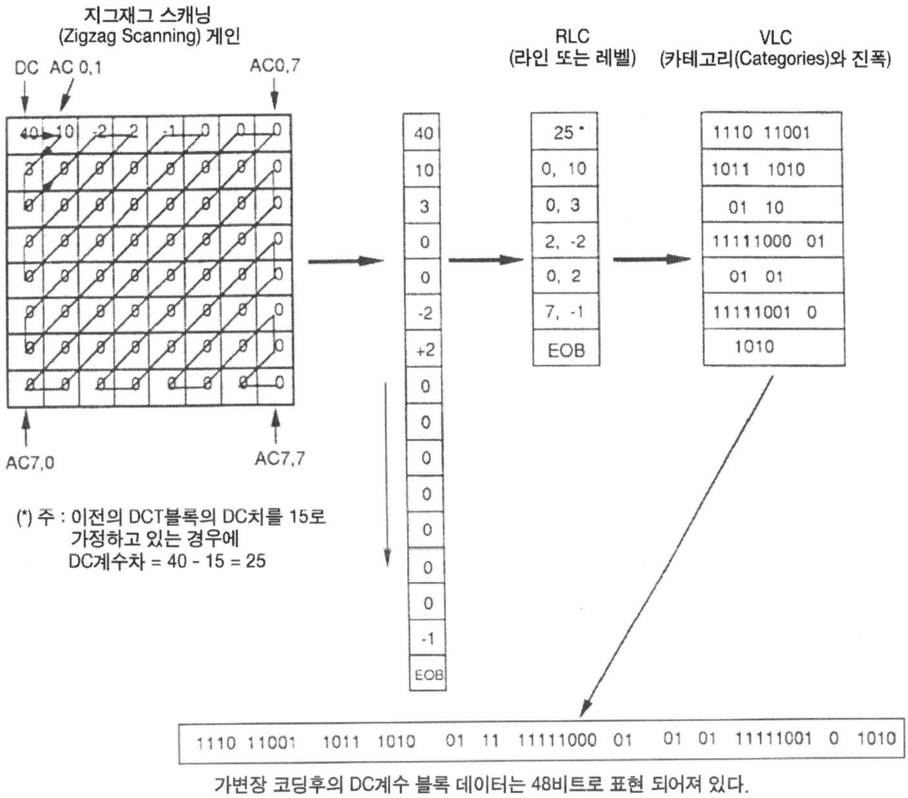

그림 8.18 지그재그 스캐닝(Zigzag Scanning)과 허프만 엔코더

또한 이렇게 선택되어진 지그재그 스캐닝 패턴의 타입은 데이터가 대응가능 가능하게 하기위하여 엔코드 한 비트 스트림 가운데 제어 데이터를 전송하지 아니하면 되지 아니한다.

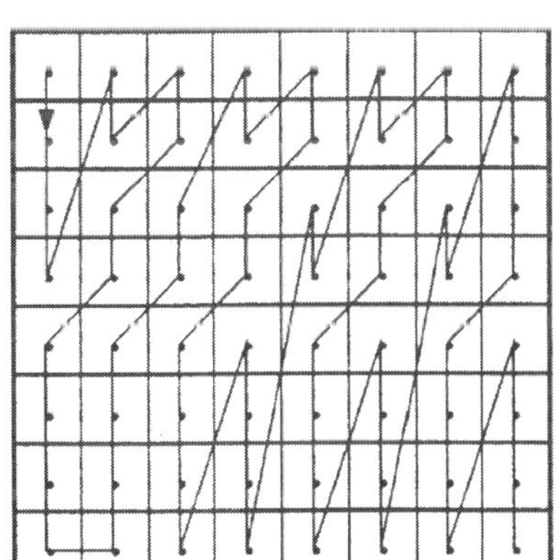

그림 8.19 이외에 가능한 DCT 블록 지그재그 스캐닝(Zigzag Scanning)순서(MPEG-2규격)

8.3.4 런 렝스(Run-Length)또는 레벨 코딩

런 렝스 또는 레벨 코딩(RLC)이라는 것은 양자화 되어져 지그재그 스캐닝(Zigzag Scanning) 되어진 DCT의 계수를 엔코드 하는 데에 사용이 되어진다고 할 수 있는데, 그림 8.18 예에서 표시를 하는 것과 같이 DC치가 1개의 전에 DCT 블럭의 DC치와의 차의 치로 코드 워드로 변환 되어진 후, 후속하는 계수로 제로가 아닌 각 계수가 검지되면 그림의 축 내에서 표시를 하고 있는 것과 같이 그 전에 있는 제로 런의 수와 그 계수의 양자화 후 레벨치 등이 하나의 조합(Run, Level)이 되게 하고 있는 한 개의 코드 워드로 변환 되어진다고 할 수 있다.

표 8.1 AC범위와 카데고리(Categories)

카테고리	계수범위
없음	0
1	-1, 1
2	-3,-2, 2,3
3	-7,-6,-5,-4, 4,5,6,7
4	-15....,-8, 8,.......,15
5	-31,.......,-16, 16,.......,31
6	-63..........,-32, 32,.....,63
7	-127...........-64, 64,.......,127
8	-255,..........,-128, 128,......, 255
9	-511,..........,-256, 256,.........511
10	-1023,...........,-512, 512,........,1023
11	-2047,..........-1024, 1024,........,2047
:	:

8.3.5 가변장 코딩(Variable-Length Coding)

RLC코드워드라는 것은 다음에는 가변장 코드로 엔코드 되어서 출현 빈도가 높은 데이터는 짧은 코드로 하고, 출연 빈도가 적은 데이터는 길은 코드 워드로 변환 시키는 형태로 하고 있는데, 이러한 코딩의 프로세서를 가변장 코딩이라고 부르고 있다.

표 8.1에서는 AC계수치가 어떻게 그룹화 되어져 가는 가를 종류로 나누어서 표시를 하고 있고, 표 8.2에서는 이러한 종류에 대한 허프만 코드표(Huffman Code Table)의 일예를 표시하고 있다.

1 개의 짧은 VLC의 코드가 블록의 종료(End Of Block : EOB)를 표시하고 있는데, 이것은 이후의 계수치는 모두 제로가 된다는 것을 표시 하고 있다고 할 수 있다.

표 8.2 AC계수의 파워맨 테이블의 예(JPEG초기설정 테이블)

제로의 런(run)수	카테고리	코드길이	코드워드
0	1	2	00
0	2	2	01
0	3	3	100
0	4	4	1011
0	5	5	11010
0	6	6	111000
0	7	7	1111000
:	:	:	:
1	1	4	1100
1	2	6	111001
1	3	7	1111001
1	4	9	111110110
:	:	:	:
2	1	5	11011
2	2	8	11111000
:	:	:	:
3	1	6	111010
3	2	9	111110111
:	:	:	:
4	1	6	111011
5	1	7	1111010
6	1	7	1111011
7	1	8	11111001
8	1	8	11111010
9	1	9	111111000
10	1	9	111111001
11	1	9	111111010
:	:	:	:
블록데이터의 종료 (EOB)		4	1010

그림 8.10에서 표시를 하고 있는 DCT계수 블록의 예에서는 DC계수치 40이라는 것은 전에 DCT블록 DC계수치 15를 사용하여 DPCM 엔코드 되어서, 차의 치는 25로 변환 되어져 있다고 할 수 있는데, 이러한 DPCM의 엔코딩은 Y의 DC계수치의 최대 범위를 원래의 -1024로부터 1016이었던 것을 블록 사이에 차를 얻기 위하여 -2048로부터 2032까지 확대하였다고 할 수 있다(웨이팅을 하기전의 치).

이야기를 다시 돌려서 다시 이야기하면 차의(25)변환되어진 차분 DC계수치는 표 8.3에서 표시를 하고 있는 것과 같이 룩 업 테이블(Look Up Table)에 의하여 VLC에 엔코드 되어서 DPCM-DC계수치에 대한 표에 표시하고 있는 카테고리(Categories : 분류)에 대응을 하기위한 파워맨 코드를 출력하게 되어있는데, 이러한 파워맨 코드에 있어서는 계속하여 DC계수치를 표시하는 2진수 데이터를 출력 한다고 할 수 있다. 그림 8.20에서는 DC계수치, AC계수치의 VLC의 엔코딩을 요약한 것을 표시하고 있다고 할 수 있다.

이러한 RLC코드 워드 중에 AC계수는 표 8.1과 8.2에서 표시를 하고 있는 룩 업 테이블에 의하여 파워맨 코드에 엔코드 되어 진다고 할 수 있는데, 최초로 AC계수 전에 있는 제로 런(Run)의 수와 계수의 카테고리 코드(Category Code)를 조합한 성능의 코드가 계속하여 카테고리 코드(Category code)가운데에서 계수치를 지정하는 데이터가 출력되어진다고 할 수 있다. (예를 들면 0, 0, -3이라는 예일 경우에는 -3이라는 것은 표 8.1로부터 보면 카테고리(Category)는 2로서 레로 런(Zero Run)은 2이므로 표 8.2로부터 허프만 코드(Huffman Code)는 11111000이라고 할 수 있고, 계속하여 3에서는 11이라고 할 수 있으나 부수에 의한 것이므로 1의 보수의 00가 출력되어진다고 할 수 있다.)

이러한 형식에 의해 표시하는 데이터 출력의 런(Run)치가 계속되어, 이러한 것에 의한 양자 조합에 의한 파워맨 코드 워드가 생성 되어서 계속하여 AC계수치의 2진수가 출력 되어서 완결 되어진다고 할 수 있다.

이러한 DC계수의 DPCM의 치와 AC계수치의 양자모두 그 레벨 치를 표시하는 2진수 엔코딩은 그 레벨 치로 가능한 최단의 2진수치로 표현을 한다고 할 수 있는데, 부의 레벨은 정의 치의 2진수에 "1의 보수(One,s Complement)"로 표현한다고 할 수 있다.

역주 여기에서 카테고리 코드(Category Code)는 AC, DC의 계수치를 2진수화 할 때 필요한 최단의 비트 길이를 표시하고 있는데, 이러한 가변장 코딩에서는 워드 길이가 고정이 아니므로 워드가 잘라진 것을 아는 것이 필요하다고 할 수 있다. 그리하여 이러한 카테고리 코드(Category Code)에 의하여 다음에 오는 계수치를 표시하는 바이너리데이터의 길이를 아는 것이 가능하게 된다고 할 수 있는데, 가변장 코드에서 있는 카테고리 코드(Category Code) 자신의 길이는 가변장의 코딩 규칙, 즉 여기에서는 출현 확률의 수치를 기본으로 하여 코드를 결정하여 가는 파워맨 코딩규칙(성능코딩규칙)에 의하여 "1"이나 "0''의 부호 형식이 결정되어진다고 할 수 있다. 그리하여 이러한 코드 테이블을 수신측에서도 가지고 있다면 "1", "0"의 부호의 출현 순서를 봐서 코드의 길이와 의미도 아는 것이 가능하다고 할 수 있다.

표 8.3의 DC계수에서는 색도의 카테고리 코드(Category Code)의 일예로서 최초의 "0"이면 다음에 "0"이나 "1"로 끝나고, 최초가 "1"이라면 "1"의 연속이라고 할 수 있으며, 최후에 "0"이 온다면 끝나게 되어있는데, 출현 확률이 높은 카테고리 코드(Category Code)를 짧은 코드로 한다면 그러한 것도 계수치의 최단 바이너리 코드의 조합에 의하여 합계를 내어서 데이터 길이를 짧게 할 수 가 있다는 것으로서, 이러한 가변장 코딩에 있어서는 파워맨 코딩의 이외에도 몇 가지의 국제적으로 권고하는 형식이 있다고 할 수 있다.

2진수에있어서 1보수는 잘 알고 있는 것과 같이 원래의 2진수의 "1", "0"을 반전한 형이 된다고 할 수 있는데, 예를 들면 "101"에서 1의 보수는 "010"이고, 원래의 2진수를 가산한다면 "111"과 꼭 그의 비트수에서 최대치가 된다고 할 수 있다.

카테고리 코드(Category Code)로서 계수치를 표시하는 최단의 비트길이가 지정되어지기 때문에 계수의 바이너리 데이터는 MSB가 꼭 1이 된다고 할 수 있는데, 왜냐하면 MSB가 0이라면 또 하나의 짧은 카데고리의 지정이 가능하다고 하기 때문으로서, 그 때문에 MSB가 0이 되고 있는 계수 데이터는 1의 보수가 되어 부수를 표시하고 있다는 것을 알 수가 있다.

표 8.3 DC계수의 가변장 코드

차분을 가지고 구한 DC계수치	카테고리	휘도데이터의 코드워드	색도 데이터의 코드워드
-255부터 -128	8	1111 110	1111 1110
-127부터-64	7	1111 01	1111 110
-63부터-32	6	1111 0	1111 10
-31부터-16	5	1110	1111 0
-15부터-8	4	110	1110
-7부터-4	3	101	110
-3부터 -2	2	01	10
-1	1	00	01
0	0	100	00
1	1	00	01
2부터3	2	01	10
4부터 7	3	101	110
8부터15	4	110	1110
16부터 31	5	1110	1111 0
32부터63	6	1111 0	1111 10
64부터127	7	1111 10	1111 110
128부터 255	8	1111 110	1111 1110

가변장 코딩 출력에서는 같은 DCT블록으로부터 모든 코드 워드 데이터는 상호적으로 연결되어 출력 비트 스트림이 된다고 할 수 있는데, 그림 8.18의 예에서는 오리지널 DCT계수 블록(8×8×8비트=512비트)은 VLC의 엔코더를 한 후에 48비트로 감소한다고 할 수 있다.

그 결과 로시(Lossy)가 있는 압축비는 512/48=10.6이라고 할 수 있는데, 예를 들어 양자화 웨딩 테이블에 따라서는 가능하다고 할 수 있다.

또한 압축에 있어서 성능은 흔히 픽셀 당 비트수로 표시를 하고 있는데, 이 경우에는 64픽셀 이지만 48비트로 압축을 시켰기 때문에 픽셀당 비트수는 48/64=0.75이라고 할 수 있고, 가변장 코딩은 그 자신에서는 로시레스(Lossless)코딩이라고 할 수 있으나 그때까지 DCT양자화 프로세스에 의하여 보다 압축되어진 비트레이트를 간단하게 감소시키는 것이 가능하다고 할 수 있다.

8.3.6 버퍼 메모리(Buffer Memory)

가변장 코드 워드는 화상 내용의 복잡한 정도에 의하여 각각 다른 속도로 생성이 되어 그림 8.16에서 표시를 하고 있는 것과 같이 버퍼 메모리에 기록이 되어 진다고 할 수 있는데, 이러한 비트는 메모리로부터 설계에 따라서는 사용자의 선택이 가능한 일정의 비트 레이트로 읽혀진다고 할 수 있다. 또한 데이터 메모리의 용량을 초과하는 오버 플로어(Over Flow : Full Buffer)가 되거나, 어떤 경우에는 이미 메모리가 모두 송출 되어 데이터가 비어있는 언더 플로어(Under Flower : Empty Buffer)가 되는 것을 방지하기 위하여, 버퍼 제어 메커니즘이라는 것이 있어서 버퍼로부터 피드백(Feed Back)에 의하여 웨이팅 양자화 테이블에 적용을 하는 스켈링 팩터(Scaling Factor : 증감율)를 변화시키는 것에 의하여 제어를 한다고 할 수 있다. 따라서 버퍼 풀(Full)상태에 가까워지면 스켈링 팩터(Scaling Factor : 증감율)를 증가시키어서 보다 거친 양자화를 시행하고, 생성 비트를 감소시킨다고 할 수 있다.

화상 압축 시스템의 전송 기록 기기에서 사용되어지고 있는 몇 개의 대표적인 비트레이트로 송출하기 위 하여는 각각 다른 방법에 의하여 읽혀진 클럭이 사용되어진다고 할 수 있고, 작은 송출 비트 레이트로 하기 위하여 읽어내는 것이 늦어진다면 버퍼 메모리가 오버 플로어(Over Flow)에 근접하게 되어 되어 진다고 할 수 있는데, 이러한 것을 방지하기 위하여 웨이팅 테이블에 스켈링 팩터(Factor)를 증가하여 결과적으로는 거친 양자화가 시행이 되어 진다고 할 수 있다.

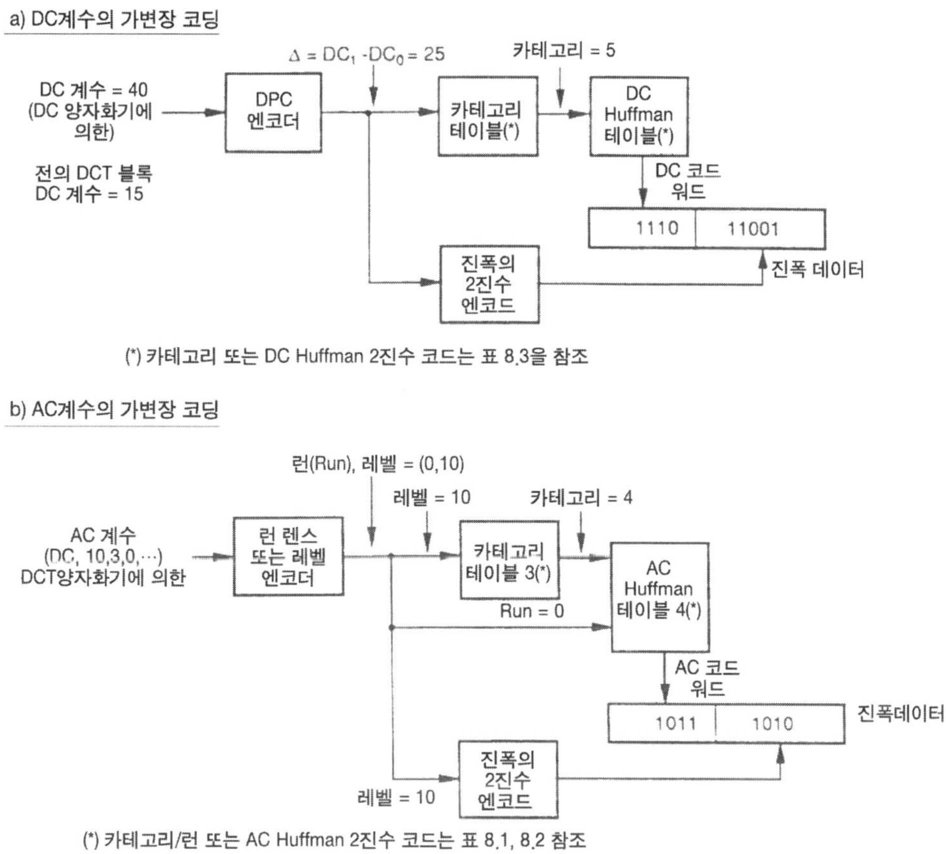

그림 8.20 DC 또는 AC계수의 가변장/허프만(Huffman) 엔코딩 (JPEG베이스 라인 규격)

이러한 DCT압축 방식의 장점은 원래 신호의 수평 방향, 수직 방향에 직교한 신호 성분을 사용하여서 Y, C_B, C_R의 컴포넌트 신호를 각각 변환하여 거의 최적에 가까운 에너지를 밀집 시키는 능력과 그 때문에 생기는 빠른 계산 알고리즘(Algorithm: 계산측)과 기타 하드웨어 등이 얻어 진다는 것이다.

8.3.7 DCT디코더

수신단이나 기록기기의 재생부에 있어서는 DCT의 역 압축 프로세스(Reverse Compression Process)가 실행되어진다고 할 수 있는데, 그림 8.21에서는 일반적인 DCT디코더의 계통도를 표시하고 있다. 또한 8×8픽셀 블록의 DCT의 계수치를 복원하기 위해서는 파워맨 코딩과 웨이팅 양자화 테이블은 DCT엔코더의 것과 같은 테이블이 사용되어진다고 할 수 있는데, 양자화 복원 프로세스 $R_q(u,v)$는 아래와 같은 식으로 구할 수 있다.

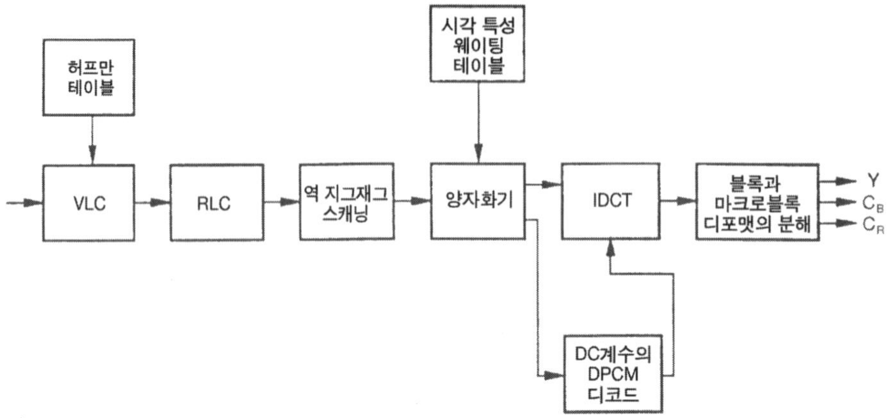

그림 8.21 베이직(Basic) DCT 디코더

$$R_q(u,v)=F_q(u,v)Q(u,v)$$

다음에 역으로 DCT(Inverse DCT : IDCT) 프로세스, $f^*(j,k)$가 64의 계수 치에 대하여 원래의 블록 픽셀치를 재현하기 위하여는 아래와 같은 식에 의하여 적용되어진다고 할 수 있다.

$$f^*(j,k)=\frac{1}{4}\sum_{u=0}^{7}\sum_{v=0}^{7}C(u)C(v)F(u,v)\cos\left(\frac{(2j+1)u\pi}{16}\right)\cos\left(\frac{(2k+1)v\pi}{16}\right)$$

당연하다고 할 수 있으나 (8.1)식의 FDCT와 (8.5)식의 IDCT의 계산 프로세스에서는 닮은 점이 많이 있다고 할 수 있다는데, 여기에서는 같은 프로세스 유니트가 압축과 신장의 하드 웨어 시스템으로 사용하는 것이 가능하다고 할 수 있다. 그림 8.22와 그림 8.23에서는 IDCT의 프로세스 출력을 표시하고 있는데, 원래의 픽셀 블록의 데이터치와 IDCT 처리에 있어서 재생되어진 치와의 차는 압축의 결과 발생한 픽셀치의 에러로 표시하고 있는 것으로서, 이러한 에러 e(j,k)는 아래와 같은 식으로 표시가 가능하다고 할 수 있다.

$$e(j,k)=f(j,k)-f^*(j,k) \qquad (8.6)식$$

재생되어진 화상의 품질을 평가를 하기 위해서는 2개의 에러 측정 방법이 있다고 할 수 있는데, 이러한 에러 측정 방법에는 Root-Mean-Squared Error (RMSE : 오차의 자승 평균치, 오차의 실효 전력치)와 Peak Signal To Noise Ratio(PSNR : 신호피크 대 잡음비)가 있어 다음과 같은 식이 성립되어 진다고 할 수 있다.

40	10	-2	2	-1	0	0	0
3	0	0	0	0	0	0	0
0	0	0	0	0	0	0	0
0	0	0	0	0	0	0	0
0	0	0	0	0	0	0	0
0	0	0	0	0	0	0	0
0	0	0	0	0	0	0	0
0	0	0	0	0	0	0	0

a) 가변장 디코드와
기준화 되어진
DCT계수치
$F_q(u, v)$

Inverse Quantization →

16	11	10	16	24	40	51	61
12	12	14	19	26	58	60	55
14	13	16	24	40	57	69	56
14	17	22	29	51	87	80	62
18	22	37	56	68	109	103	77
24	35	55	64	81	104	113	92
49	64	78	87	103	121	120	101
72	92	95	98	112	100	103	99

b) 웨이팅 테이블
(JPEG휘도 픽셀용
양자화 테이블)
Q (u, v)

591	110	-20	32	-24	0	0	0
36	0	0	0	0	0	0	0
0	0	0	0	0	0	0	0
0	0	0	0	0	0	0	0
0	0	0	0	0	0	0	0
0	0	0	0	0	0	0	0
0	0	0	0	0	0	0	0
0	0	0	0	0	0	0	0

c) 역 양자화후의
DCT계수
$R_q(u, v) = F_q(u, v) \times Q(u, v)$

98	97	90	81	80	79	67	50
97	96	89	80	79	78	66	49
95	94	87	78	77	77	64	47
93	92	85	76	75	74	62	45
90	89	82	74	72	72	59	43
88	87	80	71	70	69	57	40
86	85	78	70	68	68	55	39
85	84	77	69	67	67	54	38

d) 역 DCT를 사용하여
재생 되어진
휘도의 픽셀
$f^*(j, k)$

0	-5	5	-1	5	3	1	0
0	-5	5	-1	-5	3	1	0
0	-5	5	-1	-5	2	1	0
0	-5	5	-1	-5	3	1	0
1	-4	6	-1	-4	3	2	0
1	-4	6	0	-4	4	2	1
1	-4	6	-1	-4	3	2	0
0	-5	5	-2	-5	2	1	-1

e) 오리지널 블록 휘도치와 재생되어진
휘도 블록치의 사이의 에러
$e(j,k) = f(j, k) - f^*(j, k)$

그림 8.22 8×8 DCT 블록 역 DCT프로세스와 그 결과의 데이터 에러 (그림 8.10의 예#1)

0	0	0	0	0	0	0	0
0	3	0	2	0	1	0	3
0	0	0	0	0	0	0	0
0	2	0	2	0	1	0	3
0	0	0	0	0	0	0	0
0	2	0	1	0	1	0	3
0	0	0	0	0	0	0	0
0	2	0	2	0	3	0	8

a) 가변정 디코드와
기준화 되어진
DCT계수치
$F_q(u, v)$

Inverse quantization →

16	11	10	16	24	40	51	61
12	12	14	19	26	58	60	55
14	13	16	24	40	57	69	56
14	17	22	29	51	87	80	62
18	22	37	56	68	109	103	77
24	35	55	64	81	104	113	92
49	64	78	87	103	121	120	101
72	92	95	98	112	100	103	99

b) 웨이팅 테이블
(JPEG휘도 픽셀용
양자화 테이블)
$Q(u, v)$

0	0	0	0	0	0	0	0
0	36	0	38	0	58	0	165
0	0	0	0	0	0	0	0
0	34	0	58	0	87	0	186
0	0	0	0	0	0	0	0
0	70	0	64	0	104	0	276
0	0	0	0	0	0	0	0
0	184	0	196	0	300	0	792

c) 역 양자화후의
DCT계수
$R_q(u, v) = F_q(u, v) \times Q(u, v)$

132	-126	122	-117	117	-122	126	-132
-130	120	-122	114	-114	122	-120	130
127	-114	127	-119	119	-127	114	-127
-131	126	-119	117	-117	119	-126	131
131	-126	119	-117	117	-119	126	-131
-127	114	-127	119	-119	127	-114	127
130	-120	122	-114	114	-122	120	-130
-132	126	-122	117	-117	122	-126	132

d) 역 DCT를 사용하여
재생 되어진
휘도의 픽셀
$f^*(j, k)$

-5	-2	5	-11	10	-6	1	4
2	7	-6	13	-14	5	-8	-3
0	-14	0	-9	8	-1	13	-1
3	1	-9	10	-11	8	-2	-4
-4	-2	8	-11	10	-9	1	3
-1	13	-1	8	-9	0	-14	0
-3	-8	5	-14	13	-6	7	2
4	1	-6	10	-11	5	-2	-5

e) 오리지널 블록 휘도치와 재생되어진
휘도 블록치의 사이에 에러
$e(j, k) = f(j, k) - f^*(j, k)$

그림 8.23 8×8 DCT 블록 역 DCT프로세스와 그 결과의 데이터 에러 (그림 8.11의 예#2)

$$\text{RMSE}=\sqrt{\frac{1}{64}\sum_{J=0}^{7}\sum_{k=0}^{7}e^{2}(j.k)} \qquad (8.7식)$$

$$\text{PSNR}=20\ \log_{10}\ (\frac{255}{RMSE}) \qquad (8.8식)$$

PSNR은 ㏈로 표시되어지고 있고, 위 식에서는 8비트 화상에 대한 계산식이라고 할 수 있는데, 이러한 2개의 에러 평가를 전에 표시한 2개의 예에 대하여 계산을 하면 아래와 같은 수식이 되어진다고 할 수 있다.

- 예1 : RMSE=3.26 PSNR=37.9㏈
- 예2 : RMSE=7.47 PSNR=30.66㏈

양자의 PSNR의 차는 예 2의 패턴 즉 체크무늬 모양의 패턴(Checkerboard Pattern)은 높은 주파수의 DCT성분이 많기 때문에 그러한 형태의 모양에서는 거칠게 양자화 되어지기 때문에 압축하는 것이 곤란하다는 것을 명확하게 알 수가 있으나, 그러나 이러한 PSNR은 압축 알고리즘 품질에 있어서 절대적인 영향을 준다고는 할 수 없다.

따라서 여기에서 압축에 의한 모든 화상의 위신호-방해신호는 같은 웨이팅에서 취급하고 있다고 할 수 있는데, 실제로 방해 신호에서는 인간의 시각 특성 때문에 그 화상에서 위치나 보기 쉬운 정도에 따라서 화질 열화의 영향에 차가 있기 때문에 그러한 것에 의한 웨이팅은 시행이 되지 아니한다고 할 수 있으나, PSNR은 압축 시스템 설계를 최적화하기도 하고, 같은 테스트 화상에 의한 코딩을 반복하여 시행함에 있어서 특성을 평가하는 것은 유효하다고 할 수 있다.

또 사용되이지고 있는 하드웨어에 의한 역 DCT 프로세스에서 언어지는 수치가 다르다고 할 수 있는데, 이것은 설계되어진 하드웨어, 예를 들면 계산에 사용되어지고 있는 비트수의 차이에 의한 계산에 있어서 "둥근 오차"(Round Off Errors : 반올림 오차)에 대한 차에 의하여 발생한다고 할 수 있고, 이러한 역 DCT계산 프로세스에 의한 정도는 IEEE규격 1180~1990의 Specifications for The Implementation of 8×8 Inverse Discrete Cosine Transform에 있어서 규정 되어있다고 할 수 있다.

8.3.8 시간영역 데이터 압축 기술(Temporal Data Reduction Techniques)

TV 프로그램화상에 연속한 프레임 전체는 어느 영역의 시간에서는 변화하지 아니하고 정지하고 있는 부분이 있다고 할 수 있는데, 이러한 프레임 사이의 데이터 확장도는 프레임 사이 픽셀치의 변화하는 분의 신호를 코딩하여 보내는 것에 의하여 데이터 압축에 이용이 가능하다고 할 수 있다.

따라서 DCT엔코더의 경우에는 이러한 시간적 데이터 압축은 내부에서 역 DCT 프로세스를 부가하여 8×8픽셀의 블록 차분을 재생하여 그러한 것을 지연시키는 1 개전의 프레임 픽셀치와의 가산하는 것에 의하여 같은 조작을 하는 수신단에서 얻어질 수 있는 픽셀치를 예측(Prediction)한다고 할 수 있는데, 그러한 것을 엔코드에 입력하여 간 다음의 프레임에 실제의 픽셀치간의 예측오차(Prediction Error)를 가지고 송출 하는 것이 가능하다고 할 수 있다. 그림 8.24에서는 픽셀 데이터를 공간적, 시간적 데이터 확장성을 이용하여 압축을 하는 DCT엔코더의 간단한 계통도이라고 할 수 있는데, 이러한 DCT 프레임 사이에 DPCM을 조합한 코딩은 하이브리드 DCT/DPCM 엔코딩(Hybrid DCT/DPCM Encoding)이라고 불리기도 하는 것으로서, 이렇게 예측 되어진 픽셀 블록은 입력 다음의 프레임의 픽셀 블록으로부터 빼어져서 예측 오차 블록이 생성되어지고 있고, 그러한 예측 오차 치는 간단하게 양자화 되어 가변장 코딩이 되어진다고 할 수 있으며, 이러한 예측법은 만약에 프레임 사이에 움직임이 있을 때에는 많은 오차가 생겨 좋은 결과가 얻어지지 아니한다는 단점도 있다고 할 수 있다.

8.3.9 움직임 보정 예측 기술(Motion Compensation Prediction Technique)

프레임간의 예측의 정도는 정지화기 되어있지 아니하는 화상의 정지 영역에서는 양호하다고 할 수 있으나 동화상이나 움직임이 있는 영역에서는 나빠진다고 할 수 있는데, 그러한 예측을 개량하는 방법은 1개전의 것과 현재의 2개 프레임 사이의 화상 각 부분 위치 변화를 검출을 하여 움직임 벡터(Motion Vector)를 생성을 하여, 현재 프레임의 각 부분을 새로운 위치를 표시하는 것으로 그림 8.25에서는 그 방법을 표시하고 있다. 따라서 이러한 움직임 벡터는 1개전 프레임의 각 블록을 현재 프레임으로 예측하여 복제하여 사용을 하고 있으므로 새로운 블록좌표의 위치를 블록마다 표시하는 것이라고 할 수 있는데, 이러한 방법은 움직임 보정 프레임 사이에 예측이라고 알려져 있고, 이렇게 움직임 벡터 생성을 하기위한 움직임 평가(Motion Estimation)는 휘도신호에 대한 마크로 블록(Macro Block)에 의하여 시행이 되어진다고 할 수 있다.

그림 8.15에서는 마크로 블록의 구성 요소를 표시하고 있는데, 이러한 위치 변화 벡터는 각 마크로 블록에 의하여 계산되어 지고, 구해진다고 할 수 있고, 이러한 움직임 벡터와 그 움직임 벡터에 의하여 예측치는 마크로 블록으로 되어있는 픽셀 치와 현재의 마크로 블록과의 차의 DCT코딩 데이터가 함께 송출되어져서 현재의 마크로 블록을 직접 DCT코딩 하는 것에 의하여 높은 효율로 압축을 시행 하는 것이 가능하다고 할 수 있다.

a) 하이브리드 DCT/DPCM 엔코더

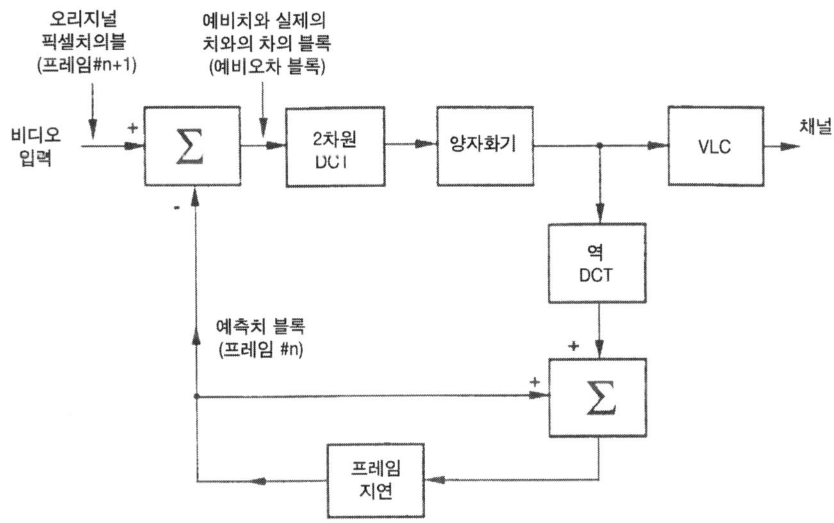

주 : 지연은 1필드, 1프레임의 양자가 가능하다.

b) 하이브리드 DCT/DPCM 디코더

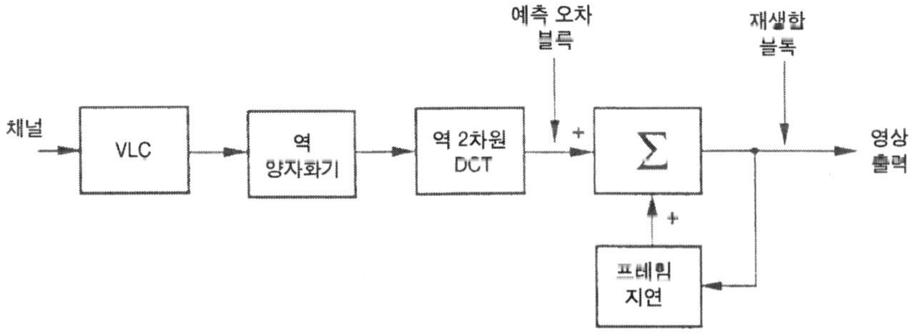

주 : 지연은 1필드,1프레임 양자가 가능하다.

그림 8.24 시간 또는 공간적인 관성을 제거한(Decorrelation)하이브리드 DCT/DPCM 엔코더/ 디코더

이렇게 위치 변화의 벡터를 얻기 위해서는 다양한 방법이 사용되고 있다고 할 수 있는데, 그 중에서 하나의 방법은 블록 매칭(Block Matching)이라는 방법으로, 현재 프레임에서 선택한 픽셀 데이터 블록의 위치를 기준 블록(Reference Block)의 위치로 하고, 1개 전의 프레임을 그러한 것에 대응하는 픽셀 블록을 중심으로 설정한 서치 영역 내에서 현재의 프레임에서 선택한 픽셀 블록을 움직이게 한다.

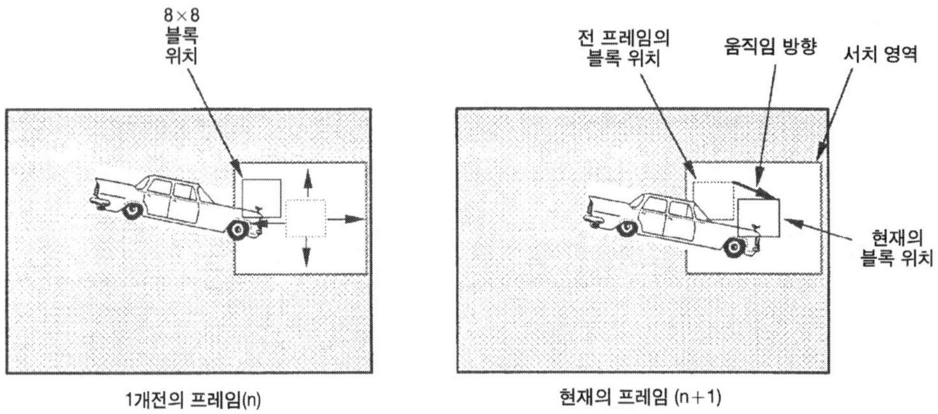

그림 8.25 연속하는 2개의 프레임 사이의 움직임 벡터

이렇게 움직이면서 선택한 8×8블록과 서지 영역내의 8×8블록을 비교하여 최량의 매칭 위치를 찾는 다고 할 수 있는데, 양자의 차가 가장 작아지는 위치가 최량의 위치라고 할 수 있다. 또한 이렇게 하여 선택되어진 블록과 최량의 매칭 단위를 표시하는 것에 의하여 전의 플레임 블록과의 거리와 방향을 표시하는 움직임 벡터가 생성 되어진다고 할 수 있는데, 그리하여 움직임 벡터 정보와 양블록 치의 차의 DCT계수 코딩의 정보가 송출 되어진다고 할 수 있다.

전의 프레임에서 매칭 되어진 블록의 치가 그림 8.26에서 표시를 하고 있는 것과 같이 예측치로서 사용이 되어져서 DPCM엔코더에 의하여 입력으로부터 예측치를 빼어서 예측 오차 프레임 데이터를 생성한다고 할 수 있는데, 이러한 예측 오차는 움직임 벡터에 의하여 움직임이 있는 경우에도 결과적으로 보면 작은 치가 되게 하고 있다고 할 수 있고, 이러한 예측오차 블록을 우리는 움직임 보정예측 블록(Motion Compensated Predication Block)이라고 부르고 있다.

이러한 움직임 보정 프로세스에 의하여 우수한 압축 능력과 그 때문에 필요로 하는 기기의 복잡한 정도 및 기기 가격 면에서 있어서도 어느 정도 경쟁력을 가지고 있다고 할 수 있기 때문에 움직임 보정 프로세스의 단위로서는 16×16의 픽셀의 블록이 8×8블록대신에 선택 되어져 있어 이러한 것이 모든 샘플링 구조에 있어서 마크로 블록 사이즈로 되어 있다고 할 수 있다.

또한 서치 영역에 있어서는 2개의 연속한 프레임 사이에 움직임을 커버하기 위하여 현재의 프레임의 마크로 블록의 주변에 설정 되어진다고 할 수 있는데, 이렇게 설정되어진 서치 영역의 좌표는 전의 프레임 해당 영역으로 변환되어 전의 프레임에 최대로 일치하는 마크로 블록을 서치 한다고 할 수 있다.

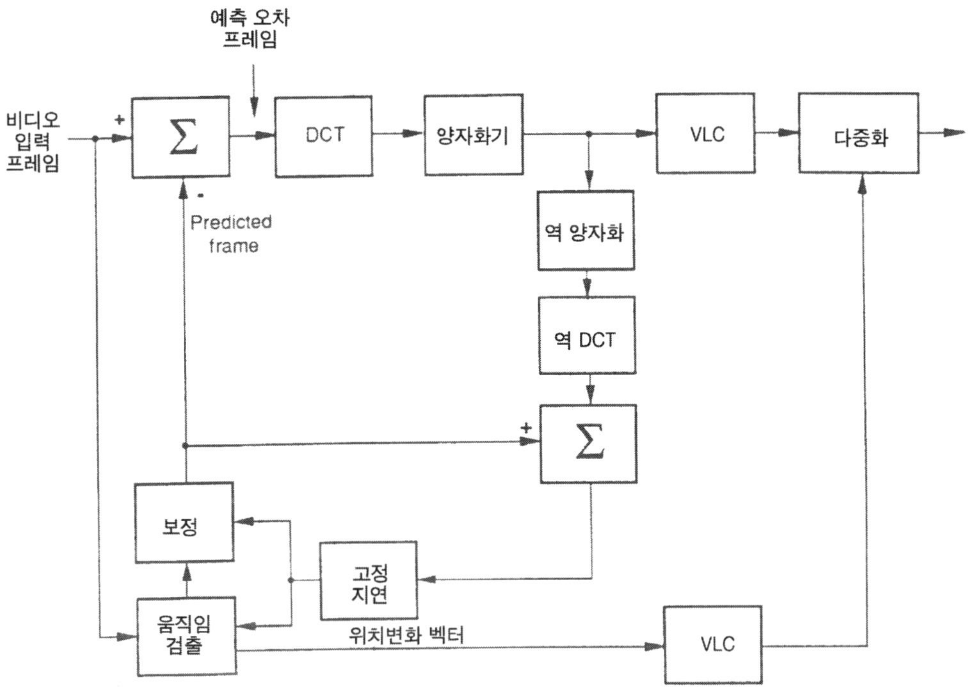

그림 8.26 움직임 보정 프레임 사이의 예측 엔코딩 (MPEG-2엔코더)

이러한 서치 영역의 사이즈는 블록 매칭 프로세스의 회로 규모로부터 제한되어진 프레임 마다 선택이 가능하다고 할 수 있는데, 16×16픽셀 블록의 서치 영역으로서는 예를 들면 그 영역을 중심으로 수평방향으로 16픽셀분, 그리고 같은 방법으로 수직방향에도16픽셀분에 위치하고 있다고 할 수 있다.

이렇게 움직임 벡터 매칭 계산량을 감소시키기 위해서는 화상 샘플을 수평 수직 방향으로 다운 샘플링(Down Sampling)을 하는 것에 의하여 해상도는 감소하지만 무엇보다도 중요한 것은 변화에 수된 위치를 구하는 비트 계산량을 작게 하는 것이 가능하다는 것으로서, 예를 들면 720×480을 가지고 있는 풀(Full)해상도의 화상을 360×240의 저 해상도의 화상으로 변환을 한다면 저해상도 화상에서는 16×16의 마크로 블록 데이터가 8×8의 데이터로 감소한다고 할 수 있다.

지금까지 진행과정에서 빼어진 화상은 서치 영역을 넓히는 것에도 이용 되어진다고 할 수 있는데, 최초의 이러한 저해상도 화상에 있어서는 거친 움직임 평가가 시행이 되지만, 다음에서는 그러한 것을 기본으로 한 상세한 움직임 평가 계산이 되어서 해상도 측면에서도 풀 해상도(Full Resolution)가 시행되어 정확한 움직임 평가를 한다고 할 수 있다고 할 수 있으며, 이러한 계층적인 서치(Search) 방법에 있어서는 3층 이상의 연속한 다운 샘플링이 시행 되어지는 경우도 있다고 할 수 있다.

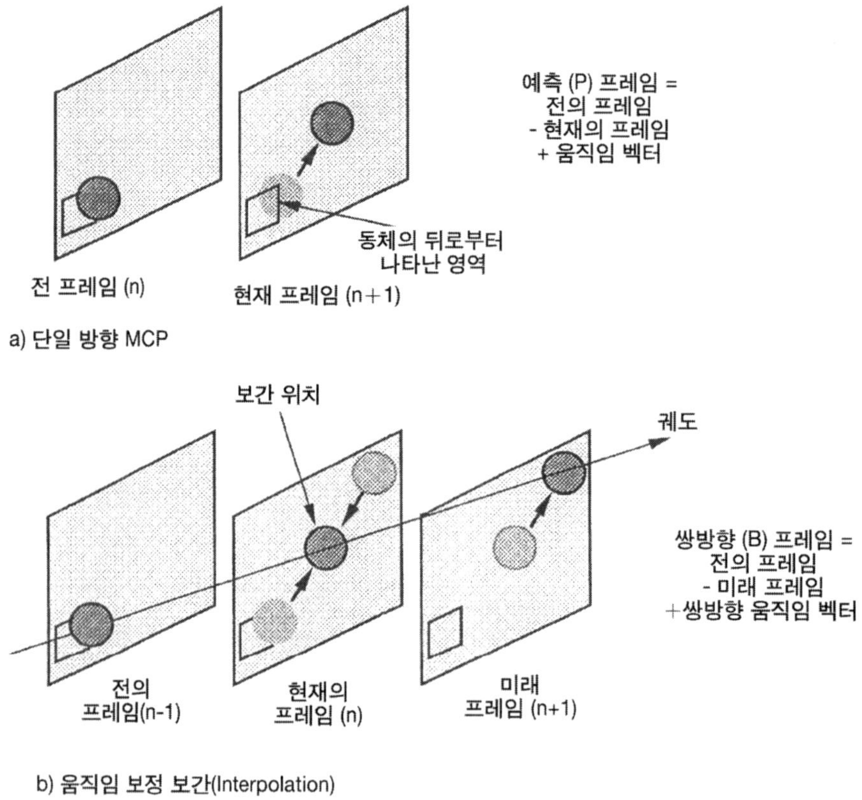

그림 8.27 단일 방향과 쌍방향 움직임 보정 예측 (Motion Compensation Prediction: MCP)

그러나 이러한 방법에서는 작은 피사체의 움직임은 거친 움직임 평가 단계에서 무시되어 잘못된 움직임 벡터로 생성이 되는 경우도 있을 수 있기 때문에 너무 큰 블록은 사용되지 아니한다고 할 수 있는데, 어쩔 수 없이 서치 영역이 큰 경우에는 매칭 프로세스로 움직임에 관계가 없지만 어느 정도 같은 휘도 레벨 패턴을 가진 블록이 존재하여 그 사이에 오류가 발생할 가능성도 있다고 할 수 있다.

또한 화면내의 이미지는 다른 타입이나 레벨의 움직임이 있어서 서치 영역에 대하여 다른 판단이 필요한 경우도 있다고 할 수 있는데, 따라서 계층적 블록 매칭의 방법은 이러한 문제의 해결에 있어서는 유효하게 사용되어진다고 할 수 있고, 또 저해상도 화상 프로세스 장점의 하나인 노이즈가 적다는 장점이 있다고 할 수 있다. 과거의 프레임 데이터를 베이스로 하여 움직임 보정에 대한 예측은 기본적으로 단일 시간 방향에 대한 예측으로서 포워드 예측(Forward Prediction)이라고 부르고 있었는데, 이렇게 예측이 되어진 프레임은 P-프레임 이라고 부르고 있다. 또한 이러한 것에 대하여 화면내의 신호의 2차원의 예측을 사용하는 프레임을 인터 프레임(Interframe)이라고 부르고 있는데, 이러한 인터 프레임과 비교에 있어서 P-프레임은 높은 데이터 압축을 가능하게 하고 있다고 할 수 있다.

그러나 그림 8.27에서 표시를 하고 있는 것과 같이 물체가 움직이기 때문에 보이는 것으로, 물체의 뒤로부터 나타난 배경영역(Uncovered Area)은 전의 프레임으로부터는 예측이 불가능하다고 할 수 있는데, 현재 프레임에 숨겨져 있는 배경이 보여져가는 영역에 해당하는 픽셀 블록은 전의 프레임에서는 매칭할 수 있는 블록이 아니라고 할 수 있고, 이 경우의 픽셀 블록(마크로 블록)은 I 프레임과 같이 화면 내에서 코딩(Intra-DCT Coding)이 되어진다고 할 수 있다.

쌍방향 시간예측(Bidirectional Temporal Prediction)은 움직임 보정(Motion Compensation Interpolation)이라고 불리 우는 것으로 전의 프레임의 정보와 미래프레임의 정보를 사용하여 현재 보간 프레임의 예측을 시행 한다고 할 수 있는데, 이러한 방법에 대해서는 그림 8.27에서 표시를 하고 있고, 이러한 보간 프레임을 B-프레임이라고 부르고 있다. 또한 이러한 예측에서는 움직임에 대한 경로(축적)는 직선으로서 속도 측면에서도 일정하여 가속도가 없다고 가정을 하고 있는데, B-프레임은 프레임 시퀀스 중에서 전의 프레임으로부터 예측(Forward Prediction), 미래 프레임으로부터 예측(Backward Prediction), 또는 양 프레임의 가산 평균으로부터 예측을 사용하여 압축되어진다고 할 수 있고, 이렇게 예측으로 사용되어진 프레임과 현재의 프레임과의 차에 의한 예측 오차는 다음에 DCT코딩에 의하여 압축되어진다고 할 수 있다.

이러한 쌍방향 예측의 장점과 단점은 다음과 같다고 할 수 있다.

- 높은 압축율을 얻는 것이 가능하다고 할 수 있다.
- 전의 프레임과 미래 프레임과의 평균을 얻는 것에 의하여 노이즈의 영향을 경감하는 것이 가능하다.

- 숨겨진 배경영역(Uncovered Area)을 미래의 레퍼런스 프레임(Reference Frame) 으로부터 정확하게 예측이 가능하다고 할 수 있다.
- 에지(Edge) 부분에 있어서는 보간에 의한 픽셀 예측 위치오차가 1/2~1/4가 되어서 에지 위치의 부적정에 의한 에지부분의 위신호를 감소하는 것이 가능하다.
- 미래 프레임을 사용한 후방 예측(Backward Prediction)은 그 미래 프레임이 프레임 순으로 나열되어 변화하는 것에 의하여 대상이 되고 있는 B-프레임보다 전에 송출 되는 것에 의하여 가능하게 된다고 할 수 있다.

그림 8.28에서는 프레임 스트림의 발생과 그 송출 관계를 표시하고 있는데, 엔코더와 디코더에 있어서 이러한 프레임이 재 나열되어 변경되는 프로세스에 의하여 어느 정도의 지연이 발생한다고 할 수 있고, 그러한 지연량은 2개의 레퍼런스 사이의 B-프레임 수로 변화한다고 할 수 있다.

이러한 2개의 레퍼런스 프레임(전방 예측 프레임(Previous)과 후방 예측 프레임(Future Frame)) 사이에는 1개 이상의 쌍방향 예측 프레임을 두는 것이 가능하다고 할 수 있으나 그러한 경우에는 B-프레임의 수에 관계하는 다음과 같은 문제가 생긴다고 할 수 있다.

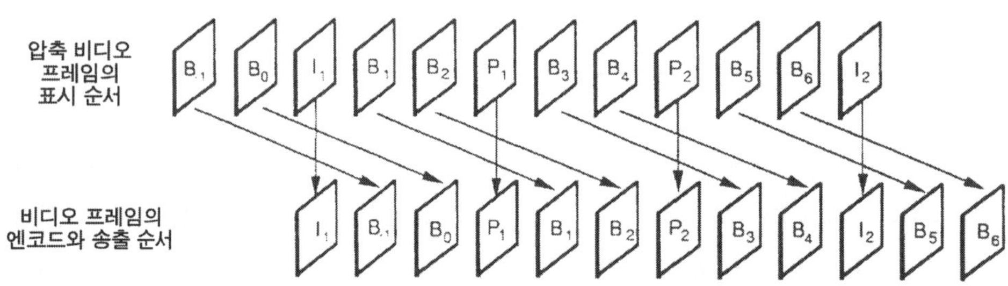

그림 8.28 비디오데이터의 프레임 순서

- 레퍼런스 프레임 사이의 B-프레임의 수가 증가하면 레퍼런스 프레임과 B-프레임과의 사이에 상관성이 낮게 되어있어, 그 결과 B프레임을 엔코드 하는 것에 의하여 필요로 하고 있는 비트수가 증가한다고 할 수 있는데, 레퍼런스 프레임 사이에 상관성에 있어서도 상호적으로 떨어지므로 악화된다고 할 수 있다.
- 영상 소재에 급격한 씬 체인지 (Scene Change)나 급격한 복수 방향의 움직임이 있는 경우에는 B-프레임의 수는 적지 아니하면 되지 아니한다.

- 넌 리니어 편집기나 디지털 VTR과 같은 편집 시스템에서는 프레임 정도를 얻기 위해서는 편집을 시행하기 전의 근처에 있는 레퍼런스 프레임 사이의 B-프레임은 디코드 할 필요가 있다.

비월주사(Interlaced)의 영상 소재는 필드사이 또는 프레임 사이에서 압축 하는 것이 가능하기 때문에, 정지화나 슬로우모션 영상에서는 필드 사이보다는 프레임 사이가 공간적인 확장도가 크기 때문에 프레임간의 예측 코딩이 바람직하다고 할 수 있고, 움직임이 많은 씬 (Scene)의 경우는 필드사이에 움직임 벡터 검출방법이 프레임 사이보다 2배 빠른 정도로 시행하고 있다고 할 수 있는데, 따라서 필드예측 코딩의 방법이 효율이 좋다고 할 수 있다.

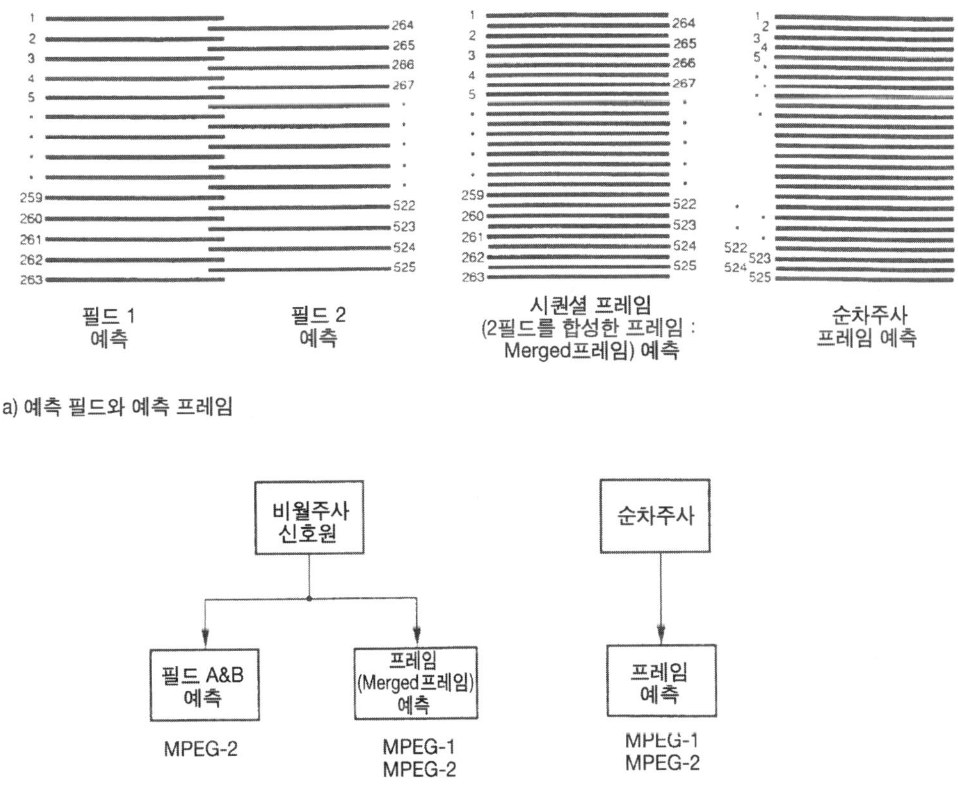

그림 8.29 신호원 스캐닝 방식을 베이스로 하고 있는 필드

그림 8.29에서는 신호원 스캐닝 포맷을 베이스로 한 필드 또는 프레임 예측과 현재의 압축 규격에 있어서 각각 예측의 사용방법을 표시하고 있는데, 압축 규격에 있어서는 다음 3개의 프레임 타입이 조합되어 사용방법을 규정하고 있다.

- I-프레임 : 이러한 프레임은 2차원의 블록 내(Intrablock) DCT코딩의 신호를 시행한 프레임으로 다른 화상의 레퍼런스 프레임을 사용하지 아니한다고 할 수 있고, 그 때문에 압축화상 시퀀스 중에는 랜덤 억세스 포인트를 시퀀스 스타트 프레임으로서 사용하는 것이 가능하다고 할 수 있다. 따라서 이러한 I-프레임은 공간적 확장성의 신호를 감소시키어서 압축율은 그리 높지 아니하다고 할 수 있다.
- P-프레임 : P-프레임이라고 하는 것은 전방 예측에 의한 움직임 보정 압축과 마크로 블록내의 압축을 포함하고 있어 I-프레임보다 높은 압축율이 얻어 진다고 할 수 있다. 또한 P-프레임은 B-프레임이나 미래의 P-프레임의 레퍼런스 프레임으로서 사용하는 것이 가능하다고 할 수 있으나 그때 코딩에 대한 에러가 있으면 2개의 P프레임 사이에 오류가 전체적으로 퍼져나간다고 할 수 있다.
- B-프레임 : B-프레임이라고 하는 것은 전방프레임, 후방 프레임, 또는 쌍방향 프레임에 의한 움직임 보정 압축에 플러스하여 마크로 블록내의 압축을 포함 하고 있다고 할 수 있는데, 이러한 B-프레임은 가장 높은 압축율이 얻어지고, 관련 프레임으로 사용이 되고 있지 아니하기 때문에 오류가 전반적으로 P-프레임같이 퍼져 나가지는 아니한다고 할 수 있다.
  그러나 한 개의 프레임 시퀀서 중에서 2개의 프레임(P또는 1프레임)은 B-프레임을 재현하기위하여 최초로 디코드 되지 아니하면 되지 아니한다고 할 수 있는데, 그 때문에 프로세스에 따라서는 지연이 발생하는 것으로 되어있고, 그 지연량은 시퀀스에 포함되어있는 B-프레임 수에 의하여 증가한다고 할 수 있으며, 거기에 더해 B-프레임을 디코드하기 위해서는 2개의 프렘임 스토어가 필요하다고 할 수 있다.

MPEG알고리즘(Algorithm : 연산 방식)에서는 데이터 레이트나 랜덤 억세스의 필요도, 화질 등의 각 애플리케이션(Application)에 의한 수요자 요구에 의하여 엔코더가 반복적으로 이루어지는 시퀀스 중에서 적절한 프레임 타입의 조합을 선택하는 것을 허용하고 있는데, 이러한 프레임 타입의 시퀀스를 그룹오브 픽처(Group of Picture)이라고 부르고 있고, 그 대표적인 일예를 그림 8.30에서 표시를 하고 있다.

GOP는 통상 아래와 같은 파라미터로 정의 되어진다고 할 수 있다.

- m : m이라는 것은 MPEG데이터 스트림 시퀀스에 있어서 최초의 I-프레임으로부터 다음의 I-프레임 직전의 B-또는 P-프레임까지의 프레임 수를 정의한다고 할 수 있다.
- n : n은 2개의 P-프레임 사이의 B-프레임의 수를 정의한다.

8.3.10 보조적인 프로세스 기술

압축에 있어서는 그 전의 디지털 신호에 대하여 프리프로세스(Preprocessing: 사전처리) 하는 것에 의하여 압축 특성을 개선하는 작업이 서서히 시행이 되고 있다.

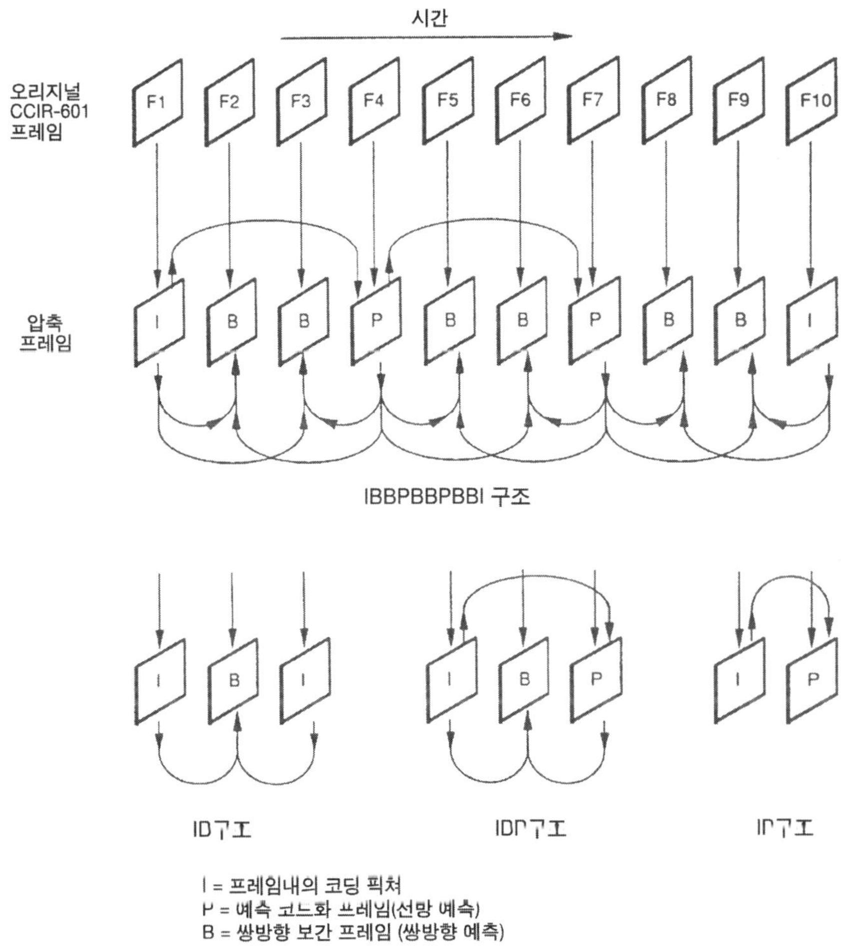

그림 8.30 MPEG시스템에서 대표적인 그룹 오브 피쳐 (Group Of Picture: Gop)의 구조

- 프리 필터링 기술 : 간단하게 이야기를 하면 DCT 프로세스는 A/D변환 프로세스와 많이 비슷하다고 할 수 있는데, A/D변환에 있어서는 변환 후의 신호에 에일리어스(Alias) 신호가 포함되는 것을 방지하기 위하여 변환 전의 전치 필터에 의하여 신호에 포함되어있는 높은 주파수 성분을 제거하고 있다고 할 수 있고, 같은 방법으로 DCT 프로세스 전에서 공간 필터에 의하여 압축이 곤란한 높은 주파수 성분을 제거하는 방법이 시행되고 있다고 할 수 있다.

또한 이러한 것에서는 필터링에 의한 화상의 해상도 저하와 압축시에 높은 주파수 성분 때문에 발생을 하고 있는 에일리어스(Alias) 방해와의 타협점을 구하여 시행을 하고 있는 것으로 하고 있는데, 이러한 공간 필터링 방법은 HDTV로부터 다운 컨버터 되어진 SDTV신호나 CG생성 화상, 새로운 고해상도 카메라 등과 같이 해상도가 높고 압축이 곤란한 화상에 대하여 특히 효과적이라고 할 수 있고, 이러한 프리필터링은 전체에 대하여 시행을 하는 것도 가능하지만, 어느 내용에 한 하여 어느 한 부분만을 선택하여 시행을 하는 국부적인 시행도 가능하다고 할 수 있다.

- 노이즈 리덕션(Noise Reduction) 기술 : 랜덤 노이즈는 DCT블록에서 픽셀 사이의 상관성을 감소시키기 때문에 엔코드가 어렵다고 할 수 있는데, 신호원의 노이즈 량이 증가한다고 하면 엔코드 하는데 필요한 비트레이트는 비약적으로 증대 되어진다고 할 수 있다.
  또한 신호원 눈(우두머리)에서는 별로보이지 아니하는 랜덤 노이즈를 감소시키기 위하여 몇 개의 노이즈 리덕션 기술이 개발 되어 가고 있다고 할 수 있다.

8.4 영상 압축 규격

영상 압축 규격은 다음과 같은 2가지의 주된 목적을 달성하기위하여 정의 되어진다고 할 수 있다.

- 신호의 확장도(잉여도)와 인간의 시각 특성을 이용하여 원래 화상의 데이터 레이트를 감소시킨다.
- 압축한 화상 데이터 스트림을 프로그램 제작 환경에 있어서 조작하기 쉽게 하고, 전송 미디어나 기록 미디어가 다소 불안전하더라도 안전하게 기록 전송이 가능 한 포맷으로 한다.

이러한 요건을 충족하기 위해서는 계층 구조로 되어있는 영상 데이터 구조가 사용되어 지고 있다고 할 수 있는데, 그러한 것에 대한 상세에 대해서는 압축 규격으로서 결정되어있다고 할 수 있다.

8.4.1 영상 데이터 계층 구조

JPEG규격에 있어서는 코딩 되어진 화상 신호의 상호 교환을 가능하게 하기 위하여 데이터 구조의 계층화(Data Structure Hierarchy)를 포함하고 있다고 할 수 있는데, 그러한 코딩 파라미터로서는 JPEG 오퍼레이션 모드, 화상의 사이즈와 레이트 비율, 픽셀의 정도(비트수), 압축방식(Compression Scheme), 양자화 정도와 테이블 등이 압축 데이터 스트림에 부가 되어진다고 할 수 있다. 또한 JPEG데이터 영상 구조에 있어서는 JEPE오퍼레이션 모드에 따라서 다르다고 할 수 있는데, 여기에는 6개의 계층적인 레이어가 있다고 할 수 있다.

- 데이터 유니트(Data Unit : DU) 레이어
  이러한 것은 로시 오퍼레이션 모드 (Lossy Operation Mode)에 있어서 1개의 8×8콤포넌트 샘플 블록으로 구성 되어진다고 할 수 있다.
- 미니멈 코디드 유니트 레이어(Minimum Coded Unit Layer)
  위의 데이터 유니트에서 구성 되어져 있는 최소의 그룹으로서 예를 들면 CCIR-601신호 (4:2:2)의 DCT모드(DCT-Mode)압축에 있어서는 2개의 Y블록과 1개의 C_B블록 및 1개의 C_R블록으로 구성 되어있다고 할 수 있다.
- 엔트로피 코디드 세그먼트 레이어(Entropy-Coded Segment Layer)
  이러한 세그먼트는 몇 개의 미니멈 코디드 유니트(Minimum Coded Unit)로 구성되어 있다고 할 수 있는데, 따라서 전송상의 오류가 있으면 엔트로피 코딩, 즉 가변장 코딩(일명 가변장 코딩)이 되어진 데이터에서는 데이터의 구별이 잘 되지 아니하기 때문에 오류가 생긴 뒤에 열화가 계속 되어진다고 할 수 있다. 이 때문에 가변장 데이터의 연결을 어느 정도 크게 하지 아니하기 위해서는 세그먼트를 잘게 자르는 것에 의한 동기 코드를 붙이는 것에 의하여 다음의 세그먼트로부터 오류의 복구가 가능하게 하고 있다.
- 스켄 레이어(Scan Layer)
  이러한 것은 화상의 위로부터 아래까지 완전한 스캐닝을 정의한다고 할 수 있다.
- 프레임 레이어(Frame Layer)
  프레임은 한 개의 프레임 순차주사 DCT 모드(Progressive DCT Based Mode)로 사용되어지고 있는 몇 개의 프레임으로 구성되어져 있다.
- 픽쳐 레이어(Picture Layer)
  픽쳐는 압축되어진 데이터의 계층으로서 가장 톱의 레벨이라고 할 수 있는데, 여기에는 프레임 레이어와 화상의 스타트와 앤드에 대한 코드를 포함 하고 있다고 할 수 있다.

MPEG-1또는 MPEG-2의 영상 데이터 구조는 그림 8.31 또는 그림 8.32에서 표시를 하고 있는 것과 같이 6개의 계층 레이어(Hierarchial Layer)로 구성 되어져 있다고 할 수 있는데, 그러한 것에는 다음과 같은 것이 있다고 할 수 있다.

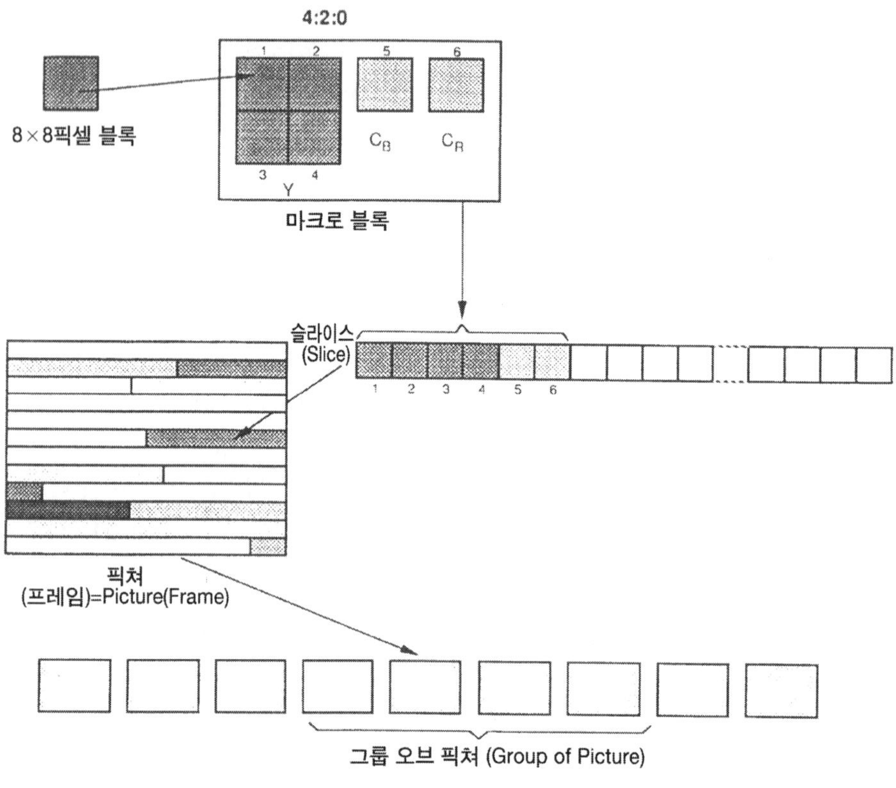

그림 8.31 MPEG비디오 데이터 스트림의 구조

- 블록 레이어(Block Layer)
  이장의 서두에서 설명한 것과 같이 휘도신호 또는 색도신호의 8×8픽셀 블록 이 DCT의 압축을 위하여 정의 되어져 있다고 할 수 있다.
- 마크로 블록 레이어(Macro Block Layer)
  마크로 블록은 DCT블록의 그룹으로서 원래 화상의 16×16픽셀 윈도우 가운데 정보 데이터로부터 변환되어진 것이라고 할 수 있는데, 이러한 윈도우 사이즈에 의하여 사용되어져 있는 샘플링 구조로 내용은 각각 다른 형태로 되어있다고 할 수 있다. 그림 8.15에서는 4개의 다른 케이스를 표시하고 있다고 할 수 있는데, 이러한 마크로 블록의 헤더는 그 타입(Y, C_B, C_R)과 연관하는 움직임 보정 벡터의 정보가 포함 되어 있다고 할 수 있다.

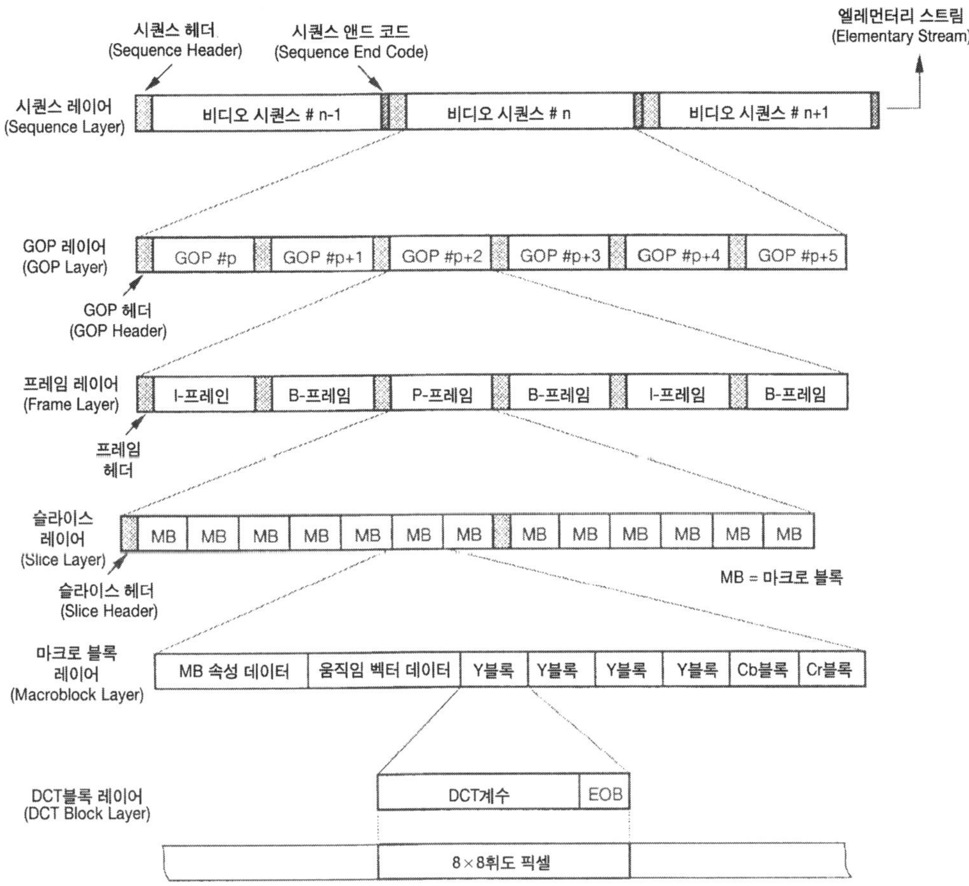

그림 8.32 MPEG 압축 이미지 데이터의 구조

- 슬라이스 레이어(Slice Layer)

  슬라이스는 한 개 또는 복수의 근접한 마크로 블록으로 구성 되어져 있다고 할 수 있는데, 이러한 슬라이스의 최소 크기는 1마크로 블록이지만, 최대의 크기로는 화상의 전체도 가능하다고 할 수 있다. 또한 이러한 슬라이스의 헤더는 그 화상내의 위치나 양자화 기기의 스켈링 팩터(Scaling Factor)의 정보를 포함 하고 있다고 할 수 있고, 이러한 것에 대한 사이즈는 목적으로 하는 애플리게이션(Application)에 필요로 하는 오류보호 레벨과 데이터 압축 레벨의 성능에 의하여 결정 되어진다고 할 수 있다. 예를 들면 전자에서 에러가 많은 슬라이스는 데이터로 드롭(Drop)이 가능하지만, 후자에서 작은 사이즈의 슬라이스에서는 자주 스켈링 팩터를 조정하는 것이 가능하다는 것 등이라고 할 수 있는데, 이러한 DCP코딩에서 사용되고 있는 기준 DC계수는 각 슬라이스의 스타트로 변경이 가능하다.

- 픽쳐 레이어(Picture Layer=Frame Layer)
  픽쳐 레이어는 디코더에 I-프레임인가 B-프레임인가 P-프레임인가 등과 같이 프레임 코딩 정보를 전송 한다고 할 수 있는데, 헤더에서는 프레임 송출 순을 표시하고 있어서, 디코더가 프레임을 정확하게 송출 순서로 출력하는 것이 가능하도록 하고 있다. 또한 픽쳐 헤더에 포함 되어있는 그 외의 부가 정보에 있어서는 동기정보, 해상도 정보, 움직임 벡터의 범위 등이 있다고 할 수 있다.
- 그룹 오브 픽처 레이어(Group Of Pictures Layer : GOP레이어)
  8.3.9항이나 그림 8.30에서 표시를 하고 있는 것과 같이 그룹 오브 픽쳐의 구조는 I-프레임, P-프레임, B-프레임 등의 다양한 조합이 가능하다고 할 수 있는데, 그룹 오브 픽쳐(GOP)구조는 2개의 파라미터(m,n)에서 기술되어져 있다고 할 수 있다. 또한 이러한 각 GOP는 I-프레임에서 시작하여 거기가 편집이나 서치의 스타트점이 된다고 할 수 있는데, 이러한 헤더는 25비트의 VTR을 위한 타임코드와 타이밍 정보를 포함하고 있다고 할 수 있다.
- 비디오 시퀀스 레이어(Video Sequence Layer)
  시퀀스 레이어는 헤더와 한 개 이상의 그룹 오프 피쳐(GOP)의 시퀀스 엔코드에 의하여 구성 되어져 있다고 할 수 있는데, 헤더에 포함 되어있는 가장 중요한 정보는 각 화상의 수평과 수직 사이즈는 물론 픽셀에 대한 화각 비(Aspect Ratio), 시퀀스에서의 화상 비트레이트, 픽쳐 레이트, 디코더에 필요한 최소의 버퍼 사이즈 등이 있다고 할 수 있다.
  또한 비디오 시퀀스와 헤더 정보는 엔코드 되어진 비트 스트림을 구성하고 있어, 비디오 엘레먼터리 스트림(Video Elementary Stream: VES)이라고 부르고 있다.

8.4.2 JPEG, 모션 JEPG규격계통(JEPG and Motion JEPG Schemes)

JPEG의 규격은 정지화상을 위하여 개발 되었다고 할 수 있는데, 이러한 규격은 넓은 범위의 압축비에 의하여 동작을 하고 있으나 약 15:1의 압축비로 최적화 되었다고 할 수 있다. 이러한 것에는 4개의 오퍼레이션 모드가 규정 되어있다.

- 시퀀셜 DCT베이스 모드(Sequential DCT-Based Base Line System)
  각 이미지는 1회로 엔코드 되어진다고 할 수 있는데, 이러한 모드의 서브 셋트 (Subset : 일부분의 시스템)가 베이스 라인 시스템 이라고 할 수 있다.

- 프로그래시브(순차주사) DCT 베이스 모드(Progressive DCT-Based)
  각 이미지는 복수 회에 걸쳐서, 거친 스캔으로부터 세밀한 스캔 형태로 엔코드 및 디코드가 되어진다고 할 수 있다.
- 시퀀셜 로스레스 모드(Sequential Lossless)
  이미지는 DPCM 또는 엔드로비 엔코드되어서 로스레스의 압축 프로세스가 되지만 압축비는 낮다고 할 수 있다.
- 계층적 프로그래시브(순차주사) 모드 (Hierarchical Progressive (Pyramidal) Mode)
  이미지를 프레임 순에 의하여 서서히 해상도가 높아지게 하는 것과 같이 시퀀스에 따라 엔코드 되어진다고 할 수 있는데, 최초의 프레임은 원래의 이미지를 저 해상도로 한 것으로, 그러한 것에 연계하여 프레임은 보다 높은 해상도의 프레임으로 표시 가능하게 하게 하는 것과 같이하여, 그전의 낮은 해상도 프레임과의 차분을 코딩한 것이라고 할 수 있다.

이미지의 JPEG의 규격은 아래와 같은 특성이 있다고 할 수 있다.

- RGB또는 Y, C_B,C_R에 의한 색공간(Color Space)이 선택 가능하다.
- 4:4:4, 4:2:2, 4:2:0의 샘플링 구조의 선택이 가능하다.
- 화상의 사이즈는 65,536픽셀, 65,536라인까지 가능하다.
- 베이스 라인 시스템에서는 입력 샘플링 비트수는 8비트이고, 확장 되어진 DCT베이스 시스템에서는 8~12비트이라고 할 수 있다.
- DCT 또는 양자화 프로세스의 정도는 9비트 이라고 할 수 있다.
- DC계수측정에서는 리니어 DPCM양자화 기를 사용한다.
- 마크로 블록 레이어(16×16픽셀)에서는 적응형 양자화 프로세스를 사용한다.
- DC계수의 최대 비트 정도는 11비트이다.
- Y, C_R, C_B의 각각 별개의 양자화 테이블을 가지고 있다.
- Run- Length Coding (RLC)에서는 모디피드 허프만(Modified Huffman)코드 체계를 사용한다.
- 허프만 코드 체계는 다운로드가 가능하다고 할 수 있는데, 즉 코드 테이블을 헤더에 넣어서 디코더에 알려주는 것이 가능하다는 것이다.
- 블록마다 스켈링 팩터(Scaling Factor)를 가변 하는 것이 가능하다.
- 프레임 내 또는 필드 내에 압축의 신호이므로 움직임 보정은 하지 아니한다.
- 비월주사(Interlacedd)와 순차주사(Progressive)의 스캐닝 선택이 가능하다.
- 채널 에러의 관리 : 전송 채널 에러는 허프만 코드를 사용하여 시행을 하고 있기 때문에 그 후의 블록에도 퍼져나가서 화질을 대폭 열화 시킨다고 할 수 있는데, JPEG규격에 있어서는 이러한 에러를 국부적인 것으로 하기 때문에 몇 가지의 동기 코드를 규정하고 있다고 할 수 있다.

또한 비교적 높은 압축비에서 JPEG압축은 샤프한 수직 에지를 사용하여 블록 픽셀의 왜를 발생하게 하여, 주관적으로는 화상의 해상도가 소프트하다는 것을 검지하는 것이 가능하다고 할 수 있는데, 이러한 JEPG압축에서는 필드 또는 프레임 단위로 양호하게 편집하는 것이 가능하다고 할 수 있고, 엔코드, 디코드 프로세서이기 때문에 지연(Latency : 기다리는 시간)은 대칭성이 있어서 고정 치라고 할 수 있으며, 근래의 시장에서는 많은 칩 세트가 나와 있어 낮은 가격의 엔코더, 디코더의 설계가 가능하다고 할 수 있다.

이러한 모션 JPEG은 JPEG를 확장 시킨 것이지만 규격화 되어져 있지는 아니하다고 할 수 있는데, JPEG압축이 필드 또는 프레임 단위의 압축 방식이기 때문에 고속의 칩 셋트 개발에 의하여 24, 25, 30프레임/초(fps)의 레이트로 연속한 프레임의 엔코드가 가능하게 되어있다고 할 수 있고, 가변 양자화 팩터(Factor)를 사용하는 것에 의하여 비트 레이트를 일정하게하기(Constant Bit Rate(CBR)Operation) 위한 버퍼가 JPEG엔코더에 부가되어있다고 할 수 있다.

8.4.3 MPEG-1비디오 규격 체계(MPEG-1 Video Scheme)

MPEG-1규격에 있어서는 ISO/IEC-11172규격을 기준으로 하고 있으나 최초로는 동화상과 그의 음성을 약 1.5Mbps로 축적을 하기 위하여 개발 되었다고 할 수 있는데, 이러한 압축 규격 형식의 애플리케이션(Application)으로 상정 되어진 것은 비디오 게임, 전자 출판, 교육 등의 목적으로 되어있다고 할 수 있고, 30프레임/초의 CSIF(Common Source Intermediate Format)로서 알려져 있는 포맷에 의한 화상의 품질에 있어서는 목적으로 하는 수요자의 욕구를 만족시키는 것으로서 1.2Mbps의 비트레이트의 형태로 하여 VHS비디오 레코더와 거의 같거나 아니면 더 좋다고 할 수 있다. 또한 MPEG-1의 비트 스트림의 구성은 최대 4095×4095픽셀의 화상 사이즈를 취급하거나 아니면 100Mbps 비트레이트까지 취급하는 것이 가능하다고 할 수 있다.

8.4.3.1 CSIF(Common Source Intermediate Format)포맷

1990년 12월 CCITT화상전화 코딩 스페셜 리스트 그룹 (Specialist Group on Coding For Visual Telephony)은 세계 공통의 비디오 회의(Video Telephony), 비디오 전화(Video Telephony)를 위한 코딩 시스템을 설계가능하기 위하여 저 비트 레이트 코딩에 대한 H.261의 권고 규격을 제정하였다고 할 수 있는데, 현재 가장 많이 사용하고 있는 2가지의 세계적인 텔레비전 스캐닝 규격이라 할 수 있는 525/60, 625/50에 대응하기 위하여 2가지방식을 어느 정도 만족시킬 수 있는 중간의(Intermediate) 세계 공통 신호원(Common Source)으로서, CSIF(Common Source Intermediate Format) 또는 각 SIF(Source Input Format)라고 불리 우는 포맷이 압축 엔코더의 입력 포맷 형식으로 하여 2가지 텔레비전 규격에 대응할 수 있는 별개의 사양(Y : 360×240/360×288 C: 180×120/180×144)과 함께 규정되어있다고 할 수 있다.

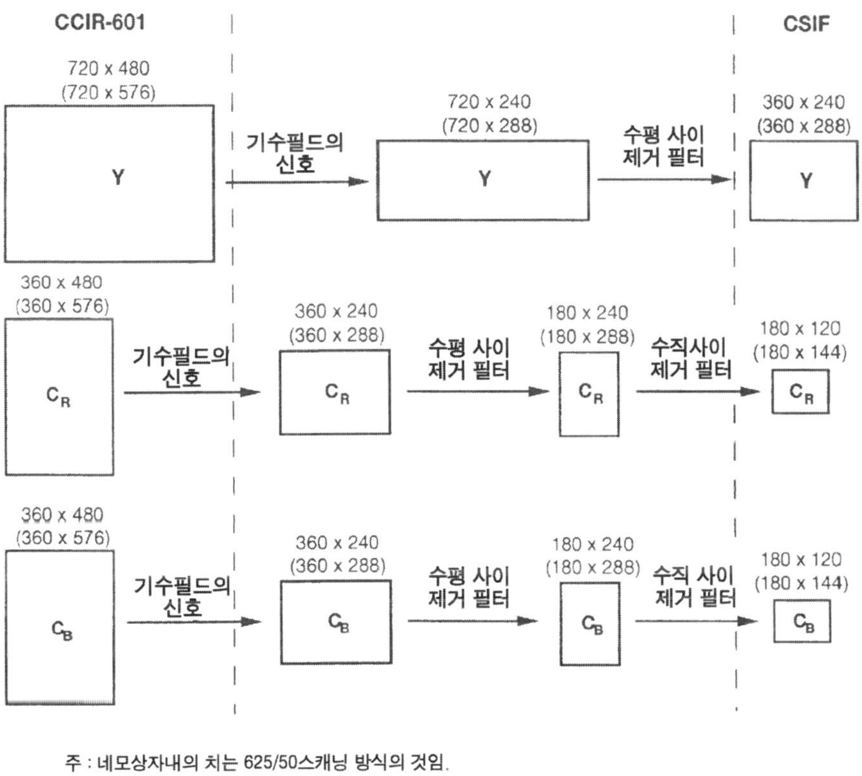

그림 8.33 CCIR-601 신호로부터 CSIF(Common Source Intermediateformat)와 픽셀 배열 사이즈 (Pixel Array Size)로의 변환 프로세스

또한 샘플링 주파수는 ITU-R BT-601(CCIR-601)에서 규정 되어져 있는 주파수와 관련하여 결정 되었다고 할 수 있기 때문에 1액티브 라인당 픽셀 수는 525, 625 라인 신호 모두 공통이라고 할 수 있다. 또한 ITU-R BT601포맷으로부터 CSIF로의 변환 프로세스가 용이하게 하는 것이 가능하다고 할 수 있는데, 그림 8.33에서 표시를 하고 있는 것과 같이 601의 Y기수 필드 신호에 수평방향의 픽셀사이의 필터를 통하는 것에 의하여 CSIF의 휘도 프레임이 얻어지고, 601의 C_R과 C_B의 기수 필드의 신호를 수직 방향과 수평방향 사이에 필터(Horizontal Decimation Filter)를 통하게 하는 것에 의하여 CSIF의 색 프레임이 얻어진다고 할 수 있으나, 우수 필터는 엔코드 시키지 아니한다고 할 수 있다.

따라서 수신부의 디코더에서는 우수 필드는 디코드 되어진 수평 방향에 보간 되어진 기수 필드로부터 예측 생성이 되지 아니하면 되지 아니한다고 할 수 있다.

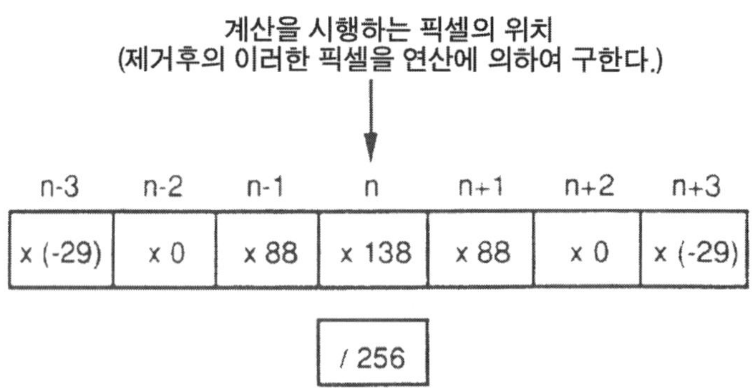

그림 8.34 신호사이의 제거용 디지털 필터의 근접해있는 픽셀군의 데이터에 연산을 하는 각계수치(연산의 결과 치를 모두 가산을 하여서 256으로 나누어 사용함)

표 8.4 CSIF베이스의 이미지 포맷의 특성

	CCIR601 525	CSIF525 4:2:0	CCIR-601 625	CSIF625 4:2:0
액티브 라인당 픽셀 수				
휘도(Y)	720	352	720	352
색도(C_B,C_R)	360	176	360	176
샘플링 주파수 (MHz)				
휘도(Y)	13.5	6.75	13.5	6.75
색도(C_B,C_R)	6.75	3.38	6.75	3.38
액티브 라인 수				
휘도(Y)	480	240	576	288
색도(C_B,C_R)	480	120	576	144
프레임 레이트 (Hz)	30	30	25	25
이미지 화각 비(Aspect Rate)	4:3	4:3	4:3	4:3

그림 8.34에서는 CSIF 픽쳐어레이(CSIF Picture Array:CSIF 픽쳐 배열면)의 모든 픽셀 단위로 사용되어진다고 할 수 있는데, 이러한 픽셀 사이 디지털 필터의 계산 프로세스를 표시하고 있다고 할 수 있고, 이 그림에서 위치 n에 있어서 픽셀치라는 것은 위치(n-3)로 부터 (n+3)까지의 픽셀치에 그림 8.34에 표시한 각각의 소정 필터계수를 가하여 연산한 것이라고 할 수 있다.

또 각각의 계수를 가해 더한 치를 256으로 나누어서 그 결과가 위치 n에 있어서 새로운 픽셀의 치가 된다고 할 수 있는데, 다음의 연산은 픽셀 위치 (n+2)에 대하여 시행을 하고 있다고 할 수 있고, 이러한 수평 방향의 픽셀수는 1/2이 된다고 할 수 있으며, C_R과 C_B에 있어서는 동일한 필터링 프로세스를 수직 방향에 있어서도 시행을 한다고 할 수 있다.

따라서 1라인당 액티브 휘도 픽셀(360)수는 16의 정수배(352)로 감소한다고 할 수 있는데, 이것은 4:2:0샘플링 화상의 액티브 픽셀을 16×16마크로 블록으로 모으기 위하여 필요하다고 할 수 있다.(8.4.1참조)

이렇게 감소되어진 액티브 화상(352×240)을 CSIF의 시그니피켄트 픽셀(Significant Pixel Area : 중요픽셀 영역) 이라고 부르고 있는데, 이러한 CSIF에서는 색도는 시각상의 해상도가 낮기 때문에 그러한 것을 이용하여 색도 데이터 레이트를 낮추기 위하여 4:2:0의 샘플링 구조와 조합 되어져 있다고 할 수 있다.

이러한 조합에 의하여 비디오 전화나 비디오 회의와 같이 애플리케이션이 필요한 비트레이트의 감소가 가능하다고 할 수 있는데, 표 8.4에서는 525/60 또는 625/50 텔레비전 포맷에 대응한 CSIF를 기본으로 하고 있는 이미지 포맷을 표시하고 있다고 할 수 있다.

MPEG-1엔코더를 실행하기 전에 4:2:2포맷으로부터 CSIF로의 컨버터가 원래의 데이터를 감소시키기 위하여 필요한 것으로, 이것은 8비트 4:2:2시스템에서 166Mbps의 정보량을 31.5Mbps의 정보량으로 감소한 것으로 되어있는데, 이러한 시스템을 구성하기 위 하여는 역변환의 컨버터가 수신부의 디코더에서 필요하다고 할 수 있다.

8.4.3.2 MPEG-1의 규격

MPEG-1규격은 넓은 범위 애플리케이션(Application)에서 사용이 가능하다고 할 수 있으나 이 규격에 대한 수된 타켓은 CSIF 애플리케이션 이라고 할 수 있고, 이러한 CSIF의 디코더를 간단하게하고 가격을 저하시키기 위 하여는 비트 스트림의 파라미터로 하여 표 8.5에서 표시를 하고 있는 것과 같이 제한된 파라미터 셋트(Constraint Parameter Set)가 규정 되어져 있다고 할 수 있는데, 픽쳐당 최대 356마크로 블록이라고 하는 것은 수평 방향의 22마크로블록 (352픽셀/16), 수직방향의 22마크로 블록(240라인/16)이 나열되어 있기 때문이라고 할 수 있다.

표 8.5 MPEG-1엔코딩에 있어서 비트스트림 파라미터 제한 조건

파라미터	최대치
화면폭(Picture Width)	768픽셀
화면 높이(Picture Height)	576라인
화면 레이트(Aspect Rate)	30화면/초
마크로 블록(Macro Blocks) 수	396
움직임 벡터(Vectors)의 범위	±64픽셀
입력 버퍼(Buffer)사이즈	327,680비트
비트 레이트(Bit Rate)	1.8Mbps

MPEG-1은 일반적인 공통의 연산 방식(Generic Algorithm)으로 정의하고 있고, 엔코드 되어진 비트 스트림의 내용과 구성법(Syntax for The Representation of Encoded Bit Stream)과 데이터의 실현 방법(Decoder Implementation) 등으로 규정하고 있다고 할 수 있는데, 이러한 것은 애플리케이션에 따라서는 그러한 기능의 모든 것이 필요하지 아니하므로 툴 키트 (Tool Kit : 공구 셋트 기능의 적당한 조합)접근을 기본으로 하고 있다고 할 수 있다. 또 비트 스트림의 구성은 8.4.1항에서 서술한 바와 같이 6개의 레이어로 되어있다고 할 수 있는데, 여기에는 2개의 오퍼레이션 모드가 규정 되어져 있다고 할 수 있다.

- 프레임 내 압축 모드 (Intraframe Compression Mode)
  I-프레임 생성을 하기위하여 프레임내의 DCT, 양자화 Run- Length Coding, 가변장 코딩 모드 등이 있다.
- 프레임 간 압축 모드 (Interframe Compression Mode)
  P-프레임, B-프레임 생성을 하기위하여 움직임 검출(Motion Estimation), 움직임 보정 측정모드 등이 있다고 할 수 있으나 MPEG-1모드에서는 움직임 검출의 알고리즘은 규정하고 있지 않다.

MPEG-1규격의 주된 특징은 다음과 같다.

- 1종류의 색공간(Y, C_B, C_R)의 신호가능.
- 1종류의 샘플링의 구조(4:2:0).
- 제한된 파라미터를 사용하여 최대 720픽셀, 576라인 화상 사이즈, 풀(Full) 파라미터로 4095×4095의 화상 사이즈.
- 샘플당 입력 비트수(Input Sample Precision)는 8비트.

- DCT 또는 양자화 프로세스 계산 비트수는 9비트.
- DC계수에는 리니어 DPCM의 양자화를 사용.
- 마크로 블록 레이어(16×16픽셀)에서는 적응형 양자화 프로세스를 사용.
- DC계수치의 최대 비트 정도는 8비트.
- 비디오 시퀀스 헤더(Video Sequence Header)의 옵션으로 되어있는 JPEG 스타일의 양자화 매트릭스 테이블이 송출 될 경우에는 프레임 내, 프레임 사이에 코딩에 대하여 초기설정의 양자화 테이블이 적용되어진다고 할 수 있는데, 그 때문에 양자화 매트릭스는 시퀀스 레벨만이 변경 불가능하고, 양자화 테이블은 Y, C_B, C_R데이터 신호에 대하여 동일하다고 할 수 있다.
- Run-Length Coding (RLC)은 모디피드 허프만 코드(Modified Huffman Scheme)가 사용되어진다고 할 수 있다.
- 가변장 코딩 (VLC)테이블은 다운로드가 되지 아니한다고 할 수 있는데, 이는 코드테이블은 디코더에 보내지 아니하고 기존에 정해진 것이 사용되어진다고 할 수 있다.
- 프레임 내 프레임 사이의 압축에 있어서는 양자가 모두 사용이 가능하게 하기 위하여 움직임 보정이 이루어진다고 할 수 있다.
- 순차주사(Progressive)방법에 의한 스캔신호의 사용이 가능하다.
- P-, B-프레임을 사용할 수 있다.
- 움직임 검출의 정도는 0.5픽셀로 한다고 할 수 있다.
- 엔코더와 디코더에서 비대칭 한 알고이즘에 있어서, 엔코더는 디코더보다 복잡한 것이 된다고 할 수 있다.
- 제한 파라미터에서 최고의 비트레이트는 1.85Mbps이고, 풀 파라미터(Full Parameters)에서는 최고 100Mbps이라고 할 수 있다.

이러한 MPEG-1은 비디오 프레임에 있어서 랜덤 억세스, 압축 비트 스트림에서 빠른 전송, 빠른 되돌림 서치, 비디오 리버스(Reverse) 재생, 압축 스트림에서의 편집 등이 가능하다고 할 수 있는데, MPEG-1은 MPEG-2규격의 서브셋트(Subset)이므로 MPEG-2의 어떠한 디코더라도 MPEG-1데이터 스트림의 디코드가 가능하다고 할 수 있다.

8.4.4 MPEG-2비디오 규격

MPEG-2규격은 MPEG-1규격의 확장판으로서 개발 되었다고 할 수 있고, 그 목적은 MPEG-1과 아래 형식과 호환성을 가지면서, 보다 높은 비트 레이트로 넓은 범위의 애플리케이션에 대응이 가능하게 하기위하는 것은 물론이거니와 MPEG-1의 제한조건 즉 예를 들면 화상의 사이즈, 해상도, 최고 비트 레이트, 오류 보정 능력, 비트 스트림에 있어서 스켈라 빌리티(Scalability)가 없는 것(Bit-Stream Nonscalability) 등을 개선하기 위함 이라고 할 수 있는데, 여기에서 비트 스트림의 스켈라 빌리티(Scalability)라고 하는 것은 비트 스트림의 일부의 신호를 디코드하여 허용가능 한 화질 레벨의 디코드 이미지를 얻는 것을 의미한다고 할 수 있다.

MPEG-2의 규격사양은 비트 스트림의 구성법과 디코드 프로세스의 신호에 대하여 규정하고 있다고 할 수 있는데, 그 결과 엔코딩의 성능에 있어서는 데이터 스트림의 구조(GOPs), 움직임 보정 시스템의 정도, 또는 양자화 프로세스에 따라서 변화한다고 할 수 있다. MPEG-2의 주된 특성은 MPEG-1과 거의 같다고 할 수 있는데, 아래와 같은 것이 MPEG-1과 비교하여 개량된 점이라고 할 수 있다.

- 4:4:4, 4:2:2, 4:2:0샘플링 구조에 대응이 가능하게 하고 있다.
- DC계수치는 MPEG-1보다는 보다 많은 비트수로 표현하는 것이 가능하다고 할 수 있다.
- 양자화 매트릭스 테이블은 프레임 레벨로의 변경이 가능하다고 할 수 있다.
- 순차주사(Progressive) 신호만이 아니라 비월주사인 인터레이스 스캐닝(Interlaced Scanning)에 있어서도 대응이 가능하다고 할 수 있는데, 그 때문에 움직임 보정 검출은 필드 베이스로도 가능하다고 할 수 있다.
- 필드 예측과 프레임 예측의 양방향이 가능하다.
- 오류를 검지하여 표시하는 기능 등에 의하여 높은 압축율의 신호에 대한 전송로 오류에 대한 인성이 높다고 할 수 있고, 스타트 코드가 빈번히 삽입되어있으므로 가변장 디코더의 동기회복이 용이하다고 할 수 있는데, 컨셀멘트 모션 벡터 (Concealment Motion Vectors :오류 부분을 다른 장소의 신호를 사용하여 커버하기위한 움직임 벡터)를 I-프레임, P-프레임의 옵션으로 부가가 가능하기 때문에 오류에 의한 슬라이스 레이어 데이터의 결손을 보지 아니하다는 것이 가능하다고 할 수 있으나 이러한 기능에 의하여 컨셀멘트 모션 벡터 (Concealment Motion Vectors)데이터 양이 증가한다는 결점이 있다고 할 수 있다.

표 8.6 MPEG-2각 레벨, 프로파일 파라미터의 제한 최대치

레벨	프로파일	Simple	Main	SNR	Spatial	Hight	4:2:2
	프레임타입	I&P	I,P,&B	I,P,&B	I,P,&B	I,P,&B	I,P,&B
	크로마	4:2:0	4:2:0	4:2:0	4:2:0	4:2:0& 4:2:2	4:2:0& 4:2:2
	샘플링구조						
High	라인당 샘플 수		1920			1920	
	프레임당 라인 수		1152			1152	
	초당 프레임 수		60			60	
	최고 비트레이트(Mbps)		80			100	
High-1440	라인당 샘플 수		1440		1440	1440	
	프레임당 라인 수		1152		1152	1152	
	초당 프레임 수		60		60	60	
	최고 비트레이트(Mbps)		60		60	80	
Main	라인당 샘플 수	720					720
	프레임당 라인 수	576					608
	초당 프레임 수	30	30	30	30	30	30
	최고 비트레이트(Mbps)	15	15	15		20	20
Low	라인당 샘플 수		352				
	프레임당 라인 수		288				
	초당 프레임 수		30				
	최고 비트레이트(Mbps)		4				

MPEG-2비디오 데이터의 구조는 8.4.1항에서 설명한 것과 같이 6층의 레이어 구조로 되어있다고 할 수 있고, 일정의 비트 레이트(Constant Bit Rate: CBR) 전송은 각 픽쳐 헤더가 각각의 양자화 테이블을 가지고 있으므로 용이하게 실현하는 것이 가능하다고 할 수 있는데, 양자화 테이블은 각 픽쳐 내용에 따라서 조정하는 것이 가능하다고 할 수 있다

MPEG-2규격 사양에서는 많은 애플리케이션으로 부터 요구에 응하기 위하여 많은 기능과 부호화 툴(Tool)이 포함 되어있다고 할 수 있는데, 이러한 많은 기능을 한 개의 비트 스트림의 내용에 통합하여 가는 것은 대단히 복잡한 작업이라고 할 수 있기 때문에 프로 파일이(Profile)라고 불리 우는 계층적인 서브셋트(Hierarchical Subset)가 규정되어있다고 할 수 있다. 그리하여 각 프로파일은 레벨이라고 불리 우는 파라미터 셋트 즉 픽쳐사이즈, 프레임 구조(I, B, P), 최고 데이터 레이트, 최고 프레임 레이트, 샘플링 구조 등의 파라미터세트와의 조합에 의하여 이루어진다고 할 수 있는데, 예를 들면 메인 프로파일 메인 레벨(Main Profile Main Level : MP@ML)이라고 하는 조합으로 이루어져 있다고 할 수 있다. 표 8.6에서는 MPEG-2 의 규격으로 규정되고 있는 프로파일과 레벨을 표시하고 있다고 할 수 있다.

파라미터에 대한 제한 최대치는 625/525라인 시스템 포맷의 공통이라고 할 수 있는데, 예를 들면 525라인의 MPEG-2(MP@ML)비트 스트림은 720×480픽셀의 픽쳐 사이즈 60필드/초(FPS)으로서 최고의 비트 레이트는 15Mbps정도라고 할 수 있다.

심플 프로 파일(Simple Profile)이라고 하는 것은 최저수의 부호화 툴(Tool)을 가지고 있어 최저 비트 레이트로 B-프레임을 사용하지 아니하는 서브 셋트 이라고 할 수 있는데, 사양은 MPEG-1과 같고, 프레임 순으로 입력을 시키지 아니하므로 저 지연 용도를 중심으로 사용되고 있다고 할 수 있다.

메인 프로파일 (MP)은 넓은 범위의 용도를 목적으로 한 것이라고 할 수 있고, 메인레벨(ML)은 표준 텔레비전(Conventional Television) 해상도에 대응한 것으로 대단히 중요하다고 할 수 있는데, 이러한 프로파일은 B-프레임을 사용하여 심플 파일과 같은 비트 레이트라 할지라도 보다 좋은 화질을 얻을 수가 있으나 엔코드/디코드에 의한 지연이 증가 한다는 문제점이 있다고 할 수 있다.

SNR프로 파일(SNR Profile)이라는 것은 메인 프로파일과 같이 툴(Tool)을 사용하고 있으나 화상의 SNR을 개선하는 엔한스먼트신호(Enhancement Signal)를 부가하고 있다.

스페셜 프로파일(Spatial Profile)이라는 것은 SNR프로파일과 같으나 베이스 레이어(Base Layer)로 해상도 엔한스먼트 레이어(Picture Resolution Enhancement Layer)를 부가하고 있다고 할 수 있는데, 이러한 것은 MPED-1엔코더와의 Backward Compatibly(백 워드 컴페티블 : 하위의 양립성)를 가지고 있다고 할 수 있다.

역주 SNR 프로파일과 스페셜 프로파일은 일반적인 SNR스켈라 빌리티 프로파일 (SNR Scalability Profile), 공간적인 스켈라 빌리티 프로파일 (Spatial Scalability Profile)이라고 불리 우고 있는 것으로, 모든 베이스 레이어에서 SNR 이나 해상도 등을 높게 하는 차분의 데이터 레이어를 부가하는 것에 의하여 수신부의 능력에 따라서는 베이스 레이어의 신호 또는 풀(Full) 레이어를 디코드가 가능하게 한 것이라고 할 수 있다.

하이프로 파일(Hight Profile)이라는 것은 SNR프로파일, 스페셜 프로파일으로서 같은 특성을 가지고 있으면 동시에 4:2:2 샘플링 구조에 대응이 가능한 레이어를 부가 하고 있다고 할 수 있는데, 이러한 것은 HDTV의 애플리케이션의 의도에 초점을 맞추어서 HDTV수신기가 HDTV의 화상을 표시하는 데에 있어서 양 방향의 레이어를 디코드가 가능하도록 하고 있다고 할 수 있고, 표준 텔레비전 수신기에서는 베이스 레이어를 사용하여 표준 텔레비전 해상도의 화상을 표시하게 하고 있다고 할 수 있다.

최근에 설정 되어진 4:2:2 프로파일(4:2:2P)은 최대 비트레이트를 확대한 것이라고 할 수 있는데, 이것은 메인 프로파일과 같다고 할 수 있으나 보다 높은 비트레이트와 4:2:2 샘플링 구조를 가지고 있다고 할 수 있고, 화상의 수직 사이즈에 대하여 알아보면 625/50방식에서는 576라인으로 확장 하고 있다고 할 수 있고, 525/60방식에서는 512라인으로 확장하고 있다고 할 수 있다.

또한 이러한 계층 구조에 의하여 어떠한 레벨과 프로파일 용으로 설계되어진 디코더는 모든 비트 스트림에서 적용이 가능하다고 할 수 있는데, 예를 들어 어떠한 것이 높은 레벨이고 프로파일 스트림 이라 할지라도 보다 낮은 레벨로 프로파일 디코드 하는 것이 가능하게 하고 있다.

8.5 비디오 비트 레이트 압축(Video Bit Rate Reduction : Video BRR)방식의 성능과 용도

8.5.1 비디오 BRR방식에 있어서 고려 할 특성

BBR방식의 특성은 각종 요소 사이에 여러 가지를 고려한 타협점이라고 할 수 있다.

- 압축비 (데이터 레이트)
  압축비는 적게는 2:1로부터 크게는 150:1 까지 변화를 하고 있다고 할 수 있는데, 이는 목적으로 하는 용도에 의한 화질 요구에 응하여 선택을 한다고 할 수 있다.
- 화질
  화상의 프로세스 중에서 화상의 생성은 최초의 스텝으로서 하이앤드 포스트 프로덕션에서는 최고의 화질을 요구하고 있지만, 뉴스프로그램을 제작하고 있는 뉴스센터 등과 같은 스튜디오에서는 방송까지의 과정에서 본다면 방송 전 화상의 처리가 거의 없기 때문에 전자에서 이야기하고 있는 포스트 프로덕션 보다는 화질의 요구사항이 낮다고 할 수 있다.
  따라서 화상 송출은 화상처리 과정의 마지막 과정으로서 여기에서는 BRR에 따라서 시청자가 만족할 수 있는 레벨의 화질과 데이터 레이트를 제공한다고 할 수 있다.

- 다세대 엔코드/디코드의 반복 작업 특성(Multiple-Generation Capability)
  거의 대부분의 비디오 제작에 있어서는 압축 신호의 형태로 처리를 하는 적당한 기술이 아직은 개발이 되어있지 아니하기 때문에, 비 압축의 형태로 처리하던지, 아니면 경우에 따라서는 압축되어진 신호를 디코드 시켜서 비압축 신호 형태로 처리되어진다고 할 수 있기 때문에 오리지널 화상은 프로그램 제작, 포스트프로덕션, 송출 프로세스를 통하여 몇 번이라도 압축된 신호를 엔코드/디코드를 반복하여 변환 시키지 아니하면 되지 아니한다고 할 수 있다. 따라서 이러한 특성의 개선 방법에 있어서는 최초의 압축 파라미터를 전송하여 가공을 한 후에 송출 단계에서 마지막으로 압축하는 것 등의 다양한 방법의 것이 검토 개발 중에 있다고 할 수 있다.
- 대칭성/비대칭성(Symmetry/Asymmetry)
  엔코드와 디코드에 있어서 프로세스의 양이 같은 압축 방식을 우리는 보통 대칭한 압축 방식이라고 하는데, MPEG-2방식은 디코더에 있어서 프로세스 량이 엔코드의 그것 보다는 대단히 적은 비대칭의 방식이라고 할 수 있다.
- 엔코드/디코드에 의한 지연
  이러한 지연은 엔코더에 구성이나 복잡한 정도 또는 GOP구조의 사이즈나 시퀀스에 따라서 변화 한다고 할 수 있는데, 방송에 있어서 네트워크를 통하여 인터뷰 등의 프로그램에서 허용이 가능한 총 지연 시간은 1ms이하라고 생각이 되기 때문에 간단한 송출에 있어서는 수상기의 채널 변경에서 필요로 하고 있는 기다리는 시간이 조금 딜레이가 생기는 경우를 제외하고는 별로 지연 시간에 대한 문제는 없다고 할 수 있다.

역주 여기에서 1ms이라는 것은 매우 짧은 치라고 할 수 있는데 통상 적으로는 100~150ms정도를 생각하고 있다고 할 수 있다.

- 편집성(Edit Ability)
  포스트 프로덕션에 있어서는 1프레임 단위의 편집 정도는 매우 세밀한 요구라고 할 수 있는데, 현재의 이러한 요구를 해결할 수 있는 방법은 몇 개의 프레임(I-, B-, P-)을 디코드하여 새로운 세그먼트 로 인서트 한 후에 재차 엔코드 하는 방법이 있다고 할 수 있고, 이러한 편집 방법을 간단하게 하는 장래의 해결 방법은 현재 개발 중에 있다고 할 수 있다.

- 랜덤 억세스/채널 절환(Random Access/Channel Hoping)
  비디오 기록 미디어에서는 어떠한 화면이라도 억세스가 가능하여 짧은 시간에 디코드하는 것이 필요하다고 할 수 있으나 이것은 비트 스트림 중에 억세스 포인트를 사용하여 시행을 한다고 할 수 있는데, 같은 방법으로 수신기에서 수신 채널의 선택 재생에 있어서도 선택 되어진 비트 스트림의 랜덤 억세스 포인트를 가지고 하는 수밖에 없다고 할 수 있고, 이러한 포인트는 시퀀스 헤더 부분에 있다고 할 수 있다.
- 장치의 복잡한 정도와 가격(Complexity and Cost)
  압축의 성능을 급속하게 개선하기위한 효과적인 움직임 검출기술을 채용에 있어서는, 그 때문에 장치가 복잡하게 되어 프로세스 칩의 가격이 올라가게 되어있으므로 트래이드 업(Trade Off)의 관계가 있다고 할 수 있다.

8.5.2 데이터 레이트와 압축비(Compression Ratio)

각각 다른 압축 방식 기능 평가의 하나로는 각각의 압축비가 있다고 할 수 있는데, 이러한 압축비 비교로는 양 압축 방식의 픽쳐 포맷(화상의 라인 수, 라인당 픽셀 수, 초당 프레임 수) 등만이 유효하다고 할 수 있고, 거기에다 의미가 있는 비교에 있어서는 픽쳐 포맷, 샘플링 구조(4:2:2, 4:4:4, 4:2:0, 4:1:1), 샘플당 비트수가 포함 될 필요가 있다는 것이다.

이러한 픽쳐에 대한 포맷이 정의 되어진다면 압축 전의 오리지널 화상의 비트 레이트는 계산이 가능하다고 할 수 있는데, 압축 후의 비트 레이트를 알 수 있다면 압축비는 다음과 같은 식으로 구할 수 가 있다.

$$\text{압축비} = \frac{\text{오리지널 화상 비트레이트}}{\text{압축후의 화상 데이터레이트}}$$

다음에서는 몇 가지의 예를 들어 보고자 한다.

- 4:2:2(Y,C_R,C_B) 포맷, 8비트/샘플 액티브픽저의 영역 (APA)의 오리지널 비트 레이트는 (720+360+360)×512×29,97×8=176,77Mbps이라고 할 수 있는데, 여기에서 (720+360+360)은 라인당 (Y,C_R,C_B)픽셀수를 말하고 있고, 512이라는 것은 프레임 당 라인수를 말하고 있으며, 29.97이라는 것은 정확한 초당의 프레임 수, 그리고 마지막으로 8이라는 숫자는 샘플 비트수를 말하고 있다고 할 수 있다. 이러한 픽쳐 포맷과 오리지널 비트 레이트는 테트로닉사의 프로파일 디스크 레코더 PDR-100에서와 같다고 할 수 있다.

압축후의 화질 비트 레이트로서는 24Mbps를 선택한다면 압축비는 176.77/24=7.4가 된다고 할 수 있는데, 압축의 픽쳐 포맷으로서는 오리지널 비트 레이트를 165.72Mbps로 감소하기 때문에 480라인 밖에 대응이 되지 아니하는 경우도 있으나, 이러한 때에는 같은 24Mbps로 압축을 하여도 압축비는 6.9로 감소한다고 할 수 있다. 여기에서 라인수의 480, 512라인은 4:2:2 시스템에 있어서 16×16의 마크로 블록을 정수 개 나열한 필드내 압축에 대응하는 것으로서 프레임당의 라인 수는 이와 같이 32의 정수배가 되지 아니하면 되지 아니한다.

- 4:2:0((Y, C_R, C_B)포맷, 8비트/샘플 액티브 픽쳐영역(APA)의 오리지널 비트 레이트는 (720+360/2+360/2)×480×29.97×8=124.29Mbps이라고 할 수 있는데, 이러한 픽쳐 포맷과 오리지널 비트 레이트는 거의 MPEG-2의 Mp@Ml과 같다고 할 수 있다.

  또한 4:2:0의 샘플링에서는 한 개의 마크로 블록은 16픽셀 ×16라인으로 형성 되어진다고 할 수 있는데, 이 때문에 코딩을 위하여 픽쳐의 영역은 순차주사(Progressive) 스캐닝에서는 16라인의 배수가 되지 아니하면 되지 아니한다고 할 수 있고, 비월주사(Interlaced) 스캐닝에서는 32배의 배수가 아니면 되지 아니한다고 할 수 있다.

  예를 들면 1280×720스캐닝 포맷에서는 720라인은 16의 배수만 이므로 비월주사 스캐닝에서는 사용이 불가능하다고 할 수 있으나 (현재 규격으로서도 존재하지 아니한다고 할 수 있다.) 1080의 라인은 순차주사 시스템, 비월주사 시스템의 양방향에 있어서 모두 1088라인으로 엔코드가 가능하다고 할 수 있다.

역주 픽쳐 라인 수는 비월주사(Interlaced)의 화상을 필드 단위로 필드 내 압축을 할 경우는 1필드에 있어서 16라인 마크로 블록이므로, 프레임 내의 라인 수는 그 배수로 32배수가 된다고 할 수 있다.

- 4:1:1(Y, C_R, C_B)포맷, 8비트/샘플액티브 픽쳐 영역(APA)의 오리지널 비트 레이트는 (720+360/2+360/2)×480×29.97×8=124.29Mbps이라고 할 수 있다.

  이러한 픽쳐 포맷과 비트레이트는 DVC-Pro기록 포맷과 같다고 할 수 있는데, 선택 되어진 화질이 25Mbps비트 레이트인 경우에는 압축비는 124.29/25=5가 된다고 할 수 있다.

여기에서 주의 할 것은 약간의 설계자는 그림 8.35에서 표시를 하고 있는 것과 같이 1라인당 720픽셀 대신에 704픽셀로서 우리가 소위 말하는 시그니픽켄트픽셀의 영역(Significant Pixel Area: SPA)신호를 압축 하는 것과 같이 설계하는 경우가 있다는 것이다. 그림 8.35에서는 720×480포맷의 액티브 픽처의 영역(APA)과 시그니픽켄트 픽셀의 영역(Significant Pixel Area : SPA)의 관계를 표시하고 있다고 할 수 있는데, 이러한 SPA는 11.4.7항에서 설명을 하고 있는 것과 같이 에지 트렌시언트 효과(Edge Transient Effect)를 고려하여 액티브 픽처 영역의 내측에 포함 되어 있다고 할 수 있다.

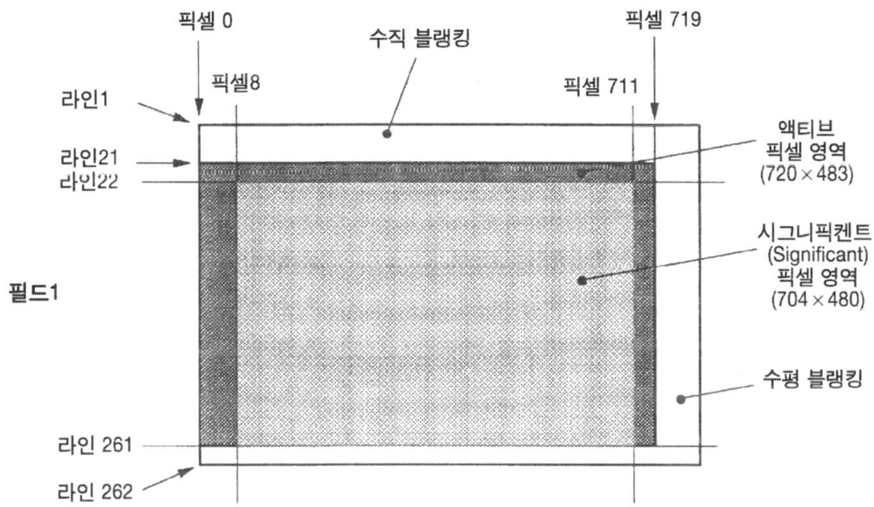

그림 8.35 720×480 픽쳐 포맷의 액티브(Active) 픽셀의 영역과 시그니픽켄트 (Significant) 픽셀의 영역

역주 이러한 SPA-704×480 시그니픽켄트 픽셀의 영역(Significant Pixel Area : SPA)에서는 8.4.3.1항에서 설명을 하고 있는 것과 같이 16×16마이크로 블록에 대응한 CSIF의 352×240으로부터 유래된 것으로 미국 ATV의 방송용 포맷의 하나라고 할 수 있고, SMPTE규격 RP-187에 있는 클린 아파쳐(Aperture)의 708×480과 근접해 있는 치라고 할 수 있다.

약간의 디스크 레코더 메이커에서는 그 시스템의 압축 능력을 표현하기 위하여 Minutes Per Gigabites: 기가바이트(GB)당 기록 분의 수를 사용하는 경우가 있다고 할 수 있는데, 예를 들면 6Min/GB 시스템에서는 1기가바이트 또는 1000MB, 또는 8000M비트 (Mb) 의 비트 스트림을 압축 신호로 하여 60×6=360초간 기록이 가능하다고 할 수 있고, 압축데이터 레이트는 이런 경우에는 8000/360=22Mbps가 된다고 할 수 있다.

그 외의 디스크 레코더의 메이커에서는 그 시스템의 압축 능력을 표시하기 위하여 프레임당 키로 바이트(Kilo Bit)로 표시를 하고 있는데, 그 수치는 30프레임/초의 시스템의 변환은 아래와 같이 간단하게 나타 낼 수 있다고 할 수 있다.

$$100\text{kB/프레임}=800\text{kb/프레임}=800\times30\text{kbps}=\frac{24,000}{1000}\text{Mbps}=24\text{Mbps}$$

이외에 2개의 비디오 압축 알고리즘 효율을 표현하는 방법으로는 8.3.5항에서 이미 설명을 하고 있으나 그 내용은 다음과 같다고 할 수 있다.

- FDCT(Forward DCT: 여기에서는 디코더의 Inverse DCT와 구별을 하기 위하여 사용하고 있다.)을 시행하기 전에 한 개의 픽셀 블록의 총 비트수와 같은 블록의 DCT-RLC-가변장 엔코딩 후의 총 비트수의 비
- FDCT후에 한 개의 픽셀 블록을 표현하기 위하여 필요한 비트수와 그 블록의 픽셀수와의 비를 내어서 비트/픽셀로 표시한 수치.

8.5.3 비디오 비트 레이트 압축 방식(Video BRR Scheme)의 성능

콘스턴트 비트 레이트 압축(Constant-Bit-Compression : CBR) 시스템에서는 양자화 노이즈 에서는 DCT계수를 양자화하는 정도에 관계하고 있다고 할 수 있는데, 픽셀치의 변화가 적은 블록과 비교하여 픽셀치의 변화가 큰 블록에서는 큰 DCT계수가 나타나서 일정의 비트 레이트를 지키기 위해서는 양자화 테이블의 스켈링 팩터를 증가하지 아니하면 되지 아니한다고 할 수 있다. 따라서 이러한 것에 의하여 양자화는 거칠게 되는 것이 이라고 할 수 있는데, 그러한 결과로서는 DCT의 양자화 오차는 화면의 내용에 따라서 변화하는 것에 의하여 그 오차는 공간 주파수 영역에 들어오게 되어있으므로 화면상에서는 랜덤 노이즈로 보이게 되어있다고 할 수 있다.

양자화 노이즈의 량은 화면의 복잡한 정도와 관련이 있다고 할 수 있는데, 예를 들면 화면상에 급격한 변화가 생기는 장소에 많이 생기게 되어있고, 화면상의 양자화 노이즈의 보기 쉬운 정도는 화면의 밝기에 따라 변화 한다고 할 수 있는데, 인간의 시각 특성(HVS)을 고려하면 디테일이 있는 부분보다도 변화가 적은 플래트(Flat) 한 부분에서 보기가 쉽다고 할 수 있다.

또한 열화의 정도측면에서 이야기하면 압축비에 비례한다고 할 수 있는데, 에지 부분의 열화 한 신호는 시각적으로 보면 눈에 잘 뜨이지 않아 보는 것이 어렵다고 하고 있지만 포스트 프로덕션 등에서 크로마키 등에 사용되었다면 그래도 화질 열화 때문에 많은 문제가 발생할 수 있다는 것이다.

이러한 DPCM의 코딩에 의한 시각적인 열화에서는 그래뉴러 노이즈(Granular Noise : 입자 상태성 노이즈), 슬로프 오버로도(Slope Over Load), 에지 비지너스(Edge Business)가 있다고 할 수 있는데, 이 중에서 그래뉴러 노이즈(Granular Noise)는 원래의 신호에 소 진폭의 노이즈가 있을 경우 양자화기로 주변에 있는 양자화 레벨사이에 소진 폭의 노이즈의 영향을 주기도 하고 받기도 하기 때문에 플래트(Flat)에 근접하는 화면영역의 입자 상태 노이즈로서 나타난다고 할 수 있다. 다음은 슬롭 오버 로드(Slope Over Load)에 대하여 이야기를 하면 원래의 신호에 높은 콘트라스트(Contrast) 부분을 말하고 있는 것으로서 급격하고 커다란 레벨의 변화가 일어났을 경우에 양자화기로 그 변화의 순응하기가 어려우므로 생기는 신호의 이상 증상이라고 할 수 있는데, 이러한 에지 비지니스(Edge Business)는 에지부분에 있어서 라인사이의 에지 위치가 변화하여 아물아물하게 떨려 보이는 것으로 연속하는 라인의 양자화기의 변동(Fluctuation)에 의하여 발생 한다고 할 수 있다.

8.5.3.1 JPEG 성능

모션 JPEG는 동화 영상 용도의 신호로 사용된다고 할 수 있고, 이러한 모션 JPEG의 48Mbps 비트 레이트에서는 압축비는 3.5가 되지만 주관 평가에서는 원래의 화상과 거의 같은 화질이 얻어 진다고 할 수 있는데, 압축이 어려운 화상에 사용이 가능하였던 것은 전문가라 할지라도 열화정도를 감지하는 것이 어려운 정도의 신호 열화라고 할 수 있다.

JPEG 24Mbps 비트레이트에서 있어서 전문가 그룹에서는 거의 대부분이 텔레비전 화면에서 약간의 열화를 검지하는 것이 가능한 정도로서, 이러한 정도의 화질은 방송 제작용으로서는 허용이 불가능하다고 할 수 있으나 방송 송출용에서는 허용되어진다고 할 수 있다

8.5.3.2 MPEG-1의 성능

일반적으로 MPEG-1의 베이스 라인 모드는 VHS의 녹화와 거의 같은 화질 레벨을 가지고 있다고 이야기하고 있는데, 1라인(53.3μs)당 360픽셀에 있어서는 최고 180사이클이 되므로 비디오 대역으로서는 최고 3MHz를 조금 상회한다고 할 수 있다.

그러나 기수 필드의 신호를 엔코드 하고 있으므로 디코드 되어진 화상은 움직임이 매끄럽지 아니하고 열화(Motion Artifacts)가 있다고 할 수 있다.

전송 오류가 있는 경우에서 오류가 보일 확률에 대하여 이야기를 하면 오류가 P- 또는 B-픽쳐에 일어났을 경우에 오류가 보일 확률은 I-픽쳐의 경우보다는 적다고 할 수 있는데, 데이터에서 오류가 검지되면 다음의 슬라이스가 시작 될 때 까지 스킵(Skip) 되어진 마크로 블록은 다른 데이터로부터 보간 되어진다고 할 수 있으나, 그러나 I-프레임이 오류가 생기면 그 오류는 전 GOP에 확산되어 많이 보인다고 할 수 있다.

8.5.3.3 MPEG-2의 성능

MP@Low(MP@LL)은 5Mbps이하의 비트 레이트로 최고로 양호한 화질을 제공한다고 할 수 있는데, 이러한 방식은 방송에서 오프라인 모니터 용도로 적합하다고 할 수 있다.

또한 MP@ML은 현재로서는 방송 송출에 있어서 가장 많이 사용되고 있다고 할 수 있는데, MP@ML의 비트레이트 9Mbps의 화질은 거의 열화가 이루어진다는 것을 알 수 없는 정도로서 전문가 비전문가에 의한 주관 평가에서도 NTSC 스튜디오 화질과 동등하다고 판정 되어져 있다고 할 수 있다.

- 액티브 픽쳐 영역은 약간의 수직 블랭킹 기간을 포함하고 있어 수직 블랭킹 기간에 정보가 있는 정도의 엔코드를 하여 전송이 가능하다고 할 수 있다.

역주 통상 수직 블랭킹 기간의 정보는 1라인의 신호 정보로서 거기에다 화상과 같이 픽셀 사이에 상관성이 없으므로 전송이 가능하다고 할지라도 꾀 많은 대역이 제한되어져 있어서 왜가 큰 것이 될 가능성이 있다.

- 최대 비트 레이트는 50Mbps정도로 되어있으므로 I-프레임 신호의 전송에 있어서도 양호한 화질이 얻어진다고 할 수 있다.
- 4:2:2의 샘플링 구조는 포스트 프로덕션에 적합 하다고 할 수 있다.
- 엔코드와 디코드를 반복하여 시행을 하여도 다른 형식보다도 고화질의 화상이 얻어진다고 할 수 있다.

여기에서 주의를 하여야 하는 것은 4:2:2의 프로파일은 비트 레이트가 낮을 때에는 효율적이지 아니한다는 것으로서, 그림 8.36에서 표시를 하고 있는 것과 같이 거의 15Mbps이하에서는 오히려 위신호 등의 왜 레벨이 증대하여 확대되어진 크로마(Chroma) 정보나 라인에 있어서 화질 개선이 되지 아니하고 오히려 다른 정보를 제한하여 전체의 화질을 나쁘게 하고 있다는 것을 나타내고 있는 것으로, 이 그림에서는 MPEG-2(MP@ML, 4:2:2@ML)의 화질이 비트 레이트나 GOP구조에 따라서 어떻게 변화하는 가를 표시하고 있다.

8.5.4 비디오 비트 레이트 압축 방식의 용도

그림 8.7에서는 약간의 압축 방식의 특성과 용도를 표시한 것이라고 할 수 있는데, 모션 JPEG 포맷은 파일 교환의 표준 규격이 아니므로 용도는 제한되어져 있다고 할 수 있고, 이러한 방식은 주로 엔코드와 디코드가 동일한 기기 내에 시행을 하고 있는 디스크 레코더에서 사용되고 있다고 할 수 있다.

또한 MPEG-2방식의 사용은 급속하게 증대되어 현재에는 넓은 범위의 용도가 개발 되어져 있는 시장에서 사용되고 있다고 할 수 있는데, 예를 들면 넌리니어 편집 워크스테이션, 비디오 서버, 디스크 레코더, ENG용 VTR, 최상급의 텔레비전, 비디오 온 디맨드(Video On Demand), 인터랙티브 텔레비전(Interactive Television) 등이 있다고 할 수 있다.

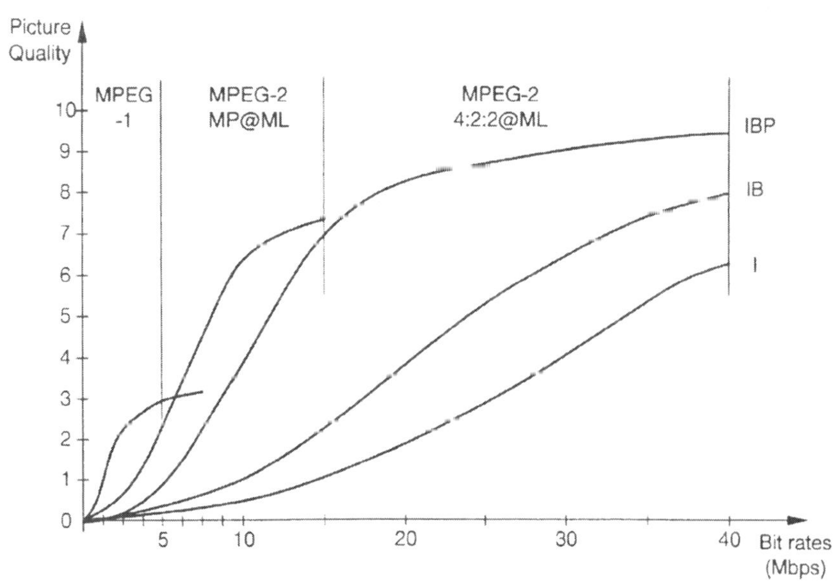

그림 8.36 MPEG-1, MPEG-2규격의 프로파일 GOP구조에 의하여 각각 다른 비트 레이트와 화질 (Hewlett Packard 회사 제공에 의한)

표 8.7 비트레이트 압축의 용도

용도	코딩규격	최대 공간 해상도	시간 해상도 fps	최고 비트레이트
텔레비전 전화	H.261	176×144 QCIF	7.5	64~128kbps
텔레비전 회의	H.261	352×288 CIF	10~30	0.384~1.554 Mbps
텔레비전방송/케이블	MPEG-1	352×288	30	〈 1.554Mbps
	MPEG-2	720×576	30	4~9Mbps
소재전송	DPCM	720×576	30	〈 50Mbps
	MPEG-2			
스튜디오/프로덕션	모션JPEG	720×576	30	〈 50Mbps
	MPEG-2(4:2:2)			
HDTV프로덕션	MPEG-2	1920×1280	30	100Mbps
HDTV방송	MPEG-2	1920×1280	30	20Mbps

8.6 오디오 압축에 있어서 기본 개념

8.6.1 오디오 압축의 필요성

제 6장에서 설명을 하고 있는 PCM오디오 신호는 텔레비전, 멀티미디어, 그 외에 넓은 범위에서 용도로 사용되고 있다고 할 수 있는데, 텔레비전 시청자는 가정에서 설비하여 사용하고 있는 흔히 홈시어터라고 불리 우는 멀티미디어 서라운드 시스템을 이용하여 보다 품질 좋은 디지털 서라운드 음향 시스템으로 가정에 설비하여 즐기고 있다고 할 수 있다.

이러한 PCM의 오디오 신호는 디스크 기록이나 방송에 있어서 대역폭을 고려한다면 꾀 높은 데이터 레이트를 가지고 있다고 할 수 있는데, 예를 들면 48kHz의 샘플링의 16비트 스테레오 오디오 신호의 데이터 레이트는 1.54Mbps가 되고, 멀티 채널 서라운드 시스템에서는 토털 비트 레이트는 4.5Mbps 도 된다고 할 수 있다.

그 때문에 디스크로의 장시간 기록이나 경제적인 협대역 채널에 의한 전송에 있어서는 효율적인 압축 방식이 필요하다고 할 수 있는데, 압축 오디오는 현재 프로그램 소재를 CD-ROM이나 네트워크로 분배를 하는 컴퓨터에 의한 멀티미디어 용로로 도입 되어져 있다고 할 수 있고, 이러한 형식은 위성 디지털 방송의 용도에 있어서도 사용되어지고 있다고 할 수 있다.

또한 사운드 정보의 압축 시스템에서는 인간의 심리 음향 특성과 그 한계를 이용하여 오디오 신호로부터 불필요한 정보데이터 부분을 제거하여 시행을 하고 있다고 할 수 있다.

8.6.2 인간의 청각 특성

인간의 청각 시스템(Human Auditory System : HAS)은 스펙트럼 아날라이저와 같은 움직임을 하고 있으므로 우리 인간의 귀로 들을 수 있는 범위의 서라운드 스펙드럼을 밴드패스 필터와 같은 기술적인 시스템을 이용하여 분리하고 있다고 할 수 있는데, 이러한 대역은 우리가 통상 크리티컬 밴드(Critical Band)이라고 불리 우우는 것으로서, Fletcher-1940 또는 SHARF-1970의 연구에 의하면 이러한 밴드패스의 대역은 500Hz이하에서는 100Hz의 폭이라고 할 수 있고, 500Hz이상에 있어서는 그 주파수에 비례하여 퍼져 가고 있다고 할 수 있다.

현재 사용되고 있는 대역 모델은 25서브 밴드(Subbands)로 구성되어져 있어 물리적으로는 25의"Cochlear" 필터가 사용되어지고 있다고 할 수 있는데, 오디오 신호의 주파수가 별로 떨어져 있지 아니한 성분을 가지고 있는 경우의 청각 시스템(HAS)은 양자를 한 개의 같은 에너지의 그룹으로 하여 가산하여 지각을 하게하고, 이와는 반대로 멀리 떨어진 주파수의 성분에 있어서는 별개로 지각을 하게 하여 각각의 라우드네스(Loudness : 주관적인 음성 레벨)를 검출 한다고 할 수 있다.

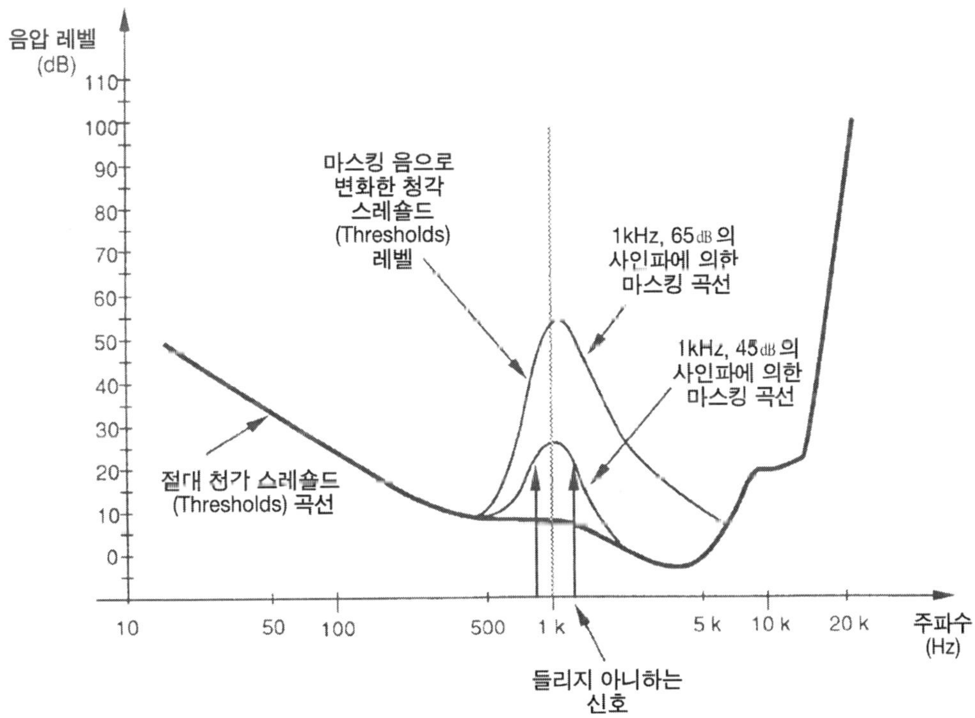

그림 8.37 절대청각 스레숄드(Thresholds)와 주파수 마스킹 스레숄드 (Thresholds)

이러한 크리티컬 밴드 폭을 그 중심 주파수에 대하여 플로트(Plot)하여 보면 그것은 일정의 1/3 옥타브 밴드 패스 필터 특성에 근접 하고 있다고 할 수 있는데, 이러한 1/3옥타브 필터는 주관적인 청각 시청으로 많이 사용되어지고 있다고 할 수 있다.

인간의 청각 감도는 이미 4장에서 설명을 하고 있는 것과 같이 각 오디오 주파수에 대하여 동등의 라우드네스(Loudness:주관적인 음성 레벨)를 주는 레벨을 플로트(Plot)하게 하고 있는 그림 4.2에서 표시 하고 있는 것과 같이 낮은 주파수와 높은 주파수를 감쇄시키고 있다고 할 수 있는데, 낮은 라우드네스 레벨에서는 청각의 변화가 대단히 크지만 높은 라우드네스에서는 그러하지는 아니하다고 할 수 있다.

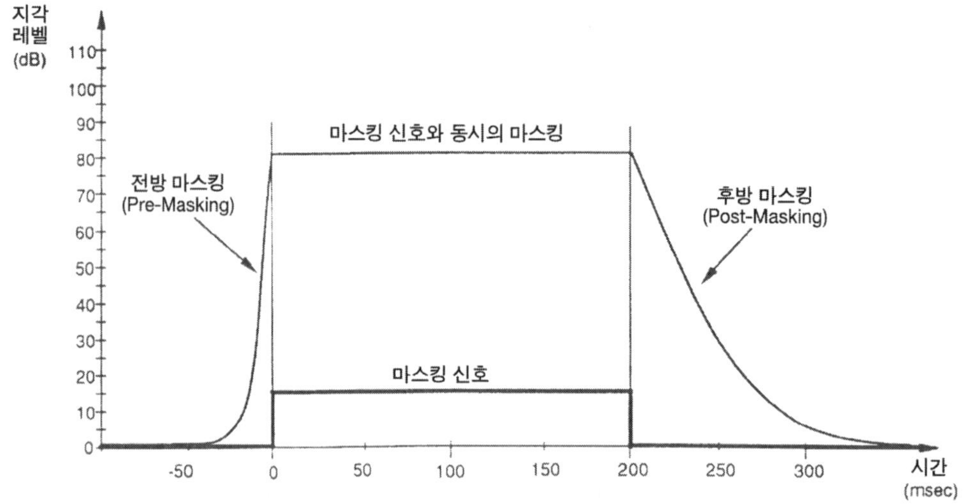

그림 8.38 시간적 마스킹

4.4항의 귀의 청각 마스킹 현상(Auditory Masking)이라는 것은 한 개 신호에 들리는 방향이 그 근접의 주파수에 다른 신호의 존재에 의하여 억압되어지기 때문이라고 할 수 있는데, 청각의 실험에 의하면 마스킹은 주파수 영역의 마스킹과 시간영역의 마스킹으로 2개 의 영역에 존재 하고 있다고 할 수 있다. 또한 주파수 영역의 마스킹을 그림 8.37에서 표시를 하고 있는데, 그림에의하면 주관적으로 결정한 순음의 최소 가청 음압(Minimum Audible Pressure for Pure Tone)은 절대청음 스레숄드(Absolute Hearing Threshold:절대 청음 발단)이라고 부르고 있는 것으로서, 이는 그러한 주파수 특성을 표시하고 있다고 할 수 있다.

음압 레벨 45dB의 1kHz의 톤이 존재하고 있다면 스레숄드(Absolute Hearing Threshold)레벨은 27dB상승 한다고 할 수 있는데, 이것은 음압 레벨 27dB이하의 노이즈는 들리지 아니한다는 것을 의미하고 있다고 할 수 있는 것으로서, 그러한 것에 의하면 이런 1kHz의 톤은 양자화 노이즈 27dB를 넘지 아니하는 범위에서 양자화 한다면 좋다고 할 수 있다.

또 잘 알고 있는 것과 같이 이미 계산한 것과 같이 1비트당 64dB라고 하는 양자화 비트수 대 SNR법칙에 의하면 이러한 톤의 신호를 양자화하기에는 (45-27=18dB)이 되므로 18dB의 SNR에서는 3비트만이 필요하다고 할 수 있는데, 혹시 1kHz의 톤 레벨이 65dB로 상승한다면 마스킹 레벨은 55dB가 되어 그 차(10dB)는 2비트만이 엔코드가 가능하다고 할 수 있고, 샘플링 비트수(Sampling Resolution)는 마스킹 톤이 있는 대역에서는 감소한 치를 선택이 가능하며, 데이터 레이트도 저하한다고 할 수 있다.

중요한 것은 그림 8.37에서 표시를 하고 있는 것과 같이 1kHz의 톤의 주변에 그러한 것보다 좀 낮은 주파수(Prefrequency)와 좀 높은 주파수(Postfrequency)의 마스킹이 존재가 있다는 것이라고 할 수 있는데, 이러한 상황에서는 좀 높은 주파수의 마스킹의 쪽이 보다 중요하다고 할 수 있는 것은, 음압과 함께 마스킹 레벨도 상승한다고 할 수 있기 때문으로서, 이러한 이유 때문에 마스킹 톤보다 높은 주파수의 신호 엔코드에서는 비트수가 감소시키는 것이 가능하다고 할 수 있다.

따라서 1kHz 마스킹 커브(Curve)곡선의 낮은 주파수 쪽의 샤프한 슬롭(Slope)에서 이러한 심리 청각 모델을 시뮤레이트(Simulate) 하고자 하는 오디오 시스템에서는 보다 샤프한 특성의 필터를 필요로 하고 있다고 할 수 있다.

1kHz 부근의 톤으로 마스킹 커브(Curve) 보다 아래에 있는 레벨은 들리지 아니하므로, 엔코드 할 필요가 없이 데이터 레이트를 떨이드리는 것이 가능하다고 할 수 있는데, 이러한 것은 압축으로부터 재생되어진 사운드의 청각상 음질(Perceptual Quality)은 데이터 레이트가 내려간다 할지라도 영향을 주지 아니한다는 것을 의미한다는 것으로서 이러한 특성을 이용한 압축 시스템은 퍼세프딜 엔코더(Perceptual Encoder:지각 엔코더)이라고 부르고 있다.

간단하게 실험을 한 것에 의하면 시각적인 마스킹 효과는 마스킹 톤이 가해지기 전에 스타트하여, 마스킹 톤이 없어진 후까지 계속 된다고 할 수 있는데, 이러한 효과를 플레 마스킹(Premasking) 또는 포스트 마스킹(Postmasking)이라고 불리 우고 있고, 그림 8.38에서 표시를 하고 있다.

포스트 마스킹은 프레 마스킹보다 오랫동안 계속되고, 1kHz오디오 톤의 근접에 주파수 신호는 그 레벨이 그림 8.37에서와 같이 마스킹 커브 이하에 있으면 톤의 발생 전과 후까지 마스크 되어진다고 할 수 있는데, 이러한 효과에 의하여 고품질의 오디오 코덱에 있어서도 높은 주파수 분리 능력의 필터를 사용하여 그렇게 필터의 시간 분해 능력이 낮음에도 불구하고 사용하는 것이 가능하게 하고 있다고 할 수 있다.

8.7 오디오 데이터 압축 기술

소스 코딩(Source Coding)기술은 오디오 신호의 시간적 확장도(샘플치와 다음의 샘플치간의 차가 거의 제로에 가까 우거나 반복되는 음일 때)를 제거하는 데 사용을 하고 있다고 할 수 있는데, 이러한 청각심리(Psychoacoustic)마스킹을 이용한 기술은 마스킹을 함에 의하여 의미가 없어지는 성분 (귀에 들리지 아니하는 샘플 성분 부분)을 검출하여 제거하는 데에 이용되어진다고 할 수 있다. 따라서 2가지의 주된 데이터 압축 기술로서는 다음과 같은 것이 있다고 할 수 있다.

- 시간 영역 예측 코딩.
  이것은 연속하는 샘플사이에서는 원래의 파형이 연속하여 있기 때문에 상호적으로 차의 데이터 량은 별로 크지 아니하다는 것을 이용하여 차동 엔코드를 시행 한다고 할 수 있는데, 그 결과 적은 비트 레이트로 오디오 신호 정보를 엔코드하여 전송하는 것이 가능하다고 할 수 있다.
- 주파수 영역 변조 코딩
  이러한 기술은 오디오 샘플이 있는 시간마다 구역별로 자르고, 이를 다시 PCM오디오 샘플 블록으로 만들어서 그 블록을 이용하여 스펙트럼 아날라이저와 같이 시간 영역으로부터 주파수 영역으로 변환하여, 이를 어떤 수의 가각 다른 주파수 대역별로 분할하고, 마스킹 효과를 이용하여 적은 비트수로 엔코드를 한다고 할 수 있다.

8.7.1 로스레스(Lossless) 데이터 압축

로스레스 압축 방식에 있어서는 압축되어진 신호를 디코드 할 때에 비트 단위로 복원하여 원래의 데이터로 회복이 가능한 방식이라고 할 수 있는데, 이러한 방법은 전의 샘플로 부터 후 샘플치를 예측하는 방법을 사용하여 오디오 신호 중에 들어 있는 것 중에서 통계적으로 나타나있는 불필요하고 번거로운 데이터를 제거하는 것이라고 할 수 있다.

또한 압축비는 베스트라고 하더라도 2:1정도로 작다고 할 수 있는데, 그러한 것도 원래 신호의 복잡한 정도에 따라서 변화한다고 할 수 있고, 이러한 로스레스압축은 아래와 같은 시간 영역의 예측 코딩 기술에 의하여 가능하다고 할 수 있다.

- 차동 알고리즘(Differential Algorithm)

  오디오 신호는 많은 량의 시간적인 연속성으로부터 확장성이 있는 음이나 청각상의 불필요한 반복되는 음을 포함 하고 있다고 할 수 있는데, 이렇게 반복되는 데이터 정보는 엔코딩의 프로세스로 제외되어서 디코딩의 최후에 재 삽입 되어진다고 할 수 있다.

  또한 영상에 대한 차동 PCM기술은 8.2.2항에서 설명을 하고 있으나 그 기술은 같은 방법에 의하여 오디오 신호에도 적용하는 것이 가능하여 시간적으로 불필요하게 길어지는 것을 제거하는 것이 가능하다고 할 수 있는데, 이러한 오디오 신호는 최초의 몇 개의 서브밴드로 나누어져 있는 톤 성분으로 분해되어진다고 할 수 있고, 다음으로는 짧은 주기의 신호에 적합한 예측기를 사용하여 DPCM이 적용 되어진다고 할 수 있다.

  이러한 엔코드에서는 서브밴드마다 입력신호의 에너지를 보고 양자화 스텝사이즈를 변화시키는 어텝티브(Adaptive : 적용할 수 있는)양자화가 시행 되어진다고 할 수 있는데, 이러한 이유 때문에 이러한 것을 ADPCM(Adaptive Differential PCM)이라고 불리 우고 있다.

- 엔트로피 코더(Entropy Coders)

  이것은 8.2.1항에서 영상에 있어서 설명을 한 것과 같이 양자화 되어진 서브밴드 계수의 포함되어있는 확장도 즉 모든 계수치가 자유롭게 발생하는 것만이 아니라, 출연빈도가 높은 계수와 낮은 계수가 있다는 것을 이용하여 빈도가 높은 계수는 짧은 코드를 할당하고, 낮은 계수 치에는 길은 코드를 부여하여 코딩의 효율을 개선 한다고 할 수 있는데, 이러한 계수는 주파수가 상기하는 순에 의하여 보내어져서 낮은 주파수에는 큰 계수치가, 높은 주파수에는 작은 계수의 치로 거의 제로에 근접하는 계수치에 연속한 길은 데이터 열(Long Run)로 나타난다고 할 수 있고, 따라서 이러한 신호처리는 가변장 코딩(VLC)의 높은 주파수나 낮은 주파수에 매칭을 시켜서 각각 다른 성능의 허프만 테이블에서 시행 한다고 할 수 있다.

- 블록 부동 소수점 시스템(Block Floating-Point System)

  샘플의 블록에서는 A/D컨버터 출력으로부터 오는 2진수의 치를 시간 영역으로 잘라서 연속하는 샘플로 데이터 블록에 모아두기도 하고, 주파수 영역에서 DCT프로세스 출력으로부터 서브 밴드에 연속하는 계수 샘플 치를 데이터 블록에 모아서 정리하기도 한다.

블록 부동 소수점 시스템에서는 이러한 데이터 블록 가운데 2진수 데이터는 그 가운데 최대치가 대게 풀(Full)스케일 치에 바로 밑에 있게 하는 것과 같이 하여 스케일 업(Scale Up) 시킨다고 할 수 있는데, 이러한 스케일 업을 위한 스켈링 팩터(Scaling Factor)를 지수(Exponent)라고 부르고 있다고 할 수 있고, 같은 블록 내의 전 데이터에 공통으로 적용 되어진다고 할 수 있다. 또한 이러한 원래의 샘플 데이터 치는 가수(Mantissa : 대수의 소수점 이하)가 된다고 할 수 있는데, 블록의 데이터치는 가수와 그것에 적당한 치로 스케일 업 하는 지수로 변환되어진다고 할 수 있다.

역주 부동 소수점 시스템에 대해서는 참고한 Stanley. N. Baron.Mark.I. Krivochev 저의 Digital Image and Audio Communication에서 다소 자세하게 설명을 하고 있으므로 그 내용을 간단히 소개하고자 한다. 이러한 시스템에서는 정보량이 많은 다이나믹 레인지의 데이터를 적은 비트수로 취급하기위한 변환이라고 할 수 있는데, 예를 들면 원래의 데이터가 16비트 데이터의 경우에는 0000 0000 0010 1110이라고 표시할 수가 있고, 이 경우 상위의 제로 수는 10개가 있다고 할 수 있다. 이러한 제로 "0" 은 한 개당에 풀레벨(Full Level)로 부터 -6㏈까지 계속하여 레벨이 떨어지고 있다는 것을 표시하고 있다고 할 수 있는데, 이러한 10개를 지수 또는 스케일 팩터(Factor)로서 2진수로 1010이라고 표현 할 수가 있다고 할 수 있고, 위에 제로를 취하고 나머지 유의의 데이터는 2진수 표현으로 좌로 시프트 시켜서 10 1110은 가수가 된다고 할 수 있다.

또 AC-3시스템 에서는 서브밴드마다 지수는 그 주파수가 상승하는 측과는 별개의 코딩 시켜서 DC레벨의 지수를 기준 데이터로 하여 근접하는 서브 밴드에서는 지수의 변화는 0~±2정도이라는 것을 이용하여 근접하는 지수간의 차를 적은 비트로 코딩을 한다고 할 수 있는데, 이러한 지수는 블록으로 1회, 시간적 연속하는 블록으로 같다고 한다면 최대 6블록을 같은 데이터로 한다고 할 수 있다. 가수는 스펙트럼의 곡선과 마스킹 곡선으로부터 블록마다 할당되어있는 비트 할당에 의하여 0~6비트의 범위로 별개로 코딩이 되어진다고 할 수 있는데, 이때는 비직선 양자화가 시행 된다고 할 수 있고, 따라서 디코더에서는 역 프로세스로 원래의 데이터를 재생한다.

이러한 변환은 혹시 지수나 가수의 양자화 비트수의 제한이 없이 둥근형(마르메 : 반올림형)이 아니라면 가능성이 있어 로스레스(Lossless) 라고 하고 있다.

양자화는 비직선 양자화로서 그 양자화 스텝의 사이즈는 데이터 블록에 할당되어있는 총 비트수로 결정 되어진다고 할 수 있는데, 이러한 비트 할당의 프로세스는 그림 8.39의 시스템 계통도에서 표시를 하고 있는 것과 같이 인간의 청각 모델을 이용하여 시행을 하고 있다고 할 수 있다.

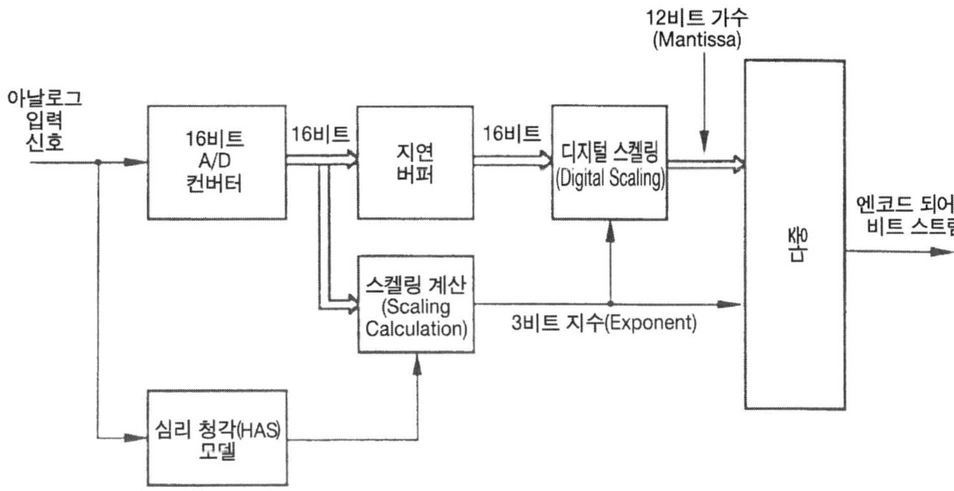

그림 8.39 오디오 데이터 블록 부동 소수점 엔코드 시스템

또한 이러한 데이터 레이트의 압축은 지수치를 한 개의 데이터 블록에서 1회 보내는 것에 의하여 시행이 된다고 할 수 있는데, 엔코딩의 결과는 양호하다고 할 수 있으나 노이즈는 신호 성분에 따라서 변화한다고 할 수 있고, 마스킹 기술은 이러한 노이즈를 가청레벨 이하로 하기 위하여 이용되어진다고 할 수 있다.

8.7.2 로시(Lossy)한 데이터 압축

로시(Lossy)한 데이터 압축은 인간의 청각의 큰 진폭의 스펙트럼 성분사이에 보다 작은 성분은 들리지 아니하다는 것을 이용하기 위하여 2가지 이상의 프로세스 기술을 조합 하여 이용 하고 있다고 할 수 있는데, 엔코더/디코더의 복잡한 성노와 요구되어지는 오디오 품실의 요구에 응하여 고품실 성능의 압축으로 2:1 로부터 20:1의 압축비까지 높은 압축비로 압축하는 것이 가능하나고 할 수 있나.

이러한 로시(Lossy) 데이터 압축 시스템은 청각 특성을 사용하는 코딩 기술을 사용하고 있다고 할 수 있는데, 그러한 기초 원리는 마스킹에 의하여 오디오 신호가운데 청각상의 확장성을 이용하여 귀에 들리지 아니하는 스레숄드 커브(Threshold Curve) 이하의 신호를 버리는 형태로 하여 제거를 하고 있기 때문에 이러한 로시(Lossy) 한 압축시스템에서는 지각 상 로스레스(Perceptually Lossless)라고 부르고 있고, 이러한 지각상의 로스레스 압축은 아래와 같은 기술의 조합에 의하여 이루어진다고 할 수 있다.

- 이장에서 처음설명한 주파수 영역, 시간 영역의 신호성분의 마스킹 효과를 이용하는 기술.

- 들리는 오디오 톤에 대한 양자화 노이즈 마스킹을 이용하기 때문에 양자화 노이즈 레벨이 통상적으로 마스킹곡선 이하에 있게 하는 것과 같은 기법을 이용하여 충분한 것만의 비트를 분배하는 기술: 들리는 오디오 신호에 근접하여있는 주파수에서는 20㏈로부터 30㏈의 SNR(비트수로 4~5비트)가 허용 되어져 있다고 할 수 있다.
- 조인트 코딩(Joint Coding) : 이 기술은 멀티채널 오디오 시스템의 확장성을 이용하는 것이라고 할 수 있는데, 스테레오 또는 멀티채널에서는 많은 량의 같아 보이는 데이터가 각 채널에 존재한다고 할 수 있기 때문에 같은 데이터에 대해서는 한 개의 채널에서 코딩을 시행하고, 다른 채널에 있어서는 그러한 작업을 반복하는 디코더에 그 내용을 전하는 것에 의하여 데이터 압축이 시행이 되어진다고 할 수 있다.

역주 조인트 코딩의 방법 중 하나로서는 기본으로 하고 있는 채널 데이터를 보내어서 시행하는 방법이 있는데, 이는 같은 데이터를 가진 다른 채널에서는 기본채널과의 차분데이터의 신호만을 보내는 것에 의하여 효과적인 압축을 시행하는 것이 가능한 방식이라고 할 수 있다.

8.7.3 오디오 코딩 프로세스와 그 실현

가장 중요한 마스킹 효과는 주파수 영역에서 일어난다고 할 수 있는데, 이러한 특성을 이용하기 위해서는 오디오 신호의 스펙트럼 성분, 시각 특성의 크리티컬 밴드폭(Critical Band Widths of The Human Auditory System : 임계대역폭)에 매칭 하는 시간, 주파수 폭의 서브밴드에 의하여 분할되어진다고 할 수 있다.

청각 특성을 이용한 Perceptual Encoder의 기본적인 구성을 그림 8.40에서는 표시를 하고 있고, 아래와 같은 것으로 구성 되어져 있다고 할 수 있다.

- 멀티밴드 필터(Multi Band Filter) : 통상 적으로 필터 뱅크(Filter Bang)라고 불리 우는 것으로 신호를 서브밴드에서 분해 하기위하여 사용한다고 할 수 있는데, 이렇게 분해하는 필터를 "Analysis Filter Bank"이라고 부르고 있고, 서브밴드로부터 원래로 합성하는 것을 "Synthesis Filter Bank" 즉 합성 필터 뱅크라고 부르고 있다.
- 비트 얼로케이터(Bit Allocator): 마스킹의 스레숄드(Threshold)레벨을 검출하여 심리청각 모델(Psychoacoustic Model)과 오디오 신호의 스펙트럼 에너지를 베이스로 하여 비트를 할당한다고 할 수 있다.
- 스켈라(Scaler)와 양자화 프로세스(Scaler and Quantizer Processer)

- 데이터 멀티플렉서(Data Multiplexer): 양자화 되어진 데이터에 비트할당 스켈라 팩터(Scale Factor) 등의 디코더 프로세스를 위하여 부가 정보를 다중 한다고 할 수 있다.

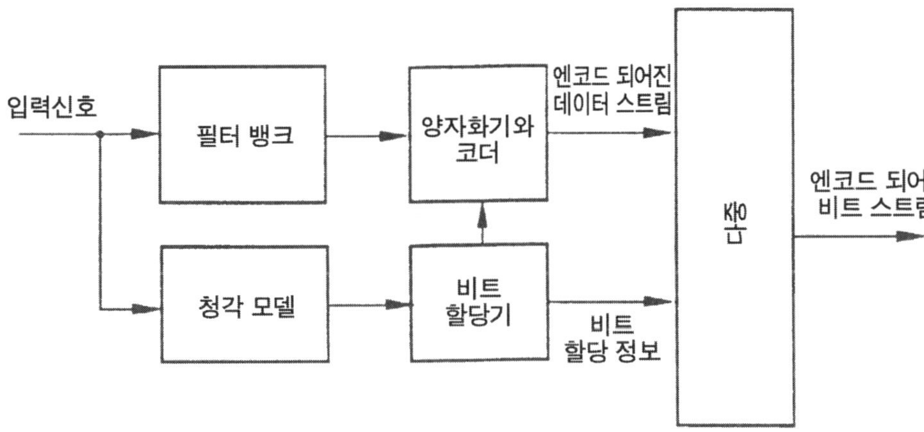

그림 8.40 지각(Perceptual) 특성을 이용한 기본적인 오디오 엔코더

8.7.3.1 필터 뱅크(Filter Bank)

필터 뱅크에는 다음과 같은 3가지 타입이 있다고 할 수 있다.

- 서브 밴드 뱅크(Sub Band Bank)

  신호의 스펙트럼은 같은 폭의 주파수 대역을 가진 서브밴드(MPEG 레이어 또는 2에서 32서브 밴드)로 나누어진다고 할 수 있는데, 이러한 것은 인간 청각의 클리티컬 밴드(Critical Band)에 의한 주파수 해석과 같다고 할 수가 있다. 또한 이러한 클리티컬 밴드(Critical Band)폭은 변화 한다고 할 수가 있는데, 500Hz이하에서 대역폭은 100Hz로서 그 폭은 10kHz이상에서는 수 kHz까지 증가 한다고 할 수 있고, 500Hz이하 서브 밴드에서는 몇 개의 클리티컬 밴드를 포함 하게 되어있다고 할 수 있다.

  서브밴드 필터는 예를 들면 PQMFs(Polyphase Quadrature Mirror Filter : 폴리페이스 직교 경상 필터)필터가 있으나 각 샘플 블록에 집어넣은 샘플은 시간적으로 근접하여 있는 블록으로서 조금은 초과하고 있어 이러한 것에 창관수를 가해서 사용하고 있다고 할 수 있는데, MPEG 레이어 II에서는 1152개의 오리지널 샘플에 의한 오디오 프레임이 32개의 등대역(750Hz@48kHz샘플링의 경우) 서브 밴드로 분할이 되어 각 서브 밴드로 분할되어져서 각 서브밴드는 변환 되어진 36개수의 샘플로 구성 되어진다고 할 수 있다.

이러한 각 서브밴드의 신호는 각각 할당된 비트에 의하여 직선 양자화가 되어진다고 할 수 있는데, 그러한 비트 할당은 각 밴드에서 정확한 마스크/노이즈 비(Mask-to-Noise Ratio : MNR)에 의하여 할당 되어진다고 할 수 있고, 이러한 MN의 비는 마스킹 곡선이 노이즈 레벨보다 위의 경우에는 정상이라고 할 수 있다.

- 트랜스폼 뱅크(Transform Bank:변환 뱅크)
  통상적으로 모디피드 DCT(Modified DCT: MDCT)의 알고리즘이 사용되어 시간 대역의 오디오 신호를 다수의 서브밴드(256으로부터 1024)스펙트럼 에너지 치로 변환 한다고 할 수 있는데, 이 타입의 필터 뱅크이라도 몇 가지의 오버랩(Overlap)이 있다고 할 수 있다.

역주 MDCT : 변형 이산 코사인 변환은 DCT에서는 블록마다 부호화되어지기 때문에 블록 경계에서는 원신호가 연속하여 있으므로 약간 다른 정도로 양자화 시켜서 양자화 노이즈의 불연속성을 지각하는 것이 쉽게 되어있다고 할 수 있다.

우리가 소위 말하는 블록 왜를 개선하기 위해서는 시간적으로 근접하여 있는 블록사이를 오버랩 하여서 웨이팅을 시행하는 관수를 가한 샘플로 DCT를 시행 한다고 할 수 있는데, 가공하지 아니한 그냥 그대로의 연산 블록의 길이가 길게 되는 것을 줄여서 약 반 정도가 되도록 연산 처리를 하는 것이라고 할 수 있다.

- 하이브리드 필터 뱅크 (Hybrid Filter Bank)
  이것은 서브밴드 뱅크의 후에 DCT필터 뱅크를 조합한 것이라고 할 수 있는데, 이러한 조합은 대단히 세밀한 주파수 밴드에 분해가 가능하여 MPEG레이어 III에 사용되어진다고 할 수 있다. 또한 입력신호는 최초의 PQMF으로서 32개의 서브 밴드로 나누어져 있어 다음의 각 서브밴드의 18샘플마다 MDCT를 적용하여 전부 합하여 576개의 대단히 협소한 서브 밴드(41.67Hz@48kHz샘플링의 경우)데이터로 나누어진다고 할 수 있는데, 이러한 것의 시간 분해 능력(Temporal Resolution)은 3.6ms이라고 할 수 있다.
  거의 변화가 없는 오디오 신호의 경우에는 MDCT는 서브 밴드 출력의 18샘플마다 1프레임의 서브 밴드 당 2회 변환이 시행 한다고 할 수 있는데, 이때 음의 변화가 검지되면 MDCT는 서브 밴드 출력의 6샘플마다 변환이 되어, 그 결과 시간 분해 능력은 1.27ms개선되어진다고 할 수 있다.

또한 이러한 필터의 분해특성은 그러한 것에 영향을 주는 몇 개 중요한 팩터(Factor)사이에 타협점을 구한 결과라고 할 수 있는데, 낮은 분해 능력의 필터 즉 넓은 대역폭을 가진 필터밴드는 서브 밴드의 수가 적게 되어있고, 오디오 신호 중에 톤 성분은 전부 서브 밴드에 존재하기 때문에, 전부의 서브밴드를 엔코드 하지 아니하면 되지 아니한다고 할 수 있으며, 이때에 마스킹 스레숄드(Masking Threshold) 기술효과는 감쇄되어져서 각 서브 밴드의 신호를 양자화 하는 것에 의하여 많은 비트가 필요하다고 할 수 있다. 그러나 여기에서 서브 밴드의 수가 적다는 것은 엔코더나 디코더를 간단하게 하는 것에 의하여 양호한 시간분해 능력, 즉 처리시간 간격(Low Time Duration)이 얻어 진다고 할 수 있다.

고 분해 능력의 필터링은 많은 서브 밴드를 생성하여 오디오 신호 중에 톤 성분이 전부 서브 밴드에 존재하지는 아니하다고 할 수 있는데, 따라서 톤 성분이 없는 서브 밴드는 엔코드 할 필요가 없어져서 그분의 데이터 레이트의 로스레스(Lossless) 압축이 가능하다고 할 수 있고, 좁은 협대역 폭에 의하여 청각의 크리티컬 밴드폭의 성능을 보다 좋게 시뮬레이트를 하는 것이 가능하나 그와 같은 필터 뱅크는 시간분해 능력이 나빠서 과도적인 음의 코딩에서는 프리에코 효과(Pre-Echo Effect)가 발생 할 수 있기 때문에 어덥티브 필터 뱅크(Adaptive Filter Bank)라는 것이 실용화 되어져 있어 과도음을 검지하면 과도음의 기간 중 필터의 주파수 분해 능력은 높은 것으로부터 낮은 것으로 스위칭을 한다고 할 수 있다.

따라서 이러한 것에서 주의하여야 할 것은 256밴드의 변환 필터 뱅크와 32밴드의 서브밴드 필터 뱅크 등은 복잡한 정도에 의하면 거의 동등하다고 할 수 있는데, 필터뱅크의 프로세스의 성능 상 특징은 아래와 같은 항목으로 표현이 가능하다고 할 수 있다.

- 시간 분해 능력(Temporal Resolution)

시간 분해 능력은 필터 뱅크의 샘플의 블록길이×20.83㎲이라고 할 수 있는데, 이러한 20.83㎲이라는 것은 48kHz의 샘플링을 할 때에 1샘플 기간이라고 할 수 있고, 이러한 파라미터는 신호의 과도적인 음이 있는 경우에는 엔코더의 동작에 관련하고 있다고 할 수 있으나, 실제 예로서는 AC-3압축 코딩규격에서는 128×20.83=2.66ms이라고 할 수 있다.

- 주파수분해 능력(Frequency Resolution)

주파수 분해 능력은 최대 스펙트럼 대역폭/주파수 서브 밴드수와 같다고 할 수 있는데, 최대 스펙트럼의 대역폭은 48kHz샘플링에서는 샘플링 정리에 의하여 그의 반에 해당하는 24kHz이라할 수 있고, 실제 예에서는 AC-3 압축 코딩 규격에서는 24000/256=93.75Hz 이라고 할 수 있다.

- 프레임 길이(Frame Length)

  프레임 길이는 주파수 서브 밴드수×1블록내의 샘플수×20.83㎲와 같다고 할 수 있는데, 이러한 치는 48kHz샘플링에 대한 치이고, 실제 예로서는 MPEG-1 레이어 I 의 코딩에서, 32×12×20.83=8ms이라고 할 수 있다.

8.7.3.2 청각 모델(Perceptual Model)마스킹 곡선과 비트 할당 (Bit Allocation)

입력 PCM신호에 있어서 정확한 심리 청각 해석(Psychoacoustic Analysis)은 퍼스트 푸리에 변환(Fast Fourier Transform: FFT)을 사용하고 있어, 그 신호를 주파수대 에너지 성분의 데이터로 변환 시키는 것에 의하여 시행이 되어진다고 할 수 있는데, 이러한 마스킹 곡선은 그림 8.37에서 표시를 하고 있는 것과 같이 청각(HAS)의 주파수대 마스킹 특성과 청각 스레숄드(Threshold) 특성으로부터 계산이 되어진다고 할 수 있다.

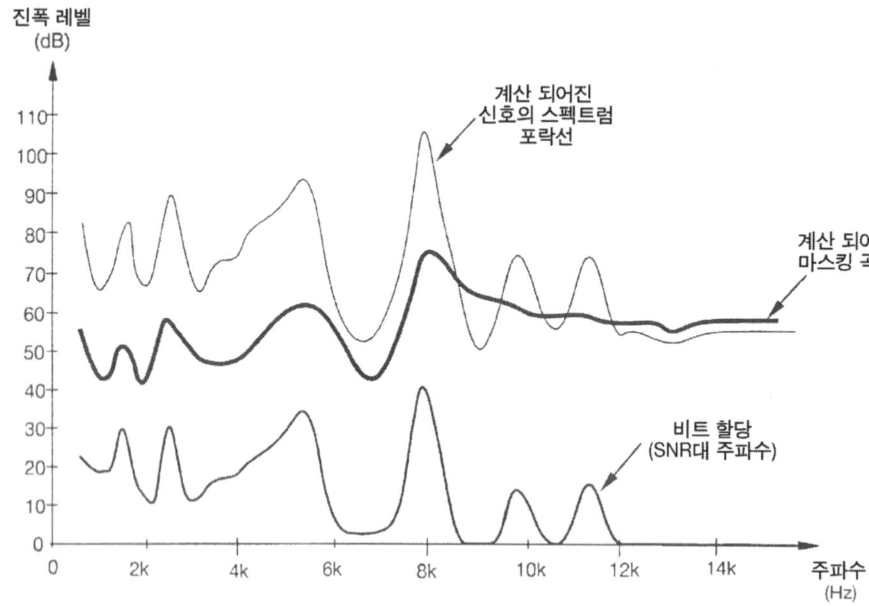

그림 8.41 마스킹 곡선과 비트 할당

이러한 마스킹 곡선의 형태와 레벨은 입력 신호 성분에 따라서 변화한다고 할 수 있는데, 그림 8.41에서 표시를 한 예에서는 신호의 스펙트럼 곡선과 마스킹 곡선과의 차는 원래의 진폭 스펙트럼 진폭으로부터 최대 40㏈까지 축소되어 있다는 것을 알 수가 있다.

이러한 차는 오디오신호의 모든 스펙트럼의 성분을 엔코드를 하기위하여 최대 비트수를 비트 당 6㏈이라는 것을 베이스로 결정 한다고 할 수 있는데, 이러한 비트 할당 프로세스에 의하여 양자화 노이즈는 청각 스레숄드 레벨(Threshold Level) 이하가 된다는 것이 보증 되어진다고 할 수 있다. 또한 그림 8.41에서는 12kHz이상에서는 마스킹 곡선의 레벨은 신호의 스펙트럼의 곡선보다도 높다고 할 수 있는데, 이 영역에서는 비트 할당이 불필요하게 되어있다고 할 수 있다. 그리고 마스킹 곡선으로부터 마스킹 스레숄드 (Masking Threshold)가 각 서브밴드에 의하여 얻어진다고 할 수 있는데, 이러한 각 스레숄드(Threshold) 레벨은 각 서브 밴드의 청각상에 노이즈가 들리기 시작하기 바로 전에 허용이 가능한 최대량 양자화 노이즈의 에너지를 결정 한다고 할 수 있다.

MPEG 엔코더는 비트 할당의 계산에서는 엔코더 신호로 시행이 되기 때문에 전방의 어뎁티브(Adaptive Bit) 할당 프로세스를 사용하고 있다고 할 수 있는데, 이러한 비트할당 정보는 디코더의 부가 정보로서 보내진다고 할 수 있고, 데이터에 부가하는 사이드 정보도 많은 량의 전송 대역을 필요로 하고 있다고 할 수 있다.

역주 이 전방 어뎁티브 비트(Adaptive Bit)할당이라고 하는 것은 입력 신호를 분석하여 어뎁티브(Adaptive)의비트(Bit) 할당을 결정하는 프로세스라고 할 수 있는데, 이러한 비트 할당 정보는 데이터 스트림에 삽입하여 디코더에 보내어 진다고 할 수 있고, 입력으로부터 정보를 얻기 때문에 정확한 비트 할당이 가능하다고 할 수 있으나 디코더의 비트 할당 정보를 보내기 위해서는 전송 용량을 전송이 가능한 용량으로 분리하여 보내야 하는 결점이 있다고 할 수 있다.

여기서 포워드 (Forward : 전방)이라는 것은 후방 (Back Ward)에 대비한다는 표현으로서 이러한 것에 대하여 후방 어뎁티브 비트 (Adaptive Bit) 할당 프로세스 엔고디에시는 코딩 되어진 오디오 데이터의 스펙트런 엔베로프(Spectral Envelope)로부터 어뎁티브 비트 (Adaptive Bit)할당을 결정한다고 할 수 있으나, 그 비트 할당은 디코더에는 전송을 하지 아니하고, 디코더에서는 보내어진 코딩의 데이더로부티 스펙트럴 엔베로프(Spectral Envelope)를 재생하여 그러한 것으로부티 엔코더와 같은 비트 레이트 할당을 디코더에서 계산을 한다고 할 수 있다. 따라서 이 때문에 비트 할당 정보는 전송을 하지 아니하므로 전송용량은 증가하지 아니한다고 할 수 있으나, 그 대신에 엔베로프(Envelope)로부터 재생에 있어서는 비트 할당의 재현에 에러가 발생할 가능성이 있어서 정확한 정도에 있어서는 한계가 있다고 할 수 있고, 디코더에서는 장치가 복잡해지는 것은 피할 수 가없어 가격이 상승한다는 단점이 생기게 되어있다고 할 수 있다.

8.7.1항에 있어서는 설명하고 있는 부동 소수점 시스템에 있어서 서브 밴드의 지수 부분의 데이터가 오버 올(Over All)신호 스펙트럼의 거친 표현이 되어 이러한 것이 스펙트럼 엔베로프(Envelope)가 된다고 할 수 있다.

이러한 것은 엔코더 디코더로 독립하여 비트를 할당하는 비교적 심플한 후방 예측 알고리즘을 메인으로 사용하기도 하고, 전방 예측의 메인 비트 할당 데이터를 보정하는 정보 등을 데이터에 실어서 전송을 하는 양방 예측을 조합하는 AC-3방식을 사용하기도 하고 있다고 할 수 있는데, 이러한 방식은 영상의 쌍방향 움직임 보정에 사용하고 있는 것으로서, 여기에서 전방 예측, 후방 예측이라는 것과는 조금은 의미가 다르다고 할 수 있다.

돌비 AC-3엔코더에서는 전방 또는 후방의 어덥티브 비트(Adaptive Bit) 할당 프로세스(Forward-And Backward-Adaptive Bit Allocation Process)를 준비하고 있다고 할 수 있는데, 신호의 스펙트럼 곡선에 의해 복잡한 계산이 시행이 되거나 아니면 비트 할당의 사이드 정보가 엔코더에서 생성시켜서 데이터 스트림 가운데 삽입 되어져서 디코더에 전송이 되어진다고 할 수 있어, 이러한 디코더는 간단하게 계산이 가능한 것이라도 좋다고 할 수 있다. 또한 이러한 계산에 의하여 디코더는 양립성을 가지고 있으면서 엔코더에서 알고리즘 파라미터의 약간의 변경도 가능하다고 할 수 있는데, 비트 할당 정보에 있어서는 적어도 좋다고 할 수 있고, 멀티채널의 앤코딩에서 비트 할당은 전부 채널 공통의 비트 컴먼풀(Common Pool of Bits)로부터 시행이 된다고 할 수 있다.

8.7.3.3 스켈라와 양자화기 (Scaler and Quantizer)

각 서브밴드 필터의 출력계수 샘플은 아래와 같은 2개의 방법으로서 데이터의 스케일 팩터(Scale Factor)를 결정하기도 하고 양자화 시키기도 한다.

- 블록 부동 소수점 시스템.
  8.7.1항에서 설명을 하고 있는 것과 같이 이러한 시스템에서는 블록의 데이터 가운데 최고 레벨을 풀 스케일(Full Scale)로 하도록 기준화(Normalize)한다고 할 수 있는데, 그러하기 때문에 블록 스켈링 팩터(Block Scaling Factor)는 데이터에 다중 시키어서 전송이 시키고, 디코더에서는 그 블록의 전 데이터 치를 원래의 치로 되돌리기 위하여 사용되어진다고 할 수 있다.
  또한 MPEG-1 레이어 Ⅰ에서는 한 개의 서브 밴드 데이터블록은 연속하는 12의 계수 샘플로 구성이 되어지고, 한 개의 오디오 프레임은 32서브 밴드 블록×12샘플=384샘플이 된다고 할 수 있는데, 이러한 모든 블록 데이터는 양자화 되어져서 그 양자화 스텝 사이즈는 비트 할당기(Bit Allocator)로 결정 되어진다고 할 수 있다.

- 노이즈 할당과 스켈라의 양자화(Noise Allocation and Scaler Quantization)
  최초의 방법(레이어 I과 레이어II)에서 각 서브 밴드는 각각 다른 스케일 팩터(또는 기준화 팩터)를 가지고 있다고 할 수 있는데, 이러한 2번째의 방법은 서브 밴드다 보다 세밀하게 분할되어져 있어 거의 크리티컬 밴드폭에 상당하는 몇 개의 서브 밴드에 대하여 같은 스케일 팩터를 사용한다고 할 수 있다. 또한 이러한 스케일 팩터는 기준화 프로세스로부터 결과가 아니라 노이즈 할당 프로세스의 일부로서 결정이 되어진다고 할 수 있는데, 따라서 비트 할당은 시행하지 아니한다고 할 수 있다.

각 서브 밴드에 대하여 마스킹 스레숄드(Threshold)의 검출이 시행된 후에 스케일 팩터는 같은 스케일 팩터가 적용 되어지는 복수의 서브 밴드에 대하여 양자화 노이즈 레벨이 마스킹 스레숄드(Threshold) 레벨에 매칭이 되게 하기위하여 양자화 스텝을 변화시키는 데 사용이 되어진다고 할 수 있다.

그 뒤에 3/4의 자승 지수에 의한 압축 및 신장을 사용하여 비직선 양자화가 양자화 노이즈와 신호 진폭과의 관계가 최적이 되도록 시행을 한다고 할 수 있는데, 다음의 데이터 치는 허프만(Huffman) 코딩방법을 사용하여 보다 비트수를 감소하도록 엔코드가 되어진다고 할 수 있다.

8.7.3.4 데이터 멀티 플레서 (Data Multiplexer)

양자화 기기로부터 12데이터 샘플로 되는 블록(그룹)은 적용되어지는 스켈링 팩터와 비트 할당 정보를 데이터와 함께하여서 비트 스트림 가운데 한 개의 오디오 프레임으로 다중 되어진다고 할 수 있는데, 옵션으로서 사용하고 있는 안시라리 데이터(Ancillary Data:보조 사용자 정보)도 이러한 비트 스트림에 삽입이 가능하다고 할 수 있지만, MPEG규격에서는 어떤 타입의 데이터가 어떠한 형태로 포맷이 되어 삽입을 시키는 가에 대한 규정이 특별히 되어있지 아니하다고 할 수 있다.

8.8 오디오 압축 규격(Audio Compression Standards)

8.8.1 MPEG-1오디오 서브시스템

MPEG-1규격(ISO/IEC 11172규격)의 최초로는 (1991)"영화와 그의 음성 기록 미디어를 위하여 최고라고 할 수 있는 1.5Mbps의 코딩 규격(Coding of Moving

Pictures and Associated Audio for Storage Media at Up to About 1.5Mbps)" 이라는 명칭으로 개발이 되었는데, 동화상의 부분은 8.4.3항에서 설명을 하고 있다고 할 수 있다.

또한 이러한 규격의 오디오 부분은 샘플링 주파수 32,44.1,48kHz의 PCM신호를 코딩 하기위하여 3개의 레이어를 규정하고 있는데, 기본적인 MPEG 엔코더/디코더의 구조에 대해서는 그림 8.42와 그림 8.43에서 표시를 하고 있다.

MPEG-1오디오 규격의 3개의 레이어는 아래와 같은 오퍼레이션 모드를 제공하고 있다.

- 모노모드(Monophonic Mode) : 1오디오 채널 모드
- 듀얼 모노모드(Dual Monophonic Mode) : 2개의 독립한 오디오 채널.
- 스테레오 모드(Stereo Mode) : 1개 스테레오 채널.
- 조인트 스테레오 모드(Joint Stereo Mode) : 스테레오 좌우 채널 사이에 상관성을 이용한 모드.

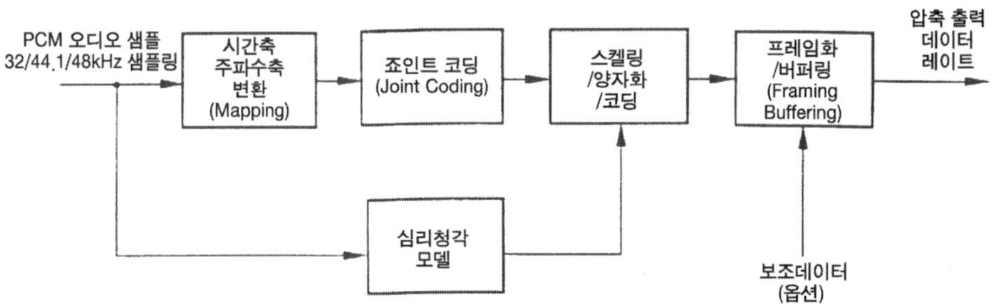

그림 8.42 MPEG오디오 엔코더 기본 구조

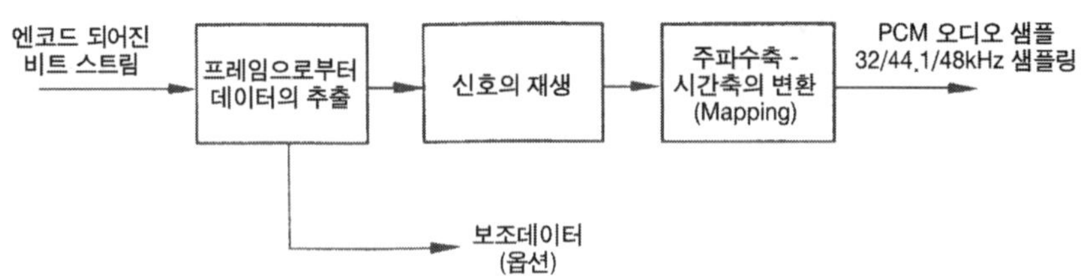

그림 8.43 MPEG 오디오 디코더의 기본 구조

여기에서 레이어 I은 기본 적인 알고리즘이이라고 할 수 있고, 레이어 II와 레이어 III는 레이어 I 에서는 없는 몇 가지 기능의 향상시킨 것이라고 할 수 있는데, 이러한 규격에서는 모든 레이어에서 적용이 가능한 2개의 심리 청각 모델을 규정하고 있다고 할 수 있다.

여기에서 심리청각 모델1은 엔코더의 구성을 단순화 하는 하는 것을 고려하는 형태로 하고 있는데, MPEG레이어 I 에서는 입력 오디오 신호를 주파수 분할하여 각 에너지 성분을 정확하게 구하기 위하여 512샘플의 FFT를 사용하고 있고, 이러한 윈도우는 384샘플의 1오디오 프레임을 커버하는 데에는 충분 하다고 할 수 있다.

그러나 MPEG레이어II와 MPEG레이어III에서는 1024샘플 FFT이라는 것을 사용하고 있으나 이것은 1152샘플의 프레임을 완전히 커버 하고 있지 못하고 있다고 할 수 있는데, 이러한 형식은 성능과 엔코더의 복잡한 정도사이에 어느 정도를 절충하여 허용이 가능한 정도를 타협 결정하여 허용 한 것이라 할 수 있고, 우리가 흔히 사용하고 있는 심리청각 모델 2는 모든 레이어의 1024샘플 FFT를 사용하고 있다고 할 수 있다.

MPEG레이어 I과 II의 오디오 프레임은 각각 다르지만 비트 스트림의 디코더를 간단하게 하기 위하여 공통으로 고정길이의 프레임으로 하고 있는데, 레이어 II와 레이어III는 오디오 데이터를 1152샘플의 프레임으로서 프로세스를 한다고 할 수 있고, 그림 8.44에서는 MPEG오디오 엔코더의 계통도를 표시하고 있다.

8.8.1.1 레이어 I 의 특성

오디오 MPEG 레이어 I 의 프레임 구조를 그림 8.45에서 표시를 하고 있는데, 그 중에서 가장 중요한 특성은 아래와 같은 것이 있다.

- 데이터 레이트는 32로부터 448kbps까지(Total Bit Rate)
- 입력 신호는 채널당 384샘플로 구성을 하고 있는 프레임으로 나누어진다.
- 48kHz샘플링에서는 1프레임은 8ms($12\times32\times20.83\mu s=384\times20.83\mu s=8ms$).
- 32개의 등대역의 서브밴드로 분할하여 각 12개수 샘플의 블록을 생성한다. ($32\times12=384$샘플)
- 밴드 당 6 비트의스켈링 팩터(120dB로 다이나믹 레인지)로 하여 밴드마다 각각 다르다고 할 수 있다.
- 전방 어덥티브 비트(Adaptive Bit) 할당.
- 각 서브밴드의 샘플은 비트 할당 계산 시스템으로 할당되어져 있는 비트 정보(비트수)로 양자화 되어진다고 할 수 있다.
- 싱글 또는 듀얼 채널 스테레오 또는 쇼윈도 스테레오 채널 모드(스테레오 오디오 신호의 좌우의 채널을 조합하여 코딩을 하는 것)
- 가정용 기록 기기나 프레임 사이즈가 8ms정도인 짧으면서 업무 스튜디오 용에서도 사용이 가능하도록 하고 있는데, 필립스/ 파나소닉의 디지털 콤펙트 카세트 시스템 에서는 MPEG- I 의 콤파티블(Compatible) 포맷으로 데이터 레이트는 192Kbps라고 할 수 있다.

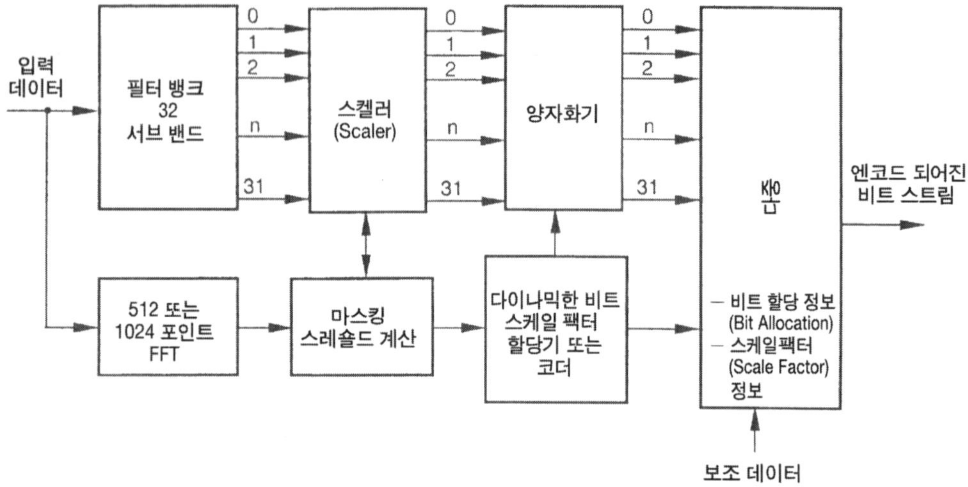

그림 8.44 MPEG오디오 엔코더의 계통도

8.8.1.2 레이어II의 특성

오디오 MPEG-II는 레이어 I 성능을 개량하여 압축비를 상승하는 것이 가능하다고 할 수 있는데, 목표로 하고 있는 비트 레이트는 약 128Kbps이라고 할 수 있고, 이러한 프레임의 구조를 그림 8.46에서는 표시를 하고 있다.

이러한 압축 포맷에서 가장 중요한 특성은 다음과 같다고 할 수 있다.

- 데이터 레이트는 32로부터 384Kbps(Total Bit Rate)
  입력 신호는 채널당 1152샘플로서 구성하는 프레임으로 나누어져 있다.
- 48kHz샘플링 에서는 1프레임은 24ms(36×32×20.83㎲=1152×20.83㎲=24ms)
- 32동등 대역의 서브 밴드로 분할하여 각 36계수 샘플열 불럭을 생성한다. (32×36=1152샘플)
- 밴드당 6비트의 스켈링 팩터(120㏈다이나믹 레인지)로 하고 있는데, 밴드마다 각각 다르다고 할 수 있으나 귀에 들리는 왜를 억제하기 위하여 12, 24, 또는 36샘플의 그룹(시간으로 이야기를 하면 8, 12, 24ms)을 공통으로 하고 있다.

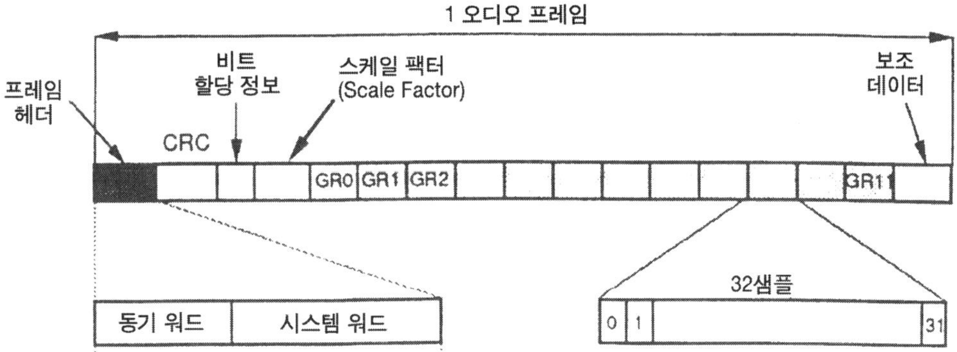

비트수	목적
12	동기워드 (올 "1")
1	ID (MPEG = 1)
2	레이어
1	오류보호
4	비트레이트 정보
2	샘플링 주파수 정보
1	파딩비트
1	프라이 베이트 비트
2	모드정보
2	모드 확장 정보
1	저작권 정보
1	오리지널 또는 카피표시
2	엠파시스 정보

그림 8.45 MPEG 레이어 I 의 프레임 구조

역주 이러한 스컬링의 팩터를 몇 개의 샘플로서 공용으로 하는가의 정보가 그림 8.56의 SCFSI(Scale Factor Selection Information)에서 표시를 하고 있는데, 12ms는 개별로 하고 있고, 36ms는 공동으로 하는 경우도 있지만 어떤 경우에는 전12, 후24 샘플을 공동으로 하거나 아니면 그와 역으로 시행을 하는 4개의 상태를 표시하고 있다고 할 수 있다.

- 전방 어덥티브(Adaptive) 할당에 의하여 비트의 할당은 24ms프레임 내에서 일정하다고 할 수 있으나 정수는 아닌(예를 들면 2.33비트 등) 양자화(Fractional Bit Quantization)라고 할 수 있다.
- 싱글 또는 듀얼 채널, 스테레오 또는 쇼윈도우 스테레오 채널 모드(스테레오 오디오 신호의 좌우의 채널을 조합하여 코딩을 한 것의 일종.)
- MPEG오디오 규격의 가운데 가장 넓은 범위의 CD-ROM, DVD, DAB, DBS, 멀티 미디어 등에 사용되어지고 있다.

8.8.1.3 레이어 III의 특성

레이어 III는 복잡한 코딩에 의하여 낮은 비트 레이트로 최량의 품질이 얻어진다고 할 수 있는데, 주파수 성분의 변환용 필터 뱅크에는 각각 다른 입력 성분에 대하여 동작이 잘 되게 하기위한 높은 스펙트럼 해상도와 함께 신호 내용에 의하여 변화하는 적응형의 시간-주파수 변환 특성을 가지고 있다고 할 수 있다. 여기에서 목표로 하고 있는 비트 레이트는 64Kbps이라고 할 수 있는데, 그러한 프레임 구조를 그림 8.46에서는 표시를 하고 있다고 할 수 있고, 레이어 III의 가장 중요한 특성은 다음과 같은 것이 있다고 할 수 있다.

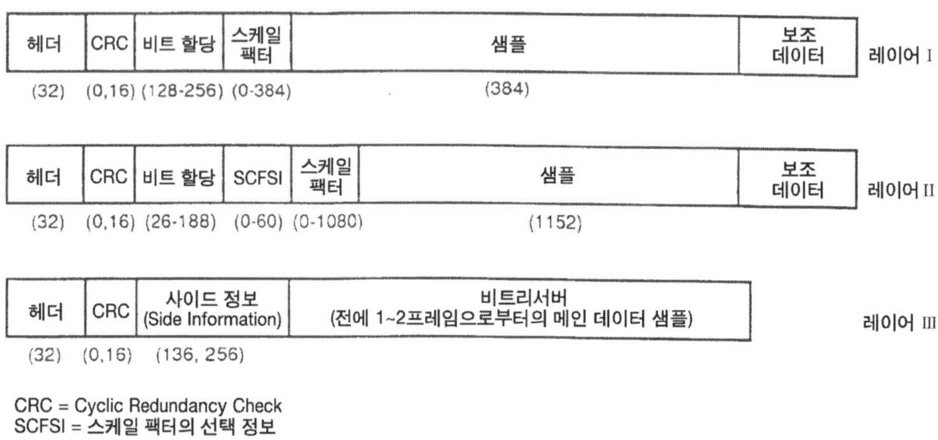

그림 8.46 MPEG 레이어 I, II, III의 비트 스트림 포맷

- 데이터 레이트는 32로부터 320Kbps (Total Bit Rate)
- 입력 신호는 채널당 1152샘플로서 구성하는 프레임으로 나누어져 있다.
- 48샘플링에서는 1프레임은 24ms(36×32×20.83μs=1152×20.83μs=24ms)
- 32의 등대역 서브 밴드로 분할을 하고, 다시 그것을 18MDCT밴드로 나누어서(토털 576밴드) 사용을 하고 있는데, 이것이 과도음의 경우에는 192밴드로 스위칭이 가능하다고 할 수 있다.
- 스켈링 팩터(Factor)는 양자화 노이즈의 구조와 레벨을 변화하는 데에 사용을 하고 있다.
- 전방 어뎁티브 비트(Adaptive Bit) 할당을 하는 데에 사용하고 있다.
- 양자화치의 가변장 부호화(허프만)
- 사이드 정보로서 비트 할당, 허프만 테이블 등에 보내어 진다.
- 싱글 또는 듀얼 채널, 스테레오 또는 쇼윈도 스테레오 채널 모드(스테레오 오디오 신호의 좌우 채널을 조합하여 코딩을 한 것)

- 용도로서는 비교적 낮은 비트 레이트의 Narrow-ISDN, 통신, 위성 링크, 인터넷을 이용한 고품질의 오디오 전송 등에 사용되어진다.

그림 8.46에서는 MPEG-1의 레이어 Ⅰ,Ⅱ,Ⅲ의 비트 스트림의 구조를 표시하고 있다.

역주 그림 8.46의 레이어 Ⅲ에서는 비트를 할당한 정보 등 대신에 사이드 정보라는 명칭이 사용되고 있다고 할 수 있는데, 이것은 레이어 Ⅲ에서는 비트의 할당 등 이외에 불록 길이 적응형 MDCT, 창관수를 어떠한 것을 사용할 것인가 등의 문제가 있다고 할 수 있고, 이러한 것에 대한 이유는 원래 복잡한 정보를 사용하기 때문이라고 할 수 있다. 또한 샘플이라고 하는 표현 대신에 「비트 서버」 라는 표현으로 하고 있는데, 이는 본문에는 이러한 것에 대하여 설명은 없지만 정확하게 알려면 MPEG오디오 참고서등의 보면 알 수 있을 것으로 생각이 되나 이는 개념적으로 자세히 설명되어있다고 할 수 있다. 이것은 각 오디오 프레임으로 정보량의 편이가 있는 것을 이용한 것이라고 할 수 있는데, 따라서 정보량이 적어도 좋은 프레임 비트를 보존하고 있는 것에 의하여 어택(Attack) 등이 있어 정보량이 증대한 프레임에 있어서도 전의 프레임에서 보존 되어져 있는 비트를 추가시켜 사용하는 것이 가능하다고 할 수 있다.

8.8.2 MPEG-2오디오 규격

1994년 2번째의 규격으로서 아래와 같은 새로운 용도의 요구에 응하는 MPEG-1 규격을 확장하여 MPEG-2규격이 규정 되었다고 할 수 있다.

- 32로부터 1066Kbps라고 할 수 있는 넓은 범위의 비트 레이트와 다양한 오디오 품질에 대응하는 것이 가능하다고 할 수 있는데, 이렇게 넓은 범위에 대응이 가능한 것은 MPEG-2오디오 프레임을 MPEG-1의 양립성이 가능한 프라이머리 비트 스트림(Primary Bit Stream:레이어 Ⅱ의 대응에 있어서는 384Kbps스트림.)과 확장 비트 스트림(Extention Bit Stream) 등의 2가지로 나누는 것이 실현되었기 때문이라고 할 수 있고, 채널당 64Kbps의 레이어 Ⅲ와의 조합에 있어서는 5개 채널의 풀(Full)대역폭의 오디오 신호가 320Kbps로 엔코드가 가능하다고 할 수 있다.
- 멀티채널 서라운드 사운드를 하기 때문에 옵션으로 되어있는 저주파 앤한스(Enhance) 채널을 포함하여 64채널까지의 코딩이 가능하다고 할 수 있다. (우리가 흔히 이야기하는 5.1채널을 지원하기 위함.)

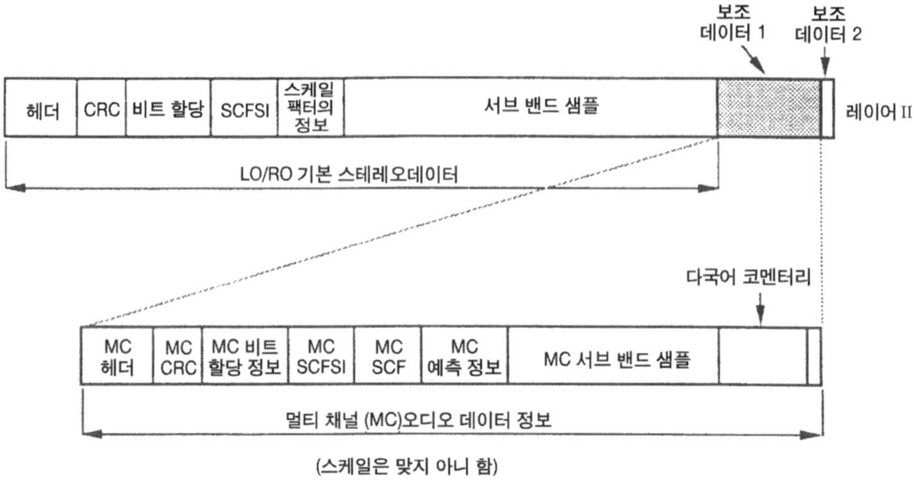

그림 8.47 오디오 MPEG-1비트 스트림 구조에서 MPEG-2의 확장 포맷

역주 5.1서라운드 방식은 디지털 방송에서 송출이 가능하게 한 것은 물론 방송국의 스튜디오, 운행 시스템에 있어서도 사용이 가능한 시스템이라고 할 수 있는데, 이러한 형식은 스테레오 좌우는 물론 가능하고 거기에다 중앙의 현장감을 전하기 위한 센터(C)채널, 그리고 서라운드 음형을 전하기 위한 뒷면의 좌우채널(LS, RS),그리고 20~120Hz의 주파수 대역을 강화하기 위하여 저주파수 대역을 센터에 있어서 우퍼(Woofer)로 부터 출력을 내는(Low-Frequency Enhancement : LFE) 채널로 구성 되어있다고 할 수 있는데, 이중에서 LFE채널은 무척 낮은 비트레이트로 전송이 가능하기 때문에 0.1채널이라고 표현이 되고 있다고 할 수 있다. 또한 송출 비트 스트림에 있어서는 다중 되어져 있는 5.1채널 비트 스트림으로 구성되어있다고 할 수 있는데, 운행에 있어서 엔코더 이전의 시스템에서는 6개 채널의 나열되어있는 오디오 시스템의 구성으로 하고 있다고 할 수 있다.

이러한 확장성은 각 레이어 아래와 같은 기능을 채용하는 것으로 가능이 하게하고 있다.

- 하프 샘프링 레이트(16,22.5,24kHz샘플링)
- 멀티채널 전송 용량 : (멀티채널의 비트레이트는 고품질 전송가능하기 위하여 1Mbps까지 확장 되어있다고 할 수 있다.) 이러한 데이터는 MPEG-1 오디오 프레임 구조의 보조데이터 스페이스(Ancillary Data Space)에 그림 8.47과 같이 삽입이 되어져 있다고 할 수 있는데, MPEG-2의 규격에 있어서는 MPEG-1의 규격과 아랫방향의 양립성(Downward-Compatible)이 가능하다고 할 수 있으나, 반대로 MPEG-1디코더에서는 MPEG-2데이터 스트림 가운데 좌우 스테레오 채널만이 디코드가 가능하다고 할 수 있다.

또한 거의 모든 MPEG-1레이어와 MPEG-2레이어는 같다고 할 수 있는데, 낮은 샘플링 주파수에서는 주파수 분해 능력은 24kHz샘플링으로서 거의 21Hz 이라고 할 수 있기 때문에 스케일 팩터의 청각 크리티컬 대역폭에서는 보다 좋은 매칭이 가능하여 낮은 비트 레이트로 오디오 품질을 향상 시킬 수 있다고 할 수 있으나 오디오신호 대역은 최고 12kHz까지 감소한다고 할 수 있다.

모든 MPEG오디오 압축 앤코딩 규격의 개요를 그림 8.48에서는 표시하고 있다.

역주 일본의 위성 디지털 방송에서 채용을 하고 있는 오디오 압축 규격은 MPEG-2오디오 압축 방식을 채용하고 있으나, 앞에서 설명을 하고 있는 것과 같이 MPEG-1형식과의 하방 호환의 MPEG-2 Backward Compatible (BC)(ISO/IECI13818-3)이 되지 아니하기 때문에 그 후에 특성을 개량하기 위하여 개발되었다고 할 수 있다. 정확하게 이야기하면 MPEG-1의 비호환성의 MPEG-2 Advanced Audio Coding (AAC)이라고 하는 규격 (ISO/IECI13818-7)이라고 할 수 있다.

이러한 규격은 8kHz~96kHz의 샘플링 레이트에 대응하여 최대 48채널까지 대응하고 있다고 할 수 있는데, 대표적인 규격으로는 LC(Low Complexity), Main, SSR(Scalable Sampling Rate)이라고 불리 우는 3개의 프로파일이 있다.

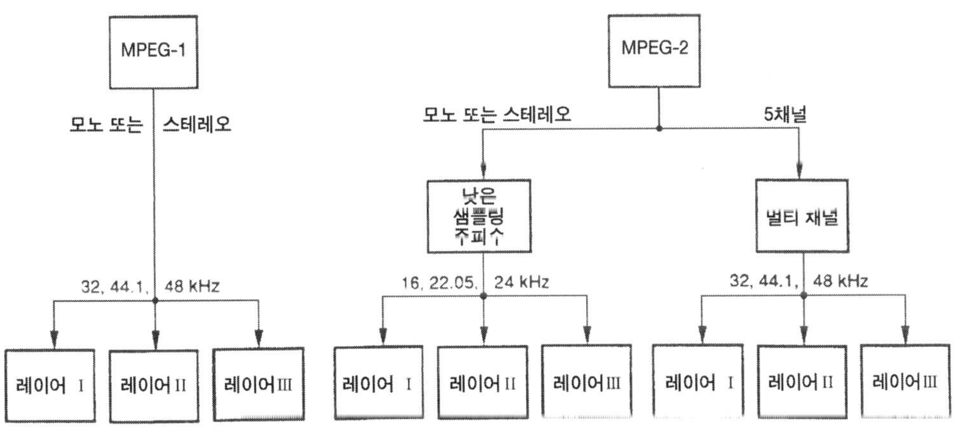

그림 8.48 MPEG오디오 패밀리(Family)

8.8.3 그 외의 압축 방식

8.8.3.1 Apt-X오디오 데이터 압축 알고리즘은 심리 청각상을 이용한 코딩 시스템은 아니라고 할 수 있으나. 입력 신호는 Pseudo-Quadrature Mirror Filter(FQMP)이라고 부르는 필터로서 4개의 대역으로 나누고 난 다음에 어덥티브(Adaptive: 적응할 수 있는) 차동 PCM(ADPCM)알고리즘 처리를 시행 한다고 할 수 있다.

또한 입력의 1개전의 샘플 에너지 분석으로부터 현재 샘플의 양자화 스텝이 결정 되어있으므로 이러한 것은 후방 어텁티브(Adaptive) 양자화의 특성을 가지고 있다고 할 수 있는데, 이러한 방식의 중요한 특성은 아래와 같은 것이 있다고 할 수 있다.

- 비트 레이트는 56~384Kbps이라고 할 수 있다.
- 압축비는 고정에서 4:1이라 할 수 있음.
- 예측(ADPCM)압축 알고리즘(Predictive Compression Algorithm)을 사용하고 있다.
- 4개의 서브 밴드의 시간 영역의 알고리즘을 가지고 있다.
- 7~22kHz의 오디오 대역을 사용자가 설정한다.
- 샘플링 주파수는 16~48kHz이다.
- 후방 어덥피티브(Adaptive)프로세스를 사용한다.
- 모노, 스테레오, 듀얼채널 모드 제공.
- 프로세스의 지연이 짧다(48kHz샘플링에서 2.7ms, 16kHz샘플링에서 7.6ms)
- 기록 미디어, ISDN, 회선전송 등의 용도로 사용되어지고 있다.

8.8.3.2 Apt-Q방식

Apt-Q방식이라는 것은 심리 청각상 이용 알고리즘으로서 시간 영역의 입력 신호를 MDCT필터 뱅크를 사용하여 주파수 영역에서 변환을 하는 것이라고 할 수 있는데, 입력 신호의 주파수 성분과 에너지와 심리 청각 모델을 사용하여 마스킹 스레숄드(Masking Thresholds)가 계산 되어진다고 할 수 있다.

이러한 각 서브밴드 출력에 양자화는 MPEG레이어 I과 II는 같은 비트 할당 프로세스로 시행이 되어지고 난 다음에는 허프만 코딩 테이블을 사용한 어덥티브(Adaptive) 가변장 코딩이 시행 되어진다고 할 수 있는데, 이러한 방식의 중요한 특성은 다음과 같다고 할 수 있다.

- 비트레이트는 56~128kbps이라고 할 수 있다.
- 압축비는 가변으로 기준치는 12:1또는 18:1이라고 할 수 있다.
- MDCT 알고리즘과 심리 청각 모델로 마스킹 스레숄드(Masking Thresholds)를 조정한다.
- 1024 등 간격 주파수 서브밴드를 사용.
- 오디오 성분의 급격한 변화가 있는 경우에는 프리 에코(Preecho)의 발생을 막기 위하여 서브 밴드를 어댑티브(Adaptive)에 128서브 밴드로 스위칭 하는데, 그때의 시간 분해 능력은 5.24ms(256 Sample×20.83μs)가 된다고 할 수 있다.
- 각 주파수 서브밴드의 양자화 되어진 계수의 확장성을 임의대로 제외하기 위해서는 어댑티브(Adaptive) 가변장 코딩(허프만 코드워드)을 시행한다.
- 15~22kHz의 오디오 대역.
- 샘플링 주파수는 16~48kHz.
- 프로세스 지연은 같은 변환 알고리즘의 대표치와 같다고 할 수 있다.

8.8.3.3 AC-3규격

AC-3오디오 코딩 방식은 돌비 연구소에서 멀티채널 오디오용의 목적으로 개발 되었다고 할 수 있는데, 이러한 방식은 5개의 풀 대역(Full Band) 오디오 채널(3kHz~20kHz) 즉 좌, 우, 센터, 좌 서라운드 채널, 우 서라운드 채널, 그리고 1개의 협대역 저주파 엔한스(Enhance) 채널(3Hz~120Hz)을 384Kbps의 비트 스트림으로 엔코드 한다고 할 수 있다. 또한 이러한 오디오 방식에 대해서는 앞으로 나오는 제 11장에서 설명을 할 예정인데, 미국의 ATV디지털 방송방식 규격으로서 채용을 하고 있다고 할 수 있다.

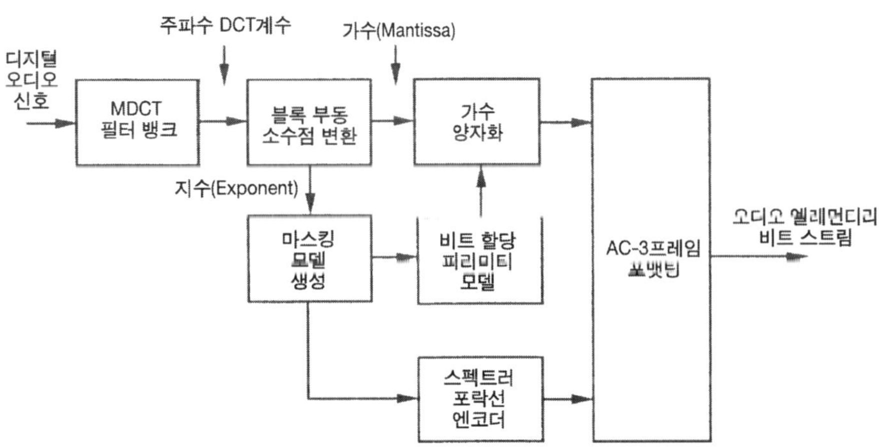

그림 8.49 기본적인 돌비서라운드 AC-3계통도

그림 8.49에서는 간단하게 설명을 하고 있는 AC-3엔코드 시스템의 계통도를 표시하고 있다고 할 수 있는데, 여기에서 입력 오디오 샘플은 512포인트 MDCT필터 뱅크 (블록길이는 256샘플)로 주파수 영역이 변환 되어진다고 할 수 있고, 서브 밴드 수는 256이며, 그 주파수 분해능력은 48kHz샘플링을 사용하여 93.75Hz라고 할 수 있다.

입력 신호의 급격한 변화가 있는 경우에는 서브 밴드를 반으로 분리하고 있는 보다 짧은 256의 포인트 변환으로 스위칭을 하는 어댑티브(Adaptive: 적응이 가능한)한 주파수-시간 분해 능력 특성을 가지고 있다고 할 수 있는데, 이렇게 변환에서 얻어진 각 계수 데이터는 블록 부동 소수점 시스템으로 지수(Exponent)와 가수(Mantissa)와의 페어(Pair)로 변환 되어진다고 할 수 있고, 이러한 가수는 비트 할당 모델을 베이스로 하고 있는 가변 비트수로 양자화가 되어진다고 할 수 있다.

이러한 비트 할당 모델은 각 주파수 밴드에 대한 가수에 대한 비트수를 지수 데이터로부터 얻어서 스펙트럼 곡선에 의한 심리 청각의 마스킹 곡선에 의하여 결정 되어진다고 할 수 있는데, 이러한 어댑티브 한 비트 할당에 의하여 각 DCT계수의 SNR은 허용 가능한 범위로 억제하고 있는 것이 가능하고, 이러한 6개의 오디오 블록의 지수 데이터에 의한 계수 스펙트럴 엔베로프(Spectral Envelope) 데이터와 양자화 되어진 가수 데이터는 한 개의 AC-3동기 프레임 가운데 포맷이 되어진다고 할 수 있다.

효율적인 프로세스 알고리즘이 오디오 채널 사이에 존재하는 상이성, 즉 좌우 채널 사이던가? 아니면 좌 서라운드와 우 서라운드 채널 사이에 상이성을 추출하여 각 채널의 같은 정보는 한꺼번에 엔코드하여 이러한 신호를 다시 디코드 하는 단계에서 각 채널을 분배하는 데에 사용이 되어지고 있다고 할 수 있는데, AC-3비트 스트림은 그림 8.50에서 표시를 하고 있는 것과 같이 동기 프레임(Sync Frame)을 반복하는 구조로 하고 있다고 할 수 있고, 이러한 한 개의 동기 프레임은 6개의 오디오 채널에 대응하여 6개의 오디오 블록으로부터 구성을하여서 256×6=1536오디오 (계수) 샘플 과 프레임의 최후에 있는 보조 블록을 포함 하고 있다고 할 수 있다. 따라서 이러한 보조 블록은 시스템 전송에 관한 제어나 스테터스(Status)정보를 전송 한다고 할 수 있는데, 가장 중요한 특성은 아래와 같은 것이 있다.

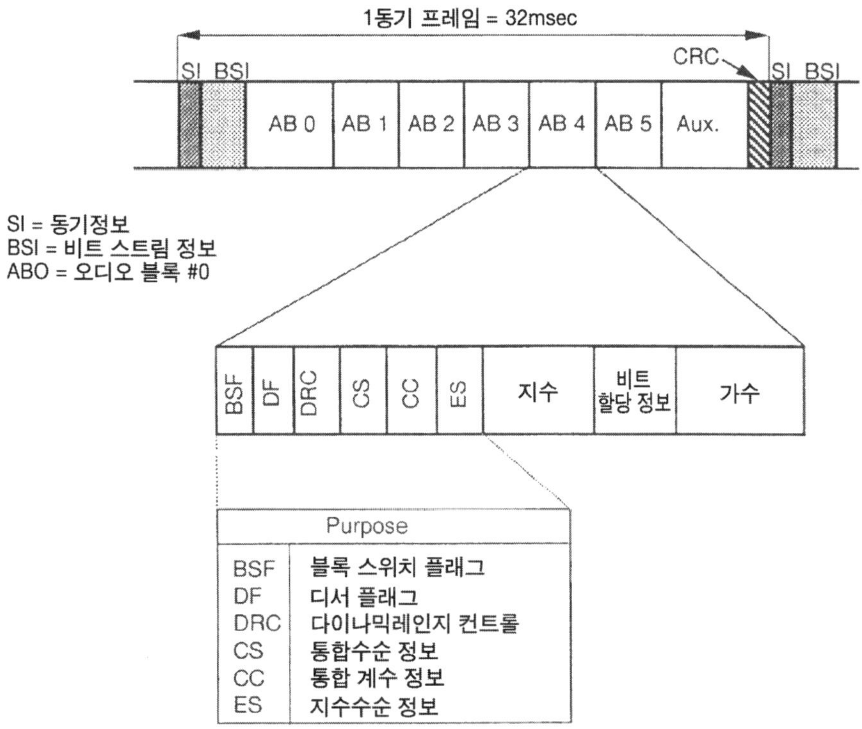

그림 8.50 AC 싱크 프레임(Sync Frame)과 오디오 블록구조

- 데이터 레이트는 32~640Kbps이다.
- 48kHz샘플링 에서는 프레임 길이는 32ms(384×4×20.83㎲=32ms).
- 256/128서브 밴드.
- 밴드당 4.5비트의 스케일 팩터(Scale Factor)(다이나믹 레인지 144dB).
- 전방 /후방 어덥티브(Adaptive) 비트 할당
- 모노 모드로부터 5.1채널까지 코딩이 가능.
- 소비자 요구에 의한 확장성: 예를 들면 눈이 잘 보이지 않는 시각 장애인과 귀 들리는 것이 부자연스러운 청각 장애인들을 위한 장면 설명 오디오 신호에 대한 전송이라던가, 난청자에게 듣기 쉽게 하기위한 특성을 가진 스피치 음을 별개의 서비스로 하는 경우를 들 수가 있는데, 국가 비상사태일 경우에는 비상 사태 채널을 강제적으로 집어넣을 수 있게 하는 방법도 있다.
- 용도는 HDTV, CATV, DVB, DBS, 멀티미디어, 인터넷 등.
- 스테레오 또는 모노인 경우에는 청취자에 의한 다운 믹싱이 가능.
  (예를 들면 음악/효과음 채널과 외국어에 의한 스피치/회화 채널을 송출 가능 하고, 청취자가 필요성에 의하여 자신용의 국어 스피치와 음악/효과 등을 혼합이 가능할 것.)

- TV채널이나 프로그램의 절환. 즉 스테레오부터 멀티채널의 절환에 따르는 절환상의 음에 변화가 될 수 있으면 적게 하는 것이 가능하다.
- 다이나믹레이지의 제어 : 코딩시스템에서는 큰 다이나믹 레인지의 신호를 송출 하는 것이 가능하기 때문에 수신측에서는 그러한 제어가 가능하다고 할 수 있는데, 예를 들면 홈 시어터 에서는 풀 타이밍 레인지(Full Timing Range)가 가능하고, 포터블 텔레비전 수신기에서는 제한되어진 다이나믹 레인지로 수신이 가능하다고 할 수 있다.

표 8.8에서는 지금까지 설명한 MPEG레이어. Apt-X, Apt-Q, AC-3오디오 엔코더 시스템의 개요를 표시하고 있다고 할 수 있다.

표 8.8 중요한 압축 코딩 방식의 비교

오디오 압축 방식	토털 비트레이트 (Kbps)	필터 뱅크	48MHz샘플링 에서 주파수 분해능력	48MHz샘플링 에서 시간 분해능력(ms)	48MHz샘플링 에서프레임 길이(msec)	비트레이트의 타켓채널 할당(Kbps)
MPEG레이어 I	33~448	PQMF	750Hz	0.66	8	128
MPEG레이어 II	32~394	PQMF	750Hz	0.66	24	128
MPEG레이어III	32~320	PQMF/MDCT	41.66Hz	4	24	64
apt-X	고정4:압축*	PQMF	12kHz	〈 0.1	2.54	192
apt-Q	고정12또는 18:1압축↑	MDCT	23.44Hz	5.34	42.66	64
AC-3	32~640	MDCT	93.75Hz	2.66	32	64

*: 비트레이트는 샘플리 주파수가 16으로부터 48kHz의 변화 할 때에 56으로부터 384Kbps라고 할 수 있다.

↑: 비트레이트는 32kHz샘플의 모노신호의 56Kbps로부터 48kHz샘플링 스테레오신호의 128Kbps 까지 변화한다.

8.9 오디오 비트 압축 방식(Audio BRR Scheme)의 성능

오디오의 압축은 통상의 프로그램 제작에 있어서는 고품질 소재의 요구에 부합이 되지 아니하므로 사용이 되어지지 아니한다고 할 수 있지만, 압축되어진 오디오 신호에서는 편집 정도가 프레임 단위 (24 또는 32ms)로 제한되어 있으므로 편집이나 포스트 프로덕션에서의 처리가 어렵다고 할 수 있다. 그러나 2:1이나 3:1정도의 압축이라면 수차례에 걸쳐서 압축을 반복하여도 그리 열화도 없어 압축과 비 압축의 과정을 반복하는 것도 가능하다고 할 수 있다.

전송에 있어서는 저 비트 레이트의 오디오 코딩이 종종 사용 되고 있다고 할 수 있다고 할 수 있는데, 그러나 코딩을 반복하는 포스트 프로덕션의 편집 때문에 품질상의 어느 정도 헤드 룸을 가지기 위해서는 전송 비트 레이트는 수신부의 디코딩 되어진 비트레이트의 1.5~2배 정도 되지 아니하면 되지 아니한다고 할 수 있다.

8.10 압축 신호의 전송

MPEG-1의 규격에서는 압축 레이어(Compression Layer)를 구성 하는 비디오와 오디오 신호의 압축, 신장, 동기를 규정하고 있다고 할 수 있는데, MPEG-2 규격에서는 MPEG-1규격에 시스템 레이어를 부가하는 것에 의하여 확장 하고 있다고 할 수 있고, MPEG-2의 레이어 구조(Layer Architecture)에 대해서는 그림 8.51에서 표시를 하고 있다고 할 수 있다.

압축 레이어는 8.4.1항과 8.8.1항에서 설명을 하고 있는 비디오 오디오 데이터 스트림의 구조를 기본으로 하고 있는 비디오, 오디오 스트림의 구성(Syntax)을 규정하고 있다고 할 수 있는데, 별개의 오디오, 비디오 또는 데이터 시퀀스가 MPEG-2방식으로 엔코드 되어서 엘레먼터리 스트림(Elementary Stream: ES)을 생성한다고 할 수 있다.

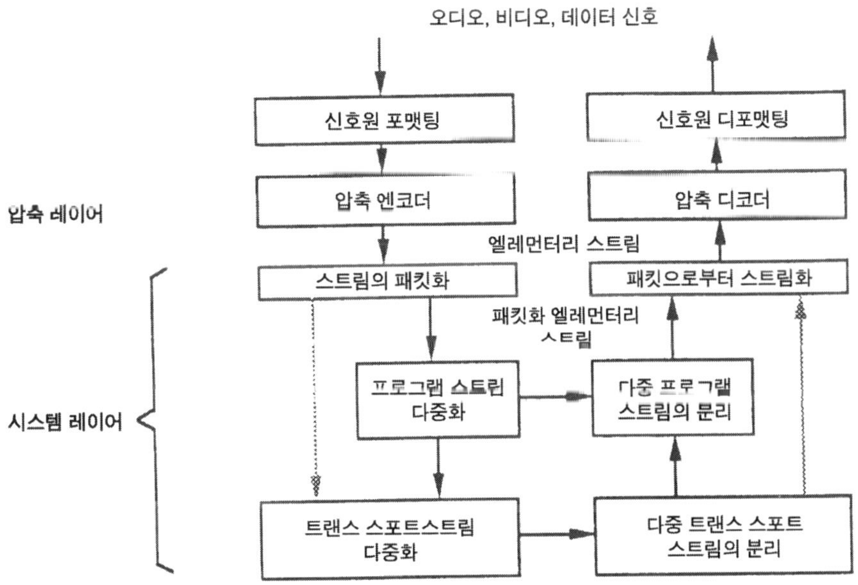

그림 8.51 MPEG-2의 계층화구조

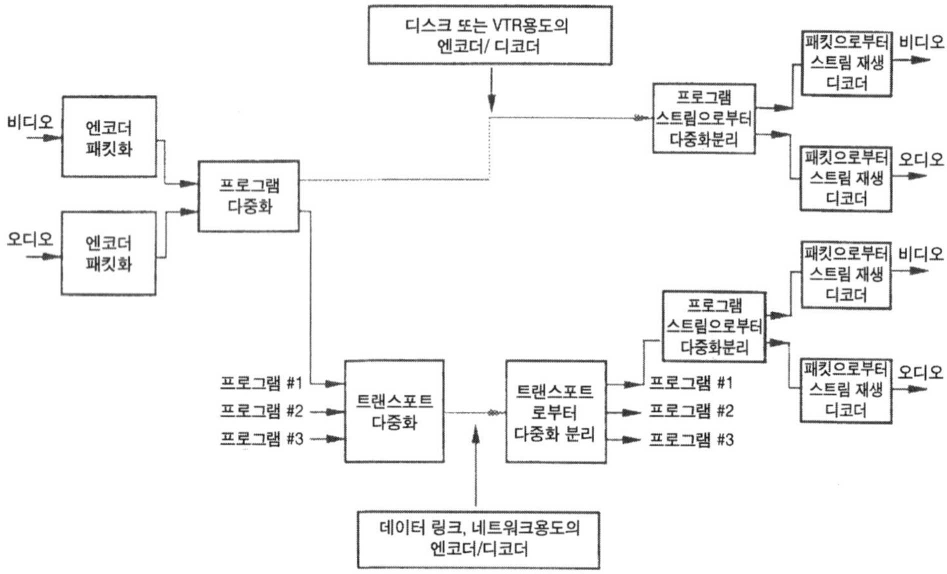

그림 8.52 오디오 비디오 신호의 프로그램 또는 트랜스 포트 데이터 스트림의 MPEG 엔코딩.비디오

시스템 레이어는 그림 8.52에서 표시를 하고 있는 것과 같이 이러한 오디오 비디오 스트림을 기록용(Program Stream), 또는 전송용(Transmission Stream)단일 스트림 조합 방식을 규정하고 있는데, 이러한 스트림은 동시에 타이밍 정보나 디코더로 오디오와 비디오 스트림을 분리하기도 하고, 동기를 시키기도 하기위한 정보도 포함 하고 있다고 할 수 있다.

마지막으로는 시스템 클럭 기준신호 (System Clock Reference: SCR) 이나 프레젠테이션을 하기 위하여 타임스탬프(Presentation Time Stamp: PTS)가 비트 스트림에 부가 되어진다고 할 수 있는데, 이러한 MPEG의 규격은 패킷화한 데이터 스트림(Packetized Data Stream), 프로그램 스트림(Program Stream), 또는 전송 스트림(Transport Stream)등의 3개의 데이터 스트림계층(Hierarchy)을 규정하고 있다고 할 수 있다.

8.10.1 패킷화 엘레먼터리 스트림(Packetized Elementary Stream : PES)

패킷화에 따라서 엘레먼터리 스트림은 어느 사이즈를 가지고 있는 패킷 군에 의하여 분리 되어진다고 할 수 있는데, 각 패킷의 키포인트는 MPEG-2엔코드 되어진 비디오, 오디오, 데이터의 스트림으로부터 라고 할 수 있다.

패킷화 엘레먼터리 스트림의 구조(PES)를 그림 8.53에서 표시를 하고 있다.

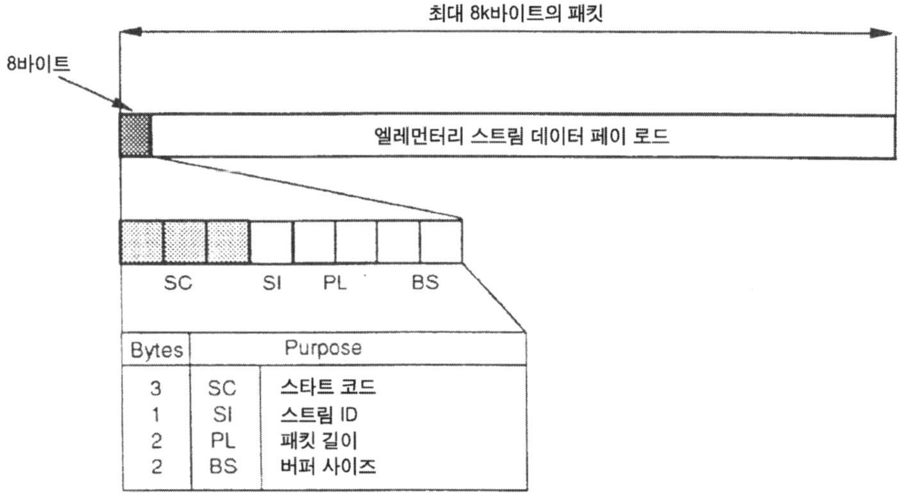

주 : 여기에서 페이로드(Pay Load)라는 것은 반송하는 데이터부분을 말함.

그림 8.53 MPEG-2규격에 있어서 패킷화 엘레먼터리 스트림(PES)의 구소

8.10.2 프로그램 스트림(Program Stream: PS)

비디오, 오디오 또는 데이터와 같이 같은 타임 베이스를 가진(같은 동기신호로 클럭 한)

한 개 또는 복수의 엘레먼터리 시스템으로부터 생성한 PES패킷은 그림 8.54에서 표시를 하고 있는 것과 같이 팩(Pack)이 반복한 형태로 한 개의 블록 스트림으로 다중 되어진다고 할 수 있는데, 팩 헤더(Pack Header)는 SCR(System Clock Reference)에서 오디오와 비디오의 패킷 타이밍을 표시하고 있다고 할 수 있고, 이러한 것은 팩(Pack)이 송출 되어진 시간을 표시하는 리얼 타임 클럭이라고 할 수 있다.

PS팩에 있어서 팩의 길이는 제한이 없다고 할 수 있는데, 한 개의 팩에 있어서 팩의 수와 시퀀스는 규정이 되어있지는 아니하다고 할 수 있으나, 각 스트림으로부터 팩은 시간 순(Chronological Order)으로 보내어 진다고 할 수 있다.

이러한 한 개의 PS는 같은 타임베이스로 최대 32개의 오디오 스트림, 16개의 비디오 스트림, 16개의 데이터 스트림을 전송하는 것이 가능하다고 할 수 있는데, 이러한 프로그램 스트림은 오류에는 약하지만 동기 한 다중 엘레먼터리 스트림(Synchronous Multiplexed Elementary Stream)으로 서는 멀티미디어 기록이나 로컬 네트워크의 전송에 사용되어지고 있다고 할 수 있다.

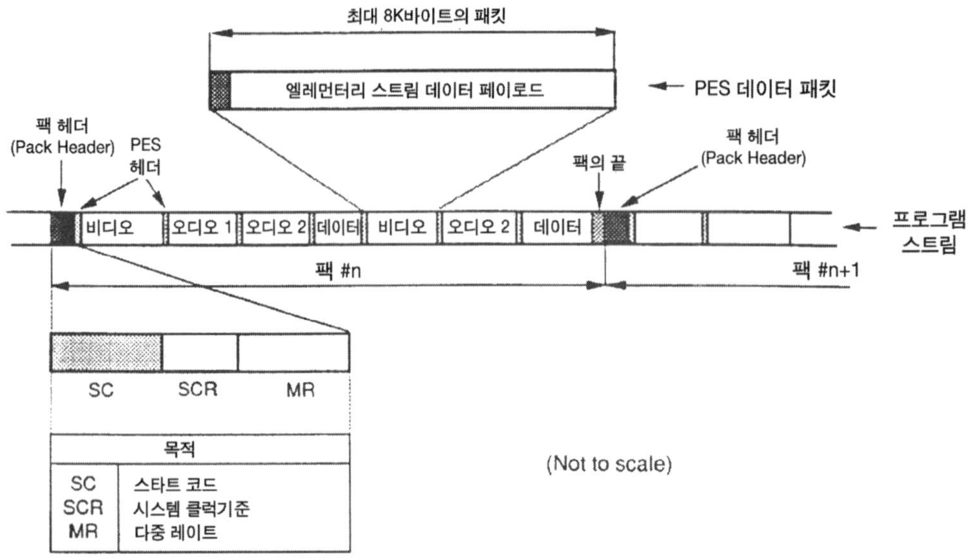

그림 8.54 MPEG-2구격에 있어서 프로그램 스트림의 구조

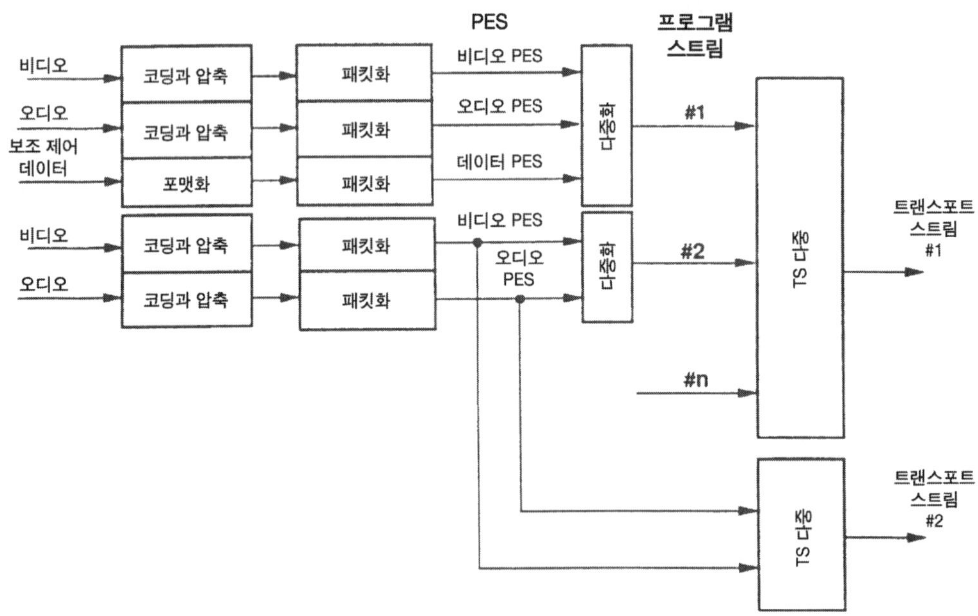

그림 8.55 패킷화 엘레먼터리 스트림 으로부터 프로그램 또는 트랜스포트 스트림의 포맷화

8.10.3 트랜스 포트 스트림(Transport Stream : TS)

트랜스 포트 스트림 이라는 것은 그림 8.55에서 표시를 하고 있는 것과 같이 한 개 또는 복수의 프로그램 스트림을 조합하여 독립한 타임 베이스를 가진 형태 또는 PES의 조합으로 구성이 되어져 있다고 할 수 있으나, 프로그램 스트림의 모든 정보가 트랜스 포트 스트림에 포함 되어있는 것이 아니므로 한 개의 프로그램 스트림은 트랜스포트스트림(Transport Stream)의 서브 셋트는 아니라고 할 수 있다.

또한 약간의 정보는 TS로부터 PS를 추출할 때에 생성을 하지 아니하면 되지 아니한다고 할 수 있는데, 이러한 정보는 통상의 PES패킷의 포맷으로부터 생성이 되어진다고 수 있다.

오디오, 비디오, 데이터의 한 개 또는 복수의 엘레먼터리 스트림으로부터 PES 패킷은 같은 타임 베이스이거나, 아니면 각각 다른 타임베이스 일지라도 그림 8.56에서 표시를 하고 있는 것과 같이 짧은 패킷의 연속한 형태로 한 개의 트랜스포트 스트림에 다중 되어진다고 할 수 있고, 그림 8.56에서 표시를 하고 있는 것과 같이 한 개 또는 타임 베이스를 가진 프로그램 스트림이 PES패킷의 변환에 따라서 한 개의 트랜스포트 스트림의 다중이 가능하다고 할 수 있는데, 이렇게 각각 다른 비트 레이트로 복수의 프로그램을 다중 하는 기능은 제11장에서 설명을 하고 있는 미국의 어드밴스 텔레비전(ATV)시스템에서 사용이 되어지고 있다고 할 수 있다.

이러한 TS 패킷은 188바이트의 고정 길이로 데이터의 내용은 그림 8.57에서 표시하고 있다고 할 수 있는데, 이러한 TS패킷은 타이밍 또는 동기정보와 지터의 보정 정보를 가지고 있어 장거리 전송에 있어서 신뢰성을 향상 시키고 있다고 할 수 있고, 고정 데이터 패킷 사이즈에서는 트랜스 포트 스트림을 ATM(Asynchronous Transfer Mode)네트 워크 셀 (Net Work Cell)의 변환에 있어서도 용이하다고 할 수 있으며, 이러한 트랜스 포트 스트림은 디지털 전송에 있어서는 오류에 대한 인성이 생긴다고 할 수 있다.

역주 그림 8.57에 있어서 어덥테이션 필드(Adaptation Field) 제어비트는 페이로드 부분이 데이터 페이로드(Pay Load)인가 아덥테이션 필드(Adaptation Field) 인가 어떤 경우에는 그림과 같이 양자의 혼합을 표시하고 있다고 할 수 있다. 또한 어덥프테이션 필드(Adaptation Field)에서는 프로그램 클럭레퍼런스(Program Clock Reference) 등의 정보나 스덥핑 비트(Stuffing : 무효비트)가 보내어진다고 할 수 있다.

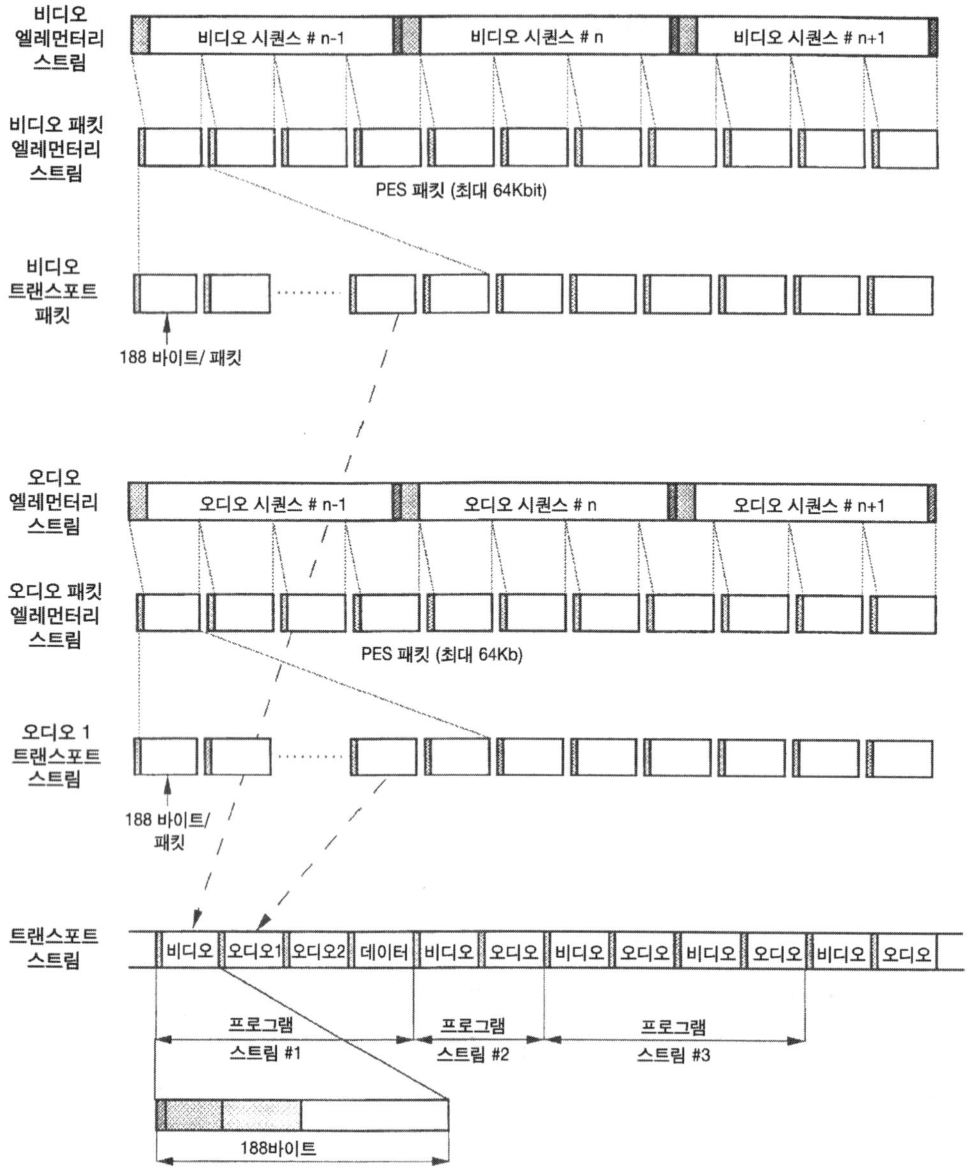

그림 8.56 MPEG-2트랜스 포트 스트림의 포맷화

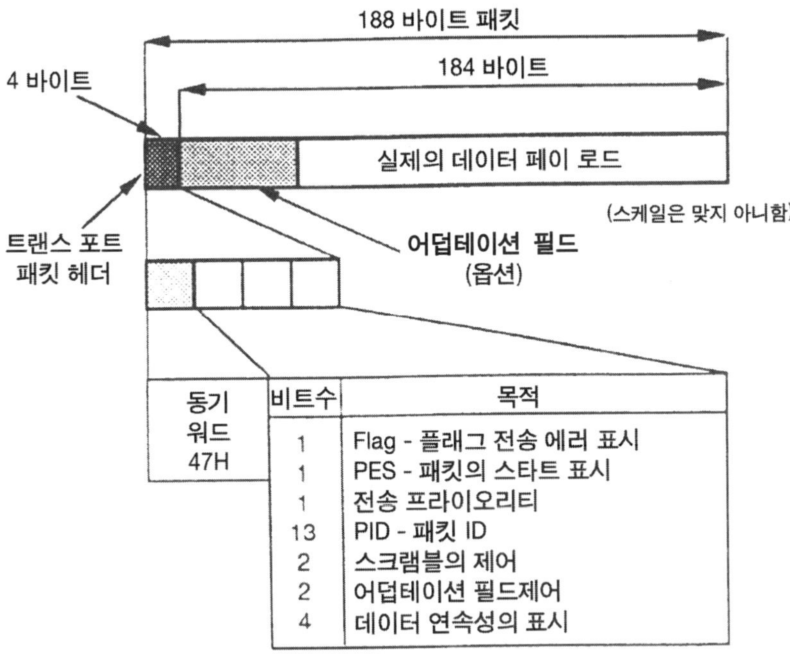

그림 8.57 MPEG-2규격에 있어서 트랜스 포트 스트림의 구조

제9장 컴퓨터와 텔레비전

지금까지의 장에서는 현재 TV세계에서 사용하고 있는 아날로그 또는 디지털 신호의 생성, 프로세스, 디스플레이에 대하여 설명을 하였으나, 이 장에서는 컴퓨터용 모니터에 디스플레이를 하기 위하여 영상 생성이나 이러한 영상을 디스플레이 하기위한 메커니즘에 관하여 알아보고, 그러한 컴퓨터용의 신호를 표준의 TV용의 신호로 변환 하는 방법을 설명하기로 한다. 이러한 설명을 하기 위하여 현재의 프로덕션 시스템 기기와 상호 호환성이 있어서 우수한 성능이 얻어지는 컴퓨터를 선택함에 있어서 필요한 지식을 이장에서는 제공 하고자 한다. 우선 그러한 지식을 필요로 하는 그룹은 아래와 같은 장르의 사람이라고 할 수 있다.

- 비디오 이미지를 창조하는 그래픽 전문가.
- 컴퓨터 전문가로서 새로운 컴퓨터를 기본으로 하는 텔레비전 제작의 세계로 입문하고자 하는 사람으로서 방송 기술 세계에 있어서 제작의 필요한 요구를 이해 하고자 하는 사람.
- 영상 전문가로서 컴퓨터 기기, 시스템, 컨셉(Concept) 등을 자신의 영상 환경에 접목 시키려고 하는 사람.

우리가 흔히 사용을 하고 있는 퍼스널 컴퓨터는 지금까지 문자 처리, 데이터 처리, 그래픽, 게임 등의 처리에 널리 사용되었다고 할 수 있는데, 이러한 작업이 결과는 디스플레이를 시키기도 하고 프린트로 출력을 하기도 하였다. 그리하여 현재에 있어서는 이러한 컴퓨터를 이용하여 리얼 타임으로 화상을 생성을 하기도 하고, 어떠한 경우에는 영상 신호를 프로세스 하기 위하여 사용하기도 하는데, 따라서 퍼스널 컴퓨터는 비디오, 오디오 제작의 세계에 차츰차츰 그의 영역을 넓혀가고 있다고 할 수 있다.

즉 편집, 서버(Server), 그래픽 시스템(Graphic System), 송출 시스템, 네트워크에 있어서 인터페이스, 억세스 시스템 등 새로운 용도에 있어서 컴퓨터는 급속히 그의 영역을 넓혀가고 있다고 할 수 있는데, 우리가 지금까지 비디오 방송 프로그램 제작에 사용되어온 전용의 기기는 컴퓨터의 목적에 부합하기 위하여 프로세스 포트(Port)와 프로덕션의 소프트웨어를 탑재한 기기로의 전환이 계속되고 있다고 할 수 있고, 이러한 움직임은 텔레비전 방송이나 다른 영상 업계와 컴퓨터 업계의 상호 의존에 의하여 성장을 시키고 있는 것이라고 할 수 있다.

종전의 방송 제작 그룹에서는 컴퓨터에 의한 영상 생성 제작 프로세스는 필요로 하는 화질의 이미지를 리얼 타임으로 생성을 하는 데에 있어서 필요로 하는 데이터의 량이 너무 크기 때문에 별로 사용하지 아니하였다고 할 수 있으나, 컴퓨터의 처리속도와 저장용량이 급속하게 발전된 지금에 와서는 복잡한 화질의 프로세스를 현실적인 가격으로 리얼 타임하게 실행이 가능한 디지털 압축 기술의 발전으로 그러한 것에 대한 신호처리 및 프로세스가 가능하게 되었다고 할 수 있는데, 이러한 것에 있어서는 컴퓨터 본체는 물론, 메인 프로세스, 메모리 스피드, 고 능력 확장 포트, 디스플레이 모니터 등 주변기기의 많은 부분 기술 개발에 의하여 프로그램 제작에 이용 하는 것이 가능하게 되었다고 할 수 있다.

9.1 컴퓨터의 기본 설계구조

퍼스널 컴퓨터의 기본 설계구조는 컴퓨터의 각각 컴퓨터의 개체시스템 장비를 버스(Bus)로 접속한 형태로서, 그 버스에는 어드레스 버스, 데이터 버스, 컨트럴 버스 등이 있다고 할 수 있는데, 여기에서 이야기를 하고 있는 어드레스 버스는 메모리 데이터를 기록, 읽어내는 위치를 지정하는 신호를 전송을 한다고 할 수 있고, 데이터 버스는 데이터 그 자체를 전송하는 것으로서 그의 스피드는 컴퓨터의 성능을 제어하는 중요한 팩터(Factor)의 하나가 되어있다고 할 수 있다.

또한 여기에서 이야기를 하고 있는 컨트롤 버스는 메모리의 리드(Read), 라이트(Write)나 주변 장치의 리드(Read), 라이트(Write)와 같이 데이터 버스나 어드레스 버스를 컨트롤 하는 데 사용이 되어지고 있다고 할 수 있는데, 컴퓨터에 있어서 최소의 구성으로는 메인 시스템의 버스에 연결 되어져 있는 중앙 연산 장치(Central Processing Unit: CPU), 랜덤 억세스 메모리 (RAM), 리드온리메모리(ROM)와 그러한 데이터를 교환하는 키보드, 마우스, 디스크 드라이브, 디스 플레이등의 외부 개체 주변장비 등이 있다고 할 수 있고, 이러한 장치는 메인 시스템에 연결되어있어 마이크로프로세서, 메모리, 외부 개체 기능을 담당하고 있는 주변기기 가운데 컴퓨터 본체와 다이렉트로 억세스가 가능한 개체기기는 모두 컴퓨터의 구성 소자이라고 할 수 있다.

이러한 퍼스널 컴퓨터의 성능은 최근의 10년 사이에 많은 발전을 이루었다고 할 수 있는데, 특히 보다 높은 차원의 복잡한 계산이나 동작이 요구되어 프로세스, 메모리, 데이터 기록 장치, 디스플레이 사이에 대단히 빠른 데이터 전송을 요구 하고 있다고 할 수 있어, 이러한 요구에 의하여 컴퓨터의 기본 설계를 개선하여, 아래와 같은 항목에 있어서 충실히 재현이 가능하게 개발한 결과 어느 정도는 만족되어 가고 있다고 할 수 있다.

- 프로세스의 속도를 8~66MHz, 250MHz, 더나가서는 보다 높은 주파수까지 빠른 속도로 보내어 진다고 할 수 있다.
- 버스(Bus)의 폭을 16~64비트까지 확장을 한다.
- 메인 시스템에 있어서 버스를 통한 메인 프로세서에 의한 데이터 프로세스의 량을 경감 하기 위하여 버스, 예를 들면 로컬 버스(Local Bus),오버 톱 버스 (Over The Top Bus), 스위치드 버스(Switched Bus) 등이 도입 되어 진다고 할 수 있다.
- 내부 처리 기능을 가진 고도한 인텔리전트(Intelligent)한 디스플레이 어댑터나 기록 장치의 컨트롤러 개발을 한다고 할 수 있다.

Mac, IBM, 실리콘 그래픽사(Silicon Graphics Incorporated: SGI) 등의 컴퓨터 구조의 발전에 있어서는 그 기능과 통신 버스, 확장 카드, 디스플레이 모니터의 성능 등에 대하여 나중에 설명을 하기로 한다.

역주 여기의 내용은 이 책이 쓰여진 1995년을 기준으로 쓰고 있지만, 이 책이 번역되어진 2008년 현재는 프로세서 속도는 GHz급을 사용하는 것을 비롯하여, 그 밖의 컴퓨터 사양에 있어서도 많이 향상 되어 있어 사실과 일치하지 아니하는 부분이 있음.

9.2 컴퓨터 내부의 통신 버스 (Internal Computer Communication Buses)

9.2.1 메인 시스템 버스(Main System Bus)

메인 시스템 버스는 처음으로는 시스템 포트와 디스크, 디스 플레이 등의 주변 장치 사이이 모든 입출력 용(Input And Output · I/O)으로 사용되고 있는데, 이러한 메인시스템 버스에는 다양한 옵션의 디바이스(Device : 장치)에 접속하여, 우리가 소위 이야기하는 옵션에 대한 기본적인 구조(Open Architecture Needs : 일방적으로 개방되어진 구조의 필요성)에 대한 수요자의 요구를 만족하기 위해 주 기능을 하고 있는 마더보드(Motherboard) 상이나 확장 콘넥터에 삽입이 되어진 확장 기판 카드상의 장치를 위해 버퍼를 내장하는 인터페이스를 가진 범용의 확장 버스(General Purpose Expansion)가 개발 되었다고 할 수 있다.

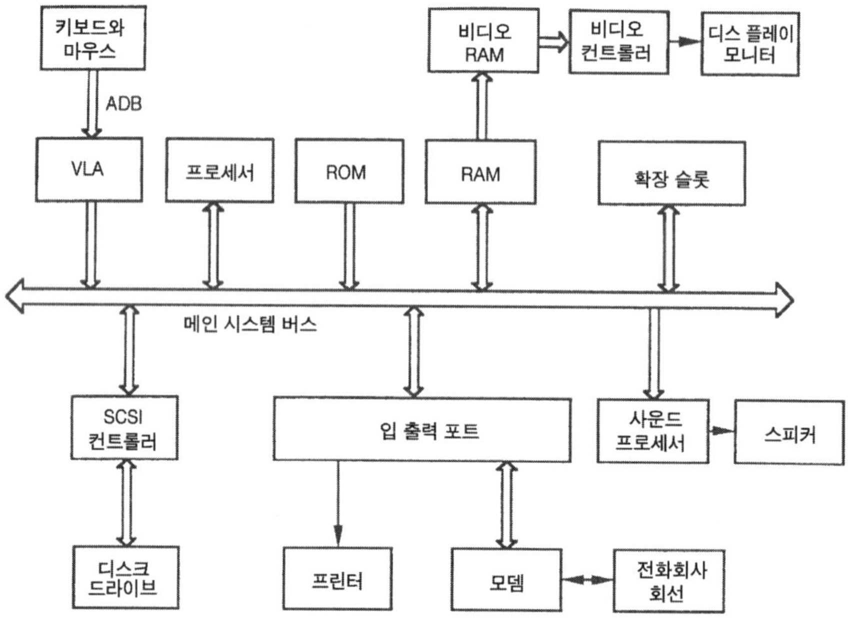

주 : 디스크 컨트롤러는 I/O포트의 일부가 되는 경우도 있다.
ADB=애플 디스크탑 버스(Apple Desktop Bus)
VIA= 다용도 인터페이스 어덥터(Versatile Interface Adapter)

그림 9.1 Mac타입의 컴퓨터의 구조

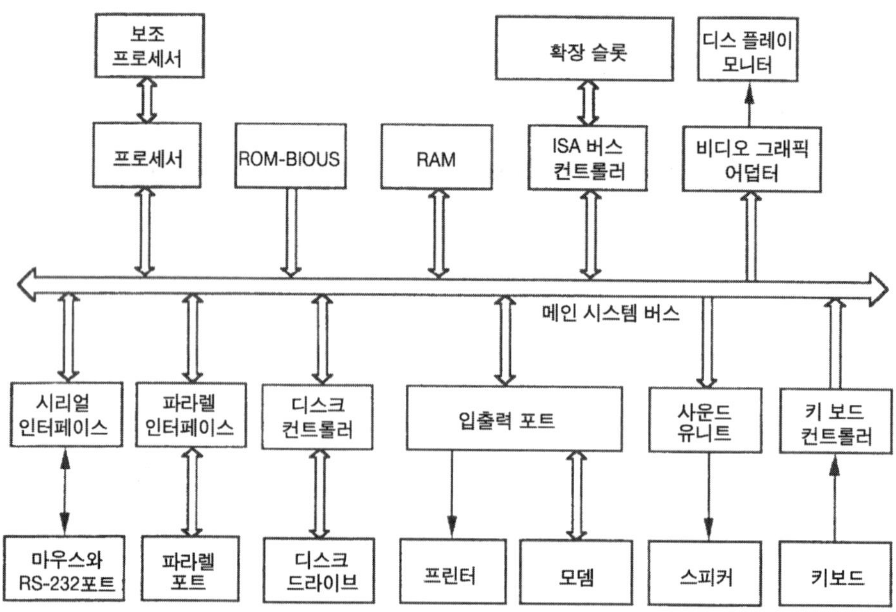

주 : 데이터버스의 신호를 표시한다.

그림 9.2 IBM타입의 컴퓨터 구조

그리하여 각 제작사에서는 다양한 요구나 용도에 적응하기 위하여 각각 독자의 확장 슬롯(Slot) 설계나 사양을 개발하기 위하여 컴퓨터 사이나 마켓(Market)사이에서 일어날 수 있는 있는 여러 제품사이에 호환성을 잃어버렸다고 할 수 있다.

그림 9.1 또는 9.2에서는 대표적인 Mac타입과 IBM타입의 메인 시스템 버스 주변 부분의 기본적인 구조(Architecture)의 설계에 대하여 표시를 하고 있다.

9.2.1.1 IBM타입의 컴퓨터

IBM타입의 컴퓨터는 Industry Standard Architecture (ISA), Micro Channel Architecture(MCA)또는 Extended Industry Standard Architecture(EISA)을 베이스로 하고 있는 메인 시스템 버스(확장 버스라고도 함.)를 사용하고 있다.

- ISA(industry Standard Architecture) : 오리지널 IBM AT 오픈 Architecture(컴퓨터의 기본적인 구조)디자인은 문서화 되어지어지지 아니하였다고 할 수 있는데, 이러한 IBM타입의 컴퓨터를 생산하는 다른 메이커와 IBM은 그 후 ISA이라고 알려져 있는 공식 규격에 합의 하였다고 할 수 있다. 또한 이러한 ISA규격은 서드 파트(Third Parties)라고 불리 우는 당사자가 아닌 메이커가 어댑터(Adapters)를 개발하는 것이 가능한 오픈 Architecture를 규정하고 있는데, 이러한 규격에서는 49핀 더블 사이드의 확장 콘넥터를 기본으로 하고 있고, 8MHz의 클럭 16비트 장치를 규정하고 있다고 할 수 있다.

  이러한 각 확장 기판의 카드는 어드레스 라인, 데이터 라인, 또는 컨트럴 신호 라인에 접속 되어진다고 할 수 있는데, ISA의 사양에서는 메모리나 어드레스 스페이스, 각 카드의 집어넣는 형태 등의 리소스의 설정에 대한 표준적인 하드웨어, 소프트웨어의 규정은 없다고 할 수 있다. 그 때문에 ISA가드의 설정은 매뉴얼로 점퍼(Jumper)에 의하여 시행이 되고 있다고 할 수 있는데, 이렇게 많은 ISA카드가 현재에도 사용되고 있으나 이러한 버스의 규격은 최근의 다른 버스 Architecture에 비교하여 성능이 떨어지기 때문에 새로운 기기개발에서는 사용되지 못하고 있다.
- MCA(Micro Channel Architecture)

  이것은 IBM PS/2컴퓨터를 위하여 개발 되어진 전용의 규격으로서 ISA Architecture와는 호환성이 없다고 할 수 있는데, 이러한 규격은 비동기 버스(Asynchronous Bus), 즉 전송하는 데이터의 발생은 클럭과 동기를 하지 아니하여도 언제라도 스타트가 가능한 버스(Bus)의 형식과 IBM PS/2에서 사용되어지고 있는 데이터 전송 수순 등을 규정하고 있다고 할 수 있다.

또한 이러한 16비트 버스는 당시의 286프로세스나 386SX프로세스에 적당하여 58핀 더블 사이드 콘넥터를 사용한다고 할 수 있는데, 32비트버스(Bit Bus)에서도 386,486프로세서로 사용하는 것이 가능하여 이러한 때에는 93핀 더블 사이드 콘넥터를 사용한다고 할 수 있다. 그리고 어댑터(Adapters)에도 프로세서를 탑재하는 것이 가능하여, 이러한 프로세서는 버스제어를 메인 프로세서와 나누는 것에 의하여 독립 적인 일을 한다고 할 수 있는데, 이러한 것의 대표적인 용도는 네트워크 인터페이스라고 할 수 있다.

이러한 것에 대한 새로운 주된 기능은 아래와 같은 것이 있다고 할 수 있다.

- 한 개의 네트워크 가운데에서 각 컴퓨터 가운데 어댑터(Adapters)를 인식이 가능한 기능
- 개개의 어댑터(Adapters)를 리모트 제어 가능한 기능.
- 양호한 접지로 방해 노이즈가 적고 데이터의 오류가 적다고 할 수 있다.
- 하드웨어의 집어넣을 수 있는 기능에 의하여 동작의 신뢰성이 향상 되어있고, 데이터의 손실을 최소로 하는 것이 가능하다고 할 수 있다.
- NTSC신호의 $4f_{sc}$에 상당하는 14.318MHz의 고속 클럭 신호가 버스에 존재한다고 할 수 있는데, 이러한 버스의 규격은 다른 EISA(Extended Industry Standard Architecture)버스나 PCI(Peripheral Component Interconnect)버스를 경합하여 별로 넓게 사용되지는 아니한다고 할 수 있다.
- EISA (extended Industry Standard Architecture) : 이것은 MCA버스 규격의 대신하는 것의 일종으로 컴퓨터 메이커의 경합(Consortium)에 의하여 개발되었다고 할 수 있는데, 이러한 규격은 386,486프로세서용의 4GB까지의 어드레스의 억세스를 가능하게 하고 있고, 32비트의 데이터 또는 어드레스 버스를 규정하고 있으며, 이러한 EISA버스는 16비트의 ISA의 확장 카드와 호환성을 가지고 있다고 할 수 있다.

확장 버스의 구동 클럭은 ISA규격과 같아서 8MHz이라고 할 수 있는데, EISA버스는 기본적으로는 프로세스의 33MHz의 클럭에 거의 1/4정도라고 할 수 있는 8.3MHz의 클럭에 록크(Lock)한 동기 모드로 동작을 하다고 할 수 있다. 그러나 그 외의 2개의 모드 즉 압축 사이클 전송 모드(Compressed Cycle Transfer Mode)와 버스트 전송 모드(Burst Transfer Mode)에서는 전송에 있어서 보다 적은 버스 사이클만이 필요하지 아니하기 때문에 표준의 동기모드보다 각각 전자의 경우에는 50% 후자에는 100%빠른 전송이 가능하다고 할 수 있는데, 이러한 버스트 모드경우의 실효 전송 레이트는 8.33MHz의 버스와 32비트 데이터 버스를 사용하여 33Mbps (Mega Bytes Per Second)이라고 할 수 있다.

EISA버스는 카드로부터 요구되어진 소스를 인식하여 시스템의 리소스의 충돌을 방지하기위한 하드웨어 또는 소프트웨어의 메커니즘을 가지고 있다고 할 수 있는데, 이러한 버스는 많은 컴퓨터 제품에 탑재 되어있지만 PCI 버스와 같은 로컬 버스의 등장에 의하여 이러한 규격에 대한 매력은 잃어 버리게 되었다고 할 수 있다.

9.2.1.2 Mac타입의 컴퓨터

Mac타입의 컴퓨터는 1997년도에는 프로세서 다이렉트 슬롯(Processer Direct Slot : PDS) 와 Nu-Bus(누 버스) Architecture를 베이스로 하고 있는 메인 시스템 버스를 사용하고 있다고 할 수 있는데, SE시리즈로부터 최근에 Quadra시리즈에 이르는 대부분의 Mac컴퓨터는 외부 장치가 메인 프로세스에 접속 되어진 데이터 버스, 어드레스 버스, 컨트럴 버스에 직접 억세스가 가능한 PDS를 한 개 가지고 있다고 할 수 있다.

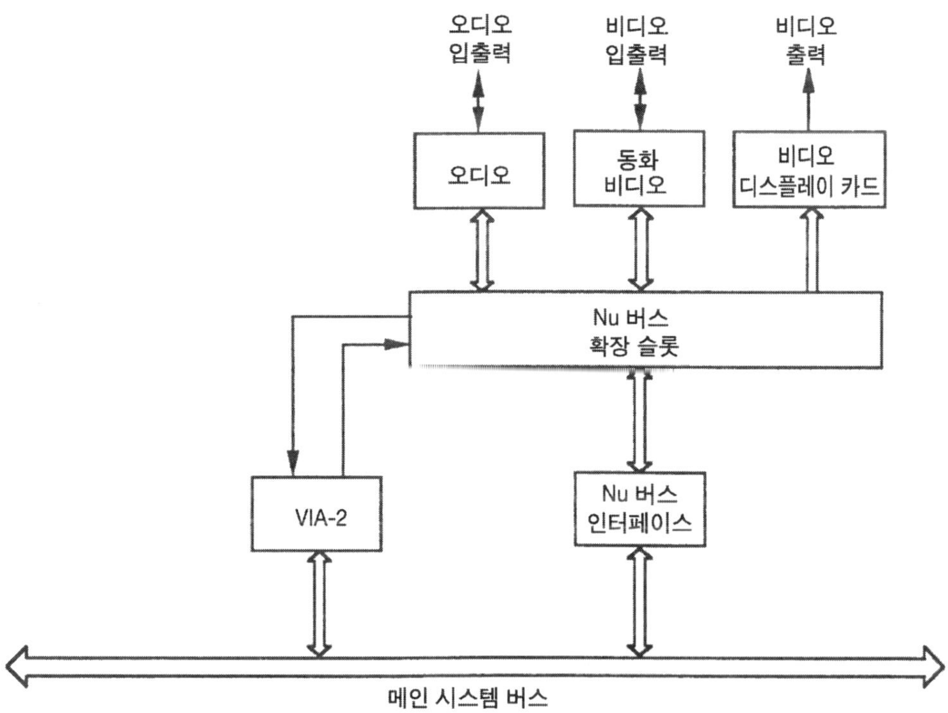

주 : Nu버스의 확장 슬롯, 인터페이스 또는 컨트롤 라인의 신호를 표시하고 있다.
그 외의 마더보드와의 관계는 그림 9.1참조.
여기에서 VIA이라는 용어가 나오는데, 이는 Versatile(다용도) Interface Adapter의 약자이다.

그림 9.3 Mac타입의 컴퓨터 Nu-버스의 접속 계통

또한 MacII시리즈 최초로부터 Nu-Bus라고 불리 우는 확장 버스가 채용이 되어서 복수의 확장 슬롯의 채용이 가능하게 되었는데, 여기에서 사용을 하고 있는 슬롯의 수는 Mac컴퓨터의 모델에 따라서 1~6개로 변화가 가능하다고 할 수 있고, Nu-Bus의 규격은 텍사스 이슈로맨트(Texas Instruments)사의 Nu-Bus의 사양을 확장한 것으로 32비트 폭의 어드레스와 데이터를 다중한 버스가 확장 슬롯에 접속을 하고 있다고 할 수 있다. 그림 9.3에서는 Mac Nu-Bus의 계통을 표시하고 있는데, 이러한 시스템의 구성은 대단히 단순한 것으로 ID어드레싱 라인(Identification Addressing Line) 덕분에 인터페이스 시스템이 DIP스위치나 점퍼를 가질 필요가 없다고 할 수 있다.

Nu-Bus는 동기 버스라고 할 수 있으나 데이터 전송에 있어서 클럭 기간은 가변하고 있다고 할 수 있는데, 이러한 디자인은 단순한 동기 버스 상에서 비동기 버스를 흉내 낸 것이라고 할 수 있다.

Quadra840AV이나 Centris 660AV와 같은 최근의 Mac컴퓨터 모델에서는 Nu-Bus-90이라고 불리 우는 Nu-Bus의 새로운 타입을 이용하는 것에 의하여 메인 시스템 버스 장소에 보다 빨리 통신 속도를 제공하는 것이 가능하다고 할 수 있다.

9.2.2 로컬 버스(Local Bus)

컴퓨터의 애플리케이션 (Application) 소프트웨어 에서는 200MHz이상의 속도로 동작하는 프로세서로 처리가 되어진다고 할 수 있는데, 이는 막대한 량의 데이터가 발생하기 때문이라고 할 수 있다. 따라서 전통적인 메인 버스 시스템에서는 어떤 경우에는 정보를 충분한 속도로 전송하는 것이 불가능하기 때문에 새로운 버스 디스플레이의 응답이나 프로세스와 메인 메모리와의 사이에 데이터의 송수신에서 스피드를 향상 시키어서, 데이터의 송수신을 향상시키고, 디스크 기록 장치의 성능을 개선 하기위하여 개발 되었다고 할 수 있다.

제 1단계에서는 메인 시스템 RAM을 평범한 패스를 사용하여 직접 프로세서와 결합하여 시행을 하는 것이 가능하게 하고 있는데, 이러한 것을 프로세서 버스(Processor Bus)라고 부르고 있다고 할 수 있다. 그 후의 개발에 있어서는 프로세서나 시스템 RAN으로부터 디스플레이 장치나 하드디스크를 향상시키기 위한 고속(25MHz 또는 33MHz의 클럭으로) 전송이 가능한 새로운 설계의 로컬 버스가 출현 되었다고 할 수 있는데, 그 결과 로컬 버스에 의하여 메모리, 디스플레이, 디스크 드라이브, 오디오/비디오 I/O포트 등의 데이터를 고속으로 전송이 가능한 인터페이스가 가능하게 되어 어느 정도 까지는 저속(8MHz)의 메인 버스에 의하여 변하는 것이 가능하게 하고 있다고 할 수 있다.

로컬 버스의 규격으로서는 그래픽 관련의 표준화 단체라고 할 수 있는 VESA (Video Electronic Standard Association)의 VL 버스나 중요한 퍼스널 컴퓨터 관련 메이커에 의한 IBM 상호 호환성 있는 컴퓨터 때문에 PCI버스, Mac컴퓨터를 위한 Nu-Bus가 개발 되어서, 퍼스널 컴퓨터에 있어서 멀티버스의 기본적인 설계구조(Architecture)가 가능하게 되어있다고 할 수 있다.

9.2.2.1 VL 버스

VL버스(VESL Local Bus)는 IBM이 개발한 PC/AT Architecture데이터 전송레이트를 개선하기 위하여 개발 되었다고 할 수 있는데, 1992년 VESA는 10대마다 주변에 있는 개체 기기가 직접 CPU에 접속 되어져서 높은 CPU의 데이터 속도로 로컬 버스를 통하여 전송이 가능한 확장 버스 규격을 개발 하였고, 사운드 카드, 마우스 인터페이스, 모뎀 등의 다른 장치는 메인 시스템 버스와 결합하여 시스템을 형성하는 것이 가능하게 하고 있다고 할 수 있다.

이러한 VL버스는 오픈된 설계사양으로 그 사양은 인텔의 486프로세서 버스의 성능을 기본으로 하고 있다고 할 수 있기 때문에 모든 VL버스 카드가 모든 VL버스 시스템과 호환성이 있다는 것은 의심의 여지가 없다고 할 수 있다.

또한 이러한 VL버스는 마더 보드(Mother-Board : 모체보드)에 접속 되어져 있는 개체기기에서는 32비트 폭의 버스로서 16으로부터 66MHz 까지 속도로 동작하는 것이 가능하다고 할 수 있는데, 규격에서는 신호의 일그러짐을 적게 하기위하여 전 확장 슬롯에서 최고 40MHz의 사양으로 하고 있다고 할 수 있다. 그 후 개정 되어진 규격에서는 64비트 버스를 사용하여 최고 50MHz로 확장 되어진다고 할 수 있는데, 데이터 레이트로서는 전의 규격에서는 130Mbps이고, 후의 규격에서는 260Mbps가 보증 되어진다고 할 수 있다.

9.2.2.2 PCI버스 (Peripheral Component Interconnect Bus)

PCI로컬 버스는 팬티엄 프로세서 시리즈를 베이스로 한 시스템으로서 확장 시스템에 있어서 양호한 호환성을 확보하고, 보다 신뢰성이 높은 버스를 구축하는 것을 주로 하는 퍼스널 컴퓨터 메이커가 잠가하는 그룹에 의하여 개발 되어졌다고 할 수 있는데, 그 결과 PCI버스는 광대역 성능을 필요로 하는 장치용으로서 프로세서 종류에 의하여 좌우 되지 아니하는 고기능의 32 또는 64비트의 버스로서 설계되어졌다고 할 수 있다.

그림 9.4에서는 PCI버스의 Architecture를 표시하고 있다고 할 수 있는데, 32비트 버스 클럭의 속도로 33MHz로 최대의 밴드폭은 132Mbps(33MHz×32Bit ×8=132Mbps)이라고 할 수 있다고 할 수 있다.

그러나 실효적인 PCI버스의 대역은 버스에서 실행되어져 있는 많은 제어 동작에 의하여 80으로부터 100Mbps로 저하 되어진다고 할 수 있는데, PCI의 규격은 64비트 버스로의 업그레이드를 허가하고 있어 그 경우의 전송 용량은 이론적으로는 264Mbps정도까지 확대가 가능하다고 할 수 있다.(1995년도에는 64비트 버스와 66MHz의 클럭으로 동작하는 사양도 책정 되었다.)

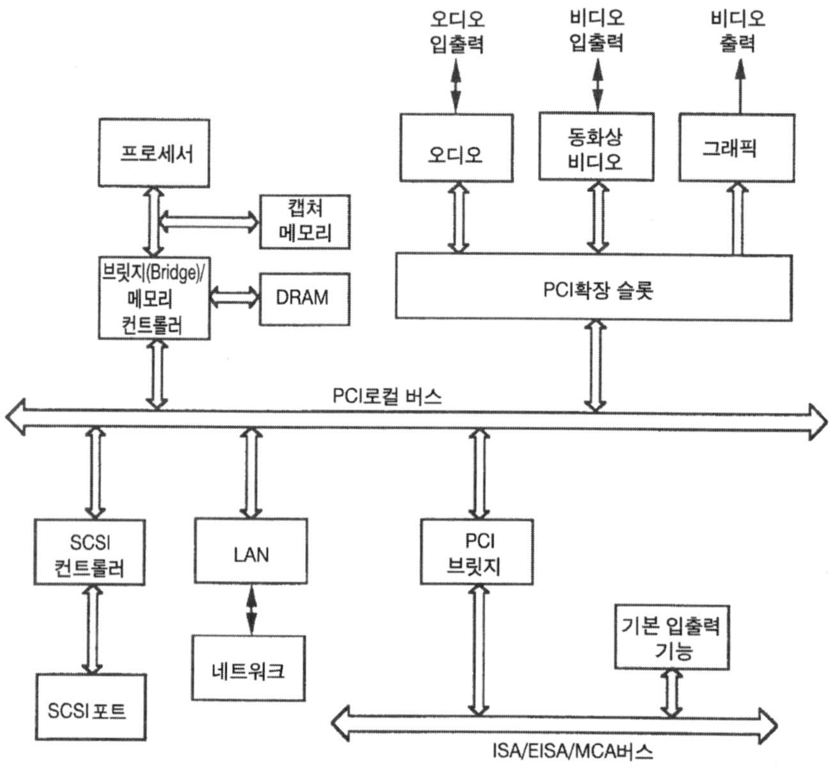

그림 9.4 PCI버스의 접속 계통

여기에서 중요하다고 할 수 있는 것은 PCI의 Architecture는 퍼스널 컴퓨터 종래의 확장 버스 즉 ISA, EISA, MCA 등의 버스의 위치를 변경 시키지 아니하고, 종래의 버스에 추가 하는 것에 의하여 디자인 되었다는 것이라고 할 수 있는데, 종래의 확장 버스 에서는 마우스 인터페이스, 프린터, 모뎀, 그 외의 I/O 장치 등이 CPU나 주변 소자와의 고속데이터 전송이 필요하지 아니한 것이 접속 되어져 있다고 할 수 있고, 이러한 확장 버스와 PCI버스를 접속하는 데에 사용하기위하여 PCI브릿지(PCI Bridge)가 사용되어지고 있다고 할 수 있다.

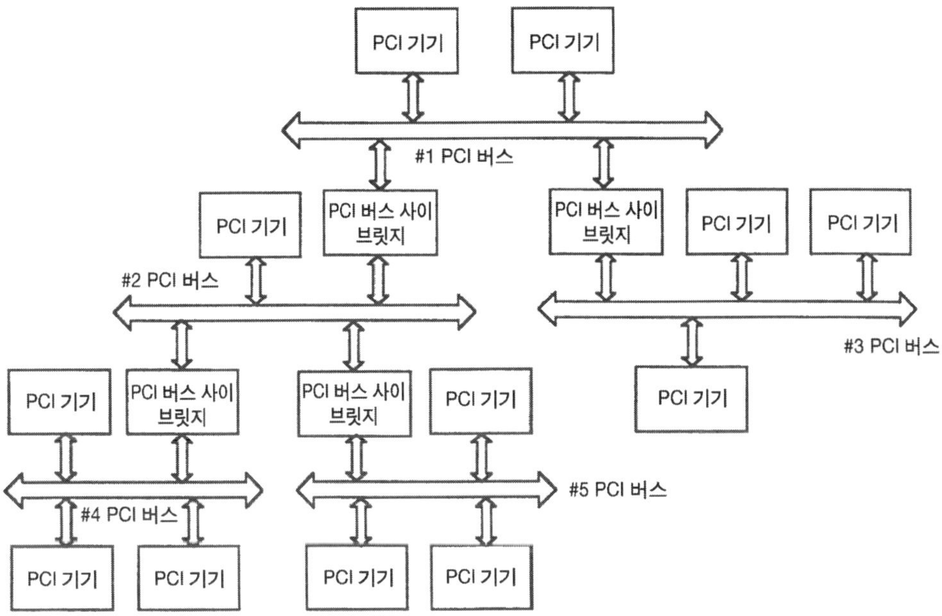

그림 9.5 다수의 PCI 기기를 위한 PCI버스의 계층화 트리 구조

이러한 PCI버스에 의하여 어느 정도까지의 ISA, EISA, MCA확장 버스와의 호환성을 유지하면서 그래픽 품질이 떨어지지 아니하는 풀 모션 비디오, 하드 디스크 드라이브, 네트워크 어댑터, 고속도 주변 장치 등의 성능 향상이 가능하였다고 할 수 있는데, PCI확장 카드에 기록 되어진 장치의 정보를 사용하여 플러그 앤드 플레이(Plug and Play)확장 카드의 자동 시스템 재구성(Auto-Configuration)도 지원 하고 있다고 할 수 있다.

콤팩트 PCI이라고 불리 우는 새로운 규격은 데스크 톱(Desk Top) PCI규격의 상위 셋트 라고 할 수 있는데, 이러한 규격은 PCI를 베이스로 하고 있는 업무용 컴퓨터의 제품을 대상으로 하고 있고, 새로운 고밀도의 콘넥터에 의하여 실드 특성과 임피던스의 매칭이 개선되어 진다고 할 수 있다.

이러한 콤팩트(Compact) PCI시스템 에서는 데스크 톱 PCI의 규격이 4개의 슬롯을 가지고 있는 것에 비하여 이것은 8개까지 슬롯을 가지는 것이 가능하다고 할 수 있는데, PCI브릿지용의 칩을 사용하고 있어 한 개의 콤팩트(Compact) PCI 시스템에 8개의 슬롯을 추가하는 것이 가능하다는 것이다.

1995년 애플 컴퓨터 사에는 새로운 파워 PC를 사용한 퍼스널 컴퓨터에 PCI 버스를 채용한다는 것을 발표하였는데, 그래픽이나 비디오 그리고 네트워크 애플리케이션에 대하여 PCI버스는 Nu버스와 비교하여 그의 성능을 2배로부터 3배정도 개선되어지는 것이 기대가 되어진다고 할 수 있다.

9.2.3 오버 더 톱 버스(Over The Top Bus)

지금까지 널리 사용되어지고 있는 버스는 한계가 있어서 이러한 한계를 극복하자는 요구에 의하여 전용의 오버 더 톱 버스(Over the Top Bus)가 개발 되었다고 할 수 있는데, 이러한 부가적인 시스템은 퍼스널 컴퓨터 내부에서 10비트의 고화질 비디오 프로세서나 CD품질의 디지털 오디오 포트와 같은 고성능의 어댑터에 링크하기 위하여 사용되어졌다고 할 수 있고, 이러한 것에는 VGA FC, VAFC, Movie-2, HSV규격 등을 포함하고 있는 몇 개의 오버 더 톱 버스(Over The Top Bus)가 있다고 할 수 있다.

9.2.3.1 VGA FC (VGA Feature Connector)

VGA FC규격(1994/3월)은 오픈 하드웨어 인터페이스를 규정하고 있는데, 이러한 것은 IBM PC타입의 컴퓨터에서 사용되어지고 있는 최초의 오버 더 톱 버스(Over the Top Bus)의 확장 버스라 할 수 있다.

또한 이렇게 강화된 패션의 사양이 VESA Advance Feature Connector(VAFC) 규격이라 할 수 있지만 VGAFC 또는 VAFC 양 규격모두 한 개의 비디오 채널만으로 오디오는 지원을 하지 아니하는 것으로 하고 있다고 할 수 있는데, 그리하여 그렇게 제한 된 성능 때문에 높은 효능을 가진 비디오 어댑터(Adapter)에 대한 적합한 규격은 없다고 할 수 있다.

9.2.3.2 Movie-2

이러한 기능은 Matrox사에 의하여 1995년 11월에 개발 되었다고 할 수 있는데, Movie-2디지털 오디오/비디오 확장 버스는 PC를 기본으로 하고 있는 방송/업무용 디지털 비디오 기기 개발자용 공개 규격(Open Standard for Developers of PC-Based Broadcast and Professional Digital Video Equipment)을 기본으로 하여 개발 되었다고 할 수 있다.

또한 이것은 PC내부의 특정 어댑터(Adapter)를 링크를 하기위한 전용의 오버 셋톱박스로서 높은 Throughput(실질적인 데이터 처리량)가 가능한 대역을 가진 것 이라고 할 수 있는데, 이러한 것의 특성은 비압축의 10비트 CCIR601 규격 상당의 고품질 디지털 비디오, 키신호, CD품질의 디지털 오디오를 다중을 한 리얼 타임 스트림을 위하여 필요하다고 할 수 있다. 그림 9.6에서는 Movie-2를 표시하고 있다고 할 수 있는데, 이 버스에서는 242Mbps (또는 1936Mbps)를 상회하는 일정의 데이터 레이트 용량을 가지고 있어서 8개의 연속한 비압축 디지털 비디오버스, 6개의 디지털 키 버스(Key Bus), 4개의 시리얼 디지털 오디오 버스를 전송을 한다고 할 수 있다.

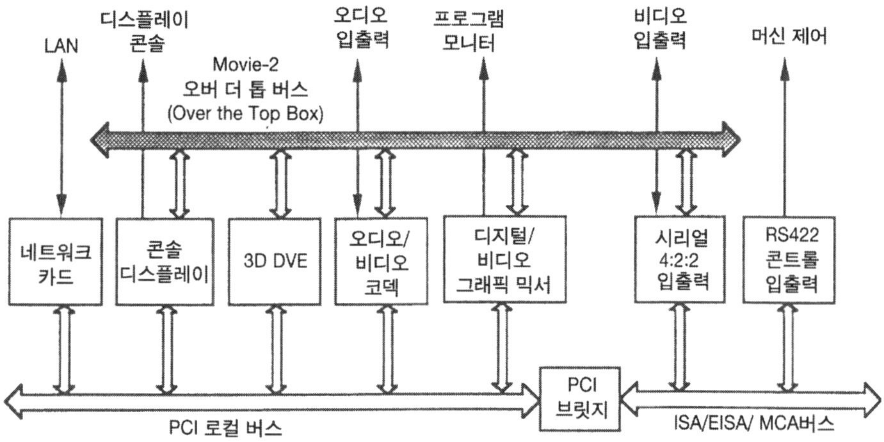

주 : 데이터 버스의 신호이다.

그림 9.6 Movie-2 오버 더 톱 박스(Over the Top Box) 접속 계통(Matrox사에 의한)

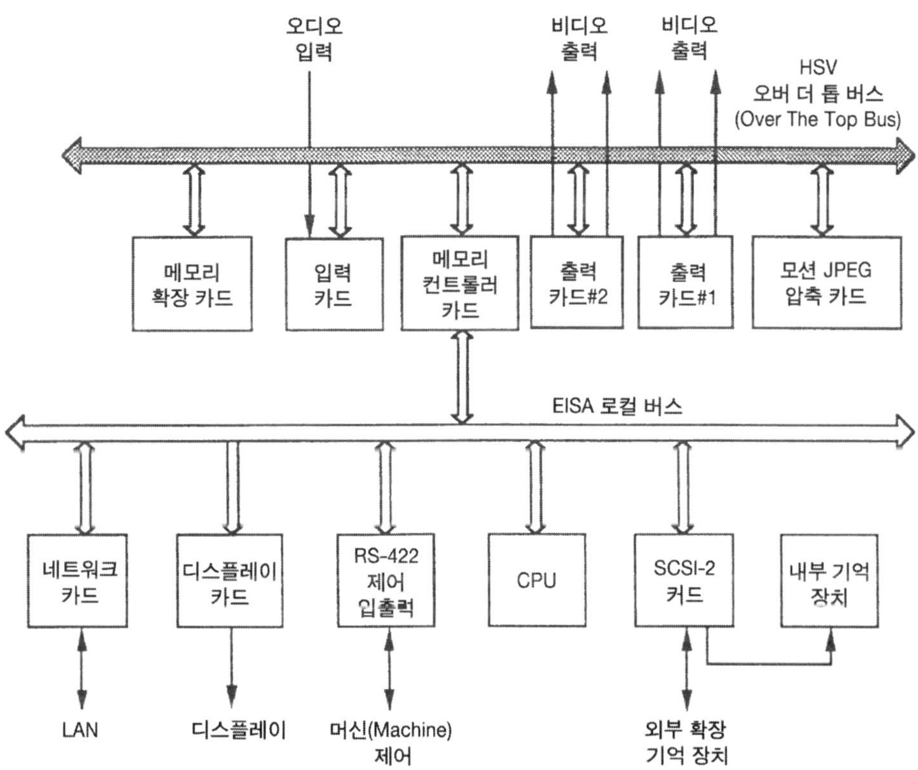

주 : 데이터 버스의 신호이다.

그림 9.7 HSV 오버 더 톱 박스(Over the Top Box)접속 계통

Matrox사가 개발한 Movie-2의 버스 어댑터의 예에서는 디지털 비디오 믹서, 모션 JPEG 코덱, MPEG-2엔코더/디코더, 2D/3D DVE 유니트, 멀티채널 아날로그 비디오 I/O 포트, 멀티채널 시리얼 디지털 인터페이스, DSP(Digital Signal Processer)를 기본으로 하고 있는 애플리케이션 악세레터(Application Accelerators) 등이 있다고 할 수 있다.

Movie-2버스는 어댑터 포트의 상단 에지에 2개의 고밀도의 직각 콘넥터 (Right Angle Connector)를 사용하고 있는데, Movie-2버스 규격에 의한 오디오/비디오 어댑터는 2개의 상단 에지 콘넥터에 접속 되어져 있는 오버 셋톱 프린트 포트를 통하여 상호 적으로 인터페이스를 한다고 할 수 있고, PCI, EISA, ISA 등의 비디오 어댑터에서도 Movie-2가 유니트 사이즈에 표준의 높이를 PCI 어댑터에 맞추기 위하여 Movie-2 버스를 이용하는 것이 가능하게 하고 있다.

9.2.3.3 HSV 버스(High-Speed Video Bus)

HSV버스는 프랑스 톰슨 브로드캐스트 사에 의하여 개발 되어진 것으로 그림 9.7에서 표시를 하고 있는 것과 같이 Movie-2와 많이 닮아 있다고 할 수 있는데, 이러한 버스는 프로젝션 포터 사이를 고속 통신으로 연결하여 동시에 8개의 4:4:4(10비트)비디오 신호를 리얼 타임으로 전송 하는 것이 가능하다고 할 수 있다.

9.2.4 스위치드 버스(Switched Bus)

병렬 컴퓨터 처리 시스템 (Multicomputing System)에서는 대단히 많은 수의 고 성능 주변 장치와 프로세서를 상호적으로 연결할 필요가 있다고 할 수 있는데, 방송용 서버(Server)시스템에 대하여 예를 들어 설명하면 20대의 워크스테이션이 서버와 연결하여 묶을 필요가 있을 경우가 있다고 할수 있고, 이러한 경우에는 고도의 접속성(많은 수의 어댑터)이 대단히 중요하다고 할 수 있다.

이러한 시스템에서는 전의 항에서 설명을 하고 있는 것과 같이 분할되어진 PCI 버스 사이를 상호적으로 접속 한 성능에 있어서는 PCI규격이 전기적이고, 물리적인 한계로부터 극히 제한되어진 다고 할 수 있는데, 머큐리(Mercury) 컴퓨터 시스템 사에서 개발한 레이스웨이 인터링크 스탠더드(Race Way Interlink Standard : Ansi/Vita 5-1994)와 같은 스위치드 버스 Architecture는 서버 CPU에 스트레스를 주지 아니하고, 작은 용적 가운데 고도한 확장성과 넓은 대역을 가진 20개까지의 PCI 슬롯을 제공하고 받는 것이 가능하다고 할 수 있다.

레이스웨이 인터링크(Race Way Interlink)는 비교적 최근에 있어서는 WME 또는 PCI버스 Architecture의 확장성이라고 할 수 있는데, 이러한 것은 공개의"버스 레스(Bus Less)" 상호 접속 기술로 VME 또는 PCI버스 시스템에서 병렬 프로세싱(Multi Processing) 애플리케이션이 가능하다고 할 수 있고, 중앙의 버스 Architecture와는 대조적으로 레이스웨이 인터링크(Race Way Interlink)는 IC화 된 크로스바 스위처로 구성되어있어 프로젝션부와 I/O카드군 사이에 동시에 리얼 타임전송을 가능하게 하고있으며, 충분히 대기시간(Latency)을 낮게 하면서 시행 하는 것이 가능하게 하고 있다.

역주 RACE Way Interlink 이라는 이러한 기술에 대한 자세한 내용은 Mercury Computer Systems, Inc로부터 얻을 수가 있는데, Document Number DS-42-23의 문서에서 제공을 하고 있다.

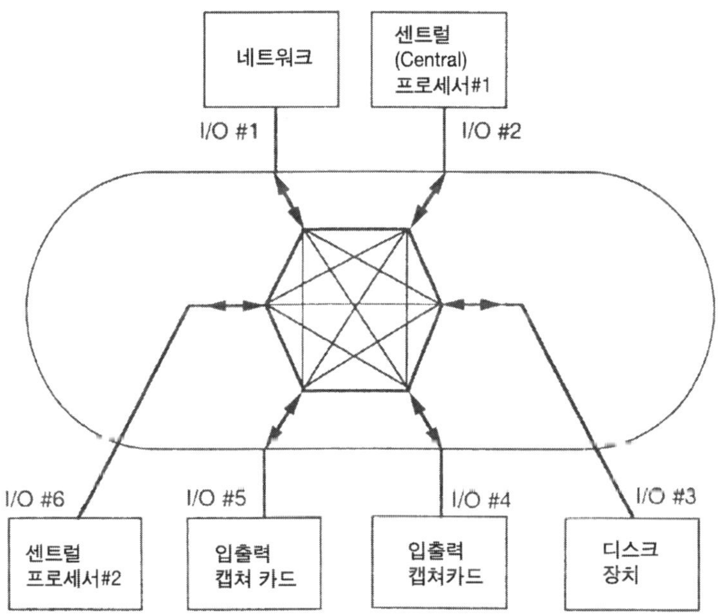

그림 9.8 기본 크로스바 스위치 계통도 (Mercury컴퓨터시스템사의 제공에 의한)

그림 9.8에서는 최대 3개의 독립한 I/O포트 이외에 3개의 포트가 접속하는 것이 가능한 크로스바 스위치를 표시하고 있는데, 원래 다수의 장치 사이에 접속에 있어서는 머큐리(Mercury) 컴퓨터 시스템 사에서는 그림 9.9에서표시를 하고 있는 것과 같이 레이스웨이 인터링크(Race Way Interlink) 모듈의 시리즈를 개발하고 있다고 할 수 있다.

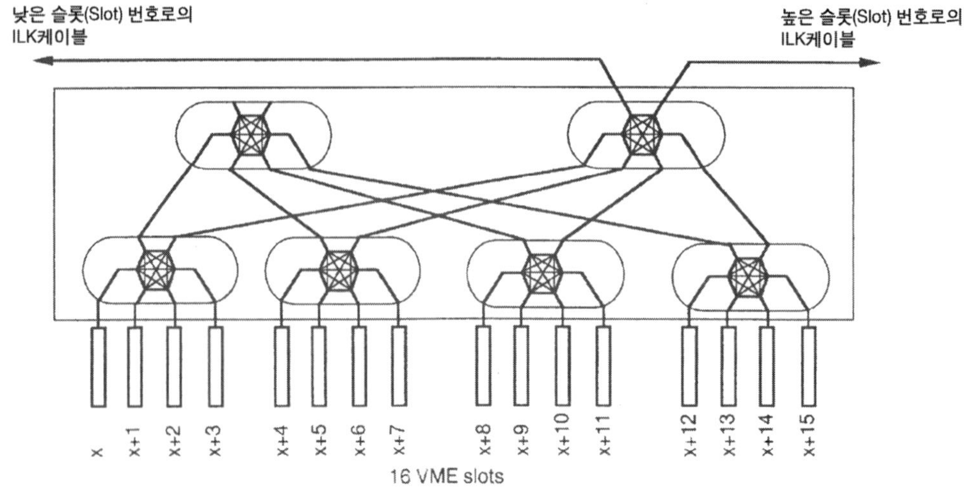

그림 9.9 ILK16 RACE Way Interlink 모듈 크로스바 스위치를 사용한 다수의 주변 기기 접속(Mercury 컴퓨터 시스템사의 제공에 의한 것)

LSI의 크로스바 스위치(Switching Fabric)는 확장성을 가진 접속 기능을 가지고 있어 복수의 전송 처리를 동시에 시행하는 것이 가능하다고 할 수 있는데, 이러한 시행 방법은 강력한 I/O데이터 전송 기능을 필요로 하는 애플리케이션에서는 대단히 유효하다고 할 수 있고, Mercury 컴퓨터 시스템 사의 Race Way와 PCI사이를 가교 역할을 하는 LSI칩을 개발하여 시장에 다량 출회하고 있는 고성능의 PCI어댑터를 사용하여 표준 PCI시스템에 Race Way기술을 적용하는 것이 가능하도록 하고 있다.

PCI를 기본으로 하고 있는 시스템을 하기위하여 20슬롯의 Race Way Interlink는 최대 1GB의 I/O데이터를 리얼타임, 작은 기다리는 시간, 결정 되어진 방법, 또는 스켈라 블루로 전송이 가능하다고 할 수 있는데, 스위치드 버스의 각 파트는 데이터 스트림의 보내어지는 곳(Destination)의 메시지를 읽어내서 정확한 프로세싱 카드에 루트를 결정하여 데이터를 전송하는 인텔리전트(Intelligent)한 멀티포트의 스위칭 장치를 구성하고 있다고 할 수 있다.

9.2.5 데이터 버스 라우터 (Data Bus Router : 데이터 절환 장치)

그림 9.10에서는 테트로닉스사의 프로파일 PDR-100디스크 레코더(*) 내부에서 사용을 하고 있는 데이터 버스 라우터의 계통을 표시하고 있는데, 이러한 설계에서는 EISA버스는 애플리케이션 프로세스로 제어가 되어서 데이터를 라우터(Router), 고속 데이터 프로세서, 비디오 JPEG 코덱, 믹스 이펙트 포트와 같은 서브시스템에 전송 시키어 진다고 할 수 있다.

또 이러한 버스는 디지털 오디오 신호를 디스크 레코터 서브시스템(Disk Recorder Sub System)에 접속하여 있다고 할 수 있는데, 이러한 시스템을 운용함에 있어서 외부 동기, 타임코드, 제어데이터는 EISA버스로 전송 되어진다고 할 수 있다.

역주 여기에서 간단히 설명 하고자 하는 것은 코덱(Codec)이라는 명칭으로 코더-엔코더(Coder-Decoder)를 간단하게 표현한 것으로서, 엔코드와 디코드의 모든 형식에서 공통으로 부르는 방식이라고 할 수 있고, 여기에서는 압축 엔코더와 디코더를 의미하고 있다고 할 수 있다.

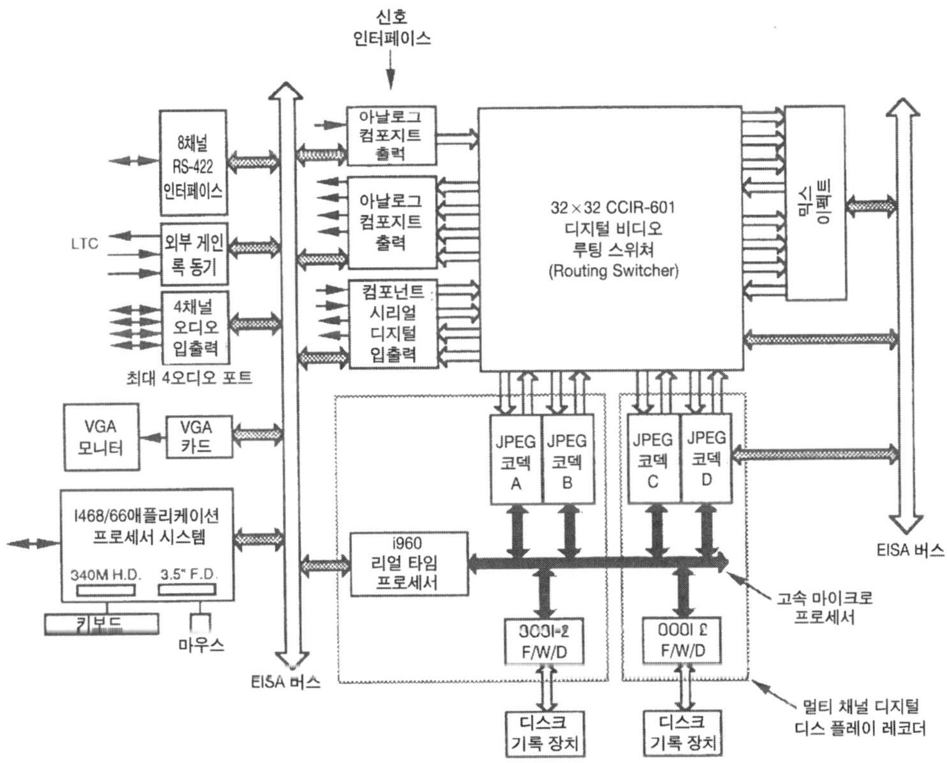

그림 9.10 데이터 패스 라우터(Router) 접속(네트로닉스사의 제공에 의한)

한 개의 고속 프로세서는 I960프로세서와 JPEG비디오 데이터 코덱과의 디스크 기록 장치사이를 접속하고 있다고 할 수 있는데, 복수의 디지털 비디오 데이터 I/O의 신호가 32×32크로스 포인트 매트릭스를 통하여 루트로 전송이 되어서 Mix-Effect포트, JPEG코덱, 디스크 장치 등에 동시에 전송이 되어 진다고 할 수 있고, 이러한 디자인(설계)에서의 모든 링크에서 필요한 대역폭은 최대 27Mbps (8비트 디지털 컴포넌트 비디오 신호를 사용)이라고 할 수 있다.

이번 항에서는 연속되어진 메인 시스템 버스, 로컬 버스, 오버 셋톱 버스, 스위치드 버스, 데이터 버스 라우터에 대하여 설명하기로 하는데, 이러한 것의 성능상의 특징을 표 9.1에서는 모아서 정리하고 있다.

표 9.1 각 컴퓨터 버스의 데이터속도, 성능과 특성

	이론적 버스속도(Mbps)	버스포맷 비트수	버스주파수 MHz	CPU주파수 MHz
메인시스템 버스(Main System Buses)				
■ ISA	5	8/16	8	8~66
■ EISA	33	32	8	8~130
■ MCA	45	16/32	10	10~40
■ Nu-bus	20	32	20~40	20~130
로컬 버스(Local Buses)				
■ VL	130 260	32 64	40 50	40~130 50~130
■ PCI	132 264 568	32 64 64	33 33 66	33~130 33~130 66~130
오버 더 톱 버스(Over The Top Buses)				
■ Movie-2	242*	32/64	27	40~166
■ HDV	432*	32/64	27	40~166
스위치드 버스(Switched Bus)				
■ RSCEway인터링크	1000	32/64	33~66	33~130

*8비트 또는 10비트 비디오데이터가 사용가능

9.3 컴퓨터용 디스플레이 모니터

최근까지는 특별한 애플리케이션을 제외하고 대부분의 퍼스널 컴퓨터는 스탠드 알론 시스템(Stand Alone System)으로 개발 되어져 왔다고 할 수 있는데, 이러한 디스플레이 모니터상의 출력은 소프트웨어의 최종 출력이라고 할 수 있는 스프레드시트(Spread Sheet) 상태로 되어있어 그래픽으로 이루어진 것으로서, 대부분은 텍스트, 게임형태의 신호로 이루어져있어서 이러한 모든 신호는 전용의 모니터로 표시하게 되어 있다고 할 수 있다. 또한 각 메이커에서는 양호한 디스플레이 성능을 얻기 위하여 독자의 모니터 포맷을 개발 하였다고 할 수 있는데, 이러한 컴퓨터의 시스템은 각각 다른 메이커의 시스템 사이에 비디오 정보를 교환할 필요가 없는 독립 한 시스템이라고 할 수 있고, 그 때문에 모니터의 포맷은 컴퓨터 산업의 수요자 요구에 맞추기 위하여 전용으로 개발되어 방송업계의 모니터와는 완전히 다르다고 할 수 있다.

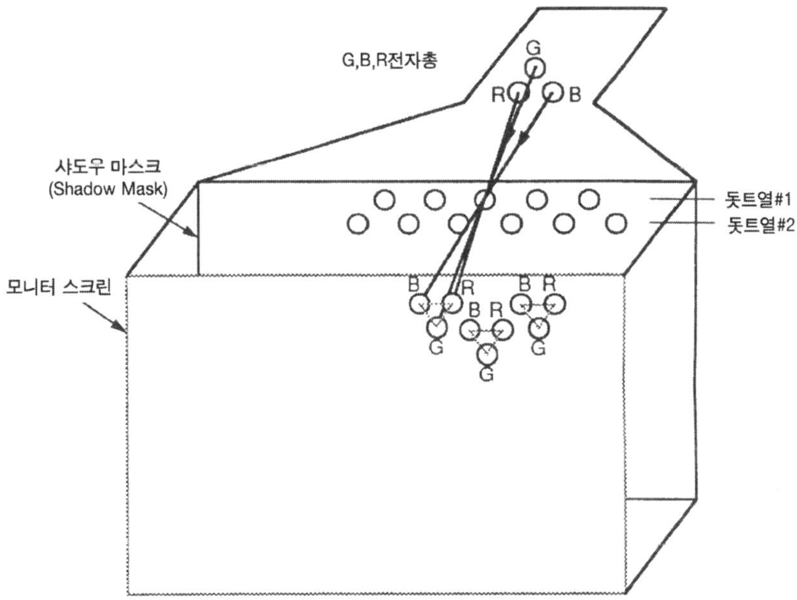

그림 9.11 델터 전자총 타입의 컬러 모니터 CRT의 구조

따라서 현재는 많은 종류의 디스플레이 포맷이 존재 하게 되었다고 할 수 있고, 이러한 다양한 포맷형식을 디스플레이하기 위하여 멀티 동기 포맷(Multi Sync)형식의 모니터 산업을 유지하기 때문에, 모니터제조 원가는 상승하였다고 할 수 있는데, 현재에 있어서는 거의 모든 애플리케이션에서 콘텐츠 화면을 정확하게 표시를 하기위하여 컬러 모니터를 필요로 하고 있다고 할 수 있다.

9.3.1 CRT의 구조

컴퓨터 디스플레이 모니터에 대하여 상세히 들어가기 전에 그림 9.11에서 표시를 하고 있는 CRT(Cathode Ray Tube)의 내부 구조에 대하여 간단하게 설명을 하고자 하고, CRT스캐닝의 특성에 대해서는 1.3항에서 설명을 하고자 한다.

컴퓨터의 비디오 컨트롤러(Controller)로부터 GBR의 비디오신호로 전류 밀도로 변소 되어신 3개의 GBR의 전사 빔은 수평 방향 또는 수직 방향으로 편향되어져 있다고 할 수 있는데, 17인치의 모니터에서는 100만 이상의 홈을 가진 샤도우 마스크(Shadow Mask)가 각 G,B,R비임이 스크린 상의 대응하는 형광체 도트 형태로 신호를 정밀하게 배열하여 재현 하게 하고 있다고 할 수 있고, 이러한 GBR 도트에 의한 3각형이 그린, 부루, 레드의 광을 혼합하여 그레이(회색)이나 백색을 포함 하는 넓은 범위의 색을 모니터 상의 한 개의 점으로서 표시를 하고 있는 것이라고 할 수 있다.

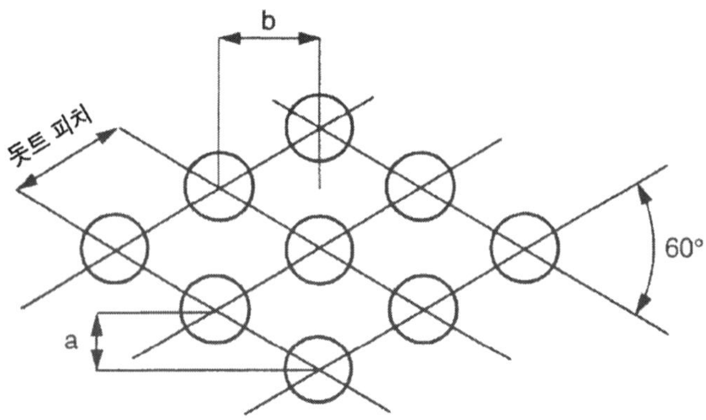

a=수직 방향 돗트행의 간격
b=수평 방향 돗트행의 간격

그림 9.12 샤도우 마스크(Shadow Mask)의 홀 배치와 돗트 피치

그림 9.12에서는 샤도우 마스크 홀의 분포를 표시하고 있고, 수평 도트와 수직열의 위치 관계를 표시하고 있다고 할 수 있는데, 이러한 형식이 아닌 별도의 CRT형식에 있어서는 가드 밴드(Guard Band)가 있는 스트라이프 스크린(Stripe Screen)과 가로방향 한 개의 열로 나열되어있는 인라인(In Line) GBR의 전자총(밀도 인라인〈Precision In- Line〉 또는 단일 전자총으로 소니 수상기에서 채용)을 채용하고 있다.

9.3.2 전체의 설명

그림 9.13에서는 형광체 3각형(Phosphor Triad)과 스퀘어 픽셀의 명도의 예를 표시하고 있는데, 디스플레이 포맷의 해상도와 CRT의 사이즈에 따라서 한 개의 픽셀은 한 개 또는 복수의 삼각형으로부터 구성되어져 컴퓨터 비디오 컨트롤러로 독립 적으로 제어가 가능한 최소의 스크린 면적으로 정의 되어져 있다고 할 수 있다.

또한 스크린 상에 있는 픽셀로서는 수평방향의 주위에 모아져 있는 픽셀중심 간의 거리와 수직 방향의 근접하여 모아져 있는 픽셀 중심 간의 거리 사이가 동등한 경우 그러한 픽셀을 스퀘어(Square) 상태라고 하고 있는데, 이러한 컴퓨터 모니터는 통상 적으로는 4:3의 라스터 형식으로, 스퀘어 픽셀(라인)을 표시하기 위 하여는 수평 픽셀수 와 수직 픽셀수는 4:3이 되지 아니하면 되지 아니한다.

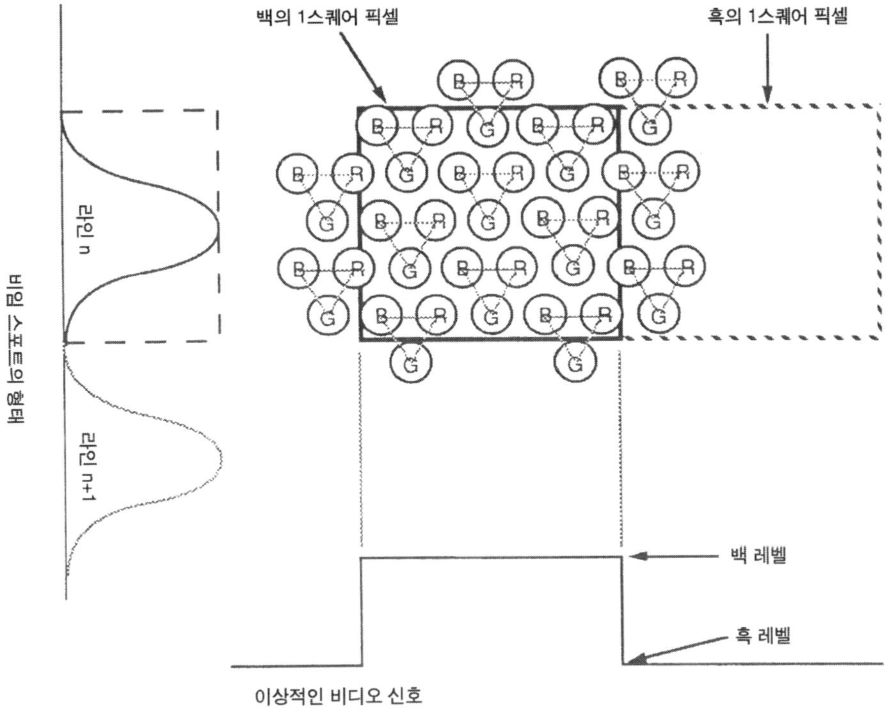

그림 9.13 CRT의 GBR돗트 3각과 픽셀과의 관계

예를 들면 17인치 모니터의 스크린 사이즈가 수평으로 12.598인치(320mm)×수직 9.449인치(240mm)인 경우에 있어서 이러한 모니터는 640×480픽셀의 포맷을 표시 설정이 가능하다고 할 수 있는데, 그리하여 스크린 사이즈와 픽셀의 비는 같은 4:3이라고 할 수 있고, 이렇게 4:3으로 정확하게 재현이 가능하게 한다는 것은 모니터 상의 디스플레이 되어진 원을 정확하게 원으로 보이게 하는 것으로서, 이러한 원이 왜곡되어서 타원이나 기타 변형된 원으로는 보이지 아니하게 한다는 것을 의미하고 있다.

또한 스크린은 수평 방향으로는 최대 640화소(Picture Point)로 디스플레이 되지 아니하면 되지 아니한다는 것을 의미한다고 할 수 있는데, 도트 피치(Dot Pitch)를 0.25mm로 하면 수평 방향으로의 도트 간격은 0.2165mm(0.25×cos30°)로 수직 방향의 행 간격은 0.125mm(0.25×Sin30°)이라고 할 수 있다. 그 결과 640×480픽셀포맷에서는 수평방향으로 1행당 320mm/0.2165mm=1478도트가 되든지 아니면 1라인당 640픽셀을 디스플레이 하는 데에 사용하는 것이 가능하게 하여 한 개의 픽셀은 몇 개의 도트로 디스플레이 되어진다고 할 수 있는데, 수직 방향으로 같은 CRT에서는 240mm/0.125mm=1920행을 가지게 되어 있다고 할 수 있다.

그림 9.13에서 표시를 하고 있는 것은 한 개의 픽셀에 포함 되어있는 GBR의 형광체 삼각형에서도 부분적이지만 비임을 투사하지 아니하는 것이 존재하고 있다는 것을 나타내고 있다고 할 수 있다.

스퀘어 픽셀의 수평 방향의 사이즈는 한 개의 픽셀의 폭을 표현하는 비디오 펄스폭으로 규정이 되어 있어, 수직 방향의 픽셀 사이즈는 비임 스포트의 사이즈로 결정이 되어진다고 할 수 있는데, 이러한 것은 시각을 초월하여 볼 경우에는 한 개의 스퀘어 픽셀이 된다고 할 수 있다.

그러나 만일 같은 모니터가 1024×768픽셀과 같이 보다 고해상도의 포맷에 대응한 경우에는 한 개의 픽셀에는 가장 적은 수의 형광체 3각형이 포함되어 보다 세밀한 비임 스포트(Spot)가 필요하다고 할 수 있는데, 이러한 경우에는 둥근 홀을 가진 샤도우 마스크 설계에 있어서는 도트에 의한 행(주사선)의 수가 수평 방향 라인과의 사이에 비트(Beat)에 따라서 생기는 모아레(Moire)현상을 방지하기 위하여 주의하여 설계를 하지 아니하면 되지 아니한다고 할 수 있고, 만일 한대의 모니터가 복수의 디스플레이 포맷에 대응 할 때에는 모니터 스크린 상에 이러한 모아레 현상이 나타나지 아니하게 주의하여 선택 하는 것이 중요하다고 할 수 있다.

역주 모아레 현상에 대하여는 잘 알고 있을 것으로 생각이 됩니다만 간단하게 다시 한번 설명 하고자 한다."Moire"은 프랑스 어에서 유래한 것으로 사전에서 찾으면 베에서 나오는 파문(물결의 무늬) 이라고 해석이 되어있다고 할 수 있다. 예를 들면 발의 2매를 중첩 하여 밖을 보면 발에서 보이는 가로선에서 어떠한 물체의 위치가 맞아 있을 때와 맞아있지 아니할 때에는 투과에 대한 밝기의 차이에 의하여 그러한 위치 관계에 의하여 비트모양의 변형에 의하여 빗살무늬의 형태 변형이 일어나는 것을 본 사람이 많이 있을 것이다.

모아레는 이러한 것과 같은 현상으로 어떠한 형태에서 2가지의 빗살무늬 사이에 일어나는 간섭에 의하여 일어난다고 할 수 있다.

위에서 설명한 것과 같이 도트의 사이즈에 대하여 상대적으로 라인폭이 좁게 나타났을 때에 1라인에 포함 되어있는 도트 행의 수가 스캔 라인위치와 도트행 위치와의 관계에 의하여, 도트가 많이 포함 되어있는 부분과 적은 부분에서 있어서 밝기의 변화를 볼 수 있는 정도 이라고 한다면 모아레가 발생하였다고 할 수 있다.

모니터 스크린의 표시는 연속한 픽셀 라인으로 구성 되어있다고 할 수 있는데, 어떤 라인에서 모든 픽셀이 밝게 되어있다면 디스 플레이상에서는 일체의 직선 라인이 표시 되어진다고 할 수 있고, 이러한 각 픽셀 밝기를 컨트롤 하는 것에 의하여 흑(Black)으로부터 백(White)의 픽셀의 휘도나 색의 표시가 가능하다고 할 수 있다. 또한 1.3항에서 설명을 하고 있는 것과 같이 라인은 GBR의 전자 비임에 따라서 CRT스크린상의 좌로부터 우로, 그리고 위부터 아래로 주사를 한다고 할 수 있는데, 이러한 프로세스는 연속하여 반복 되어 모니터 스크린 상의 표시를 변경하게 되는 것이다.

이렇게 반복되는 동작을 컴퓨터 업계에서는 리프레시 레이트(Refresh Rate)라고 부르고 있고, 동작은 56Hz부터 75Hz사이에서 일어난다고 할 수 있는데, 이와 같은 것을 비디오 업계에서는 "수직 편향 주파수(Vertical Scan Frequency)" 또는 "프레임 레이트(Frame Rate)" 라고 부르고 있고, 현재 525방식 국가에서는 60Hz로 통일 되어져 있다고 할 수 있다.

모든 컴퓨터는 순차주사(Progressive Scan)의 수직 스캔방식을 사용하고 있다 할 수 있고, 우리가 통상적으로 제작을 하고 있는 텔레비전의 기기에 있어서 현재는 거의 비월주사 (Interlaced Scan)를 사용하고 있다고 할 수 있는데, 60Hz순차주사 스캔 방식에서는 화상은 1초당 60회로 위로부터 아래까지 연속적으로 스캔이 되어 진다고 할 수 있다.

비월주사 스캔 방식에서는 화상 프레임은 2개의 필드로 구성이 되어있어, 상호적으로 반분씩 라인 스캐닝을 하고 있다고 할 수 있는데, 최초의 스캐닝에서 위로부터 아래로 기수 번호의 라인이 스캐닝이 되어서 필드 1을 생성을 하고, 2번째의 스캐닝은 우수번째의 라인이 필드 2로서 생성이 되어진다고 할 수 있다.

이러한 라인상호의 프로세스가 1초에 30회 반복되어 초당 60필드의 표시로서 디스플레이상에 플리커가 경감되어진다고 할 수 있는데, 미국의 ATSC(Advanced Television System Committee)규격에서는 미래의 디지털 텔레비전 시스템으로 발전시키기 위해서 복수의 스캐닝을 규정하고 있다고 할 수 있고, 그 가운데에는 24, 30, 60Hz의 순차주사 또는 비월주사가 포함 되고 있다고 할 수 있다.

9.3.3 디스플레이 모니터 성능 특성

디스플레이 모니터를 퍼스널 컴퓨터에 접속할 경우에 모니터에 디스플레이를 하는 최고품질의 화질을 얻기 위하여 중요한 것은 퍼스널 컴퓨터의 비디오 콘트롤러(Controller) 카드와 모니터와의 적합성이나 모니터에 대한 성능에 대한 특성을 인식하는 것이라고 할 수 있는데, 중요한 영상 디스플레이의 성능에 대한 파라미터나 기능은 다음과 같다고 할 수 있다.

- 비디오 대역폭과 픽셀의 클럭

비디오 대역폭은 내부의 GBR비디오 증폭기가 각 전자 빔을 정확하게 드라이브(조정)하여 화상의 디테일을 재현하는 능력을 정의 하고 있다고 할 수 있는데, 비디오 신호를 표시하는 수상관의 능력은 전자를 캐소드로부터 스크린에 가속하게 하는 고전압에 좌우되어진다고 할 수 있다.

수상관의 최고 해상 능력을 발휘하기 위해서는 모든 픽셀을 표시가 가능한 비디오 대역폭을 필요로 하고 있다고 할 수 있는데, 예를 들면 스크린의 1수평 유효라인에서 1024픽셀을 표시한다고 한다면 비디오 신호의 사이클의 표시에는 2개의 픽셀(흑과 백)이 필요하기 때문에 최고로 1유효 라인당 512사이클의 신호가 필요하다고 할 수 있다. 따라서 1사이클의 기간은 유효라인기간 (SVGA모드에서 사용되어지고 있는 예에서는 13.653㎲)을 최고 사이클 수로 나눈 것으로서 26.66ns가 된다고 할 수 있다.

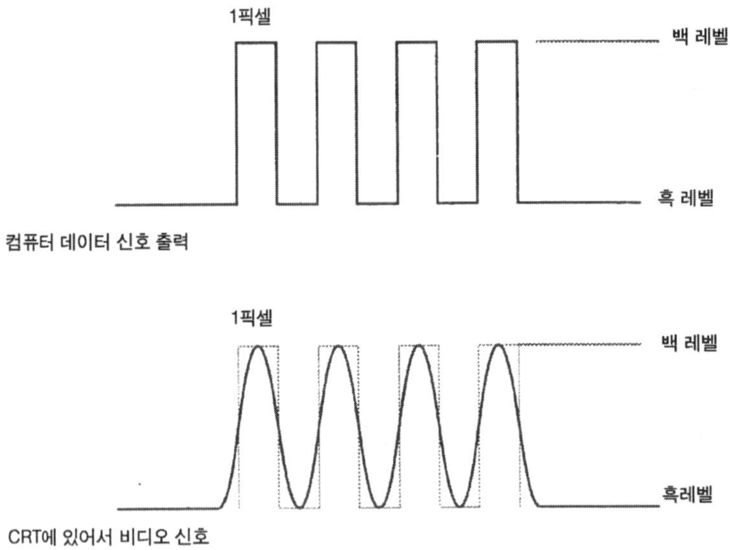

그림 9.14 컴퓨터 데이터 신호와 실제의 비디오 신호

또한 주파수는 이러한 수에 대한 역수로서 그림 9.14에서 표시를 하고 있는 것과 같이 37.5MHz이지만 비디오 증폭기가 픽셀의 펄스 신호에서 가지고 있는 정현파를 감쇄시키지 아니하고 정확한 진폭에서 증폭을 하지 아니하면 되지 아니하는 최저의 주파수가 되어야한다고 할 수 있는데, 픽셀 클럭 주파수는 영상의 1사이클이 2개의 픽셀에 상당하므로 비디오 최저 대역폭의 2배인 75MHz가 된다고 할 수 있다.

- 리프레시 레이트(Refresh Rate)

  복수의 스캐닝 방식에 대응하는 멀티 싱크 모니터는 선택 되어진 디스플레이 규격에 대하여 60Hz~75Hz의 범위에서 자동 적으로 리프레시 레이트(Refresh Rate)를 조정을 한다고 할 수 있는데, 60Hz의 경우에는 플리커(Flicker)가 발생하므로 현재에 있어서는 보다 높은 레이트 (70Hz이상)가 추천 되고 있다고 할 수 있다.

- 스크린 면의 획일성(Spatial Uniformity)

  이러한 파라미터는 스크린 상의 각 부분 중에서 휘도레벨의 변화라고 할 수 있는데, 저 품질의 디스플레이에서는 일정의 입력으로 스크린 중심부의 쪽이 주변보다 휘도가 높게 되어있어 스크린의 휘도가 일정하지는 아니하다고 할 수 있다.

- 컬러 트래킹 (Color Tracking)

  3개의 RGB전자빔을 동시에 낮은 전류 치로부터 높은 전류 치까지 변화시키었을 때에 각 전자 빔에 의한 스크린의 RBG광 출력은 상호적으로 같은 비율로 변화하지 아니하면 되지 아니한다고 할 수 있는데, 이러한 비율이 전류치로 변화한다면 밝기에 의하여 색의 변화가 생긴다고 할 수 있다. 따라서 RGB의 특성이 상호적으로 맞아 있을 경우에는 트래킹이 양호하다고 할 수 있다.

- 최대 실효 휘도(Maximum Usable Brightness)

  모니터에 따라서는 사용자가 좋아하는 형식으로 맞추기 위하여 넓은 범위의 휘도 레벨 조정을 가능하게 하고 있다고 할 수 있는데, 휘도 레벨이 최대 실효휘도 이상 상승을 한다면 빔 포커스(Beam Focus)나 콘트라스트(Contrast)에 나쁜 영향을 준다고 할 수 있다.

- 콘트라스트(Contrast)

  이러한 파라미터는 백의 화상 에리어와 흑의 화상 에리어의 휘도의 치를 전체의 휘도와 관련하는 치로서 표시를 한 것으로 콘트라스트=(Imax-Imin)/(Imax+Imin)이라고 할 수 있는데, 콘트라스트의 계산에 있어서는 전체의 휘도가 상승하면 표시되어진 화상의 콘트라스트는 변화 한다고 할 수 있고, 현재의 모니터에서는 이러한 치는 50이상이라고 할 수 있다.

역주 위에서 콘트라스트의 정의는 8장의 8.1.2항에서 그림 8.1에서 있는 것과 같이 시각상의 선명한 정도를 나타내는 의미의 콘트라스트 정의로서, 모니터성능상의 콘트라스트와는 다르다고 할 수 있다. 모니터의 성능으로서 최대 콘트라스트의 비는 단순하게 모니터 면의 판별이 가능한 최소의 휘도와 포커스 불량을 일으키지 아니하는 등의 규정하는 최대 휘도의 비로 Imax/Imin로 생각하는 것이 보통이라고 할 수 있다. 즉 주변 조건에서 외광 반사를 위하여 CRT관면의 밝기가 올라가면 Imin이 변하기 때문에 실제의 콘트라스트는 떨어진다고 할 수 있는데, 따라서 원문의 식에서는 콘트라스트는 통상 적으로 10이하로서 50은 되지 아니한다.

- 선명도(Sharpness)
  눈은 화면 가운데에서도 에지(edge)의 존재에 민감하다고 할 수 있는데, 이러한 파라미터는 이미지 콘트라스트와 재현이 가능한 화소 수(해상도)로 결정이 되어진다고 할 수 있다.
- 지오메트리(Geometry : 화면의 기하 왜)
  이러한 파라미터는 모니터 스크린에 재현 되어진 화상의 적은 왜를 표시한 것이라고 할 수 있는데, 그러한 것은 보통 수평과 수직 스캔의 직선성의 성능으로 정의 되어진다고 할 수 있고, 이러한 지오메트리의 조정에 있어서는 수평 수직 스캔의 직선성의 조정과 모니터 에지화상의 측면이 평행하여 있는가 아니면 어떠한가의 조정(Rotation 조정)도 포함 되어 있다고 할 수 있다.
- 수평 또는 수직 해상도(Resolution)
  컴퓨터 업계는 통상적으로 수평 수직 양방향의 최대 픽셀수로 규정하는 이러한 용어를 사용하여 왔다. 그러나 텔레비전 업계에서는 주관 평가에 의한 수평 수직 샘플링의 프로세스 때문에 발생하는 아파쳐(Aperture) 손실을 반영하여 실효 해상도는 거의 0.7정도의 계수를 가한 것으로 되어있다고 할 수 있는데, 현재 640×480, 800×600, 832×624, 1024×768, 1280×1024의 5종류의 컴퓨터 포맷이 많이 사용되고 있다고 할 수 있다.
- 돗도 피치(Dot Pitch)또는 아파쳐 그리드 피치(Aperture Grid Pitch)
  이것은 각각 다른 한 개의 디스플레이 모니터의 해상도를 재현 하는 파라미터 형식이라고 할 수 있는데, 도트 피쳐는 샤도우 마스크에 근접하여 있는 홀 사이의 간격을 그림 9.12에서 표시를 하고 있는 것과 같이 경사진 라인 상에서 측정한 치라고 할 수 있다. 또한 작은 도트 피쳐는 샤프한 이미지를 얻어 진다고 할 수 있는데, 현재의 도트 피치는 0.23으로부터 0.41mm(0.009-0.016인치) 사이라고 할 수 있다.

- 모니터 사이즈
  현재의 디스플레이 사양에서는 CRT대각선의 길이로 표시되어 진다고 할 수 있는데, 수상관의 일부는 케이스로 커버 되어있으므로 표시화면은 실제 보다는 1인치부터 3인치 정도 작다고 할 수 있다.
- 디스플레이 모니터의 개량
  최근의 디스플레이 모니터는 스크린 면의 제어 메뉴를 출력하는 것이 가능하게 하고 있는데, 따라서 전력 소비면에서 보아도 스크린세이버(Screen Saver) 등 다양한 여러 가지 서빙 기능을 이용하기 때문에 감소하고 있다고 할 수 있다. 또한 Extremely Low Frequency (ELF)나 Very Low Frequency (VLF)와 같은 낮은 주파수의 불필요한 대역폭 발사는 스웨덴에서 규격화 되어진 구형의 MPR-II(Swedish Initials of Swedish Board for Measurement and Testing)규격이나 보다 엄격한 TCO(Swedish Initials of Swedish-Office Worker,s Union)규격을 만족하기 위하여 개선되어 졌다고 할 수 있는데, 그러나 북미에서는 이러한 것도 아직은 같은 규격이 아니라고 할 수 있다.

9.3.4 컴퓨터 모니터의 포맷

초초기의 컴퓨터 모니터의 설계에 있어서는 데이터 생성이나 프로세스의 속도가 대단히 낮기 때문에 텍스트나 그래픽을 디스플레이 하기 위한 모니터에 있어서도 낮은 해상도의 디스플레이어 모니터가 많이 사용되어졌다고 할 수 있는데, 그러나 컴퓨터 기술의 발전에 의하여 텍스트나 그래픽의 디스플레이 등을 개선 할 필요가 있을 경우에는 보다 높은 해상도를 가진 많은 디스플레이 포맷이 개발되어 컴퓨터 통신 시장에 등장 하였다고 할 수 있고, 이러한 변화에 힘입어 넓은 범위의 포맷과 호환성이 없는 비디오 컨트롤러가 개발 되었다고 할 수 있다.

호환성이 있는 디스플레이 포맷이나 스캐닝 파리미터(컴퓨터 산업계에서는 타이밍이라고 부르고 있음.)의 요구가 높아서 상황이 어느 정도 변화 하였다고 할 수 있는데, 컴퓨터 사이에 데이터 호환성(Interoperability)이나 그래픽컬 유저 인터페이스(Graphical User Interface), 디스플레이 액셀러레이터 (Display Accelerator) 등에 있어서는 규격화의 노력이 계속 되고 있다고 할 수 있고, 요즘 생산되고 있는 새로운 모니터의 거의 대부분은 소프트웨어 드라이브에 따라서 복수의 디스플레이 포맷을 지원 하고 있다고 할 수 있다.

표 9.2 IBM타입의 컴퓨터 그래픽 디스플레이 포맷의 사양 예

규격	VGA	SVGA	SVGA	SVGA	SVGA	SVGA
해상도, HxV	640×480	640×480	800×600	800×600	1024×768	1280×1024
색도(Color Depth)	16/256K	16/256K	16/256K	16/256K	16/256K	16
수직 유효라인	480	480	600	600	768	1024
수직 전 라인	525	525	666	628	806	1068
수평주파수,kHz	31.469	37.8	48.077	37.879	56.476	76.02
수평 유효기간,㎲	25.422	20.317	16	20.00	13.653	10.119
수직 주파수,Hz	59.94	72.2	72.188	60.316	70.069	71.18
픽셀 클럭 주파수,MHz	25.2	31.5	50	40	75	126.5
비디오대역폭,MHz	12.6	15.75	25	20	37.5	63.24

표 9.3 Mac타입의 컴퓨터 그래픽 디스플레이 포맷의 사양 예

Standard	Mac II ,13",15"	Mac II ,16",17"	Mac II ,13"	Mac II ,Two-Page
해상도, HxV	640×480	832×624	1024×768	1152×870
색도(Color Depth)	16/256/16M	16/256/16M	16/256	16/256
수직 유효라인	480	624	768	870
수직 전 라인	525	667	813	91
수평주파수,kHz	35.000	49.724	60.24	68.681
수평 유효기간,㎲	21.164	14.524	12.76	11.520
수직 주파수,Hz	66.67	74.55	75.00	75.06
픽셀 클럭 주파수,MHz	30.240	57.283	80	100.000
비디오대역폭,MHz	15.12	28.7	40	50

또한 표 9.2에서는 IBM타입의 컴퓨터로서 각각 다른 애플리케이션 레벨에 맞추어서 개발 되어진 디스플레이 포맷의 예를 표시하고 있다고 할 수 있고, 표 9.3에서는 1997년 현재 사용하고 있는 타입의 컴퓨터 디스플레이 포맷을 정리하여 놓은 것이다.

9.4 확장 카드(Expansion Cards)

확장카드는 시장의 공개 버스 아키테처(Open Bus Architecture)가 등장함으로서 광범위로 사용되었다고 할 수 있는데, 다양한 카드가 확장 슬롯에 삽입됨에 따라 컴퓨터와 디스플레이 모니터, 모템(Modem), 디스크 장치 등의 주변장치와의 인터페이스가 가능하게 되었다고 할 수 있다.

또한 이러한 확장 카드를 사용하여 컴퓨터 사용자는 특정의 애플리케이션에서 필요로 하는 성능 레벨의 확장 기능을 선택하는 것이 가능하게 되었다고 할 수 있는데, 따라서 멀티미디어나 텔레비전 등에서 새로운 컴퓨터 애플리케이션이 높은 성능으로 고속의 인텔리전트 한 확장 카드와 오디오, 비디오,CD-ROM 디스플레이장치 등의 새로운 인터페이스 개발을 촉진 되었다고 할 수 있다. 다음 장에서는 계속하여 멀티미디어에서 사용이 가능한 현재의 고성능 인터페이스/카드에 대한 개념을 설명 하고자 한다.

9.4.1 비디오 컨트롤 카드

비디오 컨트롤 카드는 컴퓨터의 데이터를 모노/컬러 디스플레이 상의 표시를 하기위하여 GBR의 비디오 또는 동기 신호를 발생 한다고 할 수 있는데, CPU에서 프로세스 되어진 버스상의 데이터는 사용자의 정보를 주고받기 위하여 컴퓨터 내부의 메모리 베이스에 있는 디스플레이 메모리와 확장 버스에 집어넣어져 있는 비디오 컨트롤러카드에 의하여 모니터 상에 디스플레이가 되어진다고 할 수 있다.

이러한 디스플레이 메모리는 듀얼 포트 메모리(Dual Port Memory)를 사용하고 있어서 다양한 기능을 실현하는 것이 가능 한데, 그의 주된 기능을 알아보면 프로세서가 한 개의 포트를 사용하여 데이터를 입력시키고 있다고 할 수 있고, 비디오 컨트롤러가 또 하나의 포트를 사용하여 스크린 표시를 하기 위하여 그 가운데의 데이터를 읽어 낸다고 할 수 있다. 또 이러한 비디오 콘트롤러는 비디오 그래픽 어댑터(Video Graphic Adapter : VGA)이라고 부르고 있으나, 이러한 형태의 것은 IBM퍼스널 컴퓨터에서 사용되고 있다고 할 수 있고, 비디오 그래픽 어레이(Video Graphic Array : VGA) 디스플레이 규격과 혼동 되는 경우도 종종 있다고 할 수 있으며, 현재에 있어서는 컴퓨터 기술의 발전과 함께 보다 정밀한 텍스트/그래픽 표시를 하기위하여 보다 많은 피셀을 사용하고 있는 많은 디스플레이 규격 포맷이 시장에 출현하게 되었다고 할 수 있다.

가장 일반적으로 사용하고 있는 디스플레이 포맷은 VGA(Video Graphics Array), 슈퍼 VGA(Super VGA : SVGA), 익스텐디드 그래픽 어레이(Extended Graphics Array : XGA) 디스플레이 규격이 있다고 할 수 있는데, VGA규격은 1987년 IBM PS/2시스템에서 처음으로 도입 되었다고 할 수 있고, 이러한 규격은 텍스트와 애플리케이션 용으로 15개의 모드를 규정하고 있다고 할 수 있다.

640×480의 해상도 모드는 그래픽 애플리케이션에 있어서 가장 일반적인 것이라고 할 수 있는데, 이러한 SVGA규격은 VGA+라고 하기도 하고 VESA이라고 하기도 하지만 VGA사양의 상위 셋트로서 28가지의 모드를 제공하고 있다고 할 수 있고, 그 중에서 800×600해상도의 모드가 이러한 규격의 표준으로 사용이 되고 있다고 할 수 있다.

XGA의 규격은 1990년에 그래픽을 기본으로 하는 인터페이스 요구에 보다 접근하기 위하여 IBM회사에 의하여 도입이 되었다고 할 수 있는데, 이러한 규격은 18가지의 모드를 규정하고 있어 그 중에서 모든 VGA모드에 더해서 1056×400의 해상도, 16가지색, 큰 스프레드시트(Spreadsheets)용의 132×25의 캐릭터가 가능한 텍스트 모드 또는 2개의 그래픽 모드가 있다고 할 수 있다.

표 9.4에서는 현재 사용되고 있는 각 규격의 가장 중요한 모드를 정리하여 놓은 것으로서, 보다 높은 해상도를 가지게 하고, 보다 많은 색수(Color Depth)를 요구하는 경우에는 많은 메모리 량을 필요로 하고 있다고 할 수 있는데, 이러한 것은 비디오메모리 베이스 할당에 문제를 일으킬 수도 있다고 할 수 있다.

컴퓨터 프로세스 데이터를 표시하기 위해서는 2개의 각각 다른 모드가 사용되고 있다고 할 수 있는데, 그중에서 하나는 텍스트모드(Text Mode) 또는 알파뉴메릭 모드(Alphanumeric Mode)이고, 다른 또 하나는 그래픽 모드(Graphics Mode)로서 전 포인트 어드레세이블 모드(All Point Addressable Mode: APA) 또는 비트 맵 모드(Bit-Map Mode)라고 부르고 있다

표 9.4 약간의 그래픽 디스플레이 포맷 규격과 모드의 개요

규격	해상도	색수
VGA	640×480	16
SVGA	640×480 800×600 800×600 1024×768 1024×768 10280×1024 10280×1024	256 16 256 16 256 16 256
XGA	640×480 640×480 1024×768	16 256/65,535 16/256

9.4.1.1 그래픽 모드 디스플레이

그래픽 모드 디스플레이의 일예를 그림 9.15에서 표시를 하고 있는데, 이러한 그림은 640×480픽셀 이 직각으로 배열 되어있는 모터 스크린을 표시하고 있는 것으로서, 모든 점은 그의 밝기나 색을 제어하기 위하여 독립 적으로 어드레스 처리되어진다고 할 수 있다. 또 스크린 상에 표시되어있는 모든 것은 픽셀 마다 밝기나 색을 지정하는 것에 의하여 생성 되어진다고 할 수 있는데, 그래픽이나 텍스트도 종류에 따라서 여러 종류의 해상도 모드로 생성이 되어진다고 할 수 있고, 각 픽셀 정보 가운데 딱 하나의 데이터 즉 어떠한 색상에 셋트 되는 가를 기다리고 있다고 할 수 있다.

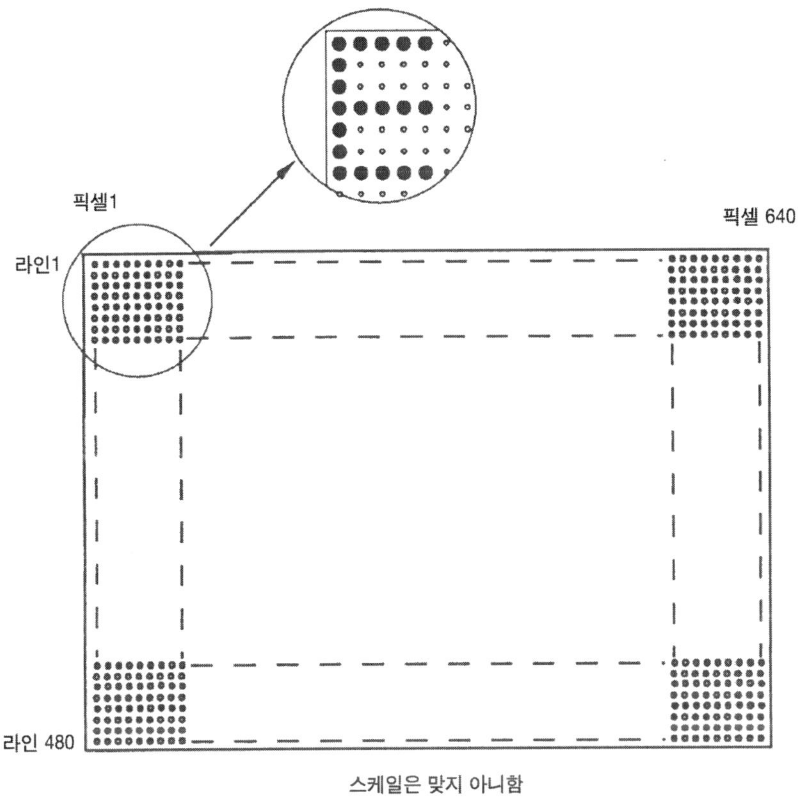

그림 9.15 컴퓨터 디스플레이 그래픽 모드의 표시

각 픽셀에서 표시가 가능한 색의 수는 컬러 댑스(Color Depth)라고 부르고 있으나 색의 치를 표시하기 위하여 할당 되어진 비트 수에 따라서 결정 되어진다고 할 수 있는데, 예를 들면 4비트 에서는 16종류의 색상이 생성 되어지고, 8, 16, 24비트의 경우에는 각각 256, 32K, 16M의 색 수를 지정하는 것이 가능하다고 할 수 있다.

이러한 디스플레이 컨트롤러는 스크린 상의 각 픽셀마다 이러한 치(4비트부터 24비트)를 자신이 가지고 있는 비디오 메모리에 기억을한다고 할 수 있는데, 필요한 VRAM메모리의 크기는 디스플레이 포맷의 해상도와 픽셀의 컬러 댑스에 따라서 결정 되어진다고 할 수 있고, 몇 개의 비디오 컨트롤러는 32비트의 컬러 댑스를 사양으로 하고 있으며, 그 중에 24비트는 GBR이 신호로 사용이 되고, 남은 8비트는 알파 채널(Alpha Channel)이라고 불리 우는 부가 채널로 사용이 되어진다고 할 수 있다.

이렇게 그래픽 이미지가 만들어지면 비디오 컨트롤러는 각 픽셀의 데이터를 WRAM에 대응하는 위치의 메모리에 기억되어진다고 할 수 있는데(Mapping), 고 해상도의 포맷과 그래픽 스페이스의 인터페이스를 사용하면 대량의 프로세스 데이터를 취급하는 것이 곤란하기 때문에 현재에 있어서는 그래픽 액설러레이터(Graphic Accelerator)와 코프로세서(Coprocessor:보조프로세서)가 비디오 컨트롤러 카드에 탑재 되어져 있다고 할 수 있고, 이러한 메인 프로세서 에서는 그래픽 영상에 코멘트를 달아서 보내어서 코프로세서(Coprocessor:보조프로세서)에서는 그래픽 표시의 포함 되어있는 모든 픽셀의 컬러 데이터 정보를 계산하여서 VRAM의 데이터를 변경을 한다고 할 수 있으며, 따라서 이러한 형태의 비디오 컨트롤러에서는 디스플레이 프로세스의 속도를 10배부터 20배 정도 개선되어진다고 할 수 있다.

9.4.1.2 텍스트 모드 디스플레이

텍스트 모드는 스크린 상의 열(Column)과 행(Row)으로 나누어진 문자(Character)를 표시하는 데에 사용되어진다고 할 수 있는데, 그림 9.16에서는 텍스트 포맷 규격의 일예를 표시하고 있는 것으로 여기에서 스크린은 80열 30행의 문자로 되어있다고 할 수 있고, 이러한 각 문자는 수평방향으로 8픽셀(640/80), 수직 방향으로 16라인 (480/30)의 구형의 박스 가운데 그려져 있다고 할 수 있다.

아스끼(ASCII)또는 확장 문자의 셋트가 파나소닉 컴퓨터의 마더보더(Motherboard) 상에 ROM에 기억이 된다고 할 수 있는데, 이러한 각 문자의 데이터는 2바이트로 구성이 되어있어 한 개 데이터 바이트는 문자 선택용으로서 사용되고 있고, 또 하나의 속성 바이트(Attribute Byte)는 문자의 배경색, 문자의 색등을 결정하는데 사용하고 있다고 할 수 있다. 또한 이러한 데이터는 비디오 컨트롤러의 디스플레이 메모리에 직접 보내어 진다고할 수 있는데, 따라서 비디오 컨트롤러에서는 그러한 것을 주기적으로 읽어내어 스크린 상의 디스플레이를 변경하는 것이 가능하다고 할 수 있고, 다양한 디스플레이 규격이 있기 때문에 그 중에서 몇 가지의 텍스트 모드 포맷이 규정이 되어져 있어서, 문자를 표현하는 데에 있어서는 다른 수의 픽셀을 준비하고 있다고 할 수 있다.

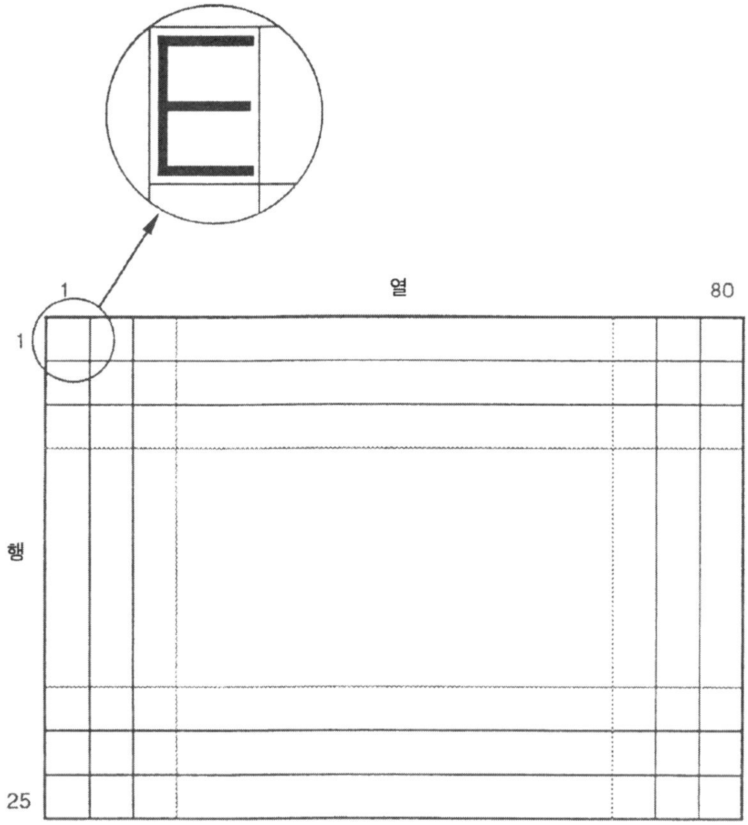

(스케일은 맞지 아니함)

그림 9.16 컴퓨터 디스플레이 텍스트 모드의 표시

그림 9.17에서는 대표적인 비디오 컨트롤러의 계통을 표시하고 있는데, 256K의 VRAM은 통상 속도의 RAM칩을 사용하여 VRAM칩으로 판매 되어 진다고 할 수 있고, 프레임 버퍼 컨트롤러는 레지스타 세어의 어레이로 긴드를 레지스터의 들어있는 파라미터를 사용하여 비디오 데이터나 타이밍 신호를 발생하여 그 출력을 제어 하고 있다고 할 수 있다.

또한 컬러 루크 업 테이블(Color Look Up Table : CLUT)은 256의 레지스터(메모리 위치정보)로 구성 되어져 있다고 할 수 있는데, 각 레지스터는 1600만색 가운데 한 개를 선택하는 16비트의 패턴을 포함 하고 있고, 컬러 룩크업 테이블은 인덱스 치(Index Values)를 표시하는 디지털 데이터를 RAM가운데 테이블을 참조하여 각 데이터로 변환을 한다고 할 수 있다.

따라서 이렇게 얻은 데이터로부터 3개의 8비트 A/D컨버터를 사용하여 RS-343A 규격을 만족하는 아날로그 GBR의 비디오 신호를 발생 한다고 할 수 있는데, 이러한 컬러 룩업 테이블 가운데 RAM은 표준 설정으로 GBR의 컬러 변환치가 초기화 되어진다고 할 수 있고, 이렇게 소프트웨어로 컬러 변환치 셋트를 변환하고 있는 컬러바 레이트 정보를 사용하여 새로운 정보로 다시 써 넣는 것도 가능하며, 그러한 정보를 읽어 내서 사용하는 것도 가능하다고 할 수 있다.

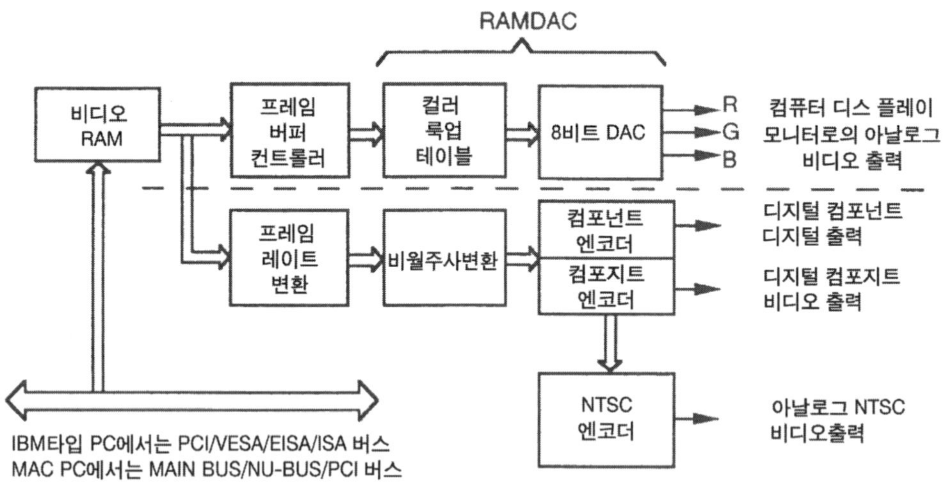

그림 9.17 비디오 컨트롤러 카드의 접속 계통

그림 9.17에서는 옵션으로 비디오 출력 회로가 부가 되어져 있어 VTR이나 NTSC수상기 나 비디오 제작기기 등에 접속하는 것이 가능하게 하고 있는데, 그러한 기능을 지원하기 위하여 프레임 레이트 컨버터가 컴퓨터의 리프레시 레이트(Refresh Rate)를 텔레비전용의 NTSC 수직 주파수인 59.94Hz로 변환을 하기위하여 필요하다고 할 수 있고, 컴퓨터의 순차주사의 스캔 신호를 출력하기 때문에 적정한 비월주사 신호로 변환하기위한 비월 주사 변환용 컨버터가 다음 단에 필요하다고 할 수 있으며, 그 다음의 아날로그 엔코더에서 GBR비디오 신호의 포맷을 목적의 신호규격에 비디오 신호로 엔코드 한다고 할 수 있다.

많은 퍼스널 컴퓨터에서는 이러한 아날로그의 비디오 출력은 가지고 있지 아니한다고 할 수 있는데, 그러한 경우에는 외부에서 비디오 스캔 컨버터를 사용하여 VGA, SVGA, XGA, 등의 신호 포맷신호를 아날로그 NTSC나 컴포넌트 비디오 신호로 변환하는 것이 가능하다고 할 수 있다.

9.4.2 비디오/ 오디오 인터페이스 카드

이외에 필요한 인터페이스 카드로서는 최근의 컴퓨터가 텔레비전 제작 시스템과의 통신이 가능한 비디오 또는 오디오 인터페이스 카드가 개발 되어져 있다고 할 수 있는데, 이러한 카드에 의하여 사용자는 비디오/오디오데이터를 컴퓨터에 입력하여 그 중에서 다양한 프로세스로 입력 신호에 효과를 주어서 그 결과를 기억장치나 아니면 방송용 신호 형식으로 매칭 한 포맷으로 네트워크나 제작 시스템에 출력하는 것이 가능하다고 할 수 있다.

그러나 원래 소재에서 높은 데이터 레이트를 취급하였다고 한다면 그러한 소재는 디스크에 기억하기 위해서는 어떠한 방법이든지 데이터 압축이 필요하다고 할 수 있는데, 따라서 보통에 있어서 방송 프로그램 제작용으로 사용되고 있는 그러한 인터페이스 카드는 높은 성능을 가지고 있는 PC버스와 접속이 되어진다고 할 수 있고, 방송프로그램 제작용 컴퓨터에서는 PC베이스 카드의 뒷면에 카메라 VCR, 텔레비전 기기 등에 다양한 신호의 포맷이 접속이 가능한 콘넥터 군이 장치 되어있다고 할 수 있다.

많은 컴퓨터 제작 메이커에서는 비디오/오디오 인터페이스 카드를 개발하여 사용하고 있는데, 그러한 명칭을 비디오의 캡쳐기능과 이펙트 기능을 추가하고 있는 캡쳐카드(Capture Card)이라고 불리 우고 있다고 할 수 있고, 이러한 것은 그 내부의 압축비나 픽쳐 사이즈, 애플리케이션 용도에 따라서 다양한 비디오/ 오디오 신호 품질에 대응하고 있다고 할 수 있다.

또 이러한 비디오 카드 제품의 일예로서는 퍼스널 컴퓨터용의 트루비전(True-Vision)의 TARGA-2000의 비디오 그래픽 카드가 있는데, 이러한 카드는 압축비가 변환이 가능한 JPEG의 비디오 압축 방식을 사용하여 리얼타임으로 프로세스를 하기위하여 EISA버스를 플레트폼(Platform)하고 있다고 할 수 있고, 이러한 시스템은 독립한 비디오 입출력(NTSC 또는 PAL)이 있어 48kHz의 샘플링, 16비트의 스테레오 오디오 신호 기록 재생이 가능하다고 할 수 있으며, 부가 기능으로서는 비디오 인 윈도우(Video In Window)를 사용하여 데스크 톱(Desk Top) 중에 풀(Full)해상도의 프리뷰 윈도우를 가진 비디오 출력과 고해상도(1152×870)의 24비트/픽셀의 데스크톱 화면, 그리고 외부 동기를 한 젠 록(Gen Lock)이 가능한 기능 등이 있다고 할 수 있다.

9.4.3 PCMCIA확장 카드

컴퓨터의 확장 카드는 랩톱 컴퓨터(Lap Top Computer)나 노트북 타입의 컴퓨터에서는 사이즈가 크다고 할 수 있는데, 그 때문에 PCMCIA(Personal Computer Memory Card International Association)에서는 그러한 작고 싼 컴퓨터에서도 사용이 가능한 확장 카드 규격을 개발 하였다고 할 수 있고, 현재에서는 이러한 랩톱 인터페이스에서는 그러한 전용 확장 슬롯에 의하여 변경 되어가고 있다고 할 수 있으며, 이러한 인터페이스는 IBM, Mac 등의 기타 다른 모든 컴퓨터의 버스 규격에도 호환성이 있다고 할 수 있다.

PCMCIA카드는 거의 크레디트 카드(Credit Card) 정도의 크기(85.6×54mm)로 3개의 타입이 있다고 할 수 있는데, 그 중에서 제1 타입 은 매우 얇은 카드(카드 두께가 3.3mm)로 메모리의 확장 등에 사용되어진다고 할 수 있고, 이러한 카드는 통상 적으로 내부 배터리로부터 전원이 공급 되어진다고 할 수 있으며, 타입 2번째 카드는 컴퓨터와 전자 장치를 네트워크를 사용하여 연결하는 것이 가능한 I/O회로나 콘넥터를 사양에 포함 하고 있는 것으로, 이러한 카드는 5mm를 두께를 가지고 있어 전원은 컴퓨터 내부의 전원으로부터 표준의 68핀 콘넥터를 사용하여 공급 되어 진다고 할 수 있다.

이러한 타입2의 기능으로서는 아래와 같은 것이 있다고 할 수 있다.

- 프로그램을 컴퓨터 내부의 메모리에 다운로드를 하지 아니하고도 카드내부에서 그러한 프로그램을 동작 시키는 것이 가능하다.
- 포스트 컴퓨터에 의하여 그의 구성(Configuration)이나 능력(Capabilities)을 알려주는 것이 가능하다.
- 규격화 되어진 파일 포맷과 데이터 구조를 가지고 있다.
- 독립한 소프트웨어 링크를 동작을 시키는 것이 가능하다.
- 타입1슬롯과 하 방향으로 호환성을 가지고 있어 양 방향의 카드 레벨의 사용가능하다고 할 수 있으나 타입1카드는 카드가 목적으로 하고 있는 애플리케이션에 따라서는 타입2카드 슬롯으로 동작이 되지 아니하는 것도 있다.

마지막으로 타입3카드는 10.5mm두께의 카드로서 하드 디스크 드라이브도 내장하는 것이 가능하고, PCMCIA어댑터(Adapter) 인터페이스에서는 16비트의 데이터와 26어드레스 비트의 데이터 버스를 가지고 있다.

제10장

멀티미디어와 텔레비전

이 책에서 미디어(Medium)이라는 것은 커뮤니케이션(Communication : 정보의 전송)을 지원하는 것을 의미하고 있다고 할 수 있는데, 우리생활에 밀접하게 파고들어가있는 가장 잘 알려져 있는 커뮤니케이션 미디어는 책이라고 할 수 있다. 또한 그 밖에 다른 정보 미디어로는 시간과 기술의 진보와 함께 도입되어져있는 것이 많은데, 그 한 예로서는 극장 영화, 라디오, 전화, 텔레비전, 케이블 네트워크, 위성, 컴퓨터 등이 있다고 할 수 있고, 새로운 커뮤니케이션을 지원해주는 것 중에서 현재 개발 되어져 있는 것이라고 하면 인터넷이나 정보 하이웨이 등이 있다고 할 수 있다.

이러한 매체는 여러 가지형식의 미디어가 공존하고 있는 지금에 와서는 모든 커뮤니케이션 기술을 총망라 한 밀티미디어 기술과의 융합이라고 우리는 흔히 부르고 있는데, 따라서 이러한 시스템을 이용한 단일 지원 시스템과의 결합을 시키는 것이 가능하게 되었다고 할 수 있다. 또한 현대를 사는 우리와 정보 미디어의 관계는 변화가 계속되어 사용자는 자신이 정보를 선택하여서 정보에 대한 콘텐츠를 생성하고 자신이 정보를 사용하는 스케줄을 선택하는 것이 가능하게 되었다고 할 수 있다.

이러한 멀티미디어 커뮤니케이션은 영상(텍스트, 그래픽, 애니메이션, 비디오 등)과 사운드(음악, 음성, 효과음, 기타 대사 음 등)의 조합을 사용하여 정보를 사용자에게 보내는 커뮤니케이트(Communicate) 한다고 할 수 있는데, 이러한 사용자 서비스는 전파나 네트워크 또는 로컬 인터페이스를 통하여 전송 하는 것도 가능하게 되어있다고 할 수 있다.

역주 여기에다 참고적으로 이야기하면 여기에서 로컬 인터페이스라고 하는 것은 전화 라인을 통하여 디지털로 신호를 가공하여 전송 시키는 것을 의미하고 있지만 저장장치로서 CD-ROM이나 DVD와 같은 것을 지칭하는 가에 대해서는 아직은 불분명하다고 할 수 있다.

멀티미디어는 우리가 다양한 타입의 다양한 정보를 커뮤니케이트(Communicate)하여 이러한 정보를 알고 이용하는 방법이 계속 발선 변화하고 있나고 할 수 있고, 이러한 시스템을 이용하여 가정에서 멀티미디어는 정보나 서비스에 있어서 제한이 없는 억세스(Access)가 가능하게 하고 있다고 할 수 있는데, 따라서 사업가로서는 멀티미디어를 이용하는 것에 의하여 소비자를 상대로 하는 광고나 소비자에게 정보를 전송하기 위한 정보 전송 및 통신 측면에서 본다면 대단히 중요한 수단의 하나 이라고 할 수 있다.

10.1 멀티미디어의 고려

전에 이야기한 것과 같이 텔레비전은 오디오와 비디오 프로그램을 제작하여 송출 하는 것이라 할 수 있으나 발전된 디지털 기술이라 할지라도 이러한 신호에 대한 리얼타임 처리는 방송 전용의 고가의 디지털 프로세스 기기가 아니라면 불가능하다고 할 수 있다.

또한 퍼스널 컴퓨터에서는 텍스트나 그래픽, 게임 그 외의 반복처리 하는 일을 시행 하도록 설계되어져 왔다고 할 수 있는데, 이러한 기본 컴퓨터 기술을 이용하고, 그 다음에 텔레비전과 컴퓨터의 결합에 의하여 프로그램 제작 시스템에 있어서도 컴퓨터시스템을 베이스로 하는 제작 시스템이 도입 되어져 왔다고 할 수 있다.

그 때문에 시청자들의 새로운 미디어의 욕구를 실현하기 위 하여는 고도의 프로세스 필요성에 의하여 새로운 하드웨어 컴퓨터와 소프트웨어의 강한 요구의 근원이 되었다고 할 수 있다.

이러한 멀티미디어는 오디오 데이터를 데스크 탑 컴퓨터에 도입 하는 것으로부터 시작 되었다고 할 수 있는데, 그 다음으로는 오디오 포트가 톤 합성칩(Tone Synthesis Chip)에 이용하는 포트로서 개발 되었다고 할 수 있고, 그 다음으로는 디지털 비디오 인터페이스 칩이 시장에 출현하여 아날로그 컴포지트나 아날로그 컴포넌트 신호용의 비디오 인터페이스 포트를 설계하는 것이 간단해져서 경제적으로도 어느 정도 가능하게 되었다고 할 수 있다.

컴퓨터를 도입할 경우에는 이러한 포트를 사용하여 동화 영상으로부터 싱글 프레임의 정지화상 까지 캡쳐(Capture)를 하거나 디스크에 기록을 하여서 오프라인에서 프로세스를 하기도 하고, 그 결과를 이용하여 텍스트나 문서화면에 삽입 시키는 것이 가능하게 하고 있다고 할 수 있다.

오디오와 비디오신호의 디지털화에서는 다량의 데이터가 생성 되어진다고 할 수 있는데, 부자연스러운 풀 모션(Full Motion)의 동화상과 오디오의 데이터를 데스크톱 컴퓨터에서 화상의 처리를 하기도하고, 편집을 하기 위해서는 토털 비트 레이트를 1/2로부터 1/100정도 압축 하는 것이 가능한 데이터 압축, 신장 기술이 필요하다고 할 수 있다. 그리하여 최근에 들어와서는 압축 기술의 발전에 힘입어 리얼 타임으로 거기에다 경제적으로도 너무 많은 비용을 들이지 아니하고도 복잡한 화상의 처리나 양호한 품질의 오디오 프로세스가 가능한 기술이 개발 되어 있다고 할 수 있다.

이러한 것은 씨큐브사(C-Cube)나 톰슨 SGS사에 의하여 개발 되어진 제1세대의 압축 칩은 JPEG압축 알고리즘을 사용하여, 콤펙트 디스크 인터랙티브 (Compact Disk Interactive : CDI)나 디지털 비디오 인터랙티브(Digital Video Interactive : DVI) 등의 로앤드 멀티미디어의 요구조건을 만족하는 장비의 개발을 가능하게 하였다고 할 수 있는데, 소프트웨어의 프로그래밍을 포함하여 보다 진보한 MPEG 압축 알고리즘의 개발, 도입에 의하여 퍼스널 컴퓨터에 사용하고 있는 정도의 프로세서 속도로 리얼 타임 동작하는 오디오/비디오 포트의 설계가 가능하게 되어 있다고 할 수 있다.

따라서 퍼스널 컴퓨터는 현재에서는 리얼타임화상의 생성이나 화상의 효과처리에 사용하고 있다고 할 수 있는데, 이렇게 이전부터 텍스트, 표의 계산, 인쇄용 그래픽, 게임 등에 폭넓게 사용 사용되어지고 있던 퍼스널컴퓨터는 기술이 발전한 지금에 와서는 오디오 비디오 제작 시스템으로 그 영역을 넓혀 가고 있다고 할 수 있다.

거기에 더 나아가 디스크 기록이나 편집장치, 서버, 그래픽 시스템, 온에어 시스템(On Air System), 네트워크 인디페이스/억세스 시스템, 인터랙티브(Interactive · 쌍방향), 비디오 서비스 등의 새로운 애플리케이션(Application)에 의하여 급속적으로 성장을 계속하고 있다고 할 수 있는데, 이러한 모든 애플리케이션을 충족하는 것은 새로이 통합 되어진 멀티미디어 환경을 창출 하고 있다고 할 수 있다. 또한 컴퓨터 업계에서는 우선 멀티미디어 애플리케이션에 초점을 맞추고 있다고 할 수 있는데, 이러한 조류에 영향을 받아서 시장이 넓어져서 이러한 컴퓨터 기술을 이용한 처리 장치가 싼 가격으로 수요자가 구입하는 것이 가능해졌다고 할 수 있다. 그림 10.1에서는 장래의 가정에 있어서 대표적인 멀티미디어 스테이션의 모습을 표시하고 있다고 할 수 있는데, 멀티미디어 시스템의 개발자는 관련하는 아래의 3가지의 에리어 개발 상황을 고려하지 아니하면 되지 아니한다고 할 수 있다.

- 워크스테이션
- 네트워크 환경
- 관련 소프트웨어

10.2 멀티미디어 기술

멀티미디어는 아래와 같은 새로운 기술의 도입이 가능하게 되어있다.

- 화상이나 음성의 디지털화

  아날로그 오디오, 비디오 신호는 디지털화 되어져 애플리케이션에 필요한 정보를 보내기 위하여 포맷을 변경하여 전송 되어진다고 할 수 있는데, 이러한 변환 프로세스는 제 3장과 6장에서 이미 설명을 하였다. 또한 여기에서 캡쳐 카드라고 불리 우는 오디오 비디오 입력 카드는 많은 메이커로부터 다양한 성능 레벨에 맞추어서 제품이 제공 되어진다고 할 수 있다.

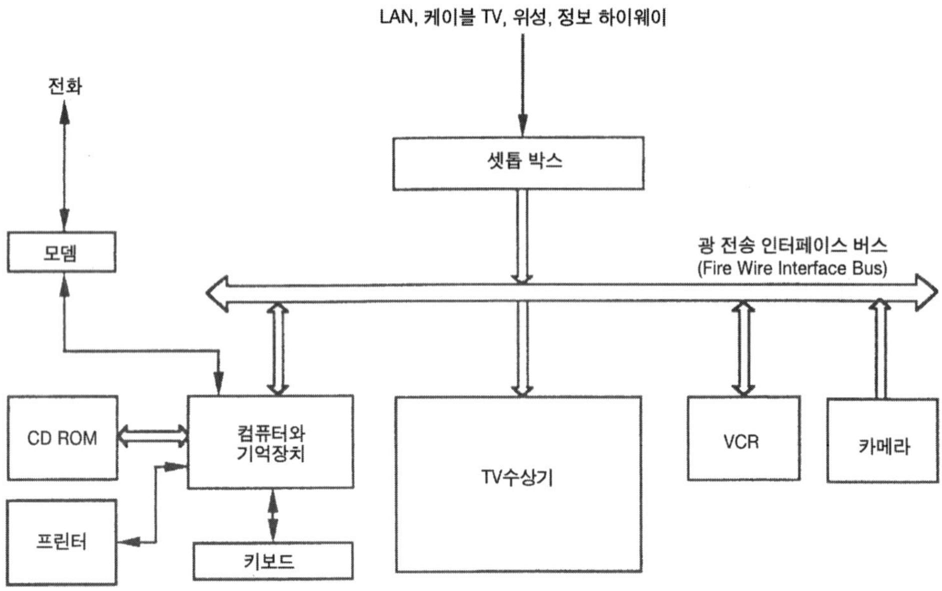

그림 10.1 멀티 미디어 홈 스테이션

- 디지털화 되어진 오디오/비디오 신호의 데이터 압축

데이터 압축의 덕분에 제 8장에서 설명을 한 것과 같이 현실적으로 리얼타임으로 기록, 프로세서가 가능한 하드웨어가 가능하게 되었다고 할 수 있는데, 따라서 압축 기술에 따라서는 신호가 가진 대역과의 프로세스, 기록, 전송 시스템의 채널 대역폭 등의 매칭이 가능하게 하고 있다고 할 수 있고, 오디오 비디오의 압축, 신장 카드는 다양한 애플리케이션 요구에 응하여 시장에 출현하고 있다고 할 수 있다.

- 고속 리얼타임 프로세스

컴퓨터의 성능은 프로세서의 기본설계에 대한 개선이나 고속 프로세스, 버스, 인터페이스 개발 에 의하여 발달 하였다고 할 수 있는데, 이러한 개선에 대하여는 이미 제 9장에서 설명을 하였다. 또한 새로운 EIDE(Enhanced Integrated Device Electronics)인터페이스를 채용함에 있어서 1988년에 개발 되어진 구식의 IDE PC 하드 디스크 접속 규격으로부터 변경을 계속하였다고 할 수 있는데, EIDE는 최대 버스트 전송 레이트 16.8Mbps가 가능한 것으로 최대 디스크 용량은 1996년 까지는 10GB 까지 로서, CD-ROM이나 테이프 드라이브 등의 새로운 장치(기기) 접속이 가능하다고 할 수 있다.

- 대 용량 기록 시스템

최근에 와서는 컴퓨터 일반 소프트웨어만이 아니라 방송, 멀티미디어, 오디오/비디오 제작 시스템 등에서 디스크 기록에 대한 수요자의 변화와 대용량화에 대한 요구가 점점 높아지고 있다고 할 수 있는데, 이러한 소프트웨어의 사이즈는 새로운 타입의 기기가 개발 할 때 마다 증가하여 기록 스페이스와 전송 속도의 증가를 필요로 하고 있다고 할 수 있고, 대용량의 고성능에 디스크 드라이브는 현재에 있어서는 보다 신뢰성이 높아지고 거기에다 가격 면에 있어서도 낮은 가격에 구입이 가능해 졌다고 할 수 있다. 또한 자기 저항형 기록헤드 (Magnetoresistive Recording Head)나 어드밴스 리드채널(Advanced Read Channel), 고속 네트워크 인터페이스(ULTRA SCSI,SSA,FC-AL) 등의 중요한 신기술이 위의 헤더 장치 개발에 공헌을 하고 있다고 할 수 있는데, 이러한 기술에 대해서는 앞으로 나오는 10.3.3항에서 상세하게 설명을 하기로 한다. 또한 여기 표 10.1에서는 압축/비압축 오디오/비디오 신호의 전송에 사용하고 있는 인터페이스/네트워크와의 데이터 레이트의 일예를 표시하고 있다고 할 수 있다.

표 10.1 다양한 인터페이스와 그 네트워크라인 데이터 레이트의 예

인터페이스와 네트워크	라인 데이터 레이트
비디오 회의 라인	56kbps~1.5Mbps
ISDN	144kbps
ADSL	6.144Mbps
DS-1	1.544Mbps
DS-3	45Mbps
이더넷(Ethernet)	10Mbps
퍼스트 이더넷(Fast Ethernet)	100Mbps
SCSI-2	40Mbps
SCSI-3	12.5~100Mbps
CD-ROM	1.2Mbps
ATM	25,155,622
파이버채널(Fiber Channel)	133Mbps~1Gbps
FDDI	100Mbps~1Gbps

- 광대역 저가격의 데이터 인터페이스와 네트워크

멀티 미디어시스템에서는 카메라, 컴퓨터, VCR, 디스크, 디스플레이와 같은 시스템 개체기기 사이의 시스템의 동작에 있어서는 같은 방이나 실에 있는 것이 아니기 때문에, 다른 빌딩 사이에 있는 네트워크 스테이션 사이에서 큰 데이터 파일을 고속으로 전송을 하지 아니하면 되지 아니한다고 할 수 있다.

따라서 이러한 컴퓨터와 텔레비전 통신과의 융합에 있어서는 새롭게 고속으로 광대역에 알맞은 가격의 전송 요금의 인터페이스나 네트워크 개발을 하여야 한다고 할 수 있는데, 이러한 기술에 대해서는 10.4항에서 설명을 하기로 한다.

- 호환성이 있는 구조

  아비드(AVID)사에서는 1992년 OMFI(Open Media Framework Initiative)를 최초로 도입하였다고 할 수 있는데, 이러한 디지털 정보를 기본으로 하고 있는 하드웨어의 환경과 애플리케이션 사이에 교환이 가능한 OMFI 오픈 파일 포맷은 멀티미디어 워크스테이션을 제작하는 메이커들이 결성한 컨소시엄(Consortium)에 의하여 개발 되어진 것이라고 할 수 있다.

10.3 멀티미디어의 하드웨어와 시스템

멀티미디어 워크스테이션은 많은 오디오 비디오 프로세스용 개체기기 즉 예를 들면 멀티 미디어에 대응하기 위한 컴퓨터, 카메라, VCR, 추가 대용량 메모리, 서버, CD-ROM드라이브 등으로 구성 되어져 있다고 할 수 있는데, 이러한 개체기기의 새로운 형식 기기 등장에 따라 워크스테이션의 성능, 조작성, 광범위의 멀티미디어 제품과의 양립성이 개선되어 왔다고 할 수 있다.

10.3.1 PC워크스테이션

멀티미디어 컴퓨터의 기본적인 하드웨어의 환경은 고속프로세서, 메모리 캐시, PCI나 EISD와 같은 고속 로컬 데이터베이스, MOVIE-2나 VGA-FC와 같은 것은 분리한 광대역의 고속버스로 설계되어있다고 할 수 있는데, 이러한 기본적인 하드웨어의 환경은 복수의 독립하고 있는 마스터 비디오 타이밍 콘트롤러(Master Video Timing Controller)에 따라서 상호적으로 동기 되어있는 데이터 스트림을 취급하지 아니하면 되지 아니한다고 할 수 있고, 이러한 마스터 비디오 신호의 타이밍 컨트롤러는 외부 동기와의 젠록(Gen Lock)하는 데에 있어서도 사용이 되어진 다고 할 수 있다.

최근의 컴퓨터 구조로는 아래와 같은 것을 포함 한다고 할 수 있다.

- 팬티엄(Pentium) 또는 파워 PC(Power PC)타입의 프로세서 (166MHz 까지) 새로운 프로세서 구조는 한 개 클럭의 사이클로 한 개 이상의 명령을 실행하는 것이 가능하여 높은 성능의 64비트 버스를 가지고 있다고 할 수 있는데, 복수의 RISC(Reduced Instruction Set Computing)프로세서(250MHz까지)이지만, 고속의 성능을 가지고 있기 때문에 가격은 조금은 높더라도 사용이 되어 진다고 할 수 있다.

- 프로세서 캐시 메모리 (통상 256Kb사이즈)
  이러한 캐시메모리(Cache Memory)는 고속의 프로세서에 의하여 저속의 타이밍 랜덤 메모리 사이에 들어있는 데이터 처리 속도를 최적화 한다고 할 수 있는데, 이러한 캐시는 프로세서와 메인 메모리 사이에서 통상 적으로 주고받는 명령이나 데이터는 고속의 일시적인 기억 장치로서 동작되어 진다고 할 수 있고, 이러한 프로세서 캐시의 부가에 의하여 프로세스의 속도는 약 25%고속으로 되어 진다고 할 수 있다.
- 64비트 프로세스의 개발에 의하여 프로세서와 시스템 RAM 또는 메모리 캐시 사이에 데이터의 전송 속도가 향상 되었다고 할 수 있다.
- 프로세스 카드의 수가 감소하게 되어서 비디오, 오디오, RS-422머신 리모트(Machine Remote) 제어간의 동기 문제가 없어지게 되었다고 할 수 있다.

10.3.2 오디오 또는 비디오 프로세스 시스템

카메라나 VCR, 오디오, 비디오 신호를 워크스테이션에 도입하여 사용하기 위하여는 오디오, 비디오, 캡쳐 카드(Audio and Video Capture or Grabber Card)가 필요하다고 할 수 있는데, 이러한 카드는 입력 신호가 아날로그인경우에는 아날로그/디지털 변환 컨버터를 내장 하고 있다고 할 수 있다.

또한 같은 방법으로서 컴퓨터 워크스테이션으로부터 멀티미디어 프로그램을 기록 미디어나 네트워크에 출력을 하기 위해서는 인터페이스 카드가 필요하다고 할 수 있는데, 여기에서도 아날로그 출력이 필요한 경우에는 디지털/아날로그 변환 컨버터도 필요하다고 할 수 있다.

디지털 오디오 또는 비디오 신호는 워크스테이션의 프로세스, 기록 송출을 경제적으로 가능하게 하기 위해서는 압축 하지 아니하면 되지 아니한다고 할 수 있는데, 이러한 압축 형식에는 JPEG, MPE, 그 외의 압축방식 마켓 등이 제공 되어진다고 할 수 있고, 그림 10.2에서는 비디오 입력(Video Acquisition)또는 출력(Distribution)카드의 기본적인 계통도를 표시하고 있다.

디지털 오디오와 비디오 프로세스 카드도 데이터를 조작하여 특수 효과나 편집, 그래픽 등을 편집, 삽입 하는 데에 있어서 필요하다고 할 수 있는데, 이러한 것에 대해서는 9.2.3항에서 설명을 하고 있고, 그림 9.6과 그림 9.7에서 표시를 하고 있다.

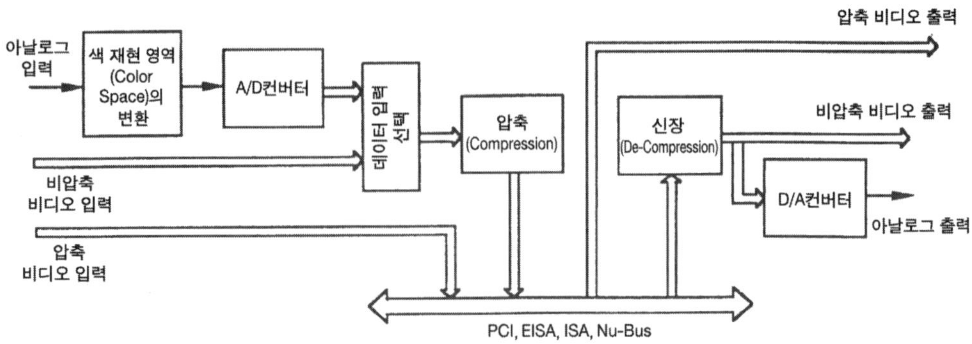

그림 10.2 비디오 입력,출력 카드의 기본 계통

Texas Instruments 사의 TMS320C80과 같이 멀티미디어 비디오 프로세서 칩이 리얼 타임 데이터 압축 알고리즘의 계산에 사용되어지고 있고, 이러한 텍사스(Texas)의 칩(Chip)에는 내부의 크로스바 스위치로 접속이 되어진 4개의 디지털 시그널 프로세서와 5개의 데이터 RAM, 그리고 명령 캐시(Cash)가 있다고 할 수 있으며, 전송 컨트롤러에 따라서는 이러한 스위치는 내부의 RISC중앙 프로세스 유니트(CPU)와 외부 메모리 데이터에 전송을 시행 한다고 할 수 있다.

PCI, EISA, Nu-Bus, ISA버스에 플러깅(Plugging)하고, 각각 다른 여러종류의 타입 카드가 시장에 제공하고 있다고 할 수 있는데, MOVIE-2나 VGA-FC와 같이 오버 셋톱 고속버스(Over The Top Hight Speed Buses)가 이러한 카드에 부가하는 것이 가능하다고 할 수 있다.

10.3.3 디스크 또는 테이프 기억 장치

디지털 기록 시스템은 디지털 레코더와 같이 엔코드 되어진 데이터 신호를 기록 또는 재생을 한다고 할 수 있는데, 이러한 데이터 기록의 애플리케이션이나 그 기록 재생속도, 기록시간 등이 최근에 들어와서는 많이 증대하였다고 할 수 있고, 이러한 데이터 기록 시스템의 성능 특성상 주된 특징은 아래와 같다고 할 수 있다.

- 시크 타임(Seek Time)
  이것은 디스크 드라이브의 기록, 재생 헤드가 한 개의 트랙 위치로부터 디스크 상의 다른 트랙 위치로 움직이는데 필요한 평균 시간을 말하고 있다.
- 스핀들 속도(Spindle Speed)
  이것은 디스크의 회전 레이트 라고 할 수 있는데, 고속으로 하면 어느 정도 기다리는 시간(Latency Time)이 감소하고, 전송 레이트가 개선되어진다고 할 수 있다.

- 외부 데이터 레이트
  이것은 디스크 드라이브의 입출력에서 최고 데이터 레이트라 할 수 있다.
- 레이텐씨(Latency : 기다리는 시간)
  이것은 디스크 드라이브에서 기록 재생 헤드가 씨크(Seek) 동작으로 지정되어진 섹터 위치에 도달 하는 데에 있어서 필요로 하는 시간량이라고 할 수 있는데, 평균 라덴씨는 디스크가 반 회전 하는 데에 필요로 하는 시간으로 정의 되어진다고 할 수 있다.
- 데이터 캐칭(Data Catching)
  디스크 시스템은 빨리 억세스를 하기 위하여 많이 사용하고 있는 데이터를 기억시켜 놓기 위한 수단으로 버퍼 메모리(32kB~2MB)가 부가 되어진다고 할 수 있는데, 캐시(Cash) 관리에 따라서는 드라이브의 읽는 속도를 최고로 하여서 전송 레이트를 개신하고 있다고 할 수 있다.

디스크 드라이브는 목적으로 하는 트랙에 정확하게 포지션을 맞추기 위하여 주기적으로 기록, 재생 헤드의 온도 교정을 필요로 하고 있는데, 이러한 프로세스는 수 밀리세컨드(a Few Milliseconds)의 차이에 의한 디스크 드라이브 기구로 인하여 온도의 영향을 덜 받게 하고 있다고 할 수 있다.

퍼스트 SCSI-2(Fast SCSI-2)와 같은 약간의 인터페이스에서는 에러 검출과 정정 기능을 내장하여 1013비트에 있어서는 1에러 이하의 에러 레이트를 보증하고 있다고 할 수 있는데, 따라서 디스크 어레이(Disk Array System: 많은 하드디스크를 병렬로 동작 시키어서 대단히 많은 용량의 디스크 시스템으로 한 것.)시스템에 있어서 가장 큰 장해의 주된 요소는 디스크 드라이브의 어느 한 디스크가 완전하게 불량이 되는 것이라고 할 수 있다.

현재 하드디스크 드라이브의 평균 고장시간 간격(Mean Tine Between Failures : MTBF)은 500,000시간을 넘고 있으나 온에어 시스템에서는 한 개의 디스크 장해가 장시간의 프로그램의 중세나 프로그램 네이터의 손실, 방송 수입의 손실을 일으킬 수가 있기 때문에 방송 용도로서는 예비 시스템이 없는 싱글 시스템은 권하고 있지 아니한다고 할 수 있다.

레이드(Raid : Redundant Array of Inexpensive Disks)방식은 한 개의 디스크 드라이브의 장해가 발생한다 할지라도 시스템의 동작은 이상이 없이 시행이 되는 것은 물론, 다양한 레벨로 데이터의 손실을 보상하는 방법이라고 할 수 있는데, 가장 고도한 레이트 레벨 (RAID레벨 3또는 레벨 5)에서는 장해를 일으킨 디스크 드라이브는 호트 스와프 (Hot Swap : 전원을 집어넣은 채로의 디스크 교환 또는 전원을 교체)가 가능하여 장해가 발생한 디스크의 데이터 내용은 조금은 시간이 걸리지만 시스템을 온에어(On Air) 하면서 새로운 디스크로 복원하는 것이 가능하다고 할 수 있다.

디스크 어레이(Disk Array)시스템에서 가능한 구성의 방법은 여러 가지 가 있으나, 그 중에서도 워크스테이션이나 프로세스 시스템으로부터 데이터를 기록하는 데에 있어서 실용적인 것은 얼마 되지 않는다고 할 수 있는데, 그러한 것에 대한 구성을 그림 10.3과 10.4에서 표시 하고 있다.

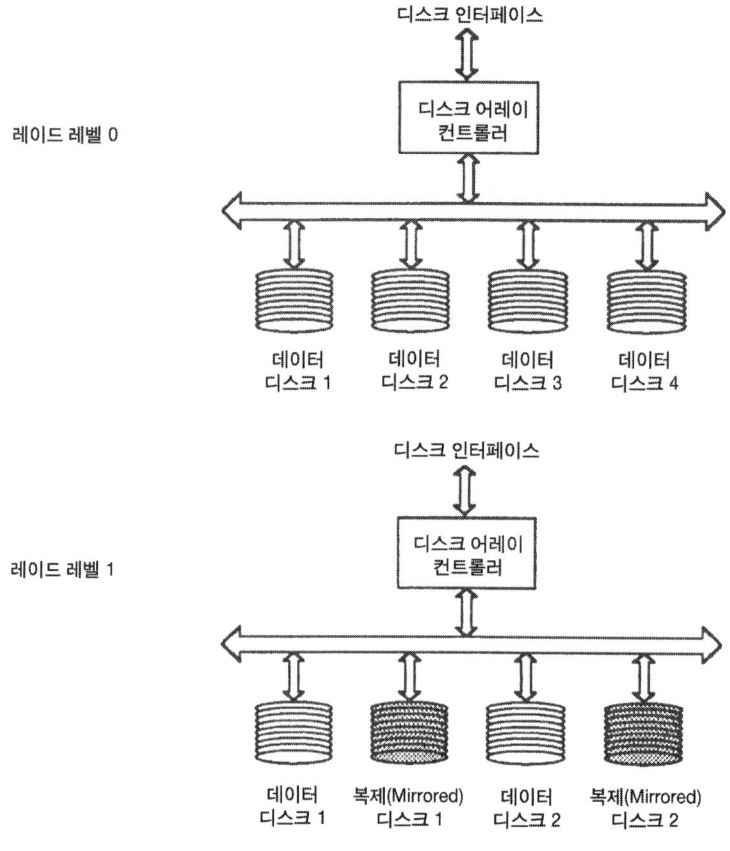

그림 10.3 디스크 드라이브 계통에서 레이드레벨(Raid Level)0과 레벨의 구성

레이드 레벨 3

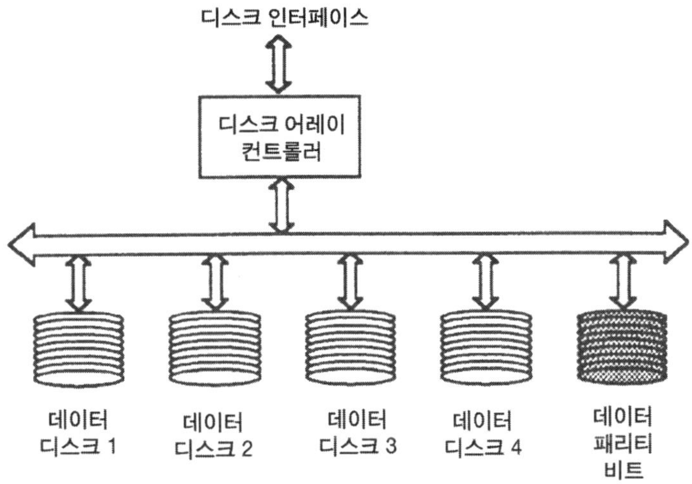

레이드 레벨 5

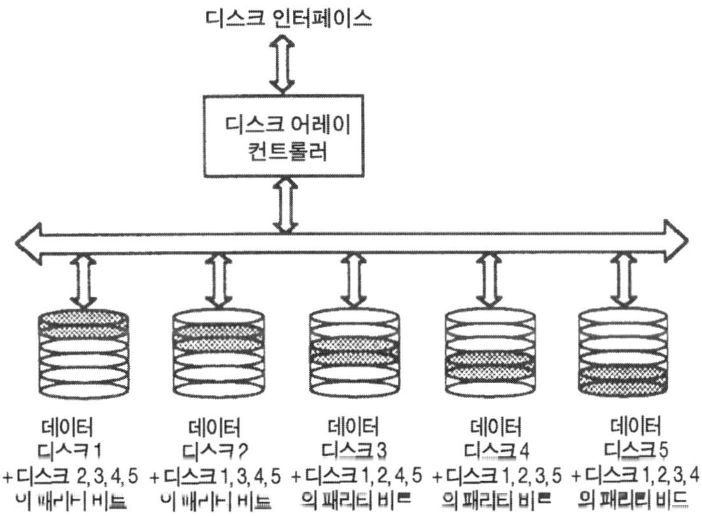

그림 10.4 디스크 드라이브 계통에 있어서 레이어 레벨 3와 레벨 5의 구성

- 레이드-0(RAID-0)

  인터페이스로부터 데이터는 모든 디스크에 분산기록 되어진다고 할 수 있는데, 이는 별개의 디스크에 대한 몇 개의 짧은 전송이 동시에 실행되어지고 있는 것으로, 이러한 구성은 대량의 데이터를 빨리 입출력하는 데에 있어서 적합 하다고 할 수 있으나, 데이터 보호 기능은 없다고 할 수 있고, 한대의 디스크가 장해가 있다면 시스템 크래쉬(System Crash)가 된다는 단점이 있다고 할 수 있다.

- 레이드-1(RAID-1)

  입력 데이터의 완전한 복제가 또 하나의 별개의 디스크에 완전하게 기록되어진다고 할 수 있는데, 그러한 결과에 의하여 디스크의 장해에 있어서 데이터 보호는 대단히 양호하다고 할 수 있으나, 그 대신에 기록 용량이 줄어들어서 기록하는 데에 있어서 생기는 원가는 상승한다고 할 수 있다.

- 레이드-3(RAID-3)

  데이터 기록용의 디스크와는 별개로 패리티비트(Parity Bit) 기록용의 액스트라 디스크 드라이브(Extra Disk Drive)를 부가하여 구성한 것이라 할 수 있는데, 전송 데이터는 바이트 단위로 분해(Bit-Stripping)하여서 병렬로 동작하고 있는 모든 데이터용의 디스크에 분산 시켜서 기록 되어진다고 할 수 있다.

  또한 패리티용 디스크를 포함하는 모든 디스크는 동기가 되어있지 아니하면 되지 아니한다고 할 수 있는데, 동기가 되어있다면 모든 디스크의 같은 병렬의 섹터가 동시에 재생이 되고, 에러의 체크나 정정이 가능하다고 할 수 있다.

  디스크 어레이 컨트롤에 남아있는 정확한 데이터와 패리티(Parity)로 부터 잃어버린 정보를 재생 한다고 할 수 있는데, 이러한 시스템 개선에 의하여 원가는 25%정도 상승하지만 시스템은 높은 전송 능력과 큰 기록 용량을 확보하면서도 데이터의 보호 기능을 가지고 있을 수가 있게 되어있어, RAID-3 방식은 큰 시퀀셜 데이터(Sequential Data) 기록을 하는 비디오 베이스의 서버 시스템에 있어서는 가장 많이 사용되어지는 방식이라고 할 수 있다.

- 레이드-5(RAID-5)

  이런 방식에 있어서는 디스크에 데이터를 병렬로 기록 하여 읽어내는 방법으로서 짧은 파일일 경우에는 원래 파일 그냥 그대로하고, 큰 파일일 경우에는 불록에 분할하여 각 디스크에 분산 하여 기록을 하고 있다고 할 수 있는데, 데이터 블록의 패리티 정보는 데이터를 기록한 디스크와는 다른 디스크에 분산하여 기록을 한다고 할 수 있다.

  또한 이러한 RAID-5에서는 예비디스크의 수에서는 RAID-3와 같다고 할 수 있지만 보다 빠른 데이터의 전송과 기록 및 재생이 개선되어서 보다 높은 레벨의 신뢰성이 향상 되었다는 데에 특징이 있다고 할 수 있고, 따라서 RAID-3 형식은 리얼타임 비디오 서버와 같이 전송 데이터의 량보다는 입출력의 성능향상에 의하여 보다 중요한 용도로 사용하는 것을 목표로 하고 있다고 할 수 있다.

  그러나 한 개의 디스크 드라이브의 장해가 발생할 때에 RAID-3에서는 그 성능은 유지가 되지만 RAID-5에서는 성능이 많이 저하 한다는 결점이 있다고 할 수 있다.

- 레이드-6(RAID-6)
  이 형식은 RAID-5로부터 더 발전한 형식이라고 할 수 있는데, 2대의 드라이브가 동시에 장해가 생기는 경우는 물론, 그 밖에 잃어버린 정보를 재구성 하는 2대의 디스크가 동시에 장해를 일으키더라도 시스템은 동작이 된다고 할 수 있다.
- 레이드-7(RAID-7)
  이 형식은 1991년에 Storage Computer사에 의하여 개발 되어진 Proprietary System이라고 할 수 있는데, 이 방식은 내장의 오퍼레이팅 시스템과 독립한 컨트롤러와 데이터베이스를 사용하여 복수의 호스트 인터페이스를 지원한다고 할 수 있다.

또한 디스크 기록 시스템의 디스크 이외의 각 개체 컴퓨터 시스템도 장해를 일으킬 수가 있다고 할 수 있는데, 따라서 시스템에 따라서는 전원의 호트 스와핑(Hot Swapping) 기능이나 예비 디스크 컨트롤러(Disk Controller)를 준비하여 사용을 하고 있다고 할 수 있다.

디지털 비디오테이프 기록 시스템에서는 다른 형식의 디지털 기록 시스템과 비교하여 가장 미디어 기록 원가가 싸고, 장비의 운용상으로 쉬우면서도 가장 장시간 기록이 가능하다는 장점이 있으나, 이러한 시스템은 정기적인 보수의 필요성이 있다고 할 수 있고, 신뢰가 가능한 오퍼레이션을 하기 위 하여는 시스템 운용 중의 원가도 상승한다는 단점도 있다고 할 수 있다.

디스크 기록 시스템의 주된 용도의 하나로서는 멀티 카세트 카드 시스템가운데 디스크에 의한 캐시(Cache: 단시간 기록용 디스크) 장치라고 할 수 있는데, 이는 멀티카세트로부터 플레이 리스트에 의한 한정 되어진 시간분의 프로그램을 캐시(Cache)시스템에 전송함으로서 송출 하는 것으로서, 이러한 조합형 맞춤을 하이브리드 기록(Hybrid Storage)라고 불리 우고 있다고 할 수 있고, 이는 양 방향 시스템의 장점을 합쳐서 만든 것 이라할 수 있다. 이러한 방식은 테이프 재생과 비교하여 디스크 시스템에 따라서는 플레이 리스트의 절환 타이밍의 직전 변경(Last- Minutes Change)에 대한 유연성이 생기고, 디스크에 있어서는 헤드의 마모나 클리닝에 있어서 문제가 없이 프리롤(Pre Roll)이 불필요하기 때문에, 소재의 빠른 억세스가 가능하다고 할 수 있는데, 카드시스템 측에서는 VTR의 트랜스포트의 수를 적게 할 수가 있고, 디스크보다도 큰 프로그램 축적 시간을 가지는 것이 가능하다고 할 수 있다.

10.3.4 서버(Server)

기본적인 서버의 기본적인 구조는 3개의 부분으로부터 구성 되어있다고 할 수 있다.

- 데이터를 고속으로 동시 억세스가 가능한 복수의 하드 디스크 드라이브 시스템으로서, 목적으로 하는 용도에 충분한 용량과 확장성을 가지고 있어야 한다고 할 수 있는데, 디스크 어레이 컨트롤러는 데이터의 분산과 그밖에 모든 부분의 드라이브사이의 통신을 관리한다고 할 수 있다.
- 디스크 드라이브와 네트워크 사이에 고속 데이터 통신 인터페이스가 가능하여야 하는데, 고속의 데이터 전송을 시행하기 위해서는 몇 가지의 학문적 접근이 필요하다고 할 수 있다.
  또한 이러한 시스템을 구축하기 위해서는 초고속 CPU의 사용, 병렬 CPU와 버스, 테트로닉스사의 프로파일의 PDR-100디스크레코더 등의 사용이라고 할 수 있는데, 이러한 시스템에 있어서 인터페이스시스템에서는 데이터 압축을 위한 엔코더, 디코더를 내장하고 있어야 한다고 할 수 있다.
- 서버 시스템 구축에 있어서는 복수의 디지털 오디오/비디오 데이터 스트림 신호를 기록, 재생 모드로 처리를 하므로 정확한 파일관리나 파일 억세스를 가능하게 하는 소프트웨어를 기본으로 하는 오퍼레팅 시스템으로 구축되어 있어야 한다고 할 수 있다.

표 10.2 각 오디오비디오 데이터 신호의 기록에 필요한 데이터 레이트

데이터신호	사양	데이터 레이트
Quality-Audio Voice	1ch;8-bit@8kHz	64kbps
MPEG오디오 레이어 II	1ch;16-bit@48kHz	128kbps
MPEG오디오 레이어 III	1ch;16-bit@48kHz	64kbps
AC-3	6ch;16-bit@48kHz	384kbps
CD	2ch;16-bit@44.1kHz	1.4Mbps
AES/EBU	2ch;24-bit@48kHz	3.07Mbps
MPEG-1(Video)	352×288,30fps,8-bit	1.5Mbps
MPEG-2(MP@ML)	720×576,30fps,8-bit	Max.15Mbps
MPEG-2(4:2:2P@ML)	720×608,30fps,8-bit	Max.50Mbps
CCIR-601	720×480,30fps,8-bit	216Mbps
HDTV	1920×1080,30fps,8-bit	995Mbps

- 서버의 디자인과 성능은 압축 신호의 품질과 디스크 기록 용량, 데이터 속도, 재생 시간, 채널수, 억세스 속도, 또는 신뢰성과 사이에 밀접한 관계가 있다고 할 수 있는데, 사용자가 삽입한 자막 데이터(Closed Captioning Signal : CCS) 이나 수직기간 타임코드(Vertical Interval Time Code : VITC), 비디오 인덱스 (Video Index)정보, 사용자 데이터 등의 입력 비디오 신호의 수직 기간 데이터는 수직 라인으로부터 분리하여 디스크에 기록 보존하여서 서버 재생 시에 재 삽입하지 아니하면 되지 아니한다고 할 수 있다. 표 10.2에서는 다양한 오디오, 비디오 데이터에 대한 필요한 기록 스페이스를 표시하고 있다고 할 수 있다.
  통상 적으로 비디오 서버는 꽤 많은 기록 용량과 복수의 입출력 채널을 가지고 있다고 할 수 있는데, 그러나 대부분의 서버에서는 아래와 같은 5개의 텔레비전 분야의 각 용도에 응하여 각각 다른 구조와 성능을 가지고 있다고 할 수 있다.
- 사용자.
  사용자 입장으로서는 어느 정도 고화질이 아닌 소재라 할지라도 사용하는 것이 가능하고, 비디오 압축이 데이터 파일 사이즈나 전송 레이트를 감소시키는 데에 있어서는 유효하다고 할 수 있는데, 복수 소재의 멀티 억세스로 사용 가능한 것은 필수로서 적당한 대역폭이 필요하다고 할 수 있고, 필요한 소재의 직접 온에어(On Air)를 하기위하여 신뢰성이 확보 되어진 출력 포트가 필요하다고 할 수 있다.

표 10.3 제작용 또는 방송용 Server의 4:2:2비디오 신호에 대한 필요 대역

Server용도	대역,Mbps	샘플링 비트수	압축비
최고화질의 포스트 프로덕션	270	10	1
상시화질의 포스트프로덕션	90	10	2.3:1
단순한 포스트 프로덕션	25~50	8	6.6:1~3.3:1
보도(압축 데이터)	18~25	8	9:1~6.6:1
장래의 HDTV방송	20	8	10:1~50:1
고화질 SDTV방송	8	8	20:1
중화질 SDTV방송	3	8	5.5:1
저화질 SDTV방송	1.5	8	110:1

- 프로덕션

이러한 분야에서는 가장 서버를 필요로 하는 영역이라고 할 수 있는데, 복수의 비압축으로 큰 비디오 파일을 자유로운 랜덤 억세스 기능을 가지고 리얼타임으로 동시에 전송이 가능하여야 한다는 필요 요구에 응하기 위하여 넓은 대역폭을 가지고 있지 아니하면 되지 아니한다고 할 수 있다.

또한 제작 센터 설비에 있어서 1식의 서버 시스템은 포스트 프로덕션이나 분배에 사용을 하고 있는 모든 압축, 비압축 오디오/ 비디오 데이터 파일을 축적 기록한다고 할 수 있는데, 그러한 파일을 위 하여는 대단히 큰 기록 용량과 프로덕션 시스템이나 설비를 결합한 네트워크에 의한 고속의 데이터 멀티 전송 능력 등이 필요하다고 할 수 있다.

이러한 서버는 제작 시스템의 제작 현장 오퍼레이션 중앙에 있어서 전 제작 시스템의 성능에 결정적인 영향을 끼친다고 할 수 있기 때문에 프로덕션 서버를 선택할 경우에는 필요로 하는 충분한 기능과 사양을 가진 것을 주의하여 선택을 하지 아니하면 되지 아니한다고 할 수 있다. 표 10.3에서는 4:2:2비디오 신호의 경우 각 용도별로 프로덕션 서버에서 필요로 하는 대역폭을 표시하고 있다.

- 송출

소재 전송에서만이 아니라 방송을 하기위한 프로그램 에서도 높은 압축비의 사용이 가능하다고 할 수 있는데, 그러하기 때문에 비트 레이트나 채널의 수에서도 기존의 프로그램 전송보다는 낮기 때문에 대역폭에 있어서도 별로 넓지 아니하여도 되지만 신뢰성이 무엇보다 중요하다고 할 수 있다.

- 비디오 온 디맨드(Video On Demand: VOD)

이러한 용도의 서버는 대단히 다수의 채널을 송출하는 것이 불가능하다면 실행이 되지 아니한다고 할 수 있는데, 각 채널은 MPEG-1(1.5Mbps)과 같이 품질이 높지 아니하여도 좋다고 할 수 있고, 모든 송출 요구에 응하기 위해서는 넓은 대역폭이 필요하다고 할 수 있다. 또한 길은 억세스 타임은 니어 비디오 온 디맨드(Near Video On Demand: NVOD)에서는 허가를 하고 있으나, VOD(Video On Demand)에서는 짧은 억세스 타임이 필요하다고 할 수 있다.

- 데이터 캐시(Data Cache)

캐시 시스템이라는 것은 기본적으로는 일시적인 랜덤 억세스가 가능한 디스크 버퍼라고 할 수 있는데, 현재의 캐시시스템에서는 송출 용도의 테이프 라이브러리 시스템과 함께 사용하고 있다고 할 수 있고, 이러한 캐시시스템은 같은 소재가 일시에 몇 회라도 사용이 되어 마지막의 타이밍에서는 절환이 서서히 시행된다고 할 수 있으며, 이러한 형식은 광고 송출에 특히 적합 하다고 할 수 있다.

또한 대역폭이나 채널수의 요구는 그렇게 생각한 것과 같이 심각한 문제는 아니라고 할 수 있고, 또 하나의 중요한 용도는 리모트 캐싱 (Remote Caching)이라고 할 수 있다. 중앙의 메인 서버로부터 매일 광고를 매일 네트워크를 통하여 지방의 방송국에 캐시 시스템으로 전송을 하고, 캐시는 광고 프로그램 삽입과 로컬 프로그램 송출에 사용되어진다고 할 수 있는데, 멀지 않은 장래에 캐시 시스템은 가정에서도 사용하게 되어 사용자는 로컬 네트워크를 통하여 다양한 메인서버에 억세스가 가능하게 되어있다고 할 수 있고, 메인 서버의 사용량이 적은 시간(Low Traffic Time)에 억세스하는 것이 가능하게 되어 있어 데이터 전송에 있어서도 실시간 보다 수배 이상 빠른 속도로 실행하는 것이 가능하다고 할 수 있다.

10.3.5 카메라

아날로그 카메라 신호원을 멀티미디어 디지털 시스템으로 사용하기 위해서는 디지타이저(Digitizer)나 리얼타임 프로세스가 가능한 프레임 그래버 (Frame Grabber : 화상 입력 장치)를 이용하여 디지털 신호로 변환을 시키지 아니하면 되지 아니한다.

디지털 카메라는 가정용 시장에도 이미 많이 판매되고 있다고 할 수 있는데, 이 책이 쓰여 질 당시에 시장에 출연하고 있는 제품의 모델명을 나열하자면 소니사의 DVCAM DXC-D30, DCR-VX1000등의 모델이 있고, 파나소닉사에서 발매하고 있는 모델로는 DX1이 있으며, 그리고 JVC사에서 발매를 하고 있는 것으로는 GR-DV1등이 있다고 할 수 있다. 이중에서 일부 카메라 기종에서는 파이어 와이어 콘넥터(Fire Wire Connector: IEE-1394) 가 내장 되어있어 이러한 것에 의한 디지털 오디오 신호, 압축 비디오 신호, 타임코드 신호, 세어메시지, 에러 정정 비트 등을 다이렉트로 전송이 가능한 것도 있다고 할 수 있는데, 이러한 Fire Wire타입의 디지털 인터페이스는 장래의 어드밴스 텔레비전(Advance Television)수상기나 PC를 이용한 기기와의 워크스테이션을 향상시키고, 이미 출현하고 있는 디지털 VCR 등을 연결하여 녹화 및 편집능력을 향상시키었다고 할 수 있다.

따라서 사용자는 비디오 화질에 있어서는 현재의 S-VHS나 Hi-8 등을 이용하여 화질, 음질을 포함하여 기존의 아날로그 포맷보다는 보다 양질의 프로그램을 즐길 수 있다고 할 수 있다.

10.3.6 비디오카세트 레코더

아날로그 VCR(VHS타입)은 아날로그오디오, 비디오 신호를 출력하여 멀티 미디어시스템에 사용하기 위하여 디지털 화 하지 아니하면 되지 아니한다고 할 수 있는데, 재생되어진 비디오 신호의 품질은 노이즈도 많고, 에일리어스(Alias: 위신호)도 있어서 별로 좋지 아니하다고 할 수 있으며, 이러한 노이즈 등은 압축 시에 문제를 일으킬 가능성이 높다고 할 수 있다.

이러한 디지털 VCR은 고품질의 오디오, 비디오신호를 재생하는 것이 가능하다고 할 수 있는데, 멀티미디어 용도의 VCR에서는 1995년 VCR제작사의 협의 단체에 의하여 개발되어진 DV(Digital Video)의 포맷 규격을 기본으로 한 것이라고 할 수 있다.

표 10.4 기록 포맷의 특성에 대한 개요

파라미터	사양	
	비디오	오디오
샘플링 포맷 또는 주파수	4:1:1(525/60) 4:2:0(625/50)	48kHz
샘플링수	8비트	16비트
압축	있음	없음
비트레이트, Mbps	24.948	1.5
데이터채널	1	2(16-bit, 32~48kHz) 4(12-bit,32kHz)
타임코드	있음.	
카세트 시간	1시간	4.5시간
자기테이프	메탈(ME)테이프	
테이프 폭	6.35mm	
트랙 폭	10㎛	

이러한 DV포맷에서는 4:1:1의 샘플링 비디오 신호를 MPEG-2에 근접하는 압축 방식을 사용하여 5:1로 압축 기록하는 기술과 비 압축의 2채널의 디지털 오디오 신호를 기록 하는 방식을 포함 하고 있다고 할 수 있는데, 오디오 에서는 아래와 같은 2개의 모드가 가능하다고 할 수 있다.

- 32, 44.1, 48kHz의 샘플링 16비트의 2채널 모드.
- 32kHz의 샘플링, 12비트를 사용하여 녹화 및 재생의 특성을 개선하기 위하여 다이나믹 레인지 범위를 넓히는 4채널 모드.

DV포맷 VCR의 특성을 표 10.4에서 정리하여 표시를 하고 있고, DV포맷에 있어서는 기록한 데이터의 내용에 관련한 다양한 정보를 동시에 테이프에 기록하는 것이 가능하다고 할 수 있는데, 이러한 기능은 프로그램을 제작 할 때에 카메라의 설정치나 특수 씬(Scene)의 정보, 빠른 서치를 위한 ID, 데이터 압축 방식, 타임코드 등의 정보를 부가하는 데에 있어서 도움이 되고 있다고 할 수 있고, 새로운 DV포맷의 VCR 은 프로그램 보존을 위하여는 거대한 테이프 기록 기기일지라도 유용하다고 할 수 있다.

이러한 DVCR은 파이어 와이어(Fire Wire)인터페이스 콘넥터에 있어서도 설비가 가능하다고 할 수 있는데, 거기에다 소니사의 카세트에서는 4MB의 메모리칩을 내장하여 각 소재 씬(Scene)의 최초 이미지를 시간이나 일시와 함께 기록하는 것이 가능하다고 할 수 있다.

10.3.7 CD-ROM과 광자기 디스크

1983년 이후 도입된 이후 CD-ROM은 주로 디지털 오디오 신호의 1회기록 미디어로서 사용되어져 왔다고 할 수 있고, 이러한 CD-ROM은 최대 650MB의 데이터를 기록하는 것이 가능하다고 할 수 있는데, 이러한 용량은 통상적으로 좋은 품질의 비디오 프로그램을 기록하는 데에 있어서는 불충분 하다고 할 수 있다.

또한 이러한 작은 용량의 디스크에 대용량의 데이터를 기록 하여야 한다는 요구에 부응하기 위하여 새로운 포맷의 디지털 비디오디스크(Digital Video Disk : DVD)가 개발 되었다고 할 수 있는데, 이러한 DVD포맷의 방법은 CD-ROM과 같다고 할 수 있으나 다른 점은 10GB까지 MPEG-2 비디오 신호를 기록이 가능하다는 것이라고 할 수 있다.

디스크 플레이어는 2채널의 오디오 출력과 외부의 돌비 디지털 서라운드(AC-3) 디코더를 접속이 가능한 광 디지털 오디오 출력을 가지고 있다고 할 수 있는데, 이러한 기기의 최초로는 소니, 필립스사에 의하여 멀티미디어 콤팩트디스크(MM-CD)와 파나소닉사와 히다찌사에 의한 슈퍼 덴시티 디스크(Super Density Disk : SD) 2개의 방식이 개발 되었으나 이러한 2가지의 방식이 결합 되어져서 나중에 DVD포맷이 개발 되었다고 할 수 있다.

광자기 디스크 드라이브는 높은 신뢰성을 가지고 있고, 고밀도 기록의 미디어로서 가동 되는 장점에도 불구하고 가동부품도 적은 구조로 되어있다고 할 수 있지만, 그러나 기록 미디어로서는 디지털 비디오 억세스 타임이 느려서 약간의 문제 소지가 있다고 할 수 있다.

거기다 더해서 통상적으로 WORM(Write Once Read Many)디스크 이기 때문에 오디오, 비디오 포스트 프로덕션과 같이 소재를 기록, 재생반복 하는 것이 빈번한 경우에 있어서는 필요로 하는 용도에 적합 하지 아니하다고 할 수 있으나, 랜덤 억세스 기능이나 미디어 교환기능이 중요한 분야라고 할 수 있는 니어 비디오 온 디맨드(Near Video On Demand : NVOD)서버와 같은 용도가 있다면 충분하게 사용하는 것이 가능하다고 할 수 있고, 기록매체로 사용하는 광자기 디스크는 미디어 기록 용량이 많고(3.2Gb이상), 사용하는 수명시간 도 길어서 신뢰성은 높다고 할 수 있다.

10.3.8 디지털 비디오 인터랙티브(Digital Video Interactive : DVI)

DVI는 인텔사가 개발한 멀티 미디어기술의 등록 상표 이름이라고 할 수 있는데, 이러한 기술은 고속 전용의 비디오 프로세서와 소프트웨어를 포함하여 인텔사로부터 멀티미디어 컴퓨터 메이커나 멀티미디어 애플리케이션 개발자에게 제공되어져 있다고 할 수 있다.

10.4 멀티미디어의 상호 접속

현재의 데이터 전송 네트워크는 패킷화한 데이터 스트림을 취급하게 설정이 되어있어 절환에 있어서도 패킷의 단위로 시행이 된다고 할 수 있는데, 새로운 멀티미디어 용도로 쓰기 위해서는 제작 사업자나 방송 사업자 또는 그 외에 사용자의 다양한 서비스 요구와 품질레벨의 요구를 만족하기 위해서는 네트워크에 있어서 진보가 필요하다고 할 수 있다. 또한 비디오 네트워크에서는 연속한 데이터 스트림이 필요하고, 거기에다 스위칭에 있어서는 수직 귀선기간에서 시행이 되지 아니하면 되지 아니한다고 할 수 있는데, 따라서 이러한 조건을 만족하기 위하여 중요한 멀티미디어의 네트워킹의 특성요구는 다음과 같은 것이 있다고 할 수 있다.

- 대역폭(Band Witch)
  필요한 대역폭(Bit Rate)은 이미지의 해상도, 프레임 레이트, 기대 되어지는 화질에 따라서 결정이 되어진다고 할 수 있는데, 그 외에 실시간에 의한 빠른 전송 속도가 뉴스 프로그램의 파일전송과 더빙용도 등에서는 중요한 분야라고 할 수 있다. 또한 최대 네트워크 대역폭에서는 전송하는 데이터 정보와 파일 시스템 구조 때문에 일부 데이터를 포함하므로 실제의 데이터 처리량은 최대 대역폭보다도 낮다고 할 수 있는데, 그러한 것은 네트워크 규격에 따라 결정 되어 진다고 할 수 있다.

- 에러 후리 통신(Error Free Communications)

  데이터 방송 프로토콜(Protocols :접속 수순)에서는 보통 에러를 검지하는 기능과 에러가 발생하였을 경우에는 그러한 것을 정정하는 기능이 포함되어있다고 할 수 있는데, 비디오 전용 네트워크 에서는 보다 간단하게 오류부분을 주변의 화소로 보완을 하는 에러 컨설멘트(Error Concealment)기능과 포워드(Forward Error Correction: FEC) 오류정정 기능을 사용하고 있다고 할 수 있다.
- 전송 지연(Transmission Delay)

  인터랙티브(Interactive: 쌍방향)의 기능을 가지고 있는 멀티미디어 애플리케이션에서는 전송 지연을 고려하지 아니하면 되지 아니한다고 할 수 있는데, 텔레비전 회의와 같이 상호적으로 얼굴을 보면서 대화를 할 경우에는 한쪽 방향의 지연은 150ms이하인 것이 필요하다고 할 수 있다.
- 데이터의 호환성(Interoperability)

  이러한 것은 중요한 요건으로 멀티미디어 기기 간의 다양한 네트워크나 인터페이스를 경유하여 데이터의 전송을 보증 하는 것이라 할 수 있다.
- 중단이 되지 아니하고 비디오 스트림을 출력하는 것이 가능한 능력.
- 한 개의 데이터 압축 스트림으로부터 다른 하나의 스트림으로 스위칭(또는 재 다중)이 가능한 능력.
- 데이터 압축 신장을 종속하여 취급하는 능력.

  제8장에서 설명을 한 것과 같이 데이터의 다른 압축 방식으로 종속하여 처리를 반복하여 시행한 경우에 호환성이 없어서 확실하게 화질의 불량이 발생하는 경우가 있다.
- 채널 동기(Channel Synchronization)

  오디오, 비디오, 또는 관련 데이터는 수신단에서 동기가 되어있지 아니하면 되지 아니한다고 할 수 있는데, 특히 각 데이터 파일이 다른 경로로 전송이 되어진 경우에는 더더욱 동기는 중요하다고 할 수 있고, MPEG규격에서는 그러한 목적 때문에 전용의 동기 데이터와 버퍼(buffer)에 필요한 크기의 데이터를 준비하고 있다고 할 수 있다.

  또한 데이터 파일의 내용과 멀티미디어 애플리케이션의 요건에 부응하기 위하여 3개의 데이터 전송 모드가 사용되어 진다고 할 수 있다.
- Synchronous (동기성)

  데이터 파일이나 패킷은 정확한 같은 동기로 반복하여 전송 되어진다고 할 수 있는데, 그 때문에 전송 지연은 각 데이터 파일 또는 패킷의 지연으로 정의 되어진다고 할 수 있다.

- Asynchronous (비동기성)
  데이터 파일이나 패킷은 네트워크가 전송이 가능하였을 때 보내진다고 할 수 있는데, 전송 지연은 이러한 타입의 네트워크에서는 변화를 한다고 할 수 있다. 따라서 데이터를 확실하게 보내어지는 것이 가장 중요한 사항이라고 할 수 있는데, 데이터의 오류가 생긴 패킷은 재전송 하는 것이 가능하다고 할 수 있다.
- Isochronous (등시성)
  데이터 파일이나 패킷은 정확하게 같은 주기를 가지고 같은 데이터 길이를 사용하여 조금씩 반복하여 전송 되어진다고 할 수 있는데, 전송 지연에 있어서는 각 데이터 파일에 대하여 고정이라고 할 수 있다. 또한 할당 되어진 패킷 전송 시간은 고정으로서 전송 오류가 있는 경우에는 오류 정정이 시행 된다고 할 수 있는데, Isochronous 전송에 있어서 좋은 예로서는 디지털 비디오 데이터 전송으로서, 화상 가운데 비디오 데이터 지연의 연속적인 변화를 방지하기 위하여 패킷은 같은 지연 시간에 신호가 단절이 되지 아니하고 전송할 필요가 있다고 할 수 있다.
  결론적으로 이야기하면 오디오 비디오 데이터의 네트워크에 의한 리얼 타임 전송에 있어서는 양호한 대역과 작은 지연시간의 Isochronous의 전송이 필요하다고 할 수 있고, Isochronous 데이터 전송에 있어서는 네트워크의 데이터 스루푸트 (Data Throughput : 실행 데이터 처리량)를 최대로 하기 위하여 데이터 패킷의 헤더의 길이를 짧게 하여 페이로드(Payload : 축적되어있는 데이터 중에 전송이 되어지는 실효데이터 부분)를 크게 할 필요가 있다고 할 수 있다.

데이터 전송 시스템에 있어서는 기본적으로 다음과 같은 2개 타입의 물리적인 접속 상태가 있다고 할 수 있다.

- 같은 실내에서 2개 또는 그 이상의 멀티미디어 기기의 접속.
  이러한 경우의 전송에 있어서는 인터페이스를 경유하여 시행이 되어진다.
- 같은 빌딩 내에서나 아니면 떨어진 빌딩 내에서 멀티미디어 워크스테이션 사이에 접속.
  이러한 경우에는 전송 네트워크를 경유하여 시행이 되어진다고 할 수 있다.

우리가 통상 적으로 사용하고 있는 이더넷(Ethernet)이나 FDDI, ATM 등의 몇 가지의 표준적인 네트워크에서는 비디오용도에서 보통사용하고 있는 커다란 디지털 파일의 전송용이 아니고, 작은 데이터 파일 전송에 적합한 형태로 개발되어져 있다고 할 수 있다.

10.4.1 인터페이스

같은 실내에서 구성한 멀티미디어 시스템은 파이버채널(Fiber Channel) 이나 이더넷(Ethernet)과 같은 인터페이스에 의하여 접속하는 것이 가능하다고 할 수 있다. 그러나 빌딩 에리어 내의 네트워크(BANs)나 로컬 에리어 네트워크(LANs)에서는 디지털/광변환기를 사용한다 할지라도 원래의 규격에 있는 전송 거리 등의 특성상에 의하여 제한을 받지 아니하는 몇 개의 인터페이스 규격이 있다고 할 수 있는데, 그 중에서 가장 많이 사용하고 있는 규격을 아래의 항에서 설명을 하고자 한다.

10.4.1.1 파이어 와이어(Fire Wire)

원래는 애플 컴퓨터 사에 의하여 개발 되어서 명칭이 붙여진 인터페이스 포맷은 IEEE1394-1955고속도 시리즈 버스 (P1394이라고 부름)로서 표준화 되었다고 할 수 있는데, 이것은 디지털 장치를 짧은 거리의 케이블로 연결하여 1대의 장치 내부 뒷면단자를 통하여 각각 다른 영역사이를 접속하는 것을 목적으로 한 것이라고 할 수 있다.

이러한 장치는 각각 다른 63대까지 장치를 한 개의 버스를 사용하여 데이시 체인(Daisy Chain : 주변의 기기를 특수한 연결에 의하여 접속하는 것) 방식으로 접속이 가능하다고 할 수 있는데, 각 장치간의 케이블 최대 길이는 4.5m이라고 할 수 있고, 고품질이 케이블 이라면 그 거리를 14m까지 연장하는 것이 가능하다고 할 수 있다. 또한 파이어 와이어(Fire Wire)의 규격 사양에 있어서는 각각 다른 버스가 브릿지로 상호 접속하는 것이 가능하여 수천 개의 각각 디지털 장치 장비를 접속이 가능하다고 할 수 있는데, 이러한 버스에 장치가 새로이 접속이 되거나 접속이 해제되었을 경우에는 자동적으로 노드ID(Node ID)가 할당 되어진다고 할 수 있다.

역주 여기에서 이야기하고 있는 노드 (Node)이라는 것은 네트워크에 접속한 버스 또는 네트워크 장치 등의 네트워크로의 접속점을 말하고 있다.

또한 전송 중에는 대략 한 개의 노드(Node)가 버스에 억세스를 가능하게 하고 있고, 공평하게 조정하는 전송 수순(프로토콜)이 사용되어진다고 할 수 있는데, 이러한 것에 대한 데이터 전송은 자동적으로 버스 상에 생성 되어진 Isochronous 모드 전송 채널을 사용하여 결정되어진 대역과 지연시간으로 시행 되어진다고 할 수 있다.

이러한 한 개의 장치가 한 개의 입력과 2개의 각각 다른 출력을 가지게 하는 것과 같이 한 개 이상의 버철채널(Virtual Channel)을 필요로 하는 경우도 있어, 이러한 각 장치는 그 비트 레이트의 중요도에 대응하여 대역을 할당 하고 있다고 할 수 있고, 표 10.5에서는 IEEE1394포맷의 특성의 개요를 표시하고 있다고 할 수 있다.

표 10.5 Fire Wire(IEEE1394)고속도 시리얼 버스의 사양

파라미터	사양
최고 비트레이트	400Mbps(50Mbps)
최대 케이블 길이	4.5m(Low Cost Cable) 10m(Thick Cable : 직경이 큰 케이블) 14m(비트 레이트〈200mbps)
케이블 타입	6도선 (신호용Twisted Pairs 2조, 전원용 2라인)
데이터 전송모드	Isochronous
최대 채널수 (Virtual Channel)	63

IEEE1394인터페이스는 로컬 범위에 있는 멀티미디어 장치 즉 예를 들면 퍼스널 컴퓨터, 하드 디스크 드라이브, 카메라, VCR, 프린터, 스케너, CD-ROM, 케이블 셋톱박스, ATV수상기, 사업용으로서는 제어 기기나 연구용의 자동 측정 기기, 제품의 자동 측정기기, 제품의 자동 체크기기 등의 상호 접속을 목적으로 하고 있다고 할 수 있는데, IEEE1394와 PCI버스를 연결하는 인터페이스는 파이어 와이어 콘넥터(Fire Wire Connector)콘넥터나 프로세스의 기능을 컴퓨터 내에 도입하는 목적으로 어댑프텍(Adaptec Inc)에 의하여 개발 되었다고 할 수 있고, 그림 10.5에서는 파이어 와이어(Fire Wire)용의 케이블과 콘넥터를 표시하고 있다고 할 수 있다.

이러한 인터페이스는 다중 되어져 있는 타임코드를 사용하여 캠코더를 PC로부터 리모트 제어를 하기도 하고, 컴퓨터 프로세스를 하기위하여 24비트의 RBG 데이터와 압축 디지털 비디오 데이터간의 압축 신장 처리를 시행하는 DV 칩셋트(Chip Set)를 포함하고 있다고 할 수 있다.

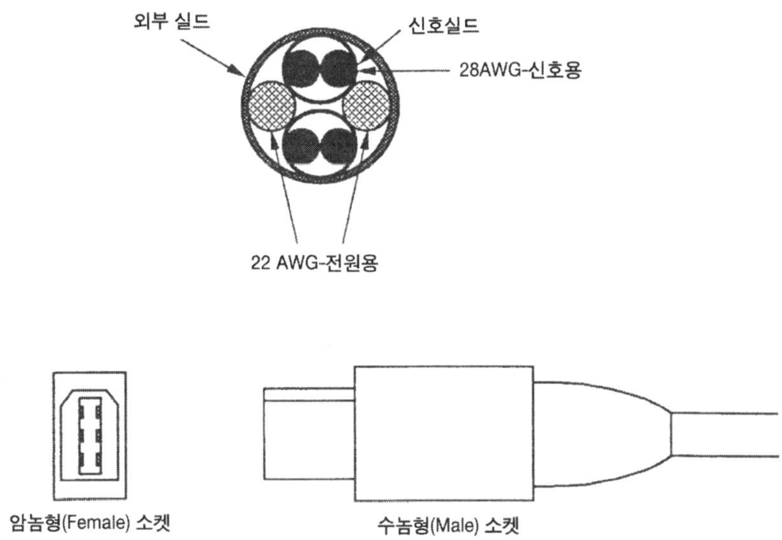

그림 10.5 파이어 와이어((Fire Wire)용의 케이블과 콘넥터

10.4.1.2 시리얼 스토레이지 구조(Serial Storage Architecture : SSA)

여기에서 이야기를 하고 있는 SSA는 원래는 미국 IBM사에 의하여 개발 되었다고 할 수 있는데, 기록 장치를 위하여 고속의 인터페이스 기능을 가지고 있고, 현재 이러한 규격은 미국의 표준 규격 ANSI X3T10.1규격으로서 규정 되어 있다고 할 수 있다.

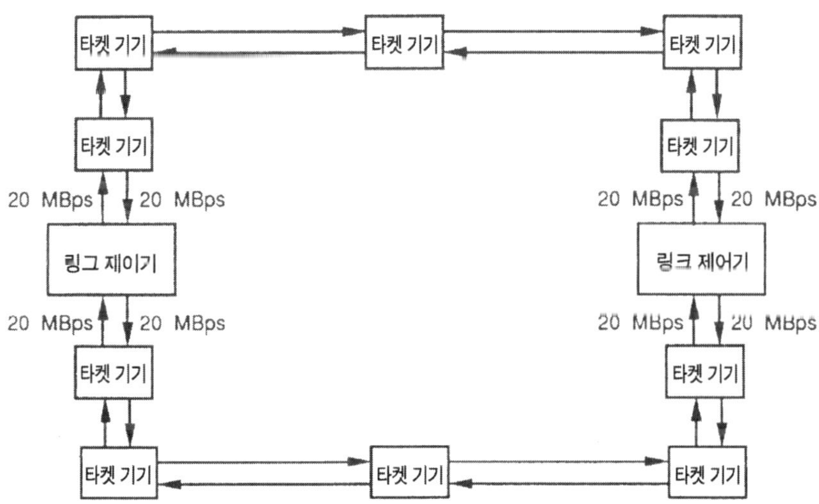

그림 10.6 SSA루프 접속계통

미디어 프로세서나 디스크 장치 등의 몇 개의 멀티미디어 장치는 최대 128 대까지 루프 상태로 접속이 가능하여 완전 2중 데이터 통신(Full-Duplex Data Communication)으로 리얼타임, 또는 리얼타임보다 더 빠르게 전송(Faster Than Realtime)이 가능하다고 할 수 있는데, 이러한 SSA는 최대속도 80Mbps로서 멀티로 동시에 읽어 낼 수도 있고, 동시에 입력하여 저장을 하는 것도 가능하다고 할 수 있다. 이러한 장치는 각 노드에 2개의 포트를 가지고 있어 통과 지연(Pass Through)은 약 5에서부터 10바이트 이라고 할 수 있고, 따라서 데이터가 통과 하는 데에 있어서는 약 0.5㎲걸린다고 할 수 있는데, 각 링크에서는 오류를 검지 기능과 회선 복구 기능을 가지고 있다고 할 수 있다.

그림10.6에 이니시에터(Initiator : 링크의 제어기)는 몇 개의 디스크 장치를 조합한 SSA루프를 표시하고 있다고 할 수 있는데, 루프가운데 장해가 발생을 하면 이니시에터(Initiator)는 데이터를 타켓(Target : 목표)기기에 보내서 장해가 없는 버스를 선택하는 것이 가능하다고 할 수 있다.

이러한 2개 이상의 이니시에터(Initiator)가 동시에 루프로 억세스가 가능하고, 주변에 있는 타켓이 되는 기기와의 통신이 가능하다고 할 수 있는데, 그림 10.7에서는 1개의 타켓의 기능상의 계통도를 표시하고 있다.

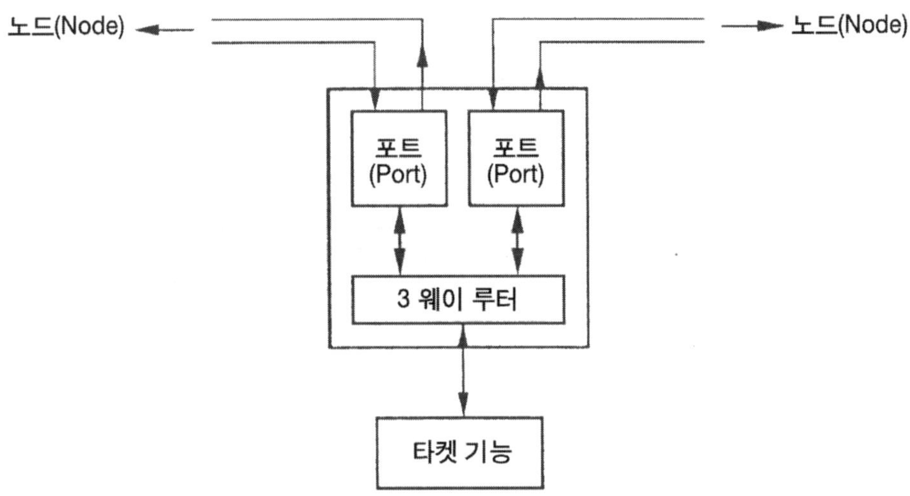

그림 10.7 SSA규격 네트워크의 타켓의 구성

10.4.1.3 파이버 채널 얼비트레이트 루프(Fiber Channel-Arbitrated Loop: 통신 승인 루프)

파이버 채널(Fiber Channel)은 미국규격 ANSI-X3,230-1994문서에 의하여 규격화 되었나고 할 수 있는데, 이러한 것은 멀티미디어 장치긴의 데이터 통신을 고속으로 하는 것이 가능하여 전송 케이블로서는 Twice Pair(투와이스 페어), 동축 케이블, 광케이블 등이 사용가능 하다고 할 수 있다. 여기에서 생각할 수 있는 몇 가지의 계통 구성법가운데 스튜디오 기기는 그림 10.8이나 10.9에서 표시를 하고 있는 것과 같이 파이버 채널 스위처를 통하여 접속 또는 루프로 접속하는 방법이 있다고 할 수 있는데, 후자에 이야기하고 있는 루프에 의한 접속 방법은 데이터 스위치가 불필요하고 전송에 드는 비용이 싸다는 장점이 있다는 이외에 그 외에도 몇 가지의 장점이 있다고 할 수 있다.

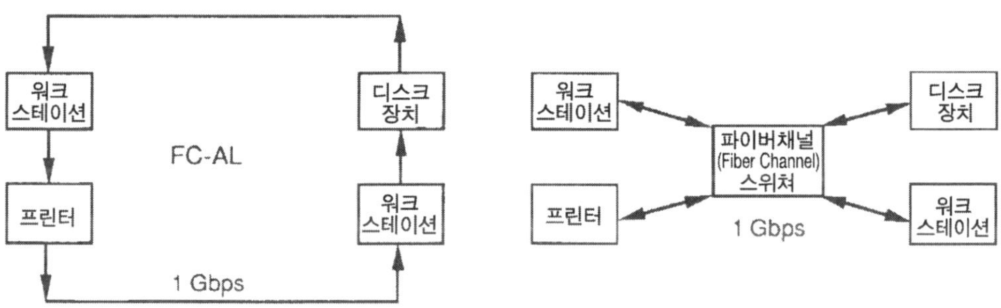

그림 10.8 파이버 채널의 통신 승인 루프(Arbitrated Loop)구성과 스위처 구성

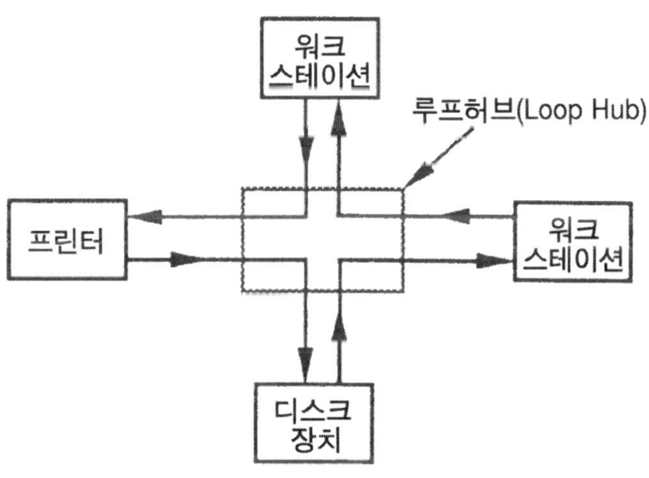

그림 10.9 버스를 이용한 파이버(Fiber)- 통신 승인 루프(Arbitrated Loop)의 구성

광으로 전송을 하는 파이버 채널은 프로토콜에 있어서는 독립 적(Protocol Independent)으로 운용을 하고 있으므로 양호한 양립성(Inter Operability)을 가지고 있다고 할 수 있는데, 따라서 스튜디오 용도에 있어서는 압축, 비압축의 데이터를 서버로부터 워크스테이션으로 전송을 하거나 아니면 필요에 의하여 워크스테이션에서 가공한 신호를 다시 역방향으로 데이터가 가지고 있는 노말 속도(Normal) 또는 노말 보다 빠른 속도로 전송이 가능하다고 할 수 있다.

채널상의 장치는 상호적으로 통신을 하여 통신 승인 프로세스를 통하여 어떠한 장치가 신뢰할 수 있는 시간에 버스상의 데이터를 통신을 할 것인가를 결정한다고 할 수 있는데, 그러한 데이터수신 장치는 가지고 있는 버퍼 메모리 량을 표시하는 것에 의하여 데이터 전송 레이트를 제어한다고 할 수 있다.

표 10.6에서는 FC의 특성에 대한 개요를 표시하고 있다.

10.4.1.4 스카시 인터페이스(Small Computer System Interface : SCSI)

이런 인터페이스는 최초로는 1986년에 MAC컴퓨터와 디스크 드라이브, 스캐너, CD-ROM드라이브, 레이저 프린터, 테이프 백업 장치 등 사이에서 5Mbps까지의 고속 데이터 전송이 가능한 파라렐(Parallel) 버스로서 개발 되었다고 할 수 있는데, 이러한 SCSI-1규격은 나중에 미국 규격협회(American National Standard Institute : ANSI)에 의하여 ANSI-X3,131-1986에 의하여 미국의 규격화가 되었다고 할 수 있다.

이러한 규격에서는 최대 7대의 장치가 50핀의 센토로닉스 콘넥터(Centronics Connector)에 의하여 DC 체인(Chin) 상태에서 접속이 가능하다고 할 수 있는데, 체인(Chin)중에 최초와 최후에 장치에서는 임피던스의 잘못된 매칭에 의하여 신호의 반사와 그러한 것에 대한 피해를 막기 위하여 터미네이티드(Terminated)를 통한 종단 저항이 필요하다고 할 수 있다.

또한 이러한 각 장치는 버스 억세스의 우선 할당 (높은 번호의 어드레스가 높은 우선권을 가짐)과 컴퓨터와 선택 되어진 주변의 장치사이에 정확한 전송을 하기 위하여 어드레스 번호를 가지고 있다고 할 수 있는데, 케이블 길이에 대하여 이야기를 하면 장치 사이에서는 2m이하로서 가능한 짧게 하지 아니하면 되지 아니한다고 할 수 있고, 전체의 케이블 길이는 6m이하가 되지 아니하면 되지 아니한다고 할 수 있다.

개량 되어진 SCSI-2규격에서는 아래와 같은 3개의 레벨이 있다고 할 수 있다.

- 퍼스트 스카시(Fast SCSI)
  이것은 SCSI-1의 클럭 속도를 2배로 하여 데이터 레이트를 10Mbps로 올린것이라고 할 수 있는데, 새로운 고밀도 50핀 콘넥터 (HD-50 또는 Micro-D)가 필요하다고 할 수 있다.
- 와이드 스카시(Wide SCSI)
  이것은 파라렐 데이터 라인수를 8부터 16 또는 32로 확장 한 것으로 전송 레이트를 20Mbps로 올린다고 할 수 있는데, 이것에 사용하고 있는 콘넥터는 68핀 이라 할 수 있다.
- 울트라 스카시(Ultra SCSI)
  이러한 형식은 전의 2가지 형태를 조합하여 만든 것으로 최대 전송 레이트는 40Mbps까지 상승 시키고 있다고 할 수 있으나 케이블의 품질이나 케이블 길이에 대한 요구가 대단히 까다롭다고 할 수 있기 때문에, 현재에 있어서 해결법은 대단히 짧은 케이블 길이로 사용하던지? 아니면 고가격으로 호환성이 되지 않는 케이블을 사용하고 있다고 할 수 있는데, 여기에서 사용하고 있는 콘넥터의 형식은 80핀 이라고 할 수 있다.

역주 참고로 이야기를 하면 40Mbps의 Ultra Wide SCSI는 통상 적으로 파라렐 타입의 SCSI-3로 분류 되어있다고 할 수 있고, SCSI-3에는 시리얼 타입과 파라렐 타입의 2종류가 규격으로서 존재하고 있다고 할 수 있다.

표 10.6 파이버 채널 사양의 특징

파라미터	사양
최대 라인 비트레이트	133부터 1062Mbps (장래2~4Gbps)
최대 데이터 전송 처리 레이트	450~800Mbps
프레임 사이즈	21112바이트 실효 전송 데이터(Pay Load)
최대 케이블 길이	10m(미니어추어 동축 케이블) 〉30m(비디오 동축 케이블) 500m(50-㎛멀티 모드 광 파이버) 10,000m(9-㎛싱글 모드 광 파이버)
지원 하고 있는 프로토콜	SCSI, ATM, IPI, HIPPI, TCP/IP, 이더넷
최대 기기수	126

또한 위에서 이야기를 하고 있는 최근의 형식인 SCSI-3규격에 있어서는 대단히 고속의 시리얼 데이터 전송 구조를 사용하고 있다고 할 수 있는데, 이러한 전송구조는 데이터 케이블 사이에 크로스토크(Cross Talk)가 없다고 할 수 있고, 전송 거리의 제한을 두지 아니하며, 접속 가능한 기기 수도 증가하고 있다고 할 수 있다.

거기에다 최대 전송 레이트는 파이어 와이어(Fire Wire) 포맷을 사용한 12.5Mbps 로부터 파이버 채널 포맷(Fiber Channel Format)을 사용한 100Mbps의 범위까지 되어있다고 할 수 있는데, SCSI-3에서는 계층 구조로 되어있어 어디까지나 SCSI프로토콜(SCSI Protocols)도 지원하는 상태에서 아래와 같은 인터페이스 프로토콜(Protocols)도 지원하고 있다고 할 수 있다.

- 파이어 와이어(Fir Wire)
  이러한 인터페이스는 최초의 멀티미디어 장치의 상호 접속을 목표로 하고 있다고 할 수 있다.
- SSA
  이러한 인터페이스는 명칭에서 표시를 하고 있는 것과 같이 기록장치의 고속 데이이터 전송을 하기 위하여 개발 되었다고 할 수 있다.
- 파이버 채널(Fiber Channel)
  이러한 인터페이스는 디지털 기기의 네트워크에 의한 접속에 적합 하게 하고 있다고 할 수 있다.

이러한 계층 구조에 의하여 기기메이커 에서는 네트워크타입이든지, 아니면 기록 기기장치타입이던지? 아니면 간단하고 값이 싼 멀티미디어 기기 타입이던지 등의 목적으로 하는 멀티미디어 애플리케이션에 가장 적합 하다고 할 수 있는 버스(Bus:복수의 신호를 1개의 회선으로 전송하기위한 회로)를 선택 접속하여 도입하는 것이 가능하다고 할 수 있다.

SCSI의 사양에 대한 개요를 표 10.7에서 표시를 하고 있다.

표 10.7 SCSI규격의 사양과 특성

항목	SCSI-1	SCSI-2 Fast	SCSI-2 Wide	SCSI-2 Ultra	SCSI-3		
					Fire Wire	SSA	FC-AL
최대 데이터 레이트, Mbps	1.5~5	10	20	40	12.5~80	80	100
최대 케이블	〈 6	〈 6	〈 6	〈 6	4.5	20/1000	Up to
길이, m	〈 25*	〈 25*	〈 25*	〈 25*			10,000
최대 기기수	7	8	8	16	63	127	126
자동기기접속 인식	No	No	No	No	Yes	Yes	Yes
자동 Termination	No	No	No	No	Yes	Yes	Yes
Hot-Pluggable	No	No	No	No	Yes	Yes	Yes
콘넥터 타입	50-Pin Centronics 타입	50-Pin 마이크로 -D	68-Pin	80-Pin	6-Pin 게임타입	9-Pin	광/동축 케이블
케이블 타입	Ribbon 50 Wires	Ribbon 50 Wires	Ribbon 2×50 Wires	Ribbon 2×50 Wires	6Wires	4/6Wires	광/동축 케이블
최소 포트 수	2	2	2	2	2	2	2

*: 차동 드라이버의 경우

10.4.1.5 이더넷(Ethernet)

이더넷은 원래는 1973년에 Xerox사가 컴퓨터 간에 접속용으로 개발 한 로컬 에리어 네트워크(Lan)규격으로서, 그 후 IEEE802.3문서로 규격화 되었다.

이더넷의 케이블 접속 방식은 도폴로지(Topology)라고 부르고 있고, 직경이 굵은 케이블(Thick Coaxial Cable) 또는 직경이 좁은 동축 케이블(Thin Coaxial Cable)의 세그먼트로 직선적인 버스를 구성하고 있는데, 케이블 양단은 50Ω의 저항으로 종단을 하여 양단에 접지를 한다는 특징이 있고, 이러한 버스(Bus:복수의 신호를 1개의 회선으로 전송하기위한 회로)는 거리가 한정되어있어 버스에 접속 가능한 장치 수도 제한되어져 있다고 할 수 있다.

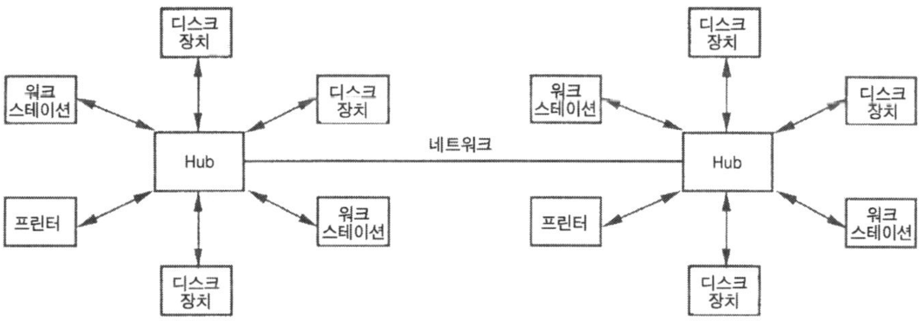

그림 10.10 이더넷(Ether-Net)의 허브를 사용한 스타 구성(Star Topology)의 기기를 네트워크에 접속하는 계통

보다 싼 가격으로 대체 시킬 수 있는 케이블 방식으로서는 그림 10.10에 표시하는 것과 같이 Unshielded Twisted Pair(UPT Cable)를 스타상에 접속하는 방법(Star Topology)이 있다고 할 수 있는데, 콘센트레터(Concentrator) 또는 멀티 포트 리피터(Multi Port Repeater)라고 불리 우는 복수의 포트(Port)를 가진 리피터가 복수의 워크스테이션을 한 개의 네트워크로 연결되게 하는 것과 같이 하여 중심 장치로 사용되어지고 있다고 할 수 있다. 표준 이더넷에서는 최대 전송 레이트는 10Mbps로하고 있고, 퍼스트 이더넷(Fast Ethernet)에서는 100Mbps로 하고 있다고 할 수 있으나 최대 데이터 쓰루푸트(Through Put)는 최대 대역폭의 50%정도 밖에 되지 아니한다고 할 수 있다.

이러한 이더넷은 버스에 접속이 되어진 어떠한 장치라도 규칙에 의하여 같은 버스를 사용하는 것이 가능한 Shared Bus(공유버스)이라고 할 수 있는데, 한 대의 장치 또는 노트는 다른 장치가 버스에 데이터를 전송하지 아니할 때만이 링크로 억세스 하는 것이 가능하다고 할 수 있고, 만약 2개의 노트가 동시에 데이터를 전송한 경우에는 데이터의 충돌이 검지 되어 양 방향의 장치는 전송이 정지되어 랜덤하게 설정 되어진 휴지시간 후에 다시 억세스를 한다고 할 수 있다.

이렇게 각각 다른 휴지시간 때문에 어떠한 것이 먼저 가는가를 허가 한다고 할 수 있는데, 이러한 프로세스를 반송파검지다중 억세스/충돌 검출(Carrier Sense Multiple Access With Collision With Collision Detection : CSMA-CD)이라고 불리어지고 있고, 따라서 충돌이 일어날 가능성은 접속되어져 있는 장치의 수에 따라서 그 만큼 커진다고 할 수 있다.

큰 멀티 미디어시스템에서의 해결법은 장치를 그룹으로 하여 분리하여 그 사이를 브릿지 또는 루팅 스위처(Routing Switcher또는 Router)를 사용하여 접속하는 방법을 사용하고 있다고 할 수 있는데, 별개의 그룹의 장치에 전송하는 데이터의 신호가 그 브릿지 또는 라우터(Router)를 통하여 시행이 되어서, 결과론적으로 보면 버스의 점유율을 낮게 하고 있다고 할 수 있고, 이 버스의 접속 계통도를 그림 10.11에서와 같이 표시를 하고 있다고 할 수 있다.

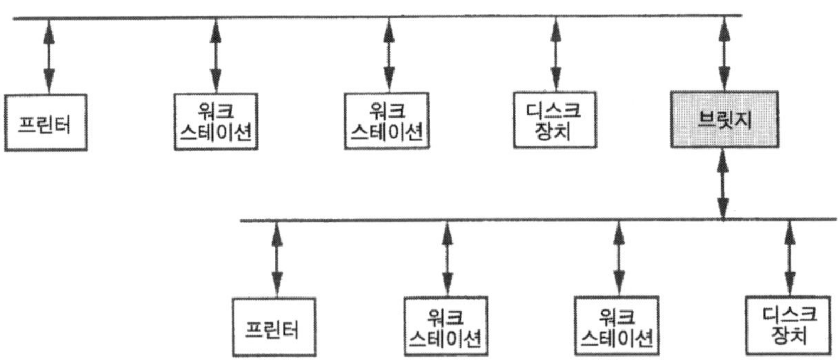

그림 10.11 이더넷 버스에서 브릿지를 사용하여 네트워크 사이에 전송을 하는 계통 구성

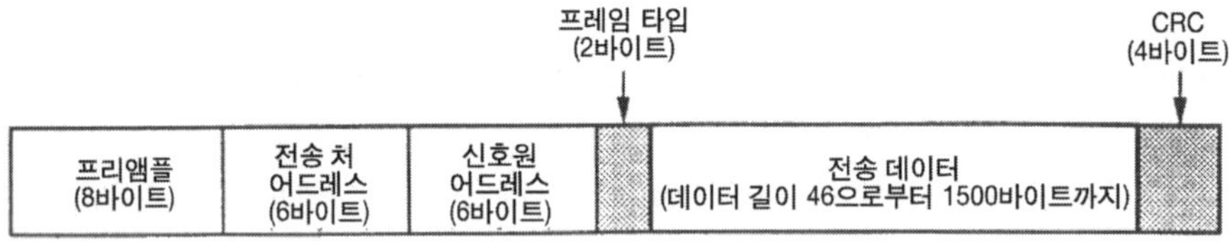

그림 10.12 이더넷의 프레임 구조

이러한 레벨의 네트워크 통신에 있어서는 메시지 수신통지(Acknowledgment: ACK)는 시행 이 되지 아니한다고 할 수 있는데, 이러한 각 메시지(프레임이라고도 부름)는 그림 10.12에 표시를 하고 있는 것과 같이 데이터의 Source와 Destination을 표시하는 어드레스 정보를 가지고 있다고 할 수 있다. 또한 프레임의 정의에 있어서는 이더넷의 규격과 IEEE802.3규격사이에는 차이가 있다고 할 수 있는데, 그 차이를 이야기하면 이더넷에서는 타입필드(Type Field)를 사용하고 있으나, IEEE802.3에 있어서는 Length Field를 사용하고 있다고 할 수 있다.

그리하여 이더넷의 규격쪽이 IEEE802.3보다는 어디까지나 넓은 범위에서 사용이 되어지고 있다고 할 수 있는데, 이러한 것에 대한 혼란은 모든 타입필드치의 최대길이 (1500바이트)보다 커다란 치를 할당하는 것에 의하여 방지할 수가 있다고 할 수 있다. 리피터(Repeater)는 네트워크의 세그먼트 (Segment)를 접속하여 리피터를 통과하는 전기신호를 재 정형 하는 것으로 인하여 네트워크의 거리를 확장하는 데에 사용이 가능하다고 할 수 있는데, 따라서 시스템의 설계에 있어서 리피터는 네트워크에 접속되어진 한 대의 장치로서 취급 되지 아니하면 되지 아니한다고 할 수 있고, 각 리피터에 의한 전송 상에 있어서 지연이 가산되기 때문에 리피터의 사용은 최대 2대까지 만으로 제한되어진다고 할 수 있다.

트랜시버(Tranceiver)는 굵은 케이블 이더넷트 링크의 인터페이스로서 동작이 된다고 할 수 있는데, 보통은 포스트 컴퓨터나 주변기기에 내장 되어진 이더넷 인터페이스 포트에 있다고 할 수 있으나 이더넷 링크의 인터페이스를 가지고 있지 아니한 기기의 경우에는 외부에 트랜시버 유니트 박스가 필요하다고 할 수 있다.

표 10.8 이더넷 케이블 접속에 있어서 사양과 성능

파라미터	Thin Cable 10 Base 2	Thick Cable 10 Base 5	UPT, 10 Base T
Repeat가 없는 네트워크 세그먼트 (Segment)에 있어서 최대 기기 수	30	100	30
Repeat가 없는 네트워크 세그먼트 (Segment)에 있어서 최대 케이블 길이	185m	500m	100~150m
기기간의 최단 케이블 길이	0.5m	2.5m	최단치가 없음.
최대 세그먼트 (Segment) 수	5	5	최단치 없음.
콘넥터 타입	BNC	15-pin AUI	RJ-45
케이블 타입	RG-58c/u	Belden9898	UTP

이러한 외부 트랜시버와 장치사이를 접속하는 것으로는 어텍치먼트 유니트 인터페이스(Attachment Unit Interface : AUI)가 정의 되어져 있다고 할 수 있는데, 이렇게 굵은 케이블을 사용하는 계통에서의 유니트는 네트워크상의 데이터의 충돌도 검지한다고 할 수 있고, AUI컴퓨터 내장의 이더넷 인터페이스에 15핀 콘넥터를 사용하여 접속하는 것이 가능하다고 할 수 있으며, 각 장치는 네트워크상의 인식 코드(ID)로서 메이커에 따라서는 16진수에 의한 각각 다른 어드레스(Unique Hexadecimal Number Address)가 배정되어 있다고 할 수 있다.

표 10.8에서는 가장 잘 사용하고 있는 3가지의 케이블 시스템에 대한 개요를 표시하고 있다고 할 수 있는데, 이러한 3가지 중에서 한 가지 시스템은 10mm∅전후의 태경 동축 케이블(Thick Coaxial Cable)시스템으로 10Base5이던가 백본 이더넷(Backbone Ethernet)이라고 불리 우고 있고, 2번째로는 5mm∅전후에 좁은(얇은)동축케이블(Thin Coaxial Cable)시스템으로서 10BASE2이라 부르거나 아니면 치파넷(Cheapernet)이라고 불리 우고 있다고 할 수 있다.

또한 3번째로는 트위스트 페어케이블 시스템으로서 우리가 통상적으로 10BAST-T라고 불리 우고 있다고 할 수 있는데, 이러한 명칭에서 최초의 10은 최대의 비트레이트 10Mbps를 표시하고 있고, BASE는 베이스 밴드 네트워크라는 것을 표시하고 있으며, 최후의 문자는 케이블을 표시하고 있다고 할 수 있다. 그림 10.13에서는 좁은 동축 케이블의 이더넷의 기본 계통도를 표시하고 있다고 할 수 있다.

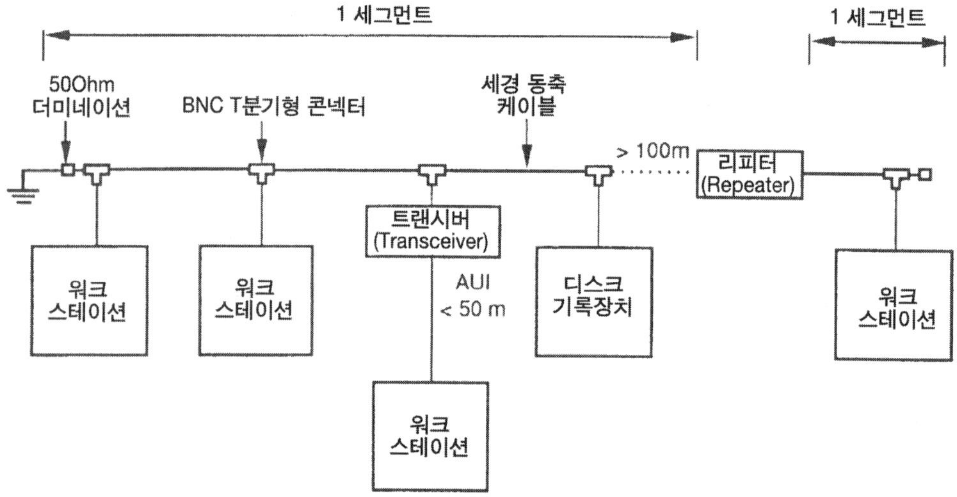

그림 10.13 이더넷 세경 동축 케이블의 케이블 접속 기본예

이러한 이더넷은 지연시간이 고정되어있지 아니하기 때문에 멀티미디어 전송 용도에 있어서는 적합 하지 아니하다고 할 수 있는데, 이러한 것은 BAN(Building Area Network)으로서 제어데이터, 관리데이터, 거기에다 에리어 내부 비디오 데이터의 넌리얼타입 전송이나 워크스테이션과 기록 시스템 사이에 오디오 데이터의 리얼타임 전송에 있어서 널리 사용 되고 있고, 이러한 오디오 데이터는 와이드 에리어 네트 워크(WAN)를 통하여 전송하는 것도 가능하다고 할 수 있다.

10.4.2 네트워크

별개의 빌딩 사이에 있는 멀티미디어 시스템 사이에는 LAN(Local Area Network)나 WAN(Wide Area Network)과 같은 네트워크를 통하여 접속이 가능하다고 할 수 있는데, 다음과 같은 섹션에서 가장 많이 사용이 되어지고 있는 네트워크에 대하여 설명을 하고자한다.

베이스밴드 네트워크(Base Band Network)에서는 네트워크의 전 대역폭을 점유하고 있는 한 개의 데이터 전송 채널을 가지고 있기 때문에 한 번에 한 대의 디스크 신호가 데이터를 송출하는 것이 가능하다고 할 수 있고, 브로드 밴드 네트워크(Broadband Network)에서는 네트워크의 전 대역폭을 주파수 분할 다중 하여 복수의 다른 가상채널(Several Different Virtual Channel)을 가지고 데이터를 전송하는 것이 가능하다고 할 수 있다.

10.4.2.1 Asymmetric Digital Subscriber Line (ADSL)

전화회사(Telco)는 현재 이미 가정에서 연결하여 사용 하고 있는 트위스트 페어 동선의 전화회선을 이용하여 새로운 변조 방식과 전송기술을 사용하여 6.176Mbps 속도의 비트 레이트의 디지털 데이터 서비스를 시행하는 기술의 규격화가 되어 있다고 할 수 있는데, 이러한 기술은 장래 가정의 전화 간선 라인인 트위스트 페어로부터 광 파이버 회선으로 변경 될 때까지 중간의 과도적인 해결책으로서 좋은 방법을 제공 하고 있다고 할 수 있다.

이러한 형식에 있어서 전송 채널 대역폭은 1.544Mbps(유럽에서는 1.536Mbps) 채널을 최고로 4채널까지 하고 있거나, 또는 2.058Mbps(최대 3Mbps)의 복수 채널로 구성하는 것이 가능하여 디지털 텔레비전, 컴퓨터 소프트웨어, 팩시밀리 통신, 비디오게임, 홈쇼핑, VOD 등 몇 가지의 브로드밴드 서비스를 동시에 전송하는 것이 가능하게 하고 있다. 그림 10.14에서는 ADSL의 가정용분배기의 계통도를 표시하고 있다. 그림 10.15에서 표시를 하고 있는 것과 같이 ADSL의 전송 포맷(ANSI T1.E14/94규격)은 채널의 다중화로 6.176Mbps까지의 넓은 대역에서 몇 가지의 디지털 데이터 서비스를 소합하여 포워드(Forward:전화회사로부터 가정방향) 데이터 전송과 사용자의 제어나 코멘드(Commend)를 전송하기 위한 새로운 협 대역(9.6,16,64kbps)의 리턴 데이터 전송을 규정하고 있다고 할 수 있는데, 이러한 송수 비대칭(Asymmetric)한 데이터 전송의 주파수 용량에 의하여 포워드 채널(Forward Channel)과 리턴 채널(Return Channel)사이에 크로스토크에 의한 왜도 감소하게 하고 있다고 할 수 있다.

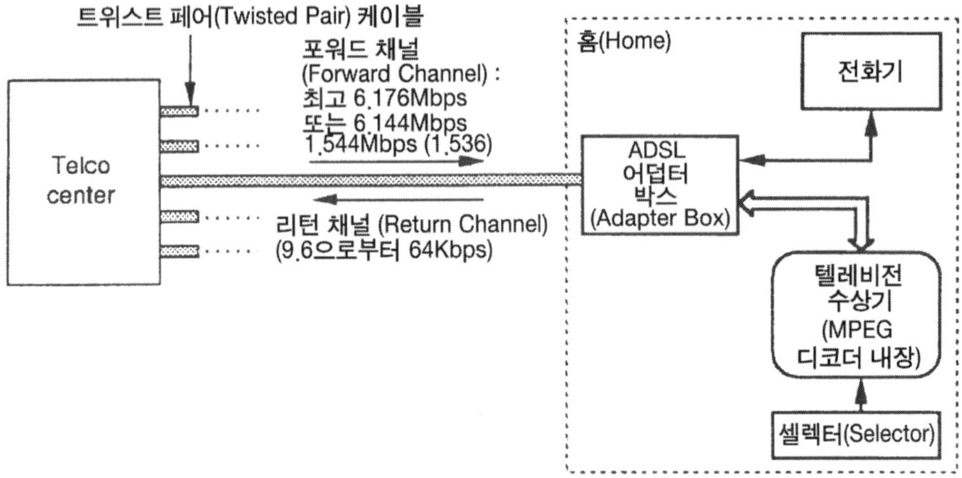

그림 10.14 ADSL전송과 접속의 계통도

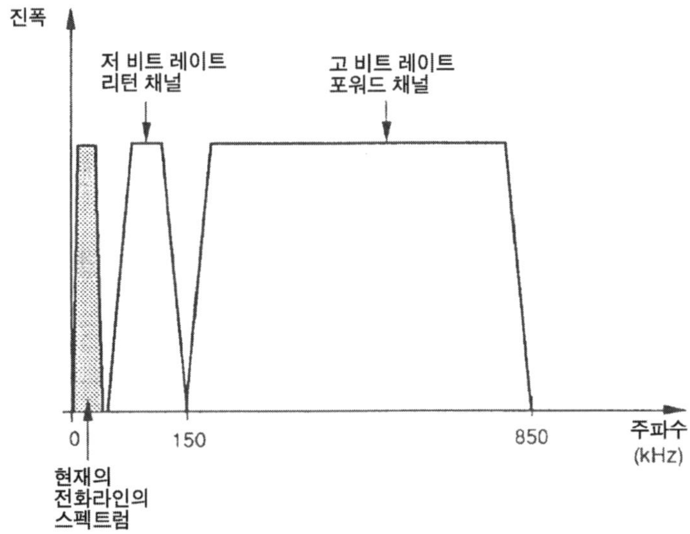

그림 10.15 ADSL의 전송 채널과 현재의 전화국 스펙트럼의 분포

ADSL은 새로운 디스크리이트 멀티 톤(Descrete Multitone : DMT) 변조 기술을 사용하여 채널 스펙트럼을 선택하는 서브채널에 분할 하여있다고 할 수 있는데, 이러한 각 서브 채널은 동일 주파수의 위상이 직교한 반송파에 의한 직교 진폭변조(Quadrature Amplitude Modulation : QAM)송신기로서 동작이 되어 데이터 비트의 그룹을 변조하고, Carrierless Amplitude/Phase Modulation (CAPM) 이라고 불리 우는 QAM의 변형이 AT&T에 의하여 개발 되어져 있다고 할 수 있다.

노이즈가 많은 환경에 있어서는 보통 0.5mm의 동선의 케이블을 사용하여 2Mbps의 비트레이트를 4Km까지의 거리까지 전송이 가능하다고 할 수 있는데, 비트 레이트를 높게 한다면 전송 가능거리는 짧아지게 되어있다고 할 수 있고, 이렇게 광 파이버 링크가 중요한 전화 간선으로 교체됨에 따라서 남아있는 가정까지의 단거리 라인은 Very High Speed Digital Subscriber Line (VDSL)기술에 의하여 고속의 데이터 서비스(10Mbps~50Mbps) 전송이 가능하다고 할 수 있다.

10.4.2.2 Integrated Service Data Network (ISDN)

ISDN은 표준의 Unshielded Twisted Pair(UPT) 전화선을 사용한 공중 디지털 회선(Public Switched Digital Circuit)이라고 할 수 있는데, 통신 대역폭의 요구를 만족하기 위하여 아래와 같은 2가지의 ISDN서비스 방법이 있다고 할 수 있다.

- The Basic Rate Interface (BRI)라인
  이러한 서비스는 데이터 전송용의 2개의 Bearer Synchronous 56kbps채널과 호출 신호용의 한 개의 다이얼링(Dialing)용의 16kbps채널을 포함 하고 있다고 할 수 있는데, 따라서 베이직(Basic) 한 ISDN접속으로서는 토털 128Kbps가 된다고 할 수 있다. 또한 복수의 BRI의 전송 라인을 그룹화 하여서 384Kbps의 AC-3와 같은 고품질의 오디오 신호를 전송하는 것도 가능하다고 할 수 있는데, 여기서 BRI는 가정용이 아니고 중소기업 서비스를 목표로 하고 있다고 할 수 있다.
- The Primary Rate Interface(PRI)
  이 형식은 미국에서는 23채널을 그룹화시키고, 유럽에서는 30개의 B-채널을 그룹화 시켜서, 이를 북미에서는 최대 대역폭을 1.536Mbps, 유럽에서는 1.920Mbps로 한 것이라 할 수 있는데, 호출 신호용으로는 64kbps의 D-채널이 별개로 예약되어진다고 할 수 있다.
  이러한 대역폭은 비디오 회의용 MPEG-1비디오/오디오 전송(1.544Mbps또는 T1라인)의 상호 접속에서 사용이 가능하다고 할 수 있는데, 각 B-채널 별개의 버스에서 각각 다른 지연을 가질 가능성이 있어, 수신 단에서는 채널에 대한 Back Up(백업)이 필요하다고 할 수 있고, ISDN-H11서비스에서는 모든 채널이 같은 지연시간을 보증하고 있으나 전송하는데 있어서 비용이 많이 드는 것이 단점이라고 할 수 있으며, PRI는 비즈니스 서비스를 목표로 하고 있다고 할 수 있다. 그림 10.16에서는 ISDN네트워크의 2가지의 접속 예를 표시하고 있다.

ISDN서비스는 데이터 스트림을 대역폭이 64~1920Kbps인 몇 가지의 Synchronous 디지털 전화라인에 분할하여 전송 하는 것을 기본 베이스로 하고 있는데, 인터렉티브(Interactive) 한 와이드 에리어 멀티미디어 통신은 Isochronous 데이터 전송을 시행 하는 것에 의하여 실현이 가능하다고 할 수 있다.
또한 브로드 밴드 ISDN(Broadband ISDN: B-ISDN)은 실용화가 시작되고 있는 멀티 미디어네트워크 에서는 넓은 범위의 음성, 데이터, 비디오를 조합한 서비스가 가능하다고 할 수 있는데, 장래의 B-ISDN은 ATM기술을 베이스로 하고 있는 프로토콜(Protocol)을 사용할 것으로 생각이 된다.

표 10.9 ATM 사양 특성

파라미터	사양
최대 비트 레이트	25로부터 155Mbps(장래에는 622Mbps~2.4Gbps)
ATM베이스 기기간의 최대 케이블 길이	광케이블: 제한이 없음
	동선 : 수백 피트
데이터 전송 모드	버스트 상태, 정 비트 레이트(CBR), Isochronous
물리적 전송 모드	Synchronous, (SHD/SONET)
최대 접속기기 수	무제한
네트워크 타입	LAN또는 WAN

10.4.2.3 Asynchronous Transfer Mode (ATM : 비동기 전송 모드)

ATM은 원래 복수의 수요자로부터 데이터 레이트와 필요한 서비스 품질이 다른 데이터 군의 장거리 고속도 전송을 위하여 개발 되었다고 할 수 있는데, 이러한 전송 시스템에서 만이 아니라 Node(통신망 분기점) 사이에 데이터 패킷을 절환 하는 것도 가능하다고 할 수 있고, 패킷 스위칭 규약이라고 할 수 있는 전송은 비동기로 하지만 ATM은 옵션으로 Isochronous 데이터 파일을 전송하는 것이 가능하다고 할 수 있다.

ATM의 Cell을 전송하기 위해서는 SDH(Synchronoms Data Hierarchy)규격을 기본으로 하고 있는 물리층(Physical Layer)이 사용되고 있다고 할 수 있는데, SDH 전화의 규격계층(Telephone Hierarchy of Standards)로 고속도 데이터 회선에 데이터 스트림의 동기 다중을 가능하게 하고 있고, 동기 광 네트워크(Synchronous Optical Network : SONET)는 SDH광 네트워크의 일종이라고 할 수 있다.

ATM에서 데이터는 53바이트의 작은 고정길이 데이터 패킷으로 분할되어진다고 할 수 있는데, 53바이트 중에서 48바이트가 실제로 전송 데이터(Payload)로서 나머지 5바이트가 패킷헤더에 사용되어진다고 할 수 있고, 각 데이터 패킷은 보내어지는 주소(Destination Address)를 표시하는 헤더가 있어서 다양한 애플리케이션 패킷과 혼재하여 전송 시켜도 필요한 포인트의 루트로부터 드롭(Drop)을 시키기도 하고 있으며, 다른 별개의 루트로 합하여 전송하기 위하여 절환을 하기도 하고 있다고 할 수 있다.

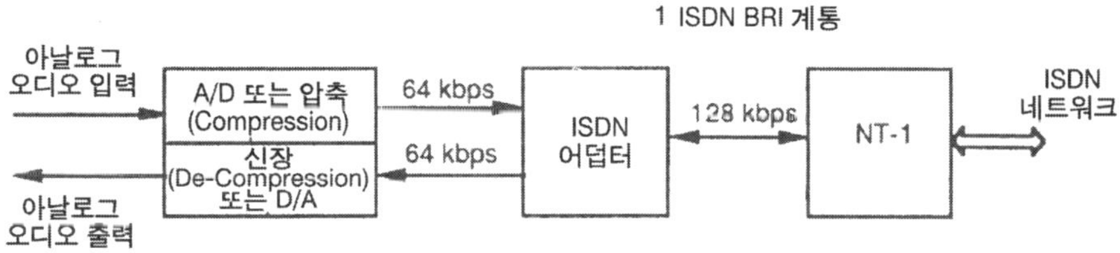

a) 예#1 MPEG레이어 III의 엔코드와 ISDN 네트워크를 사용한 2가지 방법의 아날로그 오디오 통신 채널

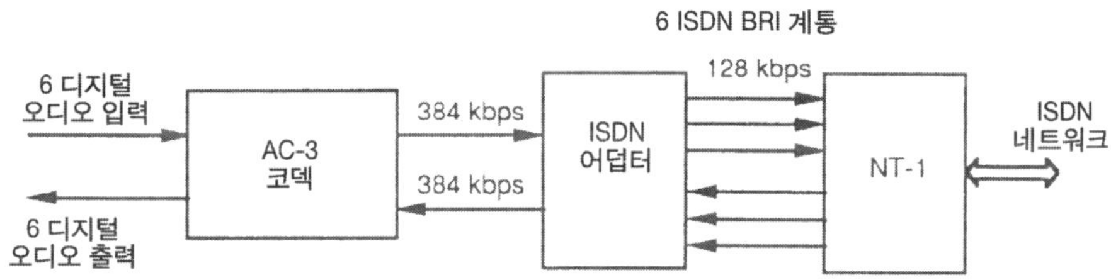

b) 예#2 AC-3엔코드와 ISDN네트워크를 사용한 2가지 방법의 디지털 서라운드 통신 채널

그림 10.16 ISDN네트워크의 2가지의 대표적인 접속 계통도

이러한 ATM은 스위칭을 기본으로 하는 다양한 대역폭의 할당을 가진 계통구성(Topology)을 사용하고 있다고 할 수 있는데, ATM은 방송 사업자나 통신회사의 요구에 응하여 스위칭 회선이나 고정회선에 대응이 가능하게 하고 있다고 할 수 있고, ATM의 데이터 셀은 광회선, 트위스트 페어, 동축 케이블을 통하여 전송이 가능하게 하고 있다고 할 수 있으며, 표 10.9에서는 ATM전송에 있어서 특성 사양을 정리하여 놓은 것이라고 할 수 있다.

188바이트의 MPEG-2 트랜스포트 스트림 패킷은 ATM의 아다프테이션(ATM Adaptation Layer : AAL)을 통하여 용이하게 ATM의 셀로의 변환이 가능하다고 할 수 있는데, 이러한 적응성은 Advanced 텔레비전 규격화 프로세스의 중요한 것으로 고려되고 있다.

10.4.2.4 Fiber Distributed Data Interface (FDD)

광 파이버 전송 데이터 인터페이스(FDDI)는 광대역(100Mbps)을 사용하여 장거리라도 신호의 감쇄가 적고 외부 방해에도 강한 고속 디지털 네트워크 이라고 할 수 있는데, 멀티미디어 장치는 루프로 링크를 구성하여 접속이 되어져서 현재는 100Mbps의 전송으로 하고 있으나 장래에는 약 1Gbps정도 될 것이라고 예정을 하고 있다.

또한 데이터 토큰(Data Token)이라고 불리 우는 송신허가를 의미하는 신호가 디지털 기기(Device)로부터 다른 장비로 순환되어서 디지털 기기(Device)에서는 토큰(Token)을 받았을 경우에 자신의 데이터를 네트워크에 송출이 가능하여 데이터를 송출 후에 토큰(Token)을 다시 네트워크에 송출한다고 할 수 있다.

따라서 다음의 기기(Device)에서는 수신한 데이터를 그냥그대로 통과시키기도 하고, 불필요한 경우에는 자신의 데이터를 부가하기도 하여, 어떠한 경우에는 네트워크로부터 필요한 데이터를 추출하기도 하고 있는데, 이러한 형식에 의하여 데이터는 링크에 접속하여 있으면 어떠한 기기(Device)에도 전송 하는 것이 가능하고, 수신 후에는 토큰(Token)을 가지고 있는 장치가 다른 데이터 전송을 시작하는 것이 가능하다고 할 수 있다.

FDDI는 1997년도에서는 그 복잡한 정도 이외에 통신 순서와의 호환성에 문제가 있어 그리 많이 보급 되어 있지는 아니하였으나 100Mbps의 FDDI에서는 실효상의 Throughput 30Mbps정도로서 최대 전송 거리는 200Km로 Asynchronous(비동기), Synchronous(동기) 또는 전용 데이터(Dedicated Data)를 대역폭 할당 기능에 의하여 전송이 가능하다고 할 수 있다.

10.5 멀티미디어 소프트웨어

1991년 이후 매캔토시와 윈도우즈 퍼스널 컴퓨터는 각각 용도에 적합한 멀티미디어 기능을 가지게 하기 위하여 각각 플래트 홈(Platform : 특정의 하드웨어 환경)에 맞추어 멀티미디어 애플리케이션 소프트웨어 개발을 가능하게 하였다고 할 수 있는데, 이러한 양 회사의 컴퓨터 플래트홈에 맞추어 기술 진보나 사양의 규격화 등에 의하여 멀티미디어 애플리케이션의 마켓은 급속하게 발전 되었다고 할 수 있고, 사용자의 편리한 멀티미디어 소프트웨어는 멀티미디어 프로그램의 개발을 촉진하였다고 할 수 있으며, 이러한 멀티미디어 환경은 프로그램 제작시간의 단축과 원가 절감의 공헌하였다고 할 수 있다.

컴퓨터 시장에서는 다수의 멀티미디어 개발 소프트웨어가 있다고 할 수 있는데, 이러한 소프트웨어의 등장은 소프트웨어 시장이 그러한 오브젝트 지향(Object-Oriented)으로 전환된다는 것으로서 종전에는 사용할 수 없었던 폭넓은 기능을 사용할 수가 있다는 것을 말하고 있다. 따라서 그러한 다이나믹한 기능으로는 아래와 같은 것이 있다.

역주 여기에서 이야기를 하고 있는 오브젝트 지향이라는 것은 통상의 의미로서는 Object(대상) 으로 하고 있는 것을 중심으로 하여 그러한 오퍼레이션을 속성으로 하는 방법을 지향하고 있다고 할 수 있는데, 간단한 일예로서는 우선 문자를 선택하고 나서 그 대상에 맞는 오퍼레이션 가운데서 Copy 할 것인가 아니면 삭제 할 것인가를 선택 하는 것이라고 할 수 있고, 여기에서 사용을 하고 있는 다이나믹이라는 단어는 기능적이라는 의미로 사용하는 경우가 많은 단어라고 할 수 있다.

- 멀티미디어 툴 박스(Multi Media Tool Box)
  이러한 윈도우즈용 소프트웨어에 의하여 사용자는 그 그래피컬 유저 인터페이스 (Graphical User Interface: GUI)기능이나 오브젝트 지향 프로그램 언어 (Object Oriented Programming Language: Openscript), 거기에다 다양한 편집(Edit), 생성(Creation), 애니메이션(Animation) 툴(Tool)에 의하여 멀티미디어 애플리케이션을 개발하는 것이 가능하다고 할 수 있다.
- 퀵타임(Quick Time)
  이러한 애플용 소프트웨어는 매캔토시 오퍼레이팅 시스템의 확장으로서 동화상의 비디오나 오디오를 텍스트나 그래픽 문서와 조합하여 사용 할 수가 있다고 할 수 있는데, 이러한 것은 하나의 애플리케이션 소프트웨어는 아니라고 할 수 있다. 따라서 이러한 퀵타임은 오디오, 비디오파일의 압축, 편집, 디스크 기록, 디스플레이와 같은 다수의 멀티미디어 기능을 실행 하는 것이 가능하다고 할 수 있는데, 퀵타임이 있는 타입에서는 같은 데이터 파일의하여 맥캔토시, 윈도우즈 양방향의 플래트홈 상에서 동작이 되어진다고 할 수 있다.
- 어서링 소프트웨어(Authoring Software)
  어서링 소프트웨어는 애플리케이션 개발자가 그래픽이나 문자, 그리고 음성을 조합하여 멀티미디어 작품을 작성하기 위한 소프트웨어 이라고 할 수 있는데, 이렇게 작성한 멀티미디어 작품은 CD-ROM이외에 미디어에 기록을 하거나 네트워크를 통하여 전송 되어진다고 할 수 있다.

현재는 많은 어서링 소프트웨어가 존재하여 현재의 컴퓨터 플래트홈에 채용되어져 있다고 할 수 있는데, 따라서 소프트 개발자는 교육, 기술 트래닝, 정보기오스크(Information Kiosks), 제품광고 등 넓은 범위에서 상호 사용이 가능한 한 작품을 창조하는 것이 가능하게 하고 있다.

- 애니메이션 소프트웨어(Animation Software)

  정도가 높은 애니메이션 소프트웨어는 하이앤드 애니메이션(High-End Animation) 기능을 가지고 있어 3차원의 작화나 회전, 타이틀 등에 있어서 스크롤기능, 전용의 디지털 비디오 이펙트 (Digital Video Effect)와 같은 특수 효과를 만들 수가 있다.

10.6 멀티미디어 애플리케이션 시스템

멀티미디어 시스템은 음성, 영상, 그래픽, 동영상의 화상, 애니메이션과 같은 여러 가지 가능한 형식의 소재를 조합하여 넓은 범위의 멀티미디어 애플리케이션을 수용하는 것이라고 할 수 있는데, 이러한 애플리케이션이나 서비스는 방송과 컴퓨터와 통신의 융합에 의하여 가능하게 된 것이라고 할 수 있다. 또한 이러한 멀티미디어 워크스테이션 미디어의 소재를 계산하고 프로세스 하여 수신자에 대해서는 리얼타임으로 조합하여 작품으로 완성하여 송출하는 것이 가능하다고 할 수 있는데, 그러한 송출 전송 시스템은 위성, 케이블 텔레비전, 공중파 텔레비전 방송, CD-ROM,전화회선 등이 있다고 할 수 있다.

현재에서는 가정에 있는 텔레비전 수상기만이 아니라 차츰 차츰 퍼스널 컴퓨터가 널리 도입되고 있어 새로운 멀티 미디어서비스를 받을 수 있는 환경이 조성되고 있다고 할 수 있는데, 지금까지는 가족 모두가 합의하여 시행을 하거나 어떤 경우에는 누군가의 독단적인 결정 방법으로 같은 프로그램을 시청하고 있었으나, 지금부터는 가족의 멤버는 누구나 각각 취미에 맞는 별개의 미디어 즉 게임이던가 아니면 텔레비전 프로그램이던가? 홈쇼핑, VOD 등을 선택 억세스하여 즐길 수 있는 환경이 조성 되었다고 할 수 있고, 따라서 이러한 모든 요구 조건을 만족하기 위 하여는 많은 디스플레이가 필요하다고 할 수 있다.

새로운 서비스 가운데 쌍방향을 가진 인터랙티브 멀티미디어(Interactive Mulimedia)는 급격하게 개발이 되고 있다고 할 수 있는데, 인터랙티브(Interactive : 쌍방향)가 가능하다고 하는 것은 지금까지는 수동적으로 텔레비전을 시청만 하고 있는 것에서 벋어나서 어떠한 프로그램에 대하여 반응을 하기도 하고 새로운 프로그램을 선택하는 것 등의 기존의 텔레비전과는 별개의 세계를 가지게 되어있는 것을 말하고 있다.

이러한 인터랙티브 멀티미디어 기술은 사용자에게 자신이 사용하고 있는 서비스에 대하여 정보의 흐름을 제어하기도 하고, 전송의 방향을 변경하기도 하는 툴(Tool)이나 코멘트(Commend)를 제공한다고 할 수 있는데, 사용자는 자신의 멀티미디어 작품을 퍼스널 컴퓨터와 적당한 멀티미디어 서비스를 사용하여 만들 수가 있다.

10.3항에서 설명을 한 것과 같이 인터랙티브 멀티미디어 워크스테이션이나 컴퓨터는 지금까지는 간단하게 입수하는 것도 가능하였다고 할 수 있고, 어서링 소프트웨어(Authoring Softwre)도 보다 간단하게 오퍼레이션 하는 것도 용이하다고 할 수 있으나, 인터랙티브 기능의 사용자는 프로그램 채널로부터 서비스를 받으면서 텔레비전의 홈 쇼핑이나 VOD에서는 자신의 리퀴스트(Request)를 좁은 대역폭의 리턴 채널을 사용하여 보내는 것도 가능하다고 할 수 있다.

그리하여 인터랙티브(Interactive)한 게임이나 비디오 회의 등에서는 물론, 리턴 채널을 필요로 하는 미디어에서는 넓은 대역폭이 필요하다고 할 수 있는데, 멀티미디어 서비스는 아래와 같은 3가지 예와 같이 트래닝(Training)이나 광고, 정보 서비스 등의 수단으로서 효율적 이므로 급속하게 확대가 되고 있다고 할 수 있다.

- 인터랙티브(Interactive)한 영상에 의한 트래닝은 글자인 텍스트나 그래픽의 신호가 사용하는 트래닝 보다도 보다 효과적인 방법이 있다고 할 수 있는데, 인터랙티브(Interactive) 한 것에 의하여 이해가 불가능할 경우에는 몇 회라도 리플레이가 가능하여 배우는 사람들에게 집중을 시키는 것이 가능하다고 할 수 있다.
- 인터랙티브(Interactive)한 CD-ROM을 베이스로 하는 정보/ 판매촉진 Kiosk(출전)은 퍼스널 컴퓨터를 기본으로 하는 시스템보다는 싼 시스템이라고 할 수 있는데, 이러한 Kiosk는 소규모 판매점이나 상업 센터, 공항, 여행자의 집합 장소 등에 널리 사용되고 있다고 할 수 있고, 이러한 미디어는 자신감이 있어 보급에 있어서도 용이하다고 할 수 있다.

  이러한 인터랙티브(Interactive) 한 기능에 의하여 이용자는 필요한 제품을 선택하고 경험이 있는 Demonstrator 교육사로부터 그의 사용방법을 배우는 것이 가능하다고 할 수 있다.

- 모뎀(Modem) 대역으로부터 언제라도 현재 인터넷의 대역은 웹사이트로부터 1.4Mbps의 동화를 다운로드 하기에는 불충분 하다고 할 수 있는데, 장래의 네트워크에서는 이러한 네트워크 전송 상황은 개선 될 것으로 생각이 되고, CD-ROM은 그러한 인터넷을 대체하는 미디어로서 수백 항이 되는 텍스트나 그래픽은 물론, 비디오, 오디오 소재를 용이하게 배송하는 것이 가능하다고 할 수 있다.

다음의 장에서는 몇 개의 중요한 멀티미디어 서비스를 소개 하고자 한다.

10.6.1 비디오 온 디맨드(Video On Demand : VOD)

VOD는 사용자가 전화선을 사용하여 센터 스테이션에 오더를 해서 보고 싶은 시간에 보고 싶은 텔레비전 프로그램을 텔레비전 수상기를 사용하여 시청하는 것이 가능한 영화, 오락 프로그램 등의 프로그램 분배 서비스라고 할 수 있는데, 이러한 시스템의 부가기능으로서는 가정용 VCR과 같은 기능으로서, 퍼스(Pause), 포워드(Forward), 리와인드(Rewind)기능 등이 있다고 할 수 있다.

또한 이러한 시스템은 VOD의 서버(Server)를 중심으로 하여 다수의 단말기에 의하여 동시에 리얼 타임 억세스를 하는 것에 의하여 같은 프로그램 또는 다른 프로그램을 소재로 하는 것이 가능한 한 시스템으로서, 그러한 것에 대하여 다수의 프로그램 채널을 이용하여 수요자에게 분배 전송이 가능하도록 설계를 하였는데, 선택한 프로그램의 요구나 프로그램의 브라우징(Browsing)요구, 쇼핑 카다록(Catalogs)으로부터 주문, 폴링 리스폰스(Polling Response) 등을 위하여 수요자로부터의 리턴 채널이 필요하다고 할 수 있다.

VOD 서버(Server)와 사용자 사이의 접속하는 방법으로는 다음과 같이 여러 가지 방법이 있다고 할 수 있다.

- ADSL기술에 의한 전화라인
  이것은 포인트 투 포인트(Point to Point)의 분배 시스템으로 한사람의 시청자가 프로그램을 수신한다고 할 수 있는데, 이렇게 수신한 수신자는 수신하는 신호를 제한하기 위한 프로그램 스크램블 프로세스에 의한 암호화(Program Encryption)는 필요하지 않다고 할 수 있다.

- 통상 케이블 텔레비전라인
  이것은 대표적인 포인트 투 멀티 포인트(Point to Multi Point) 분배 시스템이라고 할 수 있는데, 이러한 시스템 에서는 프로그램의 암호화가 필요하고, 승인 되어진 시청자만이 프로그램 억세스가 가능하다고 할 수 있으나 거의 대부분의 케이블 텔레비전 시스템은 단일 방향 전송이기 때문에 리턴 채널로는 전화 또는 가능할 경우에는 CATV케이블이 사용되어지고 있다.
- 위성 라인(Satellite Line)
  이러한 시스템은 보통의 케이블 텔레비전 시스템과 같은 특성 이라고 할 수 있는데, VOD서비스는 영화 프로그램, 교육 프로그램, 인터랙 TV게임, 미디어 정보, 홈 쇼핑, 소프트웨어 컴퓨터의 다운로드 등이 포함 되고 있다.

10.6.2 니어 비디오 온 디맨드(Near Video On Demand : NVOD)

NVOD는 영화와 같은 프로그램을 짧은 간격으로 같은 것을 전송하여 기다리는 시간을 최소로 하는 전송 방법이라고 할 수 있는데, 이러한 서비스의 수신은 VOD와 거의 같다고 할 수 있으나 VCR과 같은 기능으로서, 포즈(Pause),포워드(Forward), 리버스(Reverse) 등의 기능은 불가능하다고 할 수 있고, 수신자가 퍼스(Pause)를 할 경우에는 수신을 중단하여 다음의 전송 스케줄 프로그램을 재차 수신하는 것에 의하여 포즈(Pause)와 동일의 서비스를 얻는 것이 가능하다고 할 수 있다.

10.6.3 포토 CD(Photo CD)

이러한 기술은 코닥사외 필립스사에 의하여 개발되어서 표준 35mm 컬러 네거티브 포토(Color Negative Photos)를 디지털화 하여 기록이 가능한 CD-ROM에 기록하는 것이라고 할 수 있는데, 100매 이상의 고화질의 화상을 1매의 디스크에 기록하는 것이 가능하고, 사용자는 그 화상을 랜덤하게 억세스 하여 텔레비전 수상기를 사용하여 보는 것이 가능하다고 할 수 있다.

이러한 컬러 네거티브 포토(Color Negative Photos) 필름의 고화질 디지털화는 포토 프로세서를 사용하여 시행을 하는 것에 의하여, 이러한 프로세서는 동시에 색 조정이나 확대, 축소, 화상 축 수정 등도 가능하다고 할 수 있는데, 이러한 포토 CD시스템은 디지털화한 화상이 5개 종류의 공간 해상도의 계층을 가지게 하기 위하여 코딩기록(Pyramidal Coding)이 가능하다고 할 수 있다.

최고의 해상도 (3000×2000픽셀)화상은 양질로 확대하여 하드웨어 카피(Copy)도 가능하도록 결정되어져 있는데, 768×512픽셀으로부터 192×128픽셀까지 3종류의 저 해상도 화상은 4:2:0의 포맷구조 (Y, B-Y, R-Y)를 사용하고 있어 화상기록 데이터 압축은 하지 아니하고 있다고 할 수 있고, 768×512픽셀의 해상도는 텔레비전 전송용 품질의 화상이 된다고 할 수 있으며, 192×128픽셀 화상은 브라우저용용 화상(Browser Use Picture)로 적합 하다고 할 수 있다.

1500×1000해상도의 화상은 HDTV디스플레이용으로 적합 하다고 할 수 있는데, 압축에 있어서 디코딩 방법은 이러한 1500×1000포맷과 디지털 필터로 픽셀 데이터를 내삽 처리한(Interpolated) 768×512포맷과의 차 신호에 대하여 시행이 되어진다고 할 수 있고, 차 신호에 대하여는 양자화와 런랭스(Run Length) 코딩용으로 사용되어 적당한 레벨인 2.5:1의 압축이 시행된다고 할 수 있다.

같은 프로세스가 3000×2000해상도의 화상에도 시행이 되고 있으나 압축비는 보다 높다고 할 수 있는데, 이러한 전화상 포맷에 대한 피라미드 코딩(Pyramidal Coding)에 의하여 선택 되어진 해상도에 의한 컴퓨터나 텔레비전 수상기의 전송을 계속하여 시행을 하는 것이 가능하다고 할 수 있고, 포토 CD화상은 포토 CD플레이어로 재생이 가능하다고 할 수 있으며, 이러한 플레이어는 CD-1비디오 시스템과 호환성이 있다고 할 수 있다.

10.6.4 콤팩트 디스크 인터랙티브(Compact Disk Interactive : CD-I)

이러한 형식은 필립스사에 의화여 개발되어진 새로운 멀티미디어 시스템의 규격이라고 할 수 있는데, 이것은 1.2Mbps의 동영상과 200kbps의 오디오 신호를 CD에 기록이 가능하다고 할 수 있다. 또한 애플리케이션으로서는 오디오, 비디오, 텍스트, 그래픽, 애니메이션, 인터랙 티브의 기능을 조합하여 사용하는 것이 가능하다고 할 수 있는데, CD-I은 가정, 트래닝, 출판, 인터랙티브 키스코(Interactive Kiosk) 등의 용도를 목적으로 하고 있다.

최대화상 에리어의 352픽셀×240라인 (60Hz시스템) 또는 352픽셀×288라인(50Hz 시스템) 의 MPEG오디오, 비디오 압축 방식이 사용되고 있는데, 화상 영역은 전 픽셀의 수가 84,840(60Hz시스템)이라고 하면 변경하는 것이 가능하다고 할 수 있다.

CD-I시스템의 가전품으로 디자인이 되어졌다고 할 수 있는데, 낮은 가격의 내장 컴퓨터 신호의 엔코더, 디코더의 프로세스 능력을 가지고 있어 CD-I의 애플리케이션에 필요 한 것이라고 할 수 있는 기능으로서, 즉 예를 들면 믹스 기능과 같이 프로덕션 기능을 사지고 있다고 할 수 있고, 플 모션(Full Motion)의 CD-I의 디스크는 꾀 양호한 품질의 오디오 비주얼(Audio Visual) 신호를 72시간동안 텔레비전 수상기에 재생하는 것이 가능하다고 할 수 있다.

10.6.5 컴퓨터 전화(Computer Telephony Integration : CTI)

이러한 기술은 가정이나 사무실에서 전화 라인이나 미래의 ATM네트워크를 통하여 비즈니스를 시행하는 효율적인 새로운 방법을 제공한다고 할 수 있는데, 대표적인 애플리케이션으로서는 멀티미디어 텔레워킹(Multi Media Teleworking), 텔레베디시네(Telemedicinc : 원거리 투약처방), VOD, 원거리 대학 교육(Long Distance Learning From University), 멀티미디어 정보 키오스크(Multimedeia Information Kiosk) 등이 있다고 할 수 있다.

10.7 멀티미디어 규격화 활동

몇 개의 그룹이 멀티미디어 애플리케이션의 시스템 사이에서 뭔가의 상호 호환성, 공통성 등을 확보하는 규격의 개발을 시행 하고 있다고 할 수 있는데, 가장 중요하지 아니하다고 할 수 있지만 몇 가지의 그룹을 아래에서 소개 하고자 한다.

- Interactive Multimedeia Association(IMA)
  이러한 컴퓨터 메이커에 의한 그룹은 기업 사이에 추천하는 멀티미디어 서비스나 포맷의 정의에 대하여 개발하고 있다고 할 수 있다.
- Digital Audio Visual Council(DAVIC)
  이러한 그룹은 120개사 이상의 메이커 등이 가정용의 인터랙티브(Interactive) 서비스나 방송을 위한 멀티미디어 애플리케이션의 적극적인 도입을 목적으로 하여 적극적으로 협력하고 있다고 할 수 있다.
  또한 이러한 그룹은 인터랙티브 통신 시스템의 앤드 투 앤드 프로그램 제작으로부터 전송과 수신단에 이르는 각 레벨의 호환성, 양립성의 문제에 있어서도 검토하고 있다고 할 수 있다.

- Video Electronics Standards Association(VESA)
  VESA는 Enhance Video Connector (EVC) 규격화의 도중이라고 할 수 있는데, EVC는 컴퓨터와 모니터 사이를 접속하는 콘넥터이라고 할 수 있다. 또한 이러한 콘넥터는 표준의 아날로그 RGB 신호와, 오디오, 컴포지트 비디오 등의 멀티미디어의 넓은 범위에서 신호를 접속하는 것이 가능하다고 할 수 있는데, 옵션으로서는 P1394와 같이 시리얼 디지털 버스가 있어 컴퓨터와 멀티 미디어기기(디스크 카메라 등)사이에 양방향 디지털 인터페이스(Interface)도 가능하다고 할 수 있다.
- Multimedia and Hypermedia Information Coding Experts Group (MHEG)
  이러한 그룹은 모든 중요한 컴퓨터 플래트 폼(Platforms)의 공통 멀티미디어 문서구조 규격화에 목적을 두고 있다고 할 수 있는데, 현재 사용을 하고 있는 JPEG나 MPEG의 규격은 멀티미디어 애플리케이션 가운데, 오디오와 비디오에 대하여 호환성이 있는 포맷의 규격이라고 할 수 있다.
  이러한 멀티미디어 애플리케이션의 기록, 파일의 교환, 출판 등에 사용하고 있는 문서의 구조(Multimedia Document Structure)나 각자 개체 미디어(오디오 비디오 등 멀티미디어 구성요소)사이에 상호 동작(Interaction)에 대하여는 어떠한 특이한 규정이 없다고 할 수 있는데, 이러한 MHEG의 임무는 하이퍼텍스트툴(Hypertext Tool)라고 불리 우는 유니버설(Universal)한 호환성이 있는 멀티미디어용 문서 구조를 규격화 하는 것이라고 할 수 있고, 하이퍼텍스트 툴(Hypertext Tool)에서는 사용자가 한 개의 토픽(Topic)으로부터 다음의 토픽이 되게 하기위하여 모든 개체 미디어 내부적으로 상호 참조되어진다고 할 수 있다.

제11장 어드밴스 텔레비전(ATV)의 개요

북미의 통상 텔레비전 방식 (Conventional Television : CTV)라고 할 수 있는 아날로그 NTSC방식은 전송 방식의 디지털화에 힘입어 ATSC(Advanced Television System Committee)규격에 준거한 디지털 어드밴스 텔레비전 방식(ATV)로 변경 발전 되었다고 할 수 있는데, 고화질 텔레비전(High Definition Television : HDTV)이라는 용어는 수년전에 고품질의 아날로그 프로그램 제작 규격을 나타내는 단어로 도입 되어져(SMPTE240M으로 규격화되었음)사용이 되다가, 그 후에 그 디지털 표현 규격인 SMPTE260M으로 규정 되었다고 할 수 있다.

또한 이러한 디지털 텔레비전 방송 규격은 한 개의 반송파를 사용하여 복수의 프로그램을 동시에 송출하기 위하여 디지털 프로세스와 데이터 압축에 대하여 규정하고 있다고 할 수 있는데, 수상기에서는 그 수상기의 성능에 따른 사양에 의한 적당한 화질 레벨로서 반송파에 전송되어온 프로그램 중에서 한 개의 프로그램을 수신을 한다고 할 수 있고, 이렇게 수신되어진 신호 품질은 시청할 때에는 디지털 전송의 장점에 의하여 스튜디오출력 할 때의 품질레벨과 거의 변화가 없어서 전송 상에 손실이 없는 고품질의 프로그램을 시청 할 수가 있다고 할 수 있다.

또한 텔레비전 프로그램 제작에 있어서도 많은 변화를 이루고 있다고 할 수 있는데, 디지털 텔레비전 프로그램을 제작하는 DTV 프로그램 제작 회사나 방송국 사업자는 물론 이러한 프로그램의 주 소비자인 사용자에게 새로운 연출 기법을 동원하여 감동적인 변화를 주고 있다고 할 수 있고, 최근에 들어와서는 디지털 압축이라는 새로운 기술에 의하여 다양한 화상의 포맷을 취급하는 것이 가능하여 많은 유연성이 확보 되었다고 할 수 있다.

그러한 기술적인 발전 인프라 위에 화상 정보의 디지털화와 강력한 고속 프로세서의 융합에 의하여 컴퓨터 업계가 그의 주된 비즈니스의 하나가 되어 텔레비전 세계를 지향하게 되었다고 할 수 있는데, 이러한 기술 집중에 의하여 현재의 텔레비전 환경은 많은 변화를 계속하고 있다고 할 수 있다.

이러한 디지털 프로그램을 전송하기 위한 방식으로는 북미에서는 디지털 텔레비전 시스템으로 ATSC방식으로 규격화 되었고, 유럽에서는 디지털 비디오 방송(Digital Video Broadcasting : DVB)컨소시엄이 몇 가지형식의 DVB규격을 규정하고 있다고 할 수 있으며, 일본에서는 모든 HDTV프로그램을 지상파 디지털 텔레비전 시스템으로 ISDB-T(Integrated Service Digital Broadcasting- Terrestrial) 규격의 방송을 하고 있다고 할 수 있다.

역주 세계적으로 보면 공중파 디지털 전송 방식은 크게 ATSC(Advance TV System Committee)와 유럽의 DVB-T(Digital Video Broadcasting-Terrestrial)방식이 있고, 이 유럽 방식을 개량하여 일본 독자의 방식으로 개발한 ISDB-T(Integrated Service Digital Broadcasting-Terrestrial)가 있다고 할 수 있는데, 미국은 일본의 하이비전 기술에 뒤져서 고민을 하던 중 디지털 HDTV를 위한 ATSC 시스템의 연구를 1987년에 시작하였고, 이것은 여러 단계를 거쳐서 1996년 12월 24일 FCC(Federal Communication Commission)에 의하여 승인되었다고 할 수 있으며. 이 방식의 특허권은 미국의 제니스사가 갖고 있다고 할 수 있다.

유럽의 DVB-T방식은 1991년 말 범 유럽적으로 사용할 수 있는 지상파 디지털 방식을 만들기 위해 방송사, 가전사 그리고 행정기관 등으로 구성된 특별 위원회인 ELG가 출범하였고, 1993년 9월부터는 DVB(Digital Video Broadcasting)라고 알려진 컨소시엄이 형성되었다고 할 수 있는데, 이러한 형태에 의하여 만들어진 유럽 방식은 1997년 유럽의 텔레커뮤니케이션 표준 기구인 ETSI(European Telecommunication Standard Institute)에서 승인을 얻었다고 할 수 있다.

이와는 좀 다른 방식이지만 일본 NHK에서는 MUSE (Multiple Subnyquist Sampling Encoding)방식으로 약 10여 년 전서부터 위성을 통하여 방송을 하고 있는데, 이는 아날로그 방식으로서 세계적인 주목을 받지는 못했다고 할 수 있다. 그 후 일본은 지상파 방송 디지털을 목표로 ISDB-T방식이라는 새로운 디지털 방식을 개발하여 사용하고 있는데, 이 시스템은 HDTV 다 채널과 멀티미디어를 수용할 수 있는 시스템으로서 유럽 방식과 같이 디지털 변조방식으로는 COFDM (Coded Orthogonal Frequency Division Multiplexing) 변조방식을 기본으로 하고 있다고 할 수 있고, 이러한 변조방식의 장점이라고 한다면 이동체 수신을 보완하기 위하여 기존의 PSK (Phase Shift Keying)변조방식과 QPSK(Quadrature Phase Shift Keying) 변조 방식을 복합적으로 사용하여 시속 100Km의 달리는 자동차에서 수신이 가능하게 하였다는 것이라고 할 수 있다.

이렇게 세계적으로 보면 크게 세 개의 방식으로 나눌 수가 있지만 디지털 전송방식의 핵심이라고 할 수 있는 변조방식으로 보면 크게 두 가지 방식으로 나눌 수가 있다 고 할 수 있는데, 그 2가지방식은 미국의 ATSC 변조 방식으로 사용하고 있는 8VSB(Vestigial Side Band)변조방식과 유럽 DVB-T 변조방식 이라고 할 수 있는 CODM(Orthogonal Frequency Division Multplexing)방식이라고 할 수 있다.

또한 이러한 두 방식은 기본적으로 멀티 캐리어 방식과 싱글 캐리어 방식으로 분류할 수가 있다고 할 수 있는데, 먼저 우리나라가 채택한 미국의 ATSC 방식은 아날로그 TV와 동일한 VSB 변조를 기반으로 하는 8-VSB 변조 방식의 싱글 캐리어 방식인 반면, 유럽에서 개발한 DVB-T방식은 아날로그 시대에서는 상상할 수 없던 변조 기법인 COFDM 변조 방식을 사용하는 멀티 캐리어 방식이라고 할 수 있다.

11.1 방송 산업이 DTV도입에 미치는 영향

텔레비전 프로그램은 컴포지트 포맷으로 방송이 되어지고 있으나, 많은 프로그램은 아날로그 포맷으로 생성이 되어진 다음에 525라인의 4:2:2의 시리얼 디지털 신호로 변환이 되어진다고 할 수 있다.

따라서 4:2:2 컴포넌트 시리얼 디지털이기 때문에 프로덕션 스튜디오의 화질은 대단히 우수하다고 할 수 있는데, 이러한 디지털 제작 기법인 크로마키 등의 제작 기법은 포스트 프로덕션에서도 간단하게 이용하는 것이 가능하다고 할 수 있으나, 이렇게 디지털로 제작 되어진 신호를 다시 NTSC신호로 변환되게 하는D/A 컨버팅 과정과 송신 프로세서 때문에 스튜디오 화질의 화상은 가정까지 도달하기 전까지 많이 열화가 되어진다고 할 수 있다.

이러한 NTSC시스템은 송신 시스템 규격으로 개발되어 그 후 텔레비전 스튜디오의 제작용 규격으로 도입 되어졌다고 할 수 있고, 종전에 사용하던 아날로그 NTSC와 그 부속 하는 음성에는 많은 단점이 있다고 할 수 있다.

또한 스튜디오 제작에서는 컴포지트 신호에 의한 크로마키 제작에서는 크로마(Chroma) 대역이 제한되어 있기 때문에 곤란하기도 하고, 크로스 컬러(Cross Color) 방해나 컬러 서브캐리어에 의한 크롤링(Crawling Effect)방해도 확실히 나타난다고 할 수 있는데, 이러한 제작상의 제한 조건도 있지만 특히 가정의 수신에서는 고스트(Ghost)나 혼신에 의한 방해 노이즈 등 때문에 화질이 많이 열화 한다고 할 수 있다.

역주 NTSC의 "크로스 컬러 방해"이라는 것은 휘도 신호 가운데 컬러 서브캐리어 주파수에 근접하여 있는 주파수 성분이 색신호 복조 회로주파수에 근접하여 색신호에 영향을 주기 때문에 혼입하여 방해를 주는 것으로 그 증상은 세밀한 무늬부분 등에 까물까물되면서 위색이 발생한다고 할 수 있다.

또한 크로스 방해는 역으로 컬러 서브캐리어 신호가 휘도 신호에 방해를 주어서 높은 크로스 영역의 경계선 라인마다 서브캐리어의 위상 반전되기 때문에 세로 방향의 경계선이 까물까물하는 증상이 생기는 경우가 있는데, 이는 서브캐리어 위상이 프레임마다 반전되기 때문에 생기는 증상으로 어디까지나 경계선을 따라서 올라가는 것같이 보이기 때문에 이러한 명칭이 붙여졌다고 할 수 있다.

따라서 그의 시작으로 텔레비전 프로그램 제작 세계에서는 변화하는 시청자의 품질 요구, 제작 예산, 차세대의 편집의 성능문제 등에 대응을 하지 아니하면 되지 아니한다고 할 수 있는데, 어떠한 프로그램 제작에 있어서도 그러한 제작은 특정의 포맷형식에 의하여 작업을 하고 있다고 할 수 있고, 새로운 DTV시스템 개발에 의하여 복수 스캐닝 포맷에 대한 대응이 고려되고 있다고 할 수 있다.

이러한 포맷에 대한 고려는 현재 프로그램 제작 환경과 같은 유연성을 확보하고, 최고의 조화를 얻는 것을 목적으로 하고 있는데, 그리하여 각각 다른 범위의 마켓이나 비디오 애플리케이션에 의하여 각기 다른 규격이나 포맷이 탄생하고 있다고 할 수 있으나, 한 개의 시스템에서 모든 애플리케이션을 만족시킨다는 것은 불가능 하다고 할 수 있다.

또한 보다 많은 텔레비전 프로그램이 디지털 영역에서 시행이 되기 위해서는 이러한 프로그램을 NTSC로 변환 시키지 아니하고 오리지널 품질로 시청자에게 직접 방송을 하자고 하는 요구가 생기게 되었다고 할 수 있는데, 이렇게 디지털 형식의 오리지널 화상이 고 비트 레이트(270Mbps)로 하고 있기 때문에 프로그램(뉴스, VOD, 고품질 프로그램, 드라마 등) 규격에 의한 다른 화질 레벨의 요구에 응하여 다양한 레벨의 비디오 압축이 사용되어 지고 있다고 할 수 있다.

텔레비전 프로그램의 디지털 제작과 송출은 다음과 같은 영역에 영향을 준다고 할 수 있다.

- 비디오, 오디오의 성능
  디지털 시스템에서는 고화질로 16:9의 와이드 화각비 (Aspect Ratio) 화상을 생성한다고 할 수 있고, 디지털 시스템은 사용자가 선택 가능한 화질 레벨과 CD수준의 음질 시스템을 제공한다고 할 수 있는데, 이러한 성능은 디지털에 의한 화상 제작 시스템과 오류가 보정 되어진 양호한 신호전송 시스템과의 조화에 의한 결과라고 할 수 있다.
- 새로운 부가 데이터서비스 도입
  가정에 송출 되어진 프로그램 데이터 스트림에 다중 되어진 부가 데이터에 의한 서비스

- 오퍼레이션에 있어서 원가 절감
  디지털 시스템에 의하여 성능이 개선되어지거나 안정도, 신뢰성이 얻어진다고 할 수 있는데, 자동 모니터링이나 유저 프랜드리 그래픽칼 인터페이스(User Friendly Graphical Interface)에 의하여 결국 원가의 절감이 가능하다고 할 수 있다.
- 프로그램 전송 원가
  현재, 위성, 케이블, 지상파 송신기 등에 의한 프로그램 전송 이외에 프로그램 전송은 넓은 통신 네트워크 마켓으로 널리 퍼져 감에 따라서 전송 원가에 있어서는 많은 영향이 있다고 할 수 있는데, 따라서 부가 데이터 채널 서비스는 가정이나 비즈니스용도 등에서 디지털 방송을 보다 매력적으로 접근할 수 있는 근원을 제공 하게 한다는 것이다.
- 기기 원가
  디지털 텔레비전은 텔레비전기기, 컴퓨터, 통신 기기 메이커에 따라서 공통의 마켓 팅이 되어 기기 원가의 저하가 기대가 되고 있다고 할 수 있는데, 거기에다 더해 프로그램 제작에 있어서 많은 멀티미디어의 애플리케이션이 프로그램 제작 마켓을 확대 시키고 있다고 할 수 있다.
- 무선 주파수 스펙트럼(Radio-Frequency Spectrum)의 사용
  디지털 송신기의 평균 출력은 같은 서비스 에리어에서 아날로그보다는 적어서 각 통신 에리어 주파수 사이에 방해는 감소한다고 할 수 있다.

현재 아날로그 NTSC와 장래의 디지털 ATSC방송 시스템의 특성에 대한 비교를 표 11.1에서 표시를 하고 있다고 할 수 있다.

또한 이러한 디지털 송신 기술은 수신자 사이에 인터랙티브 기능(쌍방향 기능)을 가능하게 하고 있으므로 방송 사업자에게 새로운 비즈니스 기회를 제공하고 있다고 할 수 있는데, 이러한 인터랙티브 기능은 교육 서비스, 전사 정보 서비스, 광고, 각종 전자 뱅킹, 시청자 의견 통계, VOD, 게임 등에서 널리 이용이 가능하다고 할 수 있다. 그러한 것 때문에 필요한 리턴 채널은 케이블 네트워크나 광케이블, 전화라인, 지상회선과 위성회선 등이 이용이 가능하다고 할 수 있는데, 이렇듯 각 형식에 따라 조금씩 다른 기능과 전송에 드는 비용을 고려하여서 인터랙티브(Interactive) 서비스의 목적에 부합 되는 것이 선택 되어진다고 할 수 있다.

표 11.1 현재의 아날로그 NTSC와 장래의 디지털 ATSC시스템 특성 비교

주요항목	NTSC	ATSC
유효화면, 픽셀×라인	525라인(720×483)	1920×1080부터 640픽셀×480라인까지
프레임 레이트, fps	29.97	60,30,24,59.94,29.97,23.97
프레임 방식	비월주사	비월주사 또는 순차주사
이미지 화각비(IAR)	4:3	4:3 또는 16:9
픽셀 화각비(PAR)	0.99	0.9~1
오디오 송출	아날로그 FM, 모노/스테레오 80Hz~15kHz	디지털 서라운드 5+1 3HZ~20kHz
컴퓨터와의 소재 호환성	곤란	가능
Scalability(방식의 확장성)	곤란	가능
데이터 압축	없음	있음
보조 데이터기능	없음	있음
송신에 의한 열화	많음	대단히 적음

표 11.2 CCIR Report 801의 HDTV시스템

	1125/60시스템	1250/50시스템
프레임당 전 라인수	1125	1250
프레임당 유효라인수	1035	1152
인터레스(Interlace)비	2:1	프로그래시브(Progressive) 1:1
Aspect비	16:9	16:9
필드 주파수, Hz	60	50
라인 주파수, Hz	33,750	62,500

11.2 규격 통일의 노력

세계적으로 광범위 적으로 단일프로그램 제작 규격에 있어서는 1982년에 시작되었다고 할 수 있는데, 세계무선 주관청 회의 (Comite Consultatif International Radiodiffusion CCIR 현재의 ITU-R)에서는 그에 대한 첫 번째 스텝으로 우선 프로덕션 규격에 대한 통일을 하기로 결정하였다고 할 수 있다. 또한 그 다음에 있어서는 송신 규격을 논의하자는 것에 합의하였다고 할 수 있는데, 이러한 것에 따른 예상이 될 만 한 문제의 장르는 아래와 같은 것이라고 할 수 있다.

- 유럽사회에서 사용을 하고 있는 50Hz필드 레이트에 대한 많은 관심과 기존에 NTSC국가에서 사용하고 있는 59.94Hz보다 낮지 아니한 필드 레이트에 대한 문제의 제기

- 각국에서 시행을 하고 있는 송신과 제작 규격의 연구 개발 성과.
- 제작 규격과 송신 규격이 일치하지 아니하면 되지 아니하는 의견.

세계적으로 월드와이트 규격 통일화에 대한 프로세스를 등한시하는 것은 표 11.2에서 표시를 하고 있는 것과 같이 2가지의 HDTV프로그램 제작 규격이 이미 CCIR-801의 규격에 의하여 문서화 되어있기 때문이라고 할 수 있다.

- 1125/60규격에 있어서는 미국, 캐나다, 일본에 의하여 지지를 받고 있다.
- 1250/50규격은 유럽각국에 의하여 규격화되어지고 있다.

이러한 두 가지의 규격은 공통의 규격이 아니지만 아래와 같은 가능한 범위 내에서 파라미터의 일치를 하기위한 노력이 있었다.

- 공통 데이터 레이트(Common Data Rate : CDR)
  CCIR-601규격에서 규정되어진 것은 공통의 휘도 샘플링 주파수의 13.5MHz를 베이스로 한 데이터 레이트로 유한 라인의 샘플링수도 공통의 720샘플링이 되어 있다고 할 수 있는데, 이러한 근접은 HDTV에 있어서도 확장이 되어서 CCIR-601의 공간 해상도를 배로 하여 16:9의 화각비(Aspect Ratio)를 적용하고 있고, 그 결과 유효라인 샘플수는 720×2×16/9×3/4=1920이 된다고 할 수 있다. CDR스캐닝의 파라미터 예를 표 11.3에서는 표시를 하고 있다고 할 수 있는데, 공통의 데이터 레이트의 결점은 방식변환 장치(System Converter)에 있어서 2차원 또는 3차원의 내부 삽입처리장치 (Interpolation)가 필요하다는 것이다. (내부 삽입장치에 대해서는 3.3.10.3항 참조)
- 공통 이미지 포맷(Common Image Format : CIF)
  CIF이라는 것은 화상의 유효 에리어에 대하여 2차원적인 공통의 사항을 규정하는 것이라고 할 수 있다.

공통의 파라미터로서 화각비(Aspect Ratio), 유효라인낭 샘플수, 유효라인수 등이 있다고 할 수 있는데, 이러한 것을 공통으로 하면서 선 라인수, 샘플링 레이트, 픽쳐 레이트는 각각 다르게 한다고 할 수 있고, CIF의 개념에 대해서는 그림 11.1에서 표시를 하고 있다고 할 수 있다.

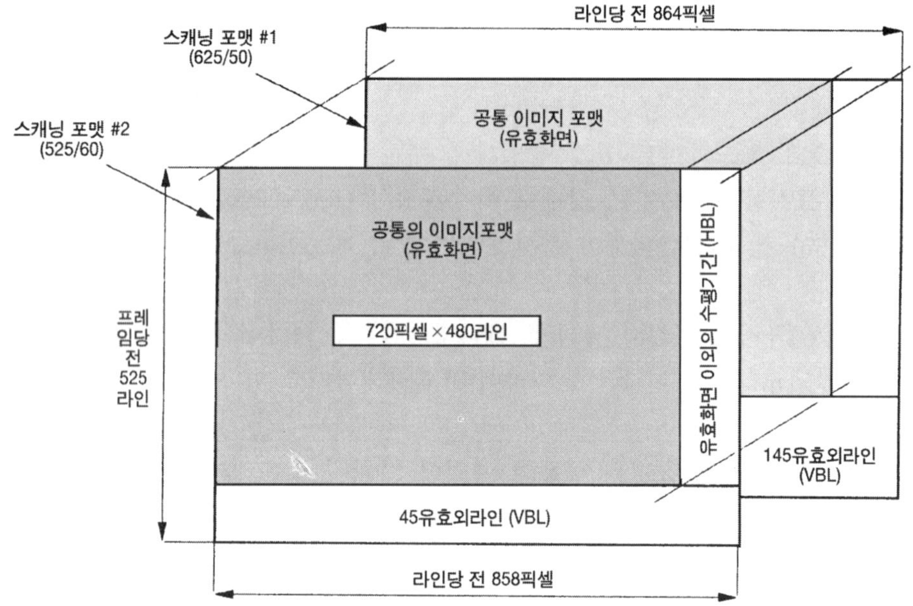

그림 11.1 공통의 이미지 포맷(CIF)의 개념

표 11.3 공통의 데이터 레이트 스캐닝 파라미터의 예

	29.97Hz프레임 레이트		25.00Hz프레임 레이트	
공통의 파라미터				
라인당 유효 픽셀 수	720	1920	720	1920
인터레이스(Interlace)	2:1	2:1	2:1	2:1
휘도 샘플링 레이트, MHz	13.5	74.25	13.5	74.25
전 데이터 레이트, Mbps*	216	1188	216	1188
공통이 아닌 파라미터				
프레임당 유효라인 수	488	1080	576	1152
수평라이레이트, kHz	15.734	33.750	15.625	31.250
라인당 전 샘플수 +	858	2200	864	2376
프레임당 전 라인수	525	1125	625	1250

*:전 데이터 레이트는 휘도, 색도 모두 샘플당 8비트로 함.
+: 라인당 전샘플수는 휘도신호의 디지털화의 신호를 표시함.

또한 525, 625방식의 각각 다른 스캐닝 방식의 TV프레임 포맷은 공통 이미지포맷(CIF)과 이미지를 이용하지 않는 각각 다른 수평 수직 블랭킹 기간을 조합한 것이라고 할 수 있는데, 일예로서 알아보면 CIF이라는 것은 525스캐닝 규격에서는 1초의 30프레임, 625스캐닝 규격에서는 25프레임으로 변경하는 것이 가능하다고 할 수 있고, 이러한 접근방법은 이미지 압축이나 컴퓨터 프로세스에서는 보통 사용하고 있다고 할 수 있다.

표 11.4 TV제작에서 사용되고 있는 각기 다른 컬러 리메트리(측색) 규격

규격	3원색치 원색	X	Y	광전 변환 특성(감마특성)	매트릭스 계수
ITU-R BT.709 SMPTE 259M	적(Red)	640	330	$V=1.099Lc^{0.45}-0.099$	$E_Y=0.7152E'_G+0.0722E'_B+0.2126E'_R$
	녹(Green)	300	600	1≧Lc≧0.018 범위에서	$E'_{Pb}=-0.386E'_G+0.500E'_B-0.115E'_R$
	청(Blue	150	060	V=4.5Lc	$E'_{Pr}=-0.454E'_G-0.046E'_B+0.500E'_R$
	백(White)(D65)	312.7	329	0.018 > Lc≧0 범위에서	
ITU Rec.624-시스템 B,G		640	330	감마=2.8	$E'_Y=0.587E'_G+0.114E'_B+0.299E'_R$
		290	600		$E'_{Pb}=-0.331E'_G+0.500E'_B-0.169E'_R$
		150	060		$E'_{Pr}=-0.419E'_G-0.081E'_B+0.500E'_R$
		313	329		
SMPTE170M (NTSC-1995)		630	340	$V=1.099Lc^{0.45}-0.099$	$E'_Y=0.587E'_G+0.114E'_B+0.299E'_R$
		310	595	1≧Lc≧0.018 범위에서	$E'_{Pb}=-0.331E'_G+0.500E'_B-0.169E'_R$
		155	070	V=4.5Lc	$E'_{Pr}=-0.419E'_G-0.081E'_B+0.500E'_R$
		312.7	329	1≧Lc≧0.018 범위에서	
ITU Rec.624-시스템M NTSC-1953 (FCC)		670	330	감마=2.2	$E'_Y=0.59E'_G+0.11E'_B+0.30E'_R$
		210	710		$E'_{Pb}=-0.331E'_G+0.500E'_B-0.169E'_R$
		140	080		$E'_{Pr}=-0.421E'_G-0.079E'_B+0.500E'_R$
		310	316		
SMPTE-240M SMPTE260M		630	340	$V=1.1115Lc^{0.45}-0.1115$	$E'_Y=0.701E'_G+0.087E'_B+0.212E'_R$
		310	595	Lc≧0.0228 범위에서	$E'_{Pb}=-0.394E'_G+0.500E'_B-0.116E'_R$
		155	070	V=4.0Lc	$E'_{Pr}=-0.445E'_G-0.055E'_B+0.500E'_R$
		312.7	329	0.0228 > Lc 범위에서	

주 : SMPTE274규격 (1920×1080Scanning and Interface for Multiple Picture Rates)는 2종류의 기준 3원색과 백색치를 규정하고 있는데, ITU BT709규격에 일치하는 방법은 이후의 신호 생성기기에서 사용하는 것을 권고하고 있고, SMPTE 240규격에 일치하는 방법은 현재 사용하고 있는 기기 때문에 제한되어진 것으로서 과도적인 것이라고 할 수 있다.

표 11.5 제작 또는 송출 포맷

규격	용도	유효화소 수(픽셀×라인)	신호	포맷	화면 비
NTSC	제작 또는 송출	680×483과 같음	아날로그	컴포지트	4:3
컴포넌트 디지털	제작	720×483	디지털	컴포넌트	4:3 16:9
HDTV	제작 또는 송출	1920×1035	디지털	컴포넌트	16:9
ATV	제작 또는 송출	1920×1080 1280×720 704×480 640×480	디지털	컴포넌트	16:9 4:3

이러한 CIF의 장점은 2개의 순차주사 포맷 시스템 사이에 변환이 간단하게 시간변환만으로도 가능하다고 할 수 있으나, CIF의 디지털 VTR의 기록에 있어서는 각각 다른 데이터 레이트와 기록 포맷이 필요하다고 할 수 있다.

그 외에 중요한 문제로서는 단일의 컬러 리메트리 (Colorimetry : 측색특성) 규격의 선택이 이라고 할 수 있는데, 이러한 컬러 리메트리는 3원색 색도점의 조합, 광전 변환 특성(감마 특성), 휘도 다항식 등의 매트릭스 계수를 의미한다고 할 수 있고, 컬러 리메트리, 카메라의 광/전 변환 특성, 디스플레이 전/광 변환 특성에 있어서 국제적인 동의에서는 아직은 이루어 지지 아니하였다고 할 수 있다. (HDTV에 있어서는 ITU-R BT.709에 의하여 상기특성의 합의를 하였음.)

또 ATSC규격은 SMPTE274M컬러 메트리규격(=ITU-R BT.709)을 추천 규격으로 하고 있는데, 현실적으로 대응하기 위하여 몇 가지의 컬러 메트리 규격을 인정하고 있다고 할 수 있고, 그러한 것에 대한 내용을 표 11.4에서 표시를 하고 있다고 할 수 있다.

이러한 컬러 메트리 정보는 프로그램 제작 단계에 있어서 엔코드를 사용하여 MPEG-2의 데이터 스트림으로 중첩이 되어있어 수신단의 디스플레이에서 오리지널 이미지로 정확한 재현을 돕고 있다고 할 수 있고, 이러한 기능은 장래의 CRT이외의 디스플레이에 있어서 보존 되어진 기존의 소재(Archival Materials)를 표시하기 위하여 필요하다고 할 수 있다.

프로그램제작 규격이 규정되어진다면 장래의 HDTV 송신 규격이 그러한 것에 깊이 관련 되어진다는 것은 자명하다고 할 수 있는데, 그리하여 이러한 양 규격은 분리 되지 아니하고 각각 별개로 규정할 수밖에 없다고 할 수 있고, 표 11.5에서는 525방식 국가에서 현재와 장래에 모든 제작 방송 규격을 요약해서 표시하고 있다고 할 수 있다.

11.3 ATV의 출현

1987년 미국방송업계요구에 의해 미국 연방 통신 위원회 (Federal Communication Committee : FCC)와 어드벤스드 텔레비전 서비스에 대하여 자문위원회(Advisory Committee on Advanced Television Service : ACATS)를 발촉하여 ATV시스템의 지상 방송 규격의 실현성 조사를 시작하였고, 1988년 말에는 전부 23개의 ATV방식의 제안이 ACATS에 보내지어서, 이러한 제안 모두에 대하여 테스트가 버지니어주에 있는 ATV테스트 센터 (Advanced Television Test Center : ATTC)와 캐나다 오다와주에 있는 ATV평가 연구소 (Dvanced Television Evaluation Laboratory : ATEL)에서 시행하였는데, 그 중에서1990년 FCC에서는 몇 개의 스펙트럼에 관련한 몇 가지 중요한 요소가 되는 사항을 결정을 하였다.

- ATV프로그램 방송국은 NTSC방송이 종료하기 전의 경과 기간 동안은 같은 내용의 NTSC 프로그램을 동시방송(Identical and Simultaneous NTSC Program)을 한다.
- 모든 ATV포맷 시스템은 6MHz의 송신 채널을 사용한다.
- 미사용의 UHF채널을 전체 텔레비전 방송국에 할당을 한다.

1991년 1월에는 4개의 올 디지털 ATV시스템과 2개의 아날로그 시스템이 ATTC와 ATEL로 테스트로 제안 되었는데, 2년에 달하는 철저한 테스트 후에도 ACATS에 설치되어진 특별 위원회에서는 만족할 만한 시스템이 선택이 되지 아니하였다고 할 수 있지만, 그중의 일부 결정된 사항은 디지털 송출 시스템에 의하여 디지털 스테레오 오디오 시스템의 요구는 5채널 서라운드 오디오 시스템으로 격상되게 시행하기로 하였다고 할 수 있고, 앞으로 시행하는 시스템에서는 모두 디지털로 한다는 것을 기본 목표로 결정하여, 제안한 메이커 그룹에게 개선 요구를 수용하였다고 할 수 있다.

메이커에서는 그러한 기술을 결합하는 논의를 시작하였다고 할 수 있고, ACATS는 모든 디지털 시스템 제안 메이커가 총연합을 결성하여 그러한 기술들을 단일의 DTV시스템에 적용할 것을 강력하게 요구 하였으며, 1994년 2월에 이르러서는 DTV시스템의 중요한 요소가 되는 부분의 거의 모두가 ACATS위원회의 기술 서브 그룹에 의하여 승인 되었다고 할 수 있는데, 그 가운데에는 잔류측파대 (VSB)디지털 변조 시스템의 사용도 포함되어 있다고 할 수 있다.

11.4 디지털 방송 시스템의 장점

디지털 기술을 베이스로 하는 새로운 텔레비전의 서비스는 컴퓨터나 통신업계 등에 의하여 제공이 가능하다고 할 수 있고, 미디어 제작이나 서비스에 있어서는 새로운 기회를 창조하였다고 할 수 있다.

ATV의 논의나 실험의 단계에서는 새로운 ATV방송 시스템에 관한 많은 중요한 문제점이 명확하게 나타나게 되었는데, 이러한 문제점이 ATV의 설계나 전송 원가는 물론이고, 때로는 방송 시스템에 따라서 이러한 프로젝트에 있어서 성공의 열쇠를 쥐고 있기 때문에 ACATS는 소비자의 욕구를 만족하고, 새로운 ATV시스템의 도입을 용이하게 하기 위하여 몇 가지의 기본적인 기준을 채택하였다고 할 수 있다. 그러한 것 중에서 중요한 기준에 대해서는 다음 단원에서 설명을 하기로 한다.

11.4.1 소재의 호환성(Interoperability)

소재의 호환성이라고 하는 것은 DTV이나 컴퓨터, 멀티미디어 등의 다양한 새로운 애플리케이션이 공존이 가능하도록 하자는 것을 목표로 하고 있다고 할 수 있는데, 모든 애플리케이션에서 같은 오디오, 비디오 압축 방식을 사용하고 있는 소재는 직접 압축의 형태로 하여 파일로의 호환을 용이 하게하였다고 할 수 있다.

그러한 것에 의하여 시장을 확대하여 DTV기술에 있어서 대응을 하고자하는 전자 기업에 힘을 실어 DTV나 컴퓨터, 멀티미디어 등의 애플리케이션에서 사용을 하고 있는 공통의 인프라를 개발하여서 케이블 텔레비전, 가정용 전기산업, 컴퓨터 산업, 전화회사, 국가적인 정보 기반 설비 등의 다양한 방송 주변산업이 방송에 영향을 주는 요소를 해결하고자 하는 노력이라고 할 수 있는데, 따라서 방송관련 소재의 호환성을 달성하는 것을 목적으로 하여 다음의 중요한 3가지의 원칙이 고려되었다고 할 수 있다.

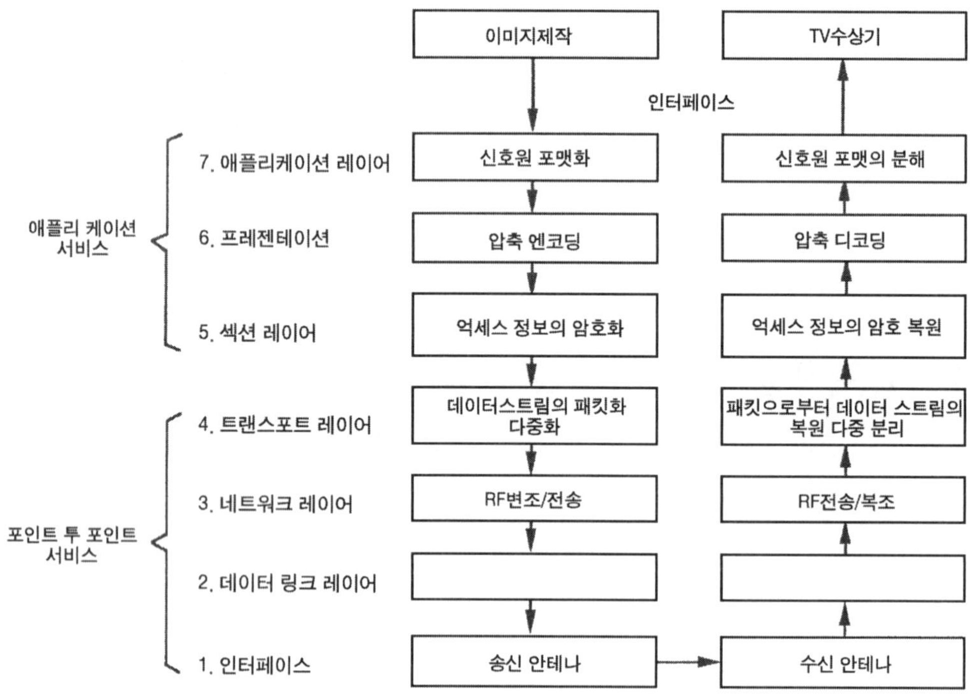

그림 11.2 ATSC시스템의 OSI레이어의 구조

- ATSC시스템 기본적인 구조를 보면 그림 11.2에서 표시를 하고 있는 것과 같이 많은 데이터 네트워크의 규격으로 사용되어지고 있는 오픈 시스템 접속(Open System Interconnection: OSI)모델과 양립하고 있는 계층 구조를 기본으로 한다.: 데이터 방송의 장래의 시스템 개발과의 규격화를 용이하게 하는 참조 모델로는 CCIR의 Report 1207에서 기술되어져 있다고 할 수 있다.

표 11.6 ATSC이미지 포맷과 관련하는 SMPTE제작 규격

	SDTV포맷		HDTV포맷	
	VGA480	CCIR-601	720	1080
유효이미지포맷*, 픽셀×라인	640×480	720×483	1280×720	1920×1080
이미지 레이트(Image Ratio), BPS †, ‡	60P,30P	60P,30P	60P,30P	30P
이미지 화각비(IAR)	4:3	4:3,16:9	16:9	16:9
픽셀 화각비(PAR)	1	0.9,1.2	1	1
신호규격		SMPTE 293M CCIR-601	SMPTE 296M	SMPTE 274M
신호 인터페이스 규격		SMPTE 125M SMPTE 259M SMPTE 294M	SMPTE 296M	SMPTE 274M
30fps에서 최대 비트레이트, Mbps※	147	162	442	995
최대 압축비✡	7.8	8.6	23	53

*CCIR601포맷에서 유효화상의 포맷은 720×483픽셀이 된다고 할 수 있는데, 이러한 포맷은 컴퓨터나 압축의 CSIF(352×240) 포맷과의 호환성을 유지하기 위하여 704×480포맷으로 사용을 하고 있다.
†이러한 픽처 레이트는 실제로는 그의 정수치의 1000/1001배치도 있다. (즉 60HZ 또는 오리지널 NTSC화상과의 변환이 용이한 59.94HZ의 양 방향이라고 할 수 있다.)
‡이 표에서는 I는 비월주사, P는 순차주사를 의미하고 있다.
※비트레이트는 8비트/샘플, 4:2:2의 샘플 구조로서 ATSC포맷에 의한 유효 이미지 에리어로서 계산한 치라고 일 수 있다.
✡이러한 압축비는 1개의 텔레비전 프로그램에서 ATSC비디오 채널의 기준 대역폭 18.9Mbps에 맞추기 위하여 계산한 치라고 할 수 있다.

- ATSC의 각 계층은 다른 애플리케이션과의 계층 단위로 호환성이 있을 것 : 이러한 것에 의하여 DTV 구조에서 다양한 계층의 프로그램 소재의 교환을 용이하게 하고 있는데, 예를 들면 한 개의 디지털 VCR의 입출력이 MPEG-2의 데이터 스트림과 호환성이 있게 실제를 하면 압축되어진 비트 스트림의 레벨로 직접 더빙을 하는 것이 가능하다고 할 수 있다. 또한 이러한 것은 최근의 기록 포맷의 규격화에 관한 SMPTE워킹 그룹의 보고에 있어서도 명기되어있다고 할 수 있는데, 이러한 접근법은 ATSC데이터 패킷과 ATM (Asynchronous Transport Mode)네트워크에 데이터 셀과의 사이에 상호 교환을 용이하게 하고 있다고 할 수 있다.

- ATSC시스템은 헤더/ 기술어(Header/Descriptor)를 사용하는 것에 의하여 적당한 오퍼레이팅의 유연성을 가질 것.

가능성이 있는 모든 이미지 포맷이 소재의 호환성을 목적으로 검토 되었다고 할 수 있는데, 결국 현존하는 필름이나 텔레비전, 컴퓨터 규격의 다수의 픽셀(픽셀의 Aspect Ratio)과 스캐닝 포맷(화면 라인수, Aspect Ratio, 비월주사 또는 순차주사의 형식)차를 해결하기 위하여 복수의 포맷이 채용되었다고 할 수 있고, 표 11.6에서는 ATSC규격의 문서가 있는 모든 스캐닝 포맷과 픽셀 화각비(Aspect Ratio)를 표시하고 있다고 할 수 있다.

표 11.7 ATSC시스템에서 입력에 사용되고 있는 유효/ 전 라인제작 포맷의 비트레이트

유효/전라인 비디오포맷 픽셀×라인*	프레임 레이트	비트레이트, Mbps †			
		8비트 4:2:2	10비트 4:2:2	8비트 4:2:0	10비트 4:2:0
640×480/ (800×525)	30I	147/(202)	184/(252)	110/(151)	138/(189)
	30P	147/(202)	184/(252)	110/(151)	138/(189)
	60P	294/(404)	369/(504)	220/(302)	276/(378)
720×480/ (858×525)	30I	166(216)	207/(270)	124/(162)	156/(202)
	30P	166(216)	207/(270)	124/(162)	156/(202)
	60P	332/(432)	414/(540)	248/(324)	312/(404)
1280×1080/ (1650×750)	30P	442/(594)	553/(742)	331/(445)	415/(556)
	60P	884/(1188)	1106/(1485)	662/(890)	830/(1113)
1920×1080/ (2200×1125)	30I	995/(1188)	1244/(1485)	746/(891)	933/(1113)
	30P	995/(1188)	1244/(1485)	746/(891)	933/(1113)

*괄호내의 치는 ATSC규격에서 규정 되어져 있는 유효 비디오 스캐닝 포맷의 전 스캐닝 포맷이다.
† 이러한 표에 표시되어있지 아니한 720×480스캐닝 18MHz샘플의 10비트 6:3:3 샘플링 구조에서는그 비트레이트는 360Mbps가 되지만 이것은 ATSC비디오 입력 규격에는 포함 되어있지 아니하다.

11.4.2 유연성(Flexibility)

장래성을 고려한 ATSC시스템을 개발하기 위하여 중요한 요건은 충분한 유연성과 확장성을 가진다는 것이라고 할 수 있는데, 따라서 모든 ATSC의 포맷을 동시에 개발할 필요가 없기 때문에 이러한 것에 의하여 DTV의 전환은 높은 전환 비용을 한꺼번에 부담하지 아니하고 무난하게 이행 하는 것이 가능 하다고 할 수 있다.

DTV시스템은 다양한 내용(스포츠, 뉴스, 영화, 하이앤드의 포스트프로덕션)으로 각각 다른 디스플레이 포맷의 프로그램을 케이블, 광케이블 네트워크, 방송기기, 위성 등에서 전송을 하는 것에 의하여 충분한 유연성을 가지고 있다고 할 수 있다.

그리하여 다음과 같은 몇 가지의 접근이 DTV시스템의 유연성을 주고 있다고 할 수 있다.

- 각 프로그램의 스트림을 구성하는 오디오, 비디오, 부가데이터 각각의 전용 데이터 포맷을 지정하지 아니하고, 각 데이터 패킷에 헤더/기술어를 가지고 있을 것.
- MPEG-2패킷 포맷을 사용하여 넓은 범위의 화상, 사운드, 데이터 서비스 송출에 대응할 것.
- 코덱이나 송출 포맷은 프로그램 소스 포맷이나 수상기의 디스플레이포맷과는 독립 적으로 규정을 할 것.

11.4.3 압축

지상파 디지털 방송에 할당되어져 있는 6MHz대역의 제한에 의하여 모든 ATSC 포맷을 송출하기 위 하여는 비디오 데이터를 압축하는 방식이외에는 방법이 없다고 할 수 있는데, 예를 들면 1920×1080, 30 비월주사 프레임 포맷을 한 개의 채널에 전송을 하기 위해서는 50:1의 압축을 하지 아니하면 되지 아니한다고 할 수 있다.

표 11.7에서는 모든 ATSC프로그램 스캐닝 포맷의 압축 전에 비트 레이트를 표시하고 있는데, 이러한 비트 레이트에 관계하는 요소는 라인당 전 픽셀수, 프렘당 전 라인수, 프레임 레이트, 이외에 Y, C_R, C_B 신호의 픽셀당 비트수 등 이라고 할 수 있다.

ATSC규격은 제8장에서 설명을 한 MPEG-2압축방식의 메인 프로파일(MP), 메인레벨(ML),메인프로파일(MP), 하이레벨(HL), 움직임 보정 DCT알고리즘을 기본으로 하고 있는데, 그러나 이러한 압축규격에 있어서는 약간의 제약을 가하고 있다고 할 수 있다.

이러한 MPEG-2 디코더는 모든 ATSC포맷을 디코드가 가능하지만, 이것을 역으로 이야기하면 ATSC디코더는 ATSC규격에 의한 제한 때문에 모든 MPEG-2의 포맷을 디코드하는 것은 불가능하다는 것을 의미한다고 할 수 있다.

MPEG-2압축 방식은 HDTV스캐닝 포맷을 기본으로 하는 레이어를 사용하는 것은 물론 확장하는 레이어를 사용하는 것도 가능하다고 할 수 있는데, 이러한 2개의 레이어는 장래적으로 보면 기존의 아날로그 NTSC방식이 중단되고, 지금보다는 많은 채널이 사용하는 것이 가능하다면 2개의 채널을 사용하여 각각 별개로 전송 하는 것도 가능하다고 할 수 있기 때문에, 이러한 것에 의하여 1920×1080 순차주사 60프레임의 스캐닝 포맷을 ATSC송신 규격으로 도입하는 것도 가능하게 될 것이다.

이러한 압축 방식에 대한 요구는 제작되어지는 프로그램에 따라서 다르다고 할 수 있는데, 스포츠와 같은 프로그램에서는 움직임이 좋은 재현을 하기 위하여는 비월주사 보다는 순차주사 포맷이 바람직하다고 할 수 있다. 따라서 드라마, 연예프로그램, 다큐멘터리 프로그램 에서는 움직임 보다는 높은 공간 해상도를 요구 한다고 할 수 있어, 압축 알고리즘의 개량에 의하여 기존에 개설한 ATSC 디코더와 호환성이 있으면서 보다 좋은 화질을 얻는 것도 가능하다고 생각할 수 있다.

11.4.4 순차주사(Progressive) 대 비월주사 스캐닝(Interlaced Scanning)

아날로그 NTSC시스템은 대역폭의 제한을 하기 때문에 비월주사 시스템(Interlaced System)이 60프레임 순차주사(Progressive)보다 우수하다고 할 수 있는데, 비월주사(Interlaced)는 현재에 있어서도 대역폭을 가능하면 조금이라도 낮추는 것을 바라고 있으므로 중요한 포맷이 되고 있다고 할 수 있다. 그 때문에 30프레임/초의 표준 텔레비전은 2:1인터레이스를 사용하여 60필드/초로하여 많은 면적의 플리커(Flicker)에 의한 시각 방해를 효과적으로 감쇄시키고 있다고 할 수 있다.

순차주사 스캐닝(Progressive Scanning))은 컴퓨터와 텔레비전 프로그램 제작기기사이에 양립성을 얻기 위하여 꾀 많은 ATSC포맷에서 채용을 하고 있다고 할 수 있는데, 그러한 순차주사 방식(Progressive System) 텔레비전 제작시스템에서는 비월주사 방식(Interlaced System) 제작 시스템보다 다음과 같은 많은 장점이 있다고 할 수 있다.

- 순차주사 방식은 움직임 평가, 스캐닝 변환, 편집, 압축 처리를 하는 것에 의하여 프로세스의 복잡한 정도를 적게 하는 것이 가능하다.
- 움직임화면에 대한 끌림 현상 등이 없는 우수한 화질로서 수직 해상도가 개선이 되었고, 인터라인의 플리커(Flicker)가 없다고 할 수 있다.
- 스톱 모션에서 프리즈(Freeze)가 된 화상이라 할지라도 화면의 질이 우수하다.

그러함에도 불구하고 비월주사 방식은 몇 가지 ATSC규격에서는 채용되어져 있는데, 이렇게 채용되어져 있는 이유는 현재까지 방송국이나 프로덕션에서는 거대한 비월주사 방식 기기의 투자가 30년이상 프로그램 제작 설비로서의 투자를 하여 거대한 인프라의 활용을 고려한 것이라고 할 수 있고, 다음이유로는 순차주사방식 포맷 가운데에서 1080라인 60프레임 순차주사 방식은 아직은 비현실적이라고 할 수 있기 때문에 ATSC규격에서는 채용되어 지지 아니하기 때문이라고 할 수 있다.

11.4.5 이미지 화각 비(Image Aspect Ratio)와 픽셀 화각 비(Pixel Aspect Ratio)

이미지 화각 비(Image Aspect Ratio: IAR)는 이미지 수평 방향의 방법(미리미터 또는 인치)과 수직 방향의 방법의 비로 정의 되어진다고 할 수 있는데, 우리가 통상 적으로 텔레비전에서는 이미지 화각 비(Aspect Ratio)가 4:3또는 16:9이고, 프레임에서는 2.4:1의 치라고 할 수 있다.

우리가 통상적으로 디지털 방송에서 주로 채용하고 있는 16:9화각비(Aspect Ratio)는 1985년 SMPTE HDTV제작 규격에 대하여 워킹 그룹으로 채용이 되었는데, 모든 프로그램 소재나 영화필름의 화상이 이러한 16:9의 포맷으로 제작하여, 포스트프로덕션 제작, 전송, 디스플레이 등에 수용이 가능하다고 할 수 있다.

픽셀의 화각 비(Pixel Aspect Ratio: PAR)는 수평 방향의 픽셀 간격에 대한 수직방향의 픽셀 간격에 대한 비로 정의 되어진다고 할 수 있는데, 이러한 실제에 대한 픽셀 형태를 고려한 것은 아니지만 이러한 픽셀 화각(Dot Spacing이라함) 이라는 것은 재생 되어진 화상의 이미지 화각비(IAR)를 기본으로 수평픽셀수(Hp)와 수직라인수 (VI)와의 양자에 의하여 결정 되어진다고 할 수 있다.

따라서 PAR과 IAR 의 관계는 아래와 같은 식으로 성립 된다고 할 수 있다.

$$\text{PAR} = \text{IAR} \times \frac{VI}{Hp}$$

혹시 IAR과 Hp/VI비가 같다고 한다면 (또는 PAR=1이라면) 그의 이미지 픽셀은 스퀘어 픽셀(Square Pixel or Square Sample)이라고 할 수 있는데, 예를 들면VGA/SVGA 규격의 이미지 포맷은 4:3이미지 화각비(Aspect Ratio) 640×480픽셀 이므로 PAR=(4/3)×(480/640)=1이라고 할 수 있다.

이러한 것에 대한 화각 픽셀은 컴퓨터에 있어서 화상의 발생과 디스플레이에 사용하고 있다는 것을 표시하고 있는데, 비디오 제작에서는 수평 픽셀의 수는 수평 스캐닝 주파수가 컬러 서브캐리어 주파수의 배수라고 할 수 있는 비디오 서브캐리어 주파수로 결정된다고 할 수 있다. 그 때문에 디지털 NTSC나 CCIR-601 규격신호의 디스플레이는 스퀘어 픽셀이 아니라고 할 수 있고, 오퍼레이션으로서는 오리지널 화상 소재의 생성은 그것이 디스플레이 되어진 것과 같은 IAR과 PAR으로 시행이 되는 것이 바람직하다고 할 수 있다.

그림 11.3에서는 화상 IAR과 PAR 의 대표 예를 표시하고 있다.

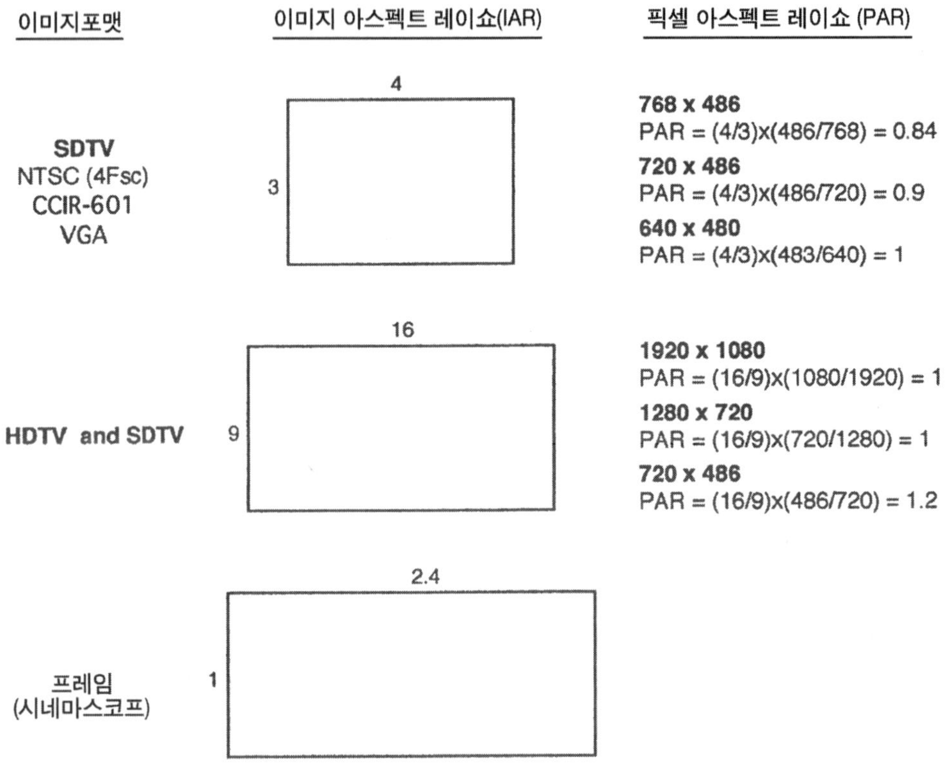

그림 11.3 이미지 아스펙트 레이쇼(IAR)와 픽셀 아스펙드 레이쇼(PAR)

11.4.6 프로덕션 아파쳐 앤드 클린 아파쳐(Production Aperture and Clean Aperture)

유효화상 에리어 (Active Picture Area)는 수평방향(라인) 유효픽셀수와 수직 방향의 유효라인수로 정의 되어진다고 할 수 있는데, 유효화상 에리어는 화상의 촬상, 발생, 포스트 프로덕션 등에서 사용하는 것으로 프로덕션 아파쳐(Production Aperture)라고 부르기도 한다고 할 수 있다.

SMPTE274M의 규격은 많은 프레임 레이트를 가지고 있다고 할 수 있고, 1920×1080스캐닝과 인터페이스의 규격이라고 할 수 있으나 화면의 가장자리부분을 수정하지 아니하는 디지털 프로세스는 수평수직화면의 에지(Edge) 근방에 트랜지앤트(Transients)를 일으키는 것을 서술하고 있다고 할 수 있는데, 그러한 현상은 디지털 필터링을 하기 전에 프로덕션 아파쳐 주변부분의 외측에 픽셀을 복사하기도 하고(Mirroring), 같은 데이터를 반복(Repetition)하는 것과 같이 적당한 기술을 사용하는 것에 의하여 방지하는 것이 가능하다고 할 수 있다.

역주 디지털 프로세서에 대하여 이야기하면 그 때문에 데이터의 변화량이 변하고, 데이터의 급격한 변화에 의하여 디지털 신호의 주파수 대역이 넓어져서 되돌아오는(Return) 왜가 발생하는 경우가 있으므로 프로세스 처리 후에는 디지털 필터를 사용하여 대역 제한을 할 필요가 있다고 할 수 있다. 따라서 이러한 디지털 필터에서는 대상이 되는 픽셀의 전후의 데이터를 포함하여 사용하는 데이터의 계산을 하고 있으나 화면의 에지(Edge) 부분에서는 블랭킹 레벨과 화상의 레벨 사이에 커다란 변화가 있기도 하고, 블랭킹 부분에서는 화면 데이터에 관계가 없는 부가 데이터가 있어서, 그냥 그대로의 필터링에 의 하여는 바람직하지 않는 데이터가 화면 내에 들어오기도 하여 트랜지앤트(Transients) 왜가 일어나기도 한다. 이러한 것을 방지하기 위하여 영향이 있는 화면외의 픽셀 부분을 화면에 에지부분의 픽셀데이터에 입력 시켜서 필터링을 하여 나중에 불필요한 화면외의 데이터는 버리는 것을 가능하게 하고 있다.

다음과 같은 사항은 아날로그 트랜지앤트(Transients)가 발생하는 원인이 되는 것이라고 할 수 있다.

- 컴포넌트 아날로그신호의 대역 제한(가장 좋은 것은 색차신호에 의하여 링깅(Ringing)을 하는 것.)
- 아날로그 필터의 삽입.
- 전자화 프로세스의 다이나믹레인지 제한에 의한 레벨 클리핑.
- 아날로그-디지털-아날로그로 변환을 반복하는 것에 의하여 디지털 블랭킹의 사용.
- 아날로그 블랭킹의 허용차.

이와 같은 화면의 에지에서 트랜지앤트(Transients) 왜가 발생하는 요인은 많다고 할 수 있고, 현실적으로 그 현상이 있다는 것을 인정하여 클린 에리어(Clean Area)라고 불리 우고 있는데, 주관적으로 에지에 대한 장해가 발생하지 아니하는 내측의 영역을 설정하는 시스템 디자인 가이드라인이 규정 되어져 있다고 할 수 있고 이를 그린 아파쳐(Green Aperture)라고 부르고 있다. 또한 그린 아파쳐(Green Aperture)는 화상 정보가 화면 에지(Edge) 부근의 모든 트랜지앤트(Transients) 왜로부터 주관적으로 영향을 받지 아니하는 영역을 정의하고 있다고 할 수 있는데, 예를 들면 1280×720의 스캐닝과 인터페이스 규격이라고 할 수 있는 SMPTE296M에서는 에지로부터 영향을 받는 에리어로서 프로덕션 아파쳐로부터 좌우의 16픽셀씩의 범위, 상하로부터 9개 라인의 범위를 규정하고 있다고 할 수 있다.

그리하여 그린 아파쳐로서 그 내측의 1248수평 유효픽셀과 702유효라인의 영역은 완성 프로그램에 있어서 트랜지앤트(Transients) 왜 등이 보이지 않는 보증되어진 영역이라고 할 수 있다.

역주 저자의 원문에서는 1280×720클린 아파쳐의 유효라인수는 704라인이라고 하고 있다고 할 수 있으나, 실제 296M규격에서는 이러한 부분은 702라인이므로 수정하고 있다고 할 수 있다.

그림 11.4에서는 SMPTE296M의 프로덕션 아파쳐와 그 내측의 그린 아파쳐를 표시하고 있다고 할 수 있다.

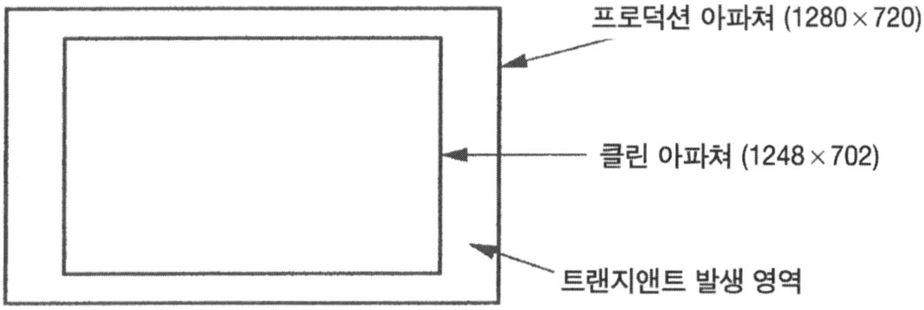

그림 11.4 1280×720화상 포맷에 있어서 프로덕션 아파쳐와 그린 아파쳐의 예

11.4.7 오디오 시스템

요즘 가정에서는 CD품질의 오디오 재생 시스템이 보급되고 있다고 할 수 있는데, VHS 테이프의 스테레오 오디오 트랙에 기록 되어진 영화 사운드 트랙 등을 장비한 기기로 가정에서 서라운드 음향을 즐기고 있는 경우가 많이 있어 이러한 시스템을 지원하기위하여 우리가 흔히 홈시어터라고 불리 우는 고 충실 시스템의 메이커가 탄생하고 있다고 할 수 있다.

특히 디지털 방송 활성화에 의하여 오디오 멀티채널 기능을 가진 새로운 DTV 시스템에 의하여 이러한 마켓은 커다란 수익을 기대하는 것이 가능하게 되어 있다고 할 수 있는데, 이러한 멀티채널 시스템은 가정의 폭넓은 요구에 부응하기 위하여 모노나 스테레오 오디오도 만족이 가능한 유연성을 가지고 있지 아니하면 되지 아니한다고 할 수 있다.

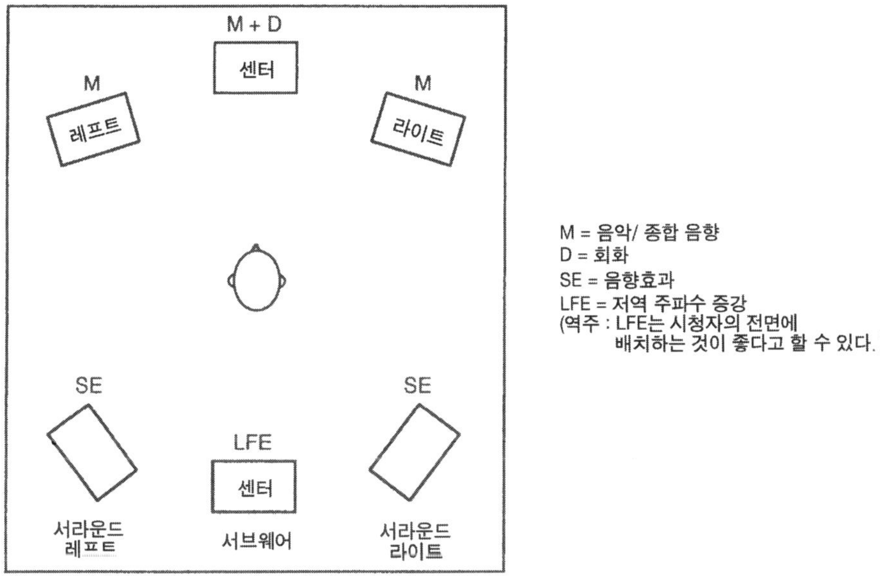

그림 11.5 서라운드 사운드 시스템의 스피커 배치예

따라서 다양한 오디오 시스템을 비교한 후에 ATSC에서는 그 오디오 규격으로 이미 영화의 디지털 오디오 서라운드 트랙용을 채용하여, 돌비 AC-3서라운드 사운드 시스템을 선택하였다고 할 수 있는데, 이러한 시스템은 음악용의 6개의 채널을 준비하여서 그림 11.5에서 표시를 하고 있는 것과 같이 화면의 좌우와 중앙에 3개의 스피커를 배치하고, 서라운드 효과용으로 뒷면 좌우에 2개의 스피커를 배치하고 있으며, 옵션용으로는 낮은 주파수를 강조하고 대역을 제한하는 채널(Low Frequency Enhancement(LFE) Band With Limited)로 구동을 하는 서브웨이퍼 스피커(Subwafer Speaker)로 고 레벨의 저음을 재현 하는 동시에 A/D컨버터과정에서나 메인 스피커의서라운드 출력에서 오버로드(Over Load)를 방지하고 있다고 할 수 있다.

11.4.8 DTV와 필름 제작 프로그램의 양립화

TV 프로그램 제작에 있어서 오래된 소중한 자료 중에서 이미 필름으로 제작된 소재는 무시 할 수 없다고 할 수 있는데, 이렇게 필름으로 제작된 소재는 24프레임/초의 시간 해상도를 가지고 있다고 할 수 있어, 이러한 필름의 프레임 레이트를 현재 표준 텔레비전의 30프레임/초 (또는 60필드/초) 프레임 레이트와 매칭을 하기 위해서는 3:2풀다운 이라고 불리 우는 방식으로 변화를 시키고 있다고 할 수 있고, 그 형식으로는 그림 11.6에 표시하는 것과 같이 프레임 변환용 프로세서를 사용하고 있다고 할 수 있다.

또한 이러한 모든 필름 프레임은 24프레임의 필름을 5회 반복하여 120프레임으로 업 컨버터 되어서 그 프레임 스트림으로부터 한 개씩 걸러서 프레임을 줄여서 60프레임으로 변환을 한다고 할 수 있는데, 그 결과 기수의 필름 프레임은 3회 반복되고, 우수 프레임은 2회 반복하게 하고 있다고 할 수 있다.

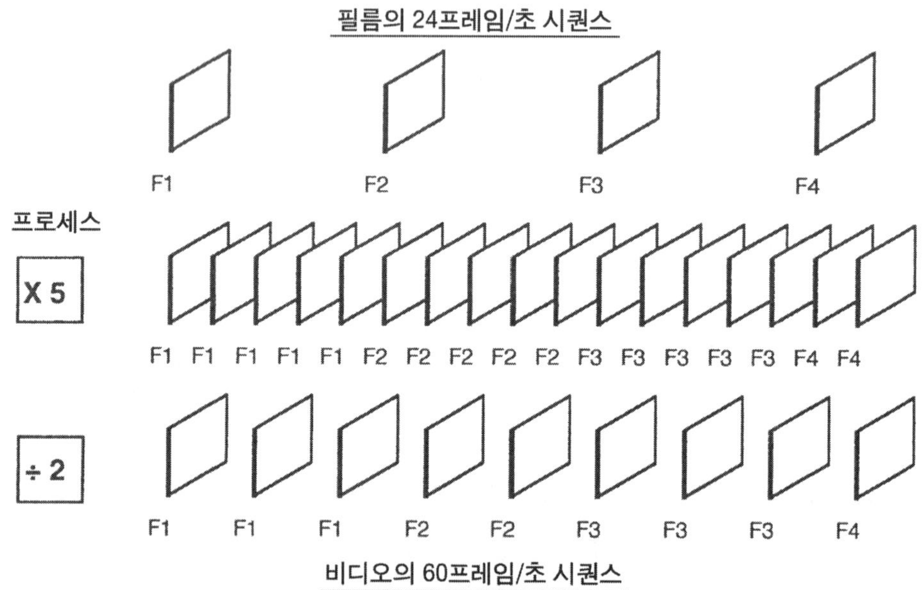

그림 11.6 24프레임/초의 필름 화상의 60프레임/초로의 변환 (3/2풀 다운 프로세스)

역주 이 2 - 3풀다운 방식에 대한 설명은 종래 텔레시네에서 사용을 하고 있는 2 - 3풀다운 영사기에 의한 기계적인 2 - 3풀 다운과 셔터를 사용하여 60필드/초의 텔레비전 카메라의 형식에 맞추고 있는 종래의 방식과는 다르다고 할 수 있는데, 풀다운 변환의 결과에 있어서도 60순차주사 프레임/초로 하고 있다고 할 수 있다. 그러나 최근의 텔레시네는 CCD라인센서나 FSS 메모리 장치, 연속주사 영사기와의 조합이 주류이므로 위의 설명한 것보다는 양호할 수도 있다고 생각된다. 또한 비월주사의 경우에는 그림 11.8의 비디오 프레임 F1,F2…가 비디오 필드에서는 각각 다르게 나타나고 있으므로 어떤 비디오 프레임에서는 필드1과 필드2에서는 각각 별개의 프레임 화상이 된다고 할 수 있다.

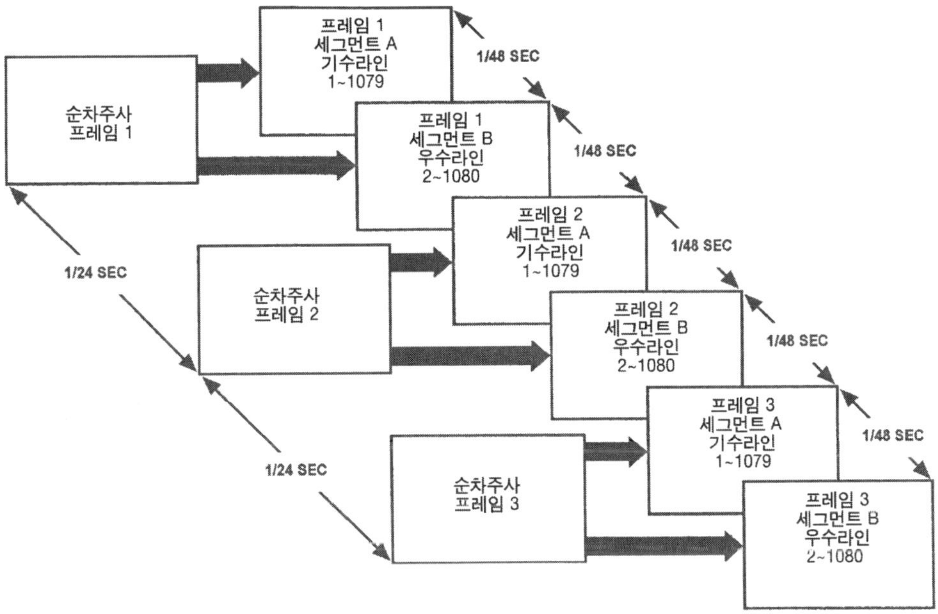

그림 11.7 순차주사 프레임의 시퀀스로부터 세그먼트 프레임을 생성하는 수순

필름으로부터 작성한 텔레비전 프로그램 소재를 압축 엔코드 하는 경우에는 이러한 3:2의 플다운 프로세스로부터 탄생하여 반복 된 프레임은 비디오 신호로부터 소거가 되지 아니하면 되지 아니한다고 할 수 있는데, 그리하여 3:2 플다운 프로세서형태로 압축 알고리즘을 적용하면 움직임 위신호가 발생 한다고 할 수 있다.

이러한 제거 프로세서는 역 텔레시네 프로세서(Inverse Telecine Process)라고 부르고 있는 것으로, 풀다운 시퀀스로부터 여분의 프레임을 제거하여 남은 유효 프레임의 비트 할당을 최대로 하는데, 이러한 신호원의 정보는 DTV프로그램 제작 시스템이나 송출 기기(DVTR, 디스크 기록장치, 디스플레이, 홈 DVCR, 수상기 등)에 있는 것으로서 신호원 요구에 의하여 기능을 변화 시키는 것이 가능한 기기를 위하여는 중요하다고 할 수 있다.

SMPTE RP - 186 비디오 인덱스(Video Index Standard) 규격에서는 텔레비전 프로그램 제작에 있어서는 수직 블랭킹 기간 14H에 신호원소재의 각 프레임, 필드의 ID데이터, 3:2 풀다운 프레임 ID 등도 삽입이 가능한 인덱스 신호(Index Signal)를 규정하고 있다.

따라서 ATSC프로그램 방송에 있어서는 필름으로부터 변환한 소재는 프로그램 데이터 스트림 가운데 그를 표시하는 ID와 함께 송출이 되어진다고 할 수 있다.

비디오 시스템의 수신단의 포스트 프로세서(Postprocessor)에서는 오리지널 프레임 레이트를 재현을 하기 위하여 보내어진 24유효 프레임으로부터 내삽처리로 60프레임으로 업 컨버젼 한다고 할 수 있는데, 이것은 3:2 풀 다운 프로세서와 같이 표준적인 처리와 보다 고도한 움직임 보정을 한 내삽변환 방법을 사용하고 있다고 할 수 있고, 이후의 방법에 있어서는 고 정도의 필드 움직임 평가에 의한 높은 프레임 레이트 덕분에 영화관의 영사와 비교를 하여도 움직임 보정이나 플리커 등에서 보다 양호한 화질을 재생하는 것이 가능하다고 할 수 있다.

예전에는 물론 지금 현재에 있어서도 특수한 분야에서는 많은 TV프로그램이 24fps의 프레임 레이트의 필름 프로그램으로서 제작 되어졌다고 할 수 있는데, 지금의 고화질 HDTV비디오 프로그램과는 달리 이전의 제작 방법에 있어서는 포스트 프로덕션에서 필름을 편집하고, 이 소재를 이용하여 최종의 프로그램으로 완성 하였다고 할 수 있다.

북미에서는 방송을 위하여는 그러한 필름은 3:2 풀 다운 프로세스에 의하여 60Hz의 영상으로 변환되어서 가공이 되었다고 할 수 있는데, 그중에서도 50Hz 방식의 국가에서는 조금은 높다고 할 수 있는 25fps의 주사속도를 사용한 영상으로 변환이 되었다고 할 수 있다.

또한 북미에 있어서는 포스트 프로덕션을 위하여 우선 필름을 60Hz의 영상으로 변환하는 것이 보통이라고 할 수 있으나 한번이라도 영상으로 변환시키었다면 편집점 결정 작업은 24Hz의 필름이 아니고 60Hz의 영상을 기본으로 하여 편집이 시행되고 있다고 할 수 있는데, 따라서 이러한 것은 국제 프로그램 교환에 있어서도 기술적인 문제를 유발 시킨다고 할 수 있다.

즉 이는 필름을 60Hz의 영상용으로 변경 편집하여서 이러한 소재를 가지고 재차 50Hz로 변환하는 것이라고 할 수 있는데, 그러는 이유는 어느 정도 화질 열화가 따르는 TV방식 변환에 의하여 화질 열화를 감소하기 위하여 60Hz의 영상으로부터 50Hz의 영상으로 변환시키는 것 이라고 할 수 있다.

최근에 들어와서 필름은 24fps의 레이트 상태로 영상을 변환 하여 그러한 것을 전자적으로 편집이 가능한 기기의 부류가 도입 되어지고 있다고 할 수 있는데, 이러한 편집에 의한 프로그램은 용이하게 3:2 풀다운 프로세스를 사용하여 60Hz의 영상으로 변환하는 것이 가능하고 25fps의 재생속도를 높여서 50Hz의 영상에 있어서도 용이하게 변환하는 것이 가능하다고 할 수 있다.

이러한 새로운 기기는 종래의 필름 기기가 중심일 때와는 다르게 오리지널 코먼 이미지 포맷의 여러 가지 창조적인 역량을 구체적으로 시행 하는 것이 가능하게 하고 있다고 할 수 있는데, 따라서 새로운 24fps의 기기 군에서는 카메라, 텔레시네, VTR, 프로덕션 스위처, 디지털 효과기기 등이 개발 되어서 사용되고 있다고 할 수 있다.

이러한 기기에 의하여 과거의 필름 편집에서 얻어진 것과 동등 이상의 마스크가 되는 영상의 제작이 가능하다고 할 수 있는데, 이러한 기기는 1920×1080, 24Hz의 프레임 영상 포맷으로 순차주사스캐닝(Progressive Scanning)을 사용하고 있다고 할 수 있다.

이러한 새로운 포맷은 순차주사 세그먼티드 프레임(Progressive Segmented Frame : PsF)이라고 불리 우고 있는 데, 최근에 개정되어진 ITU-R BT.709-HDTV 국제규격에 포함되어져 있다고 할 수 있고, 기본적으로 화상은 24fps의 순차주사스캐닝포맷(24P)으로 촬상 되어진다고 할 수 있다.

이러한 24P의 영상 신호는 원래의 24fps의 순차주사의 포맷으로 보존을 하는 것도 가능하지만 세그먼티드 프레임 형식(PsF)으로 변환하는 것도 가능하다고 할 수 있는데, 이러한 각 순차주사 프레임은 1080의 유효라인을 가지고 있다고 할 수 있다.

또한 이러한 세그먼트 프레임의 경우의 각 순차주사 프레임에서는 세그먼트(Segment)라고 불리 우는 2개의 부분으로 나누어져 있다고 할 수 있다. 각 순차주사프레임의 세그먼트 A에서는 원래 프레임의 기수라인 (1부터 1079)로 구성을 하고 있다고 할 수 있고, 세그먼트 B에서는 우수라인 (2부터 1080)으로 구성되어있다고 할 수 있다.

따라서 이러한 세그먼트 프레임은 비월주사 방식을 상당히 닮아있어 종종 혼란을 일으키고 있다고 할 수 있는데, 그러한 혼란을 방지하기위하여 원래의 순차주사의 프레임을 분할한 부분은 세그먼트라고 이름이 붙여져서 비월주사 방식의 필드와는 다르다는 것을 강조하고 있다고 할 수 있다.

이러한 2개의 세그먼트로 표현되어져 있는 시간축은 같은 것으로서 오리지널 순차주사의 프레임 (1/24초)와 동등하다고 할 수 있으나 필드와는 다르다고 할 수 있다.

또 2개의 세그먼트는 수신부에서 결합되어있어 원래의 프레임을 재현하는 것이 가능하다고 할 수 있는데, 그림 11.7에서는 프레임/초의 순차주사 프레임($24f_{sp}$)의 시퀀스를 만드는 방법을 표시하고 있다고 할 수 있다.

11.5 DTV영상 포맷

미국의 지상파 디지털 방송 (DTV)의 규격에서는 방송국에서 사용을 하고 있는 스캐닝 포맷은 규정하고 있지 아니하다고 할 수 있는데, 구체적으로는 영상, 음성, 보조데이터를 포함하고 있는 토털의 전송 비트 레이트가 허가되어있는 19.38Mbps와 동등한 한 어떠한 스캐닝의 포맷형식이라도 사용하는 것이 가능하다고 할 수 있다.

이러한 비트 레이트는 8 - VSB의 변조를 사용하여 표준의 6MHz채널으로 지상파 디지털 방송에 규정되어져 있다고 할 수 있는데, 이러한 방식에 있어서 최초 케이블 텔레비전용으로는 16 - VSB변조방식이 제정 되어졌다고 할 수 있으나, 이 책이 쓰여진 1999년 10월 (개정신판) 현재에 있어서는 케이블 시스템에서 사용을 하고 있는 변조 타입에 대해서는 어떠한 합의도 도출하지 못하고 있다고 할 수 있다.

스캐닝 규격에 대해서는 규정도 되어지고 있지 아니하고 있고, 강하게 권고하고 있지도 아니하지만 사실상의 스캐닝 포맷의 그룹에서는 거의 결정되어져 있다고 할 수 있는데, 그러한 포맷은 원래의 ATSC권고에 포함되어있는 것이라고 할 수 있다.

11.5.1 HDTV포맷

아래와 같은 3가지의 포맷이 있다고 할 수 있다.

- 1920×1035I포맷
- 1920×1080포맷 종류
- 1280×720P포맷

11.5.1.1 개요

- 신호특성(Signal Characteristics)

  모든 HDTV스캐닝 포맷은 컴포넌트 아날로그로서 감마(Gamma)가 보정 되어진 E'_G, E'_B, E'_R신호를 발생원으로 하고 있다고 할 수 있는데, 이러한 신호는 컴포넌트 아날로그 E'_Y, E'_{CB}, E'_{CR}신호로 변환이 되지만 어떠한 경우에는 3원색의 신호 형태로 사용되는 경우도 있다고 할 수 있다.

  이러한 아날로그 신호의 파형은 제 2장에서 설명을 한 것과 같이 같다고 할 수 있는데, 따라서 모든 아날로그신호는 100/0/100/0의 컬러바에 대하여 700mVP-P의 진폭 레벨로 하고 있다고 할 수 있다.

- 측색 특성 (Calorimetry Standards)

  초기의 현재에 있어서는 전에 규정 되어진 SMPTE240M의 규격 1920×1035i HDTV포맷에 있어서는 E'_G, E'_B, E'_R 또는 E'_B-E'_Y, E'_R-E'_Y에 대한 계수 셋팅이 규정 되어져 있다고 할 수 있는데, 이러한 계수는 ITUR-R BT601의 계수 셋팅 치가 현재 국제적으로 합의가 되어져 있다고 할 수 있는 ITUR-R BT709의 계수 셋팅 치와는 다르다고 할 수가 있다.

또 이 책 2장에서 표시를 하고 있는 것과 같이 100/0/100/0 컬러바에 대한 각 신호레벨에 대한 치는 ITU-R BT.601에서 규정을 하고 있는 계수로 셋팅을 채용하고 있다고 할 수 있는데, 여기에서 만약 ITU-R BT709나 SMPTE240M의 계수 군을 사용을 하면 같은 컬러바에 대하여 각 신호의 레벨 치는 각각 다르다고 할 수가 있다.

표 11.8에서는 3가지 규격에 의한 각각 다른 계수의 셋팅치를 표시하고 있다고 할 수 있다.

표 11.8 현재 사용하고 있는 중요 3가지규격 대한 휘도/색차신호의 방정식

규격	각 신호의 방정식
ITU-R BT709	$E'_Y=0.7152E'_G+0.0722E'_B+0.2126E'_R$ $E'_{CB}=0.5389(E'_B-E'_Y)$ $E'_{CR}=0.635(E'_R-E'_Y)$
SMPTE240M	$E'_Y=0.701E'_G+0.087E'_B+0.2126E'_R$ $E'_{CB}=0.5476(E'_B-E'_Y)$ $E'_{CR}=0.645(E'_R-E'_Y)$
ITUR-R BT601	$E'_Y=0.587E'_G+0.114E'_B+0.299E'_R$ $E'_{CB}=0.564(E'_B-E'_Y)$ $E'_{CR}=0.713(E'_R-E'_Y)$

역주 이러한 것은 각각 다른 3원색의 점을 채용한 것 이외에도 가능하면 변경이 가능하다고 할 수 있는 휘도 방정식 계수도 변경시키지 아니하는 것 등의 여러 가시 모른 사항에 대한 다협에 걸괴리고 할 수 있다.

ITU-R BT.601의 계수는 SMPTE170M NTSC나 PAL과 같다고 할 수 있고, SMPTE274M의 계수는 ITU-R BT.709와 같다고 할 수 있는데, 이러한 것은 BT.709의 계수와 SMPTE240M의 계수는 거의 차이가 없다고 할 수 있다.

따라서 이러한 것은 ITU-R BT.709에서 미국에서 주장을 하고 있는 3원색의 점과 유럽에서 주장을 하고 있는 3원색과의 점과의 중간에 또 다른 3원색 점을 정해서 국제적으로 HDTV의 측색 특성의 통일을 위하여 타협점을 정 한 것이라고 할 수 있는데, 컬러바의 신호에서는 3가지 신호에 대한 차이는 명확하다 할 수 있지만 실제의 영상에서는 컬러바와 같이 명확하게 차가 있다고는 할 수 없다고 할 수 있다.

따라서 현재 사용하고 있는 카메라로부터 이렇게 촬영된 영상을 디스플레이하는 디스플레이 장비에 대한 토털 색 재현은 디스플레이부가 종래에 사용을 하고 있던 CRT인가 아니면 근래에 보급이 증가하고 있는 액정인가 등의 본질적인 발색 특성의 차나 수상기에 있어서 제작사의 특성 및 기술 개발의 특성차에 의하여 설정 되어진 독자의 특성 차, 조명 광원의 특성, 프로그램을 만드는 제작 카메라의 특성 차, 포스트 프로덕션에서의 색 보정의 정도, 디스플레이장비가 설치되어있는 주변의 광의 요소 등에 의하여 각각 다르다고 할 수 있는데, 따라서 방정식에서 표시가 되고 있는 것과 같이 단순한 것은 아니라고 할 수 있고, 이러한 특성의 차이를 감안한다면 색상에 대한 올바른 판단과 측정은 그리 쉽지 아니하다고 할 수 있다.

표 11.9 3가지 색의 기준규격에 있어서 100%컬러바의 각 컴포넌트 신호레벨 (mV)

	Signal	White	Yellow	Cyan	Green	Magenta	Red	Blue	Black
원색신호	E'_G	700	700	700	700	0	0	0	0
	E'_B	700	0	700	0	700	0	700	0
	E'_R	700	700	0	0	700	700	0	0
ITU-R BT709	E'_Y	700	649.46	551.18	500.64	199.36	148.82	50.54	0
	E'_{CB}	0	-344.4	79.94	-263.9	263.9	-79.94	344.4	0
	E'_{CR}	0	38.64	-350.0	-311.57	311.57	350.0	-38.64	0
SMPTE 240M	E'_Y	700	639.10	551.60	490.70	209.30	148.40	-60.90	0
	E'_{CB}	0	-349.93	81.20	-268.66	268.66	-81.20	349.93	0
	E'_{CR}	0	38.64	-349.93	-311.29	311.29	349.93	-38.64	0
ITU-R BT601	E'_Y	700	620.20	490.70	410.90	289.10	209.30	0.114	0
	E'_{CB}	0	-360.43	83.65	-276.71	276.71	-83.65	360.43	0
	E'_{CR}	0	43.40	-393.26	-349.80	349.80	393.26	-43.40	0

표 11.9에서는 100/0/100/0 컬러바 신호에 대한 각각 컴포넌트의 신호 레벨을 표시하고 있고, 그림 11.8, 11.9, 11.10에서는 이러한 신호를 8비트와 10비트의 디지털로 처리하였을 경우의 디지털 샘플 치와 계수와의 관계를 표시하고 있다고 할 수 있는데, 이 컬러바에 의한 3원색 그린(Green), 레드(Red), 부루(Blue))과 3원색과의 보색관계가 있는 색 (옐로우(Yellow), 시안(Cyan), 마젠타(Magenta))의 각색 신호와에 대응하게 하고 있다고 할 수 있고, 각 규격에 의하여 계산한 각 신호레벨의 계산치를 표시한 것이라고 할 수 있다.

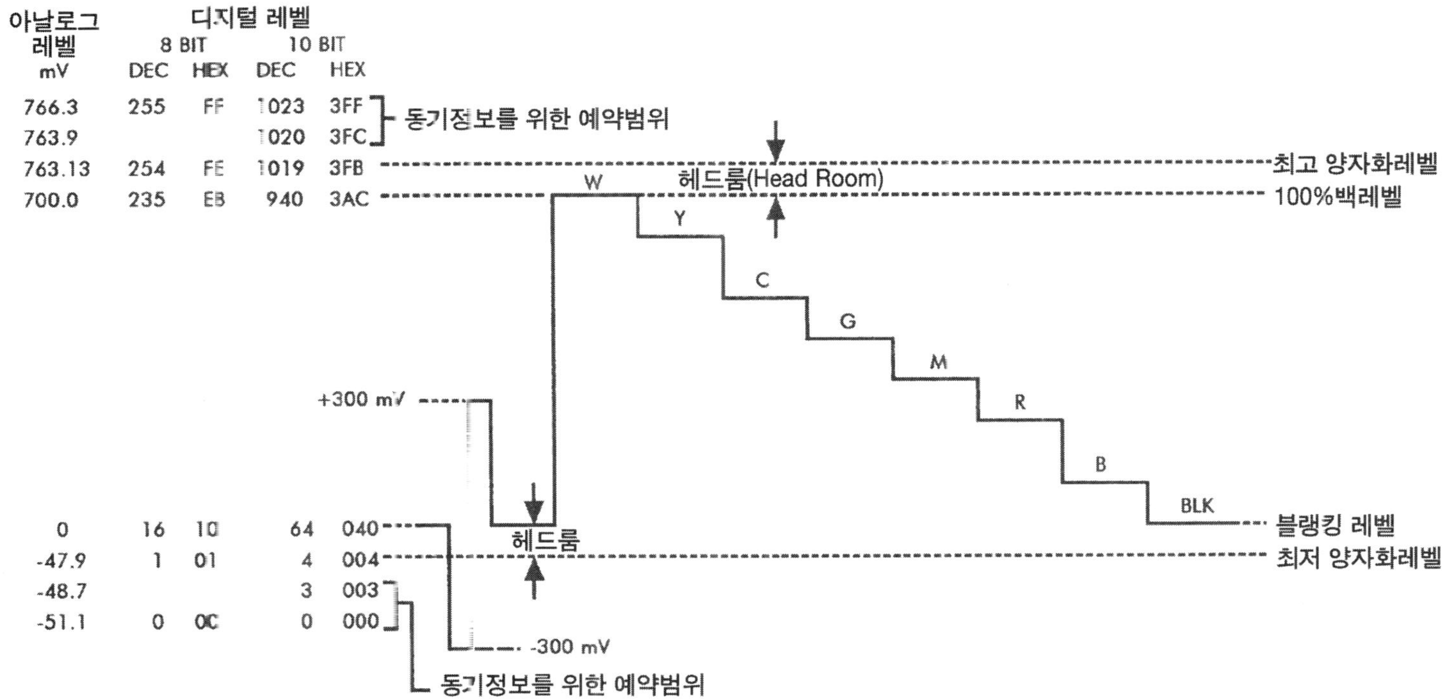

그림 11.8 100%컬러바의 Y컴포넌트 의 아날로그신호레벨과 8비트, 10비트 디지털 샘플 치와의 관계에 있어서는 다음과 같다고 할 수 있는데, 디지털치의 8비트에서는 00과 FF이라고 할 수 있고, 10비트에서는 000,001,002,003와 3FC, 3FD, 3FE, 3FF은 데이터로 사용하여서는 되지 아니한다고 할 수 있으겨, 아날로그 신호의 레벨치에 대해서는 표 11.9를 참조 바람.

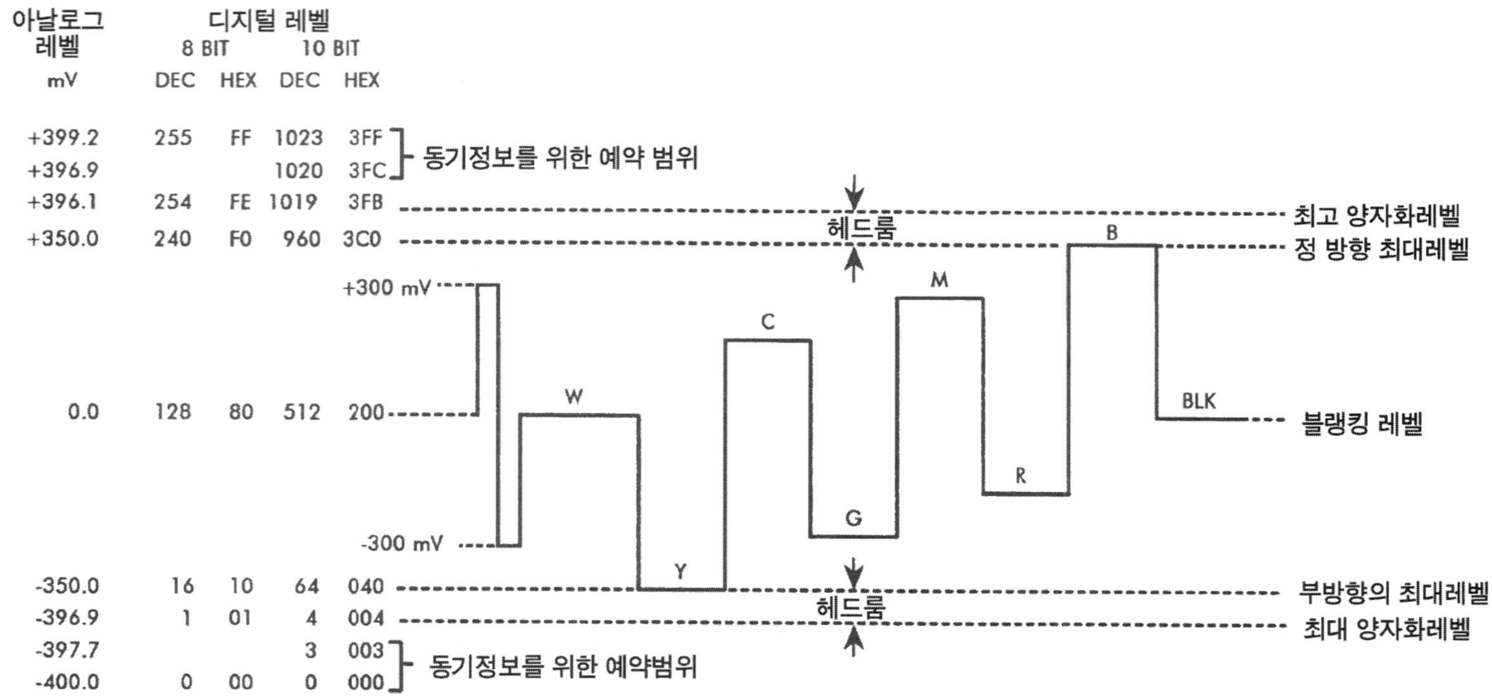

그림 11.9 100% 컬러바의 C_B 컴포넌트 아날로그 신호레벨과 8비트, 10비트 디지털 샘플 치와의 관계에 있어서는 다음과 같다고 할 수 있는데, 디지털치의 8비트에서는 00과 FF이라고 할 수 있고, 10비트에서는 000,001,002,003와 3FC, 3FD,3FE, 3FF는 데이터로서는 사용하여서는 되지 아니한다고 할 수 있으며 아날로그 신호 레벨에 대해서는 표 11 9를 참조바람

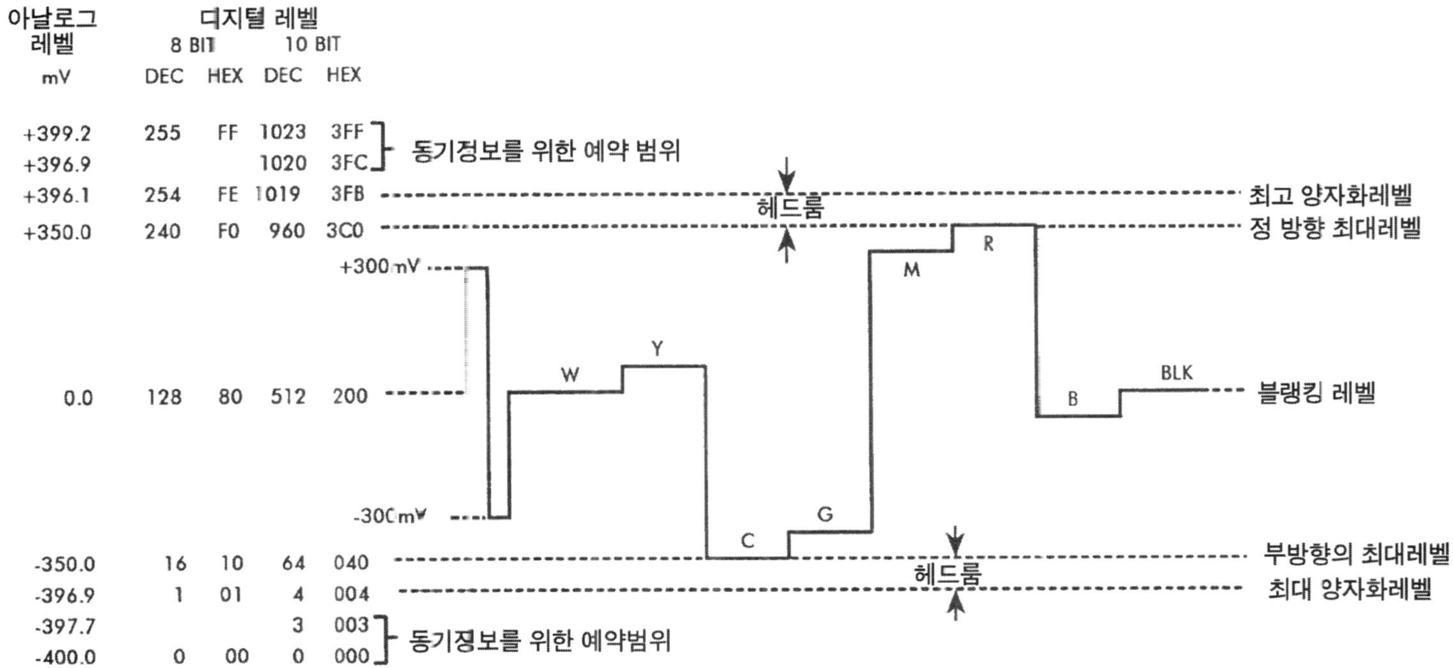

그림 11.10 100% 컬러바의 C_R 컴포넌트의 아날로그 신호 레벨과 8비트, 10비트 디지털 샘플 치와의 관계에 있어서는 다음과 같다고 할 수 있는데, 디지털 치의 8비트에서는 00과 FF이라고 할 수 있고, 10비트에서는 000, 001, 002, 003와 3FC, 3FD,3FE, 3FF는 데이터로 사용 하여서는 되지 아니한다고 할 수 있으며, 아날로그 신호 레벨 치에 대해서는 표 11.19를 참조바람.

ITU-R BT.601또는 SMPTE 240M신호로부터 포맷 변환에 있어서는 측색의 오차를 줄이기 위하여 계수의 재계산이 필요하다고 할 수 있다.

- HDTV 아날로그 수평 동기신호 (Analog Horizontal Synchronizing Signals)
  아날로그의 수평 동기신호는 SDTV의 수평 동기신호와는 다르게 특별한 3치 쌍극성(Tri- Level Sync)의 신호파형으로서 그의 진폭은 ±300mV이라고 할 수 있는데, 이러한 타입의 신호는 수평 동기에 대하여 노이즈의 영향을 감소시킨다고 할 수 있다.
- 타이밍의 기준(Timing Reference)
  모든 타이밍의 치는 휘도신호 E'Y 컴포넌트신호의 디지털 샘플링 주파수 fs의 역수 T(=1/fs)의 배수로 표현한다고 할 수 있다.
- 디지털의 표현 (Digital Representation)
  원래 일반적인 파라렐 디지털 표현은 병렬로 동작하고 있는 2개의 별개 10비트 채널로 구성 하고 있다고 할 수 있는데, 그중에서 1개의 채널은 휘도신호(Y)용이고, 다른 또 하나의 채널은 시간 축으로 다중 전송하는 색차 컴포넌트신호(C_B/C_R) 용이라고 할 수 있다. 이러한 2채널의 데이터 스트림은 각각 개별의 TRS(Timing Reference Signal : EAV, SAV), 라인신호, 라인 CRC(Cyclic Redundancy Check)정보, 그리고 그러한 것에 필요로 하는 보조데이터 (Ancillary Data) 등을 가지고 있다고 할 수 있다.

이러한 SDTV의 ITU-R.BT601신호가 Y, C_B, C_R의 3개의 신호를 1개의 27M 워드/초 (word/sec)채널에 시간 축으로 다중 전송하여, 1개의 TRS와 보조데이터의 셋트를 가지고 있다는 것은 커다란 다른 점이라고 할 수 있다.

11.5.1.2 1920×1035i포맷

1920×1035I포맷은 SMPTE240M규격 -Signal Parameters-1125 Line Hight Definition Production System 또는 ITU-R BT.1120이라는 문서에 규정을 하고 있다고 할 수 있는데, 16:9 화각(Aspect Ratio), 비월주사스캐닝 (Interlaced Scanning) 등은 HDTV초기의 포맷이라고 할 수 있지만 이러한 형식의 포맷은 지금에 와서는 구형식의 규격이라고 할 수 있고, 여기에서 1035이라는 숫자는 프레임당 유효라인수를 의미하고 있다고 할 수 있다.

이러한 규격은 필드 레이트가 60.00Hz이거나 아니면 59.94Hz에서 있어서 전체의 주사선이 1125라인, 비월주사(Interlaced Scanning)를 사용하는 HDTV프로덕션 시스템 기기에 있어서 아날로그 비디오 신호의 기본 특성을 규정하고 있다고 할 수 있는데, 이러한 사양의 특성은

- 스캐닝 파라미터(Meta)
- 색 재현 특성
- 영상 신호의 파형 특성 등을 커버 하고 있다고 할 수 있다.

영상신호는 컴포넌트 신호로서 $E'_G{}'$, $E'_B{}'$, $E'_R{}'$이라도 좋고 $E'_Y{}'$, $E'_{CB}{}'$, $E'_{CR}{}'$이라도 좋다고 할 수 있는데, 표 11.10에 있어서는 1920 ×1035i포맷의 스캐닝 특성의 상세도를 표시하고 있다고 할 수 있고, 따라서 다른 모든 DTV규격에서와 같이 이러한 신호를 디지털화한 것과의 사이에 명확한 관계도 제시하고 있다고 할 수 있다.

또한 이러한 표에서는 그러한 샘플링 주파수와 라인 당 전 샘플수로 표시한다고 할 수 있는데, 이러한 규격에서는 디지털 포맷에서 새로 등장 한 60Hz와 우리가 종전에 사용하던 NTSC의 59.94Hz와같이 필드 주파수가 각각 조금 다른 2가지의 사양이있다고 할 수 있다.

그 때문에 라인주파수나 샘플링 주파수에 있어서도 그러한 것에 대응하기 위하여 약간은 변화하고 있다고 할 수 있다.

표 11.10 1920×1035I 픽쳐포맷에 있어서 스캐닝 특성

항목	파라미터	치
1	스캐닝 샘플링의 순서	좌로부터 우로, 우로부터 아래로
2	필드주파수(Hz)	60 (60/1.001)*
3	인터레스 비	2:1
4	라인주파수(Hz) (33, 750/1.001)	33,750
5	풀 라인당 샘플 수 R, G, B, Y C_B, C_R	 2200 1100
6	공칭 신호대역(Hz)	30
7	샘플링 주파수 R, G, B, Y(MHz)	74.25 (74.25/1.001)
8	샘플링 주파수 C_B, C_R (MHz)	37.125 (37.125/1.001)
9	토털 라인 수 프레임 당 필드1 필드2	 1125 563(1~563) 562(564~1125)
10	유효라인 수 프리임당 필드1 필드2	 1035 517(41~557) 518(603~1120)

*괄호내의 치는 NTSC에 맞추어진 시스템의 경우에 있어서 그때의 나눈값에서 나머지 수는 1.001이라고 할 수 있음.
+대역에 있어서는 에이리어스 제거의 로패스 필터적용 이전의 모든 컴포넌트에 대한 것이라고 할 수 있음.

역주 이러한 1920×1035i포맷에 있어서는 당초에 일본의 NHK에서 개발한 것을 일본에서 제안을 한 포맷형식으로서 제안 당시에는 필드주파수 59.94Hz, 화면비 15:9의 형식으로 제안 되었다고 할 수 있는데, 이러한 사양을 가지고 SMPTE검토 그룹에 의하여 NTSC에 기인하고 있는 59.94Hz만이 아니라 디지털 오디오와 상성이 좋은 원래의 60Hz의 필드 주파수로 되돌려서 사용하면은 어떻게 할까 하는 이상론에 의하여 60Hz가 탄생 되었다고 할 수 있고, 화면비에 있어서도 오늘날 사용하고 있는 16:9의 화각으로 변경되어 규격화 되었다고 할 수 있다.

또한 필드 주파수의 다양화와 변경에 의하여 60Hz로 실용화 방송을 시작한 NHK에서는 기존에 사용을 하고 있는 아날로그 NTSC와의 사이에 공동으로 신호를 변환시켜서 제작설비와 송출 설비에 이용하기 위한 방안에 일환으로 업 컨버터와 다운 컨버터를 사용하여 화상 신호 형식을 자유로이 변환하여 사용할 수 있는 기반을 이루게 하였다고 할 수 있다.

또한 편집시에 있어서 NTSC형식의 VTR을 온라인 편집에서 사용을 하기위하여 많은 노력을 기울였다 할 수 있는데, 예를 들면 미국에 있어서도 HDTV의 실용화가 구체적으로 시행이 되면 NTSC신호와의 사이에 업다운 컨버터의 문제가 생긴다는 것을 직시하고 일찌감치 59.94Hz의 규격에 더해서도 현재와 같이 60Hz를 사용할 수 있는 환경을 만들었다고 할 수 있지만, 60Hz필드 주파수에서는 그 후 규격에서는 남아있지만 현실에 있어서는 사용하지 아니하는 규격으로 남아 있다고 할 수 있다.

이러한 것은 미국의 방송 규격에 대한 자율적인 변경에 의하여 사양의 형식 변경이 미국의 의지대로 변경이 되는 것을 막으려고 일본에 있어서도 표준화를 시행하기 위하여 연구를 하였다고 할 수 있다.

또한 장래에 있어서 아날로그 NTSC방송이 종료된다고 한다면 어떻게 되겠는가 하는 의문이 들겠지만, 이미 모든 지상파 디지털 방송이 컴포넌트 신호의 형식으로 59.94Hz필드 주파수를 사용하고 있다는 것을 고려한다면 디지털 오디오나 타임코드 등의 실시간 차이라는 마이너스적인 요소가 있어서 원리적으로는 필요성이 없다고 이야기 하지만 앞으로도 59.94Hz의 필드주파수는 계속 사용이 될 것으로 생각이 된다.

표 11.11에서는 1920×1035I픽쳐 포맷의 아날로그 신호사양의 상세를 표시하고 있다고 할 수 있는데, 이러한 것에 의한 컴포넌트의 신호 파형을 그림 11.8 그림 11.9 그림 11.10에서 표시를 하고 있다고 할 수 있고, 그림 11.11에서는 수평 블랭킹 기간과 3치 동기 펄스의 상세를 표시하고 있다.

또한 그 외의 3원색점, 광전 변환 특성, 매트릭스 계수 등에 관하여는 표 11.4의 SMPTE240M의 부분에서 볼 수가 있다고 할 수 있고, 그림 11.12에서는 필드 블랭킹기간의 상세도라고 할 수 있는데, 수직 동기 신호에 대하여 설명을 하면 다음과 같다고 할 수 있다.

표 11.11 1920×1035I픽쳐 포맷의 아날로그신호의 사양

항목	파라미터	치
1	표준레벨 (mV) E'_R, E'_G, E'_B, E'_Y	표준 블랙레벨 : 0 표준 화이트레벨 : 700
2	표준레벨 (mV) E'_{CB}, E'_{CR}	±350mV 그림 11.9, 11.10참조
3	동기신호의 형식	3치 양극성 그림 11.11참조
4	라인 동기 타이밍 기준점	0_H 그림 11.11참조
5	동기레벨 (mV)	±300±2%
6	동기 타이밍	모든 컴포넌트의 동기부가 표 11.12또는 그림 11.11, 11.12 11.13 참조바람.
7	블랭킹 기간	표 11.12 또는 11.11,11.12, 11.13 참조

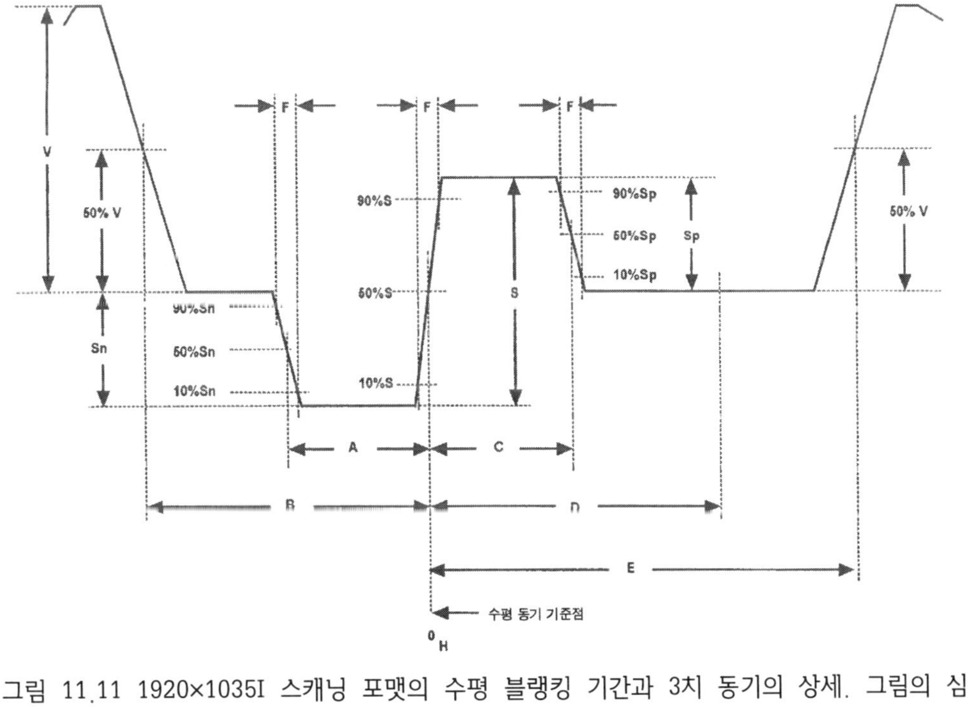

그림 11.11 1920×1035I 스캐닝 포맷의 수평 블랭킹 기간과 3치 동기의 상세. 그림의 심볼치에 대해서는 표 11.12참조 바람.

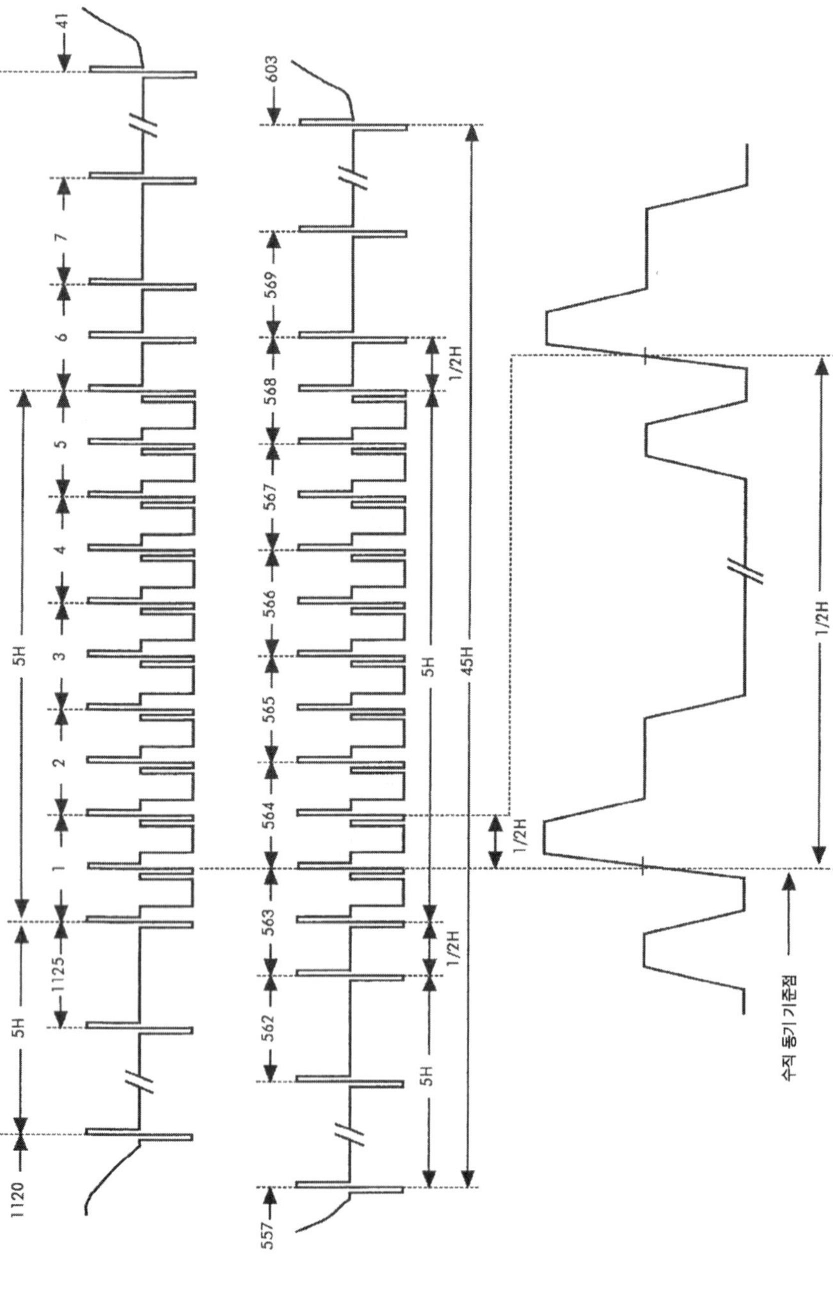

그림 11.12 1920×1035I의 스캐닝 포맷의 아날로그 필드 블랭킹 기간과 필드 동기 펄스의 상세.

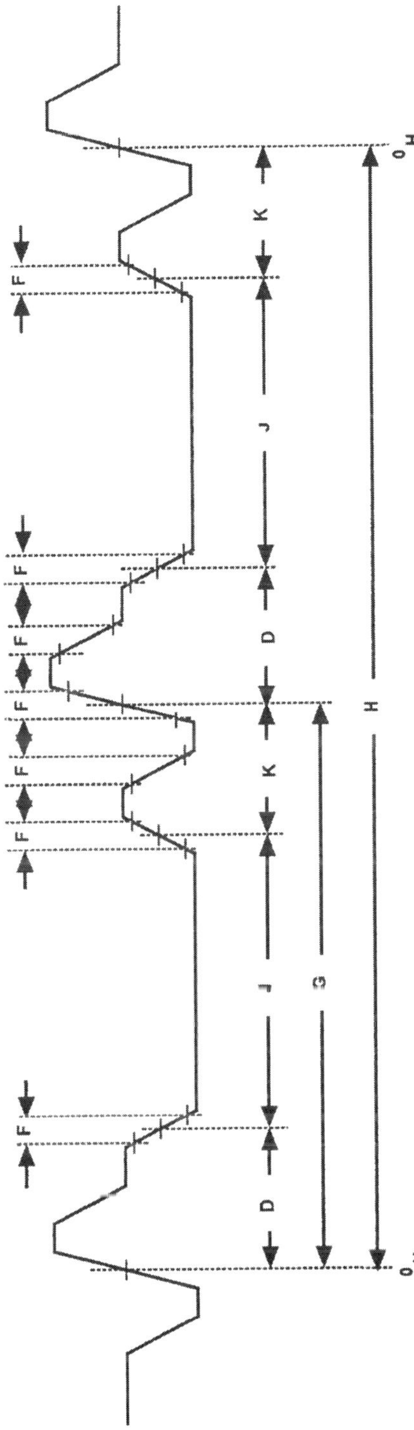

그림 11.13 1920×1035I의 스캐닝 포맷의 수직(필드)동기 펄스의 상세. 그림 심볼의 치에 대해서는 표 11.12 참조바람.

5라인기간에 1라인당 2개의 광폭 펄스(Broad Pulse or Wide Pulse)의 10펄스를 포함하여 수직 동기 펄스가 구성 되어 있다고 할 수 있고, 이러한 각 광폭 펄스의 기간은 3치 수평 동기펄스로 나누어져 있다고 할 수 있는데, 수직동기 신호는 최초의 광폭 펄스와 이어져 수평동기펄스의 전연을 식별이 가능하도록 되어있다고 할 수 있고, 이러한 것은 표준 텔레비전의 경우와 같이 적분회로를 통하는 것에 의하여 식별하는 것이 가능하도록 하고 있다.

표 11.12 1920×1035I 픽쳐 포맷의 레벨과 타이밍 사양 (그림 11.11,11.12, 11.13참조)

심볼	파라미터	사양치
F_s^*	R, B, B 또는 Y의 샘플 주파수 (MHz)	74.25 (74.25/1.001)
T	기준 클럭의 시간 (μs)	$1/f_s$
A	부방향 수평동기펄스폭 (T)	44±3
B	유효라인의 끝으로부터 0H의 점(T)	88+6,-0
C	정방향 수평동기 펄스폭(T)	44±3
D	클럭 가능기간 (T)	132
E	0_H의 점으로부터 액티브 비디오 스타트(T)	192+6, -0
F	상승/ 하강 시간(T)	4±1.5
G	하프라인기간 (T)	1100
H	전 라인기간 (T)	2200
J	수직 동기 펄스폭 (T)	880
K	수직 동기펄스의 끝나는 부분의 폭 (T)	88
S_n	부 방향의 펄스진폭 (mV)	300±6
S_p	정 방향의 펄스 진폭(mV)	300±6
S	3치 동기펄스의 진폭(P-P)(mV)	600(nom.)
V	비디오신호의 진폭 (mV) 액티브 라인진폭 (T)	700 1920+0, -12

*괄호내의 치는 수직주파수를 NTSC의 시스템과 일치시켜진 시스템에서의 치로서 여기에서 프레임 주파수어서 나누어 버리는 제수는 1.001이라고 할 수 있다.

그림 11.13에서는 수직 동기 펄스의 상세도를 표시하고 있다고 할 수 있는데, 표 11.12와 그림 11.11, 11.12, 11.13에서 사용을 하고 있는 T, A, B, C 등의 각 심볼에 대해서는 그 레벨과 타이밍으로 규정하고 있다고 할 수 있다.

SMPTE 260M Digital Representation and Bit-Parallel Interface-1125/60 Hight Definition Production System 규격에서는 SMPTE 240M에서 규정되어진 HDTV 프로덕션 시스템 신호 파라미터의 디지털 규격이라고 할 수 있는데, 이러한 디지털 코딩에 있어서는 휘도신호 E'_Y와 색차신호 E'_{CB}, E'_{CR}을 기본으로 한 것과 우리가 흔히 이야기하는 3원색의 신호 E'_G, E'_B, E'_R을 사용한 것도 있다고 할 수 있다.

표 11.13 1920×1035i 픽쳐포맷의 디지털 신호사양

항목	파라미터	사양치	
1	코딩하는 신호	R, G, B 또는 Y, C_R, C_B	
2	R, G, B, Y샘플 점의 격자상 배치	직교격자로 라인과 픽쳐의 반복.	
3	C_B, C_R 샘플점의 격자상 배치	직교격자로서 라인 픽쳐로 반복되어짐. C_B, C_R은 상호 같은 위치에서, Y샘플은 1개 건너서 같은 위치에 있음.	
4	풀 라인당의 샘플 수 R, G, B, Y C_B, C_R	2200 1100	
5	라인당 액티브 샘플 수 R, G, B, Y C_B, C_R	1920 960	
6	프레임당 전 라인 수	1125	
7	프레임당 유효라인 수	1035	
8	코딩 형식	각 컴포넌트마다 8비트 또는 10비트의 직선 양자화	
9	양자화레벨	8비트 코딩	10비트 코딩
	R, G, B, Y의 흑 레벨	16	64
	C_B, C_R의 무색레벨	128	512
	R, G, B, Y백레벨	235	940
	C_B, C_R	16 And 240	64 And 1019
10	양자화레벨의 할당	8비트 코딩	10비트 코딩
	비디오 데이터	1부터254	4부터1019
	타이밍 동기	0 and 255	0~3 and 1020~1023
11	필터의 특성		
	R, G, B, Y	그림 11.14참조	
	C_B, C_R	그림 11.15참조	

E'_Y,E'_{CB}, E'_{CR}신호는 CCIR디지털 텔레비전의 디지털 계층(CCIR Digital Hierarchy For Digital Television)에 있어서 기준 샘플링 주파수 74.25MHz의 22:11:11레벨(휘도신호 샘플링 주파수 74.25MHz=22×3.375MHz)로 전송 되어진다고 할 수 있는데, E'_G, E'_B, E'_R의 신호는 22:22:22레벨로 전송이 되어진다고 할 수 있다.

또 화면 중에 흰 부분에 있어서는 1992년 제정의 이러한 규격은 SDTV의 디지털 규격이라고 할 수 있는 CCIR 601의 수치의 표현이나 여러 가지 고려할 사항을 바탕으로 기본 주파수 3.375MHz로부터 출발하여 SDTV의 4:2:2까지의 높은 샘플링 주파수까지 확장하는 것이 가능하여 22:11:11로 스케일 업 (Scale Up)하고 있다고 할 수 있다.

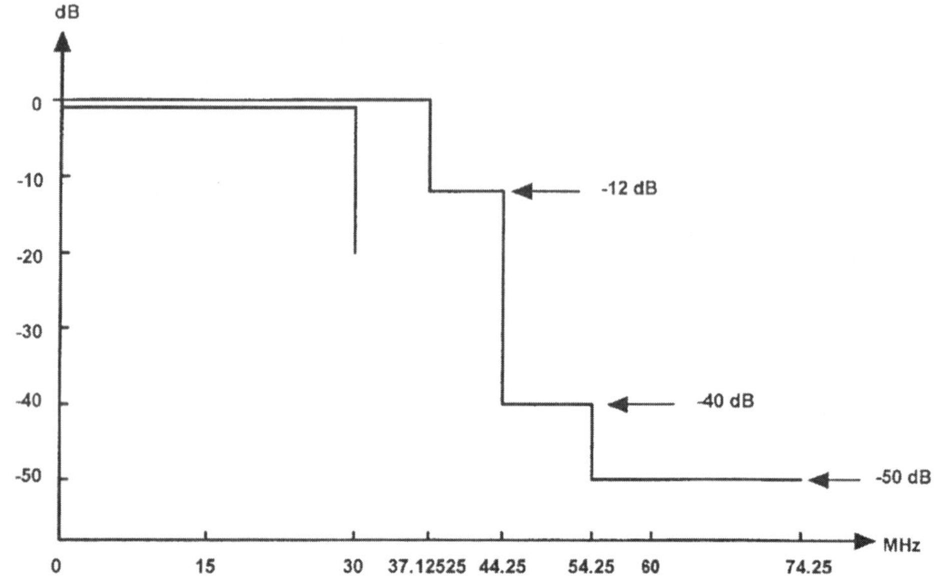

a) 주파수 특성의 템플릿(Template)

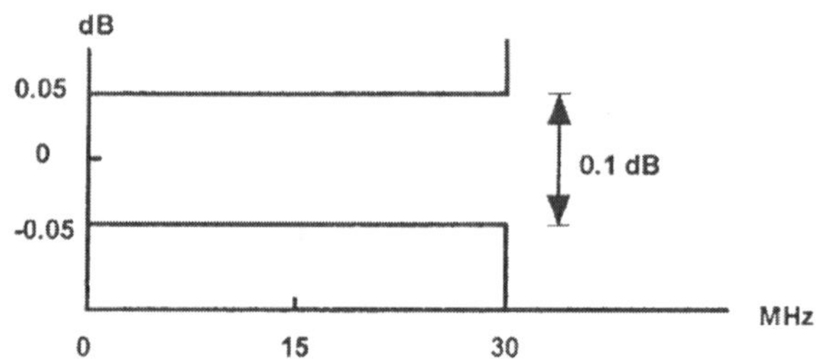

b) 통과대역의 리플허용치

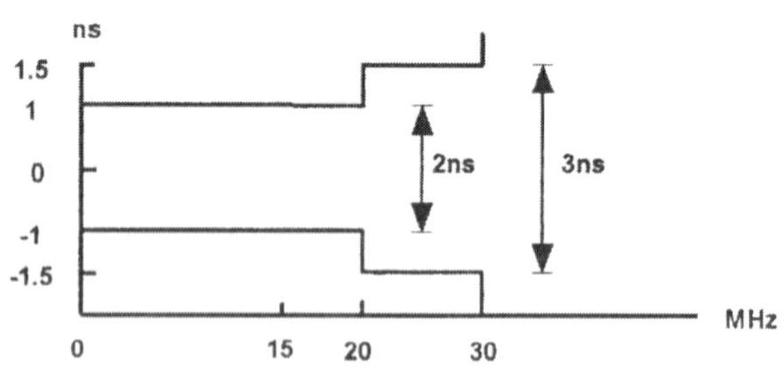

c) 통과대역의 그룹 딜레이 허용차

그림 11.14 1920×1035I 스캐닝 포맷의 R, G, B, Y 로패스 필터의 특성 사양

역주 그 후에 채용이 되어진 HDTV규격에 있어서는 이와 같은 표현법은 하지 아니한다고 할 수 있다.

에일리어스의 방지 필터(Anti-Alias Filter)그림 11.14와 그림 11.15에서 표시를 하고 있는데, 이러한 규격에 있어서 일반적인 디지털 신호는 듀얼 채널의 파라렐 데이터로서 데이터 스트림에 있어서는 다음과 같은 형식으로 하고 있다고 할 수 있다.

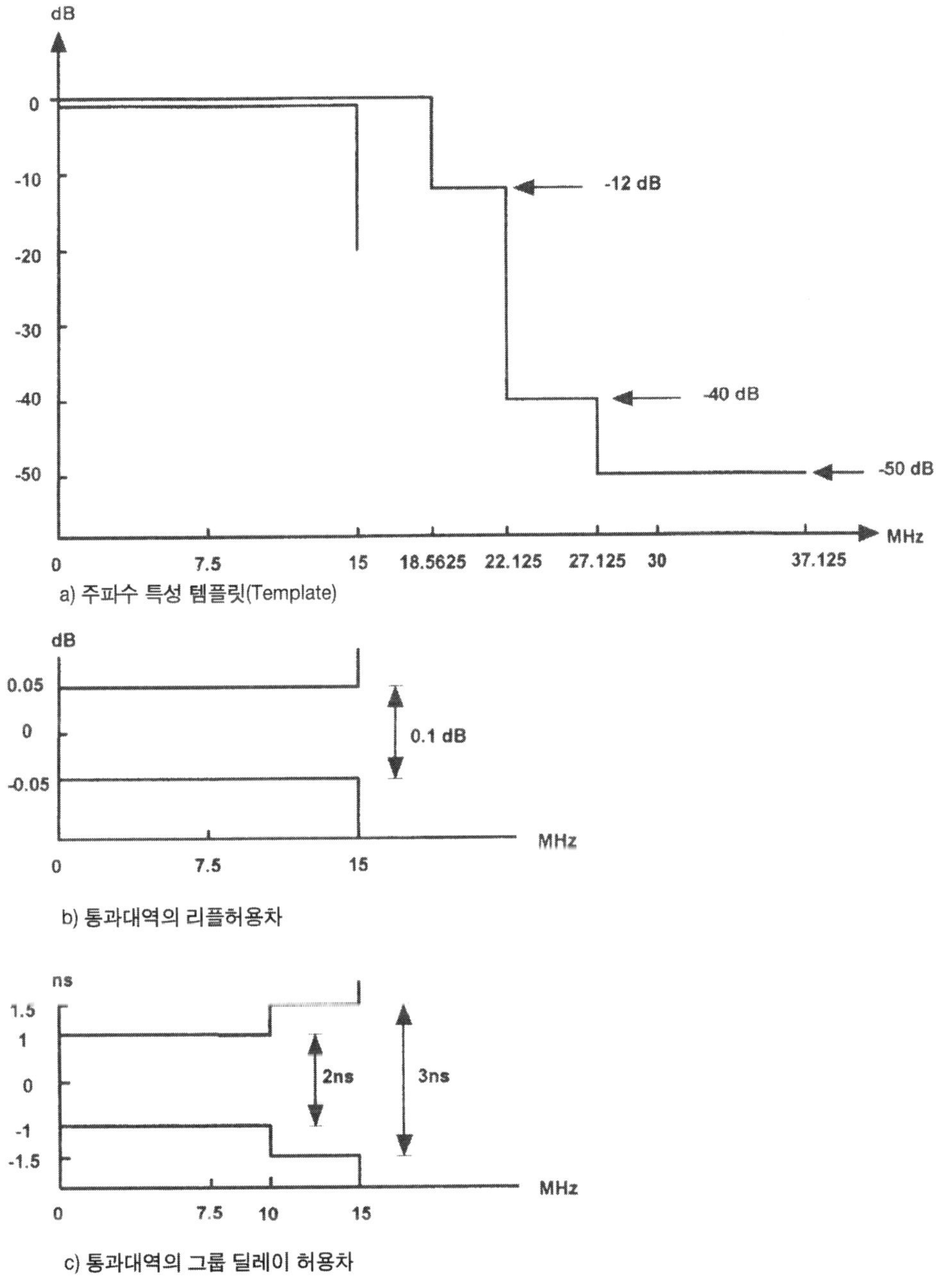

그림 11.15 1920×1035I의 스캐닝 포맷의 색차 로 패스 필터의 특성 사양

- 74.25MHz(또는 74.25/1.001MHz), 10비트로 샘플링이 되어진 디지털화되어진 휘도신호(Y) 샘플을 전송 한다고 할 수 있고, 74.25M워드/초의 1개 파라렐 데이터 스트림이라 할 수 있다.
- 37.125MHz(또는 37.125/1.001MHz)를 10비트의 샘플로 하여 C_B, C_R 순으로 시간 다중 한 C_B/C_R색차신호의 샘플을 전송을 한다고 할 수 있고, 74.25M워드/초에 있어서는 또 하나의 파라렐 데이터 스트림이라고 할 수 있다.

각 데이터 스트림 (Y 또는 C_B/C_R)은 액티브라인 영상 신호, 타이밍 레퍼런스 신호 (EAV, SAV) 등을 삽입한다고 하면 보조데이터를 전송 한다고 할 수 있다.

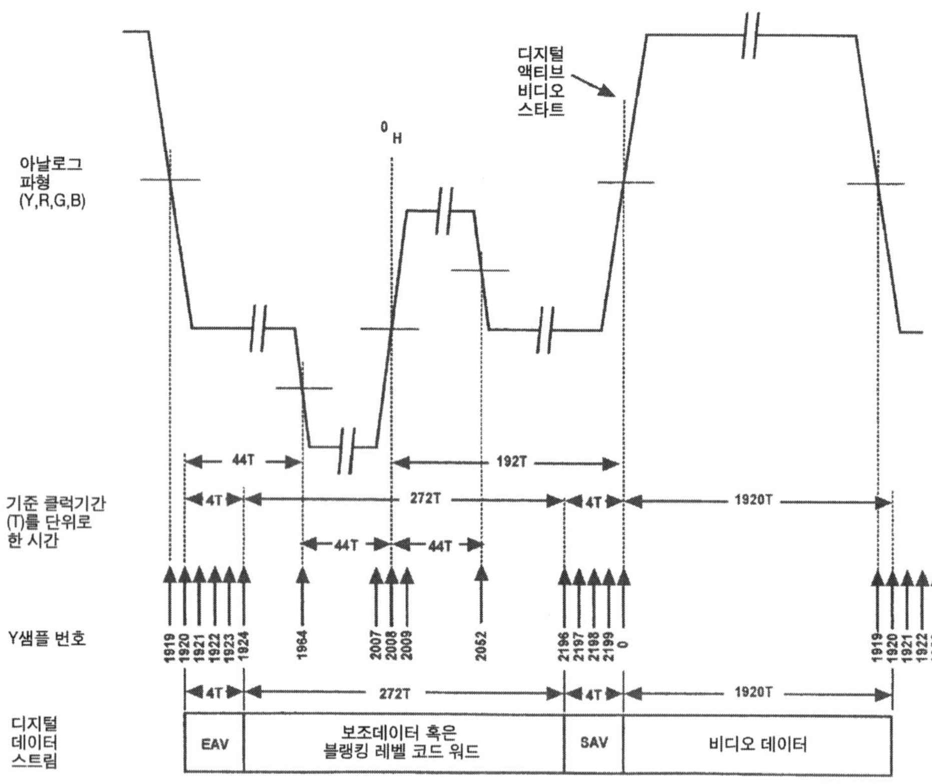

그림 11.16 1920×1035I 스캐닝 포맷의 아날로그신호와 디지털 데이터와의 관계
주의 : 수평축은 스케일이 맞지 아니 함.

그림 11.16에 있어서는 휘도신호의 수평 라인에 대하여 아날로그 또는 디지털 신호의 타이밍 관계를 표시하고 있다고 할 수 있는데, 여기에서는 표시를 하고 있지는 아니하지만 같은 타이밍관계가 C_B/C_R신호에 대해서도 존재하고 있다고 할 수 있다.

0_H 점은 아날로그 라인에 있어서 스타트점(수평기준점) 이라 할 수 있고, 라인에 있어서 디지털 샘플링 점은 최초의 액티브 디지털 샘플이라고 할 수 있는 넘버 0으로부터 라인당 전 샘플 수로부터 1을 뺀 넘버 치까지 규정 되어져 있다고 할 수 있는데, 이러한 디지털 라인은 샘플 0으로부터 스타트를 하여 Y의 1라인에서는 전부 2200샘플(C_B1100, C_R1100) 이라고 할 수 있고, 그 중에서 1920 샘플은 영상 데이터라고 할 수 있다. (C_B960,C_R960)

2개의 타입의 각 라인의 수평 블랭킹 기간은 280샘플이 있다고 할 수 있는데, 그 중에서 최초로는 EAV(End of Active Video) 이라고 할 수 있고, 최후로는 SAV(Start of Active Video) 동기데이터가 4샘플분이 포함 되어있다고 할 수 있다. 그 때문에 남은 Y샘플과 C_B/C_R의 다중 샘플을 사용하여 각각 272샘플이 보조데이터의 용도로 사용하는 것이 가능하다고 할 수 있는데, 이러한 타이밍 리퍼렌즈 신호 EAV와 SAV는 아래와 같은 4개의 시퀀스로 구성되어져 있다고 할 수 있다.

표 11.14 1920×1035i 픽쳐포맷의 타이밍 레포런스신호

비트	첫 번째 워드	2번째 워드	3번째 워드	4번째 워드
9	1	0	0	1
8	1	0	0	F
7	1	0	0	V
6	1	0	0	H
5	1	0	0	P3
4	1	0	0	P2
3	1	0	0	P1
2	1	0	0	P0
1	1	0	0	0
0	1	0	0	0

F=0디지털 필드 1 V=0필드 블랭킹 이외 H=0 SAV일 때
F=1디지털 필드 2 V=1필드 블랭킹 이외 H=1 EAV일 때

주 : P0, P1, P3는 F, V, H에 대한 오류보호비트

- 3FF, 000, 000의 3워드로 구성하는 동기워드
- V비트, F비트, V비트를 전송하는 XYZ워드 이러한 비트는 수평, 수직 블랭킹의 스타트와 앤드를 표시한다.

또한 이러한 워드에 있는 P0, P1, P2, P3비트의 치는 V, F, H비트의 상태에 따라서 변화를 하고 비트오류(1비트)의 정정과 검지(2비트 오류)가 가능하다고 할 수 있는데, 표 11.14에서는 EAV, SAV신호정보의 상세를 표시하고 있다.

그림 11.17에서는 텔레비전 프레임에 있어서 타이밍 레퍼런스 신호의 2차원의 표시라고 할 수 있는데, 그 그림에 있는 심볼 또는 중요한 타이밍의 상세를 표 11.15에서는 표시를 하고 있다.

표 11.15 1920×1035I 픽쳐포맷의 필드 기간의 타이밍 사양 (Refer To Fig 11.17)

심볼	항목	디지털 라인번호
	토털 라인수	1125
	필드No1의 전라인수	563
	필드 No2의 전라인수	562
	액티브 라인수	1035
	필드 No1의 액티브 라인수	517
	필드 No2의 액티브 라인수	518
L1	필드 No1의 최초라인수	1
L2	디지털 필드 블랭킹 No1의 최후 라인	40
L3	필드 No1의 액티브 비디오 최초의 라인	41
L4	필드 No1의 액티브 비디오 최후의 라인	557
L5	디지털 필드 블랭킹 No2의 최초의 라인	558
L6	필드 No1의 최후라인	563
L7	필드 No2의 최초라인	564
L8	디지털 필드 블랭킹 No2의 최후라인	602
L9	필드 No2의 액티브 비디오 최초 라인	603
L10	필드 No2의 액티브 비디오의 최후라인	1120
L11	디지털 필드 블랭킹 No1의 최초라인	1121
L12	필드 No2의 최후 라인	1125

주 : 디지털 필드 블랭킹 No1은 필드 No1의 액티브 비디오 전의 필드 블랭킹 기간 이라고 할 수 있고, 디지털 필드 블랭킹 No2는 필드 No2의 액티브 비디오의 전 필드 블랭킹 기간 이라고 할 수 있다.

11.5.1.3 1920×1080포맷

1920×1080스캐닝 포맷은 복수의 프레임 레이트를 포함하는 종류의 포맷이라고 할 수 있는데, 라인당 유효화소 수는 1920개를 가지고 있다는 것 이외에 16:9의 화각(Aspect Ratio)을 가지고 있다고 할 수 있고, 프레임 당 1125라인을 가지고 있으며, 유효주사선수로는 1080라인을 가지고 있는 종류의 포맷이라고 할 수 있다.

SMPTE274M, 1920×1080 Scanning and Analog and Parallel Digital Interface for Multiple Picture Rates 이라는 최초의 패션은 심의 중에 있다고 할 수 있는데, 1998년도에는 이러한 포맷에 대한 해설을 하기 위하여 공개 되었다고 할 수 있다.

이 공개된 사양은 같은 이미지포맷 (Common Image for-mat: CIF)을 가진 11종류의 스캐닝 시스템을 포함 하고 있다고 할 수 있는데, 그 중에서 8개는 순차주사(Progressive Scanning)방식의 스캐닝으로서 구성되어있고, 나머지 3개의 타입구성은 비월주사(Interlaced Scanning) 방식의 형식이라고 할 수 있으며, 여기에서 채택되어진 새로운 포맷에서는 50Hz, 25Hz, 24Hz의 프레임 레이트 형식이 도입되었다는 것이 특징이라고 할 수 있다.

역주 2004년 현재에서는 순차주사(Progressive Scanning) 방식에 의하여 촬영을 하여서 그러한 신호를 필드신호로 분할하여 전송을 하는 세그먼트 프레임 (Segment Frame)이라는 PSF포맷이 더해졌다고 할 수 있는데, 이러한 포맷으로는 SMPTE274M-2003이 최근의 패션이라고 할 수 있다.
또한 이러한 SMPTE 274M의 규격은 1995, 1998, 2003년도 이라는 짧은 주기로 개발이 되었다고 할 수 있는데, 이는 통상의 포맷형식보다는 짧은 간격으로 개발 되었다고 할 수 있다.

1999년 6월 ITU(International Telecommunication Union)에서는 ITU-R BT.709 규격 “Parameter Values for The HDTV Standards for Production and International Program Exchange”을 3번째 개정을 하였다고 할 수 있는데, 이러한 새로운 패션은 50Hz, 60Hz를 기본으로 하고 있는 순차주사(Progressive Scanning) 또는 비월주사(Interlaced Scanning)를 포함하여 거기에 더해 최근에 개발되어진 24Hz, 25Hz, 30Hz 프레임 시스템에 적용 되어진다고 할 수 있고, 프로그레시브 시퀀셜 프레임 (Progressive Sequential Frame : PsF)의 고려도 포함되어있다고 할 수 있다.

역주 최근의 ITU-R BT.709-5나 SMPTE274M-2003에서는 PSF아라는 것은 프로그레시브 시퀀셜 프레임 (Progressive Sequential Frame : PSF)이라고 불리 우고 있는 것으로서, 시퀀셜 프레임이 아니고 세그먼티드 프레임(PsF) 이라는 명으로 정식으로 불리 우고 있다고 할 수 있다. 따라서 이러한 PsF이라는 것은 274M에서는 Annex으로서 Normative이라고 규성 되어져 있다고 할 수 있는데, 그 외의 본문에서는 12비트의 시스템에서도 규정 되어져 있다고 할 수 있다. 이러한 섹션 데이터의 대부분은 ITU-R BT.709-3으로부터 채용되어져 있다.

표 11.16 1920×1080 픽쳐포맷의 스캐닝 특성의 사양

<table>
<tr><th rowspan="3">항목</th><th rowspan="3">파라미터</th><th colspan="10">시스템</th></tr>
<tr><th>1(2)</th><th>3(4)</th><th>5(6)</th><th>7(8)</th><th>9</th><th>10</th><th>11</th><th>12</th><th>13(14)</th><th>15(16)</th></tr>
<tr><th>60P</th><th>60I</th><th>30P$_{S}$F</th><th>30P</th><th>50P</th><th>50I</th><th>25P$_{S}$F</th><th>25P</th><th>24P$_{S}$F</th><th>24P</th></tr>
<tr><td>1</td><td>스캐닝 시스템의 샘플의 나열순서</td><td colspan="10">좌로부터 우로 위에서부터 아래로 인터레스, 또는 세그먼티드 프레임 시스템에서는 필드1의 최초 액티브 라인은 화면의 톱에 위치한다.</td></tr>
<tr><td>2</td><td>필드/프레임/세그먼트 주파수(Hz)*</td><td colspan="3">60
(60/1.001)</td><td>30
(30/1.001)</td><td colspan="3">50</td><td>25</td><td>48
(48/1.001)</td><td>24
(24/1.001)3</td></tr>
<tr><td>3</td><td>인터레스비</td><td>1:1</td><td>2:1</td><td>1:1$_{S}$F</td><td>1:1</td><td>1:1</td><td>2:1</td><td>1:1$_{S}$F</td><td>1:1</td><td>1:1$_{S}$F</td><td>1:1</td></tr>
<tr><td>4</td><td>픽처레이트(Hz)</td><td>60
(60/1.001)</td><td colspan="3">30
(30/1.001)</td><td>50</td><td colspan="3">25</td><td colspan="2">24</td></tr>
<tr><td>5</td><td>라인주파수(Hz)†</td><td>67500
67500/1.001</td><td colspan="3">33750
(30/1.001)</td><td>56250</td><td colspan="3">28125</td><td colspan="2">27000
(27000/1.001)</td></tr>
<tr><td>6</td><td>풀 1라인당 샘플수
R,G,B,Y
C_B, C_R</td><td colspan="4">2200
1100</td><td colspan="3">2640
1320</td><td colspan="3">2750
1375</td></tr>
<tr><td>7</td><td>공칭
신호대역(MHz)‡</td><td>60</td><td colspan="3">30</td><td>60</td><td colspan="5">30</td></tr>
<tr><td>8</td><td>샘플링 주파수
R,G,B,Y(MHz)ψ</td><td>148.5
(148.5/1.001)</td><td colspan="3">74.25
(74.25/1.001)</td><td>148.5</td><td colspan="3">74.25</td><td colspan="2">74.25
(74.25/1.001)</td></tr>
<tr><td>9</td><td>샘플링 주파수
C_B,C_R(MHz)∮</td><td>74.25
(74.25/1.001)</td><td colspan="3">37.125
(37.125/1.001)</td><td>74.25</td><td colspan="3">37.125</td><td colspan="2">37.125
(37.125/1.001)</td></tr>
</table>

* 괄호안의 치는 NTSC와 같은 프레임 주파수 시스템이므로 표준 프레임 주파수를 1.001로 나눈 계산이라고 할 수 있다.
†라인주파수의 허용차는 ±0.001퍼센트이다.
‡대역은 에일리어스 방지저역필터 링크 전에 있어서 모든 컴포넌트의 대한 것으로 한다.
ψ샘플링 주파수의 허용차는 ±0.001퍼센트로 한다.
∮C_B C_R의 샘플링 주파수는 휘도샘플링 주파수의 반으로 한다.
주: 이표의 모든 시스템의 프레임 당 전라인수는 1125로 한다.

표 11.16에서는 몇 개의 1920×1080포맷에 있어서 영상 스캐닝 특성의 상세를 표시하고 있는데, 여기에서는 다음과 같은 3가지의 부류가 있다고 할 수 있다.

- 60HZ의 관련된 포맷 : 60P, 60I, 30P$_{S}$F, 30P에서 사용하고 있는 포맷으로서, 이러한 것에는 프레임 주파수(60I는 필드주파수)를 기준으로 하고 있는 것과 NTSC와 공통성을 가진 것(60/1.001Hz) 등으로 되어있다고 할 수 있는데, 이러한 포맷에서는 각각 1부터 8까지의 시스템 번호가 붙어 있다고 할 수 있다.

  이러한 부류에 포함되어있는 모든 포맷은 풀 라인당 휘도로 Y2200샘플, 색차로 C_B C_R 각 1100샘플으로 구성 되어있다고 할 수 있는데, H V의 스캐닝 레이트와 Y, C_B, C_R의 샘플링 주파수는 스캐닝 시스템에 따라서 변화한다고 하수 있다.

최고의 화질 포맷을 사용하여 60P에서는 Y샘플의 주파수가 148.5MHz이라고 할 수 있고, C_B, C_R샘플링 주파수는 74.25MHz이라고 할 수 있는데, 이 경우의 샘플당 10비트 정도에서는 Y, C_B, C_R 시간축 다중 시리얼 전송에 있어서 비트 레이트는 2.97Gbps가 된다고 할 수 있고, 이러한 부류 이외에 포맷에서는 시리얼 전송 비트레이트는 1.485Gbps가 된다고 할 수 있다. (프레임 레이트의 1/1.001의 차는 무시하고 있다.)

- 50Hz관련 포맷 : 50P, 50I, 25PsF, 25P에서는 각각 9부터 12까지의 시스템 번호가 붙어져 있다고 할 수 있는데, 이러한 부류에 포함되어있는 모든 포맷에서는 모든 라인에 설정되어있는 휘도 Y는 2640샘플이 되고, 색차 C_B, C_R은 각 1320샘플이 되어진다고 할 수 있다.
  H V스캐닝 레이트와 Y, C_B, C_R의 샘플링 주파수는 스캐닝 시스템에 따라서 변화를 한다고 할 수 있는데, 최고의 화질 포맷이라고 할 수 있는 50P에서는 Y샘플링 주파수가 148.5MHz이고, C_B 또는 C_R의 샘플링 주파수는 74.25MHz이라고 할 수 있다.
  이러한 경우의 샘플당 10비트 정도 에서는 Y, C_B, C_R의 시간축 다중 시리얼 전송에 있어서 비트 레이트는 2.97Gbps가 된다고 할 수 있는데, 이러한 부류 이외에 포맷에 있어서는 시리얼 전송 비트 레이트는 1.485Gbps가 된다고 할 수 있다.
- 24Hz관련 포맷 : 24PsF, 24P에서는 그러한 프레임 주파수가 기준에 의한 것과 기존의 아날로그형식인 NTSC와의 공통성을 가진 것(24/1.001)으로는 각각 13으로부터 16까지 시스템 번호가 붙어 있다고 할 수 있는데, 이러한 부류에 포함 되어있는 모든 포맷에서는 풀 라인당 휘도 Y2640샘플을 가지고 있으며, 색도 C_B, C_R의 신호는 각각 1320샘플을 가지고 있다고 할 수 있다.
  또한 H V스캐닝 레이트와 Y, C_B, C_R의 샘플링 주파수는 모든 스캐닝 시스템에서 같다고 할 수 있고, 모든 포맷에서는 Y샘플의 주파수는 74.25MHz이라고 할 수 있는데, 색차신호인 C_B, C_R의 샘플링 주파수는 37.125MHz이라고 할 수 있고, 샘플당 10비트 정도에서는 Y, C_B, C_R의 시간축 다중 시리얼 전송의 비트 레이트는 1.485Gbps가 된다고 할 수 있다.

표 11.17에서는 1920×1080포맷의 아날로그 신호 규격의 상세도를 표시하고 있다고 할 수 있는데, 이 표에서는 그림 11.8, 그림 11.9, 그림 11.10 의 컴포넌트 신호에 대하여 규정을 하고 있다고 할 수 있다.

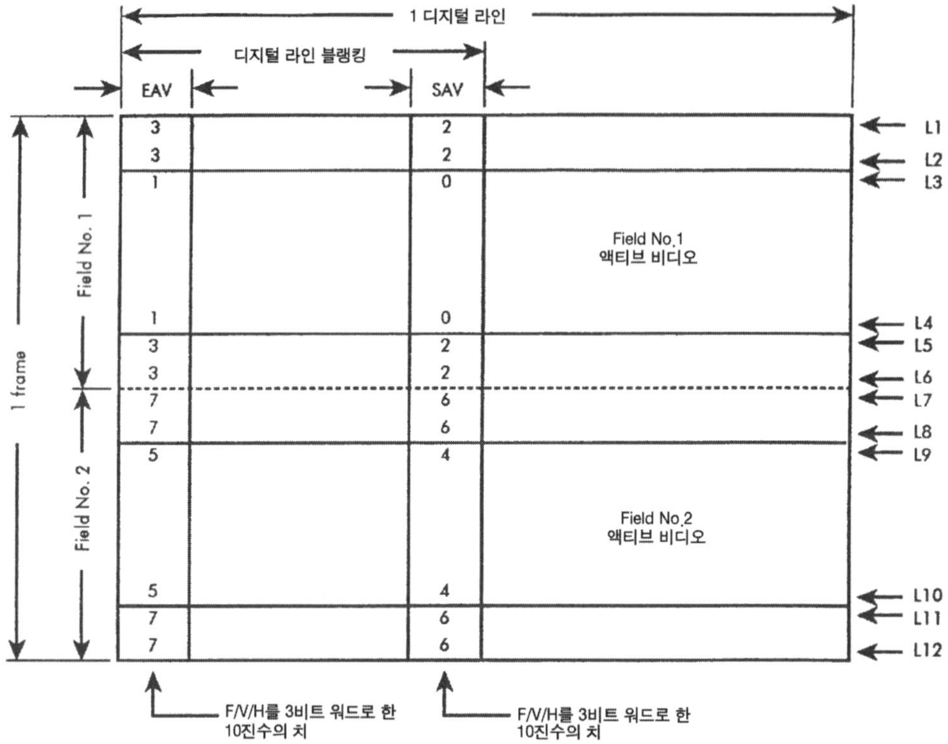

그림 11.17 1920×1035I 픽쳐 포맷의 필드에서의 타이밍관계. 주1 : EAV와 SAV의 F, V, H의 그림의 치는 F, V, H의 3비트의 상태를 3비트 워드라는 것을 고려하여 10진수의 치로 표시하고 있다고 할 수 있다.(F비트는 MSB이라고 표시하고, H비트는 LSB이라고 표시한다.) 예를 들면 3이라고 하는 것은 F=0, V=1, H=1이라는 것을 표시하고 있다. 주2 : 그림의 스케일은 맞지 아니 함. 각 심볼의 치는 표 11.15참조바람.

표 11.17 1920×1080픽쳐 포맷의 아날로그 신호의 사양

항목	파라미터	치
1	기준레벨 (mV) $E'_{R'}$ $E'_{G'}$ $E'_{B'}$ E'_{Y}	기준 흑 레벨: 0 기준 백 레벨: 700 그림 11.8참조
2	기준레벨 (mV) $E'_{CB'}$ $E'_{CR'}$	±350mV 그림 11.9, 그림 11.10참조
3	동기신호의 형식	3치 양극성 그림 11.18참조
4	라인동기 타이밍 기준점	0H 그림 11.18참조
5	동기레벨(mV)	±300±2%
6	동기 타이밍	모든 컴포넌트에 동기부가 표 11.18, 또는 그림 11.18, 11.19, 11.20 참조
7	블랭킹 기간	표 11.18, 또는 그림 11.18, 11.19, 11.20 참조

또 그림 11.18에서 표시를 하고 있는 것은 수평 동기 펄스의 상세를 표시하고 있는데, 이를 참조하기를 바라고 그 외의 삼원색의 특성, 광전 변환 특성, 매트릭스 계수 등의 사양 등에 대해서는 ITU-R BT.709를 기초로 한 표 11.4에서 표시를 하고 있으니 참조하길 바란다. 그림 11.19에서는 1920×1080I의 비월주사 포맷의 아날로그 필드 블랭킹 기간의 상세도를 표시하고 있는데, 이러한 포맷의 모든 시스템 에서는 프레임당 전 라인수는 1125라이 이라고 할 수 있다. 그러나 아날로그 독단적인 시스템 에서는 이러한 것은 필드당 562.5라인을 의미한다고 할 수 있다.

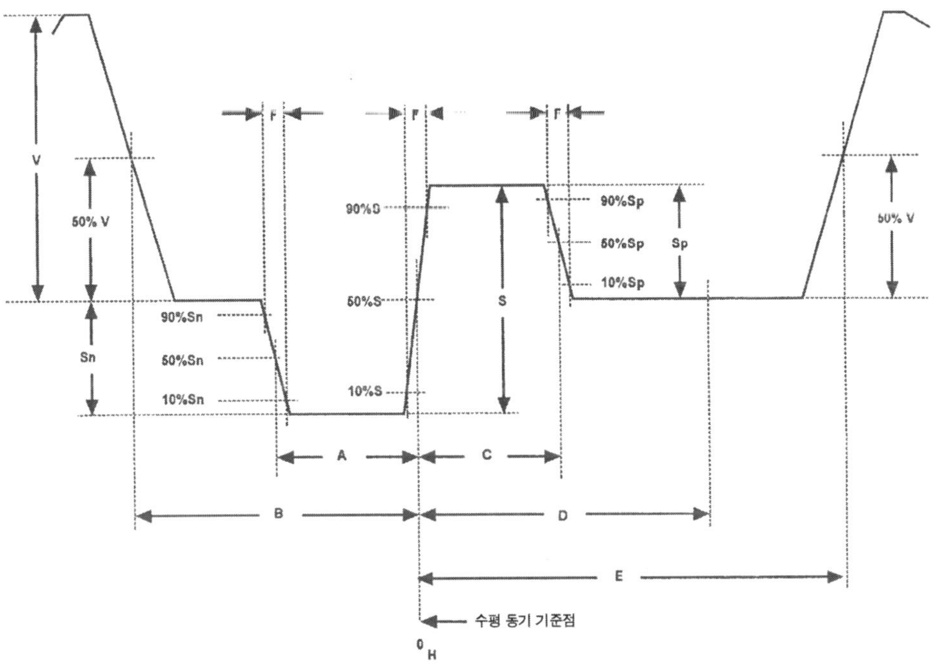

그림 11.18 1920×1080 스캐닝 포맷의 수평 블랭킹 기간과 3치 동기의 상세

그러나 디지털 인터페이스에서도 동시에 지원을 하고 있으므로 그러한 경우에는 디지털 타이밍 레퍼런스 신호에 의한 명확한 라인식별을 하기 위 하여는 각 필드의 라인 수는 정수가 되지 아니하면 되지 아니한다고 할 수 있는데, 따라서 이러한 것을 결과론 적으로 보면 비월주사 시스템 에서는 1프레임을 구성하는 2개의 필드에 대하여 같지 아니한 라인수(563과 562)를 규정하고 있다고 할 수 있다.

그러나 아날로그 동기 시퀀스는 시간적으로 같은 타이밍이 되지 아니하면 되지 아니하므로 디지털 인터페이스에서 정의하고 있는 필드 이라는 것은 정합이 되지 아니한다고 할 수 있는데, 그러한 결과에 의하여 제2디지털 필드의 아날로그 수직 동기는 디지털 제1의 필드가 끝나는 하프라인 전으로부터 스타트 하는 것으로 하고 있다고 할 수 있다.

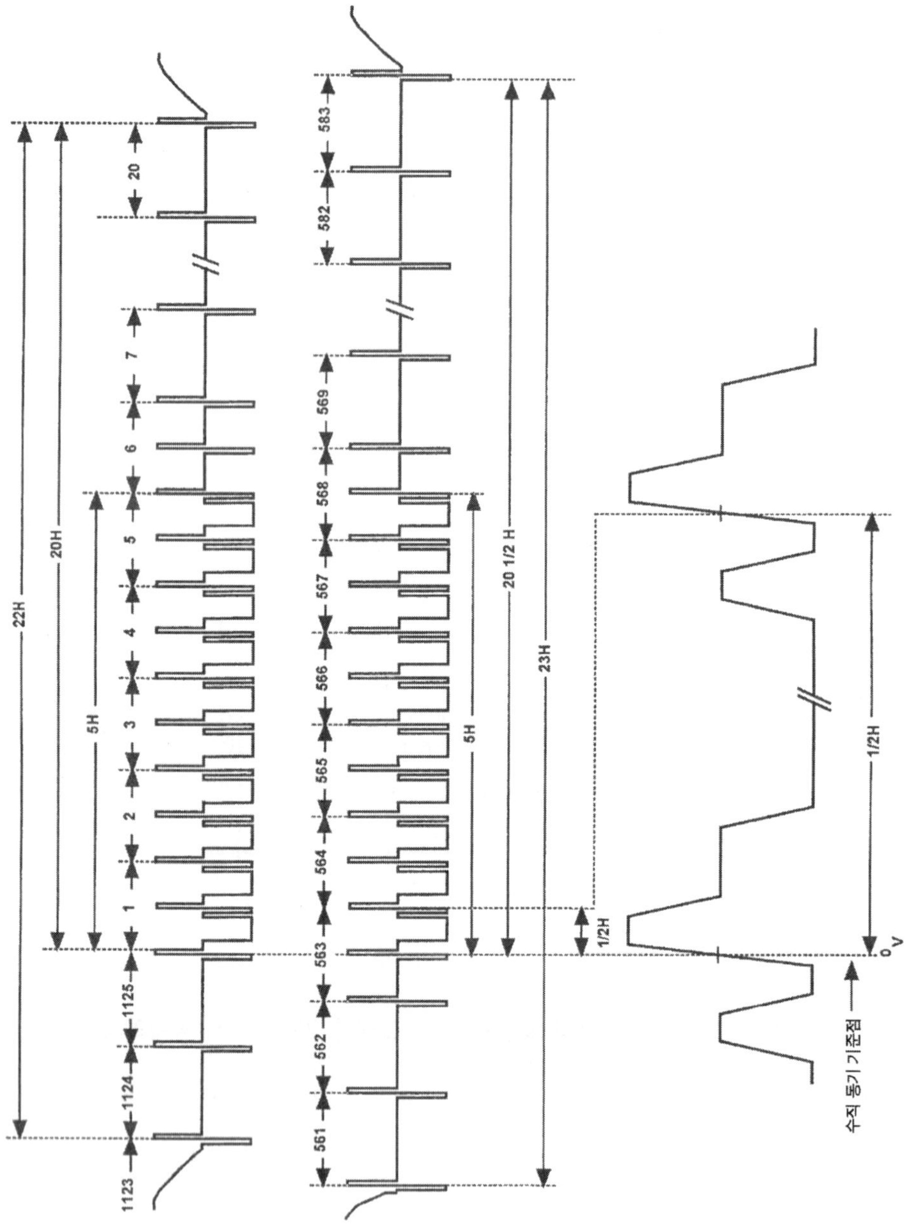

그림 11.19 1920×1080I 스캐닝 포맷의 아날로그 필드 블랭킹 기간과 필드 동기펄스의 상세

제1필드는 563라인으로 구성하여 다음과 같이 구성 되어있다고 할 수 있다.

- 수직 블랭킹 : 라인 1로 부터 라인 20까지의 라인과 라인 1124부터 라인 1125까지를 포함하는 모두 22라인을 말하고 있다.

  (역주 : 이중에서 라인 1124,1125라인이라는 것은 정의상 제2필드에 속하게 되어있다.)

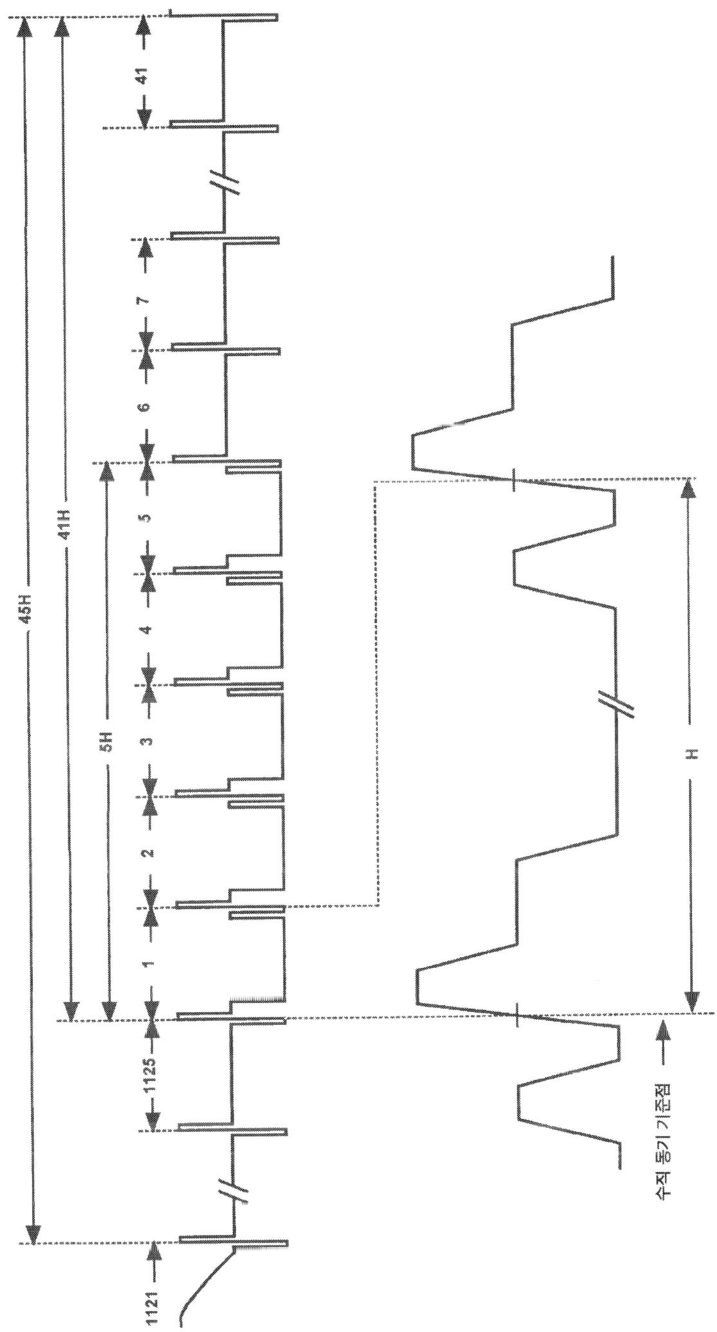

그림 11.20 1920×1080P 스캐닝 포맷에 있어서 아날로그 필드 블랭킹기간과 필드 동기펄스의 상세

- 화상 : 540라인을 말하고 있는데, 구체적으로 이야기하면 21부터 라인 560까지 라인을 말한다.

제2필드는 562라인으로 구성을 하고 있다고 할 수 있는데, 구체적으로 이야기하면 아래와 같이 되게 하고 있다고 할 수 있다.

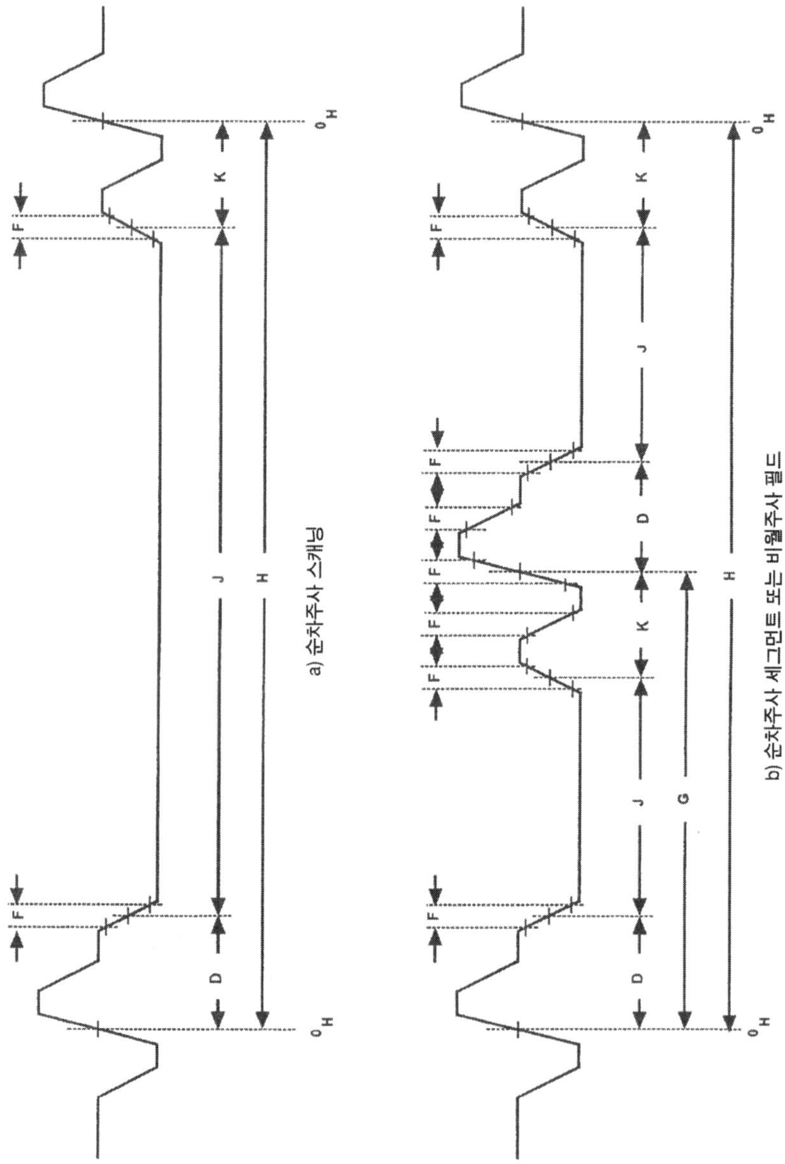

그림 11.21 1920×1080 스캐닝 포맷의 수직(필드)동기파형의 상세

- 수직 블랭킹 : 라인 561부터 라인 583까지 합계 23라인을 말함.
  (역주 : 이중에서 라인 561,562,563은 정의상 1필드에 속하고 있다.)
- 화상 : 540라인을 말하고 있다고 할 수 있는데, 구체적으로 이야기하면 라인 584로부터 라인1123까지를 말한다.

비월주사의 경우의 수직동기는 제1필드에서는 라인 1으로부터 라인 5까지와 제2필드에서는 라인 563의 하프라인으로부터 라인 568의 하프라인까지 위치하고 있다고 할 수 있다.

그림 11.20에서는 1920×1080P순차주사 스캐닝에서의 아날로그 블랭킹 기간을 표시하고 있는데, 프레임 중의 라인할당은 다음과 같다고 할 수 있다.

- 수직 블랭킹 기간 :라인 1서부터 라인 41까지 (그중에서 라인1서부터 라인 5까지의 수직 동기를 포함) 또는 라인 1122로부터 라인 1125까지의 토털 45라인을 말한다.
- 화상 : 1080 라인이라고 할 수 있는데, 구체적으로 이야기하면 라인 42로부터 라인 1121까지를 말함.

표 11.18 1920×1080 픽쳐포맷의 레벨과 라인 타이밍의 사양(그림 11.18, 11.19, 11.20, 11.21 참조)

항목	파라미터	시스템									
		1(2)	3(4)	5(6)	7(8)	9	10	11	12	13(14)	15(16)
		60P	60I	30PSF	30P	50P	50I	25PSF	25P	24PSF	24P
T	기준 클럭 기간(μs)*	1/148.5† (1.001/148.5)	1/74.25 (1.001/74.25)			1/148.5	1/74.25			1/74.25 (1.001/74.25)	
A	부방향 수평 동기펄스폭(T)	44±3									
B	액티브 비디오 끝 (T) ‡	88+6, -0				528+6,-0				638+6, -0	
C	정방향 수평 동기펄스폭 (T)	44±3									
D	클램프(Clamp) 가능기간 (T)	132±3									
E	액티브 비디오 스타트 (T)	192+6, -0									
F	상승/하강시간 (T)	4±1.5									
	액티브라인시간 (T)	1920+0,-12									
S_P	정방향 펄스진폭 (mV)	300±6									
S_n	부방향 펄스진폭 (mV)	300±6									
S	p-p동기펄스 진폭(mV)	600									
V	비디오 신호진폭 (mV)	700									
G	하프라인기간	1100				1320				1375	
H	전 라인기간(T)	2200				2640				2750	
J	수직동기 펄스폭(T)	1980±3	880±3		1980±3		880±3		1980±3	880±3	1980±3
K	수직동기펄스 끝나는부분(T)	88+3				528±3	308±3		528±3	363±3	630±3

*T는 1기준 클럭시간 또는 Y클럭 주파수의 역수 임. (표 11.16참소)
†괄호내의 치는 수직주파수를 NTSC시스템과 일치한 시스템의 치임 여기에서 프레임 주파수의 계수는 1.001임.
‡아날로그라인은 라인동기기준점 0_H부터 스타트 하고, 다음의 0_H직전에 끝남.

그림 11.21에서는 순차주사 스캐닝과 비월주사 스캐닝의 수직 동기 파형을 표시하고 있다고 할 수 있고, 표 11.18에서는 그림 11.18과 그림 11.21에서 사용을 하고 있는 심볼에 대하여 그의 레벨이나 라인의 0_H점을 기준으로 한 Y의 샘플 기간 "T"를 단위로 하는 타이밍의 사양을 표시하고 있다고 할 수 있다.

표에서 있는 것과 같이 유효라인 당 샘플 수에 있어서는 16시스템 모두에게 거의 같은 1920이 되게 되어있어 HDTV CIF (HDTV Common Image Format)의 요구를 만족하고 있다고 할 수 있다.

프로덕션 아파쳐(Production Aperture)에서는 1920샘플×1080라인의 영역에서 규정 되어져 있다고 할 수 있는데, 그린 아파쳐(Green Aperture)에서는 폭 1888 샘플 1062라인의 영역으로서 규정이 되어진다고 할 수 있어 블랭킹 프로세서나 신호프로세스에서 발생을 하는 에지 트랜지앤트의 영향이 없는 부분으로서 프로덕션 아파쳐에 있어서는 상하에 모두 9 라인씩, 좌우에도 모두 16개 샘플씩을 내측에 대칭적으로 위치를 하게하고 있다고 할 수 있다.

표 11.19 1920×1080 픽쳐 포맷에 있어서 디지털 신호사양

<table>
<tr><th>항목</th><th>파라미터</th><th colspan="6">치</th></tr>
<tr><td>1</td><td>코딩을 하는 신호</td><td colspan="6">R, G, B 또는 Y, C_B, C_R</td></tr>
<tr><td>2</td><td>R,G,B,Y샘플 점의 격자상 배치</td><td colspan="6">직교교차로서 라인픽셀의 반복 변경</td></tr>
<tr><td>3</td><td>C_B, C_R의 샘플점의 격자상 배치</td><td colspan="6">직교교차로서 라인, 픽쳐에 있어서 반복 변경 되어진다고 할 수 있고,C_B, C_R은 상호적으로 같은 위치에서 또는 Y샘플에 있어서는 1개 걸러서 같은 위치에 있음.</td></tr>
<tr><td rowspan="3">4</td><td rowspan="3">라인당 액티브 샘플 수
R, G, B, Y
C_B, C_R</td><td colspan="2">System1-8</td><td colspan="2">System9-12</td><td colspan="2">System11-16</td></tr>
<tr><td colspan="2">2200</td><td colspan="2">2640</td><td colspan="2">2750</td></tr>
<tr><td colspan="2">1100</td><td colspan="2">1320</td><td colspan="2">1375</td></tr>
<tr><td>5</td><td>라인 당 액티브 샘플 수
R, G, B, Y
C_B, C_R</td><td colspan="6">1920
960</td></tr>
<tr><td>6</td><td>프레임 당 전라인 수</td><td colspan="6">1125</td></tr>
<tr><td>7</td><td>프레임 당 유효 라인 수</td><td colspan="6">1080</td></tr>
<tr><td>8</td><td>코딩 형식</td><td colspan="6">각 컴포넌트마다 8비트 또는 10비트의 직선 양자화</td></tr>
<tr><td rowspan="5">9</td><td rowspan="5">양자화레벨
R, G, B의 흑 레벨
C_B, C_R의 무색레벨
R, G, B의 백 레벨
C_B, C_R</td><td colspan="3">8비트 코딩</td><td colspan="3">10비트 코딩</td></tr>
<tr><td colspan="3">16</td><td colspan="3">64</td></tr>
<tr><td colspan="3">128</td><td colspan="3">512</td></tr>
<tr><td colspan="3">235</td><td colspan="3">940</td></tr>
<tr><td colspan="3">16, 240</td><td colspan="3">64, 1019</td></tr>
<tr><td rowspan="3">10</td><td rowspan="3">양자화레벨 할당
비디오데이터
타이밍 동기데이터</td><td colspan="3">8비트 코딩</td><td colspan="3">10비트 코딩</td></tr>
<tr><td colspan="3">1부터 254</td><td colspan="3">4부터 1019</td></tr>
<tr><td colspan="3">0또는 255</td><td colspan="3">1~3또는 1020~1023</td></tr>
<tr><td>11</td><td>필터의 특성
R, G, B, Y
C_B, C_R</td><td colspan="6">그림 11.22참조
그림 11.23참조</td></tr>
</table>

또한 프로덕션 아파쳐에서 제시를 하고 있는 화각(Aspect Ratio)은 16:9이라고 할 수 있고, 샘플 화소의 종횡비로는 1:1로 하고 있으며, 완전한 4각의 형태를 추구하는 스퀘어픽셀(Square Pixel)을 추구하고 있다고 할 수 있다.

디지털 코딩에 있어서는 휘도 E'_Y와 색차신호인 E'_{CB}, E'_{CR}을 기본으로 하고 있다고 할 수 있는데, 어떠한 경우에는 3원색의 신호인 E'_G, E'_B, E'_R신호를 기본으로 하는 경우도 있다고 할 수 있고, 표 11.19에서는 1920×1080포맷의 디지털 코딩의 상세를 표시하고 하고 있다고 할 수 있다.

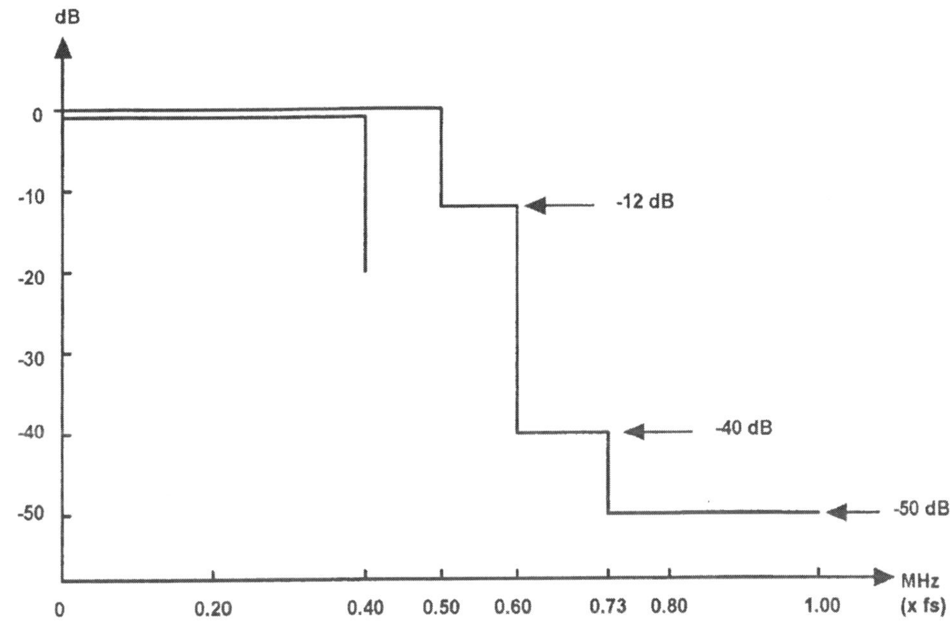

a) 주파수 특성 템플릿(Template)

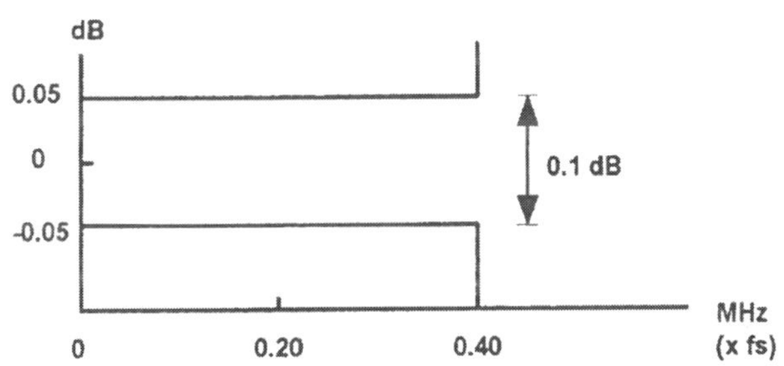

b) 통과대역의 리플 허용치

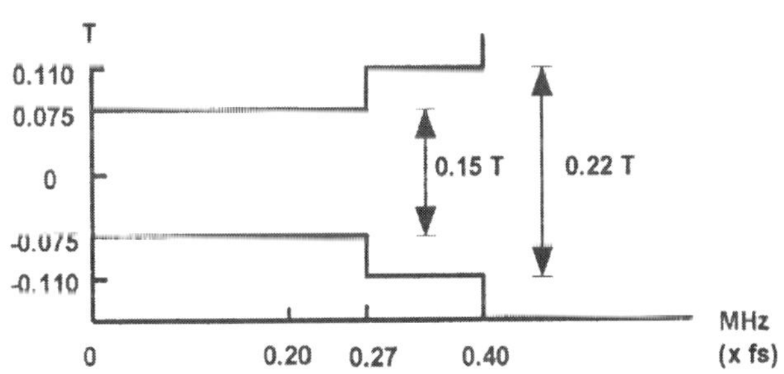

c) 통과대역의 그룹 딜레이허용차

그림 11.22 1920×1080 스캐닝 포맷의 g, B, R, Y의 로패스 필터의 특성사양

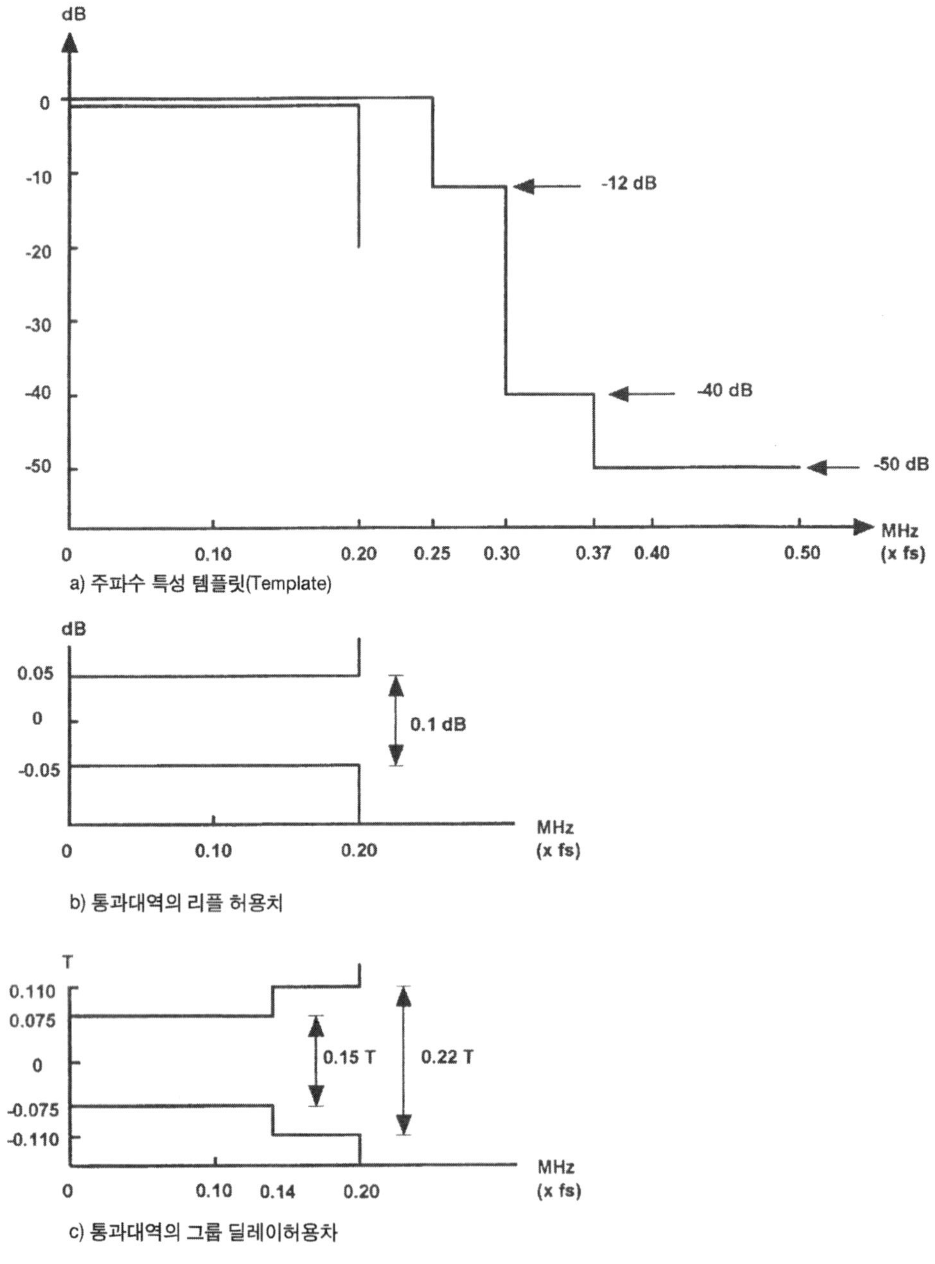

그림 11.23 1920×1080 스캐닝 포맷의 색차 로패스 필터의 특성 사양

에일리어스(위신호) 방지필터에 있어서 특성은 그림 11.22또는 그림 11.23에서 규정을 하고 있는 것과 같다고 할 수 있는데, 통상에 있어서 휘도와 색차에 의한 코딩이 사용되어지고 있다고 할 수 있고, 특히 파라렐 인터페이스에서는 아래와 같은 2ch의 데이터 스트림으로 전송이 되어진다고 할 수 있다.

- 표 11.6에서는 근간의 샘플링 주파수에서 10비트 디지털화한 경우에 휘도 신호(Y)을 전송 하는 디지털 데이터 스트림을 말하고 있다.
- 위의 휘도신호에 적용을 한 샘플링 주파수의 1/2의 주파수에서 10비트로 디지털화한 2개의 색차신호 (C_B,C_R)를 시간축으로 다중하여 전송을 하는 디지털 데이터 스트림 이라고 할 수 있다.

각 데이터 스트림은 액티브 영상의 정보와 타이밍 레퍼런스(TRS)정보, 또는 옵션으로서 보조정보를 전송 한다고 할 수 있고, 그림 11.24에서는 Y신호 1개의 라인에 있어서 아날로그 신호와 디지털 신호와의 상호 타이밍 관계를 표시하고 있다 할 수 있는데, 여기에서는 표시를 하고 있지 아니하지만 C_B/C_R신호에 있어서도 같은 타이밍관계가 존재한다고 할 수 있다. 0_H의 기준점 에서는 아날로그 라인의 스타트 점을 표시하고 있다고 할 수 있는데, 라인에 있어서 샘플 포인트에서는 샘플 0(최초의 액티브 디지털 샘플)으로부터 ⊥ 라인의 전 샘플수로부터 1을 뺀 샘플의 번호 (2200샘플이라면 2199)까지 번호가 붙어져 있다고 할 수 있다.

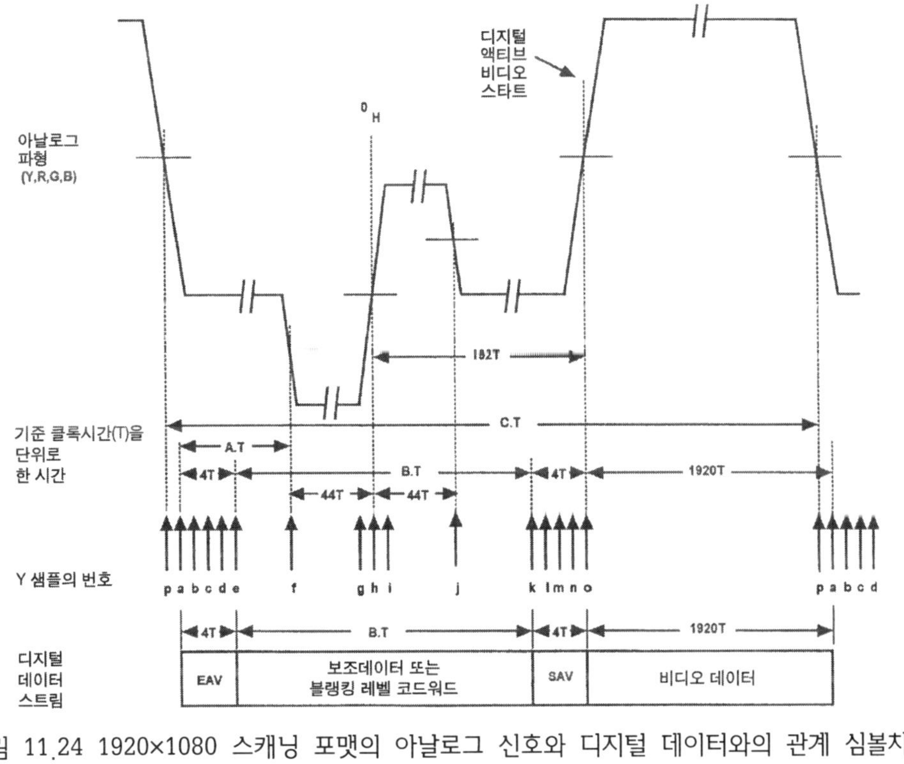

그림 11.24 1920×1080 스캐닝 포맷의 아날로그 신호와 디지털 데이터와의 관계 심볼치에 대해서는 표 11.20참조. 주의 : 수평축은 스케일이 맞지 아니함.

그림 11.24에서는 중요한 샘플링 점의 번호가 a서부터 p까지의 알파벳으로 표시를 하고 있는데, 그 a서부터 p까지 대응하고 있는 각 샘플의 번호는 스캐닝 시스템에 따라서 변화를 한다고 할 수 있고, 라인 당 디지털 샘플 수에 따라서 변화한다고 할 수 있다.

그 관계수를 표 11.20에서 표시를 하고 있다.

표 11.20 그림 11.24에 있는 심볼의 각 각 다른 스캐닝 시스템에 대한 치(스캐닝 시스템의 번호에 대해서는 표 11.16또는 11.18참조)

스캐닝 시스템	샘플번호															
	a	b	c	d	e	f	g	h	i	j	k	l	m	n	o	p
1,2,3,4, 5,6,7,8	1920	1921	1922	1923	1924	1964	2007	2008	2009	2052	2196	2197	2198	2199	0	1919
9,10, 11,12	1920	1921	1922	1923	1924	2404	2447	2448	2449	2492	2636	2637	2638	2639	0	1919
13,14, 15,16	1920	1921	1922	1923	1924	2514	2557	2558	2559	2602	2746	2747	2748	2749	0	1919

스캐닝 시스템	기준 클럭시간(T)을 단위로 하는 폭		
	A	B	C
1,2,3,4,5,6,7,8	44	272	2200
9,10,11,12	484	712	2640
13,14,15,16	594	822	2750

디지털 라인은 아날로그 라인과 달라서 모든 스캐닝 시스템에서 샘플번호0(혹시는 샘플 어드레스 0)으로부터 스타트 한다고 할 수 있는데, 최후의 액티브 비디오 샘플 p는 같은 전시스템에서 샘플번호 1919이라고 할 수 있다. 또한 이러한 것은 모든 시스템이 같은 라인당 유효 비디오 샘플 수 1920을 가지고 있다는 것을 의미하고 있다고 할 수 있는데, 여기에서 샘플 a, b, c, d이라는 것은 EAV의 4개 워드를 표시하고 있다고 할 수 있고, 전 시스템에 있어서 같은 샘플 번호(1920, 1921, 1922, 1923)이라고 할 수 있다.

샘플 e이라는 것은 수평 디지털 블랭킹 기간의 최초의 샘플 으로서 전 시스템에서 같은 샘플 번호 1924가 있다고 할 수 있는데, 계속하여 샘플 f로부터 샘플 n까지의 어드레스 번호는 스캐닝 시스템에 따라서 변화한다고 할 수 있다.

또한 그 때문에 수평 블랭킹 기간의 길이를 표시하는 심볼 B는 시스템 1, 2, 3, 4, 5, 6, 7, 8에 있어서는 SMPTE240M과 같은 272T가 된다고 할 수 있고, 시스템 9, 10, 11, 12에 있어서는 712T가 된다고 할 수 있는데, 시스템 13, 14, 15, 16에 있어서는 B와 822T이라고 할 수 있고, 이러한 수평 블랭킹 기간 차의 결과에 의하여 모든 스캐닝 시스템에서 HDTV CIF에서 요구하고 있는 라인당 액티브 샘플을 같은 1920으로 하는 것이 가능하게 하고 있다고 할 수 있다.

EAV와 SAV의 기간은 모든 스캐닝 시스템에서 같다고 할 수 있는데, 이러한 스캐닝 시스템에서는 각각 다음과 같은 4개의 워드 시퀀스가 있다고 할 수 있다.

- 3FF, 000,000의 치를 가진 3워드의 동기워드
- V비트, F비트, H비트를 가진 XYZ워드.

이러한 비트는 수직, 수평 블랭킹 기간을 표시를 하고 있다고 할 수 있는데, 여기에 부가되어진 P0, P1, P2, P3비트는 V, F, H비트치에 따라서 변화하고, V/F/H비트의 1비트 에러의 보정과 2비트 에러의 검출을 가능하게 하고 있다.

표 11.21에서는 EAV와 SAV에서 표시되어져 있는 정보의 상세를 표시하고 있는데, 1920×1080P의 순차주사방식의 포맷에서는 필드표시에 있어서는 불필요하기 때문에 꼭 F=0이라는 것을 주의할 필요가 있다고 할 수 있다.

표 11.21 1920×1080픽쳐포맷에 있어서 타이밍 레퍼런스 신호

비트	1번째 워드	2번째 워드	3번째 워드	4번째 워드
9	1	0	0	1
8	1	0	0	F
7	1	0	0	V
6	1	0	0	H
5	1	0	0	P3
4	1	0	0	P2
3	1	0	0	P1
2	1	0	0	P0
1	1	0	0	0
0	1	0	0	0
1080P 포맷	F=0 V=0 필드블랭크이외 H=0 SAV일때 V=필드 블랭크기간 H=1 EAV일때			
1080I 포맷	F= 필드1 V=0 필드 블랭킹기간 이외 H=0 SAV일때 F=1 필드2 V=1 필드 블랭킹 기간 H=1 EAV일때			
주 : P0,P1,P2,P3는 F, V, H에 대하여 오류 보호 비트				

그림 11.25에서는 1920×1080I비월주사 스캐닝 포맷에 있어서 1프레임의 타이밍 레퍼런스 신호의 2차원을 표시하고 있다고 할 수 있는데, 심볼 L1으로부터 심볼 L12는 액티브 또는 블랭킹 기간을 규정하는 라인을 표시하고 있다고 할 수 있다고, 표 11.22에서는 그림 11.25의 각 L 심볼의 치를 표시하고 있다.

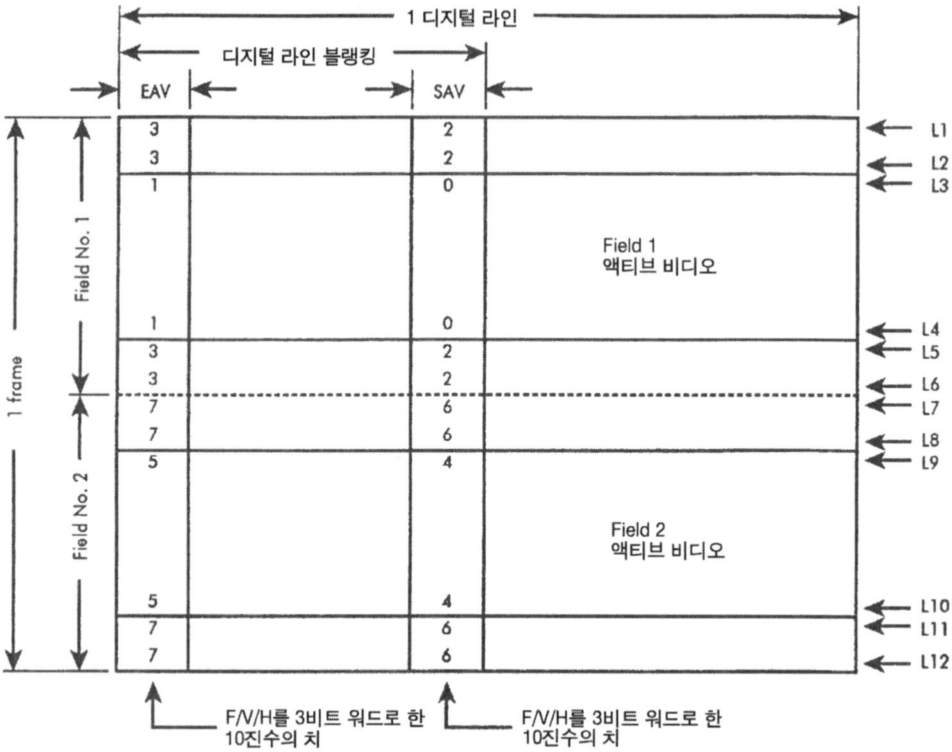

그림 11.25 1920×1080I 픽쳐 포맷의 필드표시에 있어서의 타이밍관계. 주1 : EAV와 SAV의 F,V,H의 그림 치는 F,V,H의 3비트의 상태에서, 그러한 것이 3비트 워드 인 것을 고려하여 10진수의 치로 표시한 것이라고 할 수 있다. (F비트는 MSB로하고 있고, H비트는 LSB로 하고 있음.) 예를 들면 3이라고 하는 치는 F=0, V=1, H=1이라는 것을 표시하고 있다. 주2 : 그림 스케일에 맞지 아니 함. 각 심볼의 치는 표 11.22참조.

표 11.22 1920×1080 픽쳐포맷의 필드기간의 타이밍 사양 (그림 11.25참조)

심볼	항목	디지털 라인번호
	토털 라인 수	1125
	필드 No.1의 전 라인 수	563
	필드 No.2의 전 라인 수	562
	액티브 라인 수	1080
	필드No.1의 액티브 라인 수	540
	필드No.2의 액티브 라인 수	540
L1	필드No.1의 최초 라인 수	1
L2	디지털 필드 블랭킹 No.1의 최후라인	20
L3	필드No.1의 액티브 비디오 최초라인	21
L4	필드No.1의 액티브 비디오 최후라인	560
L5	디지털 필드 블랭킹 No.2의 최초라인	561
L6	필드No.1최후라인	563

L7	필드No.2최초라인	564
L8	디지털 필드 블랭킹 No.2 최후라인	583
L9	필드No.2액티브 비디오최초의 라인	584
L10	필드No.2 액티브 비디오 최후 라인	1123
L11	디지털 필드 블랭킹 No.1 최초라인	1124
L12	필드 No.2최후라인	1125

주 : 디지털 필드 블랭킹 NO.1은 필드NO.1의 액티브비디오전의 필드 블랭킹 기간이라 할 수 있다. 또 디지털 필드 블랭킹 NO.2는 필드NO.2의 액티브 비디오전의 필드 블랭킹 기간이라 할 수 있다.

표 11.23 1920×1080P픽쳐포맷의 프레임 기간의 타이밍 사양 (그림 11.26참조)

심볼	정의	디지털 라인번호
	토털 라인 수	1125
	액티브 라인 수	1080
L1	최초의 라인	1
L2	디지털 프레임블랭킹 최후의 라인	41
L3	액티브 비디오 최초의 라인	42
L4	액티브 비디오 최후의 라인	1121
L5	디지털 프레임 블랭킹 최초의 라인	1122
L6	최후의 라인	1125

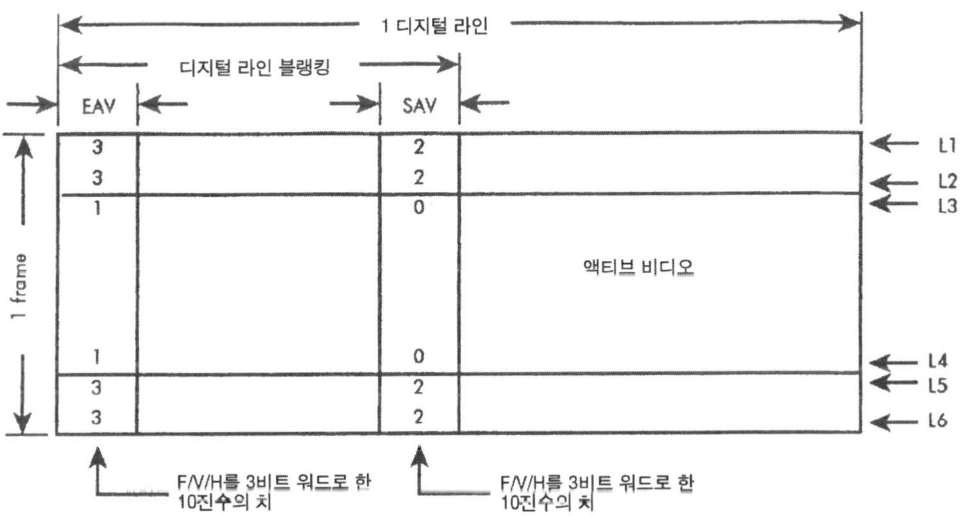

그림 11.26 1920×1080P픽쳐 포맷에 있어서 프레임 표시에 있어서 타이밍관계. 주1 : EAV와 SAV의 F,V,H의 그림의 치는 F, V, H의 3비트의 상태를 그러한 것을 3비트 워드인 것을 고려하여 10진수의 치로 표시한 것이라고 할 수 있다. (F비트는 MSB로하고 있고, H비트는 LSB로 하고 있음.) 예를 들면 3이라고 하는 치는 F=0, V=1, H=1이라는 것을 표시하고 있다. 주2 : 그림 스케일에 맞지 아니함. 각 심볼의 치는 표 11.23참조.

그림 1.26에서는 1920×1080P의 순차주사 스캐닝 포맷에 있어서 1프레임의 타이밍 레퍼런스 신호의 2차원을 표시하고 있는데, 심볼 L1으로부터 L6은 액티브 또는 블랭킹 기간을 규정하는 라인을 표시하고 있고, 표 11.23에서는 그림 11.26의 각 심볼치를 표시하고 있다.

11.5.1.4 1280×720P 포맷

1280×720P포맷에 대해서는 SMPTE규격 256M, 1280×720 Scanning Analog and Digital Representation and Analog Interface에 규정 되어있다고 할 수 있고, 이러한 형식에서 주사방식은 순차주사 스캐닝 시스템 이라고 할 수 있는데, 여기에서 720이라는 것은 프레임당 유효라인수를 의미하고 있다고 할 수 있다.

표 11.24에서는 1280×720P포맷의 스캐닝 특성의 상세를 표시하고 있는데, 이러한 규격에서는 프레임 주파수는 60Hz이라고 할 수 있고, 이러한 형식에 있어서도 NTSC와같이 60/1.001(59.94) Hz이라는 약간 다른 2가지의 변이방식이 있다고 할 수 있다.

표 11.25에서는 1280×720P포맷에 있어서 아날로그 신호 특성에 있어서 상세를 표시하고 있다고 할 수 있는데, 이것은 그림 11.8, 11.9, 11.10에서 표시하고 있는 아날로그 컴포넌트 신호에 관한 것이라고 할 수 있다.

또 이러한 표에서는 그림 11.27에서 상세히 표시를 하고 있는 것과 같이 수평 블랭킹 기간과 3치 수평 동기펄스 (Tri-Level Sync), 그림 11.28의 프레임 블랭킹 기간, 그림 11.29의 수직 동기 파형에도 관련이 있다고 할 수 있는데, 3원색의 점, 광전 변환 특성, 매트릭스 수 등의 그 외의 특성 사양에 있어서는 ITU-R BT.709를 기본으로 하고 있는 표 11.4에서 표시를 하고 있다고 할 수 있다.

그림 11.28에서는 1280×720P의 순차주사 포맷에 있어서 아날로그 프레임 블랭킹 기간 의 상세를 표시하고 있다고 할 수 있는데, 프레임에 대한 라인할당은 다음과 같이 하고 있다.

- 수직 블랭킹 기간 : 라인 1부터 라인 25까지(라인1부터 라인 5까지의 수직 동기를 포함) 와 라인 746으로부터 라인 750까지를 말하고 있는데, 이러한 라인에 대한 합계는 모두 합해서 30라인이 된다고 할 수 있다.
- 화상 : 모두 합해서 720라인이라고 할 수 있는데, 구체적으로 말하면 라인 26으로부터 라인 745까지이라고 할 수 있다.

그림 11.29에서는 수직 동기파형의 상세를 표시하고 있다고 할 수 있고, 표 11.26에서는 그림 11.27, 그림 11.28, 그림 11.29에서 사용을 하고 있는 각 심볼의 사양치를 표시하고 있다고 할 수 있는데, 이러한 규정에 대한 라인 타이밍의 사양은 0_H점을 기준으로 한 것이라고 할 수 있다.

표 11.24 1280×720P픽쳐 포맷의 스캐닝 특성

항목	파라미터	치
1	스캐닝 샘플링 순서	좌로부터 우로, 상으로부터 하로
2	프레임 주파수(HZ)*	60 (60/1.001)
3	인터레이스비	1:1
4	라인 주파수(HZ)	45,000 (45,000/1.001)
5	플 라인당 샘플수 R, G, B, Y C_R, C_B	 1650 825
6	공칭신호대역(MHz) †	30
7	샘플링 주파수 R, G, B, Y(MHz)	74.25 (74.25/1.001)
8	샘플링 주파수 C_R, C_B (MHz)	37.125 (37.125/1.001)
9	토털 라인 수	750
10	유효라인 수	720(26~745)

*괄호내의 치는 NTSC에 대응을 한 시스템의 경우로서 그때의 나눗셈의 계수로서는 1.001임.
†대역에 있어서는 에일리어스 제거 로패스 필터 적용의 이전 모든 컴포넌트에 대한 것이라고 할 수 있음.

표 11.25 1280×720P픽쳐포맷에 있어서 아날로그 신호의 사양

항목	파라미터	지
1	표준레벨(mV) E'_R, E'_G, E'_B, E'_Y	기준 흑 레벨:0 기준 백 레벨: 700 그림 11.8참조
2	기준레벨(mV) E'_{CB}, E'_{CR}	±350mV 그림 11.9, 11.10참조
3	동기신호의 형식	3치 양극성: 그림 11 27참조
4	라인 동기 타이밍 기준점	0_H 그림 11.27참조
5	동기레벨 (mV)	±300±2%
6	동기타이밍	모든 컴포넌트의 동기부과 표 11.25 또는 그림 11.27, 11.28, 11,29참조
7	블랭킹 기간	표 11.25 또는 그림 11.27, 11.28, 11,29참조

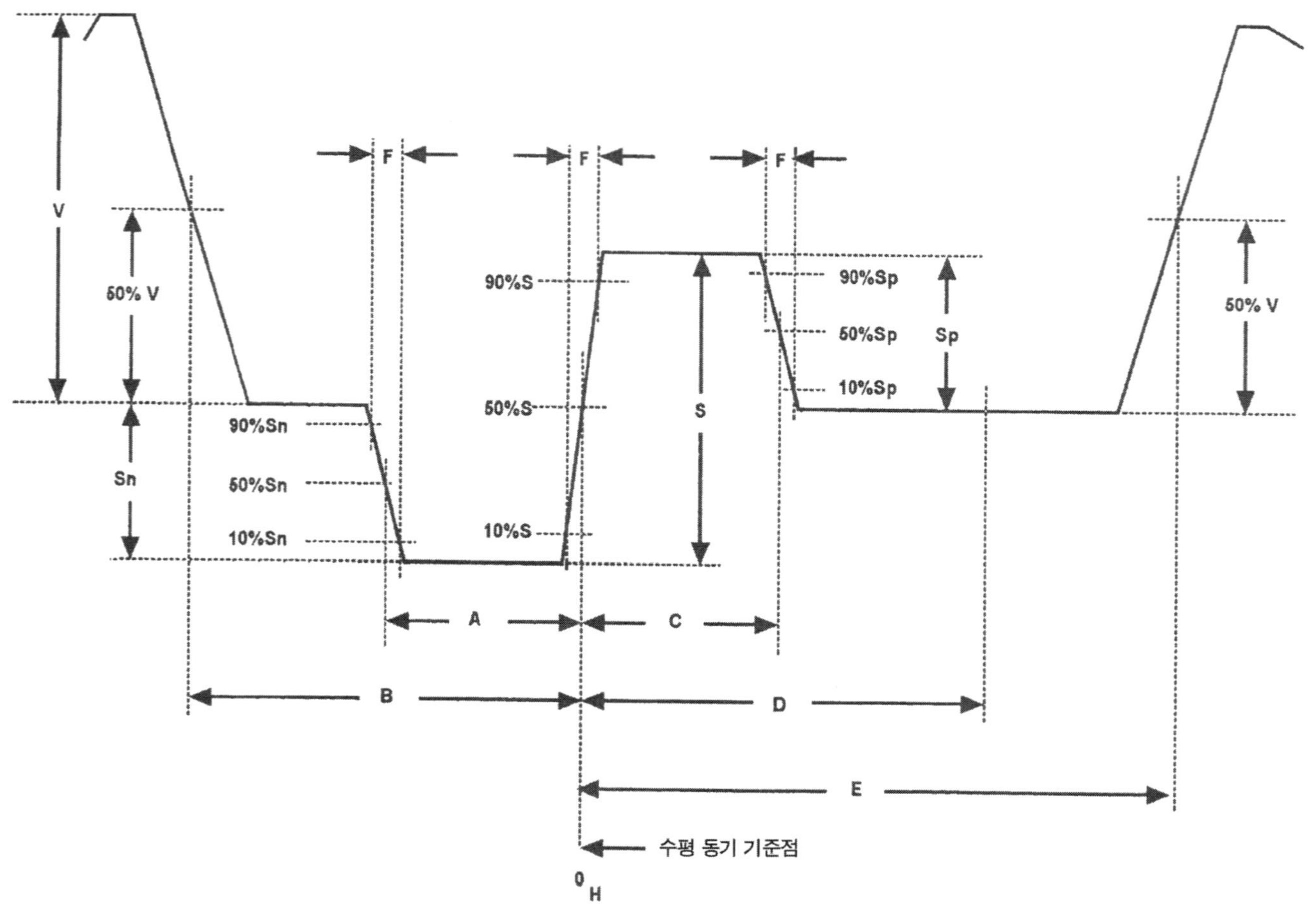

그림 11.27 1280×720P스캐닝 포맷에 있어서 수평 블랭킹 기간과 3치 동기 상세. 그림의 심볼치에 대해서는 표 11.26참조바람

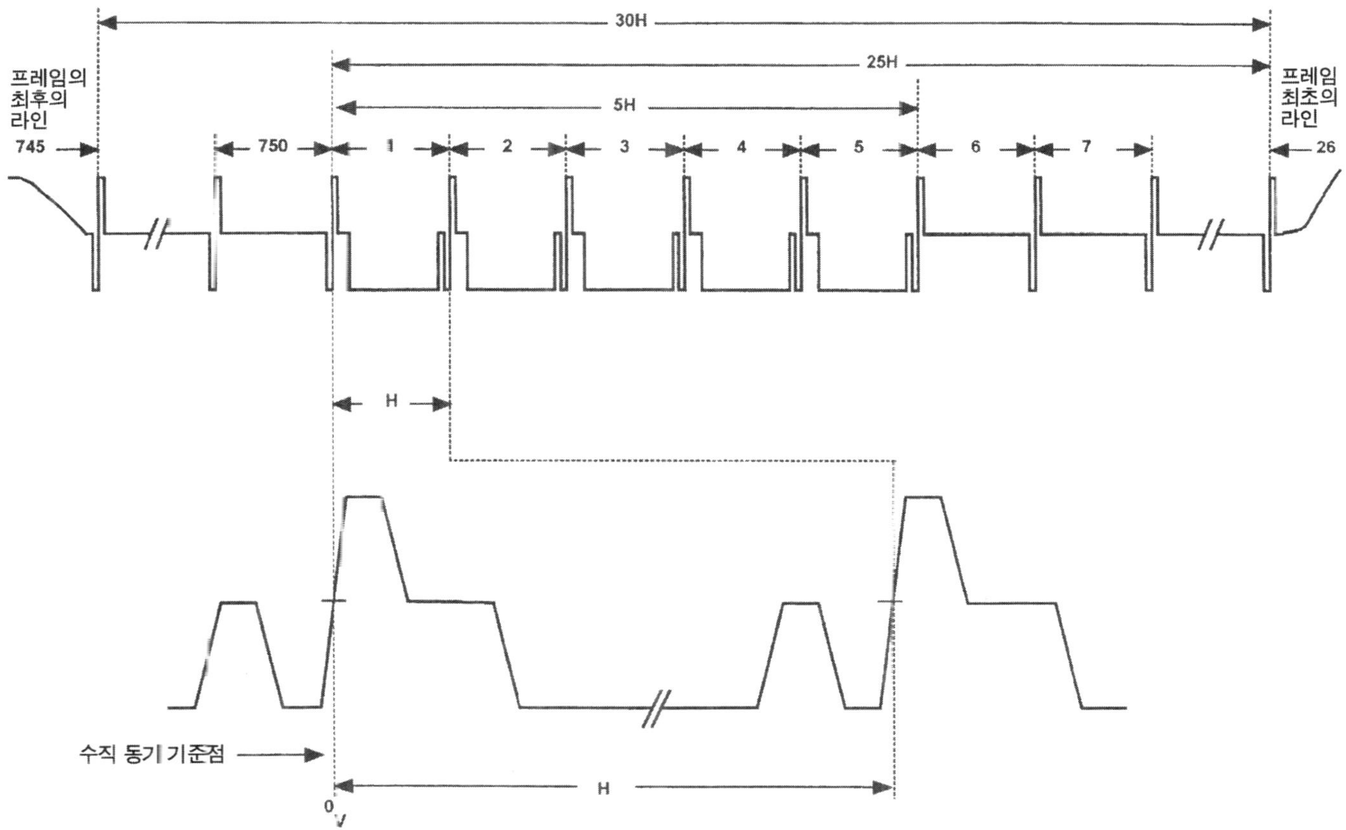

그림 11.28 1230×720P 스캐닝 포맷의 아날로그 프레임 블랭킹 기간과 프레임 동기 펄스의 상세

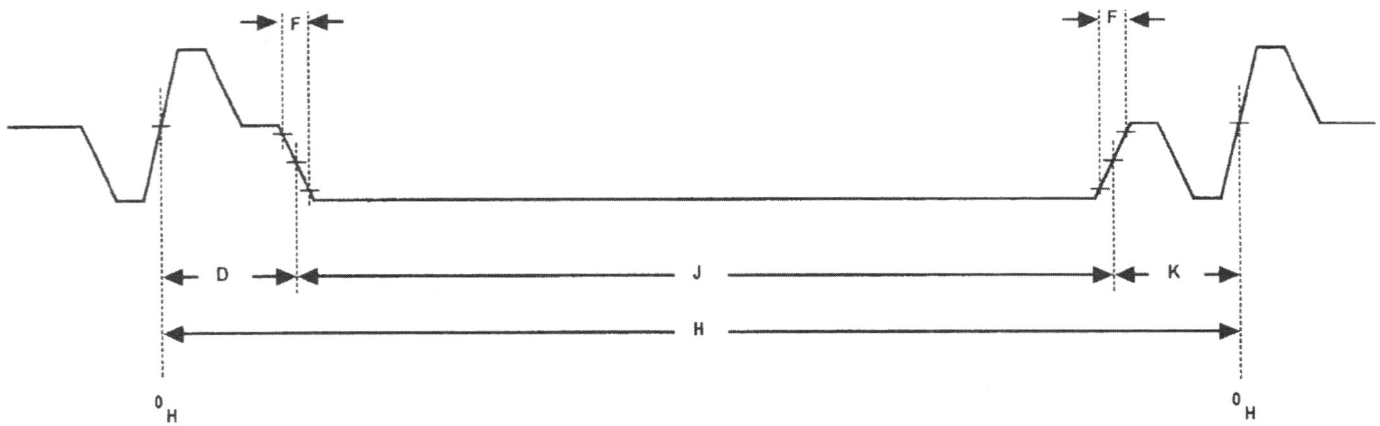

그림 11.29 1280×720P 스캐닝 포맷에 있어서 수직 동기펄스의 상세.

프로덕션 분야에서는 1280샘플, 720라인으로 규정하고 있고, 영상의 그린 아파쳐(Green Aperture)에 있어서는 폭 1248샘플을 ×720라인 이라고 규정을 하고 다고 할 수 있는데, 블랭킹의 프로세스나 신호 프로세스에서 발생을 하는 에지 트랜지 엔드의 영향이 없는 부분이라고 할 수 있고, 프로덕션 아파쳐로부터는 상하 모두 9라인과 좌우 모두 16샘플씩을 내측의 대칭적인 위치에 있다고 할 수 있다. 특히 프로덕션 분야에서 주로 사용을 하고 있는 화각(Aspect Ratio)에 있어서는 16:9의 화면비를 사용하고 있다고 할 수 있고, 샘플에 있어서 화각(Aspect Ratio)은 1:1로 구성을 하고 있는 형식으로 하고 있어 전체적으로 보면 픽셀은 스퀘어픽쳐(Square Picture) 형태로 하고 있다고 할 수 있다.

표 11.26 1280×720P 픽쳐포맷에 있어서 레벨과 타이밍의 사양 (그림 11.27,11.28, 11.29참조)

심볼	파라미터	사양치
T	표준 클럭 시간 (μs)	$1/f_s$
A	부방향 수평 동기펄스폭(T)	40±3
B	유효라인의 끝으로부터 0H점 (T)	110
C	정방향 수평 동기 펄스폭 (T)	40±3
D	클램프 가능기간 (T)	260
E	0_H점으로부터 액티브비디오스타트 점의 거리(T)	260-6,+0
F	상승시간/하강시간 (T)	4±1.5
H	전 라인기간 (T)	1650
J	수직동기 펄스폭 (T)	1280
K	수직동기 펄스의 끝부분 (T)	110
S_n	부방향의 펄스 진폭 (mV)	300±6
S_p	정방향의 펄스 진폭 (mV)	300±6
S	p-p동기 펄스 진폭 (mV)	600(nom.)
V	비디오신호 진폭 (mV)	700
	액티브라인의 기간 (T)	1280-12,+0
	0_H점으로부터 액티브 비디오엔드 (T)	1540-6,+0

또한 디지털 코딩에서는 휘도 E'_Y와 색차 E'_{CB}, E'_{CR}을 기본으로 하고 있거나 아니면 3원색의 신호 E'_G, E'_R을 기본으로 하고 있다고 할 수 있는데, 표 11.27에서는 1280×720P 포맷의 디지털 코딩의 상세를 표시하고 있다. 에일리어스 방지 필터 특성은 표 11.30 또는 그림 11.31에 규정되어져 있는 것과 같다고 할 수 있는데, 통상적으로는 휘도와 색도에 의한 코딩이 사용되어진다고 할 수 있기 때문에, 파라렐 인터페이스에서는 다음과 같은 2ch의 데이터 스트림으로 전송되어 진다고 할 수 있다.

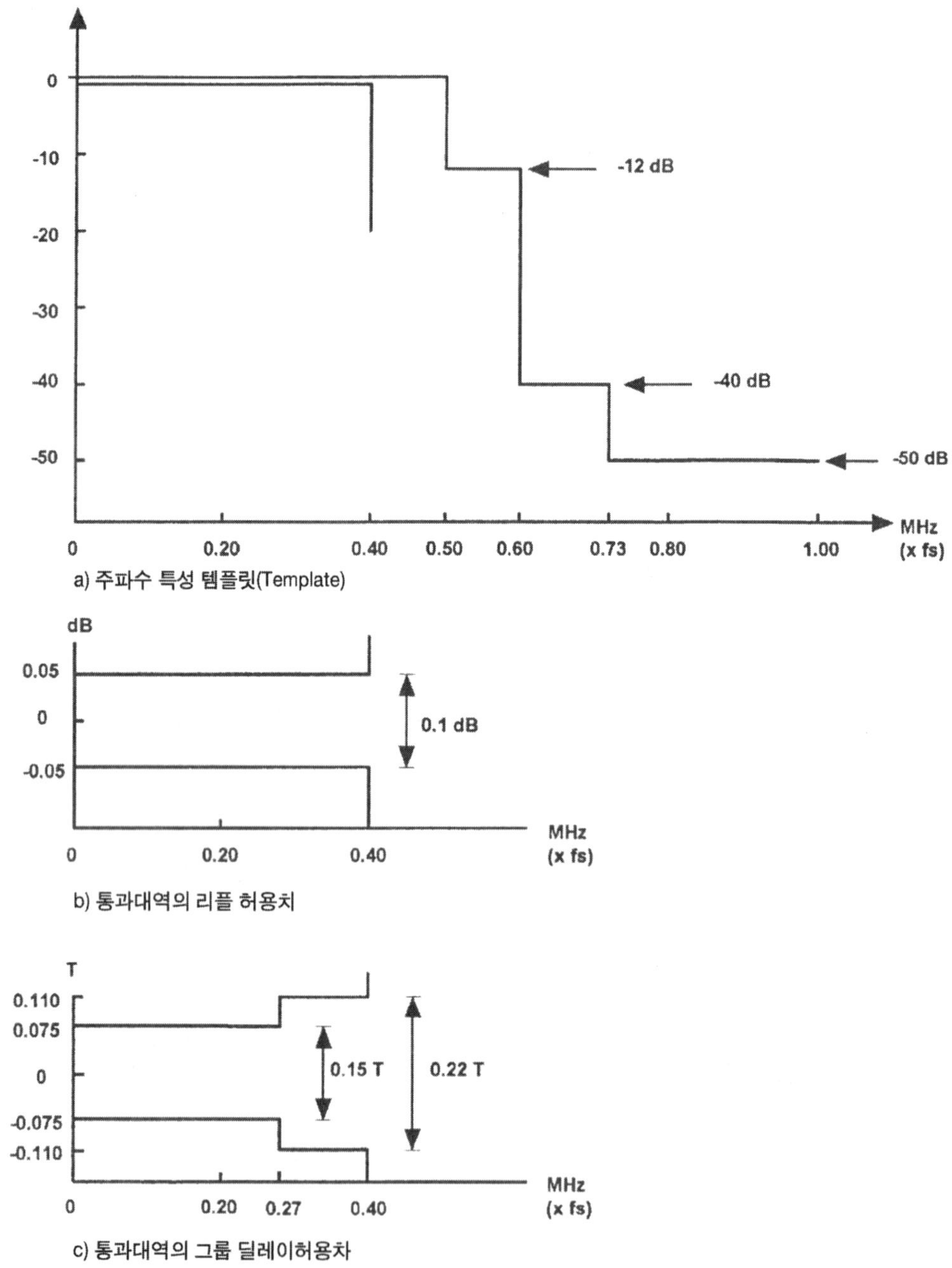

그림 11.30 1280×720P 스캐닝 포맷에 있어서 R, G, B, Y로패스 필터의 특성 사양

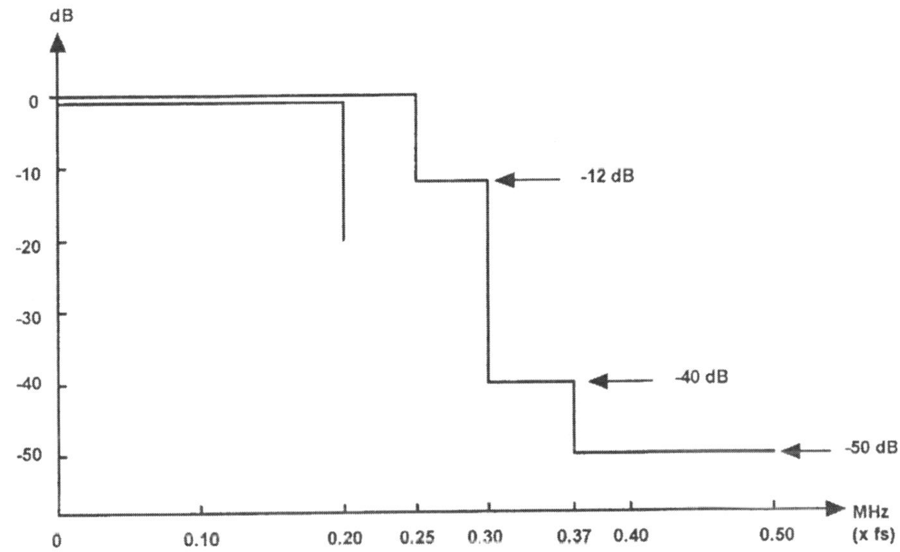

a) 주파수 특성 템플릿(Template)

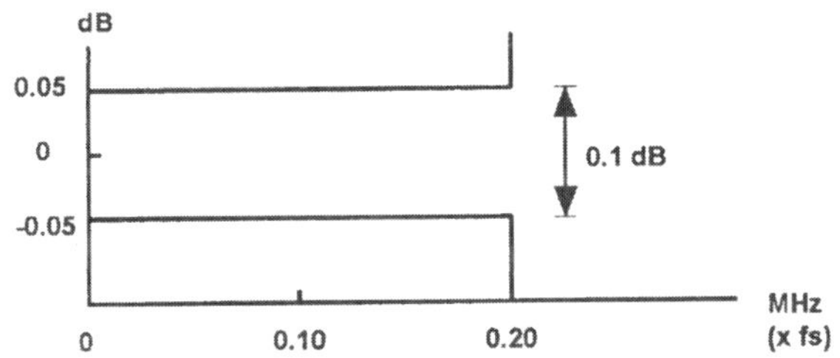

b) 통과대역의 리플 허용치

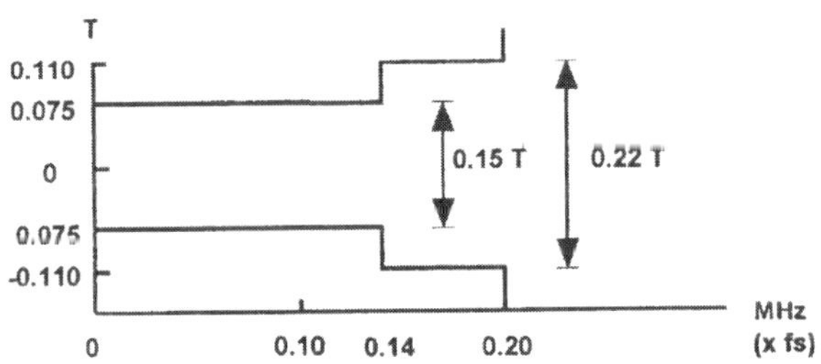

c) 통과대역의 그룹 딜레이허용차

그림 11.31 1280×720P스캐닝 포맷에 있어서 색차 로패스필터의 특성 사양

- 샘플링 주파수 74.25MHz(NTSC 프렌드 시스템에서는 74.25/1.001MHz), 10비트로 디지털화한 휘도신호(Y)를 전송하는 디지털 데이터 스트림 °
- 샘플링 주파수 37.125MHz(NTSC 프렌드 시스템에서는 37.125MHz/1.001MHz)을 10비트 디지털화 한 2개의 색차신호 (C_R, C_B)를 C_B, C_R의 순으로 시간축 다중하여 전송을 하는 디지털 데이터 스트림.

각 데이터 스트림 (Y와 C_B/C_R)은 액티브 영상의 정보와 타이밍 레퍼런스(TRS) 정보, 또는 옵션으로서 보조정보를 전송한다고 할 수 있다.

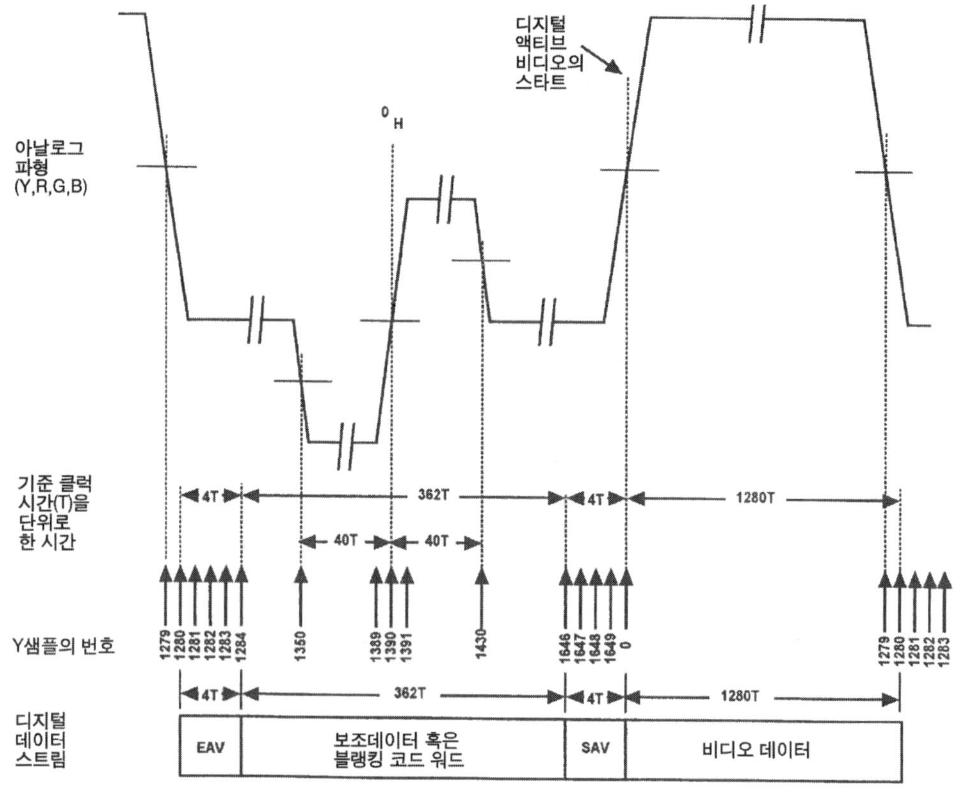

그림 11.32 1280×720P스캐닝 포맷에 있어서 아날로그 신호와 디지털 데이터와의 관계. 주의 : 수평축은 스케일이 맞지 아니함.

그림 11.32에서는 Y신호의 1개 라인에 있어서 아날로그신호와 디지털 신호와의 상호 타이밍의 관계를 표시하고 있다고 할 수 있는데, 여기에서는 표시를 하고 있지 아니하지만 C_B/C_R신호에 있어서도 같은 타이밍관계가 존재 한다고 할 수 있고, 여기에서 0_H의 기준점은 아날로그 라인의 스타트 점을 표시하고 있다고 할 수 있다.

라인에 있어서 샘플링 포인트는 샘플 0(최초의 액티브 디지털 샘플)로부터 그 라인의 전샘플 수로부터 1을 뺀 샘플의 번호 (1650샘플이라면 1649)까지 번호가 붙어져 있다고 할 수 있는데, Y의 한 개 라인은 전부 1650샘플로 구성이 되어있다고 할 수 있고, 그 중에서 1280샘플은 영상 데이터라고 할 수 있다.

또한 C_B/C_R의 한 개 라인은 같은 전 1650샘플 (C_B825, C_R825)로 구성이 되어있다고 할 수 있는데, 그 중에 1280샘플이 영상데이터이라고 할 수 있다.(C_B640, C_R640)

2개의 타입의 각 라인의 수평 블랭킹 기간은 370샘플로 구성이 되어져 있다고 할 수 있는데, 그 중에 최초라인 으로는 EAV(End of Active Video)이라고 할 수 있고, 최후라인으로는 SAV(Start of Active Video)의 동기 데이터가 각 4샘플 분포함 되어있다고 할 수 있다. 그 때문에 남은 Y샘플과 C_B/C_R다중 샘플을 사용하여 각각의 362샘플이 보조데이터의 용도에 사용하는 것이 가능하다고 할 수 있다.

표 11.27 1280×720P픽쳐포맷의 디지털신호 사양

항목	파라미터	치	
1	코딩하는 신호	R,G,B또는 Y,C_B,C_R	
2	R,G,B,Y 샘플점의 격자 배치	직교격자를 사용하여 라인 픽쳐의 반복	
3	C_B,C_R샘플 점의 격자 배치	직교격자를 사용하여 라인 픽쳐의 반복 C_B, C_R은 상호 같은 위치에서 또 Y샘플이라는 것은 1개 건너서 같은 위치에 있음.	
4	라인당 샘플수 R,G,B,Y C_B,C_R	1650 825	
5	라인당 액티브 샘플수 R,G,B,Y C_B,C_R	1280 640	
6	프레임당 전 라인수	750	
7	프레임당 유효라인수	720	
8	코딩 형식	각 컴포넌트마다 8비트 또는 10비트 직선 양자화	
9	양자화레벨	8비트코딩	10비트 코딩
	R,G,B,Y의 흑 레벨	16	64
	C_B,C_R의 무색레벨	128	512
	R,G,B,Y의 백 피그레벨	235	940
	C_B,C_R	16and 240	64 and 1019
10	양자화레벨 할당	8비트코딩	10비트 코딩
	비디오 데이터	1부터 254	4부터1019
	타이밍 동기	0 and 255	0~3 And 1020~1023
11	필터의 특성 R,G,B,Y C_B,C_R	그림 11.30참조 그림 11.31참조	

EAV와 SAV의 기간은 각각 다음과 같은 4워드 시퀀스라고 할 수 있다.

- 3FF, 000, 000의 치를 가진 3워드의 동기워드.
- V비트, F비트, H비트를 가진 XYZ워드.

이러한 비트는 수직 수평 블랭킹 기간을 표시한다고 할 수 있고, 붙어져있는 P0, P1, P2, P3, 비트는 V, H, F비트의 치에 따라서 변화를 한다고 할 수 있으며, V/F/H비트의 1비트 에러의 보정과 2비트 에러의 검출을 가능하게 하고 있다고 할 수 있다.

표 11.28에서는 EAV 또는 SAV에서 표시되어진 정보의 상세를 표시하고 있는데 이러한 1280×720P의 순차주사 포맷에서는 필드표시는 불필요하기 때문에 꼭 F=0가 된다는 것에 주의하여야 한다고 할 수 있다.

그림 11.33에서는 1280×720P의 순차주사 스캐닝 포맷의 1텔레비전 프레임에 있어서 타이밍 레퍼런스 신호의 2차원의 표시라고 할 수 있는데, 그 그림에 표시하고 있는 L심볼은 액티브와 블랭킹 기간에 있어서 중요한 타이밍 점이라고 할 수 있고, 그 상세를 11.29에서는 표시를 하고 있다고 할 수 있다.

표 11.28 1280×720P픽쳐 포맷에 있어서 타이밍 레퍼런스의 신호

비트	1번째워드	2번째 워드	3번째 워드	4번째워드
9	1	0	0	1
8	1	0	0	F
7	1	0	0	V
6	1	0	0	H
5	1	0	0	P3
4	1	0	0	P2
3	1	0	0	P1
2	1	0	0	P0
1	1	0	0	0
0	1	0	0	0

F=0　　V=0 프레임 블랭킹이외　　H=0 SAV일때
V=1 프레임 블랭킹 기간　　H=1 EAV일때

주 : P0, P1, P2, P3는 F, V, H에 오류보호비트

표 11.29 1280×720P 픽쳐포맷에 있어서 프레임 기간의 타이밍

심볼	정의	디지털라인번호
	토털라인 수	750
	액티브라인 수	720
L1	최초의 라인	1
L2	디지털 프레임 블랭킹 최후의 라인	25
L3	액티브 비디오 최초의 라인	26
L4	액티브비디오 최후라인	745
L5	디지털 프레임 블랭킹의 최초라인	746
L6	최후라인	750

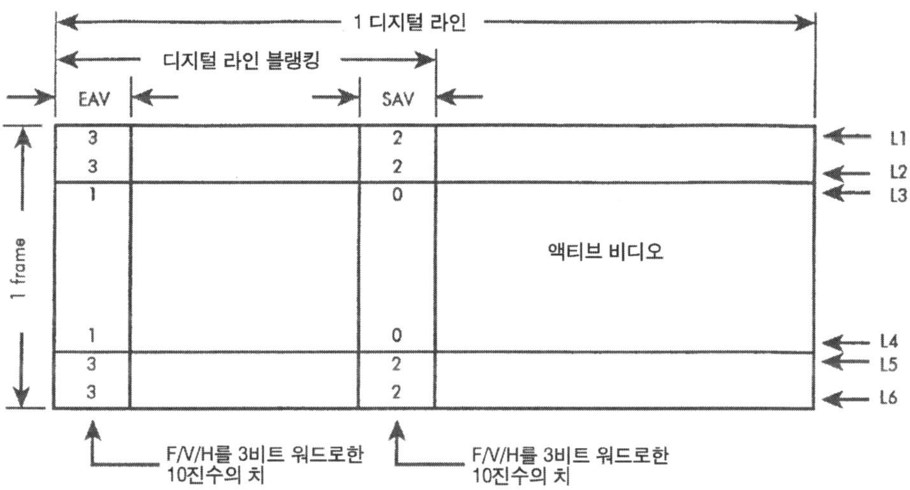

그림 11.33 1280×720P 픽쳐포맷에 있어서 프레임의 타이밍관계 주1: EAV와 SAV의 F,V,H의 그림의 치는 F, V, H의 3비트의 상태를 그러한 것을 3비트 워드인 것을 고려하여 10진수의 치로 표시한 것이라고 할 수 있다. (F비트는 MSB로하고 있고, H비트는 LSB로 하고 있음.) 예를 들면 3이라고 하는 치는 F=0, V=1, H=1이라는 것을 표시하고 있다. 주2 : 그림 스케일에 맞지 아니 함. 각 심볼의 치는 표 11.29참조.

11.5.2 순차주사 표준해상도 텔레비전 720×480P포맷

720×483포맷에 있어서는 SMPTE293M, 720×483 Active Line at 59.94Hz Progressive Scan Production Digital Representation 규격에 의하여 규정 되어져 있다고 할 수 있는데, 이러한 포맷에서는 ITU-R BT.1358 for 625 and 525 Line Progressive System에서도 기재되어져 있다고 할 수 있다.

이러한 포맷에서는 16:9의 화각(Aspect Ratio) (옵션으로 4:3지원)으로 되어있고, 순차주사의 스캐닝을 사용한다고 할 수 있으며, 여기에서 483이라는 치는 프레임 당 유효라인의 수이라고 할 수 있다.

이러한 규격에 있어서 주된 애플리케이션(Application)은 디지털 방송에 있어서 고화질화 의 스탠더드 텔레비전신호(Enhanced Standard Television Signals)를 생성 하는 것이라고 할 수 있다.

표 11.30 720×483P 픽쳐포맷에 있어서 스캐닝의 특성

항목	파라미터	치
1	스캐닝의 샘플링순서	좌로부터 우로, 위에서부터 아래로
2	스캐닝 포맷	순차주사 1:1
3	프레임 주파수(Hz)	60/1.001
4	토털 라인수	525
5	유효라인수	483(라인 43~525)
6	아스펙트비 (Aspect Ratio)	16:9(4:3)
7	라인주파수 (Hz)	31,500/1.001±3ppm

표 11.30에서는 720×483포맷에 있어서 스캐닝 특성의 상세라고 할 수 있는데, 여기에서 프레임 주파수는 NTSC에 관련한 60/1.001(=59.94)Hz이라고 할 수 있고, 라인주파수는 31,500/1.001Hz로서 순차주사를 시행하기 위하여 높은 레이트로 하고 있다고 할 수 있다.

표 11.31 720×483P픽쳐포맷의 아날로그신호의 사양

항목	파라미터	치
1	표준레벨(mV) E'_R, E'_G, E'_B, E'_Y	기준 흑 레벨:0 기준 백 레벨: 700 그림 3.42참조
2	기준레벨(mV) E'_{CB}, E'_{CR}	±350mV 그림 3.43 또는 3.44참조
3	공칭 신호대역 (MHz) E'_R, E'_G, E'_B, E'_Y E'_{CB}, E'_{CR}	 12 6
4	동기신호의 형식	2치 부극성: 그림 11.34참조
5	라인 동기 타이밍 기준점	0_H 그림 11.34참조
6	동기레벨 (mV)	-300±7.5%
7	수평동기 또는 수평 블랭킹 기간 신호 타이밍	모든 컴포넌트의 동기부과 표 11.32 또는 그림 11.34참조
8	수직동기 또는 수직 블랭킹 기간 신호 타이밍	표 11.33 또는 표 11.35참조

표 11.31에서는 720×483P포맷에 있어서 컴포넌트 아날로그신호의 규격을 표시하고 있는데, 이러한 것은 그림 3.42, 3.43, 3.44에 표시를 하고 있는 파형이나 2차원 표현에 대응하기 위한 것이라고 할 수 있고, 여기에서 예시하고 있는 표준 신호대역 12MHz (E'_Y, E'_G, E'_B, E'_R)와 6MHz (E'_{CB}, E'_{CR})는 순차주사 포맷에 의한 높은 프레임 주파수, 라인주파수를 반영하면서 비월주사 스캐닝과 같이 수평 해상도를 가지게 하기 위함 이라고 할 수 있다.

표 11.32 수평동기펄스의 상세(그림 11.34참조)

심볼	파라미터	사양치
H	공칭 라인기간(μs)	1001/32.5(31.778)
A	수평 블랭킹 기간 (μs)	5.35+0.15, -0.1
B	수평기준점 (0H)와 수평 블랭킹 펄스의 후연과의 사이(μs)	4.6+0.1, -0.005
C	프론트퍼치(Front Porch)(전연)(μs)	0.75±0.005
D	동기펄스폭(μs)	2.35±0.005
E	수평 블랭킹 펄스 에지의 상승시간(μs)	0.07±0.01
F	수평 동기펄스 에지의 상승시간 (μs)	0.07±0.01

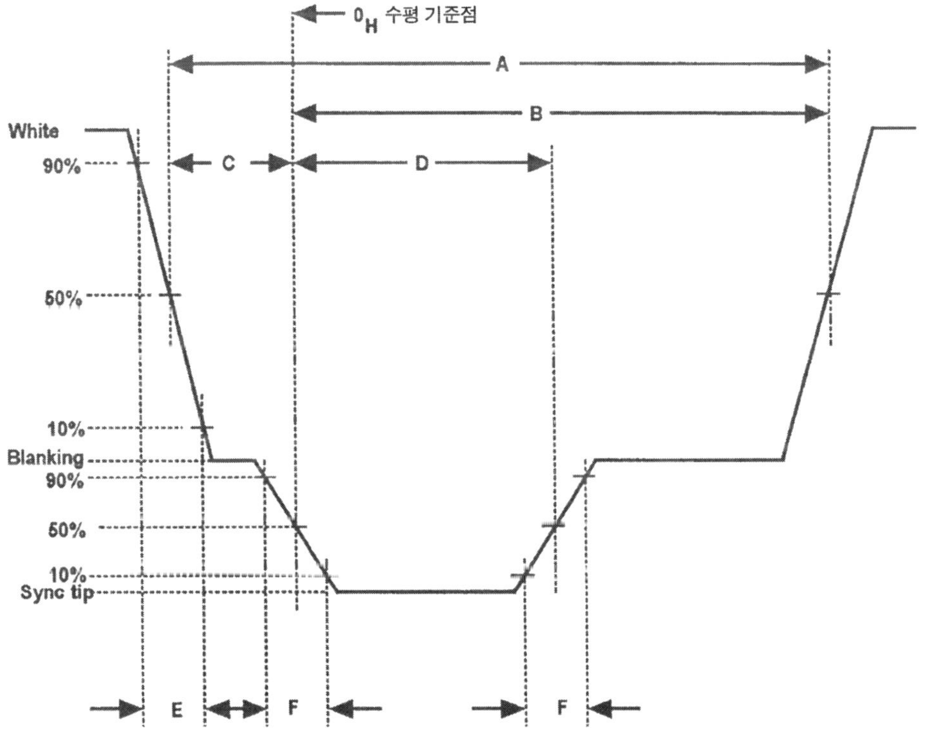

그림 11.34 1280×483P 스캐닝 포맷에 있어서 수평 블랭킹기간과 2치 동기의 상세. 심볼치에 대해서는 표 11.32참조바람

그 결과 수평 해상도는 ITU-R.BT.601에서 규정되어진 대역 5.75MHz(휘도) 또는 2.75MHz(색도)의 것과 같다고 할 수 있고, 3원색 특성이나 광전 변환특성, 매트릭스 계수 등의 그 외의 사양은 표 11.4의 SMPTE 170M의 것과 같다고 할 수 있다.

그림 11.34에서는 아날로그 수평 블랭킹 기간과 2치 수평 동기펄스의 상세도를 표시하고 있다고 할 수 있고, 표 11.32에서는 그 그림 11.34 가운데 심볼의 설명과 규정치를 표시하고 있다고 할 수 있다.

또한 그림 11.35에서는 아날로그 순차 주사 시스템의 기간과 프레임 동기 펄스의 상세를 표시하고 있다고 할 수 있는데, 프레임 내에서의 라인 할당은 다음과 같다고 할 수 있다.

- 수직(프레임) 블랭킹 기간은 라인 1으로부터 라인42이라고 할 수 있는데, 이는 라인 7으로부터 라인 12까지의 수직 동기펄스를 포함 하고 있다고 할 수 있다.
- 유효화상 기간은 483라인으로서, 라인 34로부터 라인525까지의 라인을 말하고 있다.

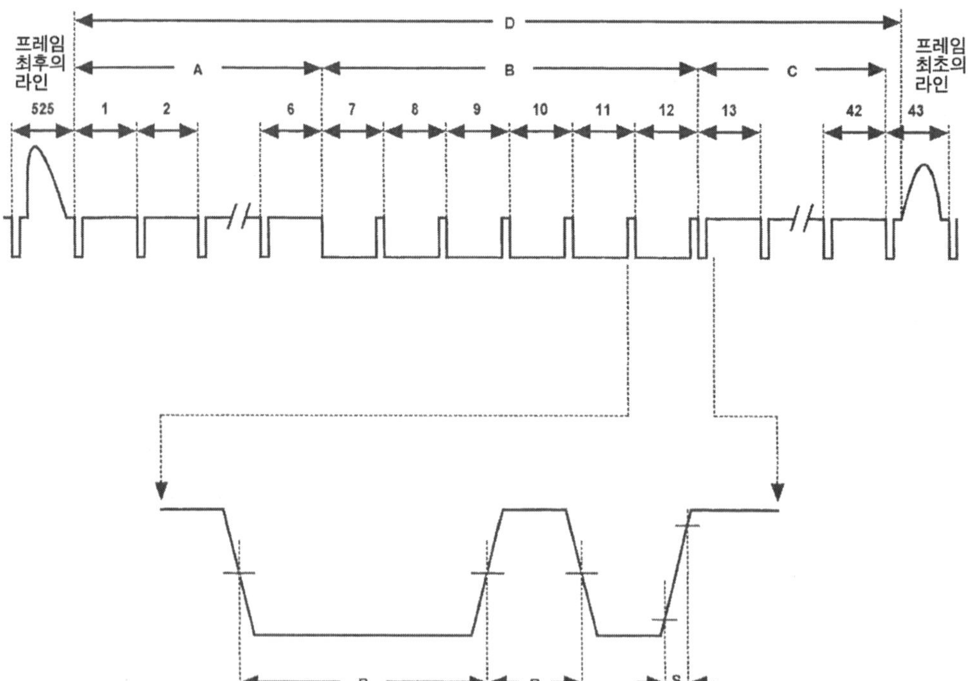

그림 11.35 720×483P 스캐닝 포맷의 아날로그 프레임 블랭킹 기간과 프레임 동기펄스의 상세. 심볼의 치에 대해서는 표 11.33 참조

표 11.33 수직 동기신호의 상세(그림 11.35참조)

심볼	파라미터	사양치
V	공칭 프레임 기간(ms)	1001/60(16.683)
A	수평 블랭킹 기간의 전연과 수직동기 펄스의 전연과의 사이	6H
B	수직 동기 필스의 시퀀스 폭	6H*
C	최후의 수직 동기펄스의 전연과 수직 블랭킹 기간 후연과의 사이	30H*
D	수직 블랭킹 기간 수직 블랭킹 펄스에지의 상승시간 (㎲)	42H+5.35㎲ † 0.07±0.01
P	수직 동기 펄스폭 (㎲)	29.428±0.05
R	수직 동기 펄스 기간(㎲)	2.35±0.05
S	수직 동기 펄스의 상승시간(㎲)	0.07±0.01

*H=16.683㎲
† 허용차: +0.15, -0.1

표 11.34 720×483P 픽쳐포맷에 있어서 디지털 신호의 사양

항목	파라미터	치	
1	코딩하는 신호	R,G,B 또는 Y,C_B,C_R	
2	R,G,B,Y 샘플점의 격자 배치	직교격자를 사용하여 라인 픽쳐의 반복	
3	C_B,C_R샘플 점의 격자 배치	직교격자를 사용하여 라인 픽쳐의 반복 C_B, C_R은 상호 같은 위치에서 또 Y샘플이라는 것은 1개 건너서 같은 위치에 있음.	
4	R,G,B,Y의샘플링 주파수 (MHz)	27±3ppm	
5	C_B,C_R의 샘플링 주파수 (MHz)	13.5±3ppm	
6	라인당 샘플수 R,G,B,Y C_B,C_R	 858 429	
7	라인당 액티브 샘플수 R,G,B,Y C_B,C_R	 720 360	
8	프레임당 전 라인수	525	
9	프레임당 유효 라인수	483	
10	코딩 형식	각 컴포넌트마다 8비트 또는 10비트 직선 양자화	
11	양자화레벨	8비트코딩	10비트 코딩
	R,G,B,Y의 흑 레벨	16	64
	C_B,C_R의 무색레벨	128	512
	R,G,B,Y의 백 피크레벨	235	940
	C_B,C_R	16and 240	64 and 1019
12	양자화레벨 할당	8비트코딩	10비트 코딩
	비디오 데이터	1부터 254	4부터1019
	타이밍 동기	0 and 255	0~3 and 1020~1023
13	필터의 특성		
	R,G,B,Y	그림 11.36참조	
	C_B,C_R	그림 11.37참조	

표 11.34에서는 그림 1.35의 심볼에 대한 설명과 그 규정치를 표시하고 있다. 디지털 코딩에 있어서는 휘도 E'_Y와 색차신호 E'_{CB}, E'_{CR} 을 기본으로 하지만 때로는 3원색신호 E'_G, E'_B, E'_R을 기본으로 하고 있다고 할 수 있는데, 이러한 포맷에 의한 광역의 아날로그 신호 대역에 대응하기 위하여 R, G, B, Y의 샘플링주파수는 27MHz로 하고 있고, C_B, C_R의 샘플링 주파수는 13.5MHz로하고 있다고 할 수 있으며, 표 11.34에서는 720×483포맷에 있어서 디지털 코딩의 상세를 표시하고 있다고 할 수 있다.

또한 에이리어스 방지 필터의 특징은 그림 11.36 또는 11.37에서 규정을 하고 있는 것과 같다고 할 수 있고, 통상적으로 색차에 의한 코딩이 사용되어지고 있다고 할 수 있는데, 파라렐 인터페이스에서는 다음과 같은 2ch의 데이터 스트림을 전송시킨다고 할 수 있다.

- 샘플링 주파수 27MHz를 사용하고 있는 것은 10비트로 디지털화한 휘도신호 (Y)를 전송하는 디지털 데이터 스트림이라고 할 수 있다.
- 샘플링 주파수 13.5MHz를 사용하고 있는 것은 10비트로 디지털화한 2개의 색차신호 (C_B,C_R)을 C_B, C_R의 순으로 시간축 다중 하여 전송을 하는 디지털 데이터 스트림이라고 할 수 있다.

각 데이터 스트림 (Y와 C_B/C_R)은 액티브 영상의 정보와 타이밍 레퍼런스(EAV와 SAV)의 정보, 또는 옵션으로서 보조 정보를 전송한다고 할 수 있다.

그림 11.38에서는 Y신호의 한개 라인에 있어서 아날로그신호와 디지털 신호와의 상호 타이밍의 관계를 표시하고 있는데, 여기에서는 표시를 하고 있지 아니하나 C_B/C_R의 신호에 있어서도 같은 타이밍관계가 존재한다고 할 수 있다.

라인에 있어서 샘플 포인트는 샘플 0(최초의 액티브 디지털 샘플)으로부터 그라인의 전 샘플 수에서 1을 뺀 샘플 번호(858샘플이라면 857)까지 번호가 붙어져 있다고 할 수 있는데, Y신호의 한 개 라인에서는 전부로 858 샘플이 있어서 그중에서 720샘플은 영상 데이터라고 할 수 있고, 색신호라인 이라고 할 수 있는 C_B/C_R의 라인에는 모드 전체의 858샘플(C_B429, C_R429)이 있어, 그 중에 720샘플이 영상 데이터라고 할 수 있다. (C_B360, C_R360)

2개의 타입의 각각 다른 라인 수평 블랭킹 기간은 138개의 샘플이 있어서 그 중의 최초의 라인은 EAV(End of Active Video)이라고 할 수 있고, 최후의 라인으로는 SAV(Start of Active Video)라인에 동기 데이터가 각 샘플분에 포함 되어 있다고 할 수 있다. 그 때문에 남은 Y샘플과 C_B/C_R의 다중 샘플을 사용하여 각각 130개의 샘플이 보조 데이터의 용도에 사용하는 것이 가능하다고 할 수 있다.

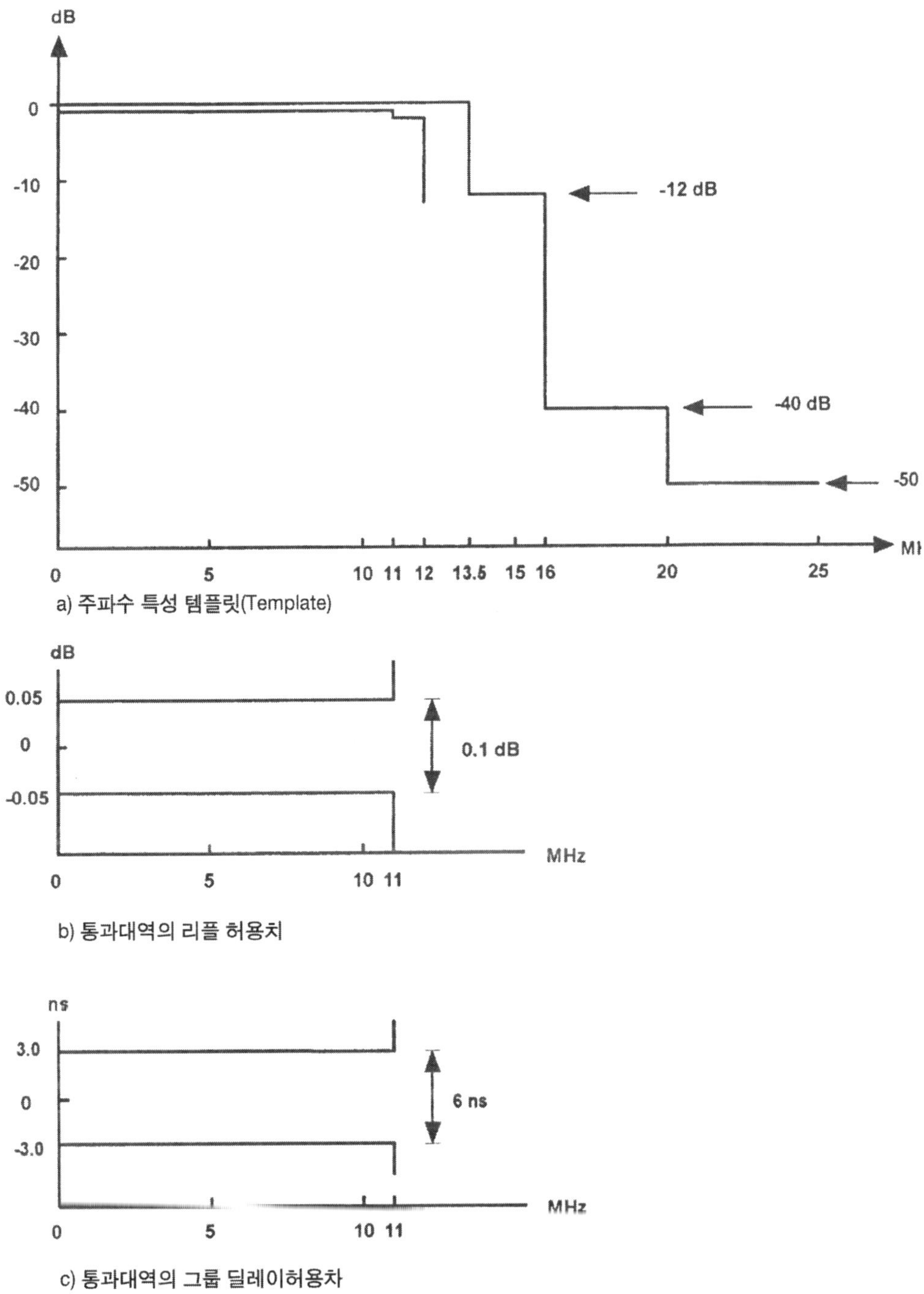

그림 11.36 720×483P스캐닝 포맷에 있어서 R, G, B, Y의 로패스 필터의 특성 사양

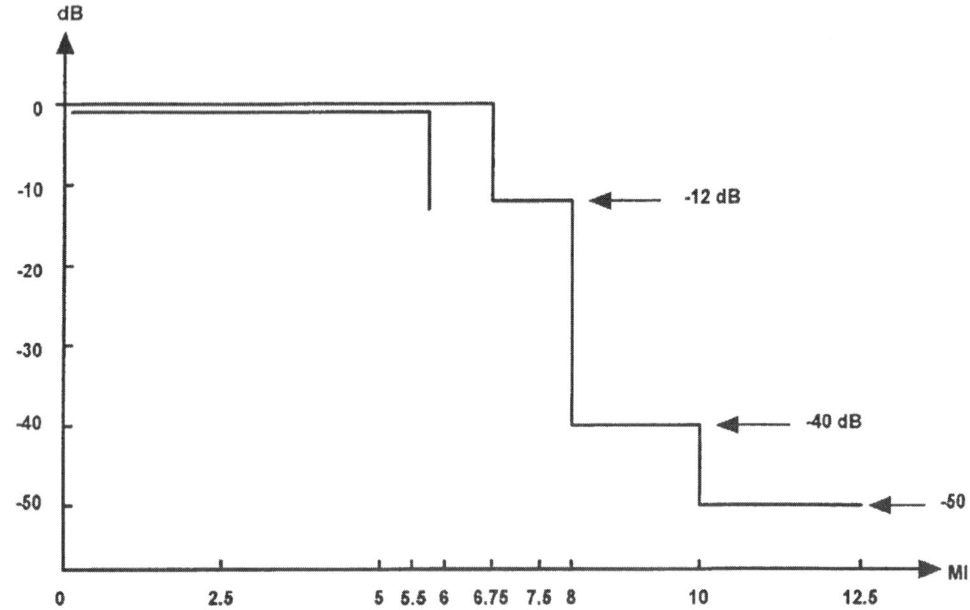

a) 주파수 특성 템플릿(Template)

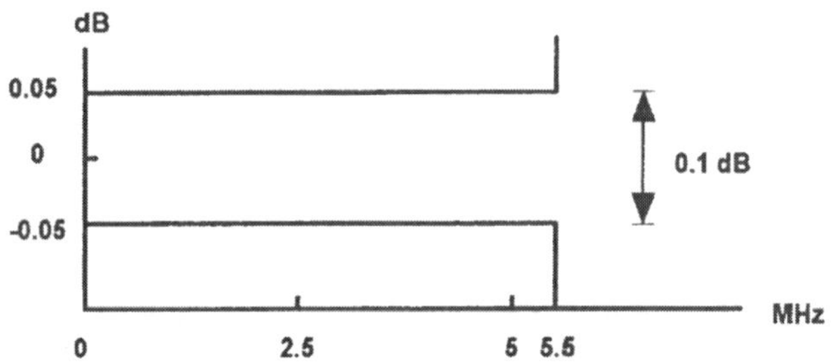

b) 통과대역의 리플 허용치

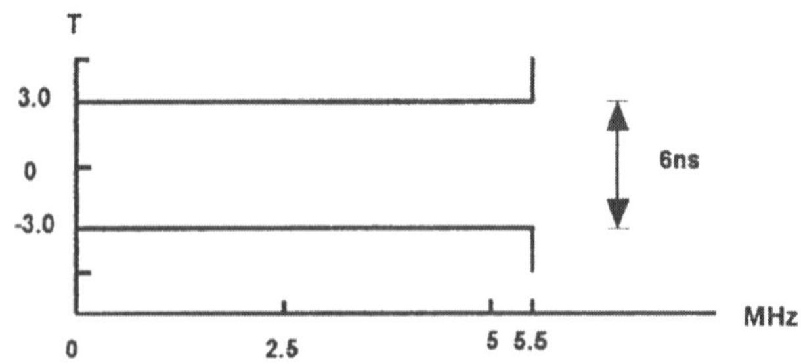

c) 통과대역의 그룹 딜레이허용차

그림 11.37 720×483P스캐닝 포맷에 있어서 색차 로패스 필터의 특성 사양

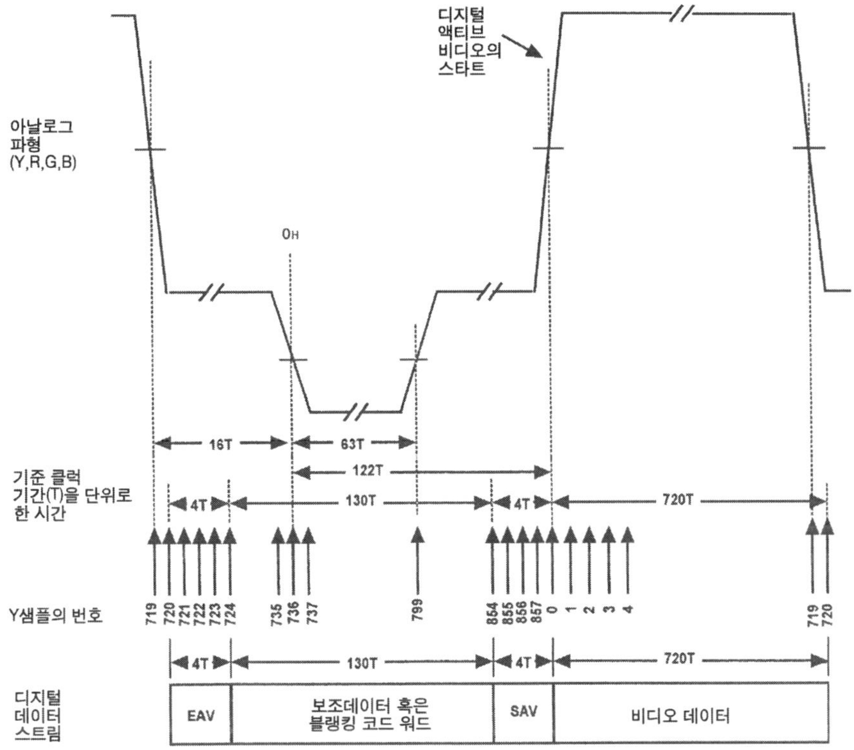

그림 11.38 720×483P스캐닝 포맷에 있어서 아날로그 신호와 디지털 데이터와의 관계. 주의 : 수평축은 스케일이 맞지 아니함.

EAV와 SAV의 기간은 각각 다음과 같은 4개 워드의 시퀀스가 있다.

- 3FF, 000, 000의 치를 가진 3워드의 동기워드 기간.
- V비트, F비트, H비트를 가진 XYZ워드기간.
  이러한 비트는 수직 수평의 블랭킹 기간을 표시를 한다고 할 수 있고, 또 부가되어진 P0, P1, P2 P3비트는 V, F, H비트의 치에 따라서 변화를 하고 있다고 할 수 있는데, V/F/H비트에 있어서 1비트 에러 보정과 2비트 에러의 검출을 가능하게 하고 있다.

표 11.35에서는 720×483P의 순차주사 포맷의 EAV와 SAV에서 표시를 하고 있는 정보의 상세를 표시하고 있다고 할 수 있는데, 여기에서 필드의 표시는 불필요하기 때문에 꼭 F=0이라는 것에 주의할 필요가 있다고 할 수 있다.

그림 11.39에서는 720×483P의 순차주사 스캐닝 포맷에 있어서 한 개 텔레비전 프레임에 대하여 타이밍 레퍼런스 신호의 2차원 표시가 가능하다고 할 수 있는데, 따라서 그 그림에 있는 L심볼은 액티브과 블랭킹 기간에 있어서 중요한 타이밍 점이라고 할 수 있다. 그 상세를 표 11.36에서는 표시하고 있다.

표 11.35 720×483P픽쳐 포맷의 타이밍 기준신호

비트	워드1	워드2	워드3	워드4
9	1	0	0	1
8	1	0	0	F
7	1	0	0	V
6	1	0	0	H
5	1	0	0	P3
4	1	0	0	P2
3	1	0	0	P1
2	1	0	0	P0
1	1	0	0	0
0	1	0	0	0

F=0 V=0 프레임 블랭킹이외 H=0 SAV에 있어서
V=1 프레임 블랭킹 내에서 H=1 EAV에 있어서

주 : P0, P1, P2, P3의 보호비트는 F, V, H의 치에 따라서 결정됨.

표 11.36 720×483포맷에 있어서 1프레임 기간의 타이밍

심볼	정의	디지털라인번호
	토털 라인수	525
	액티브 라인수	483
L1	디지털 프레임 블랭킹의 최초의 라인	1
L2	디지털 프레임 블랭킹 최후의 라인	42
L3	액티브 비디오 최초의 라인	43
L4	액티브비디오 최후라인	525

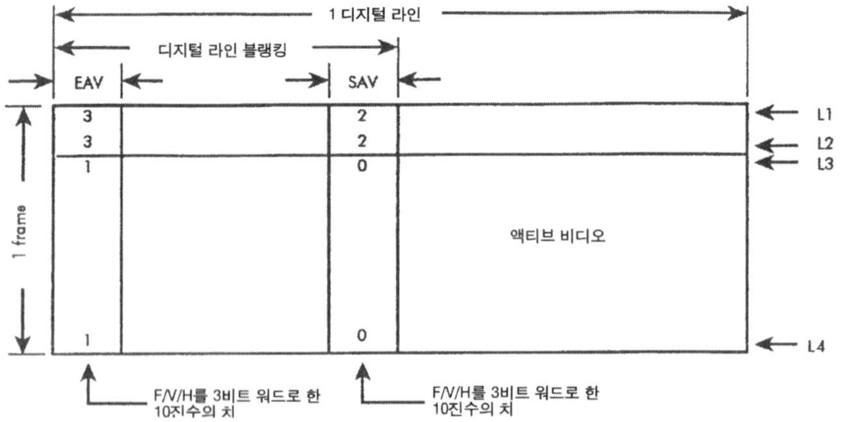

그림 11.39 720×483P 픽쳐 포맷에 있어서 프레임의 타이밍관계 주1 : EAV와 SAV에서 표시를 하고있는치는 (F/V/H)의 비트치를 3비트워드(F가 MSB, H가 LSB)가 있는 것으로 하여 10진수로 표시한 것이라고 할 수 있는데, 예를 들면 3이라고 하는 치는 비트가 F=0, V=1, H=1이라는 것을 표시하고 있음. 주2 : 그림 스케일에 맞지아니 함. 각 심볼의 치는 표 11.36참조.

11.6 스튜디오내의 시리얼 전송 인터페이스

11.6.1 개요

제7장에서는 SMPTE-259M에서 규격화 되어져 있는 SDTV의 콤포지트(NTSC, PAL), 컴포넌트(4:2:2)디지털 포맷신호의 시리얼 전송에 대하여 설명을 하고 있다고 할 수 있다.

HDTV의 신호원 디지털 포맷이라고 할 수 있는 비트 파라렐 데이터 스트림의 구조 및 개념에 있어서는 SDTV와는 많이 다르다고 할 수 있는데, 이러한 신호의 특징으로서는 높은 샘플링 레이트 이외에 또 다른 주된 다른 점이라고 한다면 Y, C_R, C_B디지털 신호의 구성 방법이라고 할 수 있다.

SDTV의 신호원 포맷이라는 것은 Y, C_B, C_R의 디지털 신호를 시분할 다중 한 것이라고 할 수 있는데, 결과론적으로 이야기하면 보통 데이터 레이트를 27M 워드/초의 10비트 파라렐 인터페이스의 구조를 하고 있다고 할 수 있다.

이러한 4:2:2포맷은 파라렐 인터페이스를 사용하여 타임밍 레퍼런스신호의 EAV, SAV와 보조데이터도 전송을 하는 것이 가능하다고 할 수 있는데, 이러한 신호는 10비트 데이터를 전송 하는 10개의 조합으로 되어있는 병렬페어케이블방식과 27MHz에 클럭 신호를 전송 하는 방식으로서, 하나의 조합에 의하여 페어케이블을 사용하여 전송하는 방식이 있다고 할 수 있다.

또한 이러한 파라렐 신호는 제7장에서 설명을 한 방법을 사용하여 시리얼 신호로 변환 되어진다고 할 수 있는데, 이러한 것에 대한 HDTV신호원 디지털 포맷에 대해서는 2개의 파라렐 채널을 사용하여 다음과 같이 하고 있다고 할 수 있다.

- Y디지털 신호를 전송하는 파라렐 채널.
- 시분할 다중한 C_B/C_R의 디지털 신호를 전송하는 파라렐 채널.

이러한 각 2개의 채널은 각각 EAV, SAV타이밍 레퍼런스를 전송을 함과 동시에 EAV와 SAV사이에 스페이스를 이용하여 다음과 같은 부가 데이터를 전송하고 있다고 할 수 있다.

- 2워드로 구성을 하고 있는 라인 넘버 데이터
- 액티브 디지털 라인데이터와 그러한 것에 더해서 EAV데이터의 오류검지용으로 사용되고 있는 2워드 CRC(Cyclic Redundancy Codes)데이터

오리지널 포맷에서 이러한 데이터가 얻어지지 아니 할 때에는 위에의 부가데이터는 보조프로세서를 사용하여 영상 데이터의 다중화, 테마데이터의 삽입, 시리얼화를 하기 전에 삽입 시키지 아니하면 되지 아니한다고 할 수 있다.

그림 11.40에서는 수평 블랭킹 기간의 상세와 라인넘버데이터 (Line Number Data : LN)와 CRC 데이터의 위치를 표시하고 있다.

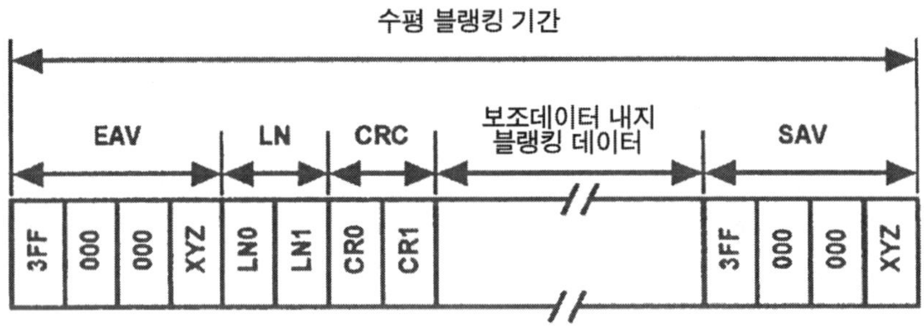

그림 11.40 라인넘버와 CRC데이터의 위치를 표시한 수평 블랭킹 기간의 상세 (휘도채널을 표시)

11.6.2 1.485Gbps HDTV비트 시리얼 전송인터페이스

SMPTE 292M(BIT-Serial Digital Interface For Hight Definition Television System)은 1.485Gbps 또는 1.485/1.001Gbps의 비트 레이트를 가지고 수 종류의 HDTV신호 원 포맷의 공통 시리얼 인터페이스를 규정하고 있다고 할 수 있다. (역주: 현재에 있어서는 모두 10여종의 포맷에 대응하고 있다.)

이러한 규격에서는 1125라인, 1250라인(유럽의 HDTV방식), 750라인의 스캐닝 포맷에 공통이라고 할 수 있다.

ITU-R BT.1120규격(Digital Interface For 1125/60/2:1 and 1250/50/2:1HDTV Studio Signals)에서는 1125라인과 1250라인 방식에 모두 대응하는 구격이라고 할 수 있으나, 유럽의 HDTV방식에서는 750라인 방식을 커버하고 있지 아니하다고 할 수 있다. 따라서 유럽방식에서는 750라인방식을 유럽방식에서는 채용을 하고 있지 아니하다 하여 ATSC포맷이라고 불리 우고 있다고 할 수 있다.

이러한 섹션에서 거의 모든 데이터는 SMPTE292M의 최근패션(역주: SMPTE-292M-1998)이라고 할 수 있는데, 표 11.37에서는 그러한 패션의 주된 포맷의 파라미터 상세를 표시하고 있다고 할 수 있다.

또한 신호원 포맷에 있어서는 A로부터 M까지 표시되어져 있다고 할 수 있는데, 이러한 신호원 포맷에 있어서는 다음과 같은 4개의 SMPTE규격을 참조하고 있다고 할 수 있다.

- SMPTE 260M : 토털 프레임당 1125라인을 사용하는 구 포맷에서 액티브라인 프레임당 1035라인, 30Hz 또는 30/1.001HZ(NTSC관련) 프레임 레이트의 2:1 비월주사시스템 이라고 할 수 있다.

- SMPTE295M : 토털 프레임당 1250라인의 유럽 포맷으로서 액티브 라인은 프레임당 1080라인, 25Hz프레임 레이트의 2:1 비월주사 시스템이라고 할 수 있다.
- SMPTE 274M : 토털 프레임 당 1125라인의 포맷의 일종으로서 이방식의 액티브라인은 프레임당 1080라인 이라고 할 수 있고, 복수의 프레임 레이트, 즉 비월주사/ 순차주사 시스템을 지원하고 있다.

표 11.37 신호원 포맷 파라미터

대응하는 SMPTE규격	260M		295M	274M								296M	
포맷 명칭	A	B	C	D	E	F	G	H	I	J	K	L	M
프레임당 전 라인 수	1125	1125	1250	1125	1125	1125	1125	1125	1125	1125	1125	750	750
라인당 Y워드 수	2200	2200	2376	2200	2200	2640	2200	2200	2640	2750	2750	1650	1650
라인당 C_B/C_R 워드 수	2200	2200	2376	2200	2200	2640	2200	2200	2640	2750	2750	1650	1650
전 액티브 라인 수	1035	1035	1080	1080	1080	1080	1080	1080	1080	1080	1080	720	720
액티브 라인낭 Y 워드수	1920	1920	1920	1920	1920	1920	1920	1920	1920	1920	1920	1280	1280
액티브라인당 C_B/C_R 워드수	1920	1920	1920	1920	1920	1920	1920	1920	1920	1920	1920	1280	1280
프레임 레이트(Hz)	30	30/N	25	30	30/N	25	30	30/N	25	24	24/N	60	60/N
인터레스 비	2:1	2:1	2:1	2:1	2:1	2:1	1:1	1:1	1:1	1:1	1:1	1:1	1:1
나누기 계수(N=1.001)	1	N	1	1	N	1	1	N	1	1	N	1	N
시리얼 비트레이트(Gbps)	1.485	1.4835	1.485	1.485	1.4835	1.485	1.485	1.4835	1.485	1.485	1.4835	1.485	1.4835

- SWMPTE 296M : 토털 프레임당 750라인의 HDTV포맷으로서 액티브 라인은 프레임당 720라인이라고 할 수 있고, 60HZ 또는 60/1.001HZ(NTSC관련)의 프레임 레이트를 가지고 있는 순차주사 시스템이라고 할 수 있다.

표 11.37에서 표시를 하고 있는 것 같이 모든 포맷에 같은 공칭 1.485Gbps의 레이트로 전송 되어진다고 할 수 있는데, 이러한 것은 프레임 당 토털 라인수와 라인 당 토털 워드수를 가지고 있으면서 프레임당 액티브 라인수와 라인당 액티브 워드수를 적당 하게 조정하는 것에 의하여 가능하게 하고 있다. 모든 표준 프레임 레이트의 포맷(A, B, C, D, F, G, I, J, L)은 1.485Mbps의 시리얼 데이터로 동작을 한다고 할 수 있다.

NTSC와 연동하는 프레임 레이트 (B, E, H, K, M)에서는 1.4835Gbps=1.485/N)으로 동작을 하는데, 나누는 수N은 1.001(역주 : 프레임 주파수 60Hz와 59.94Hz의 비)의 2가지의 치라고 할 수 있지만 이러한 2가지 데이터 레이트의 차는 그리 중요하지 아니하다고 할 수 있다.

표 11.38 1920×1080I 픽쳐포맷에 있어서 타이밍 기준신호 (TRS)

비트	워드1	워드2	워드3	워드4
9	1	0	0	1
8	1	0	0	F
7	1	0	0	V
6	1	0	0	H
5	1	0	0	P3
4	1	0	0	P2
3	1	0	0	P1
2	1	0	0	P0
1	1	0	0	0
0	1	0	0	0

F=0 필드1 V=0 필드 블랭킹 이외 H=0 SAV에 있어서
F=1 필드2 V=1필드 블랭킹 기간 H=1 EAV에 있어서
오류보호 비트의 치는 표 11.39참조

주 : L0으로부터 L10에서는 2진수 코드에 의한 라인넘버이라고 할 수 있고, R은 리서브로 0에 셋팅한다고 할 수 있다.

표 11.39 HDTV비월주사 스캐닝 규격의 TRS제4 워드에 있어서 각 타이밍에 있어서 10비트 16진수 (XYZ) 또는 2진수치와의 오류보호비트 (P0, P1, P2, P3)의 치

Instant	HEX	9 (MSB)	F	V	H	P3	P2	P1	P0	1	0 (LSB)
필드1 액티브비디오기간의 SAV	200	1	0	0	0	0	0	0	0	0	0
필드1 액티브 비디오기간의 EAV	274	1	0	0	1	1	1	0	1	0	0
필드1 필드 블랭킹 기간의 SAV	24C	1	0	1	0	1	0	1	1	0	0
필드1 필드 블랭킹 기간의 EAV	2D8	1	0	1	1	0	1	1	0	0	0
필드2 액티브 비디오기간의 SAV	31C	1	1	0	0	0	1	1	1	0	0
필드2 액티브 비디오기간의 EAV	368	1	1	0	1	1	0	1	0	0	0
필드2 필드 블랭킹 기간의 SAV	3B0	1	1	1	0	1	1	0	0	0	0
필드2 필드 블랭킹 기간의 EAV	3C4	1	1	1	1	0	0	0	1	0	0

이장에서는 많은 포맷 가운데에서 대표적인 포맷이라고 할 수 있는 D에 초점을 맞추어서 설명을 하고자하는데, 포맷 D의 신호원데이터는 다음과 같은 2가지의 병렬 비트 데이터로부터 성립 되어있다고 할 수 있다.

- 샘플당 10비트의 병렬 Y데이터 스트림을 사용하여 데이터 레이트는 74.25M워드/초 이라고 할 수 있다.
- 샘플당 10비트 시분할로 다중 되어진 C_B/C_R의 데이터 스트림을 사용하는 것으로 하고 있고, 데이터 레이트는 74.25M워드/초 이라고 할 수 있다.

이러한 2가지의 데이터 스트림의 각각은 각각 EAV와 SAV의 타이밍 기준신호 (TRS)을 전송 하고 있다고 할 수 있는데, 이러한 타이밍기준 신호의 상세를 표 11.38에서 표시를 하고 있다고 할 수 있다.

표 11.39에서는 EAV와 SAV의 4번째의 워드 (XYZ)에 할당 되어진 화상의 특정 타이밍에 있어서 치의 상세를 오류보호비트 (P0, P1, P2, P3)의 치를 포함하여 표시하고 있다고 할 수 있는데, EAV에 연속한 라인 넘버 데이터는 LN0와 LN1이라는 2개의 워드로 구성 되어져 있다고 할 수 있고, 그러한 것에 할당 되어져 있는 치를 표 11.40에서 표시를 하고 있다.

표 11.40 라인 넘버 데이터 (Line Number Data)

워드	9(MSB)	8	7	6	5	4	3	2	1	0(LSB)
LN0	b8의 반전	L6	L5	L4	L3	L2	L1	L0	R	R
LN2	b8의 반전	R	R	R	L10	L9	L8	L7	R	R

CRC(Cyclic Redundancy Codes)는 액티브 디지털 라인과 그러한 것에 연속하는 EAV의 데이터 오류 검지에 사용되어진다고 할 수 있는데, 이러한 오류 검지코드는 2개의 워드로 구성되어있어 그치에 있어서는 다음과 같은 생성 다항식(Polynomial Generator Equation)으로 결정 되어진다고 할 수 있다

$$CRC(X)=X^{18}+X^{5}+X^{4}+1$$

CRC의 초기치는 제로로 셋팅을 하고 CRC의 계산은 액티브 초기의 워드로부터 스타트하여 라인넘버 LN1의 최후에서 종료된다고 할 수 있는데, 휘도 데이터에 대하여 CRC데이터, YCR0 또는 YCR1데이터는 물론이거니와, 색노 데이터에 대하여 독립의 CRC데이터, CCR0과 CCR1의 데이터는 별개로 계산 되어진다고 할 수 있다. 표 11.41에서는 CRC데이터에 대하여 할당 되어진 각 비트의 위치나 치를 표시하고 있다고 할 수 있다.

표 11.41 CRC 데이터

워드	9(MSB)	8	7	6	5	4	3	2	1	0(LSB)
YCR0	b8의 반전	CRC8	CRC7	CRC6	CRC5	CRC4	CRC3	CRC2	CRC1	CRC0
YCR1	b8의 반전	CRC17	CRC16	CRC15	CRC14	CRC13	CRC12	CRC11	CRC10	CRC9
CCR0	b8의 반전	CRC8	CRC7	CRC6	CRC5	CRC4	CRC3	CRC2	CRC1	CRC0
CCR1	b8의 반전	CRC17	CRC16	CRC15	CRC14	CRC13	CRC12	CRC11	CRC10	CRC9

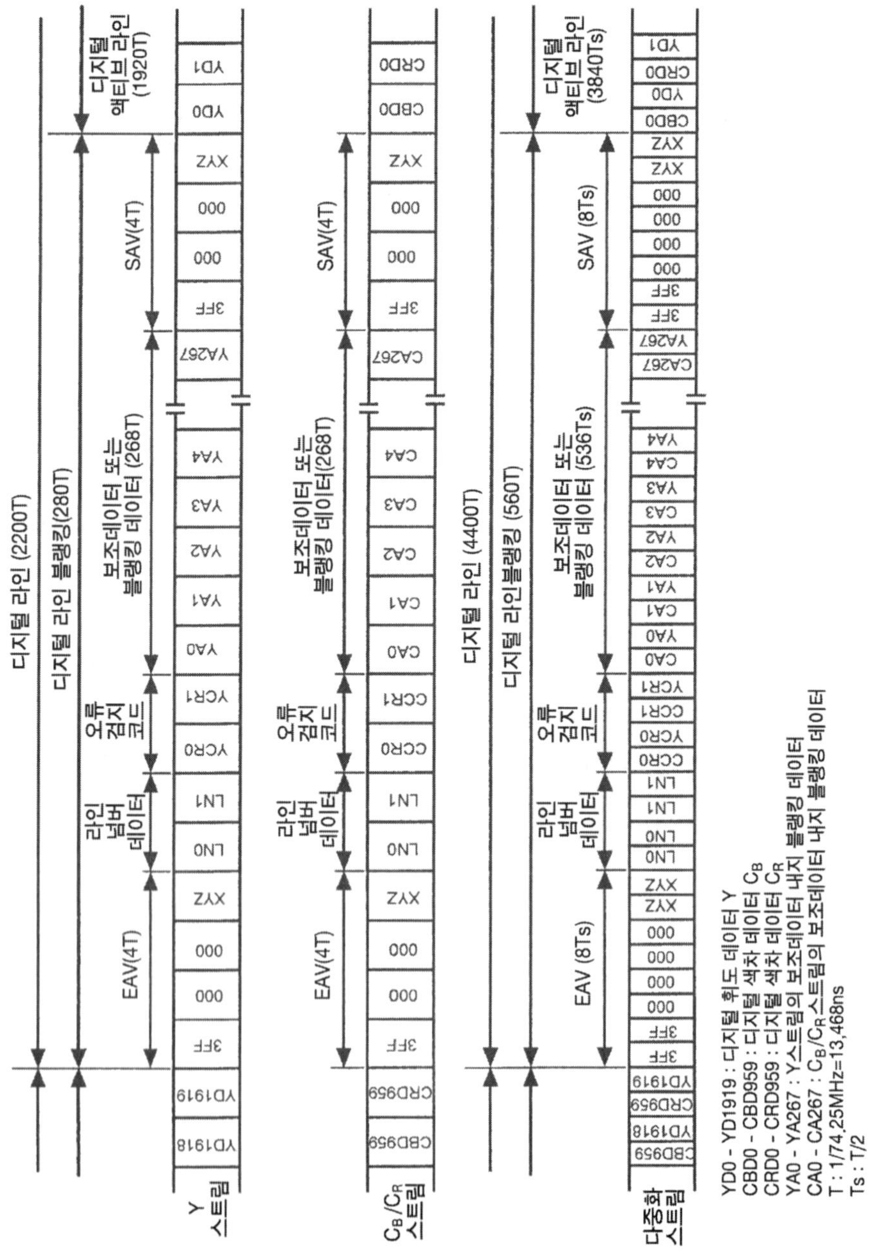

그림 11.41 각각의 Y, C_B/C_R데이터 스트림으로부터 시분할 다중한 Y, C_B/C_R스트림을 생성하는 구성법

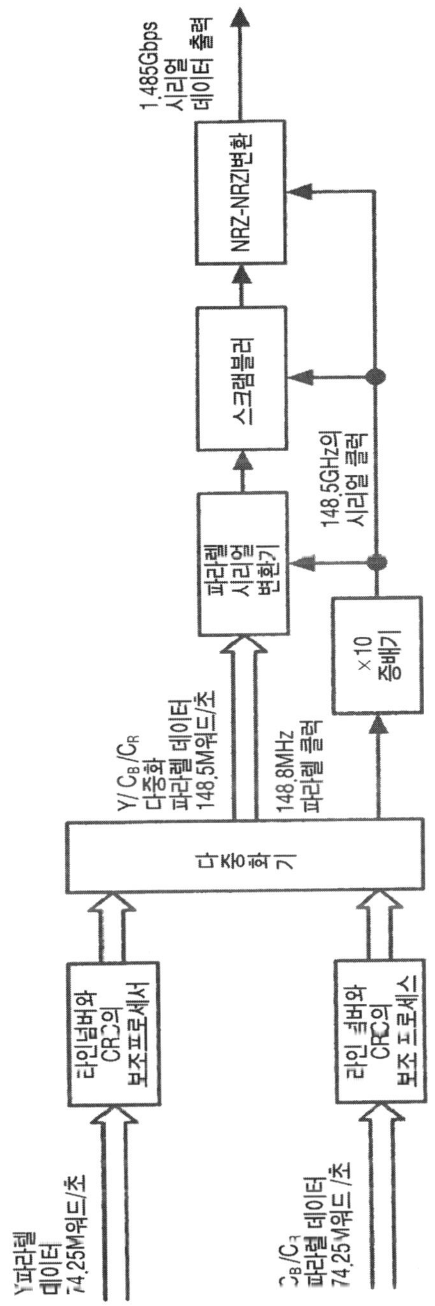

그림 11.42 HDTV시리얼라이저의 블록 다이어 개념도

Y와 C_B/C_R의 2개의 74.25M워드/s의 병렬 데이터 스트림은 다음의 C_B, Y, C_R, Y, C_B, Y, C_R 의순에 의하여 워드마다 시분할 다중 되어서 그림 11.4에서 표시를 하고 있는 것같이 단일의 14.5M/워드/s의 10비트의 병렬 데이터 스트림이 된다고 할 수 있다.

그림 11.42에서는 HDTV시리얼 변환기(Serializer)의 개념을 표시하는 블록다이어그램으로서 이러한 시리얼 변환기는 다음과 같이 동작 한다고 할 수 있다.

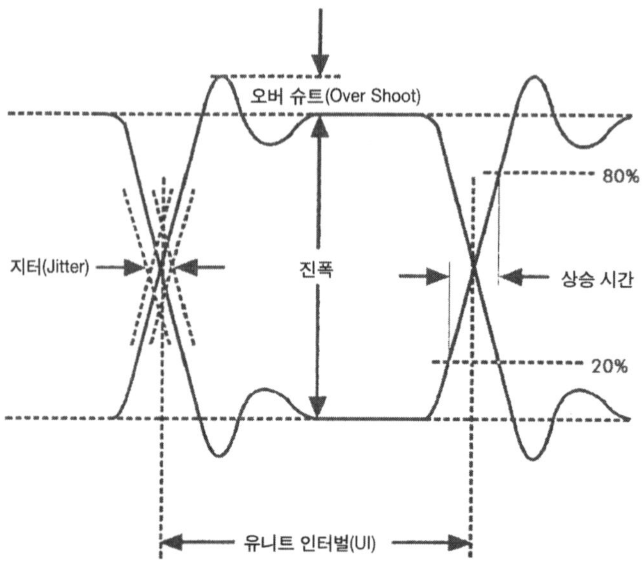

그림 11.43 아이패턴(Eye Pattern)에 있어서 각 측정점

표 11.42 시리얼 인터페이스의 특성

채널 코딩	송신부 특성 (그림 11.43참조)	수신부 특성
스크램블 NRZI 입력신호극성 : 정논리 (고전위의 쪽이 "1" 생성방정식 $G1(X)=X^9+X^4+1$ $G2(X)=X+1$ 데이터 워드길이 : 10비트 데이터 송출 순서 : 모든 데이터 워드에서 LSB로부터 송출	불평형 출력 출력임피던스:공칭 75Ω 리턴로스≥15dB (5MHz to 1.485Ghz) 신호출력진폭 : $800mV_{P-P}\pm10\%$ DC Offset: 0.01V±0.5V 상승/하강 시간: ≤270$_{PS}$ 신호진폭의 20%로부터 80%까지의 기간에서 상호적으로 시간차는 100$_{PS}$를 초과 하지 아니 할 것. 상승/하강 에지의 오버슈트(Over Shoot) : ≤10%신호진폭 지터: 표 11.43참조	불 평형 출력 입력 임피던스 : 공칭 75Ω 리턴로스≥15dB(5MHz부터 클럭 주파수까지) 옵션에 있어서 케이블 손실보상 : 클럭 주파수의 반정도에 있어서 20dB방해신호 허용도 DC : ±2.5V 〈 5MHz : 〈 $2V_{P-P}$ 5 to 27MHz : 〈 $100mV_{P-P}$ 〉27MHz : 〈 $40mV_{P-P}$

- 2개의 각각 다른 병렬 데이터 스트림은 내부에 보조 프로세서(Coprocessor)가 들어있어 여기에서다 라인 넘버와 CRC데이터가 삽입되어진다고 할 수 있는데, 만약 보조데이터의 삽입이 필요하다고 한다면 하나 더 있는 보조프로세서에 삽입 되어진다고 활수 있다.

- 위에에서 포맷되어진 병렬 데이터 스트림을 다중화회로에 입력을 하여 그림 11.41의 가장 밑의 행에 표시를 하고 있는 것과 같은 형식의 MPX STREAM 포맷 형식으로 하여 다중 하여 출력한다고 할 수 있는데, 이렇게 하여 다중화 된 출력에 있어서 데이터 스트림은 148.5M 워드/s이라고 할 수 있다.

표 11.43 시리얼 디지털 신호의 지터 사양(그림 11.44참조)

파라미터	규격치	표기기호
타이밍지터의 대역 저역단	10hz	b1
어라이먼트 지터대역의 저역단	100kHz	b2
공통 고역단	〉$^{1}/_{10}$ the clock rate	b3
타이밍 지터	1UI(134.6 ps p-p)*, †	a2
시험신호	100% Color Burst‡	100/0/100/0
시리얼 클럭의 분주기	≠10(추정)‡	N

*시리얼 신호의 클럭은 2nsp-p임에도 불구하고 지터를 포함 하는 경우가 있어서 이러한 지터의 량은 시리얼 신호의 거대한 지터를 빼는 것으로 하고 있다고 할 수 있다.
†UI이라는 것은 유니트 인터벌(Unit Interval) 이라는 것을 표시하고 있는 것으로서 673ps의 치를 가지고 있다.
‡컬러바 신호는 지터 측정시에 기기의 스트레스를 가하는 것을 피하기 위하여 사용되어진다고 할 수 있고, 제로가 연속적으로 장시간 형성하는 것과 같이 스트레스를 주는 신호는 오류가 있는 측정 결과를 도출한다고 할 수 있다.
‡이것은 지터를 측정하는 오실로스코프를 트리거하는 동기신호의 관한 것으로서 입력 신호로부터 10분의 1분의 주기를 이용하는 것도 허용되어진다고 할 수 있다.
이러한 경우에는 약간의 지터의 성분(10비트 워드 내에서 측정한 비트 위치 변화)은 마스크가 되어서 측정하는 것이 불가능하나 통상적으로 그러한 양은 작다고 할 수 있고, 이러한 용어의 정의에 대해서는 SMPTE RP 184를 참조하기 바란다.

- 다중화 데이터 스트림을 다음의 파라렐 시리얼 변환기에 입력하여 데이터 레이트가 1.485Gbps의 NRZ(Nonreturn-to-Zero)코드형식의 시리얼 데이터 스트림으로 변환을 한다.
- 다음에 이 NRZ시리얼 데이터 스트림을 스크램블(Scrambler)에 입력을 하여서 0 이나 1이 길게 계속 시퀸스나 수신에서 블록이 재생을 어렵게 하는 것과 같은 특정의 비트 패턴이 나오지 아니하는 것과 같이 데이터를 랜덤(Random)화한다고 할 수 있는데, 이러한 스크램블화는 의사 랜덤 비트 시퀀스 (Pseudorandom Binary Sequence : PRBS)NRZ데이터를 발생하게 하고, 이것을 입력의 NRZ의 데이터로 가산하여 데이터를 랜덤화 한다고 할 수 있다. (가산은 1+0=1, 1+1=0, 0+0=0)의사 랜덤 시퀀스(Random Sequence)의 생성 다항식은 다음과 같은 식으로 규정되어져 있다. (SMPTE-259M과 같음)

$$G_1(X)=X^9+X^4+1$$

- 다음에는 스크램블화한 NRZ의 데이터 스트림을 NRZ-NRZI변환기에 입력을 한다고 할 수 있는데, 이러한 NRZI코드는 데이터 "1"을 사용하여서는 비트가 반전이 되지만, 데이터 "0"으로는 비트가 반전이 되지 아니하는 코드로서, 스크램블화한 NRZ로 데이터 "1"의 연속이 결국에는 비트반전 되어진 클럭 재생이 보다 용이하게 하고 있다고 할 수 있다.
  또 비트 반전에 있어서는 "1" "0"의 판정을 하므로 데이터 극성을 가지고 있는 전송은 필요가 없다고 할 수 있는데, NRZI의 변환을 하기 위하여 생성 방정식은 다음과 같다고 할 수 있다.

$$G_2(X)=X+1$$

표 11.42에서는 HDTV의 시리얼 인터페이스의 특성의 요약을 표시하고 있다고 할 수 있는데, 여기에서 특히 중요하다고 하는 것은 인터페이스의 송신 출력에 있어서 파형의 파라미터(아이패턴)의 허용차라고 할 수 있다.

그림 1.43에서는 HDTV의 시리얼 스트림의 지터의 사양을 표시하고 있는데, 이러한 지터에 있어서 사양은 2개의 부류로 나누어져 있다고 할 수 있다.

- 타이밍 지터 10Hz로부터 클럭 주파수의 1/10 까지 대역에서 측정을 한 지터를 말함.
- 얼라인먼트 지터(Alignment Jitter) 100kHz로부터 클럭주파수의 1/10까지 대역에서 측정을 한 지터를 말함. (역주 : SDTV의 259M에서는 1kHz로부터 클럭주파수의 1/10까지의 대역)

그림 11.44에서는 위의 2개의 토털 지터를 가하여진 3개 타입의 지터 측정 대역을 표시한다고 할 수 있다.

표 11.42의 3번째의 란에서는 HDTV의 인터페이스 수신부의 특성의 개요를 나타내고 있다고 할 수 있는데, 수신부(동시에 Desirializer)에서는 다음과 같은 순서에 의하여 동작을 한다고 할 수 있다.

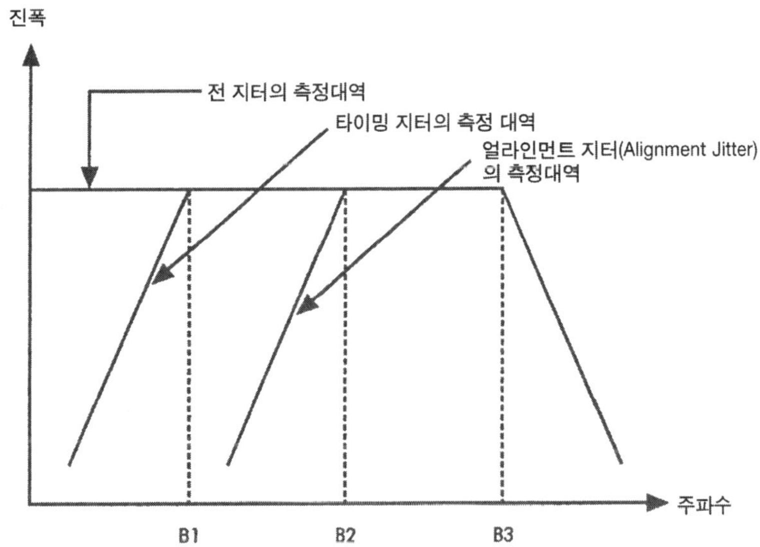

그림 11.44 지터(Jitter)의 측정 대역

- 케이블의 손실의 등화 (Cable-Loss Equalization) : 자동 케이블 보상기에 의하여 동축 케이블을 사용하여 살아있는 고역 주파수 (〉8MHz)또는 저역 주파수의 손실을 보정 한다고 할 수 있는데, 이러한 보정 능력은 기기 메이커의 선택에 의하여 결정이 된다고 할 수 있다. 또한 이러한 케이블 보정길이는 몇 가지 종류의 기기에서는 Belden1694A 동축 케이블(역주 : Belden사의 디지털 비디오용 저주파 손실 동축 케이블로서 거의 5C-FB 동축 케이블 상당.)을 사용하여 최대 100m까지 손실을 자동으로 보정하는 것이 가능하다고 할 수 있는데, 15m의 안전 마진을 고려한다면 케이블 길이 85m정도가 보정 능력 이라고 할 수 있다.
  따라서 그러한 손실에 의하여 케이블 길이가 길을 때에는 동축 케이블 만이 아니라 광파이버 케이블(Optical Fiber Cable)를 이용한 전송을 고려하지 아니하면 되지 아니한다고 할 수 있다.
- 시리얼 클럭의 재생(Serial Clock Recovery) : 시리얼 디지털 신호는 신호로부터 클럭을 추출하는 셀프 클러킹이라고 할 수 있는데, 수신부에서는 페이스 록 루프(PLL)와 전압 제어 발신기 (VCO)에 의하여 클럭재생을 하는 클럭 재생기가 있다고 할 수 있다.
  또한 PLL의 통과 대역에 있어서는 노이즈의 제거(Noise Rejection)에 의하여 지터를 감소시키기 위한 협대역 특성과 클럭을 집어넣는 범위 (Pull-In Range)를 넓게 잡기위한 광대역 특성과의 상반되는 조건 사이에서 최적한 대역을 구한다고 할 수 있는데, 대표적인 대역으로는 2MHz이라고 할 수 있다.

또한 이러한 클럭재생기는 오리지널 NRZ의 스트림을 재생하기 전에 케이블 등화후의 스크램블 되어진 NRZI스트림을 입력에 사용 되어진다고 할 수 있다.

- NRZI-NRZ변환(NRZI-NRZ Conversion) : 보내는 측과의 역 프로세스라고 할 수 있는데, 원래의 "1"의 길은 시퀀스를 포함하는 스크램블화한 NRZ의 데이터 신호를 재생한다고 할 수 있다.
- 스크램블해제 (Descrambling) : 보내는 측과 역의 프로세스를 사용하여 자기 동기를 한 스크램블러의 가산에 의하여 랜덤화를 제거하여 오리지널 NRZ의 데이터를 재생을 한다고 할 수 있다.
- 시리얼 파라렐의 변환 (Serial-to-Parallel Conversion) : TRS를 검지하는 것에 의하여 148.5M워드/s 시분할 다중화 Y C_B C_R 파라렐 데이터 스트림을 재생 한다고 할 수 있다.
- 다중화분리(Demultiplexing) : Y와 C_B/C_R의 데이터 스트림을 분리한다고 할 수 있다.

그림 11.45에서는 HDTV수신부의 개념을 표시하는 블록 다이어그램을 나타내고 있다고 할 수 있다.

11.7 데이터 시분할 다중

아날로그 비디오 신호를 디지털화한 결과는 토털 라인 당 특정의 수의 샘플과 그것보다는 적은 액티브 라인당의 샘플이 얻어진다 할 수 있는데, 시스템에 의한 이러한 샘플 수의 다른 점은 토털 라인의 길이와 액티브 라인의 길이가 아날로그 텔레비전의 수평 수직의 동기를 추출하기 위하한 아날로그시대의 방법과는 다르다는 것에 기인을 하고 있다고 할 수 있다. 이러한 컴포넌트 디지털 텔레비전 신호는 아날로그신호 동기신호대신에 TRS(Timing Reference Signals)를 사용하고 있다고 할 수 있는데, EAV(End of Active Video)와 SAV(Start of Active Video)의 각각 다른 2가지의 TRS는 각각 4개 워드로 구성되어있어, 합계 8워드로 구성되어있는 것에 의하여 디지털 비디오 신호와의 동기를 취하고 있다고 할 수 있다.

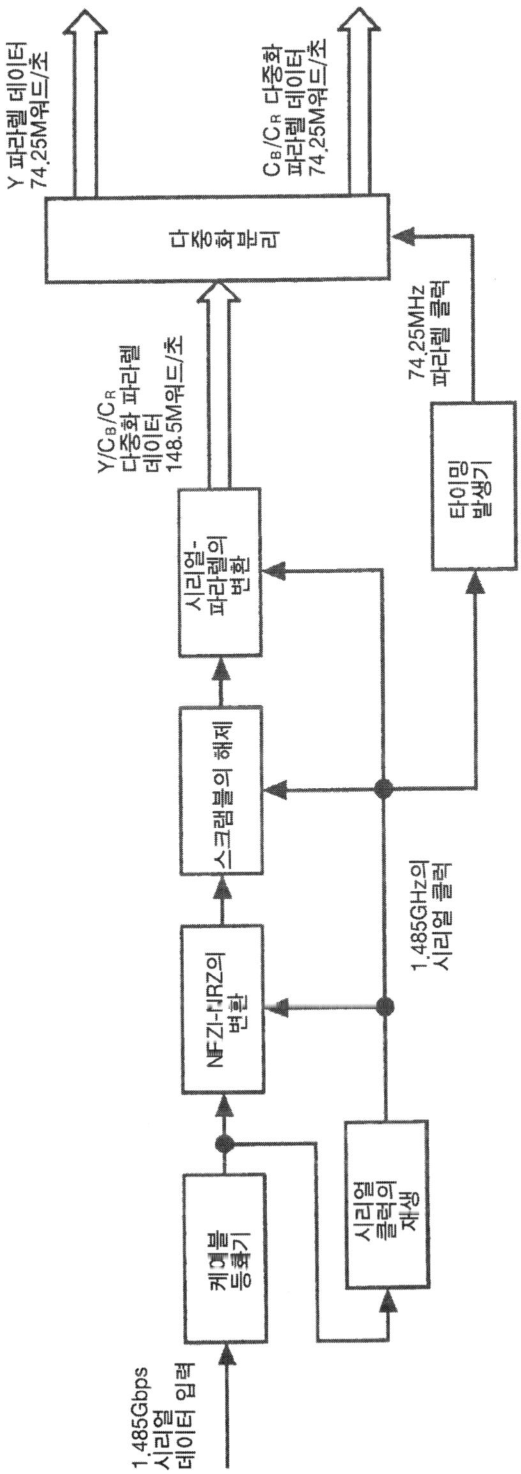

그림 11.45 HDTV 디지리어라이저 (시리얼 수신부)의 고려를 표시하는 계통도

또한 이러한 것에 의하여 수평 수직 블랭킹 기간에 있어서는 용도가 정해져 있지 아니한 많은 워드가 남아있어서 이러한 것은 보조데이터 등의 전송에 사용하는 것이 가능하다고 할 수 있는데, 이러한 보조데이터에는 디지털 오디오 데이터나 타임코드 데이터 등은 물론 그 밖의 여러 가지 정보를 전송하는 데에 사용되어진다고 할 수 있다.

SMPTE 292M규격의 신호원 포맷 D에서는 Y와 C_B/C_R이라는 2개의 데이터 스트림을 사용하여 디지털 수평 블랭킹 기간으로 각 280워드의 데이터 스페이스를 규정하고 있다고 할 수 있는데, 그림 11.41에서 표시를 하고 있는 것과 같이 EAV와 그러한 것에 연속하는 라인넘버, 오류검지 코드, SAV를 합 하면 모두 12워드가 된다고 할 수 있고, 남아 있은 Y스트림으로 YA0로부터 YA267이라는 번호를 붙여서 모두 268워드가 존재한다고 할 수 있으며, C_B/C_R의 스트림에서는 CA0로부터 CA267까지 번호를 붙여서 총 268워드가 된다고 할 수 있다.

이러한 워드는 수평 보조데이터 (HANC: Horizontal Ancillary Data)를 전송하는 데에 있어서 사용하는 것이 가능하다고 할 수 있는데, (HANC데이터 베이스) 신호원 포맷 D에서는 수직블랭킹 기간으로서 Y와 C_B/C_R의 2가지의 데이터 스트림으로서 각 45개의 라인을 규정하고 있고, 수직 블랭킹 기간 중의 각 액티브라인의 부분은 1920의 Y워드 (YD0로부터 YD1919)와 1920의 다중화 C_B/C_R워드 (CBD0로부터 CBD959, 또는 CRD0로부터 CRD959)를 가지고 있어 수직 보조 데이터(VANC)를 전송하는 데에 사용하는 것이 가능하다고 할 수 있다. (역주: 수직 블랭킹 기간 중의 EAV로부터 SAV까지 수평 블랭킹 기간에 상당하는 부분은 HANC전송을 하는 데에 사용하는 것이 가능하다고 할 수 있다.)

11.7.1 HANC의 다중

HANC데이터 베이스의 가장 중요한 이용방법은 비디오신호에 부속한 디지털 오디오신호를 삽입시켜 다중전송 하는 것이라고 할 수 있는데, SMPTE292M 124-Bit Digital Audio Format for HDTV Bit-Serial Interface 규격에서는 24비트의 AES디지털 오디오 데이터와 그러한 것에 부속하여 있는 컨트롤 정보를 SMPTE292M의 규격에 의하여 시리얼 디지털 신호의 보조데이터 스페이스에 다중을 하는 (Embed Into Ancillary Data Space)방법을 규정하고 있다고 할 수 있다.

11.7.1.1 개요

다중을 하기 위하여 가장 바람직한 것은 삽입하는 비디오신호에 동기가 되어 있는 48kHz의 샘플링에 의한 디지털 오디오 신호를 삽입하여 전송하는 것이라고 할 수 있는데, 48kHz의 샘플링 포맷만이 아니라 그밖에 여러 종류의 오디오 포맷도 가능하다고 할 수 있어 44.1kHz내지 32kHz의 샘플링의 오디오 신호도 사용하는 것이 가능하다고 할 수 있다.

또한 오디오 신호가 비디오 신호에 동기가 되어있다는 것은 비디오신호의 어떤 정수의 프레임가운데 일정의 정수 오디오 샘플이 포함되어있다는 것으로 정의를 한다고 할 수 있는데, 예를 들면 프레임 29.97Hz(=30/1.001)의 비디오신호에 각 5프레임마다 비디오에 동기 한 48kHz의 오디오 샘플은 8,008샘플이 포함 되어있다고 할 수 있다.

표 11.44 오디오 샘플링 주파수와 동기 한 비디오 프레임수와 오디오 샘플수와의 정수 관계

오디오 샘플링 레이트	30-fps 포맷	29.97- fps 포맷
48.0kHz	1600/1	8008/5
44.1kHz	1470/1	147,147/100
21.0kHz	3200/3	16,016/15

표 11.44에서는 오디오샘플링 주파수와 그러한 것에 동기 되어 있는 비디오 프레임의 정수치와 그러한 것에 포함되어있는 오디오샘플수와의 관계를 표시한 것이라고 할 수 있다.

299M의 규격에서는 최저 2채널의 오디오(오디오 페어1조)로부터 최대 16채널(8오디오 페어)까지의 다중을 지원 하고 있다고 할 수 있고, (역주 : 여기에서 오디오 페어는 1개의 AES신호원으로부터의 스테레오 또는 모노의 2채널의 데이터라고 할 수 있다.)

이러한 오디오 데이터 채널은 통상적으로 채널 페어로 취급이 되어 2개의 채널 페어를 1개의 오디오 그룹으로 하여 독자의 보조데이터 ID를 붙여서 전송을 한다고 할 수 있는데, 따라서 1개의 오디오그룹에 최대 4개 채널의 오디오를 전송하는 것이 가능하다고 할 수 있다.

그리하여 1개의 디지털 오디오 신호를 사용하여 필요하다고 한다면 최대한으로 4개의 그룹의 오디오신호를 각각 보조데이터 ID를 붙여서 다중으로 전송되어지는 것이 가능하다고 할 수 있다. (합계 16채널이 됨.)

이러한 시스템에서는 오디오 페어가 1조이라고 하여도 1개의 오디오 그룹을 구성하는 것이 가능하다고 할 수 있는데, 혹시 모노1채널의 신호일지라도 AES 오디오의 경우와 같이 또 하나의 채널분의 공 데이터를 부가하여 오디오 페어로서 전송을 한다고 할 수 있다.

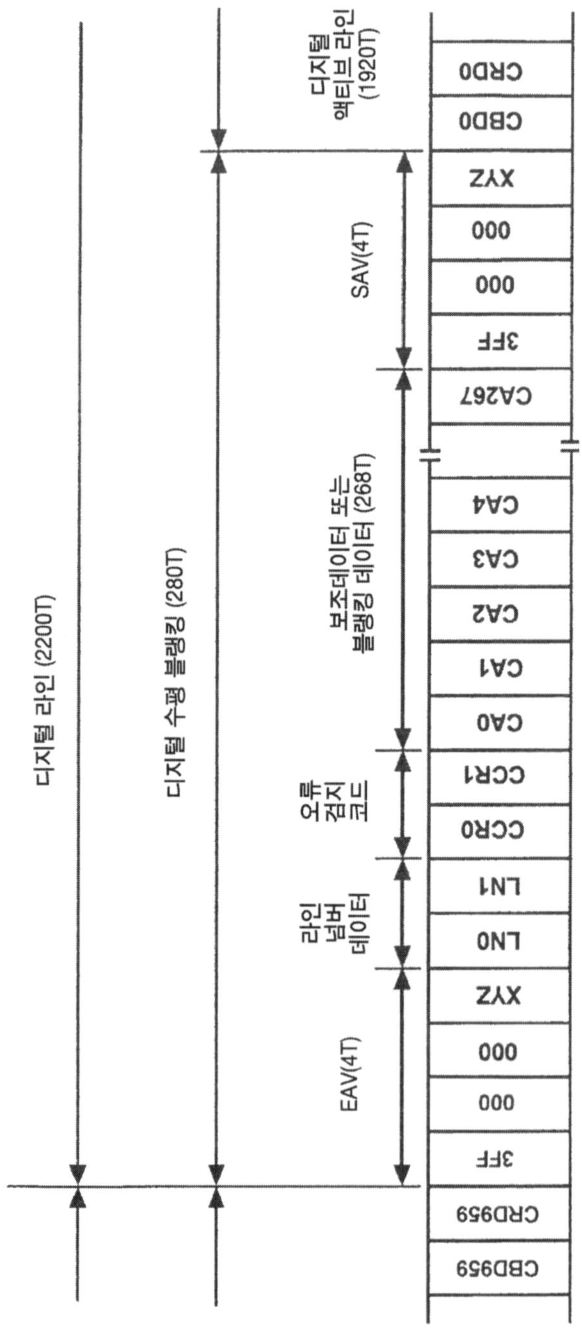

그림 11.46 C_B/C_R 파라렐 데이터 스트림의 수평 블랭킹 기간의 상세

오디오 데이터 패킷은 C_B/C_R파라렐 데이터 스트림의 스위칭 라인의 직후를 제외하고 모든 라인의 수평 보조 데이터 스페이스에 다중 한다고 할 수 있는데, 1125/60시스템의 스위칭 포인트는 라인7과 라인 569가 있으므로 오디오데이터 패킷은 라인8과 라인 570의 수평 보조데이터 스페이스에 다중을 하지 아니하면 되지 아니한다고 할 수 있고, 이러한 오디오 데이터 패킷은 C_B/C_R데이터 스트림의 수평 보조데이터 스페이스에 신호를 다중 하는 것이 가능하다고 할 수 있다.

오디오 컨트롤 패킷은 Y파라렐 데이터 스트림의 수평 보조데이터 스페이스에 다중을 한다고 할 수 있는데, 이러한 오디오 컨트롤 패킷은 스위칭 포인트가 있는 라인으로부터 2번째의 라인, 즉 라인의 9또는 라인 571에 다중을 한다고 할 수 있다.

그림 11.46에서는 C_B/C_R의 파라렐 데이디 스트림의 수평 블랭킹 기긴의 상세를 표시하고 있는네, 이러한 예는 내표적은 내표적인 1920×1080스캐닝 포맷에 있어서 D경우의 것으로서 라인당 전 샘플수는 Y, C_B/C_R모두 2200이 되어 액티브 디지털 라인의 샘플수는 각각 1920샘플이라고 할 수 있고, 디지털 수평 블랭킹 기간은 280샘플 이라고 할 수 있으며, C_B/C_R의 데이터 스트림에서는 보조데이터에 사용하는 것이 가능한 것은 CA0로부터 CA267까지 모두 268워드라고 할 수 있다.

수평 블랭킹 기간의 구조는 다음과 같다고 할 수 있다.

- EAV : 이것은 액티브 비디오의 최후를 표시하는 타이밍기준의 데이터라고 할 수 있는데, 여기에서 EAV는 3FF, 000, 000, XYZ의 4개의 워드로 구성되어진다고 할 수 있다.
- 라인 넘버 데이터 : 이러한 정보는 LN0와 LN1의 2워드로 구성 되어진다.
- 오류 검지 코드 : 이러힌 정보는 CCR0와 CCR1의 2개의 워드로 구성되이진다.
- 보조데이터 또는 블랭킹 데이터: CA0로부터 CA267까지로 모두 268워드로 구성 되어저 있다고 힐 수 있는데, 디지틸 오디오 데이터를 진송하는 깃이 가능하다고 힐 수 있다.
  (역주 : 블랭킹 데이터는 CB/CR의 스트림 에서는 10비트의 경우에는 16진수 표현에 의하여 200이다.)
- SAV : 액티브 비디오 스타트를 표시하는 타이밍 기준 데이터라고 할 수 있는데, SAV는 3FF, 000, 000, XYZ의 4개의 워드로 구성되어진다고 할 수 있다.

11.7.1.2 오디오 데이터 패킷

2개의 채널 페어 (2개의 AES/EBU데이터 스트림, 또는 4개의 모노 오디오 채널)부터 오디오 데이터를 오디오 데이터 패킷으로 구성을 한다고 할 수 있다.

그림 11.47에 1개의 오디오 데이터 패킷의 구조를 표시하고 있는데, 이러한 것은 다음과 같은 것으로 구성이 되어있다고 할 수 있다.

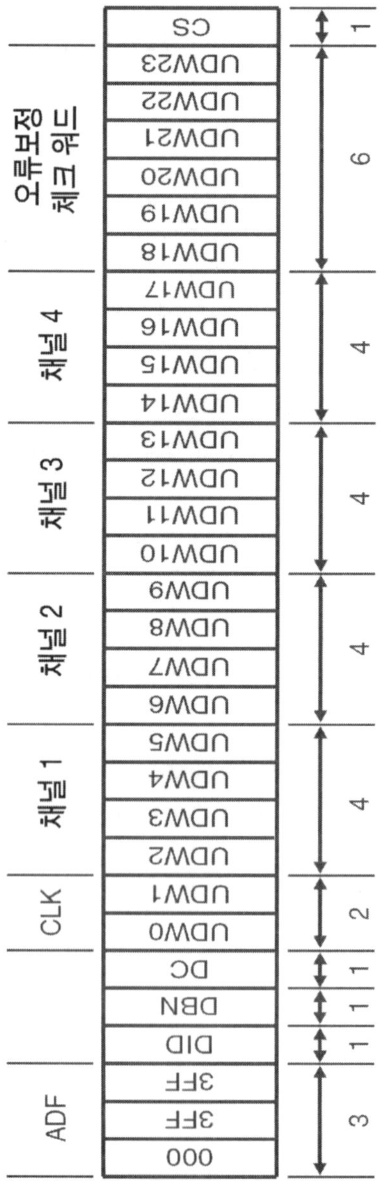

그림 11.47 오디오데이터 패킷의 구조

- 보조데이터 플래그(ADF : Ancillary Data Flag) : 000, 3FF, 3FF의 3개의 워드라고 할 수 있다.
- 데이터 ID워드 (DID : Data Identification Word): 1워드로서, 그치에 있어서는 부속하는 오디오 그룹에 따라서 결정 되어진다고 할 수 있다.
- 데이터 블록 넘버 : (DBN : Data Block Number)워드: 1워드(역주 : SMPTE291M으로 규정을 하고 있다고 할 수 있는데, 같은 DID를 가진 패킷의 연속성을 표시하는 것으로 치가 1~255를 사이클릭에 증가하는 형으로 변화를 한다.)
- 데이터 카운트(DC : Data Count)워드 : 사용자 데이터 워드수를 표시하는 1워드를 말한다.
- 사용자 데이터 워드(UDW : User Data Word): UDW0로부터 UDW23까지 총 24워드를 말한다.
- 체크섬(CS : Checksum)워드 : 1워드 DID로부터 최후의 UDW까지의 체크섬(SMPTE291M참조)을 말한다.

  UDW는 아래의 3개 타입의 데이터로 구성을 하고 있다고 할 수 있다.
- CLK(Audio Clock And Phase Data) : 수신 사이드에서 오디오 샘플링 데이터를 재생하는 데에 있어서 사용되어진다고 할 수 있는데, 표 11.45에서는 2개의 CLK워드(UDW0와 UDW1)의 상세를 표시하고 있다고 할 수 있다.

표 11.45 CLK의 비트할당 (299M-2004)

비트넘버	UDW0	UDW1
b9(MSB)	b8의 반전	b8의 반전
b8	우수패리티 *	우수 패리티*
b7	ck7오디오 클럭 위상 데이터	0
b6	ck6오디오 클럭 위상 데이터	0
b5	ck5오디오 클럭 위상 데이터	ck12오디오 클럭위상 데이터(MSB)
b4	ck4오디오 클럭 위상 데이터	mpf다중 위치 플래그
b3	ck3오디오 클럭 위상 데이터	ck11오디오 클럭 위상 데이터
b2	ck2오디오 클럭 위상 데이터	ck10오디오 클럭 위상 데이터
b1	ck1오디오 클럭 위상 데이터	ck9오디오 클럭 위상 데이터
b0(LSB)	ck0오디오 클럭 위상 데이터(LSB)	ck8오디오 클럭 위상 데이터

* b0로부터 b7에 대한 우수 패리티

역주 299M-2004에서는 ck0로부터 ck12까지 데이터는 송신부의 포멧터의 오디오 입력 샘플과 동시에 입력한 비디오 샘플의 EAV의 최초 워드와의 차의 비디오 클럭 수를 표시하고 있다고 할 수 있는데, mpf는 오디오 패킷이 오디오 샘플링을 할 때에 라인의 직후 라인(=0)이거나 2번째의 라인에 다중 한 것(=1)을 표시한다고 할 수 있다. 1997년 판에서는 ck0로부터 ck11까지 표시되어있다고 할 수 있다.

- CHn(Audio Data) : n은 1부터 4의 치를 취한다고 할 수 있는데, 여기에서 n이라는 것은 1개의 오디오 그룹에 4개의 오디오채널 (CH1~CH4)을 의미한다고 할 수 있다.

또한 그림 11.47에서 표시를 하고 있는 것과 같이 각 채널은 4개의 10비트 사용자 데이터 워드로 전송이 되어서 토털로서 UDW2로부터 UDW17 까지 16 워드가 된다고 할 수 있다. 표 11.46에서는 오디오 데이터의 (CHn)의 비트 할당에 있어서 상세를 표시하고 있다.

표 11.46 오디오데이터 (CHn)의 비트할당

CH1				
비트넘버	UDW2	UDW3	UDW4	UDW5
b9(MSB)	b8의 반전	b8의 반전	b8의 반전	b8의 반전
b8	우수패리티*	우수패리티*	우수패리티*	우수패리티*
b7	aud1 3	aud1 11	aud1 19	P1
b6	aud1 2	aud1 10	aud1 18	C1
b5	aud1 1	aud1 9	aud1 17	U1
b4	aud1 0(LSB)	aud1 8	aud1 16	V1
b3	z	aud1 7	aud1 15	aud1 23(MSB)
b2	0	aud1 6	aud1 14	aud1 22
b1	0	aud1 5	aud1 13	aud1 21
b0(LSB)	0	aud1 4	aud1 12	aud1 20

CH2				
비트넘버	UDW6	UDW7	UDW8	UDW9
b9(MSB)	b8의 반전	b8의 반전	b8의 반전	b8의 반전
b8	우수패리티*	우수패리티*	우수패리티*	우수패리티*
b7	aud1 3	aud1 11	aud1 19	P1
b6	aud1 2	aud1 10	aud1 18	C1
b5	aud1 1	aud1 9	aud1 17	U1
b4	aud1 0(LSB)	aud1 8	aud1 16	V1
b3	z	aud1 7	aud1 15	aud1 23(MSB)
b2	0	aud1 6	aud1 14	aud1 22
b1	0	aud1 5	aud1 13	aud1 21
b0(LSB)	0	aud1 4	aud1 12	aud1 20

CH3				
비트넘버	UDW10	UDW11	UDW12	UDW13
b9(MSB)	b8의 반전	b8의 반전	b8의 반전	b8의 반전
b8	우수패리티*	우수패리티*	우수패리티*	우수패리티*
b7	aud1 3	aud1 11	aud1 19	P1
b6	aud1 2	aud1 10	aud1 18	C1

b5	aud1 1	aud1 9	aud1 17	U1
b4	aud1 0(LSB)	aud1 8	aud1 16	V1
b3	z	aud1 7	aud1 15	aud1 23(MSB)
b2	0	aud1 6	aud1 14	aud1 22
b1	0	aud1 5	aud1 13	aud1 21
b0(LSB)	0	aud1 4	aud1 12	aud1 20

		CH4		
비트넘버	UDW14	UDW15	UDW16	UDW17
b9(MSB)	b8의 반전	b8의 반전	b8의 반전	b8의 반전
b8	우수패리티*	우수패리티*	우수패리티*	우수패리티*
b7	aud1 3	aud1 11	aud1 19	P1
b6	aud1 2	aud1 10	aud1 18	C1
b5	aud1 1	aud1 9	aud1 17	U1
b4	aud1 0(LSB)	aud1 8	aud1 16	V1
b3	z	aud1 7	aud1 15	aud1 23(MSB)
b2	0	aud1 6	aud1 14	aud1 22
b1	0	aud1 5	aud1 13	aud1 21
b0(LSB)	0	aud1 4	aud1 12	aud1 20

*b0로부터 b7에 대한 우수 패리티
Z=AES블록 동기비트.
Cn= CHn의 AES채널 스태더스 비트
Un=CHn의 AES유저비트 (사용자 비트)
Pn=CHn의 AES패리티 비트
aud(0~23)=CHn의 24비트 AES오디오 데이터
Vn=CHn의 유효 표시비트
Vn, Un, Pn의 치는 원래의 AES서브프레임 각각의 치라고 할 수 있음.

역주 혹시 1채널만이라도 전송을 하지 아니한 경우에 있어서도 4채널 분 모두의 데이터를 전송을 한다고 할 수 있는데, 이러한 경우에는 사용하지 아니하는 채널의 데이터 치 또는 V, U, C, P 비트는 제로로 셋팅 한다고 할 수 있다.
또한 SDTV에 있어서 인베디드(Embedded) 규격 272M에서는 당초에는 1채널만이 없은 경우에는 최저 2채널 분의 데이터를 송출을 하면 좋다고 하였으나 SMPTE 272M-2004에서는 299M과 같이 4채널 분을 전부 송출하는 것이 바람직하다고 수정 되어졌다고 할 수 있다.

- ECCS(Error Correction Codes) : UDW18으로부터 UDW23의 6워드를 사용하여 오류정정 코드를 전송한다고 할 수 있는데, 이러한 코드는 ADF의 최초 워드로부터 UDW17까지 24워드의 오류정정과 오류 검지에 사용한다고 할 수 있다. 이러한 오류 정정의 코드는 BCH(31, 25)이라고 불리 우는 것으로서 Bose, Chaudhuri, Hocqenghen 등의 3개의 개발한 정정코드의 패밀리(부류)이라고 할 수 있는데, BCH코드는 각 워드의 b0로부터 b7의 각 시퀀스, 예를 들면 각 워드의 b0의 변화 시퀀스에 대하여 생성을 한다고 할 수 있다.

또 b1의 시퀀스에 대해서도 BCH의 코드를 생성 한다고 할 수 있고, 이러한 것은 모두 같다고 할 수 있는데, 6개의 사용자 워드는 아래와 같은 생성 방정식에 따라서 결정된다고 할 수 있다.

$$ECC(X)=(X+1)(X^5+X^2+1)=X^6+X^5+X^3+X^2+X+1$$

표 11.47에서는 ECC의 비트 할당을 표시하고 있다.

표 11.47 ECC의 비트 할당

비트넘버	UDW18	UDW19	UDW20	UDW21	UDW22	UDW23
	ECC0	ECC1	ECC2	ECC3	ECC4	ECC5
b9(MSB)	b8의 반전	b8의 반전	b8의 반전	b8의 반전	b8의 반전	b8의 반전
b8	우수패리티*	우수패리티*	우수패리티*	우수패리티*	우수패리티*	우수패리티*
b7	ecc07	ecc17	ecc27	ecc37	ecc47	ecc57
b6	ecc06	ecc16	ecc26	ecc36	ecc46	ecc56
b5	ecc05	ecc15	ecc25	ecc35	ecc45	ecc55
b4	ecc04	ecc14	ecc24	ecc34	ecc44	ecc54
b3	ecc03	ecc13	ecc23	ecc33	ecc43	ecc53
b2	ecc02	ecc12	ecc22	ecc32	ecc42	ecc52
b1	ecc01	ecc11	ecc21	ecc31	ecc41	ecc51
b0(LSB)	ecc00	ecc10	ecc20	ecc30	ecc40	ecc50

*b0로부터 b7에대한 우수패리티

역주 여기 ECC워드 생성 방정식은 6차 이므로 6개의 지연 플립 플롭(FF)을 접속한 회로를 사용하여 구체화 되어진다고 할 수 있는데, b0로부터 b7까지의 8개의 시퀀스가 있으므로 이러한 것은 같은 8개의 회로가 파라렐로 되어 있다고 생각을 하면 된다고 할 수 있다.

예를 들면 그 1개의 회로에는 최초의 전 플립플롭회로를 0으로 리셋하므로서 각 UDW의 워드 b0을 각각에 입력된다고 할 수 있고, 그 시퀀스에 따라서 각 플립플롭회로의 상태가 변화하여 24워드를 입력하여 끝내는 것으로서 각 플립플롭(FF)의 0인가 1인가의 상태의 출력을 11.47의 ecc 00, 10, 20, 30, 40, 50으로서 UDW18~23에 b0에 할당 되어진다고 할 수 있는데, b1의 시퀀스의 회로의 상태 출력은 ecc01, 11, 21, 31, 41, 51으로서 DW18~23의 b1에 할당 된다고 할 수 있다. 회로의 예는 SMPTE 299 참조바람.

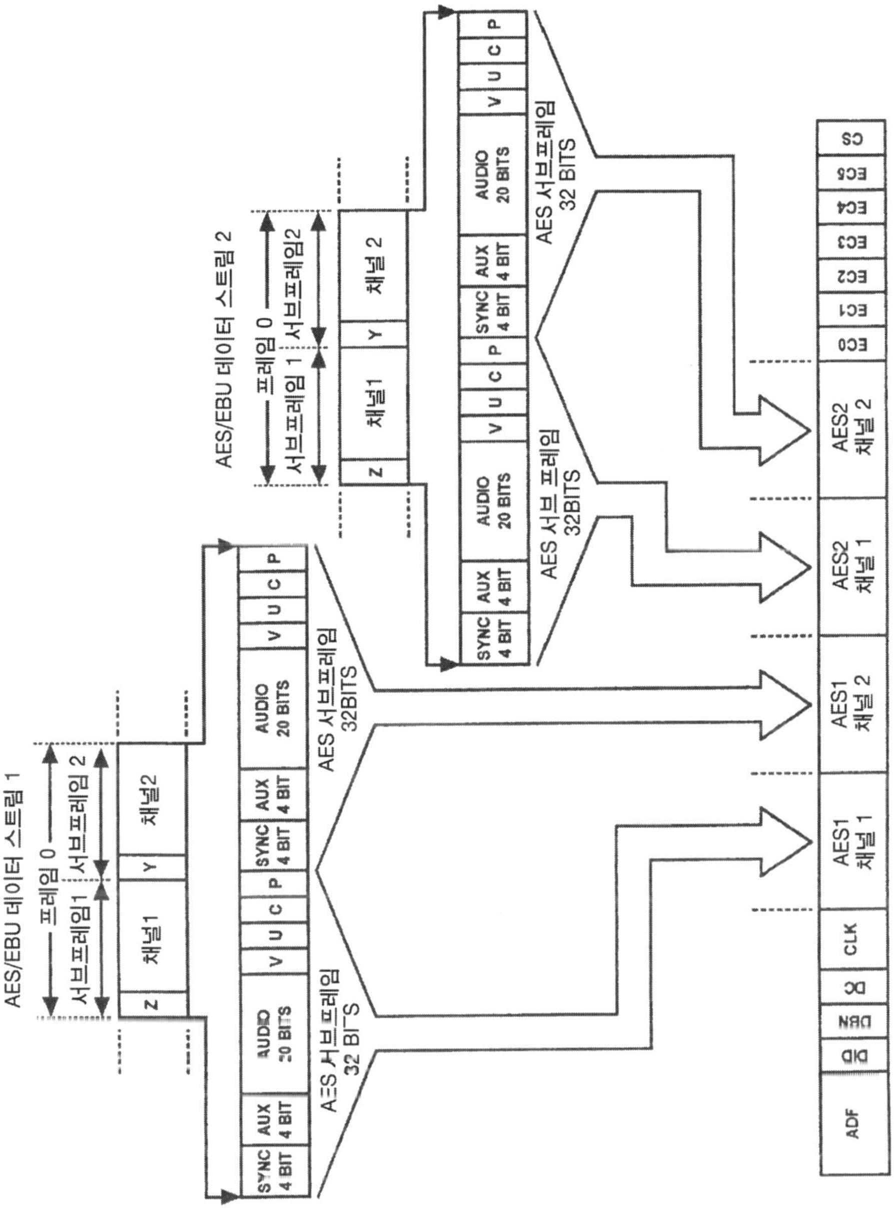

그림 11.48 2개의 AES/EBU의 데이터 스트림으로부터 오디오 데이터 패킷의 생성

그림 11.48에서는 오디오 데이터 패킷이 2개의 AES/EBU데이터 스트림 1, 2로부터 어떠한 형태로 구성이 되어 있는가를 표시를 하고 있다고 할 수 있는데, 각 채널의 오디오 데이터는 아래와 같이 1개의 AES의 서브프레임 32비트로부터 프리앰플(Preamble) 4비트를 제외한 28비트의 Z플래그를 부가한 28비트로 구성 되어져 있다고 할 수 있다.

- AES오디오 : 24비트
- 유효(Validity : V) 비트 : 1비트
- 유져(User : U)비트 : 1비트
- 채널 스테터스 (Channel Status)비트 : 1비트
- 패리티(Party)비트 : 1비트
- Z 플래그(Flag) : AES3스트림의 프리앰플(Preamble)로 부터 추출한 1비트 이러한 Z비트는 AES채널 페어의 2채널에 대하여 공통이라고 할 수 있다.

역주 이러한 것은 AES프레임 블록 (192AES프레임으로 구성)의 동기신호로서 Z=1에서 스타트 프레임을 표시하고, 그 외에서는 Z=0로 셋팅 한다고 활수 있는데, SDTV의 임베디드(Embedded) 오디오규격 SMPTE272M에서는 채널마다 Z비트가 있으나 HDTV 292M규격에서는 채널 페어(CH1/2, CH3/4, …)형태로 하고 있다.

이 그림에서는 AES/EBU의 데이터 스트림1 또는 2로부터의 4채널 오디오를 전송을 하는 1개의 오디오 패킷을 표시하고 있는데, 16오디오 채널을 전송하는 경우에는 AES/EBU데이터 스트림 3/4, 5/6, 7/8로 부터 각 채널 오디오 (그룹)를 전송하는 3개의 오디오 패킷이 더 필요하다고 할 수 있고, 각 4채널 그룹은 각각 다른 DID워드를 사용하여 식별이 되어진다고 할 수 있으며, DID는 다음과 같은 치가된다고 할 수 있다.

- 오디오 그룹1(채널1~4) : 2E7h
- 오디오그룹2(채널 5~8) : 1E6h
- 오디오 그룹3(채널 9~12) : 1E5h
- 오디오그룹4(채널 13~16) : 2E4h

역주 SDTV의 272M에서는 이러한 DID는 그룹1 : 2FFh, 그룹2 : 1FDh, 그룹3 : 1FBh, 그룹4 : 2F9h, 이라고 할 수 있는데, 이러한 것은 위에 것과는 다르니깐 주위 하여 주십시오.

표 11.48 AF의 비트할당

비트넘버	UDW0
	AF
b9(MSB)	b8의 반전
b8	f8오디오 프레임 넘버 (MSB)
b7	f7오디오 프레임 넘버
b6	f6오디오 프레임 넘버
b5	f5오디오 프레임 넘버
b4	f4오디오 프레임 넘버
b3	f3오디오 프레임 넘버
b2	f2오디오 프레임 넘버
b1	f1오디오 프레임 넘버
b0(LSB)	f0오디오 프레임 넘버(LSB)

표 11.49 오디오 프레임 시퀀스의 예외

비디오 프레임 레이트 (Hz)	오디오 샘플링 레이트(kHz)	프레임 시퀀스	기본 넘버 링크		열외	
			기수오디오프레임 샘플수(m+1)	우수오디오프레임 샘플수(m)	오디오프레임 넘버	오디오샘플수
30	48.0	1	1600		None	
	44.1	1	1470		None	
	32.0	3	1067	1066	None	
30/1.001	48.0	5	1602	1601	none	
	44.1	100	1472	1471	23, 47, 71	1471
	32.0	15	1068	1067	4, 8, 12	1068

11.7.1.3 오디오 컨트롤 패킷

오디오 컨트롤 패킷은 각 필드에 1회에 삽입을 하는 보조데이터 패킷으로서 오디오 데이터 스트림의 디코드 프로세서에 사용을 하는 제어데이터 전송이라고 할 수 있는데, 그림 11.49에서는 오디오 컨트롤 패킷의 구조를 표시하고 있다고 할 수 있고, 이러한 오디오 컨트롤 패킷은 아래와 같은 데이터로 구성을 하고 있다고 할 수 있다.

- 보조데이터 플래그 (ADF : Ancillary Identification Flag) : 000, 3FF, 3FF의 3개 워드로 구성 되어있다.
- 데이터 ID(DID) 1워드 : 그치와 관련하는 오디오 그룹에 따라서 다르다고 할 수 있다.
- 데이터 블록 넘버(DBN : Data Block Number)워드 : 1워드.

- 데이터 카운트 (DC : Data Count)워드 : 사용자(User) 데이터 워드수를 표시하는 1워드.
- 유져 데이터 워드(UDW : User Data Words) : UDW0로부터 UDW10까지의 11개의 워드를 말한다.
- 체크섬(CS : Checksum)워드 : 1워드 DID로부터 최후의 UDW까지 체크섬을 말한다.

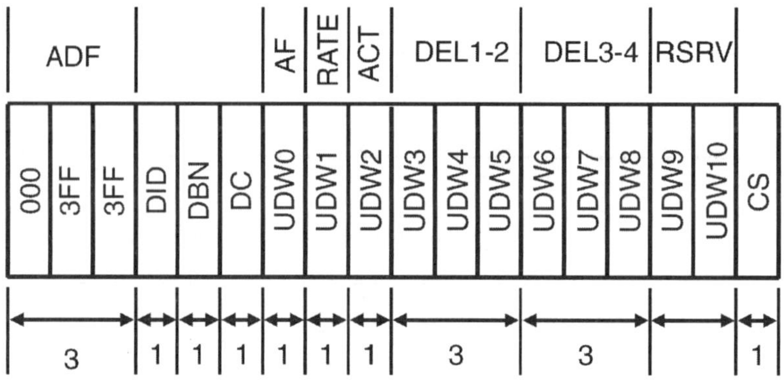

그림 11.49 오디오 컨트롤 패킷의 구조

UDW는 다음과 같은 5개의 타입의 데이터로 구성되어진다고 할 수 있다.

- 오디오 프레임(AF)넘버 데이터

  이러한 데이터는 오디오 데이터가 속해있는 비디오 신호로서 그 비디오 프레임의 시퀀셜 번호(Sequential)를 표시하여 그러한 것에 의하여 비디오 프레임 기간에 대응을 하는 오디오 샘플의 수가 정수가 아닌 경우에는 약속한 사항에 의하여 어떠한 비디오 프레임에는 몇 개의 정수의 오디오 샘플이 속해 있는가를 알 수 있게 하는 것과 동시에 비디오 프레임과 오디오 샘플수가 정수 관계가 되는 프레임을 표시한다고 할 수 있다. 따라서 이러한 시퀀셜 번호는 1부터 시작을 하여 최후의 번호는 오디오 프레임 시퀀스의 길이로 결정이 되어진다고 할 수 있다.

  예를 들면 NTSC에 대응하는 30/1.001프레임/초의 비디오 시스템에서는 비디오 5프레임 기간에 오디오 샘플 8008샘플이 들어가 있으므로 오디오 프레임 시퀀스 길이는 5프레임 이라고 할 수 있는데, 이러한 경우의 AF데이터는 1, 2, 3, 4, 5, 1, 2, …의 사이클로 변화를 한다고 할 수 있고, AF데이터가 제로의 경우에는 오디오 프레임 번호가 얻어지지 아니하다는 것을 표시 한다고 할 수 있다.

AF데이터는 1개의 오디오 그룹에 있어서는 공통으로 하고 있다고 할 수 있고, 표 11.48에서는 AF비트의 할당을 표시하고 있다고 할 수 있는데, 오디오 프레임 번호를 정확하게 사용하기 위해서는 오디오 프레임 시퀀스가 정확하게 정의 되어있는 것이 필요하다고 할 수 있다.

이러한 규격에서는 32kHz의 3개의 비디오에 동기를 한 샘플링 주파수가 규정 되어져 있다고 할 수 있는데, 표 11.49에서는 비디오 프레임 레이트와 각 샘플링 주파수에 있어서 오디오 프레임 시퀀스와의 관계를 표시하고 있다고 할 수 있다.

모든 오디오 프레임 시퀀스에서 예외를 두어서 프레임당 오디오 샘플수는 m 또는 m+1을 베이스로 하고 있다고 할 수 있는데, 기본적으로 기수번호의 오디오 프레임(1, 2, 3, …)에서는 커다란 방향의 샘플수 (m+1)가 속해 있다고 할 수 있고, 우수번호의 프레임 번호(2, 4, …)에서는 작은 수 (m)의 오니오 샘플이 속해 있다는 것을 규정을 한다고 할 수 있다.

예를 들면 30/1.001프레임/초 비디오 시스템 에서는 48kHz오디오 샘플에서는 오디오 프레임 시퀀스는 5프레임이 된다고 할 수 있다.

8008오디오샘플/ 5비디오프레임=1601.6 샘플/프레임으로부터 알아보고자 하면, m=1601이 된다고 할 수 있는데, 기수 프레임에서는 프레임 당 오디오 샘플수는 1601+1=1602가 된다고 할 수 있고, 우수 프레임에서는 오디오 샘플수는 1601이 된다고 할 수 있어, 따라서 5프레임에서는 모두 8008 오디오 샘플이 된다고 할 수 있다.

이러한 원칙에 있어서 예외적인 것으로는 표 11.49의 열외 프레임 규정이 있다고 할 수 있는데, 유럽 등에서 사용을 하고 있는 25프레임/초 비디오 시스템 에서는 프레임 시퀀스는 1, 즉 각 프레임 마다 프레임 당 오디오 샘플 수는 1920으로 일정하다고 할 수 있다.

- 샘플링 레이트 (Sampling Ratc)

모든 채널 페어의 샘플링 레이트는 레이트 워드(Rate Word)로 표시를 하고 있다고 할 수 있는데, 표 11.50에서는 레이트 워드의 할당을 표시하고 있다고 힐 수 있다.

동기모드 비트 asx가 "1"로 셋팅이 되어 있을 경우에는 그 오디오 그룹의 채널 페어는 비디오하고는 비동기인 것을 표시하고 있다고 할 수 있는데, 그 레이트 코드(Rate Code)를 표 11.51에서는 표시를 하고 있다고 할 수 있다.

- 액티브 채널의 표시(ACT)

ACT워드는 그 오디오 그룹에 있어서 유효한 채널을 표시하고 있다고 할 수 있고, ACT의 비트 할당을 표시하고 있다고 할 수 있는데, 표 11.52에서는 b0로부터 b3의 할당 되어있다고 할 수 있고, a1로 부터 a4 까지의 비트 데이터는 그 오디오 그룹의 4개의 오디오 채널에 대하여 액티브 인가 아니면 어떠한가를 표시하고 있다고 할 수 있다.

또한 액티브 한 채널에 대응을 하는 비트는 "1"에 셋팅을 하고, 액티브 하지 아니한(사용하지 아니 하는) 채널을 표시할 경우에는 "0"에 셋팅을 한다고 할 수 있다.

- DEL m-n워드(m,n은 채널 번호) -영상 음향 상호지연차의 정보

이러한 워드는 비디오 신호에 대한 오디오 시퀀스의 축적 지연량을 표시하는 것이라고 할 수 있는데, 그 치에 있어서는 CHm 또는 CHn의 각채널 페어의 샘플링 기간 (T)을 단위로 한 것이라고 할 수 있다.

예를 들면 CH1과 CH2의 지연량에서는 DEL1~2라고 표시되어져서 양 CH는 같은 지연량을 가지고 있다는 것을 규정을 한다고 할 수 있는데, 표 11.53에서는 DELm-n의 워드 비트 할당을 표시하고 있다고 할 수 있다.

지연량의 기준점은 AES의 오디오 데이터가 포맷터(Formatter : 멀티플렉서라고 부르는 경우도 있음.)입력 되어질 때라고 할 수 있는데, 이러한 워드가 표시를 하는 지연량은 적어도 1개의 오디오 프레임 시퀀스 기간 (예를 들면 5비디오 프레임 기간)에서 평균한 고유의 지연량에 포맷터에 입력 할 때까지 오디오 지연량을 가산한 것이라고 할 수 있다.

표 11.50 Rate워드의 비트 할당

비트넘버	UDW1
	RATE
b9(MSB)	b8의 반전
b8	0
b7	0
b6	0
b5	0
b4	0
b3	X2(MSB)
b2	X1 Rate Code
b1	X0 (LSB)
b0(LSB)	asx비트 동기 오디오의 경우 : 0 비동기 오디오의 경우 : 1

표 11.51 레이트 코드 (Rate Code)의 비트할당

X2	X1	X0	샘플 레이트
0	0	0	48.0kHz
0	0	1	44.1kHz
0	1	0	32.0kHz
1	1	1	프리런(Free Run)
0	1	1	리서브(Reserve)
⋮	⋮	⋮	⋮
1	1	0	리서브(Reserve)

표 11.52 ACT워드의 비트할당

비트넘버	UDW2
	ACT
b9(MSB)	b8의 반전
b8	우수 패리티(Party)*
b7	0
b6	0
b5	0
b4	0
b3	a4유효할 때:1 무효일 경우 : 0(CH4)
b2	a3유효할 때:1 무효일 경우 : 0(CH3)
b1	a2유효할 때:1 무효일 경우 : 0(CH2)
b0(LSB)	a1유효할 때:1 무효일 경우 : 0(CH1)

*b0로부터 b7에 대한 우수패리티(Party)

표 11.53 DELm-n워드의 비트할당

비트넘버	UDW3	UDW4	UDW5	UDW6	UDW7	UDW8
	DEL 1~2			DEL 3~4		
b9(MSB)	b8의 반전	b8의 반전	b8의 반전	b8의 반전	b8의 반전	b8의 반전
b8	del 7	del 16	del 25(±)	del 7	del 16	del 25(±)
b7	del 6	del 15	del 24(MSB)	del 6	del 15	del 24(MSB)
b6	del 5	del 14	del 23	del 5	del 14	del 23
b5	del 4	del 13	del 22	del 4	del 13	del 22
b4	del 3	del 12	del 21	del 3	del 12	del 21
b3	del 2	del 11	del 20	del 2	del 11	del 20
b2	del 1	del 10	del 19	del 1	del 10	del 19
b1	del 0(LSB)	del 9	del 18	del 0(LSB)	del 9	del 18
b0(LSB)	e	del 8	del 17	e	del 8	del 17

표 11.53에서 del 0으로부터 25까지의 오디오 지연데이터는 26비트의 2의 보수 코드로 표시하고 있는데, 정의 치에서는 비디오가 오디오보다 빠르다는 것을 (오디오가 비디오보다 늦게 되어있다는 것.) 표시하고 있다고 할 수 있다. 따라서 del 25가 0일 경우에는 정의 치라고 할 수 있고, del 25가 1일 경우에는 부의 치라고 할 수 있다.

표 11.54 RSVR워드의 비트할당

비트넘버	UDW9	UDW10
	RSRV	RSRV
b9(MSB)	b8의 반전	b8의 반전
b8	리서브(0에셋팅)	리서브(0에셋팅)
b7	리서브(0에셋팅)	리서브(0에셋팅)
b6	리서브(0에셋팅)	리서브(0에셋팅)
b5	리서브(0에셋팅)	리서브(0에셋팅)
b4	리서브(0에셋팅)	리서브(0에셋팅)
b3	리서브(0에셋팅)	리서브(0에셋팅)
b2	리서브(0에셋팅)	리서브(0에셋팅)
b1	리서브(0에셋팅)	리서브(0에셋팅)
b0(LSB)	리서브(0에셋팅)	리서브(0에셋팅)

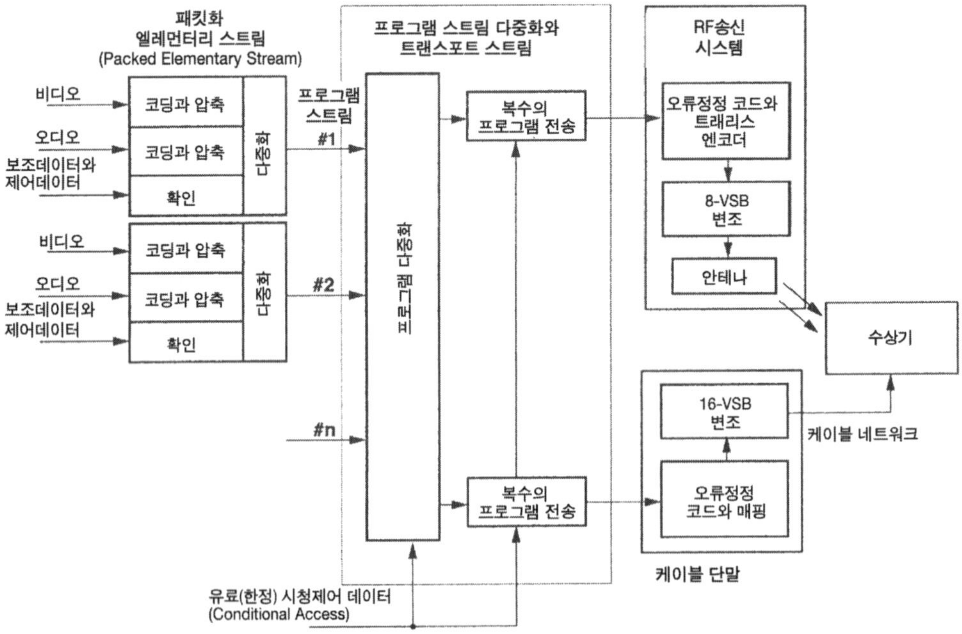

그림 11.50 디지털 지상파 텔레비전의 방송과 케이블 네트워크의 모델

역주 통상 영상 음성간 지연차의 허용치는 각각 다르다고 할 수 있는데, 음성이 좀 빠르게 진행 된다고 생각이 되는 경우에는 영상이 1프레임정도 늦어진다고 생각할 수 있고, 좀 늦어진다고 생각이 되는 경우에는 영상 2프레임 정도 늦어진다고 생각 할 수 있는데, 우리가 통상 적으로 1프레임 48kHz의 오디오 샘플은 약 1600샘플이 있으므로 2프레임에서는 약 3200샘플 이라고 할 수 있다.

del 0~del 10 까지 11 비트를 사용하여 2047T 까지 표시하고 있으므로 Del 11이 "1"일 경우에는 2047T이상이라고 할 수 있고, Del12가 "1"일 경우에는 모든 허용한계를 넘어서는 것으로 되어있다. 따라서 영상과 음성의 지연차가 제로이라는 것은 무슨 의미인가를 정의하라고 한다면 실제적으로 막연하다고 할 수 있다. 이러한 것에 대한 이해로서는 프로그램 소재 제작 시점에서 영상과 음성은 지연차를 부시하지만 대부분의 지연이 그 후의 프로세스를 사용함에 따른 전자적인 지연이므로 음성신호에 따른 지연량 조정으로 영상 지연의 문제를 해결한다고 할 수 있다.

따라서 소재를 제작할 경우에 영상 프레임의 수직동기에 제1라인의 수평동기의 동기 기준점과 그러한 것에 가장 가까운 오디오 샘플점의 평균 위상차가 제로가 되게 하고 있다고 할 수 있는데, 우리가 영상 시스템 구성에 있어서 프레임싱크로나이저 (Synchronizer)를 사용하면 1프레임 내지 2프레임의 늦어지는 경우가 있으므로 이러한 경우의 DEL워드 취급도 어렵다고 할 수 있다.

- 리서브(RSRV)워드

  RSRV 이라고 표시되는 워드는 장래를 위해 리서브한다고 할 수 있는데, 그 비트 할당에 있어서는 표 11.54에서와 같이 표시를 하고 있다고 할 수 있다. 오디오 컨트롤 패킷은 각 필드에서 1회 정도 규정되어진 스위칭 포인트로부터 2번째의 라인 (라인9, 라인 571)의 Y데이터 스트림의 수평 보소 네이터 스페이스로 송출 하다고 할 수 있다.

11.7.2 VANC다중

VANC스페이스(수직 보조데이터 삽입기간)에 다양한 타입의 데이터들 나중하는 방법으로는 SMPTE의 각 위원회에서 검토 중에 있다고 할 수 있는데, 이 책의 집필시점(1999년 10월 시점)에 있어서는 규격화 되어진 것은 아직은 없다고 할 수 있다.

역주 그 후에 자막데이터나 프로그램 정보 등 데이터 패킷에 대한 다중화 등의 일부규정 되어져 있다고 할 수 있는데, 기본적으로는 Y스트림의 VANC의 스페이스를 사용하게 되어있다고 할 수 있다.

11.8 미국 그랜드 알라이안스 시스템(The Grand Alliance System)

11.3항에서 설명을 하고 있는 미국 그랜드 알라이안스 시스템은 미국의 지상파 방송 시스템이라고 할 수 있는데, 이러한 지상파 디지털 방송 규격이라고 할 수 있는 ATSC규격은 비트 스트림의 내용이나 전송에 있어서 6MHz의 대역을 사용하여 방송프로그램을 전송하는 RF채널의 송신 규격 이라고 할 수 있다.

이러한 규격에서는 프로그램의 제작, 디스플레이, 사용자 인터페이스 규격에 대해서는 특별히 규정 되어져 있지 아니하다고 할 수 있으나, 디지털 ATSC시스템에서는 복수의 디스플레이 포맷의 전송, 디지털 오디오, 비디오의 압축, 데이터의 패킷화, RF송신 변조 방식 등을 규정하고 있다고 할 수 있다.

패킷화에 따라서는 오디오, 비디오, 보조데이터가 별개의 고정장의 유니트로 분할되어서 오류의 정정, 프로그램스트림의 다중화, 스위칭, 데이터의 시간적인 동기 등이 적합하게 하기위하여 유연성과 확장성을 가진 ATM의 포맷과 양립성을 가지게 하는 것도 가능하게 하였다고 할 수 있는데, 따라서 20Mbps의 전송 비트 레이트에 의하여 HDTV 1채널 내지 SDTV복수 채널을 전송하는 것도 가능하게 하고 있다고 할 수 있다.

11.8.1 시스템 개요

11.4.1항에 의하여 ATSC의 송신 시스템의 계층 구조를 설명하고 있으나 이러한 시스템은 비디오/오디오의 신호원 코딩과 그의 압축, 보조데이터 서비스, 프로그램 다중과 그의 전송, RF의 송신, 또는 수신의 5개의 서브시스템을 포함 하고 있다고 할 수 있고, 지상 디지털 텔레비전 방송 (Digital Terrestrial Television Broadcasting : DTTB)의 모델에 대해서는 그림 11.50에서 표시를 하고 있다고 할 수 있다.

11.8.2 비디오 시스템의 특성

ATSC규격은 각각 다른 스캐닝 포맷으로 제작이 되어진 넓은 범위의 프로그램 소재를 지원 하고 있다고 할 수 있고, 프로그램 전송을 위한 ATSC화상 포맷과 전송을 하기위한 프로그램제작에 관련 있는 SMPTE제작 규격에 대해서는 이미 표 11.6에서 설명을 하고 있다고 할 수 있으며, 이러한 것에 대해서는 이미 11.5항에서 설명 하였다고 할 수 있다.

또 프로그램 제작에 있어서 기본 신호형식이라고 할 수 있는 HDTV(High Definition Television)와 SDTV(Standard Definition Television)의 2개의 프로그램 포맷 레벨에 대하는 다음에 다시 설명을 하고자 한다.

포맷에 있어서 화상의 해상도에 관련 있는 것으로는 유효수평 픽셀수, 수직유효 라인수, 프레임 레이트가 있다고 할 수 있는데, 이러한 픽셀과 라인수의 선택은 포맷시이의 변환을 용이하게 하기위하여 고려되고 있다고 할 수 있다.

이러한 픽셀 라인수의 선택에 있어서 640×480포맷에 있어서는 CSIF(Common Source Intermediate Format : 8.4.3.1참조)의 2배의 컴퓨터 시스템사이의 양립성을 간단하게 하는 것을 가능하게 하고 있다고 할 수 있고, 만약 이미지화각(Aspect Ratio)과 유효수평픽셀과의 유효수직 라인수의 화각(Aspect Ratio)의 양방향이 동등하다고 한다면 이러한 선택은 거의 ATSC포맷으로서 스퀘어 픽셀이 된다고 할 수 있다.

또 포맷의 표에서는 16:9또는 4:3의 화각비율(Aspect Ratio) 양방향의 디스플레이에 대한 현재의 CCIR-601포맷을 고려하고 있다고 할 수 있고, 디코드 되어진 NTSC와 컴퓨터 생성의 화상은 4:3화각(Aspect Ratio)으로 송신하는 것이 가능하다고 할 수 있다.

프레임 레이트에 있어서는 화질을 개선하고, 컴퓨터 시스템간의 양립 호환성을 확보하기 위하여 60Hz를 포함하여 59.94Hz는 물론 29.97의 프레임 레이트에 있어서도 NTSC포맷으로 제작되어진 소재의 방송은 물론 기존의 아날로그 NTSC와 디지털 ATSC 방송을 용이하게 동시에 방송을 하기 위한 규격도 포함 하고 있다고 할 수 있다.

24Hz, 23.98Hz이 프레임 레이트 에서는 필름 소재를 필름 모드에 송신하는 것이 가능하다고 할 수 있는데, 따라서 ATSC비디오 엔코더는 필름에서 비디오 변환(F-V변환)에 있어서 3:2풀다운 프로세스를 설치하여 이러한 작업의 반복에 의한 화상의 검출에 의하여 남는 화상의 제거를 가능하게 설계 되어져 있다고 할 수 있다.

규격에 포함되어있는 비월주사와 순차주사의 양 스캐닝 포맷에 대응하게 하고 있는 것은 현재의 비월주사 시스템에 투입되어져 있는 여러 가지의 기술 등의 거대한 투자를 무용지물로 하지 아니하고 40년 이상의 프로그램의 축적에 대응하는 것은 물론이거니와, 현재 주류를 이루고 있는 컴퓨터가 지향을 하고 있는 텔레비전 프로그램의 순차주사 스캐닝으로의 요구를 만족 하고자 하는 것이라고 할 수 있는데, 1920×1080포맷에 있어서는 현재 기술의 한계를 고려하여 현재에 있어서는 비월주사 포맷의 신호로 하고 있으나 좀 더 나가서는 컴퓨터의 구조에 있어서는 기술이 진보하여 원가가 어느 정도 저하되는 단계에서는 60Hz프레임 레이트 순차주사의 포맷으로도 가능하게 하는 것이 가능하다고 할 수 있다.

모든 스캐닝의 포맷과 프레임 레이트를 고려를 하면 전부 18의 비디오 송신의 포맷이 ATSC규격에서는 승인을 하고 있다고 할 수 있는데, 기존의 NTSC의 포맷과 비슷한 종류의 스캐닝 포맷(60Hz대신에 59.94Hz 등)을 설정하고 있는 것은 물론이거니와, 그 밖의 36 포맷에 있어서 선정하는 것도 가능하게 하고 있다고 할 수 있다.

이러한 다양성(Variety)에 편승한 포맷에 의하여 프로그램의 프로듀서나 애플리케이션의 개발자, 방송 사업자는 목적으로 하는 애플리케이션 최적의 포맷을 선택하는 것이 가능하다고 할 수 있는데, 그 밖의 포맷의 프로그램 소재에 있어서도 신뢰하고 필요로 하고 있는 스캐닝 포맷의 소재로 변환하는 것이 가능하게 하고 있다고 할 수 있다.

비디오 데이터 압축에 있어서는 오리지널 데이터의 높은 비트 레이트를 표준의 약 18.9Mbps의 데이터 레이트로 소거를 하기 위하여 사용되어진다고 할 수 있는데, 표 11.6과 표 11.7에서는 ATSC포맷에 있어서 오리지널 비트레이트와 최대 비트레이트의 압축비를 표시하고 있다고 할 수 있다.

비디오 압축 방식은 MPEG-2의 메인프로파일과 각 레벨의 조합을 기본으로 하고 있다고 할 수 있는데, 허가되어있는 파라미터는 MP@HL의 사양을 최고한계로 하고 있으나 MPEG-2신호코딩 사양에는 약간의 제한 (*)이 정해져 있다고 할 수 있다.

(*) 이런 제한 사항의 상세는 ATSC문서 A-53의 ANNEX A에서 기재되어져 있다.

압축 방식은 움직임 보정 DCT알고리즘과 B-프레임 예측 (쌍방향 예측)을 사용하고 있다고 할 수 있는데, 비디오 엔코더는 빠른 움직임의 화상을 추적하기 위하여 넓은 영역에 있어서 움직임 평가를 시행 하고 있다고 할 수 있다.

또한 엔코더는 신호원 적응형 코딩, 파일소재 및 필름소재의 움직임 벡터, 또는 압축 효율을 높이기 위한 그 외의 기술을 사용하고 있는데, 압축 비디오 데이터는 그 나중에 MPEG-2의 엘레먼터리 비트 스트림 신호의 형식으로 포맷화한다고 할 수 있다.

비디오 시스템의 디자인은 그림 11.51에서 표시를 하고 있는 것과 같이 비디오 신호원 포맷팅과 압축 엔코딩의 2가지의 OSL레이어 (Open System Interconnection Layer)로부터 구성되었다고 할 수 있는데, 신호원 포맷팅은 현재의 거의 모든 프로그램이 G, B, R 또는 Y, Pr, Pb신호에 의한 다양한 아날로그 컴포넌트 방식에서 제작 되어지고 있으므로 필요한 스텝이라고 할 수 있다.

NTSC프로그램 소재는 Y, Pr, Pb신호로 디코드 하는 것이 가능하다고 할 수 있는데, 컴포넌트 신호의 디지털화는 ATSC SDTV의 (Y)신호는 13.5MHz의 샘플링 주파수 이라고 할 수 있고, ATSC HDTV의 (Y)신호는 75MHz의 샘플링 주파수로 시행을 하고 있다고 할 수 있으며, 프로그램 제작에 따라서는 각각 다른 컬러 리메트리(측색특성)가 규정되어져 있다고 할 수 있다. 따라서 수신기에서의 색재현의 통일을 하기위해서는 컬러 리메트리 화상 데이터 파라미터가 3원색, 변환특성(감마), 매트릭수 계수에 대하여 규정 되어져 있다고 할 수 있다.

입력 신호가 GBR신호인 경우에는 표 11.4에서 표시를 하고 있는 것과 같이 매트릭스 계수치를 사용한 Y, Pr, Pb로의 색 공간의 변환이 시행 되어진다고 할 수 있는데, Y, Pr, Pb신호는 GBR신호와 비교하면 최초의 색공간의 변환으로 색차신호의 대역이 제한되어져서 데이터가 감소하므로 압축 전의 신호로서는 바람직하다고 할 수 있다. (2.3.2항 참조)

비직선 감마보정은 Y, Pr, Pb데이터 룩업 테이블(Look Up Table)을 사용하여 시행을 하고 있다고 할 수 있는데, 필름 검지회로는 필드 사이에 상관도를 계산 하는 것에 의하여 3:2풀다운 시퀀스를 검지하여 필름의 소재를 비디오신호로의 변환(F-V변환)으로 TV데이터 스트림에 부가되어진 왜곡된 필드를 제거한다고 할 수 있고, 그 후에는 수직 방향의 크로마 성분 사이에 변환(4:2:2로부터 4:2:0의 변환)이나 MPEG-2의 압축 엔코드의 전에 시행이 되어진다고 할 수 있다.

압축 레이어는 MPEG-2의 양립성 엔코더를 사용하고 있다고 할 수 있는데, HDTV의 비트 레이트를 프로세스를 하기위해서 오리지널 고속의 데이터 스트림은 화면의 블록단위로 몇 개의 화면 판넬의 데이터로 분리 되어진다고 할 수 있고, 이러한 각 판넬은 B-프레임, 빠른 움직임을 세밀하게 넓은 범위을 평가하여 적응형 필드, 프레임 DCT코딩을 사용하여 데이터를 MPEG-2의 "슬라이스 레이어(Slice Layer)"로 압축되어진다고 할 수 있다.

이러한 압축 데이터는 시간 영역에 다중이 되어서 패킷화되어서 슬라이스, 픽쳐(프레임), GOP, 시퀀스의 각 레이어의 순으로 포맷이 되어진다고 할 수 있는데(그림 8.32참조), 이러한 패킷은 다음 단계라고 할 수 있는 트랜스포트 시스템(Transport System)에 보내어 진다고 할 수 있다.

11.8.3 오디오 시스템의 특성

오디오시스템의 특성은 NTSC규격의 문서 A-52(*)에서 규정을 하고 있다고 할 수 있는데, 이러한 디지털 오디오 압축 시스템은 돌비 연구소에서 개발을 한 AC-3시스템으로 제한이 되어져 있는 부분에 있는 서브셋트(Sub Set : 하위시스템)이라고 할 수 있다.

또한 이러한 압축 시스템은 5개의 풀 대역대(3Hz로부터 20Hz)으로서 레프트(Left), 센터(Center), 라이트(Light), 레프트 서라운드(Left Surround), 라이트 서라운드(Right Surround)의 각 채널과 1개의 저대역 (3Hz로부터 120Hz)의 LFE(Low-Frequency Enhancement)채널과를 압축하여 385Kbps의 데이터스트림으로 한다고 할 수 있는데, 우리가 통상적으로 LFE(Low- Frequency Enhancement)채널은 다른 채널의 거의 1/10대역을 전송 하므로 통상적으로 AC-3시스템에 있어서는 5.1 또는 5+1채널이라고 부르기도 하고 있다고 할 수 있다.

(*)더 자세히 알고 싶은 이글을 읽는 독자는 ATSC규격의 문서 A-53의 ANNEX B(Audio Systems Characteristics) 또는 ATSC문서 A-54:(디지털 텔레비전 사용에 있어서 가이드라인)를 참조하여 주십시오.

ATSC A-52(AC-3)규격의 문서에서는 전 채널에 의한 메인 오디오 서비스(Main Audio Service)와 관련된 오디오서비스(Associated Audio Service)를 규정하고 있다고 할 수 있는데, 표 11.55에서는 이러한 규격에 포함되어있는 오디오 서비스의 타입을 리스트 업 한 것이라고 할 수 있고, 메인 오디오 서비스에서 1채널로부터 5.1채널까지 범위를 포함하는 관련 오디오의 서비스에 있어서는 일반적으로 싱글 채널의 서비스라고 할 수 있다.

표 11.55 AC-3 엘레먼터리 스트림에 포함되어있는 오디오 서비스의 타입

ATSC서비스 명칭	서비스 타입	채널수	비트레이트(Kbps)
Complete Main : CM	주음성	1부터 5+1	64로부터 384
Music and Effect: ME	주음성	1부터 5+1	64로부터 384
난시자(VI)	부음성	1	128
난시자(HI)	부음성	1	128
화화(D)	부음성	1	128
코멘트(C)	부음성	1	128
이머전시(E)	부음성	1	128
상승음성(VO)	부음성	1	128

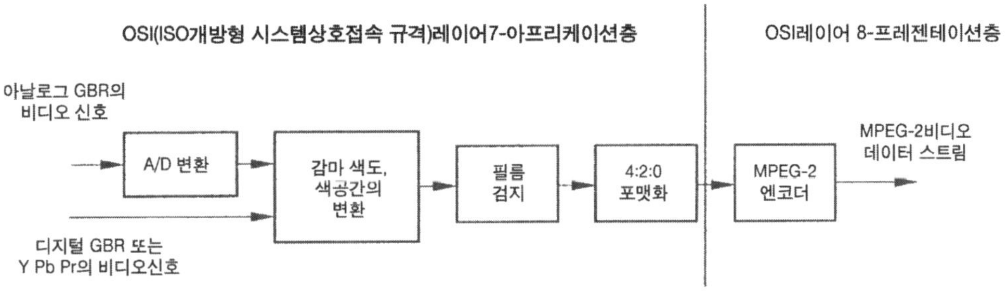

그림 11.51 비디오 신호원 포맷화와 엔코더

메인 오디오서비스의 컴플레이트 메인(Complete Main: CM) 오디오 서비스는 통상의 표준 모드를 사용하여 회화의 음성, 효과음, 음악 등으로 구성이 되어있다고 할 수 있는데, 뮤직 앤드 이펙트(Music and Effect : ME)의 오디오 서비스에서는 코멘트/ 회화의 음성을 포함하지 않는 다고 할 수 있고, 그러한 부분은 별개의 회화음성(Associated Dialogue : D)서비스를 사용하는 것이 가능하다고 할 수 있다.

이러한 것에 의하여 ME의 서비스와 각각의 언어에 의한 D서비스를 수신자가 조합하여 즐기는 것이 가능하다고 할 수 있으나 메인의 ME 서비스에 있어서 채널수가 감소하는 제한이 발생 한다고 할 수 있다.

관련되어있는 오디오 서비스에서는 시각상의 어려움이 있는 난시자(Visualiy Impaired : VI)를 위한 전경 묘사 코멘터리와 난시청(Hearing Impaired : HI)위한 코멘트 강조 서비스, 이머젼시(Emergency) 경우에 다른 음성을 억압하고 아나운서의 목소리를 프로그램 음성에서 상승시키기 위한 보이스 오버(Voice Over : V)의 이머젼시 서비스(Emergency Service : E), 임의의 프로그램 내용을 실어 보내게 하는 코멘터리 (Commentary : C)서비스, 또는 메인 ME서비스와 조합하는 회화음성 (Dialogue : D) 서비스 등이 있다고 할 수 있는데, 오디오시스템에서는 수신자가 프로그램 사이에 오디오 레벨의 변화를 조정하기도 하고, 환경에 맞추어서 오디오의 다이나믹 레인지를 조정하는 것이 가능한 기능을 가지고 있다고 할 수 있다.

6개의 아날로그 오디오 채널을 디지털하를 한 후에 디지털 신호는 AC-3엔코더에 보내진다고 할 수 있는데, 그림 11.52에서는 AC-3엔코더를 단순화한 계통도를 표시하고 있다고 할 수 있다.

이러한 신호는 작은 블록으로 나누어져 있어서 수정 DCT 압축 알고리즘(Modified DCT Compression Algorithm)에 따라서 블록마다 시간 영역으로부터 주파수 영역으로 변환이 되어진다고 할 수 있는데, 얻어진 DCT의 변환계수는 블록 부동 소수점 프로세스에 따라서 지수와 가수의 조합에 의하여 변환이 되어진다고 할 수 있다.

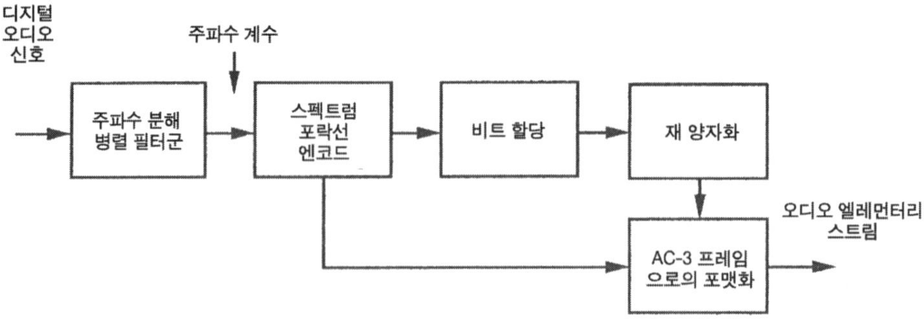

그림 11.52 AC-3엔코더의 개략 계통도

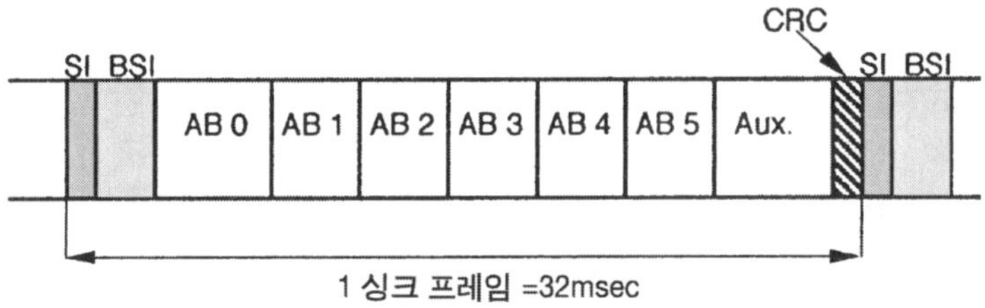

그림 11.53 반복되는 싱크프레임으로부터 구성이되는 Ac-3비트 스트림

다음의 가수의 부분은 파라메트릭 비트 할당 모델(Parametric Bit Allocation Model)에 따라 가변비수에 따라서 보다 적지 않은 비트로서 재 양자화가 되어진다고 할 수 있는데, 이러한 모델은 전해 주어진 주파수 대역의 심리 음향의 마스킹 특성을 이용하여 각 가수에 필요한 비트수를 결정하고 있다고 할 수 있다.

이러한 적응형 비트수 할당 프로세스를 하는 것에 의하여 각 대역의 DCT계수에 대한 그 대역에서의 SNR이 허용가능한 정도의 비트의 소감이 가능하다고 할 수 있고, 6개의 오디오 채널 각각의 블록에 각 주파수 영역에 있어서의 지수를 이용한 스펙트럼 엠베로프 데이터(Envelop Data)와 재 양자화 되어진 가수 데이터가 AC-3의 프레임 중에 포맷이 되어진다고 할 수 있다.

다음에는 레프트 채널과 라이트 채널의 사이 또는 레프트 서라운드와 라이트 서라운드의 사이 등과같이 채널 사이에 상관성을 추출하는 효율화 프로세스 알고리즘 (Efficient Processing Algorithm)이 사용되어진다고 할 수 있는데, 채널 사이의 같은 정보는 1개의 채널로 엔코드 되어져서 수신단에서 압축으로부터 신장 처리를 시행한 후에 같은 정보라고 생각이 되는 채널에 분배되어진다고 할 수 있다.

AC-3의 비트 스트림은 그림 11.53에서 표시를 하고 있는 것과 같이 독립한 싱크 프레임(Sync Frame)의 반복에 의하여 구성이 되어진다고 할 수 있는데, 1개의 싱크 프레임이라는 것은 전부 156×6=1536샘플의 6개 오디오 블록과 프레임의 최후에 있는 시스템 송출에 관한 컨트롤 스테터스(Status)의 정보를 위하여 1개의 보조블록으로 성립하여 구성이 되어진다고 할 수 있다.

또한 각 프레임 시작에 있어서는 동기코드, 프레임 사이즈 등의 동기정보(Sync Information : SI)와 채널수 등의 비트 스트림 정보(Bit Stream Information : BSI)로 구성이 되어져 있다고 할 수 있는 헤더가 있다고 할 수 있는데, 이러한 헤더의 각 프레임에는 디코더에서 전송상의 오류가 없다는 것을 체크가 가능한 CRC(Cyclic Redundancy Check)오류의 검출 코드도 포함 되어있다 할 수 있다.

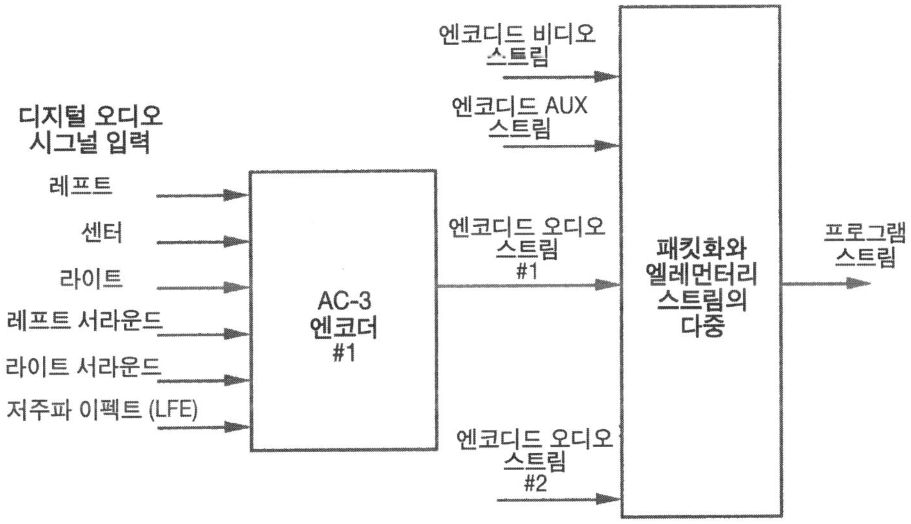

그림 11.54 AC-3로 엔코드 되어진 비트 스트림의 포맷화와 프로그램 스트림으로의 다중

그림 11.54에서 표시를 하고 있는 것과 같이 이렇게 엔코드 되어진 오디오 엘레먼터리 비트 스트림 (Audio Elementary Bit Stream)이라는 것은 비디오 엘레먼터리 비트 스트림(Video Elementary Stream)과 부가정보 스트림이 다중 되어진 프로그램 스트림(Program Stream)으로 되어진다고 할 수 있는데, 대표적인 16비트의 오디오신호 (1개 채널)은 압축 전에 있어서는 768Kbps의 비트 레이트라고 할 수 있고, 12:1의 비트레이트 압축에 따라서 비트레이트는 64Kbps가되어진다고 할 수 있으며, 압축후의 6개의 오디오채널은 1개의 384Kbps의 데이터 스트림에 다중이 되어져서 오디오 엘레먼터리 스트림(Audio Elementary Stream)이 되어진다고 할 수 있다.

ATSC AC-3데이터 스트림의 중요한 특성은 다음과 같다고 할 수 있다.

- 5+1 오디오 채널(5개의 메인채널과 1개의 LFE채널)
- 각 오디오 채널은 27MHz의 메인 시스템 클럭의 록크(Lock)한 48kHz의 샘플링 주파수(27,000×2/1125=48)로 샘플이 되어진다고 할 수 있다.
- 오디오 샘플의 비트수 (Audio Sample Resolution)는 16으로부터 24비트라고 할 수 있다.
- 노이즈 레벨은 클릭 핑크레벨로부터 95㏈이하라고 할 수 있다.
- 메인 오디오 서비스의 최대 비트레이트는 384Kbps이라고 할 수 있다.
- 관련한 오디오 서비스의 최대 비트레이트는 1개의 채널당 128Kbps이라고 할 수 있다.
- 메인 오디오 서비스와 관련된 오디오서비스를 동시에 시행할 경우에 최대 비트 레이트는 512Kbps이라고 할 수 있다.
- 현재 사용을 하고 있는 비디오 레이저 디스크 또는 디지털 비디오 데스크(DVD)과의 양립성이 있다고 할 수 있다.

11.8.4 보조데이터 서비스(Ancillary Data Service)

ATSC규격에 있어서는 오디오, 비디오 서비스에 더해서 보조데이터라고 불리우는 새로운 디지털 서비스가 MPEG-2의 베이스로 한 트렌스포트 레이어에 삽입시키는 것이 가능하다고 할 수 있는데, 이러한 보조데이터 서비스에서는 다음과 같은 기능이 있다고 할 수 있다.

- 텍스트를 기본으로 하고 있는 보조데이터 서비스
  예를 들면 프로그램에 있어서의 클로즈 캡션(Close Caption: 숨긴문자) 기능이나 비상사태에 있어서 메시지 등의 전송이 있다고 할 수 있다.
- 프로그램 가이드 정보(Program Guide Information)
  이러한 옵션기능에 의하여 수상기에 있어서 전자 프로그램 가이드 화면을 생성하는 것이 가능하다고 할 수 있는데, 부가되어진 제어정보로 많은 프로그램이나 서비스를 조정하는 것이 가능하다고 할 수 있고, 각 프로그램에 대하여 디폴트로 우선되어진 데이터로서 7개 타입의 프로그램 부가(Program Rating)정보나 테마성 프로그램 가이드 부류, 기타 프로그램의 구성을 알려주는 서브 부류의 프로그램 가이드가 있다고 할 수 있다.

그러한 내용에 대하여 알아보면 프로그램의 부류에 있어서는 영화, 스포츠, 뉴스 등으로 크게 나누어서 분류할 수 있고, 서브 분류에 있어서는 이러한 프로그램을 더욱 상세히 나누는 방식의 일환이라고 할 수 있는데, 영화를 예로 들면 영화가 액션영화인가 아니면 환타지어인가 등의 부류로 나누는 것이 가능하다고 할 수 있으며, 내용에 있어서는 권고(Content Advisory), 폭력적 내용(Violent Content), 성적내용(Sexual Content), 성인언어(Adult Language : 저질언어), 프로그램 내용상 등급(Rating)등에 대하여 16레벨의 품질 등급이 정하는 것이 가능하다고 할 수 있다.

그 외의 치에 있어서는 장래에 사용하기 위하여 비어 두었다고 할 수 있고, 프로그램 내용에 있어서 품질 등급에 관해서는 ANSI/EIA-608-94규격에 의하여 규정이 되어져 있다고 할 수 있는데, 1996년도에 있어서는 XDS(Extended Data Service)섹션에서 논고한 것에 관한 것이 사용되어지고 있다고 할 수 있다.

또한 이러한 정보에 있어서는 여름 시간의 컨트롤기능도(Daylight Saving Time Control) 포함되어있다고 할 수 있는데, 프로그램 가이드에 대한 시간(그리니지 표준시: GMT)을 로컬 시간으로 변환 하는 데에 사용을 하고 있다고 할 수 있다.

- 시스템 컨트롤 정보(System Control Information: SI)

이러한 옵션의 기능은 케이블, 위성, 멀티채널 멀티 포인트 전송(Multichannel Multipoint Distribution Service : MMDS), 위성 마스터 안테나 텔레비전 (Satellite Master Antenna Television : SMATV) 등의 다른 방송 애플리케이션과 응용의 양립성(Interoperability)을 가능하게 하고 있다고 할 수 있는데, 트랜스포트스트림(Transport Stream)이나 그의 구성 요소에 관한 정부에 따라서는 네트워크 오퍼레이터에 의한 멀디 트랜스 포트 스트림의 제어가 용이하다고 할 수 있다.

- 장래의 부가서비스 (Future Additional Service)

프라이베트 데이터 (Private Data)이라고 불리 우는 옵션의 기능에 의하여 새로운 비즈니스의 찬스나 비즈니스를 가능하게 하는 확장성이 순비되어있다고 할 수 있는데, 이러한 것에 의하여 장래의 텔레비전 전송에 있어서 다양한 서비스에 의하여 유익한 서비를 제공하기위한 경쟁심을 유발 할 수가 있다.

11.8.5 프로그램 다중화(Program Multiplex)와 트랜스포트스트림의 특성

프로그램의 다중화와 트랜스포트스트림에 의한 시스템은 MPEG-2트렌스 포트스트림의 규격의 1개 서브세트를 기본으로 하고 있는 고정장 패킷에 의한 트랜스포트 스트림을 채용하고 있다고 할 수 있는데, 이러한 각 데이터 패킷은 1개의 타입의 데이터신호를 포함하여 패킷 ID헤더에 의하여 전송하고 있는 데이터의 내용을 인식하는 것이 가능하다고 할 수 있고, 이러한 시스템 계획에 의하여 컴퓨터의 소프트웨어로부터 고화질의 화상 전송에 이르기까지 새로운 서비스의 송출이 가능하다고 할 수 있다.

오디오, 비디오, 보조데이터의 엘레먼터리 스트림 (Elementary Stream : 기본스트림)은 애플리케이션 엔코딩 레이어 (Application Encoding Layer)가 트랜스포트 레이어(Transport Layer)로 패킷화되어진다고 할 수 있는데, 이러한 패킷화는 애플리케이션에 따라서 각각 다른 형태로 가변장 엘레먼터리 스트림 패킷이 되어진다고 할 수 있다.

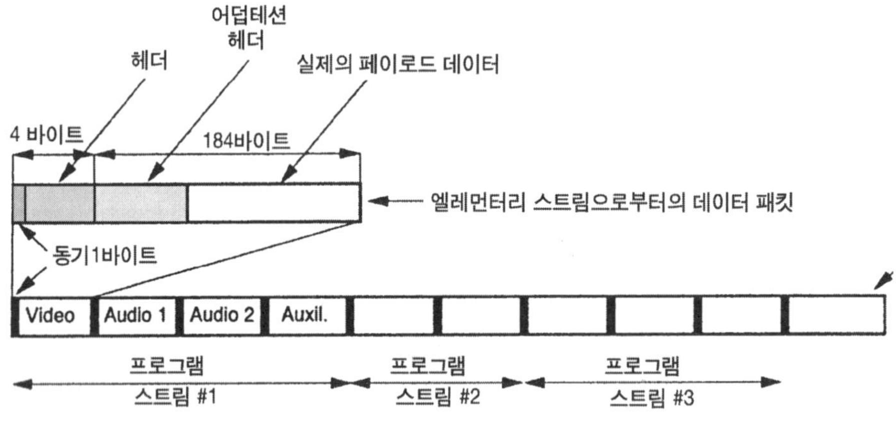

그림 11.55 엘레먼터리 스트림을 프로그램 스트림으로의 다중화와 프로그램 스트림의 트랜스포트 스트림으로의 다중화

이렇게 패킷화되어진 엘레먼터리 스트림(Packetized Elementary Stream: PES)은 다음의 트랜스포트레이어의 전송하기 전에 4바이트의 헤더를 가진 188바이트의 고정장 패킷으로 변환이 되어진다 할 수 있는데, 이러한 오디오, 비디오, 보조데이터의 PES의 패킷은 1개의 프로그램 스트림을 구성하기 위하여 다중화가 되어진다고 할 수 있고(그림 11.50 또는 그림 11.54참조) 이러한 패킷은 채널의 대역폭에 맞추기 위하여 다이나믹에 혼합 하는 것이 가능하게 하고 있다.

트랜스포트 레이어에서는 1개의 프로그램을 구성하는 오디오, 비디오, 보조데이터, 각 서비스 시간축 다중과 시간 동기를 시행 하고 있다고 할 수 있는데, 트랜스포트 신탁스 (Transport Syntax : 트랜스포트스트림 계통적 배열법)는 1개의 프로그램을 다수의 엘레먼터리 비트 스트림으로 구성이 가능한 유연성이 있다고 할 수 있다.

각 트랜스포트 패킷 헤더 는 그림 11.55에서 표시를 하고 있는 것과 같이 1개의 동기바이트와 데이터 스트림의 내용에 대하여 몇 개의 플래그와 프로그램 ID가 포함되어있다고 할 수 있는데, 가변장으로서 옵션으로 되어있는 어뎁텐션 헤더(Adaptation Header)를 데이터 페이로드 부분에 배치하는 것이 가능하여 시간과 미디어동기 (Time and Media Synchronization), 비트스트림의 스플라이스(Bit Stream Splice), 또는 포인트 플래그(Point Flag) 등의 추가 정보를 전송한다고 할 수 있다.

데이터 패킷의 스크램블에서 실시를 하고 있는 컨디션널 억세스 모드(Conditional Access Mode : 고정수신 또는 유료수신 모드)기능은 트랜스포트스트림의 패킷 헤더에서 규정되어진 비트에 따라서 설정하는 것이 가능하다고 할 수 있는데, 트랜스포트 신탁스 (Transport Syntax : 트랜스포트스트림 계통적 배열법)에서는 프로그램 스트림이 엘레먼터리 스트림에 적용하는 것이 가능하다고 할 수 있어, 모든 키의 신호화와 스크램블의 해제기능을 지원하는 것이 가능하다고 할 수 있다.

이러한 트랜스포트 스트림의 출력은 19.39Mbps의 일정량의 데이터 레이트를 가지고 있는 연속한 MPEG-2의 트랜스포트스트림 이라고 할 수 있는데, 이러한 스트림은 8-VSB의 지상파 디지털 방송의 기본 응용을 목적으로 하고 있다고 할 수 있다.

11.8.6 RF/송신 시스템의 특성

미국 ATSC규격에서는 여러 가지 종류의 미디어의 수요에 대응을 하기위하여 8-VSB(Vestigial Side Band)디지털 변조 방식을 규정하고 있다고 할 수 있는데, 송신기에서는 여러 가지계통의 프로세스에 의하여 트랜스포트 레이어로부터 트랜스 미션레이어로의 변환 (Transport To Transmission Layer Conversion)을 시행 한다고 할 수 있다.

그 프로세스에 대해서는 나중에 설명을 하고 있는데, 그림 11.56에서는 대표적인 송신기의 계통도를 표시하고 있다고 할 수 있다.

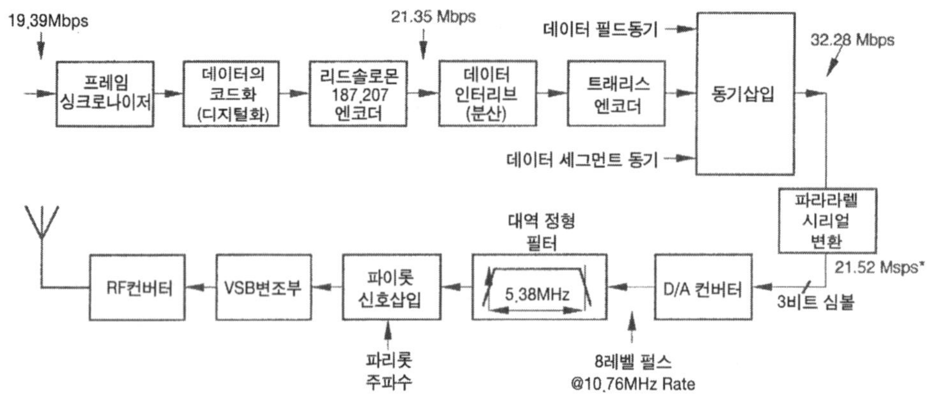

그림 11.56 VSB송신기의 대표적인 예

이렇게 변환이 되어진 트랜스 포트 스트림은 프레임 싱크로나이저로 보내어져서 여기에서 데이터스트림의 동기바이트의 위치를 검출하여 "1", "0" 의 연속하는 데이터를 바이트 단위로 정열 시킨다고 할 수 있는데, 입력 트랜스포트 스트림은 188바이트의 MPEG 컴포치볼(양립성)고정장 패킷에 의하여 19.39Mbps 의 시리얼 데이터 스트림으로 되어 프레임 싱크로나이저에 의하여 안정화가 되어진 다음 트랜스미션 시스템에 공급이 되어진다고 할 수 있고, 이러한 188 바이트의 패킷은 1바이트의 동기바이트와 남은 187의 바이트가 헤더를 포함한 페이로드데이터라고 할 수 있으며, 그러한 데이터 레이트는 19.39×187/188=19.28Mbps 이라고 할 수 있다.

다음으로는 데이터 랜덤 마이져(Data Randomizer)로서 시리얼 데이터 스트림 가운데 데이터 비트가 "1" 과 "0" 이 연속으로 되지 아니하게 하는 것과 같이 데이터의 의사 랜덤 비트 패턴을 가해서 랜덤화 시킨다고 할 수 있는데, 만약 "1" 이나 "0" 이 연속하여 장시간 연속하여 있다고 할지라도 데이터 스트림의 에너지대역 스펙트럼이 동일한 모양이 되지 아니하기 때문에 그 신호에서 변조한 디지털 변조파가 NTSC의 송신파 등의 다른 서비스로의 방해를 줄 가능성이 있다고 할 수 있고, 동시에 데이터비트의 랜덤화에 따라서 송신기의 데이터 재생을 위하여 클럭 동기의 특성이 개선되어진다고 할 수 있다.

리드 솔로몬 포워드 에러 컬렉션(Reed Solomon Forward Error Correction: RS-FEC)오류 체크 바이트(20 R-S Parity Bytes)가 각 바이트의 187바이트에 대하여 부가가 되어져서 전송 오류에 있어서 효과적인 사용이 되어진다고 할 수 있는데, 동기 1바이트는 이러한 RS-FEC의 계산 프로세스에서는 무시가 되어진다고 할 수 있고, FEC의 부가에 따라서는 188바이트는 208의 바이트로 증가가 되어진다고 할 수 있다.

데이터 인터리버(Data Interleaver)이라는 것은 같은 리드 솔로몬 블록내의 데이터 바이트를 그 가운데에서 분산 시키어서 에러가 연속하는 버스트에러(Burst Error)가 일어나는 경우에는 그러한 오류비트를 분산 시키는 것에 의하여 오류에 대한보호를 시행 하고 있다고 할 수 있다.

다음에 있어서는 트레리스 코딩 프로세스(Trellis: 원예용 기울어진 격자의 의미)가 데이터 레벨을 2배(1비트 증가)로 하는 것에 의하여 입력 신호에 있어서 확장성을 증가하기 위하여 사용이 되어진다고 할 수 있는데, 8-VSB의 각 208바이트(1664비트)의 데이터 블록에 있어서는 832개의 2비트 워드로 변환이 되어서 4-스테이트 트레리스 엔코더 (Four-State Trellis Encoder)로서 트레리스 엔코드가 되어져서 8레벨 VSB에 있어서 8레벨의 1차원콘스텔레이션 (8Level One Dimensional Constellation: 1개방향의 별들과 같이 나열되어있는 것)으로 매핑이 되어진다고 할 수 있다.

다음에 멀티플렉서(Multiplexer)가 트레리스 엔코더로부터 832개의 3비트 심볼(Three Bit Symbols)을 받아서 그러한 것에 데이터 세그먼트 싱크(Data Segment Sync : 세그먼트당 4비트)와 데이터 필드 싱크(Data Field Sync : 필드당 1세그먼트)를 부가한다고 할 수 있는데, 이러한 싱크는 트레리스 코딩을 받지 아니하고 8개의 레벨 중에 높은 레벨과 낮은 레벨의 2개의 고정된 레벨로 매핑을 시킨다고 할 수 있고, 이러한 싱크에 따라서 수신기에서는 패킷과 클럭의 동기를 검지하여 조건이 나쁜 수신기에서의 페이스 록 루프의 동작을 시행하는 것이 가능하다고 할 수 있다.

역주 8-VSB변조에 있어서는 8개의 레벨의 표현이 가능하므로 그중에서 1개의 레벨(심블레벨)로서 3비트를 표현하는 것이 가능하다고 할 수 있는데, 그러나 그 중에서 1비트는 트래리스 코딩에 있어서 확장 비트로서 사용되어지고 있으므로 남은 2개의 비트가 데이터 전송용으로 사용이 되어진다고 할 수 있다.

그 때문에 208바이트의 데이터는 2비트마다 잘라 나누어서 2비트 워드로 분해되어지므로 208바이트=1664비트에서는832의 심볼으로서 전송하는 것이 가능하다고 할 수 있다.

이러한 832의 심볼을 모아서 우리는 흔히 1 세그먼트이라고 부르고 있으나 이러한 832심볼에 있어서는 동기의 1바이트=4심볼이 포함되어있으므로 FEC를 포함하여 전송데이터로서는 207바이트, 828 심볼이 되어진다고 할 수 있다.

이렇게 트레리스 엔코더를 시행한 후에 동기 바이트에 이르는 4개의 심볼은 데이터 세그먼트 싱크 4개의 심볼을 교체한다고 할 수 있는데, 이러한 세그먼트를 312개 모아서 1데이터 필드로 하고 있다고 할 수 있다.

이러한 데이터 필드에는 1세그먼트 데이터 필드 싱크를 부가하고 있다고 할 수 있는데, 그 결과 313세그먼트 중에서 312의 세그먼트가 데이터 전송에 사용되어지고 있다고 할 수 있다. 이러한 결과 19.39Mbps 의 데이터 레이트는 10.76Ms/s의 심볼레이트가 되어진다고 할 수 있는데, 19.39Mbps×208/188(FEC 부가)×1/2(8VSB+트레리스 코딩)×313/312(필드 동기부가)=10.76Ms/s 아라고 할 수 있다.

다음의 파라렐 시리얼 컨버터가 10.76MHz의 심볼레이트로 1번에 3비트씩 프로세스를 하여서 그 출력이 D/A컨버터에 의하여 8레벨의 펄스로 변환이 되어진다고 할 수 있다.

역주 여기의 문장은 ATSC변조 규격의 핵심 부분을 간단하게 소개한 문장이라고 할 수 있는데, 데이터 인터리브(데이터 분산)는 전송로에서 버스트의 오류가 있는 시스템에서는 길은 버스트의 오류를 짧은 비트의 오류로 변환하여 오류를 정정 하는 것이 가능하게 하고 있는 것으로서 VTR, CD 등의 대부분의 규격에서 채용을 하고 있으나 ATSC의 인터리브에서는 이러한 것과는 약간 다른 방법을 사용하고 있다고 할 수 있다.

그러면 그러한 내용에 대하여 간단하게 설명을 하고자 한다.

ATSC 의 8레벨 VSB에서는 진폭적으로는 8개의 레벨 즉 +7, +5. +3, +1, -1, -3, -5, -7의 컨스텔레이션(Constellation)레벨중의 1개의 레벨을 보내어지므로 이러한 1개의 레벨을 보내는 펄스, 즉 1개의 심볼을 사용하여 3비트의 표현이 가능하다고 할 수 있다.

이러한 트레리스 코딩(Trellis Coding)의 방식에서는 데이터의 2비트를 3비트로 엔코드하고 있다고 할 수 있는데, 데이터의 1바이트를 2비트로 구성을 하는 00, 01, 10, 11의 4개의 워드로 구간별로 잘라서 얻은 데이터의 비트와 전의 워드와의 상태 연산으로 생성한 프레코드라고 불리 우는 1비트를 부가하여 총 3비트로 하여서 이러한 것을 8개의 레벨로 매핑하여 전송을 하고 있다고 할 수 있다. 이러한 것에 의하여 수신부에서는 다음의 3비트의 조합의 상태를 어느 정도 예측이 가능하게 하고 있다고 할 수 있다.

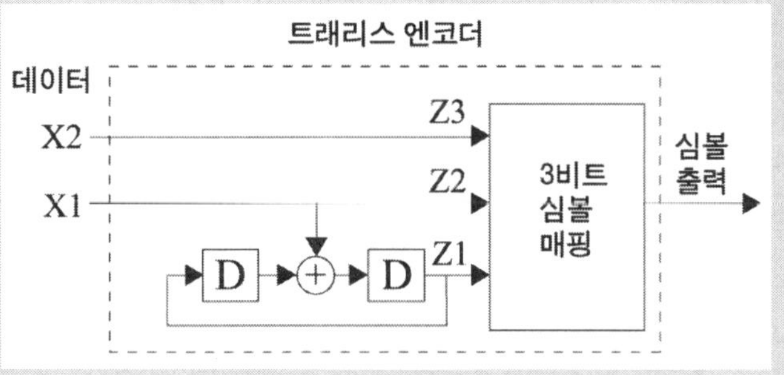

매핑 테이블

Z3	Z2	Z1	심볼 출력
0	0	0	-7
0	0	1	-5
0	1	0	-3
0	1	1	-1
1	0	0	+1
1	0	1	+3
1	1	0	+5
1	1	1	+7

참고그림 11-1 트레리스 엔코더의 간단한 계통도

참고그림 11-1에서는 트레리스 엔코더의 간단한 개념도를 나타내고 있다고 할 수 있는데, X1, X2가 데이터를 2비트씩 구간별로 잘라서 나열한 데이터 비트이라고 할 수 있다.

X1에 대해서는 과거의 X1 의 데이터와 그림과 같은 연산을 하여 Z1이라고 하는 프레코드의 1비트를 생성하여서 3비트를 입력 시킨다고 할 수 있고, 이러한 3비트를 8개의 레벨로 매핑을 하지만 그러한 매핑 테이블은 그림 중의 표와 같다고 할 수 있다.

또한 싱크는 +5와 -5로 매핑을 한다고 할 수 있는데, 여기에서 중요한 것은 프레코드가 0인가 아니면 1인가에 따라서 원래의 2비트의 데이터는 레벨이 약 2레벨이상 떨어져 있다고 할 수 있고, 수신측에 있어서는 프레코드라는 것의 계산이 가능하게 되어있으므로 노이즈의 영향으로 레벨이 1레벨 정도 시프트가 된다면 수신한 데이터는 오류가 있다는 것과 오류가 없는 완전한 데이터인가는 수신한 레벨이 상승하는가 아니면 하강하는 가에 의하여 판별하는 것도 가능하다고 할 수 있다.

이러한 증상은 어느 곳에서 일어나는가를 알 수가 없기 때문에 수신측에 있어서는 양방의 레벨 모두 오류가 없는 완전한 신호이라는 것을 가정하여 다음의 심볼을 기다리기도 하고 있다고 할 수 있는데, 이러한 경우에는 새로운 프레코드 2개를 연산 시키고 있다고 할 수 있으나 다음에 정확하게 수신이 가능하다면 어떠한 프레코드가 정확한가를 알 수가 있다는 것이다. 그리하여 전에 수신하여 임시로 받아놓은 데이터 중에서 어떠한 것이 정확한가를 알 수가 있는 것이다.

그러나 다음의 심볼에 있어서도 오류가 있을 지도 모른다고 할 수 있는데, 그렇다면 우선 새로운 4조의 임시로 받아놓은 데이터를 가지고 있으면서 다음의 심볼을 기다린다고 할 수 있고, 그렇게 하면은 어떠한 것이 조합에 의한 루트가 정확한가의 진의를 알 수가 있다는 것이다.

이러한 모양의 격자상태의 수신한 데이터를 가지고서 비교 측정하므로서 가장 최근에 수신된 데이터가 정확한 확률이 가장 큰 데이터를 취하고 있다고 할 수 있는데, 이러한 것이 8-VSB변조방식의 트레리스 엔코더 디코더의 개념이라고 할 수 있다.

전의 펄스에 의한 트랜지앤트가 후의 펄스 파형에 영향을 주는 심볼사이의 간섭 (Intersymbol Interference)을 최소로 하기위하여 리니어 페이스(Linear Phase), 레이즈드 코사인(Raised Cosine : 코사인 파형에 의한 급격한 상승/하강을 가진 파형)을 롤 오프(Roll Off)의 나이키스트 필터(Nyquist Filter)가 사용이 되어서 전의 펄스에서 생성된 트랜지 앤드의 파형이 정도 차의 펄스 위치에서는 베이스 라인과 크로스가 되는 위치가 되어서 영향을 주지 아니하게 되어있다고 할 수 있다.

캐리어 억압 주파수 (낮은 방향의 밴드 가장자리로부터 밴드내측의 310kHz의 점)와 같은 주파수로 데이터 신호 평균 파워보다도 -11.3㏈의 낮은 레벨에 파이로트(Pilot)의 신호가 부가되어진다고 할 수 있는데, 이러한 것은 신호의 보조를 용이하게 하여 수상기에 있어서 여러 가지 서비스에 필요한 신호를 삽입하는 데에 있어서 삽입 범위를 넓힌다고 할 수 있다.

또한 VSB변조기는 기준 주파수 46.69MHz(44MHz+10.76/4MHz 오프셋) 필터 되어진 VSB IF주파수의 변조파를 발생한다고 할 수 있는데, 최후의 RF 업컨버터에서 IF데이터 신호 스펙트럼이 희망하는 채널로 변환 되어진다고 할 수 있고, 지상파 방송의 필드 테스트에 의하면 이러한 VSB의 디지털 송신 시스템에 의하여 종래의 NTSC와 비교하여서는 대단히 우수한 수신품질이 얻어진다고 할 수 있다.

하이데이터모드(Hight Data Mode)는 38.57Mbps(지상파 디지털 모드의 약 2배)의 페이로드 데이터 레이트를 가지고 있어 송신 환경이 양호한 환경을 조성하고 있다고 할 수 있는데, 예를 들면 케이블 네트워크 등에서 사용이 되어진다고 할 수 있다.

이러한 경우의 송신 시스템은 16레벨의 VSB변조를 사용하여 지상파 모드의 시스템과 거의 같다고 할 수 있는데, 그러나 트레리스 엔코딩에서는 멀티레벨 데이터 심볼(Multilevel Data Symbol)을 생성하는 매퍼(Mapper)로 변경되어져 있다고 할 수 있다.

11.8.7 ATSC수상기의 특성

ATSC 규격에 있어서는 대응하는 수상기로의 특성의 요구를 규정하고 있지는 아니하다고 할 수 있는데, 그러나 FCC에서는 모든 수상기는 그러한 수상기가 어떠한 디스플레이나 음향 재생을 하는가 와는 관계가 없이 ATSC규격에 규정되어진 오디오, 비디오, 부가신호를 모두 디코드출력이 나오지 아니하면 되지 아니하는 권고안을 발표하고 있다고 할 수 있다.

이렇게 다중 되어진 부가 서비스의 수신기능은 수상기나 기존의 수상기사에 수신이 가능한 환경을 만들어서 디지털 ATSC의 신호를 아날로그 NTSC 신호나 S-비디오 신호로 변환하는 셋톱 어덥터 (Set-Top Adapter)를 내장하는 것이 가능하다고 할 수 있는데, ATSC수상기는 RF에 의한 송신기를 동작시키고, 트랜스포트 레이어의 조작 역변환을 시행 하여 압축 신호를 풀어서 디코드를 하며, 이러한 신호를 이용하여 수상기에 적합한 디스플레이 포맷이나 음향 재생 기능에 적합한 신호로 변환 하여 전송되는 신호를 시청하는 것이 가능하게 하고 있다고 할 수 있다.

11.8.7.1 수상기의 비디오 특성

수상기의 디스플레이 포맷은 송출 포맷하고는 관련 있지만 디지털 포맷과는 직접적인 밀접한 관계는 없다고 할 수 있는데, 설계를 단순하게 하기 위하여 TV수상기가 각각 다른 복수의 디스플레이 포맷을 가지게 하는 것은 거의 없다고 할 수 있고, 수상기에서는 1920×1080이거나 1280×720, 또는 720×480 해상도이라고 하는 고유의 디스플레이 포맷 규격에 의하여 제조가 되어진다고 할 수 있다.

TV수상기에 내장되어진 포맷의 변환기능을 이용하여 수신한 신호가 어느 형식의 것이라도 화상의 라인/픽셀의 포맷, 프레임 레이트, 스캐닝 프로세스, 화각비(Aspect Ratio) 등을 그 수상기의 디스플레이 포맷에 맞게 하기 위하여 변환을 한다고 할 수 있는데, 수신하여 코딩이 되어진 비트 스트림에 있어서는 데이터 셋트나 컴퓨터의 명령을 이용하여 TV수상기나 셋톱박스는 오리지널 화상과 음성을 그 수상기에 맞는 형식으로 재생을 한다고 할 수 있다.

HDTV디스플레이에 대하여 중요한 고려사항은 화면의 타입과 사이즈라고 할 수 있는데, 통상의 4:3의 아스펙트 비(Aspect Ratio) SDTV수상기는 디스플레이의 대각선 사이즈 28인치로서 화면의 높이는 18인치이라고 할 수 있다.

또한 표준의 시청거리에 있어서는 디스플레이화면 높이의 약 6배 이므로 이러한 경우에는 약 6필드 (약 2.7m)이라고 할 수 있는데, 이러한 거리에 있어서는 주사선은 거의 보이지 아니하게 되어있어 NTSC의 4.2MHz 대역과 켈 팩터(Factor)의 0.7로부터 계산이 되어져서 아날로그 수평 해상도의 333LPH(Liner Per Height)에서는 시청자에게 충분한 해상감을 준다고 할 수 있다. (1.4항 참조)

1080유효라인의 HDTV해상에 있어서는 수평해상도는 756LPH(이상적인 30MHz의 경우)이라고 할 수 있는데, 이러한 해상도를 가진 16:9 아스펙트 비(Aspect Ratio) 화면의 크기가 화면높이가 18인치라고 한다면 시청자는 그와 같은 해상도의 텔레비전을 보기 위해서는 스크린 높이의 약 3배 (1.3m)인 곳에서 보지 아니하면 되지 아니한다고 할 수 있고, 이와는 역으로 생각을 한다면 2.7m의 시청 거리에 있어서는 수상기의 스크린 사이즈는 SDTV의 약 2배가 필요하다고 할 수 있는데, 따라서 화면 높이는 36인치정도는 필요하다고 할 수 있다. 현재의 CRT기술로는 가정용으로서 이러한 규격을 만족할 수 있는 적당한 가격과 무게, 그리고 화면을 디스플레이 할 수 있는 규격 및 크기의 CRT를 만드는 것은 불가능하다고 할 수 있는데, 현재(1999년)의 확대사진의 뒷면의 프로젝션의 기술에 있어서는 만족할 만한 화면의 밝기나 시야각이 얻어지지 아니하였다 할 수 있다. 그러나 최근에 들어와서는 액정이나 플라즈마 등의 플래트 판넬의 기술에 있어서는 필요한 화소 수 밝기 사이즈를 얻는 것이 가능하다고 할 수 있으나 발매 초기라 이러한 디스플레이장비는 대단히 고가라고 할 수 있는데, 그러나 수상기의 대량 양산에 의해 근래에 들어와서는 가격하락이 많이 이루어져서 대중화가 눈앞에 다가왔다고 할 수 있다.

이러한 사정으로부터 보다 작은 화면의 사이즈를 사용하는 경우에는 HDTV 화상의 해상도를 유지하지 못하여 HDTV의 우수한 점을 잃어버리는 경우가 종종 있는데, 이러한 상황에 있어서의 개선으로서는 시청 조건이 나날이 변화하고 있지만 그래도 낮은 가격에서 적정한 해상력을 가진 플래트 판넬의 개발을 현재로서는 필요로 하고 있다고 할 수 있다.

11.8.7.2 수상기의 오디오 특성

AC-3의 규격은 모노로부터 스테레오 또는 6개의 채널로부터 형성이 되어진다고 할 수 있는 멀티채널의 서라운드까지 8레벨의 오디오 디코딩의 구성이 가능한 대단한 유연성의 높은 시스템이라고 할 수 있는데, 프로그램 제작 단계에 있어서 AC-3 의 데이터 스트림 헤더 전용의 이스트럭션 데이터 (Specific Instruction)가 엔코드 되어서 그러한 것을 사용하여 시청자에게 각각 다른 시청 조건에 최적화한 오디오 신호가 재생하는 것이 가능하게 하고 있다고 할 수 있고, 이러한 이스트럭션 데이터 (Instruction Data)에는 다음과 같은 것이 포함되어있다고 할 수 있다.

- 오리지널 멀티채널 오디오를 모노, 스테레오 재생에 사용을 하기 위하여 채널 믹싱의 계수치를 가지고 있다.
- 프로그램이나 각각 다른 오퍼레이션의 레벨의 각 채널을 시청자의 선택에 의하여 재생시에 조정하는 것이 가능하게 하기위한 스피치 레벨의 정보치를 가지고 있다.
- 사용자의 시청 환경에 따라서 디코드 되어진 신호의 다이나믹 레인지를 사용자가 조정하는 것이 가능하게 하고 있는 다이나믹 레인지 압축 제어신호 (Compression Control Signal)를 가능하게 하고 있는데, 시청자는 조용한 환경에서 회화레벨의 영향을 주지 아니하고 효과음 레벨을 내리는 것도 가능하다고 할 수 있다.

그리고 시장에 있어서는 다음과 같은 3가지타입의 수상기가 존재하고 있다는 것도 고려하여야 한다고 할 수 있다.

- 하이앤드 수상기 (1920×1080) : SDTV와 1280×720의 포맷의 프로그램에서는 1920×1080의 신호로 업컨버터를 한다고 할 수 있는데, 내장의 고품질의 비디오 컨버터는 프레임 레이트의 변환기능 (예를 들면 24로부터 30P) 순차주사로부터 비월주사로의 변환 등의 기능을 가지고 있고, 멀티채널 서라운드 오디오 재생의 기능도 포함되어있다고 할 수 있다.
- 미들급 타입의 수상기 (1280×720) : 1920×1080포맷의 프로그램에서는 1280×720 포맷으로 다운 컨버터가 되고, SDTV포맷의 프로그램에서는 1280×720의 신호로 업 컨버터가 되어진다고 할 수 있는데, 이러한 수상기는 멀티채널 서라운드 오디오 재생의 기능도 포함되어있다고 할 수 있다.
- 로 앤드 수상기 (720×480) : HDTV와 1280×720포맷의 프로그램에서는 16:9 화각비의 720×480포맷으로 다운 컨버터가 되어진다고 할 수 있는데, 혹시 변환 칩셋의 원가가 싸다면 프레임 레이트의 변환기능도 가지고 있다고 할 수 있다.

셉톱 박스를 부가한 NTSC의 수상기는 NTSC, SDTV, HDTV의 프로그램을 4:3의 비월주사 프로그램으로서 재생하는 것도 가능하다고 할 수 있는데, 오디오에 있어서는 멀티채널의 스테레오 믹스의 기능을 가지고 있거나, AC-3디코더 칩셋의 원가가 낮아 대중화가 이루어진다면 멀티채널 서라운드의 기능도 가지고 있을 수도 있다고 할 수 있다.

다음은 수상기의 기능으로서 수상기의 기능으로서는 아래와 같은 것이 있다고 할 수 있다.

- 클로즈 캡션 (Closed Cationing)기능과 타임코드 신호의 검출.
- 데이터, 또는 그래픽관련의 서비스에 대응.
- 컴퓨터나 카메라, 비디오 레코더 등의 기록기기와의 인터페이스
- 컨디셔널 억세스 세큐리티 시스템(Conditional Access Security System: 한정 조건이 붙어있는 시청 보안 시스템)의 내장: EIA(Electronic Industries Association)와 NCTA(National Cable Television Association)와의 합동부회가 가정 내의 기기에 이러한 기능을 가지게 하기 위하여 플러그 인 모듈(Plug in Module) 기능을 제안하고 있다고 할 수 있다.

그림 11.57에서는 ATSC수상기의 계통도를 표시하고 있는데, 처음으로는 RF 튜너에서 수신한 신호를 연속되는 송신 레이어의 역 프로세스의 장치가 있고, 다음으로는 트랜스포트레이어의 역 프로세스가 시행이 되어진다고 할 수 있다.

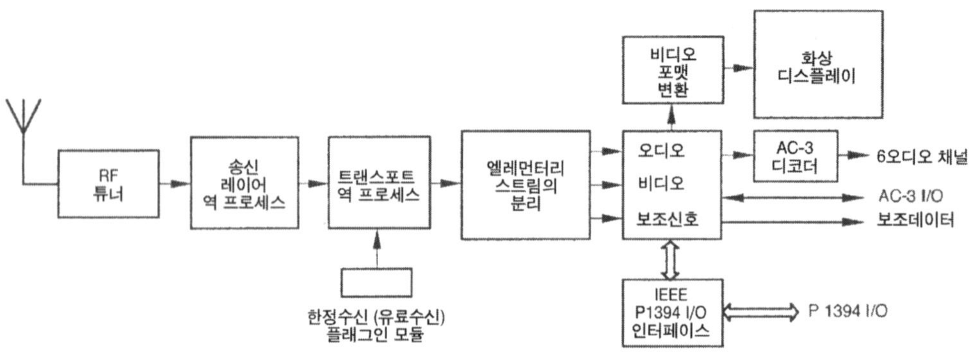

그림 11.57 ATSC수상기의 대표적인 계통예

이렇게 디코드 되어진 오디오, 비디오, 부가 데이터 신호는 사용자의 선택에 의하여 스크린에 영사가 되어지기도 하고 VTR에 기록이 되어진다고 할 수 있는데, VTR에 기록이 되거나 인터그래픽에 의한 게임의 제공, 컴퓨터, 카메라 등의 기타외부기기의 접속을 위한 인터페이스로서는 IEEEP-1394 높은 성능의 시리얼 버스(IEEE P-1394 Hight Performance Serial Bus Interface)가 사용이 되어진다고 할 수 있다.

그러나 이러한 인터페이스를 ATSC수상기에 내장을 할 것인가 어떠할 것인가는 아직은 의견의 합치가 되어있지 아니하다고 할 수 있다.

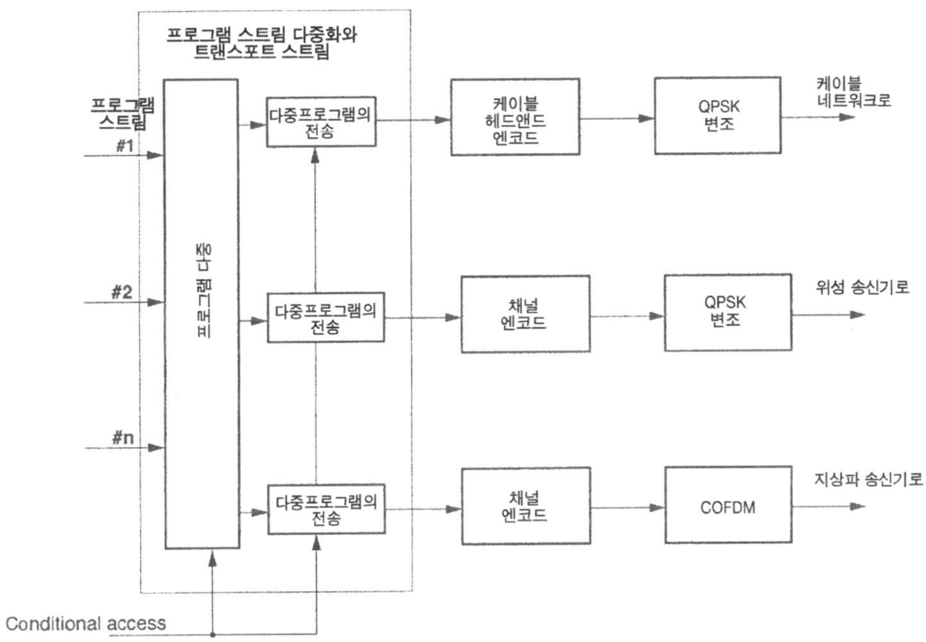

그림 11.58 대표적인 DVB 송출 체인 모델

11.9 유럽의 디지털 비디오 방송 (DVB)시스템

DVB프로젝드에서는 1993년 9월에 업계를 리드하고 있다고 할 수 있는 몇 개의 기업이 유럽의 방송 연합 (European Broadcasting Union : EUB)이라는 기구를 만들어서 유럽에 있어서 MPEG-2를 기본으로 하고 있는 디지털 비디오를 케이블, 위성, 지상파 디지털 방송의 송신을 하기 위하여 사양의 개발을 목표로 하여 스타트 하였다고 할 수 있는데, 그러한 이후에 많은 수의 아시아, 오스트리아 기업이 그 그룹에 참가를 하여 현재에 있어서는 방송국, 케이블, 위성 운용기업, 규격제정 관리기관, 가정용 전자제품 메이커 등의 회사로서 구성이 되어져 있다고 할 수 있다.

이러게 DVB프로젝트에 참가하고 있는 회사에서는 양립성이 있는 넓은 시장을 의식하여 장래의 경쟁력 있는 TV시스템 개발을 하는 목표로 하고 있는 것에 대해서는 북미의 ATV규격개발 참가사와 같은 입장이라고 할 수 있고, 그 때문에 ATSC규격과 DVB프로젝트의 사양과의 사이에 많은 공통성이 있다고 이야기 하여도 과언은 아니라고 할 수 있다.

이러한 DVB의 프로젝트는 모든 송출 환경에서 사용을 하고 있는 DVB시스템에 있어서 시스템의 설계나 기기의 개발, 제조에 있어서 시장의 크기에 의한 경제성과 사용자의 만족도등의 조화와 공통성을 가진 구격 사양을 개발 하였다고 할 수 있는데, 그림 11.58에서 표시를 하고 있는 송출 시스템에서는 공통의 구성기기와 각각의 송출 미디어에 맞추어진 변조방식 등의 용도에 각각 대응하기 위하여여 구성기기와의 조합에 의하여 만들어졌다고 할 수 있다.

송출 시스템 규격의 DVB 종류로는 다음과 같은 것이 있다고 할 수 있다.

- DVB-S

  이것은 위성 시스템으로서 11~12GHZ대역을 사용하고 있는 위성 방송 등에서 트랜스 폰더 대역폭과 출력 범위에 맞추어서 만들어진 송출 형식이라고 할 수 있는데, 이러한 DVB-S시스템은 4상위상 시프트 킹 (Quadrature Phase Shift Keying : QPSK)변조를 사용하여 한 개의 트랜스 폰다에 한 개의 반송파와 위성의 전력 효율 사이를 최적화 한 것이라고 할 수 있고, MPEG-2의 트랜스 포터 레이어로부터 최대의 데이터 레이트는 38.1Mbps이라고 할 수 있다.

- DVB-C

  이것은 7~8MHz의 대역폭을 사용하고 있는 케이블 채널에 사용되어지는 케이블 송출 시스템이라고 할 수 있는데, DVB-C 시스템에서는 64상직교진폭변조(64Quadrature Amplitude Modulation : 64QAM)를 사용하여 SNR이 높고 상호 변조 왜가 적은 환경에서 사용하는 데에 최적화 되어 있다고 할 수 있고, MPEG-2트랜스 포트 레이어로부터 최대의 데이터 레이트는 약 38.1Mbps이다.

- DVB-CS

  이것은 한 개의 커뮤니티 즉 한 개의 빌딩 내에서 분재를 하는 로컬 케이블 시스템으로 8MHz 대역폭을 사용하고 있는 케이블 채널을 사용하는데, 이러한 형식은 우리가 흔히 세트라이트 마스터 안테나 TV(Satellite Master Antenna : SMATV)시스템 이라고 불리 우는 것이다.

- DVB-T

이것은 7~8MHz의 대역폭을 사용하고 있는 지상파 디지털 텔레비전 시스템을 기준으로 개발된 시스템 이라고 할 수 있는데, MPEG-2트랜스포트 레이어로부터 최대의 데이터 레이트는 약 24Mbps이라고 할 수 있다.

- DVB-MS

이것은 Dvb-S와 같은 형식으로 멀티채널 멀티 포인트 분배 서비스(Multichannel Multipoint Distribution Service : MMDS)방송에서 10Ghz이상의 시스템에서 사용하는 시스템이라고 할 수 있다.

- DVB-MC

이것은 DVB-S와 같은 형식으로 멀티채널 멀티 포인트 분배 서비스(Multichannel Multipoint Distribution Service : MMDS)방송에서 10Ghz이하의 시스템에서 사용하는 시스템이라고 할 수 있다.

- DVB-SI

이것은 DVB시스템에 있어서 서비스 정보 시스템으로 ATSC규격에서도 이것과 같이 사용한다고 할 수 있다.

- DVB-CI

이것은 고정 유료 시스템(Conditional Access)을 위하여 사용하는 공통의 인터페이스 사양이라고 할 수 있다.

- DVB-TXT

수직 블랭킹 기간과는 별개로 엘레먼터리 스트림(Elementary Stream) 가운데에서 데이터 정보를 송출하기 위한 텔레텍스트(Teletext) 전송 사양이라고 할 수 있다.

ATSC규격과 같이 DVB시스템의 가이드라인에서도 통상 품질을 유지하기 위한 텔레비전 프로그램의 위성, 케이블, 송수신기에 대한 최저의 요구 내용을 규정 하고 있다고 할 수 있는데, 이렇게 HDTV에 대한 마켓이 정확하게 이루어진 다면 수신기의 가이드라인을 최신의 것으로 하는 것이 가능하다고 할 수 있다.

또한 디지털 서비스를 수신하기 위해서 시청자는 표준 수신기에 접속을 하는 부속이 디코더가 필요하게 되어있다고 할 수 있는데, 이러한 저가격의 셋톱박스 또는 IRD(Integrated Receiver Decoder)이라고 불리 우는 것은 와이드 스크린 화상을 제공하는 것은 아니라고 할 수 있지만, 적당 한 가격에 의한 와이드 클리어비전의 텔레비전수상기라면 시청자는 개선되어진 화질이나 멀티채널 사운드, 와이드 포맷의 매력 등을 즐길 수 가 있다고 할 수 있다.

이러한 모든 DVB시스템은 호환성이 있다고 할 수 있으나 그러나 ATSC시스템과는 아래와 같은 내용에 의하여 호환성이 성립 되지 아니한다고 할 수 있다.

- 오디오 엔코딩 방식에는 MPEG-2레이어 II(MUSICAM)오디오 규정을 사용하고 있다.
- 비디오 엔코딩 방식은 MPEG-2비디오 규격의 MP@ML을 최대 해상도 720×560픽셀로 사용하고 있는데, 이것보다 낮은 352×288의 해상도에 신호도 송출이 가능하다고 할수 있고, 수상기는 적당한 업 컨버션(Up Conversion)으로 풀(Full) 화상인 720×576의 휘도 신호를 디스플레이 하는 것이 가능하다고 할 수 있다. 또한 DVB프로젝트에서는 HDTV 포맷을 규격화하지는 못하였지만 전송 또는 송출 시스템은 장래에 압축한 HDTV데이터를 취급할 수 있는 기능을 가지고 있는데, 현재 MP@ML의 MPEG-2LSI는 1.5로부터 15Mbps의 비트 레이트의 대응이 가능하다고 할 수 있다.
- 송출 시스템은 50Hz의 프레임 레이트로 4:3, 16:9 또는 20:9(2.21:1)의 화상 화각(Aspect Ratio)으로 송출이 가능하지 아니하면 되지 아니한다.
- 지상파 방송 규격에 있어서는 송신 방식으로 이미 DAB에서는 사용되고 있는 COFDM(Coded Orthogonal Frequency Division Multiplex)변조를 규정하고 있는데, 1704(2K) 또는 6816(8K)의 독립한 반송파가 디지털 데이터를 수신기에 송출하기 위하여 사용되어진다고 할 수 있다.
  이중에서 8K시스템은 보다 높은 방해 인성이 있어 전송 상의 전파 장해에 의한 수신율 향상에 도움이 되지만 수상기가 복잡하게 되어있어 수상기 가격이 상승한다는 단점이 있다고 할 수 있다. 그러나 몇 몇의 국가에서는 8K송출시스템이 수신측면에 보면 유리하다고 할 수 있고, 장래 기술 개발에 의하여 8K시스템이 싼 가격에 수상기를 공급할 수 있다는 가능성도 있지만 2K시스템이 소 출력으로 SFN을 구성하는데 적합하고, 8K시스템은 2K시스템의 신호를 수신하는 것이 불가능하다는 문제가 있어 초기에 2K시스템만을 고집하고 있는 국가도 있다고 할 수 있다.

역주 유럽에서 주로 사용하여 흔히 유럽 방식이라 불리 우는 DVB방식에 대하여 덧붙여 설명을 하면 유럽은 1990년대 초부터 각 국의 연구기간, 사업자, 기업 등이 그룹을 조직하여 지상파 디지털 TV방식 개발을 추진하였는데 이 각 국의 프로젝트를 유럽 전체의 통일 적으로 적용할 수 있는 유럽 공동의 디지털 규격을 제정코자 유럽 방송연맹(EBU)의 주도로 1993년 9월 DVB프로젝트를 탄생하였다.

이 DVB는 유럽전체의 디지털 TV의 기준을 정하기 위한 조직화된 그룹으로 위성방송 지상파방송 케이블 방송 등의 다양한 매체의 유럽 규격을 정하는 것은 물론, 각 매체가 최대한 공통의 기술을 공유하도록 되어있다.

이 방식은 세계 32개국에서 채용하고, 200여 단체에서 참가하고 있는 방식으로 유럽을 넘어 세계 디지털 방송의 표준을 제시하고 있다. 그럼 이 방식에 대하여 알아보고자 한다.

이 방식은 COFDM에 기초한 COFDM-2K와 COFDM-8K의 2개의 Mode를 사용하고 있는데, 두 방식은 아주 유사하다. 2K방식은 단일 송신기를 사용하는 시스템으로 소출력 송신기로 SFN을 구성하는데 적합하고, 8K방식은 단일 송신기를 사용하는 시스템이나 다수의 고출력 송신기로 SFN을 구성하기에 적합하다.

이 유럽 방식은 미국의 ATSC방식과 비교하여 에너지 효율은 좋지 않지만 각종의 간섭, 특히 다중 경로에 강하며 동일 주파수 송출인 SFN(Same Frequency Network)가 가능하기 때문에 주파수 이용이 효율적이라고 할 수 있다.

또한 8K방식은 2K방식의 신호를 수신할 수 있고, COFDM의 각 반송파 변조방식은 QPSK, 16QAM, 64QAM의 선택이 가능하며, 보호구간 모드로는 2K모드와 8K모드를 사용하고 있는데, 오류 정정은 리드 솔로몬 방식을 사용하고 있다.

지상파 방송의 선두주자인 영국은 1705개의 반송파를 사용하는 COFDM-2K를 사용하고 있으며, 그 외 국가에서는 6817개의 반송파를 사용하는COFDM-8K를 채용하고 있다.

또한 DVB는 화상 압축 알고리즘과 부호화/복호화 방법으로 MPEG-ⅡMP@ML를 채용하고 있으며 오디오는 MPEG-ⅡProfile과 AC-3방식을 채용하고 있다.

제12장 디지털 텔레비전(DTV)로의 이행

방송의 세계에서는 새로운 기술의 출현에 의하여 급속하게 변화를 한다고 할 수 있는데, 이러한 상황에서 DTV의 도입은 미국에서 개발하고 우리나라에서도 도입하여 사용을 하고 있는 ATSC나 유럽에서 주로 사용하고 있는 DVB규격화에 의하여 촉진 되어서 프로그램제작, 신호의 분배 등의 전송의 각 영역에서 비압축 또는 압축되어진 HDTV/SDTV신호 포맷의 공존을 추구하고 있다고 할 수 있다.

오디오나 비디오의 컴퓨터를 기본인프라로 하고 있는 편집기는 지금에 있어서는 넓은 분야에서 사용을 하고 있지만 표준의 컴퓨터 네트워크를 통하여 프로그램소재가 데이터 파일로서 별개의 컴퓨터에 전송이 되어지기도 하고, 이러한 신호가 축적이 되어지기도 한다고 할 수 있는데, 파일전송에 있어서 고려사항을 방송의 세계에 도입하여 사용을 하고 있다 할 수 있다.

이러한 고속으로 저지연의 로컬 에리어 네트워크 (LAN)이나 와이드 에리어 네트워크 (WAN)와 같은 비즈니스 데이터 네트워크로의 억세스는 인터넷의 성공에 따라서 가능하다고 할 수 있는데, 따라서 통신의 기본기술을 이용한 오디오나 비디오의 압축 기술은 TV프로그램 소재를 이러한 통신 네트워크를 통하여 전송하는 것이 가능하게 하고 있다고 할 수 있다.

이러한 기술은 데이터 네트워크를 스튜디오디자인에 접목시킨 것으로서, 이러한 기술을 이해하고 응용 하려면 방송 기술자도 네트워크에 대한 기초적인 기술지식을 가지는 것이 필요하다고 할 수 있다. 그리하여 이장에서는 스튜디오내에서 각각 스튜디오사이에 통신 네트워크의 이용에 의한 오디오 비디오스트림이나 데이터파일 전송 기술에 대하여 설명하고자한다.

그럼 비디오나 오디오 프로그램 소재의 멀티 포맷화는 프로그램 제작이나 전송에 있어서 피할 수 없는 형식이 되고 있다고 할 수 있고, 각종 컨버터군과 프로그램을 특정의 전송 네트워크나 방송 방식에 적당한 포맷으로 변환하기 위하여는 필수라고 할 수 있는데, 이러한 형식변환기의 특성이나 성능에 있어서도 간단하게 설명하고자 한다.

다음으로는 프로그램을 제작하기 위하여 필요한 MPEG-2의 개념이나 요구 특성에 대해서도 설명을 하고자하는데, 스튜디오로의 MPEG-2포맷의 도입에 있어서는 완전한 MPEG-2포맷의 도입은 완전한 MPEG스튜디오의 실현이라는 최종목적을 달성하기 위하여 널리 사용되고 있다고 할 수 있는데, 이러한 기술 인프라를 구축하기위한 몇 가지 방법에 의하여 아날로그 컴포지트 또는 디지털 컴포넌트로부터 DTV의 구조로 이행 시나리오가 고려되고 있다고 할 수 있다.

12.1 인터페이스, 네트워크, 또는 전송 프로토콜

디지털 텔레비전과 컴퓨터, 또는 텔레커뮤니케이션 기술의 융합은 텔레비전 프로그램소재의 전송을 스튜디오나 시설 설비사이에 비트 스트림으로 이행하는 것이 가능하게 하고 있다고 할 수 있는데, 이러한 새로운 네트워크 기반설비는 고속의 디지털 비디오 프로세서와 압축 베이스의 스토레지 시스템(Storage System), 그리고 고속 네트워크 사이의 조합에 의하여 시스템을 형성하는 것에 의하여 실현이 되고 있다고 할 수 있다.

멀티 미디어 아카이브(Multi Media Archives : 다양한 미디어소제의 장기보존 시스템)는 이미 과거 40년에 걸쳐서 프로그램 소재를 저장하여 왔기 때문에 이러한 소재의 데이터베이스를 이용하여 새로운 프로그램 제작 시 사용하는 것이 가능한 소재는 대단히 중요한 프로그램 소재 공급원으로 되고 있다고 할 수 있는데, 이러한 시스템을 이용하여 기억하고 불러내서 사용하는 시스템(Digital Storage and Retrieval System)에 있어서는 현재의 어떠한 종류 방송 시스템에 있어서도 기본적인 설비로 자리 잡아 왔다고 할 수 있다.

이러한 것은 각 프로그램 소재의 내용을 각종의 메타데이터(Meta Data: 소제 관련 데이터)를 사용하여 정확하게 표시하는 것이 가능할 것과 컴퓨터나 네트워크에 따라서 많은 소재를 빨리 블로와징(Browsing : "주워서 거두어들인다"는 의미의 것으로 웹 등의 소재의 대표화면을 1개의 화면으로 나열하여 표시하게 하여 검소를 하게하는 것) 하게하여 검소가 가능하게 하는 것에 의하여 사용빈도를 높이이게 하는 요인이 되고 있다고 할 수 있다.

우리가 흔히 이야기를 하고 있는 SMPTE와 EBU규격에서는 빠른 시기로부터 이러한 새로운 텔레비전 시스템의 설계나 설치에 대하여 공통의 접근을 하는 것에 대한 필요성을 인식하고 있다고 할 수 있는데, 이 때문에 SMPTE와 EBU에서는 〈프로그램 소재를 비트스트림으로 하여 교환하기 위하여 하모나이즈 스탠더드(Harmonize Standard : 일관되게 모아놓아져 있고, 상호적으로 조화를 한 규격군)를 검토하기 위하여 전문 합동 위원회 (Joint Task Force for "Harmonized Standards for The Exchange of Program Materials as Bit Streams" : TF-HS)를 설립하였다고 할 수 있다. 세계 각 국으로부터 200인 이상의 전문가에 의한 합동 위원회에 의하여 대단히 많은 검토 작업이 시행되었다고 할 수 있는데, 그 검토의 결과 "Analyses and Results"보고는 1998년 6월에 공표 되어 갔다고 할 수 있다. (이 전문 위원회의 보고는 SMPTE의 WEB사이트로부터 입수하는 것도 가능하지만 다른 방편으로는 SMPTE또는 EBU로부터 직접 입수하는 것도 가능하다고 할 수 있다.)

이 전문 위원회의 작업이나 보고는 물리적인 레이어로부터 데이터 링크 레이어, 트랜스포트 레이어 등 7개의 각 계층의 레이어(Layer)가 각각 독립하여 전문 업무 내용을 담당하는 계층 구조를 가지고 있다고 할 수 있는데, 이러한 시스템은 통신의 OSI(Open System Interconnection)모델과 거의 같은 계층 구성으로 하고 있다고 할 수 있다. (11.4.1항 참조)

그러나 이러한 보고에 의해 방송국에서 사용을 하고 있는 압축데이터 포맷 등의 몇 가지 애플리케이션(Application)은 OSI모델에 있어서 프레젠테이션 계층의 일부이라고 생각이 되는데, 이러한 계층구성에 있어서 접근은 데이터 방송 시스템의 표준 규격화와 시스템 기술 발전에 크게 기여를 하였다고 할 수 있고, 이런 레이어 내의 추가나 변경은 다른 레이어의 영향을 주지 아니하고 전송이 가능하다는 장점이 있다고 할 수 있다.

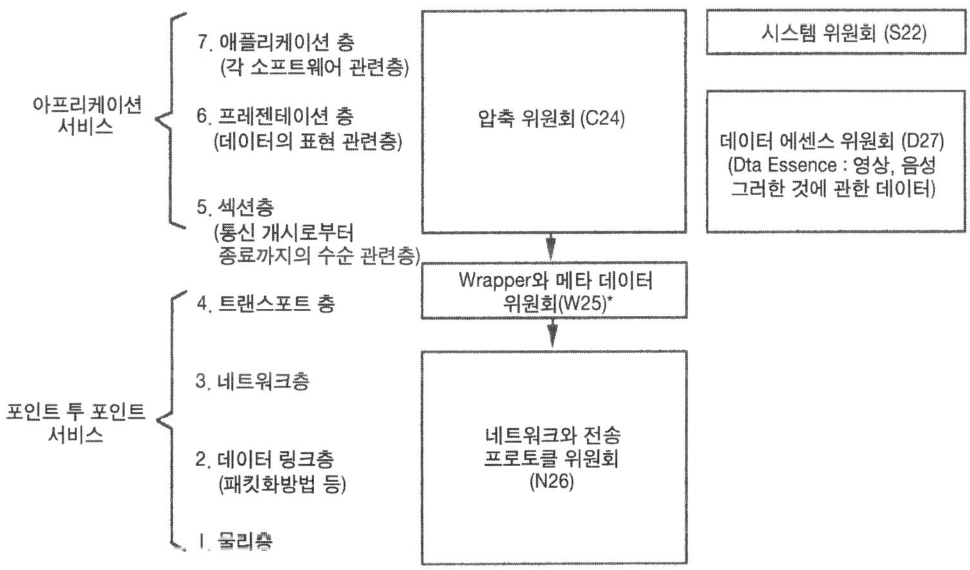

*1. Wrapper이라는 것은 데이터 에선스(Data Essence)를 전송하기위하여 집어넣는 프로토콜 등의 총칭을 말한다.
*2. 메타데이터(Meta Data)는 주 데이터를 수식하는 소재코드 등의 데이터를 말함.

그림 12.1 OSI모델과 SMPTE규격위원회 구조

이러한 전문 위원회의 보고는 4개의 섹션으로 나누어져 있다고 할 수 있는데, 여기에는 시스템(system), 압축(compression), 라퍼(wrapper:데이터가 포함한 것)와 메타데이터 (Wrapper and Meta Data), 네트워크와 전송 프로토콜 (Network and Transfer Protocols)이라고 할 수 있고(12.12참조), SMPTE의 최근에 들어와서 그 규격화 위원회의 활동 내용에 대하여는 그림 12.1에서 표시를 하고 있는 것과 같이 위원회의 보고와 같은 구성을 채택하였다고 할 수 있다.

12.1.1 표준이 되는 시스템의 구조(Reference Architecture)

위에서 이야기를 한 조화규격군의 검토 전문 위원회 (TF-HS)는 현재의 애플리케이션(Application)과 미래의 애플리케이션 사이에나 아니면 소프트웨어와 하드웨어에 혼재하는 시스템 사이에서의 상호적인 호환성(Interoperability)과 유연성(Frexibility)을 가능하게 하는 레퍼런스 아케테쳐(Reference Architecture : RA)를 개발하였다고 할 수 있는데, 이러한 레퍼런스 아케테쳐(Reference Architecture : RA) 인터페이스 데이터 파일의 PUSH(예를 들면 상대를 지정한 데이터를 송출하는 것)와 PULL(예를 들면 상대를 지정하여 그 데이터를 가지러 가는 것)을 하기위하여 통신 프로토콜(모든 채널이나 네트워크에 있어서 공통의 비디오, 오디오, 데이터의 스트리밍 프로토콜) 파일 시스템 등의 사안을 중심으로 권고하여, 이를 디펙트 스탠더드(Defacto Standard)로 하고 있다고 할 수 있다.

DAVIC(Digital Audio Visual Council : 10.7항 참조)에 의하여 시행을 한 오브젝트 베이스의 구조(Object Based Architecture)에 대해서는 초기의 작업을 기본으로 하여 오브젝트 지향의 구조(역주 : 데이터와 그러한 것에 대하여 시행을 하는 처리의 수순을 한꺼번에 취급하는 구조. 예를 들면 1개의 프로그램 지향으로 그 영상, 음성, 텍스트 등의 각각 다른 종류의 데이터를 통일시키어서 취급을 함.)를 형성하지만 이러한 것은 TF-HS에 따라서 적용되어진다고 할 수 있다.

이러한 각 오브젝트는 자기 자신의 데이터와 특정의 프로세스에 관하는 퍼포먼스(Performance : 실행성취)사양을 포함 하고 있다고 할 수 있는데, 이러한 구조에 의하여 스튜디오에서 복잡한 오퍼레이션의 문제 중에 관리 가능한 블록이나 서브블록 등으로 분리하는 것이 가능하게 하여 문제의 해결 방법을 소프트웨어의 설계나 컴퓨터나 네트워크 기술에 따라서 시행하는 것이 가능하게 하고 있다고 할 수 있다.

이러한 모든 규격화에 대한 노력은 새로운 방식을 사용하고 있어 스튜디오를 설계함에 있어서 이러한 모든 지식은 새로운 규격이나 관련된 개발을 이해하는 것에 필수 이라고 할 수 있는데, 프로그램 소재를 비트 스트림으로 하여 교환을 하기 위하여는 오디오, 비디오, 또는 관련 데이터를 통합한 패키지에 의한 데이터의 구성(RA컴포넌트)의 정의를 시행하는 것이 필요하다고 할 수 있다.

12.1.2 레퍼런스 아키테쳐 컴포넌트(Reference Architecture Component)

- Essence (에센스) : 오디오, 비디오 에센스는 실제의 오디오 비디오 샘플의 원래 데이터 또는 이러한 신호를 압축한 것이라고 할 수 있는데, 특히 데이터 에센스라고 불리 울 경우에는 HTML이나 프로그램 가이드, 자막 데이터 등의 문자정보를 지정하고 있다고 할 수 있다.

- 메타 데이터(Meta Data) : 메타데이터라는 것은 에센스에 대한 정보이라고 할 수 있는데, 그 정보는 프로그램 제작 시에 그 프로그램 소재의 내용을 간단하게 설명을 하는 것에 의하여 생성 되어진다고 할 수 있고, 프로그램의 내용에 있어서는 오디오나 비디오 등의 각각의 별개의 장소에 기록을 하지만 그러한 것과 공통의 MID(Unique Material Identifier : 세계에서 유일의 소재번호)를 붙여놓아서 용이하게 재생하는 것도 가능하다고 할 수 있다.
  이러한 메타 데이터의 예로서는 타임코드, 신호원ID, 프로그램 ID, 편집 리스트(EDL : Edit Decision List), 버전 넘버(Version Number)등이 있다고 할 수 있는데, 이러한 것에 의하여 프로그램 소재의 빠른 브라우징(Browsing), 네트워크에 접속한 아카이브(Archives : 프로그램 보관소)나 온라인서버(On-Line Server)에 있는 프로그램을 억세스 하는 것이 가능하여 프로그램 제작으로부터 포스트 프로덕션 프로그램의 전송, 송출에 이르기까지 지적 재산의 관리에 있어서도 많은 공헌을 하고 있나고 할 수 있다.
  이렇게 SMPTE는 이센셜 메타데이터 (Essential Metadata : 필수에 대한 메타 데이터), 억세스 메타 데이터(Access Metadata : 억세스에 대한 기본메터 데이터), 컴포지셔널 메타데이터(Compositional Metadata : 소재 구성 등에 대한 메타 데이터) 등의 몇 개 부류로 나누어진 메타데이터(Meta Data)의 규격화를 진행하여 간다고 할 수 있다.
  이러한 것은 SMPTE 디셔너리(역주 : SMPTE Dictionary SMPTE미디어 데이터에 대한 사전이라고 할 수 있는데, RP210-X에 일부가 나와 있으나 아직은 미완성인 것 같음)에 기록되어져 있다고 할 수 있다.
- 콘텐트(Content) : 콘텐츠의 1단위 (a Content) 이라는 것은 에센스의 데이터의 소부분으로서, 오디오에서는 1오디오 프레임 4ms가 되기도 하고 비디오에서는 1프레임당 MPEG-2의 GOP가 약 500ms가 되기도 하는데, 1개의 쇼트(Shot) 또는 어떤 특정의 시간길이 이기도 한다고 할 수 있다.
- 콘텐트 엘레먼트 (Content Element) : 1개의 콘텐트 엘레먼트 관련 메타데이터가 더해진 1개의 타입의 에센스 데이터라고 할 수 있는데, 이러한 콘텐트 엘레먼트는 오디오, 비디오, 데이터 에센스의 어떠한 것이라도 좋디고 할 수 있다.
- 콘텐트 아이템(Content Item) : 콘텐트 아이템이라는 것은 255개까지의 같은 타입의 콘텐트 엘레먼트를 모아 놓은 것이라고 할 수 있는데, 이러한 콘텐트 엘레먼트를 관련이 되게 하기 위하여 메타데이터를 부가시킨다고 할 수 있다.

- 콘텐트 패키지(Content Package) : 콘텐트 패키지이라는 것은 프로그램을 생성하기 위하여 사용되어진다고 할 수 있는데, 이러한 것의 형식으로는 1개 내지 몇 개의 콘텐트 아이템의 조합으로 이루어진다고 할 수 있고, 이러한 콘텐트 아이템에 관련하는 정보가 메타 데이터로서 부가되어진다고 할 수 있다.

  그림 12.2에서는 프로그램의 각 소재와 관련 정보나, 콘텐트 유니트, 콘텐트 엘레먼트, 콘텐트 아이템, 콘텐트 패키지 순으로 정리되어 있는 예를 표시하고 있다고 할 수 있는데,

  가장 복잡한 콘텐트 패키지로서는 시스템, 오디오, 비디오, 텍스트 등의 아이템의 어느 정도의 조합하여 포함하는 것이 가능한가 이라고 할 수 있고, 이러한 콘텐트의 다중화에서는 모든 아이템의 간격에서 타이밍을 맞추는 것이 효과적이라고 할 수 있다.
- 랍퍼(Wrapper) : 랍퍼(또는 콘테이너(Container : 집어넣는 것)의 컨셉에 있어서는 파일의 포맷이나 1개의 콘텐트를 형성하는 에센스와 메타데이터의 링크에 직접 관련하고 있다고 할 수 있는데, 애플리케이션에 따라서는 파일스토레이지 랍퍼(File Storage Wrapper)나 스트리밍 랍퍼(Streaming Wrapper)와 같이 각각 다른 랍퍼가 사용되어진다고 할 수 있다. 그림 12.3에서는 1개의 랍퍼와 콘텐트의 예를 표시하고 있는데, 이러한 콘텐트는 1내지 복수의 콘텐트 패키지나 콘텐트 아이템(Contents Item)으로 구성을 하고 있는 복수의 콘텐트 패키지도 있다고 할 수 있다.
- 유니큐 매테리얼 ID(Unique Material Identifier : UMID : 세계에서 유일이라는 것을 보증하고 있는 소재 식별 ID. 같은 ID별의 소재를 보존하지 아니함) : 이러한 것에 의하여 모든 미디어의 소재가 스트림, 스토레이지, 아카이브 등의 소재가 프로세스 시스템을 통과 할 때에 가까이 있는 소재인가? 아니면 먼 곳에 있는 소재인가를 식별하는 것이 가능하다고 할 수 있다.

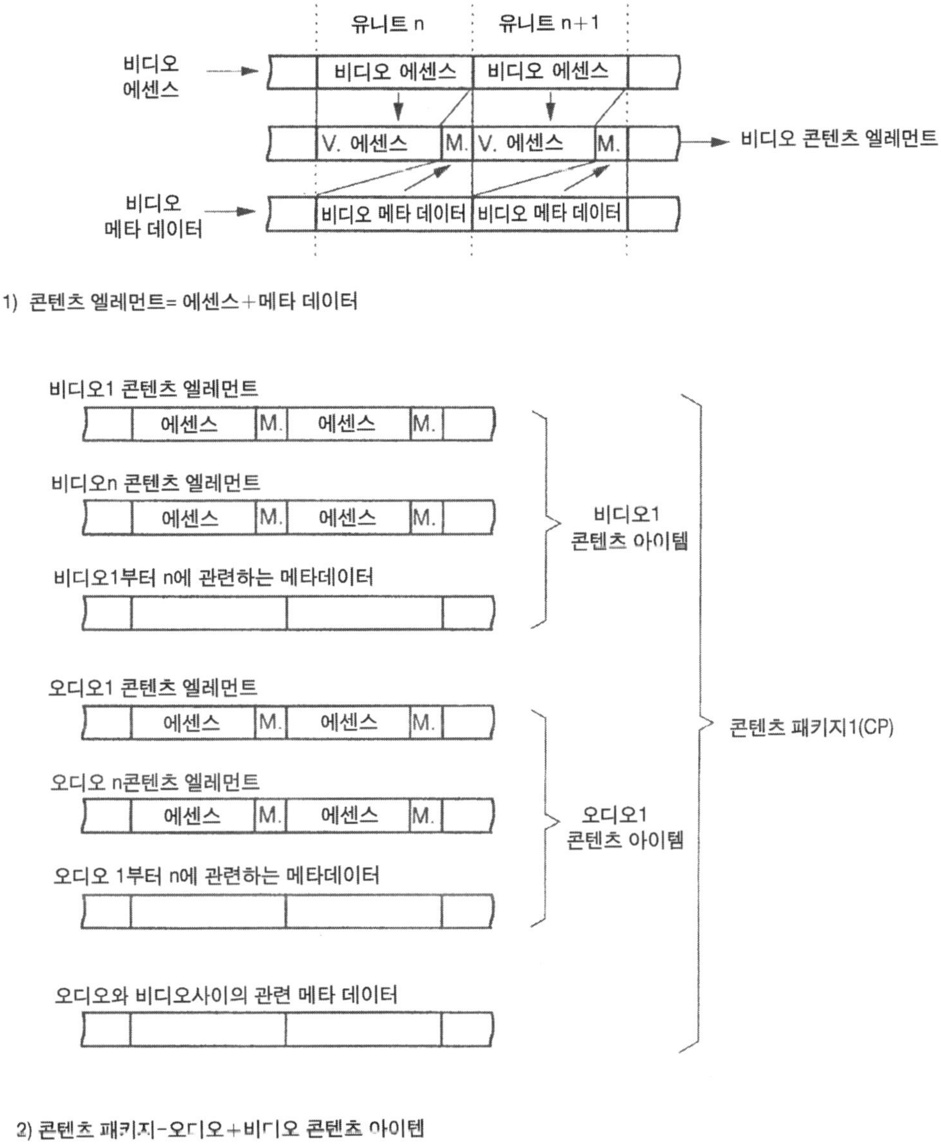

그림 12.2 비디오 오디오소재와 관련하는 정보를 콘텐츠 패키지에 구성을 하는 일예 비디오 에센스

이러한 UMID는 소재의 타입에 따라서 결정되는 시간길이의 1개의 콘텐드 유니트나 연속하는 콘텐트 유니트로 작성을 하고 있는 클립(Clip : 1개의 컷, 씬)에 의하여 생성이 되어진다고 할 수 있는데, 이러한 SMPTE는 UMID와 공통으로 사용되어진다고 할 수 있고, 이런 메타 데이터에 대해서는 몇 개의 규격을 제정하기도하여 규격화를 진행하기도 한다고 할 수 있다.

역주 SMPTE의 UMID는 SMPTE330M에 규정되어있는데, 이러한 UMID는 베이직 UNID32바이트와 시크니츄아 UMID32바이트의 합계64바이트로 구성되어져 있다고 할 수 있다. 그러한 내용에 대해 이야기를 하면 우선12바이트에서는 SMPTE 유니버셜 레벨으로 SMPTE에서 관리를 하는 영상과 음성데이터 등의 각종 UMID이라는 것이라고 할 수 있는데, 이러한 것은 각 클립의 유익한 소재번호이라고 할 수 있다.

다음으로는 이러한 소재번호에 대하여 이야기를 하면 그러한 것이 최초로 생성한 스타트 시각을 표시하는 것으로는 SMPTE309M에서 규정을 하고 있는 년월일 시각을 사용한 타임스넵코드(Time Snap Code)가 있다고 할 수 있고, 다음으로는 기타 같은 타임코드가 존재할 가능성이 있다는 것을 고려한 2바이트의 란수 코드가 있다고 할 수 있으며, 계속하여 다음으로는 제작에 사용된 기기의 SMPTE등록번호가 연속하여 사용되고 있다고 할 수 있고, 마지막으로 3바이트의 인스턴스 넘버(Instance Number)가 있어 그곳에서 원소재가 DVE나 편집 방식변환 등과 같이 변경이 되어진 것을 구별 하게하는 번호를 표시하게 하여서 총 합계 32비트로서 베이직 UMID가 구성 되어진다고 할 수 있다.

또 시크니츄아 UMID에서는 콘텐츠 생성의 타임코드로 시작한다고 할 수 있는데, 소재번호로서 사용한 타임스넵코드는 간단히 식별용 번호로서 사용되어서 이러한 타임코드는 본래의 타임코드의 의미를 가지고 있다고 할 수 있다.

다음의 소재생성의 장소가 GPS로 표시되어서 세계중의 어느 곳에 있는가를 표시하고 있다고 할 수 있는데, 프로그램이 제작되고 있는 곳을 정확하게 표시하기 위하여 위도, 경도 코드가 표시되고 있다고 할 수 있고, 그 다음으로는 SMPTE식별코드, SMPTE에 식별되어진 제작국 또는 회사 코드, 사용자 코드로 제작회사에서 결정된 제작자 개인을 표시하는 코드, 또는 후리랜서 제작자가 SMPTE에 등록을 한 코드를 등록시키어서 이러한 것을 모아 총체적으로 시크니츄아 UMID가 된다고 할 수 있다.

예를 들면 드라마에 있는 어떤 촬영장면의 샷(Shot) 스타트로 비디오의 베이직 UMID의 타임스넥 데이터나 프로그램을 제작함에 있어서 사용한 카메라의 등록 번호가 등록되어서 확장 UMID으로서 등록이 되어진다고 할 수 있는데, 제작한 프로그램의 영상 프레임마다 시크니츄아 UMID의 타임코드부에 프레임 번호는 물론 카메라의 이동 샷 이라면 위치가 기록되어져 동시에 제작서명이 기록되어져 있다고 할 수 있고, 이러한UMID의 타임스넥 데이터에서는 영상 신호만이 아니라 오디오에 있어서도 별개의 UMID가 등록되어져 있다고 할 수 있다.

- 유니큐 프로그램 ID(Unique Program Identifier : UPID) : 1개의 완성한 프로그램은 오디오, 비디오, 텍스트 소재로 구성되어져 있어서 각 소재는 독자의 UMID를 가지고 있다고 할 수 있는데, 프로그램이 완성이 되면 이러한 UPID가 붙여져서 몇 개의 메타 데이터가 소거되어진다고 할 수 있다.

역주 UPID에 대해서는 지금 현재로서는 별로 자세한 내용에 대해서는 규정되어져 있지 아니한 것 같다고 할 수 있는데, 즉 SMPTE RP205에서는 UPID는 각 프로그램 제작회사, 프로그램 제작 방송국에 따라서 자유자제로 붙여도 좋다고 기록되어져 있다고 할 수 있다. 또한 이러한 프로그램이 다른 방송국에 판매가 되어진다면 구입한 회사가 그 회사로서의 규정에 의하여 새로운 UPID를 붙여서 사용하여도 좋다고 할 수 있지만 먼저 입력되어진 UMID라는 것은 변경이 되지 아니한다고 서술되어져 있다고 할 수 있다.

12.1.3 네트워크 (Net Work)

네트워크는 많은 정보 데이터 원과 수신기기장치 (Sinks라고 불리 우는)와의 사이를 연결하여 데이터를 주고받거나 통신을 하는 것이라고 할 수 있는데, 이러한 네트워크는 2개의 주요한 부류로 분리하여 나눌 수가 있다. 그 중에서 하나는 좁은 지역 내의 사용자를 연결하는 로컬 에리어 네트워크(Local Area Network)를 이야기 할 수가 있고, 또 하나는 몇 개의 떨어져 있는 지역을 연결하는 와이드 에리어 네트 워크(Wide Area Network)이라고 할 수 있는데, 디지털 네트워크의 급속한 전개와 그 전송대역의 광대역화에 의하여 이러한 새로운 데이터 전송 라인은 방송용에도 많이 사용되어질 수 있는 전송 능력을 가지게 되어 있다고 할 수 있다.

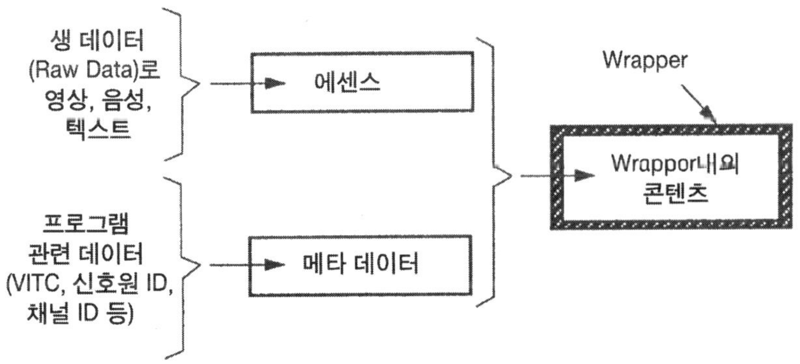

그림12.3 Wrapper와 콘텐츠 포맷화

규격화 위원회 TF-HS에서는 단순한 네트워크 시스템에서는 방송 업계의 스튜디오내와 스튜디오간의 데이터 전송에 있어서의 요구를 만족하는 것이 불가능하다는 것을 인식 하여 몇 가지의 인터페이스, 네트워크, 전송메커니즘을 추천하였다고 할 수 있는데, 12.3항과 12.4항에서는 그러한 것에 대하여 설명을 하고 있다고 할 수 있다.

12.1.4 전송 프로토콜(Transmission Protocols)

전송 프로토콜이라는 것은 데이터를 정보원으로부터 지정되어진 도착지점까지 보내기 위하여 데이터를 전송함에 있어서 적합한 형태로 구성을 하는 역할을 가지고 있다고 할 수 있는데, 이러한 프로토콜은 통신채널의 효율이 좋게 억세스 하는 기능을 가지고 있지 아니하면 되지 아니한다고 할 수 있다.

따라서 이러한 통신시스템의 복잡한 요구에 대응하기 위하여 프로 토콜에 있어서는 상하에 겹겹이 축적하여 쌓여놓은 것 같은 복수의 레이어로 분류되어 있다고 할 수 있고, 통상의 모든 오픈 네트워크, 즉 국제규격의 셋트로 규정되어져 있는 네트워크 군의 프로토콜의 사양에서는 OSI레이어 모델이 사용되어 진다고 할 수 있는데, 이러한 OSI모델에서는 이 책의 11.4.1 항에서 그 정의를 하고 있다고 할 수 있다.

링크 레이어 또는 네트워크 레이어에서 우리가 통상적으로 데이터 스트림이라는 것은 프레임(Frame)이라고 불리 우는 바이트를 일정한 간격으로 자른 길은 패킷이나 셀(Cell)이라고 불리 우는 짧은 패킷으로 포맷이 되어서 그러한 것을 수신기기 장치에 이용하는 패킷의 정보 또는 셀의 정보가 부가되어 진다고 할 수 있는데, 이러한 것은 각각 다른 전송 프로토콜이 각각 다른 애플리케이션 용으로 개발이 되어서 현재에 있어서도 공존을 하고 있다고 할 수 있다.

그림 12.4에서는 데이터 스트림이 4종류의 전송 프로토콜에 의하여 셀(Cell)이나 프레임 포맷(Frame Format)되어진 형을 요약 하여 표시한 것이라고 할 수 있다.

- 에이싱크로너스 프로토콜(Asynchronous Protocol (ATM) : 비동기 프로토콜)
  이러한 통신 모드〈셀 릴레이(Cell Relay) 또는 ATM〉이라는 것에서 최초로는 문자데이터의 전송에 사용되었다고 할 수 있는데, 이러한 모드는 문자데이터의 스타트비트와 스톱 비트를 가지고 있어서 각 셀에 대하여 고정한 비트 시퀀스를 규정하고 있다고 할 수 있다.

이러한 데이터의 타이밍은 스타트 비트와 스톱 비트로부터 얻어져서 각 시퀀스의 간격은 가변 이라고 할 수 있고, 이러한 데이터 파일 또는 패킷은 네트워크가 전송에 사용되어지는 타이밍을 사용하여 전송이 되어진다고 할 수 있으며, 이러한 셀은 수바이트 단위의 짧은 패킷으로 구성이 되어 같은 채널에 각각 다른 타입의 데이터를 효율 좋게 다중 하여 전송을 하는 데에 있어서 적합 하다고 할 수 있다.

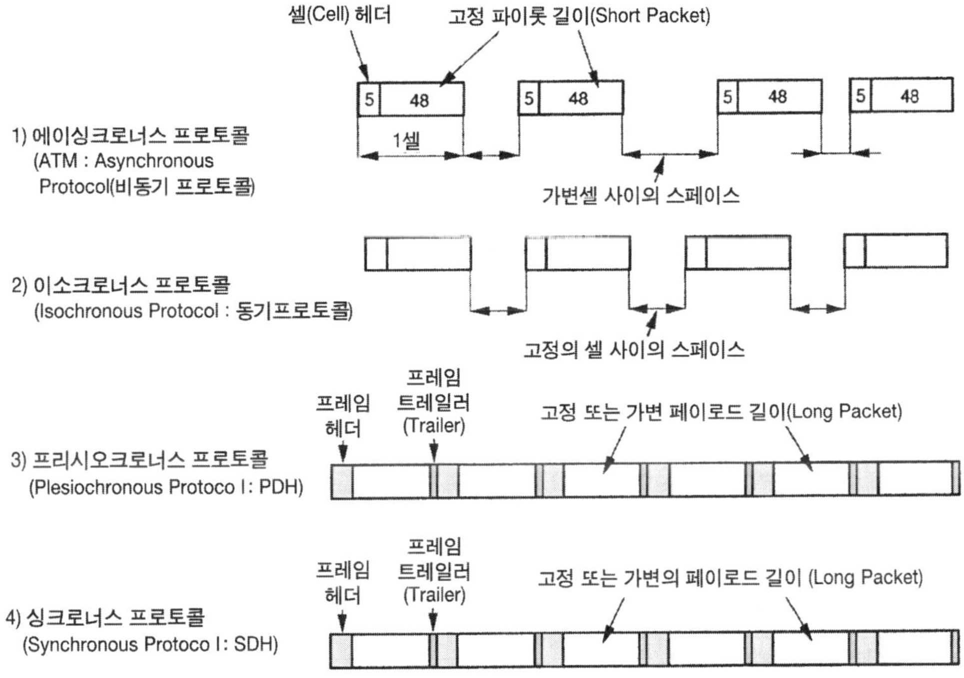

그림 12 4 현재 전송 프로토콜의 데이터 스트림의 표현

- 이소크로너스 프로토콜(Isochronous Protocol : 동기 프로토콜)

먼저 설명한 비동기 프로토콜과 같이 이러한 모드에 있어서도 공통으로 스타트 비트와 스톱 비트를 사용하고 있지만 이 방식에서 다른 점은 각 시퀀스의 간격이 일정하게 확보가 되어있다는 것이 다르다고 할 수 있는데, 이러한 프로토콜은 비트를 일정한 레이트로 보내는 것에 의하여 초기의 수신 모뎀의 동기를 개선하는 목적으로 개발 되었다고 할 수 있다.

또한 이러한 것에 의하여 전송 지연이 사전에 예측이 가능하고, 대역폭의 치를 보정하는 것이 가능하다는 장점이 있다고 할 수 있는데, 이러한 프로토콜은 오디오 비디오의 파일이나 패킷을 리얼타임으로 전송을 하는 데에 있어서 적합 하다고 할 수 있다.

- 프리시오크로너스 프로토콜(Plesiochronous Protocol(PHD) : 준동기 프로토콜)
  준동기 네트워크(Nearly Synchronous Network)이라는 것은 전송 데이터 레이트는 규정치에서는 잘 확보되어 있으나 공통 데이터클럭(Common Data Clock)에서는 완전하게 동기가 되어있지 아니하다고 할 수 있는데, 이를 프레임 릴레이(Frame Relay) 또는 PDH(Plesiochronous or Pre-Synchronous Digital Hierarchy)이라고도 한다.
  이러한 것은 클럭 주파수나 각 링크, 노트로 각 위상의 약간 변화는 허용한다고 할 수 있는데, 이러한 타입의 네트워크에서는 초기의 디지털 통신 시스템으로서 사용되어져 있었다고 할 수 있고, 후기에 있어서는 동기네트워크에 의하여 변경되었다고 할 수 있다.
  또한 북미의 DS히에라르키(DS Hierarchy, 유럽에 있어서는 E Hierarchy)이라는 것은 PDH에서 잘 알려져 있는 애플리케이션 이라고 할 수 있는데, 그러나 이러한 PDH에서는 동작상의 커다란 문제가 있다고 할 수 있고, 모든 히에라르키에 있어서 완전한 시간축 분할(Demultiplexing)이나 재 다중(Remultiplexing)은 데이터 스트림의 부가/분할(Add/Drop)을 확실하게 인식을 하는 것에 의하여 실행을 하지 아니하면 되지 아니하지만 변동이 생기면 곤란 하다고 할 수 있으며, 네트워크의 성능의 측정이나 네트워크의 장해로부터 재 루팅(Rerouting After Network Failure)은 멀티플렉서의 구조상으로 곤란하다고 할 수 있다.
- 싱크로너스 프로토콜(Synchronous Protocol SCH) : 동기프로토콜
  이러한 통신 모드는 공통의 클럭을 사용하여 2개의 통신 장치기기를 동기시키는 것이라고 할 수 있는데, 이러한 것에 의하여 몇 개의 디지털 신호를 보다 높은 데이터 레이트로 동기 한 신호로 다중을 시키든지 보다 낮은 레이트로 동기 한 신호로 분리하는 것이 직접 가능하다고 할 수 있는데, 이러한 방법을 동기다중(Synchronous Multiplaxing)이라고 불리 우고 있다. 이러한 형식에서의 전송지연은 각 데이터 필드나 패킷에 있어서 확실하게 규정하는 것이 가능하고, 또 싱크로너스 디지털 히에라르키(Synchronous Digital Hierarchy : SDH) 네트워크 인터페이스는 이런 규격화되어진 ITU 프로토콜을 기본으로 하여 싱크로너스 트랜스포트 모듈 히에라르키(Synchronous Transport Module Hierarchy) STM-0로부터 STM-64까지를 사용하고 있다고 할 수 있는데, 현재에 있어서는 경제적인 광 Fiber전송 기술의 개발에 의하여 싱크로너스 오피티컬 네트워크 인터페이스에 있어서도 규격화되어져 있어서 싱크로너스 트랜스포트 시그널 히에라르키(synchronous transport signal hierarchy : STS-1부터 STS-192)나 오피티컬 캐리어 히에라르키 (Optical Carrier Hierarchy : OC-1부터 OC-192)까지도 측정하는 것이 가능하게 하고 있다고 할 수 있다.

역주 여기에서 STM-0, OC-1, STS-1이라는 것은 기본레벨 51.84Mbps이라는 것이 공통이라고 할 수 있으나 보다 높은 레벨은 기본레벨의 배수로서 STM-1, OC-3, STS-3=155.52Mbps이라고 할 수 있고, STM-64, OC-192, STS-192는 9.935Gbps이라고 할 수 있다.

12.2 데이터 스트림(Data Streaming)과 데이터 파일 (Data File Transfer)의 전송

오디오/비디오의 프로그램 소재는 현재에 있어서는 스튜디오로부터 스튜디오로나 또는 각각 다른 장소사이에서 연속한 데이터스트림으로서 전송이 되어진다고 할 수 있다.

그리하여 새로운 기술에 따라서는 최근에 들어와서는 압축한 소재를 리얼타임 이상의 속도로서 기기간이나 스튜디오사이에서 포인트 투 포인트(Point to Point))의 전송을 하는 것도 가능하게 하고 있다고 할 수 있는데, 이러한 방식의 운용 범위에 있어서는 아직은 작은 범위에 머물러 있다고 할 수 있다.

그러나 광대역 저지연의 네트워크가 사용하는 것이 가능하게 되어서 스튜디오사이의 분배나 송출 방법이 계속 하여 변화하였다고 할 수 있는데, 현재에 들어 와서는 어떠한 형식의 오디오/비디오의 프로그램 소재이라도 컴퓨터사이의 파일 교환과 같이 미디어 파일로서 전송 하는 것이 가능하다고 할 수 있다.

또한 소재나 정보 등의 지적 재산의 분배방법(Asset Sharing)의 검토가운데 TF-HS이라는 것은 콘텐츠의 파일과 스트리밍을 이용한 쌍방향의 전송에 대하여 표준이 되는 구조(Reference Architecture)를 정의하고 있다고 할 수 있는데, 이러한 방법에서는 인터페이스, 네트워크, 사용하는 방송의 프로토콜이 권고되어져 있다고 할 수 있다.

또한 데이터 스트리밍의 전송과 데이터 파일전송의 2가지의 전송 방법에 있어서는 아래 항에서 각각 설명하고 있는 것과 같이 장단점을 가지고 있다고 할 수 있다.

12.2.1 데이터 스트림의 전송(Streaming Transfers)

- 링크는 오류가 있다면 다시 보내는 것 등과 같이 정보에서 보증이 되어진 송출방법* (Guaranteed Deliverly of Information)을 제공하는 것 밖에 없기 때문에 이러한 문제를 방지하기 위하여 자신의 시스템을 고 품질의 서비스(Hight Quality of Service)가 이루어지도록 설계되어져 있다고 할 수 있다.

또한 QOS(Quality of Service)의 중심이라고 할 수 있는것에 대한 각 부류를 살펴보면 비트오류율(BER: Bit Error Rate), 지연, 지터, 전송 레이트가 양호하기 위하여 라고 할 수 있는데, 현재 디지털 텔레비전 제작 시스템의 거의 모든 설비에서는 다양한 용도를 목적으로 링크를 구성하는 "스트림 인터페이스"와 특정한 목적의 용도만으로 회선을 구성하여 사용하고 있는 "전용전송라인"을 베이스로 하고 있다고 할 수 있다.

- 링크의 Cost(원가)가 높다.
- 거의 모든 전송의 전송 속도에 있어서는 리얼타임으로서 전송하는 것이 가능하여 생방송 등의 전송에 있어서 적합하다고 할 수 있고, 압축되어진 소재에 있어서는 리얼타임보다는 좀 더 빠른 고속의 전송에 있어서도 사용하는 것이 가능하다고 할 수 있다.
- 전송에 있어서는 동기전송(Synchronous or Isosynchronous)이다.
- 스트림 전송에 있어서는 (예를 들면 HDTV와 SDTV와같이) 각각 포맷 속성의 차이에 따라서 각각 다르다고 할 수 있다.
- 정보의 지연량은 보증하는 것이 가능하다.
- 통신 방식에 있어서는 단일방향(Unidirectional) 전송 이라고 할 수 있다.

12.2.2 파일전송(File Transfers)

- 트랜스포트 레이어이라는 전송 방식은 현재와 같은 저 품질 네트워크를 사용하고 있다고 할지라도 특정한 1개의 장소로부터 또 다른 1개의 장소까지 어느 정도 보증이 되어진 신뢰가 가능한 파일 전송을 가능하게 하고 있다고 할 수 있다.
- 네트워크의 설비 Cost(원가)는 낮다.
- 전송 속도에 있어서는 고속, 표준, 저속이 가능하다고 할 수 있다.
- 파일 전송에 있어서는 포맷속성의 차이에 따라서 영향을 받지 아니한다.
- 오류가 있는 패킷은 다시 보내지 아니하면 되지 아니하고 지연량에 있어서는 압축량에 따라서 다르기 때문에 일정하지 아니하다고 할 수 있다.
- 송신 방식에 있어서는 쌍방향(Bidirectional)이라고 할 수 있다.
- 네트워크 중간에 있는 장비는 비디오/오디오 입출력 포트를 가질 필요는 없다고 할 수 있다.

12.2.3 송출 제어 프로토콜(Transmission Control Protocols)

TF-HS는 그가 추천하는 기본 계획의 개발 가운데 데이터의 내용을 전송하기 위하여 프로토콜을 조사하여서 다음과 같은 권고를 하였다고 할 수 있다.

- 파일전송에 있어서는 파일 트랜스 프로토콜(The File Transfer Protocol : FTP)이 기업 간의 표준이라고 할 수 있는데, 고속의 1개의 포인트로부터 복수의 포인트로의 전송(Fast and Point-to-Multipoint Transfer)의 요구에 대해서는 FTP를 개량하여 FTP+이라고 하고 있고, 익스프레스 트랜스포트 프로토콜(Express Transport Protocol : XTP)을 적용하는 것에 의하여 여러 가지 요구에 응하는 것이 가능하다고 할 수 있다.
  또한 이러한 것에 의하여 최고의 전송 레이트의 선택이나 부분파일의 전송에 있어서도 가능하게 하고 있다고 할 수 있다.
- 파일 분배(File Sharing)에 있어서는 네트워크 파일 시스템(The Network File System : NFS)이 원소재의 클라이언트(Clients) 컴퓨터 서버상의 파일의 일부분이나 전부를 억세스하여 파일을 읽기도하고, 어떤 경우에는 집어넣기도 하는 수요자의 필요 요건을 전부 대응하는 것이 가능하게 하고 있다고 할 수 있는데, 이러한 파일에 대한 억세스 허용에 있어서 완전한 제어도 준비 되어 있다고 할 수 있다.

12.3 시설내의 애플리케이션간의 전송기술(Transport Technologies for Intrafacility Application)

텔레비전 프로덕션이나 방송국에서는 혹시는 아날로그 NTSC나 PAL포맷에 한정되어있다고는 할 수 없는데, 따라서 비디오 소재는 지금의 아날로그 컴포지트의 신호만이 아니라 아날로그 컴포넌트 포맷, 디지털 컴포넌트/ 컴포지트포맷 등의 각각 다른 여러종류의 압축 포맷으로 되어있다고 할 수 있고, 이렇게 다른 포맷 중에서도 또 각각 다른 프레임 레이트, 아스펙트 레이트, 픽셀 아스펙트 레이트, 샘플링의 구조, 색 공간(색공간 이라는 것은 RGB이든지 YUV이든지 HSV(Hue/Saturation/Value)로 표시되어진다), 화상의 사이즈 등을 가지고 있어 대단히 복잡한 구조로 되어있다고 할 수 있다.

이러한 소재는 카메라, 필름 스캐너, VTR, 서버, 비디오 컴퓨터 시스템 등의 여러 가지 기능을 가진 복수의 기기로부터 출력이 되어진다고 할 수 있는데, 그 때문에 프로그램 제작 시스템을 구축하기 위해서는 이러한 기기를 상호적으로 접속하여 각각의 소재를 공통으로 이용이 가능하게 하는 것 등과 같이 각각 기기간의 인터페이스와 사용용도에 맞추어 구축할 필요가 있다고 할 수 있다. 이러한 네트워크와 컴퓨터의 기술은 디지털 소재를 모두 TV제작 프로세스의 장소에서 상호적으로 전송하는 것이 가능하다고 할 수 있는데, 새로운 비디오 네트워크 시스템과 최신의 기술을 조합하여 고해상도의 디지털 비디오포맷의 비압축한 커다란 파일을 네트워크상에서 전송하는 것이 가능하게 하고 있다고 할 수 있다.

그러나 이러한 것을 방송에 이용하기위해서는 전에 이야기한 그러한 요소에 더하여 고정된 지연을 위하여 프레임싱크로나이즈를 통하여서, 리얼타임으로 전송이 되 던지 아니면 리얼타임보다 고속의 전송과 낮은 오류로 전송 되어질 필요가 있다고 할 수 있다.

TF-HS의 기준 구조(Reference Architecture)에서는 복수의 전송기술 (SDTI(Serial Data Transport Interface), FC(Fiber Channel), IEEE1394(Ethernet) 등을 방송국 내의 설비에 전송용 포맷으로서 추천을 하고 있는데, 이중에서 SDTI는 방송용의 인터페이스로서 개발되었다는 것 이외에도 다른 분야에서도 사용한다는 것을 전재로 개발이 되었다고 할 수 있는데, 그 중에 하나로는 컴퓨터용의 인터페이스로서 개발 되었다는 것이다.

DVB-ASI인터페이스에 있어서도 거의 모든 MPEG-2엔코더에 도입되어져 있다고 할 수 있고, MPEG-2TS데이터 패킷을 멀티플렉서에 보내기위하여 이용이 되고 있다고 할 수 있는데, 따라서 이러한 구조 성능에 의해 방송국내 설비용으로서 선택하는 것이 가능하다고 할 수 있다. DVB-ASI에 대해서는 12.42항에서 설명을 하기로 한다.

12.3.1 시리얼 데이터 트랜스포트 인터페이스 (SDTI)

시리얼 데이터 트랜스포트 인터페이스 (SDTI) 프로토콜은 각각 많이 다른 타입의 데이터를 SMPTE259M규격에 의하여 방송용의 시리얼 디지털 인터페이스(SDI)신호에 매핑(Mapping : 데이터를 배치할당 할 것 등)시키는 규정이라고 할 수 있는데, 이러한 프로토콜은 SMPTE305M규격과 EBU제안 문서로 규정되어져 있다고 할 수 있다.

SDTI는 방송국에서 통상 사용되어져 있는 270Mbps내지 360Mbps시리얼 컴포넌트 비디오 인터페이스의 데이터 스트림포맷의 형식으로 압축한 디지털 오디오나 디지털 비디오데이터를 그 압축 데이터의 상태로 전송을 하고, 거기에 더해서 SDTI는 어드레스의 지정도 지원하는 것이 가능하게 하고 있어 SDTI신호가 분배되어져 있는 기기군 가운데 1개의 기기로의 자동 루팅하여 사용하는 것도 가능하다고 할 수 있다.

이러한 SDTI포맷은 용량이 더 많은 텔레비전 시스템에 대응하기 위하여 다른 SMPTE규격(348M : HD-SDTI)으로 540Mbps또는 1.485Gbps의 HDTV시리얼 인터페이스의 확장 되어져 있다고 할 수 있는데, 그림 12.5에서는 OSI모델 (11.41항 참조)에 의한 SDI물리 레이어와 SDTI트랜스포트 레이어를 표시하고 있다.

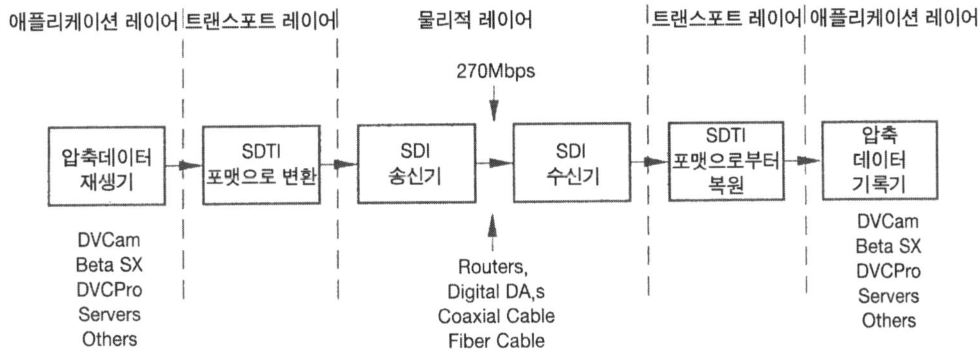

그림 12.5 OSI레퍼런스 모델(OSI Reference Model)을 베이스로 한 SDTI

이러한 SDTI인터페이스는 TF-HS에 의하여 추천되어져 이미 리얼타임내지 리얼타임보다 빠른 전송 애플리케이션에 사용되어져 있다고 할 수 있다.

SDTI는 SDI의 유효 라인 영역을 사용하여 8비트 내지 9비트 데이터 패킷의 정보를 전송하는 것이 가능하다고 할 수 있고, 이러한 정보 패킷은 사용되어져 있지 아니한 수평보조데이터 스페이스(HANC)에도 확장하여 전송하는 것이 가능하다고 할 수 있다.

역주 2001년에 개정되어진 SMPTE305.2M의 규격에서는 이러한 수평보조데이터 스페이스의 사용은 금지되어져 있다고 할 수 있는데, 이러한 것은 위의 확장이 SMPTE291M의 규정과는 약간 이반하지만 메타데이터 전송에서 HANC의 중요성이 높기 때문에 고쳐진 것이라고 할 수 있다.

SDI포맷에서는 10비트의 데이터 중에서 MSB의 비트 9는 그 밑의 비트인 8의 반전 비트로 셋트하여 SMPTE259M에서 규정 되어진 유효라인 내에 금지워드(3FF, 000, 001,…)가 발생하시 아니하게 하고 있다고 할 수 있는데, 비트 8이하의 사용자 데이터의 대하여서는 305M에서는 규정하여 있지 아니하다고 할 수 있고, 그러한 것에 대해서는 각 애플리케이션의 규격에 의하여 규정을 하고 있다 할 수 있다.

그림 12.6에서는 SDTI를 270Mbps의 SDI데이터 스트림의 적용한 예를 표시하고 있는데, (역주 : 이러한 그림에서 HANC내의 Extended User Data의 부분은 최근의 개정에 의하여 금지하고 있다.) 이러한 규격에서는 사용자 데이터(User Data)는 유효라인영역에 있다면 어떠한 SAV와 EAV사이에 있다할지라도 삽입하는 것이 가능하다고 할 수 있고, 그러한 것은 수직 보조데이터영역(VANC)내에 있다고 하더라도 유효라인에 상당하는 부분을 사용이 가능하다는 것을 의미하고 있다고 할 수 있다.

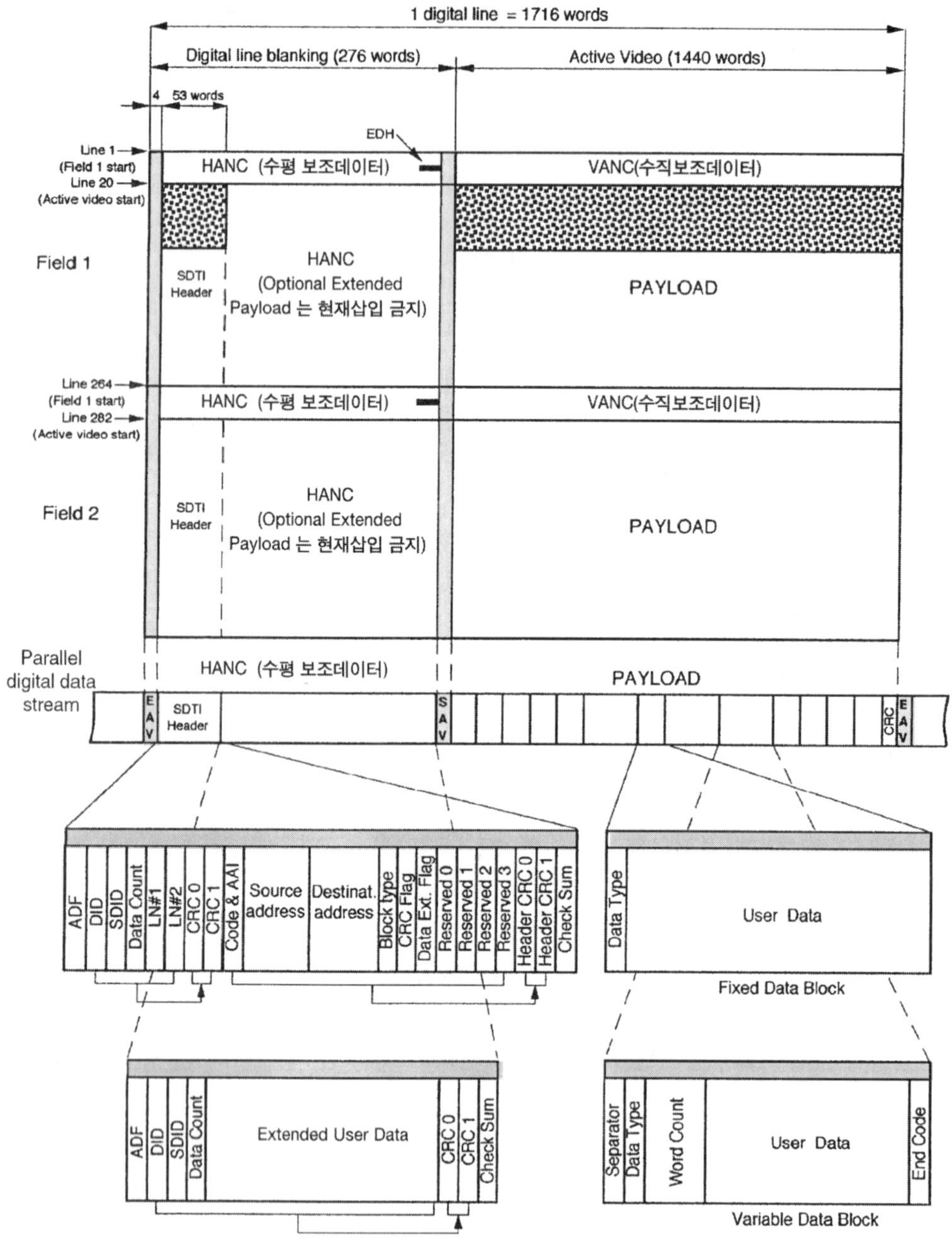

그림 12.6 SDTI신호의 270Mbps SDI 데이터 스트림으로의 삽입 (주 : 이장의 그림에서는 용어는 이해하기 어려운 것은 제외하고 원어의 형태로 표시하고 있다고 할 수 있는데, 용어가 원래 특수한 것만이 아니라 가능하면 원어에 익숙하게 표현하기 위함이라할 수 있다.)

그러나 데이터 스트림의 스위칭이 시행 할 때에는 그 부분에서의 데이터는 흩어져서 잃어버린다고 할 수 있다.

데이터 패킷(블록이라고 부르고 있음.)은 고정길이라도 가변길이라도 모두 양호하다고 할 수 있는데, 1개의 SDTI블록에서는 사용자의 데이터와 함께 헤더로서 데이터 타입을 표시하는 플래그워드(Flag World)와 가변장 모드가 있다면 워드 카운트 등이 포함되어있다고 할 수 있고, SMPTE 플래그(Flag)의 최대로는 256데이터 타입을 등록하는 것이 가능하다고 할 수 있다.

이미 데이터 타입으로서 DVCPRO, DVCPRO50, DVCAM, BETA-SX, HDCAM, DIGITAL-S, MPEG-2 프로그램 스트림, MPEG-2 트랜스포트 스트림, 오디오 AES와 비디오보조 데이터를 포함하는 일반적인 제네릭 콘텐츠 패키지(Generic Content Packages for System Audio AES, Video, Auxiliary Data : SDTI-CP) 각 종류의 패킷화의 포맷 캡셀화 (Encapsulation of Various Packetized Formats : SDTI -PF)등이 등록되어있어 플래그(Flag)를 할당 되어있다고 할 수 있다.(역주: SMPTE -321M, 322M, 326M, 331M, 322M 등)

53워드의 SDTI헤더는 유효라인부분에 있는 데이터 블록(Payload이라고 부름)과 떨어져서 그라인의 수평 보조데이터영역 (HANC)의 EAV의 직후의 위치하게 결정되어져 있다고 할 수 있는데, SDTI헤더의 내용은 다음과 같은 것이 있다고 할 수 있다.

- 데이터 패킷의 보내는 곳과 도착하는 곳의 어드레스
- 라인번호
- 데이터 블록가운데 오류정정의 코드가 있나 없나의 표시(고정길이의 신호)
- 데이터 블록(페이로드)의 사이즈에 대하여 정보코드(270Mbps인가 아니면 360Mbps의 스트림인가를 표시함.)
- 어드레스 워드의 포맷을 표시한 AAI(Authorized Address Identification) 코드

현재 AAI은 2개의 4비트 워드로 규정되어져 있다고 할 수 있는데, 이 중에서 1개는 정의 되어있지 아니한 포맷(00h)로 되어 있고, 다른1개는 IPv6(Internet Protocol v6 Addressing)포맷(01h)이라고 할 수 있으며, 그 외의 코드에 대해서는 장래를 위하여 남겨 놓았다고 할 수 있다.

SDTI의 기능에는 다음과 같은 것이 있다고 할 수 있다.

- 이러한 인터페이스는 널리 보급되어있는 SDI설비를 이용하여 2개의 설비사이에 한 방향의 접속을 실행하는 것으로서, 포인트 대 멀티 포인트의 전송에 있어서도 고려하고 있다 할 수 있는데, 이러한 포맷은 스튜디오 설비환경에 있어서 네트워크기술의 장점을 충분히 살려서 간단하고 경제적인 패킷의 전송이 가능하게 하고 있다고 할 수 있고, 헤더 등에 의한 네트워크의 오버헤드 (페이로드 이외의 데이터)는 상당히 제한되어져 있어 대역폭이나 서비스품질 (Quality Of Service: QoS)을 보증하는 것이 가능하다고 할 수 있다.

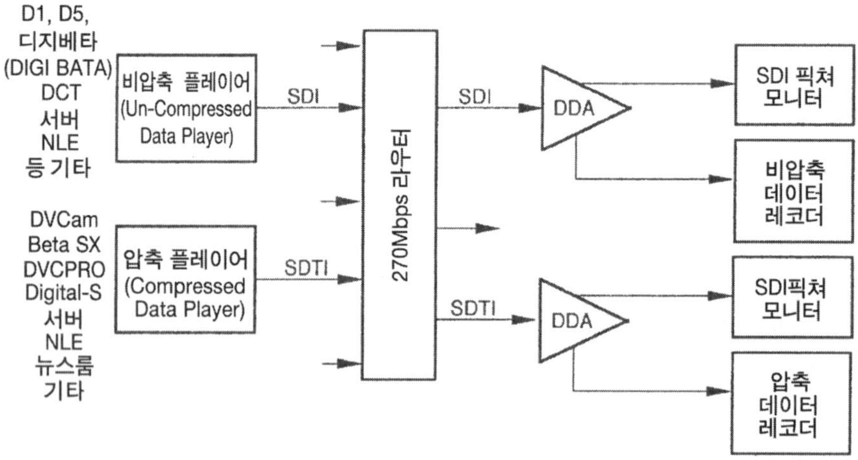

a) 현재의 스튜디오설비에서 SDTI 애플리케이션

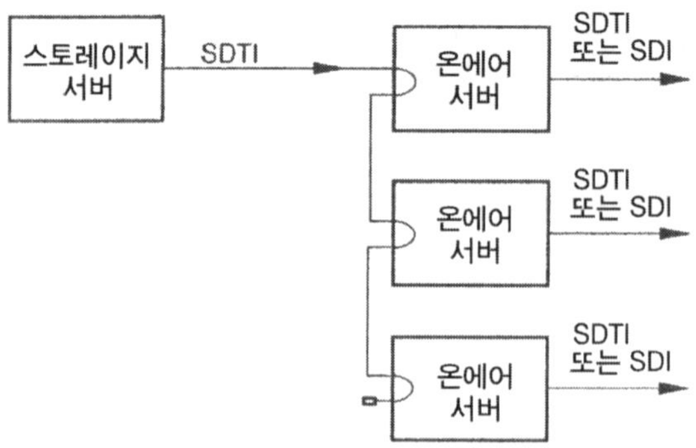

b) 보내는 곳의 어드레스 기능을 사용한 경우의 SDTI 애플리케이션

(역주 : 현실적으로는 이러한 SDI의 루프접속은 허가를 하지 아니 하는 것을 원칙으로 하고 있다.)

그림 12.7 방송 스튜디오에서의 SDTI의 적용

- 인터페이스는 현재에 있어서 디지털 라우터(Routing Switcher)나 분배 기능을 사용하고 있어 복수의 포맷으로 공존하는 것이 가능하다고 할 수 있는데(역주 : SMPTE-259M이 예약되어있는 포맷 이외에 259M에 준거하고 있는 720P의 294M의 포맷에 있어서도 공존이 가능하나 HD-SDI의 인터페이스를 이용한 SMPTE-348M, HD-SDTI규격도 있다고 할 수 있다.) 정보처리 기능을 가진 라우터(Routing Switcher)를 개발 한다면 SDTI데이터 스트림에 포함되어있는 출처에 대한 어드레스를 읽어내는 것에 의하여 그 신호를 자동적으로 루팅 하는 것도 가능하다고 할 수 있다.
  이러한 어드레스 포맷은 SDTI헤더의 AAI워드에 의하여 정의가 되어진다고 할 수 있는데, 그림 12.7에서는 현재의 SDI설비에 SDTI기능을 이용하는 방법이나 어드레스 기능을 사용하여 서버에 응용하는 방법을 표시한 것이라고 할 수 있다.
- SDTI는 헤더의 데이터타입 워드로 표시되어진다 할 수 있는데, 다양한 사이즈의 고정 데이터길이, 또는 가변 하는 데이터길이의 가변장의 패킷을 전송 한다고 할 수 있고, 성능이 높은 압축 데이터의 전송에 있어서는 리얼타임의 전송이나 리얼타임보다 빠른 전송이 가능하다고 할 수 있다.
  예를 들면 270Mbps의 SDTI에서는 동시에 4개의 DV베이스의 비디오채널을 리얼타임으로 전송이 가능하던지 아니면 1개의 DV비디오채널을 빠른 4배속도로 전송하는 것이 가능하다고 할 수 있다.
- SDTI에 따라서는 프로그램 제작 프로세스에 따라서 신호를 전송하거 기록하기에 편리하게 하기위하여 압축하거나 이렇게 압축한 신호를 풀어 가공이나 디스플레이하기위한 신장 기능을 반복 할 필요성을 없애는 것이 가능하다고 할 수 있는데, 압축을 하였을 경우에는 압축신호를 원래의 신호형태로 확보하는 것이 가능하다고 할 수 있다.
- SDTI데이터 스트림의 기록은 강력한 오류정정 기능을 가진 컴포넌트 DVTR으로 가능하다고 할 수 있는데, 그러나 그러한 기능을 수행하기 위해서는 DVTR에서는 몇 가지의 변경이 필요하다고 할 수 있다.
  오류가 생긴 데이터를 주변의 화상 데이터를 사용하여 보간 하는 오류보정(Error Concealment)의 금지가 되어 있지 않게 하거나, 동상이라면 기록되어져 있지 아니한 수평 블랭킹 기간에 위치하게 하는 SDTI의 헤더를 테이프의 어디엔가 기록이 가능하게 하는 것 등이라고 할 수 있는데, 그러나 현재의 625/525라인 전부가 기록 되어지지 아니하는 DVTR에서는 수직보조데이터기간 (VANC)의 데이터 블록은 기록하는 것이 불가능하다고 할 수 있다.

또한 SDTI규격에서는 옵션으로서 데이터 블록에 오류정정 코드를 부가하는 것이 가능하므로, DVTR의 기록전에 기록재생에 의하여 오류에 민감한 압축 데이터를 보다 강력하게 보호하기위하여 옵션의 오류정정 코드를 부가하는 것도 가능하다고 할 수 있다.

역주 이러한 것은 원래신호의 형태를 그냥 그대로기록이나 재생이 가능한 시스템으로는 서버에 의한 기록 장치는 해당이 된다고 할 수 있으나 현재 주류라고 할 수 있는 압축 기술을 사용하고 있는 DVTR/서버(Server)에서는 SDTI 데이터를 변경시켜야 하기 때문에 기록 재생은 불가능하다고 할 수 있다.

또한 SDTI에서는 기본적으로 10비트/전라인 전송을 하고 있으므로 현존하고 있는 8비트의 비압축 D1 VTR에서는 전송하는 것이 불가능하다고 할 수 있는데, D-5와 같이 10비트 기록의 비압축 DVTR일지라도 H-BL/V-BL 전 기간을 기록하는 것이 가능하지 아니하다면, 현실적으로 봐서는 불능하다고 할 수 있다.

- SDTI가 데이터 스트림을 전송하고 있는 경우의 필요한 버퍼는 최소의 것으로 좋지만 24프레임/s의 프로그램 소재를 압축한 데이터를 30프레임/s의 SDTI로 전송을 하는 것과 같이 비동기 데이터 스트림의 전송 경우에는 수신부에서 원래의 압축 데이터를 재생을 하기 때문에 꽤 많은 버퍼의 용량이 필요하다고 할 수 있다.
- EDH(Error Detection And Handling)데이터는 SDTI데이터 스트림의 부과가 가능하다고 할 수 있는데, 이러한 것은 압축 데이터가 SDI시스템에서 전송되어진 경우에는 대단히 유효하다고 할 수 있다. EDH의 오류 검지기능은 민감하여 소량의 오류 비트에 따라 압축한 프로그램이 재생시에 커다란 열화를 받기 전에 오류를 검지하는 것이 가능하다고 할 수 있는데, 복수의 EDH플래그에 의하여 오류송신측에서 일어난 것이나 전송 경로에서 일어난 것도 모두 검지하는 것이 가능하다.
- 그러나 SDTI신호가 SDI신호와 공존하여 전송이 되어지는 시스템의 수신측에 있어서는, SDI와 다양한 데이터 레이트의 전송 레이트는 비동기이거나 아니면 리얼타임 보다고 빠른 SDTI를 인식하여 프로세스가 가능한 기능을 가지고 있지 아니하면 되지 아니한다.

  또한 SDTI헤더 데이터를 정확하게 읽기위해서는 EAV, SAV동기 패턴을 오류가 없이 검출이 가능하게 하지 아니하면 되지 아니한다.

SMPTE에서는 SMPTE292M, HD-SDI의 시리얼 인터페이스에 대응한 HD-SDTI 이라고 불리 우는 SDTI의 HD규격에 대해서도 규정하고 있다고 할 수 있는데, (역주 : SMPTE348M Hight Data-Rate Serial Data Transport Interface) 이러한 HD시리얼 인터페이스의 비트레이트는 1.485Gbps으로서 HD-SDTI로서 액티브 라인의 영역에 8비트 워드로 패킷 플러그를 삽입한 경우에 최대약 1Gbps의 페이로드(Pay Load)의 전송이 가능하다고 할 수 있다. 이러한 거의 모든 파라미터는 통상의 SDTI의 것과 같다고 할 수 있는데, 옵션이라고 할 수 있는 확장 모드(Extended Mode)를 사용하여 HD-SDI가 전송하는 것이 가능하다고 할 수 있는 1125라인과 750라인의 신호 포맷의 24,25,30, 60프레임에도 대응하는 것이 가능하다고 할 수 있다.

역주 이러한 확장 모드는 원래의 신호 포맷에 있어서는 라인당 유효 샘플수를 일치하기위하여 각각 다른 프레임 모드에서는 유효라인부분을 사용한 SDTI전송 레이트가 일치 하지 아니하는 것을 129.6M바이트/s의 고정레이트로 전송이 가능하게 연구한 것이라고 할 수 있다. 그러한 방법은 SAV의 위치를 정규의 위치로부터 시프트 되어서 필요한 유효라인영역을 보호하고자 하는 것이라고 할 수 있는데, 예를 들면 1125라인 25순차주사 프레임 신호 포맷에서는 라인당의 Y샘플수가 2640으로서 수평 블랭킹기간이 2640으로부터 1920을 뺀 720샘플이라는 넓은 범위 이므로 이러한 확장모드에서는 SAV를 전에 진행하는 것에 의하여 수평 블랭킹 기간을 336샘플로하여 Y의 유효라인기간을 2304샘플로 하고 있다고 할 수 있다. 이러한 것에 의하여 Y와 C의 합계에서는 유효라인의 전송 레이트에서는 2304×1125×25×2=1.296Gbps가되어 표준의 1920×1125×30×2=1.296Gbps와 같게 된다고 할 수 있다. 이러한 확장모드를 전송이 가능하게 하기위해서는 시스템이 SAV의 위치 시프드를 허용하는 것이 필요하다고 할 수 있다.

HD-SDTI에서는 HD-SDI 포맷에 준하여 C와 Y의 독립한 2개의 SDTI데이터 스트림이 1개의 인터페이스로 전송이 가능하다고 할 수 있는데, 표 12.1에서는 SDTV와 HDTV의 인터페이스의 최대 SDTI페이로드를 표시하고 있다.

표12.1 SDTV 또는 HDTV인터페이스에서 SDTI에서 가능한 최대 페이로드

전송 인터페이스	비트레이트(Mbps)	최대 페이로드(Mbps)	최대 확장 페이로드 (현재금지) (Mbps)
SDTI	270(8-Bit)	181	208
	270(9-Bit)	204	235
	360(8-Bit)	242	281
	360(9-Bit)	272	316
	540(8-Bit)*	362	416
	540(9-Bit) †	408	470
HD-SDI	1485(8-Bit) †	1037	1167

*:장래의 규정
†:199년 현재규정. SMPTE규격화 중임.

12.3.2 파이버채널 네트워크 전송(Fiber Channel Network Transfer)

파이버채널 (Fiber Channel)은 원래는 컴퓨터 업계에서 LAN의 성능을 향상시키기 위하여 개발되었다고 할 수 있는데, 이러한 개발에 의한 파이버채널 (FC) 개량에 의하여서 LAN 환경의 광대역 서버나 스토레지 시스템 등의 광범위한 이용이 가능하게 되었다고 할 수 있다.

또한 이러한 파이버채널(FC)은 스켈라블 기가비트 스토레지(Scalable Gigabit Storage)와 송출 (Scalable Gigabit Storage and Delivery), 플로 제어(Flow Control), 셀프매니지먼트, 등에 높은 신뢰성 등의 기능을 가지고 있다고 할 수 있는데, 헤더 등에 전송을 하기 위해서는 오버헤드가 적기 때문에 복수의 접속형태(Topology)와 프로토콜의 전송에 의하여 높은 효율에 의하여 실현하는 것이 가능하다고 할 수 있다.

또한 이러한 파이버채널(FC)는 이미 커다란 파일의 전송용으로 사용하고 있다고 할 수 있는데, 여러 가지 신호를 다중 시키어 전송이 가능한 데이터 스트림의 전송에 있어서도 사용영역을 확대해 가고 있다고 할 수 있다.

파이버채널 (FC)의 규격은 ANSI X3.320-1994에 규정되어져 있다고 할 수 있는데, 파이버채널(FC)에 대한 규격은 OSI의 모델을 기본으로 하여 그림 12.8에서 표시를 하 있는 것과 같이 5개의 레이어로 구성되어져 있다고 할 수 있고, 파이버채널(FC) 데이터 스트림의 프레임 구조는 그림 12.9에서 표시하고 있는 것이라고 할 수 있다.

이러한 파이버채널(FC)에 대한 프로토콜은 비동기전송 또는 동기전송의 쌍방향을 지원하고 있다고 할 수 있는데, 이러한 인터페이스는 평행 8B/10B코딩을 사용하고 있어 양호한 클럭의 재생, 바이트 동기, 오류 검지가 가능하여 안정된 전송 특성을 가지고 있다고 할 수 있다.

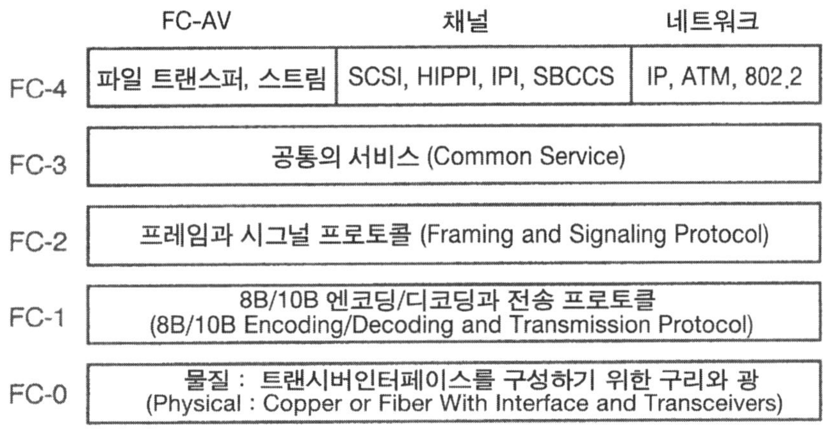

SCSI = Small Computer System Interface
IP = Internet Protocol
IPI = Intelligent Peripheral Interface
HIPPI = High Performance Parallel Interface
ATM = Asynchronous Transfer Mode
SBCCS = Single Byte Command Code Set mapping

그림 12.8 파이버 채널에 있어서 전송기술 레이어의 구조

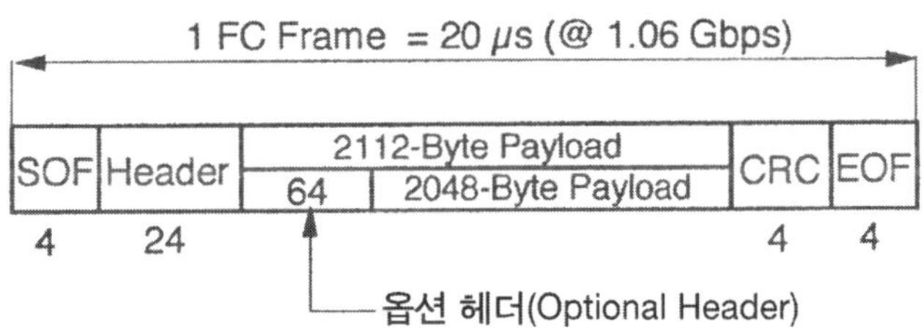

SOF = 시작 프레임(Start of Frame)
CRC = 사이클 잉여분 체크(Cyclic Redundancy Check)
EOF = 끝 프레임(End of Frame)

그림 12.9 파이버 채널 데이터스트림의 프레임 구조

8B/10B코딩에 있어서는 전송을 하는 8비트 워드이 가운데 "1"비트와 "0"비트의 수차를 표시를 하는 2비트를 부가하여 직류분을 감소시킨다고 할 수 있는데, 이러한 것은 단순한 교환이 아니고, 교묘한 방법으로 8비트를 MSB5비트와 LSB3비트로나누어서 그러한 것을 5B/6B로 교환하거나 또는 3B/4B로 교환하여 2개의 출력을 합성하여 10비트로 하지만 1개의 8비트 데이터에 대하여는 DC분이 거의 반전하여있는 2개의 10비트 워드 테이블 을 준비하고 있다고 할 수 있다.

그리하여 거기에 출력되어진 “1”과 “0”을 연속적으로 카운트하여 DC분의 불균형이 보정 되어지는 것과 같이 10비트 워드교환테이블을 절환 한다고 할 수 있는데, 이러한 것에 의하여 클럭 재생을 확실하게 하고, 시리얼 스트림의 DC 성분을 제로에 근접하게 한다고 할 수 있다.

또한 8비트 데이터를 단순하게 10비트에 할당되어있는 경우에는 전송에 있어서 1비트의 오류와 8비트분의 데이터가 오류를 일으키는 것으로 되어있으나 5B/6B와 3B/4B로 나누는 것에 의하여 1비트의 오류는 5비트의 데이터오류로 제한되어진다고 할 수 있다.

이러한 바이트 동기용의 특정의 10비트 워드를 준비하는 것에 의하여 바이트의 동기가 얻어진다고 할 수 있는데, 이러한 코딩에 있어서는 그 대신에 전송효율이 20%감소를 한다고 할 수 있다.

파이버채널(FC)에서는 다음과 같이 6개의 부류(Class)의 서비스를 시행하는 것이 가능하다고 할 수 있다.

- Class 1 : 수신확인(ack)하는 1:1접속 서비스(Acknowledged Connection)
  이러한 것은 전송에 있어서 회선을 점유하고 있다고 하여, 우리는 흔히 전용채널(Dedicated Channel)이라고 불리 운다.
- Class2 : 수신확인(ACK) 하는 n:n 루팅의 접속 서비스 (Acknowledged Connection) 로서, 수신확인 할 때에 패킷의 절환전송 (Packet Switch Traffic with Receipt Confirmation) 이라고 불리 우는 다중링크 (Multiplex)와 닮아있다고 할 수 있다.
- Class3 : 수신 확인을 하지 아니하는 루팅 접속 서비스(Unacknowledged Connection)
  한 개 또는 복수의 상대에게 수신을 확인하지 아니하고 분배전송을 하기위하여 사용을 하고 있다고 할 수 있다.
- Class4 : 대역폭 분할을 한 전용접속 서비스 (Fractional-Bandwidth Connection-Oriented)
  기가비트 대역폭과 고정한 엔드 텐드(End Tend) 지연에 의하여 보증되어진 쌍방향 전송의 리얼타임 비디오전송에 있어서 적합하다고 할 수 있다.
- Class5 : 미정의
- Class6 : 단일방향 1:1접속서비스(Unidirectional Connection)
  리얼타임 비디오전송에 적합 하다고 할 수 있다.

파이버채널(FC)에서는 몇 가지의 토폴로지(Topology : 접속형식)가 있다고 할 수 있는데, 예를 들면 포인트 투 포인트(Point to Point)접속, 스위치를 중심으로 각 포트(Port)가 스타상으로 배치가 되어있는 스위치드 또는 패브릭(Switch to Fabric)접속과 각 포터가 루프상으로 연결되어있는 (Arbitrated Loop)접속 방법 등을 지원하고 있다고 할 수 있다.

여기에서 이야기를 하고 있는 스위치 접속(Switched Topology)이라는 것은 스위치가 신호원 노드(Source Node)로부터 데이터 프레임 블록을 받아서 그 헤더에서 표시가 되어져 있는 보내는 곳의 노드(Destination Node)에 전송이 되어진다고 할 수 있다.

역주 여기에서 노토이라는 것은 1:1의 접속이 루팅스위치로 1:1로 상호접속이 되어지는 송신 포토와 수신 포트(Port)의 조합이라고 할 수 있다.

루프접속(Arbitrated Loop : Arbitrated이라는 것은 데이터의 충돌을 방지하고 조정기능을 가지고 있다는 것을 의미)에서는 토큰링(Token Ring : 데이터 송출권(Token)을 포토사이에서 순차적으로 돌려서 송출 하는 데이터를 가진 포트는 송출권이 왔을 경우에는 데이터를 송출한다.)방식과 같은 동작을 한다고 할 수 있는데, 데이터 전송 시에는 각 포토에서 수신데이터를 체크하여서 보내어지는 곳의 어드레스가 자기의 어드레스가 아니면 다음의 포트에 전송을 한다고 할 수 있다.

따라서 1개의 노드의 고장으로 모든 동작이 불능하게 하는 것을 방지하기 위하여 고장난 노드를 바이패스가 가능한 허브(Hub)스위치를 경유 하여 모든 노드를 접속한다고 할 수 있는데, 이러한 것은 최대 126개의 기기가 루프의 형태로 접속이 가능하나 기기에서 사용이 가능한 대역폭은 기기의 수가 증가를 하면 감소한다고 할 수 있고, 이러한 접속기능은 제 10장의 그림 10.8과 그림 10.9에서 표시를 하고 있다고 할 수 있다.

파이버채널이 최근에 널리 이용되어지고 있는 예를 들어보면 스토레지 에리어 네트워크 (Storage Area Network : SAN)이라고 할 수 있는데, 이러한 스토레지 에리어 네트워크는 파이버채널 네트워크와 높은 성능의 드라이브 관리 소프트웨어를 조합하여서 스토레지(데이터 축적과 입출력시스템)와 데이터 쉐어링(Data Sharing : 데이터 분배)으로 특화한 것에 의하여 하이 스피드 네트워크를 형성 하고 있다고 할 수 있다.

현재 컴퓨터 워크스테이션(Computer Workstation : CWSs)의 거의 대부분은 광대역의 데이터링크로서 로컬 스토레지의 기기와 접속되어져 있다고 할 수 있으나 이러한 것은 워크스테이션 상호간에 협대역의 LAN으로 접속하여 있다고 할 수 있고, 그림 12.10에서는 피어 투 피어(역주 : Peer to Peer : 여기에서 Peer이라는 것의 어원은 중간 이라는 의미로서 여기에서는 파일의 서버를 통하지 아니하고 컴퓨터 본체와 대등의 형태로 통신을 하는 것을 말하고 있는데, PtoP이라고 불리 우는 음악 파일교환용의 넵스타가 유명하다고 할 수 있음.)구성, 클라이언트 서버(Client Server)접속 구성, 또는 SAN접속 구성을 표시하고 있다고 할 수 있다.

피어 투 피어

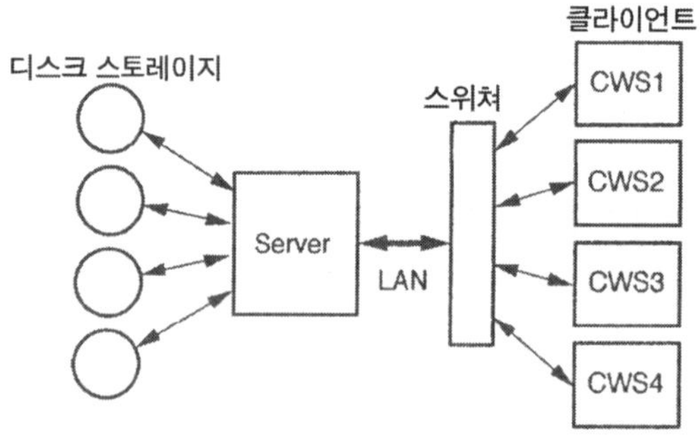

클라이언트 서버

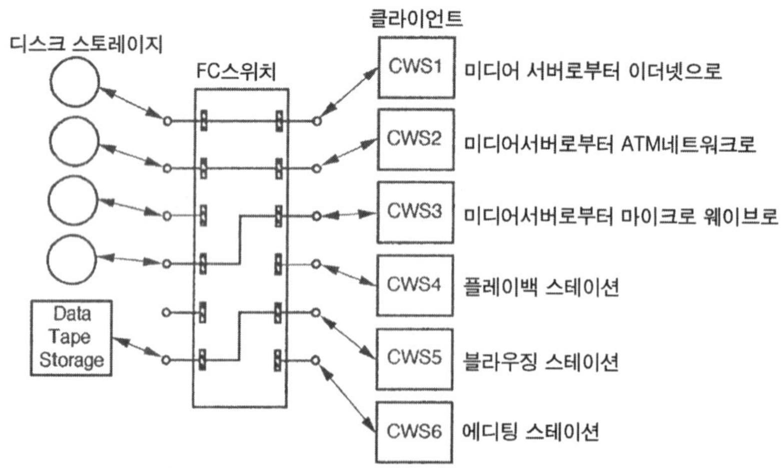

스토레이지 에리어 네트워크

그림 12.10 그라이앤드 서버와의 네트워크와 SAN의 구성

클라이언트 서버의 구성에 있어서 서버는 대용량의 스토레지 시스템에 접속되어지는 파워풀한(충분한) 대역폭의 마진을 가지고 있고, 보안기능을 가진 네트워크와 파일시스템의 프로토콜을 내장하고 있다고 할 수 있는데, 이러한 다수의 클라이언트는 그 서버시스템에서는 LAN을 경유하여 억세스를 하기도 하고 서버가 있는 애플리케이션(Application)을 통하여 접속을 하기도 한다고 할 수 있다.

이러한 애플리케이션(Application)에 의하여 파일시스템은 같은 워크스테이션에 탑재되어있어서 스토레지 기기는 파이버 채널과 같이 고속의 네트워크에 접속 되어있다고 할 수 있는데, 이러한 형태에 있어서는 파이버서버는 필요 없다고 할 수 있다.

또한 모든 워크스테이션에서는 공통의 스토레지 기기의 접속이 가능하여 워크스테이션간의 고속의 파일교환이 가능하여 같은 디스크와 파일을 동시에 공유하는 것이 가능하다고 할 수 있다.

12.3.3 기가이더넷 네트워킹(Giga Ethernet Networking)

이더넷(Ethernet)이란 통신 접속은 간단하게 접속이 가능하고, 통신비용이 저가격이라는 장점 컴퓨터 기기의 접속에 있어서 널리 이용하고 있다고 할 수 있는데, 이러한 이더넷의 부류를 사용하여 최초로 기기사이에 접속을 하기 위하여 약 10Mbps속도로 연결이 되고 있는 DTE(Data Terminal Equipment)로 부터 시작을 하였다고 할 수 있고, 근래에 들어와서는 퍼스트 이더넷(Fast Ethernet) 이라고 불리 우는 약 100Mbps속도의 것도 개발 되어 널리 사용되고 있다고 할 수 있다.

또한 최근에 들어와서는 기가이더넷(Giga Ethernet : 실제의 속도는 1250Mbps)이 개발 되었다고 할 수 있는데, 이러한 이더넷의 패킷 스위칭 전송 방식의 메커니즘이나 현재사용하고 있는 컴퓨터와 방송용장비의 접속 형식에 대해서는 전의 10장의 10.4.1.5항에서 이미 간단하게 설명을 하였으니, 이를 참고하기를 바란다.

이러한 이더넷 워크는 비디오, 오디오, 컨트롤러, 동기용기기 사이에 데이터나 컨트롤 정보를 전송하는 것이 가능하다고 할 수 있는데, 이러한 장치의 개발에 의하여 전송 스튜디오에서 방송 제작 장비와 송출장비의 접속한경이 많이 단순화하는 것이 가능하게 되었다고 할 수 있고, 이러한 이더넷을 사용하여 컴퓨터 사이의 데이터 파일 프로세서와 같은 프로그램 파일을 고속 네트워크로 전송하는 것이 가능하다고 할 수 있으며, 이러한 기술적인 인프라를 바탕으로 고속의 퍼스트 이더넷(Fast Ethernet)이나 ATM넷트워크와의 접속하는 것도 가능하다고 할 수 있다.

SMPTE와 EBU의 제휴에 의하여 TF-HS(Task Force for Harmonized Standards for The Exchange of Program Materials as Bit-Stream)에서는 이더넷 사양을 낮은 성능의 전송 신호를 권고를 하고 있는데, 최근에 들어와서는 기가이더넷 규격의 성립에 의하여 이러한 이더넷 사양과 그러한 사양의 기능을 이용한 TV 프로그램 제작 기기의 개발에 관심이 높아지고 있다고 할 수 있다. 다음은 이러한 이더넷의 종류가운데 기가 이더넷에 대하여 설명을 하면 이더넷과 같은 프레임 구조, 미디어 억세스 제어 (MAC), 플루우 제어를 하는 것에 의하여 통상의 이더넷과 퍼스트 이더넷은 후반 호환성을 가지고 있다고 할 수 있는데, 이러한 기가 이더넷에서는 보증되어진 데이터 전송을 시행하기 위하여 복잡한 TCP/IP(Transmission Control Protocol/Internet Protocol)을 사용하기 때문에 기가비트 레이트로 패킷을 처리 하기 위하여는 대역이 넓고 높은 CPU의 능력을 필요로 하고 있다고 할 수 있다.

IP 패킷을 수신할 경우에는 접속하고 있는 기기의 CPU에서는 할당되어 들어오는 신호에 반응하여 어드레스 내용을 확인하기도 하고, 체크섬(Check Sum)을 계산하여 보내어진 데이터와 비교하여 체크를 하기도하며, 패킷의 송신 원을 받았다는 것을 알려(Acknowledge The Packet)주는 기능을 수행하여 이러한 데이터를 애플리케이션에 넘겨준다고 할 수 있다.

이렇게 복잡한 장시간의 일련작업을 각 그라이 앤드기기, 서버기기는 1500바이트 프레임 사이즈 경우에는 12㎲이하로서 실행을 하지 아니하면 되지 아니한다고 할 수 있는데, 이러한 것에 대한 제한은 데스크톱 컴퓨터상의 다른 프로그램 작업과의 조화롭게 사용하는 것에 의하여 CPU에서 오버로드가 걸리게 되어있어서, 실제의 스루푸트(Throughput : 정보량) 레이트를 많이 저하시킬 수 있기 때문이라고 할 수 있다.

그림 12.11에서는 기가 이더넷 전송 기술에 있어서 데이터 스트림에 의한 프레임과 레이어의 구조를 표시하고 있다고 할 수 있다.

TCP/IP프로세스의 데이터처리에 의한 CPU의 부하나 처리의 한계는 새로운 네트워크 인터페이스 카드 (NICSs)를 사용하고 있는 것이나, 그 밖에 기가 이더넷 네트워크 구축에 있어서 스위치이드 이더넷 접속 구성을 이용하는 것에 의하여 개량 되었다고 할 수 있는데, 리피팅 이더넷(Repeating Ethernet)이나 스위치이드 이더넷(Switched Ethernet)의 구조를 그림 12.12에 표시를 하고 있다고 할 수 있고, 스위칭 리피터(Switching Repeater)는 완전하게 기기를 공통의 버스접속을 하여서 CSMA-CD(Carrier Sense Multiple Access with Collision Detection)제어 프로토콜에 의하여 특정한 한 개의 프레임 형태의 기기에 버스로의 억세스를 허가한다고 할 수 있다.

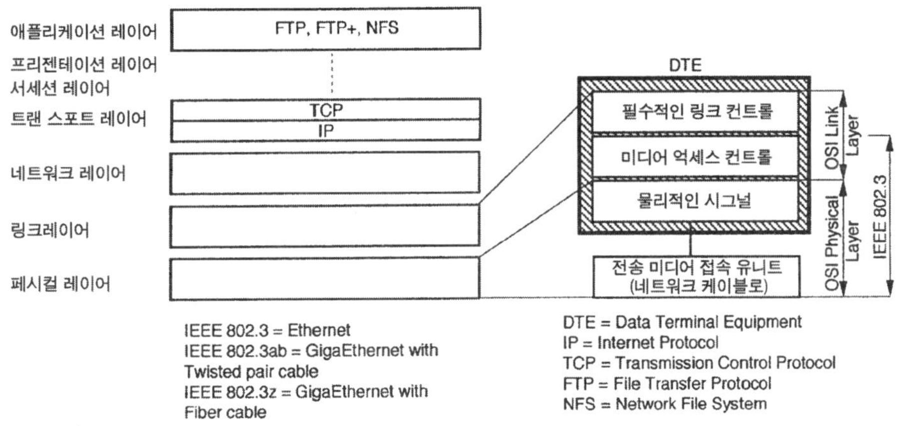

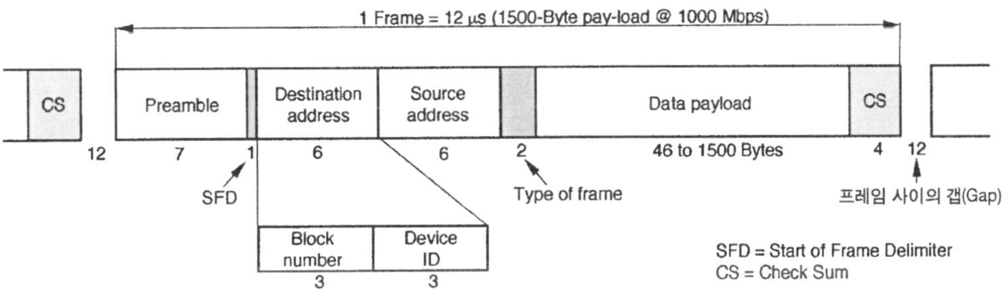

그림 12.11 기가 이더넷 전송기술에 있어서 레이어와 데이터 스트림의 프레임 구조

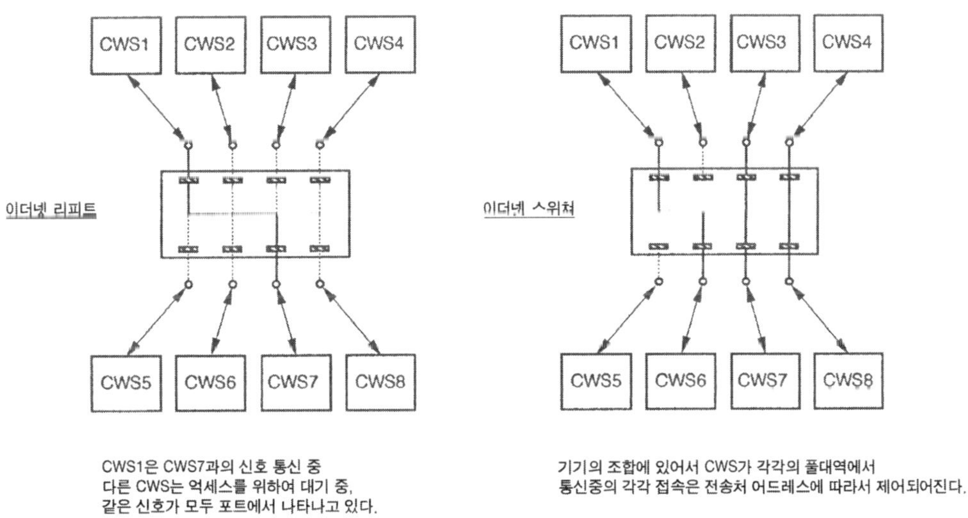

그림 12.12 기가 이더넷의 리피트(Repeat)접속과 스위칭 접속

역주 CSMA-CD프로토콜이라는 것은 최초의 상대를 지정하여 송신을 개시한 기기가 억세스 권을 가지지만 드물게는 2대의 기기가 동시에 송신을 시작하여 캐리어의 충돌이 일어난 경우에 그러한 것을 검지하여 송신을 중지시킨 다음에 그 후에는 각기기가 자유로운 시간에 송신을 가능하게 하는 것에 의하여 충돌을 방지하는 방법이라고 할 수 있는데, 이러한 송신 사이에는 네트워크라는 시스템과 연관이 되어있다고 할 수 있다.

이러한 이더넷 스위처는 이더넷 프레임 스트림에 포함되어있는 IP어드레스와 포인트 대 포인트, 포인트 대 멀티포인트, 브릿지 대 브릿지 등의 각각 어드레싱 모드를 사용하여 기기간의 풀 대역에 의한 복수의 접속을 실행하는 것이 가능하다고 할 수 있는데, 그러한 것에 의하여 버스상의 데이터사이에 충돌도 없고, 기다리는 시간도 없이 접속 프로세스가 가능하다고 할 수 있다.

이러한 기가 이세넷의 접속은 현재의 서버나 네트워크 인터페이스 카드에 있어서는 속도는 빠르다고 할 수 있고, 네트워크 인터페이스를 통한 데이터 속도는 전체적으로 2중(Full Duplex Capability)으로 1.25Gbps이라고 할 수 있으나 8B/10B디코딩을 하기위하여 실제의 페이로드로서는 약 1Gbps이라고 할 수 있다.

이러한 것 에 대한 새로운 파워풀한 서버나 고속의 NICS이라는 것은 개발중이라고 할 수 있는데, 새로운 NIC에서는 패킷어드레스와 체크섬 비교의 하드웨어 처리가 가능하여 전송되어진 데이터 패킷을 내부 메모리에 기억을 하여 데이터의 할당에 대한 취급 방법을 개선하였고, 기기의 CPU의 부하를 가볍게 하는 것이 가능하다고 할 수 있다.

이러한 것에 의하여 기가 이더넷에 의한 높은 리얼 데이터 레이트가 가능하게 되어 960Mbps의 전송이 실현하는 것이 가능하게 되었다고 할 수 있다.

IEEE803.3Z 기가 이더넷의 규격에서는 광파이버 미디어 5Km까지 전송이 가능한 LX(싱글 모드 파이버)와 550m까지 SX (멀티모드 파이버) 또는 동축 케이블(25m까지 전송이 가능한 CX)의 3가지 전송이 가능한 사양이 있다고 할 수 있는데, 기가비트 펄스 변조를 하기 위해서는 레이저 신호를 사용하는 것이 충분한 고속성을 가지고 있다고 할 수 있다.

또 하나의 IEEE802.3ab 규격에서는 분류 5의 실드가 없는 트위스트 페어(UTP) 케이블의 사용을 규정하여 100m까지의 거리를 전송하는 것이 가능하다고 할 수 있다.

12.3.4 IEEE1394네트워크

IEEE1394-1995고 성능의 시리얼 규격은 지금에 있어서 컴퓨터 주변의 기기나 가정용 전자기기의 고도 데이터 스트림의 전송용으로서 광범위하게 채용이 되어있다고 할 수 있는데, 10.4.1.1항에서는 이러한 정송 시스템에 대하여 간단히 소개를 하였다고 할 수 있다.

IEEE1394a에서는 현재 약 400Mbps로 동작을 하고 있다고 할 수 있으나 개발 중인 IEEE1394b에서는 광파이버를 사용하여 8B/10B코딩을 사용하여 장거리에 있어서도 800Mbps로부터 3.2Gbps까지 고속이 가능하다고 할 수 있다.

또한 SMPTE/EBU의 합동 작업반이 그의 프로그램 소재의 전송시스템에 대한 권고(Recommendations for a Content Transport System)에 의하면 이러한 IEEE1394 전송 프로토콜의 비동기성 파일전송(Asynchronous File Transfer)과 동기성 오디오/비디오 스트림 전송을 같은 버스로 동시에 시행을 하는 능력이 있다는 것을 표시하고 있다고 할 수 있는데, IEEE1394전송 기술의 계층구조에 대해서는 그림 12.13에서 표시를 하고 있다고 할 수 있다.

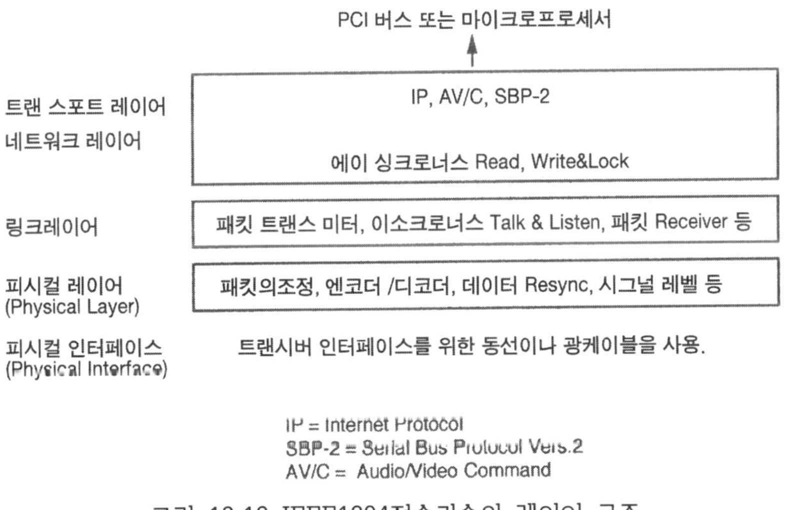

그림 12.13 IEEE1394전송기술의 레이어 구조

프로용 비디오기기는 비디오/오디오 또는 기타 타입의 데이터에 송수신을 하기 위해서는 IEEE1394의 인터페이스를 탑재하는 것을 시작하였다고 할 수 있는데, ITU-T에서는 최근 IEEE1394를 베이스로 하고 있는 권고 J117에 의하여 가정용 디지털 네트워크 인터페이스를 가정용 디지털 비디오, 카셋트VTR, DTV 수상기, 컴퓨터, 카메라 등의 접속용으로서 채택하여 많은 디지털 가전이 이러한 형식에 의한 영상 음성 신호의 제공은 물론 각종 컨트롤신호에 의한 자동화에도 기여를 하고 있다고 할 수 있다.

이러한 IEEE1394인터페이스에서는 다음과 같은 특징이 있다 할 수 있다.

- 대단히 저 원가의 콘넥터를 사용하여 더미네이션이 필요 없이 호트 플러그인(Hot-Plug-In : 전원 On의 상태로 뺄 수 있는)이 가능하여 구성을 다이나믹하게 변화가 가능하여 자동 어드레스 선택으로 64비트 어드레싱이 가능하다고 할 수 있다.
- 단일 버스로 64대의 기기가 접속하는 것이 가능하여 브릿지로 복수의 버스를 결합을 한다면 최대로 64000대의 기기를 서포트 하는 것이 가능하고, 복수의 기기가 IEEE1394시리얼 버스에 따라서 동시에 같은 데이터로 억세스 하는 것이 가능하다고 할 수 있다.
- 이러한 프로토콜은 핸드쉐킹(Handshaking : 통신기기사이에 링크확립 통신가능을 상호적으로 확인하는 것) 내지 데이터 타입 포맷과는 독립적으로 커다란 페이로드 패킷으로 전송하는 것이 가능하여 확장성이 있다고 할 수 있다.
- 수신확인(Data Acknowledgment)기능이 있는 비동기 전송 모드에서는 데이터 전송을 확실하게 보증하는 것이 가능하다.
- 동기 패킷(Isochronous Packets)과 비동기 패킷(Asynchronous Packets)의 양방향이 같은 전송 버스로 전송하는 것이 가능하다고 할 수 있는데, 이러한 동기패킷은 1사이클(125μs)의 약 80%를 사용을 하고, 비동기 패킷의 전송 파일은 남은 약 20%를 사용 한다고 할 수 있으며, 그림 12.14에서는 IEEE1394데이터 스트림의 프레임 구조를 표시하고 있다.
- 고속 시에 전송 케이블의 길이가 짧다고 하는 것은 광 파이버 인터페이스를 부과하는 것으로 해결하는 것이 가능하다고 할 수 있는데, 그러나 고속의 데이터 전송을 낮은 RF방해 방사로 실현을 하기 위해서는 새로운 설계의 콘넥터가 필요하다고 할 수 있다.

IEEE1394에 의하여 어떠한 압축 포맷의 비디오, 오디오, 데이터 신호일지라도 패킷데이터화를 한다면 그 포맷의 형태 그대로 전송하는 것이 가능하다고 할 수 있는데, IEC61883규격에 있어서는 DV규격으로 패킷화 하고, MPEG-2의 데이터 스트림에 대해서는 IEEE1394인터페이스로 패킷화 하는 방식을 규정하고 있다고 할 수 있다.

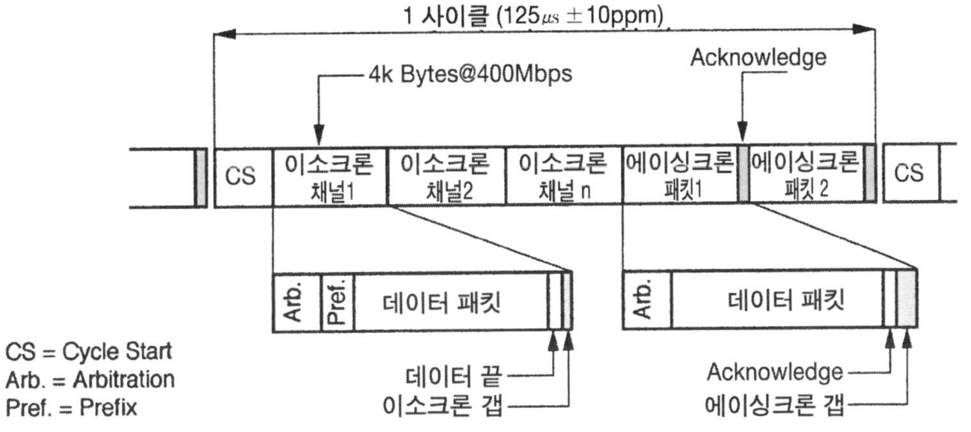

그림 12.14 IEEE1394의 프레임 구조

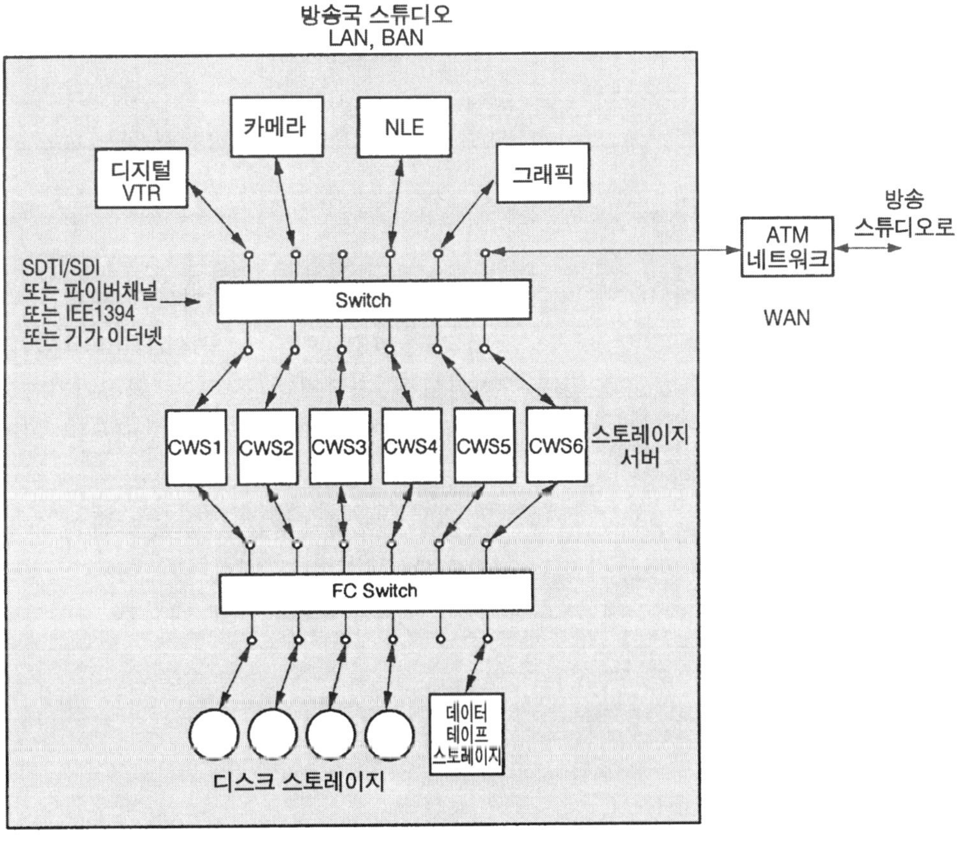

그림 12.15 대표적인 방송 스튜디오에서 각종 네트워크의 조합 일예

표12.2 TV프로그램 제작 관련 네트워크 기술의 비교

항목	SDTI	Fiber Channel	Giga Ethernet	IEEE 1394
기술 적용 처	Studio, LAN,BAN	Studio, SAN,LAN,BAN	Studio, LAN,BAN	Studio, LAN,BAN
접속방식(Topology)	Point to Point Switched Point to Multipoint	Point to Point Switched Loop/Hub	Point to Point Switched Hub	Daisy-Chain Switched Loop/Hub
전송 방향 모드	Unidirectional	Bidirectional	Bidirectional	Bidirectional
전송 속도 (Gbps)	0.27, 0.36	1.06	1.25	0.4
전송 모드	Asychronous Synchronous	Asychronous Synchronous	Isochronous	Asychronous Isochronous
파일 또는 스트림 전송 기능 여부	Stream	File, Stream	File	File, Stream
지연(Latency)	Low, Constant	Low, Constant Variable	Variable	Variable Constant
오류가 없는 전송보증	가능	가능	불가능	가능
프레임 기간(μs)	63.5	20	12	12.5
보다 높은 데이터 레이트의 확장성 (Gbps)	1.485	2.12, 4.24	No	0.8, 3.2
전송 미디어	Copper, Fiber	Copper, Fiber, Twisted Pair	Copper, Fiber, UTP, Cat.5	Copper, Fiber
실용 전송거리	60Km	10Km	5Km	10Km

UTP=unshielded twisted pair
SAN=storage area network (일반적으로는 없음.)
BAN=building area network(일반적으로는 없음.)

이러한 방식에 의하여 비디오, 오디오 컨트롤신호, 동기, 데이터 스트림을 다중화 하여 같은 케이블로 전송하는 것이 가능하고, 이렇게 합성된 IEEE1394데이터 스트림을 라우터(Router) 또는 스위처를 경유하여 서버와 기록기기와의 단순하게 접속하는 것이 가능한 것에 의하여 각기기와 사용처에 분배하는 것이 가능하다고 할 수 있다.

표 12.12에서는 각 섹션에서 설명한 4개의 네트워크의 특성을 요약하여 표시를 한 것이라고 할 수 있고, 그림 12.16에서는 스튜디오 시설 내 또는 각 방송국간의 데이터 스트림 전송에 사용되어지고 있는 계통구성의 개요를 요약하여 표시하고 있다고 할 수 있다.

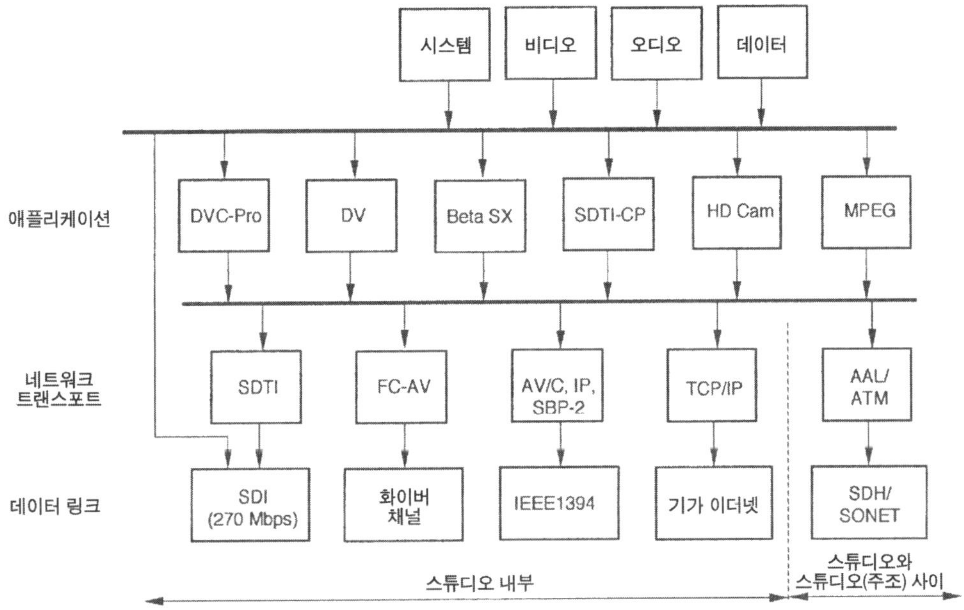

그림 12.16 스튜디오 내(Intra Studio) 또는 스튜디오사이(Inter Studio)의 애플리케이션에 있어서 데이터 스트림의 전송 예

12.4 방송국간의 스트림 전송이나 DTV신호의 송출 기술

방송국간의 링크(Interfacility : IFLs)이라는 것은 텔레비전 초기로부터 존재하고 있었다고 할 수 있는데, 복수의 비디오, 오디오 소재를 프로덕션 센터에 보내는 것과 생방송이나 스포츠, 보도 프로그램을 제작 하는 과정에는 다른 스튜디오를 연결하거나 아니면 중계차를 연결하여 링크를 구성하여 접속하는 것이 필요하다고 할 수 있다.

또한 중앙에 있는 방송국이 가맹 네트워크 방송국으로 프로그램 전송이나 송신소, 위성, 케이블 방송국, 세트라이트 마스터 안테나 (SMATV : Satellite Master Antenna Television-일예로서는 집합 주택단지에서 1개의 위성 안테나로부터 로컬 케이블로 분배하여 시청을 하게하는 공시청 설비), 멀티채널 멀티 포인트 분배서비스(MMDS : Multichannel Multipoint Distribution Service를 말하는데, 예를 들면 공청 분배시스템을 사용하여 케이블 대신에 각 수신자에게 마이크로웨이브를 전송하는 서비스를 말함.) 등을 이용하여 프로그램 송출에 있어서도 같은 전송 기술이 사용되어 지고 있다고 할 수 있다.

디지털 텔레비전의 새로운 DTV프로그램 채널이 얻어지게 하면 그 채널을 방송하기 위한 프로그램 콘텐츠의 제작에 대한 필요성이 급속하게 높아지기 때문에 로컬, 국내, 국제적으로 프로덕션 사이에 멀티미디어 프로그램의 콘텐츠를 상호적으로 유통시키는 것이 보다 필요로 하고 있다고 할 수 있는데, 이러한 급속한 움직임은 아래와 같은 사항에서 가속화 되어진다고 할 수 있다.

- 프로그램 소재는 지금에 있어서는 디지털 스트림이나 디지털 파일로서 교환되어지는 것과 같이 되어가고 있다.
- 많은 프로덕션의 설비가 이미 종전의 아날로그 링크(위성, 마이크로웨이브 이외)로 부터 광대역에서 낮은 코스트(Cost)의 디지털 링크〈WAN(Wide Area Network), MAN(Metropolitan Network)이외〉로서 결성 되어있다고 할 수 있다.
- 프로덕션의 설비가 효율적인 LAN의 기반위에 구축되어지고 있다 할 수 있다.

그림 12.17에서는 대표적인 TV방송시스템에서 접속 모델을 표시하고 있다 할 수 있는데, 현재 IFL(방송국간의 링크)의 용도로서는 다음과 같은 것이 포함되어있다고 할 수 있다.

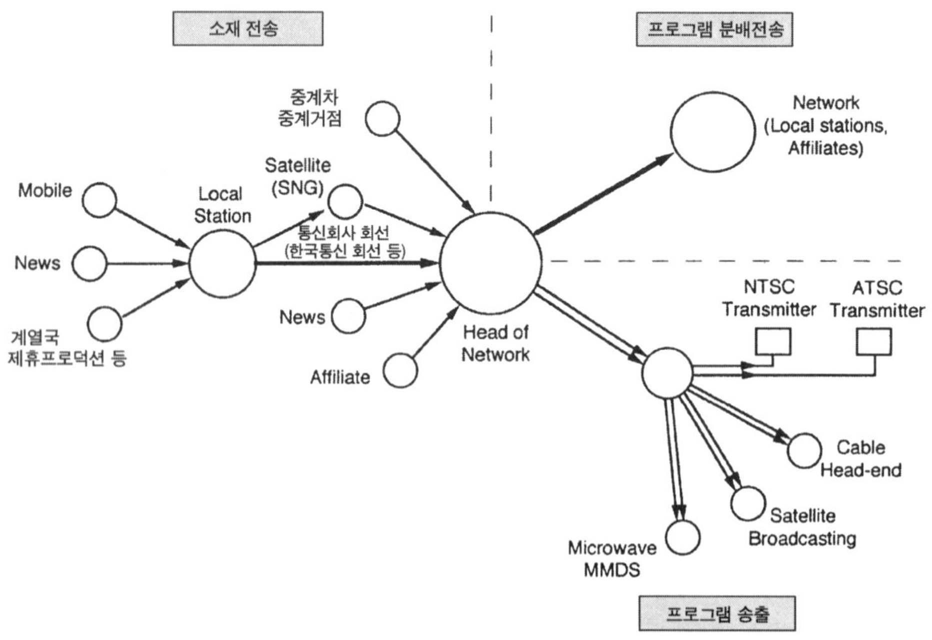

그림 12.17 TV프로그램 제작, 소재전송, 또는 송출 모델

- 로컬 방송국이나 네트워크 계열방송국 (Affiliate)으로부터 프로그램 소재 전송을 시행하는 위성 방송 링크, 마이크로웨이브 링크, 통신회사 (Telecom)의 네트워크 회선.
- ENG(Electronic News Gathering)이나 방송국 이외의 취재 (Field Acquisition)의 전송은 마이크로웨이브 링크나 위성 중계링크, 통신 회사의 네트워크 회선.
- 중요한 이벤트에서 생방송을 시행하는 위성 또는 로컬방송국 경유의 회선.
- 스튜디오로부터 방송국 송신소까지 또는 방송국 송신소로부터 스튜디오까지의 전송은 STL(Studio to Transmitter Link), TSL(Transmitter to Studio Link)회선.
- 로컬방송국, 계열방송국, 케이블 텔레비전, 위성 오퍼레터의 프로그램 분배 회선.

사용자의 시스템 에서는 그 용도에 따라서는 아래와 같이 공통의 또는 각각의 용도에 맞추어진 요구가 있다고 할 수 있다.

- 같은 시스템 가운데 아날로그 NTSC신호와 디지털 (SDI, HD-SDI) 신호의 양방향이 전송 가능하다고 할 수 있다.
- 맞추어진 회선 (Intercom), 원거리감시계측(Telemetry), 송신 리모트 제어 (Transmitter Remote Control) 등의 전송을 위하여 전송대역의 확대.
- 단일 방향 또는 양 방향 전송 시스템.
- ATSC (미국 디지털 방송 규격 19.39Mbps)신호 송출이나 소재전송 또는 프로그램 전송 링크(45~270Mbps), ENG송신 링크(4~18Mbps) 등 각각의 에플리케이션에 따라서 다른 대역(비트 레이트)의 전송.
- 전송에 있어서 낮은 비트 에러율 (BER) : 오류를 허용하는 것이 불가능한 MPEG-2스트림 전송을 위하여 오류가 없는 방송국간의 전송에 있어서 강한 요망이 있다고 할 수 있고, 사용자로부터는 낮은 비트 오류율(10의 마이너스 14승으로부터 16승)만이 허용 가능 하다는 요구가 있다고 할 수 있다. 그러나 현재의 데이터 네트워크는 이러한 저 비트 오류율에 의하여 오퍼레이션이 가능하게 하기위하여 설계되어있지 아니하다고 할 수 있는데, 따라서 오류율의 개선을 위해서는 적당한 오류 정정의 기능을 필요로 한다고 할 수 있고, 이러한 것을 실현하기 위해서는 더 더욱이 비트 레이트의 광대역화가 필요하다고 할 수 있다.

- 비트오류(BER)의 감시와 처리기능.
- STL 등의 중요요소 회선에 있어서는 완전 2중화를 하기위하여 백업링크를 구성하고 있다고 할 수 있는데, 이러한 백업 링크 구성에 있어서는 광 파이버 회선 등과 분리되어진 링크가 바람직하다고 할 수 있다.

사용자는 그 용도, 거리, 코스트(Cost)에 따라서 몇 가지의 광 회선을 선택하는 것이 가능하다고 할 수 있다.

- 직접 접속의 동축 케이블 또는 광 파이버 회선
  사용하지 아니하고 있는 광파이버 링크 (Dark Fiber Link)를 입수사용 하여 대도시 네트워크에서 사용하는 것이 가능하게 되어 있어 이러한 것을 사용하여 방해 노이즈가 많은 환경에 있어서도 적합하다고 할 수 있는데, SSI (Synchronous Serial Interface), ASI(Asynchronous Serial Interface), SDTI(Serial Data Transport Interface), DS-3〈역주 : Digital Serial Stage-3 : 미국규격(ANSY)에서 규정을 하고 있는 DS0, DS1, DS2, DS3 등으로 계층화되어진 것 중에 45Mbps의 디지털 전용회선의 명칭이라고 할 수 있고, 이러한 것을 T3이라고도 불리 우고 있음.〉를 베이스로 한 데이터 신호는 이러한 케이블을 사용하여 50Km에서 70Km까지 장거리를 전송하는 것이 가능하다고 할 수 있음.
- 마이크로웨이브 회선
  이것은 STL(Station to Transmitter Link), TSL(Transmitter to Station Link), 위성 업 링크 국 보내는 신호, 방송국 외의 중계(Remote Broadcast), 케이블 송신, 네트워크에 송신 등에 사용되어진다고 할 수 있는데, 디지털 방송 신호(ATSC신호), ENG, DS-3신호도 마이크로웨이브 회선으로 보내는 것이 가능하다.
- 통신회사 네트워크신호
  MAN, WAN 등의 2Mbps로부터 기가비트까지의 ATM(Asynchronous Transfer Mode)베이스의 통신회선은 넓은 범위의 데이터 레이트에 대응하는 것이 가능하다.
- 위성회선
  SSI, ASI, SDTI, DS-3데이터 신호는 위성 링크를 사용하여 전송하는 것이 가능하다고 할 수 있는데, FC(Fiber Channel)이나 IEEE1394 등의 LAN인터페이스에 있어서도 거리가 10Km이하의 경우에는 고비트 레이트의 고품질 소재 전송에 사용하는 것이 가능하다고 할 수 있다.

12.4.1 싱크로너스 시리얼 인터페이스(SSI : Synchronous Serial Interface)

싱크로너스 시리얼 인터페이스 (SSI : Synchronous Serial Interface)이라는 것은 ATSC(Advanced Television System Committee)나 DVB(Digital Video Broadcasting)과 같이 최대 40Mbps까지 MPEG-2 TS(Transport Stream)패킷 데이터를 스튜디오와 방송을 송출하는 송신소에 전송 하는 것을 목적으로 하고 있는 포인트 투 포인트의 인터페이스라고 할 수 있는데, 이러한 SSI(Synchronous Serial Interface) 데이터는 그 시리얼 싱크로 전송을 하는 MPEG-2TS와 동기하고 있다고 할 수 있다.

이러한 인터페이스는 MPEG-2데이터 패킷이 노이즈에 따라서 오류가 일어날 수 있는 확률이 1일에 1회 이하 인 저 노이즈 환경에서 사용하는 것이 필요하다고 할 수 있는데, 높은 노이즈 환경에서는 오류정정 부호를 부가하지 아니하면 되지 아니한다고 할 수 있다.

SMPTE310M과 DVB-A010규격에서는 이러한 물리적인 인터페이스와 변조 특성을 규정하고 있는데, 표12.3에서는 SSI송신부와 수신부에 있어서 전기 특성을 표시하고 있다고 할 수 있고, 이러한 SSI신호는 현재의 클램프(Clamp)를 오프가 가능한 아날로그 대역 분배 증폭기 예를 들면 Leitch VEH-680(대역 BW=100MHz±1㏈), VEH-6810(BW=200MHz+1/-3㏈)로 전송 하는 것이 가능하다고 할 수 있다.

1개 내지 복수의 프로그램을 전송하는 MPEG-2 TS에서는 인터페이스 레벨에서는 다중기능 내지 SSI에 의한 전송이 가능하다고 할 수 있는데, 그림 12.18과 그림 12.19에서는 MPEG-2 TS의 패킷을 SSI로 전송을 하는 계통과 8-VHS (미국의 ATSC지상파 디지털 전송 방식으로 채택이 되어진 디지털 8레벨 잔유측파대 진폭 변조 방식)의 ATSC데이터 스트림의 파형을 표시하고 있다고 할 수 있다.

표 12.3 동기 시리얼 인터페이스 (SSI)전기특성

일반특성	■ 채널 코딩 : 바이 패스 마크 ■ 인터페이스 클럭 주파수: 8-VSB모드시에 38.6Mbps
송신부 특성	■ 수평 동축 케이블, BNC콘넥터 ■ 광 파이버는 멀티모드 또는 싱글 모드를 사용하여 SC타입 콘넥터 ■ 리턴 로스 : 〉30㏈(0.1로부터 3.9MHz) ■ 출력신호진폭 : 75Ω부하로 0.8v±10% ■ DC옵셋 : 0.0V±0.5V ■ 상승 하강 시간 : 신호진폭의 20~80%사이에 0.4로부터 5.0ns ■ 상승 하강 에지의 링킹 : 〈 80mV ■ 최대 지터 : 1Hz로부터 0.39MHz대역에서 2nsp-p

	■ 인터페이스 클럭 주파수 드립(Drift) : 〈 ±2.8ppm ■ 인터페이스 클럭주파수 드립 레이트(Drift Rate) : 0.028ppm/초
수신부 특성	■ 75Ω동축 케이블 대한 케이블 보상 특성 : 3dB@19.4MHz ■ 광수신 파장 공칭 1310-nm또는 1550-nm ■ 20으로부터 50Mbps의 비트 레이트에 대한 자동수신

위의 표의 파라미터 치는 SMPTE310M으로부터 인용한 것이라고 할 수 있는데, DVB-0101규격에서는 DVB-SSI 또는 DVB-ASI인터페이스를 규정하고 있다고 할 수 있고, 위에 있는 몇 가지의 파라미터는 DVB-0101규격하고는 다르다고 할 수 있다. 예를 들면 신호레벨 리턴 로스 등이 다르다고 할 수 있다.

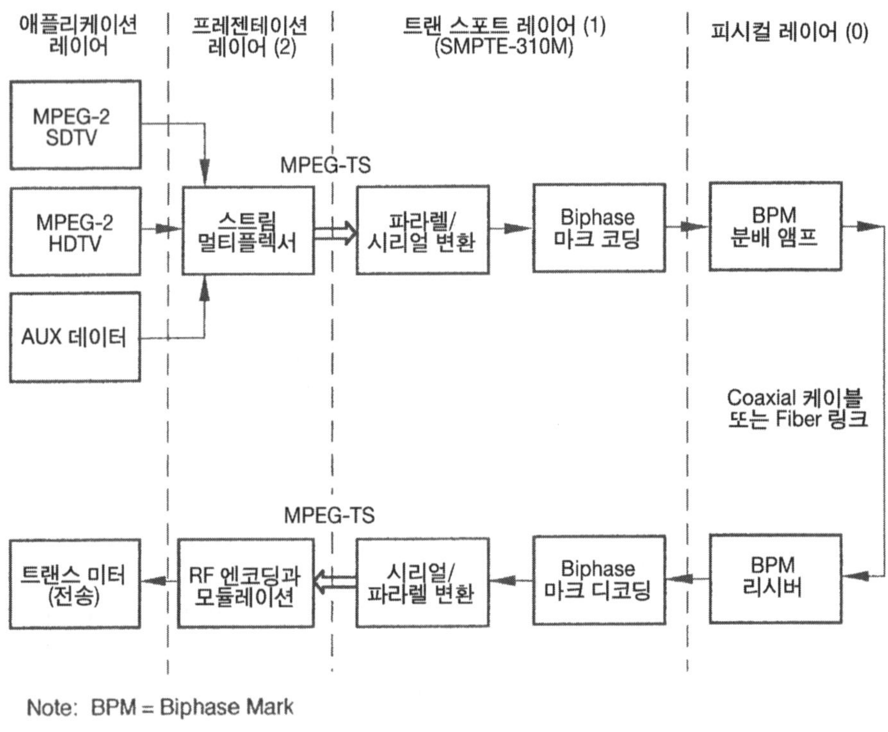

그림 12.18 MPEG-2신호의 SSI에 의한 전송

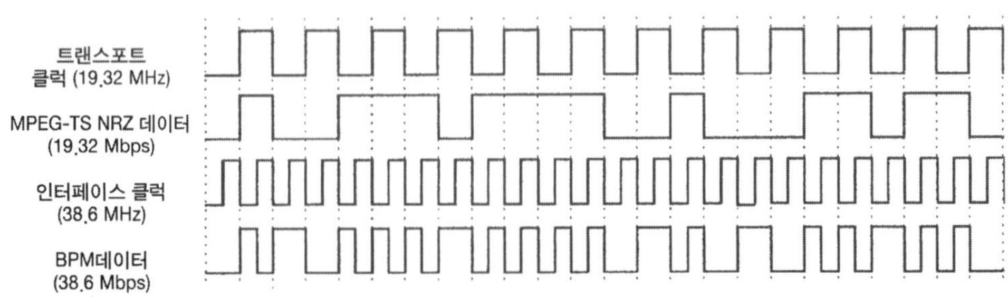

그림 12.19 19.38Mbps ATSC 데이터 스트림의 바이패스 마크 (BPM)엔코드 한 신호의 파형. 그림의 수치에 대해서는 역주 참조.

바이트 동기(시리얼 데이터를 바이트 단위로 분리하기 위한 동기)에서는 MPEG-2 TS 패킷에서 동기바이트 (47H)을 사용하고 있는데, 8-VSB전송 패킷은 비트레이트가 19.32Mbps로 전송 클럭 레이트에 있어서는 19.32Mbps이라고 할 수 있고, 이러한 것을 바이페이스 마크(BPM) 코딩을 한 후에는 비트레이트는 38.8Mbps 가되어 인터페이스 클럭 레이트도 38.9MHz가 된다고 할 수 있다. 이러한 형식에 의하여 미국식 케이블 방식에서 사용을 하고 있는 16-VSB데이터 스트림에서의 모든 치는 공중파 방송에서 채택을 하고 있는 8VSB변조 레벨의 2배가 된다고 할 수 있다.

ATSC의 DTV의 규격 A/64에서는 19.32MHz의 전송 클럭과 10.76MHz의 클럭 심볼이 필요하다고 할 수 있는데, 양 클럭의 주파수는 서로 록크(Lock)이 되어있지 아니하면 되지 아니한다고 할 수 있다.

역주 여기에서 전송 클럭 레이트 치 19.32Mbps이라는 것은 DTV의 규격 A/64에서는 볼 수가 없는 것으로 A/64에서는 이러한 것에 해당한다고 할 수 있는 치는 19.28Mbps이라고 할 수 있다. 이러한 것에 대하여 좀 더 이야기를하면 바이페이스 마크(Biphase Mark) 변조 후에 비트 레이트는 표12.3에 의하면 38.6MHz 이라고 표시를 하고 있으므로, 따라서 이는 원저자가 약간의 혼란을 하고 있지는 않나 생각이 된다.

또 ATSC의 규격문서 Gide to the Use of the ATSC Digital Television Standard의 RF /Transmission System의 항에서는 8VSB변조 심볼: $4.5\times(684/\ 286)=10.76$ ....MHz이라고 하고 있는데, 여기에서 4.5MHz/286은 525/59.94의 수평 주파수이라고 할 수 있고, $3\times f_{sc}$이라는 것은 $682.5/286\times4.5$MHz이므로 접속 NTSC 채널과 방해를 고려하여 컬러 서브캐리어와 0.5H의 옵셋이 되게 하여 684의 계수로 심볼 레이트를 결정되게 하고 있다고 할 수 있다.

8-VSB 트레리스 (Trellis)코딩에 있어서는 1심볼의 3비트는 확장 비트를 제외하고는 2비트의 정수를 전송 하고 있으므로 페이로드 레이트는 $10.76\cdots\times2=21.52\cdots$Mbps가 된다고 할 수 있으나 이러한 치는 세그먼트 (Segment)동기, 데이터 필드 동기, 리드 솔로몬 오류정정 코드 등의 오버헤드 분을 보정을 하지 아니하면 되지 아니한다고 할 수 있다.

따라서 이러한 보정에 있어서는 $21.52\text{Mbps}\times(312/313)\times(828/832)\times(187/207)=19.28\cdots$Mbps 이라는 식이 성립되는데, 여기에서 (312/313)이라는 것은 필드 313세그먼트당 1개의 필드 동기의 보정을 말하는 것이고, (828/832)이라는 것은 데이터 세그먼트 당 4심볼의 데이터 세그먼트 동기의 보정이라고 할 수 있으며, 심볼당 2비트의 전송이므로 1바이트의 전송은 4심볼이 필요하다고 할 수 있다.

MPEG-2 TS의 패킷 188바이트에 대하여 이야기를 하면, 페이로드 187바이트 +정정 코드 20바이트로 합계 207바이트라고 할 수 있고, 세그먼트당 4개의 심볼이 필요하므로 207×4=828심볼이 전송되어진다고 할 수 있는데, 이러한 것에 세그먼트 동기가 부가되어지므로 모두 832심볼이 되어진다고 할 수 있다.

(187/207)은 데이터 세그먼트 187바이트당 20바이트의 리드 솔로몬 코드를 부가하여 207바이트가 된다고 할 수 있는데, 이러한 기본 MPEG패킷의 길이는 188바이트 이므로 이중에서 MPEG동기의 1바이트 헤더는 트레리스 엔코더 입력으로 제거되어 187바이트가 되지만 이러한 신호를 디코더에서 재차 부가되어지면 188바이트가 된다고 할 수 있다.

디코더에서 MPEG동기 1바이트를 부가한 뒤에 MPEG스트림 비트 레이트는 19.28Mbps× (188/187)=19.39…Mbps가 된다고 할 수 있다.

거기에다 더해서 동일의 채널(Cochannel)이나 근접 채널(Adjacent Channel) 사이에 방해를 최소화하기 위하여는 송신기의 RF파이롯 캐리어에 대하여 엄격하게 지터의 허용도(0.04UI)를 관리할 필요가 있다고 할 수 있다.

역주 미국의 ATSC규격 송신기에서 VSB변조에서는 NTSC반송파를 억압을 하는 VSB변조와는 다르게 컬러서브캐리어변조와 같이 반송파 억압변조를 하여 억압 되어진 반송파의 위치에 저 레벨의 위상에 맞추어진 RF 파이롯 캐리어를 삽입 시킨다고 할 수 있는데, 이러한 RF파이로트 캐리어는 수신기에서 검파를 하기 위하여 캐리어를 재생하기 위하여 사용되어진다고 할 수 있다.

이러한 RF파이로트 캐리어의 생성 방법으로서는 동기데이터 부분에 작은 DC 레벨을 부가하여 억압 평균 도를 조정하는 방법이 제시 되어지고 있다고 할 수 있다.

이러한 RF 파이롯 캐리어의 시스템 디자인에 의하여 수신기에서는 정확한 기준신호에 대한 심볼 클럭의 변동에 따라서 조정이 가능한 VCO를 사용하는 것이 가능하다고 할 수 있는데, SMPTE310M의 규격에서는 SSI클럭 주파수의 최대 드리프트(Drift)의 한계를 ±1.8ppm(±108Hz)로 초당 최대 드리프트 레이트(Drift Rate)를 0.028ppm/s(1.10Hz/s)로 규정하고 있다고 할 수 있다.

이 때문에 ATSC전송 클럭(Transport Clock: TC)주파수의 최대 드리프트(Frequency Drift)은 ±2.8ppm(±54Hz)에 심볼 클럭(SC) 주파수 드리프트(Frequency Drift)은 ±30Hz(SC=1/2×208/188×313/312×TC)가 된다고 할 수 있다. (11.8.6항 참조)

12.4.2 에이싱크로너스 시리얼 인터페이스 (ASI : Asynchronous Serial Interface)

에이싱크로너스 시리얼 인터페이스 (ASI: 비동기 Serial Interface)이라는 것은 MPEG-2 TS패킷을 MPEG엔코더, 멀티플렉서, 모듈레이터 사이를 각각 다른 데이터 레이트로 포인트 투 포인트(Point to Point)로 전송하는 것을 목적으로 하고 있는 인터페이스로서 이러한 DVB-ASI이라는 것은 8B/10B의 엔코딩 방식을 사용하여 입력 MPEG-2의 TS데이터 바이트의 DC성분을 균형 있게 조정하여 120비트 워드로 변환을 시킨다고 할 수 있다.

또 TS의 더미(Dummy : 무효) 바이트를 입력시키는 것에 의하여 데이터 레이트를 216Mbps(27Mbps×8)로하고, 8B/10B의 변환에 의하여 SMPTE259M의 SDI와 같은 270Mbps의 데이터 레이트가 된다고 할 수 있는데, (물리적인 인디페이스도 SDI와 같다고 할 수 있음.) 이러한 8B/10B의 코딩에 의하여 셀프 오류의 체크가 가능하여 링크의 바이트 동기가 얻어진다고 할 수 있고, 더미 바이트를 1, 0의 비율로 하여 역의 2개 10비트 워드로 하는 것에 의하여 ASI스트림의 DC성분을 없애 버린다고 할 수 있다.

역주 8B/10B코딩이라는 것은 복잡한 코딩이라고 할 수 있는데, 이러한 코딩은 기본적으로 1개의 8비트 데이터에 대하여 2개의 DC밸런스 (0, 1의 밸런스)가 각각 다른 10비트 워드를 할당하여 송출 스트림의 DC밸런스를 감시하면서 어느 곳에 10비트 워드를 송출 할 것인가를 결정한다고 할 수 있다. 예를 들면 TS의 8비트 데이터 1110 0000에 대하여 1001 1110 01과 0110 0011 10의 2개의 10비트 워드를 할당하고 있다고 할 수 있다.

이러한 경우에는 완선하게 1, 0을 역전하고 있으나 데이터에 따라서는 그러하지 아니한 경우도 있다고 할 수 있는데, 더미의 10비트의 워드의 경우에는 특정의 워드 (코드명 K28.5)로서 0011 1110 10과 1100 0001 01이 할당 되어있어서 이러한 것은 8B/10B의 변환에서는 나타나지 아니하는 코드이지만 수신측에서는 용이하게 이것이 더미이라는 것을 알 수가 있게 되어 있다고 할 수 있다.

또한 동시에 정,부의 더미워드를 상호 순차적으로 몇 회 보내는 것에 의하여 워드의 단절 된 곳을 파악하는 것이 가능하여 워드 동기도 가능하다고 할 수 있는데, 8B/10B의 코딩에 있어서는 사용하지 아니하는 10비트의 워드가 있어 존재하고 있으므로 그러한 것을 검출하는 것에 의하여 오류가 있는 경우에 수신측에서 오류가 있는가? 없는 가를 체크하는 것이 가능하다고 할 수 있다.

송신부에 있어서는 TS패킷의 188바이트를 변환한 1880비트를 송출한 후 다음의 TS패킷이 전부 입력이 되어지지 아니할 경우에는 더미의 10비트 ×n을 송출하여 다음의 TS패킷이 완전하게 입력이 되어진다면 재차 데이터를 송출 한다고 할 수 있는데, 이런 경우에 주의를 하여야 하는 것은 259M의 SDI에서는 NRZI코딩에 있어서는 무극성 이라고 할 수 있고, DVB-ASI 형식의 270Mbps전송에 있어서는 같다고 할 수 있는데, 다른 것은 NRZ의 신호형식을 사용하고 있으므로 극성이 있다는 것이라고 할 수 있다.

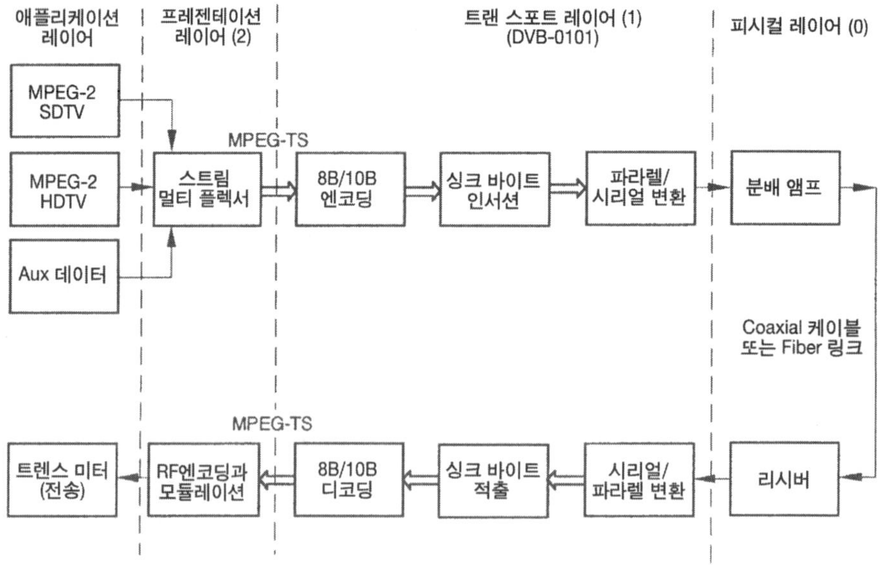

그림 12.20 MPEG-2 TS데이터 패킷의 DVB-ASI비동기 시리얼 인터페이스에 의한 전송

DVB-A010(또는 유럽의 규격 EN50083-9 Part9 Interface for CATV/SMATV Headends and Similar Professional Equipment for DVB/MPEG-2 Transport Stream)규격은 DEVB-ASI의 물리적인 인터페이스와 변조 코딩에 대하여 규정을 하고 있고, 그림 12.20에 있어서는 1개의 MPEG-2 트랜스포트 스트림(1개의 프로그램 내지 복수의 프로그램을 전송)을 인터페이스 레벨에 있어서는 다중화 기능이 없는 ASI으로 전송을 하는 계통을 표시하고 있다고 할 수 있다.

이러한 2개의 10비트 동기워드〈더미워드에서 콤마문자(Comma Character)이라고 불리 우는 코드번호는 K28.5〉 이라고 할 수 있으나 각 MPEG-2의 TS패킷에 처음으로 보내어진다고 할 수 있는데, 이러한 2개의 동기워드는 ASI의 링크로 바이트 동기를 확실하게 하기위하여 삽입이 되어진다고 할 수 있고, 이러한 인터페이스에서는 188바이트의 패킷의 전송과 옵션으로서 204바이트의 패킷전송을 지원하고 있다고 할 수 있다.

이러한 204바이트의 패킷전송은 188바이트의 TS데이터에 16바이트의 리드솔로몬 오류정정부호 또는 더미바이트를 부가한 것이라고 할 수 있는데, 이러한 더미바이트의 부분은 부가 데이터 전송에 사용되어지는 것도 가능하다고 할 수 있으나, 그러한 것에 더해 ASI의 인터페이스를 사용하여 접속되어진 기기에 매칭을 하기위한 적당한 인터페이스 특성을 선택하는 것도 가능하다고 할 수 있다.

ASI데이터는 2개이상의 바이트 동기워드 (K28.5)를 수신하는 것에 의하여 바이트 데이터를 정확하게 복원하는 것이 가능하다고 할 수 있는데, ASI 바이트 동기워드와 더미 바이트 워드는 같은 10비트의 워드 치를 사용하고 있다고 할 수 있다.

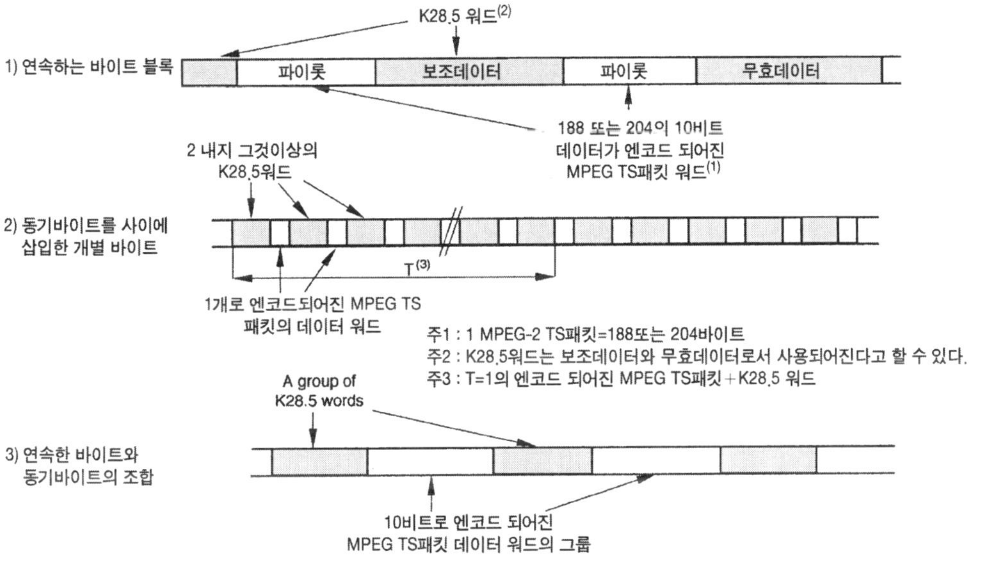

그림 12.21 MPEG-2 데이터 패킷을 ASI에 코딩하는 3가지 방법

ASI의 규격사양에 있어서는 인터페이스에서 전송이 되어지는 패킷은 유연성을 가지게 하기위하여 3종류의 인터페이스 전송 포맷을 허가하고 있다고 할 수 있는데, 따라서 이러한 유연성을 가지게 함으로써 각각 다른 제작사의 엔코더와 디코더사이에 호환성의 문제가 생길 가능성도 있다고 할 수 있다. 이러한 3종류의 포맷을 그림 12.21에서 표시를 하고 있고, 데이터 구조에 있어서는 아래와 같이 되어있다고 할 수 있다.

- 1개의 MPEG-2 트랜스포트 패킷을 연속하는 188(204) 바이트의 집합으로서, 이러한 것을 일괄하여 8B/10B변환을 하여 전송을 하는 포맷이라고 할 수 있는데, 더미 10비트 데이터(Stuffing Data)는 이러한 집합의 전후에 특정의 데이터(K28.5)를 사용하여 삽입시키고 있다고 할 수 있다.

- 1개의 MPEG-2 트랜스포트 스트림 패킷을 8B/10B코딩을 하다고 할 수 있는데, 개개의 바이트를 표시하는 10비트 워드로 분산을 하여서 그사이에 몇 개의 더미 데이터(K28.5)를 삽입하여 전송을 하는 포맷이라고 할 수 있다.
- MPEG-2의 트랜스포트 스트림 패킷 데이터를 8B/10B코딩을 한 각 바이트를 10비트 워드로 연속한 적당한 길이의 그룹이라고 할 수 있는데, 그러한 것을 적당한 수의 더미데이터워드의 그룹으로 조합하여 전송을 하는 포맷이라고 할 수 있다.

모든 ASI의 데이터는 이러한 3종류의 포맷을 검지하여 정확하게 처리를 하지 아니하면 되지 아니 한다고 할 수 있는데, MPEG-2의 TS는 정확한 시간에 정확하게 재생을 하지 아니하면 되지 아니한다고 할 수 있고, ASI전송에 있어서 지터에 대하여 알아보면 디코드 되어진 MPEG-2 TS스트림에 의하여 PCR(Program Clock Reference)지터를 증가시킨다고 할 수 있다.

DVB-ASI규격에 있어서는 물리인터페이스로서 LED베이스의 멀티모드 광 파이버 인터페이스와 동축케이블 인터페이스를 규정하고 있는데 표12.4에서는 ASI물리 인터페이스 전기 특성에 대하여 표시를 하고 있다.

표 12.4 비동기 시리얼 인터페이스 (ASI)의 전기특성

일반특성	■ 채널 코딩 : 8B/10B ■ 엔코드신호 전송 레이트 : 270MHz±100ppm
송신부 특성	■ 수평 통축 케이블, BNC콘넥터 ■ 파이버링크 : LED디바이스를 사용한 멀티모드 파이버 전송 ■ 출력신호진폭 : 75Ω부하로 0.8V±10% ■ 상승 하강 시간 : 신호진폭의 20~80%사이에 1.2ns(최대) ■ 최대지터 : 0.3UI(1.110nsp-p) ■ 최대 고유 지터* : 10%p-p(0.2UI) ■ 최대랜덤 지터 : 8%p-p(0.16UI)
수신부 특성	■ 최소감도 : 200mV ■ 최대입력 전압 : 880mVp-p ■ 최소 리턴 로스 : 15dB ■ ASI스트림은 극성을 가지고 있음 ■ 비트 스트림으로의 재 동기는 1ms이내 ■ 3개의 ASI전송 모드에 대응 할 것

역주 표12.4에서는 광 인터페이스 사양의 기술은 없다고 할 수 있지만 SMPTE에서는 270Mbps의 광 인터페이스로서 297M-2000이 있다.

이러한 것을 EN-50083-9와는 약간 다르다고 할 수 있으므로 양자를 비교하여 그의 개요를 표시하고 있다.

또한 표 중의 최대고유지터의 원어는 Maximum Deterministic Jitter이라고 할 수 있는데, 이러한 것은 Duty Cycle왜, Pulse Width 왜, Word-Pattern Dependant Jitter 등의 가우스 분포의 랜덤 지터 이외의 원인에 의한 지터의 총칭 이라고 할 수 있다.

항목	EN50083-9-1998	SMPTE297M-2000
광케이블	멀티 모드	멀티/싱글 모드
광 디바이스	LED	LED/레이져
콘넥터	SC	SC/PC
파장	1280~1380nm	1310±40nm
최대 광 출력	-14dBm	-7.5dBm
최소 광 출력	-20dBm	-12dBm
소거 광비	9dB min	5:1 min
상승	2.0ns max	< 1.5ns
지터	16%	0.135UI
광입력	-26dBm min/-14dBm max	-20dBm min/-7.5dBm max

SMPTE259M의 270Mbps전송에 있어서 통상용이라고 할 수 있는 동축 케이블은 ASI신호에 있어서도 적합 하다고 할 수 있는데, 다른 것은 ASI스트림에서는 극성이 있기 때문에, 정확하게 동작을 하기 위해서는 극성을 변환시키는 인터페이스 입출력을 가지지 아니한 기기가 필요하다고 할 수 있다.

역주 **259M에서는 NRZI가 무극성의 전송이지만, 259M의 기기에서는 정극성 입력에 대하여 부극성 출력을 출력하는 것과 같이 극성을 반전하는 것이 많이 있다고 할 수 있다.**

이러한 것은 ASI전송에 있어서는 통상의 SDI 분배출력 이나 라우터의 출력이 반 정도는 사용하지 아니하다는 것을 의미하고 있다고 할 수 있다.

역주 **예를 들면 출력트랜지스터의 콜렉터 출력측은 사용하고 있으나 에미터 출력측은 사용하지 않음.**

약간의 SDI기기는 ASI의 스트림이 EAV/SAV플래그를 가지고 있지 아니하므로 ASI신호를 사용하는 것이 불가능하다고 할 수 있는데, SDI수신용 LSI에 따라서는 SDI신호 재생용의 EAV/SAV플래그를 사용하고 있으므로 그러한 플래그가 필요하다고 할 수 있다.

그러한 위에 DVB-ASI규격은 인터페이스와 동축 케이블의 결합에 의하여 트랜스의 사용을 규정하고 있다고 할 수 있는데, 이미 사양에 의하여 DVB/ASI리클럭 기능을 가진 분배기나 라우터를 생산하는 메이커가 있다고 할 수 있다.

12.4.3 SDTI(Serial Data Transport Interface)

SDTI 포맷의 구조에 대해서는 12.3.1항에서 설명을 하였다고 할 수 있는데, 제네릭 패킷 (Generic Packets : 범용 타입의 패킷)은 270Mbps의 SDI링크를 사용하여 다중 하는 것이 가능하다고 할 수 있고, 대도시의 네트워크의 회선에 있어서는 광파이버와 동축 케이블의 혼합사용에 의하여 SDTI의 애플리케이션을 60Km 까지 장거리로 확장을 하는 것이 가능하게 하고 있다고 할 수 있다.

이러한 SDTI의 규격은 오류정정부호(FEC)의 사용도 가능하고 디코더에서 정확한 패킷 타이밍의 재현 능력도 가지고 있다고 할 수 있다.

SDTI에 의하여 방송국내의 프로그램 제작 기기간의 접속이나 송신소의 링크, 로컬 에리어에서 분배네트워크의 구성이 실현 가능하게 하고 있다.

역주 SDTI의 패킷포맷은 기본의 SMPTE305.2M 이외에 326M,331M참조하기바람.

12.4.4 DS-3베이스 (45Mbps)네트워크에 의한 MPEG-2 데이터 스트림의 전송

DS-3(45Mbps)를 기본으로 하고 있는 네트워크나 플라 베이트(Ply Bait)한 포인트 투 포인트 네트워크에서는 방송 품질 IFLs(Interfacility Links:국간의 링크)로서 널리 사용하고 있다고 할 수 있는데, MPEG-2의 트랜스 포트 스트림 (TS8)을 DS의 계층(DS Hierarchy)에 매핑(데이터 구조의 변환)을 하는 방법은 미국의 규격 ANSI T1.519-1999에 규정하고 있다고 할 수 있다. 또한 이러한 규격은 제네렉 패킷(MPEG-2 TS의 비디오, 오디오, 데이터를 포함하는 일반적인 콘텐츠 데이터 패킷)의 ANSI T1.107-1995규격에 의하여 DS디지털 계층으로 전송을 규정하고 있다고 할 수 있는데, 그림 12.22에서는 MPEG-2를 DS로 전송하는 계통을 표시하고 있다고 할 수 있다.

그림 12.23에서는 고정 길이 188바이트의 제네릭 패킷의 디스크립터(Descriptor)를 부가하여 타입1내지 타입2의 아뎁테이션 패킷(Adaptation Packet : AP)=DS 스트림에 적합한 패킷 포맷)으로 변환하는 방법을 표시하고 있다고 할 수 있는데, 이러한 AP는 직접 DS프레임의 페이로드부분에 삽입(Mapping)시켜 DS프레임 구조에 적합하게 할 필요는 없다고 할 수 있다. 또한 DS-1(1.5Mbps)의 경우의 패킷은 DS-1페이로드의 바이트 단위로 정렬시킨다고 할 수 있는데, DS-3의 경우에는 DS-3 M 프레임 페이로드 단위로 정렬을 시킨다고 할 수 있다.

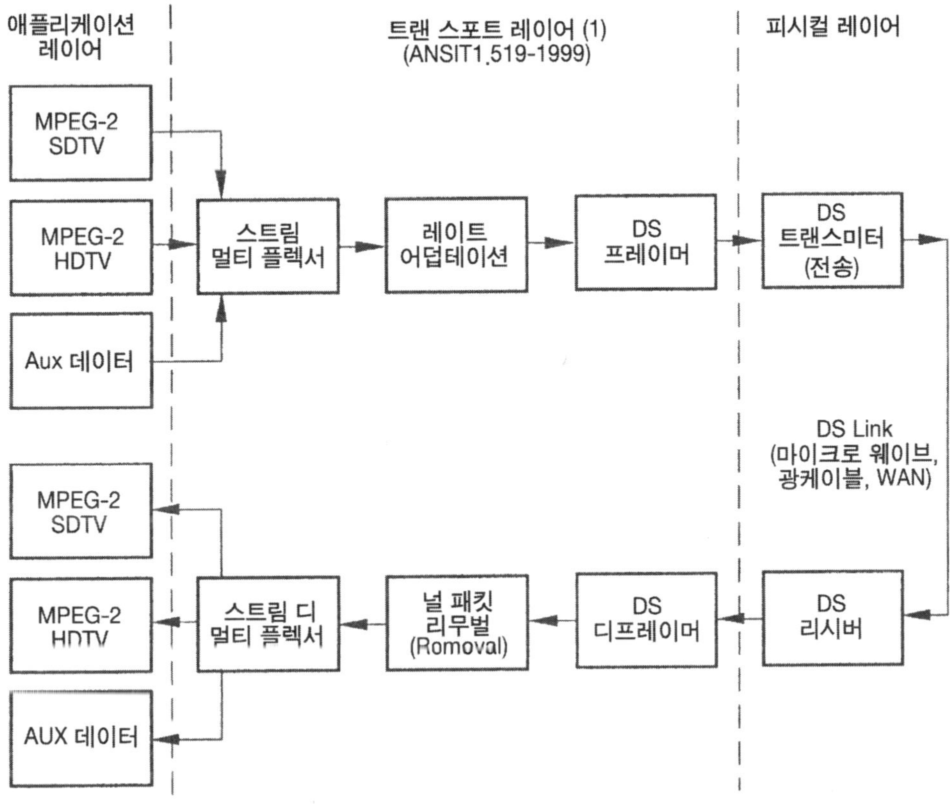

그림 12.22 MPEG-2 TS패킷의 DS네트워크에 의한 전송

제네릭 패킷 (Generic Packcts : 기본 패킷 그림 12.23참조)이 인어지지 아니할 경우에는 널패킷(Null Packet)이 DS페이로드에 삽입이 되어 진다고 할 수 있는데, 이러한 경우에는 GP- Present그룹에서는 "0" 으로 셋트를 하고 있다고 할 수 있다.

또한 DS-3인터페이스에서는 ANSI T1.107의 언채널라이즈 모드 (Unchannelized Mode)에서는 44.210Mbps의 원 타임채널 슬로트 페이로드 (One-Time Channel Slot Payload)로서 구성 되어있다고 할 수 있는데, DS-3의 성능으로서는 알람(Alarm)표시와 상태를 표시하고 있는 스테터스(Status) 모니터의 표시를 제공을 하고 있다고 할 수 있고, 그의 주된 기능은 다음과 같은 것이 있다고 할 수 있다.

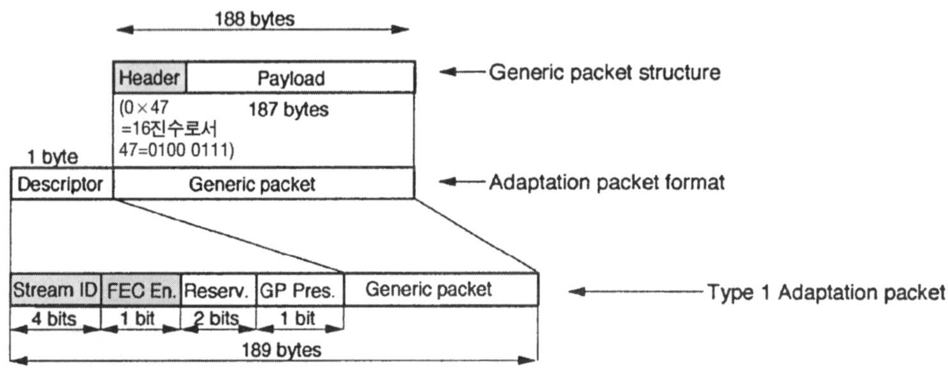

1) 타입1 어덥테이션 패킷(Type1 Adaptation Packet)의 생성

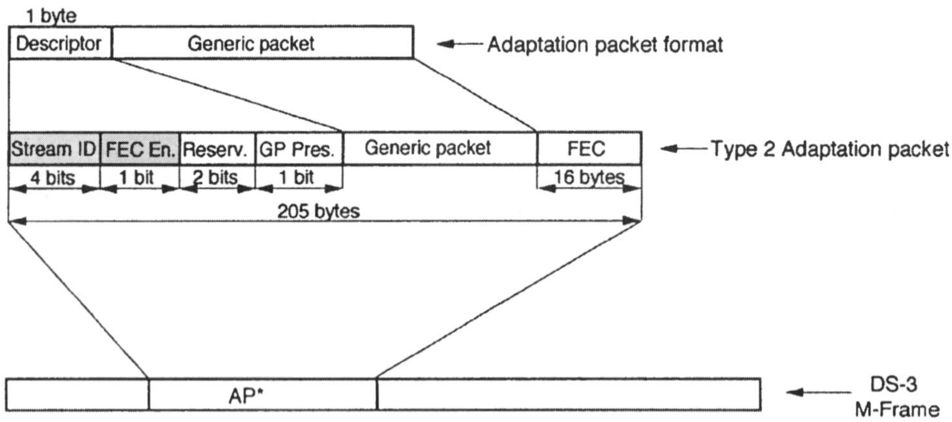

주 : 어덥테이션 패킷을 DS프레임에 고정한 위치에 놔둘 필요가 없다.

2) 타입2 어덥테이션(Type2 Adaptation Packet) 패킷의 생성

그림 12.23 제네릭 패킷의 비채널화 DS-3 PDH네트워크로의 매핑(전송 포맷화)

- 1개내지 독립한 복수의 다중화 제네릭 패킷 스트림이 1개의 DS네트워크 채널로 전송 되어진다.

- 제네렉 패킷 스트림(Generic Packet Stream)은 1개의 MPEG TS로 구성되어있어도 좋다고 할 수 있지만, 복수의 프로그램을 다중 한 TS로 구성되어 있으면 더더욱 좋다고 할 수 있고, 또 MPEG-2 TS 데이터 스트림에서는 없는 데이터 스트림 포맷으로 구성되어있어도 좋다고 할 수 있다.
- 타입1의 어덥테이션 패킷(Adaptation Packet)은 데이터 길이가 189바이트이라고 할 수 있는데, 오류정정 코드(Forward Error Correction : FEC)는 들어있지 아니하다고 할 수 있다.
- 타입2의 어덥테이션 패킷은 데이터길이가 204바이트로 DS링크의 노이즈에 의한 오류를 보호하기위하여 16바이트의 오류정정코드 (FEC)가 붙어있다 할 수 있다.
- 1개의 DS인터페이스에 최대로 16개의 각각 다른 신호원의 페이로드의 다중화가 가능하여 판별하는 것이 가능하다고 할 수 있다. (스트림 ID4비트)
- 제네렉 패킷 스트림(Generic Packet Stream)의 데이터 레이트를 DS링크 인터페이스의 데이터 레이트의 맞추기를 위해서는 널 패킷(Null Packet)이 삽입되어진다고 할 수 있는데, 이러한 것에 의하여 VBR(Variable Bit Rate) 스트림의 DS채널에 의한 전송이 가능하게 된다.
- 고정 패킷을 사용하는 것에 의하여 수신부의 패킷의 동기가 안정하여 얻어진다고 할 수 있다.
- DS에서는 헤더 등의 페이로드데이터 이외에 바이트오버 헤드(Byte Overhead)가 1/189(0.53%) 또는 FEC가 들어있는 1/205(0.49%)정도 낮아 이러한 방식에 의하여 (같은 전송 레이트라도) 압축 화상을 고품질로 보내기 위하여 최대의 데이터 비트수가 얻어진다고 할 수 있다.
- MPEG-2 스트림의 넌 리얼타임 전송 (Non Real Time Transmission)에서는 DS-1의 링크 (1.544Mbps) 사용도 가능하다고 할 수 있는데, MPEG-4(비디 레이트 1.5Mbps이하)의 데이터를 MPEG-2 TS포맷으로 전송을 하는 것도 제안 되어져 있다고 할 수 있다.
- 높은 데이터 스트림의 페이로드는 SONET OC-3 (155.52Mbps)이나 SDTI트랜스 포트 레이어의 다중화(Embedded) 하는 것도 가능하다고 할 수 있다.

DS-3인터페이스의 물리층의 특징은 ITU-T G.703의 문서에서 규정되어져 있다고 할 수 있는데, 주된 오피스 동축 케이블에 대하여 필요한 특성은 벨코어(Bellcore : 벨연구소) 의 GR-139-CORE문서에서 기재 되어져 있다고 할 수 있다.

또한 이러한 것은 상호 접속(Interconnect)이나 크로스 접속(Cross-Connect) 용도에 있어서는 75Ω의 동축 케이블의 사용이 추천 되어진다고 할 수 있는데, 22.368MHz(DS-3)에 있어서 동축 케이블 100m의 대표적인 감쇄는 26AWG 사이즈(심선직경 0.405mm)의 것이 -8.2dB이고, 20AWG사이즈(심선직경 0.812mm : 거의 5C-2V사이즈)의 것이 -3.7dB이라고 할 수 있다.

12.4.5 MPEG-2 데이터 스트림의 ATM베이스 네트워크의 전송

싱글(Single) ATM (Asynchronous Transfer Mode)설비에 의하여 떨어진 스튜디오 사이를 접속하는 형태로 하여 전화, LAN, 인터넷 억세스 등의 통신 서비스와 텔레비전 소재의 전송, 프로그램 분배 서비스를 시행 하는 것이 가능하다고 할 수 있는데, 싱글 링크형태의 다중화설비에 의한 복수의 접속 상태를 존재하게 하는 것이 가능하기 때문에 동시에 여러 장소의 설비 사이를 복수의 쌍방향 전송이 가능하다고 할 수 있다.

이러한 ATM의 데이터는 PHD(DS또는 E)네트워크나 SDH, SONET네트워크에서 사용되어 지는 것과 같이 WAN전송 스트림에 매핑 시키는 것이 가능하다고 할 수 있다. (10.4.2.3항 참조)

참고 〈통신용어의 지식〉부터 인용에 의하여 몇가지를 설명하고자 한다.

PDH(Pre Synchronous Digital Hierarchy)는 SDH의 전의 규격으로 국제적인 규격은 아니라고 할 수 있고, DS〈Digital (Signal)Stage〉는 PDH의 디지털 데이터 계층으로 DS-1이 1.544Mbps이라고 할 수 있다.

DS-3(T3)는 미국에서는 45Mbps이라고 할 수 있고, 일본에서는 32Mbps이라고 할 수 있는데, 이러한 2가지형식에 의한 차이는 전송 용량을 제외한 큰 차이는 없다고 할 수 있다.

E : 유럽의 WAN의 디지털 데이터 계층 E1이라고 할 수 있고 전송 용량은 2.048Mbps이라고 할 수 있다.

SONET (Synchronous Optical Network): 미국 벨코아 개발의 광 네트워크의 규격이라고 할 수 있다.

SDH(Synchronous Digital Hierarchy): SONET을 기본으로 하여 일본과 유럽에서 개발한 것으로 1998년 CCITT에서 국제 규격화되었다고 할 수 있다.

ATM이라는 것은 퍼맨트 버철 서큐티 (Permanent Virtual Circuit : PVC : 가상 고정회선) 방법 또는 스위치드 버철 써키트 (Switched Virtual Circuit : SVC : 가상 스위칭 회선)방법으로 접속이 되어진다고 할 수 있는데, PVC는 엔드 투 엔드(End to End)의 고정 접속을 보증을 하고는 있으나 원가측면에 있어서는 서비스를 하기위하여 드는 비용이 높다고 할 수 있고, SVC는 엔드 투 엔드(End to End) 임시접속을 보증을 하고 있으면서, 신호전송과 그 에게 부과하는 사용요금에 대한 정보생성 기능을 가지고 있다고 할 수 있다.

이러한 것에 의하여 SVC는 모든 가입자 (Subscribers)사이의 접속으로 많은 유연성을 확보하고 있다고 할 수 있는데, ATM에서는 베이스상의 데이터(돌연 나타나는 데이터열) 이나 일정의 비트레이트 (CBR)의 데이터를 취급하여 보증되어진 서비스 품질, 헤더의 어드레스에 의한 다이나믹 스위칭 등을 제공하는 것이 가능하여 다양한 설비 규모에 대응하는 것이 가능하다고 할 수 있다.

SMPTE 패킷화한 비디오, 오디오, 데이터 등을 ATM망으로 전송을 하기 위해서는 공통의 계층(Common Layer)을 AALI(ATM Adaptation Layer Type1)어덥테이션 체계를 사용하여 규격화하는 개발을 시행하여 하고 있다고 할 수 있는데,(SMPTE354M-2002 ATM Common Layer for Transport of Packetized Audio, Video, and Data Over Asynchronous Transfer Mode Using ATM Adaptation Layer Type1) 이러한 형식에서는 DV베이스의 오디오, 데이터 또는 압축한 비디오를 ATM의 코먼 레이어를 이용하여 변환한다고 할 수 있고, 이러한 오브젝트 데이터 포맷(Object Data Format: SMPTE 354M에서 규정)을 규정하고 있는 또 하나의 문서(SMPTE326M-2002 Object Data Format for The Exchange of DV-Based Audio, Data, and Compressed Video Using ATM Common Layer Over Asynchronous Transfer Mode, AAL Type1)에서도 규정되어있다고 할 수 있다. 이러한 접근은 525/625시스템의 DV베이스의 25Mbps내지 50Mbps의 데이터를 ATM네트워크를 이용하여 리얼타임 전송, 리얼타임으로 보다 빨리 전송, 또는 멀티 프로그램을 전송하는 것도 가능하다고 할 수 있는데, 44Mbps이상의 페이로드의 경우에는 155Mps의 ATM을 이용하여 SONET OC-3또는 SDH네트워크를 이용하여 보내는 것이 가능하다고 할 수 있다.

유럽의 DVB기구 (Digital Video Broadcasting Organization)에서는 ATM의 셀을 이용하여 155.5Mbps또는 51.8Mbps의 데이터 레이트(ITU-T REC.G.707)에서 동작을 하는 SDH의 네트워크로 2개의 DVB인터페이스 사이에 MPEG-2TS를 전송을 하는 ETS 300 814의 규격을 제정을 하였다고 할 수 있는데, 이러한 것에서는 리드 솔로몬 정정부호에 부과한 (RS-Coded), 188바이트의 MPEG-2 TS의 패킷을 53바이트의 ATM셀로 삽입시키는 방법에서는 ITU-T J82규격의 AAL1의 구조를 사용하고 있다고 할 수 있고, 그리하여 ATM의 셀은 ITU-T Rec G.707에 따라서 SDH프레임에 삽입되어 진다고 할 수 있다.

또한 DVB구조에서는 ITU-T Rec.G.702에서 규정을 하고 있는 DS, E비트레이트, 또는 다른 비트레이트라도 좋으나 PDH네트워크를 사용하여 2개의 DVB인터페이스 사이에 MPEG-2 TS를 전송한다고 할 수 있는, ETS 300 813규격에 있어서도 제정 하고 있다고 할 수 있는데, 리드솔로몬 정정 부호를 부가한 (RS-Coded)188바이트 의 MPEG-2 TS패킷을 53바이트의 ATM셀군에 삽입하는 방식은 ITU-T J.82 규격에 AAL1의 구조를 사용하고 있다고 할 수 있고, 따라서 ATM의 셀은 ITU-T Rec.G.804에 따라서 PDH프레임에 삽입되어진다고 할 수 있다.

ATM은 각각 다른 어뎁프 텐션 레이어 레벨(Adaptation Layer Level : ALL)을 사용하고 있다고 할 수 있는데, 예를 들면 MPEG-2의 TS스트림을 ATM의 매핑을 할 경우에는 188바이트의 TS패킷을 53바이트의 ATM픽셀로 매핑을 한다고 할 수 있고, 이러한 AAL의 목적은 ATM레이어에서 준비되어있는 서비스에 있어서 신호원과 보낸 곳과에 대한 시간 관계나 콘스턴트 레이트(Constant Rate) 또는 가변레이트서비스이라고 할 수 있으며, 콘넥션 전송모드가 콘넥션레스(Connection Less) 전송모드로 되던지, 아니면 ATM의 셀 로스를 정정하는 기능을 가지고 있는가? 등에 의한 파라미터를 고려하는 서비스의 등급(Class)을 지정하는 것에 의하여 서비스의 품질을 확장하는 것이 가능하다고 할 수 있다.

또한 서비스에 있어서는 각각 다른 등급에 관련하는 5개의 AAL이 있다고 할 수 있는데, 그 중에서 아래의 2개가 스트림 애플리케이션(Application)이 가장 많이 관련이 있다고 할 수 있다.

- AAL1(ATM Adaptation Layer1)이라는 것은 Class A사양에 관련이 있어, 이러한 사양은 신호원 (Source)과 도착하는 지점(Destination)의 타이밍의 지정, 콘스턴트 비트레이트의 동작, 콘넥션 접속 모드에 있어서 동화/음성 데이터의 동기 전송에 사용이 되어진다고 할 수 있다.
  또 AAL1이라는 것은 FEC(Forward Error Correction)이 사용되어지는 경우에는 MPEG-2의 클럭 전송이나 다른 정보에 대하여 오류가 없는 전송 (Provides Transparency)을 가능하게 하고 있다고 할 수 있는데, 필요한 오버헤드(전송하는 페이로드 데이터 이외에 제어정보)는 4개의 ATM셀에 매핑이 되어서 1개의 MPEG-2 TS패킷에 대하여 4바이트라고 할 수 있다.
- AAL5는 고속의 전송용으로서 가변데이터레이트라고 할 수 있으나 오류정정 부호는 사용하지 아니한다고 할 수 있는데, 이러한 레이어에서는 2개의 MPEG-2 TS패킷을 8개의 ATM셀로 매핑하여서 그러한 것에 대한 오버헤드는 8바이트이라고 할 수 있고, 만약 최종의 셀이 오류가 있다면 2개의 AAL5프레임 (4개의 MPEG-2의 TS패킷)이 재생하는 것이 불가능하게 되어있다.

그림 12.24에서는 AAL1과 AAL5에 있어서 MPEG-2의 TS스트림 패킷의 ATM 셀의 매핑을 표시하고 있다고 할 수 있는데, AAL1, AAL5의 쌍방 모두 스트리밍 또는 파일의 전송이 가능하다고 할 수 있어, 로컬에리어 네트워크(LAN)또는 와이드에리어 네트워크 (WAN)에 작지 않은 오버헤드로 효율적으로 사용하는 것이 가능하다고 할 수 있다.

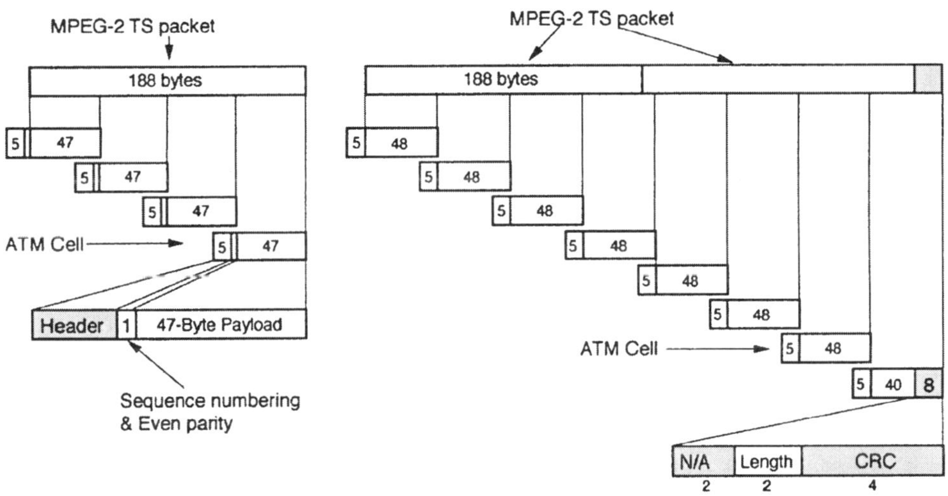

1) 타입 AAL1의 ATM셀의 생성 2) 타입 AAL5의 ATM셀의 생성 N/A=Not Available

그림 12.24 MPEG-2 TS패킷의 ATM셀로의 매핑(Mapping: 분해하여 할당함.)

ATM에서는 다음과 같은 기능을 가지고 있다고 할 수 있다.

- ATM AAL1에서는 MPEG-2 TS패킷의 오류가 없는 전송을 시행.
- MPEG-2와 네트워크 클럭과의 독립.
- 도선 케이블 또는 광케이블 등의 어떠한 물리적 레이어에 있어서도 전송하는 것이 가능.
- 복수의 MPEG-2 TS가 ATM의 네트워크에서 그의 셀 헤더에 있는 별개의 전의 어드레스를 이용하여 수신측에서의 MPEG-2레이어를 다중 분리하는 기능이 필요 없이 다중 전송하는 것이 가능하다.(가상 스위칭 써키트)
- ATM-AAL1에서는 가장 혼잡한 네트워크에 있어서도 대단히 강력한 오류정정 능력을 가지고 있음.

12.4.6 마이크로웨이브 무선 링크

현재 아날로그 마이크로웨이브 회선은 17MHz의 대역폭 채널로서 1개의 아날로그 NTSC의 신호와 몇 개의 오디오 채널 신호를 별의 캐리어로 FM변조를 시행하여 주파수 다중 한 것을 사용하여 전송을 하고 있다고 할 수 있는데, 이러한 마이크로웨이브의 대표적인 대역폭은 17MHz로부터 25MHz까지 각각 약간의 유동성을 가지고 있어 각각 다른 대역폭을 가지고 있다고 할 수 있다.

방송 사업자는 디지털 방송 환경에 의하여 DTV서비스의 도입에 있어서는 마이크로웨이브 링크의 ATSC, ENG, DS-3베이스의 데이터 스트림을 전송 하고자하는 새로운 요구가 생겼다고 할 수 있는데, 현재에 있어서는 방송 사업자가 NTSC의 전송을 가지고 있으면서 DTV의 프로그램을 전송하기 위해서는 3가지의 접근법이 있다고 할 수 있다.

- 만약 텔레비전 신호전송을 위한 2번째의 RF채널을 얻는다면 현재의 아날로그 NTSC 마이크로웨이브 링크에 새로운 DTV의 마이크로웨이브의 링크를 더한다고 할 수 있는데, 실험에 의하면 대역폭이 14MHz로부터는 29Mbps의 데이터 스트림이지만 채널 대역폭을 25MHz 사용한다면 현재의 아날로그 마이크로웨이브 시스템에 의하여도 오류가 없이 디지털로 전송 하는 것이 가능하다고 할 수 있다.
  따라서 19.39Mbps의 ATSC신호도 용이하게 이러한 대역폭으로 전송이 가능하다고 할 수 있는데, 이러한 타입의 마이크로웨이브 링크는 베타컴(18Mbps)이나 DVC-PRO(25Mbps)시스템으로부터 방송국의 뉴스소재의 전송용으로 프로그램 소재의 ENG전송에 이용하는 것이 가능하다고 할 수 있다.
  이렇게 잘 설계되어진 DTV의 마이크로웨이브 시스템은 가장 비트 레이트가 높은 것은 32Mbps까지 전송대역을 가지고 있어 같은 링크대의 ATSC의 신호와 그 외의 데이터를 동시에 전송하는 것도 가능하다고 할 수 있다.
- ATSC데이터 스트림(19.39Mbps)은 NTSC를 디지털화한 압축한 데이터 스트림 (15로부터 20Mbps)을 다중화 하여 전송을 하는 것이 가능하다고 할 수 있는데, NTSC신호를 컴포넌트형식으로 디코드를 하여서 MPEG-2방식으로 압축 한다고 할 수 있다.
  또한 이렇게 대중한 데이터 스트림은 44.736Mbps의 DS-3의 마이크로웨이브 링크로 취급이 되어서 싱글의 RF캐리어로 전송하는 것이 가능하다고 할 수 있는데, 이러한 시스템의 구성에 있어서는 NTSC의 엔코드/디코드와 AD/DA변환이 필요하고, MPEG-2의 압축/신장의 프로세스가 필요하다고 할 수 있다. 따라서 시스템의 복잡화에 따른 전송 원가의 증가는 물론, 오디오와 비디오의 시간차를 발생하게 하여 복잡한 시스템이 된다고 할 수 있다.

- 듀얼 캐리어(Dual-Carrier) 마이크로웨이브 시스템을 사용하는 ATSC데이터 스트림은 디지털 16레벨 직교 진폭변조(16-Level Quadrature Amplitude Modulation : 16QAM)를 시행 한다고 할 수 있는데, 이러한 변조방식에서는 70MHz대의 중간 주파신호로 변조한다고 할 수 있다.

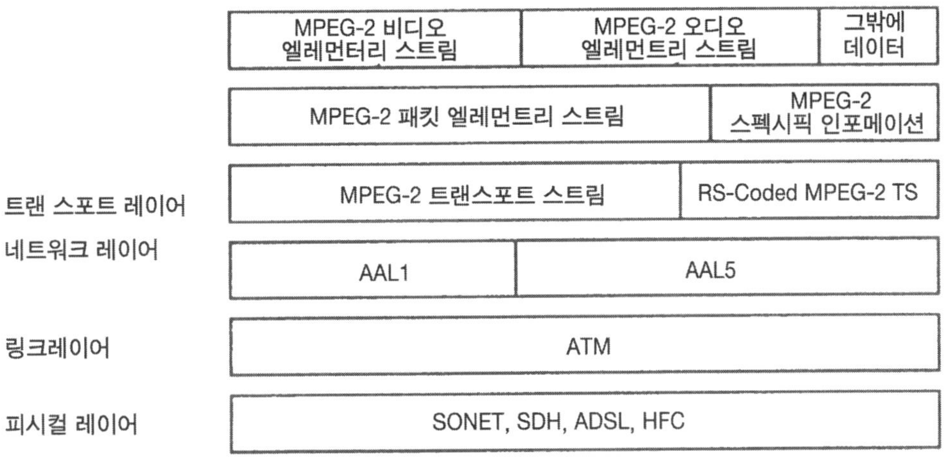

그림 12.25 MPEG-2 TS의 ATM환경에 있어서 통신 수순의 계층 구조

아날로그 NTSC신호에서는 떨어진 캐리어를 FM변조를 하여 70MHz의 중간 주파수로 변환하고, 다음으로 양자를 25MHz대역폭의 중간에 맞추어서 마이크로웨이브 채널주파수로 업 컨버터를 한다고 할 수 있는데, ATSC의 디지털 신호에 있어서는 1.544Mbps의 데이터 채널을 부가하는 것이 가능하여 데이터 방송이나 LAN, 그리고 멀티 보이스채널에 사용하는 것이 가능하다고 할 수 있다.

디지털 데이터 스트림 입력을 16QAM IF로 임피던스를 하는 마이크로웨이브 모뎀은 오류보정코드(FEC)를 사용한다면 10~15%의 대역폭의 감소에 의하여 링크의 성능을 개선하게하고, 다이나믹 적응형 등화를 사용한다면 멀티 패스에 의한 전송 열화를 감소시키는 것이 가능하다고 할 수 있는데, 이러한 방식의 접근은 상래의 수요노 포함하여 필요에 의한 유연한 구성노 가능하나고 할 수 있으며, 기존의 아날로그채널을 사용하여 DTV채널의 변경에 의한 방송시스템 구성도 가능하다고 할 수 있다.

(역주 : 이러한 듀얼 캐리어 마이크로웨이브 시스템은 1998년 미국 Microwave Radio Communication사로부터 Twin Stream의 명칭으로 발표되어져 있다.)

DTV의 마이크로웨이브 링크를 도입하는 경우에는 마이크로웨이브의 빔 패스 프로파일을 주의 깊이 검토하여 양호한 링크 시스템 특성이 얻어지는 것을 확인할 필요가 있다고 할 수 있는데, 고도의 압축한 DTV의 신호는 약간의 짧은 시간의 감쇄에 있어서도 프로그램의 일정부분을 중단하여 전송의 장해를 일으키기 때문이라고 할 수 있다.

그림 12.26에서는 스튜디오로부터 송신기까지의 링크의 모든 가능한 대처를 요약하여 표시를 하고 있다고 할 수 있다.

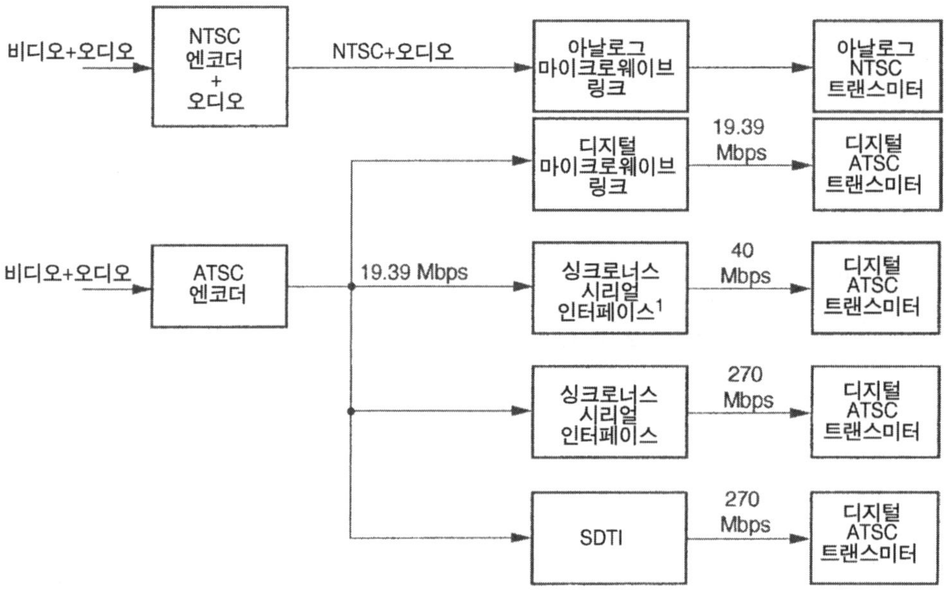

주1 : SMPTE는 ATSC신호의 전송에 있어서 SSI(동기 시리얼 인터페이스)를 규격화 하고 있다.

그림 12.26 스튜디오와 송신기사이의 링크(STL)

12.4.7 위성 전송(Satellite Transfers)

통상의 위성 업링크와 다운링크 국이라는 것은 지상 방송기로부터 전자파 방해를 피하기 위해서는 지상 방송소가 있는 장소로부터 많이 떨어진 장소에 있다고 할 수 있는데, 그 때문에 위성 방송 링크는 마이크로웨이브 링크가 통신회사의 네트워크링크와 조합(System)을 이루어서 사용하는 것으로 하고 있다고 할 수 있다.

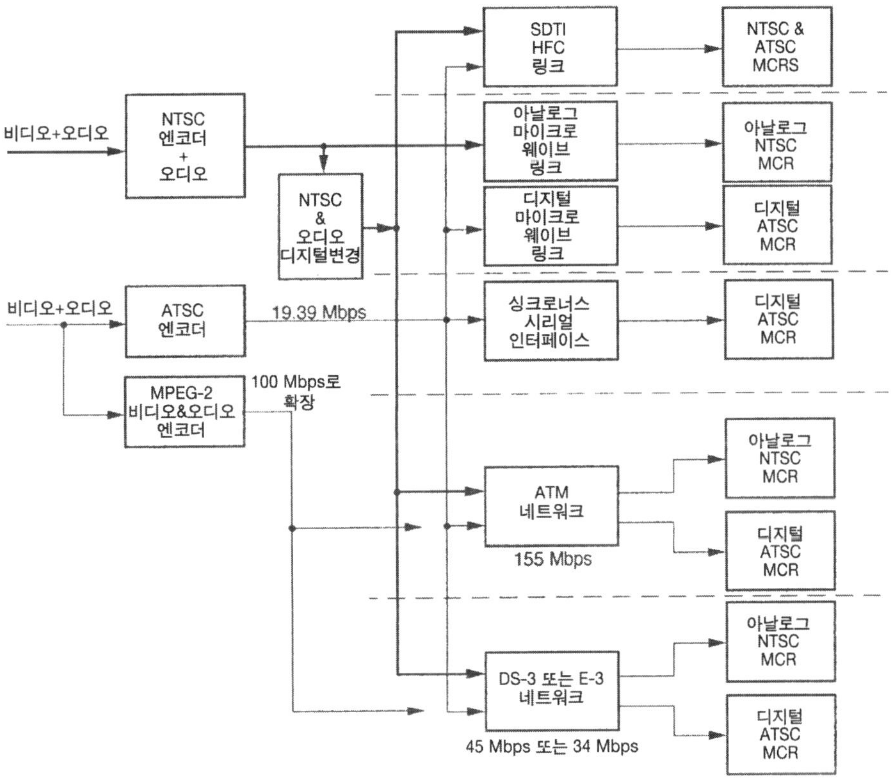

주1 : SSI는 SMPTE에 의하여 ATSC신호 송신소에 방송용으로서 규격화 되어져 있다고 할 수 있는데, ASI에 있어서도 HFC의 링크로 같이 사용하는 것이 가능하다고 할 수 있다.

주2 : MCR: Master Control Room, HFC=Hybrid Fiber and Coaxial Cables

그림 12.27 시설간의 링크

위성 전송용의 디지털 시스템 (Satellite Modem : 위성 변복조기)이라는 것은 저출력의 위성 트랜스 폰더를 위하여 저 RF수신 레벨 일지라도 양호한 성능을 얻기 위하여 강력한 오류정정을 필요로 하고 있다고 할 수 있는데, 거의 40%의 오류 정정을 하기위한 인장도를 사용하여, 이러한 곳의 실효데이터 폭은 그 만큼 감소한다고 할 수 있다.

위성에 의한 위성전송의 성능은 출력, 대역폭, 최소 RF레벨 사이에 설정이 되어진다고 할 수 있는데, 위성 트렌스 폰더의 대표적인 대역폭은 1dB의 범위 내에서 23MHz로부터 49MHz이라고 할 수 있다.

또한 이러한 구격에 대한 중요한 내용은 DVB ETS 300 241규격의 문서의 부록 C에서는 트랜스폰더의 대역폭과 전송이 가능한 비트 레이트의 몇 가지의 예를 설명하고 있다고 할 수 있고, 부록 D에서는 33MHz의 트랜스 폰더에 의한 위성 링크의 비트레이트 성능에 대하여 설명을 하고 있다고 할 수 있다.

위성 방송에서는 비용이 들기 때문에 최대의 스루푸트(Throughput : 효율데이터 전송율)를 얻기 위하여 대역폭을 유효하게 사용하고 있는 변조 방식이 사용되고 있다고 할 수 있는데, 36MHz의 대역폭의 트랜스폰더의 경우에는 4상위상 키잉 변조 (QPSK : Quadrature Phase Shift Keying)를 사용한다면 최대로약 43Mbps의 데이터 레이트가 가능하다고 하다고 할 수 있고, 8상 PSK변조에서는 최대로 49Mbps로부터 65Mbps가 가능하다고 할 수 있으며, 16QAM변조에서는 73으로부터 86Mbps가 가능하다고 할 수 있다.

그러나 그러한 량에 있어서는 RF보다 양호한 C/N이 필요하다고 할 수 있는데, 16 QAM변조에서는 최고의 대역폭과 노이즈 마진(Noise Margin)이 얻어지지만 8PSK와 비교를 하면 전송로의 진폭 특성 또는 위상 특성의 비직선성에 민감하여 약하다고 할 수 있고, 이러한 파워풀한 변조 코딩 방식은 데이터 대역폭을 증대하는 것이 가능하지만 (직선성을 유지하기 위하여)위성의 송신 출력을 약하게 하고 있다고 할 수 있다.

그림 12.27에서는 아날로그 NTSC, DTV, 또는 그러한 것을 둘 다 병용하여 시행하는 사이멀 방송(Simulcast Broadcasting)에 적합한 몇 가지의 시설간의 링크의 구성을 표시하고 있다.

12.5 DTV 방식 변환장치

현재 영상 방식에 있어서 컨버터의 기능은 복수 포맷에 의한 제작, 전송 환경에 적합하게 하고 있다고 할 수 있는데, 이러한 디지털 방송환경에서는 각각 다른 제작 송출에 대한 욕구에 의한 방송기술자 오퍼레이션의 요구에도 대응하기 위하여 설계가 되어져 있다고 할 수 있고, 이러한 포맷이나 오퍼레이션 요구에 대해서는 다음 항에서 설명을 하고자 하다. 그림 12.28에서는 그를 요약한 것을 표시하고 있다고 할 수 있다.

양호한 업 컨버터에서는 DTV에서 필요로 하는 몇 가지의 영상 프로세스나 시스템의 기능을 가질 필요가 있다고 할 수 있는데, 그 필요로 하는 기능에는 다음과 같은 것이 있다고 할 수 있다.

- 업 컨버터 후에 노이즈의 크기가 크게 보이지 아니하기 위해서는 고성능의 노이즈 리덕션 시스템이 필요하다.
- 립싱크(Lip Sync)의 문제를 해결하기 위해서 시행을 하는 오디오, 비디오사이의 지연보정 기능이 필요하다.

- 움직임에 의한 화상의 열화(Motion Artifacts)를 방지하기위하여 움직임 적응형의 변환(Motion Adaptive Conversion)기능이 필요하다.

저가격 ATV로의 전환 시나리오에서 가장 많이 필요로 하고 있다고 할 수 있고, 디지털 전환 시스템에서 가장 많은 비용이 든다고 할 수 있는 기기는 의심할 여지없이 업컨버터라고 할 수 있는데, 이러한 기기를 구입할 경우에는 그의 기능과 성능을 주의 깊게 조사를 할 필요가 있다고 할 수 있다. 만약 저가격의 기기를 사용하여 시스템을 구성하였다면 차후에 시스템 향상을 위해서는 필연적이라 할 수 있는 성능이나 기능의 부족에 의하여 외부에 추가로 설치하여야 할 기기를 필요로 하는 경우도 있다고 할 수 있는데, 이러한 사항에 염두를 두고 시스템 설계를 하여야 한다.

12.5.1 화각(Aspect Ratio)의 변환

화상의 화각비(Aspect Ratio)의 변환은 프로그램 섹션이나 ATSC수신기에서 필요로 하고 있다고 할 수 있는데, 4:3포맷에서 제작이 되어진 프로그램소재를 16:9 포맷의 프로그램으로 인서트 (Insert)시키기 위해서는 화각의 변환이 필요하다고 할 수 있고, 16:9포맷으로 제작되어진 프로그램 소재를 디지털 아날로그 동시방송기간에 NTSC를 이용해 동시방송을 하기 위하여는 4:3포맷으로 변환을 하지 아니하면 되지 아니한다고 할 수 있다. 이러한 ATSC수상기에서는 다양한 화상/스캐닝 포맷으로 송출되어지고 있는 프로그램을 위하여 11.8.7항에서 설명을 하고 있는 것과 같이 수상기 본래의 스캐닝 포맷을 변환 시키지 아니하면 되지 아니한다고 할 수 있는데, 이러한 화각 변환을 지원하기 위해서 유럽의 DVB ETR-154규격 문서에서는 2.21:1의 화각비(Aspect Ratio)가 25Hz의 HDTV방식이 옵션으로서 IRD(Integrated Receiver Device=DTV수신용 데스크톱 어댑터)에 대하여 규정을 하고 있다.

미국의 DTV이나 유럽의 DVB 프로그램의 제작 또는 송출 시스템에서는 제작, 송출, 수신 디스플레이의 각각 요구를 수용하기 위하여 3가지의 각각 다른 화상 포맷을 사용하고 있다고 할 수 있다.

- 신호원 영상 포맷((Source Picture Format or Native Format)
  이러한 포맷은 TV제작 영역에서 사용하고 있다고 할 수 있는데, 화각비(Aspect Ratio)는 4:3, 16:9 또는 2.21:1이 있으나 최후의 포맷에 있어서는 DVB사양의 일부 신호로 존재하고 있다고 할 수 있다.

- 엔코드 되어진 화상 포맷(Encoded Picture Format)

  이러한 포맷은 SDTV나 HDTV송출에 수요에 맞추어서 개발 되어진 것이라고 할 수 있는데, 이러한 포맷에 있어서는 화각비(Aspect Ratio)의 변환을 포함하여 몇 가지의 파라미터의 변환이 포함 되어있다고 할 수 있다.

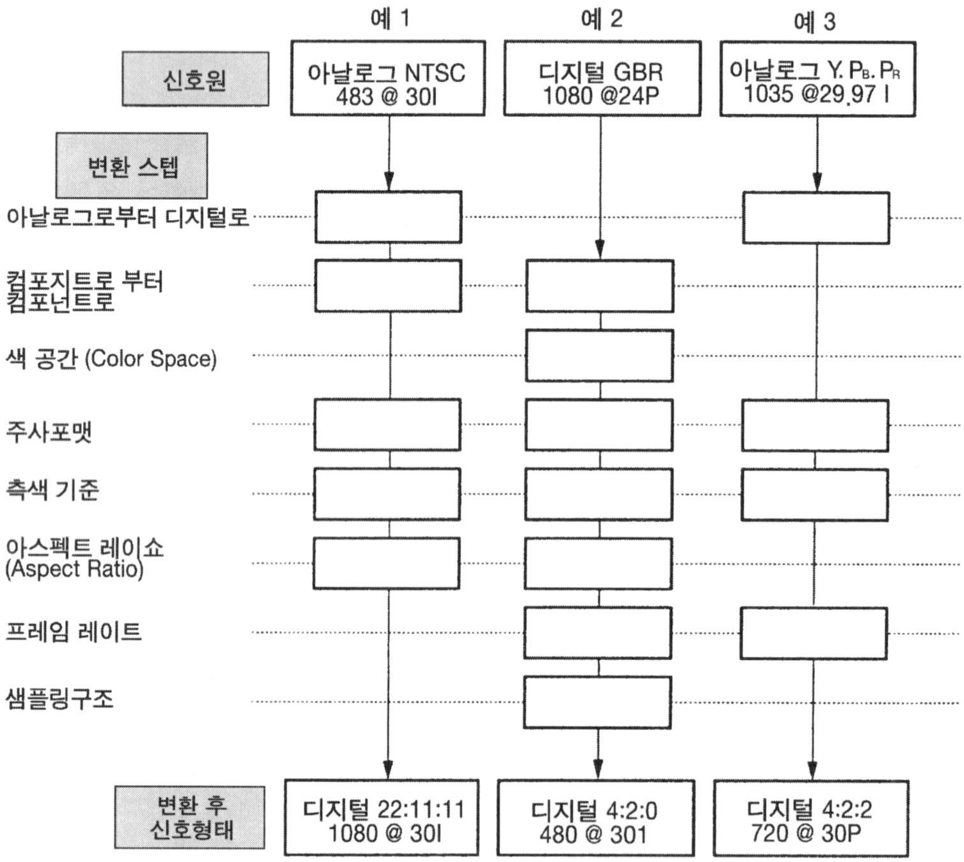

그림 12.28 DTV제작 포맷 사이에 변환 예

역주 Encoded Picture Format이라는 것은 조금은 우리들 귀에 익은 용어라고 할 수 있는데, 화각비(Aspect Ratio) 항목의 변환가운데 사용되어지는 것으로서는 525 4:3으로 제작 되어지는 프로그램을 업 컨버터 하여 ATV로 송출하기도하고, 1080의 16:9로 제작한 프로그램을 다운 컨버터하여 525/4:3으로하는 등의 방송국 측에서 변환한 영상 포맷을 지칭하는 것으로서 색공간이나 기준 3원색 등의 측색의 변환도 포함되어 있다고 할 수 있다.

- 디스플레이 화상 포맷(Display Picture Format)
  이러한 포맷은 ATV의 수신 어뎁터 (IRD : Integrated Receiver Device)에서 탄생하였다고 할 수 있는데, 이러한 화각의 변화에서는 4:3, 16:9, 14:9 등의 화각비(Aspect Ratio) 등이 있다고 할 수 있고, 25Hz의 수신 옵션에서는 2.21:1화각비(Aspect Ratio)도 있다고 할 수 있다고 할 수 있다.

다음은 14:9 화각비(Aspect Ratio)에 대해 이야기를 하면 이는 디스플레이 포맷의 신호로서 현재에서는 이러한 화각비(Aspect Ratio)에 의한 프로그램제작은 하지 아니한다고 할 수 있는데, 이러한 14:9포맷은 DVB규격 ERT-154에서도 ATSC규격 A/53의 표3에서도 포함 되어있지 아니하다고 할 수 있다.

이러한 3가지의 픽쳐포맷의 구체적인 예로서는 프로그램 제작이나 네트워크의 전송은 1080i/16:9포맷으로 제작을 하고 있고, 디지털 전송용으로는 720P/16:9로 변환하기도 하고 있으며, 아날로그 NTSC방송용으로는 480i/4:3으로 변환을 시키는 것이 가능하다고 할 수 있는데, 수신기에서는 ATV의 디지털 신호를 480P/16:9, 480P/14:9, 480I/4:3의 포맷으로 디스플레이를 하고 있다고 할 수 있다.

이중에서 가장 많이 사용하고 있는 화각비(Aspect Ratio)의 변환은 4:3으로부터 16:9의 변환이거나 아니면 그 역의 변환이라고 할 수 있다.

- 4:3으로부터 16:9변환
  화상 화각비(Aspect Ratio)의 4:3으로부터 16:9로의 변환은 통상 적으로 2가지의 방법이 시행 되어진다고 할 수 있는데, 이러한 것은 상호적으로 다른 디스플레이 화상이 되어진다고 할 수 있다.
  이러한 것에 대한 제1의 방법으로서는 오리지널 화상을 그림 12.29(a)에서 표시를 하고 있는 것같이 수직의 상하를 잘라내는 (Vertical Crop)이라고 할 수 있다.
  오리지널 4:3의 화상은 수평방향, 수직방향의 1.33배(16:9/4:3=4:3)로 펼쳐지게 하는 것이라고 할 수 있는데, 16:9프레임 에서는 오리지널 4:3의 화상으로부터 362라인 (483×3/4)을 추출하여 그러한 것을 483라인으로 변환하여 16:9모니터에 디스플레이를 하는 것에 의하여 얻어진다고 할 수 있고, 이러한 라인수의 변환은 수직내삽 프로세스를 이용하여 362라인을 483라인으로 확대를 한다고 할 수 있으며, 이런 결과에 의하여 수직해상도의 손실율은 약 25%(121/483)가 된다고 할 수 있다.

이러한 수직내삽 방식은 비월주사의 각 필드를 프로세스 하는 것에 의하여 가능하다고 할 수 있으나 이러한 방법은 대각선 방향의 에지(Edge)량이 감소하여 화질을 열화 시킨다고 할 수 있는데, 이러한 필드내의 수직 내삽 프로세스는 간단한 방법이라고 할 수 있으나 더욱 정확하고, 복잡한 수직 내삽 프로세스에서는 몇 개의 스텝으로 진행을 한다고 할 수 있다. 우선 비월주사 스캔에서 본다면 3차원처리를 포함하여 순차주사의 스캔으로 변환한 뒤에 그의 각 프레임으로 프레임내의 수직 내삽을 시행하고, 이렇게 내삽 되어진 순차주사의 신호로부터 주사선을 빼는 것에 의하여 비월주사의 스캐닝으로 재구성한다고 할 수 있다.

2번째의 4:3으로부터 16:9의 화각비(Aspect Ratio)로 변환하는 방법에 있어서는 오리지널 4:3의 화상을 그림 12.29(b)와같이 16:9의 라스터 가운데 삽입하는 방법이라고 할 수 있는데, 이 때문에 좌우에는 흑색의 사이드 판넬(Side Panel)이 출력되어진다고 할 수 있다.

유럽의 DVB용어에서는 이 사이드 판넬의 것을 필라박스(Pillar Box)이라고 불리 우고 있는데, 이는 라스터의 전체의 폭을 사용하지 아니한다는 의미를 포함 하고 있다고 할 수 있다.

이러한 4:3화상의 720의 수평 픽셀은 16:9의 라스터(전체 720픽셀)가운데 540픽셀(720×3/4)사이로 빼어진다고 할 수 있는데, 이러한 방법은 프레임 메모리를 필요로 하지 아니하고 용이하게 실장 하는 것이 가능하다고 할 수 있으나 시청자의 호감도 조사에서는 이러한 화상의 방법은 선호하지 아니한다고 할 수 있다.

- 16:9로부터 4:3으로

화상 화각비(Aspect Ratio)의 16:9로부터 4:3화상 화각비(Aspect Ratio)로의 변환에 있어서는 그림 12.30에서 표시를 하고 있는 것과 같이 2가지의 방법이 사용하는 것이 가능하다고 할 수 있는데, 첫 번째의 방법에서는 오리지널 16:9의 화상은 양측을 잘라내서 중심부분의 윈도우를 추출하여 4:3모니터의 아스펙트에 맞추는 것으로서 이러한 경우에는 중앙의 540픽셀을 720픽셀로 확장하게 하기위하여 수평픽셀의 내삽처리가 사용되어진다고 할 수 있다.

이러한 변환에 있어서는 2라인 메모리가 필요로 하고 있다고 할 수 있는데, 그러나 그중앙의 윈도우에 의한 방법에 있어서 오리지널 16:9의 화상에 있어서 좌우사이드에 재미있는 내용이 있는 경우에는 그러한 화면을 재현 하는 것이 불가능하다고 할 수 있어 그러한 것을 개선하기 위하여 "팬 앤드 팬(Pan and Pan)"에 의한 해결은 통상적으로 제작 사이드에서 실시를 하지만 ATSC에서는 4:3수상기 측에서 윈도우를 16:9화상에 가운데에서 움직이는 것도 가능하게 하고 있다고 할 수 있다.

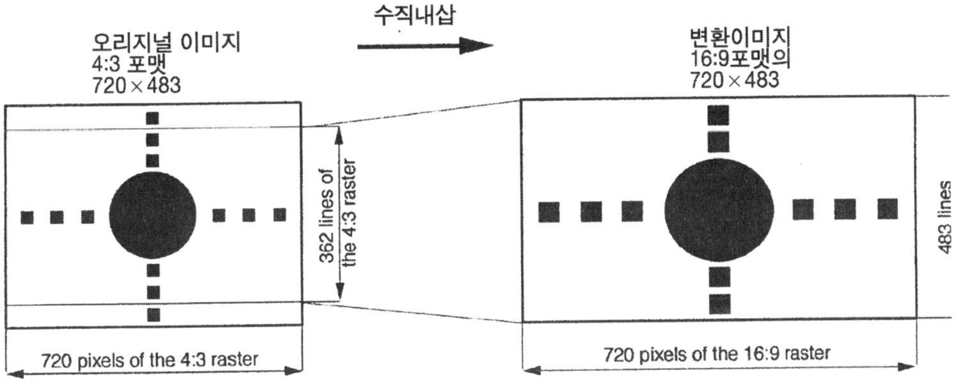

a) 방법1 : 상하의 수직부분을 잘라내서하는 방법으로서 오리지널 4:3이미지를 사용하여 상부와 하부를 일정부분 잘라내고 수평은 그냥 그대로 사용하여 전체적 화각으로 16:9의 라스터 포맷으로 변환을 하는 방법을 말한다.

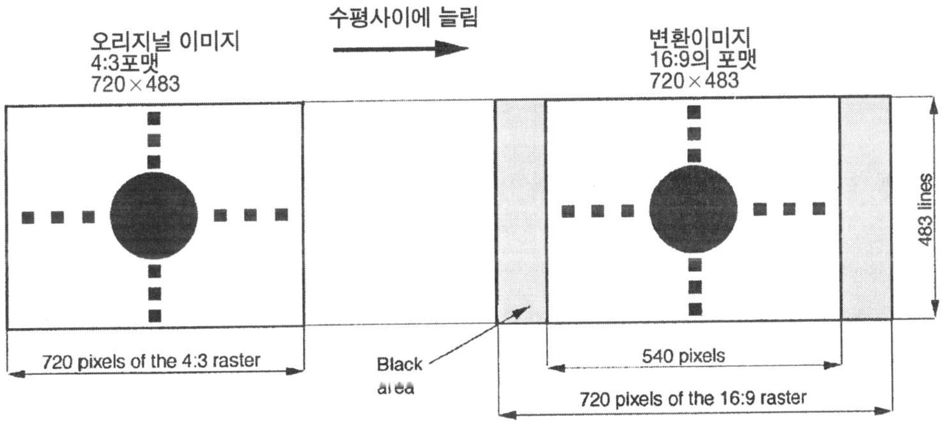

b) 방법2 : 사이드 판넬을 추가하여 오리지널 4:3의 이미지를 16:9 라스터에 삽입한다

주 : 이러한 2가지의 방법의 예에 있어서는 비교하기 쉽게 하기 위하여, 16:9 또는 4:3의 양방향의 디스플레이 스크린은 같은 방법으로 하고 있다고 할 수 있고, 디스플레이에 있어서도 같은 720픽셀×483라인의 액티브 픽쳐의 영역을 가지게 하고 있다고 할 수 있다.

그림 12.29 4:3으로부터 16:9 아스펙트비 로의 변환

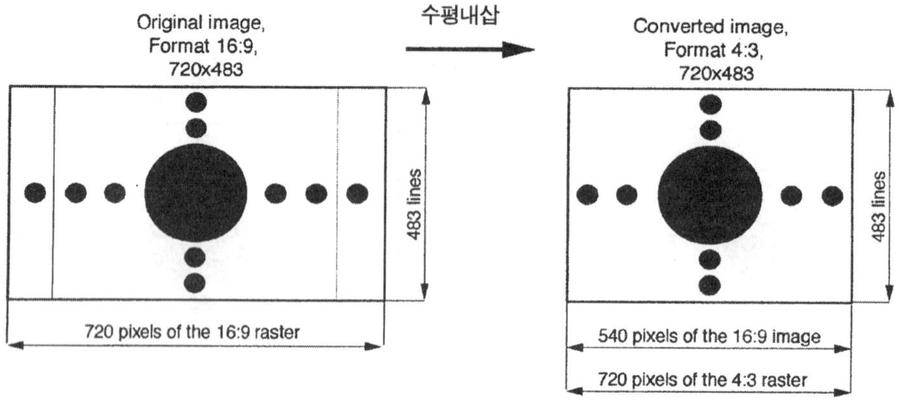

a) 해결법1 : 중앙윈도우에서 양쪽 가장자리 에지부분을 잘라내는 형식인데,
이는 오리지널 16:9 이미지 화면의 양 사이드를 잘라내서 변환시키는 형식으로서
수직부분은 4:3의 라스터 사이즈의 포맷상태 그냥 그대로 변환을 한다고 할 수 있다.

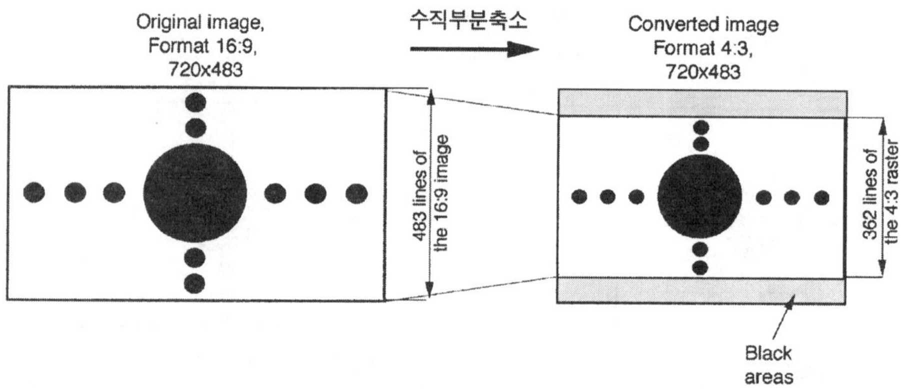

b) 해결법2 : 우리가 흔히 레터박스 이라는 방법으로서 이는 오리지널의 16:9 화각의 이미지를
가장자리를 잘라내지 아니하고, 스크린 상하부의 블랙바가디스플레이 되게 하여
4:3라스터 포맷에 삽입시키는 것을 말한다.

주 : 이러한 2가지 예에서는 비교하기 쉽게 하기 위하여 16:9 또는 4:3 양방향의
디스플레이스크린은 같은 방법으로 하고 있다고 할 수 있고, 디스플레이에 있어서도
같은 720×483의 액티브 픽처의 영역을 가지고 있다고 할 수 있다.

그림 12.30 16:9로부터 4:3아스펙트비로의 변환

이러한 팬 스캔의 정보가 필드마다 비디오 데이터 스트림에 중첩되어서 보내어지면 수상기 측에서는 그 정보를 이용하여 보정을 하는 것이 가능하게 하는 형식으로 하는 것으로서, 그러나 이러한 팬 앤드 팬이라는 기능은 프로그램 제작에서 부담을 증가시켜 제작 원가를 상승시킨다고 할 수 있다.

2번째의 방법으로는 우리가 흔히 이야기하는 레터박스(Letter Box)이라는 것으로서, 오리지널 16:9의 화상이 수직방향의 362라인으로 빼어져서 4:3라스터의 상하에 흑의 바가 그림 12.30(b)와같이 나타나는 것이라고 할 수 있는데, 수직 화각비(Aspect Ratio)의 변환 사이에 있어서 프로세스 처리에 있어서는 프레임 메모리가 필요하다고 할 수 있고, SMPTE RP-199-1999추천 규격에 있어서는 4:3의 프로그램이나 필름을 16:9의 와이드 스크린으로 하는 경우에는 원래의 작품 화각비(Aspect Ratio)를 보존하는 것을 규정하고 있다고 할 수 있다.

- 애너모픽 변환(Anamorphic Conversion)

애너모픽이라는 어원의 의미는 고대 그리스어의 "변형"을 의미하는 Anarmorphoun이라는 어원으로부터 와서 화상이 노멀(Normal)하지 아니한 보통의 화각비(Aspect Ratio)의 화상이 아니라는 것을 의미 한다고 할 수 있고, TV에 있어서는 이러한 것은 16:9의 화상을 화각비(Aspect Ratio)의 컨버터를 사용하지 아니하고 4:3 디스플레이상에 표시하는 것을 의미하고 있다고 할 수 있는데 우리는 이러 형식을 4:3 스퀴즈(Squeeze) 이라고 불리 우기도 하고 있다. 따라서 당연한 것이지만 디스플레이에서는 수직으로 펴져있는 화상이 표시되어진다고 할 수 있는데, 16:9 화각의 화상을 4:3화각의 화면에 디스플레이가 되기 때문에 이러한 디스플레이를 재차 Full Height Anamorphic 16:9라고 불리 우고 있다고 할 수 있다.

또한 이러한 디스플레이와는 역으로 4:3의 화상을 16:9모니터로 디스플레이하여 가공이 되지 아니하고 그냥 그대로 표시할 경우에는 수평방향으로 펼쳐진 표시가 된다고 할 수 있는데, 이러한 종류의 디스플레이법도 애너모픽 변환(Anamorphic Conversion)화각 변동이라고 한다고 할 수 있다.

같은 채널을 사용하여 복수의 다른 DTV의 포맷이 송출되어지기 때문에 영상기 측에서 방송되어진 프로그램을 적정하게 디스플레이를 하기위해서는 정보를 전해주는 AFD(Active Format Description)이라고 불리 우는 데이터의 필요성이 생기게 되어 있는데, 이러한 AFD플래그는 각 DTV포맷가운데 액티브 한 비디오 데이터를 표시를 하는 ID로서 DVB의 컨소시엄에서는 Draft ETR-154Rev3로서 규격화 중에 있다고 할 수 있다고 할 수 있으나 이러한 플래그의 송출이나 사용은 옵션이라고 할 수 있다.

이러한 것은 ITU-R BT.1119-2이나 ETS 3000294 규격에서 서술하고 있는 와이드 스크린(Wide Screen Signaling: WSS)표시의 컨셉(Concept)과 같은 것으로서, 네트워크의 전송에 있어서는 비디오 엘레먼터리 스트림(Elementary Stream)의 사용자 데이터(User Data) 중에 전송 되어진다고 할 수 있다.

12.5.2 픽쳐 스캐닝의 포맷 변환

각 DTV의 픽쳐 스캐닝의 포맷 변환은 그러한 라인당의 픽셀의 수와 프레임당 라인수가 각각 다르다고 할 수 있는데, 라인 레이트와 픽셀수의 변환은 내삽 필터 (Interpolation Filter)나 소감필터(Decimation)에 의하여 시행을 하고 있다고 할 수 있다.

내삽(보간) 프로세스는 상하 좌우에 2개내지 몇 개의 샘플과 그러한 것과의 위치관계에 의하여 예상이 되어지는 샘플치를 계산하는 것에 의하여 비디오샘플의 수를 증가시킨다고 할 수 있는데, 이러한 내삽 프로세스의 예에 있어서는 그림 6.19에서 표시를 하고 있다고 할 수 있고, 이러한 소감프로세스는 내삽 프로세스와는 역의 프로세스라고 할 수 있으며, 소감 프로세스의 예로서는 그림 8.34에서 표시를 하고 있다고 할 수 있다.

- 1080과 720라인 포맷
  이러한 1920×1080포맷과 1280×720포맷의 2가지 HDTV 포맷은 3:2의 관계가 있어서 상호적으로 변환에 있어서는 단순한 내삽계수 (Interpolation Factor)가 사용되어진다고 할 수 있다.
- 720과 480라이포맷
  1280×720의 포맷과 컴퓨터의 VGA 640×480포맷사이에는 2:1의 관계가 있다고 할 수 있는데, 이러한 라인수의 비는 그냥 그대로는 2:1이 되지 아니하지만 1280×720에 있어서는 16:9의 화각비(Aspect Ratio)를 유지하고 있고, VGA에서는 4:3 화각비(AspectRatio)이므로 [1280/640=(720/480)×(16/9)/(4/3)=2]는 2:1의 레이쇼로 된다는 것을 알 수가 있다고 할 수 있다. 그러나 널리 사용되고 있는 720×480포맷에 있어서는 그림 12.31에서 표시를 하고 있는 것과 같이 좀 더 복잡한 프로세스가 필요 하다고 할 수 있는데, 수직라인의 비에 있어서는 720/480=1.5이라고 하는 것은 480라인의 2개 라인에 대하여 720라인에서와 같은 시간 내에 3개의 라인이 존재하는 것이 되어 그 중간의 라인을 생성하는 것이 필요하게 되어있다고 할 수 있다. 따라서 수평 주사방향에 있어서는 480라인에서 16:9의 화각비(Aspect Ratio)와 4:3의 화각비(Aspect Ratio)를 위하여 2개의 각각 다른 샘플의 내삽 프로세스가 필요하다고 할 수 있다.
- 1080과 480라인의 포맷
  1980×1080포맷에 있어서는 ITU-R BT.601의 공간 해상도를 배가를 하고 거기에다 16:9의 화각비(Aspect Ratio)에 대응하는 것에 의하여 생성하는 것이 가능하다고 할 수 있는데, 즉 계산식에서는 1라인에 있어서 720×2×(16/9)/(4/3)=1920샘플이라고 할 수 있다.

ITU-R BT601포맷에 있어서는 스퀘어픽셀(PAR=4/3×480/720=0.888)이 아니므로 스퀘어픽셀이라고 불리 우는 라인 수에서는 480×2/0.888=480×2×27/24=1080라인으로 계산이 되어진다고 할 수 있다.
또 다른 하나의 포맷으로서는 컴퓨터의 생성으로 사용되어지고 있다고 할 수 있는 1440×1080(4:3)이 있다고 할 수 있는데, 이러한 포맷은 1920×1080(16:9)로부터 파생한 것 (Subset)이라고 할 수 있다.
이러한 것은 양 포맷 모두 스퀘어 픽셀이라고 할 수 있으나 레이트는 다르다고 할 수 있고, 1440×1080에 있어서는 MPEG-2규격의 일부분에 포함되어있는 1920×1080의 업컨버터를 하는 것이 가능하다고 할 수 있으며, 720×480의 다운 컨버터에서는 수평픽셀을 반분으로 소감하여 수직라인을 다음과 같이 소감하는 것이 가능하다고 할 수 있다. (1080/2)×4/3×480/720=480

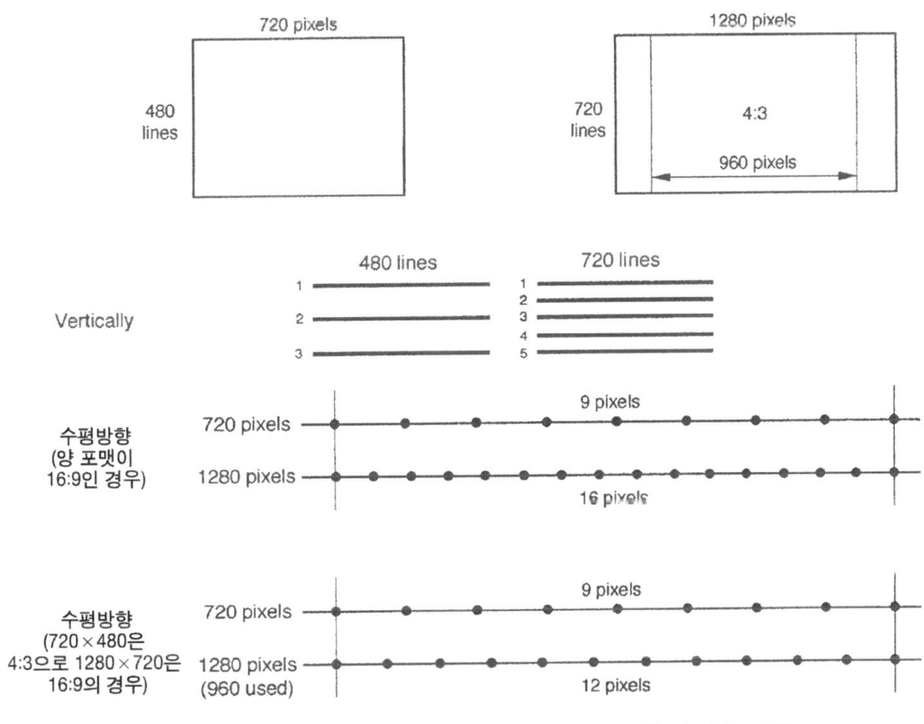

그림 12 31 720×480과 1280×720 스캐닝 포맷 사이의 변환

- 1035와 480라인 포맷

  HDTV초기에 제작된 프로그램은 SMPTE-260M에 준거하고 있어 그 유효화면 포맷은 1920×1035픽셀이라고 할 수 있으나, 이러한 1035라인의 포맷을 ATSC 1920×1080포맷으로 변환하기 위해서는 내삽 프로세스가 사용되어지고 있다고 할 수 있다.

- 라인더블(Line Double)

  SDTV의 소재를 큰 화면(예를 들면 32인치이상)모니터나 수상기의 디스플레이를 하는 경우에는 주사선이 잘 보이게 하고 있다고 할 수 있는데, 이러한 주사선의 방해는 SDTV신호의 스캐닝 라인을 배로 하는 것에 의하여 방어하는 것이 가능하다고 할 수 있다.

  이렇게 2개의 연속되는 라인의 중간에 보간 라인을 삽입하는 것이라고 할 수 있는데, 그러한 것에 의하여 화상은 보다 샤프(Sharp)하게 보이게 되어 있다.

12.5.3 프레임 레이트의 변환

영화 텔레비전 등의 동영상을 취급하는 업계에서는 많은 프레임 레이트가 각각의 요구에 맞추어서 사용되어지고 있다고 할 수 있는데, 그러한 프레임 레이트는 23.976, 24, 25, 29.97, 30, 50, 59.94, 60fps 등이 있다고 할 수 있다.

거기에 더해서 그러한 프레임 레이트에서는 그림 8.29에서 표시를 하고 있는 것과 같이 순차주사 또는 비월주사의 스캐닝을 조합하여 시행을 하고 있다고 할 수 있다.

- 비월주사로부터 순차주사로의 변환

  비월주사는 2:1스캐닝 포맷이라고 부르기도 하고, 순차주사는 1:1스캐닝 포맷이라고 부르고도 있다고 할 수 있는데, 이러한 비월주사 필드로부터 순차주사 프레임변환에 있어서 성능의 변환은 화상에 있어서 움직임에 영향을 준다고 할 수 있고, 2개의 필드사이에 있어서 움직임이 없다면 순차주사 프레임은 양 필드로부터 라인을 상호적으로 중간에 집어 넣는 것에 의하여 용이하게 실현하는 것이 가능하다고 할 수 있다.

  그러한 것에 대한 결과로 영상의 화질은 개선되어진다고 할 수 있지만 그러나 혹시 움직임이 있다면 상부의 프로세스는 2개의 서로 다른 필드에 중첩 중첩하는 것에 의하여 프레임 화상의 저더(Judder : 강하게 진동하는 것이라는 의미로서 여기에서는 화상의 수직에지가 움직이는 정도를 말함.)가 발생하게 되어있다고 할 수 있다.

  그 때문에 그러한 경우에는 1개의 비월주사 필드 화상으로부터 “잃어버린 라인”을 계산하여 순차주사의 프레임으로 하는 것이 바람직하지만 그러한 경우에는 당연히 수직 해상도는 저하한다고 할 수 있다.

따라서 이러한 경우에는 몇 개의 필드 내에 프로세스의 기술을 사용하여 정지와 움직임이 있는 동영상 사이에 최적화한 결과를 얻는 것은 가능하다고 할 수 있는데, 따라서 프로세스에 따라서는 필드 메모리장치가 필요하다고 할 수 있고, 경우에 따라서는 라인 메모리장치가 필요한 경우도 있다고 할 수 있으며, 이러한 것을 변환시키는데 있어서 드는 비용과 처리에 있어서의 복잡한 정도, 희망하는 화질이나 순차주사로의 변환 변환기술의 선택에 의하여 영향을 준다고 할 수 있다.

- 순차주사로부터 비월주사로의 변환

30P의 순차주사의 스캐닝으로부터 30I의 비월주사로의 스캐닝의 단순한 변환은 순차주사 라인의 기수라인과 우수라인을 분리하는 것에 의하여 가능하다고 할 수 있다.

(주 : 3 0fps의 1080i는 경우에 따라서는 1080/60i이라고 표기하는 경우가 있지만 실제로 그러한 것은 초당 60프레임 이라는 것을 의미하고 있다 할 수 있는데, 순차주사에서는 모두 초당 프레임수로 표시하고 있으므로 비월주사에 있어서도 같은 표기를 사용할 뿐이라고 할 수 있다.) 기수라인은 필드1을 형성을 하고 우수라인은 필드2를 형성하고 있는데, 오리지널 순차주사의 영상이 60Hz로서 스캐닝이 되어져서 이러한 것을 30I로 변환하는 경우에는 기수 프레임의 기수라인이 필드1을 형성을 하고, 우수프레임의 우수라인이 필드2를 형성 한다고 할 수 있다.

- 60으로부터 59.94Hz로의 변환

변환 레이쇼(Ratio)는 1/1.001 또는 30으로부터 29.97이라고 말하고 있다.

주 : NTSC신호는 29.97fps이라고 할 수 있는데, (흑백의) 30fps로부터 29.97로의 이행은 1954년 NTSC위원회의 심보설과 시행이 되었다고 할 수 있는데, 낭조의 컬러서브캐리어 3.5795MHz와 음성의 서브캐리어의 4.5MHz사이에 비트의 방해 또는 컬러서브캐리어와 휘도신호 고역성분과의 사이에 비트 방해가 발생하였기 때문이라고 할 수 있다.

그러한 방해는 수평 주파수를 음성의 서브캐리어에 1/286으로 선택을 하여 컬러서브캐리어주파수를 수평주파수의 227.5배로 선택하는 것에 의하여 최소로 하는 것이 가능하게 되어있다고 할 수 있는데, 그 때문에 수직주파수는 그 수평주파수 15,734.25Hz의 1/525=29.97Hz가 되게 되었다고 할 수 있다.

역주 이 책의 원저자는 구체적인 변화의 방법에 대해서는 서술하고 있지는 아니하지만 HDTV의 신호에 있어서도 59.94필드/s가 주류가 된 현재에 있어서 실제로 이러한 변환은 거의 이루어지지 아니하고 있다고 할 수 있다.

그러나 초기의 HDTV의 규격이 60필드인 시기에는 HDTV로부터 NTSC로의 다운 컨버터 장치에서는 각종 연구가 진행 되었다고 할 수 있다.

따라서 그냥 그대로의 프레임 메모리로 속도 변환을 할 경우에는 약 33초에 1회 할당하여 1프레임을 드롭(Drop) 하지 아니하면 되지 아니한다고 할 수 있는데, 이러한 경우에는 움직임이 없는 부분을 찾아서 드롭을 하던지? 아니면 완전하게 독립되어지지 아니한 NTSC프레임을 찾아서 드롭을 시키는 방법을 사용하고 있다고 할 수 있다.

626라인과 525라인에서 방식변환장치에서 사용을 하고 있는 움직임 검출을 이용하여 중간 프레임에 대한 생성에 있어서도 기술적으로 보면 가능하다고 할 수 있으나 프레임 주파수의 차가 작기 때문에 현실적으로 보면 곤란 하다고 할 수 있다.

DTV일지라도 29.97fps가 사용되어지는 것과 같이 이러한 부자연스러움은 없어지게 되어있으나 그의 대상으로서는 NTSC가 없어지게 되어있고 디지털 텔레비전의 시대에 있어서도 디지털 오디오 샘플링주파수 48kHz에 있어서 비디오 프레임 당 오디오 샘플의 수가 정수가 되지 아니하면 되지 아니한다고 할 수 있는데, 우리가 흔히 이야기하고 있는 오디오프레임 시퀀스의 문제는 미래에 있어서도 영구히 남아있을 것으로 생각이 된다.

- 24P로부터 30Hz로의 변환
  이러한 변환은 11.4.8항에서 설명을 한 필름으로부터 텔레비전 신호로 변환하는 데에 있어서 사용되어지고 있는 3:2 풀다운 프로세스와 같은 형식이라고 할 수 있다.
- 24로부터 24sF로의 변환
  이러한 변환 프로세스는 11.4.8항에서 설명을 하고 있다.
- 30P로부터 60P로의 변환
  30P신호를 기수라인은 필드1, 우수라인은 필드2로 하는 것과 같이 2개의 필드로 분리를 한다고 할 수 있는데, 따라서 접근 방식에 따라서는 2개의 필드를 1개의 조로 한 신호를 사용하여 현재의 기록기기(DVTR 이나 디스크레코더)에 기록하는 것이 가능하다고 할 수 있다.
  이렇게 하여 재생을 하여 재결합한 30P의 신호를 2도씩 표시하는 것에 의하여 60P의 포맷으로 적합 하게 하고 있다고 할 수 있다.

12.5.4 색변환(Colorimetry Conversion)

색(측색)변환은 ITU-R BT.601의 SDTV신호를 SMPTE274M/ITU-R BT.709의 HDTV의 신호로 변환하는 경우에 필요하다고 할 수 있는데, 색측계수(Colorimetry Coefficients)치의 정확한 정도는 색의 충실성을 확보하기 위하여 필요하다고 할 수 있고, SMPTE 엔지니어링 가이드라인이라고 할 수 있는 EG-36에서는 ITU-R BT.601과 BT.709사이에서 상호적으로 색변환을 하기위하여 필요한 2개의 변환 매트릭스를 규정하고 있다고 할 수 있다.

SDTV와 HDTV의 아날로그-디지털 변환에 있어서 아날로그 색차신호 E'_B-E'_Y 또는 E'_R-E'_Y는 우선 ±0.5레벨 범위에 되게 하기 위하여 표준화시킨다고 할 수 있는데, 이러한 새로운 색차신호를 우리는 E'_{CB} 또는 E'_{CR}이라고 부르고 있고, 아날로그신호 E'_{CB} E'_{CR}은 다음에 2개의 다른 변환 계수를 사용하여 디지털화 시킨다고 할 수 있다.

$$Y=219E'Y+16$$
$$C_B=224E'_{CB}+128$$
$$C_R=224E'_{CR}+128$$

이러한 변환을 위하여 2개의 매트릭스 셋트는 아날로그-디지털 변환에 있어서 Y휘도의 신호와 C_B/C_R의 색차신호의 각각 다른 스캘링(219/224)을 위하여 필요로 하고 있다고 할 수 있는데, 11자의 표 11.4에서는 SDTV와 HDTV시스템에서 사용을 하고 있는 색도좌표 X,Y(Chromaticity Corrdinates x,y)의 개요를 표시하고 있다고 할 수 있고, 여기에서 색도좌표 x, y이라는 것은 색을 2차원의 플랑키안 궤적(Planckian Locus)으로서 색도표로 표시한 것이라고 할 수 있다.(2.1.1항 참조)

역주 플랑키안궤적 (Planckian Locus)은 CIE색도표상에서 색 온도를 표시하는 분포도 이라고 할 수 있으나 이 책의 저자에서는 스펙트럼 궤직이라는 것으로 혼동 하고 있는 것으로서 실제로 그림 2.1에 있어서도 스펙드림 궤적을 Planckian Locus이라고 표기하고 있어서 번역함에 있어서 스펙트럼 궤적(CIE색도표)이라고 번역을 수정하였다고 할 수 있다.

따라서 번역자도 원저자의 원문에 충실하게 하기위하여 Planckian Locus이라고 표현을 하고 있지만 여기에서 Planckian Locus이라는 것은 CIE색도표이라는 것을 이해해 주기 바란다.

DVB규격문서 ETR-154에서는 3원색의 색도좌표, 광전 변환특성, 색 매트릭스 계수가 25Hz의 SDTV에서는 ITU-R BT.709에 30Hz의 SDTV에서는 SMPTE170M에 준거 하는 것으로 규정하고 있다.

12.5.5 색 공간 변환(Color Space Conversion)

컴포넌트 비디오신호원, 방송기기 등은 컬러이미지의 3원색 컴포넌트의 프로세스, 전송에 3개의 채널을 필요로 하고 있다고 할 수 있는데, 이러한 3원색의 신호 컴포넌트로서 GBR의 색공간 또는 Y, C_B, C_R의 색 공간을 사용하는 것이 가능하다고 할 수 있다.

이러한 색공간의 특성은 ITU-R BT.601-5로서 525/625양 시스템에 대하여 규정되어져 있다고 할 수 있는데, 이러한 규격에서는 Y, G, B, R각 채널 신호에 대하여 8%의 헤드룸(Head-Room)과 6%의 후트룸(Foot-Room)이 있다고 할 수 있고, C_B와 C_R에 있어서는 7%의 헤드룸(Head-Room)과 후트룸(Foot-Room)이 되어있다는 것에 주의를 할 필요가 있다고 할 수 있다.

지금까지 경험에 있어서는 소프트웨어를 베이스로 한 색 공간에 대한 변환에 있어서는 시간이 걸리는 프로세스라고 할 수 있는데, 가능한 한 하드웨어에 의한 색공간 변환이 바람직하다고 할 수 있다.

사양범위외(Illegal : 규정 외)의 신호 또는 유효하지는 아니한(Invalid:무효한) 신호는 정확한 색 재현을 하기위하여 피하지 아니하면 되지 아니 한다고 할 수 있는데, 어떤 신호의 치가 0으로부터 700mV와 규정되어진 범위외의 치가 될 경우에는 그러한 것은 규정외의 신호이라고 할 수 있다.

이러한 규정되어진 범위를 우리는 통상적으로 개메트(Gamut)이라고 부르고 있고, 규정내의 신호는 (Legal Signal)이라는 것은 혹시 그러한 신호가 다른 방법의 포맷으로 변환되어질 경우에는 규정 외 신호 (Legal Signal)가 되는 경우가 있다고 할 수 있다.

역주 컬러 게메트(Color Gamut)또는 어떤 경우에는 개메트(Gamut)이라고 부르는 용어는 본래에 있어서는 CIE색도표이라는 것으로 3원색을 직선으로 결합하여 놓은 3각형의 내부의 색 재현에 대한 가능범위를 표시한 것이라고 할 수 있으나 어떤 경우에는 색신호에 있어서 규정 진폭의 범위를 이야기하는 경우도 있는 것 같다.

12.5.5.1 GBR로부터 Y, C_B, C_R로의 변환

거의 모든 컬러의 영상 신호원 (카메라, 컴퓨터 그래픽 장치, 이외)는 규전애로 유효한 GBR의 신호를 생성하고 있다고 할 수 있는데, 그러나 최근에 있어서는 보다 많은 비디오소재가 Y, C_B, C_R의 색 공간에서 제작이 되어 프로세스되어진다고 할 수 있고, 넌리니어 편집시스템이나 영상 프로세스 앰프, 압축기기 등이 토털의 대역폭을 감소시키어서 정확한 비디오 프로세스를 하기위해서는 Y, C_B, C_R의 신호를 사용하고 있다고 할 수 있다.

이러한 포맷으로의 변환은 몇 가지의 장점이 있다고 할 수 있는데, 따라서 다음과 같은 방향(Trend)로 추진을 하고 있다고 할 수 있다.

- 신호의 프로세스나 기록에 있어서 각 채널에 대한 대역폭이 감소하는 것이 가능하다고 할 수 있다.
- JPEG, MPEG, DV 등, 이미지 압축 시스템에서는 Y, C_B, C_R의 신호가 필요하다고 할 수 있다.
- CBR의 채널에 있어서 작은 진폭오차는 백(White)이나 그래이(Gray)부분에 영향을 주어서 색온도의 변화를 보이게 하지만 Y, C_B, C_R 채널에 대한 진폭에 대한 오차는 색의 포화도에 영향을 주지만 그러한 것은 색온도의 변화에 비하면 눈에 보이는 영향이 적다고 할 수 있다.
- GBR변화의 적은 타이밍에 대한오차는 휘도와 색도 쌍방의 고역 파형변화에 영향을 주고, 화상에 있어서는 선명도에 있어서 많은 손실을 준다고 할 수 있으나 Y, C_B, C_R채널에 있어서 타이밍에 대한 오차는 휘도와 색도의 중첩되어있는 오차가 되어서 많은 영향을 주지는 아니한다고 할 수 있다.
- Y, C_B, C_R의 구성에 있어서 개발 원가, 제품의 원가는 수신 단에서 같은 화질을 얻기 위한 색 필터, 신호의 타이밍, 진폭레벨의 사양이 느슨하기 때문에 소감의 기대가 가능하다고 할 수 있다.

이러한 GBR신호는 컬러수상기나 모니터의 CRT의 비직선성을 보정하기 위하여 감마 보정이 시행되고 있다고 할 수 있는데, 그 결과 CBR의 신호로부터 Y, C_B, C_R의 신호로의 변환이 시행이 되면 그 결과에 있어서의 휘도 진폭은 비직선성을 가진 신호를 조합한 것이 되어서 완전한 휘도 신호만은 아니라고 할 수 있다.

이러한 신호는 루미넌스(Luminance) 신호와 구별되어 루나(Luna)이라고 불리우고 있는데, 완전한 휘도신호와 루나(Luna)신호와의 차는 색신호로 전송되어진다는 것으로서 이러한 색신호는 통상적으로 대역 제한을 받고 있으므로 고역성분을 전송을 하지 아니하고 있다고 할 수 있고, 휘도정보에서는 높은 주파수영역을 잃어버리게 되어있다고 할 수 있다.

이러한 에러(Error)는 일정하지 아니하고 높은 포화도의 부분에서 크게 되어있는데, 나중에는 색 노이즈부분의 일부는 디코더로 휘도신호에 변환되어서 디스플레이 되어진다고 할 수 있다.

CRT와 같은 비직선성을 가지고 있지 아니한 액정이나 플라스마디스플레이(Plasma Display : 방전현상을 이용한 표시장치)와 같은 최근의 디스플레이 장치가 일반적으로 보급되어 가면 이러한 감마의 보정은 필요 없어 위에서와 같은 프로세스에 의하여 화질 열화를 감소시키는 것을 고려하는 것이 더욱 의미가 있을 것으로 생각이 된다.

12.5.5.2 Y, C_B, C_R로부터 GBR로의 변환

DVTR이나 테스트신호발생기, 프로덕션의 스위처와 같은 제작용 기기에 있어서는 신호의 발생이나 프로세스를 Y, C_B, C_R의 신호로 시행을 한다고 할 수 있는데, 그러나 컬러 컬렉션(Color Correction)이나 크로마키 등의 기능에 있어서는 사용자가 흑 레벨이나 감마의 보정, 흑 레벨의 조정이 가능하게 하기위하여 GBR의 신호를 사용하여 시행을 한다고 할 수 있다.

콘트라스트(Contrast), 브라이티니스(Brightness), 크로마 레벨(Chroma Level)의 조정에 있어서는 Y, C_B, C_R의 신호로부터는 용이하게 시행이 되지만 색상의 조정에 있어서는 어려운 면도 있다고 할 수 있는데, 조정의 결과 측면에서 본다면 GBR영역에서는 규정외의 신호치가 발생하는 것이 쉬워진다고 할 수 있다.

그림 12.32에서는 Y, C_B, C_R신호의 색공간의 한계와 비교를 한 때의 GBR신호의 색공간의 한계를 표시하고 있다고 할 수 있다.

예를 들면 휘도신호 Y의 진폭이 0%이거나 100%인 경우에 C_B 또는 C_R이 제로이외의 신호에서 Y, C_B, C_R의 신호로서는 규정 내(Legal Signal)의 신호라고 할 수 있지만 GBR로 신호가 변환되어진 경우에는 규정외의 GBR신호(Ilegal GBR Signal)가 된다고 할 수 있는데, 이러한 경우에는 오리지널 Y, C_B, C_R의 신호는 규정 내(Legal)의 신호라고 할 수 있으나 그러한 것이 GBR영역에 있어서는 규정외 신호가 되기 때문에 무효한(Invalid) 신호라고 할 수 있다.

GBR의 규정 범위(Gamut)로서 유효한가 또는 아닌가는 그림 12.33에 서 표시를 하고 있는 것과 같이 테트로닉스 다이어몬드(Tektoronix Diamond)라고 칭하는 특수한 아날로그 컴포넌트 디스플레이 장치에 의하여 측정을 하는 것이 가능하다고 할 수 있는데, 이러한 다이어몬드 디스플레이 장치는 타이밍의 에러나 흑의 밸런스 감마의 조정 모니터에서도 사용하는 것이 가능하다고 할 수 있다.

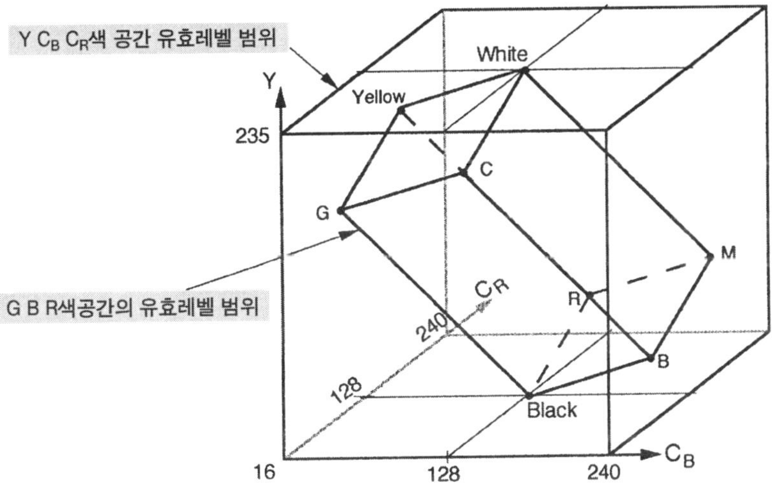

그림 12.32 GBR의 색공간과 Y C_B C_R색공간의 유효레벨 범위

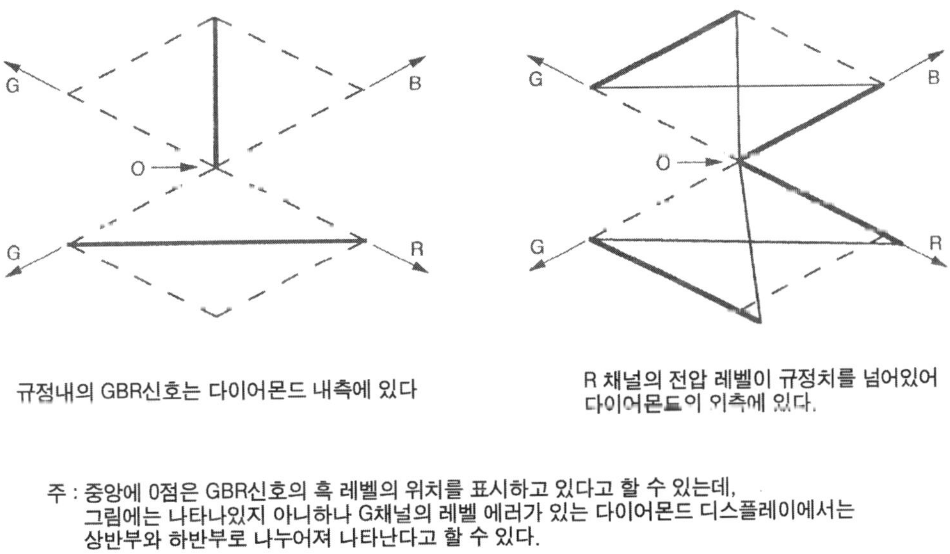

그림 12.33 규정내 또는 규정외의 GBR컴포넌트신호의 다이어몬드 디스플레이

역주 그림 12.33에서 표시를 하고 있는 다이아몬드 디스플레이 표현에 있어서는 약간의 의론이 있다고 할 수 있는데, 우선 좌의 그림은 상의 다이아몬드의 두꺼운 세로방향의 선은 피 측정의 신호가 B=G의 모노크로 일 때에 나타나는 선이라고 할 수 있고, 아래의 다이아몬드 두꺼운 가로방향의 선은 G와 R이 각각 (1,0) (0, 1) 치의 조합을 맞추었을 경우에 것이라고 할 수 있다.

컬러바 표시에서 있어서는 없지만 오른쪽에 있는 그림은 컬러바 표시의 경우의 것으로서 위에의 G-B 다이아몬드의 표시는 정상이지만, 밑에 있는 G-R의 다이아몬드표시는 R축의 방향으로 기울어져 있다고 할 수 있다.

이러한 다이아몬드 디스플레이장치에 대하여 좀 더 상세한 것을 알고자하는 자는 http://www.tektronix.com/video-audio에 있는 Technical Information의 쪽 부분에 있는 "Preventing Illegal Colors"을 보던지 제작사인 테트로닉스사에 문의를 하기 바란다.

Y, C_B, C_R신호가 디지털회로에서 발생되어져서 프로세스 되어진 것을 GBR신호로 변환시킬 경우에는 규정외의 신호가 나타날 수가 있는데, 그러한 것을 해결하기 위한 현실적인 수단은 유효한 GBR의 신호가 되기까지 C_B, C_R 신호의 진폭을 같은 비율로 감쇄시키는(Rescaling) 것이라고 할 수 있다. 그렇게 함으로서 GBR영역의 신호가 레벨의 오버로 클립이 되는 것을 막을 수가 있고, 생각하지 못한 색상의 변화로 색 재현에 있어서 방해를 주는 것을 막는 다고 할 수 있다.

따라서 이러한 처리에서는 색 포화도가 감소하지만 눈에 띄기 쉬운 색상의 시프트보다도 영향은 꾀 적다고 할 수 있는데, 2.1.1항에서는 플랑키안 궤적(Plankian Locus)보다 외측에 있는 색은 촬상 계통에서 100%이상을 표시하거나, 혹은 부의 치에 GBR신호를 생성하는 것을 설명하고 하고 있다고 할 수 있다.

역주 여기에서도 저자는 Plankian Locus이라는 단어를 사용하였으나 이러한 단어는 본래는 흑체의 색온도(6000°K이거나 9000°K)에 의한 궤적을 의미하고 있다고 할 수 있는데, 저자가 2.1.1항에서와 같이 스펙트럼 궤적이라고 해석을 하는 것을 보면 스펙트럼 색보다 외측의 색은 존재하지 아니한다는 것을 알 수가 있고, 컬러텔레비전에서는 3원색의 점을 정의함에 있어서는 이러한 3원색의 점을 묶는 3각형의 궤적의 내측에 색은 재현을 할 수가 있으나 외측의 색은 재현하는 것이 불가능하다고 할 수 있다.

즉 위에서 이야기를 하고 있는 100%이상의 정의 레벨 또는 부 레벨이라고 하는 것은 실제로는 존재할 수 없는 신호는 아니라고 할 수 있지만 설사 있더라하여도 그러한 레벨에 대한 재현은 불가능하다고 할 수 있다.

따라서 여기에서 저자가 플랑키안 궤적이라고 하고 있으므로 아마 저자는 3원색의 점을 결합하는 컬러게메트(Color Gamut : 색 재현범위)를 포함하는 궤적이라는 것을 혼동하여 말하고 있는 것 같다고 할 수 있다.

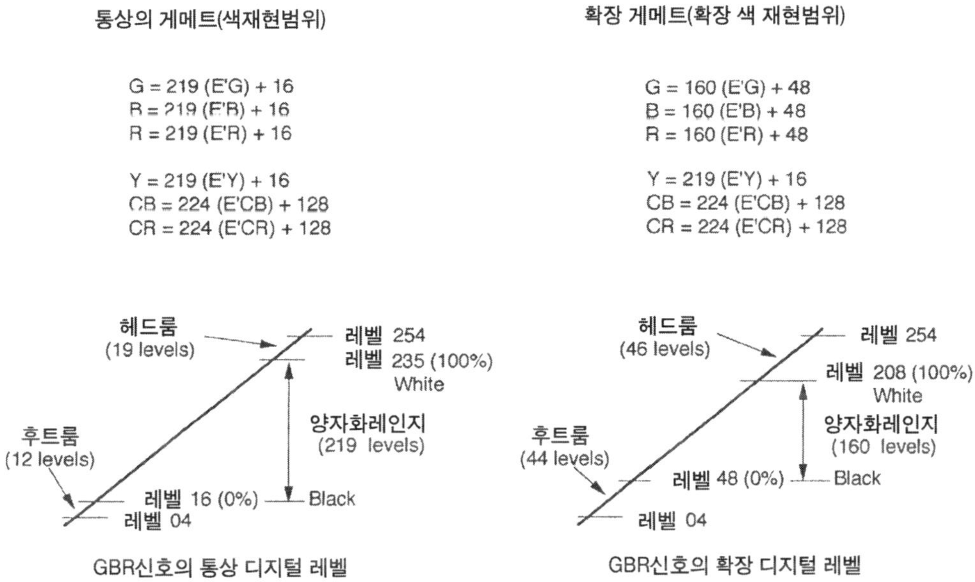

그림 12.34 통상의 게메트(Gamut) 시스템과 확장 게메트(Gamut)시스템에 대한 디지털 엔코딩

여기에서 이야기하고 있는 부의 신호는 디스플레이시스템이 부의 발광이 불가능한 이상 재현하는 것이 불가능하다고 할 수 있는데, 결과로서는 100%이상이나 부의 레벨 후에 계속하여 프로세스 신호를 규정내로 끌어 들이기 위하여 조정되어진다고 할 수 있다.

그러나 새로운 디스플레이기기가 출현하고 있어서 필름소재에 있어서도 보다 스펙트럼색에 가까운 넓은 색 재현범위(Color Gamut)가 얻어지게 하기위하여 개량 되어지고 있다고 할 수 있는데, 100%를 넘은 129% 또는 부의 -27%의 GBR의 신호치를 허용하여 보다 확장되어진 색 게메트 시스템(Extended Color Gamut System)이 ITU-R BT.1361문서에서는 구정 되어있다고 할 수 있다.

이러한 문서에서는 통상의 색시스템과 확장 시스템에 있어서 어떻게 하든지 GBR의 신호 치로부터 Y, C_B, C_R신호를 계산하는가를 상세하게 설명을 하고 있다고 할 수 있는데, 통상의 색재현 시스템과의 상호성에 있어서는 양 시스템에 대하여 같은 ITU-R BT 601의 방정식을 이용하여 E'_Y, E'_{CB}, E'_{CR}로부터 Y, C_G, C_R을 계산하는 것에 의하여 보장 되어있다고 할 수 있다. 이러한 확장 컬러 게메트의 GBR의 신호는 각각 다른 스켈링의 계수와 DC의 옵세트치를 사용하여 양자화 되어진다고 할 수 있는데, 그림 12.34에서는 통상의 ITU-R BT 601의감마트 시스템과 ITU-R BT. 1361 게메트시스템의 8비트 디지털 코딩에 대하여 표시하고 있다고 할 수 있다. 또한 확장 게메트시스템에서는 0으로부터 100%의 GBR의 신호를 160레벨로 양자화하여 그의 결과가 악화되고 있다는 것에 주의할 필요가 있다고 할 수 있는데, 이러한 GBR신호에 있어서 허용이 가능한 S/N을 확보하기 위하여는 12또는 14비트의 양자화가 시행되고 있다고 할 수 있다.

12.5.6 샘플링 구조의 변환(Sampling Structure Convertsion)

TV소재의 제작 시스템, 압축 시스템, 전송 시스템은 각각 다른 샘플링 구조가 사용되어지고 있다고 할 수 있는데, 컴퓨터 그래픽이나 F-V변환(필름/비디오 변환)에 있어서는 4:4:4의 샘플링 구조에 의한 최고의 품질이 요구되고 있다고 할 수 있다.

그러나 거의 대부분의 디지털 비디오 기기의 비압축 비디오신호에서는 4:2:2의 샘플 구조를 사용하고 있다고 할 수 있는데, 대부분의 방송기술에서 많이 사용하고 있다고 할 수 있는 압축 MPEG-2형식에 있어서도 4:2:2의 프로파일을 사용하고 있다고 할 수 있다.

또한 디지털 방송용 ATSC규격에 있어서는 송출 코딩의 포맷을 MPEG-2의 메인 프로파일(4:2:0)의 구조를 하고 있다고 할 수 있는데, 이렇게 송출포맷과 제작 포맷사이에 각각 다른 포맷사이에 인터페이스를 구축하기위한 샘플링 구조의 변환은 TV제작설비에서 시행하는 형식으로 하고 있다고 할 수 있다.

- 4:2:2로부터 4:2:0으로의 변환
  4:2:0의 샘플링구조와 4:2:2의 신호로부터 이러한 구조로의 변환은 3.3.10.3항에서 설명을 하고 있다고 할 수 있는데, C_B채널의 4:2:0구조로 1개의 샘플 데이터를 형성하기 위해서는 4라인의 수직 보간 필터를 사용하여 필드마다 연속한(Field Sequential) 수직선 방향의 같은 위치로 나열되어있는 C_B의 4샘플을 연산한 4:1의 샘플사이에 감산연산 (Subsampling)에 의하여 형성하고 있다고 할 수 있다. (그림 3.61참조)

C_R에 대해서도 같은 구조로 하고 있다고 할 수 있는데, 휘도 샘플에 있어서는 이러한 변환에 의해서는 변환이 되어 지지 아니한다고 할 수 있다. DVB의 ETR154규격에 있어서는 4:2:2로부터 4:2:0으로의 다운 샘플링에 대하여 2개의 가능한 프로세스를 규정하고 있다고 할 수 있는데, MPEG-2의 1개의 파라미터는 다운 샘플링이 2개의 필드로 독립 적으로 시행을 하고 있지만 (움직임이 있는 경우)다운 샘플링전의 2개의 필드가 1개의 프레임에 조합이 되는 것(움직임이 없는 경우)을 표시하고 있다고 할 수 있다.

- 4:4:4로부터 4:2:2로의 변환
  이러한 것은 크로미넌스(Chrominance) 채널에 대한 신호에 하나씩 건너서 신호를 연산하는 배열에 의하여 구성되어진다고 할 수 있다.(신호사이에 신호감산에서 생기는 대역제한도 필요하다고 할 수 있음.)

12.5.7 필름으로부터 DTV로의 변환

필름으로부터 DTV로의 변환은 11.4.8항에서 설명을 하고 있는 3:2 풀다운 프로세스에서 시행을 하고 있다고 할 수 있는데, 이러한 11.4.8항에서는 필름에 의한 프로그램과 DTV의 양립성에 있어서도 설명을 하고 있다고 할 수 있다.

이러한 형식에서는 플리커를 감소시키기 위하여 24장의 필름매수 중에 각 장면의 필름에서는 2매내지 3매사이에는 브레이드 (Blade)를 가진 셔터를 사용하여 2회내지 3회투사를 하여서 48 또는 72fps의 비디오신호가 얻어진다고 할 수 있는데, 대부분의 16mm 또는 35mm 필름제작에 있어서 거의 모든 작업은 이러한 프로세스를 사용하여 변환되어진다고 할 수 있고, 이러한 변환에 대한 접근은 DTV종류의 480P, 30fps 사용한 소재의 수록과 480P, 60fps의 디스플레이에서도 사용되어진다고 할 수 있다.

역주 여기의 설명에서는 11.4.8항에서 설명하고는 다르게 종래의 3:2 풀다운 영사기의 이야기를 하고 있는 것으로서 60/24=5/2이므로 24장의 화면에서 2장의 화면을 비디오 5필드(또는 5프레임)로 변환 하는 것으로서 필름의 1장은 2필드로 변화시키고, 또 다른 1장의 필름은 3필드로 변환시킨다고 할 수 있다.

이러한 형식의 변환은 약간 불안한 측면도 있다고 할 수 있어, 필름의 1매 장면 전환을 종래와 같이 스트레이트로 짧은 시간에 투사를 함으로서 그러한 것을 축적한 촬상부에서 스캔하는 사이에 풀 다운을 시행하는 형식으로 하고 있다고 할 수 있다.

12.5.8 컴포지트 컴포넌트 아날로그 신호로부터 DTV신호로의 변환

NTSC신호를 업컨버터한 신호는 4:2:2소재로부터 업컨버터 한 것과 비교하면 열화되어 화질이 나쁘게 보인다고 할 수 있고, 그러한 상태에 더해 NTSC로부터 잔유 서브캐리어는 압축 할 때의 노이즈로 보이게 되어 있어, 그러한 장해를 감소시키기 위하여 많은 비트가 사용되게 되어있어 프로그램 내용에 대한 비트할당이 감소하게 되어있다고 할 수 있는데, 이러한 변형과정을 거치면서 이미 NTSC신호는 유지하고 있는 자신의 모든 신호가 대역에 압축이 되어져 있다고 할 수 있다.

또한 고화질 텔레비전 시스템이 정착이 되었지만 아직도 방송 제작 현장의 TV제작 부분에 있어서는 많은 보존 프로그램의 소재(Archives)를 아날로그 VTR의 테이프 포맷을 가지고 있다고 할 수 있는데, 따라서 그러한 소재를 업컨버터를 시행하기 전에는 고품질의 NTSC의 데이터를 사용하고 있다는 것을 염두에 두고 고품질의 영상 품질을 유지하기 위해 노력하지 아니하면 되지 아니한다고 할 수 있다. 또한 이러한 형식의 신호 환경은 HDTV형식의 프로그램이 제작은 물론 기존의 아날로그 NTSC의 프로그램제작에 있어서도 한참동안 계속 사용 될 것이므로 예상이 된다고 할 수 있는데, 이러한 아날로그 신호는 기존의 컴포지트에서 컴포넌트로 고품질의 NTSC/디지털 엔코더를 사용 하여 양질의 프로그램 영상을 제작하기 위하여 사용 할 것으로 생각이 된다.

또한 TV프로그램의 보존에 있어서는 옛날에는 2인치, 1인치가 주류를 이루고 있었으나 근래에 들어와서는 베터컴 SP, MⅡ, D-1, D-2, D-3, D-5, DCT-700 (Ampex), 디지털 베타컴(Digital Batacam) VTR에 의하여 기록이 되어 그 재생에 있어서는 각각 다른 화질 성능을 가지고 있다고 할 수 있는데, 그 때문에 모든 업 컨버터에 있어서는 DTV에서 허용이 가능한 화질을 얻기 위해서는 주의 깊게 고려할 필요가 있다고 할 수 있고, 사용자는 모든 컴포넌트 VTR에 있어서 포맷이 상호적으로 호환성이 있지 아니하다는 것을 알 필요가 있다고 할 수 있다.

따라서 이러한 영상장비간의 인터페이스를 보다 효율적인 시스템으로 구축하고, 미래지향적으로 구축하여 고품질의 영상을 제작하여 송출하는 것을 목적으로 하고 있다고 할 수 있는데, 근래에 들어와서는 공중파 방송의 고화질 HDTV시스템의 확장과 각존 디지털 변환장치의 급속한 발전에 힘입어서 고화질 방송의 증가 추이가 빠르게 진행되고 있다고 할 수 있다.

- 2인치 1인치 VTR

거의 40여년에 걸쳐서 이러한 VTR은 NTSC포맷의 TV프로그램을 테이프에 기록을 하였다고 할 수 있는데, 그 최대의 대역폭은 4.2MHz이라고 할 수 있다. 그리고 이리한 경우의 크로미넌스 신호는 1.3MHz와 0.6MHz의 대역이 제한되어있어서 휘도와 색신호의 사이에는 4:1의 아날로그압축 이 시행 되어진다고 할 수 있는데, 업 컨버터의 성능에 있어서는 노이즈 리덕션이나 신호 엔한스(Signal Enhancement: 여기에서는 대게 EDTV에서 고려를 하고 있는 Y고역 강조처리)의 프로세스를 사용하여 개선하는 것도 가능하다고 할 수 있다.

- 아날로그 베타컴 MIIVTR

거의 모든 경우에는 아날로그 NTSC입출력이 사용되고 있으나 아날로그 베타컴과 MII의 테이프 소재는 아날로그 컴포넌트의 포맷으로 기록 되어진다고 할 수 있는데, 그 때문에 DTV로의 변환 시에 있어서 이러한 VTR의 아날로그 컴포넌트의 출력을 사용하는 것을 강하게 추천을 하고 있다고 할 수 있다.

아날로그 베타컴 VTR의 성능에 있어서 사양은 광대역(예를 들면 메탈 테이프를 사용하면 3MHz로 ±1dB이라고 할 수 있고, 4.2MHz에서는 ±3dB이라는 것을 알 수 있음.) 이라는 것을 알 수가 있다고 할 수 있는데, 주의깊게 컴포넌트의 신호 채널이 최고로 양호하도록 조정을 하면 오버올 VTR의 성능과 결과로서 DTV의 변환이 많이 개선하는 것이 가능하다고 할 수 있다. 또한 베타컴과 MII의 기록을 반복하여 시행을 하면 품질 특성에 있어서는 반복회수를 증가함에 따라 모아레(Moire)의 증가에 의하여 급속하게 화질은 저하한다고 할 수 있는데, 그러한 이유 때문에 포스트 프로덕션을 위하여는 베타컴 또는 MII소재의 최초 세대의 것을 사용하여 보다 고품질의 기록 미디어로 변환하는 것을 추천을 하고 있다고 할 수 있고, 필요하다고 하면 그 후에도 DTV의 최종 포맷에 업 컨버터를 하여서 베타컴 등을 이용하여 새로 기록 재생을 하는 경우에는 아날로그 컴포넌트의 입출력을 사용하여야 한다고 할 수 있다.

- D-2, D-3 VTR

이러한 D VTR은 기록대역에서 6MHz 까지 펼쳐지어 있어 업 컨버터 후일지라도 양호한 화질이 얻어 진다고 할 수 있는데, 예를 들면 휘도(6MHz)와 색도(1.5MHz)사이에 4:1의 아날로그대역 압축은 확실히 존재를 하고 있다고 할 수 있다. 따라서 업 컨버터 전에 대단히 높은 품질의 컴포지트/컴포넌트의 컨버터를 사용하는 것이 필요하다고 할 수 있다.

- D-1, D-5, DCT-700, 또는 디지털 베타컴 VTR
  이러한 DVTR은 휘도의 최대대역 5.75MHz와 색의 최대대역 2.85MHz를 가지고 있다고 할 수 있는데, 그리하여 신호출력에 있어서 NTSC의 컴포지트 위신호(Artifacts)가 아니므로 대단히 양호한 업 컨버터가 얻어진다고 할 수 있다.

12.6 DTV시스템에 대한 기술적이고 현실적인 고려

새로운 DTV시스템 에서는 새로운 시스템 하에서 문제를 파생하게하기도 하고 어떤 경우에는 이미 문제로 대두되어있는 사항에 대하여 더욱 어렵게 하기도 한다고 할 수 있는데, 그러나 이러한 경우에 있어서는 새로운 기술을 조합 응용하여 사용하는 것에 의하여 적정한 선택을 한다면 시스템 상의 문제가 해결 되어 컨트롤하는 것이 가능하게 될 수도 있고, 새로운 제작 환경 하에서의 복잡한 기술의 조합 응용에 의한 시스템의 향상을 기대할 수도 있다고 할 수 있으며, 주의 깊게 시스템을 고려하는 것에 의하여 보다 효율적인 등급의 시스템 디자인이 가능하여 보다 발전적이고 보다 진보된 DTV시스템에 대한 업그레이드의 시나리오도 가능하다고 할 수 있다.

컴퓨터를 이용한 서버나 오퍼레이션 컨트롤, 온에어 시스템 등에 있어서 급속한 컴퓨터 운용 시스템의 도입은 전원에 있어서 순간적인 정전이 커다란 문제로 대두되고 있다고 할 수 있는데, 이러한 경우에는 마스터 컨트롤 룸이나 온에어 서버, 소재 서버 등의 방송 영향에 있어서 비중이 큰 영역의 전원 공급 장치에는 큰 장해를 일으킬 수 가 있다. 따라서 지금사용하고 있는 토털 제작 설비의 전원공급 장치에 있어서는 신뢰성의 향상을 위하여는 무 정전 전원 시스템이 필요하다고 할 수 있다.

새로운 디지털 방송의 모델은 보다 작은 인원의 기술자를 가지고 운용을 하여 보다 많은 서비스를 제공하게 하여야 한다고 생각이 되는데, 그러한 것은 보다 많은 컴퓨터와 디스크 베이스의 시스템, 방송용 컴퓨터 네트워크, 온 스크린의 다양한 컨트롤 판넬 등이 서서히 현재의 라우터나 DVTR, 전용의 컨트롤 판넬 등으로 전환이 되어 설치되어서 효용성을 높일 것으로 예상 되어진다고 할 수 있다.

그러나 방송 기업에서는 컴퓨터의 하드웨어/ 소프트웨어를 완전하게 신뢰를 하고 있지 아니하므로 통상적으로 광고 등과같이 비중이 큰 중요한 방송 중에는 "재가동(Reboot)"의 알람 메시지가 출력하는 것을 두려워하고 있다고 할 수 있는데, 그 때문에 새로운 DTV의 설비 설계에 있어서는 토털 확장성(예비계통)

을 가지게 하는 것과 기존에 알고 있는 방송 기술과 컴퓨터기술의 지적인 융합(Intelligent Mix)이 중요하다고 할 수 있다. 또한 여기에서 또 하나의 중요한 것은 보다 고도한 기술을 가지고 있는 서포터 기술자의 필요성에 부합하여 제작환경이나 포스트프로덕션 환경에 있어서 그 가치를 더욱 높일 필요성이 있다고 할 수 있다.

12.6.1 제작환경에 있어서 현재의 기반설비(Existing Infrastructure In Production Facilities)

현재의 AES, SDI, HD-SDI, 인터페이스 규격사양을 베이스로 하고 있는 "데이터 설비"는 루팅 스위처나 분배기, 기록기기 등의 제작 기반 설비를 통하여 고정 레이트의 데이터를 전송하는 것이 가능하다고 할 수 있는데, 거의 대부분의 설비에서는 3.072Mbps와 270Mbps의 2개의 "메인설비"가 주류를 이루고 있지만, 설비에 따라서는 540Mbps와 1.5Gbps의 설비도 존재하고 있다고 할 수 있다.

이러한 고정 레이트의 설비에 비디오, 오디오 비압축, 또는 압축 데이터 포맷을 삽입(Embed)시키어서 전송을 하는 많은 규격이 개발 되어져 있다고 할 수 있는데, 그러한 포맷의 기록 재생에 있어서도 DVCPRO, Beta-SX, Digital-S, DV 등의 데이터 기록기기로 가능하여 기록기기 사이에 전송에 있어서는 표준 속도 이외에 SDTI에 의한 4배의 전송도 가능하다고 할 수 있다.

역주 오해가 없게 부가하지만 DVCPRO, Beta-SX 등의 디지털 기록기기는 그 내부에서 독자의 압축 신장(원래신호로의 복원을 말하는 것으로서, 여기에서는 압축 된 신호를 원래신호로 복원하는 것을 말함.)을 하고 있다고 할 수 있으니 이는 이미 압축이 되어져 있는 비디오 데이터를 SDTI를 사용하여 270Mbps의 가운데로 삽입하고 있는 것으로서 기록 재생되어진 SDTI로부터는 원래 대로의 압축 데이터는 얻어지지 아니한다고 할 수 있다. 따라서 디지털 기록기기에서는 디지털 스트림 상의 기록은 되어 지지 아니한다.

AES의 전송 스트림은 최대 데이터 레이트 3.072Mbps를 가지고 있어서 비PCM 등의 압축 오디오 데이터라고 할 수 있는 돌비-E, AC-3, APT-X, 또는 메타데이터, 타임코드 등의 전송이 가능하다고 할 수 있는데, 이러한 SDI전송 설비는 최대 데이터 레이트 270Mbps를 가지고 있어서 MPEG-2, DV, DVCPRO, Beta-SX, Digital-S 등의 압축 비디오데이터, 16채널까지의 오디오 데이터, 타임코드, 메타 데이터, 마진 제어데이터 등을 전송하는 것이 가능하다고 할 수 있다.

HD-SDI의 전송 설비는 넓은 대역을 사용하여 페이로드 1.2Gbps까지의 모든 비압축, 압축 비디오 포맷의 전송에 있어서 사용하는 것이 가능하다고 할 수 있는데, SMPTE는 HD-SDTI 트랜스포트 레이어의 사양에 대하여 480P의 데이터를 HD-SDI 스트림으로 임베드(Embed) 하 던지, 아니면 어떠한 비디오 포맷으로 조합을 시켜서 적은 지연으로 다중하는 것이 가능하게 하는 등의 몇 가지의 규격을 개발하여 가고 있다고 할 수 있다.

12.6.2 메자닌 압축(Mezzanine Compression)

현재의 제작 설비를 DTV를 위하여 업그레이드 하여 가는 과정 중에 하나의 아이디어(One Original Idea)로서 나와 있는 것은 현재의 케이블, 루팅 스위처, 분배 설비 등의 설비를 사용하여 메자닌 압축 전송을 하는 시나리오라고 할 수 있다.

역주 메자닌 (Mezzanine)이라고 하는 단어는 원래에는 "중 2층" 이라는 의미라고 할 수 있고, 이를 자세히 이야기를 하면 호텔 등 에서 1층과 2층의 중간에 있는 플로어라고 할 수 있는데, 여기에서 논하고 있는 압축에 있어서는 비압축(1층, 예를 들면 1.2Gbps)과 방송용 고압축 (2층 예를 들면 20Mbps)의 중간단계의 것을 말하는 것으로서, 압축율은 낮지만 데이터의 열화는 적은 정도의 압축을 말하고 있고, 일본에서는 방송국간의 디지털 회선 등에서 사용을 하는 것을 고려하고 있다고 할 수 있다.

이러한 메자닌 압축(Mezzanine Compression)은 다양한 비디오포맷에 대하여 시행을 하고 있다고 할 수 있는데, 예를 들면 270Mbps로부터 360Mbps사이에 데이터 레이트가 되는 것과 같이 데이터 형식과 전송로에 따라 융통성있게 압축을 사용하고 있다고 할 수 있다.

ATSC와 SMPTE의 작업 그룹에서는 메자닌 압축(Mezzanine Compression)의 채용을 논의하였는데, 그러나 이러한 논의는 바로 많은 압축 알고리즘의 포맷을 파생하기도 하고, 압축과 신장의 변경을 자주하여 화질 열화를 시키는 동시에 원가측면에서도 높은 가격과 지연의 증대를 가져온다는 것을 우려 하여, 이러한 방법은 압축 데이터가 SDTI형식으로 전송이 되어서 서버 등에 전송이 되어지는 비교적 작은 시스템 이라고 할 수 있는 곳(ENG, EFP설비 등)에서만 사용하는 것이 가능 하는 것으로 하고 있다고 할 수 있다.

12.6.3 프로그램 자산의 관리(Media Asset Management)

방송사업자는 DTV의 채널을 사용하여 복수의 프로그램을 동시에 방송을 하는 멀티채널 방송에 흥미를 가지고 있다고 할 수 있는데, 왜냐하면 그러한 기능에 의하여 보다 많은 프로그램과 서비스의 확대로부터 수입이 확대 될 것으로 기대를 하고 있기 때문이라고 할 수 있다. 그리하여 그러한 프로그램은 현재의 소재와 새로운 프로그램 소재로 제작을 하지 아니하면 되지 아니한다고 할 수 있는데, 그러나 방송사업자는 그러한 디지털 시대의 새로운 기능을 수행하기위하여 투입이 가능한 자본과 인력, 설비는 어느 정도 제한되어있다고 할 수 있어, 그러한 환경에 비추어 내린 결론으로는 현재도 시행을 하고 있는 프로그램 소재와 재방송은 어느 정도는 필수라고 할 수 있다.

그 때문에 방송 제작에 필요한 프로그램 소재가 여기저기 서버에 분산되어서 존재하고 있을 지라도 같은 소재의 어떠한 편집의 패션이 있을까를 결정할 필요가 있다고 생각이 되는데, 원소재의 포맷은 어떠한 형식으로 할 것인가? 그러한 것을 프로그램 제작이나 프로그램 전송을 하기 위 하여는 어떠한 포맷으로 변경을 할 것인가? 언제 어디에서 포맷의 변환작업을 하면은 좋을까?, 그러한 프로그램을 요구하는 곳에 전송을 하기위해서는 어떠한 루트를 사용하여 전송을 할 것인가 등의 미디어 아세트 매니지먼트 시스템(Media Asset Management System)이 필요하다고 할 수 있다.

그리하여 메타 데이터(Meta Data)라고 불리 우는 것에 의하여 소재(Content)의 내용을 표시하는 정확한 정보와 소재 그리고 그 자체를 맞추어서 미디어아셋트(Media Asset)라고 정의를 하는 새로운 컨셉(Concept)이 탄생 하였다고 할 수 있는데, 이러한 미터 데이터에 대해서는 12.1.2항에서 설명을 하고 있다.

또한 모든 미디어 셋트에서는 그러한 것을 사용하는 권리가 부파하고 있다고 할 수 있는데, 미디어 아셋트로의 빠른 검소와 익세스를 하기 위해서는 비디오, 오디오, 그 외의 데이터의 기록(Storing), 서치(Search), 분담(Sharing), 지불청구(Billing), 소재의 변환처리 (Manipulating) 등의 정확한 매니지먼트를 시행하는 시스템의 기반(Infrastructure)이 필요하다고 할 수 있다.

이러한 아세트 매니지먼트(Media Asset Management)에 의하여 프로그램 소재의 편집 등에 의한 패션의 추적이나 프로그램 소재가 제작 프로세스에 따라서 어떠한 방향으로 움직이고 있는가를 알 수 있는데, 예를 들면 프로덕션으로부터 포스트프로회사로 이동이라든가, 아니면 더 나아가 방송국으로 이동이 되어지는 것을 추적하는 것이 가능하다고 할 수 있다.

또한 이러한 새로운 아셋트 매니지먼트에 따라서 지적 재산권의 처리나 원가의 절감, 프로그램 제작 능력의 향상이나 프로그램 가치의 상승을 도모할 수가 있다고 할 수 있다고 할 수 있는데, 그 때문에 프로그램 소제의 카다록, 사용언어 미디어파일이나 코딩의 포맷, 시스템의 구조, 기록과 프로덕션 네트워크 등을 표준화하는 규격의 작성이 필수 이라고 할 수 있다. 12.1.2항에서 설명을 한 SMPTE RP-205의 UMID(Unique Material Identifier) 소재코드 규격, UPID (Unique Program Identifier)프로그램 코드 규격과 같이 그러한 소재를 판별하는 것이 가능한 세계에서 유일의 ID코드가 소재미디어파일이나 미디어스트림의 형태로 이후에는 삽입되어져 가게 되어 있다고 할 수 있다.

12.6.4 스튜디오에 있어서 지연의 요구

지연이라는 것은 리얼 타임으로 제작을 하고 있는 스튜디오나 시스템의 설계에 있어서 가장 중요한 문제의 하나라고 할 수 있는데, 이러한 지연은 어떠한 기기에 있어서 그 입력으로부터 출력까지 신호 프로세스에서 요구를 하고 있는 기간이라고 할 수 있고, 이러한 지연을 있어서는 전반 지연(伝搬遅延 : Propagation Delay)이라고 불리 우고도 있다고 할 수 있다.

또한 오디오시스템과 비디오시스템에서는 그 신호의 프로세스에 의한 지연은 많이 다르다고 할 수 있는데, 디지털 프로세스 기기에 있어서 비디오의 프로세스 에서는 통상적으로 신호의 타이밍을 맞추기 위해서는 프레임 메모리가 필요하다고 할 수 있으나, 오디오 프로세스 기기에서는 대단히 작은 버퍼(Buffer)만이 사용되어진다고 할 수 있다.

따라서 이러한 오디오와 비디오사이의 지연의 차이는 오디오와 비디오사이에 동기의 문제(Lip Sync이라고 하는)이라는 것이 발생하게 되어있는데, 이러한 문제는 온에어 애플리케이션(On Air Application)에 있어서는 상호의 지연을 예측하는 것이 가능한 기본 시스템이 필요하다고 할 수 있고, 따라서 이런 문제를 해결하기 위한 립싱크의 문제를 해결하기 위해서는 엄밀한 지연의 제어가 필수이라고 할 수 있다.

현재 TV스튜디오의 애플리케이션에서는 프로세스 기기와의 공통 기준신호, 즉 통상적으로는 블랙 버스트(Black Burst)신호에 젠록(Genlock) 하고 있다고 할 수 있는데, 이러한 기기에 있어서의 통상적인 지연은 1H 또는 그 이하라고 할 수 있다.

또한 거의 대부분의 디지털 프로덕션 스위처에서는 입력 버퍼에 의하여 모든 입력에 있어서 1/2H의 타이밍 오차를 조정하는 것은 가능하지만 그러한 것 이상의 오차는 허용하는 것이 불가능하다고 할 수 있는데, 이러한 권고안을 바탕으로 하여 토털 시스템의 지연은 1비디오프레임으로 설정하여 그 범위 내에서 각 기기의 지연을 처리하는 것에 의하여 오디오에서도 토털 동량의 지연을 시키어서 조정을 하지 아니하면 립싱크의 문제가 발생할 가능성이 있다고 할 수 있다.

기준 동기로부터 1H이상의 지연을 가진 외부 입력이나 프로세스의 기기가 프로덕션 스위처에 접속되었을 경우에는 아래와 같은 방법 중에서 하나의 방법을 선택하여 타이밍 보상을 할 필요가 있다고 할 수 있다.

- 많은 지연을 가진 입력에 대해서는 프레임 싱크로나이저(Frame Synchronize)를 사용하고 있다고 할 수 있는데, 프레임 싱크로나이저가 외부 입력에 사용되어질 경우에는 원래의 오디오와 비디오의 타이밍을 확보하기 위하여 오디오 지연 프로세스를 내부에 가지는 것이 바람직하다고 할 수 있다.(비동기의 방송국외의 입력신호에 대해서는 프레임 싱크로나이저가 필요하다고 할 수 있음.)
- 작은 지연의 각 입력 지연 장치를 집어넣는다.
- 기준 동기로서 0H, +1H, -1H등의 복수의 동기신호를 가진다.

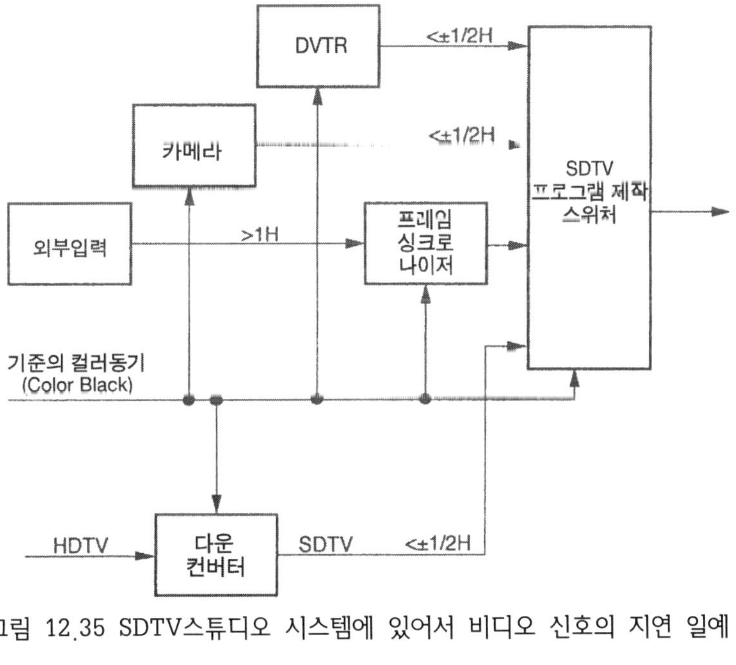

그림 12.35 SDTV스튜디오 시스템에 있어서 비디오 신호의 지연 일예

이러한 것에 의하여 커다란 지연이나 타이밍의 차를 가진 입력을 취급할 경우에는 TV 스튜디오나 TV방송국의 시스템의 설계에 있어서는 복잡하고 어렵다고 할 수 있다.

그림 12.35에서는 대표적인 SDTV스튜디오 시스템에 있어서 비디오 신호의 지연 예를 표시하고 있다.

역주 여기에서 싱크로나이저(Synchronize)동기라는 말이 나오는데 이는 싱크로(Synchro)이라는 약어로 쓰이는 경우가 많이 있다고 할 수 있는데, 우리가 통상적으로 타이밍을 맞추기 위하여 사용하는 것으로서 이러한 방법을 사용하여 영상과 음성의 동기를 맞춘다고 할 수 있다.

예를 들면 2가지 동작을 동시에 진행하는 방법으로서 영화의 영상과 음성을 일치하게 하는 방법이 있다고 할 수 있고, 또 다른 하나의 방법으로는 VTR과 오디오테이프 레코더를 사용하여 음성신호 또는 2대의 테이프레코더의 각각 같은 타이밍 부호를 입력시켜서 그 부호를 기본으로 하여 하나의 기능으로 동작 시키는 방법이 있다고 할 수 있는데, 전에 이야기하였지만 이러한 방법을 싱크로라고 하고, 이러한 기능을 완결하기 위한장치를 싱크로 나이저라고 한다고 할 수 있다.

또한 여기에서는 프레임 싱크로나이저 라는 기기가 등장하는 데 이 장비는 비동기 합성의 영상 신호를 기준 동기의 위상으로 변환시키는 동기변환장치와 비동기의 영상 신호를 디지털 메모리에 저장 시킨 후 이것을 다시 기준 동기를 토대로 하여 읽어내서 동기를 일치시킨다고 할 수 있는데, 이러한 장비가 출현하지 아니하였을 경우에는 중계현장의 영상과 음성신호가 스튜디오에 도달하여 사용하기위하여 스튜디오에 동기를 시키었을 경우에 전체의 신호가 불안해지는 것 단점이 있었으나 이러한 프레임 싱크로나이저의 출현으로 해결되었다고 할 수 있으나 디지털 장비의 다단 접속에 의한 A/D, D/A 변환에 의한 영상신호와 음성신호의 불일치와 신호변환과정의 열화라는 단점도 초래하고 있다고 할 수 있다.

12.6.5 오디오와 비디오사이의 타이밍 문제

DTV의 출연과함께 오디오 비디오사이에 타이밍 오차는 프로그램제작, 포스트프로덕션에서만이 아니라 압축 엔코더, 네트워크의 전송, 방송 송출, 또는 수상기의 디코더 등 모든 분야에 이르러 문제가 발생하는 상황이 되었다고 할 수 있는데, 비디오, 오디오, 보조데이터는 그 신호의 포맷, 인터페이스, 압축의 사용, 전송 방식의 선택에 따라서 완전히 다른 경로를 통하여 전송이 되는 경우도 있다고 할 수 있다.

EBU Rec.37 또는 ITU-R BT.1359에서는 마스터 룸에서의 오디오, 비디오의 타이밍 오차를 제로로 할 경우에 송신사이드에 있어서 오디오, 비디오 사이의 최대허용 상호 타이밍 오차를 표시하고 있다고 할 수 있는데, 이러한 것에 의하면 오디오가 비디오에 대해서 앞선 경우에는 +22.5ms이라고 할 수 있고, 이와는 반대로 오디오가 비디오에 비하여 늦은 경우에는 300ms이라고 할 수 있다.

그 때문에 스튜디오 시설에 있어서 오디오, 비디오 사이의 타이밍에 관해서는 그 제작 프로세스를 통하여 파악하고, 컨트롤 하는 것이 중요하다고 할 수 있다.

역주 영상과 음성사이에 타이밍이 벋어나는 최대 허용도에 있어서는 프로그램 제작에 있어서 오디오가 앞서가는 경우를 1프레임이라고 하고 있고, 반대로 늦어지는 경우를 2프레임으로 하는 평가 결과가 있다고 할 수 있는데, 이러한 결과는 사람이 느끼는 시각차에 따라 각양각색이라고 할 수 있으나 기본적으로는 위의 내용과 같이 엄격하게 관리하는 방향에서 하고 있다고 할 수 있다.

우리가 프로그램을 제작함에 있어서 마이크와 카메라에서 찍는 피사체사이는 떨어져 있다고 생각 할 수 있으나 그러한 것과는 다르게 클로즈업이 되어 있는 사이즈나 DVE 등에 의한 영상 가공 처리 계통의 변경에 의한 영상신호와 음성신호사이에 타이밍의 오차로 인하여 감각적으로 영향을 주는 문제도 현실적으로는 있다고 할 수 있다.

따라서 지금에 있어서는 프로그램 제작부터 나중에 지연차를 발생하게 하는 부분을 종합하여 허용차 이내로 조정하는 형식으로 하여 제작을 하고 있다고 할 수 있다.

이러한 영상과 음성의 동기 문제는 혹시 오디오와 비디오의 쌍방에 프로세스에 있어서 타임스탬프(Time Stamp)를 사용하면 보다 용이하게 취급하는 것이 가능하다고 할 수 있는데, MPEG-2의 압축 오디오, 돌비(Dolby)-E, 또는 새로운 확장의 Apt-X압축 오디오, MPEG-2의 비디오스트림 포맷은 제작 프로세스에 의하여 타임스탬프를 포함하는 것이 가능하다고 할 수 있고, 데이터 방송 서비스에 있어서도 오디오나 비디오에 동기 시키는 수요가 있다고 할 수 있다. 이러한 경우의 타임스탬프는 1비디오파일이 1비디오프레임의 단위로 영상에 젠록(Gen Lock)하여 표시하기위해서는 필수라고 할 수 있는데, 이러한 타이밍을 취급하기 위해서는 어서링 프로세스(Authering Process : 문자 음성 동화 등의 소재를 조합하여 콘텐츠를 작성하는 프로세스)의 상태에서 시행이 되어진다고 할 수 있다.

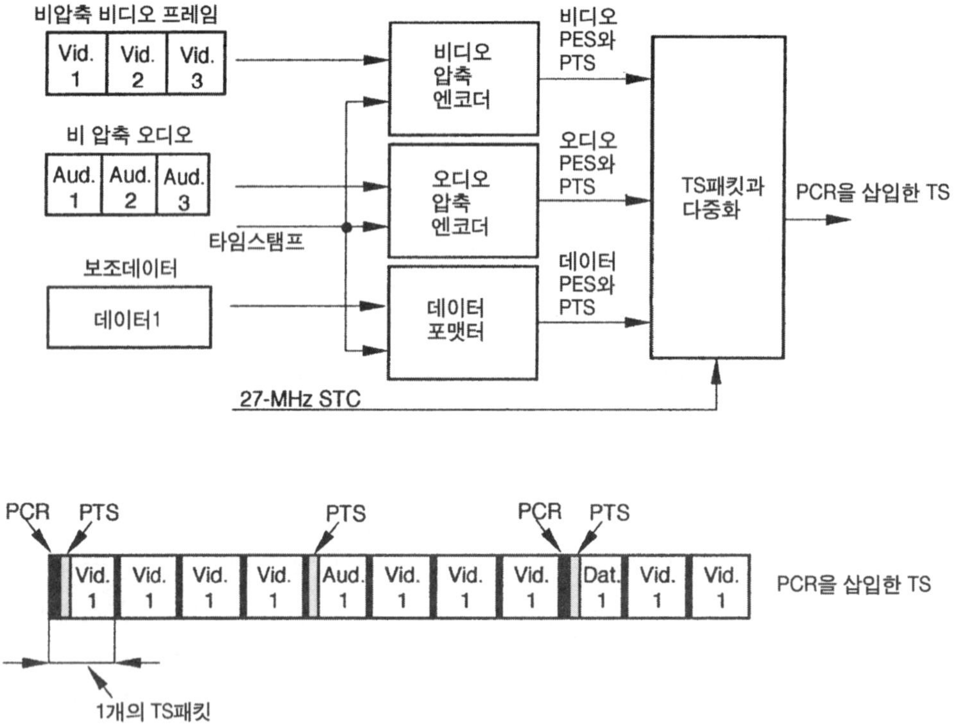

그림 12.36 PTS 또는 PCR정보의 생성과 PES와 TS로의 삽입(Embedding)

- 압축 비디오 오디오 스트림의 동기

프레젠테이션 타임스탬프(Presentation Time Stamp : PTS)정보이라는 것은 압축 코딩의 단계에서 비디오 또는 오디오 PES헤더에 삽입이 되어진다고 하수 있는데, 이러한 90kHz의 PTS의 클럭은 27MHz의 시스템 타임클럭 (System Time Clock : STC) 또는 방송국의 27MHz의 마스터 클럭에 동기가 되어서 (27MHz/3000=90kHz) 그 확도로 보면 ±0.002%(±540Hz)이라고 할 수 있다.

가변장 PES패킷은 트랜스포트 스트림(TS)을 생성하기 위하여 고정장의 트랜스포트 패킷으로 분할을 하여서 재 패킷화(Repackage) 되어진다고 할 수 있는데, TS패킷헤더는 27MHz의 STC로부터 생성 되어진 프로그램 클럭 레퍼런스(Program Clock Reference : PCR)정보를 받아서 삽입시킨다고 할 수 있다.

이러한 PCR의 정보는 ATSC데이터 스트림의 100ms이하의 간격으로 삽입이 되어 있어서 수신기의 디코더에서 사용을 하고 있는 송신측과 동기 한 STC를 생성하기 위하여 정밀한 타임 베이스를 확립하기 위하여 사용되어진다고 할 수 있는데, DVB ETR-154규격에 있어서는 이러한 PCR의 정보를 400ms이하의 간격으로 보내는 것을 추천 하고 있다고 할 수 있다.

또한 MPEG-2디코더 출력에 있어서 정확한 비디오, 오디오, 데이터 사이의 타이밍은 각각의 헤더에 포함되어있는 PTS가 일치할 때에 표시하는 것에 의하여 실현이 가능하다고 할 수 있는데, 그림 12.36에서는 엔코딩의 스테이지에 있어서 PTS와 PCR의 PES스트림이나 TS 스트림으로의 삽입을 표시하고 있다고 할 수 있다.

역주 PCR/SCR과 PTS에 대하여 정확하지는 아니하지만 그 개념을 간단하게 설명하고자한다.

MPEG-2의 비디오, 비디오, 메타 데이터는 같은 프로그램에서는 1개의 클럭으로 동작을 한다고 할 수 있는데, 이러한 것을 시스템 클럭(SCR: System Clock Reference)이라고 부르고 있다.

또한 이러한 것은 비디오, 오디오, 메타 데이터의 각 데이터에서는 엘레먼터리 스트림(ES : Elementary Stream)이 된다고 할 수 있으나 이러한 것을 일정한 길이로 구간별로 잘라서 가변장 패킷으로 한 것이 PES(Packetized Elementary Stream)이라고 하는데, 이러한 각 패킷을 PES패킷이라고 부르고 있다고 할 수 있다. (최대길이 8Kbit(키로바이트))

비디오, 오디오 등의 PES의 패킷은 대게 별개의 PES패킷 헤더를 가지고 있어서 적당한 간격의 같은 PTS(Presentation Time Stamp)데이터를 확장 헤더에 삽입 시킨다고 할 수 있는데, 오디오, 비디오, 데이터의 각 PES는 적당하게 조합하여 팩(Pack)을 형성 한다고 할 수 있고, 이러한 팩(Pack)의 길이는 최대 64Kbit(키로바이트)로 팩(Pack) 헤더가 들어있다고 할 수 있으며, 팩 헤더(Pack Header)에는 SCR의 데이터가 포함 되어있다고 할 수 있다.

이러한 팩 헤더(Pack Header)가 연결되어있어 프로그램 스트림(PS)을 형성하고 있다고 할 수 있는데(본문그림 8.53, 8.54참조), 이러한 PES패킷 헤더에서는 PTS가 최대간격 700ms이내에 일정한 간격으로 삽입되어져 있어서 비디오 PES패킷, 오디오 PES패킷, 문자정보 PES 패킷의 디코더 출력으로 표시 타이밍을 일치시킨다고 할 수 있다.

GOP의 구조에 대하여 이야기를 하면 비디오프레임 송출 순서라고 할 수 있는 I, P, B와 원래의 프레임 순이라고 할 수 있는 I.B,B,P의 (=표시(Presentation) 순)이라는 것은 다르기 때문에, 그러한 것을 위하여서라도 PTS이라는 것은 필요하다고 할 수 있다.

그러나 각 프레임은 I, B, P프레임으로 되어있다는 것을 표시하고 있으므로 모든 PES의 패킷에 삽입할 필요는 없다고 할 수 있는데, TS에서는 복수의 PS가 조합되어있다고 할 수 있고, 그리하여 TS패킷에서는 PES 패킷을 나중에 고정장의 188바이트로 잘라서 배열하고 있다고 할 수 있으며, 각 PS마다 시스템의 클럭이 각각 다르기 때문에 TS에 있어서는 SCR과 PCR(Program Clock Reference)과 명칭을 변경하고 있다 할 수 있다.

PTS이라는 것은 프로그램 클럭의 27MHz를 1/300으로 한 90kHz의 클럭을 33비트카운터에 입력하여 발생 시킨다고 할 수 있는데, 이러한 카운터는 최대 카운터로 한다고 하면 모두 제로로 돌아오는 사이클릭 한 카운트를 한다고 할 수 있고, PTS를 오디오, 비디오, 데이터의 각 PES의 패킷헤더에 동시에 삽입 할 경우에는 본문 그림 12.36과같이 엔코더의 입력 타이밍을 기준으로 하여 이러한 카운터의 33비트의 내용을 PTS의 데이터로 하여 삽입 시키고 있다고 할 수 있다.

SCR은 프로그램 클럭의 27MHz클럭을 48비트 카운터에 입력시키고, 이러한 카운터에 있어서도 사이클릭이 동작된다고 할 수 있는데, PS패킷에 있어서는 백 헤더의 스타트 코드의 시점에 48비트 카운터의 48비트를 SCR의 데이터로서 헤더에 삽입시키어서 보내고, TS에서는 이것을 PCR로서 전송을 한다고 할 수 있다.

각 수신기에서는 채널의 절환이 있을 경우에는 우선 TS 가운데서 지정되어진 프로그램 ID를 찾아서 그 PID에 속해있는 데이터를 분리한다고 할 수 있는데, 수상기의 SCR클럭 발생기는 PLL과 같은 동작을 수치로 시행을 하고 있는 NNL(Numeric Lock Loop)을 가지고 있다고 할 수 있다.

또 이러한 것은 프로그램 데이터의 PCR을 찾아서 그의 PCR의 데이터와 로컬 48비트 카운터에 같이 발생을 한 SCR의 데이터가 일치하게 하기위하여 클럭주파수를 변화시킨다고 할 수 있는데, 이러한 경우에는 데이터의 차가 크면 클럭 하는 데에 있어서 시간이 걸리기 때문에 보통에 있어서는 최초에 얻어진 PCR의 데이터를 사용하여 로컬의 48비트 데이터를 리셋 시켜서 이를 다시 카운터 시켜서 다음에 얻어진 PCR의 데이터와 비교하여 차가 없게 하는 방향으로 주파수를 변화시킨다고 할 수 있다.

이러 할 때에는 NLL의 시정수를 작게 하여 록 인 타임을 짧게 하여 록을 한다면 시정수를 크게 하여 노이즈나 험에 대한 인성을 크게 하는 것에 의해 송신측과 수신측의 클럭을 동기 시킨다고 할 수 있는데, GOP의 구조나 움직임 데이터, DCT테이블 등을 판별하여 버퍼플로어 제어하면서 버퍼링한 I, P, B의 화상을 표시 순으로 불러내어 복조할 때 버퍼링한 오디오와 비디오를 PTS로 타이밍 일치시키어서 프로그램을 표시한다고 할 수 있고, PTS에 없는 영상 음성의 PES패킷에 있어서는 이미 알고 있는 나열하는 방법과 연속성으로 표시를 하는 것이 가능하다고 할 수 있다.

PCR지터는 송출 중에 광고를 위하여 별개의 엔코더에 스위칭을 시켜서 PCR 데이터가 불연속하게 하기도하고, 네트워크나 시간축 다중/분해 등의 조작으로 발생한다고 할 수 있는데, 이러한 PCR의 지터는 복조되어진 시스템 타임클럭 (STC)의 주파수 변동을 시켜서 디코드 되어진 비디오나 오디오신호에 심각한 영향을 준다고 할 수 있다. 따라서 MPEG-2대응 디코더에서는 PCR지터의 영향을 적게 하기위하여 버퍼를 사용하고 있다고 할 수 있다.

- 디지털 HDTV, SDTV 또는 오디오의 동기

  SMPTE 318M의 규격에서는 59.94 또는 50Hz관련의 아날로그 디지털의 비디오/오디오 시스템을 위하여 기준의 동기신호를 규정하고 있는데, 이러한 규격에서는 RP-154동기신호 규격의 개정판이라고 할 수 있다.

  이러한 새로운 기준신호에 대하여 이야기를 하면 VITC신호를 525/59.94Hz의 시스템에서는 라인14와 277라인에 부과시킨다고 할 수 있고, 625/50Hz의 시스템에서는 라인19와 332라인에 부과한다고 할 수 있는데, 이러한 것에 의하여 버퍼관리의 문제, 지터나 비디오, 오디오 신호간의 관계를 규정하는 것 등에 대한 문제 해결에 있어서 도움이 되었다고 할 수 있다.

  또 525/59.94Hz의 시스템에서는 AES-11오디오 동기 규격에 따라서 오디오 프레임과 비디오 프레임이 동기가 가능하게 하고 있다고 할 수 있는데, 따라서 라인 15/278에 5프레임 시퀀스 패턴을 표시하는 신호를 삽입하는 것이 가능하다고 할 수 있고, 이러한 동기의 필요성에 대해서는 6.10항에서 설명을 하고 있다고 할 수 있다.

12.6.6 DTV의 모니터링

복수의 비디오 포맷이 혼재하는 시스템의 환경에 있어서는 HDTV와 SDTV의 모니터가 필요하다고 할 수 있는데, DTV의 멀티채널 방송에 있어서는 지금보다는 많이 유연한 모니터 설비가 필요하게 되어 있어 이러한 모니터 군에서는 16:9의 화각에 있어서도 대응을 하지 아니하면 되지 아니한다고 할 수 있다.

그러나 방송용 고화질의 HDTV모니터가 고가이므로 방송 업자는 컴퓨터용의 모니터나 가정용 수상기를 모니터용으로 사용하기도 하고 현재의 HDTV의 신호를 다운 컨버터 하여 SDTV고화질 모니터를 사용하여 모니터를 시행하기도 하고 있다고 할 수 있다.

이러한 형식의 모니터로는 화질을 조정 하지 않아도 되는 장소의 모니터 설비나 편집 업무를 주로 하는 제작설비에서는 해결이 가능한 방법이라고 할 수 있지만 카메라를 사용하여 프로그램을 제작하는 설비와 컴퓨터를 이용한 그래픽의 제작, 영상의 이펙트를 주기위한 영상 효과의 제작 설비에 있어서는 HDTV의 모니터를 사용 하지 아니하면 만족한 결과는 얻을 수가 없다고 할 수 있다.

SVGA와 같은 컴퓨터 모니터에 있어서는 비교적 안정된 가격으로 고화질을 디스플레이할 수 있는 기기라고 할 수 있는데, 리프레시 레이트(Refresh Rate)는 60으로부터 100fps로서 소니 멀티 스캐닝 GDM-W900(16:10,1920×1200픽셀)과 같은 장비는 16:9의 화각을 가진 프로그램의 소재도 디스플레이하는 것이 가능하다고 할 수 있다.

그러나 사용자는 그러한 모니터의 색재현특성(Colorimetry)이나 국제적인 방송 스탠더드(색온도에 있어서도 9300°K로서 높음.)를 만족하고 있지 아니하고 있다는 것을 알 수가 있는데, 따라서 이러한 타입의 모니터에서는 같은 실내 또는 프로덕션 에리어내에서 사용하는 방송용 여러 종류의 모니터와 혼재 시켜서는 아니 된다고 할 수 있고, 혼재하여 있는 모니터는 화면 내에서의 균일성에 있어서도 별로 좋지 아니하다고 할 수 있다.

컴퓨터 모니터에서는 아날로그 Y, Pb, Pr의 HDTV의 신호는 그러한 것을 아날로그 GBR신호로 변화를 하기도하고 또는 SVGA용의 적당한 타이밍으로 조정을 한 H,V의 드라이브 동기신호를 발생하는 컴퓨터를 통하여 공급시킨다고 할 수 있는데, 이러한 타이밍은 이미 SVGA의 컴퓨터 모니터 포맷으로서 일반적인 영상측정용 프로페셔널 모니터와는 같지는 않다고 할 수 있다.

또 몇 가지의 모니터를 하여야하는 인터페이스의 파라미터에 대한 예를 들면 비디오의 극성, 진폭(통상은 TTL레벨), 입력 임피던스(2KΩ), H와 V의 액티브 비디오 위치에 대한 H와 V의 드라이브 타이밍 등의 항목도 확인할 필요가 있다고 할 수 있는데, 통상의 컴퓨터 모니터에서는 라스터의 중앙에 액티브의 화상을 표시하기 위하여 H, V라인을 조정하는 조정기도 가지고 있어 어느 정도의 영상 측정은 가능하다고 할 수 있다.

그림 12.37에서는 HDTV의 비디오신호와 SVGA의 H또는 V의 드라이브 동기신호의 타이밍 관계를 표시하고 있다.

저가격의 다운컨버터에서는 HDTV의 16:9화각의 프로그램을 SDTV 4:3모니터에 모니터에 12.5.1항에서 표시를 하고 있는 것과 같이 레터박스, 센터윈도우, 14:9 화각, 줌인, 펼쳐진 애너모픽(Anamorphic) 화상 등으로 표시를 하고 있다고 할 수 있는데, 그림 12.38에서는 모니터 링크 전용으로 개발이 되어진 로 코스트(Low Cost)의 다운컨버터의 계통을 표시하고 있다고 할 수 있고, 이러한 것은 NTSC, SDI, 아날로그 컴포넌트, GBRS/YP_BP_R의 출력을 가지고 있다고 할 수 있으며, 모니터 링크용의 로 코스트 다운컨버터는 본선용으로는 사용 하지 아니하는 것을 원칙으로 하고 있다.

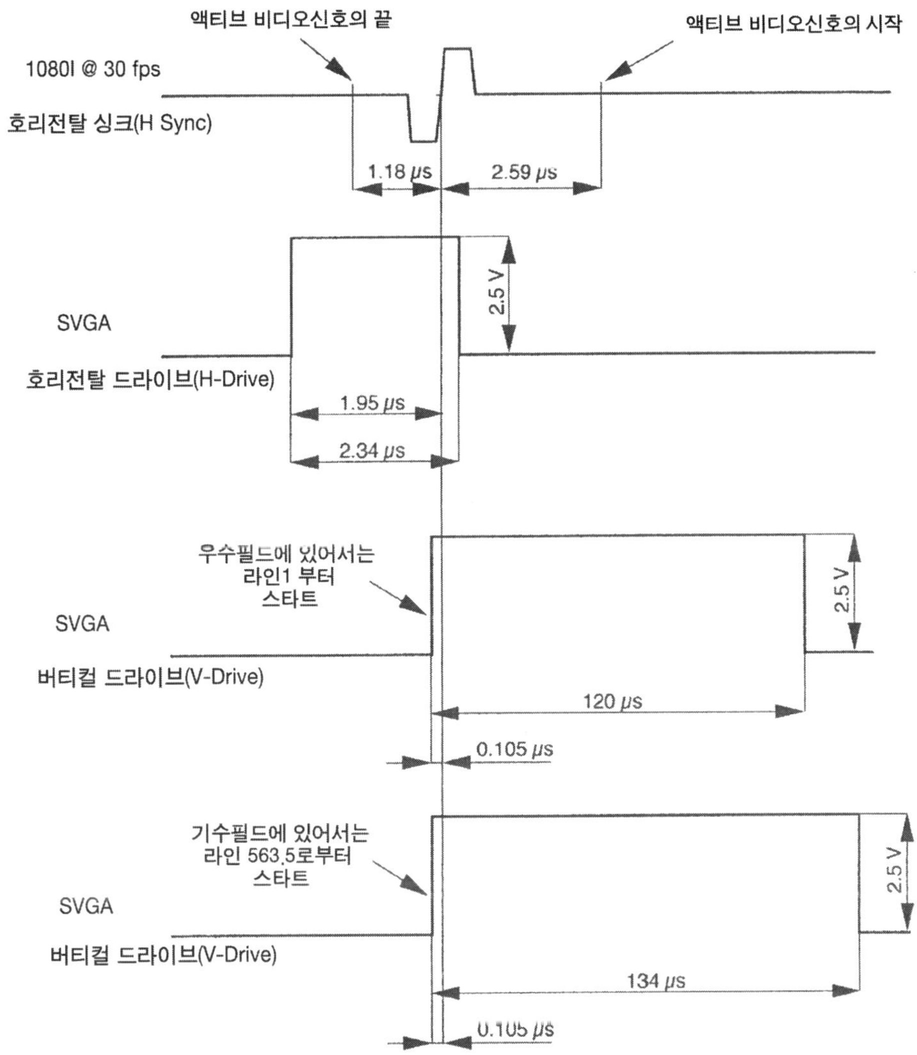

그림 12.37 30fps의 1080I의 HDTV동기와 SVGA드라이브 신호와 타이밍관계

DTV의 가정용 수상기는 TV방송국 일지라도 송신기의 감시모니터나 위성회신, 케이블로부터의 입력을 모니터를 하기위하여 필요하다고 할 수 있는데, 반도체 칩 공급업자(Silicon Providers)는 지상파 디지털의 VSB, 케이블, 위성의 QAM, 위성의 QPSK 등 그 외의 가정의 송신 변조방식에 대응하는 계획을 하고 있다고 할 수 있고, 11.9.7항에 있어서는 ATSC시스템의 일부분으로서 수상기 특성을 설명하고 있다 할 수 있다.

NTSC의 수상기와 16:9의 MPEG-2 4:2:0 525라인방식의 동일한 프로그램에 있어서 모니터의 화질비교에 있어서는 보다 높은 해상도, 보다 넓은 정확한 색 재현특성, 보다 적은 노이즈의 어떠한 것이라도 ATSC시스템의 우수성을 표시 하고 있다고 할 수 있는데, 최근에 있어서는 카메라의 고화소 CCD와 12비트 A/D변환, 보다 진보 된 DSP개발에 의하여, 개선되어진 다이나믹레인지, 그레이 스케일의 보다 우수한 재현성 등의 개선된 카메라 기능에 의하여 ATSC형식의 프로그의 품질을 향상 시키는 것을 가능하게 하고 있다고 할 수 있다.

12.6.6.2 오디오 모니터링

멀티채널 오디오와 다언어 서비스 등의 모니터링에서는 스튜디오 서라운드의 모니터 환경이나 레벨 디스플레이, 채널 밸런스, 채널의 위상표시 등 새로운 모니터기기와 새로운 방법이 필요하다고 할 수 있는데, SMPTE에서는 RP-173규격 (Loudsspeaker Placement for Audio Monitoring in Hight-Definition Electronic Production)에 의하여 제작 스튜디오나 편집실에서 사용을 하고 있는 멀티채널 사운드 시스템을 위한 스피커 배치 등에 대하여 규정하고 있다고 할 수 있다.

또한 이러한 규격에서는 4:3과 16:9의 화각 스크린에 관한 스피커의 배치나 채널의 재생 레벨, 저음의 관리에 대하여 추천에 관한 내용도 포함 되어 있다 할 수 있는데, SMPTE-RP-200 규격에 있어서는 프로그램 시사 리뷰 룸에 있어서 멀티 채널 서라운드 시스템의 상대적 또는 절대적인 음압 레벨에 대해서도 규정을 하고 있다고 할 수 있고, ITU-R BS.1116에서는 모니터링 룸의 사이즈, 형태, 반향 시간 등의 디자인과 스피커 특성에 대하여 추천에 대한 내용을 규정하고 있다 할 수 있다.

역주 RP-173에 의한 스피커의 배치에 대하여 간단히 설명을 하면 멀티채널의 경우에는 청취하는 사람의 위치는 영상 스크린의 중앙으로부터 스크린의 높이의 3배 (3H) 떨어진 위치로 하고 있는데, 센터 스피커는 스크린 중앙의 밑이나 위쪽에 배치를 하고, R, L스피커는 시청하는 사람과 스크린 중앙의 지점을 중심으로, 좌우의 방향으로 ±30도의 위치에 설치하여 스크린을 중심으로 보면 좌우로 배치를 하게하며, LS, RS의 서라운드스피커는 시청자로 볼 때 ±60~120도의 범위 위치에 설치를 하는데, 거리에 있어서는 청취자로부터 L, R스피커까지 거리보다도 조금 더 시청자로부터 떨어지게 배치를 한다고 할 수 있다.

그리고 마지막으로 LEF서브웨어 스피커의 배치는 전면의 스피커 배치면이라면 엄밀하게 위치를 결정할 필요는 없지만 스테레오 모니터의 배치에 있어서는 상위에 있는 L, R배치에 준하여 설치를 하고 있다고 할 수 있다.

5.1채널 스피커 시스템 에서는 이미 시장에서 판매되고 있어 각 스피커의 최적의 위치도 표시되어져 있다고 할 수 있는데, 5.1채널 서라운드 (AC-3나 MPEG-2 오디오 레이어 2)의 모니터링크에 있어서는 프로덕션룸의 설계에 있어서 음향 특성의 문제가 제기되었다고 할 수 있고, 고출력의 LEF(Low Frequency Effect) 채널은 근접하는 룸에서 들릴 수 있는 음향 파를 발생 시키고 있다고 할 수 있으며, 프로덕션 룸에서는 바닥, 벽, 천정 방음의 특성 강화가 요구되어 시설에 있어서 가격의 상승은 피할 수 없다고 할 수 있다.

최대 디지털 오디오레벨(0dBFS)로부터 어떠한 디지털 레벨의 아래 신호를 오디오의 기준 레벨로 할 것인가에 대해서는 북미와 유럽에서 각각 다른 치로 하고 있다고 할 수 있는데, 유럽의 DVB-ETR154의 규격에 있어서는 -18dBFS로 하고 있는 것에 비하여, SMPTE에서는 -20dBFS를 추천하고 있다고 할 수 있고, 일본에서는 기준레벨에 대해서는 방송 각사에서 각각 조금씩 다르게 하고 있어 -18dB~-20dB를 사용하고 있어 각 방송국에 따라서 약간의 차가 있다고 할 수 있다.

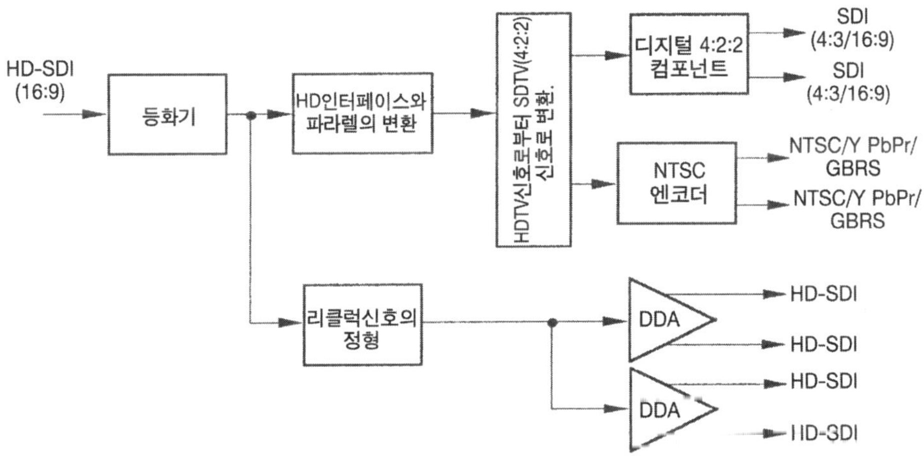

그림 12.38 모니터링용 저가의 다운컨버터의 개념도

12.6.7 프로덕션 스튜디오에 있어서 MPEG스트림

유럽의 DVB나 미국의 ATSC에 따라서는 채용되어진 MPEG-2를 기본으로 하고 있는 DTV의 전송 규격은 프로그램 제작/취재로부터 전송, 편집, 아카이브에 이르는 모든 프로덕션 체인가운데 사용되어지게 한다고 할 수 있는데, 이러한 것은 과거에 있어서는 NTSC나 PAL의 방송 규격이 스튜디오 설비에 도입이 되어진 것과 같다고 할 수 있다.

따라서 방송 업자는 현재의 아날로그시스템과 같은 편리함을 추구할 수 있는 풀 MPEG-2시스템을 요구하고 있다고 할 수 있는데, 그러나 현재에 있어서는 일부 프로세스 계통에서는 제한적이지만 MPEG-2 비트스트림 가공이 가능하다고 할 수 있으나 믹스 이펙트, 줌인 등의 거의 모든 제작 프로세스에서의 MPEG-2 스트림에 의한 프로그램가공을 위한 프로덕션시스템은 불가능하다고 할 수 있다.

그리하여 방송관련 기업이나 규격개발 단체에서는 다양한 노력에 의하여 압축 시스템 성능을 개발하기위하여 연구를 하고 있는데, 장래에는 올 MPEG-2스튜디오를 완성하기 위하여 몇 가지의 MPEG-2의 사양이 개발이 되어지고 있다고 할 수 있다.

최근의 연구에서는 DCT엔코더/디코더나 허프만, 가변장 등의 엔트로피코딩에서는 거의 모든 것이 지금까지 이상의 개선은 되지 아니하였다고 할 수 있지만 그러나 압축 방법에 있어서는 얼마의 개선과 새로운 기능이 부가할 수 있는 가능성이 열렸다고 할 수 있는데, 이러한 압축 방법과 새로운 기능에 대하여 아래와 같이 간단히 소개하고자하다.

- 양자화/ 양자화복조(Quantization/ Unquantaization)
  이러한 프로세스에서는 픽셀치의 에러가 발생 한다고 할 수 있는데, 최근의 연구에서는 그러한 에러를 화면에 보이지 않게 하기위하여 중점을 둔다고 할 수 있는데, 이러한 프로세스는 이미 적응형 양자화프로세스를 사용하는 것에 의하여 개선이 시행 되고 있다고 할 수 있고, 이러한 프로세스에서도 피할 수 없는 에러에 대해서는 그러한 것을 화면의 에지 등에 잘 보이지 아니하게 하기위하여 각각 영역에 분산시키는 방법을 사용하여 잘 보이지 않게 하는 것이 가능하다 할 수 있다.
- 움직임 예측(Motion Prediction)
  이러한 문제에 대해서는 집중적인 연구결과가 공표되어있다고 할 수 있는데, 움직임 벡터의 범위를 확대하는 것에 의하여 움직임 예측 영역 개선의 기대가 가능하게 하고 있다고 할 수 있다.
  새로운 움직임 판정 모델은 대단히 다량의 계산을 필요로 하고 있으나 그러한 것은 가까운 장래에 고속 마이크로프로세서에 의하여 실현하는 것이 가능하다고 할 수 있다.
- 디지털 프레 필터링(Digital Prefiltering)
  TV소재에 있어서는 중요한 내용의 컴포넌트는 낮은 주파수 대역에 집중하여 있기 때문에 높은 주파수 대역에 있어서는 노이즈가 주라고 할 수 있는데, 화상내의 노이즈나 불필요한 고역성분을 압축 코딩 전에 제거를 한다면 보다 많은 비트를 화상에 중요한 정보에 할당하는 것이 가능하다고 할 수 있다.

또한 DCT코딩에 있어서는 노이즈는 화상의 유효한 정보로서 처리가 되어 진다고 할 수 있는데, 이러한 노이즈의 코딩에 있어서는 많은 DCT계수가 사용되어진다고 할 수 있다. MPEG의 콘스턴트 비트레이트 (CBR)채널의 거의 대부분 대역을 점유한다고 할 수 있는데, 그 결과 본래의 화상정보에 할당되어있는 비트가 줄어들게 되어있다고 할 수 있고, 거기에 더해서 코딩 되어진 노이즈는 엔코드를 반복하여 시행하여 업 컨버젼에 의하여 보다 눈에 잘 띄게 되어있다고 할 수 있다.
비디오 신호를 수평, 수직 방향의 2차원의 주파수 영역에서 표현한 경우에는 고주파 성분보다도 저주파성분의 부분이 보다 풍부한 정보를 가지고 있다 할 수 있는데, 이러한 비디오신호의 특성은 수평과 수직방향의 디테일(윤곽선 : Detail)에 있어서 중요하다고 할 수 있고, 이러한 것은 인간의 시각특성(HVS)에 매칭하고 있다고 할 수 있으며, 결론으로서 DCT프로세스에 있어서 고역성분의 계수를 제외하더라도 인간의 눈으로 본 화질은 많은 열화를 발생하지 아니한다고 할 수 있다.
수직 디지털 필터와 수직 디지털 필터를 직렬로 연결하는 것에 의하여 간단한 2차원의 필터로 만드는 것이 가능하다고 할 수 있는데, 이러한 것에 의하여 수직, 수평의 컷오프 주파수가 가변이 가능한 스퀘어 패스 밴드 필터(Square Passband Filter)가 된다고 할 수 있다.(그림 12.39참조)
이러한 필터는 화상의 리사이즈(Resize : 예를 들면 720×480의 화상을 360×240 화상으로 함.) 변환의 애플리케이션의 최적의 결과를 부여한다고 할 수 있고, 크로스 쉐이프 필터(Cross Shape Filter)는 수직 주파수가 제로 가까이 있을 경우에는 수평 주파수의 컷오프가 없다고 할 수 있으며, 어떤 경우에는 역으로 수평 주파수가 제로에 가까운 경우에는 수직주파수의 컷오프가 되지 아니한다는 특별한 특성이 있다고 할 수 있다. (그림 12.39참조)이러한 타입의 필터는 시각적인 화질을 떨어트리지 아니하고 노이즈를 상당부분 감소시키는 것이 가능하다고 할 수 있는데, 다이어몬드 쉐이프 필터(Diamond Shaped Filter)는 그림 12.39에서 표시를 하고 있는 것과 같이 경사진 부분의 주파수 성분을 감소시킨다고 할 수 있고, 수평, 수직 주파수를 1으로 한다면 경사진 곳의 주파수(Diamond Frequency)는 0.707로 한다고 할 수 있다. 이러한 다이어몬드 필터(Diamond Filter)는 화질의 공간 리스폰스를 MPEG의 DCT계수 블록의 지그재그 스캐닝에 의한 런랭그스 코딩에 의하여 발생하는 공간 리스폰스 특성의 매칭 시키는 것이 가능하다고 할 수 있고, 이렇게 조합한 화상 프로세스에 의하여 높은 압축비가 얻어진다고 할 수 있으며, 그림 12.39에서는 스퀘어, 다이어몬드, 크로스 쉐이프 필터의 2차원 주파수 스펙트럼의 차이를 표시하고 있다고 할수 있다.

이러한 에지강조 프로세스는 카메라 시스템에 있어서 그 광학계나 촬상 계통의 기기의 주사 스포트 사이즈, 증폭기 특성에 의한 고역의 로오프 특성을 보정을 하기 위하여 필요하다고 할 수 있는데, 이러한 보정을 우리는 흔히 아파쳐 코렉션(Aperture Correction)이라고 부르고 있다.

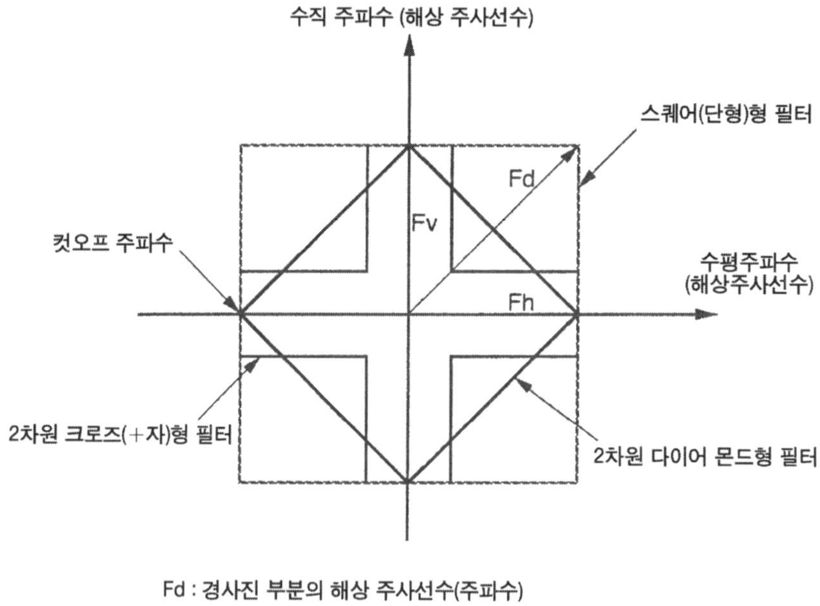

그림 12.39 압축 성능의 개선(노이즈 경감)에 사용하고 있는 2차원의 다이어몬드 필터와 2차원의 크로스 필터

이러한 프로세스의 또 하나의 효과는 눈에 있어서 변환특성도 고려하고 있다고 할 수 있는데, 이러한 보정은 데이터 채널에 따라서는 제한되어진 대역 가운데 주관적인 베스트의 화상을 얻기 위한 것이라고 할 수 있고, 거기에다 에지 강조 유니트는 MPEG-2엔코드 전에 거기까지 높은 고역의 리스폰스의 저하를 플래트하게 보정하여 깨끗한 화질을 유지하기 위하여 사용되어진다고 할 수 있다.

예를 들면 소니 HD캄은 디지털 플래 필터를 내장하고 있어도 어떠한 비디오 데이터 레이트를 5/8로 감소시킨다고 할 수 있는데, 계속하여 고도한 적응형 필드/프레임 DCT알고리즘을 사용하여 데이터 레이트를 1/4.4로 감소시켜서 양자를 맞추어서 약 1/7의 데이터 레이트로 소감을 시행하고 있다고 할 수 있다.

- 전통적으로 비트 제어를 하는 채널다중(Statistical Multiplexing)

  콘스턴트 비트 레이트 (CBR)이라는 것은 압축하는 TV프로그램의 내용의 압축이 어렵다는 것이 어떠한가와는 상관이 없이 일정의 비트레이트로 전송하는 방식이라고 할 수 있는데, 압축이 어려운 TV의 화상은 통상 피사체의 움직임이 빠르고 신 컷트에 있어서는 빠른 디졸브가 많은 스포츠 프로그램에서 많이 볼 수가 있고, 이러한 어려운 소재의 화상이 압축 코더에 입력이 되면 같은 정도의 화질을 유지하기 위해서는 보다 많은 비트 할당이 필요하여 비트 레이트는 증대된다고 할 수 있다.

  따라서 방송 사업자는 일정의 대역폭(19.39Mbps)만이 할당되어있지 아니하기 때문에 압축이 어려운 화상을 전송할 경우에는 CBR의 채널에 있어서는 블록의 노이즈나 해상도 저하가 발생한다고 할 수 있다.

  방송 사업자는 그 1개의 트랜스 폰드 스트림 가운데 통상 복수의 프로그램 채널을 송출 하고 있다고 할 수 있는데, 이러한 경우에는 다중 되어져 있는 채널 사이에는 일시적으로 많은 비트를 필요로 하고 있는 채널을 위해 다른 채널의 비트 레이트를 내려주는 것에 의하여 여유 있는 비트가 필요한 채널에 할당하는 것에 의하여 사용하는 방법이라고 할 수 있고, 이러한 비트레이트를 필요로 하는 곳에 넘겨준 다른 채널에서는 당연히 작은 화질의 열화가 발생하지만 압축이 어려운 채널에 있어서 눈에 띄게 화질열화를 적게 하는 것이 가능하다고 할 수 있다.

  이러한 방법은 TS 내의 모든 프로그램에 있어서 압축이 어려운 시퀀스가 동시에 일어나는 것은 우선 없다는 것을 전제로 하고 있다고 할 수 있는데, 최근 개발되어진 전통적인 채널사이의 비트 제어를 시행하는 다중화기기(Statistical Multiplexer)는 MPEG-2의 알고리즘에서 발생하는 화상 왜에 대한 시각 스레숄드 (판별력)의 연구성과를 베이스로 하고 있어, 이러한 제어를 시행한 경우에는 CBR채널의 화질은 10%로부터 30% 정도까지 개선이 되어진다고 이야기하고 있다고 할수 있다.

- MPEG-2의 엔코드에 있어서 얼라인먼트(MPEG-2 Encoding Alignment: MPEG-2 엔코드 영역의 정열/일치)

  MPEG-2엔코드/디코드를 반복하여 시행하는 사이클에서는 프로그램 제작, 소재의 전송, 프로그램 분배에 있어서는 피할 수는 없을 것이라고 생각이 되지만 계속하여 2개의 DCT엔코더에서 DCT블록에 있어서 수평, 수직 방향의 픽셀의 시프트가 있다면 2개의 각각 다른 계산과 둥근 처리(마르메처리 : 반올림처리)를 하게하는 것에 의하여 화질 열화의 축적이 되어진다고 할 수 있고, 거기에 더해서 다양한 각각 다른 제작화사 제품의 엔코더와 디코더에 있어서도 마크로블록의 경계가 같다는 것이 위신호의 발생을 억제하기 위하여 필요하다고 할 수 있다.

SMPTE의 RP202규격에 있어서는 다양한 비디오 스캐닝 포맷의 추천하는 다양한 블록 에리어를 규정하고 있다고 할 수 있는데, 동 규격에 있어서는 수평, 수직 비디오 액티브 에리어의 소감에 있어서도 마크로 블록의 얼라인먼트를 고수하기 위하여 소감하는 최후의 스테이지까지는 원래의 에리어를 추구하는 것을 추천하고 있다고 할 수 있다.

방송 품질의 MPEG-2엔코더는 422프로파일 @ML을 베이스로 하고 있다고 할 수 있고, 422P@ML이나 MP@ML에 있어서는 액티브라인당 720픽셀을 사용하고 있는 것에 반하여 비방송화질의 엔코더에서는 CSIF베이스의 704픽셀을 사용하고 있다고 할 수 있다. (8.4.3.1항 참조)

역주 SMPTE RP-202에서는 아래와 같은 코딩의 영역을 정하고 있다.

프로파일/레벨	포맷(PIXEL×LINE)	코딩라인
MP@ML	480I(720×480)	23-262/268-525
MP@ML	576I(720×576)	23-310/336-623
422P@ML	512I(720×512)	7-262/270-525
422P@ML	608I(720×608)	7-310/320-623
MP@ML	1080I(1920×1088)	21-560/584-1123
422P@ML	1080I(1920×1088)	21-560/584-1123

즉 MP@HL, 422P@HL의 포맷에서 표시하고 있는 1088라인은 마크로 블록 에리어이지만 액티브 화상에 있어서는 1080라인밖에 존재하지 아니한다고 할 수 있다.

- MPEG-2 TS의 스프라이즈(MPEG-2 TS Splicing)

방송국에서 비디오 서버가 넓게 사용하고 있어 비디오 서버를 압축한 DTV 방송 포맷에 있어서 프로그램을 분배하는 것에 있어서도 사용을 하였으면 하는 강한 욕구가 표출되었다고 할 수 있는데, 이러한 비압축 비디오 포맷에 있어서는 연속되어 지지 아니하는 시믈레스(Seamless)스위칭(스프라이싱이라고 도 부름)이 통상 시행되어 신호 절환에 쇼크가 없는 데이터 스트림이 생성 되어지고 있다고 할 수 있다.

MPEG-2의 스트림에 있어서 시믈레스 스프라이싱은 MPEG-2의 TS구조를 가지고 시행을 하지 아니하면 되지 아니한다고 할 수 있는데, 압축 영역에서의 이러한 오퍼레이션은 MPEG-2의 규격이 각각 다른 엔코딩과 조합하여 허가하고 있으므로 대단히 복잡하다고 할 수 있다.

MPEG-2의 각 화상은 I.P,B의 프레임과 각각 다른 성질의 것으로서 그 결과에 의하여 각 프레임 당 비트수는 많이 다르다고 할 수 있는데, 2개의 엔코드 되어진 데이터 스트림은 각각 다른 프로파일, 레벨, GOP의 구조, 비트 레이트로 되어 있을 가능성이 있다고 할 수 있다.

이러한 비트 스트림 가운데에는 어떤 특별한 포인트가 화상 데이터의 제거나 부가에 보다 적합하다고 할 수 있는데, 이러한 포인트를 우리는 스프라이싱포인트(Splicing Point)이라고 부르고 있고, 시믈레스 한 스프라이를 하기위해서는 SMPTE에서는 그러한 312M규격 (Splice Point for MPEG-2 Transport Stream)으로 MPEG-2 TS의 제한 (지정) 사항이나 스위칭이 가능한 스프라이스 포인트를 규정하고 있으며 I-프레임과 프레임 경계의 일치가 스프라이스 포인트에 있어서는 필요하다고 할 수 있다.

압축 데이터 스트림의 스위칭에 있어서는 적정한 버퍼의 관리가 중요하다고 할 수 있는데, 스므스(Smooth)하고 오류가 없는 비디오의 절환을 하기위해서는 디코더 버퍼 오버 플루우(Over Flow)나 언더 플루우(Under Flow)가 스프라이스 포인트로 관리되어지지 아니하면 되지 아니한다고 할 수 있다.

역주 MPEG-2디코더에서는 I, P, B 프레임이나 화상내용에 따라서 프레임마다 각각 다른 입력 데이터 비트를 처리하여 일정의 프레임 시간으로 송출을 하기위하여 버퍼에 데이터를 가지게 하여 처리를 하고 있다고 할 수 있는데, 이러한 경우에는 입력 데이터가 많기 때문에 그 버퍼가 오버 플로우(Over Flow) 한다면 화상에 있어서는 정확하게 디코드를 하는 것이 불가능하다고 할 수 있고, 이러한 버퍼가 비어있을 경우에는 화상을 프리즈(Freeze)시키기도 하며 음성의 경우에는 뮤트(Mute)시켜서 데이터입력을 가지게 되어있다고 할 수 있다.

이러한 것 때문에 엔코더 측에서는 가상의 디코더 버퍼(Video Buffer Verifier : VBV Buffer)를 가지고 있어 일정의 프레임 시간에 있어서 각 IPB프레임의 데이터를 서서히 제거하면서 그 가상 버퍼의 상태를 감시한다고 할 수 있고, 혹시 오버 플루우(Over Flow)가 되어진다면 엔코더의 압축처리를 느슨하게 하여 데이터 량을 감소시키고, 그외는 반대로 언더 플루우(Under Flow)의 가능성이 있다면 데이터 처리를 상세하게 하여 데이터의 량을 증가시키는 등의 디코더 버퍼의 가상 관리를 하고 있다고 할 수 있다.

또한 2개의 엔코더가 있다면 각각의 독립한 디코더의 상태를 가상하여 관리해서 출력의 데이터 스트림이 스위칭이 되어지는 것 등의 꿈에도 불구하고, 그러한 상태 그대로의 관리를 계속하고 있다고 할 수 있는데, 그 때문에 스위칭이 되어진 데이터를 수신하는 데이터버퍼의 실제의 상태는 불 안정되어 스위칭 후에 한참동안 오버 플로우(Over Flow)나 언더플로(Under Flow)의 상태에 빠질 가능성이 크다고 할 수 있다.

거기에다 오디오 압축 데이터와 비디오 압축 데이터는 시리얼로 보내어지므로 비디오데이터가 시믈레스하게 스위칭이 되어질지라도 오디오 데이터는 시믈레스(Seamless)하게 스위칭이 되어진다고 할 수 없는데, 그 반대의 경우도 같다고 할 수 있다.

이러한 문제를 해결하고자하는 수단의 하나로 SMPTE에서는 312M이라는 것을 규정하였는데, 그 내용을 알아보면 스위칭을 할 때에 2개의 MPEG-2스트림의 일정한 조건을 부여하는 동시에 어떻게 하든 시믈레스 스프라이스(Seamless Splice)를 하기위하여 Out-Point와 In-Point를 표시하여 패킷을 데이터 패킷의 삽입시키는 형식으로 하고 있다고 할 수 있다.

이러한 Out-Point와 In-Point는 I 또는 P 픽쳐의 경계에 있는 동시에 가상의 버퍼 상태가 있는 범위에서 얻어진다고 할 수 있는데, 더 자세한 내용에 대해서는 그에 대한 상세한 규격표을 참조하고, 스프라이스를 위하여 프리 롤 포인트 등을 포함하는 스프라이스 포인트 테이블을 스트림에 포함하는 내용도 있다고 할 수 있으며, 이러한 것은 회선을 통하여 지방 방송사의 CM을 절환하는 포인트의 프리롤을 포함하여 사전에 알려주는 것 등에 대한 용도를 예상하고 있다고 할 수 있다.

스므스하고 오류가 없는 비디오 절환을 하기 위해서는 디코더버퍼의 오버플로우(Over Flow)나 언더 플로우 (Under Flow)가 일어나지 않게 하기위하여 스프라이스 포인트(Splice Point)를 사용하여 제어를 하지 아니하면 되지 아니한다고 할 수 있으나 압축 데이터 스트림 스위칭에 있어서 적정한 버퍼의 관리는 곤란 하다고 할 수 있다.

그러나 제어되어진 언더플로우(Under Flow)는 스프라이스 포인트에 가능하다고 할 수 있는데, 이러한 경우에 디코더는 데이터의 도착을 기다리지 아니하고 GOP의 사이즈나 GOP에 있어서 스위칭의 타이밍에 의하여 결정이 되어지는 일시적인 프리즈(Freeze)가 일어나므로 넌 시믈레스 스프라이징 (Non Seamless Splicing)이 되어진다고 할 수 있다.

또한 이러한 기능을 이용하여 시장에서는 광고나 송출상의 완충작용을 하는 로그프로그램을 송출하기위하여 사용되어진다고 할 수 있는데, 이러한 기능을 이용하기위하여 몇가지의 MPEG-2데이터 스트림 스프라이스 기기가 있다고 할 수 있다.

- 리코딩 데이터 정보 (Recoding Data Information : 재 코딩을 위한 데이터 정보)
  디지털 영역 가운데 에서도 MPEG-2의 엔코드/디코드 사이클의 전환에 의하여 화질 열화가 생긴다고 할 수 있는데, 혹시 최초의 MPEG엔코드에서 사용되어진 DCT처리나 움직임 벡터 등의 코딩의 데이터가 그 후에 계속하여 엔코더에 전해져서 같은 코딩의 처리를 시행하는 것이 가능하다면 계속하여 압축-신장의 사이클로 최초의 코딩오차의 형태로 화질을 유지하는 것이 가능하다고 할 수 있어 많은 화질의 개선이 가능하다고 할 수 있다.

이러한 개선의 결과는 낮은 비트레이트의 압축 데이터 스트림 정도에서 크다고 할 수 있는데, 코딩 데이터 모두를 잃어버린다할지라도 SMPTE327M에서 규정한 리코딩 데이터 셋트(Recoding Data Set)이라고 부르고 있는 것이 있어, 이러한 리코딩 데이터의 일부를 이러한 기능에 의하여 처리 할지라도 시각상의 화질 개선 효과는 크다고 할 수 있다.

그러나 만약 화상 전체에 레벨 제어 등의 비디오 프로세스가 시행될 경우에는 리코딩 데이터 셋트는 무효가 계속되어서 연속하는 엔코더는 새로운 엔코딩의 데이터를 생성이 되지 아니하면 되지 아니한다고 할 수 있는데, 화질에 있어서는 그 만큼 저하한다고 할 수 있다.

SMPTE327M(MPEG-2 Recoding Data Set)에서는 이러한 엔코드 데이터를 다음에 전하는 방법을 각 마크로 블록의 독립적으로 적용을 하는 것으로 하고 있다고 할 수 있는데, 와이퍼나 키 등의 프로세스 등에서는 내용이 변경되어진 마크로 블록에 있어서는 다음의 엔코더에서 새로운 코딩의 데이터가 발생 되어진다고 할 수 있으나 변화가 가해지지 아니하는 마크로 블록에서는 전의 코딩 데이터를 사용하여 엔코드가 되어진다고 할 수 있다.

최초로 코딩용으로 사용된 데이터를 디코드 되어진 화상의 데이터와 공동으로 전송을 하는 메커니즘이 필요하다고 할 수 있는데, 그림 12.40에서는 그의 계통도를 표시하고 있다고 할 수 있다.

이 계통도에 의하면 디코드 한 화상과 함께 공간 적으로는 문론 시간적으로도 그 화상의 마크로 블록과 정합한 코딩의 정보 등을 동시에 프로세스하여 전송을 한다고 할 수 있는데, 이러한 것에 의하여 열화가 없는 종속의 엔코더/ 디코더, 정확한 프레임의 편집, 로그신호나 캡션의 삽입이 가능하다고 할 수 있다.

4:2:2 컴포넌트 디지털 인터페이스를 통하여 MPEG-2의 리코딩 정보를 전송하는 방법의 하나로서 규정되어진 SMPTE319M(Transporting MPEG-2 Recoding Information Through 4:2:2 Component Digital Interface)에서는 C_B, C_R의 크로마 채널의 10비트 화상의 데이터를 LSB1비트를 제거하여 9비트의 데이터로 하고, 그 제거한 1비트 자리에 디코더에서 추출한 리코딩의 정보비트를 삽입시키어서 전송을 하고 있다고 할 수 있다.

역주 이러한 SMPTE319M에서 사용하고 있는 방법은 일반적으로는 "전자신호에 대한 흐름 통로(Water Marker)"이라고 부르고 있는데, 이는 좋은 곳에 있는 화상 데이터로 취급하고 있으므로 10비트/픽셀기록기기 등이라도 정보가 보존되어지기 때문이라고 할 수 있다.

마크로 블록의 코딩이라는 것은 휘도 마크로 블록의 정보로서 크로마 마크로블록도 처리되어진다고 할 수 있는데, 그러한 코딩의 정보는 엔코더로부터 MPEG-2TS로 디코더에 전해져서 디코드에 사용되어진다고 할 수 있다.

이러한 리코딩의 정보는 디코더에서 코딩의 정보를 추출하여 생성 되어진다고 할 수 있는데, 그러한 리코딩은 신장되어진 화상에 대응하는 마크로 블록 에리어에 이르는 크로마 채널 데이터에 삽입이 되어진다고 할 수 있고, 2개의 크로마 채널의 마크로 블록의 크기는 1개의 채널당 8×16이므로 2채널에서는 1마크로 블록 당 256의 비트가 리코딩의 정보로서 전송하는 것이 가능하며, 319M에서는 마크로 블록에서의 리코딩 정보의 비트와 그 위치를 규정하고 있다고 할 수 있다.

신호원소재가 분배 전송을 위하여 1개의 프로그램에 어셈블(Assemble) 되어질 경우에는 몇 가지의 MPEG-2관련의 문제를 고려하지 아니하면 되지 아니한다고 할 수 있다.

- BVI(Vertical Blanking Interval)데이터의 전송

  방송 사업자는 이전으로부터 BVI신호를 사용하여 사용자나 외부의 다른 방송국 그리고 프로그램 제작회사의 프로그램에 필요한 데이터전송 하고 있다고 할 수 있는데, 이와 같은 방법에 의하여 새로운 DTV시스템에 있어서도 앤드 유저 등의 멀티 서비스를 하기위하여 데이터 전송 시스템을 준비하고 있고, 보조데이터 채널이 11.8.4항에서 설명을 하고 있는 것과 같이 비디오, 오디오PES(Program Elementary Stream)에 다중 하는 것이 가능하게 하고 있다고 할 수 있다. 또 MPEG-2엔코더에서는 각각의 규정되어진 코딩의 범위를 가지고 있다고 할 수 있으나, 설계에 있어서는 엔코더에 입력이 되어진 존재하는 VBI의 데이터를 틀림없이 출력의 TS에 다중을 시키지 아니하면 되지 아니한다고 할 수 있다.

- MPEG-2의 호환성 범위 (MPEG-2 Interoperability Range)

  MPEG-2규격에 있어서는 그 가운데 프로파일/레벨로서 압축에 대한 툴(Tool)셋트(Set)를 규정하고 있다고 할 수 있는데, 그 가운데에서도 예를 들면 I-Only, Long GOP 등의 각각 다른 많은 조합이 가능하다고 할 수 있다.

이러한 조합은 실제의 텔레비전 프로그램 제작에서 필요한 상호성을 가지게 하기위하여 충분히 테스트를 하지 아니하면 되지 아니한다고 할 수 있는데, 따라서 SMPTE와 MPEG의 포럼에서는 MPEG-2의 프로파일 /레벨의 서브 셋트(Subset : 같은 프로파일일지라도 내용의 제한을 두어서 부셋트를 하는 것.)라고 하여 MPEG-2의 호환성의 범위 (MPEG-2 Operation Range)이라는 규격을 개발하였다고 할 수 있다.

(역주 : SMPTE RP-213) 이러한 규격에 있어서 목적은 TV스튜디오에 있어서 MPEG베이스의 시스템이 기기간의 호환성의 사양과 특정의 애플리케이션을 대상으로 하고 있는 파라미터를 규정하는 것에 의하여 그 도입을 용이하게 하기 위함이라고 할 수 있는데, 새로운 MPEG-2 제한 조항은 기기 도입에 드는 비용을 저하시키고, 경우에 따라서는 압축 영역에 있어서 편집이나 지연량의 예측을 가능하게 하고 있다고 할 수 있다.

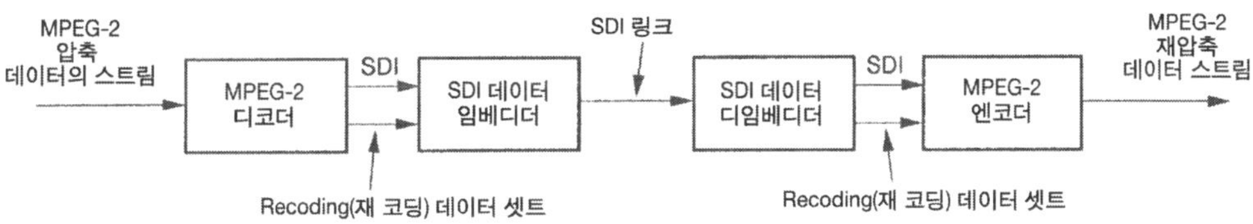

그림 12.40 2가지의 압축 신장 사이클 사이에 있어서 재 코딩(Recoding) 데이터 정보와 관련 액티브 비디오 에리어 데이터의 SDI전송

역주 통상적으로 Compatibility이라는 것은 호환성이라고 번역을 하고 있지만 여기에서는 Interoperability을 호환성이라고 번역을 하고 있다고 할 수 있는데, 사용하고 있는 의미로서는 Compatibility이라는 것은 흑백텔레비전과 NTSC의 컬러텔레비전과 같이 역할론 적으로 엄밀한 의미에서의 호환성을 가리키고 있는 반면 Interoperability이라는 것은 상호적으로 데이터의 교환이 가능 하는 소재의 호환성 이라고 할 수 있을 정도의 느슨한 호환성이라고 이라고 할 수 있으므로 그러한 의미를 잘 인식하고 이해하시길 바란다.

MPEG-2의 호환성에 대해서는 SMPTE에서는 RP-213(MPEG-2 Operating Range)와 EG38(MPEG-2 Operating Range Application)을 제정하고 있다고 할 수 있는데, 이러한 것은 양자모두 텔레비선 스튜디오에서 주로 사용을 하고 있는 4:2:2@ML,42:2@HL에 대하여 규정을 하고 있다고 할 수 있다.

이러한 비트 레이트의 제한 범위, GOP구조의 제한 범위, 랜덤 억세스나 편집을 고려한 오퍼레이션 제한 범위, 코딩 블록의 공간적인 일치, 음성의 48kHz의 샘플링 등을 규정한 것이라고 할 수 있는데, RP-213에서는 오퍼레이션 레인지(Operation Range)를 1부터 4로 나누어져 있다고 할 수 있고, 각각의 오퍼레이션 레인지의 범위는 다음과 같다고 할 수 있다.

- 오퍼레이션 레인지 1(Operation Range 1)
  SDTV, GOP구조에 있어서 최고의 비트레이트 50Mbps의 움직임 예측을 사용하고 있다고 할 수 있는데, 이러한 각 프레임 비트는 50Mbps/초당의 프레임 수를 넘지 않게 하는 것을 원칙으로 하고 있다고 할 수 있다.
- 오퍼레이션 레인지2(Operation Range 2)
  SDTV, I-Only구조의 상태로 움직임 예측을 하 던지 아니면 최고의 비트레이트 50Mbps로하고 있는데, 각 프레임 비트는 50Mbps/초당 프레임 수를 초과하지 아니하여야 한다.
- 오퍼레이션 레인지3A/3B(Operation Range 3A/3B)
  HDTV, GOP의 구조, 움직임 예측 사용, 3A에서는 최고비트 레이트 80Mbps로하고 있고, 3B에서는 최고 비트레이트 175Mbps로하고 있다.
- 오퍼레이션 레인지4(Operation Range 4)
  HDTV, I-Only움직임 예측을 하 던지 아니면 최고의 비트레이트 300Mbps를 사용하고 있는데, 각 프레임에 있어서 비트는 300Mbps/초당 프레임 수를 넘지 아니 하는 것으로 되어있다. 또한 가변 비트레이트 (VBR)의 스트림과 고정 비트레이트 (CBR)스트림 기기의 혼재에 의하여 VBR을 넘지 아니하는 기기는 VBR스트림의 최고 비트 레이트 까지의 무효비트를 부가하여 CBR로서 취급하는 것 등의 포함 하고 있다고 할 수 있는데, RP-213에서는 내용적으로 보면 아직은 중간 단계인 것으로 생각이 된다.
  EG38이라는 것은 애플리케이션 호환성의 의미에 대하여 간단하게 데이터를 통과시키는 호환성으로부터 데이터 구조나 메타 데이터의 내용까지 이해를 하는 호환성까지 호환성에 있어서도 레벨이 있다는 것을 서술하고 있다고 할 수 있다.

12.6.8 DTV시스템의 상호 접속에 대한 실제상의 고려

12.6.8.1 동축 케이블의 접속

거의 모든 DTV시스템으로 확장 시나리오에서는 현재의 TV설비가 아날로그 시스템 (NTSC, PAL) 이기 때문에 디지털 컴포넌트 시스템이 된다면 그 제작설비의 기기, 분배설비, 동축 케이블 등의 많은 방송기기의 존재를 인식 하지 아니하면 되지 아니한다고 할 수 있다.

이러한 기기는 케이블에 의해 접속이 되어 인터페이스를 형성하고 있어 많은 량의 케이블을 필요로 하고 있으므로 방송 플랜트에 케이블을 부설하는 작업에 있어서는 많은 투자를 필요로 하고 있다고 할 수 있는데, 그 때문에 현재의 동축 케이블을 재이용하는 것에 대한 검토에 있어서는 예산적인 측면으로 봐도 DTV로의 보다 용이하게 전환하게 할 수 있는 시발점이라고 말할 수 있다.

따라서 현재의 동축 케이블을 이용하는 것은 그 케이블 부설에 있어서 적정한 링크의 작업이 이루어진다면 가능하다고 할 수 있는데, 그러나 양심적인 적정한 케이블 부설 작업에 있어서는 그 케이블이 부설되어져 있는 케이블은 어떠한 종류의 케이블인가를 알 수 있어야하고, 단말의 접속 상태에 있어서도 그린으로서 양호하여야 한다고 할 수 있다.

그러나 HDTV의 1.5Gbps와같이 고비트 레이트의 신호를 양호한 성능으로 전송을 하기 위해서는 대부분의 경우 새로운 광대역의 저손실의 동축 케이블을 부설할 필요가 있다고 할 수 있다.

케이블 거리의 한계는 엄격하게 고려를 하지 아니하면 되지 아니한다고 할 수 있는데, 예를 들면 Belden 8281B 동축 케이블을 사용하여 270Mbps의 데이터를 전송하는 경우에 수신 오류가 발생하는 것은 대부분 약 280m정도의 케이블 길이라고 할 수 있다.

또한 이러한 동축 케이블280m는 SDI 신호를 사용하였을 경우에 약 30㏈감쇄를 주고 있다고 할 수 있고, 이러한 것은 SMPTE259M에서 적용범위라고 규정되어져 있다고 할 수 있는데, 이는 "수신 입력의 케이블 보상이 가능한 대표적인 케이블 손실이 클럭 주파수의 1/2으로서 20㏈로부터 30㏈의 범위"이라는 것에 근거하고 있다고 할 수 있다.

이렇게 신호전송에 있어서 안전한 신호전송 마진을 확보하기 위해서는 송신부나 접속부, 수신부의 열화, 주변온도나 전원 변동, 자기방해, 패치에 의한 손실, 리턴 로스, 신호지터의 영향 등을 고려하여 설계를 하지 아니하면 되지 아니한다고 할 수 있다.

지금까지 경험에 있어서는 이러한 안전한 마진은 거의 케이블 손실로서 6㏈가 기본이라고 할 수 있는데, 세산에 있어서는 270Mbps에 있어서는 Belden 8281B 동축 케이블을 사용하여 서는 약 60m가 된다고 할 수 있고, 안전한 마진을 가지고 있는 Belden 8281B 동축 케이블의 최대 전송 가능한 케이블 길이는 220m가 된다고 할 수 있다.

(역주 : Belden 8281B 동축 케이블은 일본의 5C2V형의 케이블과 같다고는 할 수 없지만 거의 닮은 특성을 가지고 있다고 할 수 있다.)

디지털 시스템에 있어서 동축 케이블 길이에 필요한 안전한 마진이 이루어지고 있는가? 아니 한가?를 테스트하는 것을 필요로 하고 있다고 할 수 있는데, 이러한 방법에 있어서 추천하고 있는 테스트 방법으로는 모든 기기의 접속이 완료하였을 때에 각 접속 케이블에 시리즈로 되어있는 시험용 동축 케이블을 삽입 부가하여 수신기에서 오류가 일어나는 가 어떠한가를 측정하는 것에 의하여 시행이 되어진다고 할 수 있다.

이러한 방법에 의한 테스트에서 부가하는 동축 케이블의 길이는 토털의 접속 케이블 길이가 280m가 되게 하고 있으나 어떠한 경우에 있어서는 위에서 설명한 것과 같이 안전한 마진 설정을 위하여 60m의 케이블을 사용하고 있다고 할 수 있고, 오류 발생의 체크에 있어서 사용 하는 신호로는 EDH의 신호를 사용하는 것이 확실하다고 할 수 있으나 클립이펙트(Clip Effect) 효과 등과 같은 디지털장애요소는 케이블이 길게 되는 것에 의하여 오류는 급격하게 증가하므로 컬러바(Color Bar)에 전송상의 에러 표출이라 할 수 있는 노이즈를 모니터로 측정하는 방법이라 할지라도 거의 동일한 목적은 달성되어 진다고 할 수 있다.

디지털 시스템 용에서는 비교적 싼 가격의 저손실의 동축 케이블을 사용에 대해서도 추천을 하고 있다고 할 수 있는데, 그러한 예로서는 새로 개발한 Belden1694A 동축케이블이라고 할 수 있다. 이러한 케이블에서는 270Mbps의 데이터 레이트의 전송으로 최대 케이블 길이 370m을 전송 하는 것이 가능하고, 1.5Gbps의 용량으로 최대 케이블 길이 100m가 가능하며, 안전한 마진을 가진다면 270Mbps의 데이터용량으로는 270m 전송, 1.5Gbps의 전송 용량으로는 85m 전송하는 것이 가능하다고 할 수 있는데, 표 12.5에서는 143Mbps, 270Mbps, 540Mbps와 1.5Gbps에 대한 전송가능 한 최대 케이블 길이를 표시하고 있다고 할 수 있다.

디지털 시스템에 있어서 동축케이블 부설에 대해서도 또 하나의 고려할 점이 있다면 BNC콘넥터에 관한 것으로서 이전의 아날로그 시스템에 있어서는 특성의 임피던스가 우리나라에서는 75Ω을 많이 사용되고 있었지만 서구에서는 75Ω 대신에 50Ω의 BNC 콘넥터가 거의 사용되어진다 할 수 있는데, 이러한 특성 임피던스에 있어서 동축 케이블과 매칭이 되지 아니하는 BNC 콘넥터가 디지털 시스템에 사용이 되어 진다면 리턴로스가 악화되어진다고 할 수 있다.

그 때문에 반사파가 발생하여 전송 파형의 열화가 생겨서 오류가 발생하는 것이 쉽게 되어있다고 할 수 있는데, 디지털 시스템에 있어서는 75Ω동축 케이블에 매칭이 되어있는 75Ω의 BNC 콘넥터를 사용하는 것이 필요하다고 할 수 있다.

특히 HDTV의 1.5Gbps의 전송에 있어서는 그러한 것에 대응하는 수 Ghz의 넓은 대역의 75Ω의 임피던스를 가진 BNC 콘넥터가 절대적으로 필요하다고 할 수 있다.

표 12.5 SDTV 또는 HDTV시스템에 있어서 전송 가능한 최대 동축케이블의 길이 (m)

전송 임피던스(Mbps)	143	270	540	1485
Belden 8281B				
오류전의 최대 케이블 길이	400	280	190	70
안전한 마진길이	80	60	40	15
실제의 최대 케이블 길이	320	220	150	55
Belden 1694A				
오류전의 최대 케이블 길이	480	370	270	100
안전한 마진길이	80	60	40	15
실제의 최대 케이블 길이	400	310	230	85

12.6.8.2 광 케이블의 접속

인터넷이나 통신네트워크를 통하여 방송 프로그램의 전송, 쌍방향 텔레비전, 컴퓨터 네트워크 멀티미디어 서비스 등의 새로운 서비스의 급격한 등장에 의하여 광네트워크에 관한 기술 발전은 많은 공헌을 하리라고 생각이 된다.

방송 설비는 아날로그시스템으로부터 SDTV, HDTV의 디지털 포맷 시스템으로의 변환을 계속하고 있다고 할 수 있는데, 그러한 경우에 동축 케이블에 의한 전송 거리에서는 어느 정도 한계가 있다고 할 수 있으나 광케이블 전송에 있어서는 전송 대역에 있어서는 대단히 넓은 대역과 장거리 전송이 가능하므로 이러한 방송 소재의 전송 레이어를 사용하여 사용 할 수 있는 용도가 점점 넓어져 가고 있다고 할 수 있다.

또한 광케이블 전송에 있어서는 전자파 방해, 노이즈방해 등의 외부 전자신호에 의한 신호 방해가 없고, 건물사이의 접지전류 등의 방해가 없다고 할 수 있는데, 근래에 들어와서 새로 개발된 광 콘넥터는 광케이블의 단말 처리를 용이하게 하는 것은 물론, 저 가격에 의한 설비상의 Cost하락과 작업 시간을 단축 하는 것이 가능하게 하여 많은 호평을 받고 있다고 할 수 있다.

그러나 이러한 광전송 시스템에서는 약간의 단점도 있다고 할 수 있는데, 아주 작은 먼지 등이라도 전송하는 광에 있어서 많은 로스를 발생하게 하게하여 콘넥터를 빼었을 경우에는 통상적으로 암, 수 양 콘넥터 측에 먼지 침입 방지용 캡을 끼워서 놓아두지 아니하면 되지 아니한다고 할 수 있다.

멀티 모드 파이버보다도 싱글 모드 파이버의 쪽이 추천이 되어지고 있다고 할 수 있는데, 멀티모드 파이버에 있어서는 파이버 내에서 광이 퍼져가기 때문에 코어 내에서 전반적인 시간차를 발생하게 하고 있다고 할 수 있는데, 그 때문에 전송을 하는 광 펄스의 파형이 무너져서 근처에 있던 비트사이에 간섭을 주어서 전송이 가능한 대역이 제한되어진다고 할 수 있고, 싱크로모드 파이버에서는 광의 분산에 의한 간섭이 없이 보다 넓은 대역에서 장거리 전송이 가능하다고 할 수 있으나 그러나 그 파이버의 직경이 좁으므로 먼지 등 유해 물질의 영향도 크고, 광원에 있어서도 파이버 코어, 코어자체의 결합이 무엇보다 어렵다고 할 수 있다.

광 네트워크의 기술 개선에 있어서는 다음과 같은 기술에 의하여 가능하다고 할 수 있다.

- 파장분할 다중전송 (Wavelength Division Multiplexing : WDM)
  각각 별개의 파장을 가지고 있고, 각각 별개의 데이터 스트림으로 변조되어진 복수의 광을 결합하여 1개의 광 파이버에 전송을 하는 것이 가능하다고 할 수 있는데, 이러한 것은 쌍방향의 광전송에 있어서도 가능하다고 할 수 있고, 더나가서 고밀도WDM(Dense WDM : DWDM)은 1라인의 광파이버를 사용하여 복수의 그룹으로부터 되어 각 그룹은 복수의 독립한 데이터스트림으로 구성하고 있는 스트림 군을 전송하는 것이 간능하다고 할 수 있다.
- 광 증폭기 (Optical Amplifier)
  Erbium을 Doped한 광 증폭소자(FDFA)는 광전송에서 필요로 하는 코스트(Cost), 소비전력, 이러한 장비를 설치하는데 필요한 공간 등을 절감 하였다고 할 수 있다.
- 광 합성/ 분배장치 (Optical Add/Drop Multipliers : OADMS)
  광합성/분배기는 사이드사이에 데이터의 수집, 분배시스템의 유연성을 향상시키었다.

가격이 싼 광하드웨어가 널리 얻어지는 것에 의하여 각 방송국간이나 각 방송사의 스튜디오사이에 있어서도 광으로 접속을 하여서 프로그램에 필요한 신호를 전송하는 필요성에대하여 경제적으로 대응하는 것이 가능하다고 할 수 있는데, HDTV의 1.5Gbps의 인터페이스의 변경에 있어서는 지금까지의 스튜디오내 또는 스튜디오간의 케이블 전송 가능한 거리가 극적으로 단축되어지는 결과를 얻게 되었다고 할 수 있다.

그 경우의 동축 케이블의 전송과 광파이버(광케이블)의 전송을 상세히 비교한 결과에 의하면 필요한 케이블 접속거리가 실제로의 동축 케이블로 전송 가능한 거리의 3배를 넘는다면 광파이버의 사용이 보다 경제적으로 가능하다는 것을 표시하고 있다고 할 수 있는데, 이러한 것에 의하여 광시스템을 설비하는 데에 드는 비용이 종래보다 저하한다면 이러한 비교는 광케이블에 대한 경제성을 보다 높일 수 있다는 것을 나타내고 있다고 할 수 있다.

이후의 광대역 전송의 수용의 증가와 파이버채널 네트워크의 확대를 고려한다면 새로운 스튜디오 설비의 건설이나 현 설비의 변경을 설계 할 때에 사용하지 아니하고 남아있는 많은 다크 파이버(Dark Fiber : 빈/미사용의 광케이블)를 가지고 운용을 하게 설계를 하여야 하는 것이 중요하다고 할 수 있는데, 디지털 SDI나 HD-SDI신호를 광 케이블로 전송을 하면 보다 정확하고 상호지연 등의 타이밍을 가진 비디오, 오디오, 데이터 채널의 전송이 가능하다고 할 수 있다.

12.7 NTSC로부터 DTV로의 이행 (Transition from NTSC to DTV)

현재에 있어서는 종전의 아날로그 NTSC방송으로부터 DTV의 방송으로의 전환에 있어서는 각각 다른 방송 사업자간에 있어서는 각각 다른 상황(네트워크, 계열사 방송국, 로컬방송국 등)에 따라서 다른 형태이라고 할 수 있는데, 그 때문에 이러한 것을 해결하기 위한 포맷의 선택에 있어서도 다르다고 할 수 있고, 그러한 선택이 그 사업자의 재무능력에 따라서 결정되어지는 것이 현실이라고 할 수 있다.

따라서 어떠한 사업자는 1개의 DTV채널을 사용하여 많은 수의 SDTV프로그램을 전송 하고자 하는 사업자도 있는 반면 어떠한 사업자는 시청자가 좀 적다 하더라도 1개이 HDTV프로그램을 전송 하고자 할 수도 있는데, 이러한 형식의 변경에 의하여 1개의 HDTV프로그램과 몇 개의 SDTV프로그램을 조합하여 방송을 계획하고 있다고 할 수 있다.

따라서 DTV방송 사업사는 주간에 있어서는 복수의 SDTV프로그램을 중심으로 교육프로그램을 중점적으로 편성하여 방송을 하고, 저녁시간부터 심야에는 1개의 고화질 HDTV프로그램을 방송 하는 것도 가능하다고 할 수 있다.

그러한 선택 결정의 중요성과 가지고 있는 기술상 오퍼레이션 상의 경험을 토대로 하여 현재의 아날로그의 설비와 지금부터 새로운 DTV의 설비의 결합과 인터페이스를 충분히 고려한 상태에서 경제성이 높은 DTV의 이행을 스텝 바이 스텝으로 실현하여 가지 아니하면 되지 아니한다고 할 수 있다.

또한 새로운 데이터 서비스의 가능성과 각 스텝에 있어서의 경제성과 코스트에 대한 기대 수입에 대한 경제효율성을 고려하지 아니하면 되지 아니한다고 할 수 있는데, 따라서 각 스텝에서 도입되어지는 DTV에 대한 기기는 그 이후에 진행되어지는 스텝에 있어서도 유효하게 사용하는 것이 가능하여야 하고, 방송 사업자는 운용하고 있는 방송 사업의 타입과 크기에 따라서 적어도 3년으로부터 5년 사이에 이행하여갈 페이스를 예상 하여 갈 필요가 있으며, DTV의 이행에 있어서는 새로운 방송 포맷을 선택하기 전에 많은 중요한 분야를 고려할 필요가 있다고 할 수 있다.

- 현재의 제작 설비의 상황
  현 설비가 고장이 적고 성능이 좋은가 어떤가와 아날로그 NTSC또는 디지털 NTSC(29.97fps)설비가운데서 디지털 4:2:2 타입의 기기는 어느 정도 있고, 4:3으로부터 16:9 화각에 스위치블 기기가 존재하고 있는가? 와 현재사용하고 있는 SDTV기기는 어느정도 사용하는 것이 가능한가 등은 디지털 시스템을 설계하는 기본 분야 중에 중요한 팩터(Factor)이라고 할 수 있는데, 현재 상태에 있어서는 어떠한 시나리오일지라도 기존과 같이 아날로그 프로그램이 종래의 NTSC시스템으로 제작되던지 아니면 새로운 디지털 4:2:2시스템으로 제작으로 된다 하여도 두 가지 방법 모두 디지털 방송을 위 하여는 업컨버젼에 의하여 DTV의 채널에 있어서도 사용되어진다는 것을 포함되어진다고 할 수 있다.
  이러한 시점에 있어서 고려하지 아니하면 되지 아니하는 것으로는 현재의 아날로그 NTSC설비를 올 디지털 컴포넌트(4:2:2) SDTV/HDTV설비로 변경을 하는 것이 옳다고 판단 될 정도로 구형인가 아닌가에 대한 판단척도로서 판단하여 가능하면 개수를 하고자 할 경우에는 디지털 시스템의 쪽이 제작 효율이 높고, 시설을 유지하고 보수 하는 데에 있어서 드는 비용이 경제적이고 효율성 있는 설비를 구축하지 아니하면 되지 아니한다고 할 수 있다.
- 방송사업자의 스테터스(Status)
  계열방송국(Affiliate)이나 로컬국의 중요한 네트워크 방송국에서는 각각 재정상 능력이 달라서 같은 투자 능력(Investment Capability)이나 새로운 설비에 대한 현금 수입(Revenue Cash Flow)능력에 있어서도 모두 같은 것은 아니 라고 할 수 있는데, 따라서 작은 방송국에서는 투자의 효율성 측면을 고려한다면 디지털 송신기, 디지털 STL, 안테나, 안테나 타워 등의 어떠한 경우에 있어서도 필요한 최소 충분의 조건을 갖추기 위하여 필요한 최소한의 비용조차 부담하지 못하는 경우가 생길 수 있다고 생각된다.

그러나 DTV의 제작 기기에서는 많이 떨어져서 이러한 비용에 있어서는 많이 싸게 되어있다고 할 수 있고, 전체적인 DTV의 이행에 있어서도 최소의 설비 도입으로부터 완전한 HDTV제작설비도입 까지에는 몇 가지의 해결책이 존재하고 있다고 할 수 있다.

- DTV프로그램의 타입

1개의 채널의 HDTV메인 프로그램으로 하지만 경우에 따라서는 복수의 SDTV프로그램으로 송출을 할 것인가에 대해서는 각각 다른 이행 시나리오가 있을 수 있다고 할 수 있는데, 방송 사업자에 따라서는 여러 채널의 SDTV프로그램을 방송을 하기 위하여는 많은 양질의 프로그램의 소재가 필요하지만 그렇게 많은 양질의 SDTV프로그램이 얻어지지 아니할지도 모른다고 할 수 있다. 그러한 시추에이션(Situation)에서는 그러한 것에 의한 광고의 도입이 낮게 되어있어 방송사 경영에 있어서 이득은 증가하지 아니한다고 할 수 있는데, 따라서 1개의 HDTV프로그램으로부터 디지털 방송을 시작을 하는 것은 현재의 시청자를 유지하면서, 디지털방송에 의한 신규로 파생하고 있는 새로운 서비스를 이용하여 고품질의 프로그램을 제작, 송출하여 새로운 시청층을 끌어 들이이고, 그 후에 복수의 SDTV프로그램을 거기에 더해 편성하는 것에 의하여 프로그램 선택의 폭을 넓히는 것도 기대할 수가 있다고 할 수 있다.

- 예산의 한계

현재에 있어서 HDTV기기는 SDTV기기와 비교를 하면 아직은 고가라고 할 수 있고, 프로그램 제작 측면에서 보더라도 외부에서도 HDTV프로그램을 어느 정도는 제작은 되지만 아직은 충분하다고 할 수 없는데, 그 때문에 현재의 SDTV프로그램의 업컨버터에 의한 송출은 어떻게 하는지 필요하다고 할 수 있다.

따라서 많은 로컬 방송국에서는 HDTV프로그램에 대해서는 네트워크 방송국의 공급에 요구에 의존하지 아니하면 되지 아니하다고 할 수 있다.

- 새로운 서비스

새로운 HDTV의 매력, 복수의 SDTV프로그램의 매력, 데이터방송, 유료텔레비전 또는 인터넷 웨이브, 이메일, 쌍방향 서비스 등의 분야에 있어서는 새로운 서비스의 도입에 대한 관건이 디지털 방송의 서비스에서 수입이 증가 하는가 아닌가에 대한 결정에 있어서 중요한 사안이라고 할 수 있다.

- HDTV 포맷의 선택

현재의 상황에 있어서 1080I, 720P, 480P의 멀티포맷과 그러한 포맷에서 규정하고 있는 다양한 프레임 레이트에 모두 대응이 가능한 프로그램 제작 기기는 이 세상에는 존재하지 아니한다고 할 수 있다. 따라서 그러한 것을 바탕으로 하고 있는 멀티포맷 DTV제작 설비를 설계 하는 것은 어렵다고 할 수 있는데, 그 때문에 방송 사업자는 자신의 프로그램제작, 포스트프로덕션에서 어떠한 것을 기본 포맷(Primary Native Format)으로 채용을 하겠는가를 미리 결정하지 아니하면 되지 아니한다고 할 수 있다.

또한 필요로 하고 있다면 2번째의 포맷을 결정하는 것은 가능하다고 할 수 있는데, 2번째 포맷으로는 디지털/아날로그 사이멀 방송을 염두에 둔다면 NTSC가 2번째의 포맷으로서 결정되어지는 것이 가능하다고 할 수 있다.

따라서 계열방송국에서는 같은 포맷을 사용하여 중앙국과같이 같은 포맷의 방송을 하지 아니하면 되지 아니하는 것은 아니라고 할 수 있는데, 예를 들면 1080I프로그램을 네트워크로부터 받아서 720P로 방송을 하는 것도 예상이 가능하다고 할 수 있다. 이러한 포맷에 대한 선택에서 얻어지는 6MHz 대역에서 전송하기위한 데이터 전송율 19.39Mbps의 데이터 레이트를 어떻게 하든 효율적으로 사용하냐에 따라서 큰 영향이 있다고 할 수 있는데, 1080I포맷을 선택하는 것은 최대로 거의 데이터 레이트의 80%를 사용하고 있다고 할 수 있다.

따라서 720P포맷을 선택할 경우에는 1080I의 포맷보다는 조금 낮은 화질의 성능이라고 할 수 있지만, 방송 사업자측면에서 본다면 적지만 효율성 측면의 이득도 있다고 할 수 있는데, 거의 같은 화질에 대하여 720P 포맷에 있어서는 1080I 방식보다도 적은 비트레이트로 압축하는 것이 가능하다고 할 수 있다.

예를 들면 19Mbps대신에 17Mbps의 영상과 음성 신호를 전송 할 수 있다면 나머지 공간을 이용하여 데이터 방송을 하기위한 넓은 대역이 얻어져서 그러한 것이 수입에 연결되어질 수도 있다는 것이다.

- 프레임 레이트의 선택

현재의 아날로그 NTSC/디지털 시스템의 프레임 레이트는 29.97fps(프레임)이라고 할 수 있는데, 그러나 규격에 있어서는 30fps의 선택도 있으나 1개의 TV방송사에서 29.97fps와 30fps를 동시에 사용하는 것은 어렵다고 할 수 있다.

따라서 제1의 선택에 있어서는 29.97fps을 많이 사용하고 있다고 할 수 있다.

- DTV시스템 구조의 유연성

DTV시스템의 구조는 현재의 아날로그시스템의 제작 환경하고는 거의 같다고 해도 좋지만 그러한 환경에서 급격히 변화를 하는 멀티미디어기술과 비즈니스 계획의 적응성을 가지고 있지 아니하면 되지 아니한다고 할 수 있는데, 네트워크 환경에서의 복수의 미디어서버(Server)의 이용과 그러한 것과 조합하여 포괄적인 지적 재산의 관리 애플리케이션(Comprehensiuve Asset Management Application)에 의하여 새로운 DTV시스템 구조에의 요구를 충족하는 것이 가능하여 오퍼레이션에 대한 코스트(Cost)측 면에서 감소하는 것도 가능하다고 할 수 있다.

- 이후의 기재 정비 제한(Logistic Constraints)

FCC에서는 2006년말 내지 그 이후의 어느 시기까지 디지털과 NTSC의 사이멀 캐스트(Simulcast: 동시방송)을 하는 것을 결정하였다고 할 수 있는데, 그러한 것에 의하여 방송 사업자는 현재의 아날로그 방송 설비를 유지하고 있으면서 새로운 디지털 송신가나 안테나의 부과는 물론, 그 밖의 아날로그 STL의 개량에 의한 디지털 STL의 부가설치, 필요한 안테나 타워의 변경 등을 시행 한다고 할 수 있다. 따라서 FCC의 2006년 연말의 권고를 고려한다면 앞으로의 NTSC 아날로그, 컴포지트 디지털 기기에 대한 투자는 이익이 별로 없다고 할 수 있다.

- TV시청자

일본이나 유럽에 있어서 단기의 조사에 있어서는 시청자는 16:9포맷의 와이드 화상을 선호한다고 할 수 있는데, 이러한 와이드 한 화면은 현실감이 높기 때문에 보다 흥미를 끌 수 있는 화각 이라고 할 수 있다.

특히 스포츠 프로그램, 자연 다큐멘터리, 드라마, 장편 영화 등에 있어서는 이러한 포맷에 의하여 프로그램에 대한 가치가 올라간다고 할 수 있는데, 시청자는 우선 와이드 한 화면에 의한 긴장감 있는 생동적인 화면에 주목을 하고 있고, 그 다음에는 보다 좋은 화질이나 음질에 귀를 기울이고 있다고 할 수 있다.

특히 평균적인 시청자는 양호한 4:3의 SDTV의 프로그램 이라면, 그러한 프로그램을 16:9의 HDTV포맷으로 업 컨버터를 시킨 것일시라도 화질열화 주변에서 본다면 어느 정도 허용이 가능할 정도로 선명성이 어느 정도 보장되어진다고 할 수 있다.

또한 DTV텔레비전 셋트의 판매정도는 방송 사업자가 HDTV포맷을 선택할 것인가 아니면 SDTV포맷을 선택하고 이렇게 제작되어진 프로그램을 업 컨버터하여 송출을 할 것인가에는 별로 영향을 주지 아니하고 있다고 할 수 있는데, 혹시 영향이 있다면 DTV를 수신할 수 있는 셋트의 가격이나 새로운 매력적인 DTV프로그램이 보고 싶은가 아니면 어떠한가에 대한 구매력에 의하여 DTV수신 셋트를 구입하는 주된 동기가 된다고 할 수 있다.

조사에 의하면 그림 12.41에서 표시를 하고 있는 것과 같이 시청자는 480라인/30I로부터 DTV로서는 최저의 가격으로 가능한 와이드 480라인/60P로 변화시킬 때에 화질 개선 효과를 가장 크게 느낄 수 있다 할 수 있고, 그러한 것과는 대조적으로 보다 고도한 레벨의 HDTV포맷(1080I 또는 720P)으로 변환시키었을 경우에 개선효과는 높은 가격에 비교하여 차에 있어서는 그렇게 크지 아니하다고 할 수 있다.

(역주 : 이러한 조사에 있어서 작은 모니터사이즈로 시행을 한 것으로 보이기 때문에 그러한 경우에는 당연의 결과라고 말할 수 있음.)

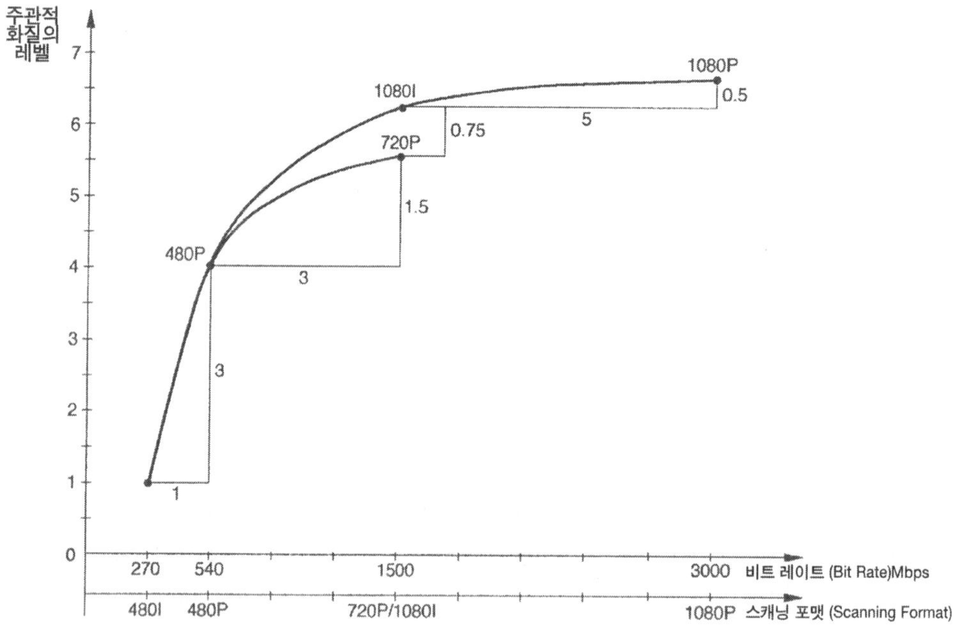

그림 12.41 ATSC DTV포맷사이의 주관적 화질의 차이

- 현재의 TV영상 자산으로부터 가능한 한 최고의 화질 정보를 추출

12.5.8항에서는 2인치 VTR, 베터컴 SP, D-1, D-2, D-3, D-5 DCT-700, 디지털 베터컴 VTR 등의 기록되어진 프로그램 소재로부터 어떻게 하면 가장 좋은 DTV 포맷으로 변환을 할 것 인가에 대하여 설명을 하고자 한다.

DTV의 포맷에 업컨버터를 한 후에 화질의 차는 같은 프로그램을 NTSC로부터 4:2;2로 변환한 경우에 가장 뚜렷하게 나타난다고 할 수 있는데, 그 때문에 기록되어진 SDTV프로그램을 업 컨버터 할 경우에는 최고의 화질을 유지하기위한 고도한 변환시스템을 사용하여야 한다고 할 수 있다.

- DTV의 오디오 제작과 방송

HDTV프로그램에서는 시청자의 오디오품질이 높은지 아니면 어떠한지의 품질을 평가하는 것이 가능하다고 할 수 있는데, 우리가 흔히 제작을 하는 뉴스프로그램이나 토크 프로그램, 게임 프로그램 에서는 대단히 높은 오디오의 품질은 필요하지 않다고 할 수 있으나, 그 외의 TV프로그램에서는 서라운드 사운드(Surround Sound)의 형식에 의한 고품질 음질을 요구하고 있다고 할 수 있다.

특히 영화 등에서는 서라운드 사운드에서는 영화관에서의 서라운드에 의한 입체 음향을 기반으로 하고 있기 때문에 이러한 형식을 바탕으로 시청자에게 흥미를 끌게 하고 있고, 이러한 흥미를 바탕으로 높은 시청률에 의한 높은 CM의 수입이 기대할 수 있다고 할 수 있다.

또한 방송사업자에 따라서는 5.1채널 서라운드 사운드를 우선도에서는 그리 높지 아니하게 평가하는 경우도 있지만, 많은 프로덕션에서는 이러한 형식을 빌어서 광고 프로그램 제작에 사용하고 있는데, 그 이유는 서라운드 사운드가 CM제작의 툴(Tool)로서 대단히 창조성을 높이기 때문이라고 할 수 있다.

즉 한 개의 설비가 방송 사업자, 프로그램 제작자, DTV시청자의 요구의 모든 것을 만족 시키는 것이 불가능하다는 것은 확실하다고 할 수 있으나 현재의 사이멀캐스트가 요구하고 있는 환경에 있어서 DTV방송을 시발로 하여 이러한 방송을 최후에 완성된 DTV의 서비스로 이행 할 때까지 다양한 각각 다른 접근이 연구 되었다고 할 수 있으나 이러한 것 중에 어떠한 시나리오 일지라도 다음과 같은 것은 필요하다고 할 수 있다.

- 디지털 송신기와 전원시스템은 구입하지 아니하면 되지 아니하고, 안테나와 안테나 타워는 개수할 필요가 있다고 할 수 있는데, 디지털 STL에 있어서도 12.4.6항에 있어서 서술한 3개옵션 중에 어떤 것에 의하여 도입할 필요가 있다고 할 수 있다.
- 프로그램 또는 시스템 정보 프로토콜 데이터(Program and System Information Protocol Data : PSIP Data)트랜스 포트 스트림의 삽입

이러한 데이터는 시청자의 멀티채널 프로그램 방송에 의하여 ATSC수신기에 사용을 하고 화면에 있어서도 표시가 가능한 것으로서 시간, 채널 명, 이벤트 명, 연장 이벤트 정보 등이 포함 되어있다고 할 수 있는데, 사용자는 이러한 것에 의하여 전자 프로그램 가이드(Electronic Program Guide : EPG)를 DTV화면에 표시하는 것이 가능하다고 할 수 있고, 그 때문에 PSIP

서버는 어떠한 이행 시나리오일지라도 필요하다고 할 수 있다.

이라한 PSIP는 ATSC의 규격 A/65에서 규정이 규정되어져 있다고 할 수 있는데, ATSC이전의 EPG는 SI규격, A/55 또는 A/56으로 변경되어지는 것이라고 할 수 있다.

- 로컬 브랜드의 표시기능

네트 프로그램에 있어서 로컬/계열방송국의 지원하는 기업과 방송국의 로그 삽입에 있어서는 그러한 것을 비디오에 슈퍼를 할 것인가 아니면 크로마키의 기능을 사용하여 삽입 시킬 것인가를 결정하여야 하는데, 전 화면에 로그를 하는 것과는 별개로 최저의 시나리오에 있어서도 로컬 방송국의 수입이나 국명의 인식을 하기 위하여서도 그러한 기능이 되지 아니하면 되지 안한다고 할 수 있다.

- DTV의 기간 설비의 주된 부분의 예비

ATSC엔코더, 다중화기, 디지털 STL, PSIP 또는 데이터 서비스 서버 등의 주된 부분은 고장이 있더라도 가장 중요한 채널이 방송이 계속 가능하게 완전한 예비 시스템을 가출 필요가 있다고 할 수 있다.

- MPEG-2데이터 스트림의 계통적 다중화기능

8.1.1항에서 설명을 하고 있는 화상 내용에 있어서 각 프로그램의 비트할당을 변화시키는 다중화가능은 복수의 고품질 프로그램을 같은 채널에서 방송을 하는 경우에는 대단히 중요한 기능이라고 할 수 있는데, 이러한 옵션에 있어서는 DTV의 기간 설비에 사용을 하고 있는 ATSC다중화기기에 부가가 가능한 소프트웨어가 필요하다고 할 수 있다.

- NTSC신호의 억제

스튜디오 기술에 있어서는 가능하면 NTSC신호의 발생을 억제하고 카메라 등의 신호발생원으로부터 DTV의 업컨버터까지 전 루트에서 4:2:2신호 포맷을 고수하지 아니하면 되지 아니한다고 할 수 있는데, NTSC엔코더는 최종으로 사이멀 캐스트를 하기위하여 NTSC신호로 변환하는 데와 아날로그 모니터를 위한 디스플레이신호 등에서만 사용되어진다고 할 수 있다. 그러한 것에는 DTV의 이행 시나리오로서 업 컨버터에서 허용이 가능한 프로그램을 만들기 위하여 현재의 SDTV프로그램 제작설비를 4:2:2디지털 시스템으로 변환하는 것을 고려할 필요가 있다고 할 수 있다.

새로운 올 디지털의 비디오, 오디오 제작 시스템 필요성을 이해한 위에 현재의 SDTV시스템의 신뢰성과 사용상의 편의성을 가지게 하면서 그러한 것에 대한 새로운 기술을 적용하는 것에 의하여 현재의 환경과 미래를 위하여 완전하게 신뢰가 가능한 DTV시스템의 설비를 개발하는 것이 가능하다고 할 수 있다.

따라서 방송 기업에 있어서는 HDTV제작과 송출을 위하여 계단적으로 유연한 움직임에 적합한 기술을 개발하고 있는데, 근간에 있어서도 새로운 기술 개발에 의하여 신호 포맷의 변환이나 프로그램 제작 자체를 압축 영역 내에서 시행하는 것이 가능하다는 것이 기대가 되어진다고 할 수 있고, 그러한 것에 의하여 현재의 HDTV스튜디오의 오퍼레이션에 대한 비용지출면에 있어서도 대폭 절가하는 것이 가능하다고 할 수 있으며, 이러한 개량은 영상 취재나 신호압축, 포맷의 변환, 기록, 네트워크용량과 그 성능에 있어서 많은 영향을 끼치고 있다고 할 수 있다.

또한 방송 프로그램의 제작에서 피하는 것이 불가능하다고 할 수 있는 것은 DTV프로그램 제작과 프로그램 송출에 있어서 HDTV프로그램의 16:9의 소재와 기존의 아날로그 및 SDTV형식의 업 컨버터 되어지는 4:3소재의 절환에 있어서는 하나의 화각비(Aspect Ratio)로부터 또 다른 형식의 화각비 절환에 의하여 시청자에게는 위화감을 느끼게 하는 문제를 발생하게 하고 있다고 할 수 있는데, 그러나 최근의 경험에 있어서는 그러한 방법에 의한 화각비(Aspect Ratio) 절환은 각각 다른 프로그램에서 절환 하는 경우와 같이 동시에 순간적으로 화각을 절환 하는 경우에는 시청자를 혼란시키지 아니한다는 것을 알 수가 있다고 할 수 있다.

12.7.1 비디오 프로덕션 전송의 이행

현재 525라인 디지털 컴포넌트 포맷의 화질은 이후에도 장기간 시청자를 만족시킬 것으로 생각이 되는데, 수신단에서 이러한 디지털 컴포넌트 포맷의 신호를 라인 배가에 의하여 주사선을 2배로 하던지, 아니면 어떠한 경우에는 4배를 하여 실제로 시청자 주관적인 화질 개선을 도모할 것으로 생각이 된다고 할 수 있다.

따라서 결론적으로 이야기를 하면 비디오 프로덕션 설비의 이행에 있어서 현재 존재하는 설비가운데는 최근의 고화질 NTSC (SMPTE170M) 설비나 디지털 4:2:2컴포넌트 설비의 존재가 혼재하는 설비가 어느 정도 고화질 HDTV설비가 정착시기까지는 기본이 될 것으로 예상이 된다.

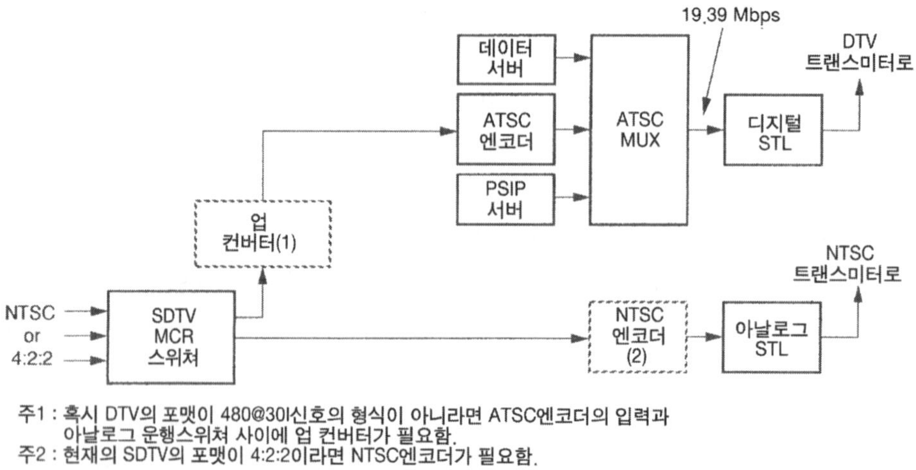

그림 12.42 현재의 아날로그에서 디지털 4:2:2형식으로 이행 또는 현재의 NTSC제작 설비 시스템 에서의 디지털 HDTV DTV로의 이행에 있어서 가상의 최소한 시스템 시나리오

- 미니멈 이행 시나리오

미니멈 이행 시나리오에서는 그림 12.42에서 표시를 하고 있는 것과 같이 DTV 방송의 이행은 현재 아날로그 설비의 추축을 이루고 있는 SDTV형식을 기본으로 하고 있는 480I형식의 30프레임 포맷을 ATSC형식의 디지털 신호로 변경시키어서 이행을 하고 있다고 할 수 있는데, 이러한 DTV의 프로그램은 디지털 방송에 배정되어있는 대역폭의 일부를 사용하여 전송을 하고, 남아있는 대역을 사용하여 다채널 방송과 데이터 서비스방송을 하는 데에 사용하는 것이 가능하여 부차원적인 수입이 기대되고 있다고 할 수 있다.

또한 PSIP 또는 데이터 서비스 정보는 DTV프로그램이 디지털 STL을 통하여 디지털 송신기에 보내어지기 전에 데이터 다중을 시행 한다고 할 수 있다.

혹시 방송 사업자가 이러한 아날로그 480I 형식의 프로그램을 가지고, HDTV를 기본으로 하고 있는 디지털 방송을 시행하려면 업 컨버터가 필요하다고 할 수 있는데, 기존의 아날로그방송이나 디지털이 되어지지 아니한 로컬국에서의 방송 송출은 업 컨버터 전에 아날로그 SDTV프로그램으로 하지 아니하면 되지 아니한다고 할 수 있다.

이러한 시나리오의 작성은 현재 아날로그설비가 주축을 이루고 있는 방송설비가 존재하고 있고 이러한 설비의 효용가치가 어느 정도 존재하여 완전한 HDTV프로그램을 방송을 하는 것은 불가능 하다고 할 수 있는데, 따라서 시청자는 수신한 프로그램의 화각을 4:3, 16:9의 화각비(Aspect Ratio)로 디스플레이하는 것이 가능하게 하여 HDTV디지털형식의 16:9와 기존의 아날로그4:3형식의 화각을 선택하는 것이 가능하게 하고 있다고 할 수 있다.

디지털 방송에서는 6MHz의 대역을 전부 사용을 한다면 메인 DTV프로그램에 다 같은 아날로그 SDTV 설비에서 제작한 다른 프로그램을 복수 다중 방송하는 것이 가능하다고 할 수 있는데, 따라서 이러한 경우에는 복수 ATSC엔코더와 그의 입력을 선택하는 SDTV 스위처가 필요하게 되어있고, 이러한 복수의 ATSC 엔코더 출력이 ATSC다중화기기에 입력되어서 하나에 스트림으로 다중 시키어서 최종으로 송출하는 것도 가능하다고 할 수 있다.

- 로컬에서 삽입을 미니멈으로 한 패스 쓰루 시나리오(Pass-Through Scenario)

이러한 시나리오는 미니멈 DTV시스템에서 처음부터 DTV를 스타트 하고 싶은 로컬 국에 적용할 수 있는 방식이라고 할 수 있는데, 네트워크로부터 받은 ATSC신호의 입력은 디코더에 의하여 베이스밴드신호로 변경한다고 할 수 있고, 더 자세히 이야기하면 HDTV 1080/30I의 신호를 SDTV 480/30P의 컴포넌트 형식의 신호로 디코드 한다고 할 수 있다.

따라서 로컬 소규모 방송국에 있어서 로그의 삽입기능은 소규모 방송국에서는 대단히 중요하다고 할 수 있는데, 예를 들면 그림 12.43에서 표시를 하고 있는 것과 같이 Leitch사가 제공하고 있는 EZ-HD패키지라고 하고 있는 소규모의 장비를 사용하여 미니멈 DTV의 주조기능을 가지게 하는 것이라고 할 수 있다.

이러한 형태의 DTV설비의 도입은 장래의 설비업그레이드에 있어서도 유연성 확보가 가능하여 장래의 HD-DVTR이나 서버의 추가도입에 의한 설비의 확충이 가능하고, HDTV설비가 정착되어 스튜디오설비 및 중계설비가 풀 HDTV화 되었을 경우에도 계속하여 사용하는 것이 가능하다고 할 수 있다.

또한 HDTV프레임 싱크로나이저는 HDTV신호사이에 원할 한 스위칭을 위하여 프로그램 제작에 사용할 영상신호를 기존의 동기신호와 Gen Lock시키는 장치라고 할 수 있는데, 이는 프로그램 제작시의 영상 절환에 있어서 동기의 벗어남에 따른 위화감을 없애기 위해서는 필요한 장비라고 할 수 있고, 혹시 로컬국의 네트워크에서 기존의 중앙국에서 사용하고 있는 DTV 포맷과는 다른 포맷으로 방송 할 경우에는 ATSC디코더와 HDTV루팅 스위처 사이에 방식변환기가 필요하다고 할 수 있다.

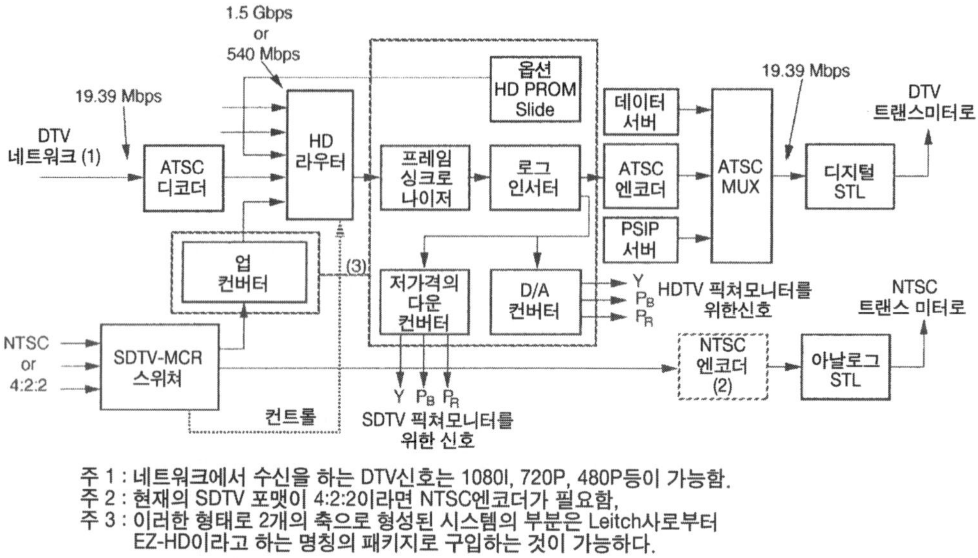

그림 12.43 현재의 SDTV 4:2:2또는 NTSC제작설비의 HDTV DTV로의 이행에 있어서 최소한의 로컬 인서트가 가능한 송출 시스템의 가상 시나리오

시스템 설비사이에 유연성을 가지게 하기 위해서는 이행 시나리오 이후의 기술개발이나 기능 추가에 대응을 위한 확장성은 물론 이후 사용 가능한 공통된 예측 워크스테이션을 가진 시스템을 주의 깊게 선택하고, 이를 이행하기위한 기본 설비를 가지는 것이 중요하다고 할 수 있는데, 그의 일예로서는 Leitch사의 Digi Bus이라고 불리 우는 설비기기는 한 개의 마더보드에10개의 전면 프로세스 기판과 10개의 뒷면에 인터페이스 기판을 수용하는 것이 가능하다고 할 수 있다.

Digi Bus의 프로세스기판에서는 HDTV신호의 발생기, 로그인 장치, 프레임 싱크로 나이저, 정지화상 스토어, A/D 또는 D/A변환기, 분배기, 저 가격의 모니터용다운 컨버터 등을 가지고 있어 SMPTE-292M의 HDTV시리얼 디지털 규격을 만족하고 있다고 할 수 있는데, 입출력 측면에서 본다면 최대 65Km의 거리를 전송이 가능한 광 파이버의 입출력 카드 등이 장치되어있다고 할 수 있다.

이러한 형식에 의한 모듈을 장착하여 사용할 수 있는 설비에 있어서는 SDTV용의 MPEG-2엔코더/디코더의 기판, VBI프로세서, 오디오 AC-3엔코더, MPEG-2 오디오 엔코더 등의 그룹을 수용하는 것도 가능하다고 할 수 있다.

DTV신호의 인터페이스기판 예를 들면 ATM, DS-3, DVB-ASI, DVB-SSI인터페이스가 DTV송신기를 향하여 어떤 경우에는 네트워크를 향하여 신호분배용으로서 사용하는 것이 가능하다고 할 수 있는데, 이러한 디지버스(Digi Bus)형태의 설비는 이후에도 계속하여 HDTV나 SDTV 어떠한 경우에는 양자를 혼합한 DTV의 이행에 유연하게 대응이 가능한 시스템에 있어서도 어느 정도의 이용이 가능하다고 할 수 있다.

방송 사업자는 자신 등의 DTV방송 프로그램으로서 네트워크 뉴스에 있어서 HDTV로컬 뉴스를 삽입시키는 것 등의 스타트(시작)를 선택시키는 것 등이 가능하다고 할 수 있는데, 이러한 로컬 뉴스는 프로그램 중요성에 비추어서도 중요한 프로그램 중의 하나라고 할 수 있고, 특히 HDTV스튜디오에서 제작하기에는 가장 용이한 프로그램이라고 할 수 있으며, 이미 몇몇의 방송장비 제작사에서는 저 코스트의 HDTV카메라와 압축 DVTR을 개발하여 이러한 HDTV포맷에 의한 저 가격의 뉴스제작이 가능하다고 할 수 있다.

거기에다 더해서 이러한 뉴스용의 기재는 다큐멘터리 등의 제작 프로그램에도 사용하는 것이 가능하다고 할 수 있는데, 새로운 HDTV카메라는 16:9 화각비(Aspect Ratio)의 최적화되어있다고 할 수 있으나 동시의 내부의 DSP시스템에 의하여 4:3의 SDTV포맷일지라도 동시에 출력하는 것이 가능하다고 할 수 있고, 이러한 기능은 통상적으로는 양호한 포맷의 변환 품질을 가지고 있어서 사이멀캐스트에 대한경제적인 해결법이 되어진다고 할 수 있다.

그림 12.44에서는 로컬 제작이나 로컬 뉴스 프로그램에 삽입까지 고려하여 수정을 하고 있는 패스스루(Pass Through)의 시나리오를 설명하고 있다고 할 수 있다.

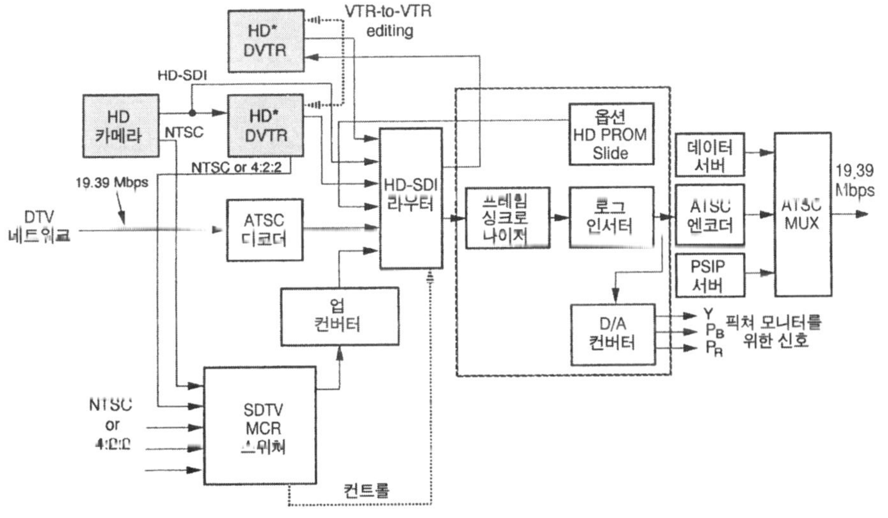

*주 : HD DVTR은 Sony HDCAM이라할지라도 파나소닉 HD-D5 또는 DVCPRO 100이라도 좋다고 할 수 있는데, 이러한 DVTR은 HDTV의 신호를 SDTV의 포맷으로 다운 컨버터 하는 것도 가능하다고 할 수 있다.

그림 12.44 현재의 SDTV 4:2:2 또는 NTSC제작 설비의 HDTV DTV로의 이행에 있어서 미니멈 로컬 TV 프로그램의 뉴스프로그램 삽입이 가능한 송출 시스템의 가상 시나리오

- 로컬에서 삽입을 미니멈으로 한 또 하나의 패스스루 시나리오(Pass-Through Scenario Alternative)

최근에 들어와서는 MPEG-2의 스튜디오 환경을 만들면 어떨까 하는 커다란 기대가 생기고 있다고 할 수 있는데, 따라서 간단한 MPEG-2의 프로그램을 제작하기 위한 기기, 예를 들면 MPEG-2의 엔코더, 스프라이저, 로그키어, 서버 등의 몇 가지의 장비는 이미 시장에 등장하고 있다고 할 수 있다.

최초의 MPEG-2엔코더에 있어서 얻은 코딩의 정보를 계속하여 엔코더에 사용을 하는 것은 MPEG-2의 압축 비디오 제작기기를 접속하여 있는 상태에서 유용하다고 할 수 있으나 그러나 아직까지는 이용 가능한 MPEG-2의 제작 기기의 선택이 제한되어져 있는 것과 중요한 압축 관련의 문제가 해결되어져 있지 아니한 것 등의 문제가 남아있어 완전한 MPEG-2제작 시스템을 설계를 한다는 것은 아직은 시기상조라고 할 수 있는데, 그 밖에 해결되어야할 사항에는 다음과 같은 것이 있다.

* 프로덕션의 비디오 스위처/오디오 믹서, 디지털 효과기기가 아직은 없다.
* MPEG-2 규격을 만족할 수 있는 프로파일이나 레벨의 조합이 많이 있으므로 여러 가지 소재의 호환성을 얻는 것이 아직은 어렵다고 할 수 있다.
* 통일한 VTR의 기록 포맷이 아직은 얻어지지 아니하였다고 할 수 있는데, HDCAM, DVCPRO HD, HD-D5, 디지털 베터캄은 각각 다른 호환성이 없는 압축 방식을 사용하고 있어 지금에 있어서는 상호 접속을 하기 위해서는 각 압축 신호를 디코드 하여서 재 엔코드하여 입력시키는 방법 외에 해결할 수 있는 방법이 없다고 할 수 있다.
* 압축 영역에 있어서 소재의 편집이 곤란 하다고 할 수 있다.
* MPEG-2의 엔코더, 제작기기, 모니터 기기가 고가라고 할 수 있다.
* 현재의 아날로그 제작 설비와 같이 제작하는 데에 있어서 편리함을 실현하는 데에 어려움이 있다.

그림 12.45에서는 네트워크로부터 ATSC입력으로의 로컬 MPEG-2 압축 소재를 인서트 가능한 패스스루(Pass Through)시나리오를 표시하고 있다고 할 수 있다.

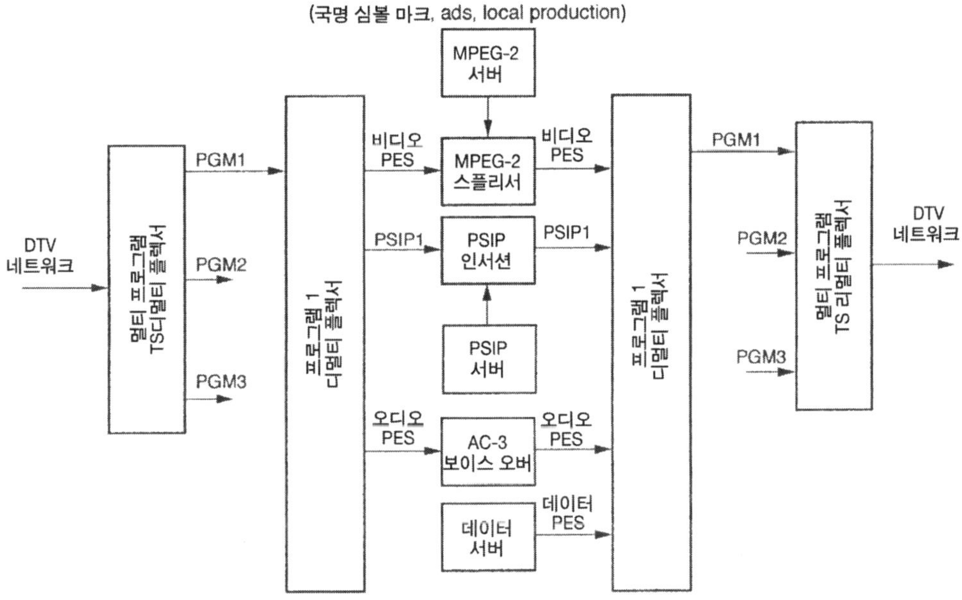

그림 12.45 현재의 SDTV 4:2:2 또는 NTSC설비의 HDTV DTV로의 이행에 있어서 로컬 TV소재를 MPEG-2압축 영역에서 삽입하는 것이 가능한 다른 하나의 송출 시스템 시나리오.

- 완전한 HDTV제작 시스템을 위한 시나리오

이러한 시나리오는 편집기능이나 그래픽을 포함한 완전한 HDTV프로그램 제작 설비를 디자인 하는 것이라고 할 수 있는데, ATSC로 엔코드되어진 신호를 받은 로컬 방송국에서는 네트워크로부터 HDTV의 입력을 입력단계에 있어서 베이스라인으로 디코드를 하여서 송출 규시트에 따라 송출 프로그램을 제작하여 HDTV송출 매재를 통하여 송출하고, 기존의 사용 하고 있는 SDTV 송출설비는 다운 컨버터를 이용하여 SDTV포맷의 형식으로 변환시킨다고 할 수 있다.

또한 이와는 다르게 SDTV설비의 주조를 가지고 있는 방송사에서는 네트워크에서 내려오는 HDTV 형식의 ATSC신호를 디코드하여 SDTV신호형식으로 출력하여 송출 프로그램을 제작한 다음, 디지털 HDTV시스템을 통하여 송출하기위해서는 업컨버터 한 후에 송출하는 경우도 있나고 할 수 있다.

그림 12.46에 있어서는 대표적은 HDTV 제작 스튜디오의 설비를 나타내고 있는데, 이러한 설비에서는 현재의 아날로그TV 제작설비의 기능을 모두 가지고 있다고 할 수 있다.

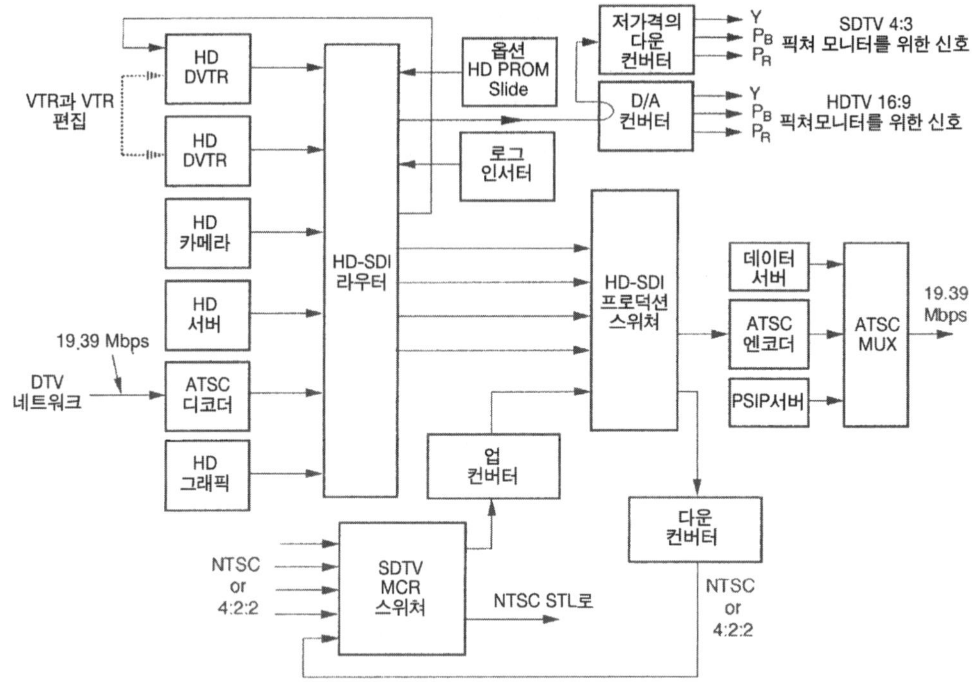

그림 12.46 현재의 SDTV 4:2:2또는 NTSC제작설비의 HDTV이행에 있어서 풀 HDTV제작 스튜디오의 이행 시나리오 일예

또한 이러한 설비는 가장 고가의 시나리오라고 할 수 있으나 종래의 비즈니스의 확장성을 가지고 있으면서 고가의 프로그램 품질과 양립성을 제공하는 것이 가능하여 SDTV설비와 같은 환경의 오퍼레이션으로 HDTV프로그램 제작이 가능하다고 할 수 있다.

12.7.2 오디오 프로그램 제작과 분배의 이행

ATSC시스템에서의 규격은 오디오에 관하여는 저가시스템이라고 할 수 있는 모노음성의 TV수상기로부터 고가라고 할 수 있는 홈시어터의 서라운드 사운드 시스템 까지 모든 모드에 대응하여 송출을 요구하고 있다고 할 수 있는데, 그 중에서는 2채널의 스테레오와 5.1채널의 멀티채널방식이 가장 중요한 방식이라고 할 수 있다.

멀티채널 오디오 스트림 방송에서는 복수언어에 의한 방송이나 시각 장해 자를 위한 서비스도 가능하다고 할 수 있는데, 그 외에 멀티채널 관련 서비스로서는 화화, 코멘터리, 보이스오버(Voice Over), 비상 방송 등이 있다고 할 수 있고, DTV의 방송용 오디오 압축 방식에 있어서는 ATSC에서는 돌비사의 AC-3

의 코딩 방식을 선택하고 있으나, 유럽의 DVB컨소시엄 에서는 MPEG-2의 오디오 레이어2를 선택하고 있다고 할 수 있다.

얼마의 실험에 의하면 AC-3의 코딩에 있어서는 엔코드/ 디코드의 반복되는 프로세서에시는 프로그램 소재에 있어서 큰 열화를 일으킨다는 것이 판명되었다고 할 수 있는데, 이러한 문제를 해결하기 위한 방법의 일환으로 ATSC의 톱다운 리포터(ATSC Top Down Report)에서는 서라운드 사운드 오디오 신호를 현재의 프로그램 소재 분배시스템으로 사용하는 것이 가능하다고 할 수 있고, 소재 분배에 있어서 적합한 품질을 가지고 있는 압축 코딩의 방식을 개발을 하여야 한다는 것을 권고하였으며, 이러한 권고는 메자닌(mezzanine) 압축이라고 불리 우는 중정도의 압축레벨이라는 압축 방식을 탄생 시키었다고 할 수 있다.

널리 사용되어지고 있는 AES-3디지털 오디오 포맷에 있어서는 제작 스튜디오나 방송국내의 설비에 있어서 한 개의 라인의 케이블을 사용하여 스테레오 오디오의 전송이 가능하게 설계가 되어있다고 할 수 있는데, 현재의 디지털/아날로그 TV방송 설비는 한 개의 프로그램 계통을 사용하여 4개의 아날로그오디오 채널 내지, 2개의 AES-3 디지털 오디오 채널을 지원하는 방법이 많이 사용하고 있다고 할 수 있다.

대표적인 DVTR은 4개의 오디오 채널을 기록 및 재생이 가능하다고 할 수 있는데, 그러나 서라운드 사운드는 6개의 모노채널(5.1Ch)을 필요로 하고 있고, 거기에 더해 6개의 채널과는 별개의 스테레오용으로 믹스한 오디오신호를 동시에 전송을 요구하는 경우도 있다고 할수 있다. 따라서 DTV용으로 오디오 제작 설비를 설계할 경우에는 모두 합하여 최소 8개의 오디오 채널을 고려할 필요가 있다고 할 수 있다.

12.7.2.1 서라운드 사운드와 스테레오 믹스의 오디오 제작의 요구

이러한 것에 대해서는 아래와 같은 요구사항이 있다고 할 수 있다.

- 고 품질의 제작설비
  프로그램제작, 포스트 프로덕션, 기록, 소재의 전송 애플리케이션 등에서는 PCM 또는 메자닌 압축 포맷으로 프로세스가 가능한 고품질의 오디오소재를 필요로 하고 있다고 할 수 있다.
- 소재의 호환성
  현재의 모노 또는 스테레오 서비스와 새로운 멀티채널, 멀티서비스 방송과의 사이에 소재의 호환성을 필요로 하고 있다고 할 수 있다.

- 메자닌 압축 데이터 스트림에 대한 부가음성

  이러한 것은 전국방송, 지역방송, 로컬방송 등의 어떠한 형식의 방송국이라도 필요한 요구라고 할 수 있는데, 네트워크 프로그램을 이용한 로컬방송국의 광고방송, 아나운서 멘트 삽입, 국ID, 경보 등의 부가기능은 수입이 점진적으로 생기는 편이라고 할 수 있다.

  그러나 AC-3의 신호를 디코드 하여 로컬 국에 의한 삽입 또는 재 엔코드는 음질을 많이 열화 시킨다고 할 수 있다.
- 멀티채널 오디오의 정확한 채널 사이의 동기

  제작 또는 분배 시스템에서는 제작한 프로그램의 시나리오에 공간 표현을 유지하게 하기위하여 오디오소재가 정확한 음성의 폭을 확보하고 있는 포맷의 것으로 선택하지 아니하면 되지 아니한다고 할 수 있는데, 후에는 프로세스에 있어서 채널간의 샘플 타이밍 벗어남(Sample Slip) 등이 일어나지 않게 하여야 한다고 할 수 있다.
- PCM포맷

  스튜디오 내에서는 SMPTE324M 규격에 의한 12채널 시리얼 오디오 인터페이스(48kHz 샘플링에 있어서는 데이터 레이트 18.432Mbps)를 사용하여 분배하는 것이 가능하다고 할 수 있는데, 이러한 규격에 있어서는 멀티채널 오디오신호의 각 채널을 채널 사이의 샘플 위상계를 손실이 없이 전송하는 것이 가능한 신뢰성이 있는 방법이 사용되어진다고 할 수 있고, 전송 호환성을 확보하기 위하여 채널 할당에 있어서는 SMPTE320M으로 규정되어져 있다고 할 수 있다.

역주 SMPTE324M에서는 동기 한 6개의 AES-3의 입력을 시간 축으로 다중한 12채널로 하여 시리얼로 방송 하는 것으로서 변조에 있어서 특성은 바이패스 마크(BPM), 75Ω동축 케이블전송, BNC콘넥터, 1VP-P물리인터페이스 등이 주된 특징이라고 할 수 있는데, 데이터 레이트는 AES-3의 거의 6배정도가 된다고 할 수 있다.

1프레임은 48비트의 프레임 헤더에 연속하여 AES1로부터 AES12까지 AES서브프레임 중에서 프리앰플과 패리티를 제외한 약 27비트를 AES1, AWS2, … 등의 순번으로 전송을 하여 마지막으로는 패리티 비트를 가지게 되어있다고 할 수 있다.

프레임 헤더는 4비트의 동기비트에 연속되어있는 32비트 (4바이트) 메터 데이터 부분의 뒤를 이어 그러한 메타데이터의 블록 스타트 비트가 연속하여 나열되어있고, 그 후에는 멀티채널 블록 플래그 (MC)비트가 있다고 할 수 있는데, 이러한 형식에 의하여 채널 사이의 동기를 표시하고 있다고 할 수 있고, 그 다음으로는 각 AES 서브프레임의 Z싱크를 표시하는 Z1~Z6의 6개의 비트가 있다고 할 수 있다.

MC비트는 AES서브프레임 1/2의 Z싱크 비트가 한 개의 헤더 위치로 동시에 1로 되는 동시에 16프레임 간격으로 1로 되는 것에 의하여 16프레임을 1블록으로 하여 수신측에서 프레임 카운트나, 각 Z비트의 비교로 ±8샘플까지 샘플 슬립 등이 알 수 있도록 하고 있다고 할 수 있다.

SMPTE320M이라는 것은 8채널의 멀티채널의 경우에는 채널 할당을 결정되어있는 것으로서 채널 1로부터의 수서로 L/R/CENTER/ LEF/LS/RS/Lt내지 Lo/Rt 내지 Ro/Rt로 하고 있다고 할 수 있다.

LS, RS에서는 서라운드의 리어이라고 할 수 있고, Lt, Rt는 2채널 매트릭스 서라운드용의 믹스신호 라고 할 수 있으며, Lo, Ro는 통상의 스테레오용 믹스이라고 할 수 있는데, Lt1/Lo, Rt/Ro의 7, 8채널은 다른 멀티채널 서비스의에 자유로이 변경하는 것이 가능하다고 할 수 있다.

또 하나의 전송 방법으로서는 SMPTE272M(SDTV) 또는 299M(HDTV) 오디오 임베디드 규격에 의한 시리얼 비디오 인터페이스로 SDTV로 최대 16채널을 전송을 하고, HDTV로 최대 24채널의 오디오가 비디오에 다중(Embedded)하여 전송하는 것이 가능하다고 할 수 있는데, 이러한 양자의 규격내용에 있어서는 7.7항 또는 11.7항에서 설명을 하고 있다고 할 수 있다.

이러한 임베디드 신호(Embedded Signal)는 시리얼 비디오 인터페이스와 루팅 스위처 기기를 사용하여 전송을 하고 있다고 할 수 있는데, 오디오 다중화-다중화분리 등의 다중화의 반복 작업은 6회 이상은 채널의 관련된 타이밍을 확보하는 것이 불가능하므로 피하여야 한다고 할 수 있고, 장송장비 시장에서는 이러한 방송환경을 고려하여 4개의 AES 입력을 가진 임베디드 다중기기(Embedded or Multiplexer)를 입수하는 것이 가능하다고 할 수 있다.

제작 스튜디오에서는 보다 고품질의 오디오 신호의 제작과 전송을 가능하게 하는 규격의 개발이 AES와 IEEE규격의 개발에 의해서 시행을 하고 있다 할 수 있는데, AES에서는 96kHz의 오디오 샘플링 규격을 규정하고 있다고 할 수 있고, 거기에다 192kHz의 샘플링과 고속 인터페이스에 의한 멀티 AES채널 전송에 있어서 새로운 규격과 함께 겪토되고 있다고 할 수 있으며, IEEE1394규격위원회에서는 이미고속 대용량의 디지털 인터페이스 규격 책정을 시작하였다고 할 수 있다.

- 메자닌(Mezzanine) 압축 엔코더 (Mezzanine Compression Encoders : 중정도의 압축 엔코더)

  시장에 있어서는 이미 2개의 방식이 존재를 하고 있다고 할 수 있는데, 그 중에 1개의 방식은 Apt-X방식이고 또 다른 하나의 방식은 돌비-E압축 방식이라고 할 수 있다.

이러한 2가지의 방식은 모두 독립의 8개 채널의 오디오를 압축하여서 3.072Mbps의 데이터 스트림으로 한다고 할 수 있는데, 이러한 데이터 스트림은 기존의 AES-3오디오 인터페이스를 사용하여 전송하는 것이 가능하다고 할 수 있다. 그 때문에 메자닌 압축은 현재의 AES-3의 오디오 전송 설비를 그냥 그대로 사용하는 것이 가능하다고 할 수 있는데, ATSC의 AC-3스트림의 데이터 레이트가 최대 384Kbps가 되었을 경우를 비교하면 양 방식 모두 저 압축이라고 할 수 있고, 거의 모든 디지털 오디오 기기는 20비트 오디오 데이터워드를 채용하고 있으나 DVCPRO DVTR, T1 PHD 네트워크, 위성 전송 등의 약간의 기기에서는 16비트까지만이 채용하지 아니하고 있지만, 메자닌 압축 방식에서도 적정한 데이터 워드 길이로 조정이 가능한 유연성이 필요하다고 할 수 있다.

메자닌 압축 방식에 대한 그 외의 요구조건은 압축 신장의 반복에 의한 열화가 적은 저압축화, 영상과 음성에 있어서 동기를 가질 것, 압축 신장의 프로세스에 의해 저 지연이 생길 것, 스위칭이나 편집이 가능할 것, 오디오 메타데이터의 전송(Throughput), 보조데이터 채널이 얻어질 것, 타임스탬프(Time Stamp)를 하기위하여 타임코드의 삽입이 가능 할 것, 전송로의 오류가 강할 것 등이라고 할 수 있다.

방송 사업자의 DTV에서 복수 프로그램 방송의 필요성이나 데이터 자산 관리시스템에 의한 오디오 소재의 세대의 추적이 가능한 것을 고려한다면 이후의 오리지널 오디오 소재의 재사용 희망이 높아서 재처리의 회수에 있어서도 증대한다고 할 수 있어서 방송국에서는 10세대 이상의 처리가 필요하다고 할 수 있다.

- 오디오 메타 데이터(Audio Metadata)

이러한 정보는 제작 또는 포스트프로덕션 영역에서 탄생하여 5.1채널의 압축 신호와 함께 AC-3의 데이터 스트림 멀티플렉서 (Ac-3 Datastream Multiplaxer)에 보내어 진다고 할 수 있는데, 이러한 정보는 컨슈머 메타데이터(Consumer Metadata)이라고 불리 우고 있는 것으로서, 수신기에서는 AC-3의 모든 기능(다이나믹 레인지의 조정, 오디오모드, 회화(Dialogue), 채널의 규격화, 그 외의 것을 시청자의 호감과 수신기의 구성에 의하여 사용하는 데에 이용하고 있다고 할 수 있다.

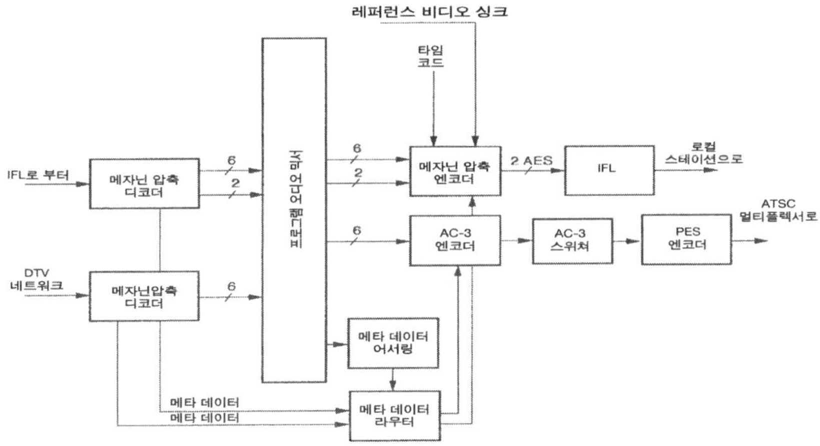

Mezzanine Compression : 메자닌압축 (저압축)

그림 12.47 DTV방송의 이행에 있어서 제작스튜디오에서 디지털 오디오 메타 데이터의 프로세스 일예

오디오모드(5.1채널, 스테레오, 모노, 매트릭스 서라운드(Lt/Rt)), 채널의 할당으로, 압축 타입, 타임스탬프(Time Stamp), 방송국 ID, 제작 장소 등의 정보는 스튜디오 환경에 있어서 신호가 사용되어지는 프로페셔널 메타데이터로 구성을 하여 신호 프로세스, 전송의 데이터 자산관리 등에 이용되어진다고 할 수 있는데, 제작 프로세스에 있어서 편집이나 어서링(Authoring : 멀티미디어 편집을 위해 제어언어의 생성)을 위하여는 그림 12.47에서 표시를 하고 있는 것과 같이 분리한 메타데이터의 경로가 필요하다고 할 수 있고, 이러한 메타 데이터는 서라운드 제작이 시행되어진 시점에서 생성되어 진다고 할 수 있다.

- 편집/스위칭

스테터스 스트림(Status Stream)의 편집이나 스위칭을 위해서는 비압축 또는 압축 오디오 /비디오신호는 원래의 그러한 프레임 세계에 있어서 정확한 타이밍의 일치를 하여 하지 아니하면 되지 아니한다고 할 수 있는데, 압축 오디오 데이터는 어떠한 시간 블록에 있어서 구간별로 잘라서 기록/전송이 되어진다고 할 수 있고, 그러한 시간 블록의 길이는 편집 가능한 최소의 간격 (Editing Resolution)을 결정한다고 할 수 있다.

또한 Apt-X에 있어서는 시간블록의 길이는 80㎲이라고 할 수 있고, 돌비-E 에 있어서는 24ms이라고 할 수 있다.

- 지연의 문제 (Latency Issues)
  뉴스프로그램에 있어서 맞춤 등의 리얼타임의 제작에 있어서는 지연이 작게 하는 것이 필요하다고 할 수 있는데, 또한 비디오/오디오의 상호 지연의 문제에 있어서는 상호의 지연을 알 수가 있는 포인트에 있어서 타임스탬프(Time Stamp)를 삽입 시키는 것을 추천하고 있다고 할 수 있다.
  이러한 상호지연의 문제는 12.6.5항에서 설명을 하고 있다고 할 수 있다.

12.7.2.2 확장 Apt-X 압축 방식

이러한 방식의 오리지널 패션에 있어서는 수년전 에 16비트 오디오를 거의 1/4 의 압축으로 하기 위하여 개발 되었다고 할 수 있는데, 이러한 방식은 8.8.3.1 에서 간단하게 설명을 하고 있다고 할 수 있다.

최신의 DSP기술의 발전과 고속화를 이용한 오리지널 알고리즘(Original Algorithm)의 확장에 의하여 후방 호환성을 가진 Apt-X방식을 개발하는 것이 가능하게 되었다고 할 수 있는데, 이러한 Apt-X이라는 것은 시간 영역에서 동작을 하고 기본적으로는 대역을 서브 밴드로 나누어서 각 밴드의 전에 샘플 데이터로부터 전의 데이터 치를 예측하여 그러한 치와 실제의 치를 비교하여 오차분 만을 전송 한다고 할 수 있고, 이러한 서브밴드 오차 코딩(Subband Predictive Coding, ADPCM 이라고 불리 움.)에 의하여 데이터를 소감 하고 있다고 할 수 있다.

구체적으로 이야기를 하면 전의 122샘플의 데이터를 이용하여 그 변화 상태로부터 다음의 샘플치를 가능하면 정확하게 예측을 하여서 실제의 샘플 치와 비교하는데, 그 차분(예측오차)은 다음에 적지 않은 비트로 엔코드 되어진 Apt-X데이터에 전송되어진다고 할 수 있다.

오리지널 소재를 가진 사람의 청각에 있어서는 들리지 아니할 정도의 정보를 제거하는 것과 같이 마스킹은 시행을 하지 아니한다고 할 수 있는데, 이렇게 정확한 예측이 시행이 된다면 거의 열화가 없는 엔코드/디코드의 반복 작업이 가능하다고 할 수 있다.

또한 4개의 AES채널이 1개의 AES채널의 20비트 스트림 워드 가운데에서 엔코드가 가능한 것으로서 AES스트림에 있어서 엔코드 하는 것이 가능하다고 할 수 있는데, Apt-X의 방식에 있어서는 다음과 같은 기능을 가지고 있다고 할 수 있다.

- 4:1의 오디오 비트 레이트의 압축
- 다양한 전송 능력에 응하기 위한 고정도의 변화 (16/20/24비트선택이 가능)

- 최소의 엔코드 디코드 프로세서의 지연 (122샘플/48kHz=2.5ms)
- 비디오 프레임과 동기를 한(Quasi-Synchronous With Video Frame)편집이나 스위칭이 가능하다고 할 수 있는데, 그렇게 대단히 짧은 패킷의 길이(80㎲)에 따라서는 압축 알고리즘이 용이하게 무시가 가능한 정도의 작은 혼란밖에 일어나지 아니한다고 할 수 있고, 따라서 빠른 스위칭이 가능하다고 할 수 있다.
  편집에 있어서도 그 편집점의 노이즈에 있어서도 들리지 아니할 정도로 가능하다고 할 수 있는데, 동기 한 어떠한 경우에는 비동기의 스위칭이 가능하다고 할 수 있고, 저가격의 편집 툴(Tool)이 시장이 도입되는 것이 가능하다고 할 수 있다.
- 오류에 대한 강함.
  Apt-X에 의한 압축 프로그램 소재는 비트 오류의 율이 10~4일 경우에도 그러한 것에 대한 노이즈는 들리지 아니할 정도 이라고 할 수 있는데, 그러한 이유의 하나는 적응형 예측과 재 양자화를 사용하는 것에 의하여 큰 에러는 그의 영향이 다수의 샘플에 확산 되어서 소감시키기 때문이라고 할 수 있다. 짧은 시간의 압축 샘플 데이터 블록에 따라서 Apt-X는 버스트(Burst)나 드롭아웃트(Drop Out) 등의 데이터 에러에 영향을 받지 아니하는 능력이 높다고 할 수 있다.
- 메터데이터(Meta Data)나 AES채널 스테터스 데이터 등의 보조데이터를 전송하는 것이 가능하다고 할 수 있다.
- 다이나믹 레인지가 증대된다.
- 전 고조파 왜나 노이즈가 개선되었다고 할 수 있다.
- 10회 이상의 압축 신장 사이클에 의한 사실상이 왜가 거의 없다고 할 수 있는 뛰어난 성능을 가지고있다.
- 컴퓨터의 하드웨어가 복잡하지 아니하다고 할 수 있다.
- 타임스탬프를 위하여 타임코드가 압축 데이터에 삽입하는 것이 가능하다고 할 수 있다.

DVTR의 메커에서 본다면 다음과 같다고 할 수 있는데, 예를 들면 파나소닉 D-5 VTR의 조합에 의하여 그의 오디오의 기록/재생 능력을 8~16채널로 확장을 하기 위하여 Apt-X를 베이스로 하고 있는 AU-Z2123과 같은 기기를 개발 하였다고 할 수 있는데, 이러한 Apt-X방식에 있어서는 유럽에서는 DVB신호의 송신기로의 전송이나 그 외의 소재의 전송, 서라운드 사운드, 디스크 기록 시스템, ISDN, 디지털 오디오 워크스테이션 등에 이용되고 있다고 할 수 있다.

거기에다 더 나아가 이러한 방식에 의해서 청각의 마스킹 효과를 이용한 압축 방식이 사용되어질지라도 복합한 왜를 발생하지는 아니한다고 할 수 있다.

12.7.2.3 Dolby-E압축 방식

돌비-E 또는 MPEG레이어2, 레이어3방식은 인간의 청각 심리를 기반으로 한 알고리즘을 사용하여 오리지널 사운드로부터 청각으로 듣기 어려운 것을 정보를 얻는 것에 의하여 정보 압축을 시행 하고 있다고 할 수 있는데, 이러한 방식은 시계열로서 나열되어있는 샘플 군을 변환 한 주파수 영역에서 동작하고 있다고 할 수 있다.

돌비-E시스템 에서는 최대 8개의 오디오채널과 필요한 메타데이터를 코딩을 하여서 그 정보를 한 개의 AES의 스트림으로 페이로드의 영역 (1오디오 프레임당 20비트×2=40비트)에 삽입시킨다고 할 수 있는데, 코딩후의 페이로드의 데이터 레이트는 1.92Mbps(20Bit×2×48kHz)이라고 할 수 있다.

이러한 돌비-E방식은 엔코더 디코더사이의 전송 채널에 있어서는 오류가 없다는 것을 전재하고 있다고 할 수 있는데, 돌비-E의 프레임은 오류 검지의 정보를 포함하고 있어 디코더에 있어서는 오류가 있는 오디오 데이터 프레임을 뮤트(Mute : 소음)하는데 사용을 하고 있다고 할 수 있다.

돌비-E방식에 있어서는 다음과 같은 기능이 있다고 할 수 있다.

- 4:1오디오 압축
- 비디오 프레임과 동기한 편집이나 스위칭이 가능.
  그러나 비동기오디오나 비디오에서의 스위칭은 사용하는 것이 불가능하다고 할 수 있다.
- 엔코드 디코드에 의한 지연은 1비디오 프레임(33.33ms)이라고 할 수 있다.
- 오디오 메타데이터와 같은 보조데이터가 전송하는 것이 가능하다고 할 수 있다.
- 프로그램 제작에 있어서 최대 10회 정도의 엔코드와 디코드의 반복 작업하는 것이 가능하다고 할 수 있는데, 이러한 회수의 제한은 반복되어지는 코덱의 변환에 따라서 축적되어지는 노이즈가 청각상의 마스킹레벨을 넘어 들리기 때문이라고 할 수 있고, 돌비-E와 AC-3와같이 2개의 각각 다른 청각심리 알고리즘을 종속 접속한 경우에는 문제가 발생 한다고 할 수 있다.
- 타임스탬프를 하기위하여 타임코드가 압축 데이터에 삽입하는 것이 가능하다고 할 수 있다.

- 오류에 대하여 강하다.

  디코드 되어진 데이터 에러가 마스킹 레벨 이하인 경우에는 들리지 아니한다고 할 수 있는데, 압축 데이터의 시간 블록이 길기 때문에 돌비-E방식에서는 전송 중의 버스트 드롭 아웃트 등의 데이터 에러에 대한 인성은 낮다고 할 수 있고, 제작 에리어, 전송 에리어에 따라서는 고가의 오류정정 시스템을 추가할 필요가 있다고 할 수 있다.

12.7.2.4 DVB멀티채널 오디오

유럽의 DVB방송 규격은 멀티채널 오디오용으로 MPEG-1 또는 MPEG-2의 오디오 규격을 채용하였다고 할 수 있는데, 이러한 오디오 압축 방식의 선택은 현재 시장에서 있는 위성, 케이블, DAB시스템 등의 호환성이나 그 외의 서비스, 또는 컴퓨터 소프트웨어소재와의 호환성을 고려한 것이라고 할 수 있다.

또한 DVB는 옵션으로서 방송의 비트 스트림 가운데에서 AC-3의 사용도 고려하였다고 할 수 있는데, ETR-154규격의 개정 3안 가운데에서 부속서류(Annex) C로서 DVB트랜스포트 스트림에 AC-3오디오 데이터 스트림을 삽입하는 방법에 대하여 서술하고 있다고 할 수 있다.

거기에다 부속서류(Annex) D에서는 MPEG-2의 오디오 엘레멘터리 스트림에 오디오 관련의 보조데이터 (Metadata)을 삽입하는(Embedded)것도 서술하고 있다 할 수 있는데, AC-3방식에 있어서는 옵션으로서 수신기에 적당한 다이나믹 레인지, 회화레벨 규격화정보 (Dialogue Normalization Information), 다운믹싱의 레벨, 오디오 코딩의 모드, 바람직한 상태, 어떠한 경우에는 정밀한 타임코드의 정보 등을 가지고 있는 오디오 데이터 신호를 디코드 하기 위하여 사용하는 것이 가능하다고 할 수 있다.

12.7.2.5 이행에 있어서 시나리오

북미에서 DTV방식의 시작은 오디오의 신호는 모노로 시작 하였다 할 수 있는데, 그러나 화상이 고화질로서 와이드 한 형태로 가면은 같은 오디오일지라도 서라운드 사운드 시스템을 사용하게 되어있다고 할 수 있다.

이러한 오디오 시스템에 의하여 시청자는 프로그램을 시청하는 것보다는 프로그램 중심에 들어간 것 같은 리얼한 감각을 느끼게 되어있다고 할 수 있다.

따라서 오디오 프로그램 제작에 있어서는 통일한 48kHz의 샘플링을 사용하여 가능한 한 최고의 품질을 유지하지 아니하면 되지 아니한다고 할 수 있는데, 새로운 제작, 분배, 소재 전송 시스템은 5.1채널의 능력을 가지고 있어서 종래의 TV 프로그램을 위하여 압축비는 작은(메자닌 압축) 압축 포맷의 신호를 취급하는 것이 필요하다고 할 수 있다.

방송에 있어서는 북미와 AC-3서라운드 사운드 시스템을 유럽 국가에서는 MPEG 오디오 레이어2를 사용하고 있다고 할 수 있는데, 네트워크 마스터 방송국(본사)에서는 서라운드 사운드를 설비화하는 노력을 하고 있지만 거의 모든 계열국(지방국)에서는 그러한 환경에 맞추어서 현재의 모노 또는 스테레오의 설비를 확장하지 아니하고 있다고 할 수 있고, 5.1채널의 프로그램을 제작하는 방송국에서는 다운 믹싱 데이터를 가지고 오디오 믹서를 하여 2채널의 스테레오 신호를 생성하는 것이 가능하게 하고 있다고 할 수 있다.

디지털 오디오 설비를 설계할 경우에는 아날로그 오디오 케이블은 사용하여서는 되지 아니한다고 할 수 있는데, 따라서 아날로그 오디오 케이블의 인터페이스는 40으로부터 70Ω사이로서, 디지털 오디오설비에서 주로 사용하고 있는 AES규격에서 요구를 하고 있는 110Ω의 인터페이스와는 많이 다르므로 사용하여서는 되지 아니한다고 할 수 있다.

만약 이렇게 인터페이스가 다른 것을 그대로 이용하면 AES신호의 반사를 일으키어서 수신측 신호를 열화 시켜서 데이터 스트림의 전송 오류의 원인이 된다고 할 수 있다.

- 미니멈의 이행 시나리오

  미니멈의 시나리오는 현재의 오디오 제작 설비 환경을 현재 많이 사용하고 있는 스테레오인가 아니면 종전에 주로 사용하고 있던 모노로 하던지 그냥 그대로 사용한다고 할 수 있고, 오디오 콘솔에 있어서 출력은 AC-3엔코더에 입력시키어서 PES로 코딩하여 ATSC 형식의 다중화기로 보내어 진다고 할 수 있다.

  이러한 시스템상에서 로컬국의 CM이나 로그 등의 제작은 아날로그 또는 디지털의 베이스 밴드의 신호의 형식으로 하고 있는데, ATSC의 1/52규격의 부속서류(Annex)B에 있는 IEC-958규격에 있어서는 AC-3로 엔코드 한 신호를 1개의 AES/EBU데이터 스트림으로 포맷하는 방법을 규정하고 있다고 할 수 있다.

  통상의 AES/EBU기기에서는 이러한 AES의 신호형식의 포맷이되어진 AC-3의 신호를 소재에 전송하는 것이 하는 것이 가능하다고 할 수 있는데, 비디오 신호에 타이밍을 동기 시키기 위해서는 지연 라인이 필요하다고 할 수 있다.

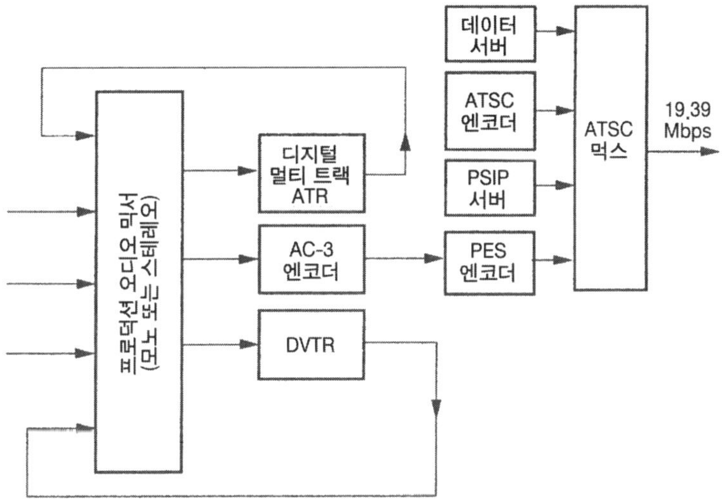

그림 12.48 DTV방송으로의 이행에 있어서 송출시스템 신호전송이 가상 시나리오

그림 12.48에서는 이러한 DTV방송을 위한 미니멈 오디오 스튜디오의 설비를 표시하고 있는데, AES-3의 인터페이스로 이러한 AC-3신호를 보내는 경우에는 넌 오디오신호로서 취급을 하여 모든 AES오디오 DAC이라는 것은 채널의 스테터스(Channel Status)가 넌 오디오(Non-Audio)이라는 것을 검지하여 오디오 모니터 시스템 등의 동작에 있어서 이상이 생기는 것을 방지하기 위하여 출력을 뮤트(Mute)시키지 아니하면 되지 아니한다고 할 수 있다.

역주 AES의 채널 스테터스의 정보 (C비트)는 Z프리 앰플에 더해서 192AES 프레임을 한 개의 블록으로 하여 의미를 부여하고 있다고 할 수 있는데, 그 때문에 혹시 인터페이스 상으로 선송하고 있는 신호가 오디오 데이디로부티 넌 오디오 데이터로 스위칭이 뇌는 것과 같은 경우에는 새로운 채널의 스테터스 정보가 완전하게 검지가 되어지기 전에 넌 오디오 데이터를 사용하여 순간적으로 이상의 노이즈가 발생 한다고 할 수 있다.

따라서 넌 오디오 데이터가 전송 되어지는 가능성이 있는 AES인터페이스에서는 DAC에서는 스위칭 등을 검지한다면 채널의 스테터스가 판명되기까지는 확실하게 출력을 뮤트 시키지 아니하면 되지 아니한다고 할수 있다.

- 패스스루 시나리오(Pass-Through Scenario)
  이러한 시나리오는 미니멈 코스트로 DTV를 시작하고 싶은 로컬 방송국에서 최고로 적합 하다고 할 수 있는데, 5.1채널에 대응을 하는 오디오 콘솔을 사용하고 있다고 할 수 있고, DTV프로그램에 있어서 아날로그오디오를 사용하는 것은 아날로그의 신호가 영상과 음성의 타이밍동기에 필요한 타임 스템을 전송하는 것이 불가능하므로 추천은 불가능하다고 할 수 있다. 또한 디지털 믹싱 콘솔은 스테레오와 같이 서라운드 사운드를 취급하는 것을 선택한다고 할 수 있는데, 그러한 콘솔은 영상과 음성의 동기를 맞추기 위하여 지연 라인도 준비하고 있다고 할 수 있고, 전용의 하드웨어내지 소프트웨어를 사용하여 서라운드 사운드 프로세스가 가능한 디지털 오디오 워크스테이션(Digital Audio Workstation : DAWS)도 존재한다고 할 수 있다.

디지털 프로세스 시스템이나 전송 시스템에 있어서도 DTV의 요구에 대응할 필요가 있다고 할 수 있는데, 대역이 제한되어지는 장소에서는 메자닌 압축 엔코더도 사용되어진다고 할 수 있다. 예를 들면 현재의 모든 DVTR에서는 아날로그 오디오 4채널 또는 2개의 AES 오디오 채널의 기록 재생이 가능하다고 할 수 있는데, 메자닌 압축 엔코더/디코더를 사용한다면 이러한 DVTR은 8채널의 오디오채널(6채널은 5.1채널용, 나머지 2채널은 NTSC 방송용의 믹스한 스테레오용 신호)를 기록 재생하는 것이 가능 하다고 할 수 있다. 그림 12.49에서는 그러한 프로세스와 DVTR을 가지고 있는 대표적인 블록 다이어그램 이라고 할 수 있는데, 압축되어진 오디오신호는 전에도 많이 이야기한 것과 같이 비 오디오 데이터(직선 양자화 한 디지털 오디오 데이터의 신호를 오디오 데이터로 취급을 함.)이라고 할 수 있다.

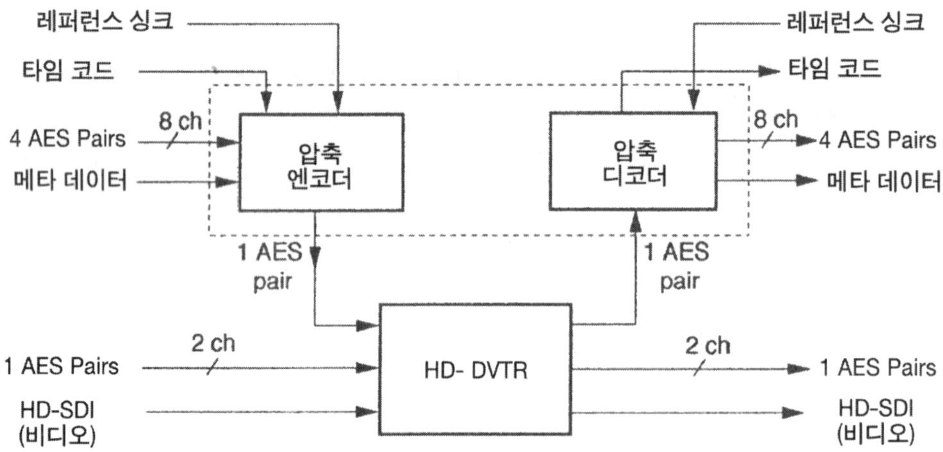

그림 12.49 HD-DVTR을 포함한 메자닌 압축 엔코드(Mezzanine Compression Encode) 와 디코드(Decode)

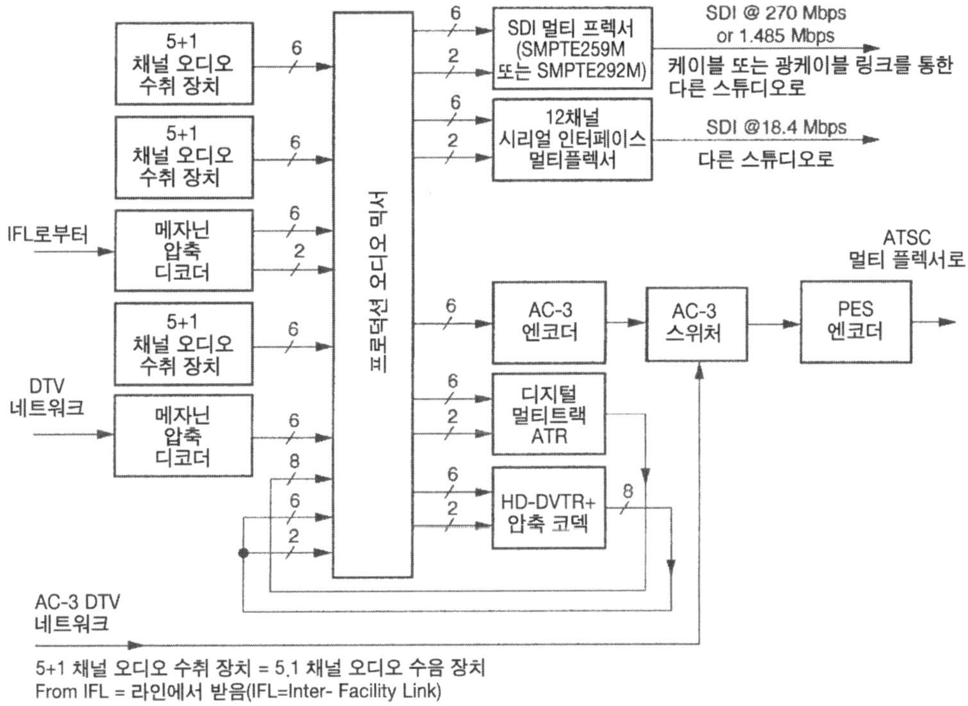

그림 12.50 DTV방송의 이행에 있어서 다른 방송국의 전송을 포함하지 아니하는 송출 시스템의 가상 시나리오 일예 〈그림 중의 "6"과 "2"의 숫자는 오디오 채널수를 말하고 있음.〉

이러한 비오디오 데이터의 경우 DVTR에 있어서는 몇 번이라도 손을 쓸 필요가 없게 트랜스 파랜트 (Transparent)한 기록 재생을 하지 아니하면 되지 아니한다고 할 수 있는데, 즉 신호레벨의 조정, 프리엠파시스, 오류의 보성(Error Consealment), 샘플레이드 변환 등의 오디오 프로세스를 하지 아니하면 되지 아니한다고 할 수 있다.

SMPTE에서는 non-PCM AES-3스트림을 적절하게 절환 하여 취급하기위한 기기의 특성에 대하여 엔지니어링 가이드라인을 개발 중에 있다고 할 수 있다. 그림 12.50에 있어서는 DTV의 프로그램을 다른 방송국 등에서 분배하는 옵션의 기능을 포함하여 패스 스루 시나리오에 의한 블록 다이어그램 이라고 할 수 있는데, 스포츠 이벤트 중계 등으로부터 메자닌 압축 데이터 입력은 위성 링크나 마이크로웨이브 링크로전송 되어진다고 할 수 있다. AC-3의 DTV네트워크신호는 그러한 것을 신장하여 재압축 하는것은 열화를 위하여 불가능하므로 AC-3스위치에 의하여 네트워크로부터의 입력과 로컬 제작의 출력을 절환하여 PES엔코더를 통하여 ATSC다중화기에 보내어 진다고 할 수 있다.

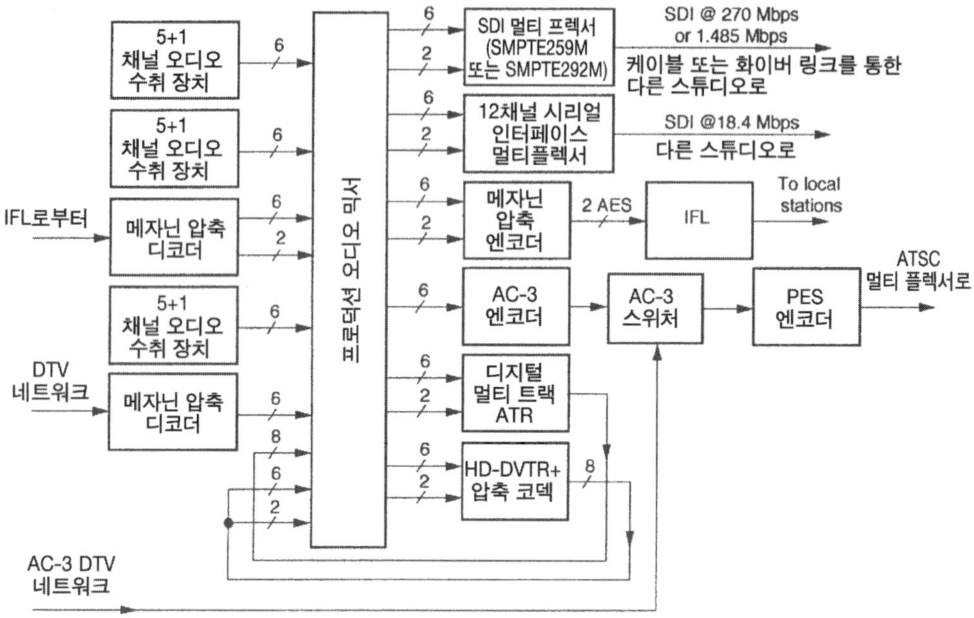

그림 12.51 DTV방송의 이행에 있어서 멀티채널의 오디오제작과 다른 방송국의 방송을 포함하는 풀 시스템의 시나리오의 일예 〈그림 중의 "6"과 "2"의 숫자는 오디오 채널수를 말하고 있음.〉

- 풀 설비의 시나리오

  그림 12.51에서는 풀 오디오 장치의 설비 시나리오로서의 계통도의 일예를 표시하고 있다 할 수 있는데, 메자닌 압축 데이터 엔코더가 신호를 전송하기 전의 패스스루 시나리오에 추가되어져 있다고 할 수 있다.

  이러한 추가에 의하여 압축한 프로그램 오디오를 다른 계열국이나 로컬국에 보내는 것이 가능하다고 할 수 있는데, 이러한 IFL(Inter Facility Links) 전송은 메자닌 압축 신호를 MPEG-2오디오 스트림에 AC-3와 같은 방법의 임베디드(Embedded)를 하는 것에 의하여 실현하는 것이 가능하다고 할 수 있고, 메자닌 압축신호(Apt-X 또는 Dolby-E)를 MPEG-2오디오 스트림에 임베디드(Embedded)하는 새로운 규격의 프로파일이나 PID는 이후에 결정을 하지 아니하면 되지 아니하나 소재 전송 링크로 봐서는 필요한 것이라고 할 수 있다.

- 독립한 오디오메타 데이터 패스

  그림 12.47에서 표시를 하고 있는 것과 같이 제작 프로세스에 있어서는 어서링 링크(Authoring Link)나 편집 할 때에 독립한 메타데이터의 패스와 루팅 레이어를 부가하지 아니하면 되지 아니한다고 할 수 있는데, 이러한 메타데이터는 프로덕션 오디오 믹서정보로부터 생성되어서 어서링 링크 시스템(Authoring System)에 보내어 진다고 할 수 있다.

이러한 오디오 믹서는 서라운드 사운드와 스테레오 사운드 믹스를 동시에 프로세스를 하지 아니하면 되지 아니한다고 할 수 있는데, 이러한 2개의 각각 다른 오디오 신호는 각각 다른 프로세스 지연을 가지고 있다고 할 수 있다. 따라서 지연에 있어서는 서라운드 사운드의 경우에는 DTV방송의 MPEG-2의 비디오 신호와 타이밍을 맞게 한다고 할 수 있고, 모노/스테레오 믹스의 경우에 있어서는 기존의 NTSC방송을 하기 위하여 아날로그 비디오신호와 타이밍을 맞게 하기위한 지연 보정을 할 필요가 있다고 할 수 있다.

부록

약어일람

원어	약어
A/D	Analog-to-Digital (Conversion)
AAI	Authorized Address Identification
AAL	ATM Adaptation Layer
ABSOC	Advanced Broadcasting Systems of Canada
ACATS	Advisory Committee on Advanced Television Service
ADC	Analog-to-Digital Converter
ADF	Ancillary Data Flag
ADM	Adaptive Delta Modulation
ADPCM	Adaptive Differential Pulse Code Modulation
ADSL	Asymmetric Digital Subscriber Line
AES	Audio Engineering Society
AFD	Active Format Descriptor
AM	Amplitude Modulation
ANSI	American National Standards Institute
APA	All-Point Addressable Mode
APA	Active Picture Area
API	Application Program Interface
APL	Average Picture Level
ARIB	Association of Radio Industries and Businesses (JAPAN)
ASCII	American Standard Code for Information Interchange
ASI	Asynchronous-Synchronous Interface
ASIC	Applicable Specific IC
ATEL	Advanced Television Evaluation Laboratory
ATM	Asynchronous Transfer Mode
ATR	Audio Tape Recorder
ATSC	Advanced Television Systems Committee
ATTC	Advanced Television Test Center
ATV	Advanced Television

AUI	Attachment Unit Interface
AUX	Auxiliary
AWG	American Wire Gauge
BAN	Building-Area Network
BER	Bit Error Rate
BIOS	Basic Input Output System
B-ISDN	Broadband-Intergrated Service Digital Network
BPM	Bypass Mark
BRI	Basic Rate Interface
BRR	Bit Rate Reduction
BSI	Bit Stream Information Codes
BTA	Broadcasting Technical Association (JAPAN)
CAPM	Carrierless Amplitude/Phase Modulation
CATV	Community Antenna Television
CBR	Constant Bit Rate
CCIR	Comite Consultarif International en Radiodiffusion
CCITT	Consultative Committee On International Telegraphy and Television
CCS	Closed-Captioning Signal
CD	Compact Disk
CD-I	Compact Disk Interactive
CDR	Common Date Rate
CD-ROM	Compact Disk-Read Only Memory
CDTV	Conventional Definition Television
CFDM	Chrominance Frequency Domain Multiplex
CFF	Critical Flicker Frequency
CIF	Common Intermediate Format
CIF	Common Image Format
CLUT	Color Look-Up Table
CNR	Carrier-to-Noise Ratio
CODEC	Coder/Decoder
COFDM	Coded Orthogonal Frequency Division Multiplexing
CPU	Central Processing Unit
CRC	Cyclic Redundancy Check

CRCC	Cyclic Redundancy Check Code
CRT	Cathode Ray Tube
CS	Check Sum
CSA	Canadian Standards Association
CSIF	Communications Source Intermediate Format (MPEG-1)
CSMA-CD	Carrier Sence Multiple Access With Collision Detection
CTDM	Chrominance Time Domain Multiplex
CTI	Computer Telephony Integration
CTV	Conventional TV(NTSC, PAL, SECAM Systems)
CWS	Computer Workstation
D/A	Digital-to-Analog
DAB	Digital Audio Broadcasting
DAC	Digital to Analog Converter
DARS	Digital Audio Reference Signal
DAT	Digital Audio Tape
DAVIC	Digital Audio Visual Council
DAW	Digital Audio Workstaion
dB	Decibel
dBm	dB Reference to 1mW RMS Power
dBv	dB Reference to 1V Voltage
dBFS	dB Reference to Full Scale (Quantizing Level)
DBN	Date Block Number
DBS	Direct (or Digital) Broadcasting Satellite
DC	Direct Current
DC	Date Count
DCT	Discrete Cosine Transform
DID	Date Identification (Words)
DMT	Discrete Mulitone (Modulation for ADSL)
DPCM	Differential Pulse Code Modulation
DPI	Dots Per Inch
DPRAM	Dual-Port RAM
DRAM	Dynamic Random Access Memory
DSP	Digital Signal Processing

DSS	Digital Satellite System
DTE	Date Terminal Equipment
DTTB	Digital Terrestrial Television Broadcasting
DTV	Digital Television
Du	Date Unit
DUT	Device Under Test
DV	Digital Video (Consumer-Format Digital VCR)
DVB	Digital Video Broadcasting (Europe)
DVCR	Digital Video Cassette Recorder
DVD	Digital Video Disk
DVE	Digital Video Effects
DVI	Digital Video Interactive
DVITC	Digital Vertical Interval Time Code
DVTR	Digital Videotape Recorder
DWDM	Dense Wavelength Division Multiplexing
EAV	End of Active Video
EBU	European Broadcast Union
ECC	Error Correction Codes
ECL	Emitter Coupled Logic
ECS	Entropy-Coded Segment
EDH	Error Detection and Handling
EDL	Edit Decision List
EDTV	Extended-Definition Television System
EIA	Electronic Industries Association
EIDE	Enhanced Integrated Device Electronics (Interface)
EISA	Extended Industry Standard Architecture
ELF	Extremely Low Frequency
EMR	Electro-Magnetic Radiation
ENG	Electronic News Gathering
EOB	End of Block
EPG	Electronic Program Guide
ES	Elementary Stream
ETSI	European Telecommunication Standards Institute

EVC	Enhanced Video Connector
FC	Fiber Channel
FC-AL	Fiber Channel-Arbitrated Loop
FCC	Federal Communications Commission
FDCT	Forward Discrete Cosine Transform
FDDI	Fiber Distributed Data Interface
FDM	Frequency Division Multiplexing
FEC	Forward Error Correction
FFT	Fast Fourier Transform
FIFO	First-In First-Out
FM	Frequency Modulation
FTP	File Transfer Protocol
Gbps	Gigabits Per Second
GBps	Gigabytes Per Second
GBR	Green Blue Red
GEN	Generator
GOP	Group of Pictures
GUI	Graphical User Interface
H	Horizontal Line
HAD	Half-Amplitude Dilation
HANC	Horizontal Ancillary (Data)
HAS	Human Auditory System
H-BL	Horizontal Blanking
HD-SDI	Serial Digital Interface for HDTV
HD-SDTI	Serial Data Transport Interface for HD-SDI
HDSL	High-Bit-Rate Digital Subscriber Line
HDTV	High-Definition Television
HFC	Hybrid Fiber Coaxial (Cable, System)
HSV	High-Speed Video (Bus)
HVS	Human Visual System
IAR	Image Aspect Ratio
I/O	Input/Output
ID	Identification

IDCT	Inverse Discrete Cosine Transform
IDE	Integrated Device Electronics (Interface)
IDTV	Improved-Definition Television
IEC	International Electrotechnical Commission (Part of ISO)
IEEE	Institute of Electrical and Electronic Engineers (ex-IRE)
IF	Intermediate Frequency
IFL	Inter-Facilities Link
IFL	Inter-Facility Link
IMA	Interactive Multimedia Association
IMD	Inter-Modulation Distortion
IRD	Integrated Receiver-Decoder
IRE	Institute of Radio Engineers (Level Unit)
ISA	Industry Standard Architecture
ISDB	Integrated Services Digital Broadcasting
ISDN	Integrated Services Digital (Data) Network
ISO	International Standards Organization
ITU	International Tlecommunication Union
ITU-R	ITU-Radiocommunication Sector (ex-CCIR)
ITU-T	ITU-Telecommunication Standardization Sector (ex-CCITT)
JBIG	Joint Binary Image (Experts) Group
JPEG	Joint Photographic Experts Group
kbps	Kilobits Per Second
KLT	Karhunen-Loewe transform
LAN	Local-Area Network
LDTV	European Definition for Lower-Definition Television
LFE Low	Frequency Enhancement
LMDS	Local Multipoint Distribution Service
LPF	Low Pass Filter
LPH	Lines Per Picture High
LSB	Least Significant Bit
MADI	Multichannel Audio Digital Interconnect
MAN	Metropolitan Area Network
Mbps	Megabytes Per Second

MBps	Megabytes Per Second
MCA	Micro Channel Architecture
MCP	Motion-Compensated Prediction
MCR	Master Control Room
MCU	Minimum Coded Unit
MDA	Monochrome Display Adapter
MDCT	Modified Discrete Cosine Transform
MFLOPS	Millions of floating-Point Operations Per Second
MHEG	Multimedia/Hypermedia (Information Coding) Expert Group
MIL	Maximum Input Level
MIPS	Millions of Instruments Per Second
MMCD	Multimedia Compact Disk
MMDS	Microwave Multipoint Distribution System
MMOS	Mulitimedia Operating System
MNR	Mask-to-Nosie Ratio
Modem	Modulator-Demodulator
MOL	Maximum Operating (Output) Level
MP@ML	Main Profile at Main Level
MP@HL	Main Profile at High Level
MPC	Memory and Peripheral Controller
MPEG	Moving Picture Experts Group
MPEG-2 TS	MPEG-2 Transport Stream
MPR	Swedish Board for Measurement and Testing (Initials in Swedish)
MPX	Multiplex
MSB	Most Significant Bit
MSL	Maximum Signal Level
MTBF	Mean Time Between Failures
MTX	Matrix
MUSE	Multiple Sub-Nyquist Encoding
MVP	Multimedia Video Processor
N/A	Not Available or Not Applicable
NCTA	National Cable Television Association
NFS	Network File System

NIC	Network Interface Card
NII	National Information Infrastructure
NLE	Non-linear Editing
NMS	Network Multimedia System
NRZ	Non Return to Zero
NRZI	Non Return to Zero Invert
NTSC	National Television System Committee
NVOD	Near Video On Demand
OADM	Optical Add/Drop Multiplexer
OMFI	Open Media Framework Initiative
OSC	Oscillator
OSI	Open Systems Interconnection (Model-Basis of Data Network Standards)
PAL	Phase Alternation Line
PAM	Pulse Amplitude Modulation
PAR	Pixel Aspect Ratio
PCI	Peripheral Component Interconnect
PCM	Pulse Code Modulation
PCMCIA	Personal Computer Memory Card International Association
PCR	Program Clock Reference
PDH	Plesiochronous Digital Hierarchy
PDS	Processor Direct Slot
PES	Packetized Elementary Stream
PID	Packet Identifier
Pixel	Picture Element
PLL	Phase-Locked Loop
PPM	Peak Program Meter(Audio)
PPM	Parts Per Million
PQMF	Polyphase Quadrature Mirror Filter
PQMF	Pseudo-Quadrature Mirror Filter
PRBS	Pseudo-Random Number Binary Sequences
PRI	Primary Rate Interface
PROM	Programmable Read-Only Memory

PS	Program Stream
PS/2	Personal System/2, Computers Introduced by IBM
PsF	Progressive Segmented Frame
PSIP	Program and System Information Protocol
PSK	Phase Shift Keying
PSTN	Public Switched Telephone Network
PTS	Presentation Time Stamp
PVC	Permanent Virtual Circuit
PWM	Pulse Width Modulation
QAM	Quadrature Amplitude Modulation
QMF	Quadrature Mirror Filter
QoS	Quality of Service
QPSK	Quadrature Phase Shift Keying(Modulation)
RA	Reference Architecture
RAID	Redundant Array of Inexpensive Disks
RAM	Random Access Memory
RAMDAC	Random Access Memorydigital-to-Analog Converter
R-DAT	Rotary-Digital Audio Tape
RF	Radio Frequency
RISC	Reduced-Instruction-Set Computing
RLC	Run Length (and Level) Coding
RMS	Root Mean Square
ROM	Read-Only Memory
R-S	Reed-Solomon (Codes for Error Correction)
RSRV	Reserve
SAN	Storage-Area Network
SAV	Start of Active Video
SCH	Subcarrier-to-Horizontal Sync Timing
SCR	System Clock Reference
SCSI	Small Computer System Interface
SDH	Synchronous Data Hierarchy
SDI	Serial Digital Interface
SDIF2	Sony Digital Interface Format

SDTI	Serial Data Transport Interface
SECAM	Sequential Coureurs a Memoire System
SIF	Source Intermediate Format (MPEG-1)
SMATV	Satellite Master-Antenna Television
SMPTE	Society of Motion Picture and Television Engineers
SNR	Signal-to-Noise Ratio
SOL	Standard Operating Level
SONET	Synchronous Optical Network
SPA	Significant Picture Area
SPDIF	Sony Philips Digital Interface Format
SPL	Sound Pressure Level
S/QRMS	Signal-to-Root Mean Square of Quantizing Noise Ratio
SSA	Serial Storage Architecture
SSI	Synchronous Serial Interface
STC	System Time Clock
STL	Studio-to-Transmitter Link
STM	Synchronous Transfer Mode
SVC	Switched Virtual Circuit
SVGA	Super VGA (BESA Standard)
TC	Transfer Controller
TC	Time Code
TCO	Swedish Office-Worker's Union (Initials in Swedish)
TCP/IP	Transmission control protocol/Internet protocol
TDM	Time Division Multiplexing
TF-HS	Task Force for Harmonizrd Standards for The Exchange of Program Materials as Bit Streams
THD	Total Harmonic Distortion
TRS	Timing Reference Signal
TS	Transport Stream
TSG	Test Signal Generator
TSL	Transmitter-to-Studio Link
TTL	Transistor-Transistor Logic
UDW	User Data Words

UMID	Unique Material Identifier
UPID	Unique Program Identifier
UTP	Unshielded Twist Pair Cable
VAFC	VESA-Advanced Feature Connector
VANC	Vertical Ancillary (Data)
V-BL	Vertical Blanking
VBI	Vertical Blanking Interval
VBR	Variable Bit Rate
VCO	Voltage-Controlled Oscillator
VCR	Video Cassette Recorder
VDSL	Very High Speed Digital Subscriber Line
VESA	Video Electronics Standards Association
VGA	Video Graphics Adapter
VGA	Video Graphics Array
VITC	Vertical Interval Time Code
VL-bus	VESA Local Bus
VLC	Variable-Length Coding
VLF	Very Low Frequency
VLSI	Very Large Scale Integration
VME	Versa Module Europa
VOD	Video On Demand
VRAM	Video Random Access Memory
VSB	Vestigial Sideband
VTR	Video Tape Recorder
VU	Volume Unit (Audio)
WAN	Wide Area Network
WDM	Wavelength Division Multipexing
WFM	Waveform Monitor
WHT	Walsh-Hadamard Transform
WORM	Write Once Read Memory
XDS	Extended Data Service
XGA	Extended Graphics Array
XTL	Crystal
XTP	Express Transport Protocol

역자약력

- 이용희 yonghee56@paran.com)

1958년10월 경기 용인에서 출생
1983년 8월 MBC(문화방송) 입사
제작 기술국 영상기술부 근무
현재 : 송출 기술국 보도기술부 재직중

알기쉬운
디지털 放送技術 2판

인　　쇄 : 2008년 12월 10일
발　　행 : 2008년 12월 15일
역　　자 : 이용희
발 행 처 : 도서출판 한산
서울시 서대문구 남가좌동 379 래미안 2차
TEL : (02)304-3504　FAX : (02)304-3505
발 행 인 : 김 기 영
등록번호 : 제 10-1745 호
ISBN : 978-89-89215-39-4　　93560

정가. 35,000원